Paul-Günther Schmidt
Internationale Währungspolitik
im sozialistischen Staat

Schriften zum Vergleich von Wirtschaftsordnungen

Begründet von
K. Paul Hensel

Herausgegeben von

Gernot Gutmann, Köln
Hannelore Hamel, Marburg
Klemens Pleyer, Köln
Alfred Schüller, Marburg

Unter Mitwirkung von

Ingomar Bog, Marburg
Dieter Cassel, Duisburg
Hans-Günter Krüsselberg, Marburg
H. Jörg Thieme, Bochum
Ulrich Wagner, Pforzheim

Redaktion: Hannelore Hamel

Heft 36: Internationale Währungspolitik im sozialistischen Staat

Gustav Fischer Verlag · Stuttgart · New York · 1985

Internationale Währungspolitik im sozialistischen Staat

Theoretische Grundlegung und empirische
Überprüfung am Beispiel der DDR

Von

Dr. Paul-Günther Schmidt

2 Übersichten und 56 Tabellen

Gustav Fischer Verlag · Stuttgart · New York · 1985

Anschrift des Verfassers:
Dr. Paul-Günther Schmidt
Johannes Gutenberg-Universität Mainz
Fachbereich Rechts- und Wirtschaftswissenschaften
Saarstraße 21
D-6500 Mainz 1

Anschrift der Redaktion der »Schriften zum Vergleich
von Wirtschaftsordnungen«:

Dr. Hannelore Hamel
Forschungsstelle zum Vergleich
wirtschaftlicher Lenkungssysteme
Barfüßertor 2
D-3550 Marburg 1

CIP-Kurztitelaufnahme der Deutschen Bibliothek

Schmidt, Paul-Günther:
Internationale Währungspolitik im sozialistischen
Staat: theoret. Grundlegung u. empir. Überprüfung
am Beispiel d. DDR / von Paul-Günther Schmidt. –
Stuttgart, New York: Fischer, 1985.
(Schriften zum Vergleich von Wirtschaftsordnungen; H. 36)
ISSN 0582-0243
ISBN 3-437-50288-3
NE: GT

© Gustav Fischer Verlag · Stuttgart · New York · 1985
Wollgrasweg 49 · D 7000 Stuttgart 70
Alle Rechte vorbehalten
Composersatz: Ivo-Morawitz, Hochheim
Druck: Symon und Wagner OHG, Marburg
Printed in West Germany

Vorwort

Die vorliegende Studie stellt die überarbeitete und aktualisierte Fassung einer Arbeit dar, die Anfang 1984 vom Fachbereich Rechts- und Wirtschaftswissenschaften der Johannes Gutenberg-Universität Mainz als Dissertation angenommen wurde. Sie unternimmt den Versuch, Ansätze einer positiven Theorie des Regierungshandelns in kommunistisch-autokratischen Systemen zu entwickeln, auf den Bereich der internationalen Währungspolitik des sozialistischen Staates zu übertragen und am Beispiel der DDR empirisch zu überprüfen. Angesichts des bislang ausgesprochen lückenhaften westlichen Informationsstandes und der weitgehenden Geheimhaltung aller zahlungsbilanzrelevanten Fakten durch die DDR hätte ein solches Forschungsprojekt nicht ohne die Unterstützung zahlreicher Institutionen und Personen durchgeführt werden können. Ihnen allen sei an dieser Stelle für ihre Hilfsbereitschaft und ihr Interesse gedankt.

Zentralbanken, Statistische Ämter und sonstige Regierungsbehörden, Unternehmen, Banken und Verbände aus der Mehrzahl der nichtkommunistischen Länder haben mir Informationen sowie veröffentlichte und bislang unveröffentlichte Daten zur Verfügung gestellt. Besonderen Dank schulde ich dabei der Deutschen Bundesbank, Frankfurt/Main, dem Statistischen Bundesamt, Wiesbaden, dem Bundesministerium für Wirtschaft, dem Bundesministerium für innerdeutsche Beziehungen, dem Gesamtdeutschen Institut, dem Bundesministerium für das Post- und Fernmeldewesen, Bonn, der Hauptverwaltung der Deutschen Bundesbahn, Frankfurt/Main, der Financial Studies Division der International Bank for Reconstruction and Development (Weltbank), Washington, der Österreichischen Nationalbank und der Österreichischen Kontrollbank, Wien, der Bank of England, London, der Suomen Pankki, Helsinki, der Danmarks Nationalbank, Kopenhagen, der Norges Bank, Oslo, der Sveriges Riksbank, Stockholm, der Banque du Maroc, Rabat, der Reserve Bank of Australia, Sydney, der Banco Central del Ecuador, Quito, der Bank of Greece, Athen, der Banco de Mexico S.A., Mexico, der Türkiye Is Bankasi, Karaköy, der Banco Central de Venezuela, Caracas, der Banco de Portugal, Lissabon, der Banco de la República de Colombia, Bogotá, der Banco Central do Brasil, Brasilia, der Bank Markazi Iran, Teheran, der National Bank of Ethiopia, Addis Abeba, der Banc of Ghana, Accra, der Banque Centrale des Etats de l'Afrique de l'Ouest, Abidjan, dem Ministero del Commercio con l'Estero, Rom, der Bank of Japan, Tokio, der Reserve Bank of New Zealand, Wellington, der Bank of Thailand, Bangkok, dem State Institute of Statistics, Prime Ministry der Türkischen Republik, Ankara, Her Majesty's Customs and Excise, South-end-on-sea, der Deutschen Bank und der Dresdner Bank, Frankfurt/Main, Consolidated Gold Fields PLC, London, Samuel Montagu Co, London, den Berliner Gaswerken, Westberlin, der Degussa, Frankfurt/Main, dem Statistischen Landesamt der Freien und Hansestadt Hamburg, dem U.S. Department of Agriculture und dem U.S. Department of the Interior (Bureau of Mines), Washington, der Internationalen Gesellschaft für Menschenrechte, Frankfurt/Main, dem International Institut for Strategic Studies, London, der Oberfinanzdirektion Berlin, dem Polizeipräsidenten von Berlin, dem Senator für Finanzen und dem Senator für Wirtschaft und Verkehr, Westberlin, der Grenzschutzdirektion Koblenz und dem OECD-Informationsbüro, Bonn, sowie den Mitarbeitern von Bibliothek und Archiv des Statistischen Bundesamtes, Wiesbaden, und des Max Planck-Instituts für ausländisches und internationales Privatrecht, Hamburg.

Für wissenschaftliche Anregungen und kritische Anmerkungen danke ich Herrn Professor Dr. Hartwig Bartling, Frau Dr. Hannelore Hamel und Herrn Professor Dr. Alfred Schüller, besonders aber meinem akademischen Lehrer, Herrn Professor Dr. Werner Zohlnhöfer. Herrn Diplom-Volkswirt Stefan Grüttner danke ich für seine stete Gesprächsbereitschaft; er und Frau Diplom-Handelslehrerin Andrea Beyer haben mich immer wieder freundschaftlich und tatkräftig unterstützt. Herrn Fritz Schenk und Herrn Diplom-Wirtschaftler Willy Behrendt schulde ich Dank für ihr Interesse und Vertrauen; sie gaben mir zahlreiche wertvolle Informationen und Anregungen, die Eingang in die vorliegende Studie gefunden haben. Danken möchte ich auch den Herren Henrik Bischof, Günther Buch, Dr. Hannsjörg F. Buck und John M. Lucas für ihre besondere Mühe bei der Beschaffung von Daten und Informationen. Den Herausgebern danke ich für die Aufnahme der Arbeit in ihre Schriftenreihe, Frau Ruthild Marschall für die Bewältigung eines großen Teiles der umfangreichen Korrespondenz und Frau Christel Ivo-Morawitz für die ausgesprochen gewissenhafte und sorgfältige Anfertigung des Composersatzes und die gute Zusammenarbeit. Meiner Familie und unseren Freunden schulde ich besonderen Dank für Rücksichtnahme und Geduld.

Mainz, November 1984   Paul-Günther Schmidt

INHALT

Vorwort V
Verzeichnis der Tabellen im Hauptteil XI

I. Einleitung

A. Zielsetzung und Aufbau der Studie 1
   Anmerkungen 5

B. Zum Stand der relevanten Forschung 7
   Anmerkungen 10

II. Die nationalstaatlichen Rahmenbedingungen internationaler Währungspolitik im Sozialismus

A. Skizze einer Ökonomischen Theorie kommunistisch-autokratischer Systeme 15
   1. Zur Kennzeichnung des Modells 15
   2. Politbürointerne Willens- und Entscheidungsbildung .. 18
   3. Beschränkungen des Entscheidungsspielraums der Parteiführung im kommunistischen Regierungssystem 25
   4. Implikationen für das zu erwartende Gestaltungsmuster praktischer Politik im sozialistischen Staat 34
   5. Zusammenfassung 40
      Anmerkungen 41

B. Struktur und Funktionsweise zahlungsbilanzpolitischer Willens- und Entscheidungsbildung in der DDR 49
   1. Die Rolle des inneren Führungszirkels der Partei 49
   2. Ideologische Grundsätze und Postulate 51
   3. Der Einfluß der sowjetischen Parteiführung 57
   4. Der Einfluß des Parteiapparates 65
   5. Der Einfluß der Staatsbürokratie 69
   6. Der Einfluß des Militärs und der Staatssicherheitsdienste .. 88
   7. Der Einfluß der wissenschaftlichen Beratung 93
   8. Zusammenfassung 97
      Anmerkungen 100

C. Ziele, Organisation und Planung der Außenwirtschaftsbeziehungen
im sozialistischen Staat 118
   1. Ziele internationaler Währungspolitik 118
   2. Das staatliche Außenhandels- und Valutamonopol 123
   3. Gegenstand und Probleme staatlicher Valutaplanung 127
   4. Ursachen und binnenwirtschaftliche Auswirkungen von ungeplanten
      Zahlungsbilanzungleichgewichten 133
   5. Instrumente und Strategien des Zahlungsbilanzausgleichs 143
   6. Zusammenfassung 150
      Anmerkungen 152

III. Ausgewählte Probleme der internationalen Währungspolitik der DDR seit 1949

A. Die Organisation des zwischenstaatlichen Zahlungsverkehrs mit den
nichtsozialistischen Ländern 159
   1. Merkmale und Formen bilateraler Handels- und Zahlungsvereinbarungen 160
   2. Vor- und Nachteile bilateraler Clearingvereinbarungen 163
   3. Regierungsinterne Interessenkonflikte hinsichtlich der Ausgestaltung
      des zwischenstaatlichen Zahlungsverkehrs 167
   4. Entwicklung und Merkmale des zwischenstaatlichen Zahlungsverkehrs mit nichtsozialistischen Ländern 171
   5. Instrumente und Möglichkeiten einer Flexibilisierung des bilateralen Clearings in den intersystemaren Währungsbeziehungen der
      DDR 183
   6. Perspektiven der Multilateralisierung des Handels der DDR mit den
      nichtsozialistischen Ländern 189
   7. Zusammenfassung 194
      Anmerkungen 196

B. Währungsreserven und Reservepolitik 205
   1. Zum Gestaltungsmuster sozialistischer Währungsreservepolitik 205
   2. Organisation und Zielsetzung der Reservepolitik der DDR 207
   3. Entwicklung und Struktur der Devisenreserven 210
   4. Gewinnung, Einfuhr, Ausfuhr und Hortung von Gold 214
   5. Zur Diskussion der westlichen Überlegungen zu einer Demonetisierung des Goldes 219
   6. Internationale Währungsreserven und Zahlungsbilanzstrategie 221
   7. Zusammenfassung 225
      Anmerkungen 227

C. Verschuldung und internationale Kreditbeziehungen 233
   1. Zum Gestaltungsmuster sozialistischer internationaler Kreditpolitik 233
   2. Die Kreditbeziehungen der DDR zur Sowjetunion 237
   3. Die Kreditbeziehungen der DDR zu den nichtsozialistischen Industrieländern 254
   4. Die Kreditbeziehungen der DDR zu den Entwicklungsländern 279
   5. Zahlungsbilanzausgleich und Verschuldungsstrategie gegenüber nichtsozialistischen Ländern 1970 bis 1983 304
   6. Zusammenfassung 315
   Anmerkungen 319

IV. Ausblick und wirtschaftspolitische Implikationen
Anmerkungen 345

Anhang

A. Die Hartwährungs- und Clearingverschuldung der DDR 348
B. Offizielle Hartwährungszahlungen zwischen den Währungsgebieten der DM(West) und der DM(Ost) 365
C. Die externe Handelsbilanz der DDR nach der offiziellen Außenhandelsstatistik 383
D. Die Terms of Trade im Außenhandel der DDR 397
E. Kreditzusagen der DDR gegenüber nichtsozialistischen Entwicklungsländern 404
F. Identifizierte mittelfristige Eurokredite der DDR 414

Literaturverzeichnis 423

Länderregister 445

Verzeichnis der Tabellen im Hauptteil

1 Der Waffenhandel der Sowjetunion, CSSR, DDR und Polens 1970 bis 1982 91
2 Geplante und tatsächliche Zuwächse im polnischen Export- und Import 1970 bis 1977 131
3 Geplante und tatsächliche Zuwächse im Außenhandelsumsatz der DDR 1950 bis 1983 131
4 Veränderungen der Preise und der Terms of Trade im Außenhandel der DDR 1970 bis 1983 134
5 Staatliche Subventionen für den Außenhandel der DDR 1950 bis 1975 142
6 Der Außenhandel der DDR mit den nichtsozialistischen Industrieländern 1953 bis 1983 179
7 Der Außenhandel der DDR mit den nichtsozialistischen Entwicklungsländern 1953 bis 1983 180
8 Die Swinginanspruchnahme durch die DDR im Clearingverkehr mit ausgewählten Ländern 1949 bis 1983 182
9 New Yorker Markt-Disagios für ostdeutsche Clearing-Dollar in % 1953 bis 1959 186
10 Salden im bilateralen Clearing zwischen Dänemark und der DDR 1959 bis 1973 188
11 Nichtkommerzielle Deviseneinnahmen der DDR 1949 bis 1983 192
12 Der Goldhandel der DDR 1963 bis 1983 218
13 Die internationalen Währungsreserven der DDR 1963 bis 1983 222
14 Höhe und Konditionen der sowjetischen Kredite an die DDR 1949 bis 1965 242
15 Sowjetische Gold- und Devisenkredite 1947 bis 1958 244
16 Höhe und Struktur der Importe der DDR aus der Sowjetunion 1970 bis 1982 248
17 Der kumulierte Passivsaldo der DDR im Clearing mit der Sowjetunion 1946 bis 1983 251
18 Verschuldung, Kapitaldienst und Nettotransfer der DDR in Hartwährungen 1968 bis 1975 267
19 Identifizierte mittelfristige Eurokredite des kommunistischen Blocks 1969 bis 1983 270
20 Getreideeinfuhren der DDR 1961 bis 1982 272
21 Verschuldung, Kapitaldienst und Nettotransfer der DDR in Hartwährungen 1976 bis 1983 274
22 Die Kaffeeimporte der DDR nach Einkaufsländern 1971 bis 1982 286
23 Die Inanspruchnahme von Handels-, Liefer- und Aufbaukrediten der DDR an nichtkommunistische Entwicklungsländer von 1955 bis 1982 ... 288
24 Die Schulden der Entwicklungsländer gegenüber RGW-Staaten 289
25 Preise, Mengen und Werte der Rohöleinfuhren der DDR aus nichtsozialistischen Ländern 1971 bis 1982 293

26	Kreditzusagen der DDR gegenüber nichtkommunistischen Entwicklungsländern von 1955 bis 1984	296
27	Die Kreditbeziehungen zwischen der DDR und Brasilien 1961 bis 1981	301
28	Die Hartwährungsbilanz der DDR 1970 bis 1983	306
29	Indikatoren der Schuldendienstfähigkeit der DDR 1970 bis 1983	307
30	Die Zahlungsbilanz der DDR im innerdeutschen Verrechnungsverkehr 1970 bis 1983	311

Verzeichnis der Übersichten

Die bilateralen Zahlungsvereinbarungen zwischen der DDR und nichtsozialistischen Ländern zum Jahresende 1950 bis 1982 177

Die Beteiligungsverhältnisse der wichtigsten sozialistischen Korrespondenzbanken der DDR in nichtsozialistischen Ländern 211

I. EINLEITUNG

A. Zielsetzung und Aufbau der Studie

Sozialistischen Lehrmeinungen zufolge ist die internationale Währungspolitik[1] eine der wichtigsten „Kommandohöhen" des sozialistischen Staates und in praxi vor allem durch ihre Planmäßigkeit, straffe Organisation und einheitliche Durchsetzung gekennzeichnet.[2] Ihre Formulierung und Realisierung liege zudem in der Hand der souveränen nationalen Regierungen,[3] wobei allerdings stets die Gebote des sozialistischen Internationalismus zu beachten seien, der „verlangt, daß die sozialistischen Länder stets von der Einheit der gemeinsamen internationalen und der spezifisch nationalen Interessen ausgehen und die Belange der ganzen Staatengemeinschaft in ihrer Politik konsequent berücksichtigen."[4] Die kommunistische Außenwirtschaftspolitik — und damit auch die internationale Währungspolitik als einer ihrer Teilbereiche[5] — werde schließlich als „Bestandteil der Gesamtpolitik des sozialistischen Staates, insbesondere seiner Wirtschafts- und Außenpolitik" begriffen und habe entsprechend „stets die dialektische Einheit von Politik und Ökonomie zu beachten."[6] Daraus erwachse aufgrund des Primats der Politik „unter anderem die Konsequenz, die außenpolitischen Ziele und Bedingungen zu einem wesentlichen Ausgangspunkt bei der Vorbereitung und beim Abschluß von internationalen Abkommen und Verträgen auf dem Gebiet der Außenwirtschaft zu machen."[7] Die internationale Währungspolitik des sozialistischen Staates habe somit nicht nur möglichst „günstige äußere Bedingungen für die Entwicklung der Volkswirtschaft zu schaffen".[8] Sie habe vielmehr auch (außen)politischen Zielen zu dienen und damit als Instrument kommunistischer Außenpolitik angesehen zu werden.

In der jüngsten Vergangenheit erst sind diese Postulate der Planmäßigkeit, Einheitlichkeit und Zweckrationalität sozialistischer Außenwirtschaftspolitik, aber auch die des souveränen Charakters nationalstaatlicher Politik und des Primats der Politik über die Ökonomie in eklatanten Widerspruch zu Beobachtungen der Wirtschaftswirklichkeit geraten. Allseitige Versorgungsengpässe und Konjunkturstockungen im gesamten kommunistischen Block, sowjetische Intervention und Beschränkungen nationalstaatlicher Souveränität, insbesondere aber die stattgefundene Entwicklung in den intersystemaren Währungsbeziehungen, die vorläufig in einer besorgniserregend hohen Hartwährungsverschuldung des Ostblocks und in den Zahlungsbilanzkrisen Polens und Rumäniens gipfelten, lassen zunehmend Zweifel an dem idealtypischen Bild aufkommen, das die sozialistischen Staaten von ihrer eigenen Außenwirtschaftspolitik zeichnen. Das im Westen lange Jahre — insbesondere auf seiten der Kreditgeber und Exportindustrien — vorherrschende Vertrauen in die Stabilität, Zuverlässigkeit und Rationalität sozialistischer Zahlungsbilanzpolitik ist schwer erschüttert worden und mündete inzwischen sogar umgekehrt in eine weitgehende Kreditsperre westlicher Banken gegenüber kommunistischen Schuldnern.[9] Dabei ist bis heute die wissenschaftliche Diskussion von ersten Versuchen einer Bestandsaufnahme noch kaum zu politisch-ökonomischen Ursachenanalysen vorgedrungen.

Auf östlicher Seite werden die aktuellen Probleme, soweit sie die Wirtschafts- und Währungsbeziehungen zwischen Ost und West betreffen, nach wie vor recht einseitig primär als Ergebnis „der sich verschärfenden allgemeinen Krise des Kapitalismus, der chronischen Währungskrise, der Inflationsfolgen, der Preismanipulationen durch internationale Konzerne auf dem Weltmarkt und der Bestrebungen bestimmter imperialistischer Kreise, mit Hilfe der Außenwirtschaftskontakte den Aufbau des Sozialismus bzw. Kommunismus zu stören",[10] gedeutet. Allenfalls wird eingeräumt, das System zentraler Planung und Lenkung sei angesichts der „anarchischen" Währungs- und Produktionsverhältnisse im kapitalistischen Ausland, wie sie in den dramatischen Terms-of-Trade-Verschlechterungen der sozialistischen Länder zum Ausdruck kommen, temporär überfordert gewesen. Mit Nachdruck wird jedoch die Behauptung zurückgewiesen, die in den siebziger Jahren rasch gestiegene „Kreditnahme durch sozialistische Länder ... sei Ausdruck für die Schwäche der Volkswirtschaften dieser Länder und würde ihnen einseitige Vorteile verschaffen."[11] Die zunehmende Hartwährungsverschuldung entspreche vielmehr „neuen Entwicklungstendenzen in den intersystemaren Wirtschaftsbeziehungen",[12] vor allem der Notwendigkeit zur Mobilisierung in dieser Größenordnung bislang unbekannter materieller und finanzieller Ressourcen zur „Entfaltung großangelegter und langfristiger wirtschaftlicher Zusammenarbeit, die über den traditionellen Handel hinausgeht".[13] Im übrigen sei gerade die Politik der westlichen Industrieländer selbst Beleg für das Vertrauen in die Stabilität sozialistischer Staaten, basiere doch die „Bereitschaft der kapitalistischen Länder zur Kreditgewährung gegenüber sozialistischen Ländern ... auf der Erkenntnis, daß die sozialistischen Staaten auf Grund ihrer stabilen politischen und ökonomischen Verhältnisse eine sichere Garantie für die Rückzahlung bieten."[14]

Westlichen Interpreten erscheint die internationale Währungspolitik sozialistischer Länder immer noch als eine weitgehende „terra incognita". Soweit Schätzungen, gezielte östliche Indiskretionen oder Berichte westlicher Geheimdienste dennoch den einen oder anderen Aspekt kommunistischer Zahlungsbilanzpolitik zu erhellen scheinen, fallen die Urteile gleichwohl sehr unterschiedlich aus. Es fehlt bislang offenbar vor allem an hinreichend allgemeinen und dennoch empirisch verwertbaren Erklärungsmustern, die Einzelbeobachtungen einer umfassenderen Interpretation zugänglich machen könnten. Es kann daher nicht verwundern, daß zentrale Probleme gerade der Ost-West-Währungsbeziehungen nach wie vor kontrovers diskutiert werden — wie die Rolle des Ost-West-Wirtschaftsverkehrs im Rahmen der Außenhandelsstrategie kommunistisch regierter Staaten, die Ursachen der Westverschuldung der RGW-Staaten und RGW-Banken, die Beurteilung bilateralen zwischenstaatlichen Clearings, die Erfolgsaussichten einer westlichen Embargopolitik zur Durchsetzung politischer Ziele oder die zukünftigen Gestaltungsmöglichkeiten der Ost-West-Finanzbeziehungen vor dem Hintergrund hoher Hartwährungsschulden der RGW-Länder einerseits und instabiler Waren- und Finanzmärkte im Westen andererseits.

Die Ursachen für diesen unbefriedigenden Stand der relevanten Forschung sind offenbar sowohl in einem Mangel an brauchbaren theoretischen Erklärungsansätzen als auch in einem Mangel an Informationen begründet. Dabei ist die unzureichende Informationsbasis nicht nur in dem Fehlen einigermaßen zuverlässiger Daten zur Entwicklung der intersystemaren Währungsbeziehungen zu sehen, sondern schon in der Schwierigkeit, Meldungen, Berichte, Analysen oder auch nur „Stimmungsbilder" zu den Hintergründen währungs- und wirtschaftspolitischer Willensbildungs- und Entscheidungsprozesse in kommunistisch regierten Staaten zu erlangen. Der unzureichende Informationsstand bedingt damit den unbefriedigenden theoretischen Standard mit. Westliche Wissenschaftler sehen sich nämlich gezwungen, stillschweigend zur Prämisse ihrer Analyse zu erheben, was in den kommunistischen Ländern selbst als Dogma gilt: Die praktische Wirtschaftspolitik des sozialistischen Staates sei „Output" eines weitgehend monolithischen, rational handelnden Regierungssystems, das der Politik unverrückbar das Primat über die Ökonomie einräume.

Hier setzt das Anliegen dieser Studie an. Ihre Zielsetzung ist zunächst einmal, möglichst viele „Mosaiksteine" eines Gesamtbildes der internationalen Währungspolitik eines kommunistischen Staates zusammenzutragen, um auf diese Weise möglichst viele „weiße Flecken" des westlichen Informationsstandes zu beseitigen. Dabei sollen die Ost-West-Währungsbeziehungen und die Beziehungen des kommunistischen Blocks zu den OPEC-Staaten und nichtölproduzierenden Entwicklungsländern in den Mittelpunkt der Analyse gestellt werden. Um bei dieser *empirischen Analyse* für hinreichenden Tiefgang zu sorgen, wurde die Form einer Länderstudie gewählt. Das Beispiel der DDR bot sich dabei aus mehreren Gründen an. Einerseits nämlich ist die Informationspolitik der DDR die wohl restriktivste innerhalb des kommunistischen Blocks überhaupt, so daß eine quantitative und qualitative Verbesserung des Informationsgrades hier besonders dringlich erscheint.[15] Andererseits wurde die DDR wiederholt als „Rumänien der achtziger Jahre" apostrophiert,[16] wobei die ungleich größere Bedeutung der DDR in den Ost-West-Währungsbeziehungen im Falle einer möglichen Verschuldungskrise (nach den Entwicklungen in Polen und Rumänien erst recht) schwerwiegende internationale Finanzprobleme auslösen könnte. Die besondere strategische Position der DDR im Ost-West-Spannungsverhältnis, ihre außerordentlich engen Beziehungen sowohl zur Sowjetunion als auch zur Bundesrepublik Deutschland und ihre in den siebziger Jahren gewachsene Rolle als „Stellvertreter" der Sowjetunion in der Dritten Welt lassen eine grundlegende Analyse ihrer internationalen Währungspolitik von unmittelbarem Interesse erscheinen. Der Untersuchungszeitraum umfaßt die gesamte Zeitspanne seit Beendigung des Zweiten Weltkrieges.

Eine der Realität gerecht werdende Sammlung, Aufbereitung und Interpretation der Daten setzt allerdings eine Theorie voraus, die den Weg zu den Fakten erst erschließt. Eine solche Theorie sollte vor allem die Identifikation, Begründung und Analyse von Merkmalen währungs- und wirtschaftspolitischer Entscheidungen im sozialistischen Staat erlauben. Sie dürfte mithin im Gegensatz zur bisher vorherrschenden Vorgehensweise Wirtschaftspolitik gerade nicht als Output eines monolithischen Entscheidungssystems interpretieren und die These vom Primat der Politik über die Ökonomie unbesehen zur Prämisse der Analyse erheben. Vielmehr ist es aus der hier angewandten Perspektive heraus gerade erforderlich, Struktur und Funktionsweise (wirtschafts)politischer Willens- und Entscheidungsbildung im sozialistischen Staat selbst erst zu thematisieren. Zielsetzung dieser Arbeit ist es daher auch, einen *theoretischen Ansatz* zu entwickeln, der es erlaubt, Hypothesen darüber zu formulieren, inwieweit Struktur und Funktionsweise (wirtschafts)politischer Willens- und Entscheidungsbildung den „Output" politischer Entscheidungsprozesse in Form bestimmter Maßnahmen zur Gestaltung bzw. Steuerung des wirtschaftlichen Geschehens beeinflussen. Zu diesem Zweck muß hier freilich etwas weiter ausgeholt werden. So ist nicht nur das begrifflich-analytische Instrumentarium zur Behandlung von Struktur und Funktionsweise kollektiver Willensbildung im sozialistischen Staat erst zu entwickeln, bevor konkret die Außenwirtschafts- und Zahlungsbilanzpolitik der DDR analysiert werden kann. Es wird zunächst auch im einzelnen zu untersuchen sein, wer in der DDR die Grundzüge der internationalen Währungspolitik festlegt, welchen formalen und vor allem faktischen Einfluß Bevölkerung, Parteiapparat, Verbände, Bürokratie, Wissenschaft und Militär auf Ziele und Maßnahmen haben und welche externen und regierungsinternen Restriktionen den politischen Entscheidungsprozeß und Entscheidungsspielraum eingrenzen. Auf dieser Basis erst werden sich Aussagen darüber treffen lassen, welche „Antworten" das System auf bestimmte Probleme findet, welche Konzeptionen wahrscheinlich eingeschlagen werden und welche Ziel-Mittel-Kombinationen in praxi dominieren. Zwar kann realistischerweise nicht erwartet werden, konkrete Einzelentscheidungen ex post zu erklären oder ex ante zu prognostizieren. Prinzipiell sollte es jedoch möglich sein, mit Hilfe eines solchen Erklärungsansatzes plausible Erklärungsmuster anzubieten und Tendenzaussagen möglich zu machen. Gegenüber dem in der Kommunismusforschung weithin beobachtbaren theorielosen Empirismus wäre bereits die Erreichung dieser bescheideneren Zielsetzung als Fortschritt zu werten.

Diese doppelte theoretische und empirische Zielsetzung der Studie legt folgenden Aufbau nahe. Nach einer Skizze des Standes der relevanten Forschung soll im ersten Hauptteil der Arbeit (II) der Versuch unternommen werden, Struktur und Funktionsweise außenwirtschaftspolitischer Willens- und Entscheidungsbildung in der DDR zu kennzeichnen. Auf der Basis eines Modells (wirtschafts)politischer Entscheidungsfindung in kommunistisch-autokratischen Regierungssystemen (Kapitel A) und einer Kennzeichnung des Einflusses von Ideologie, ausländischen Regierungen, Parteiführung, Parteiapparat, Spitzenbürokratien, Militär, Staatssicherheitsdiensten und wissenschaftlicher Beratung auf die Gestaltung praktischer internationaler Währungspolitik der DDR (Kapitel B) werden schließlich die Ziele und Instrumente internationaler Währungspolitik im sozialistischen Staat, das System der nationalen Planung, Durchführung und Kontrolle internationaler Währungsbeziehungen sowie Ursachen und Auswirkungen von Zahlungsbilanzungleichgewichten analysiert (Kapitel C). Im zweiten Hauptteil der Studie (III) soll dann versucht werden, die vor dem Hintergrund der vorangegangenen Überlegungen zu erwartenden Gestaltungsmuster praktischer internationaler Währungspolitik mit der Realität zu konfrontieren. Zu diesem Zweck werden drei ausgewählte Problembereiche internationaler Währungspolitik am Beispiel der DDR vertieft studiert, nämlich die Ausgestaltung des zwischenstaatlichen Zahlungs- und Verrechnungsverkehrs der DDR mit den nichtsozialistischen Ländern (Kapitel A), die Währungsreservepolitik der DDR (Kapitel B) und die internationalen Kreditbeziehungen der DDR (Kapitel C). Schlußfolgerungen aus dieser Analyse unter besonderer Berücksichtigung der jüngsten Entwicklungen in den intersystemaren Währungsbeziehungen bleiben einem Schlußkapitel (IV) vorbehalten.

Da der überwiegende Teil des im Rahmen dieser Arbeit benutzten empirischen Materials erstmals zusammengetragen und aufbereitet wurde, ergab sich die Notwendigkeit zu umfangreichen Berechnungen und Schätzungen, die aus methodischen Gründen in Anhängen zusammengestellt wurden. Zweck dieser Vorgehensweise ist es, den Hauptteil der Studie so weit wie möglich von umfangreichen, letztlich jedoch unverzichtbaren methodischen und empirischen Darstellungen zu entlasten, gleichzeitig aber eine Nachprüfbarkeit der hier verwendeten Daten und Schätzungen weitestgehend sicherzustellen. Auf die Verwendung von Informationen aus anonymen Quellen und von Berechnungen und Schätzungen Dritter wurde hier bewußt weitgehend verzichtet.

Anmerkungen

1 Es erscheint auch im Rahmen dieser Studie „zweckmäßig, auf eine unterschiedliche Definition der Begriffe *Geldpolitik und Währungspolitik* zu verzichten und sie *synonym* zu gebrauchen" ADEBAHR, Hubertus: Währungstheorie und Währungspolitik. Einführung in die monetäre Außenwirtschaftslehre, Berlin 1978, S. 359. Der möglichen Vereinbarung, als „internationale" Währungspolitik — im Unterschied zur „nationalen" — die Politik internationaler Entscheidungsinstanzen zu bezeichnen (vgl. ebd., S. 360) wird hier indes nicht gefolgt, da eine Differenzierung nach dem Trägerkriterium bei im einzelnen überwiegend unveränderten Zielen und Maßnahmen (so abgegrenzter nationaler und internationaler Währungspolitik) für unzweckmäßig gehalten wird. Im folgenden wird vielmehr unter *internationaler Währungspolitik* die Gesamtheit aller Bestrebungen, Handlungen und Maßnahmen verstanden, die darauf abzielen, die zwischenstaatlichen Geldbeziehungen zu ordnen oder zu beeinflussen. Von *Zahlungsbilanzpolitik* soll hingegen nur dann gesprochen werden, wenn speziell jene Maßnahmen internationaler Währungspolitik gemeint sind, die auf den materiellen Ausgleich der Zahlungsbilanz gerichtet sind. Diese Begriffsbestimmungen sind insoweit wesentlich, als mit dem Terminus „internationale Währungspolitik" insbesondere auch solche Maßnahmen angesprochen sind, die auf internationaler Ebene beispielsweise die Regelung des zwischenstaatlichen Zahlungs- und Verrechnungsverkehrs betreffen und auf nationaler Ebene beispielsweise auf die Organisation, Planung, Durchführung, Kontrolle und Abrechnung der Valutabeziehungen im Rahmen des zentralen Planungs- und Lenkungssystems abzielen.
2 Vgl. HERCHER, Karl: Der Zahlungsverkehr der Deutschen Demokratischen Republik mit dem Ausland, Berlin(Ost) 1958, S. 9 ff.; FAUDE, Eugen u.a.: Sozialistische Außenwirtschaft, Berlin(Ost) 1976, S. 149 sowie GROTE, Gerhard u.a.: Planung der sozialistischen Außenwirtschaftsbeziehungen, Berlin(Ost) 1979, S. 122 ff.
3 Die Außenwirtschaftsbeziehungen zwischen den kommunistisch regierten Staaten „sind bestimmt durch die Prinzipien der Freiwilligkeit, der Achtung der nationalen Souveränität und des gegenseitigen Vorteils." Autorenkollektiv: Kleines Politisches Wörterbuch, 2. Aufl., Berlin(Ost) 1973, S. 88
4 BOGOMOLOW, O.T.: Über die Außenwirtschaftsbeziehungen der UdSSR, in: Kommunist 5/1974 (russ.), zitiert nach: FAUDE, Eugen u.a.: Sozialistische Außenwirtschaft, a.a.O., S. 251
5 Vgl. GROTE, Gerhard u.a.: Planung der sozialistischen Außenwirtschaftsbeziehungen, a.a.O., S. 122 sowie FAUDE, Eugen u.a.: Sozialistische Außenwirtschaft, a.a.O., S. 144
6 Ebd., S. 149
7 Ebd.
8 Ebd., S. 150
9 Vgl. ENGELEN, Klaus C.: Ostkredite. Harte Zeiten, in: Handelsblatt, Nr. 25 vom 4./5.2.1983, S. 2 sowie Ungebundener Finanzkredit gehört der Vergangenheit an, in: Handelsblatt, Nr. 55 vom 18./19.3.1983, S. 9
10 FAUDE, Eugen/GROTE, Gerhard/LUFT, Christa u.a.: Sozialistische Außenwirtschaft, a.a.O., S. 151
11 GROTE, Gerhard/SCHULMEISTER, Dieter u.a.: Planung der sozialistischen Außenwirtschaftsbeziehungen, a.a.O., S. 132
12 Ebd.

13 ALCHIMOW, W.: Die Rolle des Banksystems bei der Entwicklung der Außenwirtschaftsbeziehungen der Sowjetunion, in: Außenhandel der UdSSR, Nr. 6/1978, S. 10
14 KOLLOCH, Klaus/KOLLOCH, Eveline: Zu einigen Aspekten der ökonomischen Zusammenarbeit zwischen den sozialistischen und kapitalistischen Ländern, in: Wissenschaftliche Zeitschrift der Humboldt-Universität zu Berlin(Ost), Gesellschafts- und Sprachwissenschaftliche Reihe. Band XXIV (1975), H. 6, S. 741—743, hier: S. 742
15 Nach Aussagen von Prof. LEVCIK vom Wiener Institut für Internationale Wirtschaftsvergleiche „hat die DDR die schlechteste Außenhandelsstatistik von allen RGW-Ländern und ist den Verpflichtungen aus den Helsinki-Verträgen überhaupt nicht nachgekommen." Ostberlin habe im Gegenteil „für eine systematische Verschlechterung der statistischen Berichterstattung gesorgt." ENGELEN, Klaus C.: Die Swing-Debatte schadet der DDR. HB-Gespräch mit Prof. Friedrich Levcik, in: Handelsblatt Nr. 92 vom 13.5.1982, S. 3. Zwischenzeitlich scheint „Ostberlins Geheimniskrämerei in der Außenwirtschaft" (LEVCIK) allerdings westliche Kreditgeber stark verunsichert und zu einer nur zögernden Kreditvergabe beigetragen zu haben. In dem Mitte 1982 erschienenen Statistischen Taschenbuch der DDR, Berlin(Ost), und Anfang 1983 auch in dem Bericht der Deutschen Außenhandelsbank AG, Berlin(Ost) zur Bilanz zum 31.12.1982 (im Besitz des Verf.) werden nämlich erstmals seit 1975 wieder Daten zur Ein- und Ausfuhr der DDR mit dem „Nichtsozialistischen Wirtschaftsgebiet" ausgewiesen. Die SED-Führung dürfte sich zu dieser marginalen Lockerung ihrer restriktiven Informationspolitik zum einen durch den Rückzug US-amerikanischer und japanischer Banken aus dem DDR-Kreditgeschäft im Jahre 1982, zum anderen durch das 1982 erstmals wieder mögliche Ausweis eines beachtlichen Handelsbilanzüberschusses gegenüber dem nichtsozialistischen Wirtschaftsgebiet veranlaßt gesehen haben.
16 Die seit Anfang 1982 ausgesprochen widersprüchlichen Meldungen aus Bankenkreisen belegen die hohe Unsicherheit an den internationalen Kreditmärkten hinsichtlich der Einschätzung des Standings der DDR. So wurde noch im März 1982 die DDR „auch heute noch mit Abstand als die beste Kreditadresse" unter den kleineren osteuropäischen Ländern bezeichnet. Vgl. Ostblock-Finanzsystem ist stark angeschlagen, in: Handelsblatt Nr. 57 vom 23.3.1982, S. 7. Wenige Wochen später jedoch ließen US-amerikanische und europäische Kreditmanager auf einer Fachtagung im Rahmen des „Foreign Credit Interchange Bureau" (FCIB) „erkennen, daß sie die DDR gleich hinter Polen und Rumänien — neben Jugoslawien — als drittschwersten Problemfall der Ostverschuldung ansehen." DDR-Pleite scheint vorprogrammiert zu sein, in: Handelsblatt Nr. 82 vom 29.4.1982, S. 1. Siehe hierzu auch ENGELEN, Klaus C.: Nach Polen und Rumänien nun DDR-Zahlungskrise?, in: Handelsblatt Nr. 82 vom 29.4.1982, S. 3

B. Zum Stand der relevanten Forschung

Eine Studie, deren Gegenstand die Erforschung internationaler Währungspolitik im sozialistischen Staat ist, sieht sich mit den hinlänglich bekannten methodischen Problemen der Kommunismus- und DDR-Forschung[1] in besonderem Maße konfrontiert, da sie thematisch einen Politikbereich berührt, der als ausgesprochen „sensibel" zu betrachten ist und in den kommunistischen Ländern weitgehender – in der DDR praktisch vollständiger – Geheimhaltung unterliegt.[2] Von Informationsreisen in den Ostblock muß in diesem Zusammenhang abgeraten werden, „da schon der Versuch, sich das benötigte Material zu beschaffen, als ‚Wirtschaftsspionage' ausgelegt werden könnte."[3] Pryor, der bei seinen Nachforschungen zu Problemen der RGW-Integration Staatsgeheimnisse bewußt mied und Interviewfragen nur zu „non-sensitive areas of foreign trade"[4] stellte, wurde dennoch allein deshalb 6 Monate in Ostberlin inhaftiert, weil er zufällig mit jenem Mann Kontakt bekommen hatte, der geheime Positionen der Zahlungsbilanz der DDR kannte.[5] Selbst westliche Stellen zeigten sich bei der Verfügbarmachung von Daten und Informationen teilweise ausgesprochen zurückhaltend, weil sie als Folge einer Veröffentlichung eine Verschlechterung der Beziehungen zur DDR befürchteten[6] oder erteilte Informationssperrvermerke der Währungsbehörden der DDR zu beachten haben.[7] Es kann unter diesen Bedingungen nicht verwundern, daß der für die Kommunismusforschung allgemein beklagte Zustand für den Bereich intersystemarer Währungsbeziehungen in besonderem Maße gilt, daß nämlich unser Wissen „nach wie vor äußerst unzulänglich, und auch die Urteilsbildungen . . . , wie die Praxis zeigt, gerade in entscheidenden Fragen teilweise höchst kontrovers"[8] sind.

So hat die spärliche, offizielle Informationspolitik der DDR bislang auch die Schwerpunkte der (vor allem in Westdeutschland und Österreich betriebenen) DDR-Forschung präformiert: Soweit außenwirtschaftspolitische Fragen überhaupt systematisch erforscht werden, konzentriert sich die Forschungsaktivität vorwiegend auf handelspolitische und handelstheoretische Fragestellungen, für die zumindest bis 1977 grobe Daten der offiziellen DDR-Statistik vorlagen,[9] sowie auf Probleme des innerdeutschen Handels, für die auf westdeutscher Seite stets ein ausgesprochenes politisches und ökonomisches Interesse bestand.[10] Die zahlreichen Inkonsistenzen, Lücken und Rätsel der DDR-Außenhandelsstatistik[11] setzten allerdings auch diesen Versuchen enge Grenzen. Berücksichtigt man, daß der Außenhandel der DDR in einer fiktiven Recheneinheit, der „Valutamark", nachgewiesen wird, deren US-Dollar-Gegenwert seit 1972 unbekannt ist, daß die DDR seit 1975 für einzelne Länder keine Ein- und Ausfuhren, sondern nur noch Außenhandelsumsätze veröffentlicht, daß zwischen 1977 und 1981 selbst die Gesamtein- und -ausfuhr der DDR sowjetischen Statistiken entnommen werden mußte, daß das Westhandelsdefizit seit 1977 geheimgehalten wird und daß schließlich im Handel der DDR mit dem nichtsozialistischen Währungsraum Import- und Exportlücken in Milliardenhöhe[12] auftreten, deren Herkunft sich bislang jeder plausiblen Erklärung verschließt, wird deutlich, daß diese spärliche Datenbasis den Versuch einer zahlungsbilanzpolitischen Analyse weitgehend unmöglich zu machen scheint.[13]

Die Schwierigkeiten einer Beschaffung aussagefähiger Daten dürften somit im wesentlichen erklären, warum bislang nur einige wenige Forschungsarbeiten vorliegen, die die intersystemaren Währungsbeziehungen der DDR überhaupt thematisieren,[14] obwohl inzwischen eine Reihe Gesamtdarstellungen des politischen und wirtschaftlichen Lebens in der DDR vorliegen,[15] zu nahezu allen Teilbereichen praktischer Wirtschaftspolitik Einzelstudien existieren[16] und sich eine Reihe von Forschern und Instituten regelmäßig im Bereich der DDR-Wirtschaftsforschung betätigen.[17]

Die hier für die DDR beklagte Forschungslücke besteht jedoch für den kommunistischen Block generell.[18] Die ganz überwiegende Mehrzahl der vorliegenden Studien befaßt sich nach wie vor mit den politischen, ökonomischen und monetären Problemen der Wirtschaftsintegration im RGW[19] und in der mit dem Handelsaustausch selbst kontinuierlich gewachsenen Literatur zum Ost-West-Wirtschaftsverkehr[20] herrschen unverändert Fragen der Handelsintensivierung, der Warenstruktur, der Preisbildung und des Technologietransfers vor. Die in den sozialistischen Ländern selbst erscheinende Literatur ist — auch soweit sie wissenschaftlichen Anspruch erhebt — weitgehend unergiebig und von den Forschungszielen her stets auf die gerade interessierenden Aufgabenstellungen des aktuellen Parteikurses bezogen.[21]

Zu einer intensiveren und breiteren Behandlung zahlungsbilanzpolitischer Probleme kam es erst vergleichsweise spät in den siebziger Jahren infolge der beschleunigt gestiegenen Hartwährungsverschuldung der RGW-Staaten.[22] Damit wurden die intersystemaren Währungsbeziehungen für die Nationalökonomie quasi erst entdeckt, so als habe es sie seit der russischen Oktoberrevolution nicht gegeben. Zunehmend begannen nun nicht nur Banken und Exportwirtschaft auf Tagungen und Symposien sich für die neue Thematik zu interessieren,[23] sondern auch finanziell vergleichsweise stark engagierte nationale Regierungen[24] und interessierte supranationale Organisationen.[25] Es erwies sich allerdings als schwierig, in diesem Rahmen über einzelwirtschaftlich relevante Fragen der Handels- und Finanzierungspraxis oder tagespolitisch aktuelle Probleme hinaus grundlegenden theoretischen und wirtschaftspolitischen Fragestellungen nachzugehen. Wo dies gleichwohl versucht wurde, zeigte sich erneut die Neigung westlicher Forscher zu einer Fixierung auf Probleme der Währungsintegration im RGW-Raum. Probleme einer erweiterten Anwendung des „Transferrubels" gerieten so zum „Evergreen" der Fachsymposien.[26] Daher erschien „der Spott östlicher Kollegen nicht unberechtigt, daß sich hier doch offensichtlich die westlichen Theoretiker einen eigentlich recht sozialistischen Kopf zerbrechen."[27]

Wie unzureichend demgegenüber der Stand der Erforschung der intersystemaren Währungsbeziehungen und der durch sie bedingten Interdependenzen ist, zeigt beispielhaft die Tatsache, daß nach wie vor sozialistische Wechselkurspolitik, zwischenstaatlicher Clearing- und Zahlungsverkehr mit sozialistischen Ländern, binnenwirtschaftliche Implikationen außenwirtschaftlicher Störungen in zentralgeleiteten Volkswirtschaften, sozialistische Kreditpolitik gegenüber nichtsozialistischen Entwicklungsländern und kommunistische Aktivitäten auf den westlichen Rohstoff-, Devisen-, Edelmetall- und Kapitalmärkten sowie ihre Implikationen für die Stabilität des westlichen Währungssystems — theoretisch wie empirisch — weitgehend unbearbeitetes Feld sind.[28] Die Problembereiche internationaler Währungsbeziehungen zwischen Ost und West sowie Ost und Süd sind eine Agenda der Forschung für die achtziger Jahre. Die bislang kaum erkannte Bedeutung der Währungspolitik kommunistischer Staaten für die Stabilität der Weltwährungsordnung geht weit über die tagespolitische Bedeutung drohender oder manifester Zahlungsbilanzkrisen einzelner kommunistischer Länder sowie gelegentlicher US-amerikanischer Forderungen nach einem Technologie-, Getreide- oder Kreditembargo hinaus.

Es dürfte nach dem bisher Gesagten allerdings auch deutlich geworden sein, daß eine solche Analyse die Struktur und Funktionsweise wirtschaftspolitischer Willens- und Entscheidungsbildung thematisieren und zur Grundlage der nationalökonomischen Analyse machen muß, sollen Einsichten in die praktische Politik sozialistischer Staaten nicht gerade versperrt werden. Bei der Suche nach einer geeigneten theoretischen Fundierung zeigt sich indes, daß es den zuständigen Fachdisziplinen bislang nicht gelungen ist, einigermaßen wirklichkeitsnahe Modelle politischen Handelns zu entwickeln, die geeignet wären, das vorherrschende unrealistische Paradigma des „rationalen Einzelakteurs" zu durchbrechen.

Bei allem Dissens im einzelnen besteht heute doch immerhin weitgehende Übereinstimmung darüber, daß weder die naive Version des Totalitarismusansatzes,[29] noch der modernisierungstheoretische Ansatz, das Konzept der Industriegesellschaft oder marxistische Erklärungsansätze der sozialistischen Gesellschaft für eine empirische Analyse politisch-ökonomischer Prozesse in kommunistisch regierten Staaten geeignet sind, da sie als „globale und übergreifende Modellkonstruktionen auf einer zu hohen Abstraktionsebene operieren und empirisch kaum verifizierbar sind."[30] Selbst wenn man diesen Anspruch als wissenschaftstheoretisch kaum haltbar ansieht,[31] erscheint mittlerweile doch die „Möglichkeit zur Entwicklung einer wirklichkeitsadäquaten und allgemein akzeptierbaren Makrotheorie des Sowjetsystems in der Tat utopisch".[32] Selbst als Partialmodelle zur Kennzeichnung von Struktur und Funktionsweise politischer Entscheidungsfindung im sozialistischen Staat eignen sich die genannten Erklärungsansätze kaum; ihre diesbezüglichen Erklärungsmuster sind dafür viel zu amorph.

Zwar liegen inzwischen zahlreiche politikwissenschaftliche und soziologische Untersuchungen des politischen und bürokratischen Systems kommunistischer Länder, auch der DDR,[33] vor. Diese Studien befassen sich jedoch ausnahmslos mit Teilaspekten des politischen und gesellschaftlichen Lebens im sozialistischen Staat und vermögen das grundlegende, oben skizzierte methodologische Problem nicht zu lösen. Namentlich die Politikwissenschaft muß sich den Vorwurf gefallen lassen, wenig zu einer Identifikation und Erklärung von Merkmalen kommunistischer Regierungspolitik beigetragen zu haben.[34] Dabei liegen sowohl für eine solche Theoriebildung als auch für eine Analyse praktischer Politik zuverlässige Augenzeugenberichte und selbst erste theoretische Reflexionen persönlich Betroffener vor, die bislang jedoch kaum für eine sozioökonomische und politische Hypothesenbildung fruchtbar gemacht worden sind.[35] Gerade die Kommunismus- und DDR-Forscher dürfen jedoch nicht länger auf diese Erfahrungsberichte verzichten, könnte man doch „– in Erinnerung an eine bekannte französische Redensart – sagen, es ginge ihnen wie den Kutschern in Paris: Sie kennen alle Straßen, doch sie wissen nicht, was in den Häusern vorgeht. Auf die DDR-Forschung angewandt, heißt dies: Sie kennen alle Erklärungen und Kommuniqués, sie entdecken zwischen den Zeilen so manches, doch welche Entscheidungs- und Willensbildungsprozesse dahinterstecken, bleibt ihnen zumeist verborgen. Der Entscheidungs- und Willensbildungsprozeß in der DDR und zwischen der UdSSR und dem zweiten deutschen Staat – dies ist das große und schwer ins Gewicht fallende Forschungsdesiderat."[36]

In der vorliegenden Studie wird daher der Versuch unternommen, letztlich zwar aus kritischer Distanz an den Forschungsgegenstand heranzugehen, dabei jedoch auch solche Quellen systematisch zu erschließen und für eine theoretische Grundlegung (währungs)politischer Willens- und Entscheidungsbildung im sozialistischen Staat zu nutzen, die als persönliche Erlebnisberichte möglicherweise durchaus noch „parteiisch" oder von Ressentiments geprägt sind. Die theoretischen Überlegungen knüpfen dabei an ersten Ideen und Ansätzen an, wie sie im Rahmen der politikwissenschaftlichen neueren Macht- und Bürokratieforschung sowie in Analogie zur „Neuen Politischen Ökonomie" (der Demokratie) unter dem Rubrum einer „Ökonomischen Theorie kommunistischer Systeme" entwickelt worden sind.[37] Es sind im wesentlichen diese Forschungsansätze, die im folgenden aufgegriffen, weiterentwickelt und für eine Analyse internationaler Währungspolitik im sozialistischen Staat fruchtbar gemacht werden sollen.

Anmerkungen

1 Vgl. beispielsweise BUCHHOLZ, Arnold: Methodische Probleme der Sowjetunion- und Osteuropaforschung, in: Das Parlament. Beilage: Aus Politik und Zeitgeschichte, B 48/81, 28. November 1981, S. 3—10 sowie GLAESSNER, Gert-Joachim: Politische und konzeptionelle Probleme der DDR- und Kommunismusforschung, in: Der X. Parteitag der SED. 35 Jahre SED-Politik. Versuch einer Bilanz, Vierzehnte Tagung zum Stand der DDR-Forschung in der Bundesrepublik Deutschland 9. bis 12. Juni 1981, Köln 1981, S. 3—20 und die dort angegebene weiterführende Literatur
2 1968 beispielsweise forderte Politbüromitglied Dr. Günter MITTAG auf dem 9. ZK-Plenum ausdrücklich „strengste Staatsdisziplin bei der Wahrung von Geheimnissen" auch und gerade im Bereich der „Außenwirtschaftstätigkeit". Vgl. Meisterung der Ökonomie ist für uns Klassenkampf, in: Neues Deutschland vom 27.10.1968, S. 5
3 Persönliches Schreiben eines ehemaligen Außenwirtschaftsexperten des kommunistischen Blocks an den Verf.
4 PRYOR, Frederic L.: The Communist Foreign Trade System, London 1963, S. 8
5 Nach persönlichen Informationen des Verf. durch Fritz SCHENK sowie PRYOR, Frederic L.: The Communist Foreign Trade System, a.a.O., S. 7 und 64. PRYORs Vermutungen über die offizielle Funktion seines Gesprächspartners innerhalb der Planungshierarchie der DDR sind jedoch unzutreffend und beruhen auf Mißverständnissen. Siehe dazu die Ausführungen in Abschnitt B unten.
6 Vertrauliche Mitteilung einer Behörde an den Verf.
7 Mitteilung verschiedener Behörden im europäischen und außereuropäischen Ausland an den Verf.
8 BUCHHOLZ, Arnold: Methodische Probleme der Sowjetunion- und Osteuropaforschung, a.a.O., S. 3
9 Vgl. hierzu insbesondere FÖRSTER, Wolfgang: Das Außenhandelssystem der sowjetischen Besatzungszone Deutschlands, 3. Aufl., Bonn (Bundesministerium für gesamtdeutsche Fragen) 1957; KLINKMÜLLER, Erich: Die gegenwärtige Außenhandelsverflechtung der sowjetischen Besatzungszone Deutschlands, Berlin 1959; PRYOR, Frederic L.: The Communist Foreign Trade System, a.a.O.; KÖHLER, Heinz: Economic Integration in the Soviet Bloc. With an East German Case Study, New York, Washington und London 1965; LAMBRECHT, Horst: Der Handel der Deutschen Demokratischen Republik mit der Bundesrepublik Deutschland und den übrigen OECD-Ländern. Eine vergleichende Betrachtung des Westhandels der DDR in den Jahren 1965 bis 1975, Deutsches Institut für Wirtschaftsforschung, Sonderheft 119, Berlin 1977; NATTLAND, Karl-Heinz: Der Außenhandel in der Wirtschaftsreform der DDR, Berlin 1972; DIETSCH, Ulrich: Außenwirtschaftliche Aktivitäten der DDR, Hamburg 1976 sowie HAENDCKE-HOPPE, Maria: Die Außenwirtschaftsbeziehungen der DDR. Grundzüge — Schwerpunkte — Perspektiven, FS-Analysen Heft 4, Berlin 1980

10 Vgl. beispielsweise LAMBRECHT, Horst: Die Entwicklung des Interzonenhandels von seinen Anfängen bis zur Gegenwart, Deutsches Institut für Wirtschaftsforschung, Sonderheft 72, Berlin 1965; KUPPER, Siegfried: Der innerdeutsche Handel. Rechtliche Grundlagen, politische und wirtschaftliche Bedeutung, Köln 1972; EHLERMANN, Claus-Dieter/KUPPER, Siegfried/LAMBRECHT, Horst/OLLIG, Gerhard: Handelspartner DDR — Innerdeutsche Wirtschaftsbeziehungen, Baden-Baden 1975; NEHRING, Sighart: Die Wirkungen von Handelspräferenzen im Warenaustausch zwischen der Bundesrepublik und der DDR. Ein empirischer Beitrag zur Theorie der impliziten Transfers, Tübingen 1978 sowie BISKUP, Reinhold: Deutschlands offene Handelsgrenze. Die DDR als Nutznießer des EWG-Protokolls über den innerdeutschen Handel, Frankfurt/M. 1976. Es muß jedoch festgestellt werden, daß demgegenüber Probleme des innerdeutschen Zahlungs- und Verrechnungsverkehrs weitgehend vernachlässigt wurden, sieht man von dem breiten publizistischen Interesse ab, das der „Swing" auf sich gezogen hat.
11 Vgl. HAENDCKE-HOPPE, Maria: Die DDR-Außenhandelsstatistik und ihr Informationswert, FS-Analysen Heft 3, Berlin 1978
12 Vgl. Deutsches Institut für Wirtschaftsforschung (Hrsg.): Handbuch DDR-Wirtschaft, Reinbek b. Hamburg 1977, S. 254f.
13 In Anhang C wird daher erstmals der Versuch unternommen, die vielfältigen Bewertungs- und Abgrenzungsprobleme der DDR-Außenhandelsstatistik zu bewältigen und eine durchgängige, konsistente Berechnung bzw. Schätzung der externen Handelsbilanz der DDR gegenüber den einzelnen Währungsgebieten (Innerdeutscher Handel, Handel mit nichtsozialistischen Industrieländern, Handel mit nichtsozialistischen Entwicklungsländern sowie Handel mit sozialistischen Ländern) auf US-Dollar-Basis vorzulegen. Dabei wird aufgezeigt, daß die Annahmen, auf denen bislang die Berechnung der Außenhandelsdaten der DDR beruhte, und damit letztlich auch diese Berechnungen selbst mit hoher Wahrscheinlichkeit falsch sind.
14 Im wesentlichen sind hier neben einer Reihe neuerer Zeitschriftenartikel nur die Studie von BUCK, Hannsjörg F.: Die Zahlungsbilanzpolitik der DDR und der europäischen RGW-Länder. Stabilisierungsmaßnahmen der Zentralplanwirtschaften zur Wiedergewinnung ausgeglichener Zahlungsbilanzen, Bonn (Gesamtdeutsches Institut) 1980 sowie die ältere Arbeit von KÖHLER, Heinz: Economic Integration in the Soviet Bloc, a.a.O., die sich allerdings schwerpunktmäßig mit den Währungsbeziehungen zur Sowjetunion befaßt, zu nennen. Darüber hinaus klingen zahlungsbilanzpolitische Fragen an bei KLINKMÜLLER, Erich: Die gegenwärtige Außenhandelsverflechtung der Sowjetischen Besatzungszone Deutschlands, a.a.O.; WILES, Peter John de la Fosse: Communist International Economics, New York und Washington 1969 und LAMM, Hans Siegfried/KUPPER, Siegfried: DDR und Dritte Welt, München und Wien 1976
15 Beispielhaft seien hier insbesondere hervorgehoben Bundesministerium für gesamtdeutsche Fragen (Hrsg.): SBZ von A bis Z. Ein Taschen- und Nachschlagwerk über die Sowjetische Besatzungszone Deutschlands, 9. Aufl., Bonn 1965; Bundesministerium für innerdeutsche Beziehungen (Hrsg.): DDR Handbuch, 2. Aufl., Köln 1979; Deutsches Institut für Wirtschaftsforschung (Hrsg.): DDR-Wirtschaft. Eine Bestandsaufnahme, Frankfurt/M. und Hamburg 1971; Deutsches Institut für Wirtschaftsforschung (Hrsg.): Handbuch DDR-Wirtschaft, a.a.O.; JACOBSEN, Hans-Adolf/LEPTIN, Gert/SCHEUNER, Ulrich/SCHULZ, Eberhard (Hrsg.): Drei Jahrzehnte Außenpolitik der DDR. Bestimmungsfaktoren, Instrumente, Aktionsfelder, 2. Aufl., München und Wien 1980; HAMEL, Hannelore (Hrsg.): Bundesrepublik Deutschland — DDR. Die Wirtschaftssysteme. Soziale Marktwirtschaft und sozialistische Planwirtschaft im Systemvergleich, 3. Aufl., München 1979; THALHEIM, Karl C.: Die Wirtschaft der Sowjetzone in Krise und Umbau, Berlin 1964; DIETZ, Raimund: Die Wirtschaft der DDR 1950—1974, Forschungsberichte des Wiener Instituts für Internationale Wirtschaftsvergleiche beim Österreichischen Institut für Wirtschaftsforschung Nr. 37, o.O. (Wien) Oktober 1976; OBST, Werner: DDR-Wirtschaft. Modell und Wirklichkeit, Hamburg 1973; SCHENK, Fritz: Das rote Wirtschaftswunder. Die zentrale Planung als Machtmittel der SED-Politik, Stuttgart 1969 sowie JESSE, Eckhard (Hrsg.): Bundesrepublik Deutschland und Deutsche Demokratische Republik. Die beiden deutschen Staaten im Vergleich, Bonn 1980
16 Vgl. die Literaturübersicht in Bundesministerium für innerdeutsche Beziehungen (Hrsg.): DDR Handbuch, a.a.O., S. 1278ff.

17 Forschungsinstitutionen, die sich im Rahmen ihrer allgemeinen Forschungsaktivitäten auch mit Problemen der DDR-Wirtschaft befassen, sind im wesentlichen das Deutsche Institut für Wirtschaftsforschung in Westberlin, das Wiener Institut für Internationale Wirtschaftsvergleiche beim Österreichischen Institut für Wirtschaftsforschung in Wien, die Forschungsstelle für gesamtdeutsche wirtschaftliche und soziale Fragen in Westberlin, das Gesamtdeutsche Institut. Bundesanstalt für gesamtdeutsche Aufgaben in Bonn sowie die Stiftung Wissenschaft und Politik in Ebenhausen b. München.

18 Im relevanten außenwirtschaftstheoretischen und -politischen Schrifttum kommen Fragen der intersystemaren Währungsbeziehungen allgemein zu kurz. Vgl. jedoch WILES, Peter John de la Fosse: Communist International Economics, a.a.O.; HOLZMAN, Franklyn D.: Foreign Trade under Central Planning, Cambridge, Mass., 1974; BROWN, Alan A./NEUBERGER, Egon (Hrsg.): International Trade and Central Planning. An Analysis of Economic Interactions, Berkeley-Los Angeles 1968; WILCZYNSKI, Jozef: Comparative Monetary Economics. Capitalist and Socialist Monetary Systems and their Interrelations in the Changing International Scene, London und Basingstoke 1978; ZWASS, Adam: Money, Banking & Credit in the Soviet Union & Eastern Europe, London und Basingstoke 1979 sowie ZWASS, Adam: Zur Problematik der Währungsbeziehungen zwischen Ost und West, Wien und New York 1974, die zumindest einzelne der hier primär interessierenden Aspekte der Ost-West-Wirtschaftsbeziehungen aufgreifen. Siehe auch MARER, Paul (Hrsg.): U.S. Financing of East-West Trade. The Political Economy of Government Credits and the National Interest, Bloomington, Indiana 1975

19 Aus der Fülle der mittlerweile vorliegenden Literatur sei beispielhaft verwiesen auf KASER, Michael: Comecon, 2. Aufl., London, New York und Toronto 1967; BETHKENHAGEN, Jochen/MACHOWSKI, Heinrich: Integration im Rat für gegenseitige Wirtschaftshilfe. Entwicklung, Organisation, Erfolge und Grenzen, 2. Aufl., Berlin 1976; RIBI, Rolf C.: Das Comecon. Eine Untersuchung über die Problematik der wirtschaftlichen Integration sozialistischer Länder, Zürich und St. Gallen 1970; PORSCHEN, Dieter: Währungskooperation in West und Ost. Ein Systemvergleich auf der Grundlage der neuen politischen Ökonomie, Stuttgart und New York 1979 sowie HEWETT, E.A.: Foreign Trade Prices in the Council for Mutual Economic Assistance, Cambridge 1974; MARER, Paul: Foreign Trade Prices in the Soviet Bloc. A Theoretical and Empirical Study, Philadelphia 1969; MARER, Paul/ MONTIAS, John Michael (Hrsg.): East European Integration and East-West Trade, Bloomington, Indiana, 1980

20 Vgl. beispielsweise WILCZYNSKI, Jozef: The Economics and Politics of East-West Trade. A Study of Trade between Developed Market Economies and Centrally Planned Economies in a Changing World, London u.a. 1969; STANDKE, Klaus-Heinrich: Der Handel mit dem Osten. Die Wirtschaftsbeziehungen mit den Staatshandelsländern, Baden-Baden 1968; LANGE-PROLLIUS, Horst: Ostwesthandel für die 70er Jahre. Mit dem banktechnischen Beitrag „Die Forfaitierung und das Switchgeschäft" von Erich Kissner, Bad Harzburg 1971 sowie LANGE-PROLLIUS, Horst: Praxis des Ostwesthandels. Die Wirtschaftsbeziehungen 1977–1990. Mit Beiträgen von Erich Kissner und Helmut Bohunovsky, Düsseldorf und Wien 1977. Vgl. auch MARER, Paul/MONTIAS, John Michael (Hrsg.): East European Integration and East-West Trade, a.a.O.

21 Vgl. HERCHER, Karl: Der Zahlungsverkehr der DDR mit dem Ausland, Berlin(Ost) 1958; USENKO, E.T.: Sozialistische internationale Arbeitsteilung und ihre rechtliche Regelung, Berlin(Ost) 1966; GERSTENBERGER, Karlheinz u.a.: Die wirtschaftliche Rechnungsführung im Außenhandel der DDR – Kategorien, Formen, Methoden, Berlin(Ost) 1974; GROTE, Gerhard/SCHULMEISTER, Dieter u.a.: Planung der sozialistischen Außenwirtschaftsbeziehungen, Berlin(Ost) 1979; FAUDE, Eugen/GROTE, Gerhard/LUFT, Christa u.a.: Sozialistische Außenwirtschaft, Berlin(Ost) 1976; NYKRYN, Jaroslav: Der sozialistische Außenhandel und der Nutzeffekt der Außenhandelsgeschäfte, Berlin(Ost) 1962; HOFMANN, Otto/SCHARSCHMIDT, Gerhard: DDR-Außenhandel gestern und heute, Berlin(Ost) 1975 sowie SENIN, M.W.: Sozialistische Integration, Berlin(Ost) 1972

22 Folgt man den (nach Einschätzungen des Verf. bislang zuverlässigsten und methodisch besten) Schätzungen des amerikanischen CIA, so entwickelte sich die Hartwährungsverschuldung der RGW-Staaten gegenüber dem Westen wie folgt (in Mrd. US-$):

	1971	1972	1973	1974	1975	1976	1977	1978	1979
Brutto	8,4	11,0	15,0	22,3	36,4	47,7	56,6	68,9	77,1
Netto	6,0	7,5	10,6	16,2	28,9	38,9	48,2	58,3	64,7

Die Verschuldungsproblematik ist daher in der Tat ein vergleichsweise junges Phänomen der intersystemaren Währungsbeziehungen. Vgl. National Foreign Assessment Center. Central Intelligence Agency (Hrsg.): Estimating Soviet and East European Hard Currency Debt. A Research Paper, Washington 1980, S. 7, Table 4 (Zahlen gerundet)
23 Vgl. unter anderen SAUNDERS, Christopher T. (Hrsg.): Money and Finance in East and West, Wien und New York 1978; ZIEGER, Gottfried i.Z.m. Axel LEBAHN (Hrsg.): Finanzierungs- und Währungsprobleme des Ost-West-Wirtschaftsverkehrs. Internationales Symposium 1.–3. Juli 1977 in Göttingen, Köln, Berlin, Bonn und München 1979; Schweizerisches Institut für Aussenwirtschafts-, Struktur- und Marktforschung an der Hochschule St. Gallen für Wirtschafts- und Sozialwissenschaften (Hrsg.): Internationale Verschuldung. Entwicklungstendenzen, Risiken, Risikopolitik, Zürich 1978; CORNELSEN, Doris/MACHOWSKI, Heinrich/SCHENK, Karl-Ernst (Hrsg.): Perspektiven und Probleme wirtschaftlicher Zusammenarbeit zwischen der Ost- und Westeuropa, Deutsches Institut für Wirtschaftsforschung, Sonderheft 114, Berlin 1976. Siehe auch die Aufsatzsammlungen SCHÜLLER, Alfred/WAGNER, Ulrich (Hrsg.): Außenwirtschaftspolitik und Stabilisierung von Wirtschaftssystemen, Stuttgart und New York 1980 sowie SCHÄFER, Hans-Bernd (Hrsg.): Gefährdete Weltfinanzen. Verschuldungsproblematik und internationale Finanzpolitik, Bonn 1980.
24 Vgl. beispielsweise National Foreign Assessment Center. Central Intelligence Agency; Estimating Soviet and East European Hard Currency Debt, a.a.O.; East European Economies Post-Helsinki. A Compendium of Papers submitted to the Joint Economic Committee, Congress of the United States, Washington 1977
25 Vgl. insbesondere die inzwischen regelmäßige Berichterstattung der OECD, Paris, über die Entwicklung an den internationalen Finanzmärkten, die Weltverschuldungsanalysen der Vereinten Nationen und die jährlichen Berichte über die geschätzte Gesamtzahlungsbilanz des RGW durch die United Nations Economic Commission for Europe, Genf, die bislang noch eher sporadische Beschäftigung des Internationalen Währungsfonds, Washington, mit Problemen der Ost-West-Währungsbeziehungen sowie die von der NATO regelmäßig veranstalteten Kolloquien zu Wirtschaftsproblemen der kommunistischen Länder.
26 Vgl. LEBAHN, Axel: Zusammenfassung der Tagungsergebnisse, in: ZIEGER, Gottfried i.Z.m. Axel LEBAHN (Hrsg.): Finanzierungs- und Währungsprobleme des Ost-West-Wirtschaftsverkehrs, a.a.O., S. 423–427, hier: S. 425
27 Ebd.
28 Zunehmendes Interesse hat nach dem Kenntnisstand des Verf. im wesentlichen nur der Problemkreis der Übertragung makroökonomischer Instabilitäten in den intersystemaren Wirtschaftsbeziehungen erfahren. Zu neueren Ansätzen vgl. etwa die Beiträge in THIEME, H. Jörg (Hrsg.): Gesamtwirtschaftliche Instabilitäten im Systemvergleich, Stuttgart und New York 1979; SCHÜLLER, Alfred/WAGNER, Ulrich: Außenwirtschaftspolitik und Stabilisierung von Wirtschaftssystemen, Stuttgart und New York 1980; NEUBERGER, Egon/TYSON, Laura d'A. (Hrsg.): The Impact of International Economic Disturbances on the Soviet Union and Eastern Europe. Transmission and Response, Oxford u.a. 1980
29 Siehe hierzu THIELBEER, Siegfried: Ist die DDR ein totalitärer Staat?, in: JESSE, Eckhard (Hrsg.): Bundesrepublik Deutschland und Deutsche Demokratische Republik. Die beiden deutschen Staaten im Vergleich, a.a.O., S. 277–283; SCHLANGEN, Walter: Die Totalitarismus-Theorie. Entwicklung und Probleme, Stuttgart 1976
30 GLAESSNER, Gert-Joachim: Politische und konzeptionelle Probleme der DDR- und Kommunismusforschung, a.a.O., S. 11
31 Zu einer grundlegenden und treffenden Auseinandersetzung mit dem schon aus logischen Gründen nicht einlösbaren Konzept der Verifikation vgl. SCHANZ, Günther: Einführung in die Methodologie der Betriebswirtschaftslehre, Köln 1975, S. 55f. sowie S. 70
32 BUCHHOLZ, Arnold: Methodische Probleme der Sowjetunion- und Osteuropaforschung, a.a.O., S. 5
33 Vgl. SCHWARZENBACH, Rudolf: Die Kaderpolitik der SED in der Staatsverwaltung. Ein Beitrag zur Entwicklung des Verhältnisses von Partei und Staat in der DDR 1945–1975, Köln 1976; KANTOROWICZ, Alfred: Der geistige Widerstand in der DDR, Troisdorf 1968; KIERA, Hans-Georg: Partei und Staat im Planungssystem der DDR. Die Planung in der Ära Ulbricht, Düsseldorf 1975; NEUGEBAUER, Gero: Partei- und Staatsapparat in der DDR. Aspekte der Instrumentalisierung des Staatsapparates durch die SED, Opladen 1978; HOFFMANN, Ursula: Die Veränderungen in der Sozialstruktur des Ministerrates

der DDR 1949—1969, Düsseldorf 1971; GLAESSNER, Gert-Joachim: Herrschaft durch Kader. Leitung der Gesellschaft und Kaderpolitik in der DDR am Beispiel des Staatsapparates, Opladen 1977; DAMUS, Renate: Der reale Sozialismus als Herrschaftssystem am Beispiel der DDR. Kritik der nachkapitalistischen Gesellschaft, Gießen 1978; DASBACH-MALLINCKRODT, Anita: Wer macht die Außenpolitik der DDR? Apparat, Methoden, Ziele, Düsseldorf 1972; BAYLIS, Thomas A.: The Technical Intelligentsia and the East German Elite, Berkeley u.a. 1974; BEYME, Klaus von: Ökonomie und Politik im Sozialismus. Ein Vergleich der Entwicklung in den sozialistischen Ländern, München und Zürich 1977; LUDZ, Peter Christian: Die DDR zwischen Ost und West. Politische Analysen 1961—1976, 4. Aufl., München 1980; LUDZ, Peter Christian: Mechanismen der Herrschaftssicherung. Eine sprachpolitische Analyse gesellschaftlichen Wandels in der DDR, München 1979 sowie LUDZ, Peter Christian: Parteielite im Wandel. Funktionsaufbau, Sozialstruktur und Ideologie der SED-Führung. Eine empirisch-systematische Untersuchung, 3. Aufl., Köln und Opladen 1970

34 Eine Reihe von politikwissenschaftlichen Studien bieten immerhin Ansätze einer Analyse kommunistischer Regierungspolitik, wie sie hier intendiert wird. Vgl. BRZEZINSKI, Zbigniew K./HUNTINGTON, Samuel P.: Politische Macht USA/UdSSR. Ein Vergleich, Köln und Berlin 1966; BUNCE, Valerie: Do new Leaders Make a Difference? Executive Succession and Public Policy under Capitalism and Socialism, London 1981; HOLMES, Leslie: The Policy Process in Communist States. Politics and Industrial Administration, London 1981; SKILLING, Gordon H./GRIFFITHS, F.: Interest Groups in Soviet Politics, Princeton, N.J., 1971 sowie MEISSNER, Boris/BRUNNER, Georg (Hrsg.): Gruppeninteressen und Entscheidungsprozeß in der Sowjetunion, Köln 1975

35 Siehe insbesondere ŠIK, Ota: Das kommunistische Machtsystem, Hamburg 1976; ŠIK, Ota: Der dritte Weg. Die marxistisch-leninistische Theorie und die moderne Industriegesellschaft, Hamburg 1972; SCHENK, Fritz: Magie der Planwirtschaft, Köln und Berlin 1960; SCHENK, Fritz: Im Vorzimmer der Diktatur. 12 Jahre Pankow, Köln und Berlin 1962; RICHERT, Ernst: Macht ohne Mandat. Der Staatsapparat in der Sowjetischen Besatzungszone Deutschlands, 2. Aufl., Köln und Opladen 1963; OBST, Werner: DDR-Wirtschaft. Modell und Wirklichkeit, Hamburg 1973; LEONHARD, Wolfgang: Am Vorabend einer neuen Revolution? Die Zukunft des Sowjetkommunismus, München u.a. 1975; HORVAT, Branko: Die jugoslawische Gesellschaft. Ein Essay, Frankfurt/M. 1972; SACHAROW, Andrej Dimitrijewitsch: Stellungnahme, Wien, München und Zürich 1974; BAHRO, Rudolf: Die Alternative. Zur Kritik des real existierenden Sozialismus, Köln und Frankfurt/M. 1977 sowie die Augenzeugenberichte in SPITTMANN, Ilse/FRICKE, Karl Wilhelm (Hrsg.) 17. Juni 1953. Arbeiteraufstand in der DDR, Köln 1982

36 BRUNS, Wilhelm: Dreißig Jahre Deutsche Demokratische Republik. Ein Literaturbericht, in: JESSE, Eckhard (Hrsg.): Bundesrepublik Deutschland und Deutsche Demokratische Republik, a.a.O., S. 285—300, hier: S. 299f.

37 Vgl. beispielsweise PORSCHEN, Dieter: Währungskooperation in West und Ost — Ein Systemvergleich auf der Grundlage der neuen politischen Ökonomie, Stuttgart und New York 1979; SCHENK, Karl-Ernst/PORSCHEN, Dieter: Ansätze zu einer ökonomischen Theorie der Einparteiensysteme Osteuropas, in: Staat und Wirtschaft. Verhandlungen auf der Arbeitstagung des Vereins für Socialpolitik in Hamburg 1978, N.F., Band 102, Berlin 1979, S. 91—1; LEIPOLD, Helmut: Zielbestimmung und Instabilitäten als Ergebnis politischer Entscheidungsprozesse, in: THIEME, H. Jörg (Hrsg.): Gesamtwirtschaftliche Instabilitäten im Systemvergleich, Stuttgart und New York 1979, S. 39—53; BERNHOLZ, Peter: Grundlagen der Politischen Ökonomie. Zweiter Band, Tübingen 1975, insbesondere die Kapitel 3, 7 und 8. Von grundsätzlichem Interesse ist auch die als „institutional choice"-Ansatz bekanntgewordene Theorie von SCHENK, die primär allerdings auf eine Erklärung ordnungspolitischer Entscheidungen bzw. von Merkmalen der Ausgestaltung des wirtschaftlichen Systems und weniger auf die Analyse prozeßpolitischer Willens- und Entscheidungsbildung bei gegebenen Systemregeln abzielt. Vgl. beispielsweise SCHENK, Karl-Ernst: Bürokratie und Wirtschaftsordnung, in: Hamburger Jahrbuch für Wirtschafts- und Gesellschaftspolitik, 23. Jg. (1978), S. 141—154; SCHENK, Karl-Ernst: Märkte und Hierarchie. Anreiz- und Kontrollmechanismen in der Theorie der Wirtschaftssysteme, in: HEDTKAMP, Günter (Hrsg.): Anreiz und Kontrollmechanismen in Wirtschaftssystemen I, Berlin 1981, S. 11—27 sowie die dort angeführte Literatur

II. DIE NATIONALSTAATLICHEN RAHMENBEDINGUNGEN INTERNATIONALER WÄHRUNGSPOLITIK IM SOZIALISMUS

A. Skizze einer Ökonomischen Theorie kommunistisch-autokratischer Systeme[1]

Im folgenden soll zunächst ein Versuch skizziert werden, Struktur und Funktionsweise (wirtschafts)politischer Willens- und Entscheidungsbildung in einem kommunistisch-autokratischen Regierungssystem theoretisch und begrifflich zu erfassen. Dabei wird ein politisch-ökonomischer Ansatz verwendet, der auf systemtheoretischen Überlegungen aufbaut und sich im übrigen an das Prämissenmodell der sog. Neuen Politischen Ökonomie (der Demokratie) anlehnt.[2] Zweck dieser modelltheoretischen Überlegungen ist es, die wenigen vorliegenden Ansätze einer *positiven Theorie des Regierungshandelns im kommunistischen Staat* weiterzuentwickeln, auf dieser Basis dann Hypothesen hinsichtlich des in solchen Systemen zu erwartenden Gestaltungsmusters praktischer Politik, insbesondere der Wirtschafts- und Währungspolitik, ableiten und begründen zu können und schließlich für die hier intendierte Analyse internationaler Währungspolitik der DDR fruchtbar zu machen.

1. Zur Kennzeichnung des Modells

Jedem politischen System[1] ist die Aufgabe gestellt, *Inputs* (in Gestalt von Forderungen an und Unterstützung für das politische System) in *Outputs* (im Sinne von politischen Entscheidungen) zu transformieren und dabei zugleich das Bestehen des Systems selbst zu sichern, indem für ein Mindestmaß an Zustimmung der Regierten gegenüber den Regierenden gesorgt wird. Der Prozeß der Transformation politischer Inputs in Outputs wird allgemein als *politische Willens- und Entscheidungsbildung* bezeichnet. Stellen die Outputs wirtschaftspolitische (währungspolitische) Entscheidungen dar, wird von *wirtschaftspolitischer (währungspolitischer) Willens- und Entscheidungsbildung im engeren Sinne* gesprochen. Gegenstand einer ökonomischen Theorie (oder *politischen Ökonomie*[2]) kommunistisch-autokratischer Systeme ist die Analyse politischer Willens- und Entscheidungsbildung in Systemen, für die die folgenden Prämissen gelten, die als typisch für alle kommunistischen Staaten Osteuropas angesehen werden.[3]

(1) Alle Beteiligten — Bevölkerung, Bürokraten und Politiker — handeln im *Eigeninteresse* und *rational*, indem sie eine subjektiv höher bewertete Alternative einer niedriger bewerteten vorziehen. Bei der subjektiven Bewertung von Handlungsalternativen kommt ökonomischen Interessen eine herausragende Bedeutung zu.

(2) Alle Willens- und Entscheidungsträger verfügen lediglich über *unvollständige Informationen* und *begrenzte kognitive Fähigkeiten;* sie begnügen sich daher angesichts steigender Grenzkosten der Informationsbeschaffung und -verarbeitung mit als befriedigend angesehenen Ergebnissen und Lösungen

(3) Es besteht — zumindest faktisch — ein *Einparteiensystem;* eine Konkurrenz verschiedener selbständiger Parteien um die Gunst von Wählern findet nicht statt. Sofern formal mehrere

Parteien existieren, sind diese praktisch politisch gleichgeschaltet, d.h. sie bieten keine glaubwürdigen programmatischen Alternativen.

(4) Die eine, die politische Willens- und Entscheidungsbildung beherrschende Partei ist keine Volkspartei, sondern *ideologisch ausgerichtet* und programmatisch an der Lehre des Marxismus-Leninismus orientiert.

(5) Innerhalb dieser kommunistischen Partei gelten die Organisationsprinzipien des *Demokratischen Zentralismus*, d.h. (a) Wahl der leitenden Parteiorgane von unten nach oben, (b) Leitung der Partei, einschließlich der Kandidatennominierung für Wahlen zu den Spitzengremien, von der Parteiführung aus, (c) Verbindlichkeit der Beschlüsse, Fraktionsverbot und straffe Parteidisziplin, (d) Kollektivität der Leitungsarbeit und (e) Rechenschaftspflicht der Leitungen vor den Wahlgremien.

Im Gegensatz zu herkömmlichen politikwissenschaftlichen Ansätzen ist dabei die Prämisse des methodologischen Individualismus[4] und das Eigennutzaxiom, d.h. die Annahme des Handelns des einzelnen im Eigeninteresse, unverzichtbar. Die Outputs politischer Willens- und Entscheidungsbildung werden mit anderen Worten wesentlich als Ergebnis ökonomischer Kosten-Nutzen-Kalküle der Beteiligten gedeutet. Unter diesen Bedingungen läßt sich a priori vermuten, daß die politischen Entscheidungen – die hier primär interessierenden Systemoutputs – gewisse typische und systematische Merkmale (Gestaltungsmuster der Politik) aufweisen, die vor allem von den konkreten Bedingungen abhängen, unter denen politische Willens- und Entscheidungsbildung stattfindet. Zielsetzung der folgenden Überlegungen ist es daher in erster Linie, eben solche Gestaltungsmuster (im Sinne von Merkmalen politischer Entscheidungen) herauszuarbeiten, die in einem kommunistisch-autokratischen Regierungssystem typischerweise zu erwarten und systemimmanent bedingt sind.

Die Prämisse des Handelns und Entscheidens aller Beteiligten nach eigennützigen Motiven – wenn auch unter Unsicherheit und bei begrenzten kognitiven Fähigkeiten – besagt indes nicht, daß Mandats- und Amtsträger einen unbeschränkten Entscheidungsspielraum haben. Im Gegenteil unterliegen sie im Prozeß politischer Willens- und Entscheidungsbildung regelmäßig bestimmten, systematischen Restriktionen, die es zu identifizieren gilt. Wie in Modellen einer Demokratie wird auch hier unterstellt, daß die Parteipolitiker bestrebt sind, ihren Einfluß auf politische Entscheidungen, d.h. ihre „Macht", aufrechtzuerhalten und damit vor allem, die Regierungsverantwortung zu erlangen oder zu behalten. Eine demokratisch gewählte Regierung muß demnach im Interesse ihrer Bestandssicherung bestrebt sein, Nettoabwanderungen von Wählern zu vermeiden und sich zumindest einer mehrheitlichen Zustimmung seitens der Regierten zu versichern. Sie gerät damit notwendigerweise in eine Wettbewerbssituation zu (mindestens) einer als Opposition institutionalisierten Konkurrenzpartei, die umgekehrt daran interessiert ist, die Gunst der Wählermehrheit auf sich zu ziehen. Der sich hieraus ergebende Parteienwettbewerb scheint in einer Demokratie zumindest in jenen Politikbereichen, in denen der Wähler besonders „sensibel" reagiert, die bedeutsamste Restriktion für die Regierenden zu sein.[5] Daher ist die Parteienkonkurrenz zumindest in dem Maße geeignet, die Regierung unter einen mehr oder weniger dauerhaften und wirksamen Leistungsdruck zu setzen, in dem er die Sicherung des politischen Überlebens als Regierung von der Erbringung bestimmter Leistungen im Interesse einer Mehrheit der Regierten abhängig macht.

Genau diese konstitutiven Merkmale demokratischer Systeme fehlen in einem kommunistisch-autokratischen Regierungssystem. Typisches Kennzeichen dieser

Regierungsform ist gerade das Fehlen einer institutionalisierten und glaubwürdigen Opposition zur regierenden Staatspartei und damit das Fehlen eines — nach welchen Kriterien auch immer — als wirksam anzusehenden Parteienwettbewerbs. Die regierende kommunistische Partei ist daher a priori keine Regierungspartei auf Zeit und unterliegt keinem dauerhaften und systematischen Leistungsdruck, sich der mehrheitlichen Zustimmung der Regierten zu versichern. Daraus kann allerdings nicht geschlossen werden, daß die kommunistische Staatspartei in der Lage ist, die Interessen der Bevölkerung grundsätzlich zu negieren oder zu vernachlässigen. Worauf es hier ankommt, ist vielmehr, deutlich zu machen, daß sie zu einer *systematischen* Berücksichtigung der Interessen der Regierten nicht *gezwungen* ist, weil ihr Bestand als Regierungspartei durch keinen institutionalisierten Parteienwettbewerb gefährdet wird.

Die Neue Politische Ökonomie der Demokratie geht — zumindest implizit — davon aus, daß nicht nur die Parteienkonkurrenz die politischen Gruppierungen zwingt, Wählerforderungen zu berücksichtigen, sondern auch, daß aufgrund der Existenz von Spielregeln *inner*parteilicher Demokratie die Parteiführung mehr oder weniger stark motiviert ist, sich der mehrheitlichen Zustimmung der jeweiligen Parteibasis — und erst damit letztlich der angesprochenen Wählergruppen — zu versichern. Kommunistisch-autokratische Regierungssysteme, zumindest jene leninistischen Typs, haben jedoch — vermutlich aus den spezifischen Bedingungen russischer Revolutionserfahrung heraus[6] — auch Rudimente einer solchen innerparteilichen Demokratie weitgehend beseitigt. Das entscheidende Ergebnis dieser historischen Entwicklung ist aber, daß die Führung der kommunistischen Staatspartei in weitaus geringerem Maße von der Zustimmung (und damit auch der Erfüllung von Forderungen) des Parteiapparates abhängig ist als jede Regierungs- oder Oppositionspartei in einem demokratisch regierten Land. Symptomatischer Ausdruck dafür ist vor allem die in kommunistischen Ländern übliche Praxis, die Mitglieder der Partei- und Staatsführung aus der amtierenden Parteiführung heraus vorzuschlagen und praktisch ohne Ausnahme per Akklamation von einem im (drohenden) Konfliktfalle seinerseits in Größe und Zusammensetzung manipulierten Wahlgremium wählen zu lassen. Die Parteiführung ist daher tatsächlich als ein oligarchischer Zirkel anzusehen,[7] der sich aus sich selbst heraus rekrutiert und insbesondere Parteikarrieren und Parteiprogrammatik streng von der Spitze aus kontrolliert und durchsetzt. Diese Feststellung bedeutet wiederum nicht, daß die Parteiführung es sich leisten kann, grundsätzlich und auf Dauer die Interessen des Parteiapparates und der Parteimitglieder zu vernachlässigen. Allerdings unterliegt die Parteiführung in ihrer oligarchischen Führungsposition auch keinem *systematischen* und *dauerhaften* Leistungsdruck, sich möglichst laufend einer mehrheitlichen Zustimmung der Parteimitglieder zu versichern.

Wenn die vorangegangenen Überlegungen zum Grundmodell kommunistisch-autokratischer Regierungssysteme grundsätzlich zutreffen, kann eine Analyse politischer Willens- und Entscheidungsbildung zweckmäßigerweise nur beim Führungsgremium der kommunistischen Staatspartei ansetzen und muß versuchen, jene Beschränkungen herauszuarbeiten, denen die kollektive Parteiführung in Verfolgung ihrer noch zu identifizierenden Eigeninteressen unterliegt. Diese Vorgehensweise steht damit im Gegensatz zu zahlreichen, insbesondere politikwissenschaftlichen Ansätzen, die politische Willens- und Entscheidungsbildung losgelöst von Willensbildungsprozessen innerhalb der Parteiführung zu erklären suchen und damit unausgesprochen unterstellen, Partei- und Staatsapparat seien faktisch in der Lage, ihre Forderungen unverfälscht an die Parteiführung heranzutragen und über sie durchzusetzen. Demgegenüber wird hier argumentiert, daß der oligarchische Führungszirkel der Partei nur unter besonderen Bedingungen überhaupt gezwungen und/oder motiviert ist, Forderungen von Bevölkerung, Partei, Bürokratie, Interessenverbänden, Militär und Wissenschaft zu berücksichtigen. Aus diesem Grunde ist zunächst die Willens- und Entscheidungsbildung in der kollektiven Parteiführung selbst zu thematisieren und zu analysieren. Erst auf dieser Basis wird es möglich sein, Aussagen über das zu erwartende Ausmaß der Berücksichtigung von Forderungen der Regierten durch die Regierenden und die zu erwartenden Merkmale der auf diese Weise zustandekommenden Entscheidungen zu treffen.

2. Politbürointerne Willens- und Entscheidungsbildung

Die Führung der kommunistischen Partei ist in jenen Ländern, die dem skizzierten Grundmodell kommunistisch-autokratischer Regierungssysteme entsprechen, das eigentliche politische Macht- und Entscheidungszentrum.[1] Sie leitet nämlich, den Prinzipien des Demokratischen Zentralismus gemäß, nicht nur die Partei, sondern auch den Staatsapparat und alle übrigen gesellschaftlichen Bereiche an. Das Regierungssystem ist daher nicht nur *totalitär* im Sinne des allein geltenden kommunistischen ideologisch-weltanschaulichen Anspruchs, sondern auch und vor allem im Sinne einer möglichst allumfassenden Kontrolle und Entscheidungsgewalt über sämtliche gesellschaftlichen Bereiche durch die Partei(führung).

Die Parteispitze — das „Präsidium", „Politische Büro" oder im folgenden kurz „Politbüro" — besteht in allen kommunistischen Ländern Osteuropas aus einer kleinen, in historischer Perspektive indes schwankenden Zahl von (stimmberechtigten) Mitgliedern und (nicht stimmberechtigten) Kandidaten. Es tagt in aller Regel einmal in der Woche. Die Leitung der Sitzungen, die stets nichtöffentlich sind und zu denen in besonderen Fällen Experten hinzugezogen werden, liegt beim Ersten Sekretär der Kommunistischen Partei.[2] Die Arbeitsbelastung des Politbüros ist außergewöhnlich hoch, da es sich nicht nur um grundsätzliche Belange und die Richtlinien der Politik kümmert, sondern immer wieder mit delegierbaren Entscheidungen belastet ist, sei es, weil die nachgeordneten Entscheidungsgremien sich im Zweifelsfalle absichern wollen, sei es weil das Politbüro selbst bestimmte Einzelfragen bestimmen will.

Der Erste Sekretär der Partei genießt im Politbüro eine herausragende Stellung nicht nur durch die übliche Ämterkumulation, sondern vor allem aufgrund der Tatsache, daß er die Tagesordnung und die Rednerliste festlegt und als Einziger einen nahezu vollständigen Überblick über alle Politikbereiche hat, den er im eigenen Interesse der Mehrheit der übrigen Politbüromitglieder verwehrt.[3] Durch seinen Zugang zu den staatlichen Sicherheitsorganen vermag er darüber hinaus, die Mitglieder und Kandidaten des Politbüros laufend zu überwachen und sich auf diese Weise beispielsweise über persönliche Koalitionen und informelle Fraktionsbildungen zu informieren.[4]

Die Mitglieder des Politbüros sind in der Regel funktionell spezialisiert auf bestimmte Sachgebiete und/oder geographische Regionen. Sie stammen aus dem Parteiapparat und bringen überwiegend eine Ausbildung als Handwerker, Facharbeiter oder Angestellter mit, die sie indes aufgrund langjähriger Parteikarrieren in der Regel seit Jahrzehnten nicht mehr verwertet haben. Nur wenige Mitglieder der Parteiführung sind als ausgesprochene Experten zu bezeichnen oder haben eine spezielle akademische Ausbildung erhalten.[5] Das Durchschnittsalter der Politbüromitglieder und -kandidaten ist mit über 60 Jahren vergleichsweise hoch und muß als Ergebnis der vorsichtigen und straffen Kaderpolitik der Partei angesehen werden. Die personelle Fluktuation, die im Laufe der Jahre innerhalb der Parteiführung stattfindet, ist selbst im Vergleich zu Veränderungen in den Führungsspitzen demokratisch gewählter Parteien im Westen hoch.[6] Immer wieder kommt es zu Entlassungen, Neuernennungen und Statusänderungen in der Parteiführung, auf deren Hintergründe und Implikationen noch ausführlich einzugehen sein wird.

A priori erscheint es kaum möglich oder sinnvoll, nach den Determinanten (wirtschafts)politischer Willens- und Entscheidungsbildung in einem solchen oligarchischen Gremium suchen zu wollen. Die Versuchung liegt nahe, die praktische Politik einer kommunistischen Parteiführung in ihren Zielen, Maßnahmen und Gestaltungsmustern auf Charakterzüge, Überzeugungssysteme und Präferenzen ihrer führenden Persönlichkeiten zu reduzieren und damit dem generellen Irrtum einer ,,King John's Theory of History"[7] zu erliegen. Umgekehrt wird auch in wissenschaftlichen Studien immer wieder (zumindest implizit) die praktische Politik kommunistischer Regierungen gedeutet, als sei sie Ergebnis eines monolithischen, rationalen Entscheidungssystems; von führungsinternen Auseinandersetzungen und Machtkämpfen (und ihren Implikationen für das Gestaltungsmuster praktischer Politik) wird dann aber abstrahiert.[8] Hier soll keineswegs die Bedeutung der Rolle tragender Persönlichkeiten für die Grundzüge praktischer Politik geleugnet werden, im Gegenteil. Das Einflußpotential einzelner Parteiführer scheint jedoch aus der hier angewandten Perspektive regelmäßig begrenzt zu sein, und zwar in dem Maße, in dem sie im Prozeß politbürointerner Willens- und Entscheidungsbildung um Konsens ringen müssen und auf die Unterstützung anderer Personen, Gruppen und Organisationen angewiesen sind.

Ausgangspunkt ist hier das Eigennutzaxiom und die zentrale Prämisse des methodologischen Individualismus: Es wird unterstellt, daß auch die Mitglieder des Politbüros primär am Eigennutz orientiert sind und dazu tendieren, gesamtgesellschaftliche, Partei- und Organisationsinteressen nur in dem Maße zu berücksichtigen, in dem sie ihre eigenen vitalen Interessen fördern oder zumindest nicht beschränken. Das Hauptinteresse der Politbüromitglieder richtet sich aber vor allem darauf, ihren Einfluß auf Regierungsentscheidungen und -handlungen zumindest zu erhalten; unter den Bedingungen einer kommunistisch-autokratischen Regierungsform bedeutet das im wesentlichen, *im Politbüro zu verbleiben*. Jede Position außerhalb dieses eigentlichen Machtzentrums bedeutet für den einzelnen faktisch einen Macht- und Prestigeverlust.[9] Zwar erscheint es grundsätzlich nicht ausgeschlossen, daß einzelne Mitglieder des Politbüros mit der Zeit ,,amtsmüde" werden oder prinzipiell gegen eine rangniedrigere Position (etwa in der Staatsbürokratie) nichts einzuwenden haben. In diesem Fall würden sie eine Entlassung aus dem engsten Führungskreis der Partei weniger fürchten und eher als physische und psychische Entlastung, denn als Degradierung empfinden. Auch hat es immer wieder einzelne Persönlichkeiten gegeben, die bewußt ihre wirtschaftliche Existenz aufs Spiel setzten, um politische Ideale verwirklichen zu können.[10] Tatsächlich ist eine solche Einstellung jedoch sehr selten und für die Mehrheit der kommunistischen Spitzenpolitiker untypisch, und zwar im wesentlichen aus folgenden Gründen.

Wer in einem autokratisch-kommunistischen System am Beginn seines beruflichen Werdeganges steht, hat prinzipiell die Wahl, eine akademische Laufbahn, die Laufbahn eines Wirtschaftsfunktionärs oder Bürokraten oder die eines Parteifunktionärs einzuschlagen.[11] Wenngleich einzelne aus besonderen, hier nicht berücksichtigten Gründen ihre Berufswahl treffen mögen oder ihnen sogar die Freiheit der Wahl verwehrt ist, so scheinen doch Grundmuster und Tendenzen vorzuherrschen, die sich wie folgt identifizieren lassen. Der unpolitische oder gar Gegner des Systems tendiert, wenn er sich nicht früher oder später in die „innere Emigration" zurückzieht oder bewußt zum intellektuellen Systemkritiker entwickelt, dazu, zur akademischen Intelligenz zu stoßen und seine persönliche Befriedigung in *unpolitischen* Leistungen als Arzt, Naturwissenschaftler, Ingenieur oder Künstler zu suchen. Unter denjenigen hingegen, die glauben, sich mit dem System arrangieren zu können — seien es nun Mitläufer, Stalinisten oder ausgeprägte Karrieristen ohne moralische Skrupel — werden die *fachlich qualifizierten* und *weniger risikofreudigen* nicht eine Parteikarriere, sondern eine bürokratische Laufbahn im Wirtschafts-, Planungs- und Verwaltungsapparat anstreben. Dies ist vor allem deshalb zu erwarten, weil die Parteikarriere (a) zwar höhere Belohnungen und mehr Prestige und Einfluß als die bürokratische Karriere verspricht, im Gegensatz zu letzterer jedoch erheblich unsicherer und risikoreicher ist.[12] Insbesondere aber gilt (b), daß der Parteifunktionär unter den Bedingungen kommunistischer Einparteienherrschaft Generalist sein muß; Expertentum kann ihm beim politischen Aufstieg eher schaden als nützen, er muß flexibel und anpassungsfähig sein und Bereitschaft und Fähigkeit mitbringen, von heute auf morgen und im Laufe seiner Parteikarriere immer wieder Institutionen und Missionen zu wechseln. Diese systemimmanenten Zwänge bedingen insbesondere, daß der typische Parteifunktionär in der kommunistischen Einheitspartei sozusagen „auf Gedeih und Verderb" der Partei ausgeliefert ist und ihr die Treue halten muß.[13] Sofern er fachlich überhaupt qualifiziert war, verkümmert sein Wissen im Laufe der Zeit und dies gilt somit in besonderem Maße für diejenigen, die ihre lange Laufbahn bis zur Parteispitze bereits zurückgelegt haben. Als Generalist und „Produkt der Bürokratisierung der Partei"[14] ist er ganz in den Parteiapparat eingespannt und ohne gleichwertige berufliche Alternative. Der Parteiarbeit als Lebensbeschäftigung kann der Spitzenpolitiker kaum entrinnen; seine Loyalität ist ausschließlicher und seine Karriere professionalisierter und hierarchischer als die selbst eines Berufssoldaten.[15]

Es erscheint somit nicht nur plausibel, sondern geradezu zwingend, das Streben nach Macht, d.h. von wirksamem Einfluß auf politische Entscheidungen und die damit verbundenen Belohnungen, als entscheidendes Motiv für den Einstieg in eine Parteikarriere anzusehen. Um so mehr dürfte die Erhaltung der einmal errungenen und ständig bedrohten Macht das dominierende Motiv der Mitglieder der Parteiführung sein. Diese Thesen dürften schon deshalb der Realität nahekommen, als bereits die Mechanismen des Aufstiegs innerhalb der Partei und die Verfahren der Rekrutierung der höchsten Partei- und Wahlgremien bewirken, daß a priori überhaupt nur diejenigen in der Partei am höchsten aufsteigen können, die die besten Fähigkeiten mitbringen, politische Macht zu erringen, zu erhalten und auszubauen.[16] Die Parteikarriere selbst stellt eine Art Ausleseprozeß dar; an der Spitze der Hierarchie des Parteiapparates finden sich mithin tendenziell nicht nur die ältesten, sondern auch die im Umgang mit der Macht geschicktesten Politiker.

Unter diesen Voraussetzungen ist für das praktisch zu erwartende Gestaltungsmuster (wirtschafts)politischer Entscheidungen des Politbüros von grundlegender Bedeutung, unter welchen Bedingungen und Beschränkungen die Politbüromitglieder und -kandidaten ihre Interessen einer Erhaltung (und gegebenenfalls eines Ausbaus) ihres Einflußpotentials verfolgen können. Unabdingbare Voraussetzung hierzu ist der Verbleib im Politbüro selbst, der bei anstehenden oder zu erwartenden Umbildungen innerhalb der Führungsspitze (a) eine erneute Nominierung und (b) die Wiederwahl durch das Zentralkomitee der Partei erfordert. Da die Wiederwahl in aller Regel per Akklamation erfolgt und mögliche, das Prestige der Partei beeinträchtigende Wiederwahlauseinandersetzungen im Zentralkomitee bereits bei der Nominierung berücksichtigt werden, ist die für ein Politbüromitglied entscheidende Zielsetzung die *erneute Nominierung für einen Sitz im Politischen Büro bei Führungsumbildungen*. Aus diesem Grund wird jedes Mitglied und jeder Kandidat des Politbüros bemüht sein, sein Verhalten im Willens- und Entscheidungsbildungsprozeß laufend an den Interessen jener Kreise auszurichten, die über eine erneute Nominierung letztlich entscheiden.

Nach den vorliegenden Analysen personeller Strukturen der Parteiführungen in der Sowjetunion und den anderen kommunistisch regierten Ländern[17] ist für die Rekrutierungsprozesse (und damit für die Entscheidungsprozesse überhaupt) offenbar von grundlegender Bedeutung, ob das Politbüro unter der Herrschaft eines einzigen Parteiführers steht oder ob es sich ohne primus inter pares in einer Phase kollektiver Führung befindet. Solange die Position des Parteiführers weitgehend unangefochten ist, scheint die Nominierung von Politbüromitgliedern und -kandidaten – sieht man von externen Restriktionen ab – sehr weitgehend von diesem Einmannherrscher kontrolliert und diktiert zu werden. In Zeiten kollektiver Führung oder angegriffener Position des Parteiführers hingegen gewinnt die mehrheitliche Zustimmung des gesamten Politbüros zu Nominierungsvorschlägen an Bedeutung. Wenn diese Überlegungen zutreffen, ist jedoch eine Analyse (wirtschafts)politischer Willens- und Entscheidungsbildung im Politbüro ohne eine explizite Berücksichtigung dieser so unterschiedlichen Bedingungskonstellationen für die Chancen und Risiken der Verfolgung individueller Machtinteressen der Politbüromitglieder unmöglich. Im folgenden wird daher zunächst der Versuch unternommen, die Prozesse politbürointerner Willens- und Entscheidungsbildung unter den Bedingungen der „kollektiven Führung" zu untersuchen. In einem zweiten Schritt gilt es dann, die Wirkungszusammenhänge unter einem System der „stabilen Einmannherrschaft" aufzudecken.

a) Willens- und Entscheidungsbildung unter den Bedingungen kollektiver Führung im Politbüro

Grundsätzlich – dies gilt für ein System der stabilen Einmannherrschaft in gleichem Maße – befinden sich die Mitglieder und Kandidaten des Politbüros in einer außerordentlich engen und geschlossenen Schicksalsgemeinschaft.[18] Sie alle vertreten weitgehend dieselben ideologischen Grundpositionen, haben ähnliche Erfahrungen im Laufe ihrer Parteikarriere gemacht, sich überwiegend zu Generalisten entwickelt und weisen sehr ähnliche, für eine Parteikarriere wichtige persönliche Eigenschaften auf. Zudem sind die Mittel, über die sie in der politischen Auseinandersetzung verfügen können, begrenzt und beschränken sich im wesentlichen auf die Beherrschung des Parteiapparates. Die daraus insgesamt resultierende Rivalität der Parteiführer untereinander ist äußerst eng, persönlich, konzentriert und homogen in den individuellen Zielsetzungen und Mitteln. Im Sinne gemeinsamer Karriereerfahrungen bilden die Spitzenpolitiker ein echtes Team.[19] Mitglieder und Kandidaten des Politbüros sind sich bewußt, daß sie ihre Macht, insbesondere ihren Einfluß auf den Parteiapparat und auf die Staats- und Wirtschaftsbürokratie nur gemeinsam ausüben können. Dieses Wissen, die Homogenität des oligarchischen Zirkels und seine gemeinsamen Erfahrungen ermöglichen grundsätzlich ein hohes Maß an Konsens und ein gemeinsames Interesse daran, Uneinigkeit zu vermeiden und zu einer Einigung auf Kompromißbasis zu kommen.

Das grundlegende Problem eines Systems kollektiver Führung scheint indes seine *immanente Instabilität* zu sein. Da politische Entscheidungen und vor allem Nominierungen nicht von einem Alleinherrscher diktiert, sondern mehrheitlich beschlossen werden, bestehen hinreichende Anreize, innerhalb des Führungsgremiums Mehrheiten zu suchen, um eigene und Organisationsinteressen durchzusetzen. Solche wechselnden Koalitionen innerhalb der Oligarchie verstoßen aber gegen das gemeinsame Interesse an möglichst hohem Konsens und schaffen durch die zwangsläufige Verletzung der vitalen Interessen einzelner Mitglieder Ressentiments und Zwist. Zudem finden sich in jedem kollektiv geführten Politbüro regelmäßig bis zu einem halben Dutzend ebenso ehrgeiziger Politiker, die die Gunst der Stunde nutzen und nach noch mehr Einfluß streben wollen.[20] Diese „Thronanwärter" sind entsprechend bestrebt, möglichst stabile Koalitionen mit den „Königsmachern" und einflußreichen „Vetoinhabern", die nicht selbst nach der Macht greifen, einzugehen.

Früher oder später zeigen sich daher in einem System kollektiver Führung zunächst marginale Differenzen, die in heftige Machtkämpfe münden können, ist die Uneinigkeit erst einmal ausgebrochen. Unter diesen Bedingungen scheint entscheidend zu sein, daß kein Mitglied des Führungskreises im Kampf um die Macht neutral bleiben kann.[21] Jeder muß in dieser allgemeinen Auseinandersetzung sein eigenes politisches Schicksal aufs Spiel setzen, sei es, daß er selbst um die Führungsrolle kämpft, sei es, daß er andere bei diesem Versuch unterstützt. Lehnt er das eine wie das andere ab, wird er damit rechnen müssen, früher oder später seine Position zu verlieren, denn welche Mehrheiten sich bei Nominierungsentscheidungen auch immer bilden mögen, stets werden nur solche Bewerber um einen Platz in der Führungsspitze Fürsprecher finden, die sich gegenüber bestimmten Personen(gruppen) loyal erklären.[22]

Zu einer Stabilisierung kollektiver kommunistischer Führungssysteme und zu einer Verminderung der allgemeinen Rivalität und Unsicherheit kann es demnach nur dann kommen, wenn aus dem Kreis der „Thronanwärter" genügend ausgeschieden sind und sich einer der Mitbewerber durchgesetzt hat. Mit der Konsolidierung und Stabilisierung seiner Alleinherrschaft erst vermag er innerhalb des in sich zerstrittenen Politbüros wieder jenen Grundkonsens und jene stabilen Beziehungen und Erwartungsmuster zu schaffen, die für die Funktionsfähigkeit des politischen Entscheidungssystems Bedingung sind.

Wenn die vorangegangene Skizze grundsätzlich zutrifft, ergeben sich eine Reihe bedeutsamer Schlußfolgerungen für das zu erwartende Gestaltungsmuster praktischer Politik unter den Bedingungen einer kollektiven Führung oder bei geschwächter Position des Parteiführers.

(1) Zunächst und vor allem ist zu vermuten, daß die Politik eines in sich zerstrittenen, in wechselnder Zusammensetzung arbeitenden Politbüros keine einheitliche Linie aufweisen wird. Da wechselnde Mehrheiten und wechselnde „starke Männer" den Kurs bestimmen, wird die Politik eher unstetig erscheinen und in den ausführenden Apparaten widersprüchliche Signale auslösen. Es ist daher auch zu erwarten, daß der bürokratische Apparat eher in die Lage versetzt, ja teilweise gezwungen ist, mit größerer Autonomie und großzügigerer Eigeninterpretation politischer Beschlüsse zu arbeiten oder gar in bestimmten Fällen untätig zu bleiben. Bei kollektiver Führung im Politbüro ist daher häufig mit Eigenmächtigkeiten insbesondere der staatlichen Spitzenbürokratien zu rechnen.

(2) Die Beschränktheit der politischen Mittel im internen Machtkampf zwingt die Rivalen in der Parteiführung zu einer Überbetonung ideologischer Positionen. Die Notwendigkeit, die eigenen Interessen ideologisch zu legitimieren und die Zweckmäßigkeit, den Gegner vor allem politisch-ideologischen „Abweichlertums" zu bezichtigen, dürfte erhebliche Auswirkungen auf die praktische Politik haben. Zum einen wird ein erheblicher Teil der Problemverarbeitungs- und Problemlösungskapazitäten der Parteiführung absorbiert, so daß zu erwarten ist, daß andere, praktisch dringendere Entscheidungen vertagt oder unangemessen verarbeitet getroffen werden. Zum anderen macht die Tendenz zur Ideologisierung die Politik während einer Nachfolgekrise in der Parteiführung noch unberechenbarer und führt möglicherweise zu dramatischen, nichtinkrementalen Positionsveränderungen in der Innen-, Außen- und/oder Wirtschaftspolitik.

(3) Während einer Nachfolgekrise versuchen vor allem die ambitionierteren Parteipolitiker, verschiedene gesellschaftliche Gruppen auf ihre Seite zu ziehen. Diese Suche nach Unterstützung beispielsweise bei der Militärführung, den Industrieministerien, dem Parteiapparat oder bestimmten Spitzenbürokratien fördert aber die Neigung, den Partikularinteressen und Forderungen dieser Organisationen nachzugeben. Der Einfluß vor allem der gut organisierten und artikulierbaren Interessen dürfte daher in einer Phase instabiler kollektiver Führung nicht unerheblich steigen. Das heißt aber zugleich, daß die bestehende Ungleichverteilung in der Organisierbarkeit, Artikulierbarkeit und Durchsetzbarkeit von Interessen durch Phasen politischer Instabilität und Unsicherheit vermutlich weiter verstärkt wird. Da in einem kommunistisch-autokratischen Regierungssystem die am wirksamsten organisierten Interessen die des Parteiapparates, des Militärs und der Industrie, namentlich der Schwerindustrie, sind, dürfte vor allem ihr Einfluß auf die politische Entscheidungsfindung bei kollektiver Parteiführung erheblich zunehmen.

b) Willens- und Entscheidungsbildung unter den Bedingungen einer stabilen Einmannherrschaft

Unter den Bedingungen einer konsolidierten und stabilen Einmannherrschaft im Politbüro verlaufen die Willens- und Entscheidungsbildungsprozesse in gänzlich anderen Bahnen. Die Erwartungsmuster und Rollen sind relativ stabil, der Teamgeist wird betont und Mitglieder und Kandidaten richten sich primär an den Interessen des Parteiführers aus oder an dem, was sie für die Interessen des primus inter pares halten. Das heißt jedoch nicht, daß der Parteiführer über uneingeschränkte Macht verfügt. Zwar vermag er in gewissen Grenzen die Willensbildungsprozesse innerhalb des Politbüros zu kanalisieren und besitzt stets eine realistische Chance, bei ausbrechendem Dissens Umstrukturierungen in der Zusammensetzung des Politbüros vorzunehmen. Auch verfügt er über umfangreiches Informationsmaterial aus den Geheimdiensten über Stimmungen in der Parteibasis, Mehrheiten im Zentralkomitee und mögliche Fraktionsbildungen und quasi-oppositionelle Gruppenbildungen in der Führungsspitze.[23] Seine Macht bleibt jedoch beschränkt, und zwar im wesentlichen deshalb, weil er (1) externe internationale und zwischenstaatliche Restriktionen beachten muß, die sich einer kurzfristigen Einflußnahme und Veränderung entziehen, (2) seine Politik stets ideologisch legitimieren und innerhalb eines engeren Führungszirkels abstimmen muß, (3) kurzfristig, d.h. bei gegebener Stimmenverteilung in Politbüro und Parteiapparat Konsens mobilisieren muß, (4) sowohl in der Phase der Entscheidungsvorbereitung als auch in der Phase der Durchführung getroffener Entscheidungen auf die Mitarbeit insbesondere des Partei- und Staatsapparates angewiesen ist und weil er schließlich (5) für ein Mindestmaß an Zustimmung seitens der Bevölkerung sorgen muß, zumindest in dem Sinne, daß offener Aufruhr und Widerstand vermieden wird.

Diese Beschränkungen der Macht des Parteiführers sind damit zugleich für die übrigen Politbüromitglieder Richtschnur bei der Festlegung ihrer eigenen strategischen Position. Überhaupt scheinen erst die genannten Restriktionen geeignet, innerhalb des oligarchischen Entscheidungssystems Unsicherheit zu reduzieren, Einzelprobleme zu identifizieren, in komplexere Zusammenhänge einzuordnen und die Deckung des notwendigen Konsens- und Entscheidungsbedarfs sicherzustellen. Beschränkungen des politischen Entscheidungsspielraums der genannten Art machen daher die Initiierung, Formulierung und Durchsetzung (wirtschafts)politischer Entscheidungen erst möglich, indem sie jedem am Entscheidungsprozeß Beteiligten helfen, das Entscheidungsproblem zu strukturieren und im Lichte der eigenen Interessen zu bewerten. Es soll daher im folgenden der Versuch unternommen werden, jene Beschränkungen, denen der innere Führungszirkel der Partei in Verfolgung seiner eigenen Interessen bei weitgehend stabiler Einmannherrschaft unterliegt, näher zu kennzeichnen und ihre Implikationen für das zu erwartende Gestaltungsmuster praktischer Politik herauszuarbeiten.

3. Beschränkungen des Entscheidungsspielraums der Parteiführung im kommunistischen Regierungssystem

Neben internen, im eigenen Gesellschaftssystem wurzelnden Beschränkungen ihres Entscheidungsspielraums unterliegen kommunistische Parteiführungen – wie demokratisch gewählte Regierungen auch – externen Restriktionen, d.h. politischen, militärischen und ökonomischen Abhängigkeiten von anderen Ländern. Kennzeichnend und von besonderer Bedeutung für die osteuropäischen Staaten ist jedoch das *Ausmaß und die Intensität des faktisch ausgeübten Einflusses seitens der sowjetischen Parteiführung* gegenüber den Parteiführungen in den kleineren Ländern, wie er mit westlichen Vorstellungen von den Bedingungen souveräner nationalstaatlicher Willensbildung unvereinbar ist. Der im Westen allerdings immer wieder aufbrechende Dissens über die Art und Intensität der sowjetischen Einflußnahme scheint nicht nur Folge eines unzureichenden Hintergrundwissens, sondern wesentlich Ergebnis einer unzureichenden Differenzierung zu sein.[1]

Erstens nämlich gibt es ganz offensichtlich länderspezifische Unterschiede hinsichtlich des sowjetischen Machtinteresses und Einflußstrebens. Zweitens dürfte sich die sowjetische Einflußnahme im wesentlichen auf solche Politikbereiche und -inhalte konzentrieren, die für die Sowjetunion selbst von vitalem Interesse sind. Drittens und nicht zuletzt aber dürfte das Ausmaß der sowjetischen Einwirkung auf die osteuropäischen Nationalstaaten auch davon abhängig sein, wie stabil (und damit auch nach außen handlungsfähig) die sowjetische Parteiführung selbst ist. Nach dem Gesagten ist zu vermuten, daß der sowjetische Einfluß im Bereich der Sicherheits-, Außen-, Wirtschafts- und vor allem Außenwirtschaftspolitik besonders ausgeprägt ist, daß er die im Ost-West-Spannungsverhältnis strategisch überaus wichtige DDR in besonderem Maße trifft, aber auch, daß Phasen eintreten, in denen die sowjetische Dominanz vorübergehend nachläßt wie während der KPdSU-internen Machtkämpfe und Nachfolgestreitigkeiten 1953 bis 1955, 1962 bis 1964 und 1981 bis 1983.

Neben externen Restriktionen schränkt insbesondere die *marxistisch-leninistische Ideologie, namentlich der Kanon der in der jeweiligen historischen Situation vorherrschenden Dogmen*, den Entscheidungsspielraum einer kommunistischen Parteiführung ein.[2] Diese Aussage steht nicht in Widerspruch zu der Basisprämisse, auch die Mitglieder der Parteiführung handelten grundsätzlich im Eigeninteresse. Sie besagt vielmehr, daß die Parteiführer angesichts der Beschränktheit der Mittel, die in der politischen Auseinandersetzung in einem kommunistischen Regierungssystem eingesetzt werden können, in Verfolgung ihrer persönlichen Macht- und Einkommensinteressen auf die Ideologie als Legitimationsbasis, gemeinsames Weltbild und Mittel politischer Konsensmobilisierung nicht verzichten können. Allerdings ist in konkreten Entscheidungssituationen eine quasi deterministische Ableitung und Begründung von Maßnahmen mit Hilfe der kommunistischen Ideologie nahezu unmöglich. Umgekehrt läßt sich nahezu jede politische Entscheidung anders als durch Rekurs auf ideologische Postulate – nämlich durch Terror, Belohnungen oder beispielsweise durch Erfolge der Politik – legitimieren.[3] Die Bedeutung der Ideologie für die praktische Willens- und Entscheidungsbildung im sozialistischen Staat wird daher hier auch nicht darin gesehen, Ziel-Mittel-Kombinationen zu prädeterminieren, sondern eher, bestimmte Ziele und/oder Mittel zu tabuisieren,

Problemlösungsmöglichkeiten a priori auszuschließen und damit das Entscheidungsproblem quasi vorzustrukturieren und die Menge der „zulässigen" Lösungen zu beschränken.

Unter den Bedingungen politischer Willensbildung in kommunistischen Einparteiensystemen würde ein Parteiführer allerdings „ernsthaft Gefahr laufen, seine Macht zu verlieren, wenn er es wagte, die Ideologie in Zweifel zu ziehen. In der politischen Praxis wird er sie vielleicht in dem Sinne ignorieren, daß er nicht danach fragen wird, ob ein bestimmter Akt der Ideologie entspricht",[4] im Konkurrenzkampf innerhalb der Führungsspitze jedoch muß jeder Spitzenpolitiker einer kommunistischen Partei seine Position nach wie vor ideologisch formulieren und vor allem legitimieren können. „So entsteht innerhalb der politischen Elite eine Art ideologischer Rückkopplung, die den militanten Charakter ihres Arbeitsstils und Vokabulars verstärkt."[5] Mehr noch, die marxistisch-leninistische Ideologie wird zur absoluten, alle gesellschaftlichen Lebensbereiche durchdringenden Weltanschauung. In diesem Sinne ist der sozialistische Staat im Wortsinne „totalitär".

Kennzeichen des überwiegenden Teils westlicher Erklärungsansätze politischer Prozesse in kommunistisch-autokratischen Regierungssystemen ist es, daß sie zumindest implizit einen *starken Einfluß des Parteiapparates auf die Führungsoligarchie* unterstellen. Dabei wird der Einfluß des Parteiapparates vorwiegend mit der Fähigkeit begründet, Informationsvorsprünge gegenüber der Parteiführung strategisch einzusetzen und die für die Parteispitze notwendige Unterstützung zu entziehen.[6] Den meisten westlichen Beobachtern erscheint so der Parteiapparat, unter dem hier und im folgenden insbesondere das ZK und sein Sekretariat verstanden werden soll, als die zentrale Macht- und Interessengruppe im sozialistischen Staat.[7] Die Augenzeugenberichte über die in der Realität stattfindenden Willensbildungsprozesse sind widersprüchlich,[8] sie lassen aber immerhin den Schluß zu, daß der faktische Einfluß des Parteiapparates zumindest im Bereich der Wirtschaftspolitik keineswegs so uneingeschränkt ist, wie dies in theoretischen Analysen immer wieder explizit oder implizit unterstellt wird. Auch auf der Basis der Prämissen des oben skizzierten Grundmodells kommunistisch-autokratischer Systeme erscheint der unterstellte Einfluß des Parteiapparates auf die Entscheidungsfindung in der Parteispitze schlecht begründet und bedarf zumindest einer Relativierung.

Der Parteiapparat besitzt gegenüber der Parteiführung weder ein Informationsmonopol, noch bietet er allein den Regierenden Optionen an. Die Parteispitze hat im Gegenteil gelernt, gegenüber den häufig im Interesse der Parteimitglieder und lokalen Parteiorganisationen verzerrten Informationen skeptisch zu sein und bedient sich daher alternativer Informationssammler, -verarbeiter und -vermittler wie der Staatssicherheitsorgane, der Wirtschafts- und Staatsbürokratie, Meinungsforschungsinstituten und ausländischer Stellen.[9] Von besonderer Bedeutung ist zudem, daß die Führungselite in nur geringem Maße überhaupt auf die Unterstützung des Parteiapparates angewiesen ist. Insbesondere rekrutiert sich die Parteiführung nach festen Spielregeln, die dem Parteiapparat eine lediglich akklamatorische Funktion zuweist. Den Parteiorganisationen fehlt damit faktisch jedes wirksame Sanktionspotential gegenüber der Parteispitze. Die Prinzipien des „Demokratischen Zentralismus" bestimmen die Partei zum ausführenden Organ der Parteiführung, das deren Entscheidungen planmäßig und vor allem einheitlich in allen gesellschaftlichen Bereichen durchzusetzen und ihre Realisierung zu kontrollieren hat.

Sofern dem Parteiapparat überhaupt gewisse Einflußmöglichkeiten auf die Parteiführung zugesprochen werden können, dürften sie sich im wesentlichen aus dieser Transmissions- und Kontrollfunktion ergeben. Weil nämlich die Parteiführung im Prozeß der Durchsetzung und Kontrolle ihrer Beschlüsse auf die Mithilfe des Parteiapparates angewiesen ist, eröffnen sich den Parteimitgliedern gewisse Möglichkeiten, ihre eigenen Interessen in den Willensbildungs- und Entscheidungsprozeß einfließen zu lassen. Vermutlich werden diese Einflußmöglichkeiten jedoch auf solche Entscheidungen beschränkt bleiben, die die *Effizienz*, mit der der Parteiapparat seine Transmissions- und Kontrollfunktion wahrzunehmen vermag, tangieren. Das Interesse der Parteimitglieder an einer Erhöhung ihres Nutzeneinkommens und das Interesse der Parteiführung an einer Aufrechterhaltung der Moral und Motivation des Parteiapparates, seine Aufgaben wirksam zu erfüllen, dürften daher im Ergebnis tendenziell zu politischen Entscheidungen führen, die Parteiämter und -karrieren attraktiver ausgestalten als vergleichbare Positionen und Laufbahnen im Wirtschafts- und Staatsapparat. Ebenso ist zu erwarten, daß Parteimitglieder in ihrer Einkommens- und Versorgungslage tendenziell besser gestellt werden als die übrige Bevölkerung.[10] Die in den osteuropäischen Ländern zu beobachtende Beschränkung des Zugangs zur Partei ist aus dieser Perspektive interpretierbar als notwendige Folge dieser Einkommensdifferenzierung, um den zu erwartenden Zustrom potentieller neuer Parteimitglieder, die aus rein ökonomischen Motiven in die kommunistische Partei eintreten wollen, in Grenzen zu halten.

Aus dem Interesse der Parteiführung, die Effizienz des Parteiapparates aufrechtzuerhalten, scheint sich eine weitere, praktisch bedeutsame Beschränkung des Handlungsspielraums des Politbüros zu ergeben. Da nämlich der kommunistischen Partei und den gesellschaftlichen Massenorganisationen vor allem die Aufgabe zukommt, die Durchführung der Parteibeschlüsse auf allen Ebenen der wirtschaftlichen und bürokratischen Hierarchie zu kontrollieren, Konsens und Unterstützung zu mobilisieren und Entscheidungen der Führungsoligarchie an der Basis im Lichte der kommunistischen Ideologie zu interpretieren und zu verteidigen, benötigen sie als „Transmissionsriemen" der Parteiführung eine möglichst klare Richtlinie für ihr praktisches Handeln und Argumentieren.[11] Aus diesem Grunde ist die Parteiführung gezwungen, regelmäßig eine bestimmte politische „Linie" zu formulieren, zu propagieren, durchzusetzen und sich selbst auch konsequent an diese für verbindlich erklärte Konzeption zu halten. Erst die kommunistische „Linie" schafft nämlich die „Verbindung zwischen den fundamentalen Lehren und den Stellungnahmen zu bestimmten Problemen. Sie definiert die Bedeutung der Lehren in einem besonderen historischen Zusammenhang und die Beziehung zwischen der Einstellung zu einer Frage und der Einstellung zu anderen Fragen."[12] Ihre bloße Existenz stellt somit bereits eine ausgeprägte, faktische Beschränkung des Entscheidungsspielraums der Parteiführung dar, setzt ihre Funktionsfähigkeit doch voraus, daß sie nicht nur für eine gewisse Zeit Gültigkeit behält, sondern auch, daß sie Richtschnur für das Handeln der Parteiführung selbst ist.

Im sozialistischen Staat ergeben sich – ähnlich wie in Demokratien – *Beschränkungen der Macht der Regierung aus der Existenz und dem Handeln bürokratischer Organisationen*, insbesondere der staatlichen Spitzen- und Ministerialbürokratie. Da diese Organisationen grundsätzlich dieselben Merkmale aufweisen wie Bürokratien in pluralistischen Regierungssystemen,[13] können die Ergebnisse der westlichen

Bürokratieforschung Berücksichtigung finden, wird den Besonderheiten kommunistischer Systeme — insbesondere den Versuchen der kommunistischen Partei, den Staatsapparat mit Hilfe der Kaderpolitik zu instrumentalisieren[14] — Rechnung getragen. Insbesondere ist somit davon auszugehen, daß das „Maschinenmodell" bürokratischer Organisationen,[15] dem zufolge bürokratisches Handeln in nahezu unverfälschtem und unverzerrtem Durchführen einmal gefällter politischer Entscheidungen besteht, ein unzutreffendes Abbild der Realität ist. Es wird mit anderen Worten vielmehr davon ausgegangen, daß auch die Angehörigen einer Bürokratie grundsätzlich und primär am Eigeninteresse orientiert sind, daß aus diesem Grunde auch Bürokratien eigenständige Organisationsinteressen entwickeln und verteidigen und auf diese Weise durchaus in der Lage sein können, Entscheidungen der politischen Führungsspitze zu beeinflussen.[16] Sie verteidigen vor allem ihre Entscheidungsautonomie, ihre interne Motivationsstruktur, ihre Funktionen im Regierungssystem und sind — um so stärker, je kostenintensiver sie ihre Leistungen bereitstellen — auf eine Erhaltung und Vergrößerung ihres Etats bedacht.[17]

Damit erhebt sich aber die Frage nach den Chancen und Möglichkeiten kommunistischer Regierungsbürokratien, ihre Organisationsinteressen in den Prozeß politischer Willens- und Entscheidungsbildung einfließen zu lassen. In Anlehnung an neuere machttheoretische Konzepte sollen hier vor allem zwei Quellen der Macht staatlicher Spitzenbürokratien unterschieden werden: *Informationsmacht* als die Fähigkeit, in der Funktion als „Entscheidungshelfer" politische Willensbildungsprozesse durch den strategischen Einsatz von Wissen zu beeinflussen, und *Ressourcenmacht* als die Fähigkeit, Entscheidungseinfluß auszuüben aufgrund der Kontrollkompetenz über die materiellen, personalen und programmatischen Kapazitäten für die Ausführung politischer Entscheidungen.[18]

Wie bereits ein kursorischer Blick auf die politische Praxis kommunistischer Regierungssysteme offenbart, ist schon das Einfluß*potential* kommunistischer Regierungsbürokratien gegenüber den Parteiführungen ungleich höher zu veranschlagen als die Einflußmöglichkeiten bürokratischer Organisationen in Demokratien. In allen Phasen des politischen Willensbildungs- und Entscheidungsprozesses bis hin zur Durchführung und Kontrolle der Maßnahmen liegt die Hauptverantwortung in den Händen der Staats- und Wirtschaftsbürokratie. In vielen Politikbereichen sind diese Apparate die einzigen Instanzen, die systematisch und regelmäßig relevante Informationen sammeln, verarbeiten und weitergeben. Angesichts der geringen Zahl und Bedeutung organisierter Interessenverbände besitzt die Staatsbürokratie in einigen Bereichen ausgeprägte Informationsmonopole. Die hierdurch bedingte, ausgesprochene Abhängigkeit der politischen Führung vom bürokratischen Apparat wird durch die dem Parteiapparat und der Kaderpolitik zugedachte Kontrolle staatlichen bürokratischen Handelns nur zum Teil wirksam abgeschwächt. Aufgrund der unterschiedlichen Ausgangsbedingungen, Risiken und Anreize im Prozeß personeller Rekrutierung[19] fehlen nämlich auf allen Ebenen der Parteihierarchie gerade jene Experten, die hinreichend kompetent wären, die ihrer Ebene entsprechenden Bürokraten im Staatsapparat wirksam anzuleiten und zu kontrollieren. Häufig sind auch Partei- und Staatsbürokratie gleichermaßen interessiert, „Mängel, die durch die Strukturen des Systems vorgegeben sind, ... zu verschweigen."[20] Nicht zuletzt aber sind gerade die Positionen von Spitzenbürokraten wie Ministern und Staatssekretären mit ranghohen Parteifunktionären besetzt, die mit zunehmender Amtsdauer dazu neigen, mehr für die Interessen ihres „Hauses" als für die Interessen des Parteiapparates einzutreten und die zudem — aufgrund ihrer ranghohen Position — unter Umgehung des für die Kontrolle zuständigen Parteiapparates mit der Parteiführung direkt zusammenarbeiten und bestrebt sind, sich dort unmittelbar abzusichern.[21] Auch in kommunistisch-autokratischen Regierungssystemen beruht die Macht der Spitzenbürokratien jedoch nicht nur auf der Kontrolle über Informationen. Da sie auch die personellen, materiellen und programmatischen Kapazitäten kontrollieren, ohne die die Parteiführung ihre Entscheidungen nicht erfolgreich durchsetzen könnte, vermögen bürokratische Organisationen (a) bereits im Vorfeld der Entscheidungsfindung die Wahlmöglichkeiten der Politiker zwischen verschiedenen Handlungsalternativen zu begrenzen und (b) immer noch in der Ausführungsphase Einfluß auf die praktische Umsetzung bereits getroffener Entscheidungen zu nehmen.[22]

Ob und in welchem Ausmaß allerdings dieses in der Regel erhebliche Informations- und Ressourcenmachtpotential kommunistischer Spitzenbürokratien *faktisch* durchschlägt, dürfte im wesentlichen davon abhängen, (a) in welchem Maße die Regierung Handlungsbeschränkungen anderer Art unterworfen ist, (b) in welchem Maße die Interessen verschiedener bürokratischer Apparate miteinander konkurrieren und (c) inwieweit die Regierung im Prozeß der Informations- und Optionsgewinnung und -verarbeitung auch tatsächlich auf Unterstützung durch diese Organisationen angewiesen ist.[23] Während theoretische und praktische Erfahrungen dafür sprechen, daß in Demokratien der Einfluß von Spitzenbürokratien nur in wenigen Politikbereichen zu dominieren vermag,[24] scheinen die genannten Bürokratieeinflüsse in kommunistisch-autokratischen Regierungssystemen nicht nur potentiell, sondern auch faktisch eine herausragende Bedeutung zu haben. Zwar scheint auch in diesen Systemen die Macht bürokratischer Organisationen vergleichsweise gering zu sein, solange es um politische Grundsatzentscheidungen geht und externe, ideologische und parteiinterne Beschränkungen den Entscheidungsspielraum des Politbüros einengen. Innerhalb dieser, in der Regel nämlich vergleichsweise weit gesteckten Restriktionen vermögen die Spitzenbürokratien jedoch erhebliche Macht auszuüben. Im Bereich der Wirtschaftspolitik dürfte diese Vermutung in besonderem Maße zutreffen, und zwar vor allem deshalb, weil (a) die im Politbüro sitzenden Generalisten überwiegend ökonomisch zu wenig kompetent sind,[25] (b) der Parteiapparat schon aus personellen Gründen mit einer wirksamen Kontrolle weitgehend überfordert ist,[26] (c) die Parteiführung mit Beschlußvorlagen so überlastet ist,[27] daß einigermaßen glaubwürdige Informationen und Optionen aus den Spitzenbürokratien nahezu regelmäßig ungeprüft akzeptiert werden müssen und (d) die Chancen einer konkurrierenden Einflußnahme von Verbänden, Bevölkerung und Wissenschaft auf die politbürointerne Willensbildung vergleichsweise gering sind.

Der vorwiegend im politikwissenschaftlichen Schrifttum herausgestellte angebliche Erfolg des Parteiapparates bei dem Versuch, den Staatsapparat zu „instrumentalisieren", wird daher hier wenn nicht grundsätzlich bestritten, so doch zumindest stark relativiert. Diesem vorherrschenden Paradigma wird die These entgegengestellt, daß in kommunistischen Regierungssystemen im Prozeß der Initiierung, Formulierung und Durchsetzung *praktischer Wirtschaftspolitik eine Tendenz zur Dominanz der Spitzenbürokratien des Staates* angelegt ist. Die faktisch wirksamste Beschränkung der Informations- und Ressourcenmacht dieser Organisationen dürfte sich am ehesten noch aus der Interessenkonkurrenz verschiedener bürokratischer Apparate sowie aus der Vorsicht und Skepsis der Parteiführung selbst ergeben.[28] Der Parteiapparat jedenfalls scheint aus den skizzierten Gründen zu einer dauerhaften und systematischen Kontrolle und Beschränkung des Handlungsspielraums der staatlichen Spitzenbürokratien nicht fähig zu sein.

Neben Einflüssen des Partei- und Staatsapparates ist gerade in der jüngeren wissenschaftlichen Literatur des Westens auch der Einfluß von *Forderungen der Bevölkerung* auf die politischen Entscheidungsprozesse kommunistischer Staaten zunehmend berücksichtigt worden. Diese Ansätze kamen im wesentlichen zu dem Ergebnis, daß (a) von einer pauschalen und kategorischen Negierung der Bevölkerungsinteressen durch die kommunistische Parteiführung keine Rede sein kann, daß vielmehr (b) sogar zu erwarten ist, daß die Parteiführung zu einer mehr oder weniger kontinuierlichen Berücksichtigung der Bevölkerungsinteressen gezwungen ist.[29] Im Kern wird argumentiert, sobald die wirtschaftliche Entwicklung hinter dem Anspruchsniveau der Bevölkerung zurückbleibe, steige die Intensität spontaner Interessenartikulation seitens der Bevölkerung[30] und die Parteiführung sehe sich gezwungen, durch Einleitung eines stärker an den Interessen der Regierten orientierten Kurses einer Eskalation zuvorzukommen.[31] Freilich hänge der Zeitpunkt des parteipolitischen Umdenkens in hohem Maße von der „Reaktionsschwelle" der Partei ab, die ihrerseits wiederum im wesentlichen „durch die historischen Erfahrungen der RGW-Länder mit über Streiks und Demonstrationen hinausgehenden Aufständen bestimmt"[32] sei.

Die Ergebnisse dieses weitgehend deterministischen Modells sind nicht nur durch die neuerlichen Erfahrungen im Zusammenhang mit Polen widerlegt worden, sie sind schon aus grundsätzlichen Erwägungen und auf der Basis der Prämissen des weiter oben skizzierten Grundmodells nicht haltbar. Überschätzt werden vor allem die Fähigkeiten und die Motivation des Parteiapparates, Bevölkerungsinteressen zu aggregieren, zu artikulieren und gegenüber der Parteiführung durchzusetzen sowie die Fähigkeiten und die Motivation der Parteiführung, unbefriedigte Forderungen der Regierten — soweit sie überhaupt als systembedrohend erkannt werden — zu berücksichtigen.

Aufgrund der Funktionsuntüchtigkeit des Wahlsystems, der Organisationsprinzipien des „Demokratischen Zentralismus" und der damit gegebenen parteiinternen Anreiz- und Belohnungsmechanismen ist kaum zu erwarten, daß die Mitglieder des Parteiapparates hinreichend motiviert sind, Forderungen der Bevölkerung (zumindest soweit sie der kommunistischen Partei nicht angehören) aufzugreifen und politisch durchzusetzen, fehlt doch jener aus dem Abwahlrisiko resultierende systematische Leistungsdruck, Wählerinteressen gerecht zu werden, wie er die Realität *demokratisch* gewählter Berufspolitiker kennzeichnet. Soweit der Parteiapparat diese Aufgabe überhaupt wahrzunehmen vermag, ist zudem zu erwarten, daß die Bevölkerungsinteressen vom Apparat der kommunistischen Partei systematisch verzerrt werden. Da die Regierten über ihre Lage als Einkommensbezieher aus informationstheoretischen Gründen regelmäßig besser informiert sind als über ihre Lage als Einkommensverwender,[33] dürften Konsumenteninteressen kaum Eingang in parteiinterne Willensbildungsprozesse finden. Da Parteimitglieder zudem größere Chancen haben, ihre Interessen zu artikulieren, die Parteimitgliederschaft jedoch nicht repräsentativ für die Gesamtbevölkerung ist, werden die auf diese Weise gesammelten Interessen und Forderungen nur zufällig mit den verborgenen Präferenzen der Regierten übereinstimmen.[34] Vor allem aber bleibt fraglich, ob dem Parteiapparat eine Durchsetzung dieser Interessen in der Parteiführung überhaupt gelingen kann, da Politbüro und Regierung, die selbst ein ausgeprägtes Interesse an Stimmungen in der Bevölkerung haben, den Parteiapparat als eher unzuverlässigen, Ereignisse an der Basis systematisch verzerrenden Informationslieferanten einschätzen und daher regelmäßig Ministerien, Meinungsforschungsinstitute, die Staatssicherheitsdienste und Spitzel als konkurrierende Informationslieferanten heranziehen.[35]

Für das Politbüro selbst ist zudem die Zustimmung der Regierten zu politischen Entscheidungen auch nur in dem Maße überhaupt von Interesse, als es gilt, Streiks, Unruhen, Boykott und offenen Aufruhr zu vermeiden, während demokratisch gewählte Regierungen darüber hinaus um ihre Wiederwahl bemüht sein müssen. Struktur und Funktionsweise politischer Willens- und Entscheidungsbildung orientieren die kommunistische Parteiführung eben lediglich darauf, das *gerade Notwendigste* zu tun, um einer Entmachtung zu entgehen. Trotz (oder besser gerade wegen) dieser reduzierten Anforderungen sieht sich die kommunistische Regierung jedoch mit dem Problem des Handelns unter Unsicherheit – das auch für demokratisch gewählte Regierungen gilt – in besonderem Maße konfrontiert. Zwar legen insbesondere die Geheimdienste und die Staatliche Plankommission in aller Regel „ungeschönte" Berichte über Mißstände und Mißtrauenskundgebungen vor.[36] Das Problem besteht für die Parteiführung jedoch darin, aus den laufend eintreffenden „Hiobsbotschaften" einen Trend herauslesen und eine möglicherweise drohende Eskalation von Unmutsäußerungen in offenem Aufruhr im Ansatz bereits zu erkennen. Genau dieses Problem vermögen die Meldungen des Parteiapparates, der Sicherheitsorgane und der Wirtschaftsbürokratie jedoch nicht zu lösen. Die Geheimdienste sind darauf bedacht, ihre Wirksamkeit und Effizienz nachzuweisen und liefern regelmäßig umfangreiche Berichte, wobei in „ruhigeren" Zeiten notfalls sogar alarmierende Anlässe „hinzuerfunden" oder konstruiert werden.[37] Die Wirtschaftsbürokratie wiederum nimmt regelmäßig jede Gelegenheit wahr, die Knappheit der vorhandenen Ressourcen, den wissenschaftlich-technologischen Rückstand gegenüber dem Westen und die Mißstände im Management zu betonen, um sich selbst gegenüber möglichen späteren Angriffen abzusichern.[38]

Es erscheint daher durchaus plausibel, anzunehmen, daß eine kommunistische Parteiführung, die sich – glaubte sie den Berichten ihrer Nachrichtendienste und Planungsbehörden – permanent in einem wirtschaftlichen und politischen Ausnahmezustand befindet, von wirklich ernstzunehmenden innenpolitischen Krisen tatsächlich überrascht werden kann. Vor dem Hintergrund dieser Überlegungen läßt sich sogar die Hypothese wagen, daß die Politbüros in den kommunistischen Ländern die nach außen funktionslosen Einheitslistenwahlen (zu den sog. Volkskammern) vor allem deshalb durchführen, weil die geheimgehaltenen tatsächlichen Abstimmungsergebnisse im intertemporalen Vergleich noch der vergleichsweise zuverlässigste Indikator der Zufriedenheit der Regierten mit der Regierung sind.[39]

Ist das Politbüro aus systemimmanenten Gründen schon kaum motiviert, dauerhaft und wirksam Forderungen der Regierten zu berücksichtigen, vermag es zudem kaum, eine gravierende Verschlechterung der Zustimmung der Bevölkerung zum System und zur praktizierten Politik zu messen und rechtzeitig zu erkennen, bleibt schließlich fraglich, ob ein wirksamer Kurswechsel (etwa in der Wirtschaftspolitik) kurzfristig überhaupt machbar und auf längere Sicht durchsetzbar ist. Von Entscheidungs- und Wirkungsverzögerungen ganz abgesehen, sieht sich das Politbüro nämlich regelmäßig einer Vielzahl von Forderungen aus der Partei- und Staatsbürokratie gegenüber, die mit einem auf substantielle Verbesserung des materiellen Wohlstandes der Bevölkerung abzielenden Kurs konfligieren. Da die Parteiführung jedoch in hohem Maße auf die Unterstützung gerade dieser Organisationen angewiesen ist, wird sie deren in der Regel massiven Widerständen auf Dauer Rechnung tragen müssen und insbesondere die einflußreichsten Teile der Staats- und Wirtschaftsbürokratie wieder vorrangig mit knappen Ressourcen versorgen. Forderungen der Bevölkerung werden daher in Konkurrenz mit dieser „Übermacht" bürokratischer Forderungen an die kommunistische Parteiführung tendenziell nur dann Berücksichtigung finden können, wenn (a) wachsende Unzufriedenheit unter den Regierten die vitalen Macht- und Sicherheitsinteressen des Politbüros erkennbar, d.h. möglicherweise erst nach dem ersten offenen Aufruhr, bedroht und/oder (b) wenn innerhalb des Politbüros Machtkämpfe stattfinden, in deren Verlauf ein(ige) „Thronanwärter" sich der (bislang) vernachlässigten Interessen der Bevölkerung, der Konsumgüterproduzenten oder der Parteimitglieder annehmen, um auf diese Weise Bündnispartner im Kampf um die Macht zu gewinnen. In kommunistischautokratischen Systemen ist aber immer auch damit zu rechnen, daß die Parteiführung auf wachsenden Widerspruch und Unmut in der Bevölkerung mit einer Eskalation von Gewalt, Bespitzelung und Terror reagiert. Gerade dieser „Ausweg" kommunistischer Herrschaftssicherung, der vom Totalitarismus-Ansatz besonders betont, von dessen Gegnern in seiner praktischen Bedeutung heruntergespielt und von politisch-ökonomischen Modellen bislang vollständig vernachlässigt worden ist, läßt jede Analogie zu Modellen demokratischer Willens- und Entscheidungsbildung zumindest fragwürdig erscheinen.[40]

Vor allem neueren politikwissenschaftlichen Ansätzen ist das gewachsene wissenschaftliche Interesse am Einflußpotential *verbandsmäßig organisierter Partikularinteressen in kommunistischen Regierungssystemen* zu verdanken.[41] Freilich zeigt sich bereits bei einer nur kursorischen Betrachtung der Determinanten des politischen Einflusses von Gruppeninteressen, daß den „Verbänden" im sozialistischen Staat jedes wirksame Sanktions- und Einflußpotential gegenüber der Parteiführung und Regierung fehlt, um Entscheidungen im organisationseigenen Interesse zu bewirken oder Entscheidungen, die Organisationsinteressen verletzen, zumindest zu modifizieren. Verbandszwecke und Zielsetzungen sind gesetzlich weitgehend fixiert und politische Aktivitäten weitgehend kanalisiert.[42] Zudem wirkt die Kontrolle verbandsinterner Willensbildungsprozesse durch die kommunistische Partei, die Verbindlichkeit der Prinzipien des Demokratischen Zentralismus auch für die organisationsinterne Struktur und der in vielen Bereichen anzutreffende Zwang zur Mitgliedschaft einer Tendenz zu wirksamer Interessenvertretung gegenüber dem politischen Entscheidungssystem eher entgegen. Anders als in Demokratien sind nämlich unter diesen Bedingungen die Verbandsfunktionäre kaum gezwungen oder motiviert, die Mitglieder durch internalisierbare Vorteile an den Verband zu binden und ihre Interessen kontinuierlich und mit Nachdruck zu vertreten.

Mitgliederbestand, Organisationsstärke, Informationsmacht und Ressourcenmacht bestimmen daher das (wirtschafts)politische Einflußpotential gesellschaftlicher Organisationen in geringerem Maße, als die Rolle, die dem Verband von der Parteiführung faktisch jeweils zugedacht wird. Für diese Rolle dürfte aber vor allem bestimmend sein, in welchem Maße die Parteiführung glaubt, unter den gegebenen Bedingungen auf die Unterstützung der einen oder anderen gesellschaftlichen Gruppe tatsächlich angewiesen zu sein. Die wichtigste Determinante oder Bedingung eines sich hieraus ergebenden begrenzten Einflußpotentials wird entsprechend in dem aktuellen (wirtschafts)politischen Kurs zu suchen sein, den die Parteiführung verfolgt und für verbindlich erklärt hat. Danach dürfte der Einfluß derjenigen gesellschaftlichen Gruppen auf die Formulierung, Propagierung und Durchsetzung politischer Maßnahmen vergleichsweise groß sein, deren Spezialwissen und/oder Fähigkeiten für die Realisierungschancen der aktuellen Parteilinie aus der Sicht der Parteiführung besonders bedeutsam sind.

Da das Politbüro selbst bewertet, welche Bedeutung die Unterstützung einzelner Interessengruppen unter den jeweiligen Bedingungen hat, ist a priori nicht gesichert, daß es sich bei den beteiligten Gruppen jeweils um die mitgliederstärkeren, kompetenteren oder am stärksten betroffenen handelt. Vielmehr ist zu erwarten, daß die Parteiführung tendenziell eher diejenigen Gruppen beteiligt, die als *politisch und ideologisch besonders zuverlässig* gelten und am Erfolg der aktuellen Parteilinie *selbst ein unmittelbares Interesse* haben. Wenn diese Überlegungen aber grundsätzlich zutreffen, werden die benachteiligten Interessen und die Forderungen quasi-oppositioneller Gruppierungen systematisch und tendenziell unterdrückt. Aber auch das Einflußpotential der konsultierten und beteiligten Gruppen muß unter diesen Bedingungen zwangsläufig stark begrenzt bleiben: Die Möglichkeiten und Grenzen einer wirksamen Vertretung von Gruppeninteressen bleiben durch die Parteilinie abgesteckt, die Parteiführung selbst bedient sich der beteiligten Interessengruppen eher als Instrument der politischen Durchsetzung und als „Transmissionsriemen" denn als „Entscheidungshelfer". Das institutionelle Übergewicht der Organisationsinteressen der bürokratischen Apparate läßt sich auf diese Weise kaum wirksam begrenzen.

Von einem kontinuierlichen, institutionalisierten und wirksamen Einfluß gesellschaftlicher Gruppeninteressen auf politische Entscheidungsprozesse kann somit kaum gesprochen werden. Einen bedingten Einfluß der *Gewerkschaften* beispielsweise wird man nur in dem Maße unterstellen können, in dem die Parteiführung einen verstärkt an den Bevölkerungsinteressen orientierten Kurs beschlossen hat. Eine solche, zunehmende Beteiligung an der politischen Willens- und Entscheidungsbildung ist vor allem deshalb zu erwarten, weil den Gewerkschaften primär soziale Sicherungsaufgaben und Funktionen im Freizeit- und Bildungswesen übertragen sind,[43] deren Bedeutung bei einem stärker an Bevölkerungsinteressen orientierten Kurs automatisch steigt. Demgegenüber ist eine zunehmende Beteiligung von *wissenschaftlichen Beratern* und von Vertretern der *technisch-ökonomischen Intelligenz* überwiegend nur dann zu erwarten, wenn die Parteiführung grundlegende Reformen des Wirtschafts- und Verwaltungsapparates einleiten will, für die sie sozialtechnologische Vorschläge und Gedankenexperimente sowie eine aktive Mitwirkung dieser Eliten bei Veränderungen benötigt.[44]

Die vergleichsweise stärksten und beständigsten Einflußmöglichkeiten dürften sich hingegen für die *Militärs* und die *Staatssicherheitsdienste* ergeben, die jeweils eine interessenhomogene und organisatorisch starke Gruppe bilden. Die Fähigkeit dieser Elitegruppen, theoretisch im Handstreich die gesamte kommunistische Parteiführung durch eine „Revolution von oben" zu entmachten einerseits, die Unverzichtbarkeit ihrer Leistungen und Kapazitäten für die innere und äußere Stabilität des sozialistischen Staates und damit auch der kommunistischen Parteiführung andererseits zwingen die politische Führung zu einer mehr oder weniger systematischen und kontinuierlichen Berücksichtigung von Forderungen der diesen Gruppen angehörenden Mitglieder. So wie die in der Realität zu beobachtende[45] straffe Parteikontrolle des militärischen Apparates und der Sicherheitsdienste indirekter Beleg für die Richtigkeit dieser Vermutung ist, ist anzunehmen, daß der Einfluß dieser Gruppen auf die praktische Politik kommunistisch regierter Länder in dem Maße noch zunehmen kann, in dem die Parteikontrolle (etwa aufgrund partei- und führungsinterner Machtkämpfe) aufgelockert ist und/oder einzelne „Thronanwärter" im Kampf um die Macht in der Partei- und Staatsführung nach mächtigen Bündnispartnern im Militär- und Sicherheitsapparat suchen.[46]

Zusammenfassend läßt sich somit feststellen, daß der Einfluß von Gruppeninteressen in kommunistisch-autokratischen Regierungssystemen offenbar die im politischen System angelegten Grundtendenzen nicht abzuschwächen vermag, sondern vermutlich eher verstärkt: Der (wirtschafts)politische Willensbildungs- und Entscheidungsprozeß ist vor allem dadurch gekennzeichnet, daß eine oligarchische, sich selbst rekrutierende kommunistische Parteiführung alle wesentlichen (wie auch eine Fülle faktisch delegierbarer) Entscheidungskompetenzen an sich gezogen hat. Sie unterliegt dabei allerdings systematischen Beschränkungen ihres Entscheidungsspielraums, die zunächst vor allem in externen Restriktionen, d.h. Einflußnahmen ausländischer Regierungen, kommunistischen Dogmen und dem Erfordernis begründet sind, Bürgerkrieg und offenen Aufruhr zu vermeiden. Innerhalb dieses, in der Regel vergleichsweise weit gesteckten und daher als politische „Grobsteuerung"[47] anzusprechenden Rahmens wird der politische Entscheidungsprozeß in praxi jedoch geradezu dominiert durch Einflußnahmen des Parteiapparates, der Spitzen der Staats- und Wirtschaftsbürokratie, der Staatssicherheitsdienste und der Militärs, deren Einfluß summarisch als „Feinsteuerung"[48] bezeichnet werden kann. So wie diese Kennzeichnung der den politischen Entscheidungsprozeß beherrschenden Kräfte die für Demokratien an anderer Stelle herausgearbeiteten Machtverhältnisse[49] geradezu auf den Kopf stellt, lassen sich entsprechend auch andere Gestaltungsmuster praktischer Politik (im Sinne von Merkmalen politischer Entscheidungen) als in demokratischen Systemen erwarten. Die folgenden Ausführungen dienen dem Zweck, diese hier primär interessierenden Gestaltungsmuster kommunistischer Regierungspolitik auf der Basis der vorangegangenen Überlegungen abzuleiten und zu begründen.

4. Implikationen für das zu erwartende Gestaltungsmuster praktischer Politik im sozialistischen Staat

(1) Die marxistisch-leninistische Ideologie dient der Parteiführung und allen am Entscheidungsprozeß Beteiligten als Hilfsmittel der Perzeption, als Kommunikationsmittel und vor allem als Legitimationsinstrument.[1] Für die Ableitung konkreter Handlungsanweisungen erweist sich die Ideologie jedoch in der Regel als

ungeeignet und interpretationsbedürftig. Auch ihre Bedeutung als Legitimationsmittel darf nicht überschätzt werden, zumal sich Entscheidungen unter bestimmten Bedingungen auch durch Terror, durch Erweiterung des Dogmenkanons ad hoc oder im Nachhinein durch Erfolge in der Politik legitimieren lassen. Kommunistische Dogmen sind daher nur sehr grobe und wenig zuverlässige Prognoseindikatoren für konkrete politische Entscheidungen, die der Tendenz nach auch in kommunistischen-autokratischen Systemen eher pragmatischen Charakter haben. *Ideologische Beschränkungen des politischen Entscheidungsspielraums sind jedoch vor allem insofern wirksam, als sie (a) bestimmte Ziele und Mittel a priori und grundsätzlich tabuisieren und (b) als Filter wirken, durch den die Entscheidungshelfer und Entscheidungsträger die Realität – und damit auch die Handlungen von Akteuren in anderen Nationalstaaten – perzipieren und interpretieren (müssen).*

(2) Downs' informationstheoretische Begründung[2] eines vergleichsweise hohen Informationsgrades jedes Individuums über seine Lage als Einkommensbezieher gegenüber seiner Lage als Einkommensverwender ist systemindifferent. Aus diesem Grunde sind in den Massenorganisationen, in der kommunistischen Partei und im bürokratischen Apparat Einkommensbezieherinteressen regelmäßig besser zu aggregieren, artikulieren und organisieren als Einkommensverwenderinteressen. Die Parteiführung wäre theoretisch zwar – eher noch als eine Regierung in einem demokratischen System – in der Lage, Einkommensverwenderinteressen zumindest gleichgewichtig zu berücksichtigen. Ein solches Ergebnis ist jedoch unwahrscheinlich, weil für die Parteiführung keine hinreichenden Anreize zu einer solchen Politik bestehen. Zudem wird das Entscheidungssystem regelmäßig in einem solchen Umfang mit Forderungen im Sinne von Einkommensbezieherinteressen konfrontiert, daß der verbleibende Spielraum nur durch bewußte, gezielte und erheblichen Aufwand verursachende Anstrengungen zugunsten von Einkommensverwenderinteressen erweitert werden kann. Daher *neigen insgesamt auch kommunistisch-autokratische Regierungssysteme zu einer Bevorzugung der Einkommensbezieherinteressen gegenüber den Einkommensverwenderinteressen.*

(3) Die Forderungen der Regierten sind in einem kommunistischen Regierungssystem überhaupt nur schwer artikulierbar, aggregierbar und durchsetzbar. Die Parteiführung hat sich in einem solchen Ausmaß von den Bedürfnissen und unmittelbaren Willensäußerungen der Bevölkerung isoliert,[3] daß sie sich in aller Regel zu spät entschließt, die Interessen der Regierten stärker zu berücksichtigen. Hinreichende Anreize zu einer (auch nur) temporär vorrangigen oder gleichgewichtigen Berücksichtigung von Bevölkerungsinteressen ergeben sich für das Politbüro zudem nur dann, wenn parteiinterne Machtkämpfe stattfinden und/oder die Legitimationsgrundlage der Macht der Parteiführung unmittelbar bedroht und die innenpolitische Krise manifest geworden ist. Kommunistisch-autokratische Systeme weisen daher einen „bias" zu Lasten der ökonomischen Interessen der Bevölkerung auf, der zwangsläufig regelmäßig wiederkehrenden innenpolitischen Krisen und politischen Machtkämpfen Vorschub leistet.

Demgegenüber ist die Parteiführung tendenziell gezwungen und motiviert, die Interessen von Parteimitgliedern zumindest insoweit zu berücksichtigen, als dies zu einer Aufrechterhaltung der ihnen zugedachten gesellschaftlichen Kontroll-

und Transmissionsfunktionen erforderlich ist. *Kommunistisch-autokratische Regierungssysteme neigen daher zu einer Bevorzugung der Parteimitgliederinteressen gegenüber den Interessen der übrigen Bevölkerung.* Da unter diesen Bedingungen eine zunehmende Infiltration des Parteiapparates mit Mitgliedern zu erwarten ist, die lediglich eine Erhöhung ihres Nutzeneinkommens anstreben und der politischen Mission eher indifferent oder opportunistisch gegenüberstehen, ist die Parteiführung gezwungen, den Zugang zur Partei (und den durch Beitritt internalisierbaren Zusatznutzen) zu beschränken. Zugleich muß die Parteiführung darauf bedacht sein, das Nutzendifferential zwischen Parteimitgliedern einerseits und übriger Bevölkerung andererseits nicht zu stark ansteigen zu lassen, soll die Zugangsbeschränkung wirksam, die Partei auf Dauer kohärent und ideologisch stabil und die aus der Diskriminierung resultierende Frustration der übrigen Bevölkerung begrenzt bleiben.

(4) Die Parteiführung befindet sich in einem kommunistisch-autokratischen Regierungssystem in noch höherem Maße in einem Zustand der Unsicherheit über die (Un-)Zufriedenheit der Regierten als dies schon in einer Demokratie für die auf Wiederwahl bedachte Regierung gilt. Dauerhaft und wirksam ist die Parteiführung jedoch im eigenen Interesse lediglich motiviert, offenen Aufruhr zu vermeiden und die Einparteienherrschaft zu stabilisieren. Solange aber die Hauptursache für Unruhen in der Bevölkerung Fehlleistungen der Regierung auf wirtschaftlichem Gebiet und hier wiederum bei individuell unmittelbar spürbaren Variablen sind, ist das Politbüro nicht in hinreichendem Maße gezwungen, Forderungen von Parteimitgliedern und Bevölkerung zu erfüllen, die über die Befriedigung vitaler ökonomischer Bedürfnisse hinausgehen. *Kommunistisch-autokratische Regierungssysteme tendieren daher angesichts hoher Unsicherheit über die Grenzkosten und Grenznutzen der Herrschaftsstabilisierung dazu, ökonomische Interessen der Regierten gegenüber den außerökonomischen zu bevorzugen und dabei primär für eine möglichst kontinuierliche Erfüllung von Forderungen nach individueller und sozialer Sicherheit zu sorgen.*[4]

(5) Die Tendenz, außerökonomische Interessen der Regierten zu vernachlässigen, und der ideologische Anspruch der kommunistischen Partei, alle gesellschaftlichen Bereiche zu kontrollieren und einheitlich abzuleiten, schließt im wirtschaftlichen Teilsystem die Möglichkeit einer Grundsatzentscheidung für eine primär marktwirtschaftliche Steuerung ökonomischer Prozesse bei vorwiegend privatem Eigentum an den Produktionsmitteln aus. *Kommunistisch-autokratische Systeme tendieren daher zu einer Ausgestaltung der wirtschaftlichen Rahmenbedingungen, die vorwiegend auf staatlichem oder kollektivem Eigentum an den Produktionsmitteln bei weitgehender Beschränkung der einzelwirtschaftlichen Planungs- und Entscheidungskompetenzen beruht.*

(6) Die einem kommunistischen Regierungssystem immanente Tendenz zu zentraler Planung des Wirtschaftsgeschehens bei vorwiegend staatlichem Eigentum an den Produktionsmitteln bedingt die Notwendigkeit einer Organisation, laufenden Koordination, Kontrolle und Anleitung eines umfangreichen Planungs- und Wirtschaftsapparates durch vorwiegend hierarchische Steuerung. Unter diesen Bedingungen unterliegt die kommunistische Parteiführung jedoch einem permanenten Druck seitens der Staats- und Wirtschaftsbürokratie auf Ressourcenzutei-

lung, der von der obersten Planbehörde nur unzureichend abgefangen werden kann. In diesem ständigen und alljährlich neu stattfindenden Verteilungskampf haben regelmäßig die organisationsstärkeren und ideologisch bevorzugten Bürokratien, die häufig gerade die kostenintensivsten und ineffizienteren sind, die besseren Zuteilungschancen. Zudem sind — historisch und ideologisch bedingt — die Schwerindustrie und der militärische Sektor in den betreffenden Koordinations- und Planungsgremien überrepräsentiert. Konsumenteninteressen können in diese bürokratischen Aushandlungs- und Planungsprozesse überwiegend nur von den (schon zahlenmäßig unterrepräsentierten) Konsumgüterindustrien eingebracht werden. Zudem sind die Interessen der Konsumgüterhersteller selbst nur unzureichend in Preis, Menge und Qualität an den Endverbraucherinteressen orientiert. Daher *tendieren kommunistisch-autokratische Regierungssysteme zu einer Bevorzugung der Produzenteninteressen gegenüber den Konsumenteninteressen, zu einer Bevorzugung der Interessen von Grundstoff- und Schwerindustrie gegenüber den Interessen der Leichtindustrie und zu einer Perpetuierung der institutionellen Ungleichgewichte im Planungs- und Wirtschaftsapparat.*[5]

(7) Die „Feinsteuerung" politischer Willens- und Entscheidungsbildung in kommunistisch-autokratischen Regierungssystemen wird von den Spitzen der Staats- und Wirtschaftsbürokratie beherrscht. Externe Restriktionen, Ideologie und Parteilinie leisten insofern nur eine „Grobsteuerung", als sie einen in der Regel vergleichsweise weiten Rahmen für den Entscheidungsspielraum der Parteiführung abstecken. Innerhalb dieser Grenzen sind aber die Spitzenbürokratien in der Lage, die Willens- und Entscheidungsbildung aus den weiter oben im einzelnen genannten Gründen zu dominieren. Im Bereich der Wirtschaftspolitik ist ihr Einflußpotential nicht nur auf ihre vergleichsweise große Informations- und Ressourcenmacht, sondern auch auf die geringe ökonomische Fachkompetenz der Politbüromitglieder, die allgemeine Überlastung der Parteiführung, stabile Kommunikationskanäle der Spitzenbürokraten zum inneren Führungszirkel der Partei und die geringe Interessenkonkurrenz mit anderen gesellschaftlichen Gruppen zurückzuführen. Aus diesen Gründen sind die Spitzenbürokratien in der Lage, bei der Beschlußfassung über und der Durchführung von Einzelentscheidungen Merkmale bürokratischen Problemlösungsverhaltens in die praktische Politik einzubringen. Entsprechend *neigen kommunistisch-autokratisch regierte Systeme bei der Durchführung und Implementierung praktischer Politik zu Verhaltensweisen, die überwiegend von bürokratischen Routinen geprägt sind, insbesondere zur Vermeidung von Risiken, zur langfristigen Stabilisierung von Umweltbeziehungen und zum Festhalten an bisher angewandten Problemlösungsverfahren.*

(8) Nur wenige Mitglieder der Parteiführung zeichnen sich durch ausgesprochenes Expertentum aus und sind damit eher unentbehrlich. Weil aber die mittleren Ränge der Parteihierarchie übersetzt sind mit langgedienten Generalisten, die willens und jederzeit in der Lage sind, in die Parteispitze nachzurücken, stehen die meisten Politbüromitglieder unter einem hohen Leistungsdruck, nicht nur ihre ideologische Zuverlässigkeit, sondern vor allem auch Erfolge in ihrem besonderen Zuständigkeitsbereich nachzuweisen. Dieser Leistungsdruck wird noch dadurch verstärkt, daß das politische System über keinen funktionstüchtigen Auswahlmechanismus verfügt, der die Position der Spitzenpolitiker mit Hilfe anderer Kriterien (wie Popu-

larität, Charisma, Eloquenz) zu bewerten und zu bestätigen in der Lage wäre. Daher ist in kommunistisch-autokratischen Systemen mangels geeigneterer Indikatoren neben der ideologischen Zuverlässigkeit, Loyalität und Konsensbereitschaft jedes einzelnen Führungsmitgliedes der *Organisationsoutput* der in seinem Kompetenzbereich arbeitenden Bürokratien ein bedeutsamer Maßstab seiner individuellen Führungsqualitäten und Leistungsfähigkeit. Weil sich aber die Mehrzahl der Politbüromitglieder in dieser Lage befinden, bestehen immer wieder Anreize zu politbürointernen Koalitionsbildungen mit dem Ziel, Maßnahmen einzuleiten, um die Ineffizienz und Trägheit des Staats- und Wirtschaftsapparates (im jeweiligen Zuständigkeitsbereich der Koalitionsmitglieder) vor allem durch organisatorische Eingriffe zu bekämpfen. Die Abhängigkeit des politischen Schicksals der Mitglieder der Parteiführung von den Organisationsoutputs in ihrem Zuständigkeitsbereich bedingt daher in kommunistisch-autokratischen Regierungssystemen eine *Tendenz zu permanenten Reorganisationen, personellen Veränderungen in der Führung und Experimenten mit den internen Anreiz- und Kontrollsystemen bürokratischer Organisationen*, wie sie in den Regierungsadministrationen demokratisch regierter Länder kaum zu erwarten sind.

(9) Die Parteiführung beansprucht, alle gesellschaftlichen Teilbereiche anzuleiten, praktische Politik bewußt zu planen und einheitlich durchzusetzen. Aus diesem Anspruch resultiert jedoch nicht nur die Notwendigkeit, einen umfangreichen Planungs- und Verwaltungsapparat zu unterhalten und zu organisieren, sondern auch die laufende Deckung eines vergleichsweise hohen Entscheidungsbedarfs. Die Deckung dieses Entscheidungsbedarfs läßt sich auf Dauer jedoch einigermaßen effektiv nur leisten, indem den spezifischen Bedingungen des Problemlösungsverhaltens bürokratischer Organisationen Rechnung getragen wird. Daher sieht sich die Parteiführung insbesondere regelmäßig gezwungen, eine (wirtschafts)politische Linie zu entwerfen, zu verkünden und durchzusetzen. Diese Parteilinie muß vor allem zweierlei leisten: Sie muß hinreichende Anhaltspunkte für die Ableitung konkreter Handlungsalternativen unter den gegebenen Bedingungen liefern und sie muß a priori als für eine gewisse Zeit gültig erklärt werden, damit der Partei-, Staats- und Wirtschaftsapparat einen hinreichend stabilen Bezugsrahmen für die Abwicklung seiner Programme und Routinen vorfindet. *Praktische Politik ist damit in kommunistisch regierten Systemen stets in hohem Maße Ergebnis von vorprogrammierten Organisationsoutputs im Rahmen einer jeweils nur für bestimmte Zeit gültigen „Linie", die die Parteiführung regelmäßig proklamieren und an die sie sich selbst gebunden fühlen muß. Innerhalb dieser Parteilinie folgt praktische Politik somit überwiegend inkrementalen Entscheidungsmustern.*

(10) Mit zunehmender Dauer der Gültigkeit einer bestimmten Parteilinie steigt die Wahrscheinlichkeit für eine Kursänderung signifikant an, und zwar vor allem aus folgenden Gründen. Erstens steigt das Risiko, daß der Kurs aufgrund der Merkmale bürokratischen Problemlösungsverhaltens eine Eigendynamik entfaltet, die zu politisch unerwünschten Ergebnissen und Fehlsteuerungen führt. Zweitens wird die wirtschaftliche, politische, militärische und gesellschaftliche Bedingungskonstellation, vor deren Hintergrund die Parteiführung ihre ursprüngliche Linie entworfen hat, zwangsläufig immer weniger den sich verändernden Umweltbedingungen entsprechen, je länger der aktuelle Kurs bereits durchgehalten wird. Drittens ist in zu-

nehmendem Maße mit Widerständen derjenigen Bürokratien und Gruppen zu rechnen, deren Interessen durch den Kurs vernachlässigt oder verletzt werden. Viertens ist in mehr oder weniger regelmäßigen Abständen mit Machtverschiebungen in der Parteiführung und/oder im bürokratischen Apparat zu rechnen, die bislang unterdrückte Interessen konsensfähig machen können. Umgekehrt hängen strategische Entscheidungen bei stabiler Einmannherrschaft in hohem Maße von den (möglicherweise willkürlich wechselnden) Neigungen des Parteiführers ab. In den unter sowjetischer Kontrolle regierten kommunistischen Ländern kann sich schließlich die Notwendigkeit zu einer Kursänderung unvermittelt aus Veränderungen im politischen System der Sowjetunion selbst ergeben.

Ist eine Kursänderung erst beschlossen, wird der nächste (wirtschafts)politische Schritt jedoch mit hoher Wahrscheinlichkeit nichtinkremental sein. Zum einen nämlich ist der Staats- und Wirtschaftsapparat durch inkrementale Änderungen kaum von seinen jahrelang „eingefahrenen" Programmen und Standardverfahren abzubringen. Will die Parteiführung die bürokratischen Organisationen „bremsen" oder „reaktivieren", wird sie notgedrungen eine nichtinkrementale Strategieänderung durchsetzen müssen. Zum anderen fördert aber auch der Leistungsdruck, dem jeder einzelne Politiker ausgesetzt ist, die Tendenz, Problemlösungen zu suchen, die nichtinkrementalen Charakter haben, solange sie legitimierbar sind, in der Parteiführung Konsens finden und keine externen Restriktionen verletzten. Diese Tendenz der Spitzenpolitiker zu *nichtinkrementalen Strategieänderungen* wird vor allem deshalb weitgehend unabgeschwächt effektiv, weil keine Rücksicht auf Wählermehrheiten oder Unterstützung durch Interessenverbände genommen werden muß. Bei hoher Unsicherheit über die Wirksamkeit einer neuen Strategie wird man sich allerdings zunächst auf begrenzte Experimente verständigen, die nach ersten Erfolgskontrollen immer noch abgebrochen, zur allgemeinen Problemlösung erklärt oder modifiziert werden können. Ein solches (innerhalb ideologischer und externer Restriktionen) experimentierfreudiges „Ausloten" des Entscheidungsspielraums nach allen Seiten ist schließlich besonders wahrscheinlich, wenn in der Parteispitze (vorübergehend) kollektive Willensbildungsprozesse vorherrschen oder aber ein einzelner „primus ohne pares" die politbürointernen Entscheidungsprozesse zu dominieren vermag.[6] Anders als Demokratien, in denen (tendenziell am Wähler in der Mitte orientierte) Regierungen eher zu einer Politik des „muddling through"[7] und des „disjointed incrementalism" neigen, *tendieren kommunistisch-autokratische Regierungssysteme offenbar zu einer Politik der „Zick-Zack-Bewegungen", also zu einem Grundmuster praktischer Politik, das durch abrupte, in größeren zeitlichen Abständen wiederkehrende Strategieänderungen gekennzeichnet ist*, wobei der neuen Strategie in der Regel die Funktion der Richtungsumkehr oder -korrektur zukommt.

Der im wissenschaftlichen Schrifttum bislang nur gelegentlich verwendete und noch nicht belegte Begriff der „Zick-Zack-Politik"[8] erscheint in besonderer Weise geeignet, jenes hier begründete Gestaltungsmuster der Politik des sozialistischen Staates zu kennzeichnen, das im wesentlichen darin besteht, daß praktische Politik über (möglicherweise) längere Zeiträume hinweg innerhalb festgelegter Bahnen und getreu einer offiziellen Parteilinie verläuft und beherrscht wird von dem Beharrungsvermögen und der Inflexibilität der Bürokratien, daß früher oder später jedoch die Spitze des politischen Entscheidungssystems Änderungen sowohl der Zwischenziele wie auch der eingesetzten Mittel herbeiführt, die dann allerdings mit hoher Wahrscheinlichkeit nichtinkrementalen Charakter haben.

5. Zusammenfassung

Mit den vorangegangenen Überlegungen wurde der Versuch unternommen, das vor allem im wirtschaftswissenschaftlichen Schrifttum des Westens vorherrschende Paradigma eines weitgehend monolithischen kommunistischen Regierungssystems aufzulockern und auf der Basis eines möglichst realitätsnahen *Modells der Struktur und Funktionsweise politischer Willens- und Entscheidungsbildung im sozialistischen Staat* Hypothesen über Gestaltungsmuster kommunistischer Regierungspolitik abzuleiten. Die Konzeptualisierung bleibt zweifellos differenzierungs- und verbesserungsbedürftig, auch ist sie in der vorliegenden Form einer mathematischen Formulierung und quantitativ-statistischen Überprüfung noch nicht zugänglich. Der gewählte Ansatz scheint jedoch nicht nur in dieser Richtung entwicklungs- und ausbaufähig zu sein, er erlaubt bereits in der vorliegenden Form eine Reihe interessanter Schlußfolgerungen, die einen Teil der bislang vorherrschenden Ansichten relativieren und nicht unerhebliche Implikationen für die praktische Wirtschafts- und Währungspolitik kommunistisch regierter Staaten haben dürften.

Im wesentlichen wurde zu zeigen versucht, daß der Entscheidungsoutput eines kommunistischen Regierungssystems maßgeblich bedingt ist von *Struktur und Funktionsweise politbürointerner Willens- und Entscheidungsbildung*. Bei kollektiver Willensbildung und instabilen Mehrheitsverhältnissen im Politbüro, wie sie vor allem in Folge einer Nachfolgekrise um den Parteivorsitzenden zu erwarten sind, ist insbesondere mit einer Tendenz zur Ideologisierung der Politik, mit unberechenbaren, kurzfristigen Strategieänderungen und einer wechselnden Bevorzugung organisierter Interessen zu rechnen. Grundsätzlich andere Gestaltungsmuster sind unter Bedingungen einer weitgehend gesicherten und stabilen Einmannherrschaft zu erwarten. Ideologische Beschränkungen politischen Handelns spielen unter diesen Bedingungen eine weit geringere Rolle. Der Parteiführer und die sich weitgehend an ihm orientierenden Politbüromitglieder sehen sich vor allem Restriktionen seitens ausländischer Regierungen — in den kleineren osteuropäischen Staaten in erster Linie der Parteiführung der KPdSU — und Forderungen aus den bürokratischen Apparaten der kommunistischen Partei, der Wirtschaft und der Staatsverwaltung ausgesetzt. Zu einer kontinuierlichen und wirksamen Berücksichtigung der Forderungen der Regierten selbst sowie der Empfehlungen von Verbänden und beratender Wissenschaft ist die Parteiführung jedoch unter den Bedingungen politischer Willens- und Entscheidungsbildung in kommunistischen Regierungssystemen kaum gezwungen. Die hier vorgetragene Argumentation gab Anlaß zu der Vermutung, daß zumindest im Bereich der Wirtschaftspolitik der faktische Einfluß selbst des Parteiapparates auf die politbürointerne Willensbildung weit geringer ist als gemeinhin angenommen wird, während einzelne Spitzenbürokratien und „Super-Ministerien" nicht nur die praktische Tagespolitik zu dominieren, sondern auch bei der Vorbereitung von Grundsatzentscheidungen — formal dann allerdings über das ZK und sein Sekretariat — maßgeblichen Einfluß auf wirtschaftspolitische Willensbildungsprozesse auszuüben vermögen.

Es wurde der Versuch unternommen, vor dem Hintergrund dieser Überlegungen und mit Blick auf die hier zu analysierenden wirtschaftspolitischen Probleme *Tendenzaussagen über zu erwartende typische Merkmale kommunistischer Regierungspolitik* (bei stabiler Autokratie) abzuleiten. Danach sind vor allem eine lediglich begrenzte praktische Relevanz ideologischer Postulate im Bereich der Wirtschaftspolitik, eine systemimmanente Tendenz zur Vernachlässigung der Einkommensinteressen der Regierten, die Bevorzugung zentralverwaltungswirtschaftlicher Lenkungsmethoden bei vorwiegend staatlichem Eigentum am Produktivvermögen, permanente Reorganisationen und Führungswechsel im Staatsapparat sowie ein ausgeprägtes „Zick-Zack-Muster" kommunistischer Regierungspolitik zu erwarten. Die praktische Politik erscheint über mehrere Jahre hinweg weitgehend prädeterminiert durch die Anforderungen der jeweils gültigen Parteilinie und entsprechend gekennzeichnet durch die inkrementalen perpetuierbaren bürokratisch-administrativen Programme und Routinen. In mehr oder weniger regelmäßigen Zeitabständen kommt es allerdings systemnotwendig zu abrupten und nichtinkrementalen Strategieänderungen, die eine neue Politik einleiten, welche ihrerseits wieder für eine gewisse Zeit Bestand hat und in sich durch den Inkrementalismus und die Innovationsfeindlichkeit bürokratischen Problemlösungsverhaltens gekennzeichnet ist. Gerade für die internationale Währungspolitik des sozialistischen Staates dürfte dieses „Zick-Zack-Muster" kommunistischer Regierungspolitik weitreichende Konsequenzen haben, ist doch nach dem Gesagten und im Gegensatz zu den bisher im Westen vorherrschenden Unterstellungen nicht mit mehr oder weniger unverrückbaren Grundpositionen und eher marginalen, kurzfristigen Änderungen in der Zahlungsbilanzstrategie zu rechnen, wie dies für demokratisch regierte Länder typisch ist. Wie im einzelnen noch zu zeigen sein wird, sind vielmehr abrupte, fundamentale und damit auch schwer vorhersehbare und aus der Perspektive des Westens nicht unproblematische Strategiewechsel in der internationalen Währungspolitik kommunistischer Länder zu erwarten.

Anmerkungen

1 Im folgenden werden die kommunistischen Einparteiensysteme Osteuropas auch als „kommunistisch-autokratisch" oder synonym als „sozialistisch" bezeichnet. Eine Wertung ist mit diesen Begriffen nicht intendiert.
2 Darunter wird jener Zweig der Nationalökonomie verstanden, der den Versuch unternommen hat, durch Übertragung und Anwendung ökonomischer Methoden eine Theorie des Regierungsverhaltens in der Demokratie zu entwickeln und insbesondere für die Theorie der Wirtschaftspolitik fruchtbar zu machen. Vgl. insbesondere die grundlegenden Arbeiten von DOWNS, Anthony: An Economic Theory of Democracy, New York 1957; BUCHANAN, James M./TULLOCK, Gordon: The Calculus of Consent. Logical Foundations of Constitutional Democracy, Ann Arbor 1962; OSLON, Mancur jr.: The Logic of Collective Action. Public Goods and the Theory of Groups, Harvard 1965 sowie TULLOCK, Gordon: The Politics of Bureaucracy, Washington, D.C. 1965

Zu Abschnitt 1:

1 Vgl. EASTON, David: A Systems Analysis of Political Life, New York, London und Sydney 1965 sowie Ders.: A Framework for Political Analysis, Englewood Cliffs, N.J. 1965
2 Hier und im folgenden werden die Termini „ökonomische Theorie politischen Handelns" und „Politische Ökonomie" entsprechend dem inzwischen üblichen Gebrauch synonym

verwendet. Mit der MARXschen „Politischen Ökonomie" hat diese Begriffsbildung indes nichts gemein, denn der „historisch-dialektische Ansatz unterscheidet sich grundlegend von der axiomatischen Methode der Ökonomischen Theorie der Politik." FREY, Bruno S: Entwicklung und Stand der Neuen Politischen Ökonomie, in: WIDMAIER, Hans P. (Hrsg.): Politische Ökonomie des Wohlfahrtsstaates. Eine kritische Darstellung der Neuen Politischen Ökonomie, Frankfurt/M. 1974, S. 33

3 Zu vergleichbaren Prämissen für demokratisch regierte Systeme vgl. ZOHLNHÖFER, Werner: Das Steuerungspotential des Parteienwettbewerbs im Bereich staatlicher Wirtschaftspolitik, in: BOETTCHER, Erik/HERDER-DORNEICH, Philipp/SCHENK, Karl-Ernst (Hrsg.): Neue Politische Ökonomie als Ordnungstheorie, Tübingen 1980, S. 82—102, hier: S. 84f.

4 Dabei verstehen wir unter dem „methodologischen Individualismus" jene „Lehre, daß alle sozialen Phänomene, insbesondere das Funktionieren der sozialen Institutionen, immer als das Resultat der Entscheidungen, Handlungen, Einstellungen usf. menschlicher Individuen verstanden werden sollten und daß wir nie mit einer Erklärung auf Grund sogenannter ‚Kollektive' (Staaten, Nationen, Rassen usf.) zufrieden sein dürfen." POPPER, Karl R.: Die offene Gesellschaft und ihre Feinde II. Falsche Propheten. Hegel, Marx und die Folgen, 4. Aufl., München 1975, S. 124

5 Vgl. ZOHLNHÖFER, Werner: Das Steuerungspotential des Parteienwettbewerbs im Bereich staatlicher Wirtschaftspolitik, a.a.O., insbesondere S. 86f.

6 Vgl. BRZEZINSKI, Zbigniew K./HUNTINGTON, Samuel P.: Politische Macht. USA/UdSSR. Ein Vergleich, Köln und Berlin 1966, S. 54

7 Vgl. BERNHOLZ, Peter: Grundlagen der Politischen Ökonomie, 2. Band, a.a.O., S. 217f.

Zu Abschnitt 2:

1 Diese Feststellung schließt nicht aus, daß kommunistische Parteiführer in führungsinternen Machtkämpfen ebenso wie bei stabiler Einmannherrschaft versuchen, mittels konkurrierender „Sekretariate" oder „Räte" die Parteiführung vorübergehend zu umgehen. Die führende Rolle der kommunistischen Staatspartei einerseits und die faktische Ausschaltung wirksamen innerparteilichen Wettbewerbs andererseits bestimmen auf Dauer jedoch allein das Politbüro, das heißt die Spitze des Parteiapparates, zum einzigen gesellschaftlichen Machtzentrum.

2 Hierzu und zum folgenden vgl. insbesondere SCHENK, Fritz: Im Vorzimmer der Diktatur. 12 Jahre Pankow, Köln und Berlin 1962, passim; SIK, Ota: Das kommunistische Machtsystem, Hamburg 1976, insbesondere S. 145ff. sowie persönliche Informationen des Verf. durch Fritz SCHENK. Auch CHRUSCHTSCHOW und später BRESCHNEW haben gelegentlich Einzelheiten über die internen Willensbildungs- und Entscheidungsmechanismen der KPdSU-Führung offengelegt. Vgl. dazu MEISSNER, Boris: Der Entscheidungsprozeß in der Kreml-Führung seit dem Zweiten Weltkrieg und die Rolle der Parteibürokratie, in: MEISSNER, Boris/BRUNNER, Georg (Hrsg.): Gruppeninteressen und Entscheidungsprozeß in der Sowjetunion, Köln 1975, S. 21—60, hier: insbesondere S. 35ff. sowie 48f.

3 Nach Informationen von Willy BEHRENDT ist allerdings zu bezweifeln, ob diese Feststellung auch heute noch auf die Parteiführer im kommunistischen Block zutrifft.

4 In der DDR zumindest war und ist dies nach Informationen von Fritz SCHENK herrschende Praxis.

5 Teils handelt es sich dabei noch um praktisch wenig hilfreiche, ideologische Schulungen der Parteikader, die dann mit Diplom-Graden und wohlklingenden Titeln abgeschlossen werden können. Ein Beispiel ist der Grad des „Diplom-Gesellschaftswissenschaftlers" in der DDR, den im 27köpfigen Politbüro der SED allein 4 Mitglieder besitzen. Vgl. Bundesministerium für innerdeutsche Beziehungen (Hrsg.): DDR Handbuch, 2. Aufl., Köln 1979, S. 826—831. Tatsächlich sind in der Parteiführung der SED als Experten ihres Faches lediglich Werner FELFE (Ingenieurwesen), Prof. Kurt HAGER (Kultur und Wissenschaft), Heinz HOFFMANN (Militär), Erich MIELKE (Staatssicherheit) und Dr. Günter MITTAG (Wirtschaft) anzusehen.

6 Diese Beobachtung wurde bereits von BRZEZINSKI und HUNTINGTON gemacht. Vgl. BRZEZINSKI, Zbigniew/HUNTINGTON, Samuel P.: Politische Macht. USA/UdSSR, a.a.O. S. 193ff.

7 Damit soll jene wirtschaftshistorische Methode gekennzeichnet werden, die politisches Handeln weitgehend als Ergebnis der Willkür scheinbar unabhängiger individueller Entscheidungsträger deutet.
8 Dieser Vorwurf muß vor allem gegen das wirtschaftswissenschaftliche Schrifttum erhoben werden. Regierungsinterne Auseinandersetzungen im kommunistischen System erscheinen den meisten westlichen Forschern offenbar so abwegig, daß in der Regel nicht einmal der Versuch unternommen wird, zumindest Anhaltspunkte für ökonomische Macht- und Interessenkonflikte und ihre Implikationen für das Gestaltungsmuster praktischer Wirtschaftspolitik aufzudecken. Die nationalökonomische Forschung erschöpft sich bislang weitgehend in dem Versuch, die einem System zentraler Planung bei Staatseigentum an den Produktionsmitteln innewohnenden Widersprüche zwischen gesamtwirtschaftlichen Zielvorstellungen einerseits und einzelwirtschaftlichen Interessen andererseits zu identifizieren und zu analysieren.
9 Es darf nicht übersehen werden, daß dieser politische Abstieg unter ungünstigen, nicht jedoch seltenen Bedingungen die Vernichtung der politischen, sozialen oder sogar physischen Existenz des einzelnen bedeuten kann.
10 In der DDR beispielsweise Prof. Fritz BEHRENS, Fred OELSSNER, Erich APEL und Dr. Grete WITTKOWSKI
11 Vgl. hierzu und zum folgenden insbesondere SCHENK, Fritz: Im Vorzimmer der Diktatur, a.a.O., S. 81 ff. sowie BRZEZINSKI, Zbigniew K./HUNTINGTON, Samuel P.: Politische Macht, a.a.O., S. 158 ff.
12 Diese Einschätzung wird geteilt von BRZEZINSKI, Zbigniew K./HUNTINGTON, Samuel P.: Politische Macht, a.a.O., S. 168. Die Risiken bestehen im wesentlichen in einer politischen Niederlage, die anders als Karriereabbrüche im Wirtschafts- und Staatsapparat gleichbedeutend mit schwersten disziplinarischen Konsequenzen bis zum physischen Tod sein können. Anders als in demokratisch regierten Ländern gibt es nur wenige Möglichkeiten, sich ehrenhaft aus dem politischen Wettbewerb zurückzuziehen.
13 Vgl. ebd., S. 161
14 Ebd., S. 160
15 Ebd., S. 161
16 Dieses Ergebnis folgt im wesentlichen aus der zentral gesteuerten „Kaderpolitik" der kommunistischen Partei und ihrer „Nomenklatur" aller in Partei, Staat und Gesellschaft wesentlichen (und deshalb strategisch zu besetzenden) Positionen. Der „beständige, verdeckte Kampf um Macht, um das Verbergen eigener Ansichten, mit denen man in eine Minderheit geraten könnte, das rechtzeitige Entdecken der Bestrebungen der ‚Ersten' oder anderer Mächtigen, um mit zu den Initiatoren zu gehören, dies alles schafft eine Atmosphäre, in welcher nur die gewissens- und rücksichtslosesten Bürokraten sich halten und vorwärtskommen können." SIK, Ota: Das kommunistische Machtsystem, a.a.O., S. 151
17 Vgl. insbesondere BRZEZINSKI, Zbigniew K./HUNTINGTON, Samuel P.: Politische Macht, a.a.O., S. 193 ff. sowie LUDZ, Peter Christian: Parteielite im Wandel. Funktionsaufbau, Sozialstruktur und Ideologie der SED-Führung. Eine empirisch-systematische Untersuchung, 3. Aufl., Köln und Opladen 1970
18 Vgl. BRZEZINSKI, Zbigniew K./HUNTINGTON, Samuel P.: Politische Macht, a.a.O., S. 219 f.
19 Vgl. ebd., S. 180
20 Vgl. ebd., S. 204 f. Nach SIK sind die „Beziehungen zwischen den Funktionären der höchsten Parteiorgane ... schwer beschreibbar. Die gegenseitige Angst, Verdächtigung, Spannung, Verstellung und Bewachung erreicht eine Intensität, daß die völlige Selbstentfremdung dieser Funktionäre zu ihrer Existenzbedingung wird. Jedem hängt das Damoklesschwert über dem Kopf; eine beständige Drohung, als politischer Abweichler betrachtet zu werden, ist latent vorhanden, welcher man nur mit der eigenen Macht über andere begegnen kann." SIK, Ota: Das kommunistische Machtssystem, a.a.O., S. 151
21 Vgl. auch BRZEZINSKI, Zbigniew K./HUNTINGTON, Samuel P.: Politische Macht, a.a.O., S. 261. Dieses Ergebnis scheint zentral für die inhärente Instabilität eines Systems kollektiver Führung zu sein.
22 Auf diese Weise ist eine kollektive kommunistische Staatsführung in der Regel durch ein Ausmaß an Rivalität und Rücksichtslosigkeit gekennzeichnet, das die Etablierung einer

stabilen Einmannherrschaft (und damit stabiler führungsinterner Beziehungen) in den Augen zahlreicher Mitglieder der Parteispitze sogar wünschenswert erscheinen läßt.
23 Fritz SCHENK berichtet, daß in den 50er Jahren zumindest jedes Politbüromitglied ständige Sicherheitsbegleiter erhielt, die neben ihrer offiziellen Funktion eine „Aufpasserrolle" wahrnahmen und täglich Stundenberichte über die Aktivitäten der Funktionäre abzuliefern hatten. Vgl. SCHENK, Fritz: Im Vorzimmer der Diktatur, a.a.O., S. 219ff. Nach Informationen des Verf. hat sich an dieser Praxis bis heute grundlegend nichts geändert.

Zu Abschnitt 3:

1 SCHENK beispielsweise geht, sicherlich nicht zuletzt aufgrund seiner eigenen persönlichen Erfahrungen aus den fünfziger Jahren, von einer „absoluten Herrschaftsposition" der Sowjetunion im Ostblock aus. Vgl. SCHENK, Fritz: Das rote Wirtschaftswunder. Die zentrale Planwirtschaft als Machtmittel der SED-Politik, Stuttgart—Degerloch 1969, S. 70. Demgegenüber glaubt beispielsweise OSTEN, gerade die wirtschaftliche Entwicklung habe die Bedeutung der DDR „für Moskau, aber auch die Eigenständigkeit der DDR gegenüber der Sowjetunion erhöht." OSTEN, Walter: Die Außenpolitik der DDR. Im Spannungsfeld zwischen Moskau und Bonn, Opladen 1969, S. 7
2 Zu diesen, in den kommunistischen Ländern Osteuropas wohl wichtigsten Dogmen gehören die These von der ideologischen, politischen, ökonomischen und moralischen Überlegenheit des Sozialismus, das Festhalten am dialektischen und historischen Materialismus auch und gerade als wissenschaftlicher Methode, das Festhalten am Endziel eines Sieges des Kommunismus im Weltmaßstab, das Primat der Politik über Wirtschaft, Kultur und Wissenschaft, die führende Rolle der kommunistischen Partei in der Politik, die führende Rolle der KPdSU im weltrevolutionären Prozeß, die Planmäßigkeit in Wirtschaft und Politik und das Vom Absterben antagonistischer Klassengegensätze innerhalb der Gesellschaft mit dem Übergang zum Sozialismus. Siehe auch SIK, Ota: Der dritte Weg. Die marxistisch-leninistische Theorie und die moderne Industriegesellschaft, Hamburg 1972, S. 377ff. sowie SCHENK, Fritz: Das rote Wirtschaftswunder, a.a.O., S. 51ff.
3 Vgl. BRZEZINSKI, Zbigniew K./HUNTINGTON, Samuel P.: Politische Macht, a.a.O., S. 63f.
4 Ebd., S. 57
5 Ebd.
6 Vgl. PORSCHEN, Dieter: Währungskooperation in West und Ost — Ein Systemvergleich auf der Grundlage der neuen politischen Ökonomie, Stuttgart und New York 1979, S. 195
7 Vgl. beispielsweise LEIPOLD, Helmut: Zielbestimmung und Instabilitäten als Ergebnis politischer Entscheidungsprozesse, in: THIEME, H. Jörg (Hrsg.): Gesamtwirtschaftliche Instabilitäten im Systemvergleich, Stuttgart und New York 1979, S. 39—53, hier: S. 47 sowie PORSCHEN, Dieter: Währungskooperation in West und Ost, a.a.O., S. 192ff. Auch SCHENK und PORSCHEN kommen „zu dem Ergebnis, daß trotz der starken Regieinstrumente in der Parteispitze die Parteibürokratie einen beträchtlichen Einfluß auf die Konkretisierung der Ziele und die Erfüllung der ihr übertragenen Aufgaben hat." SCHENK, Karl-Ernst/ PORSCHEN, Dieter: Ansätze zu einer ökonomischen Theorie der Einparteiensysteme Osteuropas, in: Staat und Wirtschaft. Verhandlungen auf der Arbeitstagung des Vereins für Socialpolitik in Hamburg 1978, N.F., Band 102, Berlin 1979, S. 91ff.
8 SIK schreibt dem Parteiapparat, insbesondere den Parteisekretären, einen dominierenden Einfluß auf die politbürointerne Willens- und Entscheidungsbildung zu. Er spricht sogar von einer „Gesetzmäßigkeit des kommunistischen Systems", daß „in Wirklichkeit die größere Macht *langfristig* beim Parteiapparat liegt. Solange der Erste Sekretär mehr oder weniger eine Politik durchsetzt, die den grundsätzlichen Interessen der Parteibürokratie entspricht, so lange wird er auch seine dominierende Stellung behaupten. Sobald er jedoch versucht, politische Änderungen durchzusetzen, die sich gegen die Interessen des Parteiapparates wenden, wird er früher oder später scheitern." SIK, Ota: Das kommunistische Machtsystem, a.a.O., S. 87. Auch BEHRENDT vertrat dem Verf. gegenüber die These, daß ohne das ZK und sein Sekretariat „in Grundsatzfragen nichts gehe". Dieser These wird auch hier im Prinzip zugestimmt. Fraglich bleibt jedoch zum einen, inwieweit die praktische Tagespolitik vom Parteiapparat bestimmt und kontrolliert werden kann, und zum anderen, auf welche Weise der ZK-Apparat eigentlich zu seinen Überzeugungen und Pro-

blemlösungsstrategien gelangt. Staatsapparat, Militär und Wirtschaftsbürokratie dürften hier maßgeblichen Einfluß auf die ZK-Verwaltung selbst und über sie auch auf die Parteiführung ausüben.
9 Für die DDR ist diese Vorgehensweise zuverlässig belegt. Vgl. SCHENK, Fritz: Im Vorzimmer der Diktatur, a.a.O., S. 221 ff. Zunehmend bedient sich das Politbüro der SED neben Staatssicherheitsberichten auch der Stimmungsbilder, wie sie vom Institut für Meinungsforschung beim ZK der SED regelmäßig auf anonymer Basis erhoben werden. Vgl. Bundesministerium für innerdeutsche Beziehungen (Hrsg.): DDR Handbuch, 2. Aufl., Köln 1979, S. 720, im folgenden zitiert als: DDR Handbuch
10 Vgl. auch die Hypothesen bei BERNHOLZ, Peter: Grundlagen der Politischen Ökonomie, a.a.O., S. 218 f. und bei LEIPOLD, Helmut: Zielbestimmung und Instabilitäten als Ergebnis politischer Entscheidungsprozesse, a.a.O., S. 47
11 Zu Recht weist SCHENK darauf hin, daß die im Westen häufig vorschnell als „Propaganda" oder „Bluff" abgetanen Parteitagsbeschlüsse, ZK-Rechenschaftsberichte und Diskussionsreden von Spitzenfunktionären tatsächlich wichtige Dokumente für die Orientierung der Politik in der folgenden Periode darstellen und deshalb in praxi von allen nachgeordneten Stellen sorgfältig studiert und ausgewertet werden. Vgl. SCHENK, Fritz: Magie der Planwirtschaft, a.a.O., S. 39
12 BRZEZINSKI, Zbigniew K./HUNTINGTON, Samuel P.: Politische Macht, a.a.O., S. 37
13 Zu diesen Merkmalen zählen insbesondere Arbeitsteilung, Autoritätshierarchie, Zuständigkeit und Kompetenz, fachliche Qualifikation und Hauptberuf des Organisationsmitgliedes, festgelegte Verfahrensregeln, schriftliche Kommunikation, ein Laufbahnsystem mit positionsspezifischen Belohnungen, rationale Disziplin und Kontrolle sowie Unpersönlichkeit. Vgl. UTHOFF, Hayo/DEETZ, Werner (Hrsg.): Bürokratische Politik, Stuttgart 1980, S. 25
14 Vgl. die grundlegende Studie von RICHERT, Ernst: Macht ohne Mandat. Der Staatsapparat in der SBZ, 2. Aufl. mit einer Einleitung von Martin DRATH, Köln 1963
15 Zu einer grundlegenden Kritik an diesen Modellvorstellungen vgl. ALLISON, Graham T.: Essence of Decision. Explaining the Cuban Missile Crisis, Boston 1971, passim
16 Eine Darstellung der Prämissen, Methoden und Ergebnisse der neueren Bürokratieforschung würden den Rahmen dieser Arbeit sprengen. Es sei daher an dieser Stelle lediglich verwiesen auf die grundlegenden Studien von TULLOCK, Gordon: The Politics of Bureaucracy, a.a.O.; DOWNS, Anthony: Inside Bureaucracy, Boston 1967 sowie ALLISON, Graham T.: Essence of Decision, a.a.O. Einen Überblick über die inzwischen kaum noch zu überblickende Forschung bieten UTHOFF, Hayo/DEETZ, Werner (Hrsg.): Bürokratische Politik, a.a.O., im folgenden zitiert als: Bürokratische Politik
17 Vgl. HALPERIN, Morton H./KANTER, Arnold: Die bürokratische Perspektive: Ein einleitender Bezugsrahmen, in: Bürokratische Politik, S. 168–208, hier: S. 176 ff. sowie HALPERIN, Morton H.: Warum Bürokraten um Macht spielen, in: Bürokratische Politik, S. 367–375, hier: S. 369 ff.
18 Vgl. hierzu ROURKE, Francis E.: Bureaucracy and Foreign Policy, Baltimore and London 1972, S. 18 sowie 41
19 Vgl. die Ausführungen weiter oben sowie BRZEZINSKI, Zbigniew K./HUNTINGTON, Samuel P.: Politische Macht, a.a.O., S. 158
20 PORSCHEN, Dieter: Währungskooperation in West und Ost, a.a.O., S. 197
21 Informationen des Verf. durch Fritz SCHENK; siehe auch Ders.: Im Vorzimmer der Diktatur, a.a.O., passim, insbesondere S. 119. Der ehemalige Planungschef der DDR LEUSCHNER beispielsweise ließ durch seine Mitarbeiter die übrigen Minister, Staatssekretäre oder ZK-Abteilungsleiter – mit Ausnahme der sowjetischen Berater und der Mitglieder des engsten Führungszirkels – „rigoros abwimmeln". Es ist daher zumindest nicht allgemeingültig, wenn SIK behauptet, die Leiter der ZK-Abteilungen hätten *„größere Macht als die offiziellen Staatsminister,* denn diese müssen alle wesentlichen Schritte vorher mit ihnen absprechen und deren Einverständnis einholen." SIK, Ota: Das kommunistische Machtsystem, a.a.O., S. 146 f. Nach zuverlässigen Informationen des Verf. verfügten zumindest die ranghöchsten Staatsfunktionäre – wie der Finanzminister, der Zentralbankpräsident und der Außenhandelsminister – in der DDR lange Jahre über vergleichsweise große Entscheidungsspielräume und unmittelbare Kontakte zur Planungsspitze wie zum Politbüro. Der Parteieinfluß war damit diesen „Super-Ministerien" gegenüber faktisch stark einge-

schränkt bzw. nur über die Parteiführung selbst auszuüben.
22 Vgl. ROURKE, Francis E.: Bureaucracy and Foreign Policy, a.a.O., S. 41
23 Vgl. ebd., S. 10ff., 47f. sowie 63ff.
24 Vgl. hierzu insbesondere ZOHLNHÖFER, Werner: Die wirtschaftspolitische Willens- und Entscheidungsbildung in der Demokratie, Habilitationsschrift, Freiburg 1972. Im Bereich der Sicherheits- und Außenpolitik gelangen die Forscher allerdings zu unterschiedlichen Ergebnissen. ROURKE stellt fest, daß Bürokratieeinflüsse wesentlich auf der Passivität anderer Willens- und Entscheidungsträger im politischen Prozeß beruhen. „Bureaucratic power is thus the greatest on matters of routine in the area of foreign policy. It is the least in a period of crisis." ROURKE, Francis E.: Bureaucracy and Foreign Policy, a.a.O., S. 65. Die Krisenanalyse ALLISONs legt eher den gegenteiligen Schluß nahe. Vgl. ALLISON, Graham T.: Essence of Decision, a.a.O.
25 Persönliche Informationen des Verf. durch Fritz SCHENK. Auch im gegenwärtigen Politbüro verfügen von den 27 Mitgliedern und Kandidaten lediglich Dr. Günter MITTAG, Werner FELFE, Werner KROLIKOWSKI, Dr. Werner JAROWINSKY und Werner WALDE über hinreichende Wirtschaftsfachkenntnisse. Da nur MITTAG zum engeren Führungszirkel gerechnet werden kann, besteht ständig die Gefahr, daß ökonomische Entscheidungen von der Mehrheit der Laien und Ideologen im Politbüro dominiert werden.
26 Es wird mit anderen Worten behauptet, daß der Parteiapparat aufgrund seiner quantitativ und qualitativ unzureichenden personellen Besetzung kaum zu einer systematischen und wirksamen Kontrolle der staatlichen Spitzenbürokratien in der Lage ist.
27 Vgl. SIK, Ota: Das kommunistische Machtsystem, a.a.O., S. 157 sowie OBST, Werner: DDR-Wirtschaft, a.a.O., S. 157f.
28 Gerade die regelmäßig wiederkehrenden Versuche der kommunistischen Parteien in den sozialistischen Ländern, durch umfangreiche Kontroll-, Reorganisations-, Disziplinierungs- und Umbesetzungsmaßnahmen der Probleme und Eigenmächtigkeiten der Staatsbürokratie Herr zu werden, lassen sich als indirekter Beleg für die Richtigkeit der hier vertretenen These interpretieren.
29 Vgl. insbesondere PORSCHEN, Dieter: Währungskooperation in West und Ost, a.a.O., S. 205–210; LEIPOLD, Helmut: Zielbestimmung und Instabilitäten als Ergebnis politischer Entscheidungsprozesse, a.a.O., S. 49f. sowie THIEME, H. Jörg: Makroökonomische Instabilitäten – Erscheinungsformen, Ursachen und Konzepte ihrer Bekämpfung, in: HAMEL, Hannelore (Hrsg.): Bundesrepublik Deutschland–DDR. Die Wirtschaftssysteme. Soziale Marktwirtschaft und Sozialistische Planwirtschaft im Systemvergleich, 3. Aufl., München 1979, S. 212–283, hier: S. 240ff.
30 PORSCHEN versteht darunter Streiks, Demonstrationen, offene Briefe und ähnliche, nicht parteigebundene Möglichkeiten, um Forderungen an das politische System heranzutragen. Vgl. PORSCHEN, Dieter: Währungskooperation in West und Ost, a.a.O., S. 205
31 Als Begründung für diesen Schritt wird nicht etwa das Machtinteresse der Parteiführung selbst angegeben. Die Neigung zur Berücksichtigung von Bevölkerungsinteressen sieht PORSCHEN vielmehr in den Interessen des Parteiapparates begründet, wobei er implizit deren wirksame Durchsetzung im Politbüro unterstellt. Spontane Interessenartikulation der Regierten schalte nämlich weitgehend die regulären Informationskanäle innerhalb der Partei aus, auf die sich die Macht des Parteiapparates gegenüber der Parteiführung gerade gründe. Damit müßten aber „Bestrebungen, die diesen grundlegenden Mechanismus der Macht des Parteiapparates antasten, ... auf heftigen Widerstand stoßen." Ebd., S. 206. Im Ergebnis sehe sich der Parteiapparat gezwungen, die Interessenartikulation zu unterdrücken oder die Forderungen zu berücksichtigen. Die Repression spontaner Interessenartikulation wird von PORSCHEN lapidar als „nicht weiter berücksichtigte Möglichkeit" ausgeschlossen. Ebd., S. 206
32 Ebd., S. 209. Ähnlich argumentiert LEIPOLD, für eine fühlbare Verschlechterung der Lebensverhältnisse werde vor allem die Parteiführung „als verantwortliche Instanz betrachtet, weil die Bevölkerung über die wirtschaftlichen Machtverhältnisse sehr gut informiert ist. Die Parteiführung muß aber selbst bei Sicherung eines Mindestwachstums der Versorgung ständig wachsam sein und Unmutsäußerungen über die Qualität der angebotenen Güter registrieren. Zeichnet sich hierbei ein bestimmtes ‚Niveau an Unmut' ab, ist mit einem abrupten Wechsel der wirtschaftspolitischen Strategie zu rechnen: Die Konsum-

tion erhält dann wieder Vorrang vor der Akkumulation." LEIPOLD, Helmut: Zielbestimmung und Instabilitäten als Ergebnis politischer Entscheidungsprozesse, a.a.O., S. 50
33 Vgl. DOWNS, Anthony: An Economic Theory of Democracy, a.a.O., S. 55. DOWNS' Begründung gilt unabhängig von der konkreten Ausgestaltung des politischen Systems für die Masse der Regierten (aus informationstheoretischen Gründen) und ist daher hier übertragbar.
34 Vgl. auch BERNHOLZ, Peter: Grundlagen der Politischen Ökonomie, a.a.O., S. 217f. Danach ist zu erwarten, daß die in praxi verfolgten Ziele um so stärker von den Wünschen der Masse der Bevölkerung abweichen, je strenger und einseitiger die Auswahl neuer Mitglieder durchgeführt wird, je leichter Minderheiten aus der Partei ausgeschlossen werden können und je kleiner die Gruppe wird, die über die Aufnahme und den Ausschluß von Parteimitgliedern bestimmen. Im Extremfall der Einmanndiktatur müßte schon der unwahrscheinliche Zustand eintreten, daß die Präferenzen des Diktators zufällig mit denen der Regierten übereinstimmen oder der Alleinherrscher „wohlwollend" seine Präferenzen anpaßt.
35 Diese Vermutung ist schon deshalb zumindest nicht unwahrscheinlich, als wahrheitsgemäß geschilderte Unmutsäußerungen Mißständen und politisch-ideologischen Fehlleistungen der lokalen Parteiorganisationen angelastet werden könnten. Solche denkbaren Bumerang-Effekte lassen eine unverzerrte Berichterstattung des Parteiapparates über die Stimmung in Parteibasis und Bevölkerung als a priori unwahrscheinlich erscheinen.
36 Nach Auskunft von Fritz SCHENK betonte der DDR-Planungschef LEUSCHNER bei Berichten an das Politbüro seinen Mitarbeitern gegenüber immer wieder: „Wir machen hier keine Tageszeitungen!"
37 Nachweisbar sind solche Verhaltensweisen freilich nicht. Zu den Informationsquellen des inneren Führungszirkels in den fünfziger Jahren vgl. SCHENK, Fritz: Im Vorzimmer der Diktatur, a.a.O., S. 221–225
38 Genau dies war durchweg eine der wesentlichen Strategien LEUSCHNERs. Siehe SCHENK, Fritz: Im Vorzimmer der Diktatur, a.a.O., beispielsweise S. 178ff.
39 Selbst RICHERT bezeichnete die Existenz von Parlamenten und Wahlen in kommunistisch regierten Ländern als „dunkel" und „schwer einzusehen". Vgl. RICHERT, Ernst: Die neue Gesellschaft in Ost und West. Analyse einer lautlosen Revolution, Gütersloh 1966, S. 277
40 Damit soll nicht in Abrede gestellt werden, daß auch in sozialistischen Staaten ein Zusammenhang zwischen der Leistungsfähigkeit des wirtschaftlichen Systems und der Stabilität des politischen Systems besteht. Ausdrücklich wird hier jedoch die inzwischen kaum noch beachtete Möglichkeit der kommunistischen Parteiführung hervorgehoben, eine Destabilisierung des Systems anders als durch wirtschaftspolitische Leistungen – nämlich durch gewaltsame Unterdrückung der Forderungen der Regierten – zumindest vorübergehend zu bekämpfen.
41 Vgl. insbesondere SKILLING, Gordon H./GRIFFITHS, F.: Interest Groups in Soviet Politics, Princeton, N.J. 1971 sowie MEISSNER, Boris/BRUNNER, Georg (Hrsg.): Gruppeninteressen und Entscheidungsprozeß in der Sowjetunion, Köln 1975
42 Vgl. BEYME, Klaus von: Interessengruppen – Gesellschaftliche Organisationen, in: JESSE, Eckhard (Hrsg.): Bundesrepublik Deutschland und Deutsche Demokratische Republik. Die beiden deutschen Staaten im Vergleich, Bonn 1980, S. 339–346
43 Vgl. ebd., S. 343
44 Eine Konsultation dieser dynamischeren Gruppen erscheint schon deshalb geboten, weil gerade die Machtelite des Parteiapparates, die in ihren höheren Rängen überaltert ist, in ihrer Mehrheit von Experimenten nichts wissen will und auf diese Weise den innenpolitischen Immobilismus verstärkt. Vgl. MEISSNER, Boris: Der Entscheidungsprozeß in der Kreml-Führung seit dem Zweiten Weltkrieg und die Rolle der Parteibürokratie, a.a.O., S. 59. Auch nach HORVAT impliziert das hohe Alter der Parteiführung konservative Züge der Politik. „Daher rührt es, daß das biologische Altern der Partei zur Entfaltung bürokratischer Tendenzen beiträgt." HORVAT, Branko: Die jugoslawische Gesellschaft. Ein Essay, Frankfurt/M. 1972, S. 155f.
45 Vgl. BRZEZINSKI, Zbigniew K./HUNTINGTON, Samuel P.: Politische Macht, a.a.O., S. 359ff.; WAGENLEHNER, Günther: Die Rolle der Militärs im sowjetischen Entscheidungsprozeß, in: MEISSNER, Boris/BRUNNER, Georg (Hrsg.): Gruppeninteressen und

Entscheidungsprozeß in der Sowjetunion, a.a.O., S. 79—90 sowie FRICKE, Karl Wilhelm: Die DDR-Staatssicherheit. Entwicklung, Strukturen, Aktionsfelder, Köln 1982, S. 11 ff.
46 Vgl. WAGENLEHNER, Günther: Die Rolle der Militärs im sowjetischen Entscheidungsprozeß, a.a.O., S. 90 sowie FRICKE, Karl Wilhelm: Die DDR-Staatssicherheit, a.a.O., insbesondere S. 11 ff.
47 Der Begriff wurde von ZOHLNHÖFER übernommen, der darunter jene allgemeinen Beschränkungen versteht, die „dem Entscheidungsverhalten einer an der Sicherung ihres Fortbestandes interessierten Regierung ... auferlegt werden." ZOHLNHÖFER, Werner: Das Steuerungspotential des Parteienwettbewerbs im Bereich staatlicher Wirtschaftspolitik, a.a.O., S. 102
48 Vgl. ebd.
49 Vgl. beispielsweise Ders.: Die wirtschaftspolitische Willens- und Entscheidungsbildung in der Demokratie, a.a.O. sowie BERNHOLZ, Peter: Economic Policies in a Democracy, in: Kyklos, Band 19 (1966), S. 46—80

Zu Abschnitt 4:

1 Vgl. JACOBSEN, Hans-Adolf/LEPTIN, Gert/SCHEUNER, Ulrich/SCHULZ, Eberhard (Hrsg.): Drei Jahrzehnte Außenpolitik der DDR. Bestimmungsfaktoren, Instrumente, Aktionsfelder, 2. Aufl., München und Wien 1980, S. 210, im folgenden zitiert als: Drei Jahrzehnte Außenpolitik der DDR
2 Vgl. DOWNS, Anthony: An Economic Theory of Democracy, a.a.O.
3 Diese Einschätzung teilt auch SIK, Ota: Das kommunistische Machtsystem, a.a.O., S. 159
4 Diese primär der individuellen und sozialen Sicherheit dienenden Leistungen des politischen Systems sind somit im Kern Ergebnis des Sicherheitsbestrebens des Politbüros selbst, das unter hoher Unsicherheit und bei niedrigem Informationsgrad bezüglich der Forderungen der Regierten handeln muß.
5 Diese Hypothese folgt im wesentlichen aus der Erkenntnis der neueren Bürokratietheorie, daß die organisatorische Stärke in vielen Fällen ein guter Prognoseindikator der zu erwartenden Politiklinie ist, da jede auf bestimmte Aufgabenbereiche festgelegte Bürokratie „becomes a staunch protagonist of policies which enable it to display its skills, and these policies acquire a weight in executive deliberations they would not otherwise possess." ROURKE, Francis E.: Bureaucracy and Foreign Policy, a.a.O., S. 44. Siehe hierzu auch ALLISON, Graham T.: Essence of Decision, a.a.O., S. 67—100
6 BRZEZINSKI und HUNTINGTON unterscheiden drei Phasen des parteiinternen Machtkampfes, erstens den Erwerb der Macht in einem Konkurrenzkampf, an dem jeder teilnehmen kann *(kein primus, alle pares)*, zweitens die Konsolidierung der Macht im Kampf „einer gegen alle" *(primus inter pares)* und schließlich drittens die Unterwerfung der Gegner in der Parteiführung *(primus ohne pares)*. Vgl. BRZEZINSKI, Zbigniew K./HUNTINGTON, Samuel P.: Politische Macht, a.a.O., S. 262. Phasen und Strategien des Machtkampfes um die Parteiführung — soweit sie faktisch überhaupt in Erscheinung treten — verstärken nach der hier geführten Argumentation die Tendenz des Systems zu nichtinkrementalen Politikveränderungen; sie sind für ihr Auftreten jedoch nicht notwendig.
7 Zur „Politik des Durchwurstelns" als typischem Merkmal praktischer Wirtschaftspolitik in der Demokratie vgl. ZOHLNHÖFER, Werner: Die wirtschaftspolitische Willens- und Entscheidungsbildung in der Demokratie, a.a.O., S. 52 ff.
8 Nach Kenntnis des Verf. wurde dieser Begriff in wissenschaftlichem Kontext erstmals von BRZEZINSKI und HUNTINGTON für eine Charakterisierung der Politik CHRUSCHTSCHOWs verwendet, womit der „Zynismus in der Wahl der Mittel" bei unveränderten Zielen der Politik zum Ausdruck gebracht werden sollte. Vgl. BRZEZINSKI, Zbigniew K./ HUNTINGTON, Samuel P.: Politische Macht, a.a.O., insbesondere S. 81 und 252. Über diese begrenzte Anwendung und Interpretation hinaus ist der Terminus bislang offenbar weder systematisch zur Charakterisierung kommunistischer Regierungspolitik benutzt, noch allgemein aus der Struktur und Funktionsweise politischer Willensbildung heraus begründet worden.

B. Struktur und Funktionsweise zahlungsbilanzpolitischer Willens- und Entscheidungsbildung in der DDR

Im folgenden soll der Versuch unternommen werden, die vorangegangenen grundsätzlichen Überlegungen zur Struktur und Funktionsweise politischer Willens- und Entscheidungsbildung in kommunistisch-autokratischen Systemen für eine Analyse internationaler Währungspolitik in der DDR fruchtbar zu machen. Dabei soll unter „internationaler Währungspolitik" im weiteren Sinne die Gesamtheit der Maßnahmen verstanden werden, die darauf gerichtet sind, die finanziellen Beziehungen zu anderen Nationalstaaten und zu internationalen Organisationen zu gestalten und im Sinne nationalstaatlicher Ziele zu beeinflussen. Im engeren Sinne sind unter „internationaler Währungspolitik" vor allem jene Maßnahmen zu verstehen, die darauf abzielen, die Zahlungsbilanz zu beeinflussen und materiell auszugleichen. Dabei wird als „Zahlungsbilanz eines Landes ... die Aufzeichnung aller ökonomischen Transaktionen zwischen Einwohnern, Regierungen und Institutionen des Inlandes (Inländer) und Einwohnern, Regierungen und Institutionen des Auslandes (Ausländer) für eine bestimmte Periode, normalerweise für ein Jahr"[1] bezeichnet.

1. Die Rolle des inneren Führungszirkels der Partei

Die Festlegung der Grundlinien der so verstandenen internationalen Währungspolitik der DDR ist seit der Gründung der DDR im Jahre 1949 Aufgabe eines engeren Führungszirkels der SED, der regelmäßig eine begrenzte Anzahl von Experten und Spitzenbürokraten mit delegierbaren Planungs-, Vollzugs- und Kontrollaufgaben betraut. Offensichtlich ist zu keinem Zeitpunkt das *gesamte* Politbüro in diese Willensbildungs- und Entscheidungsprozesse einbezogen worden.[2] Auch scheint zu keinem Zeitpunkt eine spezifizierte Planzahlungsbilanz im Gesamtpolitbüro vorgelegt, diskutiert oder zur Abstimmung gebracht worden zu sein.[3] Die Gründe für diese Vorgehensweise dürften zum einen in dem Bestreben zu suchen sein, jeden *Gesamt*überblick über Zahlungsbilanzplanung, -strategie und -realität geheim zu halten und deshalb nur einem möglichst kleinen Personenkreis überhaupt zugänglich zu machen. Zum anderen läßt die nachweisbare ökonomische und speziell währungspolitische Inkompetenz der Mehrheit der Politbüromitglieder eine inhaltliche Auseinandersetzung über die Planzahlungsbilanz innerhalb des Politbüros als a priori wenig sinnvoll erscheinen.

Von 1949 bis 1971 wurde die internationale Währungspolitik der DDR in ihren Grundzügen zwischen der sowjetischen Parteiführung und Walter Ulbricht abgestimmt. An den relevanten Entscheidungsprozessen beteiligte Ulbricht bis 1958[4] die Präsidentin der Deutschen Notenbank, Frau Greta Kuckhoff, seit 1955 die Außenhandelsminister (1955 bis 1961 Heinrich Rau, 1961 bis 1965 Julius Balkow und seit 1965 Horst Sölle), seit 1955 die Finanzminister (1955 bis 1966 Willy Rumpf und seit 1966 Siegfried Böhm) sowie die Vorsitzenden der Staatlichen Plankommission (1952 bis 1961 Bruno Leuschner,[5] 1963 bis 1965 Erich Apel und seit 1965 Gerhard Schürer). Vermutlich wurden seit 1965 auch Gerhard Weiss (bis 1965 stellvertretender Außenhandelsminister und seitdem stellvertretender Vorsitzender des Ministerrates) sowie Friedrich

Zeiler (stellvertretender Vorsitzender der Staatlichen Plankommission, seit 1969 Generalmajor der NVA) zumindest bei Bedarf hinzugezogen.[6] Faktisch lag die Hauptlast und -verantwortung für die Planung und Gestaltung der internationalen Währungspolitik der DDR jedoch von 1949 bis 1965 in der Hand von Bruno Leuschner, der trotz seines geringen Bekanntheitsgrades in der DDR selbst wie im Westen als wichtigster Verbindungsmann zwischen der sowjetischen und der ostdeutschen Parteiführung fungierte und bis zu seinem Tode 1965 als der neben Rau wohl einflußreichste Wirtschaftspolitiker nach Ulbricht angesehen werden muß.

Seit 1971 übt Erich Honecker in enger Abstimmung mit der sowjetischen Parteiführung den bestimmenden Einfluß auch auf die Gestaltung der internationalen Währungspolitik der DDR aus. Während die Einbeziehung der Zentralbankpräsidenten in den Willensbildungsprozeß schon unter Ulbricht Ende der fünfziger Jahre eingestellt wurde, dürfte als sicher gelten, daß unter Honecker auch das Finanzministerium an Einfluß verlor und die Position der NVA, auch personell vermutlich durch die Einbeziehung von Verteidigungsminister Hoffmann in den engsten Führungszirkel, gestärkt wurde. Die Grundlinie der internationalen Währungspolitik wird heute mit großer Wahrscheinlichkeit im wesentlichen zwischen Honecker, Dr. Günter Mittag, Außenwirtschaftsminister Horst Sölle, Außenhandelsbankpräsident Werner Polze, Dr. Gerhard Weiß und Verteidigungsminister Hoffmann abgestimmt, wobei Weiß vermutlich jene, durch Fachkompetenz und internationale Kontakte (insbesondere zur Sowjetunion) bedingte Führungsrolle zukommen dürfte, die bis 1965 unangefochten Leuschner innehatte.[7]

Bemerkenswert ist, daß sowohl unter Ulbricht als auch unter Honecker nur solche Politbüromitglieder in den zahlungsbilanzpolitischen Willensbildungs- und Entscheidungsprozeß einbezogen wurden, die als ausgesprochene Wirtschaftsexperten anzusehen sind (Rau, Leuschner, Apel und Mittag). Darüber hinaus haben unter beiden „Regimen" Persönlichkeiten aus den Spitzenbürokratien an den Entscheidungsprozessen teilgenommen, die zwar als loyale und überzeugte SED-Mitglieder bekannt waren, der Parteiführung selbst jedoch nicht angehörten (Kuckhoff, Balkow, Sölle, Polze und vor allem Weiß). Die Beteiligung dieser Bürokraten an den eigentlichen zahlungsbilanzpolitischen Entscheidungsprozessen ist wohl in ihrer unverzichtbaren Fachkompetenz begründet. Diese wenigen Experten, von denen Kuckhoff, Polze und Weiss nicht einmal Ministerposten innehatten, sind daher über zahlungsbilanzpolitische Probleme ungleich besser informiert und vermögen wirksameren Einfluß auf wirtschaftspolitische Entscheidungsprozesse auszuüben als die Majorität der ökonomisch inkompetenten Politbüromitglieder, -kandidaten und ZK-Sekretäre.

Im folgenden gilt es nun, im einzelnen zu hinterfragen, welchen Beschränkungen dieser enge, die internationale Währungspolitik der DDR gestaltende Zirkel unterliegt, in welchem Maße zu erwarten ist, daß Einzelpersonen und Organisationen eine Durchsetzung ihrer Partikularinteressen gelingen kann und welches Gestaltungsmuster praktischer Politik unter diesen Bedingungen zu erwarten ist. Um deutlich zu machen, daß der in Frage stehende, die Grundlinien der internationalen Währungspolitik bestimmende Personenkreis nicht mit dem Politbüro identisch ist, sondern sich aus dem Parteiführer, den ökonomisch kompetenteren Politbüromitgliedern und den wichtigsten Spitzenbürokraten zusammensetzt, soll dieses informelle Entscheidungsgremium im folgenden durch den Begriff „währungspolitischer Führungszirkel" von allen übrigen institutionalisierten Entscheidungshelfern und Entscheidungsträgern abgegrenzt werden.

2. Ideologische Grundsätze und Postulate

Eine bedeutsame Beschränkung des Entscheidungsspielraums des währungspolitischen Führungszirkels liegt aus den im vorangegangenen Kapitel angeführten Gründen in den relevanten, fundamentalen Prinzipien kommunistischer Ideologie und Außenwirtschaftstheorie begründet. Ausgangspunkt der währungs- und zahlungsbilanzpolitischen Strategie kommunistischer Parteiführungen „ist stets die dialektische Einheit von Politik und Ökonomie ... Daraus erwächst unter anderem die Konsequenz, die außenpolitischen Ziele und Bedingungen zu einem wesentlichen Ausgangspunkt ... auf dem Gebiet der Außenwirtschaft zu machen."[1] Letztes Ziel der kommunistischen Politik ist der Sieg des Kommunismus im Weltmaßstab. Die seit Lenin für die Erreichung dieses Zieles als relevant betrachteten Bedingungen spiegeln jedoch die Tatsache wider, daß dieser Sieg noch nicht vollzogen ist, den sozialistischen Staaten vielmehr Staaten gegenüberstehen, die sich „in der Epoche des Imperialismus, der letzten und höchsten Stufe des Kapitalismus"[2] befinden. Imperialismus aber „ist verfaulender und sterbender Kapitalismus, ist der Vorabend der sozialen Revolution."[3] Diese Bedingungen bestimmen die grundlegende kommunistische Einschätzung der Weltlage: „Wir wußten stets und werden es nicht vergessen, daß unsere Sache eine internationale ist, und solange nicht in allen Staaten – auch in den reichsten und zivilisiertesten – die Umwälzung vollzogen sein wird, ist unser Sieg nur ein halber Sieg, vielleicht sogar noch weniger."[4]

Aus dieser Diagnose aber ziehen die Parteiführer der kommunistisch-autokratisch regierten Länder denselben Schluß, den Lenin für ein nachrevolutionäres, sozialökonomisch rückständiges Rußland zog: „Das grundlegende Ziel des Imperialismus ist unverändert das gleiche: Vernichtung des Sozialismus. Ihre Anstrengungen, dies durch Krieg, Intervention, die Politik des ‚roll back' zu erreichen, sind ebenso gescheitert, wie das Bemühen, durch wirtschaftliche Blockade, Boykott, Embargo, fortgesetzte Diskriminierung usw. zum Erfolg zu kommen."[5] Im Westen wird diese sowjet-kommunistische Interpretation häufig vorschnell als Propaganda abgetan und zu wenig ernstgenommen. Tatsächlich jedoch scheint für die Parteiführungen kommunistischer Länder die These der Existenzbedrohung sozialistischer Staaten – sei sie nun ideologische Rechtfertigung eigenen Handelns oder Reflex wirklicher Überzeugung – ein bestimmender Faktor ihrer gesamten Außen-, Währungs- und Zahlungsbilanzpolitik, die somit immer auch und unter bestimmten Bedingungen sogar primär eine Strategie der Verteidigung und Reaktion auf vermeintliche Bedrohung von außen darstellt, zu sein.

In besonderem Maße ist dieses Gefühl der Bedrohung offenbar in der SED-Führung anzutreffen. So wurde und wird noch heute die Ost-West-Wirtschaftspolitik der westlichen Länder, namentlich die der westdeutschen Bundesregierung, als Versuch gewertet, „die sozialistische Staatengemeinschaft zu zersetzen und in einzelne RGW-Länder auf ökonomischem Wege von innen her einzudringen. Mit dieser Politik strebten sie an, ... einzelne RGW-Länder von der sozialistischen

Staatengemeinschaft zu isolieren, die innere wirtschaftliche und politische Entwicklung zu stören sowie ökonomische Abhängigkeitsverhältnisse zu schaffen."[6] Nach diesem Weltbild sind „Globalstrategie und Revancheziele sowie handfester ökonomischer Zwang ... die Haupttriebkräfte der imperialistischen Aktivitäten gegenüber den sozialistischen Ländern ... Man setzt dabei Hoffnungen auf eine ‚Überwindung des Kommunismus durch den Kommunismus selbst', auf die ‚Wandlungsfähigkeit des Kommunismus', auf ‚Liberalisierung' und marktwirtschaftlich orientierte Wirtschaftssysteme, auf Untergrabung des Außenwirtschaftsmonopols – kurz: darauf, daß wir nicht bleiben, was wir sind."[7]

Die vergleichsweise stärkste Bedrohung geht dabei nach sowjetkommunistischen Dogmen neben der Gefahr einer militärischen Überlegenheit der imperialistischen Staaten von den intersystemaren Wirtschafts- und Währungsbeziehungen aus, und zwar in einem doppelten Sinne. Zum einen wird die Gefahr gesehen, daß das systemimmanente und systemnotwendige Wirken „kapitalistischer Gesetze" negative Auswirkungen auf die angeblich in sich stabile, proportionale ökonomische Entwicklung planwirtschaftlich organisierter Volkswirtschaften – vermittelt über die zwischenstaatliche wirtschaftliche und monetäre Verflechtung – ausübe.[8] Zum anderen werden aber auch viele Ergebnisse praktischen wirtschaftspolitischen Handelns westlicher Länder explizit als aggressive und zielgerichtete Strategie zur Schwächung der kommunistischen Länder interpretiert.[9]

Aus dieser seit der Existenz kommunistisch-autokratisch regierter Nationalstaaten weitgehend unveränderten Diagnose wird der Schluß gezogen, daß der sozialistische Staat sich nach außen, d.h. insbesondere gegenüber den nichtsozialistischen Ländern, absichern und schützen müsse, und zwar durch das sozialistische Außenhandels-, Außenhandelstransport- und Valutamonopol. Diese staatlichen Monopole werden insoweit als Einheit begriffen, als das eine nicht ohne das andere existieren könne. Inhaltlich wird das staatliche Außenwirtschaftsmonopol so gefaßt, daß nur besondere, vom Staat beauftragte Unternehmen autorisiert sind, Waren- und Dienstleistungsimporte und -exporte abzuwickeln, daß alle internationalen Transaktionen (und damit auch alle zahlungsbilanzrelevanten Vorgänge) nach Art und Umfang zentral zu planen und zu leiten sind und daß lediglich in besonderen, unter zentralstaatlicher Verfügungsgewalt stehenden Fonds Fremdwährungsforderungen, Sorten und Währungsmetalle gehalten werden dürfen.[10] Alle internationalen Transaktionen und ihre binnenwirtschaftlichen Auswirkungen sollen sich damit grundsätzlich nur innerhalb der im zentralen Plan festgelegten Grenzen bewegen. Zugleich sollen damit die inländischen Hersteller und Verbraucher möglichst weitgehend von als unerwünscht betrachteten außenwirtschaftlichen Einflüssen isoliert werden.

Das kommunistische Dogma fordert jedoch nicht nur den Schutz der sozialistischen Wirtschaft vor den bewußt oder unbeabsichtigt destabilisierenden Auswirkungen der Wirtschaftspolitik kapitalistischer Länder, es sieht durchaus auch die Chancen, die sich aus intersystemaren Wirtschafts- und Währungsbeziehungen ergeben und fordert deren konsequente und wirksame Ausnutzung. Die Politik kommunistisch-autokratischer Prägung läßt sich dabei von dem Prinzip Lenins leiten: „Solange wir nicht die ganze Welt gewonnen haben, solange wir, wirtschaftlich und militärisch gesehen, noch schwächer sind als die übrige, die kapitalistische Welt, solange haben wir uns an die Regel zu halten, daß man die Widersprüche und Gegensätze zwischen den Imperialisten geschickt ausnutzen muß."[11] Insbesondere gelte es, das Gewinninteresse kapitalistischer Unternehmen für die Verwirklichung eigener Zielvorstellungen einzuspannen. Grundlage dieser Maxime, die die sowjetische Parteiführung wie die SED-Führung explizit zur Leitlinie ihrer Außenwirtschaftspolitik gemacht hat, ist die Beobachtung Lenins, daß die westlichen Industrieländer „gegen ihren Willen mit uns Handelsbeziehungen aufnehmen, obwohl sie wissen, daß sie uns damit stärken."[12] „Wie ist das gekommen? Warum handeln sie gegen ihren Willen, gegen das, was die Presse ununterbrochen einhämmert ... Sie bezeichnen uns als Verbrecher, helfen uns aber trotzdem. Es zeigt sich, daß sie ökonomisch an uns gebunden sind."[13]

In der DDR ist ausdrücklich anerkannt worden, daß aus verschiedenen Gründen „ohne bestimmte Wechselbeziehungen zwischen uns und den kapitalistischen Staaten ... gesicherte ökonomische Verhältnisse für uns unmöglich"[14] sind, so wie es für das postrevolutionäre Rußland galt. „Wir müssen Handel treiben, und sie müssen Handel treiben. Wir möchten, daß dieser Handel zu unserem Vorteil ausschlage, und sie möchten, daß er ihnen Vorteil bringe. Wie sich der Kampf entwickeln wird, das wird, wenigstens zu einem kleinen Teil, von der Kunst unserer Diplomaten abhängen."[15] Worum es dabei für die DDR geht, ist wiederholt unmißverständlich klargemacht worden. „Gestützt auf unsere wachsende wirtschaftliche Macht und die sich vertiefende sozialistische Integration werden wir alle Widersprüche im Lager des Feindes berücksichtigen und bestrebt sein, sie im Interesse des Friedens und Fortschritts zu nutzen."[16] Für die Außenwirtschaftspolitik gelte es vor allem, zu berücksichtigen, daß die imperialistischen Staaten zwar Glieder des imperialistischen Weltsystems sind, jedoch „verfolgt jeder dieser Staaten seine eigenen Ziele. Die wachsenden Widersprüche in dieser imperialistischen Front gilt es mehr noch als bisher aufzudecken und auszunutzen."[17] Ideologisch legitimiert wird dieses Postulat ausdrücklich mit der nüchternen und unverhohlenen Feststellung Lenins: „Wir haben im Krieg nicht deshalb gesiegt, weil wir stärker waren, sondern deshalb, weil wir als die Schwächeren die Feindschaft zwischen den kapitalistischen Staaten ausgenutzt haben. Jetzt müssen wir entweder die Feindschaft zwischen den Trusts ausnutzen oder wir sind unfähig, uns den kapitalistischen Besonderheiten anzupassen."[18]

Es kann kein Zweifel daran bestehen, daß die im Westen — auch und gerade in der Wissenschaft — gelegentlich anzutreffende unzureichende Beachtung und Würdigung dieser grundsätzlichen leninistischen Prinzipien und ihrer Bedeutung für die Außenwirtschafts- und Zahlungsbilanzpolitik der DDR, Fehlinterpretationen Vorschub geleistet hat. So setzt nämlich beispielsweise die seit Ende der sechziger Jahre von kommunistisch regierten Ländern zunehmend betonte Strategie „friedlicher Koexistenz" keineswegs die hier herausgearbeiteten grundlegenden Postulate außer Kraft. Sie modifiziert bestenfalls die Formen, in denen intersystemare Beziehungen stattfinden und verschiebt vermutlich die Akzente. Die Implikationen der vorangegangenen Skizze sind denn auch keineswegs unerheblich.

Wenn es zutrifft, daß sich die SED-Führung intern der relativen ökonomischen Rückständigkeit sozialistischer Länder voll bewußt ist — und hieran kann nach den vorliegenden Erfahrungsberichten kaum gezweifelt werden[19] — und wenn sie sich bei der Gestaltung der internationalen Währungspolitik gegenüber nichtkommunistischen Ländern vom leninistischen Prinzip einer schonungslosen Ausnutzung von „Widersprüchen im imperialistischen Lager" leiten läßt, dann bedarf die übliche westliche Interpretation des Dogmas vom „Primat der Politik über die Ökonomie" zumindest einer Relativierung. Die Ausgestaltung der Wirtschafts- und Währungsbeziehungen mit nichtsozialistischen Industrie- und Entwicklungsländern erscheint dann nämlich nicht mehr so dominant außenpolitisch geprägt, wie bisherige Analysen es nahelegen.[20] Im Gegenteil ist zu erwarten, daß auch außenpolitisch an sich unerwünschte, ideologisch „unmoralische" ökonomische Beziehungen als legitim erscheinen und faktisch auch aufrechterhalten und gefördert werden, wenn sie höherrangigen weltrevolutionären Zielen dienen können und/oder ökonomisch vorteilhaft sind. Zwar wird mit dieser Feststellung nicht grundsätzlich ausgeschlossen, daß umgekehrt ökonomisch vorteilhafte Beziehungen eingeschränkt, oder abgebrochen werden, weil sie außenpolitischen Zielen widersprechen; die faktische Relevanz solcher Restriktionen erscheint jedoch eher gering.

Das Schlagwort vom „Primat der Politik über die Ökonomie" erweist sich damit aber offenbar als Leerformel und als für eine politisch-ökonomische Analyse wenig fruchtbar. Die praktische Außenwirtschafts- und Währungspolitik kommunistischer Parteiführungen dürfte nach den vorangegangenen Überlegungen durchaus zu einer pragmatischen Orientierung an rein ökonomischen Kosten-Nutzen-Kalkülen fähig sein, solange dadurch nicht fundamentale Dogmen wie der Führungsanspruch der kommunistischen Partei im nationalen Wirtschafts- und Gesellschaftssystem verletzt werden – was in aller Regel kaum der Fall sein dürfte. Diese Vermutung wird hier vor allem damit begründet, daß in einem kommunistisch-autokratischen System alle Planungsinstanzen bis hinauf zum Politbüro ihre Entscheidungen zu rechtfertigen und gegen alternative Empfehlungen zu verteidigen haben. In der überwiegenden Mehrzahl der Fälle und bei Vorliegen von graduellem Dissens dürfte jedoch die Berufung auf das leninistische Prinzip, Widersprüche im imperialistischen Lager zum eigenen Vorteil auszubeuten, eines der schlagkräftigsten Argumente überhaupt sein.

Wenn diese Überlegungen grundsätzlich zutreffen, ist zu erwarten, daß außenpolitische und ideologische Gesichtspunkte bei der Gestaltung der internationalen Währungsbeziehungen der DDR gegenüber den nichtsozialistischen Industrie- und Entwicklungsländern von Beginn an, also bereits seit den fünfziger Jahren, eine weitaus geringere Bedeutung hatten und haben, als dies von der SED-Führung selbst ständig herausgestellt[21] und im Westen allgemein angenommen wird.[22] Entsprechend wird behauptet und im Verlauf der Studie noch im einzelnen zu belegen sein, daß beispielsweise das Streben der DDR nach völkerrechtlicher Anerkennung von vergleichsweise marginaler Bedeutung für ihre Außenwirtschafts- und Zahlungsbilanzpolitik gewesen ist. Art und Umfang der Außenwirtschafts- und Währungsbeziehungen der DDR orientierten und orientieren sich dieser Hypothese zufolge vielmehr überwiegend an pragmatischen Überlegungen und Lagebeurteilungen mit dem Ziel, unter den gegebenen Bedingungen den größtmöglichen ökonomischen Nutzen für die DDR zu erzielen – soweit dies sowjetischen Interessen nicht widerspricht.

Aus diesen Feststellungen folgt aber weiter, daß auch die internationale Währungpolitik in hohem Maße durch einen (an anderer Stelle begründeten[23]) ausgesprochenen Zynismus in der Wahl zahlungsbilanzpolitischer Mittel gekennzeichnet sein dürfte. Das von Rücksichtnahmen auf mögliche Wählerinteressen weitgehend freie Politbüro wird durch die leninistischen Prinzipien intersystemarer Beziehungen geradezu ermuntert und aufgefordert, sich aller nur denkbaren nationalen Ressourcen und Hilfsquellen zu bedienen, solange sie den langfristigen weltrevolutionären Zielen der sozialistischen Staaten dienen. Die Parteiführung wird entsprechend selbst solche Bereiche, wie den militärischen Sektor und die Staatssicherheitsdienste, deren außenwirtschaftliche Instrumentalisierung in Demokratien auf erhebliche Widerstände stoßen dürfte, extensiv in den Dienst ihrer Zahlungsbilanzpolitik stellen. Damit wird aber im Gegensatz zu vorherrschenden politikwissenschaftlichen Ansätzen hier vor allem behauptet, daß eine „Ökonomisierung" der Außenwirtschaftspolitik, wie sie angeblich erst seit den siebziger Jahren in Grundzügen erkennbar ist, im Rahmen der von der Sowjetunion gesetzten Restriktionen schon immer Anliegen und Zielsetzung des währungspolitischen Führungszirkels der DDR war.

Es erscheint zweckmäßig, bereits an dieser Stelle aus der Fülle von Evidenz für diese These einige wenige, bislang überwiegend unbekannte Belege anzuführen, die die Vermutung eines eher undogmatischen, an ökonomischen Kosten-Nutzen-Kalkülen und der „Ausnutzung von Widersprüchen im imperialistischen Lager" orientierten Handelns des währungspolitischen Führungszirkels der DDR nahelegen.

1961 warf die DDR Portugal „grausamen Terror", „verbrecherische Methoden" und „Völkermord" in Angola vor.[24] Ab 1963 wurde demonstrativ kein Außenhandel mehr mit Portugal im Statistischen Jahrbuch der DDR nachgewiesen. Tatsächlich jedoch stieg, wie sich unter anderem aus den von der Banco de Portugal dem Verf. zur Verfügung gestellten Daten ergibt, der Außenhandel zwischen Portugal und der DDR seit Anfang der sechziger Jahre kontinuierlich an. Erst als die DDR 1969 begann, die Guerillagruppen in den ehemaligen portugiesischen Kolonien auch mit Waffen und Munition zu unterstützen, erlebte der bilaterale Warenaustausch eine gewisse Stagnation. Vermutlich ist jedoch auch diese temporäre Stockung des Güteraustausches nicht politisch bedingt gewesen, sondern in zunehmenden Direktimporten der DDR aus den überseeischen Gebieten begründet. Die DDR-Importe aus Portugal, die jährlich zwischen 0,5 und 0,8 Mill. US-$ lagen, bestanden nämlich vorwiegend aus Lieferungen von Kaffee, Kakao, Tee und Edelhölzern aus den portugiesischen Überseebesitzungen.[25]

1961, anläßlich der Errichtung der Südafrikanischen Republik, warf die DDR Südafrika „Rassismus im Stile des Hitler-Faschismus" vor und forderte wiederholt zu einem internationalen Handelsboykott auf.[26] Am 23. Juni 1963 schließlich wies der Minister für Außenhandel und Innerdeutschen Handel, Balkow, alle nachgeordneten Stellen an, „keinerlei Handel mit Firmen oder anderen Institutionen der Südafrikanischen Republik zu betreiben."[27] Tatsächlich jedoch wurden entgegen den Erklärungen der DDR auf internationalen Konferenzen[28] die Handelsbeziehungen zu Südafrika nicht abgebrochen, sondern die Gelegenheit genutzt, die Import-Export-Relation zugunsten der DDR zu verändern. 1961 und 1962 wies die Handelsbilanz der DDR noch ein Defizit gegenüber Südafrika in Höhe von je 1,0 Mill. US-$ auf. Nach der Anweisung des ostdeutschen Außenhandelsministers wurden dann die DDR-Importe 1964 und 1965 auf unter eine Million US-$ zurückgeführt und ab 1966 ganz eingestellt. Demgegenüber hat die DDR jedoch ihre Lieferungen nach Südafrika offenbar über Zwischenhändler bis heute aufrechterhalten und systematisch ausgeweitet. Zwischen 1964 und 1970 beispielsweise erzielte die DDR auf diese Weise in Hartwährungen oder südafrikanischem Gold zu bezahlende Handelsbilanzüberschüsse zwischen jährlich 0,8 und 1,1 Mill. US.-$. In den siebziger Jahren stiegen diese Überschüsse auf mehr als 3 Mill. US-$ jährlich an. Bei diesen Meldungen der südafrikanischen Zollbehörden handelt es sich ausschließlich um Erzeugnisse, die in der DDR hergestellt wurden. Mögliche Reexporte ausländischer Waren durch die DDR sind damit nicht einmal erfaßt.

Nach dem Sturz Sukarnos in Indonesien war die DDR nachweislich das einzige Ostblockland, das — vermutlich mit sowjetischer Zustimmung — trotz der Vernichtung der kommunistischen Partei Indonesiens durch die neue Regierung die bestehenden Wirtschaftsbeziehungen nicht nur aufrechterhielt, sondern sogar erheblich ausbaute und neue Kredite gewährte.[29] Die Ursache für diese Haltung dürfte zum einen in den umfangreichen Handelskrediten begründet gewesen sein, die die SED-Führung an indonesische Importeure noch unter der Regierung Sukarnos vergeben hatte und deren verzögerte Rückzahlung oder Annullierung erhebliche Zahlungsbilanzprobleme vor allem für die DDR auslösen mußte. Zum anderen dürfte die DDR den anderen Ostblockländern, insbesondere der Sowjetunion als Vorposten für die Reaktivierung der wirtschaftlichen Zusammenarbeit 1967/68 und für die Vereinbarung von Umschuldungsabkommen 1969/70 gedient haben.

Trotz des spanienfeindlichen Kurses in der Medienpolitik der DDR bis 1973[30] war der Warenaustausch zwischen der DDR und Spanien, der von der DDR geheimgehalten wurde und sich nur der spanischen Außenhandelsstatistik entnehmen ließ, seit 1960 systematisch gestiegen und übertraf sogar mit DDR-Importen in Höhe von 9,3 Mill. US-$ und DDR-Exporten in Höhe von 4,8 Mill. US-$ 1966 noch den Handelsverkehr zwischen der DDR und Japan. Die Ursache für dieses vergleichsweise hohe Austauschvolumen liegt nicht nur in der Exportwarenstruktur Spaniens, sondern auch in der Attraktivität des spanischen Marktes für die DDR-Exportunternehmen und vor allem in der Tatsache begründet, daß der spanische Instituto Espanol de Moneda Extranjera bereits 1961[31] bereit war, den Waren- und Dienstleistungsverkehr mit der DDR im Clearing abzuwickeln. Die DDR war auf diese Weise in der Lage, ihre stets stark beanspruchte Hartwährungsbilanz dadurch zu entlasten, daß ein erheblicher Teil ihrer Dienstleistungsimporte im Verrechnungswege, d.h. letztlich durch eigene Warenlieferungen bezahlt werden konnten.

Ähnlich pragmatisch verhielt sich die DDR nicht nur gegenüber dem Spanien Francos, sondern auch gegenüber dem Iran, und zwar sowohl unter dem Schah Mohammed Reza Pahlavi als auch unter der Regierung des Ajatollah Chomeini. Die DDR hat bekanntlich seit Ende der sechziger Jahre wiederholt ihr Interesse an Rohöllieferungen aus dem Iran bekundet und seit den fünfziger Jahren bereits einen weitgehend ausgeglichenen Handelsaustausch gepflegt. So wie sich die DDR im eigenen ökonomischen Interesse noch bis zum Beginn der Revolution 1979 mit Kritik am Schah-Regime ausgesprochen zurückhielt, so sehr versuchte sie seit 1979, sich aus den politischen und wirtschaftlichen Spannungen zwischen der Sowjetunion und dem revolutionären Iran herauszuhalten.[32] Ihr Hauptinteresse galt dabei zweifellos der reibungslosen Abwicklung von Großgeschäften, insbesondere dem Verkauf von Eisenbahnpersonenwagen und Kühlwaggons, die noch unter dem Schah abgeschlossen worden waren und für die Kredite in einer Gesamthöhe von über 40 Mill. US-$ zugesagt und bei Revolutionsausbruch überwiegend bereits in Anspruch genommen waren.[33] Zudem war der Iran 1976/77 erstmals bereit, die durch die umfangreichen DDR-Lieferungen am Gleichgewicht geratenen bilateralen Verrechnungskonten durch Lieferung von Erdöl auszugleichen.[34] An einer Gefährdung künftiger Verschiffungen konnte der SED-Führung kaum gelegen sein. Seit der offenen militärischen Auseinandersetzung zwischen dem Iran und dem Irak befindet sich die DDR in einer geradezu prekären Situation, da beide Länder bis Ende der siebziger Jahre ihre wichtigsten Rohöllieferländer außerhalb des kommunistischen Blocks waren. Die Dominanz der eigenen Versorgungsinteressen diktierte der DDR daher bislang weitgehende Zurückhaltung bei politischen Stellungnahmen zum Verhältnis der beiden kriegführenden Nationen zueinander wie zur DDR.

Die in der Vergangenheit teilweise massiven propagandistischen Angriffe auf verschiedene Militärjuntas wie die Griechenlands oder Chiles und die Geheimhaltung des Handelsaustausches mit beiden Ländern seitens der DDR gingen einher mit tatsächlich eher stabilen und expansiven Wirtschaftsbeziehungen. Im Falle Griechenlands gab offenbar nicht nur die besondere Aufnahmefähigkeit des griechischen Marktes für DDR-Erzeugnisse sowie die Existenz bilateraler Clearingkonten (wie im Fall Spaniens) bei den Zentralbanken beider Länder den Ausschlag, sondern auch die Tatsache, daß die griechische Militärregierung bereit war, eine ausgeprägte Clearingverschuldung der DDR hinzunehmen.[35] Im Falle Chiles ist die DDR vor allem an stabilen Kupferlieferungen interessiert. Seit 1973 nämlich zahlt die chilenische Regierung regelmäßig in Form von Kupferlieferungen jene Schulden zurück, die die Regierung von Salvatore Allende 1971 und 1972 unter anderem bei der DDR gemacht hat.[36] Die DDR scheint darüber hinaus — seit die eigene Kupferförderung im Mansfelder und Sangerhauser Revier zunehmend weniger den steigenden Inlandsbedarf zu decken vermag[37] — erfolgreich darum bemüht zu sein, ihre Wirtschaftsbeziehungen mit Chile auszubauen und auf diese Weise die heimische Rohstoffversorgung zu sichern.[38]

Zieht man schließlich in Betracht, daß weder die langjährige Weigerung der nichtsozialistischen Länder, die DDR anzuerkennen, noch der Zeitpunkt, zu dem einzelne Länder zur Anerkennung bereit waren, einen bestimmenden Einfluß auf die Intensität der bilateralen Wirtschafts- und Währungsbeziehungen ausübte,[39] wird deutlich, daß der währungspolitische Führungszirkel stets einem eher pragmatischen Kurs gefolgt ist. Von einem Primat der Außen- und Sicherheitspolitik kann in diesem Zusammenhang zumindest — bei der Wahl der Partnerländer und ihres außenwirtschaftlichen Gewichtes — keine Rede sein. Die zugrunde liegenden Entscheidungsprozesse scheinen vielmehr — innerhalb der von der sowjetischen Parteiführung abgesteckten Länderkonzeptionen — weitgehend von ökonomischen Sachzwängen oder zumindest ökonomischen Interessen bestimmt gewesen zu sein.

Eine ähnlich flexible und pragmatische Haltung haben die Zahlungsbilanzpolitiker der DDR nicht nur in Einzelfragen der Planung und Lenkung, sondern auch bei Grundsatzentscheidungen, die Dogmen unmittelbar berühren, eingenommen. So war es im Verlauf der Außenwirtschaftsreform in den sechziger Jahren immerhin möglich, die Zweckmäßigkeit des Außenhandels- und Valutamonopols selbst zur Diskussion zu stellen,[40] die Auflösung des Außenwirtschaftsministeriums sogar im Politbüro zu erwägen[41] und tatsächlich Regelungen einzuführen, die erklärtermaßen die Inlandsbetriebe stärker mit den Weltmarktbedingungen konfrontieren sollten und damit im Kern auf eine Auflockerung des Außenwirtschaftsmonopols hinausliefen.[42]

Wenn die vorangegangenen Überlegungen zur Willens- und Entscheidungsbildung in kommunistisch-autokratischen Systemen tendenziell zutreffen, ist allerdings bei parteiinternen Machtkämpfen und bei Interventionen seitens der Sowjetunion mit einer Reideologisierung (auch der internationalen Währungspolitik) zu rechnen. Entsprechend dürfte unter solchen Bedingungen der Spielraum für Abweichungen vom klassischen Dogma des Außenhandels- und Valutamonopols deutlich abnehmen. Diese Vermutung steht durchaus in Einklang mit den Fakten, denn die (außenwirtschaftspolitische) Kursänderung nach dem Volksaufstand von 1953 wurde im wesentlichen zwischen 1956 und 1958 als Folge des SED-internen Machtkampfes um die Position Ulbrichts wieder zurückgenommen. Ebenso wurde die Außenwirtschaftsreform, die 1963 eingeleitet und 1968 ausgeweitet worden war, mit dem Sturz Ulbrichts durch Honecker abgebrochen.

3. Der Einfluß der sowjetischen Parteiführung

Die wohl bedeutsamste Beschränkung der Macht des Politbüros der SED wie des währungspolitischen Führungszirkels besteht in dem Einfluß der sowjetischen Parteiführung auf die DDR-interne politische Willens- und Entscheidungsbildung. Dieser Einfluß wird von der Sowjetunion regelmäßig auf geheimen, jedem Spitzenpolitiker und -bürokraten in der DDR jedoch bekannten Kanälen ausgeübt.[1]

Nach der Gründung der DDR wurde die „Sowjetische Militäradministration in Deutschland" (SMAD) in die „Sowjetische Kontrollkommission" (SKK) umgewandelt, entsprechend dem Beispiel der Westalliierten im Mai 1953 in „Hohe Kommission" umbenannt[2] und im August 1954 in die Sowjetbotschaft verlegt.[3] Bis zum Abschluß des formalen Souveränitätsvertrages zwischen der DDR und der Sowjetunion übte die sowjetische Parteiführung ihren Einfluß über die SMAD bzw. SKK bzw. Hohe Kommission aus. Rau und Leuschner, die damals wichtigsten Parteifunktionäre und Wirtschaftsexperten der DDR, empfingen ihre Befehle von Chomjakow[4], dem Leiter der Wirtschaftsabteilung der SMAD bzw. SKK, der in Berlin-Karlshorst über einen Apparat von 20 bis 30 Mitarbeitern verfügte. Mindestens zweimal wöchentlich waren alle grundlegenden Fragen bis hin zu Presseverlautbarungen und Redemanuskripten mit den Sowjets abzustimmen.[5]

Seit 1955 nimmt die sowjetische Botschaft vergleichbare Aufgaben wahr. Neuer wirtschafts- und zahlungsbilanzpolitischer Kontaktmann der ostdeutschen Führung wurde der stellvertretende sowjetische Botschafter, der mit 20 bis 25 Mitarbeitern in einem Gebäude gegenüber der Sowjetbotschaft Unter den Linden in Ostberlin untergebracht ist. Der Botschaftsapparat ist ressortmäßig entsprechend der Struktur des Partei- und Staatsapparates der DDR aufgebaut, so daß für jede bedeutsame Position eines Entscheidungsträgers in der DDR eine sowjetische „Kontaktstelle" existiert.[6] Beispielsweise decken sich die Arbeitsgebiete der Abteilungschefs in diesem Teil der Sowjetbotschaft mit den Arbeitsgebieten der einzelnen Stellvertreterbereiche in der Staatlichen Plankommission bzw. den Fachministerien. Die Botschaftsmitglieder verfügen über direkte Telefonanschlüsse an das Sondernetz der ostdeutschen Regierung, insbesondere zu den Mitgliedern des Politbüros, dem Vorsitzenden der Plankommission und seinen Vertretern sowie zu wichtigen Staatsfunktionären wie dem Minister für Finanzen und dem Minister für Außenwirtschaft.

Es kann angenommen werden,[7] daß die sowjetische Einflußnahme auf die Wirtschafts-, Außen- und Zahlungsbilanzpolitik der SED-Führung prinzipiell noch in denselben Bahnen und über dieselben Kanäle erfolgt, wie in den fünfziger Jahren. Danach werden von den sowjetischen Kontaktpersonen zumeist Treffen unter vier Augen (lediglich unter Anwesenheit eines Dolmetschers der Sowjetbotschaft) vereinbart, bei denen sich die deutschen Gesprächspartner nur stichwortartige Aufzeichnungen machen dürfen. Sowjetische Anweisungen ergingen und ergehen jedoch in den seltensten Fällen direkt an Ulbricht (und später Honecker); in der Regel erhalten einzelne hochstehende DDR-Funktionäre „Hinweise" auf sowjetische Vorstellungen, Planungsfehler oder Mängel in einzelnen Wirtschaftsbereichen. Politbüromitglieder, ZK-Sekretäre und Spitzenbürokraten, früher vor allem Leuschner und Rau, später Erich Apel und heute überwiegend Gerhard Weiß werden eingehend über sowjetische Pläne, Reorganisationswünsche und personelle Veränderungsforderungen informiert. Typischerweise werden die Ergebnisse dieser Aussprachen in Apparat und Politbüro als „persönliche Meinung" des Referenten vorgetragen. Nur bei Angelegenheiten äußerster Dringlichkeit (aus Sicht der sowjetischen Parteiführung) oder bei aufkommendem Dissens innerhalb der Führungsgremien der SED wird unter Hinweis auf die „sowjetischen Genossen" der Empfehlung Nachdruck verliehen.[8] Die permanente und enge Abstimmung zwischen Planungschef Leuschner und den sowjetischen Botschaftsexperten war so weit bekannt, daß (zumindest) in den fünfziger Jahren Leuschners Vorschläge auch im engsten Führungskreis per se die Vermutung begründeten, von höchster sowjetischer Stelle zu stammen.[9] Entsprechend ist zu vermuten, daß die von den sowjetischen Experten regelmäßig konsultierten und eingeweihten SED-Funktionäre gezwungen waren, ihre Empfehlungen und Stellungnahmen automatisch, d.h. auch ohne ausdrückliche sowjetische Kontaktnahme, an dem auszurichten, was sie als den sowjetischen Interessen entsprechend einstufen konnten.

DDR-Quellen suchen ein Bild der Außenwirtschafts- und Zahlungsbilanzpolitik der DDR zu vermitteln, das den Eindruck erweckt, praktische Politik in diesem Teilbereich der Wirtschaftspolitik sei Resultat wohlabgestimmter und primär an eigenen, DDR-spezifischen Interessen orientierter Willensbildungs- und Entscheidungsprozesse. Westliche Analysen haben sich bislang überwiegend an diesem Modell orientiert, damit jedoch die Realität geradezu auf den Kopf gestellt: Die sowjetischen Interessen sind ganz offensichtlich die bedeutsamste Restriktion, die die SED-Führung bei der Gestaltung ihrer internationalen Währungspolitik zu beachten hat, und in kaum einem anderen Teilbereich staatlicher Wirtschaftspolitik und -planung sind die sowjetischen Einflußnahmen massiver und spezifizierter.

Die Planzahlungsbilanz ist mit der sowjetischen Parteiführung und obersten Planbehörde abzustimmen; die sowjetischen Vertreter in der DDR änderten (zumindest in den fünfziger Jahren, und zwar auch noch nach der formalen Souveränitätserklärung von 1955) auf Anweisung der Moskauer Zentrale auch Einzelpositionen und Gruppenausweise im Valutajahresplan der DDR. Bis 1954 wurden diese Änderungen in der Weise vorgenommen, daß der DDR-Planungschef Leuschner und der damalige Staatssekretär für die Koordinierung der gesamten Finanzwirtschaft (und spätere Minister der Finanzen) Rumpf nach Fertigstellung der ersten Planentwürfe bei Chomjakow in der SKK vorsprechen mußten.[10] Leuschner hatte Chomjakow die Plan-Zahlungsbilanz vorzulegen und zu erläutern und die sowjetischen Änderungswünsche zu notieren. Er selbst veranlaßte dann auch intern, d.h. im Apparat der Plankommission, die erforderlichen Planänderungen mit all ihren Auswirkungen auf die Gesamtheit der übrigen Planbilanzen der Kredite, des Geldumlaufs, der Staatsfinanzen und -reserven sowie der Warenbewegung und -produktion. Erst wenn der Valutajahresplan nach diesen (und gegebenenfalls weiteren) auf sowjetischen Wunsch erfolgten Korrekturen in allen Teilen (Handels-, Dienstleistungs-, Kredit- und Devisenbilanz) von Chomjakow endgültig genehmigt war, wurde Ulbricht hinzugezogen und die Zahlungsbilanz durch seine Unterschrift formal bestätigt.

Auch Ulbricht selbst blieb daher in seinem Einfluß auf die Entwicklung der internationalen Währungspolitik der DDR letztlich darauf angewiesen, daß die sowjetischen Parteiführer in ihren Anweisungen an die sowjetische Botschaft in Ostberlin jene Grundproportionen festlegten, wie er sie selbst der sowjetischen Parteiführung gegenüber im persönlichen Gespräch oder Briefwechsel vorgetragen oder gefordert hatte. Eigens zu diesem Zweck (nämlich der Abstimmung der DDR-Zahlungsbilanzplanung mit den sowjetischen Interessen) ist Ulbricht seit der Machtübernahme durch Chruschtschow alljährlich, in einzelnen Krisenjahren wie 1957 und 1960 sogar mehrmals, zu persönlichen Gesprächen mit Chruschtschow geheim nach Moskau geflogen.[11] In der Regel gingen diesen Konsultationen streng vertrauliche Briefwechsel voraus, in denen Ulbricht die sich aus den Zahlungsbilanzproblemen der DDR ergebenden Devisenbilanzsalden und die erforderliche Abdeckung durch sowjetische Hartwährungs- oder Warenkredite spezifizierte.[12] Nach der Souveränitätserklärung änderte sich die sowjetische Einflußnahme zwar formal, nicht aber materiell.[13] Seit 1954 *empfingen* nun Leuschner und Rumpf sowie der neu hinzugezogene Minister für Außenhandel und Innerdeutschen Handel Rau den sowjetischen Leiter der Wirtschaftsabteilung und erhielten ihre Anweisungen von ihm. An der weiteren Vorgehensweise änderte sich praktisch nichts.

Bis heute legt die sowjetische Parteiführung auf ähnliche Weise, in zunehmendem Maße auch über die von ihr gelenkten RGW-Gremien zumindest die Grundproportionen der Zahlungsbilanzpolitik der DDR fest.[14] Zwar hat die Sowjetunion der DDR — wie anderen osteuropäischen Ländern auch — gewisse und gegenüber den fünfziger Jahren offenbar größere Spielräume gelassen, nachweislich etwa bei der Festlegung interner Verrechnungskurse. Auch ist ihr Einfluß insoweit begrenzt, als sie insbesondere die Ausgestaltung der Jahresprotokolle der DDR mit verschiedenen bilateralen Abkommenspartnern und die Einhaltung beispielsweise nicht näher spezifizierter Import- und Export-Länderpläne kaum beeinflussen kann. Die Festlegung der Grundlinien der internationalen Währungspolitik hat sich die sowjetische Parteiführung jedoch vorbehalten — sieht man von kürzeren Phasen einer übermäßigen Ablenkung der Aufmerksamkeit durch KPdSU-interne Machtkämpfe ab. Insbesondere legt die Sowjetunion bis heute fest, in welchem Ausmaß der Westhandel der DDR sich entwickeln darf, welche RGW-internen Verrechnungspreise für zahlungsbilanzstrategische Güter (wie Getreide, Erdöl, Kohle, Uran) und welche Liefermengen zugrundezulegen sind und in welchem Ausmaß die DDR sich gegenüber den RGW-Ländern einerseits und den westlichen Industrieländern andererseits verschulden darf. Auch in einigen Detailfragen behält sich die Parteiführung der KPdSU die letzte Entscheidung vor. In diesem Sinne „abgestimmt" sind beispielsweise die Auswahl westlicher Korrespondenzbanken der DDR, Aktivitäten an westlichen Börsen sowie im Handel mit Gold und Silber (auch nach Bankplätzen), vor allem aber die Entwicklung der Wirtschafts- und Währungsbeziehungen mit einigen strategischen Ländern — hierzu zählen insbesondere die Bundesrepublik Deutschland, die USA, Großbritannien, Frankreich, Ägypten und Indien — sowie die Kreditvergabepolitik und Militärhilfepolitik der DDR gegenüber den Entwicklungsländern.

Um eine wirksame Durchsetzung dieser besonderen Interessen sicherzustellen, bedient sich die sowjetische Parteiführung neben den institutionalisierten regelmäßigen Abstimmungen der internationalen Währungspolitik auch enger persönlicher Kontakte zu den Leitern besonderer Stäbe, die aus der eigentlichen Hierarchie des Staatsapparates der DDR ausgegliedert sind.[15] Zu diesen Stäben mit Sonderverbindungen zu sowjetischen Stellen zählen insbesondere die „Strategische Abteilung" in der Staatlichen Plankommission,[16] die Waffenproduktion, -import und -export koordiniert, der Stab von Gerhard Weiß, die Staatssekretariate für Geologie sowie Erdöl- und Erdgasförderung unter der Leitung von Alfred Neumann sowie die Verwaltung des Uranbergbauunternehmens Wismut AG. Den sowjetischen Interessen entsprechend bleiben alle zahlungsbilanzseitigen Probleme, die in diesen Arbeitsgebieten auftreten, selbst aus den Erörterungen des SED-Politbüros ausgeklammert.

Von Mitte der fünfziger Jahre an bis vermutlich Anfang der siebziger Jahre war vielmehr aus Geheimhaltungsgründen ein einziger Mann, Horst Rudolph, in der Staatlichen Plankommission damit beauftragt,[17] *alle* Teile des Valutaplanes — einschließlich der streng geheimen Staatsplanpositionen — zusammenzufassen, zu bearbeiten und für nachgeordnete Stellen zu disaggregieren. Offenbar sollte auf diese Weise sichergestellt werden, daß bis auf die zwei oder drei ranghöchsten Politiker stets nur ein oder zwei Mitarbeiter der Plankommission die *gesamte* Zahlungsbilanz der DDR kannten, während alle nachgeordneten Ministerien, Hauptabteilungen, Abteilungen und Referate immer nur Teilbilanzen überhaupt zur Einsicht und Bearbeitung erhielten.

Neben der Teilnahme sowjetischer Beobachter an den Politbürositzungen, Absprachen mit den Wirtschaftsexperten der Sowjetbotschaft und der Kontrolle strategischer Stäbe im Staatsapparat, übt die sowjetische Parteiführung Einfluß auch in unmittelbaren Kontakten zwischen den höchsten Partei- und Wirtschaftsfunktionären aus. In der Regel begeben sich die DDR-Vertreter direkt nach Moskau, seltener kommen sowjetische Expertendelegationen nach Ostberlin. Kontakte und Absprachen dieser Art beschränken sich keineswegs auf die offiziell herausgestellten Besuche.[18]

Es kann daher kein Zweifel bestehen, daß die SED-Führung sich in wirtschaftspolitischen Fragen allgemein und in zahlungspolitischen Fragen im besonderen auf Dauer sowjetischen Interessen und Forderungen nicht ungestraft widersetzen kann. Die sowjetische Parteiführung steckt zwar nur den Rahmen ab, diese Rahmenbeschränkungen können jedoch im Einzelfall außerordentlich restriktiv sein. Zwar vermag die politische Führung der SED mit Geschick auch eigene Interessen in die gemeinsam abgestimmte Linie und Strategie einzubringen, ihre Versuche einer Durchsetzung spezifisch nationaler Interessen dürften jedoch dort ihre Grenze finden, wo die Sowjets ihr Interesse an zuverlässigen und loyalen Bündnispartnern verletzt sehen.[19]

Dem sowjetischen Einfluß auf die Währungs- und Zahlungsbilanzpolitik der DDR überragende Bedeutung zuzusprechen, besagt indes keineswegs, ihn als unkalkulierbare Komponente in die Analyse einzubeziehen. Tatsächlich nämlich dürfte sich auch die sowjetische Politik weitgehend als Resultat wirtschaftspolitischer Willens- und Entscheidungsbildung in einem kommunistisch-autokratischen Regierungssystem ergeben und damit zumindest grundsätzlich nicht unberechenbar sein. Aus der hier vertretenen These folgt allerdings, daß die internationale Währungspolitik der DDR in einem solchen Ausmaß durch die Interessen eines anderen Landes *fremdbestimmt* ist, wie dies für kaum ein Land außerhalb des kommunistischen Machtblocks (und mit Ausnahme Polens vielleicht auch innerhalb des sowjetischen Einflußbereichs) vorstellbar ist. Das heißt aber zugleich, daß die SED-Führung die Interessen der eigenen Bevölkerung sowie nationaler Interessengruppen und Apparate — selbst wenn sie sie erkennen würde und berücksichtigen wollte — nur in dem Maße in den politischen Entscheidungsprozeß einfließen lassen kann, in dem dies vitalen sowjetischen Interessen nicht widerspricht.

Der Schlüssel zur Erklärung der Tatsache, daß sich die SED-Führung so weitgehend und selbst im Ostblock beispiellos dem Einfluß der sowjetischen Parteiführung unterordnet, dürfte nicht allein in der Anerkennung der Führungsrolle der KPdSU im weltrevolutionären Prozeß zu suchen sein. Auch die hohe wirtschaftliche Abhängigkeit von der Sowjetunion, insbesondere von sowjetischen Rohstofflieferungen und Krediten, und die Präsenz sowjetischer Truppen vermögen dieses Phänomen nur teilweise zu erklären. Vielleicht ist ausschlaggebend, daß die SED-Führung das politische System in der DDR auch und gerade im *permanenten, unausweichlichen Vergleich mit der Bundesrepublik* als nach wie vor so wenig legitimiert und stabil ansieht, daß ihr die Loyalität und Präsenz der UdSSR als letzter wirklicher Garant der eigenen Machterhaltung erscheint.[20] Vermutlich sieht aber auch die UdSSR die DDR aufgrund ihrer besonderen geographischen, politischen, historischen und militärstrategischen Lage als so außerordentlich wichtig und ihre Loyalität als so bedeutsam für die Stabilität des ganzen Ostblocks an, daß sie gegen jedes Anzeichen von Widerspruch innerhalb des Partei- und Staatsapparates der DDR rigoros interveniert.[21]

Allerdings kam es während der Nachfolgekrise in der KPdSU nach dem Tode Stalins (1953–1955) sowie während der Zeit nach der Entmachtung Chruschtschows (1964–1967) zu einer spürbaren Lockerung des Subordinationsverhältnisses zwischen der DDR und der Sowjetunion. Tatsächlich hat die SED-Führung unter Ulbricht, wenngleich unter nicht unerheblichen parteiinternen Auseinandersetzungen, die Chance zur Wahrnehmung der sich daraus ergebenden Entscheidungsspielräume genutzt. 1953 beispielsweise, nach dem Tod Stalins, schwenkte Ulbricht nur zögernd und vergleichsweise spät auf den wirtschaftspolitischen Kurs der Malenkow-Gruppe in der KPdSU-Führung ein. Erst unter massivem Druck der sowjetischen Parteiführung[22] beschloß das Politbüro am 9. Juni 1953 – zu spät, um den Volksaufstand zu verhindern – den „Neuen Kurs". Auch nach der politischen Entmachtung Chruschtschows am 14. Oktober 1964 scheint Ulbricht in der Lage gewesen zu sein, die noch unter Chruschtschow eingeleitete Wirtschaftsreform nicht nur fortzuführen, sondern ihr sogar aufgrund der noch labilen Machtverhältnisse in der sowjetischen Parteiführung seinen eigenen Stempel aufzudrücken.[23] Auch die jüngsten Ansätze einer scheinbar selbständigeren Politik Honeckers dürften wesentlich mitbegründet sein in der KPdSU-internen Nachfolgekrise nach dem Tode Breschnews und Andropows, und zwar vor allem in dem Sinne, daß der SED-Parteichef aufgrund der ungeklärten Machtverhältnisse in der Sowjetunion wohl häufiger *gezwungen* ist, seine Entscheidungen ohne klare sowjetische Position zu fällen.

Die SED-Führung hat jedoch stets bei stabilen Machtverhältnissen in der sowjetischen Parteispitze und präzisen, widerspruchsfreien Anweisungen ihrer sowjetischen „Berater" gesetzte Restriktionen beachtet. Zwar hat es auch in der DDR Forderungen gegeben wie die, daß es „trotz der Priorität der sozialistischen Zusammenarbeit und der Notwendigkeit des sozialistischen Internationalismus keine absolute, ständige und unabdingbare Vorzugsstellung für sozialistische Länder, Aufträge aus sozialistischen Staaten zu erhalten"[24] geben dürfe. Auch hat die Außenwirtschaftsbürokratie der DDR nicht in allen Jahren mit gleicher Hartnäckigkeit die Erfüllung der Planziele des Außenhandels mit den RGW-Staaten angestrebt. Doch haben sich die Spitzenpolitiker regelmäßig bemüht, sowjetische Kritik und Mißfallenskundgebungen umgehend gegenstandslos zu machen.

In diesem Sinne ist der Westhandelsanteil des DDR-Außenhandels und die Lieferfähigkeit der DDR gegenüber nichtsozialistischen Ländern in der Tat zumindest mittelfristig vorherbestimmt durch den von der sowjetischen Parteiführung akzeptierten Osthandelsanteil und das RGW-Exportvolumen der DDR. Eine Erhöhung der Westexporte bzw. Westimporte der DDR ist somit nur dann und in dem Maße möglich, in dem die sowjetische Parteiführung bereit und motiviert ist, auf Warenlieferungen aus der DDR zugunsten anderer Länder zunehmend zu verzichten bzw. in zunehmend geringerem Maße darauf besteht, daß die DDR russische Waren abnimmt. Aus diesem Grunde ist der *Westhandelsspielraum der DDR positiv korreliert mit dem Westhandelsinteresse der Sowjetunion* selbst. Die Tatsache, daß die DDR von der Sowjetunion zwischen 1949 und 1970 alljährlich veranlaßt wurde, annähernd konstant 75 % ihres Außenhandelsumsatzes mit RWG-

Ländern abzuwickeln, ist daher wohl in erster Linie zu werten als Ausdruck eines Primats der ökonomischen Interessen der sowjetischen Parteiführung über die ökonomischen Interessen der SED-Führung. Die DDR vermag nur in dem Maße einen höheren Westhandelsanteil zu beanspruchen, in dem dies im eigenen ökonomischen Interesse der sowjetischen Parteiführung liegt und diese deshalb bereit und motiviert ist, den DDR-Zahlungsbilanzpolitikern einen höheren Westhandel zuzugestehen, wenn nicht gar vorzuschreiben.

Die hier angestellten Überlegungen gelten im übrigen gleichermaßen für das Problem der Hartwährungsverschuldung. Die sowjetische Parteiführung wird eine Verschuldung der DDR gegenüber dem nichtsozialistischen Ausland nur dann und in dem Maße hinnehmen, in dem sie selbst eine solche Strategie für ökonomisch zweckmäßig und politisch tragbar hält. Anderenfalls wird sie im eigenen Interesse bestrebt sein, Hartwährungsschulden gegenüber dem Westen in Intra-RGW-Schulden umzuwandeln. Entsprechend ist der *Hartwährungsverschuldungsspielraum der DDR positiv korreliert mit dem Hartwährungsverschuldungsinteresse der Sowjetunion* selbst. Tatsächlich wäre es der Sowjetunion durchaus möglich, die Verschuldung der DDR gegenüber dem Westen innerhalb weniger Jahre abzubauen,[25] etwa indem sie der DDR günstigere Preise im bilateralen Handel einräumt oder indem sie teilweise auf Warenlieferungen aus der DDR verzichtet, um auf diese Weise das Potential für zusätzliche Westexporte der DDR zu vergrößern. Dieser Weg würde zwar erhebliche wirtschaftliche Opfer von der Sowjetunion selbst verlangen, er entspricht jedoch im wesentlichen genau der Zahlungsbilanzstrategie der Sowjetunion bis zum Ende der Chruschtschow-Ära und scheint von der sowjetischen Parteiführung damals als Preis für eine weitgehende ökonomische Unabhängigkeit der DDR vom Westen angesehen worden zu sein.[26] Die Hartwährungsverschuldung der kleineren RGW-Länder, insbesondere der DDR, wie sie im Laufe der siebziger Jahre entstanden ist, ist daher nicht nur Ausdruck der Unfähigkeit und/oder mangelnden Bereitschaft der einzelnen Nationalstaaten, Devisenbilanzüberschüsse zu erwirtschaften, sondern auch der Unfähigkeit und/oder mangelnden Bereitschaft der sowjetischen Parteiführung, für die finanzielle Unabhängigkeit ihrer osteuropäischen Bündnispartner vom Westen ökonomische und finanzielle Opfer zu bringen.

Seit Mitte der sechziger Jahre ist das hier behauptete, außergewöhnlich hohe Ausmaß sowjetischer Beeinflussung und Kontrolle (wirtschafts)politischer Willens- und Entscheidungsbildung in der DDR zunehmend bestritten worden. Im relevanten außenwirtschaftstheoretischen[27] Schrifttum wird sowjetischen Interessen als eigenständiger Determinante praktischer Wirtschaftspolitik der SED-Führung kaum Beachtung geschenkt.[28] Tatsächlich lassen sich jedoch gerade im Bereich der Wirtschafts- und Zahlungsbilanzpolitik sogar massive Interventionen der sowjetischen Parteiführung auch in der Breschnew-Ära aufzeigen. Nicht erst seit den Ereignissen in und um Polen sind sowjetische Einflußnahmen auf personelle, organisatorische und ökonomische Entscheidungen der kleineren osteuropäischen Nationalstaaten bekanntgeworden. Wie die vorausgegangene Darstellung deutlich gemacht haben dürfte, ist eines ihrer charakteristischen Merkmale jedoch die Unmerklichkeit selbst innerhalb des Systems. Aufzuzeigen, in welchem Maße die internationale Währungspolitik faktisch von sowjetischen Interessen und Interventionen beeinflußt ist, bleibt eine der zentralen Zielsetzungen der späteren Ausführungen. An dieser Stelle sollen lediglich zwei der in der Geschichte der DDR bedeutsamsten Fälle *personal-*

politischer Eingriffe der sowjetischen Parteiführung skizziert werden, über deren Hintergründe hier aus wirtschafts- und währungspolitischer Perspektive neue Erklärungsmuster angeboten werden können.

Nach dem Tode Leuschners am 10. Februar 1965 ging die Aufgabe der Koordination der Zahlungsbilanzplanung mit der sowjetischen Parteiführung auf den 48jährigen Planungschef und Mitbegründer der Wirtschaftsreform Erich Apel, Mitglied des Politbüros der SED, über. Noch im selben Jahr erschoß sich Apel am 3. Dezember, dem Tag, an dem in Ostberlin das langfristige Handelsabkommen mit der UdSSR für den Zeitraum bis 1970 unterzeichnet werden sollte, an seinem Schreibtisch mit der Dienstpistole. Dokumente, die die Hintergründe des Selbstmordes erhellen könnten, sind bislang unerreichbar.[29] Ein anonymer Artikel in der New York Times[30] bestätigte jedoch die im Westen vorherrschende Ansicht, daß Apel sich erfolglos sowjetisch diktierten überhöhten Preisforderungen und Forderungen nach Hartwährungszahlungen für sowjetische Lieferungen „harter" Waren widersetzt hatte. Anderen Vermutungen zufolge könnte Apel gegen sowjetische Spezialisierungsdiktate opponiert haben[31] oder an einer stärkeren Westhandelsorientierung interessiert gewesen sein.[32] Nach Berichten eines Beteiligten und Augenzeugen scheiterte Apel persönlich nicht nur in den Preisverhandlungen mit der Sowjetunion, sondern auch mit seinem Perspektivplanentwurf im November 1965 im Politbüro aufgrund des von ihm selbst zu vertretenden Rentabilitätsabfalls in der DDR-Wirtschaft.[33] Andere Informationen des Verf. stützen hingegen die These, bestimmend für Apels Selbstmord seien unüberbrückbare Konflikte mit der sowjetischen Parteiführung gewesen.[34] Diesen, mittlerweile nicht mehr nachprüfbaren Auskünften zufolge soll Apel in der Tat vergeblichen Widerstand gegen zahlungsbilanzpolitische Forderungen der sowjetischen Experten geleistet haben. Apel soll daraufhin mit gefälschten Dokumenten unter Druck gesetzt worden sein, die ihn in Zusammenhang mit den gegen den westdeutschen Bundespräsidenten Lübke erhobenen Anschuldigungen brachten[35] und bei Bekanntwerden seine Karriere beendet hätten. Undenkbar ist ein solcher Zusammenhang, so unwahrscheinlich er klingen mag, freilich nicht, war doch Apel Raketenexperte und aus diesem Grunde auch als Oberingenieur 1946 bis 1952 im sowjetischen Maschinenbau tätig.[36]

Weniger spektakulär, jedoch nicht weniger einschneidend war die sowjetische Rolle bei der Entmachtung Ulbrichts Anfang 1971. Wenngleich Einzelheiten der Absetzung nach wie vor unbekannt sind, deutet vieles auf eine aktive Rolle des sowjetischen Botschafters Abrasimow als Mittler zwischen der sowjetischen Parteiführung, insbesondere Breschnew, einerseits und der SED-Führung, insbesondere Honecker, andererseits hin.[37] Im Westen herrscht weitgehend Übereinstimmung, daß Ulbricht überwiegend aufgrund ideologischer Abweichungen von der sowjetischen Linie, insbesondere der Betonung von Besonderheiten eines deutschen Weges zum Kommunismus und seines Widerstandes gegen die damals im sowjetischen Interesse liegende Entspannungspolitik[38] abgesetzt wurde. Diese Interpretation wird von Obst nach Meinung des Verf. zu Recht angezweifelt, denn Ulbricht „zu unterstellen, er sei nicht willens und fähig gewesen, auf die neue sowjetische Strategie einzugehen, hieße diesen gewiegten Taktiker doch wohl unterschätzen."[39] Tatsächlich läßt sich allen bekannten Reden und Erklärungen Ulbrichts stets nur die Betonung der Notwendigkeit einer engen Zusammenarbeit mit der Sowjetunion — insbesondere seit der Invasion in der CSSR 1968 — entnehmen und faktisch lassen sich bislang auch keine politischen Maßnahmen identifizieren, die diesen Erklärungen zuwiderlaufen. Nach Obst ist Ulbrichts Entmachtung denn auch eher auf die ehrgeizigen Interessen Honeckers selbst zurückzuführen, der — von Ulbricht selbst systematisch in das Machtzentrum einbezogen und dort aufgebaut — Ulbricht schließlich „in die falsche Ecke der sowjetischen Deutschlandpolitik manövriert, ihn in seiner Handlungsfähigkeit beschränkt und schließlich seine Autorität in der sowjetischen Parteiführung und im SED-Politbüro untergraben"[40] haben soll. Nach Ansicht der Verf. erscheint hingegen eine andere, bislang vernachlässigte Erklärung für die Absetzung Ulbrichts plausibel, die primär auf die massiven wirtschafts- und zahlungsbilanzpolitischen Fehlleistungen Ulbrichts abstellt.

Ulbricht selbst hatte sich Mitte der sechziger Jahre gegen alle Widerstände insbesondere in der Staatsbürokratie zum Befürworter der Wirtschaftsreform, insbesondere der Außenwirtschaftsreform gemacht.[41] Während Honecker diesen Plänen stets skeptisch gegenüberstand,[42] ist die Zustimmung der damals noch von Chruschtschow dominierten sowjetischen Parteiführung wohl vorauszusetzen, weil Ulbrichts Pläne primär auf Exportförderung angelegt waren und eine Steigerung der DDR-Ausfuhren im sowjetischen Interesse liegen mußte, hatte doch 1963 die Tilgung sowjetischer Kredite durch Warenlieferungen der DDR in großem Umfang zu beginnen. Das „Neue Ökonomische System" (NÖS) endete jedoch, wie spätestens 1970 deutlich wurde, in einer ausgesprochenen Inlandsrezession, Plandisproportionalitäten und außenwirtschaftlichen Ungleichgewichten bisher unbekannten Ausmaßes. Zu diesen im wesentlichen von Ulbricht selbst zu verantwortenden Zielverletzungen traten noch die verheerenden binnen- und außenwirtschaftlichen Belastungen infolge des Dürresommers 1969 und des harten Winters 1970 hinzu. Diese wirtschaftspolitischen Fehlschläge erst dürften Ulbrichts Position entscheidend geschwächt und Honeckers reformfeindliche Haltung im nachhinein bestärkt haben. Für Ulbrichts Absetzung dürften sie stärker ausschlaggebend gewesen sein als die angeblichen ideologischen und politischen Eigenmächtigkeiten des alternden Parteivorsitzenden. Erst die zunehmenden wirtschaftlichen Dysfunktionalitäten der Politik Ulbrichts begründen nämlich, warum sich die Sowjetunion von der Entwicklung in der DDR überhaupt betroffen und zur Intervention gezwungen sah. Die DDR-Exporte bleiben zunehmend hinter den Erwartungen zurück, während die Importe unkontrolliert und ungeplant expandierten. Ulbricht sah sich daher zu einer zunehmenden kurzfristigen Verschuldung im Westen gezwungen.[43] 1969 und 1970 jedoch hat Ulbricht, offenbar aus Sorge vor einer noch stärkeren Abhängigkeit der DDR vom Westen[44] versucht, Exporte, die ursprünglich für den RGW-Raum eingeplant waren, in den Westen umzulenken und auf diese Weise einen Teil des zusätzlichen Kreditbedarfs ungeplant vor allem bei der Sowjetunion zu decken.[45] Ende 1970 wies die DDR-Zahlungsbilanz ungeplante Rekorddefizite aus, die Verschuldung in Hart- und Clearingwährungen hatte den höchsten Stand seit Bestehen der DDR erreicht.[46] Vor dem Hintergrund dieser Entwicklung kann Ulbrichts Entmachtung weniger überraschen. Auch spricht für die hier skizzierte wirtschaftspolitische Erklärung des Machtwechsels in der DDR Anfang 1971 der sofortige Abbruch der Wirtschaftsreform, die Veränderungen im Perspektivplan und die 1971 unmittelbar eingeleitete Veränderung der Handelsströme mit der Sowjetunion.[47] Bezeichnenderweise entband Honecker auch Dr. Mittag, den kompetentesten und wirksamsten Wirtschaftsexperten der DDR seiner einflußreichen Position als ZK-Sekretär für Wirtschaft sowie als Staatsratsmitglied.[48] Auch diese Beobachtung spricht für die vorwiegend wirtschafts- und zahlungsbilanzpolitische Motivation des bislang letzten Führungswechsels in der DDR.

Die skizzierten Erklärungsmuster sowjetischer Interventionen können deuten helfen, warum die SED-Führung um Honecker geradezu peinlich genau bestrebt ist, jede Bewegung in der sowjetischen Wirtschaftspolitik mitzuvollziehen. Ein solches Verhalten erscheint nämlich aus der Perspektive der ostdeutschen Parteiführung dann zweckmäßig, wenn vor allem selbstverschuldete wirtschaftspolitische Fehlleistungen die Gefahr eines sowjetisch initiierten Machtwechsels in der DDR mit sich bringen. Seit der Machtübernahme durch Honecker haben sich tatsächlich die Abstimmungen zwischen Politikern, Parteiorganisationen, Staatsbürokratien, Militär, Staatssicherheitsdienst und Wissenschaftlern aus der DDR einerseits und aus der Sowjetunion andererseits in einem Maße intensiviert, das dem Charakter der Beziehungen in den fünfziger Jahren wieder sehr nahekommt.[49] Die internationale Währungspolitik der DDR stellt hierzu offenbar keine Ausnahme dar; im Gegenteil scheint in diesem Politikbereich die Präformierung der nationalstaatlichen Willens- und Entscheidungsbildung durch sowjetische Einflußnahme besonders ausgeprägt zu sein.

4. Der Einfluß des Parteiapparates

Einflußmöglichkeiten der Partei auf die Willens- und Entscheidungsbildung in der Parteiführung ergeben sich primär im Prozeß der Entscheidungsvorbereitung durch das Sekretariat des Zentralkomitees, das nicht nur Vorschläge zur Lösung herangereifter Probleme erarbeiten soll, sondern das zudem auch als Bindeglied zwischen Parteiführung einerseits und Staats- und Wirtschaftsbürokratie andererseits regelmäßig von beiden Seiten angesprochen und als Mittler benutzt wird.[1] Das ZK-Sekretariat selbst stellt eine bürokratische Organisation von Anfang der sechziger Jahre etwa 1000, heute etwa 2500 hauptamtlichen Mitarbeitern dar und ist hierarchisch strukturiert. An seiner Spitze steht der Generalsekretär der Partei (bis 1971 Ulbricht, seitdem Honecker); die tägliche Leitungsarbeit teilen sich eine wechselnde Zahl (in früheren Jahren 5 bis 10, gegenwärtig 11) Sekretäre, die für bestimmte Ressorts zuständig sind und jeweils ein bis vier ZK-Abteilungen anleiten. Die Zahl der insgesamt bestehenden ZK-Abteilungen hat sich im Laufe der Jahre kontinuierlich auf gegenwärtig mehr als 40 erhöht. Die ZK-Abteilungen wiederum gliedern sich in Sektoren und Arbeitsgruppen.

Der gesamte hierarchische Aufbau des ZK-Sekretariats korrespondiert weitgehend mit der Struktur des Staatsapparates, so daß jeder höherrangige Staats- und Wirtschaftsfunktionär einen entsprechenden „Kontaktpartner" im kommunistischen Parteiapparat hat. Zwar sind ZK-Sekretäre, ZK-Abteilungsleiter oder ZK-Sektorenleiter „ihren" Staatsfunktionären (Ministern, Staatssekretären, Hauptabteilungsleitern in Ministerien usw.) gegenüber formal nicht weisungsbefugt, in der Regel kann jedoch faktisch „eine nichtfixierte ‚informelle' Befehlsstruktur angenommen werden, die es z.B. einem Staatsfunktionär unmöglich macht, ‚Wünsche', ‚Empfehlungen' oder ‚Anregungen' eines Leitungsorganes der Partei auf gleicher oder übergeordneter Ebene zu ignorieren."[2] Dadurch verfügt ein ZK-Abteilungsleiter in der Regel über einen Rang, der selbst den eines Minister(ratsmitglied)s übertrifft.[3]

Was für andere Politikbereiche gelten mag, bedarf jedoch gerade im wirtschafts- und währungspolitischen Bereich nicht unerheblicher Einschränkungen. Erstens besteht ein ausgesprochenes zahlenmäßiges Mißverhältnis zwischen den etwa 2500 kontrollierenden ZK-Funktionären einerseits und den anzuleitenden mehreren hunderttausend Staatsfunktionären andererseits. Zweitens ist aufgrund des bestehenden Rekrutierungssystems und der unterschiedlichen Karriereanreize ein erhebliches Gefälle in der fachlichen Qualifikation zu Lasten der ZK-Sekretariatsangehörigen festzustellen, so daß letztere schon aus diesem Grunde ihre Kontroll- und Anleitungsfunktion nur bedingt wahrnehmen können. Drittens verfügen eine Reihe wirtschaftspolitisch kompetenter Staatsfunktionäre (namentlich der Finanzminister, der Außenwirtschaftsminister und der Planungschef) über direkte Zugänge zum inneren Parteiführungszirkel und strategisch so herausragende Positionen, daß eine Subordination zumindest dieser Spitzenbürokraten unter ZK-Sekretäre und -Abteilungsleiter als a priori unwahrscheinlich anzusehen ist.[4] Im währungspolitischen Bereich kommt hinzu, daß der innere Führungszirkel nachweislich und wohl aus Sorge, der ZK-Apparat sei zu stark informationsdurchlässig, ganz überwiegend von der Möglichkeit, Geheimbeschlüsse zu treffen, Gebrauch gemacht und die Entscheidungen mit wenigen Spitzenbürokraten persönlich abgestimmt hat.[5] Zudem läßt sich beobachten, daß bei gravierenden Interessen- und Machtkonflikten zwischen Parteiführung einerseits und Staatsbürokratie andererseits — beispielsweise 1961 und 1967 — die SED gezwungen war, Positionen von Staatsfunktionären mit zuverlässigen und qualifizierten Parteimitgliedern (insbesondere aus dem Apparat des ZK-Sekretariats) zu besetzen.[6] Dieses „Ausbluten" des parteiinternen „brain trusts" konnte nur teilweise dadurch ausgeglichen werden, daß nunmehr in zahlreichen Schlüsselpositionen der Staatsbürokratie hochrangige SED-Funktionäre saßen. Es muß nämlich damit gerechnet werden (und ist in einigen, weiter unten zu behandelnden Fällen sogar belegbar), daß Parteifunktionäre, sobald sie Spitzenpositionen des Staatsapparates innehaben, dazu neigen, die Interessen „ihrer" Organisation über die des Parteiapparates zu stellen.

In den fünfziger Jahren war der Einfluß des Parteiapparates auf die Wirtschafts- und Zahlungsbilanzpolitik nicht nur aufgrund des besonders restriktiven Charakters sowjetischer Einflußnahmen begrenzt. Auch innerhalb der Partei fehlten weitgehend die Möglichkeiten, die beherrschende Rolle Ulbrichts in der Wirtschaftspolitik zu durchbrechen. Tatsächlich war der Einfluß Gerhart Zillers, der nach dem Volksaufstand zum ZK-Sekretär für Wirtschaft ernannt worden war, unbedeutend, verglichen etwa mit den Möglichkeiten, die den Staatsfunktionären Leuschner, Rau und Rumpf zur Verfügung standen, und die sich — obgleich SED-Spitzenfunktionäre — nachweislich primär an den Interessen ihres eigenen Hauses, d. h. der Planungskommission, des Außenwirtschaftsministeriums und des Finanzministeriums, orientierten. So ist denn auch der Aufstieg Zillers eher als Folge, denn als Voraussetzung des vor allem auf sowjetische Intervention[7] eingeleiteten „Neuen Kurses" zu deuten. Für diese Interpretation spricht auch der Selbstmord Zillers Ende 1957, nachdem sich zeigte, daß die Kritik der Gruppe um Oelsner, Schirdewan und Wollweber an Ulbrichts konsumentenfeindlicher Wirtschaftspolitik, der sich Ziller als Vertreter der Parteimitgliederinteressen angeschlossen hatte, gescheitert war.[8]

Bemerkenswerterweise ließ Ulbricht bis 1961 die Position des ZK-Sekretärs für Wirtschaft unbesetzt. Faktisch lief diese Maßnahme auf die weitgehende Ausschaltung des Parteieinflusses auf Ulbrichts ehrgeizige ökonomische Entwicklungspläne hinaus. Als wirtschaftspolitischen Beraterstab schaltete Ulbricht stattdessen zunehmend die nach dem Selbstmord Zillers im Jahr 1958 gegründete „Wirtschaftskommission beim Politbüro" ein. Dieses Gremium fungierte als kollektiver „brain trust" für die Industriewirtschaftspolitik; ihm gehörten die wirtschaftlich kompetenten, parteipolitisch jedoch eher unerfahrenen und vergleichsweise jungen Experten Erich Apel, Alfred Lange und Günter Mittag an.[9] Es scheint Ulbricht auf diese Weise eher als in der zu Lebzeiten Zillers noch bestehenden „Wirtschaftspolitischen Kommission beim Zentralkomitee" gelungen zu sein, die Interessen und Einflußmöglichkeiten des Parteiapparates zu kanalisieren und faktisch zu kontrollieren.

Seit der Auflösung der Kommission Mitte 1962 sind für den Parteiapparat die wichtigsten Informationsmittler zur Parteiführung und damit zum Macht- und Entscheidungszentrum in allen wirtschaftspolitischen Fragen der ZK-Sekretär für Wirtschaft (1962 bis 1973 Dr. Günter Mittag, 1973 bis 1976 Werner Krolikowski, seit 1976 wieder Dr. Mittag) und der ZK-Sekretär für Handel und Versorgung (seit 1963 ununterbrochen Dr. Werner Jarowinsky). Auf nachgeordneter Ebene sind vor allem die ZK-Abteilungen „Handel, Versorgung, Außenhandel" (Leitung seit 1967 Dr. Hilmar Weiss) sowie „Planung und Finanzen" (Leitung bis 1970 K. Hengst, 1970 bis 1974 Erich Wappler, seit 1974 Günter Ehrensperger) zu nennen, die neben der Anleitung und Kontrolle des Staats- und Wirtschaftsapparates vor allem die Funktion eines wirtschaftspolitischen „brain trusts" wahrzunehmen haben.

An dieser Aufgabenteilung innerhalb des Parteiapparates fällt jedoch nicht nur die Dominanz der Experten auf — alle genannten Funktionäre mit Ausnahme des Berufspolitikers Krolikowski sind akademisch ausgebildete Wirtschaftswissenschaftler —, sondern auch die Tatsache, daß keine Abteilung und im übrigen auch kein Sektor innerhalb des ZK-Apparates besteht, der sich primär mit währungs- und zahlungsbilanzpolitischen Fragen befaßt. Darüber hinaus erscheint bemerkenswert, daß die einflußreichsten Parteifunktionäre (und damit in personam potentiellen Promotoren von Interessen des Parteiapparates), nämlich Mittag und Jarowinsky über vergleichsweise lange Zeiträume in ihren Funktionen verblieben und zudem schon früh in den engsten nationalen Führungszirkel einbezogen wurden — Mittag seit 1963 als Kandidat, seit 1966 ununterbrochen als Vollmitglied des Politbüros, Jarowinsky seit 1963 als Kandidat und seit 1984 als Vollmitglied des Politbüros der SED. Es ist daher anzunehmen, daß die genannten Repräsentanten zwar keine politischen Entscheidungen billigen würden, die den Interessen des Parteiapparates grundlegend widersprechen. Sie werden sich jedoch im Konfliktfalle eher an den gemeinsamen Interessen des Führungszirkels der Partei orientieren, dem sie selbst angehören. Der Parteiapparat verfügt damit zwar über Ressourcen und Kanäle, um gegebenenfalls währungspolitische Forderungen aggregieren, formulieren und vermitteln zu können. Faktisch dürfte sein Einflußpotential jedoch aus den genannten Gründen erheblich beschränkt sein. Bei gegebener, Gültigkeit beanspruchender Parteilinie dürfte die Tagespolitik durch den Staatsapparat, nicht durch die Partei beherrscht sein.

Einen gewissen Einfluß des Parteiapparates auf die währungspolitische Willens- und Entscheidungsbildung wird man allenfalls in Zeiten wirtschaftspolitischen Kurswechsels überhaupt voraussetzen können, insbesondere dann also, wenn der Parteiführung an einer Richtungsänderung in der Politik oder an einer grundlegenden Reorganisation des Staatsapparates gelegen ist und sie hierzu der aktiven Unterstützung durch die Parteiorganisationen bedarf. Namentlich der „brain trust" des ZK-Sekretariats, soweit er mit währungs- und zahlungsbilanzpolitischen Problemen überhaupt befaßt ist, besitzt daher offenbar eine realistische Chance, an der Festlegung der Grundlinien außenwirtschaftspolitischer Strategien mitzuwirken — so gering sein Einfluß auf die praktische Tagespolitik dann im einzelnen auch sein mag. Sein Einflußpotential gegenüber dem Politbüro ergibt sich dabei primär aus seiner Fachkompetenz (im Vergleich zu dem in der Parteiführung vorherrschenden Generalismus) und seiner ideologischen Zuverlässigkeit (im Vergleich zu weiten Teilen der Staatsbürokratie). Hinweise für die Richtigkeit dieser Vermutungen lassen sich trotz der allseitigen Tendenzen zur Geheimhaltung interner Willensbildungsprozesse durchaus finden.

Nachdem 1961 das Politbüro der SED die „Störfreimachung" der DDR von Westimporten beschlossen hatte, war es der Parteiapparat, dem die eingeleiteten Planrevisionen des Planungschefs Leuschner nicht weit genug gingen und der Leuschners (vorübergehende) Entmachtung und eine erhebliche Verschärfung des neuen wirtschaftspolitischen Kurses durchsetzte.[10] 1965 war es wiederum der ZK-Apparat, dessen sich Ulbricht bediente, um die Außenwirtschaftsreform, die insbesondere durch den bürokratischen Apparat des alten Außenhandelsministeriums behindert und verschleppt worden war, voranzutreiben.[11] 1971 schließlich, unmittelbar nach der politischen Entmachtung Ulbrichts, bediente sich Honecker seinerseits des ZK-Sekretariats, um nun umgekehrt die Wirtschaftsreform abzubrechen und im Staats- und Wirtschaftsapparat mit Hilfe von Anweisungen und Direktiven aus dem ZK-Apparat die Umorientierung der Außenwirtschaftspolitik durchzusetzen.[12] In allen drei, hier nur beispielhaft angeführten Fällen scheint den relevanten Abteilungen des ZK-Sekretariats jedoch lediglich die Aufgabe einer Transmission der Beschlüsse der Parteiführung zugekommen zu sein. Die Initiative zu den Kurswechseln und die Ausarbeitung der Grobstruktur der neuen Strategie ging hingegen — den vorhandenen Informationen zufolge — in allen Fällen unmittelbar von der sowjetischen Parteiführung und/oder von der SED-Führung selbst nach Abstimmung mit der Parteispitze der KPdSU aus.

5. Der Einfluß der Staatsbürokratie

Die Organisation bürokratischen Handelns im Bereich der internationalen Währungspolitik ist — zumindest in der DDR — durch drei charakteristische Merkmale gekennzeichnet, die jedes für sich genommen eine Identifikation und Analyse der relevanten Zusammenhänge außerordentlich erschweren: eine Tendenz zur Zersplitterung währungspolitischer Kompetenzen, eine ausgesprochene Neigung der politischen Führung zu permanenten Reorganisationen und die Unzuverlässigkeit von gesetzlich oder statuarisch festgelegten gegenüber informell oder in Geheimbeschlüssen definierten Zuständigkeitsbereichen und Entscheidungsregeln.

Die *Tendenz zur Zersplitterung organisatorischer Kompetenzen* zwischen Zentralbank, Außenhandelsbanken, Finanzministerium, Außenhandelsministerium, Verkehrsministerium, Plankommission und Ministerrat entspringt zum einen sicherlich planungsorganisatorischen Erfordernissen. Die Ausdifferenzierung der organisatorischen Struktur des Planungsapparates ist insofern zumindest zum Teil als Ergebnis der Anforderungen und Bedingungen eines zentralverwaltungswirtschaftlichen Koordinations- und Lenkungssystems anzusehen. Die im Bereich der internationalen Währungspolitik besonders ausgeprägte Kompetenzzersplitterung scheint darüber hinaus jedoch auch wesentlich dem Bemühen um eine möglichst umfassende Geheimhaltung zahlungsbilanzrelevanter Informationen und Planansätze zu entspringen. Die Gründe für diese Tendenz lassen sich bestenfalls vermuten. So mag die ideologisch begründbare Furcht vor einer destabilisierenden Ausnutzung einer offeneren Informationspolitik und offengelegter Entscheidungsprozesse durch nichtsozialistische Staaten eine Rolle spielen. Auch mögen systemimmanente Tendenzen eines nichtdemokratischen politischen und gesellschaftlichen Systems zu Mißtrauen, Bespitzelung und Informationsmonopolen wirksam sein. Für die im Vergleich zu anderen Ostblockländern besonders ausgeprägte Neigung zur Geheimhaltung seitens der DDR dürfte jedoch bestimmend sein, daß ihre Gesamtzahlungsbilanz zahlreiche, streng geheime Positionen enthält, die insbesondere die bilateralen Beziehungen zwischen Ostdeutschland und der Sowjetunion betreffen[1] und nur dem engsten Führungszirkel bekannt sein dürfen.

Das Streben nach Geheimhaltung findet seinen Ausdruck nicht nur in der permanenten Bespitzelung der betroffenen Bürokraten, sondern vor allem in der Tendenz, einen vollständigen Überblick über die relevanten Zusammenhänge auf möglichst wenige Spitzenpolitiker und -bürokraten zu beschränken und den übrigen, mehreren hundert Personen, die im Staats- und Parteiapparat mit Aufgaben im Bereich der internationalen Währungspolitik betraut werden müssen, stets nur Teilaspekte und unvollständige Informationen (beispielsweise zu Stand und Entwicklung von Teilen der Zahlungsbilanz) zugänglich zu machen.[2]

Es erscheint einleuchtend, daß diese Tendenzen eine möglichst weitgehende Zersplitterung von zahlungsbilanzpolitischen Kompetenzen innerhalb des Regierungssystems nicht nur fördern, sondern geradezu erfordern. Es ist aber a priori auch zu vermuten, daß unter solchen Bedingungen erhebliche Schwierigkeiten auftreten müssen bei dem Versuch einer Koordination von Entscheidungen und Maßnahmen zwischen den und innerhalb der beteiligten Organisationen. Entsprechend ist zu erwarten, daß die Gestaltung praktischer internationaler Währungspolitik nicht nur erhebliche Abstimmungs- und Effizienzprobleme aufwerfen wird, sondern in hohem Maße auch durch Machtkämpfe und Kompetenzstreitigkeiten zwischen den zahlreichen beteiligten Organisationen geprägt sein dürfte. Aus denselben Gründen wird der währungspolitische Führungszirkel regelmäßig auf *Reorganisationen und personelle Veränderungen in den Spitzenbürokratien* drängen, intraorganisationale Handlungsabläufe ändern und interorganisationale Kompetenzen umverteilen, um den immer wieder neu auftretenden Ineffizienzen zu begegnen.[3]

Die Schwerfälligkeit des bürokratischen Staatsapparates und die Vielzahl der — entsprechend den fixierten Entscheidungsregeln — am Willensbildungsprozeß zu beteiligenden Personen und Organisationen fördern zudem die *Tendenz, informelle Informationskanäle und Abstimmungsregeln einzuführen und zu nutzen*, die rasche und flexible Lösungen in plötzlich auftretenden Entscheidungssituationen erlauben. Solange die Parteiführung selbst an solchen verkürzten Entscheidungsprozessen beteiligt bleibt und ihre Existenz billigt, muß ein möglicher Protest der auf diese Weise aus Entscheidungsprozessen Ausgeschlossenen wirkungslos bleiben. Auf diese Weise vermögen sich im sozialistischen Staat insbesondere die Spitzen der Staatsbürokratie in einem Ausmaß in politische Willensbildungs- und Entscheidungsprozesse einzuschalten und ihnen ihren eigenen Stempel aufzudrücken, wie dies in demokratisch regierten Staaten undenkbar ist und selbst aus den gesetzlichen Bestimmungen der kommunistischen Länder heraus kaum vorstellbar erscheint. Um so bedeutsamer für eine Beurteilung der Möglichkeiten und Grenzen des Einflusses bürokratischer Organisationen auf die Währungspolitik im sozialistischen Staat ist daher die Kenntnis ihrer kompetitiven Beziehungen einerseits und ihres Verhältnisses zur politischen Führung andererseits. Nachfolgend wird daher der Versuch unternommen, diese Zusammenhänge ebenso wie die (im Westen bislang weitgehend unbemerkt gebliebenen) Machtverschiebungen im Staatsapparat herauszuarbeiten und ihre Implikationen für die Gestaltung internationaler Währungspolitik im sozialistischen Staat aufzuzeigen.

a) Die Spitze des bürokratischen Entscheidungssystems

Formal ist der *Ministerrat* die höchste Planungs- und Entscheidungsinstanz, die die gesamte Volkswirtschaft und damit auch die außenwirtschaftlichen Beziehungen zu leiten hat.[4] Faktisch ist der Ministerrat der DDR jedoch — zumindest im Bereich der Zahlungsbilanzpolitik — als Entscheidungshelfer und erst recht als Entscheidungsträger ohne Bedeutung geblieben, und zwar aus mehreren Gründen. Erstens ist dieses Gremium mit über vierzig Mitgliedern[5] zu groß, um effektiv Beschlüsse fassen zu können. Auch schließt seine Zusammensetzung die Diskussion über währungspolitische Geheimnisse aus.[6] Zwar tagt der Ministerrat wöchentlich, doch zeigt bereits die Tatsache, daß Politbürositzungen dienstags und Ministerratssitzungen donnerstags stattfinden, daß der Ministerrat nicht als „Regierung"[7], sondern bestenfalls als Vollzugsorgan des Politbüros für die Leitung und Planung der Volkswirtschaft bezeichnet werden kann. Für diese Vermutung spricht auch die Beobachtung, daß die Tagesordnungen von Politbüro und Ministerrat — soweit sie Wirtschaftsfragen betreffen — überwiegend identisch sind, daß der Ministerrat mit teilweise 30 bis 40 Beschlüssen und bis zu 20 Tagesordnungspunkten je Sitzung[8] sowie Sitzungsmaterial und Beschlußvorlagen mit einem Umfang von bis zu 1200 Seiten je Sitzung schon in den sechziger Jahren zunehmend überfordert war. Weil zudem „das Beratungsmaterial erst wenige Tage vor der Sitzung zugestellt wurde, konnte sich natürlich kein Minister gründlich mit den Unterlagen befassen. Dann ‚regierte' der Apparat mit Stellungnahmen und Gutachten."[9]

Um die ihm übertragenen Aufgaben dennoch einigermaßen effektiv und in vertretbarer Zeit bewältigen zu können, bildeten sich im Laufe der Zeit folgende Entscheidungsstrategien heraus. Erstens entwickelte sich zwischen Parteiapparat und Ministerrat zunehmend eine Arbeitsteilung, wobei sich der Ministerrat auf die Leitung der Volkswirtschaft konzentrierte. Zweitens gelang es durch Bildung von Stäben und Arbeitsgruppen, Problemlösungen im kleineren Kreis auszuarbeiten und die Tätigkeit des Ministerrates selbst auf die Koordinationsaufgabe zu beschränken. „Was nicht entscheidungsreif war, kam nicht auf die Tagesordnung."[10] Drittens wurde ein verkleinerter Rat, das sog. *Präsidium des Ministerrates* gebildet, das aus den wichtigsten Spitzenbürokraten bestand, faktisch die Funktionen des Ministerrates übernahm und „mit gleichem Auftrag und gleicher Kompetenz"[11] zwischen den Sitzungen des Ministerrates tagte. Viertens schließlich wurde sowohl im Ministerrat als auch in seinem Präsidium gemäß den Prinzipien des Demokratischen Zentralismus das Prinzip der Einzelleitung bei kollektiver Beratung angewandt. Der Vorsitzende des (Präsidiums des) Ministerrates[12] hat somit formal die alleinige Entscheidungskompetenz. Faktisch trifft er seine Entscheidungen jedoch nach Absprache mit dem Parteivorsitzenden, dessen engsten Vertrauten sowie den betroffenen Spitzenfunktionären im Staatsapparat. Gerade diese Struktur des Entscheidungsprozesses bedingte jedoch, daß bei Vorliegen von Dissens zwischen Ministerien und anderen Spitzenbürokratien im Präsidium des Ministerrates nicht entschieden werden konnte. „So kursierten schwierige und komplizierte Aufgaben lange zwischen dem zuständigen Ministerium, der Fachabteilung des Zentralkomitees der SED und der staatlichen Plankommission — bis im Politbüro auf Vorschlag der ZK-Fachabteilung entschieden wurde. Erst dann kam die Beschlußvorlage in den Ministerrat."[13]

Es erscheint einleuchtend, daß auch zahlreiche zahlungsbilanzpolitische Grundsatzentscheidungen, sollten sie zu irgendeinem Zeitpunkt überhaupt offen diskutiert worden sein, nicht im Ministerratspräsidium, sondern im Politbüro oder im noch engeren Führungszirkel um den Parteiführer getroffen wurden. Bis Ende der fünfziger Jahre lag die Aufgabe der Koordination und Durchsetzung zahlungsbilanzpolitischer Beschlüsse bei der Staatlichen Plankommission. Seit Anfang der sechziger Jahre besteht jedoch zu diesem Zweck ein *Sonderstab beim Präsidium des Ministerrates*, der zunächst unter Leuschner, später offenbar unter Leitung von Dr. Gerhard Weiß, die Planung, Durchsetzung und Kontrolle der internationalen Währungspolitik der DDR zentral leitet.[14] Diese, direkt mit der engeren Parteiführung zusammenarbeitende Stelle schaltet somit faktisch sowohl die formal zuständigen höchsten Staatsorgane — den Ministerrat, sein Präsidium und die staatliche Plankommission — aus wie auch deren Vorsitzenden, nämlich Willi Stoph und Gerhard Schürer.[15] Unterhalb dieser Ebene sind eine Reihe von Planungs-, Durchführungs- und Kontrollorganen des Ministerrates mit Aufgabenkomplexen im Bereich der internationalen Währungspolitik betraut: die Staatliche Plankommission, die Zentralbank bzw. Außenhandelsbank, das Ministerium der Finanzen und das Außenhandelsministerium, um die wichtigsten zu nennen.

b) Die Verteilung zahlungsbilanzpolitischer Kompetenzen bis 1957

Den relevanten devisenrechtlichen Bestimmungen zufolge war formal das *Ministerium der Finanzen* bereits in den fünfziger Jahren das bedeutsamste währungspolitische Durchführungsorgan des Ministerrates. Erste Verordnungen aus dem Jahre 1952[16] und das erste Statut aus dem Jahre 1956[17] sprachen ihm umfangreiche Kompetenzen bei der Planung, Bilanzierung und Kontrolle der internationalen Währungsbeziehungen zu, insbesondere die Aufgabe, die von allen staatlichen und wirtschaftlichen Organen der DDR (jährlich und quartalsweise[18]) aufzustellenden „Valutapläne" (Planbilanzen der Einnahmen und Ausgaben in Fremdwährungen) zu sammeln, zu prüfen und zu aggregieren.[19] Ferner hatte das Ministerium der Finanzen „die Erfassung ausländischer Kredite zu organisieren und ihre richtige Verwendung und termingerechte Tilgung zu kontrollieren"[20]; darüber hinaus sollte es „die Bildung und ... Verausgabung der Reserven in ausländischer Währung und in Währung der Bank Deutscher Länder kontrollieren."[21] Es wurde „beauftragt, die Durchführung einer einheitlichen Devisenpolitik durch Regulierung und Kontrolle aller Devisenoperationen in der Deutschen Demokratischen Republik zu organisieren."[22] Augenzeugenberichten zufolge[23] standen diese umfangreichen Kompetenzen allerdings weitgehend nur auf dem Papier. Tatsächlich verfügte das Ministerium der Finanzen — zumindest bis Mitte der fünfziger Jahre — kaum über Möglichkeiten, grundlegende zahlungsbilanzstrategische Entscheidungen zu beeinflussen und/oder ihre Durchführung wirksam zu kontrollieren und auf diese Weise eine aktiv gestaltende Rolle zu übernehmen. Die fehlende Entscheidungsmacht des Ministeriums der Finanzen scheint vor allem in drei Merkmalen der Verhältnisse in der DDR begründet gewesen zu sein.

Erstens wurde der währungspolitische Entscheidungsprozeß in dieser Phase weitgehend beherrscht durch den Planungschef Leuschner, der nicht nur fachlich kompetent war, als Parteifunktionär die Strategien des Machtkampfes beherrschte und zu Ulbrichts engsten Vertrauten zählte. Leuschner war zudem der wohl wichtigste Kontakt- und Mittelsmann der sowjetischen Parteiführung zur DDR-Regierung.[24] Die Einflußmöglichkeiten des Ministeriums der Finanzen hingen daher in hohem Maße davon ab, inwieweit Leuschner selbst bereit oder aufgrund von Arbeitsüberlastung gezwungen war, zahlungsbilanzpolitische Kompetenzen zu delegieren. Faktisch aber beherrschte Leuschner mit seinem kleinen Mitarbeiterstab in der Plankommission den währungspolitischen Entscheidungsprozeß, obwohl die Staatliche Plankommission bis Mitte der fünfziger Jahre selbst noch ohne Statut arbeitete und auch ihre währungs- und außenwirtschaftspolitischen Kompetenzen bis dahin noch an keiner Stelle schriftlich fixiert waren. Seit 1956 war dann der Finanzminister dem Planungschef auch offiziell nachgeordnet.[25] Es entsprach diesem Subordinationsverhältnis, daß das Ministerium der Finanzen nur „*in Übereinstimmung* mit der staatlichen Plankommission und *unter Hinzuziehung der Deutschen Notenbank* einen zusammengefaßten Valutaplan aufzustellen und diesen der Regierung der Deutschen Demokratischen Republik mit seiner Stellungnahme zur Bestätigung vorzulegen"[26] hatte. Tatsächlich jedoch ließ sich Leuschner als Chef der Plankommission auch die Befugnis zur Aufstellung und Planung der Gesamtzahlungsbilanz nicht aus der Hand nehmen und delegierte lediglich die Aufgabe der Sammlung und Aggregation weniger geheimer Daten und Teilbilanzen an das Ministerium der Finanzen.

Zweitens waren die währungspolitischen Kompetenzen des Ministeriums der Finanzen ganz überwiegend so definiert, daß insbesondere bei der Kontrolle der Durchführung des Valutaplanes und der Bildung und Verausgabung von Devisenreserven Kompetenzstreitigkeiten und Konflikte mit der Auslandsabteilung der *Zentralbank* geradezu vorprogrammiert waren. Der Bankenzentralisierungsprozeß in der SBZ war bereits am 31. Oktober 1951 abgeschlossen worden mit der Verabschiedung des „Gesetzes über die Deutsche Notenbank"[27], das die Deutsche Notenbank zur Staatsbank erklärte und mit Vollmachten zur Kontrolle des Wirtschaftsprozesses „durch die Deutsche Mark" ausstattete. In diesem Rahmen wurde klar festgelegt, der Zentralbank obliege „die Abwicklung des Zahlungsverkehrs ... mit dem Ausland. Die Deutsche Notenbank ist berechtigt, Bestände an ausländischen Zahlungsmitteln und Devisen zu halten. Sie verwahrt Edelmetalle."[28] 1952 wurde vom Ministerrat bestätigt: „Der Deutschen Notenbank obliegt die Durchführung der Kontrolle über die Realisierung der Forderungen und Verpflichtungen in ausländischer Währung und in Währung der Bank Deutscher Länder sowie die Kontrolle über die Einnahmen und Ausgaben in ausländischen Zahlungsmitteln und Zahlungsmitteln, die auf die Währung der Bank Deutscher Länder lauten."[29] Da somit Zentralbank einerseits und Finanzministerium andererseits mit weitgehend ähnlichen Aufgaben betraut waren, hätte es weitergehender Vorschriften über eine Arbeitsteilung zwischen diesen beiden Spitzenbürokratien bedurft. Es war jedoch lediglich vorgesehen, daß die Zentralbank – die ja im Gegensatz zum Ministerium der Finanzen mit ihren Clearingkonten einen nahezu vollständigen Überblick über die internationalen Währungsbeziehungen der DDR hatte – „dem Ministerium der Finanzen vierteljährlich berichten"[30] sollte. Die Kompetenzen des Ministeriums der Finanzen standen damit nicht nur in offizieller Konkurrenz zu Auftrag und Befugnissen der Notenbank, das Ministerium war auch faktisch schon von einem kontinuierlichen Informations- und Datenfluß abgeschnitten.

Bestimmend für das tatsächlich geringe Einflußpotential des Finanzministeriums scheint drittens und nicht zuletzt der Umstand gewesen zu sein, daß bis 1955 die Position des Finanzministers mit Dr. Loch besetzt war, der nicht Mitglied der SED, sondern der LDP war. Der Bevölkerung gegenüber sollte diese Besetzung des wohl wichtigsten Ministerpostens in der DDR vertrauensstabilisierend wirken. Intern jedoch verwehrte Ulbricht dem ihm ideologisch unliebsamen Minister systematisch den Einblick in die internsten Finanz- und Valutaangelegenheiten.[31] Die Konsequenz daraus war zum einen, daß das gesamte Ministerium so weit wie möglich im Willensbildungs- und Entscheidungsprozeß umgangen wurde, zum anderen, daß die Parteiführung ein „Staatssekretariat für die Koordinierung der gesamten Finanzwirtschaft" unter Leitung des Parteifunktionäres Willy Rumpf errichtete und auf diese Weise den Finanzminister stillschweigend bereits vor seiner offiziellen Entlassung entmachtete.[32]

Es erscheint verständlich, daß sich die Deutsche Notenbank unter diesen Bedingungen zunehmend als die eigentliche Vertreterin des staatlichen Valutamonopols fühlen mußte, deren Entscheidungsspielraum lediglich durch strategische Grundsatzentscheidungen im engsten Führungszirkel (einschließlich der sowjetischen Vertreter) unter Beteiligung der Notenbankpräsidentin selbst eingeschränkt werden konnte.[33] Bis Ende 1957 war der währungspolitische Entscheidungsprozeß in der DDR im wesentlichen durch diese Bedingungen geprägt. Im Ergebnis ist daher a priori auch zu erwarten, daß die praktische Politik dieser Phase in hohem Maße durch die Interessen der dominierenden Bürokratien, d. h. der staatlichen Plankommission und der Deutschen Notenbank, bestimmt worden ist.

c) Institutionelle Machtkämpfe 1958 bis 1961

Bereits Mitte der fünfziger Jahre setzten jedoch zunehmend institutionelle, ideologische und persönliche Spannungen ein. Rumpf − persönlich außerordentlich ehrgeizig und im Apparat (neben Leuschner) als „Brustkind Walters" bekannt[34] − wurde von Ulbricht zunehmend in den inneren Führungszirkel (wenn auch außerhalb des Politbüros) einbezogen. Bezeichnend für Rumpfs Führungsstil und Strategie war seine eher unrühmliche Rolle vor und während des Juni-Aufstandes 1953. Als sich die innenpolitische Lage in der DDR zuspitzte und das Politbüro auf Anweisung der sowjetischen Parteiführung kurzfristig einen „Neuen Kurs" einleiten mußte, erhielt Leuschner als Chef der Plankommission von Ulbricht den Auftrag, sich ganz auf die Ausarbeitung des neuen wirtschaftspolitischen Programms zu konzentrieren. Leuschner blieb daher nichts anderes übrig, als alle Tagesprobleme auf andere abzuwälzen und delegierte sogar erstmals die sog. „Feuerwehrmaßnahmen" am laufenden Plan an das Finanzministerium. Der damalige Staatssekretär (und heimliche Finanzminister) Rumpf nutzte daher „im Frühjahr 1953 mit Übereifer die Chance, erstmals seine Vorschläge zur Erfüllung der Finanz- und Staatshaushaltspläne verwirklichen zu können, ohne von der Plankommission gestört zu werden."[35] Er war es, der jene Verordnungen des Ministerrates initiierte und durchsetzte, die den Lebensstandard der Bevölkerung senkten, die Arbeitsnormen erhöhten und damit den Volksaufstand erst auslösten.[36] Die Abwendung seiner Degradierung dürfte er nur Ulbricht selbst zu verdanken gehabt haben.

Ende August 1954 reiste Rumpf offiziell zu einem einjährigen Studienaufenthalt in die Sowjetunion. Schon bei der Abreise wurde ausgesprochen, was der wahre Zweck dieser Reise war: es sollten die Weichen für die künftige Finanz- und Währungspolitik der DDR gestellt werden.[37] Tatsächlich wurde Rumpf dann nach seiner Rückkehr aus der Sowjetunion 1955 auch zum Finanzminister berufen und Dr. Loch auf einen unbedeutenden Posten in der Nationalen Front abgeschoben.[38] Energischer und wirksamer als zuvor konnte Rumpf nun um eine Expansion seines Apparates kämpfen. Entsprechend entwickelten sich in den Folgejahren zunehmend Rivalitäten zwischen dem Finanzministerium einerseits und der Staatlichen Plankommission und der Deutschen Notenbank andererseits. Während es der Plankommission weitgehend gelang, ihre Kompetenzen und Missionen zu verteidigen,[39] geriet die Deutsche Notenbank unter ihrer Präsidentin Greta Kuckhoff zunehmend in Bedrängnis. Anfang 1958 gelang Rumpf der Durchbruch; Frau Kuckhoff wurde abgesetzt, das Finanzsystem reorganisiert und die Kompetenzen zugunsten des Finanzministeriums verlagert.

Offiziell wurde der Notenbank der Vorwurf gemacht, sie habe sich zur „Hüterin der Währung" nach westdeutschem Muster entwickeln und das Valutamonopol an sich reißen wollen und auf diese Weise die Wirksamkeit eines einheitlichen sozialistischen Finanzsystems sabotiert.[40] Tatsächlich waren ja — wie weiter oben aufgezeigt wurde — sowohl die Notenbank als auch das Staatssekretariat Rumpfs mit der *Kontrolle* der Zahlungsbilanz- und Währungspolitik der DDR beauftragt worden, so daß sich geradezu zwangsläufig Spannungen ergeben mußten. Bemerkungen führender Notenbankfunktionäre deuten darauf hin, daß die Deutsche Notenbank bestrebt war, dem Erfolg der westdeutschen Zentralbank nacheifernd, allmählich umfangreichere Währungsreserven anzusammeln.[41] Diese Zielsetzung stand jedoch in eklatantem Widerspruch zu den Interessen des übrigen Staatsapparates. Sowohl das Finanzministerium als auch das Ministerium für Außenhandel und Innerdeutschen Handel erachteten höhere Währungsreserven als Luxus, den man sich nicht leisten könne.[42] Zudem waren Devisenkredite von der Sowjetunion (wie 1953, 1956 und 1957) nur dann zu erwarten, wenn die eigenen Reserven nahezu erschöpft waren. Finanzministerium, Ministerium für Außenhandel und Innerdeutschen Handel und Plankommission, die gleichermaßen an höheren Importen und daher auch an russischen Krediten interessiert waren, konnten sich daher — anders als die Zentralbank — im organisationseigenen Interesse nicht für eine Anhäufung eigener Währungsreserven aussprechen. Da die Notenbankpräsidentin über Freigaben von Hartwährungen durch persönliche Unterschrift zu entscheiden hatte, ist nicht auszuschließen, daß sie und Finanzminister Rumpf sowie Außenhandelsminister Rau tatsächlich über die Frage der Bildung angemessener und ausreichender Devisenreserven in Konflikt gerieten.

Den Ausschlag für Frau Kuckhoffs Entmachtung durch das Politbüro der SED dürfte jedoch die Tatsache gegeben haben, daß die Notenbankpräsidentin sich 1956 jener Fronde gegen Ulbricht angeschlossen hatte,[43] die die politische Macht in Ostdeutschland hatte übernehmen wollen und sich offen gegen Ulbrichts konsumentenfeindliche Wirtschaftspolitik ausgesprochen hatte. Wie Frau Kuckhoff wurden auch die übrigen Gegner Ulbrichts — Schirdewan, Oelssner, Wollweber und Frau Wittkowski — von Ulbricht aus innenpolitischen Gründen allerdings erst 1958 ausgeschaltet.[44] Die währungspolitische Entmachtung der Deutschen Notenbank durch Rumpf und Ulbricht ist daher alles in allem wohl weniger als Ergebnis ökonomischer Sachzwänge und organisatorischer Erfordernisse anzusehen, sondern im wesentlichen Resultat politischer, institutioneller und persönlicher Machtkämpfe zwischen der Parteiführung und einzelnen Spitzenbürokraten.

Es gelang Rumpf schon Anfang 1958 (insbesondere durch die „Verordnung über die Organisation der Planung der Volkswirtschaft" vom 13.2.1958[45] und das „Gesetz über die Vervollkommnung und Vereinfachung der Arbeit des Staatsapparates in der Deutschen Demokratischen Republik" vom 11.2.1958[46]) auch eine *Neuord-*

nung der währungs- und zahlungsbilanzpolitischen Kompetenzen durchzusetzen. Zwar wurde die praktische internationale Währungspolitik nach wie vor im inneren Führungszirkel mit den sowjetischen Experten abgestimmt und die Aggregation und Kontrolle der streng geheimen Zahlungsbilanzpositionen verblieb bei dem Mitarbeiterstab Leuschners in der Plankommission. Innerhalb dieses Rahmens jedoch oblag dem Finanzminister fortan die uneingeschränkte „Kontrolle über den Edelmetallfonds der Deutschen Demokratischen Republik" und die „Erarbeitung des Gesamtvalutaplanes auf der Grundlage der (vom inneren Führungszirkel, d. Verf.) bestätigten Zahlungsbilanz, Bestätigung der Valutapläne im Rahmen dieser Zahlungsbilanz, Kontrolle der Durchführung des Gesamtvalutaplanes."[47] Der Finanzminister war ex officio Mitglied der Staatlichen Plankommission und erhielt ein Veto-Recht bei allen Beschlußvorlagen, „die die Haushalts-, Finanz- und Kreditpläne betreffen".[48] Zwar wurde vom Ministerrat bestimmt, daß bei der gemeinsamen Ausarbeitung des Volkswirtschaftsplanes entstehende „Differenzen . . . durch die Staatliche Plankommission entschieden"[49] werden. Umgekehrt wurde die Zentralbank nunmehr aber dem Ministerium der Finanzen eindeutig *subordiniert.*

Nach diesen teilweise dramatischen Reorganisationen von Anfang 1958 kam es schon Mitte 1961 erneut zu machtpolitischen Auseinandersetzungen im Staatsapparat. Diesmal stand die Plankommission im Kreuzfeuer der Kritik. Für westliche Beobachter völlig überraschend wurde die Staatliche Plankommission verkleinert, Leuschner von seiner Leitungsposition abberufen und als neues Durchführungsorgan für den Vollzug der Jahrespläne wurde ein sog. *Volkswirtschaftsrat* gebildet. Neuer Vorsitzender der verkleinerten Plankommission wurde Karl Mewis, Vorsitzender des Volkswirtschaftsrates wurde Alfred Neumann, der Stellvertreter Ulbrichts im Parteiapparat. Leuschner, der nun im wesentlichen ohne Apparat dastand und dem die mehr als unklare Funktion eines „Koordinators wirtschaftlicher Grundaufgaben beim Ministerrat" übertragen wurde, schien entmachtet.[50]

Daß es scharfe Auseinandersetzungen in der SED-Führung gegeben haben muß, bestätigten Honeckers kritische Äußerungen auf dem 13. ZK-Plenum im Juli 1961: „Es fehlt an einer straffen Leitung bei der Durchführung des Planes sowohl bei der Staatlichen Plankommission als auch bei den VVB und den Wirtschaftsräten. Parteibeschlüsse werden ungenügend durchgeführt. Bei leitenden Mitarbeitern des Staats- und Wirtschaftsapparates gibt es Erscheinungen des Liberalismus."[51] Im Kern wurde der Plankommission und Leuschner persönlich vorgeworfen, die nach der westdeutschen Kündigung des Interzonenhandelsabkommens von der Parteiführung befohlene „Störfreimachung" von Westimporten nicht schnell genug vorangetrieben zu haben.[52] Leuschners stets pragmatischer Kurs kollidierte mit den Forderungen des SED-Parteiapparates nach einer harten und abrupten Reaktion auf die westdeutsche „Störmaßnahme".

Bereits Ende Juli 1961 stellte sich jedoch heraus, daß der neu gebildete Volkswirtschaftsrat keine Konkurrenzorganisation zur Plankommission werden sollte, sondern letzterer eindeutig untergeordnet blieb. Die Plankommission sollte sich lediglich auf die Planungsaufgaben im engeren Sinne konzentrieren können, sie behielt die Kompetenz sowohl der Jahres- als auch der Perspektivplanung. Der Volkswirtschaftsrat sollte lediglich Zuarbeiten bei der Jahresplanung leisten und die Pläne für den Bereich der Industrie ausführen.[53] Vor diesem Hintergrund erscheint denn auch die Rolle Leuschners in einem anderen Licht. Zahlreiche Hinweise legen den Schluß nahe, daß spätestens ab 1962 Leuschners Position gefestigter denn je war und er von Ulbricht tatsächlich — wie schon einmal zur Zeit des Volksaufstandes 1953 — ausschließlich mit Grundsatzfragen der gesamtwirtschaftlichen Planung und Lenkung betraut wurde. Die ökonomisch inkompetenten Parteikarrieristen Neumann und Mewis hatten in den wenigen Monaten, in denen sie vorübergehend höchste Ämter im Staatsapparat innehatten, bereits schwerwiegende wirtschaftliche Probleme mitverschuldet. Bis zu seinem Tode Anfang 1965 dürfte Leuschner daher insbesondere mit der Planung und Koordination der internationalen Währungs- und Zahlungsbilanzpolitik der DDR über alle Ressortschranken der Einzelministerien und des Bankenapparates hinweg beauftragt gewesen sein.[54]

Mit der Subordinierung der Zentralbank unter das Finanzministerium und der Übertragung währungs- und zahlungsbilanzpolitischer Kompetenzen auf sein eigenes Haus war es Finanzminister Rumpf 1958 zunächst gelungen, seine persönlichen und organisatorischen Interessen durchzusetzen. Offenbar kam es jedoch schon bald zu neuerlichen Spannungen zwischen der Notenbank einerseits und dem Finanzministerium andererseits[55] auch und gerade auf zahlungsbilanzpolitischem Gebiet. Die Hintergründe dieser Auseinandersetzung lassen sich — zumindest in groben Zügen und soweit sie den Außenhandelsapparat betrafen — rekonstruieren.

Es war im Zuge der raschen Ausweitung insbesondere des Westhandels in den fünfziger Jahren zu zunehmenden Ineffizienzen im Außenhandelsbankenapparat gekommen. Bis 1957 blieben die Außenhandelsbanken „reine Vermittler" zwischen den Außenhandelsbetrieben und der Notenbankzentrale in Ostberlin. Sie durften keine selbständigen Korrespondenzbeziehungen zu Banken im westlichen Ausland herstellen,[56] da die Zentralbankpräsidentin Kuckhoff auf einem *straff zentralistischen Bankensystem* bestand und das Valutamonopol der Zentrale nicht angetastet wissen wollte. Gleichzeitig bestand Frau Kuckhoff darauf, daß Auszahlungen von Reisedevisen und Sorten nur bei der Zentrale in Ostberlin erfolgen durften, so daß nicht nur die ranghöchsten Politiker persönlich von ihren Devisenfreigaben abhängig waren,[57] sondern jeder Manager und Parteifunktionär in entfernteren Bezirken beim An- und Verkauf von Sorten „unnötige Reisen nach Berlin"[58] auf sich nehmen mußte.

Aus diesem Grunde wurden nach der Entmachtung der Notenbankpräsidentin unter ihrem Nachfolger Prof. Schmidt *Dezentralisierungsmaßnahmen* eingeleitet. Bis 1961 wurden in der gesamten DDR zunehmend mehr (zuletzt 75) Kreditinstitute und Notenbankniederlassungen in die Abrechnung der Außenwirtschaftstransaktionen zwischen Inlandsbetrieben, Außenhandelsunternehmen und ausländischen Banken eingeschaltet und ermächtigt, selbst Reisedevisen zu handeln sowie Korrespondenzbeziehungen zu Banken im westlichen Ausland aufzunehmen.[59] Diese Maßnahmen der Notenbankzentrale haben zweifellos die von Rumpf intendierte vollständige Kontrolle über das Valutamonopol im allgemeinen und die Zentralbank im besonderen erschwert.[60] Das hohe Ansehen Schmidts sowohl in der Spitzenbürokratie als auch in der Parteiführung dürften den Finanzminister jedoch von neuerlichen Auseinandersetzungen abgehalten haben.

Rumpf nutzte jedoch das Ableben Schmidts im Juni 1961 sofort dazu aus, mit Rolf Wetzel abermals den eigenen Stellvertreter zum neuen Notenbankpräsidenten zu befördern — wohl in der Erwartung, auf diese Weise die Kontrolle des Finanzministeriums über die Außenwirtschaftsoperationen der Notenbank zu verbessern. Tatsächlich ordnete die Notenbankzentrale schon Ende 1961[61] eine *Rezentralisierung im Außenhandelsbankenapparat* an. Es wurde argumentiert, das bisherige dezentrale bürokratische System werde den währungspolitischen Anforderungen immer weniger gerecht, weil es die Kontrollmöglichkeiten verschlechtere, den Dokumentendurchlauf und damit auch den Deviseneingang verzögere und zu Unterbesetzung sowie unzureichender Qualifikation der Mitarbeiter der inländischen Außenhandelsbankfilialen führe.[62] Trotz dieser ökonomisch wenig stichhaltigen Argumente und der im Wirtschaftsapparat lautwerdenden „Zweifel an der Zweckmäßigkeit und Wirtschaftlichkeit dieser Neuregelung"[63] setzte sich das Finanzministerium mit seinen Zentralisierungsbestrebungen durch, und zwar vermutlich auch deshalb, weil diese Maßnahmen mit der aktuellen Parteilinie einer Störfreimachung gegenüber dem Westen harmonisierten. Im Ergebnis wurde die Zahl der Außenhandelsbanken drastisch von 75 auf 35 reduziert und die Kontrollmöglichkeit der Ostberliner Zentrale verbessert.

d) Die Zentralbank unter der Vorherrschaft des Finanzministeriums

Schon im Juni 1964 mußte jedoch auch der neue Notenbankpräsident Wetzel sein Amt niederlegen. Wie die schärferen gesetzlichen Bestimmungen zur Regelung der Kompetenzen zwischen Finanzministerium einerseits und Notenbank andererseits von 1964 vermuten lassen, konnten auch unter Wetzel vor allem in währungspolitischen Fragen grundsätzliche Spannungen nicht vermieden werden. So wurde ausdrücklich festgelegt: „Das Ministerium der Finanzen arbeitet mit der Deutschen Notenbank ... bei der Planung der Kredite und Valuten ... eng zusammen ... im Zusammenhang mit der Ausarbeitung und Durchführung ... des Valutaplanes ... ist der Minister der Finanzen gegenüber dem Präsidenten der Deutschen Notenbank *weisungsberechtigt* und der Präsident der Deutschen Notenbank gegenüber dem Minister der Finanzen *rechenschaftspflichtig*."[64] Damit war das Subordinationsverhältnis nochmals klar umschrieben worden.

Ausschlaggebend für Wetzels Entlassung[65] dürften letztlich jedoch fachliche Fehlleistungen gewesen sein. Im Bankenapparat scheint unter Wetzels Führung schon 1964, also zu Beginn der Außenwirtschaftsreform, der Überblick über Stand und Entwicklung der Auslandsposition der DDR verlorengegangen zu sein. Durch Verfügung Nr. 326 des Ministeriums für Außenhandel und Innerdeutschen Handel wurde nämlich die „Durchführung einer Inventur der Auslandforderungen und Verbindlichkeiten per 30.4.1964 und Anmeldung der Auslandsforderungen und -verbindlichkeiten bei der DN ab 1.5.1964"[66] angeordnet und mit Verfügung Nr. 363 des Ministeriums für Außenhandel und innerdeutschen Handel eine alljährliche Inventur als verbindlich eingeführt.[67]

Gleichzeitig mit Wetzels Entlassung und der verschärften Weisungsbefugnis des Finanzministeriums gegenüber dem Zentralbankpräsidenten gelang es Rumpf, bei Ulbricht nochmals erweiterte zahlungsbilanzpolitische Kompetenzen des Ministeriums der Finanzen durchzusetzen und offiziell bestätigen zu lassen. Das Ministerium der Finanzen wurde zuständig erklärt für[68]
— die Aufstellung des Gesamtvalutaplanes im Rahmen der bestätigten Zahlungsbilanz in Zusammenarbeit mit der Plankommission,

- die Durchführung und Kontrolle des Valutaplanes,
- die Bilanzierung der internationalen Transaktionen,
- die Erarbeitung der Grundsätze für die Regelung des Devisenverkehrs,
- die Vorbereitung zwischenstaatlicher Zahlungs- und Kreditabkommen und die Kontrolle ihrer Erfüllung,
- die Analyse der Valutafondsentwicklung, der Fremdwährungsforderungen und -verbindlichkeiten und ihrer binnenwirtschaftlichen Auswirkungen,
- den Entwurf und die Kontrolle von Quartalsvalutaplänen sowie
- die Ausarbeitung methodischer Grundsätze der Zahlungsbilanzplanung.

Der subordinierten Notenbank oblag demgegenüber[69]
- die Führung der Konten des Staatshaushaltes,
- die Durchführung und der Abschluß zwischenstaatlicher Bankenabkommen,
- die Führung der internationalen Geschäftsbeziehungen zu Korrespondenzbanken und die Durchführung aller im zwischenstaatlichen Bankverkehr üblichen Geschäfte,
- das alleinige Recht zur Verwahrung und zum Handel von Devisen, Sorten und Edelmetallen sowie
- die Festsetzung der Wechselkurse.

Nachfolger Wetzels im Amt des Zentralbankpräsidenten wurde der bisherige Präsident der Investitionsbank, Helmut Dietrich. Damit stand erstmals kein Berufspolitiker, sondern ein Bankfachmann und Währungsexperte an der Spitze der ostdeutschen Notenbank. Gerade Dietrichs fehlender Rückhalt im Parteiapparat prädestinierte ihn jedoch für die Rolle eines „Sündenbocks" für währungspolitische Fehlleistungen der SED-Führung im Zuge der Außenwirtschaftsreform. Ulbricht kritisierte auf der 11. ZK-Tagung im Jahre 1965 noch allgemein: „Die Planungs- und Leitungstätigkeit in der gesamten Volkswirtschaft wurde noch nicht darauf orientiert, den Nutzeffekt der Außenwirtschaftsbeziehungen zu optimieren."[70] ZK-Sekretär Jarowinsky meinte jedoch den Notenbankpräsidenten persönlich, als er auf demselben ZK-Plenum „die bisher völlig ungenügende Arbeit mit Devisenkrediten"[71] tadelte. Intern wurde dem Finanzministerium unter Rumpf und der ihm nachgeordneten Notenbank der Vorwurf gemacht, den Zahlungsverkehr mit dem Ausland zu schleppend abzuwickeln, dadurch vor allem den Eingang von Fremdwährungen zu verzögern, die Außenhandelsunternehmen und Exportbetriebe nicht genügend an Deviseneinsparungen zu interessieren und die Valutapläne zu verletzen.[72] Dietrich gab daraufhin schon am 6.1.1966 eine „Anordnung über die Gewährung von Devisenkrediten"[73] heraus, die jedoch nur Kredite in konvertiblen Währungen vorsah und damit die überwiegende Mehrzahl der Exportgeschäfte, bei denen Waren in RGW-Länder und Verrechnungswährungsländer geliefert wurden, diskriminierte.[74]

Möglicherweise hat dieser gravierende währungspolitische „Fehler", den der Notenbankpräsident schon ein halbes Jahr später grundlegend revidieren mußte,[75] nicht nur sein eigenes politisches Schicksal, sondern auch die endgültige zahlungsbilanzpolitische Entmachtung der Deutschen Notenbank besiegelt. Sämtliche für die finanzielle Abwicklung von internationalen Transaktionen zuständigen Bereiche der Deutschen Notenbank wurden ausgegliedert und organisatorisch in der am 1. Juli 1966 neu konstituierten *Deutschen Außenhandelsbank AG* zusammengefaßt. Der Notenbankpräsident Dietrich, der ihr selbst noch die Berechtigung zu übertragen hatte, alle „Zahlungen nach anderen Staaten durchzuführen und über ihre Konten bei ausländischen Korrespondenzbanken Zahlungen ... entgegenzunehmen" sowie „die erforderlichen Regelungen für den von ihr durchzuführenden zwischenstaatlichen Zahlungs- und Verrechnungsverkehr ... zu treffen",[76] wurde selbst 1967 zum Vizepräsidenten der Deutschen Notenbank degradiert. Neue Präsidentin der Rest-Notenbank, die am 1.12.1967 in „Staatsbank der DDR" umbenannt wurde,[77] wurde Dr. Margarete Wittkowski, die zwar in den fünfziger Jahren der Teilnahme an der Fronde gegen Ulbricht verdächtig, fachlich aber überaus kompetent und daher praktisch unersetzlich war.[78]

Im Westen ist bis heute die Bedeutung der Gründung der Deutschen Außenhandelsbank AG im Jahre 1966 nicht hinreichend erkannt worden, zumal die Ansicht vorherrscht, die Zentralbank habe bereits 1956 einen wesentlichen Teil ihrer währungspolitischen Kompetenzen an die damals geschaffene *Deutsche Handelsbank AG* abtreten müssen.[79] Obwohl Statuten der betreffenden Banken nie bekanntgegeben wurden, lassen sich auf der Basis unveröffentlichter Dokumente, die dem Verf. zur Verfügung stehen, hier erstmals gesicherte Angaben über die Aufgabenteilung zwischen den DDR-Außenhandelsbanken machen. Danach blieb die am 23.2. 1956 gegründete Deutsche Handelsbank AG eine Spezialbank, der folgende „Aufgabenkomplexe" übertragen waren:

„1. Sämtliche Kompensations- und Reziprozitätsgeschäfte, für deren Durchführung zweckgebundene Sonderkonten eingerichtet werden.
2. Sämtliche Geschäfte mit der Türkei speziell im Hinblick auf Bürgschaften, Garantien und Zahlungsverpflichtungen.
3. Switch- und sämtliche Sondergeschäfte mit Spezialabwicklung.
4. Bonitätsauskünfte über Partner im kapitalistischen Wirtschaftsgebiet.
5. Zentrale Vertreterkartei.
6. Kontoführung für Desivenausländer in ausländischer Währung."[80]

Die Deutsche Handelsbank AG wurde somit — mit Ausnahme der Türkei — nicht in Clearingverrechnungen eingeschaltet; sie koordinierte vielmehr Spezialgeschäfte wie Einzelkompensationen und die geheimgehaltenen Geschäfte, die im offiziellen Auftrag mit westlichen Switchhändlern (vor allem in Hamburg, Brüssel, Zürich und Rom) angebahnt wurden.[81] Diese Beobachtung wird bestätigt durch eine interne Richtlinie der Deutschen Notenbank vom 18. Juli 1959,[82] aus der hervorgeht, daß die Deutsche Handelsbank AG zur Abwicklung der ihr übertragenen geheimen „Sondergeschäfte" Freikonten in konvertiblen belgischen Francs, Schweizer Franken, Pfund Sterling, italienischen Lire, US-Dollar und DM (West) unterhielt, und zwar vor allem an den oben genannten Switchhandelsplätzen sowie bei der Moscow Narodny Bank Ltd und der Midland Bank Ltd in London, der Manufacturers Trust Company in New York und bei vier Westberliner Banken.

Diese Beobachtungen enträtseln zugleich die 1956 nach der Bankgründung von Direktor Renneisen[83] abgegebenen Erklärungen, denen zufolge eines der Hauptmotive für die Konstituierung der Handelsbank war, daß sie „angesichts ihres kommerziellen Charakters leichter zu engen Kontakten mit den Handelsbanken anderer Länder gelangen" könne, als die Deutsche Notenbank, und daß die „Verrechnungen, die die Tätigkeit unserer Bank fördern werden, ... z.B. zur Überwindung des primitiven Kompensationshandels"[84] beitragen werden. Die Deutsche Handelsbank AG war also mit anderen Worten, im Gegensatz zu bisherigen westlichen Vermutungen, im wesentlichen die *geheime Ostberliner Switchzentrale*. Sie wurde also offensichtlich nur deshalb formaljuristisch neben der Deutschen Notenbank konstituiert, um die Zentralbank selbst nicht mit dem Odium anrüchiger Geschäfte und Finanztransaktionen in Kooperation mit westlichen Spezialhändlern zu behaften. Tatsächlich blieb die Deutsche Handelsbank AG jedoch eine Dienststelle der Deutschen Notenbank.[85]

Aus dem Vorangegangenen ergibt sich zugleich, daß entgegen bisherigen Annahmen die Deutsche Notenbank-Zentrale nach 1956 zunächst wohl selbst zuständig blieb für die Planung, Abwicklung und Kontrolle des Zahlungs- und Verrechnungsverkehrs mit dem sozialististischen wie mit dem nichtsozialistischen Ausland. Auch die vom Verf. vorgenommene Auswertung der Texte der von der DDR abgeschlossenen Clearingvereinbarungen bestätigt, daß — mit Ausnahme der Türkei, die Korrespondenzbeziehungen zur ostdeutschen Zentralbank aus diplomatischen Gründen ablehnte — die Kontoführung bis 1966 ausnahmslos bei der Deutschen Notenbank-Zentrale verblieb. Diese Feststellung erst erhellt, daß die Konstituierung der Deutschen Außenhandelsbank AG Mitte 1966 der endgültigen zahlungsbilanzpolitischen Entmachtung der Zentralbank gleichkam. Die Staatsbank selbst tätigt nämlich seitdem aufgrund ihrer Geschäftsbedingungen vom 9.9.1966[86] keine internationalen Bankgeschäfte mehr; sie kauft und verkauft lediglich noch Reisedevisen im Inland.[87]

Zwar ist es denkbar, daß die Zentralbank der DDR formal Anteile des Grundkapitals der Deutschen Außenhandelsbank AG hält. Auch ist der Präsident der Staatsbank, Horst Kaminsky, Vorsitzender des Aufsichtsrats.[88] Faktisch ist die ostdeutsche Zentralbank jedoch seit 1958 zunehmend und seit 1966 vollständig jener Aufgaben im Bereich internationaler Währungspolitik entbunden worden, die sie bis 1957 noch unter der Zentralbankpräsidentin Kuckhoff wahrgenommen hatte. Den entscheidenden Einfluß auf die internationale Geschäftstätigkeit der Bank vermag nun — anders als vor 1966 — der Vorstand auszuüben. Das Finanzministerium beispielsweise vermochte ab 1966 die internationale Währungspolitik direkt über den *Vorstand der Außenhandelsbank* zu beeinflussen, während vorher die Zustimmung und aktive Mitarbeit der *gesamten Zentralbankspitze* erforderlich war. Die Ausgliederung der Auslands- und Devisenabteilung aus der Deutschen Notenbank und ihre Verselbständigung in Form der Deutschen Außenhandelsbank AG ist daher letztlich wohl als der Versuch des Finanzministeriums zu werten, einen *unmittelbaren* Einfluß auf die Entscheidungen der Außenwirtschaftsbank nehmen und die widerspenstige Zentralbankleitung umgehen zu können.

Bis heute wurde eine Satzung der Deutschen Außenhandelsbank AG nicht veröffentlicht. Der Verf. erhielt jedoch Einsicht in Dokumente, die erstmals zuverlässige Angaben über ihren Aufgabenbereich erlauben.[89] Danach fungiert die Deutsche Außenhandelsbank AG primär als Geschäftsbank der Außenhandelsbetriebe, die verpflichtet sind, ihre Geldkonten bei dieser Bank zu führen, einen Teil der Aufsichtsratsmitglieder stellen und vermutlich auch Anteile am Grundkapital der Bank halten. Die Deutsche Außenhandelsbank AG ist zuständig für
— die interne DM-Finanzierung der Außenhandelsunternehmen und Außenhandelsverkehrsbetriebe,[90]
— die Abwicklung des Zahlungs- und Verrechnungsverkehrs der DDR mit dem sozialistischen und nichtsozialistischen Ausland,[91]

- die Abwicklung des Dokumentendurchlaufs,[92]
- die Ausreichung von Devisenkrediten sowie die Refinanzierung der übrigen Kreditinstitute bei Fremdwährungsgeschäften,[93]
- die Unterhaltung von Konten bei ausländischen Korrespondenzbanken,[94]
- alle üblichen internationalen Bankgeschäfte, insbesondere Kreditvergaben an ausländische Stellen, Kreditaufnahmen bei ausländischen Unternehmen und Banken sowie Devisenhandel,[95]
- die Erfassung der Auslandsforderungen und -verbindlichkeiten von DDR-Inländern in ihrem Geschäftsbereich[96]
- und die Festlegung der internen Wechselkurse der ostdeutschen Währung.[97]

Damit hat die Deutsche Außenhandelsbank AG faktisch alle Aufgaben übernommen, die in den relevanten Gesetzen formal noch heute der Staatsbank zugewiesen werden. Ursprünglich belief sich die Summe des Grundkapitals auf 300 Mill. Mark der Deutschen Notenbank; mittlerweile ist es auf 800 Mill. Mark aufgestockt worden. Die Geschäfte der Bank werden von einem Vorstand geführt, dessen Präsident zunächst Georg Kulessa war. 1968 wurde Kulessa kommentarlos durch Christian Gierisch abgelöst. Nach dem Machtwechsel von Ulbricht zu Honecker wurde der ehemalige Notenbankpräsident und Währungsexperte Helmut Dietrich zum Präsidenten der Außenhandelsbank ernannt. Dietrich wurde jedoch schon 1978 erneut abgesetzt und auf eine Hochschullehrerstelle abgeschoben; sein Nachfolger ist Dr. Werner Polze, bis dahin Direktor und Vizepräsident der Bank.[98]

Die Deutsche Außenhandelsbank AG wickelt ihre Geschäfte unter Einschaltung von Filialen in Berlin, Dresden, Erfurt, Gera, Halle, Karl-Marx-Stadt, Leipzig, Magdeburg, Rostock und Suhl ab.[99] Sie unterhält Repräsentanzen in Belgrad, London, Paris und Mailand. 1966 trat die Deutsche Außenhandelsbank AG in alle Rechte ein, die der Deutschen Notenbank aus den internationalen Geschäftsbeziehungen entstanden waren; die Fremdwährungskonten und Goldreserven der Deutschen Notenbank wurden auf die Deutsche Außenhandelsbank AG übertragen. Sämtliche Clearingkonten der DDR, die bis dahin bei der Deutschen Notenbank geführt wurden, wurden am 1.6.1966 auf die Deutsche Außenhandelsbank AG übertragen. Im Ausland wurden bestehende Clearingkonten auf den Namen der Deutschen Außenhandelsbank AG geändert.

Schon 1966 trat die Deutsche Außenhandelsbank AG aktiv, wenn auch inkognito, auf dem Londoner Gold- und Devisenmarkt in Erscheinung;[100] auf dem Markt für mittelfristige syndizierte Eurokredite trat sie vermutlich schon 1969 und 1970, offiziell jedoch erstmals 1972 als Kreditnehmer auf.[101] Die Deutsche Außenhandelsbank AG managt nicht nur Hartwährungskreditaufnahmen der DDR. Sie ist auch zuständig für die Vergabe von Waren- und Hartwährungskrediten an Entwicklungsländer.[102] Das internationale Standing der Deutschen Außenhandelsbank AG war lange Jahre ausgezeichnet.[103] Zahlungsverzögerungen sind nur gelegentlich im Rahmen des innerdeutschen Handels bekanntgeworden. Die Zuverlässigkeit und Gründlichkeit, mit der die Deutsche Außenhandelsbank AG scheinbar ihre Aufgaben im zwischenstaatlichen Kredit-, Zahlungs- und Verrechnungsverkehr erfüllt, können jedoch nicht darüber hinwegtäuschen, daß ihre Geschäftstätigkeit in Wirklichkeit unter erheblichen regierungsinternen Spannungen und institutionellem Streß abläuft. Einerseits nämlich sind die Zielsetzungen der Bank in hohem Maße konflikträchtig, soll sie doch nach außen wie eine kommerzielle Bank handeln, gleichzeitig gesamtstaatliche Interessen wahrnehmen und durch ein kompliziertes System von Kontrollen des Prozesses der Valutaplanrealisierung und durch Sanktionen gegenüber planwidrig handelnden Betrieben in monetäre Prozesse steuernd eingreifen.[104] Andererseits unterliegt die Bank als gesamtwirtschaftliches Daten- und Verrechnungszentrum für die internationalen Währungsbeziehungen einer Pluralität einflußnehmender Kreise, die den internen Willensbildungsprozeß im Einzelfall weitaus schwieriger gestalten können als dies nach außen erscheint. Dabei dürften allerdings die Einflußmöglichkeiten anderer Organisationen wie die des Finanzministeriums, des Außenwirtschaftsministeriums und der Zentralbank zumindest in dem Maße eingeschränkt sein, in dem der Vorstand bzw. der Präsident der Deutschen Außenhandelsbank AG Anweisungen unmittelbar vom inneren währungspolitischen Führungszirkel selbst oder einzelnen seiner Mitglieder erhält. Spätestens seit Honeckers Machtübernahme und der Präsidentschaft Dietrichs und Dr. Polzes scheint dies die vorherrschende Praxis zu sein.

In den sechziger Jahren hatte sich damit eine Form der Arbeitsteilung im Bereich internationaler Währungspolitik zwischen den beteiligten Spitzenbürokratien eingespielt, bei der der Staatlichen Plankommission die Hauptverantwortung für die Planung, Durchführung und Kontrolle der Zahlungsbilanz zukam. Dem Ministerium der Finanzen oblag jedoch in zunehmendem Maße die Hauptlast der laufenden Arbeiten insbesondere an den (weniger geheimen) kommerziellen Planteilen im Rahmen der von der Plankommission bzw. dem zuständigen Stab beim Ministerrat abgesteckten Zahlungsbilanzrestriktionen. Die Zentralbank – später nur noch ihre Auslandsabteilung in Gestalt der ausgegliederten Deutschen Außenhandelsbank AG – war zunehmend zu einem Vollzugsorgan des Finanzministeriums umfunktioniert worden. Wie die vorangegangene Darstellung deutlich gemacht haben dürfte, ist diese Entwicklung zum Teil zwar als Ergebnis eines historischen Lernprozesses und des Bemühens der Parteiführung um eine Erhöhung der Effizienz des Planungsapparates anzusehen, sie ist andererseits jedoch auch in nicht unerheblichem Maße Resultat des Strebens des Finanzministers und Ulbricht-Vertrauten Rumpf nach Machtzuwachs für sich und sein Haus.

Es kann daher auch nicht überraschen, daß die währungspolitischen Kompetenzen des *Ministeriums für Außenhandel und innerdeutschen Handel* sich von Anfang an im wesentlichen auf die „Aufstellung, Durchführung und Kontrolle des Außenhandelsplanes in allen seinen Teilen"[105] beschränkten, wobei die Höhe der Importe, Exporte und Handelsbilanzsalden insgesamt sowie nach Währungsgebieten sogar von der Plankommission als Plandaten vorgegeben wurden.[106] Das Außenhandelsministerium war – wie seine Minister – faktisch sogar so bedeutungslos, daß im Zuge der Außenwirtschaftsreform Mitte der sechziger Jahre im Politbüro ernsthaft seine Auflösung beraten worden sein soll.[107]

Dieses über Jahre hinweg eingespielte System der Arbeitsteilung zwischen den bürokratischen Organisationen mußte geradezu zwangsläufig in dem Augenblick gestört werden, in dem auf Ulbrichts persönliche Initiative hin führende Bürokraten wie der Außenhandelsminister Balkow (1965),[108] der Finanzminister Rumpf (1966)[109] und der Notenbankpräsident Dietrich (1967) aufgrund von Fehlern und Verschleppungsversuchen bei der praktischen Durchsetzung der Wirtschaftsreform entlassen wurden. Zwar belegt das neue Statut des Finanzministeriums vom 12. Mai 1967, daß das Ministerium der Finanzen auch unter seinem neuen Minister Siegfried

Böhm dem Ministerrat gegenüber verantwortlich blieb „für die Ausarbeitung und Abrechnung des Staatshaushaltsplanes und des Valutaplanes sowie die Kontrolle der Durchführung dieser Pläne".[110]

Der Finanzminister wurde jedoch als Reaktion auf den eigenmächtigen Führungsstil des ehemaligen Finanzministers Rumpf erstmals ausdrücklich verpflichtet, „seine Entscheidungen unter Beachtung der Empfehlungen des Kollegiums" zu treffen und „die rechtzeitige Beratung heranreifender Probleme sowie die Koordinierung mit den Ministern und Leitern der anderen zentralen Staatsorgane"[111] zu gewährleisten. Die Hauptzuständigkeit für die Festlegung der „Grundrichtung und Schwerpunkte der Außenwirtschaftsbeziehungen der Deutschen Demokratischen Republik"[112] wurde klar der Staatlichen Plankommission zugewiesen.

Entscheidender aber als diese eher graduellen Veränderungen war die im Westen unbemerkte Trennung des Finanzministeriums von seinen Einflußmöglichkeiten auf die Zentralbank und ihren Außenwirtschaftsapparat. War die Notenbank noch unter dem Regime des Finanzministers Rumpf eindeutig dem Ministerium der Finanzen subordiniert gewesen, so wurde die „Staatsbank" ebenso wie die Deutsche Außenhandelsbank AG spätestens Ende 1967 unmittelbar dem Ministerrat unterstellt und damit dem direkten Zugriff der Finanzbürokratie entzogen. Zwar arbeitet die Staatsbank nach wie vor „bei der Durchführung ihrer Aufgaben eng mit der Staatlichen Plankommission, dem Ministerium der Finanzen, dem Amt für Preise und anderen staatlichen Organen zusammen",[113] ihr Präsident ist jedoch seit 1967 nicht mehr dem Finanzminister, sondern allein „dem Ministerrat für die Erfüllung der Aufgaben der Staatsbank persönlich verantwortlich und rechenschaftspflichtig."[114]

e) Die Verteilung zahlungsbilanzpolitischer Kompetenzen in den siebziger Jahren

Die damit eingeleitete institutionelle Machtverschiebung war vor allem vom neuen Außenhandelsminister, Horst Sölle, betrieben worden, der Ulbricht indirekt zusagte, sein Ministerium zum Motor der Außenwirtschaftsreform zu machen, dafür jedoch umfangreichere Kompetenzen auch auf zahlungsbilanzpolitischem Gebiet verlangte.[115] Bis Anfang der siebziger Jahre gibt es zwar keine gesetzlichen oder statuarischen Belege für den Erfolg dieser Strategie Sölles, auffällig ist jedoch die Umbenennung des „Ministeriums für Außenhandel und Innerdeutschen Handel" in „Ministerium für Außenwirtschaft" am 13. Juli 1967,[116] die zunehmende Einbeziehung des Außenwirtschaftsministeriums in zahlungsbilanzpolitische Entscheidungsprozesse und die allmähliche Übernahme von immer mehr währungspolitischen Kompetenzen im Bereich der Valutaplanung und -kontrolle durch das Ministerium für Außenwirtschaft. Nachdem das Außenhandelsministerium bis Mitte der sechziger Jahre noch eine ausgesprochen unbedeutende Rolle gespielt hatte, wurde dann noch vor Ulbrichts Entmachtung erstmals offiziell festgelegt: „Die Zahlungsbilanz ist von der Staatlichen Plankommission in Abstimmung mit dem Ministerium der Finanzen und dem Ministerium für Außenwirtschaft zu führen".[117] Bei der Valutaplanung des Waren- und Dienstleistungsverkehrs des Jahres 1971 rückte das Außenwirtschaftsministerium sogar erstmals an die Spitze der Planungshierarchie, um den Außenwirtschaftssektor einheitlich „vorrangig auf die *unbedingte Sicherung der Exportpläne* ... sowie auf die *sparsamste Verwendung der Importe* zu konzentrieren."[118] Zu diesem Zeitpunkt dürfte auch bereits — noch vor dem Führungswechsel durch Honecker — aufgrund des Ende 1970 verheerenden Zustandes der Zahlungsbilanz und der Auslandsposition der DDR die Reorganisation währungspolitischer Kompetenzen im Staatsapparat beschlossen worden sein.

Unter Honecker wurde dieser Schritt mit der weitgehenden zahlungsbilanzpolitischen Entmachtung des Finanzministeriums und der Aufwertung der Stellung der Plankommission und des (später wieder umbenannten) Ministeriums für Außenhandel vollzogen. Seitdem ist die *Staatliche Plankommission* verantwortlich für[119]
- die Ausarbeitung der staatlichen Aufgaben und Planauflagen für den Export und Import,
- die Ausarbeitung der Planzahlungsbilanz und die Sicherung ihrer Kongruenz mit den anderen Teilen des Volkswirtschaftsplanes
- die Bilanzierung der „gebrauchswertmäßigen" Entwicklung des Exports und des Imports bei den Staatsplanpositionen und
- die Erarbeitung von Länderkonzeptionen.

Das *Ministerium der Finanzen* ist seit den siebziger Jahren lediglich noch verantwortlich für
- die Ausarbeitung, Durchführung, Abrechnung und Kontrolle jenes (eher geringen) Teiles des Valutadienstleistungsplanes, der die Fremdwährungseinnahmen und -ausgaben der dem Finanzministerium nachgeordneten Dienststellen umfaßt,[120]
- die Erarbeitung von Rechtsvorschriften zur Regelung des Devisenverkehrs. Bei der Analyse und Planung internationaler Währungsbeziehungen besteht ein Recht auf Mitwirkung.[121]

Die währungspolitischen Kompetenzen der *Staatsbank* bzw. ihrer ausgegliederten Auslandsabteilung, der *Deutschen Außenhandelsbank AG*, wurden gestärkt, indem ihr ausdrücklich[122]
- Mitwirkungsrechte bei der Ausarbeitung, Durchführung, Abrechnung und Kontrolle der Zahlungsbilanz eingeräumt wurden neben der
- operativen Durchführung aller im internationalen Bankverkehr üblichen Geschäfte und der
- Befugnis im Rahmen der vom Ministerrat getroffenen Entscheidungen die internen Verrechnungskurse der Währung der DDR festzulegen.

Ganz wesentlich gestärkt ist seit Anfang der siebziger Jahre vor allem aber der Aufgabenbereich und damit auch der Apparat des *Ministeriums für Außenwirtschaft*, das nunmehr verantwortlich ist für
- die Leitung, Planung, Durchführung und Kontrolle des Außenhandels unter besonderer Berücksichtigung der Einhaltung der Zahlungsbilanzen und militärischer Erfordernisse,[123]
- die gesamte wirtschaftliche und wissenschaftlich-technische (einschließlich militärische) Zusammenarbeit der DDR mit Industrie- und Entwicklungsländern,[124]
- die kommerzielle Kreditaufnahme- und Kreditvergabepolitik der DDR,[125]
- die Planung der Valutaeinnahmen und -ausgaben aus Warenlieferungen und Dienstleistungen des Außenhandels[126] sowie
- die Planung der Finanzbeziehungen der Außenhandelsbetriebe zum Staatshaushalt.[127]

Innerhalb des Staatsapparates hat daher — vermutlich in den Jahren 1967 bis 1971 — eine ähnlich *gravierende Veränderung der Kompetenzverteilung* stattgefunden, wie schon in den Jahren 1958 bis 1961. Die Staatliche Plankommission vermochte — von wenigen Jahren und Ausnahmesituationen abgesehen — ihre Führungsrolle zu behaupten. Ihre Gesamtverantwortung für die internationale Währungspolitik des sozialistischen Staates ergibt sich schließlich nicht zuletzt aus ihrer Verpflichtung als oberste Planungsbehörde, „die Übereinstimmung der staatlichen Planauflagen für den Export und Import sowie der Planzahlungsbilanz mit den anderen Teilen des Volkswirtschaftsplanes zu sichern."[128] Zahlungsbilanzplanung und volkswirtschaftliche Makroplanung können mit anderen Worten nur uno actu und von ein und derselben Instanz durchgeführt (und verantwortet) werden. Unterhalb dieser Ebene waren es jedoch wechselnde, miteinander rivalisierende Organisationen, denen nachgeordnete Aufgabenkomplexe im Rahmen der Planung, Durchführung und Kontrolle der internationalen Währungspolitik der DDR zugewiesen wurden.

f) Zahlungsbilanzpolitische Implikationen

Die vorangegangenen Ausführungen haben gezeigt, daß die zunehmende Ausdifferenzierung der organisatorischen Struktur des mit der Außenwirtschafts- und Zahlungsbilanzpolitik befaßten Staatsapparates der DDR zum Teil in dem Bestreben der Parteiführung begründet war, ökonomischen Notwendigkeiten und organisationstechnischen Anforderungen Rechnung zu tragen. Die beobachtbaren Reorganisationsmaßnahmen sind insofern auch als Ausdruck des Bemühens zu werten, funktionalen Gesichtspunkten in einem System zentralverwaltungswirtschaftlicher Planung und Lenkung Geltung zu verschaffen und die Effizienz des Staatsapparates bei der Bewältigung außenwirtschafts- und zahlungsbilanzpolitischer Probleme zu erhöhen. Es zeigte sich aber auch, daß sich die stattgefundenen Reorganisationen und personellen Veränderungen durch dieses Bestreben, die Problemlösungskapazität des Staatsapparates zu verbessern, *allein* nicht erklären lassen, daß neben diesen „Sachzwängen" vielmehr immer wieder auch politische und institutionelle Machtkämpfe entscheidenden Einfluß auf Struktur und Funktionsweise des Staatsapparates der DDR ausgeübt haben.

Entgegen westlichen Vorstellungen von einem monolithischen Entscheidungssystem und östlichen Interpretationsversuchen einer stabilen, bewährten und in historischen Lernprozessen gewachsenen Systemstruktur konnten institutionelle und persönliche Machtkämpfe identifiziert werden. Vereinfacht und auf der Basis der spärlich vorhandenen Informationen lassen sich die Phasen der Dominanz der Deutschen Notenbank (1949 bis 1957), des Machtkampfes zwischen Zentralbank und Finanzministerium (1958 bis 1961), der Dominanz des Finanzministeriums (1962 bis 1967), des Machtkampfes zwischen Finanzministerium und Außenwirtschaftsministerium (1967 bis 1970) und der Dominanz des Außenwirtschaftsministeriums (seit 1971) unterscheiden. Diese Beobachtungen sind insoweit von analytischer Bedeutung, als sie für das herauszuarbeitende Gestaltungsmuster internationaler Währungspolitik im sozialistischen Staat verschiedene Deutungen liefern, je nach den primären Organisationsinteressen der historisch jeweils dominierenden Spitzenbürokratien.

Die Hauptaufgabe des *Finanzministeriums* im sozialistischen Staat besteht in der Planung, Durchführung und Kontrolle des Staatshaushaltes. Entsprechend ist zu erwarten, daß auch währungs- und zahlungsbilanzpolitische Entscheidungen im Finanzministerium primär daraufhin überprüft werden, inwieweit sie das Ziel der Haushaltssicherung tangieren. Daraus ergibt sich zwangsläufig und unter bestimmten Bedingungen ein erhebliches Konfliktpotential mit den Aufgaben und organisatorischen Interessen anderer Bürokratien oder Entscheidungsträger. Die *Zentralbank* beispielsweise dürfte Entscheidungen im Bereich internationaler Währungspolitik primär daraufhin überprüfen, ob sie die ihr übertragene Hauptaufgabe der Sicherung der inkonvertiblen Binnenwährung erleichtern oder erschweren. Bezeichnend dafür sind Warnungen führender Notenbankvertreter vor 1958, daß die Bank auf ihre Selbständigkeit bedacht sein müsse, „da die Haushaltsleute objektiv dazu neigen würden, ihren Haushaltsplan auf Kosten des Kreditsystems zu erfüllen."[129] Die *Staatliche Plankommission* muß — aus ihrer Gesamtverantwortung für die Realisierbarkeit des Gesamtplanes heraus — im organisationseigenen Interesse primär an einer Sicherung der notwendigen Importe und an hinreichendem „slack" im Valutaplan (sei es in Form von Exportreserven, einem Mindestmaß an Devisenreserven sowie Importkrediten) interessiert sein. Das *Außenhandelsministerium* schließlich wird zahlungsbilanzpolitische Entscheidungen überwiegend dahingehend zu beeinflussen suchen, daß der Außenhandel von dem Erfordernis, Devisenüberschüsse zu erzielen, möglichst weitgehend befreit wird und die Import- und Exportaufgaben so einfach wie möglich zu erfüllen sind.

Es erscheint einleuchtend, daß nicht nur diese unterschiedlichen Organisationsinteressen in bestimmten Situationen in Konflikt geraten können, ja in der Regel geraten müssen, sondern auch, daß eine durch bürokratische Einflußnahmen gekennzeichnete und geprägte internationale Währungspolitik die genannten Interessen der jeweils den Willensbildungsprozeß dominierenden Organisation widerspiegelt. Es wäre danach mit anderen Worten zu erwarten, daß in der praktischen internationalen Währungspolitik der DDR bis 1957 primär Interessen der Notenbank, anschließend bis 1967 primär Interessen des Ministeriums der Finanzen und spätestens seit 1971 vor allem Interessen des Ministeriums für Außenwirtschaft durchschlagen.

Die hier identifizierten Interessen- und Machtkonflikte bestätigen nicht nur die weiter oben bereits geäußerte Vermutung, das Paradigma eines monolithischen Entscheidungssystems im sozialistischen Staat sei realitätsfern. Sie bestätigen zugleich die These, daß regelmäßig wiederkehrende Reorganisationen des Staatsapparates zu erwarten sind und daß die Protagonisten institutioneller Veränderungen die günstigsten Voraussetzungen unter den Bedingungen wirtschaftlicher und innenpolitischer Krisensituationen vorfinden. Der Entmachtung der Deutschen Notenbank im Jahre 1958 gingen schwere Belastungen der Zahlungsbilanz der DDR voraus, die bis 1957 massive Kredithilfen der Sowjetunion erforderlich machten. Zudem begünstigte die Beteiligung der Notenbankpräsidentin an der Fronde gegen Ulbricht die Entmachtung der Zentralbank. Die Entmachtung des Finanzministeriums im währungspolitischen Willensbildungsprozeß vor 1971 dürfte ebenfalls entscheidend durch die dramatische Verschlechterung der Zahlungsbilanz der DDR und die auf Rekordhöhe gestiegene Auslandsverschuldung, wie sie Ende der sechziger Jahre aufgebaut wurde, mitbedingt gewesen sein. Auch diesmal begünstigte die — ihrerseits eng mit der Wirtschaftskrise verknüpfte — politische Krise, der Machtwechsel von Ulbricht zu Honecker, die Entscheidung, gravierende Reorganisationen im Staatsapparat vorzunehmen. Institutionelle Änderungen im Bereich der Spitzenbürokratien dienen der regierenden kommunistischen Partei auf diese Weise offenbar auch dazu, „Sündenböcke" zu finden und die Bevölkerung von den eigenen wirtschaftspolitischen Fehlleistungen abzulenken. Es ließ sich nachweisen, daß unter diesen Bedingungen vor allem die ambitionierteren Karrieristen im Staatsapparat — 1955 bis 1958 Finanzminister Rumpf und 1967 bis 1971 Außenwirtschaftsminister Sölle — ihren Einfluß beim Politbüro geltend zu machen verstanden, um den im Grundsatz konsensfähig gewordenen institutionellen Änderungen eine ihren persönlichen und Organisationsinteressen entsprechende konkrete Richtung zu geben.

6. Der Einfluß des Militärs und des Staatssicherheitsdienstes

Soweit sich dies auf der Basis der spärlichen Informationen beurteilen läßt, findet in der DDR die weiter oben aufgestellte These ihre Bestätigung, daß Militär und Staatssicherheitsdienst zwar keinen bestimmenden Einfluß auf die praktische Wirtschaftspolitik ausüben, daß die Parteiführung jedoch auf Dauer und — zumindest soweit die Funktionsfähigkeit und Loyalität dieser Apparate gesichert werden muß — für eine Berücksichtigung der jeweiligen Organisationsinteressen Sorge zu tragen hat. Da die entsprechenden Apparate vor allem dazu neigen, ihre Mission, ihren Rollenkern, ihre Autonomie und ihr Budget zu verteidigen, ist a priori mit Einflüssen auch auf die internationale Währungspolitik zu rechnen. Solche Rückwirkungen dürften sich primär aus den für Waffenkäufe sowie Spionage- und Subversionsaktivitäten erforderlichen Devisenausgaben einerseits sowie aus militärischen und sicherheitsdienstlichen Aktivitäten stammenden Deviseneinnahmen andererseits ergeben. Über diese organisationstypischen Einflüsse hinaus ist jedoch auch mit allgemeinen (wirtschafts)politischen Einflußnahmeversuchen führender Militärs oder Funktionäre der Staatssicherheitsorgane zu rechnen, soweit ihnen innerhalb der engeren Parteiführung Machtpositionen zukommen.

Der gewachsene politische Einfluß der *Militärs* in der DDR, wie er von Fricke insbesondere aus der erstmaligen Ernennung des Generals und Chefs der NVA Heinz Hoffmann zum Politbüromitglied im Oktober 1973 abgeleitet wurde,[1] erschien anderen westlichen Beobachtern „doch sehr zweifelhaft."[2] Tatsächlich dürfte Hoffmanns Kooptation weniger auf eine autonom gewachsene Bedeutung des NVA-Offizierkorps für die politische Führung der DDR hindeuten, als auf sowjetische „Anregungen". Der Beförderung Hoffmanns ging nämlich Mitte 1973 die Aufnahme des sowjetischen Verteidigungsministers, Marschall Gretschko, in das Führungsorgan der KPdSU voraus.[3] Auch blieb der Einfluß der NVA auf die Haushaltsberatungen des Warschauer Paktes, auf die selbst die SED-Führung wenig Einfluß hat, gering. Die materiellen und finanziellen militärischen Lasten sind nach wie vor weitgehend durch sowjetisch dominierte Entscheidungen vorherbestimmt.[4]

Die Möglichkeit einer von militärischen Interessen mitgeprägten internationalen Währungspolitik der DDR darf dennoch nicht unterschätzt werden. Erstens nehmen die Einflußmöglichkeiten militärischer Kreise letztlich doch — nämlich über Willens-

und Entscheidungsbildungsprozesse zunächst in der Sowjetunion, dann im Warschauer Pakt und schließlich in den Bündnisländern — zu. Und zweitens verfügt gerade der im Planungssystem überrepräsentierte militärische Apparat über kaum kontrollierbare Möglichkeiten, sein Interesse an mehr und besseren Waffen(systemen) politisch durchzusetzen. Ausdruck dieser Macht der Militärs ist im wirtschafts- und währungspolitischen Bereich die weitgehende Herausnahme militärpolitischer Diskussionen aus den institutionalisierten Entscheidungsprozessen und damit zugleich die weitgehende Befreiung der militärischen Führungsspitze von dem Erfordernis, ihre Forderungen in Konkurrenz mit anderen Organisationen artikulieren, begründen und durchsetzen zu müssen.

Auf zentraler staatlicher Ebene bildet der 1960 errichtete *Nationale Verteidigungsrat* (NVR) der DDR das höchste militärpolitische Entscheidungsgremium. Die Zusammensetzung des NVR ist geheim, den Vorsitz führte bis Juni 1971 Ulbricht; seit dem 24.6.1971 hat Honecker, früher Sekretär, dieses Amt inne. Alle grundlegenden militärpolitischen Entscheidungen — auch und gerade soweit sie die Zahlungsbilanz betreffen — fallen weder im Ministerrat oder Politbüro noch im Verteidigungsministerium, sondern nach Absprache mit den Experten der sowjetischen Botschaft im NVR.[5] Allerdings dürften die Minister für Verteidigung[6] und Staatssicherheit[7] wie auch der Vorsitzende des Ministerrates[8] dem NVR angehören. Der Einfluß der jeweiligen Apparate auf die militär- und zahlungsbilanzpolitische Willensbildung ist daher a priori als keineswegs unerheblich einzustufen und wird über relativ stabile und einfache Kanäle ausgeübt.

Zur Durchsetzung der Beschlüsse des NVR gab es seit 1951 im Planungsapparat das Willi Stoph unterstellte sog. „Büro Bernd Weinberger" (offiziell „Büro für Wirtschaftsfragen" bei der Staatlichen Plankommission[9]), dem unter anderem die Organisierung einer eigenen Rüstungsindustrie, die produktionsseitige Koordinierung der Waffenproduktion und die Abwicklung der Sonderaufträge für die Sowjetunion oblag.[10] Zahlungsbilanzrelevante Informationen blieben auf diese Weise stets außerhalb der Notenbank, des Finanzministeriums und des Ministeriums für Außenhandel und Innerdeutschen Handel; sie gelangten nur Ulbricht, Leuschner und einem kleinen Expertenstab zur Kenntnis. Die Versorgung der militärischen Verbände oblag der Abteilung „Sonderbedarf" bei der Staatlichen Plankommission, die von Anfang an von einem Generalmajor der NVA geleitet wurde.[11] Seit 1964 nimmt Generalmajor Friedrich Zeiler als Stellvertretender Vorsitzender der Staatlichen Plankommission mit seiner „Strategischen Abteilung" diese Aufgaben wahr.[12]

Die vergleichsweise wirksamste Beschränkung für die Durchsetzung der ökonomischen Interessen der militärischen Führung dürften daher insgesamt noch sowjetische Interventionen und Vetos der Staatlichen Plankommission oder des Parteiapparates darstellen. Militärpolitisch bedingte Belastungen der Zahlungsbilanz der DDR, aber auch die Indienstnahme der Militärs als „Devisenbringer" dürften mit anderen Worten primär von der sowjetischen Interessenhaltung abhängen.[13] Selbst dann, wenn die sowjetische Parteiführung Entscheidungsspielräume beläßt, dürfte es jedoch nach den skizzierten Entscheidungsstrukturen zweifelhaft sein, ob Partei und Spitzenbürokraten eine Abwehr militärischer Organisationsinteressen gelingen kann.

Unter diesen Bedingungen ist nicht nur zu erwarten, daß die militärischen Ausgaben und die Bedeutung von Waffenimporten vergleichsweise höher sind als in demokratisch regierten Ländern, in denen mit häufigeren und intensiveren Widerständen gegen die Forderungen der Militärs zu rechnen ist. Zu erwarten ist auch, daß sich die Waffeneinfuhren auf die den Entscheidungsprozeß dominierende Sowjetunion konzentrieren und sich weitgehend unabhängig vom Stand der Zahlungsbilanz und dem aktuellen zahlungsbilanzpolitischen Anpassungsbedarf entwickeln. Die Kapitalgüter- und Rohstoffintensität der heimischen Waffenproduktion wird zudem — auch ohne Direktimporte sowjetischer militärischer Güter gerechnet — zu einer vergleichsweise hohen Importlast führen. Dabei dürfte ein im einzelnen nicht unbeträchtlicher Teil der für die heimische Rüstungsindustrie erforderlichen Maschinen, Ausrüstungen und Rohstoffe nur im Handel mit nichtsozialistischen Ländern gegen Bezahlung in Devisen zu erhalten sein.

Struktur und Funktionsweise militärpolitischer Entscheidungsbildung im Warschauer Pakt haben weitreichende — nicht zuletzt wirtschaftspolitische — Folgen für die DDR. Die eigene Rüstungsindustrie ist unter dem bestimmenden sowjetischen Einfluß vergleichsweise unbedeutend,[14] schwere Waffen darf die DDR selbst nicht herstellen,[15] Reexporte sowjetischer und tschechischer Waffen werden im Interesse der Herstellerländer strikt kontrolliert und wurden bis vor kurzem nur in wenigen Ausnahmefällen gestattet.[16] Von besonderem zahlungsbilanzpolitischen Interesse ist daher, daß im Gegensatz zur Sowjetunion und zur CSSR die DDR als der modernste und zuverlässigste Maschinenbauhersteller und -lieferant des RGW nur in sehr geringem Umfang durch Waffenexporte Deviseneinnahmen zu erzielen mag, umgekehrt aber gerade in besonders hohem Maße zu Rüstungsimporten aus den „sozialistischen Bruderländern" verpflichtet wird.[17] Wie die Zusammenstellung jüngster Schätzungen in Tabelle 1 belegt, ergeben sich auf diese Weise für die DDR erhebliche außenwirtschaftliche Belastungen, die durch Exportüberschüsse ziviler Güter finanziert werden müssen. Es erscheint in diesem Zusammenhang besonders bemerkenswert, daß die Belastung der Zahlungsbilanz der DDR durch Rüstungsimporte weitgehend unabhängig ist von der aktuellen Devisenbilanzsituation. Die höchsten Waffeneinfuhren wies die DDR sogar gerade in den Jahren 1973 bis 1977 sowie 1982 auf, in einer Phase also, in der die Anspannung der Leistungsbilanz ohnehin besonders hoch war. Das kumulierte Defizit der DDR aus der Aus- und Einfuhr von Waffen belief sich für den Zeitraum von 1970 bis 1982 auf 3,98 Mrd. US-Dollar und betrug damit rund 42 % des kumulierten Defizits im gesamten Außenhandel der DDR von 9,40 Mrd. US-Dollar im selben Zeitraum.

Im Unterschied zum militärischen Apparat kommt dem *Staatssicherheitsdienst* eine eher geringe wirtschaftspolitische Bedeutung zu. Der Einfluß seiner Aktivitäten auf die Zahlungsbilanz der DDR hält sich a priori in engem Rahmen und beschränkt sich im wesentlichen auf die Devisenausgaben im Zusammenhang mit der Finanzierung ausländischer Agententätigkeit, subversiver Auslandsaktivitäten, der Unterstützung kommunistischer Parteien anderer Länder oder sicherheitstechnischer und organisatorischer „Entwicklungshilfe" in Ländern der Dritten Welt. Das Ausmaß dieser Aktivitäten und die Belastung der Zahlungsbilanz der DDR dürften alles in allem einen vergleichsweise geringen Umfang erreichen. Die höchsten Belastungen der Devisenbilanz der DDR dürften sich dabei noch aus subversiven Aktivitäten in der Bundesrepublik Deutschland sowie aus der Unterstützung der westdeutschen kommunistischen Partei ergeben. Der gesamte Devisenaufwand für diese Zwecke wurde für Anfang der sechziger Jahre auf umgerechnet 25 bis 30 Mil-

Tabelle 1
Der Waffenhandel der Sowjetunion, CSSR, DDR und Polens 1970 bis 1982

in Millionen US-$

Jahr	Sowjetunion Export	Import	Saldo	CSSR Export	Import	Saldo	Polen Export	Import	Saldo	DDR Export	Import	Saldo
1970	1500	200	1300	110	80	30	150	120	30	10	130	−120
1971	1600	200	1400	120	80	40	170	120	50	5	130	−125
1972	2900	240	2660	210	200	10	140	260	−120	50	340	−290
1973	5300	220	5080	230	340	−110	230	410	−180	50	490	−440
1974	4100	210	3890	330	320	10	190	360	−170	40	490	−450
1975	4000	300	3700	490	310	180	170	350	−180	50	450	−400
1976	5300	500	4800	460	300	160	330	390	− 60	20	550	−530
1977	6600	750	5850	650	250	400	440	370	70	90	500	−410
1978	7700	1100	6600	950	120	830	650	180	470	60	360	−300
1979	11300	1000	10300	975	340	635	550	200	350	40	240	−200
1980	10000	975	9025	700	150	550	525	170	355	110	150	− 40
1981	9900	875	9025	600	320	280	700	440	260	120	360	−240
1982	10900	975	9925	850	250	600	575	250	325	140	575	−435

Quelle: US. Arms Control and Disarmament Agency: World Military Expenditures and Arms Transfers 1970–1979, Washington, D.C. 1982, S. 97, 100, 115 und 118; U.S. Arms Control and Disarmament Agency: World Military Expenditures and Arms Transfers 1972–1982, Washington, D.C. 1984, S. 65, 69, 83 und 86 sowie eigene Berechnungen. Von den geschätzten Waffenimporten der DDR in Höhe von 1700 Mill. US-$ im Zeitraum von 1978 bis 1982 stammten Waffen im Wert von 1500 Mill. US-$ aus der Sowjetunion, 90 Mill. US-$ aus der CSSR, 90 Mill. US-$ aus Polen und 10 Mill. US-$ aus Rumänien. Vgl. ebd., S. 96

lionen US-Dollar geschätzt;[18] er dürfte mittlerweile annähernd 100 Millionen US-Dollar betragen.

Bedeutsamer als diese unmittelbaren Zahlungsbilanzeinwirkungen scheint das Einflußpotential des Staatssicherheitsdienstes auf die allgemeine politische Zielfindung zu sein, wie es sich aus seiner zentralen, geradezu staatstragenden Funktion als Herrschaftssicherungsorgan der Partei nach außen wie innen ergibt. Nicht ohne Grund ist daher immer wieder die These diskutiert worden, ob der Staatssicherheitsdienst nicht letztlich die eigentliche Macht im kommunistisch-autokratisch regierten Staate darstelle.[19] Tatsächlich haben gerade die Chefs der Staatssicherheitsdienste immer dann besonderen Einfluß auf die Politik zu nehmen versucht, wenn sie unmittelbar in den engsten Führungszirkel einbezogen waren. Der Versuch des sowjetischen Geheimdienstchefs Berija, nach dem Tode Stalins die Macht an sich zu reißen, führte jedoch zu seinem Sturz im Juni 1953. Chruschtschow wie Breschnew fürchteten noch die späteren KGB-Vorsitzenden offenbar so sehr, daß erst der vierte KGB-Chef nach Berija, Juri W. Andropow im Juni 1967 zum Kandidaten und im April 1973 zum Vollmitglied des Politbüros kooptiert wurde.[20] Ähnliche Erfahrungen machte die DDR. Nach dem Volksaufstand vom 17. Juni 1953 wurde der Staatssicherheitsminister Wilhelm Zaisser, zugleich Vollmitglied des Politbüros, aller Partei- und Staatsämter enthoben, nachdem sein Versuch, Ulbricht zu stürzen, gescheitert war.[21] Nachdem auch Zaissers Nachfolger, Ernst Wollweber, am 6.2.1958 wegen „Fraktionstätigkeit" und Opposition gegen Ulbricht abgesetzt wurde, weigerte sich Ulbricht länger noch als die sowjetischen Parteiführer bis zum Ende seiner Amtszeit, nochmals einen Chef des Nachrichtendienstes in den engeren Führungszirkel der Partei einzubeziehen.[22] Erst Honecker folgte dem Vorbild Breschnews und ließ den Minister für Staatssicherheit, Generaloberst Erich Mielke, sofort nach dem Abgang Ulbrichts 1971 zum Kandidaten, 1976 zum Mitglied des Politbüros ernennen.[23]

Diese personellen Entscheidungen auf sowjetischer (und in der Folge auch auf ostdeutscher) Seite sind ein Indiz für den seit Ende der sechziger Jahre kontinuierlich und allmählich gestiegenen Einfluß der Staatssicherheitsdienste. Ihr Einfluß auf die praktische Politik des sozialistischen Staates ergibt sich dabei vor allem aus der Informations- und Hausmacht des dem Führungszirkel angehörenden Nachrichtendienst-Chefs, der Kenntnisse über alle seine Kollegen und Konkurrenten in der Parteispitze besitzt und im eigenen Interesse einzusetzen vermag.[24] Gerade diese Macht des Nachrichtendienstes aber spricht immer wieder das Sicherheitsstreben der Parteiführung an, den Nachrichtendienst, dessen sie ansonsten so dringend zum Zweck der Herrschaftsstabilisierung bedarf und der immer wieder über seine Funktion als bloßes Instrument der Partei hinauszuwachsen droht, in eine Position zurückzudrängen, in der er ihr nicht mehr gefährlich zu werden vermag. Realistischerweise ist daher wohl eher mit einem ständigen Ringen zwischen Parteiapparat und Staatssicherheitsdienst als mit einer kontinuierlichen Entscheidungsbeteiligung zu rechnen.

Richtung und Inhalt des unter diesen wechselnden Bedingungen faktisch ausgeübten Einflusses des Staatssicherheitsdienstes auf die Wirtschafts- und Währungspolitik im sozialistischen Staat müssen freilich weitgehend offenbleiben. Gemeinsam dürfte den Militärs wie den Sicherheitsbeamten zwar eine Neigung für „Gesetz und Ordnung" sein;[25] im übrigen vermag der Staatssicherheitsdienst, der nach der hier unterstellten Eigennutzprämisse wohl primär an Ansehen, Einkommen und Aufstiegschancen seiner Mitarbeiter (und damit an einem Ausbau seines Kompetenzbereichs und Budgets) interessiert ist, durchaus wechselnde Koalitionen mit Bündnispartner wie den Militärs, dem Parteiapparat, bestimmten Industrieministern oder Spitzenbürokraten einzugehen. Im Ergebnis können sich dann aber eine Vielzahl (wirtschafts)politischer Ziele und Strategien als mit den Organisationsinteressen des Staatssicherheitsdienstes kompatibel erweisen. Negativ formuliert wird der Sicherheitsapparat jedoch solchen Personen, Organisationen und Maßnahmen (aufgrund seiner Macht vermutlich erfolgreich) energischen Widerstand leisten, die die Quelle seiner Macht, das kommunistisch-autokratische System selbst, schwächen oder beseitigen könnten. Der Staatssicherheitsapparat wird mit anderen Worten Politiken obstruieren und unterminieren, die ihn seiner Fähigkeit berauben könnten, ausländische, vor allem aber auch inländische Personen und Organisationen zu bespitzeln, zu bewachen und zu disziplinieren.

Die staatlichen Sicherheitsorgane sind damit aber im wirtschaftspolitischen Bereich nicht per se als Verfechter eines straff zentralistischen Planungs- und Lenkungssystems anzusehen, wie dies im Westen bislang weitgehend unterstellt wird.[26] Auf der Basis der Prämissen der ökonomischen Theorie politischen Handelns im sozialistischen Staat läßt sich sogar umgekehrt die einigermaßen überraschende These formulieren, daß die Organisationsinteressen des Staatssicherheitsdienstes weit eher auf die *Befürwortung stärker dezentraler Planung und Lenkung wirtschaftlicher Prozesse* hinauslaufen, weil bei erhöhter Entscheidungsautonomie der dezentralen Einheiten der staatliche Kontrollbedarf und damit auch die Inanspruchnahme und Wertschätzung der Nachrichtendienste durch die Parteiführung drastisch ansteigen. Tatsächlich wurde der frühere SSD-Minister Ernst Wollweber im Februar 1958 abgesetzt, weil er sich jener Oppositionsgruppe angeschlossen hatte, die Ulbrichts straff zentralistische Wirtschaftspolitik flexibilisieren und durch Dezentralisierung wirksamer gestalten wollte. Wollwebers Vorgänger, Zaisser, wurde im Juli 1953 eben deshalb entmachtet, weil er versucht hatte, mit Hilfe einer Fraktion im Politbüro jene Gruppe um Ulbricht zu stürzen, die durch ihre Wirtschaftspolitik maßgebliche Schuld am Volksaufstand vom 17. Juni 1953 hatte und an die Zaissers Bündnispartner im Politbüro, Herrnstadt, noch drei Tage vor dem Arbeiteraufstand die Forderung gerichtet hatte: „Es wird Zeit, den Holzhammer beiseite zu legen."[27]

7. Der Einfluß der wissenschaftlichen Beratung

Politbüro und Partei kontrollieren den (wirtschafts)wissenschaftlichen Lehr- und Forschungsbetrieb praktisch vollständig. Von 1963 bis 1968 war ein „Beirat für ökonomische Forschung" bei der Staatlichen Plankommission damit beauftragt, die wirtschaftswissenschaftliche Forschung anzuleiten und zu koordinieren. Seit 1972 wird diese Aufgabe offenbar vom „Wissenschaftlichen Rat für die wirtschaftswissenschaftliche Forschung" bei der Akademie der Wissenschaften wahrgenommen.[1] Die Wissenschaft ist in hohem Maße gesteuert, ihre aktuellen Forschungsziele sind bewußt geplant und der Forschungsbetrieb straff organisiert.[2] Hinzu kommt, daß sich die beratende Wissenschaft in einem kommunistisch-autokratischen Regierungssystem stets nur innerhalb des ideologischen Rahmens und der aktuellen (wirtschafts)politischen Linie bewegen kann, will sie überhaupt ein Mindestmaß an Entscheidungsbeeinflussung und Beteiligung am Willensbildungsprozeß sicherstellen. Auch wird sie in nur geringem Maße spontan sein können und eher auf Forderungen der Parteiführung (nach Problemlösungen oder Legitimationen von Lösungen) zu reagieren haben. Innerhalb dieses Rahmens allerdings vermag die wissenschaftliche Beratung – insbesondere in Reformperioden oder angesichts besonderer Probleme, die von der Parteiführung zu lösen sind – durchaus Einfluß auf Entscheidungsprozesse zu nehmen.

Vor allem im Bereich der internationalen Währungspolitik existieren eine ganze Reihe von Entscheidungshelfern im wissenschaftlichen Apparat, deren Rat wiederholt von den Entscheidungsträgern eingeholt wurde. Zu diesem Kreis sind zunächst und vor allem das *Finanzökonomische Forschungsinstitut beim Ministerium der Finanzen*[3] und das *Forschungsinstitut beim Ministerium für Außenwirtschaft*[4] zu zählen, die mehrfach Konferenzen und Arbeitsgruppen gebildet haben, zu denen auch externe Wissenschaftler, regelmäßig aber auch sowjetische Wirtschafts- und Währungsexperten eingeladen wurden.[5] Die Funktion dieser Forschungsinstitute scheint vor allem zu sein, den Minister und sein Kollegium mit Informationen und Optionen zu versorgen und dabei die gelegentliche Konsultation einzelner Wissenschaftler sicherzustellen. Arbeitstagungen des Finanzökonomischen Forschungsinstituts sind beispielsweise als Reaktion auf den Zusammenbruch des Bretton Woods-Systems, die Wechselkursinstabilitäten des neuen westlichen Währungssystems[6], die Entwicklung der Rohstoffpreise[7] und die Goldpreishausse[8] angesetzt worden. Mit Sicherheit wurden in diesem Rahmen auch Probleme der Hartwährungsverschuldung diskutiert.

Außerhalb der Ministerien nehmen vor allem die *Akademie der Wissenschaften*, das *Institut für Gesellschaftswissenschaften beim ZK der SED* und das *Moskauer Internationale Institut des RGW* teilweise in Zusammenarbeit mit Fakultäten einzelner Hochschulen die Möglichkeit wahr, Konferenzen zu organisieren, an denen auch Außenwirtschaftspraktiker teilnehmen (sollen). Interessanterweise finden aber auch diese Konferenzen überwiegend dann statt, wenn einschneidende internationale Veränderungen oder innenpolitische Kurswechsel eingetreten sind. So dienten die Seeschiffahrtstagungen in Rostock 1960 und 1963[9] ganz der Propagierung des im zahlungsbilanzpolitischen Interesse vom Politbüro beschlossenen Schiffsbau- und Seeverkehrsprogramms. Die vom Institut für Gesellschaftswissenschaften beim ZK der SED einberufenen Konferenzen 1967 und 1968 waren ausdrücklich Reaktionen auf die Pfundkrise.[10] Nach dem Zusammenbruch des Bretton Woods-System wurden „Wissenschaftler aus allen RGW-Ländern, ... Vertreter von RGW-Organen und aus zahlreichen internationalen ökonomischen Organisationen der RGW-Länder" vom Internationalen Institut des RGW nach Moskau gerufen.[11] Diese Sondertagung im April 1973 war ausschließlich den internationalen Währungsproblemen gewidmet und diente offenbar dem Versuch, mitten in der weltweiten Währungskrise eine Art Konzertierung der sozialistischen Kredit- und Reservepolitiken gegenüber dem nichtsozialistischen Währungsraum herbeizuführen.

Im *Hochschulbereich* selbst gibt es nur einige wenige Bereiche, denen ein Einfluß auf die Willensbildung in den Ministerien und in der Parteiführung zugesprochen werden kann. Die Führungsrolle nimmt am ehesten noch die Fakultät für Außenhandel an der Hochschule für Ökonomie „Bruno Leuschner", Berlin-Karlshorst, ein. Anerkannt und auf zahlungsbilanzpolitische Fragen spezialisiert ist aber auch das Institut für Finanzökonomie an der Martin-Luther-Universität zu Halle-Wittenberg, früher auch das Institut für Finanzwesen an der Humboldt-Universität, Ostberlin. Mit internationalen Verkehrsproblemen und ihrer zahlungsbilanzpolitischen Bedeutung sind vor allem die Wirtschaftswissenschaftliche Fakultät der Universität Rostock und die Hochschule für Verkehrswesen „Friedrich List" in Dresden befaßt.[12]

Wie begrenzt der Einfluß der Wissenschaft jedoch letztlich ist, zeigt anschaulich die Kontroverse zwischen der Parteiführung und einigen Wirtschaftswissenschaftlern 1957/58[13], in deren Folge nicht nur die Systemkritiker unter den Wirtschaftswissenschaftlern wie Prof. Dr. F. Behrens, Dr. A. Benary und Prof. Dr. G. Kohlmey[14], sondern auch mit diesen intellektuellen Kreisen sympathisierende SED-Funktionäre und Spitzenbürokraten, insbesondere Oelssner, Frau Wittkowski und die Zentralbankpräsidentin Kuckhoff gemaßregelt wurden.[15] Es dürfte kaum einen besseren Beleg für die Begrenztheit des Einflußpotentials der Wissenschaftler geben als die Tatsache, daß qualifizierte Politiker und Spitzenbürokraten nach ihrer parteioffiziellen Entmachtung häufig auf Positionen in der wissenschaftlichen Forschung und Lehre abgeschoben wurden wie 1958 das ehemalige Politbüromitglied Oelssner[16] und der ehemalige Notenbank- und Außenhandelsbankpräsident Dietrich[17] 1978.

Es darf jedoch auch nicht übersehen werden, daß vor allem in Zeiten wirtschaftspolitischer Reformen durchaus ein eigenständiger Einfluß wissenschaftlicher Beratung auf die praktische Politik möglich und wahrscheinlich ist. Die Neigung der Parteiführung, durch begrenzte Experimente und Reorganisationsmaßnahmen immer wieder den Einfluß des Staatsapparates zu begrenzen und alternative Quellen für Informationen und Optionen zu erschließen, verhilft nämlich der Wissenschaft in solchen Phasen politischer Kursänderung zu besonderer Bedeutung. So hat Ulbricht selbst ebenso wie andere Mitglieder der politischen Führung im Zuge der Außenwirtschaftsreform wiederholt die wirtschaftswissenschaftlichen Berater zu Gedankenexperimenten und zur Entwicklung von Lösungsvorschlägen − freilich immer innerhalb der ideologischen und parteioffiziellen Linie − aufgefordert.[18] Da die wissenschaftlichen Institutionen bei solchen Gelegenheiten ihre Mission und gesellschaftspolitische Bedeutung unter Beweis stellen können und durch die Produktion von Wissen und Therapievorschlägen auch ihren Ressourcenbedarf legitimieren und sichern können, haben sie diese Aufforderung zur Ausnutzung erweiterter Forschungsspielräume regelmäßig vergleichsweise rasch und intensiv genutzt.

Allerdings sind auch einer solchen selbständigen wissenschaftlichen Beratung in kommunistisch-autokratischen Systemen vermutlich erhebliche Grenzen gesetzt. In Währungs-, Finanz- und Zahlungsbilanzfragen resultieren diese Beschränkungen allein schon aus dem begrenzten Zugang der Hochschulinstitute zu primärstatistischem Material, der auch in Reformperioden aus Geheimhaltungsgründen kaum spürbar erleichtert wird.[19] Beschränkungen der von der Parteiführung ermutigten „Gedankenexperimente" ergeben sich aber vor allem aus ideologischen Restriktionen, die in den sozialistischen Ländern bis heute die Entwicklung einer fruchtbaren Außenwirtschaftstheorie oder die Verwendung „bürgerlicher" Theorieansätze verhindert haben und die Formulierung zahlreicher wirksamer außenwirtschaftspolitischer Mittelempfehlungen von Anfang an tabuisieren.[20] Nicht zuletzt aber sind sich die wissenschaftlichen Berater selbst offenbar durchaus der Tatsache bewußt, daß bei erneuten wirtschaftspolitischen Kursänderungen, die regelmäßig nach einigen Jahren zu erwarten sind, jede einmal vorgetragene These oder Anregung eine ganz andere Bedeutung gewinnen und ihren Vertreter möglicherweise dann Amt, Einkommen und Prestige kosten kann.

Unter diesen Bedingungen ist zu erwarten, daß wirtschaftswissenschaftliche Berater in einem kommunistisch-autokratischen System tendenziell erst initiativ werden, wenn sie von der Parteiführung hierzu ausdrücklich aufgefordert werden, daß sie ihre Forschungsergebnisse regelmäßig ideologisch und auf der Basis von Anregungen hochrangiger Politiker zu legitimieren suchen, in ihrem Urteil ausgesprochen vorsichtig und zurückhaltend bleiben und vor innovativen Lösungsvorschlägen zurückschrecken. Sofern die Parteiführung jedoch gerade auf innovativen Anregungen besteht, wird die wirtschaftswissenschaftliche Beratung im eigenen Interesse zu Thesen und Empfehlungen neigen, die *partielle Interventionismen* (und keine grundlegenden Lösungen) implizieren und die die *Unterstützung mindestens einer einflußreichen Spitzenbürokratie* finden, um sich bei späteren politischen Kursänderungen keiner übermäßigen Kritik auszuliefern und notfalls Verbündete und Interessenvertreter im Staats- und Parteiapparat vorzufinden. Überhaupt dürften mächtige bürokratische Organisationen als Befürworter bestimmter wissenschaftlicher Thesen und Empfehlungen gerade im Bereich der Wirtschaftspolitik *die* Vorraussetzung für wissenschaftliche Einflußnahmen auf politische Entscheidungsprozesse schlechthin sein. Aus diesem Grunde ist aber im sozialistischen Staat eine Durchbrechung der Dominanz der Bürokratien durch den Einfluß wissenschaftlicher Berater im Prozeß politischer Willens- und Entscheidungsbildung gerade nicht zu erwarten.

Die Richtigkeit dieser Vermutung wird besonders deutlich bei einem Blick auf die Methoden der Konsultation wissenschaftlicher Berater bei wirtschafts- und währungspolitischen Kurswechseln. Während die Initiative zu solchen Strategieänderungen und/oder zu Reorganisationsmaßnahmen im Staats- und Wirtschaftsapparat typischerweise aus der ökonomisch weitgehend inkompetenten Parteiführung und aus dem ZK-Apparat kommt, liegt die Aufgabe der Sammlung, Bewertung und Vorab-Auswahl (wirtschafts)politischer Informationen und Optionen meistens bei Arbeitsgruppen, die sich auf Parteiweisung hin ad hoc konstituieren, um den in der Regel überforderten ZK-Apparat mit Fachwissen zu unterstützen. Zu den Sitzungen dieser überwiegend interministeriellen Arbeitsgruppen werden auch Wissenschaftler geladen.

1956 und 1957 trat beispielsweise regelmäßig eine Kommission zur Untersuchung der Außenhandels- und Valutaplanmethodik zusammen, die unter der Leitung der Staatlichen Plankommission Lösungsvorschläge erarbeiten sollte, wie die verschiedenen planmethodischen Entwicklungen in den Ministerien und Staatsorganen verbessert und vereinheitlicht werden könnten.[21] Es zeigte sich jedoch schon bald, daß der in diesem Gremium ausgebrochene vermeintliche wissenschaftlich-methodische Dissens seine Ursache tatsächlich in grundlegenden Macht- und Interessenkonflikten zwischen den beteiligten Ministerien hatte. Die methodischen Verbesserungsvorschläge der Plankommission und des Ministeriums der Finanzen zielten letztlich nämlich auf eine Schwächung der dominierenden Kontrollkompetenzen der Zentralbank ab, die ihrerseits energischen Widerstand gegen methodische Regelungen leistete, die im Ergebnis auf eine Schwächung ihrer Kompetenzen hinauslaufen mußten. Erst als die Notenbank 1958 (wie weiter oben bereits dargestellt wurde) von der Parteiführung (und auf Betreiben des Finanzministers) „entmachtet" worden war, vermochten sich die nunmehr gestärkten „gegnerischen" Bürokratien mit ihren Vorstellungen auch in der Valutaplankommission durchzusetzen. Von einer Versachlichung der Diskussion und einer wissenschaftlichen Begründung staatlicher Valutaplanung konnte unter diesen Bedingungen natürlich keine Rede sein. Die unter dem Einfluß und als Kompromiß bürokratischer Organisationsinteressen vereinbarte Valutaplanmethodik erwies sich am Ende sogar als so mangelhaft, daß bereits zu Beginn der Außenwirtschaftsreform erneut Expertengruppen zusammentreten mußten, um die Valutaplanmethodik abermals grundlegend zu überarbeiten.[22]

Zu Beginn der Außenwirtschaftsreform konstituierte sich um 1964 eine andere zentrale Arbeitsgruppe „Außenhandelsrentabilität" unter Federführung des Ministeriums der Finanzen, die sich aus Vertretern dieses Ministeriums, der Staatlichen Plankommission, des Volkswirtschaftsrates, des Ministeriums für Außenhandel und innerdeutschen Handel sowie der Hochschule für Ökonomie, Ostberlin, zusammensetzte.[23] Die Arbeitsgruppe faßte Beschlußvorlagen für die ökonomische Kommission beim Präsidium des Ministerrates ab und bot verschiedenen Wissenschaftlern erstmals hervorragende Möglichkeiten einer Einflußnahme auf die Gestaltung praktischer Wirtschaftspolitik. Durch diesen Expertenstab wurden im wesentlichen die Grundlinien der bis 1971 praktizierten Wechselkurspolitik der DDR fixiert. Die Möglichkeiten, zugleich aber auch die Grenzen des wissenschaftlichen Einflusses ergaben sich jedoch wesentlich aus der strategisch zentralen Position des Finanzministeriums innerhalb der staatsbürokratischen Hierarchie und aus der Tatsache, daß das Ministerium primär an einer Sanierung des Staatshaushalts interessiert war. Der Finanzminister griff entsprechend im wesentlichen nur solche Ideen und praktischen Vorschläge der Wirtschaftswissenschaftler auf, die geeignet erschienen bzw. ausdrücklich bezweckten, die hohen Subventionen des Außenhandels aus dem Staatshaushalt abzubauen. Darüber hinausgehende Überlegungen einzelner Experten etwa einer Herstellung rationaler Kursrelationen, der Einführung einer (Teil-)Konvertibilität der Ostmark oder einer Auflockerung des Außenhandelsmonopols[24] besaßen unter diesen Bedingungen keine Durchsetzungschancen, weil sie außerhalb der von den Interessen des Partei- und Staatsapparates gezogenen Forschungsgrenzen lagen.

Die hier kurz aufgezeigten Formen einer „Anhörung" von Wissenschaftlern verdeutlichen bereits, daß nur solche Theorien und Therapievorschläge überhaupt eine Chance haben, vorgetragen zu werden, die bürokratische Advokaten finden. Da zudem in aller Regel mehrere Ministerien, Staatssekretäre und zentrale Staatsorgane am Willensbildungsprozeß beteiligt sind, werden in vielen Fällen nur noch diejenigen Informationen und Optionen an die Parteiführung weitergegeben, die die Zustimmung der einflußreichsten oder der überwiegenden Mehrheit der beteiligten Bürokratien finden. Wissenschaftliche Thesen oder Problemlösungsvorschläge, die geeignet erscheinen, den Interessen mächtiger Spitzenbürokratien zu schaden, haben unter diesen Bedingungen kaum eine Chance, in der Parteiführung selbst überhaupt diskutiert zu werden und damit in den Entscheidungsprozeß einzufließen. Da die Mitglieder des Politbüros weder über die Zeit noch die Kompetenz verfügen, die Fülle des jeweils vorgelegten Materials zu studieren, geschweige denn gründlich zu prüfen, mit Experten zu besprechen und Alternativen durchdenken zu können, werden letztlich dann doch wieder „staatswichtige Beschlüsse gefaßt, über die in Wirklichkeit ein unverantwortlicher und bürokratischer Apparat entschieden hat."[25]

8. Zusammenfassung

Mit den vorausgegangenen Überlegungen wurde im Gegensatz zu herkömmlichen wirtschaftspolitischen Analysen der Versuch unternommen, Struktur und Funktionsweise (außen)wirtschaftspolitischer Willens- und Entscheidungsbildung in der DDR selbst zu thematisieren und damit das gängige Paradigma eines weitgehend monolithischen kommunistischen Entscheidungssystems fallenzulassen. Tatsächlich konnten, wie auf der Basis der Ergebnisse des eingangs skizzierten Grundmodells zu erwarten war, grundlegende Macht- und Interessenkonflikte sowohl zwischen den am Willensbildungsprozeß beteiligten Gruppen, als auch innerhalb des Parteiapparates und der Staats- und Wirtschaftsbürokratie identifiziert werden. Diese Ergebnisse sind für die hier intendierte Analyse insofern von zentraler Bedeutung, als zugleich nachgewiesen werden konnte, daß die beobachtbaren Macht- und Interessenkonflikte selbst entscheidenden Einfluß auf den „Output" des politischen Entscheidungssystems, hier die internationale Währungspolitik des sozialistischen Staates, ausgeübt haben.

Die grundlegenden Entscheidungen werden offenbar unter maßgeblichem Einfluß und unter strikter Kontrolle der *sowjetischen Parteiführung* in einem engen Führungszirkel getroffen, dem nur ein Teil des ökonomisch überwiegend inkompetenten SED-Politbüros, aber die Spitzen der Staatsbürokratie sowie des militärischen und Sicherheitsapparates angehören. Schon diese Struktur des Entscheidungssystems dürfte Inhalte und Muster der praktischen Politik sehr weitgehend bestimmen. Es ist daher in Übereinstimmung mit den weiter oben herausgearbeiteten und begründeten Merkmalen praktischer Politik im sozialistischen Staat zu erwarten, daß die *Interessen der Bevölkerung* in lediglich sehr begrenztem Maße überhaupt in den Entscheidungsprozeß einfließen, und zwar vor allem in dem Sinne, daß die kommunistische Führungsoligarchie darauf achten muß, offenen Aufruhr und systemdestabilisierende Unzufriedenheit in der Bevölkerung zu vermeiden. Dauerhafte und wirksame zahlungsbilanzpolitische Restriktionen ergeben sich hieraus freilich nicht. Lediglich einmal, nach dem Volksaufstand vom 17. Juni 1953, sah sich der währungspolitische Führungszirkel der DDR bislang gezwungen, die Zahlungsbilanzpolitik an den Interessen der Regierten auszurichten.

Auch die *marxistisch-leninistische Ideologie* schränkt den Handlungsspielraum der Entscheidungsträger kaum wesentlich ein. Einerseits sind ideologisch begründbare außenwirtschaftspolitische Postulate in der Regel zu allgemein, um aus ihnen klare Handlungsanweisungen in konkreten Entscheidungssituationen ableiten zu können. Andererseits entspricht im Bereich der Außenwirtschafts- und Zahlungsbilanzpolitik gerade eine pragmatische Strategie und das Ausnutzen ökonomischer Vorteile in den intersystemaren Wirtschafts- und Währungsbeziehungen ideologischen Leitsätzen, wie sie bis heute in den sozialistischen Staaten – insbesondere in der Sowjetunion und der DDR – Gültigkeit beanspruchen. Es ist daher zu erwarten, daß die internationale Währungspolitik der DDR zwar parteioffiziell regelmäßig ideologisch legitimiert wird, daß sich die praktische Politik inhaltlich jedoch weitgehend an ökonomischen Sachzwängen orientiert. Daraus folgt auch, daß die sozialistische Außen- und Sicherheitspolitik keinen derart bestimmenden Einfluß auf die Außenwirtschafts- und Zahlungsbilanzpolitik des sozialistischen Staates auszuüben vermag, wie dies im Westen regelmäßig unterstellt und in den kommunistischen Ländern selbst behauptet wird.

Unter den hier im einzelnen herausgearbeiteten Bedingungen (außen)wirtschaftspolitischer Willens- und Entscheidungsbildung in der DDR muß auch der Einfluß von *Verbänden und wissenschaftlicher Beratung* vergleichsweise gering bleiben. Er beschränkt sich offenbar weitgehend darauf, innerhalb der von Parteiführung und staatlichen Spitzenbürokratien abgesteckten Grundlinien für eine möglichst wirksame Durchsetzung der jeweils gültigen Außenwirtschaftsstrategie zu sorgen und bei Bedarf den „brain trust" des Partei- und Staatsapparates mit Ideen und

Informationen zu versorgen. Wirksamen und dauerhaften Einfluß auf außenwirtschafts- und zahlungsbilanzpolitische Entscheidungen scheinen demgegenüber die *militärische Führung* und (in der DDR zumindest bis 1957 sowie erneut seit 1971) die Spitze des *Staatssicherheitsdienstes* nehmen zu können. Die Entscheidungsbeteiligung dieser Organisationen dürfte im wesentlichen in ihrer geradezu staatstragenden Funktion begründet sein. Als Instrumente der Herrschaftssicherung sind Militär und Staatssicherheitsdienst für die kommunistische Parteiführung unentbehrlich, aber gerade auch deshalb selbst gefährlich. Die SED-Führung scheint (wie die kommunistischen Parteiführungen in den anderen sozialistischen Staaten) wohl nicht zuletzt aus diesem Grunde eine direkte Beteiligung an wirtschafts- und zahlungsbilanzpolitischen Entscheidungsprozessen als die wirksamste Möglichkeit einer Kontrolle und Kanalisierung der Organisationsinteressen von Militärs und Staatssicherheitsdienst anzusehen.

Auch die *staatlichen Spitzenbürokratien* sind, wie sich zeigen ließ, im sozialistischen Staat in erheblichem Umfang am (außen)wirtschaftspolitischen Willensbildungs- und Entscheidungsprozeß direkt beteiligt. Der *Parteiapparat,* an seiner Spitze insbesondere das Sekretariat des Zentralkomitees der SED vermag sich zwar in enger Abstimmung mit der sowjetischen Parteiführung maßgeblichen Einfluß auf wirtschafts- und währungspolitische Grundsatzfragen zu sichern. Der Einfluß der Spitzen der Staatsbürokratie sowie der militärischen Führung scheint jedoch zumindest im Bereich der internationalen Währungspolitik auch in Grundsatzfragen – vor allem bei Uneinigkeit oder Unentschlossenheit der Parteiführung – erheblich zu sein. In der praktischen Tagespolitik gar dürfte der Staatsapparat aufgrund der Zersplitterung währungspolitischer Kompetenzen, der allseitigen Geheimhaltung zahlungsbilanzrelevanter Informationen und der unmittelbaren Entscheidungsbeteiligung einiger weniger Experten und Spitzenbürokraten im Detail „regieren". Den Organisationsinteressen von Außenwirtschaftsministerium, Zentralbank, Finanzministerium, Plankommission und Ministerratspräsidium sowie militärischer Führung und Staatssicherheitsdienst kommt unter diesen Bedingungen ein im Westen bislang weit unterschätzter Rang im wirtschafts- und währungspolitischen Entscheidungsprozeß zu.

Es scheint gerade dieser, hier nachgewiesene faktische Einfluß und unvermeidbare Handlungsspielraum der staatlichen Spitzenbürokratien zu sein, der die Führung der kommunistischen Partei immer wieder veranlaßt, in gewissen zeitlichen Abständen *durchgreifende Reorganisationsmaßnahmen und personelle Veränderungen im Staatsapparat* durchzusetzen. Für den Bereich der Außenwirtschafts- und Währungsbürokratie konnte nachgewiesen werden, daß solche Maßnahmen vor allem in Phasen innenpolitischer Instabilität und wirtschaftspolitischen Problemdrucks auftraten und daß unter diesen Bedingungen immer wieder einzelne besonders ambitionierte Politiker und Spitzenbürokraten die Gelegenheit zu nutzen verstanden, ihre eigenen Interessen und die Forderungen der Institution, die sie als ihre „Hausmacht" betrachten, durchzusetzen. Die ergriffenen Reorganisationsmaßnahmen vermochten daher in der Regel auch nur in begrenztem Maße überhaupt funktionalen Erfordernissen Rechnung zu tragen. Die einschneidenden organisatorischen und personellen Veränderungen im Staatsapparat, wie sie von Ulbricht beispielsweise 1958, 1961 und 1966 sowie von Honecker 1971 durchgesetzt wurden, scheinen jedenfalls die Problemlösungskapazität des Staatsapparates im Bereich der Wirtschafts- und Zahlungsbilanzpolitik eher verschlechtert als verbessert zu haben.

Das Gestaltungsmuster praktischer internationaler Währungspolitik im Sozialismus ergibt sich im wesentlichen aus diesem permanenten Spannungsverhältnis zwischen dem Herrschaftsanspruch der kommunistischen Parteiführung einerseits und dem an der Erhaltung gegebener Handlungsspielräume und der Durchsetzung organisationseigener Interessen orientierten Handeln des Staatsapparates andererseits. Praktische internationale Währungspolitik im sozialistischen Staat wird sich damit aber nicht losgelöst vom *Zick-Zack-Muster kommunistischer Wirtschaftspolitik* bewegen können und läßt sich entsprechend auch nur in Phasen mit nichtinkrementalen, sprunghaften Übergängen deuten und analysieren. Die Richtlinienentscheidungen, die summarisch die „Grobsteuerung" des politischen Systems ausmachen, fallen danach in einem engen Führungszirkel unter Beachtung externer, ideologischer und die Systemstabilität sichernder Restriktionen im machtpolitischen Interesse der Führungsoligarchie und zeichnen sich durch nichtinkrementale, häufig unberechenbare (außen)wirtschaftspolitische Strategieänderungen aus. Die „Feinsteuerung" der Politik bleibt allerdings weitgehend den Spitzenbürokratien und den beratenden Experten überlassen. Entsprechend wird die praktische Politik *zwischen* den nichtinkrementalen Strategiewechseln primär durch Merkmale bürokratischen Problemlösungsverhaltens wie Berechenbarkeit und Zuverlässigkeit, aber auch mangelnde Flexibilität und geringe Innovationsfreudigkeit gekennzeichnet sein. Danach ist zu erwarten, daß sich in der praktischen Durchführung der internationalen Währungspolitik der DDR nicht nur die dominierenden Interessen der Sowjetunion und der militärischen Führung niederschlagen, sondern auch die ökonomischen Interessen der historisch jeweils einflußreichsten Spitzenbürokratien, nach den hier rekonstruierten Machtverschiebungen im Staatsapparat also im wesentlichen der Staatlichen Plankommission, bis 1957 auch der Deutschen Notenbank, danach bis etwa 1967 die Interessen des Ministeriums der Finanzen und spätestens seit 1970 vor allem Interessen des Außenwirtschaftsministeriums und der Deutschen Außenhandelsbank. Hauptgegenstand der folgenden Analyse wird es sein, die sich hieraus ergebenden Merkmale internationaler Währungspolitik nachzuweisen und ihre Konsequenzen vor allem für die Entwicklung der intersystemaren Währungsbeziehungen der DDR aufzuzeigen.

Anmerkungen

Zu Abschnitt 1:

1 ROSE, Klaus: Theorie der Außenwirtschaft, 8. Aufl., München 1981, S. 3
2 Informationen des Verf.
3 Diese Feststellung läßt sich zumindest für den Zeitraum bis 1957 treffen, in dem Fritz SCHENK Einblick in die Beschlußvorlagen des Politbüros besaß.
4 Informationen durch Fritz SCHENK. Siehe hierzu auch SCHENK, Fritz: Magie der Planwirtschaft, a.a.O., insbesondere S. 34 ff., S. 44 ff. sowie S. 87 ff.
5 1961 bis 1963 war Karl MEWIS Vorsitzender der Staatlichen Plankommission, LEUSCHNER wurde bis zu seinem Tode 1965 mit Sonderkoordinierungsaufgaben betraut. Es ist jedoch zu vermuten, daß MEWIS, der schon 1963 wegen Unfähigkeit abgesetzt wurde, nicht in den inneren währungspolitischen Führungszirkel eingeschlossen wurde.
6 Persönliche Informationen durch Fritz SCHENK

7 Dies ergibt eine Auswertung von Reisen und zwischenstaatlichen Kontakten, Verträgen und Protokollen durch den Verf. Werner OBST berichtet, Gerhard WEISS sei als Stellvertreter STOPHs primär zuständig gewesen „für die Forcierung und Koordination aller Maßnahmen ..., die die staatliche Anerkennung der DDR bei den arabischen Staaten herbeiführen sollten." OBST, Werner: DDR-Wirtschaft. Modell und Wirklichkeit, Hamburg 1973, S. 163. Eine merkwürdige Koinzidenz ist es jedoch, daß WEISS, der bis Anfang 1965 stellvertretender Außenhandelsminister war, gerade im März 1965, d.h. knapp drei Wochen nach LEUSCHNERs Tod zum stellvertretenden Ministerratsvorsitzenden berufen wurde und seit 1967 ununterbrochen Ständiger Vertreter der DDR im RGW ist. Vgl. auch BUCH, Günther: Namen und Daten wichtiger Personen der DDR, 3. Aufl., Berlin und Bonn 1982, S. 338. Diese biographischen Informationen sprechen dafür, daß WEISS tatsächlich der „Nachfolger" LEUSCHNERs ist und die gesamte internationale Währungspolitik der DDR koordiniert.

Zu Abschnitt 2:

1 FAUDE, Eugen u.a.: Sozialistische Außenwirtschaft, a.a.O., S. 149
2 Zitiert nach OSTEN, Walter: Die Außenpolitik der DDR. Im Spannungsfeld zwischen Moskau und Bonn, Opladen 1969, S. 46
3 Ebd.
4 LENIN Werke, Band 31, Berlin(Ost) 1959, S. 393
5 BRAUER, Rudolf: Die Wirtschaftsbeziehungen zwischen sozialistischen und kapitalistischen Staaten als Form des Klassenkampfes, in: Sozialistische Außenwirtschaft, 20. Jg. (1970), H. 4, S. 21–23
6 FAUDE, Eugen u.a.: Sozialistische Außenwirtschaft, a.a.O., S. 133
7 BRAUER, Rudolf: Die Wirtschaftsbeziehungen zwischen sozialistischen und kapitalistischen Staaten als Form des Klassenkampfes, a.a.O., S. 22
8 Hierzu werden vor allem konjunkturelle Nachfrageschwankungen, chronische und länderspezifisch stark differenzierte inflationäre Entwicklungen, Währungs- und Zahlungskrisen, protektionistische Außenwirtschaftspolitiken und die zunehmende Marktmacht insbesondere multinationaler Unternehmen gezählt. Vgl. FAUDE, Eugen u.a.: Sozialistische Außenwirtschaft, a.a.O., S. 131
9 Dieser Deutung unterlagen nicht nur die westliche Embargo- und Zollpolitik, die Politik der westdeutschen Bundesregierung mit Bezug auf den innerdeutschen Handel und die Weigerung zahlreicher westlicher Länder, zu langfristigen Handelsvereinbarungen mit der DDR zu kommen. Währungsexperten der DDR verstiegen sich sogar zu der Behauptung, das westliche Währungssystem, namentlich die Pfund-Abwertung, die Dollarkrise und die sich zuspitzenden Instabilitäten auf den westlichen Goldmärkten Ende der sechziger Jahre seien „ein wichtiges Instrument der aggressiven Außenpolitik und Außenwirtschaftspolitik des Weltimperialismus gegenüber den sozialistischen Staaten und den Entwicklungsländern." BERGSTRÖM, Siegfried: Beratungen über Probleme der weiteren Verschärfung der Krise des kapitalistischen Weltwährungssystems, in: Wirtschaftswissenschaft, 16. Jg. (1968), S. 1190–1196
10 Vgl. beispielsweise HERCHER, Karl: Der Zahlungsverkehr der DDR mit dem Ausland, Berlin(Ost): Verlag Die Wirtschaft, 1958, S. 14ff. sowie FAUDE, Eugen u.a.: Sozialistische Außenwirtschaft, a.a.O., S. 270f.
11 LENIN Werke, Band 31, Berlin(Ost) 1959, S. 434f.
12 Ebd., S. 409
13 LENIN Werke, Band 33, Berlin(Ost) 1959, S. 136
14 BRAUER, Rudolf: Die Wirtschaftsbeziehungen zwischen sozialistischen und kapitalistischen Staaten als Form des Klassenkampfes, a.a.O., S. 23
15 LENIN Werke, Band 33, Berlin(Ost) 1959, S. 250
16 BRAUER, Rudolf: Die Wirtschaftsbeziehungen zwischen sozialistischen und kapitalistischen Staaten als Form des Klassenkampfes, a.a.O., S. 23
17 Ebd.
18 LENIN Werke, Band 32, Berlin(Ost) 1959, S. 320
19 In den fünfziger Jahren beispielsweise wurden innerhalb der politischen Führung der DDR wie auch gegenüber den sowjetischen Beobachtern die ökonomischen Mißstände regelmäßig

und schonungslos offengelegt. Nach Berichten von Fritz SCHENK hat LEUSCHNER, der stets den noch vergleichsweise besten und umfassendsten Überblick über die Rückständigkeit und Funktionsuntüchtigkeit der DDR-Wirtschaft hatte, schon aus strategischen Gründen — d.h. der eigenen Absicherung wegen — im inneren Führungszirkel regelmäßig zumindest jene Informationen über Mißstände und Mängel zur Kenntnis gebracht, die seine eigene Position als Planungschef nicht bedrohen konnten.

20 Vgl. beispielsweise OSTEN, Walter: Die Außenpolitik der DDR. Im Spannungsfeld zwischen Moskau und Bonn, a.a.O., insbesondere S. 87 sowie JACOBSEN, Hanns-Dieter: Strategie und Schwerpunkte der Außenwirtschaftsbeziehungen, in: Drei Jahrzehnte Außenpolitik der DDR, S. 293–311. Die These der „Ökonomisierung" der Außenwirtschaftspolitik der DDR wird weithin akzeptiert. Danach konnte sich erst nach der Anerkennungswelle „die DDR-Außenwirtschaftspolitik auf ihr eigentliches Gebiet konzentrieren: Die Außenwirtschaftsbeziehungen unterlagen nunmehr primär ökonomischen Erwägungen; es konnte eine — zumindest teilweise — ‚Ökonomisierung' der DDR-Außenwirtschaftsbeziehungen gegenüber dem Westen festgestellt werden." JACOBSEN, Hanns-Dieter: Die Außenwirtschaftspolitik der DDR gegenüber dem Westen zu Beginn der achtziger Jahre, in: Die DDR vor den Herausforderungen der achtziger Jahre. Sechzehnte Tagung zum Stand der DDR-Forschung in der Bundesrepublik Deutschland, 24. bis 27. Mai 1983, Köln 1983, S. 66–78, hier: S. 67. Bis dahin habe die Außenwirtschaftspolitik zumindest gleichrangig „der Unterstützung ihres Strebens nach gleichberechtigter Aufnahme in die internationale Staatengemeinschaft" gedient. Ebd., S. 66

21 Vgl. BRAUER, Rudolf: Die Wirtschaftsbeziehungen zwischen sozialistischen und kapitalistischen Staaten als Form des Klassenkampfes, a.a.O., S. 21

22 Wenn diese Überlegungen zutreffen, müssen zahlreiche westliche Erklärungsansätze revidiert werden. Bislang ging man beispielsweise überwiegend davon aus, die außenwirtschafts- und entwicklungspolitische Initiative der DDR im arabischen Raum Ende der sechziger Jahre habe primär dem außenpolitischen Ziel der diplomatischen Anerkennung der DDR gedient. Vgl. etwa OSTEN, Walter: Die Außenpolitik der DDR, a.a.O., S. 79ff. sowie OBST, Werner: DDR-Wirtschaft, a.a.O., S. 163. Im Lichte der hier geführten Argumentation dürfte die Außenwirtschaftspolitik der DDR hingegen primär ökonomischen Interessen, d.h. dem Versuch einer Sicherung der Erdölversorung gedient haben. In der Tat liegen Hinweise vor, daß die sowjetische Parteiführung Ostberlin Ende der sechziger Jahre signalisiert hat, die DDR müsse in Zukunft einen Teil ihres Bedarfs außerhalb der Sowjetunion decken. Vgl. BISCHOF, Henrik: Erdöl und Erdgas in der kommunistischen Entwicklungspolitik, in: Monatsberichte entwicklungspolitischer Aktivitäten kommunistischer Länder, Mai 1974, S. 401–427, hier: S. 408. Erst eine solche, die SED-Führung alarmierende Nachricht würde in der Tat erklären, warum die DDR ihre massiven zahlungsbilanzpolitischen Aktivitäten in den Folgejahren schwerpunktmäßig ausgerechnet in den ölfördernden Entwicklungsländern des arabischen Raumes entfaltete.

23 Vgl. BRZEZINSKI, Zbigniew K./HUNTINGTON, Samuel P.: Politische Macht USA/UdSSR, a.a.O., S. 81, siehe auch die entsprechenden Ausführungen in Kapitel II.B

24 Erklärung des Ministeriums für Auswärtige Angelegenheiten der Deutschen Demokratischen Republik vom 27. Juli 1961 zum portugiesischen Kolonialterror, in: Dokumente zur Außenpolitik der DDR, Band IX (1961), S. 62f. sowie S. 267f.

25 Vgl. die Informationen in: Der Außenhandel und der innerdeutsche Handel, 6. Jg. (1956), S. 213f.

26 Vgl. Dokumente zur Außenpolitik der DDR, Band IX (1961), S. 33f.

27 Dokumente zur Außenpolitik der DDR, Band XI (1963); S. 612 sowie die Erklärung eines Sprechers des Ministeriums für Auswärtige Angelegenheiten der DDR vom 2.6.1964, in: Dokumente zur Außenpolitik der DDR, Band XII (1964), S. 886f.

28 Als Begründung wurde angegeben, die „Maßnahme der DDR sei zur Unterstützung des Befreiungskampfes der Bevölkerung der Südafrikanischen Republik gegen das Terrorregime Verwoerd und zur Unterstützung der Bemühungen der unabhängigen Staaten Afrikas veranlaßt worden." Dokumente zur Außenpolitik der DDR, Band XI (1963), S. 612

29 Vgl. Entwicklungspolitische Aktivitäten kommunistischer Länder, 1968, Heft XI, S. 1

30 Vgl. HAENDCKE-HOPPE, Maria: Die DDR-Außenhandelsstatistik und ihr Informationswert, FS-Analysen, Heft 3, Berlin 1978, S. 9

31 Vgl. Verfügungen und Mitteilungen des Ministeriums für Außenhandel und innerdeutschen Handel, Nr. 7, 1961, S. 61−64
32 Informationen des Verf.; zur Entwicklung bis 1978 vgl. PLATE, Bernard von: Der Nahe und Mittlere Osten sowie Maghreb, in: Drei Jahrzehnte Außenpolitik der DDR, S. 673−698, hier: S. 685f.
33 Informationen des Verf. durch die Bank Markazi, Teheran
34 Dies ergibt sich aus Berechnungen des Verf. auf der Basis internen Datenmaterials der Bank Markazi Iran zum Zahlungsverkehr mit der DDR.
35 Die dem Verf. von der Bank of Greece zur Verfügung gestellten Daten zum bilateralen Clearingverkehr belegen nicht nur, daß die Wirtschaftsbeziehungen trotz abgekühlter politischer Beziehungen ohne Unterbrechungen kontinuierlich expandierten, und daß die Verrechnungskonten ohne Unterbrechung fortgeführt wurden, sondern auch, daß die DDR sich in nicht unbeträchtlichem Umfang bei der griechischen Zentralbank verschuldet hatte. Ende 1966, vier Monate vor dem Militärputsch in Griechenland, war die DDR noch mit 3,8 Mill. US-$ an die Bank of Greece verschuldet; im Jahr des Umsturzes 1967 baute sie ihre Verschuldung bis auf 2,9 Mill. US-$ ab. Gerade in den Folgejahren der griechischen Militärdiktatur steigerte die DDR ihre Verschuldung jedoch kräftig, und zwar maximal bis auf 12,9 Mill. US-$ Ende 1972. Erst in den letzten Jahren der Militärdiktatur 1973 und 1974 baute die DDR vermutlich auf Drängen der griechischen Behörden ihre Clearingschulden bis auf 7,8 Mill. US-$ Ende 1974 ab. Die Regierung der DDR hat sich mit anderen Worten nicht gescheut, gerade bei der offiziell immer wieder heftig angegriffenen griechischen Militärregierung Schulden aufzunehmen, die 1972 die Höhe der gesamten Jahresimporte der DDR aus Griechenland erreichten.
36 Nach Schätzungen des Verf. beliefen sich die ALLENDE-Schulden an die DDR auf rund 40 Mill. US-$ zur Zeit des Umsturzes, zuletzt 13,2 Mill. US-$ zum 31.12.1976, von denen 1977 2,5 Mill. US-$ und 1978 2,3 Mill. US-$ getilgt wurden. Vgl. Anhang E sowie Monatsberichte entwicklungspolitischer Aktivitäten, Heft 1, 1977, S. 230; Entwicklungspolitik kommunistischer Länder, 1978, Teil II, S. 81
37 Vgl. GÖTZ, Julius: Die Rohstoffwirtschaft der DDR, Bonn (Gesamtdeutsches Institut), 1980, S. 24−27. Verbrauch, Produktion und Import der DDR an Kupfer(erzen) lassen sich nur grob schätzen.
38 Der chilenischen Außenhandelsstatistik zufolge stiegen die Importe der DDR seit 1972 bemerkenswert stark an. Sie übertreffen die Kreditrückzahlungsverpflichtungen der chilenischen Regierung alljährlich deutlich. Seit 1977 sind die Lieferungen Chiles wieder stark rückläufig. Große Mengen an Kupfer importiert die DDR seit 1977 allerdings in zunehmendem Maße auch aus Peru und Sambia. Die aus Peru bezogenen Mengen allein (1977 beispielsweise 10 510 t Raffinadekupfer) erklären bereits den drastischen Rückgang der chilenischen Liefermengen. Neben der Sowjetunion sind die wichtigsten Kupferlieferanten der DDR Polen, Westdeutschland, Schweden, Frankreich, die USA und Marokko. Vgl. LEVINE, Richard: The Mineral Industry of the German Democratic Republic, in: Bureau of Mines Minerals Yearbook 1980, Washington, D.C. (U.S. Department of the Interior, Reprint o.J., S. 7 sowie BUTTERMAN, W.C.: Copper, in: Bureau of Mines Minerals Yearbook 1980, Washington, D.C. (U.S. Department of the Interior), Reprint o.J., S. 21f. Die DDR ist somit offensichtlich bemüht, ihre Bezugsquellen außerhalb des RGW-Raumes zu diversifizieren und scheut sich daher nicht, die Handelsbeziehungen mit Staaten zu intensivieren, deren Regierungen als reaktionäre Regime eingestuft werden.
39 Umfang und Intensität des liberalen Handels- und Zahlungsverkehrs der DDR stehen nach allen dem Verf. verfügbaren Daten und Informationen in keinerlei systematischem Zusammenhang mit dem Zeitpunkt der offiziellen diplomatischen Anerkennung der DDR durch das jeweilige Partnerland oder mit Art und Intensität der zwischenstaatlichen Beziehungen. Siehe dazu die „Zeittafel über die Aufnahme diplomatischer Beziehungen durch die DDR" in: Drei Jahrzehnte Außenpolitik der DDR, S. 857−859. Für die skandinavischen Länder ist diese These bereits anschaulich von Jochen MERKEL belegt worden in: EYMELT, Friedrich: Die Tätigkeit der DDR in den nichtkommunistischen Ländern, Band II., Die Nordischen Staaten, Bonn (Forschungsinstitut der Deutschen Gesellschaft für Auswärtige Politik e.V.) 1970, S. 58ff.
40 OBST, Werner: DDR-Wirtschaft, a.a.O., S. 94

41 Vgl. OBST, Werner: DDR-Wirtschaft, a.a.O., S. 93. OBST berichtet, im Ministerrat sei sogar mehrfach über die Auflösung des Ministeriums für Außenwirtschaft beraten worden. Diesen Beratungen müssen zumindest „Diskussionsfreigaben" durch den inneren Parteiführungszirkel vorausgegangen sein.
42 Siehe hierzu insbesondere die Maßnahmen einer sog. direkten Konfrontation der Betriebe mit den Weltmarktbedingungen insbesondere durch die Einführung eines einheitlichen Betriebsergebnisses. Vgl. Anordnung über die Bildung eines einheitlichen Betriebsergebnisses in den Jahren 1969 und 1970 vom 26. Juni 1968, in: Gesetzblatt der DDR, Teil II, Nr. 67, S. 507—511 sowie Beschluß über die Grundsatzregelung für komplexe Maßnahmen zur weiteren Gestaltung des ökonomischen Systems des Sozialismus in der Planung und Wirtschaftsführung für die Jahre 1969 und 1970 vom 26. Juni 1968, in: Gesetzblatt der DDR, Teil II, Nr. 66/1968, S. 433—452, Anlagen S. 453—479

Zu Abschnitt 3:

1 Vgl. SCHENK, Fritz: Das rote Wirtschaftswunder. Die zentrale Planwirtschaft als Machtmittel der SED-Politik, Stuttgart-Degerloch 1969, S. 68ff., insbesondere S. 70 sowie persönliche Informationen des Verf.
2 Vgl. SCHENK, Fritz: Magie der Planwirtschaft, a.a.O., S. 42—44
3 Vgl. ebd., S. 44
4 Vgl. ebd.
5 Vgl. ebd., S. 44f. sowie persönliche Informationen des Verf. durch Fritz SCHENK
6 Hierzu und zum folgenden vgl. ebd., S. 45f.
7 Informationen des Verf., die auf Äußerungen eines ehemals ranghohen SED-Funktionärs und Spitzenpolitikers der DDR zurückgehen
8 Siehe SCHENK, Fritz: Im Vorzimmer der Diktatur. 12 Jahre Pankow, Köln und Berlin 1962, S. 135
9 Als CHRUSCHTSCHOW im Mai 1954 nach STALINs Tod CHOMJAKOW und seinen Mitarbeiterstab abberief, war LEUSCHNER zunächst „davon nicht sonderlich begeistert ... Bisher hatte er in schwierigsten Situationen von Karlshorst Rückendeckung bekommen. Wer würde ihn nun gegen die Mehrheit der ökonomischen Laien im Politbüro unterstützen? Der oft entscheidende Satz ,... die Genossen in Karlshorst sind der Meinung ...' hatte scheinbar ausgedient." SCHENK, Fritz: Im Vorzimmer der Diktatur, a.a.O., S. 257
10 Für diese und die im folgenden genutzten Informationen schuldet der Verf. Fritz SCHENK, dem damaligen persönlichen Referenten des Vorsitzenden der Staatlichen Plankommission LEUSCHNER, Dank.
11 Informationen durch Fritz SCHENK
12 Zu Einzelheiten vgl. die Ausführungen weiter unten in Kapitel III.C zur Verschuldungsstrategie der DDR. SCHENK hat aus seiner Kenntnis und Erinnerung interner Dossiers und vertraulicher Schriftwechsel zwischen LEUSCHNER und ULBRICHT heraus Merkmale und argumentative Muster dieser Hilfeersuche ULBRICHTs an die sowjetische Parteiführung herausgearbeitet. Siehe SCHENK, Fritz: Das rote Wirtschaftswunder, a.a.O., S. 134—136
13 Nach Auskunft von Fritz SCHENK. Zuständig ist seitdem der Stellvertreter des sowjetischen Botschafters für Wirtschaftsfragen, nach CHOMJAKOW zunächst MIROSCHNITSCHENKO. CHOMJAKOW, der bis 1954 die Wirtschaftsabteilung des SKK in Ostberlin geleitet hatte, wurde in gleicher Funktion seit 1955 in der CSSR eingesetzt.
14 Für die späte CHRUSCHTSCHOW-Ära räumt auch RICHERT noch „Interventionen über die sowjetische Botschaft in Ost-Berlin" ein. „Als Adressaten sind das Politbüro und gegebenenfalls das Sekretariat der SED und auch die ZK-Abteilung für Außenpolitik und internationale Verbindungen zweifellos wichtiger als die eigentliche ‚Regierung'. Ob diese Kontakte wirklich Konsultationen sind oder ob sie in ‚Empfehlungen' der Sowjets mit der Dringlichkeit von Befehlen münden, muß für die jüngere Zeit offenbleiben. Fest steht jedenfalls, daß nach wie vor die Botschaft — zumal wenn eine ,starke' Persönlichkeit wie M. Perwuchin bis Ende 1962 sie leitet — enge Fühlung mit der Parteizentrale hält, Durchschläge von PB-Protokollen bekommt, gegebenenfalls an PB-Beratungen teilnimmt, die dann als Wille der SED im Staatsrat oder in der Regierung ausgegeben werden." RICHERT, Ernst: Macht ohne Mandat. Der Staatsapparat in der Sowjetischen Besatzungszone Deutschlands, 2. Aufl., Köln und Opladen 1963, S. 44, Fußnote 104. Für die Willensbildungs- und Entscheidungsprozesse

vor und nach der Machtübernahme durch HONECKER liegen dem Verf. Informationen vor, daß die sowjetische Einflußnahme auf die praktische Wirtschaftspolitik der DDR grundsätzlich in denselben Bahnen und mit der gleichen Intensität ausgeübt wird, wie dies für die Zeit nach der formalen Souveränitätserklärung von 1955 beschrieben wurde.

15 Zu solchen, aus der Hierarchie ausgegliederten Stäben in den fünfziger Jahren vgl. SCHENK, Fritz: Im Vorzimmer der Diktatur, a.a.O., S. 135 ff. sowie Bundesministerium für gesamtdeutsche Fragen (Hrsg.): SBZ von A bis Z. Ein Taschen- und Nachschlagebuch über die Sowjetische Besatzungszone Deutschlands, 9. Aufl., Bonn 1965, S. 441, 414, 390f.

16 Die „Strategische Abteilung" der Staatlichen Plankommission ist hervorgegangen aus dem früheren „Büro für Wirtschaftsfragen" und stand zunächst unter der Leitung von Generalmajor Erwin FREYER, später unter der Führung des einzigen Generals in der Staatlichen Plankommission, Dr. Friedrich ZEILER, der seit 1964 zugleich Stellvertretender Vorsitzender der Plankommission ist.

17 Nach Auskunft von Fritz SCHENK. PRYOR berichtet: „My interrogator in prison in East Berlin told me that only ten men in the DDR know the balance of payments and that I had had an interview with the man who actually drew it up. The man in question worked ostensibly in the price research section of the foreign trade department of the State Planning Commission ... When I spoke with him I did not know the true nature of his work." PRYOR, Frederic L.: The Communist Foreign Trade System, London 1963, S. 64, Fußnote 2. RUDOLPH, der bemerkenswerterweise nur bis zur Entmachtung ULBRICHTs 1971 noch in Erscheinung trat, unterstand Georg HENKE, der zeitweise Stellvertreter LEUSCHNERs und zuständig für die gesamte laufende Plankoordinierung war. Von 1953 bis 1959 war HENKE Leiter der Abteilung „Außenhandel und internationale ökonomische Beziehungen". RUDOLPH selbst blieb − trotz oder wahrscheinlich gerade wegen seiner Position als einer der bedeutendsten Geheimnisträger der DDR − offiziell zur Tarnung lediglich in der Position eines Sektorenleiters.

18 ULBRICHT selbst berichtete, daß an den ad hoc-Beratungen zwischen der SED-Führung und der sowjetischen Parteiführung Ende 1960 in Moskau „mehr als 100 Spezialisten aus der Deutschen Demokratischen Republik teilnahmen", um im einzelnen zu regeln, in welcher Weise zukünftig „die wirtschaftliche Zusammenarbeit und die Kooperierung mit der Sowjetunion durchgeführt werden soll, damit die wirtschaftlichen Störmaßnahmen von seiten der Bonner Regierung möglichst ausgeschaltet werden." ADN vom 3.12.1960, zitiert nach: Archiv der Gegenwart, 30. Jg. (1960), S. 8793

19 Es erscheint daher zumindest bemerkenswert, daß ULBRICHT Ende März 1971, wenige Wochen vor seiner offiziellen Absetzung als Generalsekretär der SED, genötigt worden war oder sich genötigt sah, auf dem XXIV. Parteitag der KPdSU in Moskau zu erklären, die SED habe es stets abgelehnt, einen „besonderen deutschen Weg des Sozialismus" zu gehen. Vgl. WEBER, Hermann: SED. Chronik einer Partei 1971−1976, Köln 1976, S. 39

20 Es scheint dies eine der wesentlichen Ursachen des von LUDZ betonten Legitimationsdefizits der DDR zu sein. Vgl. LUDZ, Peter Christian: Deutschlands doppelte Zukunft. Bundesrepublik und DDR in der Welt von morgen. Ein politisches Essay, München 1974, S. 80ff.

21 Siehe auch SCHULZ, Eberhard: Bestimmungsfaktoren, in: Drei Jahrzehnte Außenpolitik der DDR, S. 201−231, hier: S. 220−222 sowie SCHULZ, Eberhard/SCHULZ, Hans Dieter: Braucht der Osten die DDR?, Opladen 1968, insbesondere S. 9−17

22 Siehe SCHENK, Fritz: Magie der Planwirtschaft, a.a.O., S. 67f. sowie SPITTMANN, Ilse/FRICKE, Karl Wilhelm (Hrsg.): 17. Juni 1953. Arbeiteraufstand in der DDR, Köln 1982, passim

23 Die DDR übernahm zeitweise sogar eine von der Sowjetunion tolerierte „Vorreiterrolle". Vgl. THALHEIM, Karl C.: Die Wirtschaftspolitik der DDR im Schatten Moskaus, a.a.O., S. 51 f.

24 DOMDEY, Karl Heinz/SCHMIDT, Johann-Lorenz (Hrsg.): Grundprobleme der Wirtschaftsbeziehungen zwischen den Staaten beider Weltsysteme, Berlin(Ost) 1965, S. 33

25 Angesichts des überragend hohen Anteils des bilateralen Handels mit der Sowjetunion am Gesamtaußenhandel der DDR stellt eine solche Umschuldung der Auslandsverbindlichkeiten der DDR (von Hartwährungsschulden gegenüber dem Westen in Clearingschulden gegenüber der Sowjetunion) mehr als eine nur theoretische Möglichkeit dar. 1983 beispielsweise betrug der Außenhandelsumsatz zwischen der DDR und der Sowjetunion fast 17,7 Mrd. US-$, während sich die Nettohartwährungsschulden der DDR bei westlichen Banken und

Unternehmen (ohne Verbindlichkeiten im innerdeutschen Zahlungsverkehr) Ende 1982 auf etwa 8,8 Mrd. US-$ beliefen. Siehe Anhänge A und C sowie Statistisches Taschenbuch der DDR '84, S. 100

26 So hat die Sowjetunion, und zwar maßgeblich auf Betreiben CHRUSCHTSCHOWs, der DDR bis zum Jahre 1963 nach Schätzungen des Verf. Devisen- und Warenkredite im Umfang von etwa 1317 Mill. US-$ gewährt, so daß die Verschuldung der DDR gegenüber westlichen Banken und Regierungen vergleichsweise gering gehalten werden konnte. Vgl. hierzu die Ausführungen und Berechnungen in Kapitel III.C, insbesondere Tabelle 14, S. 242

27 Vgl. etwa OSTEN, Walter: Die Außenpolitik der DDR, a.a.O.; OSTEN sieht die weitgehende Anlehnung der DDR an die Sowjetunion vielmehr im wesentlichen als Ergebnis einer quasiautomatischen „Verzahnung" der Wirtschaftspartner und als Resultat eines ideologischen und machtpolitischen Anlehnungsbedürfnisses der SED-Führung „diesmal wirklich auf freiwilliger Basis." Ebd., S. 18

28 Dieser Vorwurf ist beispielsweise gegen die Studien von NATTLAND, Karl-Heinz: Der Außenhandel in der Wirtschaftsreform der DDR, Berlin 1972 und DIETSCH, Ulrich: Außenwirtschaftliche Aktivitäten der DDR, Hamburg 1976 zu erheben. Eine Ausnahme bildet – was die wirtschaftswissenschaftliche Literatur betrifft – im wesentlichen überhaupt nur die kleine Schrift von THALHEIM, Karl C.: Die Wirtschaftspolitik der DDR im Schatten Moskaus, a.a.O., S. 42–58.

29 Die westdeutsche SPD gab vor, im Besitz der Tagebücher APELs zu sein. Vgl. WILES, Peter John de la Fosse: Communist International Economics, New York und Washington 1969, S. 241. Eine Veröffentlichung ist nach Kenntnis des Verf. bislang nicht erfolgt.

30 Vgl. ebd.

31 Vgl. ebd., S. 372

32 Siehe WEBER, Hermann: Von der SBZ zur DDR, Band 2, 1956–1967, Hannover 1967, S. 91

33 Vgl. OBST, Werner: DDR-Wirtschaft, a.a.O., S. 182f.

34 Diese Informationen beruhen auf Äußerungen eines ehemals ranghohen DDR-Politikers und SED-Funktionärs.

35 Heinrich LÜBKE wurde beschuldigt, in direkter Zusammenarbeit mit der Gestapo Konzentrationslager in Leau, Neu-Staßfurt, Wolmirsleben und Peenemünde-Karlshagen projektiert und errichtet zu haben. Die Anschuldigungen gegen LÜBKE wurden kurz nach APELs Selbstmord erhoben. Siehe Dokumente zur Außenpolitik der DDR, Band XIV (1966), 2. Halbband, S. 1302 und S. 1311

36 RICHERT gibt an, APEL sei „ein von den Russen hochgeschätzter parteiloser Spezialist auf dem Gebiet des Raketenbaus" gewesen. RICHERT, Ernst: Macht ohne Mandat, a.a.O., S. 33.

37 Vgl. CROAN, Melvin: Entwicklung der politischen Beziehungen zur Sowjetunion seit 1955, in: Drei Jahrzehnte Außenpolitik der DDR, a.a.O., S. 347–379, hier: S. 374f. sowie SPITTMANN, Ilse: Warum Ulbricht stürzte, in: Deutschlandarchiv, 4. Jg. (1971), H. 6, S. 568f.

38 Vgl. beispielsweise CRAMER, Dettmar: Deutschland nach dem Grundvertrag, Stuttgart 1973, S. 54f. sowie LUDZ, Peter Christian: Stichwort ‚SED', in: Bundesministerium für innerdeutsche Beziehungen (Hrsg.): DDR Handbuch, 2. Aufl., Köln 1979, S. 927–952, hier: S. 941

39 OBST, Werner: DDR-Wirtschaft, a.a.O., S. 189

40 Ebd., S. 191f.

41 Vgl. beispielsweise die Diskussion und das Referat ULBRICHTs auf dem 11. ZK-Plenum, in: Die Wirtschaft, Nr. 51/52, Beilage, 20. Jg. (1965), insbesondere S. 3ff.

42 Siehe OBST, Werner: DDR-Wirtschaft, a.a.O., S. 192f.

43 Nach Schätzungen des Verf. war allein die Verschuldung an westliche Industrieländer, die Anfang der sechziger Jahre noch verhältnismäßig gering gewesen war, bis 1970 auf netto rund 1040 Mill. US-$ angestiegen. Vgl. Anhang A.

44 Siehe die Grußadresse des ZK der SED an die Konferenz der Außenwirtschaft am 27. und 28.3.1969, in: Sozialistische Außenwirtschaft, 19. Jg. (1969), H. 4, S. 2

45 Dies ergibt sich indirekt auch aus der dem Machtwechsel unmittelbar folgenden Forderung, die Außenwirtschaftspläne künftig besser zu koordinieren und an „erster Stelle . . . die Verpflichtungen der DDR aus der sozialistischen ökonomischen Integration in die Pläne aufzu-

nehmen und zu erfüllen." RUDOLPH, Horst: Zu einigen wichtigen Aufgaben der Außenwirtschaftsplanung für den Zeitraum von 1971 bis 1975, in: Sozialistische Außenwirtschaft, 21. Jg. (1971), H. 9, S. 40f., hier: S. 40
46 Die Handelsbilanz der DDR wies 1970 Rekorddefizite in Höhe von 203,5 Mill. US-$ gegenüber der Sowjetunion und 293,4 Mill. US-$ gegenüber den kapitalistischen Industrieländern auf. Eigene Berechnungen nach Statistisches Jahrbuch der DDR 1971, S. 289
47 Siehe hierzu die Ausführungen weiter unten in Kapitel II.C
48 Vgl. OBST, Werner: DDR-Wirtschaft, a.a.O., S. 193. MITTAG wurde jedoch — nicht zuletzt aufgrund seiner hohen und unverzichtbaren Fachkompetenz — schon im Oktober 1976 rehabilitiert.
49 Vgl. insbesondere CROAN, Melvin: Entwicklung der politischen Beziehungen zur Sowjetunion seit 1955, a.a.O., S. 373 ff.

Zu Abschnitt 4:

1 Hierzu und zum folgenden vgl. insbesondere Bundesministerium für innerdeutsche Beziehungen (Hrsg.): DDR Handbuch, a.a.O., S. 1203 ff. und S. 955 ff. sowie RICHERT, Ernst: Macht ohne Mandat, a.a.O., S. 30 ff.
2 Bundesministerium für innerdeutsche Beziehungen (Hrsg.): DDR Handbuch, S. 956
3 Vgl. ebd., S. 1205. Siehe auch SIK, Ota: Das kommunistische Machtsystem, a.a.O., S. 146 f. sowie OBST, Werner: DDR-Wirtschaft, a.a.O., S. 153
4 Der bis 1964 für die internationale Währungspolitik der DDR neben den Leitern der Wirtschaftsabteilung der sowjetischen Botschaft und ULBRICHT hauptverantwortliche Planungschef LEUSCHNER ließ sich von ZK-Sekretären oder -Abteilungsleitern keine Ratschläge oder gar Weisungen erteilen. Persönlich zu sprechen war er in der Regel nur für die Politbüromitglieder ULBRICHT, GROTEWOHL, SELBMANN und RAU. Er „ließ sich vor den Sekretariatsmitgliedern, die nicht gleichzeitig zum Politbüro gehörten, genauso verleugnen wie vor gewöhnlichen Ministern oder Staatssekretären." SCHENK, Fritz: Im Vorzimmer der Diktatur, a.a.O., S. 134. Nach persönlichen Informationen durch Fritz SCHENK waren (außerhalb seines eigenen Hauses) die einzigen Staats- und Parteifunktionäre, bei denen auch LEUSCHNER Rücksichten nahm, der Finanzminister und ULBRICHT-Vertraute Willy RUMPF sowie die Notenbankpräsidentin Greta KUCKHOFF.
5 Siehe RICHERT, Ernst: Macht ohne Mandat, a.a.O., passim
6 Schon RICHERT hat festgestellt, daß die Parteiführung immer wieder dazu neigt, und zwar zunehmend „seit der Wende zum Ökonomismus, also seit etwa 1957, ... bewährte Führungskader des ZK-Apparates, vor allem auf dem wirtschaftlichen Sektor, an den Staatsapparat abzugeben ... so wird man, soweit es sich um den Bereich der Wirtschaftspolitik mit Schwerpunkt Industrie handelt, den Eindruck gewinnen müssen, daß ein ‚Ausverkauf' im ZK stattfindet. Man ballt loyale Kräfte im Staatsapparat, einfach weil dieser wichtiger ist." RICHERT, Ernst: Macht ohne Mandat, a.a.O., S. 52
7 Vgl. SCHENK, Fritz: Magie der Planwirtschaft, a.a.O., S. 67 f.
8 Siehe ebd., S. 193 und 197 f.
9 Vgl. RICHERT, Ernst: Macht ohne Mandat, a.a.O., S. 128 f. und 134
10 Siehe hierzu RICHERT, Ernst: Macht ohne Mandat, a.a.O., insbesondere S. 58 ff., S. 137 sowie S. 63. Im Juli 1961 war völlig überraschend der fachlich inkompetente Parteifunktionär Karl MEWIS mit der Führung der neuen, verkleinerten Plankommission betraut worden. LEUSCHNERs Plandirektive für 1962 wurde wegen angeblicher weitgehender Vernachlässigung der „Störfreimachung" verworfen. Schon im Juni 1962 wurde LEUSCHNER rehabilitiert und MEWIS ihm unterstellt, nachdem Leitung und Übersicht unter der Herrschaft der Parteifunktionäre im wirtschaftlichen Bereich weitgehend verlorengegangen waren.
11 Vgl. insbesondere ULBRICHTs persönliche, massive Angriffe auf das Außenwirtschaftsministerium, sich ungenügend an den Beschlüssen des ZK-Sekretariats und des Politbüros orientiert und die Außenwirtschaftsreform verschleppt zu haben. Problem des Perspektivplanes bis 1970. Referat des Genossen Walter ULBRICHT auf der 11. Tagung des Zentralkomitees, in: Die Wirtschaft, Nr. 51/52, Beilage, 15. Jg. (1965), S. 4—42, hier: S. 19 f. In den Folgejahren übernahmen im Auftrag ULBRICHTs insbesondere die ZK-Sekretäre MITTAG und JAROWINSKY sowie der ihnen nachgeordnete ZK-Apparat diese Schritt-

macherfunktion. Vgl. beispielsweise JAROWINSKY, Werner: Diskussionsrede auf der 3. Tagung des ZK der SED am 24.11.1967 zu aktuellen Problemen der Außenwirtschaft der DDR, in: Dokumente zur Außenpolitik der DDR, Band XV (1967), S. 491—501

12 HONECKER selbst war von Anfang an ein Gegner der Reform gewesen. Siehe OBST, Werner: DDR-Wirtschaft, a.a.O., S. 192f. Es gelang HONECKER vermutlich deshalb so rasch und reibungslos, ULBRICHTs Reformwerk mit Hilfe des ZK-Apparates zu revidieren, weil er bereits seit den späten sechziger Jahren eigene Anhänger durch gezielte Personalpolitik in entsprechende Positionen gebracht hatte. Vgl. OBST, Werner: DDR-Wirtschaft, a.a.O., S. 193ff. Auf diese Weise gelang es HONECKER, seine mit der sowjetischen Parteiführung abgestimmte außenwirtschaftspolitische Konzeption innerhalb kürzester Frist über die ZK-Abteilung Handel, Versorgung und Außenhandel durchzusetzen. Siehe ALBRECHT, Degenhard: Die grundlegenden Aufgaben der Außenwirtschaft nach dem VIII. Parteitag, in: Sozialistische Außenwirtschaft, 21. Jg. (1971), H. 7—8, S. 1—4 sowie Ders.: 25 Jahre Sozialistische Einheitspartei Deutschlands — 25 Jahre erfolgreiche Außenwirtschaftspolitik, in: Sozialistische Außenwirtschaft, 21. Jg. (1971), H. 4, S. 1—4

Zu Abschnitt 5:

1 Dazu zählen nach Informationen des Verf. die Abrechnung der Uranlieferungen der Wismut AG für die Sowjetunion, die bilateralen Waffengeschäfte, Reexporte sowjetischer Waffen durch die DDR in die Dritte Welt sowie Transfers im Zusammenhang mit der sowjetischen militärischen Präsenz in der DDR und Zahlungen im Zusammenhang mit dem größten sowjetischen Spionage- und Abwehrzentrum außerhalb der UdSSR in Ostberlin.
2 Nach Informationen durch Fritz SCHENK
3 Siehe hierzu auch die sich auf den Bereich der Wirtschaftspolitik allgemein beziehenden Ausführungen bei SCHENK, Fritz: Magie der Planwirtschaft, a.a.O., S. 191f.
4 Vgl. GROTE, Gerhard/SCHULMEISTER, Dieter u.a.: Planung der sozialistischen Außenwirtschaftsbeziehungen, Berlin(Ost) 1979, S. 116
5 Vgl. Bundesministerium für innerdeutsche Beziehungen (Hrsg.): DDR Handbuch, a.a.O., S. 740
6 Bis Anfang der sechziger Jahre scheinen nur zehn Personen in der DDR die gesamte Zahlungsbilanz der DDR gekannt zu haben. Vgl. PRYOR, Frederic L.: The Communist Foreign Trade System, a.a.O., S. 64, Fußnote 2. Nach den dem Verf. vorliegenden Informationen dürften zu diesem Kreis ULBRICHT, GROTEWOHL, LEUSCHNER, RUMPF, RAU, Prof. SCHMIDT, SELBMANN, APEL und RUDOLPH gehört haben.
7 Vgl. diese irreführende Bezeichnung in Bundesministerium für innerdeutsche Beziehungen (Hrsg.): DDR Handbuch, a.a.O., S. 739
8 Siehe OBST, Werner: DDR-Wirtschaft, a.a.O., S. 158
9 Ebd.
10 Ebd., S. 159
11 Ebd., S. 162. Siehe auch RICHERT, Ernst: Macht ohne Mandat, a.a.O., S. 97ff. Nach RICHERT stellt das Präsidium „den eigentlichen Führungsausschuß des Ministerrates dar und hat damit auf der Staatsebene eine dem Politbüro vergleichbare Rolle". Dies bedeute, daß „dort die Alltagsarbeit der Regierung, soweit sie überressortmäßig ist, nahezu monopolmäßig erledigt wird." Ebd., S. 97
12 1949—1964 Otto GROTEWOHL, 1964—1973 Willi STOPH, 1973—1976 Horst SINDERMANN, seit 1976 wieder STOPH
13 OBST, Werner: DDR-Wirtschaft, a.a.O., S. 160
14 Die Existenz einer solchen Dienststelle ist in veröffentlichten Gesetzen und Statuten allerdings nirgends belegt.
15 SCHÜRER leitet die Staatliche Plankommission seit dem Selbstmord APELs. Als gelernter Maschinenschlosser stammt er aus dem Parteiapparat. Er leitete 1960—62 die ZK-Abteilung Planung und Finanzen. Außenwirtschaftspolitische Kompetenz ist ihm — im Gegensatz zu seinen Vorgängern LEUSCHNER und APEL — abzusprechen.
16 Vgl. Verordnung über die Aufstellung von Valutaplänen vom 17. Juli 1952, in: Gesetzblatt der DDR, Nr. 100/1952, S. 616f. und Erste Durchführungsbestimmung zur Verordnung über die Aufstellung von Valutaplänen vom 6. Juli 1953, in: Gesetzblatt der DDR, Nr. 86/1953, S. 869

17 Vgl. Beschluß über das Statut des Ministeriums der Finanzen vom 3. Mai 1956, in: Gesetzblatt der DDR, Teil I, Nr. 49/1956, S. 425–428
18 Siehe Erste Durchführungsbestimmung zur Verordnung über die Aufstellung von Valutaplänen vom 6. Juli 1953, a.a.O.
19 Vgl. Verordnung über die Aufstellung von Valutaplänen vom 17. Juli 1952, a.a.O., § 1f.
20 Ebd., § 4, Abs. 3
21 Ebd., Abs. 4
22 Ebd., § 6
23 Dies ergibt sich insbesondere für die fünfziger Jahre aus Informationen, die der Verf. Fritz SCHENK verdankt.
24 1954 beispielsweise ist LEUSCHNER in offiziellen Dankworten der sowjetischen Regierung als einer der hervorragendsten Staatsmänner des sowjetischen Lagers bezeichnet worden. Vgl. SCHENK, Fritz: Im Vorzimmer der Diktatur, a.a.O., S. 257
25 Vgl. Beschluß über das Statut der Staatlichen Plankommission des Ministerrates der Deutschen Demokratischen Republik vom 3. Mai 1956, in: Gesetzblatt der DDR, Teil I, Nr. 46/1956, S. 391–393, §§ 14ff.
26 Verordnung über die Aufstellung von Valutaplänen vom 17. Juli 1952, a.a.O., § 2, Abs. 7
27 Vgl. Gesetz über die Deutsche Notenbank vom 31. Oktober 1951, in: Gesetzblatt der DDR, 1951, S. 991ff.
28 Ebd., § 3, Abs. 7
29 Verordnung über die Aufstellung von Valutaplänen vom 17. Juli 1952, a.a.O., § 4, Abs. 1
30 Ebd., § 4, Abs. 1
31 Nach persönlichen Informationen des Verf. durch Fritz SCHENK. Vgl. auch SCHENK, Fritz: Magie der Planwirtschaft, a.a.O., S. 49
32 Siehe SCHENK, Fritz: Im Vorzimmer der Diktatur, a.a.O., S. 136
33 Vertreter der Deutschen Notenbank haben diese Haltung selbst wiederholt zum Ausdruck gebracht. Vgl. etwa KUCKHOFF, Greta: Die Aufgabe der Staatsbank, in: Deutsche Finanzwirtschaft, Ausgabe: Geld und Kredit/Versicherung, 12. Jg. (1958), H. 2, S. 33–36; KUCKHOFF, Greta: Die Deutsche Notenbank 1952 und 1953, in: Deutsche Finanzwirtschaft, 7. Jg. (1953/I), H. 3, S. 114–117 sowie Festausgabe der „Mitteilung für alle Mitarbeiter der Deutschen Notenbank – 5 Jahre Staatsbank der DDR"
34 Siehe SCHENK, Fritz: Im Vorzimmer der Diktatur, a.a.O., S. 114
35 Ebd., S. 189
36 Ebd., S. 190
37 Siehe Staatssekretär Willi Rumpf zum Studium in die Sowjetunion abgereist, in: Deutsche Finanzwirtschaft, 8. Jg. (1954), H. 19, S. 981
38 Siehe BUCH, Günther: Namen und Daten wichtiger Personen der DDR, a.a.O., S. 380 und S. 267
39 Siehe dazu SCHENK, Fritz: Im Vorzimmer der Diktatur, a.a.O., S. 189
40 Vgl. insbesondere HERCHER, Karl: Der Zahlungsverkehr der DDR mit dem Ausland, Berlin(Ost) 1958, S. 23. Es erscheint bemerkenswert, daß RUMPF in seinen Grundsatzreden nach den Reorganisationen im Staatsapparat einen der Hauptgründe seiner Angriffe auf die Notenbank(präsidentin) – die Erringung der Kontrolle über das Valutamonopol der DDR – unerwähnt ließ. Siehe RUMPF, Willy: Die Vervollkommnung und Vereinfachung der Arbeitsweise der Finanzorgane, in: Deutsche Finanzwirtschaft, 12. Jg. (1958), H. 10, S. 138ff. sowie RUMPF, Willy: Schlußwort auf der Arbeitstagung mit leitenden Finanzkadern am 17. und 18. April 1958, in: Deutsche Finanzwirtschaft, 12. Jg. (1958), H. 10, S. 152–157. Prof. Martin SCHMIDT, stellvertretender Finanzminister und späterer Notenbankpräsident äußerte sich deutlicher. Er warf der Zentralbankleitung vor, sie habe sich jenen „grundfalschen, revisionistischen Auffassungen" der Theoretiker BEHRENS, BENARY und anderer Wirtschaftswissenschaftler angeschlossen, „die letztlich auf die Preisgabe der planmäßigen Lenkung und Leitung unserer Wirtschaft durch die sozialistische Staatsmacht, auf die ‚Selbstverwaltung der Wirtschaft' hinausliefen." Danach „sollte der Staatsbank eine selbständige und führende Rolle im System der gesellschaftlichen Entwicklung zugeschoben werden." Die Einheitlichkeit der sozialistischen Finanzpolitik habe man durch Kritik an der Haushaltspolitik des Finanzministeriums untergraben. Die Bestrebungen, die Währungspolitik zu dominieren, hätten ihren Ausdruck schließlich „in dem viel und gern gebrauchten Wort von der Deutschen Notenbank als der ‚Hüterin der Wäh-

rung'" gefunden. SCHMIDT, Martin: Klarheit im Kopf und neuer Arbeitsstil. Die nächsten Aufgaben der Mitarbeiter der Deutschen Notenbank auf Grund der Beschlüsse des 35. Plenums, in: Deutsche Finanzwirtschaft, Ausgabe: Geld und Kredit/Versicherung, 12. Jg. (1958), H. 13, S. 369–391, hier: S. G371, G373f.
41 Vgl. beispielsweise POLZE, Werner: Was sind freie Devisen?, in: Der Aussenhandel, 7. Jg. (1957), H. 24, S. 876f.
42 Siehe dazu die Ausführungen im Kapitel zur Währungsreservestrategie der DDR
43 Der Verf. schuldet für diese Information Fritz SCHENK Dank.
44 Der ebenfalls beteiligte ZK-Sekretär ZILLER beging im Dezember 1957 Selbstmord.
45 Gesetzblatt der DDR, Teil I, Nr. 13/1958, S. 125–129
46 Gesetzblatt der DDR, Teil I, Nr. 11/1958, S. 117
47 Verordnung über die Verbesserung der Arbeit des Ministeriums der Finanzen und der übrigen Finanzorgane vom 13. Februar 1958, in: Gesetzblatt der DDR, Teil I, Nr. 13/1958, S. 131–138; I., S. 132
48 Ebd.
49 Verordnung über die Organisation der Planung der Volkswirtschaft vom 13. Februar 1958, in: Gesetzblatt der DDR, Teil I, Nr. 13/1958, S. 125–129, II., Ziffer 2, S. 126
50 Vgl. GLEITZE, Bruno: Die Sowjetzonenwirtschaft in der Krise, in: Wirtschaftswissenschaftliche Mitteilungen, 14. Jg. (1961), H. 9/10, S. 201–247, hier: S. 214
51 Zitiert nach ebd.
52 RICHERT, Ernst: Macht ohne Mandat, a.a.O., S. 137 sowie S. 63
53 Vgl. GLEITZE, Bruno: Die Sowjetzonenwirtschaft in der Krise, a.a.O., S. 214
54 Für diese Vermutung spricht erstens die kaum verzichtbare Fachkompetenz LEUSCHNERs, der von 1956 bis 1961 Chef der Jahres- und der Perspektivplanung war, und die währungspolitische Inkompetenz sowohl NEUMANNs wie auch MEWIS'. Zweitens trat LEUSCHNER zunehmend auch im Ausland auf; beispielsweise wurden die ungewöhnlich hohen Kredite der DDR gegenüber Ceylon und Kambodscha im Januar/Februar 1964 von LEUSCHNER persönlich und im Auftrag ULBRICHTs zugesagt. Vgl. Dokumente zur Außenpolitik der Regierung der DDR, Berlin(Ost), Bd. XII (1964), S. 719 und S. 825. Drittens blieb er bis zu seinem Ableben Vollmitglied des Politbüros und Stellvertreter des Vorsitzenden des Ministerrates; die angebliche Degradierung bleibt eine westliche Spekulation. Viertens und nicht zuletzt war LEUSCHNER einer der wichtigsten Vertrauensmänner der Sowjetunion, sowjetische Anweisungen an die SED-Führung liefen in erster Linie über ihn persönlich und bis zuletzt blieb er Vertreter der DDR im Exekutivkomitee des RGW und zuständig für die Koordinierung der gesamten Wirtschaftsbeziehungen der DDR vor allem mit der Sowjetunion. Siehe auch RICHERT, Ernst: Macht ohne Mandat, a.a.O., S. 97 sowie S. 138
55 Der neue Notenbankpräsident, Prof. Martin SCHMIDT, war seit 1954 Stellvertreter, seit 1956 Erster Stellvertreter des Finanzministers gewesen und von RUMPF wohl in der Erwartung einer eher unproblematischen Zusammenarbeit 1958 als Zentralbankpräsident vorgeschlagen worden. Tatsächlich unterwarf sich SCHMIDT den Forderungen RUMPFs zunächst völlig und gab alle wesentlichen Funktionen, insbesondere die Souveränität der Deutschen Notenbank preis. Vgl. dazu SCHMIDT, Martin: Klarheit im Kopf und neuer Arbeitsstil, a.a.O., S. 369–391. Schon Ende 1959 kam es jedoch zu ersten, offen ausgetragenen Meinungsverschiedenheiten zwischen RUMPF und SCHMIDT. Siehe SCHMIDT, Martin: Nach dem 6. Plenum – einige Gedanken zur Arbeit der Deutschen Notenbank, in: Deutsche Finanzwirtschaft, 13. Jg. (1959), H. 22, S. 506–508, insbesondere S. 508
56 Vgl. KULINAT, Horst: Zur Reorganisation des Netzes der Außenhandelsbanken in der DDR, in: Der Aussenhandel, 12. Jg. (1962), H. 9, S. 30–32, hier: S. 30
57 Nach Informationen des Verf.
58 KULINAT, Horst: Größere Selbständigkeit der DN-Filialen im Zahlungsverkehr mit dem Ausland, in: Deutsche Finanzwirtschaft, Ausgabe: Geld und Kredit/Versicherung, 12. Jg. (1958), H. 4, S. 108f., hier: S. 108
59 Siehe KULINAT, Horst: Zur Reorganisation des Netzes der Außenhandelsbanken in der DDR, a.a.O. und Das Netz der Außenhandelsbanken wird reorganisiert, in: Deutsche Finanzwirtschaft, 16. Jg. (1962), Sammelausgabe, H. 2, S. 23f., hier: S. 23f.
60 In diese Richtung wirkte beispielsweise, daß bestimmte „Funktionen bei der Kontrolle der Valutapläne einer Reihe von Planträgern des Ministeriums der Finanzen auf die Niederlassungen der Deutschen Notenbank" übertragen wurden, womit beabsichtigt war, „streng und

kompromißlos auf die sparsamste Verwendung jeder Valutamark Einfluß zu nehmen." KULINAT, Horst: Zur Reorganisation des Netzes der Außenhandelsbanken in der DDR, a.a.O., S. 31
61 Unmittelbar nach WETZELs Amtsantritt im November 1961
62 Vgl. KULINAT, Horst: Zur Reorganisation des Netzes der Außenhandelsbanken in der DDR, a.a.O., S. 31 sowie Das Netz der Außenhandelsbanken, a.a.O., S. 23 f.
63 KULINAT, Horst: Zur Reorganisation des Netzes der Außenhandelsbanken in der DDR, a.a.O., S. 30
64 Vorläufige Richtlinie über die Verantwortung und die Hauptaufgaben des Ministeriums der Finanzen im neuen ökonomischen System der Planung und Leitung der Volkswirtschaft vom 9. Januar 1964, in: Gesetzblatt der DDR, Teil II, Nr. 9/1964, S. 59−73, hier: A.I., Ziffer 5, S. 60
65 WETZEL wurde auf die einflußlose Position eines Generaldirektors der Deutschen Auslands- und Rückversicherungs AG abgeschoben. Siehe BUCH, Günther: Namen und Daten wichtiger Personen der DDR, 2. Aufl., Berlin und Bonn 1979, S. 350
66 Verfügungen und Mitteilungen des Ministeriums für Außenhandel und Innerdeutschen Handel, Nr. 5, 1964, S. 55
67 Verfügungen und Mitteilungen des Ministeriums für Außenhandel und Innerdeutschen Handel, Nr. 4, 1965, S. 33
68 Vgl. Vorläufige Richtlinie über die Verantwortung und Hauptaufgaben des Ministeriums der Finanzen, a.a.O., passim
69 Vgl. Gesetz über die Deutsche Notenbank vom 20. Dezember 1965, in: Gesetzblatt der DDR, Teil I, Nr. 2/1966, S. 25−28, passim
70 ULBRICHT, Walter: Probleme des Perspektivplanes bis 1970. Referat auf der 11. Tagung des Zentralkomitees, in: Die Wirtschaft, 20. Jg. (1965), H. 51/52, Beilage, S. 3−42, hier: S. 19
71 Zitiert nach MURGOTT, Rudolf: Auf dem Wege zu echten ökonomischen Beziehungen, in: Die Wirtschaft, 16. Jg. (1966), H. 18, S. 3 f., hier: S. 4
72 Vgl. die späteren Ausführungen bei KULESSA, Georg: Die Aufgaben der Deutschen Außenhandelsbank bei der Abwicklung von Außenhandelsoperationen, in: Der Aussenhandel, Nr. 2 (1967), S. 16−17
73 Gesetzblatt der DDR, Teil II, Nr. 6/1966, S. 28−30
74 Siehe hierzu die Bestimmungen ebd., § 1
75 Vgl. Anordnung Nr. 2 über die Gewährung von Devisenkrediten vom 1. Juli 1966, in: Gesetzblatt der DDR, Teil II, Nr. 89/1966, S. 577
76 Anordnung Nr. 2 über den Zahlungs- und Verrechnungsverkehr mit anderen Staaten vom 1. Juli 1966, in: Gesetzblatt der DDR, Teil II, Nr. 74/1966, S. 476
77 Vgl. Gesetz über die Staatsbank der Deutschen Demokratischen Republik vom 1. Dezember 1967, in: Gesetzblatt der DDR, Teil I, Nr. 17/1967, S. 132−134
78 Nach Informationen von Fritz SCHENK
79 NATTLAND vermutete, daß ab 1956 die Deutsche Notenbank nur noch für die Abwicklung der Außenhandelsgeschäfte mit *sozialistischen* Ländern zuständig war und die neu gegründete Deutsche Handelsbank AG für den Zahlungs- und Verrechnungsverkehr mit *nichtsozialistischen* Ländern. Die Konstituierung der Deutschen Außenhandelsbank AG 1966 interpretiert er als Umwandlung der Handelsbank AG, die seitdem einheitlich für die Abwicklung des Zahlungsverkehrs mit *allen* Ländern zuständig sei. Siehe NATTLAND, Karl-Heinz: Der Außenhandel in der Wirtschaftsreform der DDR, a.a.O., S. 48 f. Die Darstellung in dem vom Bundesministerium für innerdeutsche Beziehungen herausgebenen Nachschlagewerk „DDR-Handbuch" ist widersprüchlich und ordnet beiden Bankneugründungen im wesentlichen dieselben Funktionen zu. Die Deutsche Handelsbank sei zuständig für „die mit dem Einfuhr-, Ausfuhr- und Transithandel der DDR gegenüber den westlichen Industrieländern zusammenhängenden Bankgeschäfte" und sei „eine der Verrechnungsbanken im innerdeutschen Handel", während auch der Deutschen Außenhandelsbank AG unter anderem „die Abwicklung des zwischenstaatlichen Kredit-, Zahlungs- und Verrechnungsverkehrs" obliege. Bundesministerium für innerdeutsche Beziehungen (Hrsg.): DDR-Handbuch, a.a.O., S. 253
80 Verfügungen und Mitteilungen des Ministeriums für Außenhandel und Innerdeutschen Handel, Nr. 1, Ostberlin 1960, S. 17−19. Dieses vertrauliche Dokument ist offenbar nur

in einem Exemplar in den Westen gelangt. Eine Kopie befindet sich im Besitz des Verf.
81 Vgl. hierzu die Ausführungen in Kapitel III.A
82 Anlage zur Richtlinie für den Einzug von Forderungen aus Warenlieferungen aus Geschäften der Außenhandelsunternehmen nach kapitalistischen Ländern unter Beteiligung von Spediteuren, in: Verfügungen und Mitteilungen des Ministeriums für Außenhandel und Innerdeutschen Handel, Nr. 8, Ostberlin 1959, S. 80f. Eine Kopie dieses in den Westen gelangten Dokumentes befindet sich im Besitz des Verf.
83 Vorstandsdirektoren der Deutschen Handelsbank AG waren Erich RENNEISEN und Kurt GAWEHN. Gegenwärtig leitet Feodor ZIESCHE die Geschäfte dieses Instituts.
84 Über die Aufgaben der Deutschen Handelsbank AG. Interview mit Direktor Erich RENNEISEN, in: Der Aussenhandel, 6. Jg. (1956), H. 5–6, S. 174
85 Dies ergibt sich indirekt aus der Tatsache, daß Werner TODTMANN, der damalige Vizepräsident der Deutschen Notenbank zum Aufsichtsratsvorsitzenden gewählt wurde. Vgl. ebd.
86 Anordnung über Allgemeine Geschäftsbedingungen der Deutschen Notenbank vom 9. September 1966, in: Gesetzblatt der DDR, Teil II, Nr. 105/1966, S. 679–686
87 Vgl. ebd., § 33
88 Siehe Deutsche Aussenhandelsbank Aktiengesellschaft: Bilanz per 31. Dezember 1982, Berlin(Ost) 1983
89 Dabei handelt es sich um Archivmaterial einer Korrespondenzbank der Währungsbehörde der DDR im nichtsozialistischen Ausland.
90 Vgl. KULESSA, Georg: Die Aufgaben der Deutschen Außenhandelsbank bei der Abwicklung von Außenhandelsoperationen, a.a.O., hier: S. 16; demgegenüber ist in der Regel die Industrie- und Handelsbank der DDR (seit 1.7.1974 wieder die Staatsbank) die Geschäftsbank der Exportbetriebe und Kombinate. Vgl. GERSTENBERGER, Karlheinz u.a.: Die wirtschaftliche Rechnungsführung im Außenhandel der DDR – Kategorien, Formen, Methoden – Berlin(Ost) 1974, S. 127
91 Vgl. KULESSA, Georg: Die Aufgaben der Deutschen Außenhandelsbank bei der Abwicklung von Außenhandelsoperationen, a.a.O., hier: S. 16f.
92 Vgl. ebd. sowie GERSTENBERGER, Karlheinz u.a.: Die wirtschaftliche Rechnungsführung im Außenhandel der DDR, a.a.O., S. 117ff.
93 Siehe Anordnung Nr. 2 über die Gewährung von Devisenkrediten vom 1. Juli 1966, a.a.O.
94 Vgl. Anordnung Nr. 2 über den Zahlungs- und Verrechnungsverkehr mit anderen Staaten vom 1. Juli 1966, a.a.O. sowie KULESSA, Georg: Die Aufgaben der Deutschen Außenhandelsbank bei der Abwicklung von Außenhandelsoperationen, a.a.O., hier: S. 17
95 Nach Informationen des Verf.
96 Vgl. Anordnung Nr. 2 über den Zahlungs- und Verrechnungsverkehr mit anderen Staaten vom 1. Juli 1966, a.a.O.
97 Offiziell werden die Kursblätter nach wie vor von der Staatsbank der DDR herausgegeben. Seit 1966 werden die Umrechnungskurse jedoch als Sätze der Deutschen Außenhandelsbank AG notiert. Vgl. beispielsweise Marktinformationen für Industrie und Außenhandel der DDR, 11. Jg. (1967), H. 50, S. 11
98 Als Vizepräsident fungiert Prof. Dr. Friedmar JOHN, der Direktor des Finanzökonomischen Forschungsinstituts beim Ministerium der Finanzen. Siehe Deutsche Außenhandelsbank AG: Bilanz per 31. Dezember 1982
99 Hierzu und zum folgenden vgl. ebd. sowie Informationen des Verf. durch eine Korrespondenzbank der Deutschen Außenhandelsbank AG im nichtsozialistischen Ausland.
100 Informationen des Verf.
101 Siehe hierzu die Ergebnisse der Erhebungen des Verf. in Anhang F
102 Informationen des Verf. durch ausländische Zentralbanken
103 Vgl. etwa HOFFMANN, Diether H.: Finanzierungsprobleme im Handel mit der DDR, in: ZIEGER, Gottfried i.Z.m. Axel LEBAHN (Hrsg.): Finanzierungs- und Währungsprobleme des Ost-West-Wirtschaftsverkehrs. Internationales Symposium 1.–3. Juli 1977 in Göttingen, Köln, Berlin, Bonn und München 1979, S. 343–355, hier: S. 350
104 Zur letztgenannten Funktion siehe insbesondere GERSTENBERGER, Karlheinz u.a.: Die wirtschaftliche Rechnungsführung im Außenhandel der DDR, a.a.O., S. 122ff. sowie SÄNGERLAUB, Wolf: Kredit- und Zinspolitik stimuliert hohe Effektivität der Außenwirtschaft, in: Die Wirtschaft, 30. Jg. (1970), Nr. 39 vom 24. September, S. 15

105 Beschluß über das Statut des Ministeriums für Außenhandel und Innerdeutschen Handel vom 7. Februar 1957, in: Gesetzblatt der DDR, Teil I, Nr. 14/1957, S. 127 ff.
106 Nach Informationen des Verf.
107 Siehe OBST, Werner: DDR-Wirtschaft, a.a.O., S. 93
108 BALKOW wurde vorgeworfen, die Durchsetzung der Außenwirtschaftsreform behindert und auf diese Weise „einen ernsten Tempoverlust bei der Lösung einiger Grundfragen des neuen ökonomischen Systems der Planung und Leitung im Außenhandel zugelassen" zu haben. „Die beschlossenen Experimente wurden entweder gar nicht oder nur oberflächlich durchgeführt." ULBRICHT, Walter: Probleme des Perspektivplanes bis 1970, a.a.O., hier: S. 20
109 Es ist vermutet worden, daß RUMPF insbesondere aufgrund von Fehlleistungen bei der Industriepreisreform entlassen wurde. Siehe BUCK, Hannsjörg: Ungelöste ökonomische Grundprobleme, Sonderdruck aus dem SBZ-Archiv, Bonn und Berlin (Bundesministerium für gesamtdeutsche Fragen) 1967, S. 25
110 Verordnung über das Statut des Ministeriums der Finanzen vom 12. Mai 1967, in: Gesetzblatt der DDR, Teil II, Nr. 49/1967, S. 323–328, hier: § 4, Abs. 1
111 Ebd., § 16, Abs. 1
112 Verordnung über die Aufgaben, Pflichten und Rechte der Staatlichen Plankommission vom 26. Oktober 1967, in: Gesetzblatt der DDR, Teil II, Nr. 102/1967, S. 723–726, hier: § 2, Abs. 9
113 Gesetz über die Staatsbank der Deutschen Demokratischen Republik vom 1. Dezember 1967, a.a.O., S. 133
114 Ebd., § 11, Abs. 1
115 Siehe dazu SÖLLE, Horst: Neue Anforderungen an die staatliche Führungstätigkeit auf dem Gebiete der Außenwirtschaft, in: Der Außenhandel, 17. Jg. (1967), S. 5–13, SÖLLE, Horst: Neue Schritte auf dem Weg zu wachsender außenwirtschaftlicher Effektivität, in: Die Wirtschaft, 22. Jg. (1967), H. 8, S. 4 f. sowie SÖLLE, Horst: 20 Jahre Außenwirtschaft der DDR, in: Sozialistische Außenwirtschaft, 19. Jg. (1969), H. 9, S. 1–5
116 Vgl. Bekanntmachung über die Bildung von Ministerien vom 11. August 1967, in: Gesetzblatt der DDR, Teil II, Nr. 81/1967, S. 571
117 Beschluß über die Durchführung des ökonomischen Systems des Sozialismus im Jahre 1971 vom 1. Dezember 1970, in: Gesetzblatt der DDR, Teil II, Nr. 100/1970, S. 731–746, hier: S. 737
118 Ebd., S. 741
119 Vgl. Verordnung über die Leitung und Durchführung des Außenhandels vom 9. September 1976, in: Gesetzblatt der DDR, Teil I, Nr. 35/1976, S. 421–426, hier: § 7 sowie Statut der Staatlichen Plankommission. Beschluß des Ministerrates vom 9. August 1973, in: Gesetzblatt der DDR, Teil I, Nr. 41/1973, S. 417–420
120 Vgl. Statut des Ministeriums der Finanzen. Beschluß des Ministerrates vom 9. Januar 1975, in: Gesetzblatt der DDR, Teil I, Nr. 18/1975, S. 321–324, hier: § 3
121 Vgl. ebd., § 6
122 Vgl. Gesetz über die Staatsbank der Deutschen Demokratischen Republik vom 19. Dezember 1974, in: Gesetzblatt der DDR, Teil I, Nr. 62/1974, S. 580–582, hier: § 9
123 Vgl. Statut des Ministeriums für Außenwirtschaft. Beschluß des Ministerrates vom 9. August 1973, in: Gesetzblatt der DDR, Teil I, S. 420–425, hier: § 1
124 Vgl. ebd., § 6
125 Siehe ebd., § 12 sowie Beschluß über das Statut des Ministeriums für Außenhandel und Innerdeutschen Handel vom 7. Februar 1957, a.a.O., § 2, Abs. 3
126 Vgl. Beschluß über das Statut des Ministeriums für Außenhandel und Innerdeutschen Handel vom 7. Februar 1957, a.a.O., § 2, Abs. 2
127 Vgl. ebd., § 2, Abs. 2
128 Ebd., § 7, Abs. 3
129 Zitiert nach SCHMIDT, Martin: Klarheit im Kopf und neuer Arbeitsstil, a.a.O., S. G373, im Original hervorgehoben. Die grundlegenden Macht- und Interessenkonflikte zwischen Zentralbank einerseits und Finanzministerium andererseits dürften während des institutionellen Machtkampfes kaum klarer herausgestellt worden sein als in diesem Ausspruch eines (unbekannten) Zentralbankmitarbeiters.

Zu Abschnitt 6:

1 FRICKE glaubt, erkennen zu können, daß unter „der Ägide Erich HONECKERs ... die Militärs an Einfluß auf die politische Führung der DDR gewonnen" haben. FRICKE, Karl Wilhelm: Die Militärs in der DDR-Führung, in: Deutschlandarchiv, 7. Jg. (1974), H. 3, S. 231
2 HERSPRING, Dale R.: Die Rolle der Streitkräfte in der Aussenpolitik der DDR, in: Drei Jahrzehnte Außenpolitik der DDR, S. 313—324, S. 317
3 Vgl. ebd.
4 Vgl. ebd., S. 316
5 Vgl. OBST, Werner: DDR-Wirtschaft, a.a.O., S. 156
6 Seit 1960 unverändert Heinz HOFFMANN
7 Seit 1957 unverändert Erich MIELKE
8 1963 bis 1973 und seit 1976 wieder Willi STOPH
9 Ab 1952 „Amt für Auftragsangelegenheiten", ab 1956 bei Gründung der NVA „Amt für Rüstungstechnik", 1958 aufgelöst. Vgl. DDR-Handbuch, a.a.O., S. 918
10 Informationen des Verf. durch Fritz SCHENK
11 Siehe Bundesministerium für gesamtdeutsche Fragen (Hrsg.): SBZ von A bis Z, a.a.O., S. 370. Nach Informationen des Verf. wurde diese Abteilung anfangs von Generalmajor Erwin FREYER geleitet.
12 Informationen des Verf. durch Fritz SCHENK
13 Vgl. HERSPRING, Dale R.: Die Rolle der Streitkräfte in der Aussenpolitik der DDR, in: Drei Jahrzehnte Außenpolitik der DDR, a.a.O. sowie SCHULZ, Eberhard/SCHULZ, Hans Dieter: Braucht der Osten die DDR?, a.a.O., S. 86ff.
14 Die Rüstungsindustrie der DDR wurde schon 1949/50 aufgebaut, beschränkte sich jedoch im wesentlichen auf die Herstellung von Handfeuerwaffen, Ersatzteilen, elektronischen und optischen Geräten, Fahrzeugen und Küstensicherungsbooten. Die Produktionsleitung obliegt seit 1959 der VVB Unimag, Ostberlin, der bis Mitte der sechziger Jahre lediglich die Peene-Werft in Wolgast, einige Reparaturbetriebe, zwei Sprengstoffwerke, zwei Munitionsfabriken und die Handelszentrale „Unimag" für Rüstungsimporte unterstanden. Siehe Bundesministerium für gesamtdeutsche Fragen (Hrsg.): SBZ von A bis Z, a.a.O., S. 370. Eine Reihe von Ostberliner Betrieben und Schiffswerften produzieren jedoch ebenfalls für den NVA-Bedarf sowie den Export. Siehe hierzu die vom westdeutschen Bundesverteidigungsministerium am 5. Juli 1961 bekanntgegebenen Informationen, wiedergegeben in: Archiv der Gegenwart, 31. Jg. (1961), S. 9188f. Einer der mittlerweile größten Rüstungsbetriebe der DDR ist das Lkw-Werk bei Ludwigsfelde, das auf massiven Druck der Militärführung hin in Betrieb genommen worden ist, auf sowjetische Intervention hin jedoch lediglich Lkw bis 5 t Nutzlast produzieren darf. Siehe OBST, Werner: DDR-Wirtschaft, a.a.O., S. 148f.
15 Nach Informationen des Verf. Vgl. auch Bundesministerium für gesamtdeutsche Fragen (Hrsg.): SBZ von A bis Z, a.a.O., S. 370
16 So sollen Ende 1967 zwölf Düsenjäger sowjetischer Bauart nach Guinea eingeflogen worden sein, um dem ehemaligen Präsidenten Ghanas NKRUMAH zur Rückkehr nach Ghana zu verhelfen. Siehe LAMM, Hans Siegfried/KUPPER, Siegfried: DDR und Dritte Welt, München und Wien 1976, S. 145. Im Jahre 1979 sagte die DDR NKOMO die Lieferung sowjetischer Feldartillerie und Fla-Raketen zur Unterstützung von NKOMOs Kampf gegen die „illegale Marionetten-Regierung" unter Abel MUZOREWA zu. Siehe Archiv der Gegenwart, 49. Jg. (1979), S. 22983 A/1
17 Durchschnittlich 80% der Waffenimporte der DDR stammen aus der Sowjetunion, der überwiegende Rest aus der CSSR. Siehe Stockholm International Peace Research Institute: SIPRI Yearbook 1979, S. 194f. SIPRI Yearbook 1980, S. 90. Siehe auch die Anmerkungen zu Tabelle 1.
18 Vgl. insbesondere Bundesministerium für gesamtdeutsche Fragen (Hrsg.): SBZ von A bis Z. Ein Taschen- und Nachschlagewerk über die Sowjetische Besatzungszone Deutschlands, 9. Aufl., Bonn 1965, S. 99f.
19 Vgl. insbesondere FRICKE, Karl-Wilhelm: Die DDR-Staatssicherheit. Entwicklung, Strukturen, Aktionsfelder, Köln 1982, S. 11ff. sowie RICHERT, Ernst: Macht ohne Mandat, a.a.O., S. 247f.

20 Vgl. FRICKE, Karl Wilhelm: Die DDR-Staatssicherheit, a.a.O., S. 76
21 Vgl. SCHENK, Fritz: Magie der Planwirtschaft, a.a.O., S. 193 ff.
22 Vgl. FRICKE, Karl Wilhelm: Nachrichtendienst und verdeckte Einwirkung, in: Drei Jahrzehnte Außenpolitik der DDR, S. 333–344, hier: S. 335. Schon WOLLWEBER war von ULBRICHT nicht mehr ins Politbüro geholt worden, er hatte nur Sitz und Stimme im ZK.
23 Vgl. ebd., S. 336
24 Siehe hierzu SCHENK, Fritz: Magie der Planwirtschaft, a.a.O., S. 198 f.
25 Vgl. HERSPRING, Dale R.: Die Rolle der Streitkräfte in der Aussenpolitik der DDR, a.a.O., S. 319
26 Implizit zumindest liegt diese Annahme beispielsweise der Vermutung FRICKEs zugrunde, „die unsäglich brutale Vollendung der Kollektivierung der Landwirtschaft 1960 oder die Sozialisierung aller bis 1972 noch privaten oder halbstaatlichen Unternehmen wären ohne das Eingreifen der Staatssicherheit oder ohne die Furcht vor ihrem möglichen Eingreifen kaum durchsetzbar gewesen." FRICKE, Karl Wilhelm: Die DDR-Staatssicherheit, a.a.O., S. 15
27 Neues Deutschland vom 14. Juni 1953. Auch RICHERT stellte fest, damit habe man „– was immer die persönlichen Motive ZAISSERs und HERRNSTADTs gewesen sein mögen – gerade einer Politik der ‚Liberalisierung', der Berücksichtigung des Willens der Arbeiterschaft und einer ernsthaften Orientierung auf die gesamtdeutschen Fragen das Wort geredet." RICHERT, Ernst: Macht ohne Mandat, a.a.O., S. 247

Zu Abschnitt 7:

1 Vgl. Bundesministerium für innerdeutsche Beziehungen (Hrsg.): DDR Handbuch, a.a.O., S. 1189 f.
2 Zu Einzelheiten siehe beispielsweise FÖRTSCH, Eckart: Zielfindung und Planung im Bereich Wissenschaft und Forschung in der DDR, in: FS-Analysen, H. 7, 1979, S. 85–95 sowie LAUTERBACH, Günter/BEYER, Achim: Zur wirtschaftswissenschaftlichen Forschung und Lehre in der DDR, in: FS-Analysen, H. 5, 1978, S. 51–72
3 Vgl. Statut des Ministeriums der Finanzen vom 9. Januar 1975, a.a.O., § 15
4 Vgl. Statut des Ministeriums für Außenwirtschaft vom 9. August 1973, a.a.O., § 30
5 Vgl. Zur Weiterentwicklung der ökonomischen Beziehungen zwischen Außenhandel und Industrie auf dem Gebiete des Exportes, a.a.O.; BERK, Günter/SEIDEL, Karlheinz: Theoretische Probleme der Valuta- und Kreditbeziehungen im sozialistischen Weltsystem, in: Wirtschaftswissenschaft, 22. Jg. (1974), S. 1067–1071; BERK, Günter/SEIDEL, Karlheinz: Fragen des internationalen sozialistischen Währungssystems der RGW-Länder und seiner Weiterentwicklung und Vervollkommnung, in: Wirtschaftswissenschaft, 23. Jg. (1975), S. 1074–1079 sowie PLÖNZKE, Horst u.a.: Theoretische und methodische Probleme von Geld und Finanzen in der entwickelten sozialistischen Gesellschaft, in: Wirtschaftswissenschaft, 28. Jg. (1980), S. 1122–1131
6 „Beratung" des Finanzökonomischen Forschungsinstituts beim Ministerium der Finanzen in Ostberlin im Dezember 1973. Vgl. BERK, Günter/SEIDEL, Karlheinz: Theoretische Probleme der Valuta- und Kreditbeziehungen im sozialistischen Weltsystem, a.a.O. sowie die sog. „Beratung" des Finanzökonomischen Forschungsinstituts beim Ministerium der Finanzen in Ostberlin im November 1974. Vgl. BERK, Günter/SEIDEL, Karlheinz: Fragen des internationalen sozialistischen Währungssystems der RGW-Länder und seiner Weiterentwicklung und Vervollkommnung, a.a.O. Vorausgegangen war im April 1973 eine wissenschaftliche Konferenz des Internationalen Instituts des RGW in Moskau speziell zu Fragen der internationalen Währungs- und Kreditbeziehungen.
7 Vgl. ebd. Vorausgegangen war im November 1973 eine internationale wissenschaftliche Konferenz in Moskau, auf der der sowjetische Wissenschaftler SENIN vor dem Hintergrund der Rohstoffpreishausse erstmals deutlich machte, „daß die Weltmarktpreise im Lauf einer größeren historischen Etappe als wichtige Grundlage der RGW-Preisbildung genutzt werden müssen, da der in ihnen verkörperte Arbeitsaufwand offensichtlich in vielen Fällen auch für die RGW-Länder relevant sei." BRENDEL, Gerhard/DUBROWSKY, Hans-Joachim: Theoretische Probleme des sozialistischen Weltmarktes, in: Wirtschaftswissenschaft, 22. Jg. (1974), S. 590–598, hier: S. 595
8 Siehe die Wissenschaftliche Konferenz vom April 1980, die von der Sektion Wirtschaftswissenschaften der Humboldt-Universität, Ostberlin, in Zusammenarbeit mit dem Finanz-

ökonomischen Forschungsinstitut beim Ministerium der Finanzen veranstaltet wurde. Vgl. PLÖNZKE, Horst u.a.: Theoretische und methodische Probleme von Geld und Finanzen in der entwickelten sozialistischen Gesellschaft, a.a.O.

9 Vgl. HÖHNE, Christa: Tagung der Sektion Wirtschaftswissenschaften über Probleme des Schiffsbaus, der Seehandelsschiffahrt und der Seehafenwirtschaft der DDR, in: Wirtschaftswissenschaft, 8. Jg. (1960), S. 759–765 sowie STROPAHL, Günter: Internationales Schiffahrsseminar in Rostock, in: Wirtschaftswissenschaft, 11. Jg. (1963), S. 2004–2008

10 Siehe BERGSTRÖM, Siegfried: Beratungen über Probleme der weiteren Verschärfung der Krise des kapitalistischen Weltwährungssystems, in: Wirtschaftswissenschaft, 16. Jg. (1968), S. 1190–1196

11 Vgl. BRENDEL, Gerhard/DUBROWSKY, Hans-Joachim: Theoretische Probleme des sozialistischen Weltmarktes, a.a.O., S. 596f.

12 Zu den bekanntesten „einflußreichsten" Wirtschaftswissenschaftlern im Bereich der internationalen Währungs- und Handelsbeziehungen sind zu rechnen Harald-Dietrich KÜHNE (seit 1968 Halle-Wittenberg), Karl-Heinz DOMDEY (ab 1963 Dresden, seit 1970 Ostberlin), Gunther KOHLMEY (seit 1961 Ostberlin), Karl-Heinz GERSTENBERGER (Ostberlin) und Gerhard GROTE (Ostberlin).

13 Vgl. hierzu SCHENK, Fritz: Magie der Planwirtschaft, a.a.O., S. 152ff. sowie S. 173ff. Siehe auch WEBER, Hermann: DDR. Grundriß der Geschichte 1945–1976, Hannover 1976, S. 22ff. zur Zerschlagung der sog. HARICH-Gruppe

14 Vgl. WEBER, Hermann: DDR, a.a.O., S. 21

15 Nach persönlichen Informationen durch Fritz SCHENK. Mit den Sympathisanten dieser Kritiker in den Reihen der Partei(führung) und des Staatsapparates rechnete ULBRICHT erst 1958 ab, als er seine Machtposition stabil genug glaubte. Vgl. SCHENK, Fritz: Magie der Planwirtschaft, a.a.O., S. 192ff.

16 Fred OELSSNER wurde aus dem Politbüro ausgeschlossen „wegen wiederholter Verletzung der Disziplin des Politbüros und der Weigerung, sich in das Kollektiv des Politbüros einzufügen." Neues Deutschland vom 8. Februar 1958. Danach wurde er bis zum Jahre 1969 auf die Position des Direktors des Instituts für Wirtschaftswissenschaften bei der Akademie der Wissenschaften in Ostberlin abgeschoben.

17 Helmut DIETRICH wurde 1978 als Präsident der Außenhandelsbank AG, Ostberlin, abgesetzt und zum o. Prof. für sozialistische Finanzwissenschaft an der Humboldt-Universität, Ostberlin, ernannt.

18 Nachdem der sowjetische Ökonom LIBERMAN am 9. September 1962 in der „Prawda" weitgehende Vorschläge zu einer Wirtschaftsreform unter dem Titel „Plan-Gewinn-Prämie" vorgetragen hatte, forderte ULBRICHT schon im Oktober desselben Jahres: „Unsere Wirtschaftswissenschaftler und Planer sollten diese Diskussion sorgfältig verfolgen und auswerten. Zugleich sollten sie ihre eigenen Vorstellungen entwickeln." Neues Deutschland vom 14. Oktober 1962. Eine Kanalisierung der hierdurch ausgelösten beispiellosen wirtschaftswissenschaftlichen Forschungswelle in der DDR sollte gerade der seit 1963 bei der Staatlichen Plankommission bestehende „Beirat für ökonomische Forschung" leisten.

19 Nach Informationen des Verf.

20 Der Zustand der marxistischen Außenwirtschaftstheorie, die bis heute über einige rudimentäre und amorphe Modelle nicht hinausgelangt ist, wurde selbst von Marxisten als so unbefriedigend empfunden, daß sogar gefordert wurde, es erwachse „den marxistischen Ökonomen die Aufgabe, das Instrumentarium ihrer Theorie zu erweitern, auch auf dem Wege einer kritischen Übernahme von Instrumenten der bürgerlichen Außenwirtschaftstheorie." SYDOW, Peter: Wechselbeziehungen zwischen Außenhandels-, Industrie- und Nationaleinkommensentwicklung sozialistischer Volkswirtschaften, in: KOHLMEY, Gunther (Hrsg.): Außenwirtschaft und Wachstum. Theoretische Probleme des ökonomischen Wachstums in Sozialismus und Kommunismus, Band III, Berlin(Ost) 1968, S. 105–129, hier: S. 105. Ideologische Beschränkungen haben eine solche „Befruchtung" der marxistischen Außenwirtschaftslehre bislang allerdings verhindert.

21 Vgl. Kommission zur Verbesserung der Außenhandelsplanmethodik bei der Staatlichen Plankommission: Neue Wege in der Außenhandelsplanung, in: Der Aussenhandel, 6. Jg. (1956), H. 22, S. 787f. sowie die extensive wissenschaftliche Diskussion in: Der Außenhandel und der innerdeutsche Handel, 7.Jg. (1957), H. 10, 14, 22 und 23 sowie 8. Jg. (1958), H. 3

22 Siehe JACOBEIT, H.: Die Valutaplanabrechnung und die Möglichkeit der maschinellen Aufbereitung, in: Aussenhandel, 14. Jg. (1964), H. 12, S. 11 f., hier S. 12
23 Siehe Erläuterungen der Aufgabenstellung des Außenhandels auf der Grundlage des Beschlusses der ökonomischen Kommission beim Präsidium des Ministerrates vom 27. März 1965 zur Weiterführung der Untersuchungen der Exportrentabilität, in: Verfügungen und Mitteilungen des Ministeriums für Außenhandel und Innerdeutschen Handel vom 30. Juni 1965, Nr. 6, S. 49 f.
24 ULBRICHT selbst sah sich genötigt, diesen Forderungen entgegenzutreten und sich auf die Position zurückzuziehen, daß es zunächst „um die Stärkung der sozialistischen Währung, um die weitere Erhöhung der Stabilität des sozialistischen Wirtschaftssystems" gehen müsse, und daß ohne entsprechende Sicherungen vor ökonomischen Abhängigkeiten „eine Konvertierbarkeit von Währungen einzelner sozialistischer Länder mit dem kapitalistischen Währungssystem keinen Nutzen" bringen könne. Zitiert nach BERGSTRÖM, Siegfried: Beratungen über Probleme der weiteren Verschärfung der Krise des kapitalistischen Weltwährungssystems, a.a.O., S. 1194
25 SIK, Ota: Das kommunistische Machtsystem, a.a.O., S. 157. Zu einem ähnlichen Urteil gelangen letztlich auch OBST, Werner: DDR-Wirtschaft, a.a.O., S. 158 sowie SCHENK, Fritz: Im Vorzimmer der Diktatur, a.a.O., passim

C. Ziele, Organisation und Planung der Aussenwirtschaftsbeziehungen im sozialistischen Staat

1. Ziele internationaler Währungspolitik

In allen entwickelten, demokratisch regierten Staaten wird als letztes Ziel internationaler Währungspolitik „die Förderung der internationalen Arbeitsteilung und damit ... die Hebung des Lebensstandards in allen beteiligten Ländern"[1] angesehen. Insofern kommt der internationalen Währungspolitik eine eindeutige und ganz überwiegend instrumentelle Funktion zu, nämlich von der finanziellen Seite her einen möglichst stör- und reibungslosen zwischenstaatlichen Güter- und Leistungsaustausch möglich zu machen und damit erst die Voraussetzungen zu schaffen für eine Erschließung und Nutzung jener Vorteile und Wohlfahrtsgewinne, die sich die am internationalen Handel teilnehmenden Nationen versprechen. Dabei ist die internationale Währungspolitik aufgrund der *nationalstaatlichen Organisation politischer Willens- und Entscheidungsbildung* vor allem darauf ausgerichtet, nationale Belange und Interessen durchzusetzen und im Sinne „außenwirtschaftlicher Absicherung" für die Realisierbarkeit binnenwirtschaftlicher Ziele wie Geldwertstabilität, Vollbeschäftigung und ausgewogenes Wirtschaftswachstum Sorge zu tragen. Sie ist daher von ihren Zielen her an der Vermeidung sowohl außenwirtschaftlicher wie binnenwirtschaftlicher Ungleichgewichte orientiert; ihr Mitteleinsatz zielt jedoch primär auf die Beeinflussung der zwischenstaatlichen finanziellen Beziehungen ab. Internationale Währungspolitik in diesem Sinne ist zum einen *Ordnungspolitik*, deren Aufgabe in der Gestaltung und Veränderung jener Rahmenbedingungen besteht, innerhalb derer sich die finanzielle Abwicklung internationaler Transaktionen abspielt. Sie ist aber auch *Prozeßpolitik,* indem sie Ungleichgewichte im zwischenstaatlichen Zahlungsverkehr sowie außenwirtschaftlich induzierte Zielverletzungen zu bekämpfen sucht. Als Ordnungspolitik zielt sie darauf ab, die „Regeln des Spiels" zu definieren, als Prozeßpolitik, das „Spiel" selbst innerhalb der Regeln zu steuern und zu beeinflussen.[2]

In diesem, hier skizzierten und sehr allgemeinen Sinne erscheinen die Ziele internationaler Währungspolitik durchaus systemindifferent. Bei dem Versuch, diese allgemeinen Zielsetzungen zu konkretisieren und festzulegen, wie denn die internationale Währungsordnung im einzelnen auszugestalten ist und mit welchen Mitteln und nationalen Zielen prozeßpolitisch zu intervenieren ist, ergeben sich jedoch erhebliche Unterschiede, und zwar nicht nur zwischen demokratisch regierten Ländern einerseits und kommunistisch regierten Ländern andererseits, sondern bekanntlich auch zwischen verschiedenen Nationalstaaten ein und desselben „Lagers" und erst recht zwischen ökonomisch unterschiedlich entwickelten oder mit Ressourcen unterschiedlich ausgestatteten Nationen andererseits. Obwohl im Einzelfall und von Land zu Land spätestens seit den siebziger Jahren erhebliche Diskrepanzen im Zielerreichungsgrad eingetreten sind, können jedoch zumindest für die demokratisch regierten, überwiegend marktwirtschaftlich gesteuerten Wirtschaftssysteme des Westens folgende Ziele als auf breiter Basis konsensfähig angesehen werden.[3]

Die internationale Währungsordnung ist so zu gestalten, daß Beschränkungen des Zahlungsverkehrs, die geeignet sind, die internationale Arbeitsteilung zu beeinträchtigen, zu beseitigen und zu vermeiden sind. Der laufende Zahlungsverkehr ist mit anderen Worten weitestgehend zu liberalisieren; es ist ein multilaterales Zahlungssystem zu schaffen und zu sichern, das auf funktionsfähigen, konvertiblen Reserve- und Transaktionswährungen basiert. Die Wechselkurse zwischen den beteiligten nationalen Währungen sollen zwar einerseits möglichst stabil, andererseits aber auch beweglich genug sein, um ökonomisch begründete Verschiebungen im Außenwert der nationalen Währungen zum Ausdruck bringen zu können. Es sind Regeln, Kontroll- und Sanktionsinstrumente auf supranationaler Ebene zu schaffen und zu sichern, die nationalstaatliches währungspolitisches Handeln zumindest insoweit beschränken und koordinieren, daß anderen Ländern aus Handlungen einzelner Staaten möglichst wenig Schaden erwächst, um auf diese Weise zu vermeiden, daß im System selbst nolens volens Reaktionen ausgelöst werden, die Wohlfahrtsverluste für die gesamte Weltwirtschaft bedeuten können.[4]

Darüber hinaus besteht weitgehender Konsens, Ungleichgewichte der nationalen Zahlungsbilanzen von längerer Dauer möglichst zu vermeiden, wobei „Ungleichgewichte" im Einzelfall sowohl als Veränderungen der Devisenreserven oder als Leistungsbilanzsalden definiert sein mögen. Da ein materieller Ausgleich der nationalen Zahlungsbilanz zu jedem beliebigen Zeitpunkt jedoch nur zufälliger Natur sein kann, sind im Rahmen der Prozeßpolitik Entscheidungen darüber zu treffen, wie lange Ungleichgewichte welchen Ausmaßes hinzunehmen, auf welche Weise diese Ungleichgewichte für die Dauer ihres Bestehens zu finanzieren und durch welche Maßnahmen sie auf längere Sicht zu beseitigen sind. Es besteht Konsens in der Zielsetzung, wenn auch nicht faktische Übereinstimmung in der Intensität der Zielverfolgung und -erreichung, daß (wie auch immer definierte) Zahlungsbilanzungleichgewichte mittelfristig durch hinreichend wirksame binnenwirtschaftliche Anpassungsmaßnahmen und/oder Wechselkursänderungen zu beseitigen sind. Die Finanzierung von Zahlungsbilanzungleichgewichten durch Verschuldung und/oder Einsatz von Währungsreserven kann jedoch schon aus ökonomischen Gründen nur als eine kurzfristig orientierte Problemlösungsstrategie akzeptiert werden, die sich allerdings dann als unumgänglich erweisen mag, wenn eine vollständige und kurzfristige Deckung des zahlungsbilanzpolitischen Anpassungsbedarfs politisch untragbar ist. Eine langfristige Kreditfinanzierung von Handelsbilanzdefiziten wird allenfalls als Teil einer Strategie zur Überwindung wirtschaftlicher Unterentwicklung als legitim betrachtet.[5] Systeme der Devisenbewirtschaftung und Importkontingentierung werden demgegenüber als ordnungspolitisch unerwünscht und als in Widerspruch zu den allgemeinen Zielsetzungen einer Liberalisierung des Waren- und Zahlungsverkehrs stehend grundsätzlich abgelehnt.[6]

Schon der Versuch einer Konkretisierung der ordnungs- und prozeßpolitischen Zielsetzungen sozialistischer internationaler Währungspolitik stößt auf gravierende Schwierigkeiten, die in der Struktur und Funktionsweise des wirtschaftlichen, wie auch des politischen Systems dieser Staaten bedingt sind. Formal haben sich auch die sozialistischen Länder stets dazu bekannt, die Vorteile internationaler Arbeitsteilung nutzen und auch die internationale Währungspolitik in ihren Dienst stellen zu wollen. In ihren Augen spielen gerade „die internationalen Valutabeziehungen des sozialistischen Staates ... eine aktive Rolle bei seinem Bemühen, die Vorzüge der internationalen Arbeitsteilung für die Entwicklung der Volkswirtschaft zu nutzen."[7] Ihre Hauptaufgabe bestehe darin, „die planmäßig proportionale

Entwicklung der Volkswirtschaft und die Effektivität des volkswirtschaftlichen Reproduktionsprozesses wesentlich zu fördern."[8] Da die Wirtschaftsbeziehungen zu nichtsozialistischen Ländern allerdings immer wieder durch dem Kapitalismus immanente Konjunktur- und Währungskrisen beeinträchtigt würden, seien die Außenwirtschaftsbeziehungen zu den nichtsozialistischen Ländern „politisch und ökonomisch so abzusichern, daß ... keine nachteiligen Abhängigkeitsverhältnisse entstehen"[9] und die nationale Volkswirtschaft „vor den Krisenerscheinungen des imperialistischen Wirtschafts- und Währungssystems geschützt wird."[10] Zu diesem Zweck sei zum einen die internationale Währungspolitik des sozialistischen Staates mit Hilfe des Valutamonopols, d. h. eines zentralistisch organisierten Systems der Devisenbewirtschaftung, straff zu leiten und zu planen, zum anderen müßten in der praktischen Politik „zugleich die Widersprüche des Kapitalismus genutzt werden, um den Valutaumschlag zu beschleunigen."[11]

Über diese sehr allgemeinen Postulate hinaus lassen sich konkretere Zielsetzungen weder den offiziellen Plandokumenten noch dem kommunistischen Schrifttum entnehmen. Es läßt sich nicht einmal behaupten, das Ziel eines zumindest mittelfristigen und wie auch immer definierten außenwirtschaftlichen Gleichgewichts sei von den kommunistischen Parteiführungen allgemein akzeptiert.[12] Tatsächlich unterlag beispielsweise die Beurteilung einer Finanzierung von Zahlungsbilanzungleichgewichten durch Kredite westlicher Lieferanten, Banken und Regierungen in den sozialistischen Ländern in historischer Perspektive sogar starken Veränderungen. Dominierende und historisch weitgehend unveränderliche Zielsetzung kommunistischer Außenwirtschafts- und Währungspolitik blieb jedoch die Sicherung der Realisierbarkeit binnenwirtschaftlicher Planziele, unter denen wiederum dem Wachstumsziel ein besonderer Rang zukommt.

Kommunistisch regierte Länder sind als ausgesprochen wachstumsorientiert zu betrachten, d.h. sie räumen allgemein dem Ziel möglichst hohen und stetigen Wirtschaftswachstums Priorität ein. Diese auch empirisch weithin beobachtbare *Dominanz des Wachstumszieles in der Wirtschaftspolitik des sozialistischen Staates* erscheint primär in Struktur und Funktionsweise politischer Willens- und Entscheidungsbildung begründet. Das Wachstum einer Wirtschaftsbranche ist in diesen Systemen weitgehend identisch mit dem Wachstum des bürokratischen Apparates und der Budgets der diese Branchen anleitenden Staatsorgane. Wirtschaftliches Wachstum erst gestattet es der Parteibürokratie, ihre Privilegien weiter auszubauen, ohne gleichzeitig die Interessen der Bevölkerung vernachlässigen zu müssen. Auch der militärische Apparat und die Staatssicherheitsdienste können sich nur unter Bedingungen möglichst hohen Wirtschaftswachstums einen hinreichenden Zustrom finanzieller und materieller Ressourcen versprechen. Die Parteiführung wird sich diesen einheitlichen und massiven Forderungen nicht entziehen können, da Wachstumsminderungen die Gefahr eskalierender und möglicherweise schwer erkennbarer und kontrollierbarer Verteilungskonflikte innerhalb der sozialistischen Gesellschaft heraufbeschwören.

Der ausgeprägte bias des Systems für wirtschaftliches Wachstum fördert nicht nur die Neigung des inneren Parteiführungszirkels und der Planungsspitze, andere Ziele — wie den Umweltschutz oder die Vermeidung von Kaufkraftüberhängen und Kassenhaltungsinflation — tendenziell zu vernachlässigen, er verlangt auch nach einem kontinuierlichen, mengenmäßigen Zuwachs wachstumsbestimmender Importe. Parteiführung und Planungsbürokratie werden daher alles daransetzen, im Interesse einer Realisierung ihrer ehrgeizigen Wachstumsziele, die Erfüllung der Importziele zu überwachen. Auf diese Weise impliziert die Dominanz des Wachstumszieles in der praktischen Politik die *Dominanz der Importplanrealisierung in der Außenwirtschaftspolitik des sozialistischen Staates;* alle übrigen Ziele haben sich dem unterzuordnen. Hieraus folgt aber insbesondere, daß Exporte regelmäßig als ein notwendiges Übel angesehen werden, um die Finanzierung der Importe sicherzustellen, und daß der Ost-West-Handel wie der Ost-Süd-Handel unter diesen Bedingungen kaum mehr als die Rolle eines Lückenbüßers und Systemstabilisators zu spielen vermag.[13] Ihm wird stets primär die Funktion zukommen, jene Waren und Leistungen planmäßig und/oder ad hoc bereitzustellen, die in der zentralgeleiteten Volkswirtschaft bzw. im kommunistischen Block insgesamt dauerhaft oder kurzfristig nicht verfügbar sind. Die Sicherung der systemnotwendigen Importe – wobei „systemnotwendig" im Einzelfall Nahrungs- und Genußmittel sowie Gebrauchsgüter einschließen mag, die die Versorgung der Bevölkerung verbessern sollen – wird auf diese Weise zur beherrschenden Zielsetzung kommunistischer Außenwirtschaftspolitik, der sich selbst andere Teilbereiche praktischer Politik unterzuordnen haben.

Die hierdurch bedingten wirtschafts-, handels- und zahlungsbilanzpolitischen Sachzwänge dürften um so stärker durchschlagen, je geringer die Ressourcenausstattung des betreffenden kommunistischen Landes ist. Tatsächlich war gerade für die DDR die Notwendigkeit einer Sicherung der inländischen Versorgung mit Rohstoffen und Nahrungsmitteln von Beginn an die inhaltlich wohl bedeutsamste Restriktion der Wirtschafts- und Währungspolitik. Nahezu 100 % beträgt die Importabhängigkeit bei Bauxit, Rohphosphat, Erdöl, Eisenerz, Manganerz, Chromerz, Gold und Steinkohle. Hohe Importquoten bestehen beispielsweise bei Silber, Kupfer und Erdgas. Über nennenswerte eigene Rohstoffreserven verfügt die DDR nur bei Braunkohle, Kalisalz, Kupferschiefer, Uranerzen und einigen Buntmetallen.[14] Zu 100 % importabhängig ist die DDR auch bei Wolle, Baumwolle, Jute, Tabak, Südfrüchten, Kaffee, Kakaobohnen und Tee. Hinzu kommen hohe Importquoten beispielsweise bei Schnittholz und Schwellen, Phosphordünger, Roheisen, Leder, Fisch, Getreide und Futtermitteln.

Die Außenwirtschafts- und Währungspolitik der DDR stand daher von Anfang an primär unter dem Diktat, die *Unsicherheit der Partei- und Staatsführung hinsichtlich einer ausreichenden und vor allem gesicherten Versorgung mit Importgütern* zu reduzieren. Schon 1957, nach den durch die Unruhen in Polen und Ungarn sowie den Suezkrieg verursachten Versorgungsengpässen, brachte Leuschner die alle anderen Überlegungen beherrschende Sorge des währungspolitischen Führungszirkels vor Importausfällen zum Ausdruck, als er vor dem 30. ZK-Plenum betonte, daß es „kein anderes so hoch industrialisiertes Land wie die Deutsche Demokratische Republik gibt, das bei so entscheidenden Rohstoffen wie Walzstahl, Steinkohle, metallurgischem Koks und Buntmetallen derart von Importen abhängig ist. Darin liegen unsere eigentlichen wirtschaftlichen Probleme."[15] Aufgabe der „Außenhändler" sei es daher vor allem, die „planmäßige Zurverfügungstellung versorgungswichtiger Rohstoffe und Materialien"[16] für die Industrie sicherzustellen.

Nicht weniger eindringlich wurde immer wieder darauf hingewiesen, daß die Wirtschaft der DDR „auf Grund der geographischen Lage ... und einer einseitigen, schmalen eigenen Rohstoffbasis auf vielen Gebieten die Rohstoff- und Nahrungsgüterversorgung nur mit umfangreichen Importen sichern"[17] könne. Es dürfe dabei „keinen Augenblick"[18] vergessen werden, daß diese Einfuhren erst durch zuverlässige Exportplanerfüllung erwirtschaftet werden müßten.

Vor diesem ökonomischen Hintergrund wird die starke Anlehnung der SED-Führung an die rohstoffreiche Sowjetunion nachvollziehbarer, aber auch ihre Präferenz für langfristig abgesicherte Liefer- und Leistungsverträge mit westlichen Industrieländern und Entwicklungsländern sowie ihre empfindliche Reaktion beispielsweise auf die amerikanische Blockade ihrer bei US-Banken angelegten Währungsreserven 1951 oder die Kündigung des Berliner Abkommens durch die Bundesregierung im Jahre 1961. Die internationale Währungspolitik der DDR hat seit 1949 in erster Linie stets von der finanziellen Seite her sicherzustellen gehabt, daß eine stabile und einigermaßen ausreichende Versorgung mit den wichtigsten Rohstoffen und dringendsten Engpaßgütern gewährleistet war, so daß bis in die sechziger Jahre hinein „der Außenhandel der DDR . . . mehr Sicherung der Existenzgrundlage als Wachstumsfaktor"[19] war. Erst die Bereitstellung langfristiger Devisenkredite durch westliche Banken, Lieferanten und Regierungen ließ es der SED-Führung vertretbar erscheinen, auch die Einfuhren an Maschinen und Ausrüstungen sowie westlichem Know how zu erhöhen.

Aus den genannten Gründen kann daher ernsthaft weder für die kommunistischen Staaten allgemein, noch für die DDR im besonderen eine „Autarkietendenz gegenüber dem Westen"[20] im Sinne eines möglichst hohen Grades der Versorgungsunabhängigkeit „from any nation which is believed to be unfriendly"[21] behauptet werden. Im Gegenteil stellen gerade die Versorgungsengpässe und Ineffizienzen, die unzureichende Ressourcenausstattung und der Kapitalmangel kommunistischer, zentral geleiteter Wirtschaftssysteme in dem einen Land mehr, dem anderen Land weniger gewichtige Gründe dar, die umgekehrt für ein ausgesprochenes Interesse der Parteiführungen dieser Länder an einer *Intensivierung der intersystemaren Wirtschafts- und Währungsbeziehungen* sprechen. Freilich darf nicht übersehen werden, daß in den sozialistischen Staaten selbst auch das *Interesse am Westhandel zyklischen Schwankungen unterliegt*, die ihrerseits in parteiinternen Machtkämpfen, zahlungsbilanzpolitischen Restriktionen der sowjetischen Parteiführung sowie grundlegenden Wechseln in der wirtschaftspolitischen Strategie und Parteilinie begründet sein können.

Während sich die westlichen Regierungen jedoch überwiegend erst aufgrund der Forderungen ihrer eigenen Exportindustrien und Banken seit Mitte der sechziger Jahre zunehmend bereit fanden, die Handels- und Kreditbeziehungen zu intensivieren, waren die kommunistischen Parteiführungen grundsätzlich schon immer daran interessiert, die intersystemaren Währungsbeziehungen in den Dienst ihrer eigenen Entwicklungsziele zu stellen. Was sich im Zeitablauf änderte, waren zum einen diese Entwicklungsziele selbst, zum anderen die Notwendigkeit, die Rahmenbedingungen und die Möglichkeiten eines Zugangs der kommunistischen Staaten zu westlichen Krediten, westlichem Know how und westlichen Nahrungsgütern, insbesondere Getreide und Futtermitteln. Schon Lenin stellte jedoch das dabei dominierende Grundprinzip klar heraus: es gelte vor allem, „den Kapitalismus durch hohe Profite zu bestechen, um die besten Maschinen zu bekommen. Er wird Überprofite einheimsen. Zum Teufel damit . . . Wir werden . . . endgültig auf die Beine kommen und den Kapitalismus ökonomisch besiegen."[22]

2. Das staatliche Außenhandels- und Valutamonopol

Grundlegende interne Organisationsform der Außenwirtschaftsbeziehungen zentralgeleiteter Volkswirtschaften ist das staatliche „Außenhandels- und Valutamonopol", dessen „Wesen ... als die Leitung des Volkswirtschaftszweiges Außenhandel durch den sozialistischen Staat"[1] gekennzeichnet wird. In historischer Perspektive haben sich nicht nur die konkreten Formen der Ausgestaltung des staatlichen Außenwirtschaftsmonopols gewandelt, sondern auch die parteioffiziell und von Wissenschaftlern angeführten Begründungen. Einerseits wird die Existenz des staatlichen Außenhandels- und Valutamonopols *ideologisch* begründet: „Die Prinzipien des demokratischen Zentralismus sind die allgemeinen, grundlegenden Leitungs-, Organisations- und Tätigkeitsprinzipien unseres Arbeiter-und-Bauern-Staates; sie müssen deshalb selbstverständlich auch der staatlichen Leitung des Wirtschaftszweiges Außenhandel, die sich im Bestehen des Außenhandelsmonopols ausdrückt, zugrunde liegen."[2] Andererseits wird die Begründung vorrangig in einer *Schutzfunktion* vor unberechenbaren Einflüssen insbesondere des erratischen, an Profitinteressen orientierten kapitalistischen Welthandels gesehen.[3] Dieses Argument hat in der DDR jedoch zu Verwirrung und Auseinandersetzungen geführt, da es impliziert, daß das Außenhandels- und Valutamonopol im Intra-RGW-Handel zumindest obsolet ist. Inhaltlich ist das *staatliche Außenhandelsmonopol* vor allem dadurch gekennzeichnet, daß
„– der Staat den Außenhandel unmittelbar leitet und darüber entscheidet, welche Organe, Institutionen und Betriebe mit welchen Außenhandelsfunktionen betraut werden,
– die Außenhandelsbeziehungen straff zentral geplant werden,
– die operativen Außenhandelsaufgaben vor allem von spezialisierten Außenhandelsbetrieben gelöst werden,
– der Staat festlegt, in welchem Umfang und auf welchen Gebieten Außenhandelsgeschäfte getätigt werden und
– Außenhandelsoperationen durch den Staat gelenkt und kontrolliert werden."[4]
Artikulation und Realisierung der marktwirksamen Importnachfrage und des Exportangebots erfolgen ausschließlich durch spezielle Außenhandelsbetriebe (AHB). Diese AHB unterstehen in der Regel dem Ministerium für Außenhandel, sind jeweils nur für bestimmte Waren- und Lieferprogramme zuständig und grundsätzlich in ihrem Kompetenzbereich allein zum Abschluß von Export- und Importverträgen befugt. Unter besonderen Bedingungen können jedoch, insbesondere bei Exportgeschäften, auch inländische Betriebe und Kombinate ermächtigt werden, internationale Wirtschaftsverträge vorzubereiten, abzuschließen und abzuwickeln. In jedem Fall wirken dabei aber die AHB mit und wickeln die finanziellen Transaktionen ab. Auf diese Weise sollen die AHB offenbar als eine Art „*Puffer*" *zwischen Binnen- und Außenwirtschaft* dienen, der den Inlandsbetrieben bei Auslandsgeschäften nicht nur das Absatzrisiko und Lagerhaltungsprobleme abnimmt. Primär sollen die Inlandsbetriebe auch finanziell von den Außenmärkten abgeschirmt werden, indem unabhängig von den international gezahlten und empfangenen Fremdwährungspreisen zwischen den AHB einerseits und den Inlandsbetrieben andererseits nur zu bestimmten, staatlich festgelegten Preisen in Binnenwährung abgerechnet wird. Dieses Prinzip ist allerdings im Zuge der Außenwirtschaftsreform in

den sechziger Jahren zunehmend durchbrochen worden, sofern besonders günstige Fremdwährungserlöse geeignet erschienen, die inländischen Exportbetriebe zu höheren Exportanstrengungen zu motivieren. Gleichwohl kann sinnvoll nach wie vor von der Existenz eines staatlichen Außenhandelsmonopols gesprochen werden, weil die unmittelbare *Konfrontation der Inlandsbetriebe mit den Weltmarktbedingungen durch direkte Exporterlösverrechnung* (a) eine Ausnahme von der Regel bleibt und beim Import gar nicht zur Anwendung kommt, (b) nach wie vor nur innerhalb des staatlich vorgesehenen Außenhandelsplanes überhaupt toleriert wird und schließlich (c) durch andere staatliche Stimulierungs- und Stützungsmittel wiederum so weitgehend modifiziert und gefiltert wird, daß letztlich doch nur solche Außenimpulse wirksam werden können, die von den Planern als erwünscht angesehen werden.[5]

Wie schon diese knappe Kennzeichnung der wichtigsten Merkmale des staatlichen Außenhandelsmonopols deutlich macht, dürfte die tatsächliche Begründung für seine Existenz in dem Bestreben der Parteiführung wie auch der nachgeordneten Staatsbürokratie zu suchen sein, Widersprüche zum gesamtwirtschaftlich vorherrschenden Lenkungs-, Anreiz-, Kontroll- und Informationssystem zu vermeiden. Solche Widersprüche würden sich bei weitgehender außenwirtschaftlicher Dispositionsfreiheit der inländischen Wirtschaftseinheiten vor allem aufgrund der Eigenschaften des Inlandspreissystems ergeben. Die Preise, die in Zentralverwaltungswirtschaften bei der Abwicklung ökonomischer Transaktionen zwischen inländischen Vertragspartnern zur Anwendung kommen, stimmen nur zufällig mit den Auslandspreisen überein, seien letztere nun überwiegend knappheits- oder marktmachtbestimmt. Die Struktur der Binnenpreise ist in diesem Sinne teils politisch intendiert, teils ungewollt „verzerrt". Intendierte Verzerrungen ergeben sich insbesondere aus bewußten, politisch motivierten Preisfixierungen wie etwa bei strategischen Plangütern und bestimmten Konsumwaren zur Befriedigung von Grundbedürfnissen. Ungewollte Verzerrungen ergeben sich vor allem dann, wenn die Inlandspreise mangels geeigneter Steuerungsmechanismen willkürlich festgelegt sind oder weil eine knappheitsorientierte Kostenbewertung wegen der Existenz intendierter Preisverzerrungen und technischer Schwierigkeiten einer arbeitswertmäßigen Kostenkalkulation nur zufällig zum Erfolg führen kann.

Weil aber die nationale Preisstruktur in hohem Maße politisch „geplant" ist und bewußt fixiert bleiben soll, benötigen zentralgeleitete Volkswirtschaften institutionelle Mechanismen, die verhindern, daß sich die auf Auslandsmärkten anzutreffenden Preisstrukturen in unerwünschter Weise binnenwirtschaftlich auswirken. Solche Störungen könnten insbesondere darin bestehen, daß inländische Unternehmen politisch bewußt verteuerte Engpaßgüter zum (niedrigeren) Auslandspreis einkaufen, die gestiegene Importnachfrage die Zahlungsbilanz ungeplant verschlechtert, den Spielraum für planmäßige Importe beschränkt und zudem das Nachfrageverhalten der Unternehmen mit all seinen binnenwirtschaftlichen Kettenreaktionen die ex ante-Mengenplanung der gesamtwirtschaftlichen Input-Output-Verflechtung erheblich stört. Umgekehrt dürfte es zu erheblichen ungeplanten Verknappungen und Lieferengpässen im Inland kommen, wenn politisch bewußt niedrig bewertete und subventionierte Güter zu den höheren Auslandspreisen exportiert werden. Dadurch würde nicht nur die Verfügbarkeit preisgünstiger Waren im Inland ungeplant verknappt, sondern zudem der staatliche Subventionshaushalt ungewollt beansprucht. Das Ausmaß ungewollter Verzerrungen der relativen Binnenpreise bedingt zudem, daß solche dysfunktionalen und ungeplanten Mengenreaktionen auf Auslandspreissignale in ihrem Umfang und in ihren Auswirkungen kaum hinreichend vorauszusehen sind und damit die gesamtwirtschaftliche Mengenplanung von Anfang an zum Scheitern verurteilen würden.

Solange systematische Zusammenhänge zwischen Niveau und Struktur der Inlandspreise einerseits und der Auslandspreise andererseits fehlen, muß somit ein höheres Maß an Entscheidungsfreiheit der dezentralen Wirtschaftseinheiten hinsichtlich ihrer Außenwirtschaftstätigkeit geradezu zwangsläufig gravierende Störungen in der inländischen Produktion, Konsumtion und Verteilung nach sich ziehen. Daher ist zu vermuten, daß das Außenhandelsmonopol entgegen den gängigen Argumenten in erster Linie dem Zweck dient, solche ungeplanten und unerwünschten Mengenreaktionen zu verhindern. Dabei ist der Zwang zu einer Reglementierung und zentralen Lenkung des Außenwirtschaftssektors offenbar um so stärker, je straffer und zentralistischer die Planung und Lenkung binnenwirtschaftlicher Prozesse überhaupt ist und je größer die Verzerrungen zwischen den Inlandspreisen einerseits und den Weltmarktpreisen andererseits sind. Einschränkungen und Auflockerungen des staatlichen Außenhandelsmonopols sind entsprechend nur in dem Maße möglich und zu erwarten, in dem die Parteiführung grundsätzlich bereit ist, zu einer überhaupt stärker dezentralen, d. h. durch größere Entscheidungsspielräume der Wirtschaftseinheiten gekennzeichneten, Wirtschaftslenkung überzugehen *und* bestrebt ist, die Struktur der Binnenpreise tendenziell den relativen Auslandspreisen anzunähern.[6]

Solange die Inlandspreise jedoch in Höhe und Struktur mehr oder weniger stark von den Auslandspreisen differieren, wird durch das Außenhandelsmonopol zugleich die *Existenz eines dualistischen Preissystems im Außenhandel kommunistischer Staaten konserviert.* Hieraus wiederum ergibt sich systemnotwendig das Erfordernis einer, wie man sagen könnte, „dualistischen" Planung, Abrechnung und Kontrolle der Zahlungsbilanz. So erscheinen in der *„externen"* Leistungsbilanz die Mengen der N Ausfuhrgüter und -dienstleistungen $x = (x_1, x_2, \ldots, x_N)$ bewertet zu den auf den Auslandsmärkten tatsächlich erzielten Fremdwährungspreisen $f_x = (f_{x1}, f_{x2}, \ldots, f_{xN})$ und die Mengen der L Importgüter und -dienstleistungen $m = (m_1, m_2, \ldots, m_L)$ bewertet zu den auf den Auslandsmärkten tatsächlich gezahlten Fremdwährungspreisen $f_m = (f_{m1}, f_{m2}, \ldots, f_{mL})$:

$$dL^f = x'f_x - m'f_m$$

Hingegen werden in der „internen Leistungsbilanz dieselben Mengengrößen mit den entsprechenden, zwischen AHB und Inlandsbetrieben tatsächlich abgerechneten Binnenpreisen der Exportleistungen $h_x = (h_{x1}, h_{x2}, \ldots, h_{xN})$ und er Importgüter und -dienstleistungen $h_m = (h_{m1}, h_{m2}, \ldots, h_{mL})$ bewertet:

$$dL^h = x'h_x - m'h_m$$

Spiegelt die externe Bilanz die durch die außenwirtschaftlichen Prozesse ausgelösten zwischenstaatlichen monetären Ströme wider, so reflektiert die interne Bilanz die durch dieselben realökonomischen Vorgänge ausgelösten binnenwirtschaftlichen Finanzströme. Beide Bilanzen würden erst dann zusammenfallen, wenn von den inländischen Betrieben und Handelsorganisationen einheitlich zu Auslandspreisen abgerechnet würde oder wenn ein einheitlicher Umrechnungskurs existiert, zu dem die Binnenpreise den Auslandspreisen entsprechen. Da in der Realität weder die eine noch die andere Bedingung erfüllt ist, fallen externe und interne Bilanz auseinander und müssen regelmäßig getrennt geplant, abgerechnet und kontrolliert werden.

Die durch das staatliche Außenhandelsmonopol angestrebte, straff zentrale Leitung und Planung der Außenhandelstätigkeit in Übereinstimmung mit den übrigen binnenwirtschaftlichen Plänen der Produktion, Konsumtion, Verteilung und der Geld- und Kreditbewegung wird währungspolitisch abgesichert durch das staatliche Valutamonopol, wie es in der Devisengesetzgebung zentralgeleiteter Volkswirtschaften festgelegt ist. Offiziell wird seine Funktion im wesentlichen im Schutz der Stabilität des inländischen Geld- und Kreditsystems vor den Instabilitäten der kapitalistischen Geld- und Finanzmärkte gesehen. Es solle auf diese Weise dazu beitragen, die Volkswirtschaft planmäßig und proportional zu entwickeln und stelle insofern ein unabdingbares „Machtinstrument der Arbeiterklasse in den Geld- und Kreditbeziehungen zum Ausland"[7] dar. Inhaltlich ist das *staatliche Valutamonopol* vor allem dadurch gekennzeichnet, daß[8]

— der Staat die internationalen Währungsbeziehungen straff zentral plant und kontrolliert; außerplanmäßige internationale Zahlungen sind grundsätzlich genehmigungspflichtig,
— zur operativen Abwicklung des internationalen Zahlungsverkehrs ausschließlich Zweigstellen der staatlichen Zentralbank oder Außenhandelsbank autorisiert sind,
— im Grundsatz nur besondere staatliche Organe berechtigt sind, Sorten und Fremdwährungsforderungen zu halten und zu verwenden und
— die Ein- und Ausfuhr der landeseigenen Währung prinzipiell verboten ist.

Dadurch, daß das staatliche Valutamonopol den Erwerb, die Hortung und Verwendung von Devisen beschränkt, d.h. im Prinzip nur im Rahmen staatlicher Valutapläne überhaupt duldet, beschränkt es uno actu die Verfügungsrechte in bezug auf die Inlandswährung, d.h. ihre Konvertibilität, und zwar in einem dreifachen Sinne.[9] Die Devisengesetzgebung der DDR schreibt erstens die *Wareninkonvertibilität der Binnenwährung für Devisenausländer* fest. Devisenausländer können Mark der DDR, in deren Besitz sie auf legalem oder illegalem Wege gekommen sind, nicht frei zum Kauf inländischer Güter und Dienste verwenden, es sei denn zum unmittelbaren persönlichen Verbrauch, weil nur staatlich autorisierte AHB Inlandsgüter für den Export bereitstellen dürfen, und zwar *nicht* zu Binnenpreisen und *nicht* gegen Binnenwährung. Die Wareninkonvertibilität der Mark der DDR für Ausländer ist damit entscheidende Voraussetzung für die Funktionsfähigkeit des Außenhandelsmonopols. Für die DDR gilt zweitens die *Deviseninkonvertibilität der Binnenwährung für Devisenausländer*. Die Staatsbank oder ihre Filialen sind weder verpflichtet noch berechtigt, Mark der DDR gegen Hergabe von Fremdwährungen zu einem bestimmten Umtauschkurs von Devisenausländern anzukaufen. Erworbene Ostmark gestatten somit Devisenausländern keine andere Verwendung als die für individuelle konsumtive Zwecke im Inland. Auch diese Konvertibilitätsbeschränkung ist bei staatlichem Außenhandelsmonopol unverzichtbar, da es anderenfalls beispielsweise den AHB und Inlandsbetrieben möglich wäre, unabhängig von den ihnen bewilligten Devisenkontingenten planwidrige Importe in Binnenwährung zu bezahlen. Der Exporteur würde seine Markerlöse der Außenhandelsbank andienen können und sie im nachhinein zur monetären Alimentierung planwidriger Geschäfte zwingen. Schließlich schreibt die Devisengesetzgebung drittens auch die *Deviseninkonvertibilität der Binnenwährung für Deviseninländer* fest. Die staatliche Außenhandelsbank verkauft Devisen und Sorten zu den von ihr festgesetzten Kursen nur für besondere, als zulässig deklarierte Zwecke an bestimmte Personen und im Rahmen der staatlichen Pläne und Devisenfreigaben an AHB. Anderenfalls wäre die Mark der DDR im Außenhandel warenkonvertibel für Deviseninländer und das Außenhandelsmonopol würde überflüssig.

Da *trotz* der Inkonvertibilität der Mark der DDR für Devisen*aus*länder eine gewisse, allerdings geringe Liquiditätspräferenz für diese Währung vorhanden ist und weil *aufgrund* ihrer Inkonvertibilität für Devisen*in*länder eine vergleichsweise starke unbefriedigte Nachfrage nach Hartwährungen gegeben ist, besteht die Tendenz, die Binnenwährung auszuführen und im Ausland gegen Waren oder Devisen einzutauschen, bis ein Letztverwender von Ostmark gefunden ist, der diese Währung erneut einführt und im Inland verwendet. Das Verbot der Einfuhr und Ausfuhr der Binnenwährung wird offenbar vor dem Hintergrund solcher Überlegungen damit begründet, es gälte zu verhindern, daß die Binnenwährung „zum Spekulationsobjekt auf den kapitalistischen Märkten wird."[10] Zwar trifft es zu, daß auf solchen schwarzen und grauen Märkten die inkonvertible Währung relativ unterbewertet, d.h. mit hohen Abschlägen gehandelt wird. Das Verbot der Einfuhr und Ausfuhr der Binnenwährung dürfte jedoch eher darin begründet sein, daß eine ungehinderte Ein- und Ausfuhr die Binnenwährung indirekt und faktisch waren- und devisenkonvertibel machen würde.

Ein sehr bedeutsamer Zweck des staatlichen Valutamonopols besteht somit offenbar in der Beschränkung der Konvertibilität der Binnenwährung (auf die reine Warenkonvertibilität im Binnenhandel für Inländer) im Interesse einer Aufrechterhaltung der Funktionsfähigkeit des Außenhandelsmonopols. Allerdings geht das staatliche Valutamonopol in einer zentralgeleiteten Volkswirtschaft insofern auch weit über bloße Devisenbewirtschaftungssysteme hinaus, als es nicht einfach nur Erwerb, Hortung und Verwendung von Devisen *beschränken,* sondern auch bewußt und einheitlich durch den zentralen staatlichen Valutaplan *lenken* will. „Aus diesem Grunde ist es notwendig, in die Begriffsbestimmung über das Valutamonopol die Valutaplanung einzubeziehen."[11]

3. Gegenstand und Probleme staatlicher Valutaplanung

Gegenstand dieser auf zentraler staatlicher Ebene durchzuführenden „Valutaplanung" sind grundsätzlich alle zwischenstaatlichen finanziellen Beziehungen „auf wirtschaftlichem, wissenschaftlichem, diplomatischem sowie kulturell-sportlichem Gebiet."[1] Sie ist das Hauptinstrument „des sozialistischen Staates, um die Geldströme mit dem Ausland zu steuern, die Kreditbeziehungen zu lenken, ein optimales Verhältnis zwischen Forderungen und Verbindlichkeiten gegenüber dem Ausland festzulegen und gleichzeitig so viel Bestände und Reserven zu besitzen, um gegen Naturkatastrophen, Risiken, aber auch gegen die Versuche imperialistischer Kreise gewappnet zu sein, das sozialistische Land, seine Wirtschaft und

Währung zu schädigen."² Sie bedient sich dazu Bilanzen der zwischenstaatlichen Währungsbeziehungen, in denen von zentraler Ebene aus vor allem (a) „Valutaaufkommen" und „Valutabedarf", (b) „internationale Kreditbewegungen" und (c) die „Bildung von Beständen und Reserven an Valuta" bestimmt werden.³

Die Valutaplanung und die Ausarbeitung eines Systems aussagekräftiger und konsistenter Teilbilanzen war seit Bestehen der DDR einer der zentralen Konfliktpunkte zwischen den beteiligten Staatsbürokratien. Dabei ging es zum Teil jedoch, wie weiter oben bereits gezeigt wurde, weniger um inhaltliche Auseinandersetzungen als um die Implikationen, die verschiedene Bilanzsysteme für die Interessendurchsetzungschancen der bürokratischen Organisationen hatten. Eine der wesentlichen Folgen dieser Auseinandersetzungen war, daß der Außenwirtschaftsapparat der DDR bis 1953 ohne gültigen Valutaplan arbeitete, der Valuta-Außenhandelsplan noch 1963 im Außenhandelsministerium manuell abgerechnet wurde, und zwar ohne einheitliche Methodik auf der Basis von Unterlagen der Außenhandelsbetriebe, die „ein zum Teil unübersichtliches Buchwerk"⁴ darstellten, und daß erst 1965 erstmals überhaupt offiziell eine Kreditbewegungsbilanz erarbeitet worden ist.⁵

Als die von Anfang an zentralen Probleme staatlicher Valutaplanung erwiesen sich dabei die Umsetzung des „Warenbewegungsplanes" (nach dem zeitlichen Anfall der Warenlieferungen) in den „Valutaaufkommens- und -bedarfsplan" (nach dem zeitlichen Anfall der effektiven Zahlungen) einerseits sowie die Herbeiführung eines annähernden Gleichgewichtes zwischen Ausgaben für die Einfuhr und Einnahmen für die Ausfuhr in Auslandspreisen ex ante und ex post andererseits. Zwar wurde wiederholt behauptet, daß erst sozialistische Produktionsverhältnisse die Möglichkeit schaffen, exakte Planzahlungsbilanzen aufzustellen und damit auch die Außenwirtschaftsbeziehungen bewußt zu planen.⁶ Dennoch mußte auch eingeräumt werden, daß sich insbesondere „für die Valutaplanung des sozialistischen Staates gegenüber nichtsozialistischen Ländern besonders komplizierte Aufgaben"⁷ ergeben.

Zentrale staatliche Planung hat die Hauptaufgabe, „für alle einzelnen Güter die innerhalb der Planperiode voraussichtlich verfügbaren Mengen und die Bedarfsmengen zu ermitteln."⁸ Um Aufkommen und Bedarf in einem trial-and-error-Prozeß überhaupt annähernd aufeinander abstimmen zu können, ist, solange auf die Simulation von Knappheitsindikatoren verzichtet wird,⁹ die mengenmäßige Bilanzierung nach Erzeugnisgruppen zu konstanten Planpreisen unverzichtbar.¹⁰ Lediglich die begrenzte Speicher-, Informationssammlungs- und Datenverarbeitungskapazität des Planungssystems zwingt zu einer Beschränkung der Zahl der Planbilanzen auf einige hundert Bilanzen für Engpaßgüter und „strukturbestimmende" Erzeugnisse sowie Globalpositionen verwandter Erzeugnisgruppen auf der obersten Hierarchieebene des zentralen Planungsapparates.¹¹

Das grundlegende Lenkungsproblem und die zu seiner näherungsweisen Lösung unverzichtbare Bilanzierungsmethode mittels Aufkommens- und Bedarfsbilanzen für Materialien, Ausrüstungen und Konsumgüter (in der DDR sog. MAK-Bilanzen) implizieren aber, daß die Importgüternachfrage und das Exportgüterangebot sich *stets zuerst* aus einer Aggregation dieser MAK-Bilanzen ergeben. Dabei erscheinen in den MAK-Bilanzen die Importe (neben dem Reserveabbau und den Entnahmen aus der laufenden Produktion) auf der Aufkommensseite, die Exporte (neben der

Reserveerhöhung und dem Inlandsverbrauch) auf der Verwendungsseite.[12] In der DDR werden allein von der Plankommission, d.h. auf höchster Planungsebene, etwa 300[13] „Staatsplanbilanzen" ausgearbeitet, die bereits rund 65 Prozent der Exporte und Importe erfassen.[14] Das übrige, auf Plankommissionsebene noch disponible Außenhandelsvolumen wird in weiteren rund 600 MAK-Bilanzen auf der Ebene der Produktionsministerien sowie in weiteren 3500 Sortiments- und Einzelbilanzen von dafür beauftragten VVB, Kombinaten, Wirtschaftsräten der Bezirke und größeren Betrieben bestimmt.[15]

Erst aus diesen, auf Mengenplanungen basierenden und in internen Planpreisen ausgedrückten Bilanzen lassen sich unter Zuhilfenahme finanzieller Kontrollziffern (beispielsweise für die geschätzte Relation zwischen Inlandspreisen und vermutlich realisierbaren Auslandspreisen, für die Terms of Payment sowie die Fracht- und Versicherungskosten der Einfuhr) Bilanzen der Valutaeinnahmen und -ausgaben ableiten, damit Restriktionen der externen Zahlungsbilanz (Reserveabbau und Neuverschuldungsspielraum) beachtet werden können. Im kommunistischen Schrifttum wurde seit jeher[16] der Eindruck zu erwecken versucht, als sei es auf diese Weise möglich, in einem Prozeß der iterativen Wiederholung des Planalgorithmus zu einem weitgehenden Gleichgewicht sowohl zwischen Planaufkommen und Planbedarf in den MAK-Bilanzen als auch zwischen Planausgaben und Planeinnahmen in der abgeleiteten Valutabilanz zu gelangen und dann schließlich auch ex post den Zahlungsbilanzausgleich sicherzustellen.

Tatsächlich weisen jedoch regelmäßig bereits die auf zentraler Ebene aufgestellten Pläne hohe Importüberschüsse aus.[17] Die wachstumsorientierte Mengenplanung, die Ineffizienzen des Wirtschaftssystems und die unzureichende Orientierung der einzelwirtschaftlichen Interessen auf gesamtwirtschaftlich angestrebte Ziele führen offenbar regelmäßig zu einem *Einfuhrsog*, der die staatliche Planungsbürokratie bereits in der Phase der Planausarbeitung alljährlich zwingt, gegen massive Plan-Leistungsbilanzdefizite anzukämpfen. Es erweist sich daher regelmäßig als erforderlich, schon bei der ersten vorläufigen Planaufstellung die allseitigen Importanforderungen so weit wie möglich zurückzudrängen, durch Lieferungen aus heimischer Produktion zu substituieren, die Ausfuhren zu steigern und zu diesem Zweck die inländische Verwendung an anderer Stelle zu kürzen und/oder die Produktionsziele zu erhöhen.

In diesem komplizierten Abstimmungsprozeß dominieren freilich aus den weiter oben skizzierten Gründen stets die Erfordernisse einer Realisierung des Importplanes, denn die „Nichterfüllung des Importplanes bedeutet ... die Gefährdung der Erfüllung des Volkswirtschaftsplanes."[18] Für die Valutaplanung ist daher auch stets der Grundsatz erhoben worden, „daß *der Valutabedarf des Importplanes den Exportplan bestimmt*. Der Exportplan hat also die Aufgabe, den Bedarf der jeweils notwendigen Valuten für die Importe zu sichern."[19] Auch die Mitte der sechziger Jahre verbesserte Planmethodik zielte nicht darauf ab, dieses Prinzip zu durchbrechen, sondern aufgrund seiner angeblich unzureichenden Berücksichtigung erst systematisch die Aufmerksamkeit darauf zu lenken, daß im sozialistischen Staat „nicht exportiert wird um des Exportes Willen, sondern um die Importe im Interesse der nationalen Wirtschaft ... zu sichern."[20] Danach wird schon bei „der Ausarbeitung der Länderorientierungsziffern ... den volkswirtschaftlich notwendigen Importen das Primat gegeben."[21] Erst an „die Bezugsmöglichkeiten lehnt sich der Export an."[22] Vermutlich ist die beobachtbare, häufig unzureichende Weltmarktfähigkeit eines nach wie vor erheblichen Teils des Exportprogramms sozialistischer Länder auch auf die damit vorgegebene *Residualrolle der Ausfuhren im Prozeß der zentralen Valutaplanung* zurückzuführen.

Die Kompliziertheit der Aufgabenstellung der Valutaplanung wird nicht gerade gemildert durch die Komplexität des Planbilanz-Systems selbst, wie es in den kommunistischen Ländern angewandt wird, da ein erheblicher Teil des Außenhandels bilateral mit jedem einzelnen Handelspartner auszugleichen ist. In der DDR beispielsweise wird der Valutaplan seit Mitte der fünfziger Jahre getrennt nach A-Währungen (Verrechnungswährungen der sozialistischen Länder), B-Währungen (Verrechnungswährungen im Handel mit kapitalistischen Clearing-Abkommensländern), C-Währungen (frei und beschränkt konvertiblen Währungen) sowie VE (Verrechnungseinheiten im Innerdeutschen Handel) geführt.[23] Im Jahre 1965 beispielsweise wurden daher getrennte Valutapläne aufgestellt für jedes der 13 sozialistischen Länder[24], für jedes der 26 nichtsozialistischen Clearingabkommensländer[25], getrennt für die 7 konvertiblen Währungen US-Dollar, kanadische Dollar, Pfund Sterling, Schweizer Franken, niederländische Gulden, Französische Francs und Deutsche Mark sowie für VE im innerdeutschen Handel. Insgesamt wurden somit mindestens 47 Valutapläne erarbeitet, jeder differenziert nach Warenbewegung und Valutaaufkommen aus Export sowie Warenbewegung und Valutaausgaben für Import (jeweils differenziert nach Quartalen sowie für 1965 insgesamt).[26]

Schwieriger noch als der Versuch der Herstellung eines ex ante einigermaßen ausgeglichenen Verhältnisses zwischen Ein- und Ausfuhr gestaltete sich jedoch regelmäßig der Versuch der Herstellung weitgehender Deckungsgleichheit zwischen Planbilanzen einerseits und Berichtsbilanzen andererseits. In der Regel traten zwischen den Plansätzen und den realisierten Valutabewegungen erhebliche Diskrepanzen auf, da in der Phase der Planerstellung kaum zuverlässig geschätzt und prognostiziert werden konnte, welche Auslandspreise im Planungszeitraum tatsächlich zu zahlen bzw. zu erzielen sein würden, wie sich die Terms of Payment entwickeln würden und ob sich die geplanten Exportmengenziele verwirklichen lassen würden. Daß vor allem vergleichsweise starke und kaum prognostizierbare Veränderungen der Auslandspreise die gesamte Valutaplanung gegenstandslos machen können, zeigt die Entwicklung zu Beginn der siebziger Jahre, als schleichende Inflation, weltweite Rohstoffpreisschwankungen und rezessive Tendenzen in der Weltwirtschaft eine Realisierung der geplanten Preis- und Mengenzuwächse beim Im- und Export verhinderten und zu ungeplanten Handlungsbilanzdefiziten führen. Dies belegen anschaulich die leider nur für Polen verfügbaren, und in Tabelle 2 zusammengestellten Daten. Offensichtlich haben die polnischen Zahlungsbilanzplaner bis einschließlich 1975 sowohl die Exportwerte wie auch die Importwerte aufgrund der hohen, nicht vorhersehbaren Preissteigerungen 1973 bis 1975, systematisch unterschätzt, während sie umgekehrt im Jahre 1976 die realisierbaren Auslandspreissteigerungen — wohl auf der Basis einer naiven Extrapolation der hohen Zuwächse in den Vorjahren — weit überschätzten.

Für die DDR liegen leider für die überwiegende Mehrzahl der Jahre nur Plandaten für den Außenhandelsumsatz vor. Doch zeigt auch hier ein Vergleich dieser Angaben mit den tatsächlich realisierten Zuwächsen des Außenhandelsumsatzes zu effektiven Preisen die geringe Treffsicherheit der Valutaplanung insbesondere

Tabelle 2
Geplante und tatsächliche Zuwächse im polnischen Export und Import 1970 bis 1977

in %

Jahr	Export Plan insg.	Export tatsächl. insg.	Menge	Preise	Import Plan insg.	Import tatsächl. insg.	Menge	Preise
1970	7,1	14,9	10,4	4,1	4,9	14,5	8,7	5,3
1971	...	9,2	6,5	2,5	...	11,9	13,8	−1,7
1972	4,9	17,1	15,2	1,6	16,4	21,4	22,1	−0,6
1973	12,9	17,8	11,0	6,1	20,1	33,1	22,6	8,6
1974	18,9	29,4	12,8	14,7	22,0	33,4	14,2	16,8
1975	22,3	23,7	8,3	14,2	14,7	19,6	5,0	13,9
1976	16,6	7,1	5,4	1,6	14,4	10,6	10,3	0,3
1977	13,0	11,4	8,2	3,0	2,7	5,4	0,0	5,4

Quelle: Eigene Berechnungen nach FALLENBUCHL, Zbigniew M.: The Impact of External Economic Disturbances on Poland since 1971, in: NEUBERGER, Egon/TYSON, Laura d'Andrea (Hrsg.): The Impact of International Economic Disturbances on the Soviet Union and Eastern Europe. Transmission and Response, a.a.O., S. 280−304, hier: S. 290

aufgrund unvorhergesehener Weltmarktpreisänderungen und Terms of Trade-Verschiebungen, wobei noch zu berücksichtigen ist, daß hier ein erheblicher Teil der Fehlplanungen der DDR-Währungsbehörden durch die Addition von Importen und Exporten verdeckt wird.

Tabelle 3
Geplante und tatsächliche Zuwächse im Außenhandelsumsatz der DDR 1950 bis 1983

in %

Jahr	Plan	Ist	Jahr	Plan	Ist	Jahr	Plan	Ist
1950	90,0	36,1	1961	4,8	3,0	1972	12,0	10,9
1951	60,0	50,8	1962	6,1	5,6	1973	14,0	14,9
1952	40,0	14,5	1963	7,7	5,4	1974	10,0	19,6
1953	33,0	29,0	1964	8,2	10,3	1975	9,1	16,2
1954	48,0	22,3	1965	10,0	5,6	1976	9,7	14,9
1955	5,0	3,7	1966	5,0	9,2	1977	8,7	7,3
1956	15,0	11,3	1967	7,0	4,9	1978	11,0	5,6
1957	25,0	26,0	1968	7,0	6,7	1979	9,8	12,4
1958	6,7	4,3	1969	10,0	15,2	1980	12,0	10,0
1959	10,7	14,9	1970	13,6	13,9	1981	16,0	7,6
1960	10,0	5,8	1971	8,0	6,4	1982	15,0	9,0
						1983	13,0	10,1

Quelle: Plandaten nach den Jahresvolkswirtschaftsplänen der DDR, Gesetzblatt der DDR, verschiedene Jahrgänge; Ist-Umsätze nach eigenen Berechnungen auf der Basis der offiziellen Außenhandelsstatistik, in Jahren der Änderung des VM-Kurses (1972, 1973, 1980, 1981, 1982 und 1983) um die stattgefundenen Kursänderungen bereinigt. Siehe Anhang C

Eine realistische ex ante-Planung der Zahlungsbilanz einer zentralgeleiteten Volkswirtschaft erscheint daher aufgrund der zahllosen Faktoren, die die Planansätze und -annahmen gegenstandslos machen können, a priori als geradezu hoffnungsloses Unterfangen. Bei Zeitdruck, begrenzter Anzahl möglicher Planiterationen und begrenzter Informationsverarbeitungskapazität ist daher aus der Sicht der Planbehörde überhaupt nur eine Planungsstrategie möglich, aus Kosten- und Zeitgründen vertretbar und einigermaßen erfolgversprechend: Die Valutaplanung ist auf stark vereinfachten Annahmen über den Zusammenhang zwischen den Mengenströmen im Spiegel der MAK-Bilanzen einerseits und den Zahlungsströmen in der Valutabilanz andererseits aufzubauen. Auf der Basis des Produktionsplanes wird ein Importplan erstellt, auf dessen Basis wiederum ein Exportplan, der so lange verändert wird, bis die vom währungspolitischen Führungszirkel vorgegebenen Devisenbilanzrestriktionen annähernd eingehalten werden können. Die Planiterationen werden nach *wenigen* Runden mit *befriedigenden* Ergebnissen abgebrochen.[27] Wenn diese Überlegungen grundsätzlich zutreffen, ergeben sich eine Reihe bedeutsamer Schlußfolgerungen für die in einer zentralgeleiteten Volkswirtschaft zu erwartende Zahlungsbilanzplanung.

Während des Planausarbeitungsprozesses beherrschen die vom währungspolitischen Führungszirkel vorgegebenen zahlungsbilanzpolitischen Restriktionen (Kreditaufnahme, Kreditvergabe, Reservebildung) den Koordinationsprozeß. Die Import- und Exportmengen haben sich weitgehend diesen Beschränkungen anzupassen: Ökonomische Sachzwänge, d.h. hier das Erfordernis eines ex ante-Ausgleichs der Zahlungsbilanz, bedingen die *Dominanz zahlungsbilanzpolitischer Restriktionen in der Phase des Planentwurfs und der Planausarbeitung.* Ist der gesamte Volkswirtschaftsplan jedoch erst zum Gesetz erhoben worden, hängt seine Realisierbarkeit entscheidend von der Erfüllung der geplanten Mengenbewegungen ab. Das Erfordernis, das labile Gleichgewicht zwischen Aufkommen und Bedarf auf Mikro- und Makroebene aufrechtzuerhalten, führt zu einer *Dominanz der geplanten Mengenziele in der Phase des Planvollzuges.* Entsprechend ist zu erwarten, daß die während der Planperiode eintretenden ungeplanten Veränderungen insbesondere der Auslandspreise, Terms of Payment und Kreditzinsen zumindest kurzfristig durch Reserveveränderungen und/oder Kreditaufnahmen kompensiert werden, um die Realisierbarkeit der Volkswirtschaftsplanung insgesamt nicht zu gefährden.

Veränderungen der Währungsreserven sowie der Auslandsverschuldung sozialistischer Staaten können danach sowohl *Reflex geplanter, also politisch gewollter Zahlungsbilanzüberschüsse oder -defizite* sein, sie können sich aber auch als *Ergebnis unvorhergesehener Änderungen der Daten der Zahlungsbilanzplanung* ergeben, die kurzfristig durch Variation der Reserven und/oder der Auslandsverschuldung kompensiert werden. Es ist daher im folgenden zunächst der Frage nachzugehen, unter welchen Bedingungen und mit welcher Wahrscheinlichkeit im sozialistischen Staat überhaupt mit ungeplanten Zahlungsbilanzungleichgewichten zu rechnen ist und welche binnenwirtschaftlichen Auswirkungen sich hieraus ergeben. Vor diesem Hintergrund erst wird sich dann die Frage beantworten lassen, welche Strategien des Zahlungsbilanzausgleichs im sozialistischen Staat zu erwarten sind.

4. Ursachen und binnenwirtschaftliche Auswirkungen von ungeplanten Zahlungsbilanzungleichgewichten

Folgt man der offiziellen kommunistischen Lehrmeinung, dürfte es weder ungeplante Zahlungsbilanzungleichgewichte noch außenwirtschaftlich bedingte binnenwirtschaftliche Störungen im sozialistischen Staat geben. Das Auftreten ungeplanter Zahlungsbilanzungleichgewichte wird danach angeblich durch die zentrale staatliche Valutaplanung, störende binnenwirtschaftliche Auswirkungen außenwirtschaftlicher Prozesse durch das Außenwirtschaftsmonopol des Staates verhindert. Tatsächlich treten jedoch, wie schon ein Blick in die Realität zeigt, auch in zentralgeleiteten Volkswirtschaften mit Valutamonopol so fundamentale Störungen des Zahlungsbilanzgleichgewichtes wie auch binnenwirtschaftliche Störungen als Folge außenwirtschaftlicher Ungleichgewichte auf, daß ihre Ursachen kaum in „planmäßigen Ungleichgewichten" allein gesucht werden können.

a) Ursachen ungeplanter Zahlungsbilanzungleichgewichte

Ungeplante Ungleichgewichte der externen Zahlungsbilanz können sowohl in Änderungen exogener Daten, als auch in Änderungen endogener Daten begründet sein, wobei als endogen (exogen) solche Plandaten bezeichnet werden sollen, auf die die Zahlungsbilanzplaner (keinen) zumindest begrenzten Einfluß haben. Die folgenden Überlegungen beschränken sich auf den Versuch, zu skizzieren, unter welchen Bedingungen eine politisch ungewollte, nicht geplante Passivierungstendenz der Leistungsbilanz zu erwarten ist.

Eine solche Tendenz ist offenbar bei *exogenen Datenänderungen* insbesondere in dem Maße zu erwarten, in dem sich die Terms of Trade des sozialistischen Landes verschlechtern und/oder sich seine Exportchancen im Ausland aufgrund dortiger Einkommens- und Importnachfragerückgänge verschlechtern. Wie die in Tabelle 4 ausgewiesenen Ergebnisse eigener Berechnungen zeigen, haben sich die Terms of Trade der DDR in den siebziger Jahren fortlaufend — 1973 und 1974 im Westhandel und 1975 im RGW-Handel sogar dramatisch — verschlechtert und damit offenbar in hohem Maße zu den kontinuierlich gewachsenen Leistungsbilanzdefiziten beigetragen. Auf der anderen Seite vermochten auch die gesteigerten Exportanstrengungen der DDR insbesondere im Westhandel aufgrund der dort zeitweise herrschenden Wirtschaftsrezession kaum zur Zahlungsbilanzentlastung beizutragen. Wie entsprechende Berechnungen des Verfassers[1] zeigen, ist die Entwicklung der DDR-Ausfuhren in das nichtsozialistische Wirtschaftsgebiet nämlich tatsächlich hochkorreliert mit der konjunkturellen Entwicklung in den betreffenden Ländern.[2]

Die durch solche Datenänderungen bedingten Passivierungstendenzen der Handelsbilanz sind offenbar in um so stärkerem Maße *ungeplant* und damit das Auftreten von Zahlungsbilanzungleichgewichten selbst um so wahrscheinlicher, je „turbulenter" die Umwelt des sozialistischen Staates ist. Je unvorhersehbarer und schneller sich insbesondere die Preise an den internationalen Warenmärkten und die Zinsen an den internationalen Finanzmärkten ändern, desto größer ist dieser Hypothese zufolge die Wahrscheinlichkeit von Fehlprognosen in der staatlichen Valutaplanung und die Gefahr, daß sich die nicht antizipierten Datenänderungen kumulieren und in ungeplanten Zahlungsbilanzdefiziten oder -überschüssen niederschlagen. Das staatliche Valutamonopol vermag in diesem Falle kaum noch zum „Schutze gegen die anarchischen und spontanen Einflüsse des kapitalistischen Weltmarktes"[3] zu fungieren.

Tabelle 4
Veränderungen der Preise und der Terms of Trade im Außenhandel der DDR 1970 bis 1983

in % gegenüber dem Vorjahr

	1970	1971	1972	1973	1974	1975	1976
Ausfuhrpreise	2,2	1,1	8,8	14,0	7,9	7,9	6,2
Einfuhrpreise	2,3	1,1	10,2	18,3	13,4	12,1	4,7
Terms of Trade	−0,1	0,0	−1,3	−3,6	−4,9	−3,8	1,5

	1977	1978	1979	1980	1981	1982	1983
Ausfuhrpreise	2,7	4,8	4,9	10,5	3,7	5,1	−3,9
Einfuhrpreise	4,4	3,7	6,0	12,5	3,2	3,5	3,8
Terms of Trade	−1,6	1,0	−1,0	−1,1	0,0	1,2	−6,9

Quelle: Eigene Schätzungen auf der Basis effektiver Auslandspreise in US-$. Zur Methodik im einzelnen siehe Anhang D

Diese Ergebnisse stehen nicht nur in Einklang mit den für Polen (in Tabelle 2) und die DDR (in Tabelle 3) nachgewiesenen Diskrepanzen zwischen Planansätzen einerseits und realisierten Istwerten der Valutaeinnahmen und -ausgaben im Außenhandel andererseits, sie lassen sich mit Hilfe bürokratie-theoretischer Überlegungen auch plausibel begründen. Da die Planung des ex ante-Ausgleichs der Zahlungsbilanz im Detail Aufgabe der Spitzenbürokratien ist, kann erwartet werden, daß in die Planung der Deviseneinnahmen und -ausgaben mangels geeigneter Prognoseindikatoren in der Regel naive Extrapolationen der in der Vergangenheit beobachteten Trends in der Entwicklung der Einfuhrpreise und der Ausfuhrpreise eingehen. Treten hier allerdings im Laufe des Planvollzuges *Terms of Trade-Verschlechterungen* ein, erweist sich dieses vergangenheitsorientierte Prognose- und Planungsverfahren im nachhinein als überoptimistisch. Die Einfuhrpreise (und damit bei kurzfristig starrer Einfuhrmengenplanung auch die Devisenausgaben für Importe) übertreffen die Planansätze, während die Ausfuhrpreise (und damit ceteris paribus auch die Deviseneinnahmen für Exporte) möglicherweise hinter den geplanten Ansätzen zurückbleiben. Im Ergebnis wird sich die Leistungsbilanz ungeplant verschlechtern, wobei der Saldo am Ende des Planjahres um so ungünstiger sein wird, je niedriger der von vornherein geplante Leistungsbilanzüberschuß war, je ausgeprägter die Terms of Trade-Verschlechterung ist und als je inflexibler sich die Import- und Exportmengenplanung erweist. Bei *Terms of Trade-Verbesserungen* dürfte es umgekehrt mit hoher Wahrscheinlichkeit zu ungeplanten Leistungsbilanzverbesserungen kommen. Das vergangenheitsorientierte Prognose- und Planungsverfahren der Zahlungsbilanzplaner in der Staatsbürokratie erweist sich in diesem Fall im nachhinein als überpessimistisch.

Zahlungsbilanzungleichgewichte sozialistischer Staaten können indes auch binnenwirtschaftlich, d.h. durch *endogene Datenänderungen* begründet sein. Dabei ist weniger an die im Westen typischerweise herausgestellte unzureichende Weltmarktfähigkeit des Exportprogramms dieser Länder gedacht als an die weiter oben herausgearbeiteten Implikationen der Dominanz wachstumspolitischer Ziele für die Importnachfrage der zentralgeleiteten Volkswirtschaft. Das Hauptproblem der Wachstumsabhängigkeit der Importe dürfte dabei vor allem darin bestehen, daß entgegen verbreiteten kommunistischen Lehrmeinungen[4] wirtschaftliches Wachstum auch im sozialistischen Staat nicht gleichmäßig und „proportional" verläuft, sondern im Gegenteil durch teilweise ausgeprägte Zyklen gekennzeichnet ist, die sich insbesondere in Schwankungen der gesamtwirtschaftlichen Investitionstätigkeit manifestieren.[5] Berechnungen des Verfassers auf der Basis von Schätzungen des Volumens der Importe[6] der DDR sowie der Investitionen in vergleichbaren Preisen[7] liefern für die jährlichen Wachstumsraten beider Aggregate im Zeitraum von 1961 bis 1981 einen Korrelationskoeffizienten von 0,66, der die weiter oben begründete These einer weitgehenden Wachstumsdeterminiertheit der Einfuhren erhärtet. Die Einfuhren der DDR schwankten somit weitgehend synchron mit den ausgeprägten Investitionszyklen. Das besonders stürmische und teilweise wohl ungeplante Importwachstum auf dem Höhepunkt der Investitionsbooms 1964, 1969, 1973 und 1976 hat daher offenbar mit zur Passivierung der Handelsbilanz beigetragen.

Ungeplante Änderungen endogener Plandaten ergeben sich jedoch nicht nur aus der auch zentralverwaltungswirtschaftlichen Systemen immanenten Zyklik des Investitions- und Produktionsprozesses in der Industrie. Gerade auch der landwirtschaftliche Sektor erweist sich immer wieder — nicht zuletzt aufgrund der in diesem Bereich besonders ausgeprägten Dysfunktionalitäten des sozialistischen Anreiz-, Lenkungs- und Kontrollsystems — als Achilles-Ferse der volkswirtschaftlichen Planung. Die Außenhandels- und Zahlungsbilanzpolitik sieht sich daher in mehr oder weniger regelmäßigen zeitlichen Abständen vor die Notwendigkeit gestellt, ad hoc umfangreiche ungeplante Zusatzimporte insbesondere von Getreide und Futtermitteln aus Hartwährungsländern bereitzustellen. Auch in der DDR haben Mißernten und Produktionskrisen in der vollkollektivierten Landwirtschaft trotz insgesamt positiver Entwicklung der Produktion und Produktivität insbesondere 1960 bis 1962, 1965 und 1966, 1969 bis 1971 und zunehmend wieder seit Mitte der siebziger Jahre zu ungeplanten Zusatzimporten und damit auch ungeplanten Belastungen der Zahlungsbilanz beigetragen.

b) Binnenwirtschaftliche Auswirkungen von Zahlungsbilanzungleichgewichten

Binnenwirtschaftliche Auswirkungen von Ungleichgewichten der externen Zahlungsbilanz können zum einen güterwirtschaftlicher, zum anderen monetärer Art sein. Offenbar gelingt bei funktionstüchtigem Außenhandels- und Valutamonopol die Abschirmung der Binnenwirtschaft gegen *Störungen des internen güterwirtschaftlichen Gleichgewichts* sehr weitgehend: Funktion des staatlichen Außenhandels- und Währungsmonopols ist es nach dem oben Gesagten ja gerade, von den Auslandsmärkten ausgehende Preis- und Mengenreaktionen im Inland zu verhindern. Außenhandelsbetriebe und das System der Außenhandelsabrechnung und

-finanzierung[8] wirken auf diese Weise als „Puffer" zwischen der Binnenwirtschaft einerseits und dem Rest der Welt andererseits. Selbst ungeplante, kurzfristige Importrückgänge und Lieferverzögerungen — insbesondere im RGW — und die damit verbundenen Engpässe und Wachstumseinbußen im Inland lassen sich zumindest in dem Maße neutralisieren, in dem der Westhandel als Lückenbüßer und Systemstabilisator zu fungieren vermag. In diesem Fall bleibt trotz Passivierung (oder Aktivierung) der *externen* Leistungsbilanz die *interne* Leistungsbilanz unverändert und damit ceteris paribus auch das interne güterwirtschaftliche Gleichgewicht erhalten.[9]

Hingegen vermag das staatliche Valutamonopol offenbar nicht hinreichend auch außenwirtschaftlich bedingte *Störungen des internen monetären Gleichgewichts* zu verhindern. Zwar gelten monetäre Auswirkungen außenwirtschaftlicher Prozesse in Zentralverwaltungswirtschaften nach wie vor als wissenschaftlich „nahezu unsondiertes Terrain."[10] Doch wurde mittlerweile auch im kommunistischen Schrifttum erkannt, es bringe „insbesondere die Art und Weise der nationalen sozialistischen Kreditgeldzirkulation mit sich, daß die Außenwirtschaftsbeziehungen monetär ihren Niederschlag im Geldumlauf der sozialistischen Volkswirtschaft finden."[11] Transmissionswege und Auswirkungen dieser Störungen sollen im folgenden auf der Basis möglichst realitätsnaher Prämissen für ein „klassisches", uneingeschränktes Außenhandels- und Valutamonopol aufgezeigt werden.[12]

Alle Transaktionen, die mit der externen Zahlungsbilanz in Zusammenhang stehen, erscheinen ausschließlich in den Büchern der Zentralbank bzw. Außenhandelsbank. Der Devisenbilanzsaldo (dD^f) ergibt sich aus dem Saldo der externen Leistungsbilanz (dL^f) und der externen Kapitalbilanz (dK^f):

$$dL^f + dK^f + dD^f = 0$$

wobei der Saldo der externen Leistungsbilanz

$$dL^f = x'f_x - m'f_m$$

nur zu Auslandspreisen (hier einheitlich etwa in US-Dollar) umgerechnete Transaktionen umfaßt.

Die Abwicklung der Waren- und Dienstleistungstransaktionen mit dem Ausland obliegt den Außenhandelsorganen für den Export und Import. Die *Export*-Außenhandelsunternehmen beziehen die Waren und Dienstleistungen (x) von inländischen Betrieben zu den inländischen Industrieabgabepreisen (h_x) und erhalten nach erfolgter Durchführung des Exports bei Eingang der Exportdokumente den Fremdwährungswert zu Auslandspreisen ($x'f_x$) von der Außenhandelsbank umgerechnet zum amtlichen Verrechnungskurs (w) gutgeschrieben. Salden zwischen diesen beiden Geldströmen werden als „Preisausgleiche für den Export" (PAG^E) zwischen den Außenhandelsbetrieben und dem Staatshaushalt verrechnet:

$$PAG^E = x'f_xw - x'h_x = x'(f_xw - h_x)$$

Überwiegen insgesamt beim gültigen Verrechnungskurs die Einnahmenüberschüsse (Ausgabenüberschüsse) der AHB, wird der Staatshaushalt (netto) durch Zuführungen (Subventionen) entlastet (belastet). Offensichtlich sind die mit dem Staatshaushalt zu verrechnenden Nettozahlungen um so geringer, je mehr die Inlandspreise (h_x) im Durchschnitt dem Inlandsgegenwert der Auslandspreise (f_xw) zum offiziellen Verrechnungskurs entsprechen.

Die *Import*-Außenhandelsbetriebe liefern die Waren und Dienstleistungen (m) unter Berechnung der inländischen Importabgabepreise (h_m) an die importierenden Betriebe ab und haben im Gegenzug an die Außenhandelsbank für die Bereitstellung der Fremdwährungen den Gegenwert der Importe zu Auslandspreisen ($m'f_m w$) zum amtlichen Verrechnungskurs abzuführen. Dabei entstehende Salden werden als „Preisausgleiche für den Import" (PAG^M) mit dem Staatshaushalt verrechnet:

$$PAG^M = m'h_m - m'f_m w = m'(h_m - f_m w)$$

Auch hier gilt, daß Einnahmenüberschüsse (Ausgabenüberschüsse) der AHB beim Import an den Staatshaushalt abzuführen (aus dem Staatshaushalt zu finanzieren) sind. Wiederum sind die mit dem Staatshaushalt zu verrechnenden Nettozahlungen um so geringer, je stärker auch beim Import die Inlandspreise (h_m) dem Inlandsgegenwert der Auslandspreise ($f_m w$) zum offiziellen Verrechnungskurs entsprechen.

Insgesamt ist daher die *Änderung der Nettoposition der Außenhandelsunternehmen* (dN^{AHU}) stets Null, denn Einnahmen- und Ausgabenüberschüsse gegenüber der Außenhandelsbank werden regelmäßig und in voller Höhe mit dem Staatshaushalt verrechnet:

$$dN^{AHU} = x'f_x w - x'h_x + m'h_m - m'f_m w - PAG^M - PAG^E = 0$$

Die *Änderung der Nettoposition der Inlandsbetriebe* (dN^{IB}) ergibt sich unmittelbar aus ihren Finanzbeziehungen zu den Außenhandelsunternehmen sowie aus dem Saldo außenwirtschaftlich bedingter Abschöpfungen und Zuführungen durch den Staatshaushalt (dS):

$$dN^{IB} = x'h_x - m'h_m - dS$$

Damit ist die Änderung der Nettoposition der Inlandsbetriebe aber entscheidend bestimmt durch den Stand der internen Leistungsbilanz, den Saldo aus Exporten und Importen zu laufenden Inlandspreisen:

$$dN^{IB} = dL^h - dS$$

Die *Änderung der Nettoposition des Staatshaushaltes* (dN^{St}) ergibt sich zum einen aus der Summe der Preisausgleiche für den Export und den Import (Finanzbeziehungen zu den Außenhandelsunternehmen), zum anderen aus den hierdurch gegebenenfalls bedingten Aufnahmen oder Rückzahlungen von Notenbankkrediten (Finanzbeziehungen zur Außenhandelsbank) sowie dem Saldo der außenwirtschaftlich bedingten Zuführungen und Abschöpfungen gegenüber den Inlandsbetrieben. Die Summe der Preisausgleiche

$$PAG = PAG^E + PAG^M = x'f_x w - x'h_x + m'h_m - m'f_m w$$

zeigt an, ob netto die *Subventionen* für den Außenhandel überwiegen (PAG kleiner als Null) oder die *Gewinne* aus dem Außenhandel (PAG größer als Null) Zuführungen an den Staatshaushalt erlauben. Wie eine Umgruppierung der Bestimmungsfaktoren der Preisausgleichssumme zeigt, stellt der Preisausgleich die Verknüpfung der internen Leistungsbilanz mit der zum amtlichen Verrechnungskurs in Inlandswährung umgerechneten externen Leistungsbilanz dar:

$$PAG = (x'f_x - m'f_m)w - (x'h_x - m'h_m)$$

$$PAG = dL^f w - dL^h$$

Die Höhe der aus dem Staatshaushalt zu finanzierenden Preisausgleichssumme wird damit unmittelbar bestimmt durch die Höhe des Saldos der externen Leistungsbilanz, des internen Verrechnungskurses und des Saldos der internen Leistungsbilanz. Der sich hieraus ergebende Finanzbedarf oder Einnahmenüberschuß kann im Einzelfall durch Kürzung (Erhöhung) der sonstigen Ausgaben oder durch Erhöhung (Senkung) der sonstigen Staatshaushaltseinnahmen in Form von Steuern und Abgaben insbesondere der Inlandsbetriebe (dS) oder durch Kreditaufnahme (Credittilgung) bei der Zentralbank (dZ) finanziert werden. Entsprechend ist die durch außenwirtschaftliche Transaktionen bedingte Änderung der Nettoposition des Staatshaushaltes:

$$dN^{St} = PAG + dZ + dS$$

Die *Änderung der Nettoposition der Zentralbank* (dN^{ZB}), die gleichzeitig die außenwirtschaftlich induzierte Geldmengenänderung darstellt, ergibt sich aus der Konsolidierung der Nettopositionsänderungen der Außenhandelsunternehmen, des Staates und der Inlandsbetriebe gegenüber der Außenhandelsbank:

$$-dN^{ZB} = x'f_x w - m'f_m w + dZ = dL^f w + dZ$$

Der außenwirtschaftlich induzierte inländische Geldmengenimpuls ist somit eindeutig bestimmt durch den Inlandsgegenwert des externen Leistungsbilanzsaldos, berechnet mit Hilfe des internen Kurses (w), wie er bei der Abrechnung des Außenhandels zwischen Zentralbank, Außenhandelsbetrieben und Finanzministerium zur Anwendung kommt, sowie durch das Ausmaß, in dem der Staatshaushalt zur Finanzierung von Außenhandelssubventionen auf Zentralbankkredite zurückgreift. Insbesondere bedingen externe Leistungsbilanzüberschüsse (-defizite) ceteris paribus expansive (kontraktive) monetäre Impulse.

Zwar wird man davon ausgehen können, daß in einer zentralgeleiteten Volkswirtschaft „die außenwirtschaftliche Komponente der Geldproduktion ... infolge der Isolation realer und monetärer Außenwirtschaftsbeziehungen ... binnenwirtschaftlich unwirksam"[13] bleibt. Unzutreffend ist jedoch die Behauptung, daß ein „Defizit der externen Zahlungsbilanz ... bei Vorhandensein von Devisenreserven bzw. ausländischen Kreditaufnahmemöglichkeiten keinerlei Geldmengeneffekte oder Störungen des internen Zahlungsbilanzgleichgewichts"[14] bewirkt, weil „sich trotz eines Saldos der externen Zahlungsbilanz die Veränderungen der inländischen Geldströme neutralisieren."[15] Wie die vorausgegangenen Überlegungen gezeigt haben, lösen im „klassischen" Außenhandels- und Valutamonopol Ungleichgewichte in der externen Zahlungsbilanz sogar regelmäßig binnenwirtschaftliche monetäre Störungen aus, die sich einerseits (über die Preisausgleichsfinanzierung) in Veränderungen der Staatshaushaltsausgaben und -einnahmen, andererseits (über den An- und Verkauf von Devisen bei der Außenhandelsbank) in Veränderungen der inländischen Geldmenge niederschlagen. Höhe und Richtung der monetären Effekte werden allein durch den Stand der externen Leistungsbilanz und der internen Leistungsbilanz sowie die Höhe des bei der Außenhandelsfinanzierung angewandten internen Verrechnungskurses bestimmt. Diese Ergebnisse werden in einem „gelokkerten" staatlichen Außenhandelsmonopol nur unwesentlich modifiziert. So wird in der DDR der Preisausgleich beim Import bis heute angewandt; auf der Exportseite allerdings werden der Mehrzahl der Exportbetriebe mittlerweile die Exporterlöse, umgerechnet zu staatlich fixierten Kursen, auf der Basis der Auslandspreise direkt erstattet, so daß der PAG für den Export weitgehend entfällt.[16] Auch die Existenz zwischenstaatlicher Kreditbeziehungen ändert an den zentralen Ergebnissen nichts, da Devisenkredite zumindest in der DDR im wesentlichen nur zur Finanzierung externer Leistungsbilanzdefizite dienen, im Interesse einer straffen Kontrolle der inländischen Investitionstätigkeit jedoch nicht zur Kreditierung der internen Importzahlungen durch die Inlandsbetriebe.[17]

c) Wirtschafts- und währungspolitische Konsequenzen

Die Implikationen der vorangegangenen Analyse sind weitreichend. Wie nämlich weiter oben argumentiert wurde,[18] sind die Interessen des *Finanzministeriums* primär auf möglichst günstige Auswirkungen der Außenwirtschaftstätigkeit auf den Staatshaushalt gerichtet. Diese Hypothese läßt sich nun dahingehend präzisieren, daß das Finanzministerium im Interesse positiver Nettoeinnahmen bzw. möglichst niedriger Nettoausgaben *externe Leistungsbilanzüberschüsse und interne Leistungsbilanzdefizite befürworten* wird. Es wird sich mit anderen Worten stets massiv für möglichst hohe Auslandspreise im Export und niedrige Auslandspreise beim Import sowie möglichst niedrige Inlandspreise der Exportgüter und möglichst hohe Inlandspreise der zu importierenden Güter aussprechen. Bei gegebenem Stand der externen und internen Zahlungsbilanz wird das Finanzministerium versuchen, die außenwirtschaftlichen Belastungen des Staatshaushalts durch entsprechende *Manipulationen des internen Verrechnungskurses* zu beeinflussen und daher seinen gesamten Einfluß geltend machen, die Kompetenz zur Festlegung der Wechselkurse zu erlangen. Die aus der Perspektive des Finanzministeriums günstigste Höhe und Veränderung des Verrechnungskurses wird dabei entscheidend vom Stand der externen Leistungsbilanz bestimmt: Bei externen Leistungsbilanzdefiziten vermag das Finanzministerium die Staatshaushaltsausgaben durch möglichst niedrige Wechselkurse (1 US-Dollar = 2 DM) zu senken, bei externen Leistungsbilanzüberschüssen vermag das Finanzministerium dem Staatshaushalt durch möglichst hohe Wechselkurse (1 US-Dollar = 6 DM) zusätzliche Einnahmen zu verschaffen.

Diese Interessen werden mit hoher Wahrscheinlichkeit mit denen der *Zentralbank* kollidieren, die primär an der „Sicherung der Währung" und damit zugleich an einer möglichst moderaten und stetigen Geldmengenpolitik interessiert ist. Da der inländischen Kreditpolitik im sozialistischen Staat ohnedies eine Tendenz zu Kaufkraftüberhängen und Kassenhaltungsinflation immanent ist,[19] dürfte das Interesse der Notenbank primär darauf gerichtet sein, zusätzliche Geldmengenimpulse von der „außenwirtschaftlichen Flanke" her zu vermeiden und möglicherweise sogar Kaufkraft durch außenwirtschaftlich induzierte kontraktive Geldmengeneffekte abzuschöpfen. Da der außenwirtschaftlich bedingte Geldmengenimpuls allein durch die Höhe des Wechselkurses, das Ausmaß der Staatshaushaltsfinanzierung durch Notenbankkredit sowie den externen Leistungsbilanzsaldo bestimmt ist, wird die Zentralbank — im organisationseigenen Interesse — energischen *Widerstand gegen die Finanzierung der Staatshaushaltssubventionen für den Außenhandel durch*

Notenbankkredite leisten. Sie wird insbesondere bemüht sein, selbst die *Kompetenz zur Festlegung der internen Verrechnungskurse* zu erlangen, um Störungen ihrer Geldmengenpolitik, wie sie durch autonome Kursmanipulationen seitens des Finanzministeriums möglich wären, zu vermeiden.
Eher ambivalent dürfte die Zentralbank dem Stand der externen Leistungsbilanz gegenüberstehen. Im Interesse des Aufbaus und der Sicherung einer eigenen soliden Währungsreserve muß sie Überschüsse der externen Leistungsbilanz befürworten; im Interesse der Dämpfung der systemimmanenten Inflationstendenzen einer Zentralverwaltungswirtschaft muß sie sich eher für Leistungsbilanzdefizite (und mit diesen einhergehende kontraktive Geldmengenimpulse) aussprechen. Ein Dilemma zwischen diesen Zielsetzungen besteht jedoch nur scheinbar; die Zentralbank kann beide Ziele – Aufbau und Sicherung von Währungsreserven sowie Neutralisierung der inländischen Geldmengeninflation – gleichzeitig erreichen, wenn sie *Überschüsse in der externen Leistungsbilanz* befürwortet und sich für die *Stillegung von Staatshaushaltsmitteln* in einer Höhe ausspricht, die den außenwirtschaftlich induzierten expansiven monetären Impuls übertreffen. Dies scheint in der Tat die Strategie der ostdeutschen Zentralbank unter Frau Kuckhoff bis 1958 gewesen zu sein. Anders dürften die Interessen freilich seit der Ausgliederung der Deutschen Außenhandelsbank AG aus der Zentralbank gelagert sein. Die Außenhandelsbank wird im organisationseigenen Interesse zur Sicherung eines kontinuierlichen Zustroms an Ressourcen und Aufgaben die mit *Leistungsbilanzdefiziten* einhergehende Kreditaufnahme im Ausland befürworten; sie wird jedoch stets eine *vorsichtige und moderate Verschuldungspolitik* befürworten, um ihre Aufgaben auch dauerhaft und zuverlässig erfüllen zu können.

Die für die DDR weiter oben nachgewiesenen Machtkämpfe zwischen Zentralbank und Finanzministerium erscheinen aus dieser Perspektive in einem neuen Licht. Sie wären danach im Kern in handfesten ökonomischen Interessenkonflikten begründet, die ihrerseits gerade darauf zurückzuführen sind, daß auch das staatliche Valutamonopol weder die Geldpolitik noch die Finanzpolitik wirksam von außenwirtschaftlich induzierten Störungen abzuschirmen vermag. Für den währungspolitischen Führungszirkel ergibt sich hieraus ein konkreter Entscheidungsbedarf hinsichtlich der Verteilung der binnenwirtschaftlichen Anpassungslast zwischen Zentralbank und Finanzministerium, wobei Wechselkurs und Zahlungsbilanzsaldo bestimmen, ob primär die Geldmengenpolitik oder die Staatshaushaltsfinanzierung betroffen ist.

Wesentlich für eine Analyse internationaler Währungspolitik im sozialistischen Staat erscheint nun aber, daß die wirtschaftspolitische Bekämpfung außenwirtschaftlicher Ungleichgewichte auch und gerade im organisationseigenen Interesse der genannten Institutionen liegen muß, da exogen bedingte Störungen der Leistungsbilanz zu unerwünschten Geldmengenimpulsen und/oder finanziellen Belastungen des Staatshaushaltes führen können. Zentralbank und Außenhandelsbank werden allenfalls mäßige Leistungsbilanzdefizite befürworten, während das Finanzministerium Leistungsbilanzdefizite sogar entschieden bekämpfen wird. Dabei stellen für den Staatshaushalt durch hohes Importwachstum bedingte und kreditfinanzierte Leistungsbilanzdefizite nicht einmal das Hauptproblem dar, weil sich mit steigenden Importvolumina ceteris paribus auch die interne Bilanz passiviert und hierdurch der Subventionsbedarf stagniert oder sogar abnimmt. Vor schwerwiegende wirtschaftspolitische Probleme wird das Finanzministerium jedoch dann gestellt, wenn — wie in der DDR seit 1970 — die Terms of Trade sich kontinuierlich verschlechtern. In diesem Falle stehen den gestiegenen Ausgaben des Staatshaushaltes aus der Passivierung der externen Bilanz keine entsprechenden Einnahmesteigerungen aus einer simultanen Passivierung der internen Bilanz gegenüber.

Der Verfasser hat auf der Grundlage eigener Schätzungen für den Zeitraum von 1950 bis 1975 Berechnungen des Umfanges der staatlichen Außenhandelssubventionen vorgenommen, die zumindest den Trend dieser als Geheimnis gehüteten Ausgabeposition des Staatshaushaltes der DDR widerspiegeln dürften.[20] Danach hatte der Staat in der Tat bis 1965 alljährlich erhebliche Mittel, 1960 beispielsweise immerhin 7,8 % des „Haushalts der Republik", für die Subventionierung des Außenhandels aufzuwenden. Während der Wirtschaftsreform gelang es jedoch, ein annäherndes Haushaltsgleichgewicht herzustellen. Nachdem Finanzminister Rumpf weitgehende Kontroll- und Weisungsbefugnisse gegenüber der Notenbank erhalten hatte, setzte er nämlich zum einen eine drastische Anhebung der Inlandspreise insbesondere für Importe durch,[21] für Rohstoffe 1964 allein um durchschnittlich 70 % und für Halbfertigwaren 1965 um durchschnittlich 40 %.[22] Zudem wurde der Wechselkurs abgewertet und durch ein nach Währungsgebieten differenziertes Aufschlagssystem mit „Importaufschlägen" und „Exportprämien", die zwischen 30 % (RGW-Staaten)[23] und maximal 80 % (Freie Devisen)[24] schwankten, das Gefälle zwischen Inlands- und Auslandspreisen nahezu beseitigt. Auch die in den Folgejahren erzielten, vom Finanzministerium befürworteten und geförderten Leistungsbilanzüberschüsse dürften den Subventionsbedarf wesentlich gesenkt haben.

Seit den weltweiten Rohstoffpreissteigerungen hat sich der Subventionsbedarf jedoch wieder drastisch erhöht; er dürfte 1976 bis 1978 bei etwa 10 Mrd. DM stagniert haben und bis 1980 infolge der erneuten Weltmarktpreissteigerungen auf bis zu 20 Mrd. DM angestiegen sein. Die Höhe dieser Aufwendungen würde den seit 1974 kontinuierlich gestiegenen Teil „nicht aufklärbarer" Staatsausgaben erklären.[25] Die Entwicklung in der DDR stellt damit offenbar das Gegenstück zur Entwicklung in der Sowjetunion dar. Dort erzielen die Währungsbehörden aufgrund der hohen Terms of Trade-Verbesserungen im Rohstoffexport der UdSSR so hohe ungeplante Einnahmeüberschüsse aus dem Außenhandel, daß die Finanzbürokratie sich ad hoc zu Lohnerhöhungen, Steuersenkungen, der Rückzahlung von Staatsbonds, ungeplanten Kreditvergaben sowie der Streichung von Altschulden der Landwirtschaft bereit fand.[26]

Der DDR stehen zur Sanierung ihres durch Außenhandelssubventionen belasteten Staatshaushaltes keine vergleichbaren, kurzfristig einsetzbaren Mittel zur Verfügung. Die Währungsbehörden haben zwar in den vergangenen Jahren von der Möglichkeit Gebrauch gemacht, den bei der Außenhandelsverrechnung zur Anwendung gelangenden Verrechnungskurs gegenüber dem Dollar aufzuwerten und auf diese Weise die Belastung des Staatshaushaltes merklich zu senken. Verrechnungskursänderungen sind jedoch nur eine begrenzt anwendbare Scheinlösung des Problems. Auf der Exportseite muß der Kurs hoch genug bleiben, um den in die direkte Exporterlösverrechnung einbezogenen Unternehmen das Ausfuhrgeschäft attraktiv genug im Vergleich zum Inlandsabsatz erscheinen zu lassen; die Kursaufwertung kann daher höchstens dem Satz entsprechen, um den die Auslandspreise im Export

Tabelle 5
Staatliche Subventionen für den Außenhandel der DDR
1950 bis 1975

in Milliarden DM

Jahr	Export Auslandspreise	Export Inlandspreise	PAG^E	Import Auslandspreise	Import Inlandspreise	PAG^M	Subventionen insg.
1950	1,0	2,2	−1,2	1,2	0,9	− 0,3	− 1,5
1951	2,4	3,3	−0,9	2,0	1,4	− 0,6	− 1,5
1952	2,5	3,4	−0,9	2,6	1,8	− 0,8	− 1,7
1953	3,2	4,3	−1,1	3,3	2,2	− 1,1	− 2,2
1954	2,8	6,8	−4,0	2,4	2,9	+ 0,5	− 3,5
1955	2,8	5,7	−2,9	2,6	4,2	+ 1,6	− 1,3
1956	3,1	5,6	−2,5	3,0	4,9	+ 1,9	− 0,6
1957	4,0	7,4	−3,4	3,6	5,0	+ 1,4	− 2,0
1958	4,2	7,8	−3,6	3,7	5,8	+ 2,1	− 1,5
1959	8,9	9,5	−0,6	8,4	7,0	− 1,4	− 2,0
1960	9,2	10,6	−1,4	9,1	7,7	− 1,4	− 2,8
1961	9,5	10,8	−1,3	9,3	7,9	− 1,4	− 2,7
1962	9,9	11,1	−1,2	10,0	9,0	− 1,0	− 2,2
1963	11,3	12,8	−1,5	9,7	8,4	− 1,3	− 2,8
1964	12,3	16,0	−3,7	11,0	11,3	+ 0,3	− 3,4
1965	18,2	17,4	−	16,7	15,1	− 1,6	− 1,6
1966	19,0	22,0	−	19,1	19,9	+ 0,8	+ 0,8
1967	20,5	20,5	−	19,4	21,0	+ 1,6	+ 1,6
1968	22,5	22,2	−	20,1	20,3	+ 0,2	+ 0,2
1969	24,7	24,9	−	24,5	26,2	+ 1,7	+ 1,7
1970	27,4	27,2	−	29,1	30,3	+ 1,2	+ 1,2
1971	30,6	29,7	−	30,0	31,3	+ 1,3	+ 1,3
1972	34,1	33,0	−	32,7	34,4	+ 1,7	+ 1,7
1973	37,9	35,5	−	39,5	38,2	− 1,3	− 1,3
1974	44,3	38,8	−	48,7	41,2	− 7,5	− 7,5
1975	51,2	42,3	−	57,3	42,8	−14,5	−14,5

Quelle: Eigene Schätzungen. Die Umrechnung der Außenhandelsumsätze in Auslandspreisen erfolgte für den Zeitraum von 1950 bis 1958 nach der offiziellen Goldparität 1 US-$ = 2,22 DM, von 1959 bis 1964 nach dem Kurs der Valutamark 1 US-$ = 4,20 DM, 1965 wurden erstmals differenzierte Kursaufschläge angewendet, die nach eigenen Schätzungen den Kurswert um durchschnittlich 40 % anhoben auf 1 US-$ = 5,90 DM. Diese Relation blieb offenbar bis 1971 unverändert. Für 1972 wird der Kurs auf 1 US-$ = 5,40 DM, für 1973 bis 1975 auf 1 US-$ = 4,90 DM geschätzt. Die Schätzung der als Staatsgeheimnis gehüteten Exporte und Importe zu Inlandspreisen beruht auf einer Auswertung zahlreicher, im Westen bislang nur zu einem geringen Teil bekanntgewordener und genutzter ostdeutscher und sowjetischer Quellen. Die seit Ende der sechziger Jahre auf der Exportseite ersatzweise eingeführten „Exportstützungen" und „Exportförderungsprämien" bleiben unberücksichtigt. Aufgrund der nach 1975 vorgenommenen, in ihren Auswirkungen kaum abschätzbaren Änderungen der Industrieabgabepreise wurde hier auf eine über das Jahr 1975 hinausgehende, zwangsläufig spekulative Schätzung der Exporte und Importe zu Inlandspreisen bewußt verzichtet.

stärker steigen als die Inlandspreise. Die Kurskorrektur kann dann aber den (bei Terms of Trade-Verschlechterungen) überproportionalen Anstieg der Auslandspreise beim Import nicht kompensieren. Gespaltene Verrechnungskurse — etwa 1 US-Dollar = 3 DM auf der Exportseite und 1 US-Dollar = 2 DM auf der Importseite — vermögen zwar auch dieses Problem zu lösen und den Staatshaushalt von den Außenhandelssubventionen beim Import weitgehend zu befreien. Gleichzeitig würde durch eine solche Maßnahme jedoch die inländische Geldmengeninflation beschleunigt, die Anpassungslast also lediglich der Zentralbank zugeschoben. Eine nachhaltige Lösung des Subventionsproblems ist nur dann zu erwarten, wenn — wie dies von der DDR zunehmend praktiziert wird — Maßnahmen eingeleitet werden, die auf einen Ausgleich der externen Leistungsbilanz sowie Preiserhöhungen und Einsparungen bei den verteuerten Importen hinauslaufen.

5. Instrumente und Strategien des Zahlungsbilanzausgleichs

Eines der wesentlichen Ergebnisse der Abschottung der Binnenwirtschaft und der Sicherung der inländischen Mengen- und Preisplanung durch das staatliche Währungsmonopol ist offenbar das *Fehlen autonomer Zahlungsbilanzausgleichsmechanismen*[1] in einer zentralgeleiteten Volkswirtschaft. Vor allem Holzman wies nach „that the usual mechanisms of foreign trade adjustment in the West hardly operate at all in the trade of the centrally planned economies."[2] Aus dieser Perspektive scheint die praktisch vollständige (oder doch sehr weitgehende) Abschirmung der inländischen Haushalte und Unternehmen von außenwirtschaftlichen Veränderungen nicht nur besonders wirksam, sondern gerade deshalb bei der Beseitigung von einmal eingetretenen Zahlungsbilanzungleichgewichten durchaus eher hinderlich zu sein. Während nämlich in marktwirtschaftlichen Systemen damit zu rechnen ist, daß kombinierte Einkommens-, Wechselkurs-, Geldmengen- und Preiseffekte geeignet sind, autonome Zahlungsbilanzungleichgewichte quasi automatisch und zumindest teilweise zu beseitigen,[3] fällt in zentralgeleiteten Volkswirtschaften mit staatlichem Außenhandels- und Valutamonopol die Deckung des gesamten Anpassungsbedarfs dem Staat und der staatlichen Valutaplanung zu. Ohne eine bewußte und planmäßige Zahlungsbilanzpolitik würden einmal eingetretene Ungleichgewichte der externen Zahlungsbilanz nur zufällig verschwinden.

Es ist somit die weitgehende staatliche Reglementierung der Außenwirtschaftsbeziehungen selbst, die im sozialistischen Staat ihrerseits wieder die Deckung eines permanenten, umfassenden und hochkomplexen Entscheidungsbedarfs durch zentrale staatliche Entscheidungsträger nach sich zieht und damit erst die Möglichkeit eröffnet für die Herrschaft der Spitzenbürokratien in der praktischen Tagespolitik, wie sie hier weiter oben bereits begründet worden ist. Dabei konnte allerdings auch gezeigt werden, daß Zahlungsbilanzungleichgewichte selbst in einer zentralgeleiteten Volkswirtschaft zu Störungen des binnenwirtschaftlichen monetären Gleichgewichts führen, so daß vor allem einzelne Spitzenbürokratien wie das Finanzministerium und die Zentralbank in ihrem organisationseigenen Interesse an einer mittelfristigen Wiederherstellung des externen Zahlungsbilanzgleichgewichts interessiert sein können. Sofern sich diese Forderungen im währungspolitischen Führungszirkel durchsetzen lassen, ließe sich durchaus von *poli-*

tischen Zahlungsbilanzausgleichsmechanismen quasi-automatischer Wirksamkeit sprechen.

Bei der Wahl der auf die Wiederherstellung des Zahlungsbilanzausgleichs gerichteten Instrumente steht die kommunistische Parteiführung vor demselben grundsätzlichen Entscheidungsproblem wie demokratisch gewählte Regierungen, ob nämlich der Weg binnenwirtschaftlicher *Anpassung* oder der Weg einer *Finanzierung* des Zahlungsbilanzdefizits eingeschlagen werden soll.[4] Finanzierungsstrategien beinhalten auch im sozialistischen Staat den Einsatz eigener Währungsreserven und/oder die Aufnahme von Auslandskrediten, um den autonomen Saldo der Devisenbilanz auszugleichen. Anpassungsstrategien, die in marktwirtschaftlichen Systemen vorwiegend der Geld- und Fiskalpolitik sowie der Wechselkurspolitik zufallen, erfordern im sozialistischen Staat entsprechende Korrekturen der Ziele im nationalen Volkswirtschaftsplan, insbesondere der gesamtwirtschaftlichen Aggregate Nationaleinkommen, Akkumulation und Konsumtion.[5] Hauptinstrument zahlungsbilanzpolitischer Anpassung ist somit die staatliche Wirtschafts- und Valutaplanung. Die im Westen als Anpassungsstrategie im Sinne einer „expenditure switching policy"[6] eingestufte Wechselkurspolitik steht dem sozialistischen Staat indes nicht zur Verfügung, da aufgrund der Inkonvertibilität der Binnenwährung die Devisenbilanz von Änderungen des internen Verrechnungskurses unberührt bleibt.[7]

Während es offenbar gute Gründe gibt, anzunehmen, daß demokratisch gewählte Regierungen dazu neigen, die Strategie der Zahlungsbilanzfinanzierung vorzuziehen, um ihre Wiederwahlchancen nicht zu gefährden, dürfte die zahlungsbilanzpolitische Strategie sozialistischer Länder eher erheblichen Schwankungen parallel zum Zick-Zack-Muster praktischer Wirtschaftspolitik unterliegen. Zwar ließ sich begründen, daß diese Staaten bei zentraler staatlicher Valutaplanung dazu tendieren, *ungeplante* externe Zahlungsbilanzungleichgewichte kurzfristig zu finanzieren, um den Vollzug des Jahresplanes nicht zu stören und die Erfüllung der Planziele nicht zu gefährden. Von einer generellen Neigung zu planmäßiger Finanzierung bewußt angesteuerter Zahlungsbilanzungleichgewichte kann jedoch keine Rede sein, vielmehr dürfte ein *ständiger Wechsel zahlungsbilanzpolitischer Strategien zwischen „Anpassung" und „Finanzierung"* für kommunistisch-autokratisch regierte Länder mehr oder weniger typisch sein. Für die DDR lassen sich solche ausgeprägten nichtinkrementalen Strategiewechsel in der Tat deutlich ausmachen. Zwar sind zahlungsbilanzpolitische Strategien seit Gründung der DDR in keinem einzigen Fall explizit verkündet worden. Da zahlungsbilanzpolitische Kurswechsel jedoch regelmäßig erhebliche Auswirkungen auf andere Teile der Volkswirtschaftspläne wie auch auf andere Politikbereiche haben, lassen sich aus solchen Planänderungen und aus einer Vielzahl veröffentlichter wie regierungsinterner Informationen hinreichende Anhaltspunkte gewinnen.

Von 1949 bis 1953 war die dominierende innenpolitische Zielsetzung der SED der „Kampf gegen die Überreste des Sozialdemokratismus" in der eigenen Partei und die Ausweitung ihres Herrschaftsanspruches über Staat und Wirtschaft, um auf diese Weise den Weg freizumachen für eine stärkere Anlehnung an die KPdSU und damit zugleich an das von ihr vertretene wirtschaftspolitische Programm.[8] Die wirtschaftspolitische Hauptaufgabe wurde von der SED-Führung entsprechend darin gesehen, ein System straff zentralistischer Wirtschaftslenkung zu errichten, die Industrie zu verstaatlichen, die Vollkollektivierung der Landwirtschaft voranzutreiben und die DDR in den RGW, dessen Mitglied sie 1950 geworden war, möglichst rasch zu integrieren. Die ersten Volkswirtschafts(perspektiv)pläne orientierten die Wirtschaft auf eine vorrangige Entwicklung der Schwerindustrie, die Rekonstruktion des von der Sowjetunion demontierten Produktionspotentials und die Erfüllung der hohen sowjetischen Reparationsforderungen. Diese Parteilinie präformierte auch die außenwirtschaftspolitische Strategie. Vergleichsweise rasch wurde die *Zentralisierung, Verstaatlichung und RGW-Integration des Außenwirtschaftssektors* vorangetrieben. Der Westhandel wurde von einem Anteil von rund 35 % im Jahre 1949 auf etwa 22 % im Jahre 1953 reduziert und auf die Aufgabe beschränkt, den notwendigsten Importbedarf solcher Güter abzudecken, die im kommunistischen Block selbst nicht in ausreichender Menge und/oder Qualität verfügbar waren. Primäre zahlungsbilanzpolitische Zielsetzungen waren angesichts des Mangels an Devisenreserven ein globaler Ausgleich der Devisenbilanz, die Abwicklung eines möglichst hohen Anteils des Außenhandels im Wege des bilateralen Clearings, die Vermeidung von Abhängigkeiten gegenüber nichtsozialistischen Ländern angesichts der westlichen Embargopolitik und die Abdeckung der defizitären Dienstleistungsbilanz vorwiegend durch Inanspruchnahme sowjetrussischer und rotchinesischer Transportmittel, die durch Warenlieferungen bezahlt werden konnten.[9] Die wohl bedeutsamste zahlungsbilanzpolitische Restriktion stellten die Reparationsleistungen an die Sowjetunion dar,[10] die die DDR-Wirtschaft erheblich belasteten, indem sie dem Inland dringend benötigte Güter entzogen, das Exportpotential begrenzten und damit zugleich den Importspielraum stark einengten.

Die durch diese wirtschaftspolitischen Belastungen mitbedingte schlechte inländische Versorgungslage steigerte die Unzufriedenheit der Bevölkerung, zudem war die politische Führung der DDR nach dem Tode Stalins am 4.3.1953 weitgehend paralysiert. Unter Führung des Staatssicherheitsministers Zaisser bildete sich eine Fronde gegen Ulbricht und den von ihm betriebenen harten wirtschaftspolitischen Kurs. Erst auf direkte sowjetische Anweisungen hin ließ Ulbricht sich bewegen, Zugeständnisse an die Bevölkerung zu machen und durch Politbürobeschluß vom 9.6.1953 einen „Neuen Kurs" einzuleiten.[11] Der Strategiewechsel kam jedoch zu spät, um den Volksaufstand vom 17.6.1953 noch zu verhindern. Nach den Unruhen sagte die Sowjetunion der DDR erstmals umfangreiche Wirtschaftshilfe zu, insbesondere für Wareneinfuhren aus dem westlichen Ausland zur Verbesserung der Versorgungslage der Bevölkerung. Innerhalb weniger Wochen wurde die gesamte Volkswirtschaftsplanung umgestellt; Investitionsvorhaben im Bereich der Schwerindustrie wurden drastisch reduziert, die Leichtindustrie gefördert und der Import von Konsumgütern und Nahrungsmitteln mit Hilfe sowjetischer Goldverkäufe über London drastisch gesteigert. Der Planungschef Leuschner reagierte auf diesen von der sowjetischen Parteiführung kurzfristig geforderten Strategiewechsel mit dem Zornesausbruch: „Man kann eine Volkswirtschaft nicht über Nacht umstellen wie eine Wurstfabrik von grober Braunschweiger auf Mettwurst!"[12] Die Zahlungsbilanzpolitik der DDR stand nach dem Volksaufstand vom Juni 1953 bis Anfang 1956 jedenfalls unter dem Zeichen einer *sowjetisch finanzierten Westhandelsöffnung*, während der Außenhandel mit dem RGW-Raum in dieser Zeitspanne stagnierte.

Schon 1956 wurden die Schwerpunkte der wirtschafts- und zahlungsbilanzpolitischen Strategie erneut grundlegend geändert. Chruschtschow hatte der DDR 1955 weitere Reparationszahlungen erlassen, um das politische und wirtschaftliche System Ostdeutschlands zu stabilisieren. Im Gegenzug wurde die DDR jedoch verpflichtet, ihre Exporte in den RGW-Raum erheblich zu steigern und ihre Hartwährungsbilanz mit westlichen Ländern aus eigener Kraft auszugleichen. Der an den Interessen der Bevölkerung orientierte „Neue Kurs" wurde (zunächst stillschweigend) außer Kraft gesetzt[13] und die Schwerindustrie erneut in den Mittelpunkt gestellt. Im Interesse einer forcierten Einbindung der DDR in den RGW sagte Chruschtschow erneut umfangreiche Wirtschaftshilfe (diesmal allerdings überwiegend in Form sowjetischer Warenlieferungen) zu und versprach Ulbricht, Ostdeutschland zum „Schaufenster des Ostens" auszubauen. Gestützt auf diese Zusagen verkündete Ulbricht 1958 sogar als „ökonomische Hauptaufgabe", bis 1961 die Bundesrepublik Deutschland im Pro-Kopf-Verbrauch mit wichtigen Lebensmitteln und Konsumgütern zu erreichen und zu übertreffen. Der Weg dorthin sollte allerdings über die vorrangige Orientierung auf die Grundstoffindustrie und die forcierte Vollkollektivierung der Landwirtschaft führen. Die Zahlungsbilanzstrategie hatte sich dieser Konzeption anzupassen und unterzuordnen. Da neue sowjetische Devisenkredite nicht erwartet werden durften, wurde erstmals der Aufbau einer eigenen Währungsreserve gefordert. Die Importe aus westlichen Industrieländern sollten stagnieren, durch steigende Exporte sollten Handelsbilanzüberschüsse erwirtschaftet werden[14] und durch ein umfassendes Programm zum Ausbau insbesondere der eigenen Seeverkehrswirtschaft sollte die defizitäre Dienstleistungsbilanz entlastet werden.[15] Lediglich der Entwicklungsländerhandel sollte im Interesse steigender Einfuhren an Kaffee, Bananen und Kakao bedeutend gesteigert werden. Die Außenwirtschaftsstrategie der Jahre von 1956 bis 1960 zielte somit vor allem auf eine *forcierte Integration in den RGW-Markt, die Sicherung des Aufbaus einer eigenen industriellen Basis und die Konsolidierung der Hartwährungszahlungsbilanz bei insgesamt stagnierendem Westhandel*.

Spätestens 1958 aber war bereits abzusehen, daß die unrealistisch hoch gesteckten Planziele nicht zu erreichen waren. Unausgewogenes Wirtschaftswachstum, Planungsmängel, eine rasch zunehmende Fluchtbewegung und die überstürzte Kollektivierung der Landwirtschaft führten die DDR in eine ausgesprochene Wirtschaftskrise. Im Westhandel entstanden infolge der Unruhen in Polen und Ungarn 1956, aufgrund ägyptischer Lieferausfälle während der Suezkrise 1957 sowie 1959 bis 1960 infolge der Lebensmittel- und Viehfutterimporte für die eigene Landwirtschaft erhebliche ungeplante Defizite.[16] Die sowjetische Wirtschaftshilfe jedoch blieb nicht nur weit hinter Chruschtschows Versprechungen zurück. Sie stand auch in keinem Verhältnis mehr zu den Zahlungsbilanzproblemen, denen sich die innenpolitisch bereits stark destabilisierte DDR gegenübersah. In dieser Situation wirkte die Kündigung des Interzonenhandelsabkommens durch die westdeutsche Bundesregierung am 30.9.1960 auf die SED-Führung und den währungs- und wirtschaftspolitischen Führungszirkel wie ein Schock. Wären die Verhandlungen über die Bedingungen einer Vertragsverlängerung gescheitert, hätte die DDR damals knapp 41 % ihres gesamten Westhandels von Verrechnungswährung auf konvertible Devisen umstellen und ihre traditionell stark defizitäre Dienstleistungsbilanz gegenüber Westdeutschland in harter Währung begleichen müssen. Zudem hätte bereits 1961 der „Swing" im innerdeutschen Zahlungsverkehr zurückgezahlt werden müssen, der Ende 1959 von der ostdeutschen Seite mit immerhin 125,5 Mill. DM(West) in Anspruch genommen worden war.

Noch Ende 1960 reiste Ulbricht mit einer Delegation von mehr als 100 Spezialisten nach Moskau, um mit Chruschtschow die weitere wirtschafts- und zahlungsbilanzpolitische Strategie abzustimmen. Die sowjetisch-ostdeutsche Reaktion war kaum weniger hart und überraschend als der ein gutes halbes Jahr später begonnene Mauerbau. Die Sowjetunion sagte der DDR erneut umfangreiche Kredithilfe zu, es wurde eine Vertiefung und Erweiterung der bilateralen Beziehungen vereinbart, die geltenden Perspektivpläne wurden außer Kraft gesetzt und die *gesamte Wirtschaftspolitik der DDR unter das zahlungsbilanzpolitische Diktat einer „Störfreimachung" von Westimporten* gestellt. Die Verschuldung gegenüber der westdeutschen Bundesbank wurde auf Null reduziert und quasi demonstrativ in eine Clearingforderung gegen die Bundesrepublik in Höhe von 3,64 DM am 30. Juni 1963 verwandelt,[18] während die Westhandelsquote von 34 % im Jahre 1960 bis auf 27 % im Jahre 1962 sank. Nicht zuletzt durch diese Maßnahmen und die Umlenkung von Importen auf das sozialistische Wirtschaftsgebiet geriet die DDR-Wirtschaft jedoch erneut in eine ausgeprägte Rezession. Die Produktionskrise in der vollkollektivierten Landwirtschaft, der Zusammenbruch der Investitionskonjunktur 1962/63, die anhaltende Fluchtbewegung und die innenpolitische Labilität verlangten nach einer wirtschaftspolitischen Neuorientierung.

Die SED-Führung griff erstmals offiziell auf der Wirtschaftskonferenz des ZK am 24./25.6.1963 grundlegende Ideen der zunächst in der Sowjetunion geführten Liberman-Diskussion auf und propagierte eine grundlegende Wirtschaftsreform, das *„Neue Ökonomische System der Planung und Leitung der Volkswirtschaft"* (NÖSPL), das in seinem Kern darauf abzielte, die Produktion durch Erhöhung der Arbeitsproduktivität zu steigern, zu diesem Zweck die Oppositionsfreiheit der dezentralen Wirtschaftseinheiten auszuweiten und durch neue experimentelle Anreiz-, Informations- und Kontrollsysteme (vorwiegend sog. „ökonomische Hebel") stärker an gesamtwirtschaftlichen Interessen zu orientieren. Dem Außenhandel kam in dieser Konzeption eine Schlüsselrolle als Wachstumsfaktor zu, er sollte den Plänen zufolge seiner bisherigen Residualrolle als Lückenbüßer und Systemstabilisator entwachsen; vor allem der Import von Maschinen und Ausrüstungen sowie Know how sollte bedeutend gesteigert werden. Die zahlungsbilanzpolitische Konzeption[20] sah vor, im Handel mit den RGW-Ländern hohe Exportsteigerungen zu erzielen, um die in den Vorjahren aufgenommenen sowjetischen Kredite zurückzahlen zu können, im Handel mit den westlichen Industrieländern vor allem die Importe von Anlagen und Ausrüstungen mit Hilfe mittelfristiger Lieferanten- und Bankkredite des Westens zu steigern und den nichtsozialistischen Entwicklungsländern umfangreiche Exportkredite zu gewähren, um mittelfristig die eigenen Rohstoffeinfuhren zu sichern und aus den Kreditrückzahlungen finanzieren zu können. Die Strategie der „Störfreimachung" wurde damit nicht nur stillschweigend abgebrochen, sie wurde geradezu in ihr Gegenteil verkehrt.

Der zunehmende Selbstlauf der Wirtschaftsreform, vor allem aber der Sturz Chruschtschows und die Skepsis der neuen Führungselite um Breschnew gegenüber den eingeleiteten Experimenten[21] zwangen die SED-Führung jedoch schon bald, das Reformtempo zu bremsen und Konsequenzen aus den Fehlentwicklungen zu zu ziehen. Seit 1966 hatten sich die Auswirkungen der Wirtschaftsreform auch im Zahlungsbilanzstatus niedergeschlagen: Die Rückzahlung der sowjetischen Kredite geriet ins Stocken, die ostdeutsche Handelsbilanz gegenüber der Sowjetunion passivierte sich zunehmend und auch im Westhandel nahmen die Devisenbilanzdefizite ungeplante Ausmaße an. Der durch die Wirtschaftsreform ausgelöste Investitionsboom und die durch ihn induzierten Importe an Rohstoffen, Anlagen und Ausrüstungen gerieten zunehmend außer Kontrolle. 1967 wurde daher nach Abschluß durchgreifender Reorganisationsmaßnahmen im Staatsapparat eine grundlegende Modifikation der bisherigen Reformmaßnahmen beschlossen und als „*Ökonomisches System des Sozialismus*"[22] propagiert. Ulbricht brach mit dieser neuen Strategie auch die Außenwirtschaftsreform keineswegs ab; er forcierte sogar die Experimente in Teilbereichen des Außenwirtschaftssektors, suchte jedoch durch geänderte Planziele den Interessen der neuen sowjetischen Parteiführung unter Breschnew besser Rechnung zu tragen. Die modifizierte Reformstrategie sah vor allem eine Stagnation der Importe und deutliche Exportsteigerungen vor, um einerseits die Schulden an die Sowjetunion abtragen und andererseits die zwischen 1963 und 1966 beachtlich gestiegene Hartwährungsverschuldung zu konsolidieren oder gar abzubauen. Umfangreiche Maßnahmen einer spürbaren Verbesserung der defizitären Dienstleistungsbilanz sollten zur Erreichung dieses Zieles beitragen. Nach der beschleunigten Entwicklung des Westhandels in der ersten Phase der Wirtschaftsreform sollte erneut der Handel mit dem RGW-Raum überproportional ausgeweitet werden.

Die neue zahlungsbilanzpolitische Konzeption scheiterte jedoch sowohl an unvorhersehbaren exogenen Störungen wie an endogenen Funktionsmängeln des reformierten Wirtschaftssystems. Zunächst mußte die DDR 1968 im RGW für tschechoslowakische Lieferungen einspringen, die infolge der Invasion in der CSSR ausfielen, wodurch der Abbau der Westverschuldung verzögert wurde. 1969 und 1970 zwangen Mißernten, ein strenger Winter und mangelhafte Produktionsplanerfüllungen die DDR zu erheblichen ungeplanten Steigerungen der Importe aus nichtsozialistischen Ländern.[23] In der Folge erreichten sowohl die Handelsbilanzdefizite wie auch die Hartwährungsverschuldung den bis dahin höchsten Stand seit Bestehen der DDR. Als auch noch die inländische Investitionskonjunktur zusammenbrach, galt die Wirtschaftsreform Ulbrichts endgültig als gescheitert.

Ulbrichts Sturz dürfte, wie weiter oben im einzelnen bereits begründet wurde, wesentlich durch diese wirtschaftspolitischen Fehlleistungen mitbedingt gewesen sein. Unter seinem Nachfolger Honecker wurde auf sowjetische Anregungen hin die wirtschafts- und zahlungsbilanzpolitische Strategie abermals grundlegend geändert. Die Reform wurde abgebrochen, das Lenkungs- und Kontrollsystem wieder straff zentralisiert und der Außenhandel wieder überwiegend auf den RGW-Raum, insbesondere die Sowjetunion, orientiert. Aufgrund des vorrangigen sowjetischen Interesses an ostdeutschen Waren sowie an Direktbeteiligungen bei sowjetischen Rohstofferschließungsmaßnahmen sollte die DDR erstmals eine Strategie der *planmäßigen, moderaten Hartwährungsverschuldung* einschlagen — eine Politik also, wie sie von Ulbricht aus Furcht vor allzu starker Abhängigkeit vom kapitalistischen Ausland abgelehnt worden ist, zuletzt kurz vor seinem Sturz Anfang 1971, als er die Losung ausgeben ließ, noch 1971 durch Exportüberschüsse die aufgenommenen westlichen Kredite zurückzuzahlen, um in den intersystemaren Wirtschafts- und

Währungsbeziehungen „alle Tendenzen der Spontanität in der Entwicklung zu überwinden, jede Form der Abhängigkeit von vornherein auszuschließen und so dem Gegner alle Möglichkeiten des ökonomischen und politischen Eindringens in die DDR zu nehmen."[24] Es scheint, daß Ulbricht — im Gegensatz zu seinem Nachfolger Honecker — die Gefahren und Risiken einer zunehmenden Verschuldung des Ostblocks gegenüber westlichen Ländern grundlegend anders beurteilte als die sowjetische Führungsmannschaft um Breschnew.

Die in den siebziger Jahren stattgefundene Entwicklung führte die DDR bis an den Rand einer Zahlungsbilanzkrise. Erst unter dem Eindruck der polnischen und rumänischen Zahlungsunfähigkeit und schließlich des Rückzugs vor allem US-amerikanischer und japanischer Banken aus dem Kreditgeschäft mit der DDR hat der währungspolitische Führungszirkel unter Honecker einen neuerlichen fundamentalen Strategiewechsel vollzogen. Seit 1981 steht die gesamte Wirtschaftspolitik unter dem zahlungsbilanzpolitischen Diktat, durch eine *Austerity-Politik der Importdrosselung und Exportsteigerung* vor allem im Westhandel hinreichende Devisenbilanzüberschüsse zum Abbau der Hartwährungsverschuldung zu erwirtschaften. Tatsächlich gelang es der DDR, in einem ökonomischen „Kraftakt" bislang ungekannten Ausmaßes[25] innerhalb lediglich dreier Jahre erhebliche Zahlungsbilanzüberschüsse zu erwirtschaften und ihre Westverschuldung spürbar abzubauen.

Noch Ende der siebziger Jahre ist ein solcher radikaler Strategiewechsel im Westen nicht für möglich gehalten worden. Man ging vielmehr davon aus, es sei unrealistisch, anzunehmen, „daß zentral geplante Wirtschaften imstande seien, große Handels- und Zahlungsbilanzpassiva kurzfristig abzubauen . . . Eine solche ‚Roßkur' würde nicht nur das Wirtschaftswachstum der RGW-Länder außerordentlich beeinträchtigen, sondern könnte auch innere Spannungen erzeugen."[26] Das Beispiel der 1980 bis 1982 in Polen, Rumänien, Ungarn und der DDR eingeschlagenen Austerity-Politik zeigt jedoch deutlich, daß — in Einklang mit dem hier theoretisch begründeten Zick-Zack-Muster sozialistischer Wirtschafts- und Zahlungsbilanzpolitik — der zahlungsbilanzpolitische Anpassungsbedarf im sozialistischen Staat zwar vermutlich vergleichsweise lange in die Zukunft verschoben wird, daß *dann* aber, *wenn* Strategiewechsel erfolgen, Zielvorstellungen und Mitteleinsatz gerade einem grundlegenden, *nicht*inkrementalen Wandel unterliegen. Eine solche „Roßkur", wie sie gegenwärtig in den Ländern des kommunistischen Blocks beobachtet werden kann, scheint überhaupt nur unter den Bedingungen (wirtschafts)politischer Willens- und Entscheidungsbildung im Sozialismus, kaum hingegen in einer Demokratie, politisch durchsetzbar und über längere Zeit hinweg durchzuhalten zu sein.

Alles in allem kann nach dieser kurzen Skizze der bisherigen wirtschafts- und zahlungsbilanzpolitischen Strategien wohl kaum ein Zweifel daran bestehen, daß das Grundmuster der internationalen Währungspolitik der DDR doch sehr weitgehend dem theoretisch begründeten Zick-Zack-Muster kommunistischer Regierungspolitik entspricht. Auch fällt — in Einklang mit den oben angestellten Überlegungen — auf, daß eine Reihe von Strategiewechseln, insbesondere der Abbruch des harten Kurses 1953, die Störfreimachung 1961 und der Abbruch der Wirtschaftsreform 1971, nachweislich unmittelbar auf sowjetische Anregungen, Empfehlungen oder gar Anweisungen zurückgingen, während alle übrigen Strategiewechsel mit der sowjetischen Parteiführung zumindest eng abgestimmt waren und wohl auch ohne Ausnahme im ökonomischen Interesse der Sowjetunion selbst lagen. Die Strategiewechsel gingen in der Regel mit personellen Veränderungen und Reorganisationen im Staatsapparat einher. Dem Abbruch des „Neuen Kurses" folgte nicht nur die politische Entmachtung seiner Befürworter wie Oelssner, Schirdewan, Wittkowski und Kuckhoff durch Ulbricht, sondern auch die Subordination der Zentralbank unter das Finanzministerium. Der Einleitung der „Störfreimachung" folgte die vorübergehende Zerschlagung der Staatlichen Plankommission sowie die Entmachtung des Planungschefs Leuschner. Den Fehlentwicklungen der Wirtschaftsreform folgte 1966 Ulbrichts Abrechnung mit den hauptverantwortlichen Spitzenbürokraten Rumpf, Balkow und Dietrich sowie die durchgreifende Reorganisation von Zentralbank, Finanzministerium und Außenhandelsministerium. Honecker brach 1971 nicht nur die Wirtschaftsreform ab, er ordnete zugleich eine neue Kompetenzverteilung im Planungs- und Wirtschaftsapparat an und demissionierte einzelne Spitzenbürokraten wie Gierisch und Politiker wie Mittag. In allen Fällen gingen den nichtinkrementalen wirtschafts- und zahlungsbilanzpolitischen Strategiewechseln gravierende binnenwirtschaftliche Störungen und Fehlentwicklungen voraus. Bemerkenswert, wenngleich angesichts der Rohstoffarmut und Importabhängigkeit der DDR kaum überraschend, ist zudem die herausragende Rolle, die offenbar bei allen Strategiewechseln der Außenwirtschaftspolitik im allgemeinen und der Zahlungsbilanzpolitik im besonderen zukam.

6. Zusammenfassung

Prinzipiell verfolgt auch sozialistische Außenwirtschaftspolitik das *Ziel*, die Vorteile der internationalen Arbeitsteilung zu nutzen. Struktur und Funktionsweise des politischen und wirtschaftlichen Systems bedingen jedoch, daß der internationalen Währungspolitik in erster Linie die Aufgabe zugewiesen wird, die als notwendig betrachteten Importe von der finanziellen Seite her sicherzustellen; die Exporttätigkeit wird systemimmanent bedingt nach wie vor primär als Mittel zur Beschaffung der dafür erforderlichen Devisen angesehen. Von einer generellen autarkistischen Tendenz sozialistischer Staaten läßt sich zwar nicht sprechen, auch bedienen sich die kommunistischen Parteiführer und Planer bewußt der intersystemaren Wirtschafts- und Währungsbeziehungen als Systemstabilisator und Lückenbüßer. Das Interesse an Handels- und Kreditbeziehungen zu nichtsozialistischen Ländern unterliegt jedoch im Zeitablauf erheblichen Schwankungen, die vor allem in Veränderungen der nationalen Entwicklungsziele sowie in Veränderungen der weltwirtschaftlichen und politischen Bedingungen begründet sind, unter denen sich diese Ziele verwirklichen lassen.

Im Gegensatz zu einigen anderen sozialistischen Ländern hält die DDR ein vergleichsweise straffes und zentralistisches Außenwirtschaftsregime aufrecht. Das *staatliche Außenhandels- und Valutamonopol* dient jedoch — entgegen ideologischen Begründungen — auch gegenüber dem RGW-Markt primär dem Zweck, das politisch fixierte Inlandspreissystem gegenüber den im Außenhandel effektiv gezahlten Preisen abzuschotten und die unter diesen Bedingungen eines „dualistischen" Preissystems zu erwartenden Mengenreaktionen und ihre Auswirkungen auf die zentrale Volkswirtschaftsplanung zu verhindern. Eine Lockerung des staatlichen Außenwirtschaftsmonopols ist im sozialistischen Staat nur dann möglich, zweckmäßig und zu erwarten, wenn die Parteiführung bereit ist, das System der Inlandspreise zu flexibilisieren und den Auslandspreisen anzugleichen sowie den Entscheidungsspielraum der dezentralen Wirtschaftseinheiten zu erweitern. Beide Voraussetzungen waren in der DDR bislang politisch nicht durchsetzbar.

Es wurde gezeigt, daß *zentrale staatliche Planung im Bereich der internationalen Währungsbeziehungen* vor schon technisch und prognostisch kaum lösbaren Problemen steht. Eine zuverlässige und planmäßige Zahlungsbilanzpolitik ist um so unwahrscheinlicher, je „turbulenter" die Umwelt des sozialistischen Staates ist. Insbesondere bei signifikanten Terms of Trade-Veränderungen und bei rezessiven Tendenzen in der Weltwirtschaft können sich aus den nach traditionellen Standardverfahren und Routinen von der Staatsbürokratie erarbeiteten Valutaplänen erhebliche ungeplante Zahlungsbilanzungleichgewichte ergeben.

Zwar wirken in zentralgeleiteten Volkswirtschaften *keine autonomen Zahlungsbilanzausgleichsmechanismen*, die geeignet wären, solche ungeplanten Zahlungsbilanzungleichgewichte zumindest zu reduzieren. Es ließ sich jedoch zeigen, daß selbst bei „klassischem", die Binnenwirtschaft angeblich wirksam abschottenden Außenwirtschaftsmonopol von Störungen des Gleichgewichts der externen Zahlungsbilanz regelmäßig Störungen des binnenwirtschaftlichen monetären Gleichgewichts ausgehen, die sich im sozialistischen Staatshaushalt und/oder in der im Inland umlaufenden Geldmenge niederschlagen. Insbesondere das Finanzministerium und unter bestimmten Bedingungen auch die Zentralbank oder Außenhandelsbank entwickeln daher ein ausgeprägtes Eigeninteresse an der Bekämpfung externer Zahlungsbilanzungleichgewichte, und zwar unabhängig von den ohnehin bestehenden Bedenken der Parteiführung und der Plankommission hinsichtlich der Risiken und Grenzen einer zunehmenden Auslandsverschuldung. Sofern diesen, auf einen Ausgleich der Zahlungsbilanz bedachten Institutionen Einfluß auf den wirtschaftspolitischen Willensbildungsprozeß zukommt, läßt sich von *politischen Zahlungsbilanzausgleichsmechanismen quasi-automatischer Wirksamkeit* sprechen.

Die für die DDR beobachtbaren Wechsel in der Zahlungsbilanzstrategie der vergangenen 35 Jahre bestätigen weitgehend das theoretisch begründete *Zick-Zack-Muster sozialistischer Wirtschafts- und Währungspolitik*. Es ließen sich fundamentale, in mehr oder weniger kurzen zeitlichen Abständen auftretende Strategiewechsel identifizieren, die zum Teil unmittelbar auf Intervention der sowjetischen Parteiführung hin, ausnahmslos aber in Übereinstimmung mit den jeweils vorherrschenden sowjetischen Interessen eingeleitet wurden und in der Regel mit umfangreichen Reorganisationsmaßnahmen und personellen Veränderungen im Staatsapparat einhergingen. Gravierende binnenwirtschaftliche und außenwirtschaftliche Zielverletzungen und der sich hieraus ergebende Problemdruck erwiesen sich in allen Fällen als Auslöser der nichtinkrementalen, vom inneren Führungszirkel beschlossenen strategischen Entscheidungen.

Im folgenden soll nun vor diesem Hintergrund der Versuch unternommen werden, drei ausgewählte Teilbereiche der praktischen internationalen Währungspolitik der DDR, die im westlichen wissenschaftlichen Schrifttum bislang weitgehend vernachlässigt worden sind, im Zeitraum von 1949 bis 1983 vertiefend zu untersuchen: den zwischenstaatlichen Zahlungsverkehr mit den nichtsozialistischen Ländern, die Währungsreservepolitik sowie die Kreditbeziehungen zur

Sowjetunion und zu den nichtsozialistischen Industrie- und Entwicklungsländern.

Anmerkungen

Zu Abschnitt 1:

1 WAGENHÖFER, Erika: Unsere internationalen Währungsbeziehungen. Grundlagen, Probleme, Entwicklungen, Bonn (Bundesministerium der Finanzen) 1977, S. 14
2 Siehe auch COHEN, Benjamin J.: Organizing the World's Money. The Political Economy of International Monetary Relations, London u. a. 1978, S. 55 ff.
3 Vgl. ASCHINGER, Franz E.: Das Währungssystem des Westens, 2. Aufl., Frankfurt/M. 1973; COHEN, Benjamin J.: Organizing the World's Money, a.a.O.; WAGENHÖFER, Erika: Unsere internationalen Währungsbeziehungen, a.a.O. Siehe auch Art. I (Ziele) des Übereinkommens über den Internationalen Währungsfonds
4 Vgl. insbesondere COHEN, Benjamin J.: Organizing the World's Money, a.a.O., S. 47 ff.
5 Vgl. SÖDERSTEN, Bo: International Economics, 2. Aufl., London und Basingstoke 1980, S. 375
6 Vgl. Art. I des Übereinkommens über den Internationalen Währungsfonds sowie Art. XI des GATT. Als Ausnahmebereich, in dem mengenmäßige Handelsbeschränkungen geduldet werden, kennt das GATT lediglich den Welttextilmarkt. Vgl. SCHMIDT, Paul-Günther: Das Welttextilabkommen – Hydra des Protektionismus?, in: Wirtschaftsdienst, 61. Jg. (1981), H. 9, S. 446–453
7 FAUDE, Eugen u.a.: Sozialistische Außenwirtschaft, a.a.O., S. 240
8 GROTE, Gerhard/SCHULMEISTER, Dieter u.a.: Planung der sozialistischen Außenwirtschaftsbeziehungen, Berlin(Ost) 1979, S. 9
9 Grußadresse des ZK der SED an die Konferenz der Außenwirtschaft am 27. und 28.3.1969, in: Sozialistische Außenwirtschaft, 19. Jg. (1969), H. 4, S. 2
10 Ebd.
11 FAUDE, Eugen u.a.: Sozialistische Außenwirtschaft, a.a.O., S. 245
12 Dies unterstellt implizit beispielsweise BUCK, Hannsjörg F.: Zahlungsbilanzpolitik der DDR und der europäischen RGW-Länder, a.a.O., S. 1 f.
13 Vgl. SCHÜLLER, Alfred: Die Außenwirtschaftspolitik der RGW-Länder gegenüber dem Westen aus der Sicht der politischen Ökonomie des Sozialismus, in: SCHÜLLER, Alfred/WAGNER, Ulrich: Außenwirtschaftspolitik und Stabilisierung von Wirtschaftssystemen, Stuttgart und New York 1980, S. 3–27
14 Vgl. Deutsches Institut für Wirtschaftsforschung: DDR-Wirtschaft, a.a.O., S. 28 ff.
15 Neues Deutschland vom 6. März 1957
16 HOFFMANN/ENDERLEIN: Klarheit über das Wesen des Außenhandelsmonopols!, in: Der Aussenhandel, 10. Jg. (1960), H. 12, S. 24–28
17 ALBRECHT, Dieter: Steigende Exporte zur Sicherung unserer Importe und hoher Effektivität, a.a.O.
18 Ebd.
19 KOHLMEY, Gunther: Karl Marx' Außenhandelstheorie und Probleme der außenwirtschaftlichen Beziehungen zwischen sozialistischen Staaten, in: Wirtschaftswissenschaften, 15. Jg. (1967), S. 1233–1259, hier: S. 1243. So bestanden in den fünfziger Jahren etwa 60 Prozent der DDR-Einfuhren aus Roh- und Brennstoffen und 25 bis 35 Prozent aus Nahrungsmittelimporten. Erst seit Mitte der sechziger Jahre sank der Anteil der Rohstoffe und Nahrungsmittel an den Einfuhren auf immerhin noch rund 60 Prozent zusammengenommen. Vgl. ebd., sowie eigene Berechnungen nach den Statistischen Jahrbüchern der DDR, verschiedene Jahrgänge
20 Siehe THALHEIM, Karl C.: Die Wirtschaft der Sowjetunion in Krise und Umbau, Berlin 1964, S. 107
21 PRYOR, Frederic L.: The Communist Foreign Trade System, a.a.O., S. 23
22 LENIN, W.I.: Referat über die Konzessionen, in: Lenin Werke, Band 31, Berlin(Ost) 1959, S. 459–482, hier: S. 476

Zu Abschnitt 2:

1 HOFMANN/ENDERLEIN; Klarheit über das Wesen des Außenhandelsmonopols!, a.a.O., S. 25
2 Ebd.
3 Vgl. STROBEL, H./FUNKE, M.: Das staatliche Außenhandelsmonopol und die Notwendigkeit des Valutamonopols in der DDR, in: Der Aussenhandel, 10. Jg. (1960), H. 1, S. 1—4
4 KINZE, Hans-Heinrich/KNOP, Hans/SEIFERT, Eberhard (Hrsg.): Volkswirtschaftsplanung. Lehrbuch, 2. Aufl., Berlin(Ost) 1978, S. 478
5 Vgl. hierzu im einzelnen BUCK, Hannsjörg F.: Die Zahlungsbilanzpolitik der DDR und der europäischen RGW-Länder, a.a.O. sowie NATTLAND, Karl-Heinz: Der Außenhandel in der Wirtschaftsreform der DDR, a.a.O. Ferner im Schrifttum der DDR FAUDE, Eugen u.a.: Sozialistische Außenwirtschaft, a.a.O.; GERSTENBERGER, Karlheinz u.a.: Die wirtschaftliche Rechnungsführung im Außenhandel der DDR, a.a.O. sowie GROTE, Gerhard u.a.: Planung der sozialistischen Außenwirtschaftsbeziehungen, a.a.O.
6 Dies ist im wesentlichen Zweck und Inhalt der die Außenwirtschaft betreffenden Reformbemühungen Jugoslawiens, Ungarns und Rumäniens.
7 GROTE, Gerhard u.a.: Planung der sozialistischen Außenwirtschaftsbeziehungen, a.a.O., S. 125
8 Vgl. ebd., S. 124ff.
9 Damit wird einer Systematisierung von McKINNON gefolgt. Siehe McKINNON, Ronald I.: Money in International Exchange. The Convertible Currency System, New York und Oxford 1979, S. 48. Zur Devisengesetzgebung der DDR siehe Devisengesetz vom 19. Dezember 1973, in: Gesetzblatt der DDR, Teil I, Nr. 58/1973, S. 574—577 sowie insbesondere Fünfte Durchführungsbestimmung zum Devisengesetz — Rechte und Pflichten der Staatsorgane, staatlichen Einrichtungen, wirtschaftsleitenden Organe, Kombinate und Betriebe sowie der gesellschaftlichen Organisationen — vom 19. Dezember 1973, in: Gesetzblatt der DDR, Teil I, Nr. 58/1973, S. 588—590
10 GROTE, Gerhard u.a.: Planung der sozialistischen Außenwirtschaftsbeziehungen, a.a.O., S. 126
11 HERCHER, Karl: Der Zahlungsverkehr der DDR mit dem Ausland, a.a.O., S. 23

Zu Abschnitt 3:

1 GROTE, Gerhard u.a.: Planung der sozialistischen Außenwirtschaftsbeziehungen, a.a.O., S. 122
2 Ebd., S. 124
3 Vgl. ebd., S. 123
4 JACOBEIT, H.: Die Valutaabrechnung und die Möglichkeit der maschinellen Aufbereitung, a.a.O., S. 11
5 SCHMELING, Siegfried/ULBRICHT, Gottfried: Zum System der Außenwirtschaftsbilanzen in der DDR, in: Der Aussenhandel, 15. Jg. (1965), H. 5, S. 27—30, hier: S. 28
6 Nach TREBUTH und GOLLMER zeichnen sich die „Bilanzen in den sozialistischen Ländern ... gegenüber denen kapitalistischer Länder durch die Klarheit ihrer Angaben und Aussage aus." TREBUTH, Rudolf/GOLLMER, Kurt: Bilanzen im Zahlungs- und Verrechnungsverkehr mit dem Ausland, in: Der Aussenhandel, 7. Jg. (1957), H. 14, S. 512f. Siehe auch STROBEL, Hans: Bilanzen der internationalen Geldbeziehungen, in: Der Aussenhandel, 8. Jg. (1958), H. 3, S. 93—95
7 GROTE, Gerhard u.a.: Planung der sozialistischen Außenwirtschaftsbeziehungen, a.a.O., S. 140
8 HENSEL, K. Paul: Grundformen der Wirtschaftsordnung. Marktwirtschaft — Zentralverwaltungswirtschaft, 2. Aufl., München 1974, S. 121
9 Wie es beispielsweise das LANGE-Modell beabsichtigt. Vgl. LANGE, Oskar/TAYLOR, Fred M.: On the Economic Theory of Socialism, New York, Toronto und London 1964, S. 72ff.
10 Vgl. HENSEL, K. Paul: Grundformen der Wirtschaftsordnung, a.a.O., S. 126f.
11 Vgl. ebd., S. 127f.
12 Siehe GROTE, Gerhard u.a.: Planung der sozialistischen Außenwirtschaftsbeziehungen, a.a.O., S. 324f.

13 Beispielsweise werden getrennte Staatsplanbilanzen geführt für Erzeugnisse wie Steinkohle, Steinkohlenkoks, Braunkohle, Erdöl, Erdgas, Kupfer, Silber, Uran, Gold, Kaffee, Kakao, Bananen usf.
14 Vgl. KINZE, Hans-Heinrich u.a.: Volkswirtschaftsplanung, a.a.O., S. 187
15 Vgl. ebd., S. 188
16 Siehe beispielsweise ebd., S. 292 ff.
17 Vgl. schon PRYOR, Frederic L.: The Communist Foreign Trade System, a.a.O., S. 57 ff. sowie SCHENK, Fritz: Magie der Planwirtschaft, a.a.O., S. 34
18 SEIDEL, Günter/STROBEL, Hans: Wissenschaftlicher Beitrag zur Valutaplanung im Außenhandel der Deutschen Demokratischen Republik, in: Der Aussenhandel, 2. Jg. (1952), H. 11, S. 338−340, hier: S. 339
19 Ebd., S. 340, Hervorh. vom Verf.
20 SEIDEL, R.: Die Planung und Leitung des Außenhandels nach Ländern, a.a.O., S. 2
21 Ebd., S. 5
22 Ebd.
23 Vgl. HERCHER, Karl: Der Zahlungsverkehr der DDR mit dem Ausland, a.a.O., S. 94f.
24 Albanien, Bulgarien, Mongolei, Polen, Rumänien, CSSR, UdSSR, Ungarn, China, Jugoslawien, Korea, Kuba und Vietnam
25 Ägypten, Brasilien, Sri Lanka, Dänemark, Finnland, Ghana, Guinea, Indien, Island, Kambodscha, Kolumbien, Kongo, Libanon, Mali, Marokko, Norwegen, Österreich, Portugal, Schweden, Spanien, Sudan, Syrien, Türkei, Tunesien, Uruguay und Zypern
26 Vgl. auch HERCHER, Karl: Der Zahlungsverkehr der DDR mit dem Ausland, a.a.O., S. 94f. Dieses Bilanzsystem hatte bis 1965 Gültigkeit; es wurde in den Folgejahren formal, nicht jedoch inhaltlich modifiziert. Siehe SCHMELING, Siegfried/ULBRICHT, Gottfried: Zum System der Außenwirtschaftsbilanzen in der DDR, a.a.O.
27 In praxi verläuft der Planungsprozeß indes ungleich komplizierter und verteilt über mehrere Planungs-Hierarchieebenen. Worum es hier geht, ist der Versuch einer Identifikation der strategischen Variablen.

Zu Abschnitt 4:

1 Eine lineare Korrelation zwischen den Wachstumsraten der westdeutschen Bezüge im innerdeutschen Handel einerseits und den Wachstumsraten des Auftragseinganges im verarbeitenden Gewerbe in der Bundesrepublik Deutschland für den Zeitraum von 1955 bis 1980 liefert einen Korrelationskoeffizienten von 0,44. Die lineare Abhängigkeit ist somit vergleichsweise stark.
2 Siehe hierzu auch entsprechende empirische Analysen und Ergebnisse des Wiener Instituts für Internationale Wirtschaftsvergleiche beim Österreichischen Institut für Wirtschaftsforschung.
3 HERCHER, Karl: Der Zahlungsverkehr der DDR mit dem Ausland, a.a.O., S. 18
4 Zum „ökonomischen Gesetz der planmäßigen und proportionalen Entwicklung" der sozialistischen Wirtschaft siehe. Autorenkollektiv: Politische Ökonomie des Sozialismus, Frankfurt/M. 1973, S. 125 ff.
5 Aus der Fülle der hierzu seit den sechziger Jahren erschienenen Literatur vgl. insbesondere BAJT, Aleksander: Investment Cycles in European Socialist Economies: A Review Article, in: Journal of Economic Literature, Vol. 9 (1971), S. 53−63 sowie THIEME, H. Jörg (Hrsg.): Gesamtwirtschaftliche Instabilitäten im Systemvergleich, Stuttgart und New York 1979
6 Berechnet nach den Schätzergebnissen in Anhang D
7 Vgl. Statistisches Jahrbuch der DDR 1982, S. 14
8 Vgl. GERSTENBERGER, Karlheinz u.a.: Die wirtschaftliche Rechnungsführung im Außenhandel der DDR, a.a.O.
9 Diese Sicherung des internen güterwirtschaftlichen Gleichgewichts ist mithin als eine der wesentlichen Funktionen des Westhandels sozialistischer Länder anzusehen.
10 CASSEL, Dieter/SCHUBERT, Manfred: Außenwirtschaftlich induzierte Instabilitäten, in: THIEME, H. Jörg (Hrsg.): Gesamtwirtschaftliche Instabilitäten im Systemvergleich, a.a.O., S. 187

11 THÜMMLER, Werner: Zu einigen Beziehungen zwischen der Außenwirtschaft und dem Geld- und Kreditsystem bei der Sicherung der Einheit von materiellen und finanziellen Prozessen, in: Wissenschaftliche Zeitschrift der Humboldt-Universität, 26. Jg. (1977), H. 2, S. 198—203, hier: S. 102
12 Das folgende Modell stellt den Versuch dar, Preisausgleichsanalyse und Geldstromanalyse zu verbinden. Es enthält keine Verhaltensgleichungen, sondern ausnahmslos Identitäten und ist insofern lediglich ein vereinfachtes Spiegelbild der Geld- und Warenströme im Rahmen der Außenhandelsfinanzierung bei staatlichem Währungsmonopol. Zur Preisausgleichsanalyse siehe insbesondere PRYOR, Frederic L.: The Communist Foreign Trade System, a.a.O., S. 101 ff. und WILES, Peter John de la Fosse: Communist International Economics, a.a.O., S. 133 ff.; zur Geldstromanalyse KÖHLER, Heinz: Economic Intergration in the Soviet Bloc, a.a.O., Appendix B: A Note on Exchange Rates
13 THIEME, H. Jörg: Makroökonomische Instabilitäten — Erscheinungsformen, Ursachen und Konzepte ihrer Bekämpfung, in: HAMEL, Hannelore (Hrsg.): Bundesrepublik Deutschland — DDR. Die Wirtschaftssysteme. Soziale Marktwirtschaft und Sozialistische Planwirtschaft im Systemvergleich, München 1979, 3. Aufl., S. 212—283, hier: S. 264
14 CASSEL, Dieter/SCHUBERT, Manfred: Außenwirtschaftlich induzierte Instabilitäten, a.a.O., S. 197
15 Ebd., S. 195. Dabei wird offenbar implizit unterstellt, monetäre Impulse würden nur in Höhe des Saldos der internen Zahlungsbilanz übertragen. Wie sich anhand des hier aufgestellten Systems von Identitätsgleichungen zeigen läßt, gilt dies jedoch nur in dem (unwahrscheinlichen) Spezialfall, daß die aus dem Staatshaushalt aufzubringenden Preisausgleichszahlungen in voller Höhe durch einen Zentralbankkredit finanziert werden (dZ = —PAG). In diesem Fall entspricht die Geldmengenveränderung $-dN^{ZB} = dL^f_w - PAG = dL^f_w - (dL^f_w - dL^h) = dL^h$ in der Tat dem Saldo der *internen* Leistungsbilanz. Bringt das Finanzministerium jedoch die Preisausgleichszahlungen in voller Höhe durch zusätzliche Abgaben der Inlandsbetriebe auf (dS = —PAG und dZ = 0), so gilt umgekehrt $-dN^{ZB} = dL^f_w$, d.h. der Geldmengenimpuls entspricht allein dem Saldo der *externen* Leistungsbilanz, bewertet zum Verrechnungskurs.
16 Im einzelnen siehe BUCK, Hannsjörg F.: Die Zahlungsbilanzpolitik der DDR und der europäischen RGW-Länder, a.a.O. sowie NATTLAND, Karl-Heinz: Der Außenhandel in der Wirtschaftsreform der DDR, a.a.O.
17 „Eine Weitergabe der im Ausland aufgenommenen kommerziellen Kredite nach innen ist nicht möglich. Wenn die Außenhandelsbetriebe beim Export kommerzielle Kredite gewähren, werden sie durch die zuständigen Banken refinanziert." FAUDE, Eugen u.a.: Sozialistische Außenwirtschaft, a.a.O., S. 250
18 Siehe die Überlegungen in Kapitel II.B, Abschnitt 5, S. 87
19 Vgl. HARTWIG, Karl-Hans/THIEME, H. Jörg: Schwankungen der Geldmenge, Umlaufgeschwindigkeit und Inflationsrate: Diagnose und Meßprobleme in unterschiedlichen Wirtschaftssystemen, in: THIEME, H. Jörg (Hrsg.): Gesamtwirtschaftliche Instabilitäten im Systemvergleich, a.a.O., S. 97—115; THIEME, H. Jörg: Makroökonomische Instabilitäten, a.a.O., insbesondere S. 263 ff. sowie JANSEN, Paul: Das Inflationsproblem in der Zentralverwaltungswirtschaft, Stuttgart und New York 1982
20 Die tatsächlichen Preisausgleiche sollen 1951 1,521 Mrd. Mark, 1952 1,428 Mrd. Mark, 1953 2,028 Mrd. Mark und 1954 3,548 Mrd. Mark betragen haben. Für 1955 waren 3,823 Mrd. Mark und für 1956 etwa 3,0 Mrd. Mark geplant. Vgl. KALUS, Hellmuth: Wirtschaftszahlen aus der SBZ, a.a.O., S. 94—96. Heinz KÖHLER gab die Preisausgleiche für 1957 mit 3,0 Mrd. Mark, für 1958 mit 1,1 Mrd. Mark und für 1959 mit 1,2 Mrd. Mark an. Vgl. PRYOR, Frederic L.: The Communist Foreign Trade System, a.a.O., S. 267
21 Vgl. EGERLAND, Helmut: Industriepreise und volkswirtschaftliche Hauptproportionen, in: Deutsche Finanzwirtschaft. Ausgabe: Finanzen und Buchführung, 1968, H. 4, S. F9—F12
22 Siehe DDR Handbuch, S. 520 f.
23 Vgl. NATTLAND, Karl-Heinz: Der Außenhandel in der Wirtschaftsreform der DDR, a.a.O., S. 137 f.
24 Die Höhe des Aufschlages für freie Devisen-Länder war bislang im Westen unbekannt. NATTLAND hat den Aufschlag auf 73,3 % geschätzt, vgl. ebd., S. 138. Seinen Berechnun-

gen liegt tatsächlich jedoch eine Mischung der Aufschläge für freie Devisen einerseits und innerdeutsche VE andererseits zugrunde. Die Importaufschlaghöhe für freie Devisen geht aus einer im Westen bis jetzt unbeachtet gebliebenen Bemerkung eines DDR-Wissenschaftlers hervor, „daß die Importaufschläge, die für Valutaausgaben zu zahlen sind, bis zu 80 % betragen können." LUDWIG, Rudolf: Optimierung der Außenhandelstransporte — ein Weg zur effektiveren Gestaltung der Außenwirtschaftsbeziehungen, in: DDR-Verkehr, 1. Jg. (1968), S. 100—103, hier: S. 102. Nach internen Anweisungen des DDR-Außenhandelsministeriums, die dem Verf. im Wortlaut vorliegen, wurden die Abwertungssätze des Wechselkurses differenziert nach fünf Währungsgebieten vorgenommen, und zwar für das „sozialistische Wirtschaftsgebiet ohne Jugoslawien und Kuba", „Jugoslawien und Kuba", „Westdeutschland/Westberlin", „kapitalistische Verrechnungswährungen" sowie „freie Devisen". Nach Schätzungen des Verf. lagen die Aufschläge für Jugoslawien und Kuba bei 50 %, für die Clearingabkommensländer bei 60 % und für den innerdeutschen Handel bei 70 %.

25 Die nicht aufklärbaren Staatsausgaben entwickelten sich wie folgt (in Mrd. Mark):

1970	1971	1972	1973	1974	1975	1976	1977	1978	1979	1980
8,9	11,5	12,4	13,0	19,7	29,2	21,4	20,0	22,9	22,9	35,6

Vgl. Deutsches Institut für Wirtschaftsforschung: Handbuch DDR-Wirtschaft, a.a.O., S. 333; RUBAN, Maria Elisabeth/VORTMANN, Heinz: Subventionen kontra Investitionen — das Dilemma des Staatshaushalts der DDR, in: DIW-Wochenbericht, 47. Jg. (1980), Nr. 33, S. 349—353, hier: S. 351 sowie BUCK, Hannsjörg F.: Zur Lage der Staatsfinanzen der DDR am Ende der Fünfjahrplanperiode 1976—1980, in: Deutschlandarchiv, 14. Jg. (1981), H. 10, S. 1158—1173, hier: S. 1171

26 Vgl. TREML, Vladimir G.: Foreign Trade and the Soviet Economy: Changing Parameters and Interrelations, in: NEUBERGER, Egon/TYSON, Laura d'Andrea (Hrsg.): The Impact of International Economic Disturbances on the Soviet Union and Eastern Europe. Transmission and Response, New York, Oxford u.a. 1980, S. 184—207, hier: S. 199

Zu Abschnitt 5:

1 Vgl. BUCK, Hannsjörg F.: Die Zahlungsbilanzpolitik der DDR und der europäischen RGW-Länder, a.a.O., S. 3
2 HOLZMAN, Franklyn D.: Foreign Trade Under Central Planning, Cambridge, Mass., 1974, S. 125
3 Siehe ROSE, Klaus: Theorie der Außenwirtschaft, 8. Aufl., München 1981, S. 185
4 Vgl. COHEN, Benjamin J.: Organizing the World's Money, a.a.O., S. 25
5 Da die Identitätsgleichungen der volkswirtschaftlichen Gesamtrechnung (von unterschiedlichen Abgrenzungen abgesehen) systemunabhängige Gültigkeit haben, kann auch im sozialistischen Staat gesamtwirtschaftlich nur so viel konsumiert werden (C), investiert werden (I) und exportiert werden (X), wie im Inland selbst produziert (Y) und vom Ausland importiert (M) wurde (in Inlandspreisen):

$$Y + M = C + I + X$$

oder

$$X - M = Y - (C + I) = dL^h$$

Anpassungsstrategien laufen somit darauf hinaus, den Ausgleich der *externen* Leistungsbilanz durch eine Aktivierungstendenz der *internen* Leistungsbilanz herbeizuführen und zu diesem Zweck mit Hilfe des Volkswirtschaftsplanes als Hauptinstrument ceteris paribus die Produktion (Y) zu steigern und/oder den inländischen Verbrauch (C + I) zurückzudrängen.
6 Siehe ebd., S. 28 ff. sowie SÖDERSTEN, Bo: International Economics, a.a.O., S. 35 ff.; danach werden zahlungsbilanzpolitische Instrumente gewöhnlich, wenn auch terminologisch nicht besonders glücklich, in „expenditure-changing policies" (insbesondere Geld- und Fiskalpolitik) und „expenditure-switching policies" (insbesondere die Wechselkurspolitik) eingeteilt.
7 Zum währungspolitischen Instrumentarium, das dem Ziel dient, binnenwirtschaftliche Anpassungsprozesse an Zahlungsbilanzungleichgewichte zu fördern, ließen sich auch jene Mittel rechnen, die der sozialistische Staat einsetzt, um die einzelwirtschaftlichen Interessen der Inlandsbetriebe und Außenhandelsunternehmen stärker auf die im zentralen Valutaplan fixierten gesamtwirtschaftlichen Ziele hin auszurichten. Zu diesen im wesentlichen das Anreiz-

und Konstrollsystem betreffenden Maßnahmen zählen etwa „Exportstützungen" und „Exportförderungsprämien", „Devisenanrechte" und „Devisenkredite", das System differenzierter Umrechnungskoeffizienten bei der Finanzierung von Außenhandelsgeschäften sowie das „einheitliche Betriebsergebnis" der Exportbetriebe — siehe insbesondere BUCK, Hannsjörg F.: Stabilisierung der Außenwirtschaftsbeziehungen von administrativ-sozialistischen Wirtschaftssystemen durch Zahlungsbilanz- und Finanzpolitik, in: SCHÜLLER, Alfred/WAGNER, Ulrich (Hrsg.): Außenwirtschaftspolitik und Stabilisierung von Wirtschaftssystemen, Stuttgart und New York 1980, S. 143–176 sowie NATTLAND, Karl-Heinz: Der Außenhandel in der Wirtschaftsreform der DDR, a.a.O., passim.

8 Vgl. hierzu insbesondere Bundesministerium für innerdeutsche Beziehungen (Hrsg.): DDR-Handbuch, a.a.O., S. 930ff.

9 Vgl. QUIETZSCH, Eberhard: Kommerzielle Dienstleistungen im Aussenhandel der DDR, in: Der Aussenhandel, 8. Jg. (1958), H. 4–5, S. 145f. sowie Ders.: Verbesserte kommerzielle Dienstleistungen — geringere Devisenausgabe, in: Der Aussenhandel, 8. Jg. (1958), H. 11, S. 394f.

10 Nach Schätzungen des Verf. standen im Zeitraum von 1949 bis 1953 kommerziellen Importen und Exporten der DDR in Höhe von jeweils 3,1 Mrd. US-$ Reparationsleistungen an die Sowjetunion in Höhe von 7,6 Mrd. US-$ gegenüber. Vgl. auch KÖHLER, Heinz: Economic Integration in the Soviet Bloc, a.a.O., S. 272

11 Siehe insbesondere SCHENK, Fritz: Magie der Planwirtschaft, a.a.O., S. 67f. sowie SPITTMANN, Ilse/FRICKE, Karl Wilhelm (Hrsg.): 17. Juni 1953. Arbeitsaufstand in der DDR, Köln 1982

12 Zitiert nach SCHENK, Fritz: Magie der Planwirtschaft, a.a.O., S. 70

13 Hierzu und zum folgenden vgl. insbesondere ebd., S. 74ff. sowie S. 127ff. und Bundesministerium für gesamtdeutsche Fragen (Hrsg.): SBZ von 1955 bis 1958, Bonn und Berlin 1961, S. 18f. und S. 28

14 Vgl. ebd., S. 120, 125, 137, 171

15 Siehe QUIETZSCH, Eberhard: Verbesserte kommerzielle Dienstleistungen — geringere Devisenausgabe, a.a.O.

16 Vgl. Bundesministerium für gesamtdeutsche Fragen (Hrsg.): SBZ von 1955 bis 1958, a.a.O., S. 239, 295, 267, 333, 362, 430 sowie Bundesministerium für gesamtdeutsche Fragen (Hrsg.): SBZ von 1959 bis 1960, Bonn und Berlin 1964, S. 113, 123 und 133ff.

17 Vgl. insbesondere DEWET, Charles: Störfreiheit — unsere Antwort auf Erpressungsversuche, in: Deutsche Finanzwirtschaft, 15. Jg. (1961), Sammelausgabe, H. 20, S. 611–615 sowie BALKOW, Julius: Außenhandelsplan 1962 — unser Beitrag zum Deutschen Friedensplan, in: Der Aussenhandel, 11. Jg. (1961), H. 21, S. 1–4

18 Vgl. Normaler Handel setzt wirtschaftliche und politische Vernunft voraus. Zum Handel der DDR mit Westdeutschland und dem besonderen Territorium Westberlin, in: Der Aussenhandel, 14. Jg. (1964), H. 8, S. 34–38, hier: S. 34f.

19 Siehe hierzu und zum folgenden insbesondere GLEITZE, Bruno/THALHEIM, Karl C./HENSEL, K. Paul/MEIMBERG, Rudolf: Der Osten auf dem Wege zur Marktwirtschaft?, Berlin 1967; THALHEIM, Karl C.: Die Wirtschaft der Sowjetzone in Krise und Umbau, Berlin 1964 sowie zu den außenwirtschaftlichen Bestandteilen und Aspekten der Reformmaßnahmen LANGE, Ernst: Grundfragen des neuen ökonomischen Systems im Außenhandel, Berlin(Ost) 1965 sowie NATTLAND, Karl-Heinz: Der Außenhandel in der Wirtschaftsreform der DDR, Berlin 1972

20 Vergleichsweise klare Rückschlüsse ergeben sich beispielsweise aus NITZ, Hans-Jürgen: Außenhandel — Produktion — Perspektivplanung, in: Der Aussenhandel, 13. Jg. (1963), H. 1, S. 8–16, hier: S. 11

21 Vgl. SCHENK, Fritz: Das rote Wirtschaftswunder, a.a.O., S. 111

22 Siehe ULBRICHT, Walter: Die gesellschaftliche Entwicklung der Deutschen Demokratischen Republik bis zur Vollendung des Sozialismus, in: Die Wirtschaft, 22. Jg. (1967), H. 16, S. 3ff.

23 Vgl. BEIL, Gerhard: Hohe Planziele erfordern effektivste Gestaltung der Außenwirtschaftstätigkeit, in: Sozialistische Außenwirtschaft, 20. Jg. (1970), H. 1, S. 1–4

24 ALBRECHT, Degenhardt: 25 Jahre Sozialistische Einheitspartei Deutschlands — 25 Jahre erfolgreiche Außenwirtschaftspolitik, in: Sozialistische Außenwirtschaftspolitik, 21. Jg. (1971), H. 4, S. 1–4

25 Vgl. HAENDCKE-HOPPE, Maria: DDR-Außenhandel im Zeichen schrumpfender Westimporte. Erstmals wieder aktive Handelsbilanz, in: Deutschlandarchiv, H. 10/1983, S. 1066–1071
26 LEVCIK, Friedrich: Ostverschuldung und Ost-West-Wirtschaftsbeziehungen, in: West-Ost-Journal, Nr. 21, 1977

III. AUSGEWÄHLTE PROBLEME DER PRAKTISCHEN INTERNATIONALEN WÄHRUNGSPOLITIK DER DDR SEIT 1949

A. Die Organisation des zwischenstaatlichen Zahlungsverkehrs mit den nichtsozialistischen Ländern

Der Waren- und Dienstleistungsverkehr der DDR mit den sozialistischen Ländern wurde von Beginn an im bilateralen Clearing abgewickelt. Als Verrechnungswährung fungiert dabei im RGW-Bereich der Rubel, in dem die Preise der einzutauschenden Waren und Dienstleistungen festgesetzt werden, die Faktura erfolgt und auch die bilateralen Verrechnungskonten geführt werden.[1] Allerdings wird ein insbesondere in den siebziger Jahren deutlich gestiegener Anteil des Intra-RGW-Handels über die „Internationale Bank für wirtschaftliche Zusammenarbeit" (IBWZ) in Moskau auch in konvertiblen Währungen abgewickelt.[2] So sind offenbar seit Mitte der siebziger Jahre RGW-Länder, die außerplanmäßige Lieferungen erhalten und/oder von anderen RGW-Ländern genötigt werden, blockinterne Lieferdefizite abzutragen, in zunehmendem Maße zur Zahlung in harten Devisen verpflichtet worden.[3]

Demgegenüber stand und steht die DDR im Rahmen ihrer Wirtschafts- und Währungsbeziehungen mit den *nichtsozialistischen Ländern* prinzipiell vor der Wahl, den Zahlungsverkehr in konvertiblen Währungen oder auf der Basis bilateraler Clearingwährungen abzuwickeln. Unter westlichen Wissenschaftlern besteht durchaus keine Einigkeit darüber, ob ein kommunistisch-autokratisches Land die eine oder andere Form des Zahlungsverkehrs vorziehe. Ganz überwiegend herrscht jedoch die Meinung vor, daß der „Bilateralismus ... von seiten aller sozialistischen Länder und somit auch der DDR im Handel mit Ländern anderer als sozialistischer Gesellschaftsordnung als das wesentlichste Prinzip intersystemarer Arbeitsteilung bis heute angesehen wird."[4] Ein wissenschaftlich begründetes und einigermaßen gesichertes Urteil ist jedoch vor allem aus zwei Gründen bislang nicht möglich.

Erstens erschwert die Tatsache, daß zwischenstaatliche Handels- und Zahlungsvereinbarungen stets zweiseitige Willenserklärungen darstellen, die Aufgabe, „die ursprünglich verfolgten Intentionen des einzelnen Partners, in diesem Fall der DDR, aus der Abmachung selbst herauszufinden."[5] Zu Recht weist daher Dietsch darauf hin, daß die spärlichen, vorhandenen Informationen das Urteil erschweren, ob im Einzelfall eine „getroffene Regelung selbst vorgeschlagen oder aber nur gerade vom Partner akzeptiert wurde, vielleicht, um den Vertrag nicht platzen zu lassen".[6] Zweitens gibt es nach Kenntnis des Verf. bis heute keine Studie, die die von einem RGW-Land abgeschlossenen Zahlungsabkommen und -vereinbarungen systematisch gesammelt und ausgewertet hat, geschweige denn Daten zur Abwicklung des bilateralen Clearingverkehrs verwerten konnte.[7]

Es wurde daher im Rahmen dieser Studie erstmals der Versuch unternommen, die Gesamtheit der von der DDR zwischen 1949 und 1982 geschlossenen Handels- und Zahlungsvereinbarungen mit nichtsozialistischen Ländern zu erfassen und systematisch auszuwerten. Wo immer dies möglich war, wurden ergänzende Informationen aus den Partnerländern, insbesondere von den auf westlicher Seite vertragsschließenden Parteien, zu den Hintergründen des Zustandekommens und der Entwicklung der bilateralen Beziehungen eingeholt. Darüber hinaus gelang es, für einige der wichtigsten Handelspartner der DDR primärstatistische Daten über die Abwicklung des bilateralen Zahlungsverkehrs zu beschaffen und hier – mit Erlaubnis der betreffenden kontoführenden Institutionen – wiederzugeben und auszuwerten.

1. Merkmale und Formen bilateraler Handels- und Zahlungsvereinbarungen

Internationale Transaktionen von Gütern und Dienstleistungen erfolgen, sieht man von Schenkungen (Realtransfers) ab, entweder als Realtausch (Tausch Gut gegen Gut) oder als Kauf bzw. Verkauf (Tausch Gut gegen Forderung).[1] Der Tausch von Realgütern[2] geht in der Praxis moderner arbeitsteiliger Volkswirtschaften gleichwohl überwiegend aus einzelwirtschaftlichen Gründen[3] mit an sich nicht notwendigen Zahlungen einher. Es erscheint daher sinnvoll, als „Gegengeschäfte" solche Vorgänge zu bezeichnen, bei denen „bestimmte Wirtschaftssubjekte bewußt wechselseitig Realgüter ... aneinander abgeben bzw. voneinander abnehmen, unabhängig davon, ob zusätzlich Zahlungen erfolgen oder nicht."[4] Das entscheidende Definitionskriterium ist also nicht die Abwesenheit von Zahlungen, sondern die Reziprozität des Leistungsaustausches zwischen den beteiligten Partnern.[5] Unter einem „Kompensationsgeschäft" soll hier ein einzelwirtschaftliches Gegengeschäft verstanden werden, bei dem mindestens zwei der beteiligten Geschäftspartner verschiedenen Nationalstaaten angehören.[6] Die DDR hat seit ihrem Bestehen einen erheblichen, noch näher zu kennzeichnenden Anteil ihres West- und Entwicklungsländerhandels in Form solcher Kompensationsgeschäfte abgewickelt. Dabei sind jedoch – insbesondere aufgrund ihrer unterschiedlichen Implikationen für den zwischenstaatlichen Zahlungsverkehr – folgende Arten von Kompensationsgeschäften zu trennen.

Einzelkompensationen werden zwischen ein oder mehreren ausländischen Firmen und DDR-Außenhandelsorganisationen abgeschlossen und sehen einen im- und exportseitigen Ausgleich des Leistungsaustausches vor. Die Partner verpflichten sich gegenseitig zur Leistungserbringung und -abnahme und legen deshalb „von vornherein Warenart, Qualität und Quantität, Wert, Lieferbasis, Lieferzeit, Empfänger, Preis u.a. vertraglich"[7] fest. In besonderen Fällen wird der Leistungsaustausch auf Wunsch des westlichen Partners von einem in beiden Richtungen gleichhohen Transfer in konvertiblen Währungen begleitet. Die DDR-Behörden waren jedoch regelmäßig bestrebt, einen solchen Hartwährungsaustausch bei Einzelkompensationen zu vermeiden, in jedem Fall aber die Zahlungen im Gleichgewicht zu halten und damit einen Nettoabfluß von Devisen zu verhindern.

Globalkompensationen werden zwischen der Dachorganisation der DDR-Außenhandelsbetriebe DIA-Kompensation (später von der Kammer für Außenhandel) einerseits und ausländischen Firmen andererseits abgeschlossen. Die ausländischen Firmen treten jedoch nur teilweise selbst als Händer auf und beteiligen auch andere

Firmen, die nicht offiziell als Vertragspartner in Erscheinung treten. Schließlich werden im Gegensatz zu Einzelkompensationsgeschäften Import- und Exportwarenlisten vereinbart, die zwar einen globalen Ausgleich der gegenseitigen Leistungserbringung vorsehen, in der Regel aber nur nach Warenarten und Kontingenten differenziert sind.

Globalvereinbarungen[8] werden von seiten der DDR mit ausländischen Organisationen, häufig Industrieverbänden, abgeschlossen, die zwar die Interessen der heimischen Exporteure und Importeure wahrnehmen, nicht aber selbst als Händler auftreten. Es werden Warenlisten mit Kontingenten für einzelne Erzeugnisgruppen vereinbart, doch kann – im Gegensatz zu Globalkompensationen – auch für Teile der vereinbarten Lieferungen seitens der ausländischen Vertragspartner keine Verpflichtung auf Abschluß von Einzelverträgen und deren termingerechte Durchführung übernommen werden.

Rahmenverträge schließlich ähneln den Globalvereinbarungen und -kompensationen insofern, als sie mit jedem „seriösen"[9] ausländischen Partner abgeschlossen werden können, prinzipiell einen Ausgleich des wechselseitigen Realgüteraustausches vorsehen und keine Verpflichtung zur Leistungsabnahme enthalten. Allerdings „stehen bei Vertragsabschluß weder auf der Importseite noch auf der Exportseite Einzelheiten in bezug auf Warenpositionen, Qualitäten, Preise und Lieferbedingungen fest. Es wird lediglich beiderseits die Verpflichtung zum Verkauf bestimmter Warenkontingente übernommen."[10]

Während nun bei Einzelkompensationsgeschäften Zahlungen weder fließen müssen noch in der Regel fließen, lassen sich Globalkompensationen, Globalvereinbarungen und Rahmenverträge aus rein technischen Gründen nur schwer ohne gegenseitige Forderungsaufrechnung abwickeln. Die Vielzahl der zugrundeliegenden Einzelgeschäfte und beteiligten Partner, die zeitlich typischerweise asynchron verlaufende wechselseitige Leistungserbringung und die Tatsache, daß die vereinbarten Warenlisten nur indikativen Charakter haben (und daher in der Regel nur zum Teil ausgeschöpft werden), läßt es zweckmäßig erscheinen oder macht es sogar unumgänglich, den laufenden Stand der Erfüllung der Vereinbarungen dadurch zu kontrollieren, daß parallel zu den Güterbewegungen Zahlungsströme zwischen den beteiligten Ländern erfolgen. Es bedarf daher neben den genannten Waren- und Liefervereinbarungen ergänzender Regelungen für die zwischenstaatliche Verrechnung der wechselseitigen laufenden Leistungserbringung. Gegenstand dieser Zahlungsvereinbarungen müssen entsprechend sein: (1) die zugrunde zu legende Verrechnungswährung, (2) die Wahl der Bank(en), über die die Verrechnungen erfolgen sollen, (3) Art und Kosten der Kontoführung, insbesondere die zur bilateralen Verrechnung zugelassenen Leistungen, (4) Vereinbarungen über die gegenseitige Einräumung eines technischen Überbrückungskredites (Swing) und seine Verzinsung sowie (5) Regelungen über die Abwicklung noch bestehender Restforderungen der Vertragspartner im Falle einer Kündigung der Vereinbarungen.

Die juristische Form solcher Vereinbarungen über den gegenseitigen Verrechnungsverkehr ist sehr unterschiedlich und in der Praxis schon deshalb schwer zu übersehen. Vor der diplomatischen Anerkennung der DDR durch die meisten nichtsozialistischen Länder fanden sich die relevanten Zahlungsvereinbarungen überwiegend auf halb-offizieller Ebene in Vereinbarungen mit Handelskammern oder in separaten Bankenvereinbarungen.[11] Bei jenen Ländern, die zum Abschluß von Regierungsabkommen mit der DDR übergingen, wurden die Zahlungsvereinbarungen entweder in kombinierten Handels- und Zahlungsabkommen zwischen den beteiligten Regierungen oder in gesonderten Regierungsabkommen über den Zahlungsverkehr festgelegt. In einer Reihe von Fällen gelang es der DDR auch schon vor ihrer offiziellen diplomatischen Anerkennung durch die Regierung des Partnerlandes, zu Zahlungsvereinbarungen mit den nationalen Zentralbanken zu gelangen.

Gelegentlich wird in der einschlägigen Literatur nur im Zusammenhang mit dem zwischenstaatlichen Verrechnungsverkehr auf der Grundlage staatlicher Handels- und Zahlungsabkommen von „Clearing" gesprochen.[12] Dieser Interpretation wird hier nicht gefolgt. Vielmehr wird, unabhängig davon, ob die vertragschließenden und/oder verrechnenden Institutionen staatliche Organe sind, von Regierungsstellen beauftragt wurden oder lediglich mit offizieller Genehmigung handeln, im folgenden immer dann von „Clearing" (oder synonym von „bilateralem Verrechnungsverkehr") gesprochen, wenn (mindestens) zwei in verschiedenen Nationalstaaten ansässige Institutionen Forderungen und Verbindlichkeiten aus Warenlieferungen und Leistungen mit beschränkter (gebundener) Verwendungsmöglichkeit verrechnen. Forderungen aus internationalen Transaktionen sollen dann als „beschränkt" oder „gebunden" gelten, wenn sie nur für bestimmte, im vorhinein in den relevanten Zahlungsvereinbarungen spezifizierte Zwecke (das heißt in der Regel nur für Warenkäufe im Partnerland) verwendet werden können. Diese Forderungen heißen auch „Clearingdevisen", die zugrundeliegende Verrechnungseinheit „Clearingwährung".

Zum Zwecke der Abwicklung eines solchen bilateralen Verrechnungsverkehrs wird aufgrund von Kammer-, Banken- oder Regierungsvereinbarungen in jedem Land ein besonderes Verrechnungskonto bei einer mit der Kontoführung beauftragten Institution eröffnet. In Ausnahmefällen wird nur in einem Land überhaupt ein Konto geführt (sog. Einkontosystem).[13] Importeure des Landes A zahlen nun nach Erhalt der Waren und/oder Leistungen aus dem Partnerland B den Rechnungsbetrag in ihrer (A-)Landeswährung über ihre Hausbank auf das Clearingkonto ein und befreien sich damit sowohl devisenrechtlich wie von ihrem Kreditor im Land B von ihren Verpflichtungen. Die kontoführende Institution in Land A teilt nun der kontoführenden Institution in Land B den Zahlungseingang mit, woraufhin dem Exporteur in B der Exportgegenwert in (B-)Landeswährung zu Lasten des zentralen Clearingkontos und zugunsten seines Bankkontos ausgezahlt wird. Zahlungen von A nach B (für B-Exporte) können nur dann und in dem Maße die Zahlungen von B nach A (für B-Importe) übersteigen, wie zwischen den kontoführenden Institutionen ein technischer Überbrückungskredit (overdraft, swing) vereinbart wurde. Da bei zentraler Clearingverrechnung typischerweise (friktionelle und saisonale) Zahlungsungleichgewichte auftreten, ist die Vereinbarung eines Verrechnungskredites nicht nur zweckmäßig, sondern geradezu unerläßliche Voraussetzung für die Funktionstüchtigkeit eines bilateralen Clearingverkehrs. Wurde der Swing vollständig ausgenutzt, kann — je nach Vereinbarung — die kreditierende kontoführende Instiution weitere Exporte ins Schuldnerland unterbinden und/oder Auszahlungen an heimische Exporteure vorübergehend einstellen und/oder auf Deviseneinzahlungen der schuldenden Institution zum Ausgleich des zentralen Clearingkontos bestehen. Es ist jedoch zu beachten, daß bei bilateralem Clearing — abgesehen vom letzten Fall — typischerweise keine Devisen zwischen den Vertragsparteien bewegt werden, die zwischenstaatliche Forderungsverrechnung vielmehr mit Hilfe einer fiktiven (künstlichen) Währungseinheit erfolgt und daß in jedem einzelnen Land zwischen kontoführender Institution und inländischen Unternehmen stets nur in heimischer Währung abgerechnet wird.

Globalkompensationen, Globalvereinbarungen, Rahmenverträgen wie auch Regierungsabkommen liegt offenbar die Absicht zugrunde, gewisse „Leistungspakete" wechselseitig auszutauschen, wobei der Reziprozitätscharakter („Kaufst Du bei mir, kauf' ich bei Dir") auf die zwischenstaatliche Ebene übertragen ist. In diesem Sinne sind solche Vereinbarungen und Abkommen durchaus als „Kompensationen", bei denen die Gegengeschäftspartner Organisationen und Regierungen darstellen, anzusprechen.[14] Während diese Charakterisierung von der Existenz oder Nichtexistenz von Zahlungsströmen jedoch abstrahiert, ist es für eine währungspolitische Beurteilung des zwischenstaatlichen Clearings gerade wesentlich, zu erfassen, daß sich hinter solchen Vereinbarungen in der Regel primär die Absicht verbirgt, Netto-Devisenzahlungen der einen oder anderen Seite zu vermeiden. Der zur reibungslosen Abwicklung dieser „Kompensationen" dienende Verrechnungsverkehr hat somit in erster Linie dieser zahlungsbilanzpolitischen Zielsetzung gerecht zu werden. Es ist daher konstitutives Merkmal des Clearings, daß nach dem Willen der Vertragspartner die *Verwendbarkeit der aus Lieferungen und Leistungen resultierenden Forderungen beschränkt* ist. Insofern ist das Reziprozitätsprinzip (zumindest im zwischenstaatlichen Clearing) vor allem ein Mittel zur Vermeidung unerwünschter Devisenabflüsse. Sind die Verfügungsrechte über Verrechnungsforderungen ausschließlich auf den Kauf von Gütern im Schuldnerland beschränkt, soll von *bilateralem Clearing* gesprochen werden; können Verrechnungsforderungen im gegenseitigen Einvernehmen mit Drittländern verrechnet und zum Kauf von Realgütern auch dort verwendet werden, wird von *multilateralem Clearing* gesprochen. Begründen Verrechnungsforderungen Ansprüche auf kommerzielle und nichtkommerzielle Leistungen des Gläubigerlandes, wird hier von *Totalclearing*, begründen sie nur Ansprüche auf kommerzielle Leistungen, von *Teilclearing* gesprochen.[15] Besteht bei chronischen Forderungsüberschüssen einer Seite für das Gläubigerland faktisch keine Möglichkeit, eine Konvertierung des Clearingkredits in Devisen zu bewirken, soll von *restriktivem Clearing*, bei mehr oder weniger institutionalisierter Teilkonvertierung chronischer Forderungsüberhänge von *flexiblem Clearing* gesprochen werden.

2. Vor- und Nachteile bilateraler Clearingvereinbarungen

Vor und Nachteile von Clearingvereinbarungen sind letztlich in der Verwendbarkeit der im Realisierungsverlauf entstehenden Forderungen und Verbindlichkeiten begründet und wurden von Außenwirtschaftstheoretikern und -praktikern auch in den RGW-Staaten durchaus realistisch gesehen.[1]

Das bilaterale Clearing als Methode des Zahlungsbilanzausgleichs fordert den unbedingten Ausgleich jeder einzelnen Zwei-Länder-Bilanz, weil Aktivsalden gegenüber dem einen Land nicht zum Ausgleich von Passivsalden mit anderen Ländern verwendet werden können. Infolgedessen ist erstens der Umfang des Warenaustausches zu jedem Zeitpunkt und gegenüber jedem Land „stets durch die Liefer- bzw.

Aufnahmefähigkeit des ökonomisch schwächeren Partners begrenzt. Es ist für ökonomisch starke Länder schwierig, Import und Export zu steigern."[2] Zweitens bedeutet der Zwang zum bilateralen Zahlungsausgleich als wichtigstes Kriterium für die Wahl von Einkaufsländern den Abbau von Clearingforderungen und für die Wahl von Käuferländern den Abbau von Clearingverbindlichkeiten zu wählen. Zwangsläufig werden dabei aber „die Kostenvorteile der einzelnen Länder erst in zweiter Linie berücksichtigt. Es wird das Prinzip durchbrochen, dort zu kaufen, wo die gewünschte Ware am besten und billigsten bezogen werden kann."[3] Drittens schließlich „sind bei aktiven Verrechnungssalden Exporterlöse auf dem Clearingkonto blockiert."[4] Solange das Schuldnerland nicht seinerseits Waren liefert oder zu Devisenzahlungen veranlaßt werden kann, stellen Netto-Clearingforderungen eine (unbeabsichtigte und in der Regel zinslose) Kreditgewährung an das Partnerland dar. Viertens schließlich ist zu erwarten, daß bei Clearingvereinbarungen immer wieder Schwierigkeiten auftreten, die vereinbarten Warenlisten durch Abschluß geeigneter Einzelverträge auf dezentraler Ebene zu erfüllen. Jedes Partnerland muß daher a priori damit rechnen, im bilateralen Clearing regelmäßig solche Importe mit übernehmen zu müssen, für die kein Inlandsbedarf besteht (und die daher zu ungünstigeren Bedingungen reexportiert werden müssen), die qualitativ den inländischen Ansprüchen nicht genügen und/oder die gegen freie Devisen preisgünstiger zu erwerben gewesen wären.[5]

Der internationale Austausch von Waren und Dienstleistungen im bilateralen Clearing hat somit unbestritten erhebliche volkswirtschaftliche Nachteile, die — im Interesse eines möglichst hohen Handelsaustausches unter Nutzung von Kostenvorteilen — einen Übergang zur Abwicklung des internationalen Zahlungsverkehrs in (untereinander) konvertiblen Währungen grundsätzlich wünschenswert erscheinen lassen. Es darf jedoch nicht übersehen werden, daß (1) die skizzierten Nachteile zwischenstaatlichen Clearings zu einem nicht unerheblichen Teil zu mildern oder gar zu beseitigen sind, indem zu multilateralen und stärker flexiblen Verrechnungen übergegangen wird sowie (2), daß Clearingverrechnungen auch Merkmale aufweisen, die von einem Nationalstaat unter bestimmten Bedingungen als durchaus wünschenswert und einem Handel auf der Basis freier Devisen überlegen angesehen werden.

Besteht weltweit ein *Mangel an konvertiblen oder teilkonvertiblen Währungen* und sind die Möglichkeiten einer Kreditfinanzierung autonomer Zahlungsbilanzsalden begrenzt oder ist die Aufnahme von Fremdwährungskrediten aus nationaler Sicht unerwünscht, bietet die Institutionalisierung bilateraler Verrechnungen die Möglichkeit, ohne nennenswerte eigene Währungsreserven ein Mindestmaß an internationalem Güteraustausch zu realisieren und auf diese Weise immerhin den dringendsten Importbedarf zu decken.[6] Insofern sind Clearingvereinbarungen häufig (und in den fünfziger Jahren in der westlichen Welt ganz überwiegend) Ausdruck des Versuchs von Regierungen und ihren Administrationen gewesen, die Verwendung knapper Hartwährungsreserven zu ökonomisieren, d.h. mit geringen Gold- und Devisenreserven einen möglichst hohen Handelsaustausch zu realisieren.

Clearingvereinbarungen scheinen — vor allem von seiten sozialistischer Länder — jedoch nicht nur bei knappen Währungsreserven erwünscht zu sein, sondern auch dann, wenn die wichtigsten internationalen Transaktions- und Reservemedien in ihrem Wert chronisch instabil sind. Zwar bieten auch die einzelwirtschaftlichen Verträge über den Im- und Export die Möglichkeit, den Wert der Transaktionswährung gegen Abwertungsrisiken zu sichern. Problematischer ist eine solche Absicherung jedoch bei den zentralen Währungsreserven, die ein Land in Sorten und im Ausland in zinstragenden Aktiva unterhält. Demgegenüber bieten Clearingvereinbarungen grundsätzlich die Möglichkeit, die Verrechnungssalden durch „Wertsicherungsklauseln" gegen *Abwertungsverluste* (beispielsweise gegenüber dem Gold oder gegenüber Währungskörben) abzusichern. Es ist jedoch zu beachten, daß der Vorteil, die „Kaufkraft" von Clearingforderungen mit Hilfe von Wertsicherungsklauseln zu erhalten, nur für das Nettogläubigerland gilt. In dem Maße, in dem ein Clearingpartnerland zu chronischen Swinginanspruchnahmen neigt, bergen Wertsicherungsklauseln eher zusätzliche Risiken und den Nachteil einer quasi automatischen Höherbewertung der Clearingschuld.

Bilateralen Verrechnungsvereinbarungen liegt die Absicht zugrunde, den wechselseitigen Leistungsaustausch monetär im Gleichgewicht zu halten und auf diese Weise Devisenabflüsse möglichst weitgehend zu vermeiden. Zwar läßt sich durch die zu diesem Zweck vereinbarten Warenkontingente ein Ausgleich der Verrechnungszahlungen noch nicht automatisch sicherstellen, weil die vereinbarten Globalkontingente erst noch durch Verträge mit einzelnen Firmen ausgeschöpft werden müssen. Gleichwohl geben die vereinbarten Warenlisten den beteiligten Partnern bereits eine gewisse Sicherheit, denn letztlich sind beide Seiten grundsätzlich verpflichtet, alle aus Lieferungen entstehenden Verrechnungsforderungen − in welcher Form auch immer − zum Einkauf von Erzeugnissen im anderen Land zu verwenden. Unter diesen Bedingungen vermögen beide Clearingabkommensländer gewisse Zwänge auf das Partnerland auszuüben, beispielsweise im Interesse einer Glattstellung der Konten Waren zu liefern oder abzunehmen, die auf Basis freier Devisen bestenfalls gegen vergleichsweise hohe Preisaufschläge (Preisabschläge) oder in vergleichsweise schlechter (guter) Qualität geliefert (bezogen) worden wären. Insofern tragen Clearingbeziehungen durch den immanenten *Zwang zum Zahlungsbilanzausgleich* eine gewisse Stabilität und Kontinuität in die bilateralen Wirtschaftsbeziehungen hinein, die in bestimmten historischen Situationen und für bestimmte Länder von höherem Wert ist als die Realisierung einer befriedigenden Allokationseffizienz.[7]

Der zwischenstaatliche Clearingverkehr bietet die Möglichkeit, technische Verrechnungskredite zu vereinbaren und die Modalitäten ihrer Verzinsung und Tilgung festzulegen. Da beide Seiten im Rahmen solcher Verrechnungskredite für eine bestimmte Zeitspanne bewußt auf einen Zahlungsausgleich durch Transfer von Gold oder Devisen verzichten, wird damit faktisch ein multilaterales Element in die bilateralen Vereinbarungen hineingetragen, denn jedes Land vermag zumindest temporär und im Rahmen der vereinbarten Kreditlimite mit einigen Ländern Aktiv-, mit anderen Ländern Passivsalden zu bilden und bei günstigerer Gelegenheit wieder abzubauen. Clearingvereinbarungen, die bei Überschreitungen des Kreditlimits nach einer gewissen Frist einen Zahlungsausgleich in konvertiblen Währungen oder Gold vorsehen, nähern sich materiell ohnedies internationalen Währungsbeziehungen auf der Basis freier Devisen an. Darüber hinaus ist zu berücksichtigen, daß die Inanspruchnahme von Verrechnungskrediten für beide Seiten vorteilhaft sein kann: Im Gläubigerland brauchen die Exporteure nicht auf Einnahmen zu verzichten und außer der kontoführenden Institution wird kein weiterer Kreditgeber benötigt. Für das Schuldnerland kann eine Swinginanspruchnahme nicht nur finanziell interessant sein, wenn sie zinslos oder zu niedrigen Zinsen möglich ist, sie stellt aus devisenrechtlichen Gründen möglicherweise sogar die einzige *Quelle kommerzieller Kredite* des Partnerlandes dar.[8]

Ländern, die (wie die kommunistisch-autokratisch regierten Staaten) keine äußere Konvertibilität ihrer Währungen hergestellt haben, bieten bilaterale Verrechnungen bisweilen die einzige Möglichkeit, Wirtschaftsbeziehungen zu anderen Staaten herzustellen, ohne zu erheblichen Preis- und Qualitätszugeständnissen im Außenhandel gezwungen zu sein. Häufig bestehen die Handelspartner nämlich solchen Ländern gegenüber auf Bezahlung ihrer Exportlieferungen in Hartwährungen oder Gold, sind aber ihrerseits nicht bereit, Lieferungen der Gegenseite (insbesondere aus Qualitätsgründen) mit Devisen zu bezahlen, es sei denn gegen hohe Preisabschläge. In diesem Fall kann angesichts *fehlender Konvertibilität sozialistischer Währungen* die Institutionalisierung eines bilateralen Verrechnungssystems, in dem die Verrechnungsbanken in einer künstlichen Verrechnungseinheit und die am Handel beteiligten Firmen mit der Bank ihres eigenen Landes in der nationalen Währung abrechnen, ein für alle Beteiligten tragbarer Kompromiß sein.

Es ist hier nicht der Ort, die Vor- und Nachteile bilateraler Verrechnungen im Rahmen der internationalen Wirtschaftsbeziehungen zu bewerten. Die ökonomischen Nachteile, die der Bilateralismus sowohl für die beteiligten Volkswirtschaften als auch für die Entfaltung der weltwirtschaftlichen Arbeitsteilung hat, sind hinlänglich bekannt.[9] Gleichwohl muß vor einer pauschalen Verdammung des zwischenstaatlichen Clearingverkehrs gewarnt werden, und zwar vor allem aus zwei Gründen. Erstens weist das Clearing durchaus Merkmale und Vorzüge auf, die es den nationalen politischen Entscheidungsträgern unter bestimmten Bedingungen zweckmäßig und tragbar erscheinen lassen, den zwischenstaatlichen Zahlungsverkehr auf Clearingbasis zu stellen — trotz der damit verbundenen und weitgehend unbestrittenen Nachteile. So legt die vorangegangene Analyse den Schluß nahe, daß Clearingverrechnungen besonders häufig dann zu beobachten sein dürften, wenn ein Mangel an Währungsreserven herrscht, die im Welthandel gebräuchlichen Transaktions- und Reservemedien chronisch instabil sind, der unbedingte Zwang zum Zahlungsbilanzausgleich Effizienzgesichtspunkte verdrängt, alternative Auslandskreditquellen fehlen und die Binnenwährung im Außenhandel nicht akzeptiert wird. Zweitens und nicht zuletzt aber ist bei einer kritischen Würdigung des zwischenstaatlichen Clearings zu berücksichtigen, daß auch die unbestrittenen Mängel und Nachteile des strikten Bilateralismus schon in einem flexibleren Clearingsystem weitgehend abgeschwächt werden, in dem Beschränkungen der Verwendbarkeit von Clearingforderungen gelockert sind. Es läßt sich entsprechend erst bei Kenntnis der konkreten bilateralen Clearingvereinbarungen und ihrer tatsächlichen praktischen Handhabung durch die kontoführenden Institute auch ein Urteil über den faktischen restriktiven Charakter des Verrechnungsverkehrs treffen. Im Einzelfall kann der bilaterale Clearingverkehr von einem multilateralen Zahlungsverkehr auf der Basis freier Devisen nur noch durch die Existenz zentraler Verrechnungskonten zu unterscheiden sein.

Gegen diese Überlegungen spricht auch nicht die Beobachtung, daß zu jedem Zeitpunkt ein möglichst weitgehender Ausgleich zwischen Clearingforderungen und -verbindlichkeiten herzustellen ist, um die Funktionstüchtigkeit des Systems auf Dauer sicherzustellen. Zwar sind diesem Postulat zufolge Clearingschulden (im Rahmen des technischen Verrechnungskredites) möglichst rasch und umfassend abzubauen. Dieses Ziel kann jedoch auf verschiedenen Wegen erreicht werden und die in praxi eingeschlagenen Strategien erst entscheiden über den restriktiven Charakter des zwischenstaatlichen Clearings. Hat beispielsweise Land A im Referenzzeitraum mehr Zahlungen an Land B geleistet (als umgekehrt von ihm empfangen) und hierdurch den „Swing" bis an das vereinbarte Kreditlimit in Anspruch genommen, kommen folgende Strategien des Zahlungsbilanzausgleichs in Betracht. (1) Land A steigert seine Exporte nach B überproportional zu seinen Importen aus B und baut hierdurch – bei ceteris paribus unveränderten Terms of Payment – den Clearingschuldsaldo ab. (2) Land A bemüht sich bei den Exporteuren und/oder Banken in Land B erfolgreich um Exportkredite. Bei unveränderter Leistungsbilanz erfolgen dann – aufgrund veränderter Terms of Payment – geringere Zahlungen von A über das Clearingkonto, so daß die Swinginanspruchnahme abgebaut wird. (3) Land A wendet Gold und/oder Devisen auf, um entweder direkt bei der kontoführenden Institution in B durch Hartwährungseinzahlungen auf das zentrale Clearingkonto die Schulden zu tilgen oder aber um einen Teil seiner Importe aus B außerhalb des Clearings gegen Devisen zu erwerben und auf diese Weise das Clearingkonto indirekt zu entlasten. (4) Land A überträgt einen aktiven Clearingsaldo, den es gegenüber einem Land C erwirtschaftet hat, auf den kontoführenden Clearinggläubiger im Land B.

3. Regierungsinterne Interessenkonflikte hinsichtlich der Ausgestaltung des zwischenstaatlichen Zahlungsverkehrs

Westliche Wissenschaftler sind sich weitgehend darin einig, daß der Bilateralismus am ehesten zentralverwaltungswirtschaftlichen Planungs- und Lenkungsmethoden entspreche,[1] vor allem aber, daß die Machtinteressen der Planungsbürokratie darauf gerichtet sind, am System bilateraler Verrechnung des zwischenstaatlichen Leistungsaustausches festzuhalten.[2] Diese Behauptungen stimmen überein mit den vorliegenden Schätzungen des seit dem Zweiten Weltkrieg durchweg hohen Reziprozitätsanteils des Außenhandels der RWG-Länder[3] sowie mit verschiedenen Stellungnahmen aus den kommunistischen Ländern selbst.[4] Die These erscheint somit begründet, kommunistische Staaten neigten systematisch zum Bilateralismus und diese Tendenz sei sowohl ökonomisch als auch politisch bedingt. Gleichwohl müssen diese Behauptungen in Zweifel gezogen werden, und zwar nicht nur vor dem Hintergrund der namentlich in den siebziger Jahren faktisch zunehmenden Multilateralisierung des Ost-West-Handels und theoretischer Argumente, sondern auch aufgrund der differenzierten, zwar kontrovers, aber gerade deshalb eher unauffällig geführten Diskussion in den kommunistisch-autokratisch regierten Ländern selbst.

Schon früh wurde auch in der DDR von Außenhandelspraktikern behauptet, die Außenhandelsplanung sei „exakter, wenn ihr bilaterale Abkommen zugrunde liegen. Die Bilateralität entspricht am besten der Planwirtschaft, da die Warenlisten, die bei multilateralem Verkehr in der Regel entfallen, eine *gewisse Sicherheit* geben und demzufolge weniger Störungsfaktoren wirken ... Bei bilateralen Abkommen kann die Planung die Realisierung der vergangenen Jahre mit Hilfe von Erfahrungssätzen berücksichtigen ... Infolgedessen ist es auch möglich, den effektiven Warenverkehr laufend besser zu kontrollieren."[5] Vor allem aber sei „in valutamäßiger Hinsicht gegenüber dem auf dem kapitalistischen Weltmarkt bestehenden Valutachaos durch feste, zweiseitige Vereinbarungen über Umfang des Clearings, Kurssicherung, Kredit, Laufzeit der Abkommen, Saldenausgleich und Verrechnungsweg eine *Sicherung*"[6] und, „bei aller Fragwürdigkeit von Zusicherungen kapitalistischer Länder, durch die Warenlisten eine *gewisse Sicherheit* für den Export und Import gegeben."[7] Die skizzierte Interessenhaltung und die Überbetonung von Sicherheitsmotiven scheinen somit auf den ersten Blick dem Streben der Planungsbürokratie nach Stabilisierung veränderlicher Umweltbeziehungen und Risikominimierung zu entspringen. Ihre Durchsetzung im Rahmen praktischer internationaler Währungspolitik würde zudem ein erhebliches Einflußpotential der betroffenen Bürokratien gegenüber dem Politbüro oder der währungspolitischen Führungselite voraussetzen.

Tatsächlich sind nicht nur diese Prämissen zu bezweifeln, sondern auch die Stichhaltigkeit der skizzierten kommunistischen Argumentation selbst. Wie nämlich ein Blick auf Organisation, Ablauf und Methodik der Außenhandels- und Zahlungsbilanzplanung zeigt, würde eine tendenziell zunehmende Abwicklung der Außenwirtschaftsbeziehungen auf der Basis freier Devisen Planung, Abrechnung und Kontrolle internationaler Transaktionen erheblich vereinfachen. Zwar ist zu erwarten, daß die betroffenen Behörden hiergegen Widerstand leisten, es ist aber eben nicht richtig, daß sich die Kontrollierbarkeit und Planbarkeit der Außenwirtschaftsaktivität verschlechtert. Das Gegenteil dürfte zutreffen. Für die interne, administrative Importlenkung sind schließlich in einer zentralgeleiteten Volkswirtschaft Warenlisten, die mit ausländischen Partnern vereinbart wurden, entbehrlich und eine Absicherung von Auslandsforderungen gegen Abwertungsrisiken ist grundsätzlich auch bei liberalisiertem Handel auf der Basis freier Devisen möglich. Da die DDR zudem schon in den fünfziger Jahren gegenüber zahlreichen Clearingabkommenspartnern eine Nettoschuldnerposition einnahm, hatte sie ohnedies von Wertsicherungsklauseln keine Vorteile, sondern war gezwungen, im Clearing zusätzliche Risiken (insbesondere aus einer drohenden Abwertung des US-Dollar oder des Pfund Sterling als den wichtigsten Basen der Clearingwährungen) zu übernehmen. Es ist daher realistischerweise wohl (im Gegensatz zu bisher vorliegenden Studien) davon auszugehen, daß *innerhalb* der Spitzenbürokratien und des Regierungsapparates eines kommunistisch-autokratischen Landes durchaus unterschiedliche Interessenhaltungen gegenüber einer Multilateralisierung der intersystemaren Wirtschaftsbeziehungen bestehen. Neue Einsichten dürften gerade aus solchen erkennbaren oder zu vermutenden Interessenkonflikten zwischen verschiedenen bürokratischen Organisationen zu gewinnen sein.

Die *Staatliche Plankommission*, die die Hauptverantwortung für die Koordination der internationalen Waren- und Zahlungsströme trägt, dürfte insgesamt einen eher pragmatischen und situationsabhängigen Standpunkt vertreten. Zwar muß sie befürchten, einen Teil ihres Ressourcenzustroms aufgrund der erheblichen organisatorischen und planerischen Vereinfachungen im Zuge einer Multilateralisierung der Währungsbeziehungen zu verlieren. Es darf jedoch nicht übersehen werden, daß Wirtschaftsbeziehungen auf der Basis konvertibler Währungen die Effizienz der obersten Planungsbehörde, ihre außenwirtschaftspolitischen Aufgaben zu erfüllen, erheblich erhöhen. Insbesondere kann die Plankommission nicht mehr zur Verantwortung gezogen werden, wenn mit einzelnen Ländern erhebliche Aktiv- und Passivsalden auftreten, die bei Multilateralität unerheblich, bei Bilateralität jedoch unerwünscht sind. Auf der Importseite gewinnt demgegenüber die Planung in hohem Maße an Flexibilität,[8] während die Verantwortung für eine unzureichende Erfüllung von Exportplanzielen von der Plankommission leichter mit dem Hinweis auf eine unzureichende Marktarbeit und Orientierung am Weltmarktniveau seitens nachgeordneter Behörden und Betriebe abgewiesen werden kann.[9] Entsprechend ist zu vermuten, daß die Plankommission angesichts der zu erwartenden Reorganisationsprozesse (bei einem Übergang zur Multilateralisierung) zwar eine solche Entwicklung nicht unbedingt selbst forcieren, gegebenenfalls aber mittragen und im eigenen Organisationsinteresse nutzen würde. Umgekehrt wird gerade die Plankommission aus ihrer Gesamtverantwortung für die Realisierung des Volkswirtschaftsplanes heraus energischen Widerstand gegen Versuche einer Reduzierung des Hartwährungshandels leisten, da der Außenhandel seine Lückenbüßer- und Stabilisierungsfunktion wirksam nur im Handel gegen freie Devisen zu erfüllen vermag.

Befürworter dürfte eine zunehmende Multilateralisierung vor allem in der *Notenbank* und bei den *Außenhandelsbanken* finden. Durch eine zunehmende Umstellung des Zahlungsverkehrs auf freie Devisen würden diesen Behörden nicht nur neue, kompliziertere Aufgaben und damit auch vermehrte Ressourcen zuströmen. Vielmehr würde eine schwindende Bedeutung bilateraler Verrechnungen auch den Handlungsspielraum der Banken erheblich erweitern, da Verrechnungsforderungen und -verbindlichkeiten regelmäßig nur gegenüber dem Partnerland Ansprüche begründen und die Verwendbarkeit von Fremdwährungen somit einschränken. Eine Abwicklung des internationalen Zahlungsverkehrs in Hartwährungen setzt nämlich eine aktive Devisen- und Goldmarktpolitik, das Management internationaler Währungsreserven und Kredite seitens der Zentralbank voraus, was bei bilateralem Clearingverkehr in vergleichbarem Umfang weder notwendig noch möglich ist.

Aus ähnlichen Erwägungen heraus wird sich allerdings das *Finanzministerium* eher für eine Beibehaltung und Ausweitung bilateral bilanzierter Währungsbeziehungen aussprechen, um auch auf diese Weise den autonomen Handlungsspielraum der konkurrierenden Zentralbank zu beschränken. Da das Ministerium der Finanzen weit weniger an einer Erhöhung der Flexibilität und Effizienz der Außenwirtschaftspolitik als an einer Stärkung der Kontrolle über die Haushaltswirkungen außenwirtschaftlicher Prozesse interessiert ist, sind seine Interessen vor allem darauf gerichtet, die internationalen Währungsbeziehungen des sozialistischen Staates durch eine begrenzte und überschaubare Anzahl bilateraler Verrechnungskonten unter Kontrolle zu halten und auf diese Weise Ermessensspielräume der Zentralbank bei der Steuerung der Valutabewegungen möglichst zu beschneiden. Diese Interessenhaltung wurde dadurch noch bestärkt, daß Vorbereitung, Abschluß, Management und Kontrolle von bilateralen Clearingvereinbarungen − zumindest in der DDR − weitgehend im Aufgabenbereich des Finanzministeriums lagen, so daß der Apparat bei einem verstärkten Übergang zu Währungsbeziehungen auf der Basis konvertibler Devisen mit konkreten Funktions- und Ressourcenverlusten zu rechnen hatte.

Ein noch entschiedenerer Protagonist bilateraler Clearingvereinbarungen dürfte jedoch das *Außenhandelsministerium* sein. Einerseits impliziert seine nach sowjetischem Muster errichtete interne Organisationsstruktur ein Übergewicht der mit bilateralen Handelsbeziehungen befaßten Abteilungen und Referate.[10] Diese nach eingespielten Standardverfahren und Programmen handelnden Einheiten werden sich aber vermutlich den beim Übergang zum Multilateralismus zu erwartenden umfangreichen Reorganisationsmaßnahmen widersetzen. Nur einige wenige, mit multilateralem Handelsaustausch vertraute Referate, die innerhalb des Ministeriums eine insgesamt untergeordnete Rolle spielen, dürften sich überhaupt Vorteile von einer zunehmenden Umstellung des internationalen Zahlungsverkehrs versprechen. Zudem steigt mit einem zunehmenden Anteil des Handels in konvertiblen Währungen für die Leitung des Ministeriums das Risiko signifikant an, (a) Exportplanvorgaben des Politbüros und der Plankommission nicht erfüllen zu können und (b) für nicht erfüllte Außenhandelspläne zur Rechenschaft gezogen zu werden. Wie in der DDR selbst wiederholt herausgestellt wurde, kann nämlich „nicht übersehen werden ..., daß auf den ‚liberalisierten' Märkten häufig härtere Konkurrenzbedingungen herrschen"[11], so daß sich erst die Notwendigkeit ergäbe, „Voraussetzungen ... zu schaffen, um die Absatzorganisation der sozialistischen Länder den jeweiligen Konkurrenzbedingungen anzupassen."[12] Letztlich aber könnten „höchste Nutzeffekte" im Handel auf der Basis konvertibler Währungen „erst dann erreicht werden, wenn alle Exportfonds dem Weltniveau entsprechen."[13] Weil diese Voraussetzungen aber in der sozialistischen Wirtschaft in der Regel nicht gegeben sind, muß das Außenwirtschaftsministerium befürchten, beim Export immer wieder Mengeneinbußen und/oder Zugeständnisse bei den Fremdwährungspreisen auf liberalisierten Märkten hinnehmen zu müssen und mit den ihm nachgeordneten Außenhandelsbetrieben in permanenter Auseinandersetzung um die Weltmarktfähigkeit des Exportprogrammes zu stehen.

Das bilaterale Clearing übt daher für das Außenhandelsministerium im sozialistischen Staat auch eine Art institutioneller Schutzfunktion aus, indem es „als eine Form der staatlichen Protektion für unrentable Industriezweige ausgenutzt werden"[14] kann und dem Ministerium darüber hinaus hinreichende Möglichkeiten bietet, eigene Fehlleistungen bei der Planung der Warenbewegungen nach Ländern und Währungsgebieten mit dem Argument zu bestreiten, der Clearingpartner selbst habe aus ökonomischen, politischen oder organisatorisch-technischen Gründen eine befriedigendere Entwicklung der Außenwirtschaftsbeziehungen verhindert. Tatsächlich hat das Ministerium die Verantwortung für die vielfach unbefriedigende und ungleichgewichtige Handelsentwicklung mit den Clearingabkommensländern mit diesen Argumenten bestritten.[15] Es dürfte dem Außenwirtschaftsminister erheblich schwerer fallen, Fehlleistungen seines eigenen Apparates im Handel auf der Basis freier Devisen der Plankommission und dem Politbüro gegenüber mit vergleichbaren Argumenten zu verdecken.

Wenn die vorausgegangenen Überlegungen weitgehend zutreffen, ist zu erwarten, daß in der praktischen internationalen Währungspolitik in historischer Perspektive von kommunistischen Staaten durchaus unterschiedliche Standpunkte zu einer stärker bilateralen oder multilateralen Ausgestaltung des zwischenstaatlichen Zahlungsverkehrs eingenommen werden, je nachdem, welchen relativen Einfluß die Spitzenbürokratien auf das Gestaltungsmuster praktischer Politik ausüben und mit welchen konkreten Problemen diese Länder sich konfrontiert sehen. Auf eine in diesem Sinne differenzierende Analyse insbesondere der intersystemaren Währungsbeziehungen ist im Westen bislang allerdings verzichtet worden.[16]

4. Entwicklung und Merkmale des zwischenstaatlichen Zahlungsverkehrs mit nichtsozialistischen Ländern

a) Bestimmungsgründe institutioneller Änderungen in den intersystemaren Währungsbeziehungen

Tatsächlich wurde der bilaterale Verrechnungsverkehr mit dem nichtsozialistischen Ausland von der DDR bis Ende der fünfziger Jahre eher als notwendiges Übel betrachtet denn als zahlungsbilanzpolitisches Prinzip. Allerdings zeigten sich schon damals Nuancen in der Lagebeurteilung durch verschiedene bürokratische Organisationen. Die Deutsche Notenbank, die bis 1958 noch eine ausgesprochen starke und autonome Position in der Zahlungsbilanzpolitik einnahm und vor allem bestrebt war, eine eigene, solide Hartwährungsreserve aufzubauen, betonte unter ausdrücklicher Bezugnahme auf alle Arten von Clearingvereinbarungen: „Außenhandel durch Kompensation kann und wird immer nur eine Notlösung im zwischenstaatlichen Warenaustausch sein, da er schwerfällig, zeitraubend und umsatzhemmend ist."[1] Nach der Einschätzung der Notenbank sollten Globalvereinbarungen, Rahmenverträge und Einzelkompensationen „nur Übergangsstationen zu besseren Formen der Geschäftsabwicklung darstellen. Wenn Kompensationsgeschäfte auch keine ideale Lösung sind, so sind sie doch *für eine bestimmte Periode* sehr nützlich."[2]

Das Ministerium für Außenhandel und innerdeutschen Handel gab demgegenüber zu verstehen, daß ihm lediglich eine Reduzierung der Bedeutung von Einzelkompensationsgeschäften als wünschenswert erschien.[3] Der Zielsetzung einer Normalisierung und Ausweitung des Westhandels diene bereits in ausreichendem Maße der Abschluß bilateraler Vereinbarungen „durch Schaffung einer banküblichen Verrechnung und durch Festlegung von Warenkontingenten",[4] deren Aufgabe es sei, die vom Außenhandelsminister Rau als „primitive Handelsform" bezeichneten *Einzelkompensationsgeschäfte* systematisch zu überwinden.[5]

Die Tatsache, daß die DDR in den fünfziger Jahren bestrebt war, überwiegend bilaterale Verrechnungsvereinbarungen abzuschließen, ist daher offenbar ähnlich begründet gewesen wie die Tendenz zum Bilateralismus in den westlichen Ländern bis zur schrittweisen Herstellung der Konvertibilität ihrer Währungen. Bilaterale Clearingvereinbarungen erschienen auch der Deutschen Notenbank angesichts der geringen eigenen Hartwährungsreserven als der geeignete Weg, normale zwischenstaatliche Handels- und Kreditbeziehungen zu nichtsozialistischen Ländern überhaupt erst herzustellen und zu entwickeln. Es scheint sogar, daß die ostdeutsche Zentralbank bis zu ihrer Entmachtung 1958 wenn nicht die Herstellung der Teilkonvertibilität der Ostmark, so doch einen allgemeinen Übergang zum Außenhandel auf multilateraler Basis beabsichtigte.[6]

Nach der Subordination der Zentralbank unter das Finanzministerium und der Ausweitung zahlungsbilanzpolitischer Kompetenzen des Finanzministers Rumpf wurde das, was als „Übergangslösung" gedacht war – vermutlich überwiegend im organisationseigenen Interesse – zum handelspolitischen Prinzip erhoben. So wurde 1959 ausdrücklich erklärt: „Gerade durch den bilateralen Handels- und Zahlungsverkehr ... ist es uns möglich, nachteilige Auswirkungen der kapitalistischen Weltwirtschaftskrise zu vermeiden und auch gleichzeitig dem verstärkten Konkurrenzdruck zu begegnen, der sich aus der Einführung der Teilkonvertibilität der westeuropäischen Währungen ergibt."[7] Ein Jahr später wurde diese Haltung bekräftigt: „Der Bilateralismus ist für die DDR handelspolitisches Prinzip beim Verkehr mit kapitalistischen Ländern",[8] das „Ziel muß sein, daß die Deutsche Demokratische Republik mit allen Partnern zum Totalclearing übergeht."[9] Es sei „offenkundig, daß die bilateralen Abkommen mit kapitalistischen Ländern am vorteilhaftesten für die DDR sind. Der Übergang der DDR zur multilateralen Verrechnung im Rahmen der Wirtschaftsblöcke des kapitalistischen Lagers ist indiskutabel und wird eine Illusion der Gegner unseres Landes bleiben, die auch auf diesem Wege die wirtschaftliche Entwicklung der DDR stören möchten ... Der Abschluß von bilateralen Abkommen ist und bleibt für die DDR handelspolitisches Prinzip; jede Durchbrechung dieses Prinzips bedeutet eine Schädigung unserer Republik."[10]

Entsprechend dieser Zielsetzung begannen Finanzministerium und Plankommission, die in den fünfziger Jahren aus zahlungsbilanzpolitischen Notwendigkeiten heraus angeknüpften bilateralen Clearingvereinbarungen auszubauen und neue Vereinbarungen mit solchen Ländern abzuschließen, deren Ausfuhrgütern im Rahmen der aktuellen wirtschaftspolitischen Linie strategische Bedeutung zukam. Clearingverrechnungen wurden erstmals mit Brasilien (1958), Guinea (1958), Marokko (1959), Tunesien (1960), Ghana (1961), Kambodscha (1960), Mali (1961), Spanien (1961) sowie Sri Lanka (1962) vereinbart. Die bestehenden bilateralen Vereinbarungen wurden erneuert und teilweise erheblich erweitert (in Gestalt von Warenumsatzsteigerungen und Swingerhöhungen) wie mit Ägypten (1958 und 1962), Finnland (1959), Indien (1959), Island (1959), Libanon (1961) und Syrien (1958).

Die vom Politbüro der SED mit sowjetischer Duldung eingeleitete Wirtschaftsreform und ihre Auswirkungen auf die Außenhandelskonzeption der DDR änderten die Situation jedoch ab Mitte der sechziger Jahre grundlegend. Der bilaterale Clearingverkehr, wie er beispielsweise 1964 mit 27 nichtsozialistischen Ländern abgewickelt wurde, geriet in zunehmenden Widerspruch zu den Hauptzielsetzungen der Außenwirtschaftsreform. Insbesondere die angestrebte Erhöhung der Exportrentabilität, die Steigerung der Hartwährungseinnahmen durch ein überproportionales Wachstum der Exportlieferungen gegen freie Devisen, die Erhöhung des Imports an westlichem Know how und Investitionsgütern sowie die bis 1970 eingeplante moderate Erhöhung der Hartwährungsverschuldung waren unter den Bedingungen bilateralen Clearings kaum zu erreichen.

Es setzte sich daher schon zu Beginn der Außenwirtschaftsreform zunehmend die Erkenntnis durch, es könne auf „keinen Fall ... heute die These aufrechterhalten werden, daß das bilaterale Clearing am besten den Bedingungen der sozialistischen Planwirtschaft entspricht."[11] Zwar erscheine eine „*allgemeine* und *sofortige* Umstellung im Zahlungsverkehr der sozialistischen Länder mit den kapitalistischen Ländern von Verrechnung- auf konvertierbare Währungen ... unzweckmäßig"[12]. Auch sei noch nicht abzusehen, „wie lange das gegenwärtige System der Teilkonvertibilität durch die kapitalistischen Länder aufrechterhalten wird bzw. werden kann"[13]. Doch „können und müssen die sozialistischen Länder aktiv seine Vorzüge für sich ausnutzen"[14] weil „sich der Bilateralismus auch in den Beziehungen zwischen sozialistischen und kapitalistischen Ländern auf die Dauer als Schranke erweisen wird".[15] Lediglich im Zahlungsverkehr mit den unterentwickelten Ländern habe der bilaterale Clearingverkehr „auch in Zukunft durchaus seine Berechtigung."[16]

Diese – gemessen an den alten Prinzipien und an der bisherigen Praxis – geradezu revolutionären Thesen fanden indes zunächst nur begrenzt Niederschlag in der praktischen Politik. Lediglich die bilateralen Verrechnungen mit Frankreich wurden zum 1.1.1964 auf konvertible Währungen umgestellt.[17] Der Abbruch des Clearingverkehrs mit Ghana 1966[18] und Kambodscha 1970[19] war hingegen durch politische Spannungen bedingt und ging nicht von der DDR, sondern von den Regierungen dieser Länder aus. Uruguay löste zwischen Ende 1969 und 1971 alle Clearingabkommen mit sozialistischen Ländern auf, darunter zum 31.12.69 auch das bilaterale Verrechnungsabkommen mit der DDR. Die übrigen bestehenden Clearingabkommen wurden fortgeführt; mit den Ländern Zypern (1964), Kongo (1965) und Ecuador (1966) wurde sogar erstmals ein bilateraler Clearingverkehr konstituiert. Möglicherweise ist das – zumindest formale – Festhalten am zwischenstaatlichen Clearing vorwiegend dem Einfluß des Außenwirtschaftsministeriums und des Finanzministeriums zuzuschreiben.[20]

Bereits seit Mitte der sechziger Jahre wurde jedoch zunehmend deutlicher, daß die bestehenden Clearingabkommen einer Ausweitung kreditfinanzierter Investitionsgüterimporte durch die DDR zum Teil im Wege standen. So wies die DDR beispielsweise belgische Partner darauf hin, „daß die jährliche Bilanzierung des Austausches die beabsichtigte Handelssteigerung im Investgüterbereich behindere".[21] Auch der Handel mit Dänemark werde „durch die Notwendigkeit des fortwährenden Saldenausgleichs behindert ... Tatsächlich erschwert das der DDR, komplette Ausrüstungen aus Dänemark zu importieren, woran sie im Prinzip interessiert ist".[22]

Hinter dieser nicht ganz unzutreffenden Argumentation steht offenbar die Überlegung, daß Kapitalimporte der DDR zu niedrigen Zahlungsausgängen im Clearing und damit ceteris paribus zu einer *Swinginanspruchnahme durch das westliche Kreditgeberland* führen. Das kreditgebende Land kann unter diesen Bedingungen Handelsstockungen nur vermeiden, wenn es bereit ist, seine Exporte so weit zu steigern, bis ein Exportüberschuß entsteht, der den Kapitalexport ausgleicht. Nur wenige Länder, wie die Bundesrepublik Deutschland, waren bereit, solche Handelsbilanzüberschüsse entstehen zu lassen. Unter diesen Bedingungen führen Kreditvergaben westlicher Lieferanten und Banken bei bilateralem Clearing zu dem schizophrenen Ergebnis, daß das Kreditgeberland zum Swingschuldner wird und Kreditvergaben, die den Swing überschreiten, sogar durch Devisenzahlungen an das Ostblockland zu „finanzieren" sind. Im Westen ist dieses Paradoxon aufgrund des allgemeinen theoretischen Desinteresses an Problemen zwischenstaatlichen Clearings unbemerkt geblieben, es scheint jedoch, daß eine Reihe von Ländern sich angesichts der in den siebziger Jahren gewachsenen Kreditbewegungen zunehmend mit ihm konfrontiert sahen.[23]

Es kann daher nicht verwundern, daß viele Clearingabkommensländer nur zögernd Kredite an die DDR gewährten oder die Kreditvergabe von einer stärkeren Flexibilität des Zahlungsverkehrs abhängig machten. Zu den Hauptkreditgebern der DDR entwickelten sich in dieser Phase jedenfalls diejenigen Länder, die ihren Handel mit Ostdeutschland auf der Basis konvertibler Währungen abwickelten, Großbritannien und Frankreich. Damit kann und soll nicht behauptet werden, daß der Clearingverkehr entsprechende Kreditvergaben verhindert habe; er setzt jedoch die Bereitschaft des Kreditgeberlandes voraus, Exportüberschüsse dem Kreditnehmerland gegenüber zu erzielen, um Zahlungsbilanzungleichgewichte auf den Clearingkonten zu vermeiden. Hierzu waren offenbar im wesentlichen lediglich die Verrechnungswährungsländer Schweden, Österreich und die Bundesrepublik Deutschland bereit.

Zu einer grundlegenden, abrupten und allen westlichen Theorien vom systemimmanenten Bilateralismus sozialistischer Länder widersprechenden Neuorientierung der Politik der DDR kam es in den Jahren von 1972 bis 1975, als die DDR nahezu alle Clearingabkommen mit nichtsozialistischen Industrieländern und zahlreiche Abkommen mit Entwicklungsländern auflöste. Bislang sind im Westen weder die stattgefundene Entwicklung selbst noch die Ursachen und Hintergründe der Ereignisse beschrieben und analysiert worden. 1972 wurde der Clearingverkehr mit Mali auf konvertible Währung umgestellt, 1973 folgte die Umstellung bestehender Verrechnungsvereinbarungen mit Island, Österreich, Schweden und Tunesien. 1974 ist der Zahlungsverkehr mit den Clearingabkommensländern Dänemark, Norwegen und Spanien auf freie Devisen umgestellt worden und im Jahre 1975 wurden schließlich die Clearingkonten mit Sri Lanka, Guinea, dem Libanon, Marokko, der Schweiz, dem Sudan, Syrien und der Türkei geschlossen. Im gleichen Zeitraum wurden nur mit zwei Ländern, nämlich dem Iran (1973) und Pakistan (1974) neue Verrechnungsvereinbarungen getroffen.

Im Ergebnis wurde damit Ende 1975 nahezu der gesamte Handel der DDR mit „kapitalistischen Industrieländern" (mit Ausnahme Finnlands und Griechenlands) und ein inzwischen erheblicher Teil des Entwicklungsländerhandels (allerdings mit Ausnahme Ägyptens, Brasiliens, Ecuadors, Indiens, des Iran, Kolumbiens, Pakistans und Zyperns) in konvertibler Währung abgewickelt. Nachdem auch die Clearingverrechnung mit Zypern (1978), Pakistan (1979), Ägypten (1980) und Griechenland (1981) und offenbar auch Kolumbien (1982) eingestellt wurde, wickelt die DDR gegenwärtig neben dem quantitativ besonders herausragenden innerdeutschen Handel nur noch den Zahlungsverkehr mit Brasilien, Ecuador, Finnland, Indien, und dem Iran im bilateralen Verrechnungswege ab.

Die Ursachen dieser radikalen, dem typischen Zick-Zack-Muster folgenden Politik können nur vermutet werden. Die Einstellung des Clearingverkehrs der DDR mit Dänemark Anfang 1974 und Griechenland im Januar 1981 steht im Zusammenhang mit dem Beitritt dieser Staaten zur Europäischen Gemeinschaft, die nach Artikel 113 des EWG-Vertrages allein die Kompetenz zum Abschluß von Handelsabkommen mit Drittländern hat. Die Auflösung des Clearingverkehrs mit den übrigen Ländern scheint hingegen primär in zwei Entwicklungen der frühen siebziger Jahre begründet gewesen zu sein: dem Kursverfall des US-Dollar und den seit 1970 zunehmenden Ungleichgewichten im Außenhandel der DDR.

Die den Zusammenbruch des Bretton Woods-Systems auslösende Abwertung des Goldgehaltes des US-Dollar um 9,57 % am 18.12.1971 und die abermalige Reduzierung seines Goldgehaltes um 10 % am 13.2.1973[24] hatten deshalb erhebliche Auswirkungen auf den bilateralen Verrechnungsverkehr der DDR mit nichtsozialistischen Ländern, weil (a) der überwiegende Teil der Abkommen eine Führung der Konten in US-Verrechnungsdollar vorsah,[25] (b) die Mehrzahl dieser Abkommen sogenannte Goldwertsicherungsklauseln der Debetsalden enthielten[26] und (c) die DDR sich gegenüber zahlreichen Ländern in einer Nettoschuldnerposition befand. Die Abwertung des US-Dollar führte daher zu einer gleichhohen, d.h. bis Mitte Februar 1973 zu einer fast 20 %igen Erhöhung des Nominalwertes der Verschuldung der DDR gegenüber diesen Clearingabkommensländern. Die US-amerikanische Währungspolitik brachte die DDR-Behörden auf diese Weise in teilweise arge Bedrängnis. Im bilateralen Clearing mit der Türkei beispielsweise, in dem die DDR bei einem Kreditlimit von 2,500 Mill. US-$ den Swing zum 18.12.1971 mit 1,682 Mill. US-$ in Anspruch genommen hatte, stieg der Debetsaldo infolge der Abwertung des US-Dollar ungeplant auf 1,827 Mill. US-$ an.[27] Die Währungsbehörden der DDR erlitten somit allein im türkischen Clearing einen Abwertungsverlust von 145.000 US-$. Zu weit höheren Verlusten dürfte es im Zahlungsverkehr mit den übrigen Ländern gekommen sein.

Die DDR zeigte sich jedenfalls in Reaktion auf die Abwertung des US-Dollar seit 1972 zunehmend unwilliger, den Handels- und Zahlungsverkehr in US-Dollar zu fakturieren; „an East German spokesman for the government stated that his country was ‚no longer interested' in trade deals set in U.S. Dollars".[28] Im Clearing mit Österreich beispielsweise wurde mit Wirkung vom 1.1.1972 die Verrechnungswährung von US-Dollar auf österreichische Schilling umgestellt;[29] erst später[30] wurde der Clearingverkehr ganz aufgelöst. Es erscheint besonders bemerkenswert, daß die Währungsbehörden der DDR nach den Abwertungen des US-Dollar (ohne Ausnahme) all jene Clearingvereinbarungen kündigten, die auf US-Verrechnungsdollar lauteten und Goldwertsicherungsklauseln beinhalteten, während gerade jene US-Dollar-Clearings weitergeführt wurden, denen eine Goldwertsicherung der Clearingschulden der DDR nicht zugrunde lag. Es kann daher wohl unterstellt werden, daß die auf Sicherheit und Stabilität bedachte Außenwirtschaftsbürokratie der DDR die bestehenden, auf dem US-Dollar basierenden Clearingabkommen mit Brasilien, Ecuador und Finnland umgehend gekündigt hätte oder kündigen würde, müßte sie befürchten, daß ihre Swinginanspruchnahme bei den Zentralbanken dieser Länder bei (wie auch immer gemessenen) Kursschwankungen des US-Dollar angepaßt würde.

Die Abwertungen des US-Dollar können allerdings nicht die allein bestimmende Ursache des plötzlichen Abbruchs der Clearingbeziehungen mit nichtsozialistischen Ländern gewesen sein, da die Verrechnungskonten mit Norwegen, Portugal, Schweden, der Schweiz und seit 1972 auch Österreich auf nationale Währung, die Konten mit Sri Lanka und Zypern auf Pfund Sterling lauteten. Die Umstellung des Zahlungsverkehrs mit diesen Ländern auf konvertible Währungen dürfte vielmehr primär auf die seit 1970 rapide gewachsenen Handelsbilanzdefizite mit diesen Ländern und die in der Folge eingetretenen Störungen des bilateralen Clearings zurückzuführen sein. Die weltweiten inflationären Tendenzen, die Rezession in den westlichen Industrieländern und die zunehmende Kreditinanspruchnahme durch die DDR führten bis 1974/75 zu heftigen Schwankungen und Zahlungssalden auf den Clearingkonten, die im ungünstigsten Falle sogar durch Hartwährungstransfers hätten ausgeglichen werden müssen. Hinzu kam offenbar, daß sich die DDR aufgrund gestiegener Hartwährungseinnahmen vorwiegend aus westdeutschen offiziellen Zahlungen,[31] im Berlinverkehr sowie aus den Geschäften der Genex und der Intershops und aufgrund des erleichterten Zugangs zu den Eurokreditmärkten zunehmend „liquide" genug fühlte, den Ost-West-Handel in konvertiblen Währungen abzuwickeln und damit die – wie gezeigt wurde – von einzelnen Bürokratien schon immer erkannten Vorteile des Multilateralismus zu nutzen. Da der Zahlungsverkehr mit den Clearingabkommensländern Dänemark, Schweden, Norwegen und der

Schweiz ohnedies bereits seit der Mitte der sechziger Jahre in zunehmendem Maße auch in harten Devisen abgewickelt wurde,[32] war der Übergang für die DDR weitaus weniger „dramatisch" als es auf den ersten Blick erscheint. Zu einem derart massiven und abrupten Übergang vom Bilateralismus zur Abwicklung des Außenhandels in freien Devisen wäre es allerdings — trotz der skizzierten Entwicklungen in der Weltwirtschaft — nicht gekommen, hätte nicht die in ihrer Position gestärkte und — wie weiter oben gezeigt wurde — aus der Subordination unter das Finanzministerium gelöste Außenhandelsbank sich für eine solche Entwicklung eingesetzt. Die Veränderung der äußeren Rahmenbedingungen im Außenhandel der DDR, die neue wirtschafts- und zahlungsbilanzpolitische Strategie des Führungszirkels um Honecker und vermutlich auch die Unterstützung der Plankommission dürften dieser Strategie letztlich zum Erfolg verholfen haben.

b) Entwicklung und Bedeutung intersystemaren Clearings

Stand und Entwicklung bilateraler Clearingvereinbarungen der DDR im Zahlungsverkehr mit den nichtsozialistischen Industrie- und Entwicklungsländern sind für den Zeitraum von 1950 bis 1982 in nachfolgender Übersicht zusammengestellt. Dabei wird ergänzend darüber informiert, ob als Verrechnungswährung der US-Dollar ($), das Pfund Sterling (L) oder die nationale Währung des jeweiligen Partnerlandes (N) verwendet wurde. Diese Rekonstruktion erlaubt erstmals zuverlässige Schätzungen der Bedeutung bilateralen Clearings im Außenhandel der DDR. Bislang war es lediglich möglich, auf der Basis der ex post-Handelsstatistiken Anhaltspunkte für multilaterale Elemente im Handelsverkehr dadurch zu gewinnen, daß die beobachtbaren Handelsdefizite in Relation zum Handelsumsatz gesetzt wurden.[32] Was diese Maße jedoch tatsächlich messen, ist nicht der bilaterale Charakter des Außenhandels, sondern das *ex post* beobachtbare Ausmaß an Reziprozität der Handelsströme.[34] Bilateralismus hingegen ist ein *ex ante* Konzept; die Aussagefähigkeit der Reziprozitätsmaße ist daher stark eingeschränkt. „Although we cannot in the long run have much ‚irreciprocity' without multilateralism, even the most perfectly multilateral financial system need not result in much ‚irreciprocity'."[35] Der einzige Weg, herauszufinden, in welchem Maße ein Land seinen Außenhandel bilateral abwickelt, ist daher „to ask its central bank."[36]

Diesem Prinzip folgend wurden hier jeweils für alle Clearingabkommensländer für die Jahre, in denen der Hauptteil des Handels über die bilateralen Verrechnungskonten abgewickelt wurde, die Einfuhren und Ausfuhren der DDR auf der Basis effektiver Auslandspreise fob in US-Dollar berechnet und aggregiert. Auf diese Weise ließen sich die an anderer Stelle[37] berechneten Gesamtein- und -ausfuhren der DDR mit den nichtsozialistischen Industrie- und Entwicklungsländern in Ein- und Ausfuhren im Verkehr mit Clearingabkommensländern einerseits sowie Ein- und Ausfuhren mit den übrigen Ländern auf der Basis freier Devisen andererseits aufspalten. Zu beachten ist allerdings, daß von den im Verkehr mit Clearingländern nachgewiesenen Umsätzen wiederum ein (insgesamt allerdings geringer) Teil mit Genehmigung der Währungsbehörden der Verrechnungsländer in konvertiblen Währungen abgewickelt wurde. Die Ergebnisse der Berechnungen sind in den nachfolgenden Tabellen zusammengestellt.

Die bilateralen Zahlungsvereinbarungen zwischen der DDR und nichtsozialistischen Ländern zum Jahresende 1950 bis 1982

	Land	50	51	52	53	54	55	56	57	58	59	60	61	62	63	64	65	66	67	68	69	70	71	72	73	74	75	76	77	78	79	80	81	82	Land
1	Ägypten			N																															Ägypten
2	Argentinien					S				S																									Argentinien
3	Belgien			N					N		S																								Belgien
4	Brasilien									S																			S						Brasilien
5	BRD	N																																	BRD
6	Birma																																	N	Birma
7	Sri Lanka					L																													Sri Lanka
8	Dänemark							N																			L								Dänemark
9	Ecuador				S																													S	Ecuador
10	Finnland													L											N									S	Finnland
11	Frankreich		N																																Frankreich
12	Ghana																															S			Ghana
13	Griechenland			S											N																				Griechenland
14	Guinea																																		Guinea
15	Indien					L		L	N				N																						Indien
16	Iran					S																			S										Iran
17	Island					N			N			L										L												N	Island
18	Italien									S															S									N	Italien
19	Kambodscha						S				L																								Kambodscha
20	Kolumbien						S	N				N	S				S			S															Kolumbien
21	Kongo					$	S																												Kongo
22	Libanon																					S													Libanon
23	Mali									F																S									Mali
24	Marokko																			S															Marokko
25	Niederlande	N				N			N																										Niederlande
26	Norwegen				S																					S									Norwegen
27	Österreich																							N							S				Österreich
28	Pakistan																										N								Pakistan
29	Portugal												S												N										Portugal
30	Schweden																								S										Schweden
31	Schweiz		N					N																											Schweiz
32	Spanien	N					N																		S										Spanien
33	Sudan																																		Sudan
34	Syrien							N																			S								Syrien
35	Türkei					S											N	S									S								Türkei
36	Tunesien																																		Tunesien
37	Uruguay					S																													Uruguay
38	Zypern															L													L						Zypern
	Land	50	51	52	53	54	55	56	57	58	59	60	61	62	63	64	65	66	67	68	69	70	71	72	73	74	75	76	77	78	79	80	81	82	Land

Quelle: Die Zusammenstellung beruht auf der Sammlung und Auswertung nahezu sämtlicher Zahlungsvereinbarungen der Deutschen Demokratischen Republik bzw. der Sowjetischen Besatzungszone mit den nichtsozialistischen Industrie- und Entwicklungsländern seit 1947, und zwar vorwiegend nach Informationen, Dokumenten und Daten der nationalen Währungsbehörden, insbesondere der Banco Central do Brasil, der Deutschen Bundesbank, der Dänmarks Nationalbank, der Bangue du Maroc, der Banco Central del Ecuador, der Suomen Pankki, der Bank of Ghana, der Bank of Greece, der Bank Markzi Iran, dem Banco de la República (Colombia), der Norges Bank, der Österreichischen Kontrollbank AG, der Österreichischen Nationalbank, der Banco de Portugal, der Sveriges Riksbank, dem Bundesamt für Außenwirtschaft der Schweiz und der Türkiye Is Bankasi, die z.T. auch unveröffentliches Material freundlicherweise zugänglich machten, sowie einer Sammlung und Auswertung der Texte der Original-Abkommen. ,Vereinbarungen und -Briefwechsel zwischen der DDR und ausländischen Banken und Regierungsstellen. Siehe Dokumente zur Außenpolitik der (Regierung der) DDR, Berlin(Ost) 1950ff.; Der Außenhandel und der Innerdeutsche Handel, Berlin(Ost) 1974ff.; Sozialistische Außenwirtschaft, Berlin(Ost) 1968ff.; DDR-Außenwirtschaft. Informationen - Dokumente, Berlin(Ost) 1962ff sowie Verfügungen und Mitteilungen des Ministeriums für Außenhandel und Innerdeutschen Handel, Berlin(Ost) 1959 bis 1965. Ergänzend wurden in einzelnen Fällen Meldungen der nationalen Währungsbehörden an den Internationalen Währungsfonds berücksichtigt. Siehe International Monetary Fund: Annual Report on Exchange Arrangements and Exchange Restrictions, Washington, D.C. 1949ff.

Legende: Verzeichnet wird die Existenz bilateraler Clearingkonten bei Verrechnungsbanken im Partnerland und/oder in der DDR jeweils zum Jahresende sowie die verwendete Clearingwährung, also US-Verrechnungsdollar ($), Verrechnungs-Pfund Sterling (L), Verrechnungs-Francs (F) oder die nationale Währung des Partnerlandes (N).

Wie die Berechnungen für den *Zahlungsverkehr mit den nichtsozialistischen Industrieländern* zeigen, ist der in freien Devisen abgewickelte Anteil des gesamten Westhandels (einschließlich Lieferungen im Rahmen des innerdeutschen Zahlungsverkehrs) von 11 % auf 50 bis 60 % in der zweiten Hälfte der siebziger Jahre gestiegen. Sprunghafte Erhöhungen des Anteils multilateraler Verrechnungen sind 1959 (nach der Herstellung der Konvertibilität der westeuropäischen Währungen), 1964/65 (mit dem Beginn der Außenwirtschaftsreform) sowie 1974 (aufgrund der zahlreichen Auflösungen von Verrechnungskonten) zu beobachten. Auffällig ist vor allem die chronisch defizitäre Außenhandelsbilanz der DDR gegenüber den Clearingländern. Da auch die Dienstleistungsbilanz gegenüber diesen Ländern chronisch defizitär ist,[38] müssen die Salden entweder durch kommerzielle Kredite, durch Swinginanspruchnahmen und/oder durch Importe der DDR gegen Zahlung in harten Währungen beglichen worden sein. Zu besonders hohen Defiziten kam es dabei im Clearing 1953, 1955 und 1958 sowie 1960 vorwiegend infolge der inländischen Versorgungsengpässe und Mißernten, zunehmend dann in den frühen siebziger Jahren, wobei die insbesondere 1973 stark gestiegenen Ungleichgewichte für die DDR-Behörden den Ausschlag gegeben haben könnten zur Multilateralisierung des Handels, da die Gefahr bestand, daß die Partnerländer darauf bestehen würden, die zunehmende Clearingverschuldung durch Übertrag konvertibler Währung abzubauen.

Im *Zahlungsverkehr mit den nichtsozialistischen Entwicklungsländern* wurde der bis Ende der fünfziger Jahre mit rund 13 % anzusetzende Anteil des Handels in konvertiblen Währungen erst 1965 (im Zuge der forcierten Exporte auf Kreditbasis beispielsweise nach Indonesien) bis auf maximal 25 % im Jahre 1966 erhöht, um dann wieder zurückzufallen und bis 1970 bei 18 % zu stagnieren. Seit Anfang der siebziger Jahre ist dann der Anteil des Außenhandels auf der Basis freier Devisen stetig gestiegen, und zwar im wesentlichen aufgrund der zunehmenden Rohstoff- und Rohöleinfuhren der DDR aus den arabischen und einigen südamerikanischen Ländern. Seit Ende der siebziger Jahre schwankt der Anteil multilateralen Handels zwischen 66 und 75 Prozent; er liegt damit noch über dem entsprechenden Anteil im Handel mit den nichtsozialistischen Industrieländern.

Im Gegensatz zum Ost-West-Handel war die DDR im Handel mit der Dritten Welt offenbar stets bemüht, einen weitgehenden Zahlungsbilanzausgleich sicherzustellen. Im multilateralen Handel dürften die Überschüsse bis 1968 zumindest ausgereicht haben, die defizitäre Dienstleistungs- und Kreditbilanz zu finanzieren. Auffallend instabil ist hingegen die Entwicklung der Salden im Handel mit den Clearingländern; seit 1975 weist die DDR dieser Ländergruppe gegenüber sogar erhebliche Defizite auf, die im wesentlichen gegenüber dem Kaffee-Exporteur Brasilien und dem Rohöllieferanten Iran entstanden sind. Das bei weitem ungewöhnlichste Ergebnis ist jedoch, daß die DDR seit 1978 offenbar erfolgreich bemüht ist, erhebliche Außenhandelsüberschüsse im multilateralen Zahlungsverkehr mit Ländern der Dritten Welt zu erzielen, die teils durch die Vergabe von Exportkrediten bedingt sind, teils aber auch der Finanzierung von Importen aus den westlichen Industrieländern zu dienen scheinen.

Tabelle 6
Der Außenhandel der DDR mit den nichtsozialistischen Industrieländern 1953 bis 1983

in Millionen US-$

Jahr	Ausfuhr	im Clearing Einfuhr	Saldo	Ausfuhr	in freien Devisen Einfuhr	Saldo	freie Devisen in % v. Umsatz
1953	96,6	121,7	− 25,1	30,1	42,7	− 12,6	17
1954	113,5	119,7	− 6,2	37,7	52,6	− 14,9	16
1955	118,0	136,0	− 18,0	41,9	46,8	− 4,9	13
1956	123,8	134,8	− 11,0	38,4	46,0	− 7,6	11
1957	123,4	124,3	− 0,9	50,6	89,4	− 38,8	16
1958	110,8	137,5	− 26,7	41,2	80,3	− 39,1	14
1959	91,5	94,4	− 2,9	89,5	101,5	− 12,0	22
1960	91,4	115,1	− 23,7	112,4	154,0	− 41,6	28
1961	108,3	115,3	− 7,0	120,0	147,7	− 27,7	28
1962	96,2	111,3	− 15,1	110,7	107,7	3,0	25
1963	95,3	106,9	− 11,6	143,7	124,2	19,5	28
1964	99,2	104,9	− 5,7	184,9	191,4	− 6,5	33
1965	124,4	129,2	− 4,8	216,1	245,7	− 29,6	35
1966	117,0	134,6	− 17,6	225,9	296,0	− 70,1	35
1967	128,5	131,0	− 2,5	260,2	313,7	− 53,5	39
1968	121,3	133,6	− 12,3	268,1	278,1	10,0	37
1969	136,0	151,7	− 15,7	429,0	364,2	64,8	40
1970	143,0	179,1	− 36,1	410,2	602,4	− 192,2	41
1971	159,0	193,7	− 34,7	401,3	668,1	− 266,8	40
1972	196,3	229,7	− 33,4	530,1	910,5	− 380,4	42
1973	277,5	379,4	−101,9	729,8	1476,6	− 746,8	47
1974	89,5	114,1	− 24,6	1437,9	2320,3	− 882,4	60
1975	120	140	− 20	1250	2170	− 920	54
1976	70	90	− 20	1650	3030	−1380	60
1977	110	100	10	1290	2530	−1240	52
1978	70	90	− 20	1470	2400	− 930	48
1979	190	140	50	1690	3610	−1920	51
1980	160	140	20	2420	4210	−1790	53
1981	60	90	− 30	3600	4320	− 720	61
1982	80	70	10	4330	3700	630	60
1983	80	70	10	5080	4260	820	63

Quelle: Eigene Berechnungen, ab 1975 geschätzt; freie Devisen einschließlich Einzelkompensationen; der Anteil des Handels in freien Devisen wurde berechnet unter Berücksichtigung des hier nicht gesondert ausgewiesenen innerdeutschen Handels im Clearing

Tabelle 7
Der Außenhandel der DDR mit den nichtsozialistischen Entwicklungsländern 1953 bis 1983

in Millionen US-$

Jahr	im Clearing			in freien Devisen			freie Devisen
	Ausfuhr	Einfuhr	Saldo	Ausfuhr	Einfuhr	Saldo	in % v. Umsatz
1953	3,7	4,2	− 0,5	4,6	1,4	3,2	43
1954	15,7	8,3	7,4	5,8	3,0	2,8	27
1955	27,5	24,5	3,0	14,2	6,1	8,1	28
1956	34,4	37,8	− 3,4	13,8	6,5	7,3	22
1957	59,8	49,1	10,7	12,5	12,1	0,4	18
1958	65,5	70,0	− 4,5	10,3	10,1	0,2	13
1959	59,8	67,1	− 7,3	12,2	8,1	4,1	14
1960	75,8	80,5	− 4,7	14,4	10,6	3,8	14
1961	85,5	67,5	18,0	16,1	8,9	7,2	14
1962	76,7	68,3	8,4	13,4	15,1	− 1,7	16
1963	73,8	76,0	− 2,2	13,7	10,6	3,1	14
1964	82,0	90,0	− 8,0	25,0	15,1	9,9	19
1965	106,5	100,6	5,9	32,0	24,2	7,8	21
1966	119,1	103,5	15,6	50,4	24,4	26,0	25
1967	127,4	104,9	22,5	43,5	28,2	15,3	24
1968	133,3	110,4	22,9	29,3	20,5	8,8	17
1969	155,1	126,9	28,2	33,8	27,7	6,1	18
1970	153,2	159,9	6,7	39,0	29,2	9,8	18
1971	172,2	138,3	33,9	50,4	47,3	3,1	24
1972	156,2	129,6	26,6	68,0	32,4	35,6	26
1973	197,0	148,5	48,5	90,7	85,9	4,8	34
1974	266,7	222,0	44,7	100,7	320,2	−219,5	46
1975	240	260	− 20	200	240	− 40	47
1976	180	310	−130	320	310	10	56
1977	200	290	− 90	370	430	− 60	62
1978	240	260	− 20	530	420	110	66
1979	210	300	− 90	640	480	160	69
1980	190	370	−180	910	750	160	75
1981	230	400	−170	1040	310	730	68
1982	370	360	10	1210	500	710	70
1983	450	460	− 10	990	540	450	63

QUELLE: Eigene Berechnungen, ab 1975 geschätzt; bis 1961 bereinigt um den Außenhandel der DDR mit Kuba; freie Devisen bis Ende der fünfziger Jahre einschließlich Einzelkompensationen; siehe auch Anhang C.

c) Zur Rolle des Swing im intersystemaren Clearing

Die im Handel der DDR mit den Clearingabkommensländern beobachtbaren permanenten Defizite werfen die Frage auf, inwieweit die Währungsbehörden der DDR in der Lage waren, Verrechnungskredite in Anspruch zu nehmen, und in welchem Maße sie diese Möglichkeit gegebenenfalls sogar strategisch genutzt haben. Da außer dem Swing im innerdeutschen Zahlungsverkehr, der stets aufgrund seiner chronisch einseitigen Inanspruchnahme durch die DDR im Mittelpunkt öffentlicher Diskussionen stand, lediglich die Österreichische Nationalbank regelmäßig über Verrechnungskredite an die kommunistischen Clearingabkommensländer berichtete,[39] fehlte bislang schon eine hinreichend breite Datenbasis, um einigermaßen gesicherte Aussagen treffen zu können. Es gelang dem Verf. mit Hilfe einer Reihe ausländischer Zentralbanken erstmals, eine Übersicht über die Swinginanspruchnahme der DDR im Zahlungsverkehr mit ausgewählten Clearingländern zu gewinnen.

Wie die in nachfolgender Tabelle zusammengestellten Ergebnisse dieser Erhebungen und Berechnungen zeigen, war die DDR in der Tat überwiegend in der Position des Swingschuldners. Gegenüber der Österreichischen Kontrollbank AG und der Norges Bank blieb die Swinginanspruchnahme stets ausgesprochen niedrig, weil die zuständigen Behörden Finanzierungspraktiken förderten, die darauf hinausliefen, chronische Debetsalden des einen oder anderen Partners und kurzfristig hohe Zahlungsungleichgewichte zu vermeiden. Auch das Kreditlimit blieb niedrig[40] und damit der Verschuldungsspielraum der DDR ausgesprochen gering. Auch Dänemark,[41] Finnland[42] und Spanien[43] räumten der DDR bis Mitte der siebziger Jahre nur geringe Kreditlimite ein, wobei Finnland allerdings in den Jahren 1968 bis 1975 bemerkenswerterweise in die Position eines Clearingschuldners geriet infolge finnischer Exportkreditvergaben an die Außenhandelsbetriebe der DDR. Über Verschuldungsspielräume verfügte die DDR im bilateralen Clearing mit nichtsozialistischen Industrieländern somit im wesentlichen nur im Rahmen des innerdeutschen Zahlungsverkehrs, im Clearing mit Griechenland[44] sowie im Verrechnungsverkehr mit Schweden, wo die Konten allerdings bei einer Privatbank[45] geführt wurden, so daß Swinginanspruchnahmen – anders als im Zentralbankclearing möglich – zu verzinsen waren und der Inanspruchnahme eines Kontokorrentkredites gleichkamen.

Auch im Clearing mit den Entwicklungsländern besaßen die Währungsbehörden der DDR stets nur sehr begrenzte Möglichkeiten, sich zu verschulden. 1965 beispielsweise belief sich die Summe der Kreditlimite der DDR gegenüber diesen Ländern auf lediglich 21,3 Mill. US-$[46] oder durchschnittlich 21% der Importe der DDR aus diesen Ländern. 1978 stieg dieser Verschuldungsspielraum auf 67,5 Mill. US-$[47] oder durchschnittlich 26% der DDR-Importe aus dem betroffenen Verrechnungsraum. Tatsächlich hat die DDR bemerkenswert hohe Clearingschulden beispielsweise gegenüber Marokko und Kolumbien aufkommen lassen, während sie sich infolge umfangreicher Exportkreditvergaben an den Iran Ende 1980 mit fast 32 Mill. US-$ in der Position des Swinggläubigers befand.

Daß die DDR auch gegenüber anderen Entwicklungsländern wie Burma,[48] dem Libanon,[49] Indien[50] und dem Sudan[51] immer wieder den Swing in Anspruch nahm, ergibt sich aus zahlreichen Berichten aus der Außenhandelspraxis. Die DDR hat somit alles in allem ihre Clearingbeziehungen insbesondere zu Ländern wie Griechenland, Kolumbien, Marokko und der Türkei dazu genutzt, in den Genuß von Kredi-

Tabelle 8
Die Swinginanspruchnahme durch die DDR im Clearingverkehr mit ausgewählten Ländern 1949 bis 1983

in Millionen US-$ zum Jahresende

Jahr	Bundes- Republik Deutsch- land	Finn- land	Öster- reich	Nor- wegen	Tür- kei	Grie- chen- land	Kolum- bien	Ma- rokko	Iran
1949	–	–	–	–0,3	–	–	–	–	–
1950	0,1	...	–	1,2	–	–	–	–	–
1951	6,1	...	–	1,8	–	–	–	–	–
1952	5,9	...	–	0,8	–	–	–	–	–
1953	7,0	1,1	–	0,4	...	...	–	–	–
1954	5,6	1,3	0,1	–0,6	...	...	–	–	–
1955	9,5	2,0	0,2	...	...	...	...	–	–
1956	20,2	3,9	–0,6	...	...	...	...	–	–
1957	16,0	– 0,2	0,1	...	...	0,4	...	–	–
1958	22,1	3,4	–0,4	...	...	0,3	...	–	–
1959	29,9	2,1	–0,9	...	...	0,6	...	–	–
1960	19,0	2,5	–0,4	...	...	0,6	...	–0,2	–
1961	13,9	2,0	0,3	0,6	...	1,6	...	0,5	–
1962	12,1	1,0	–0,2	...	...	0,2	...	0,2	–
1963	0,6	1,7	–0,2	...	...	0,9	...	0,3	–
1964	7,4	2,3	0,2	0,4	...	2,8	...	0,7	–
1965	7,0	1,6	–0,5	1,8	...	4,8	...	–1,6	–
1966	39,4	1,7	–0,9	1,0	...	3,8	...	–0,5	–
1967	35,6	0,0	–0,8	1,0	...	2,9	...	0,6	–
1968	8,0	– 0,9	–1,5	0,6	...	4,2	...	–0,5	–
1969	71,9	– 0,9	–1,2	0,0	...	4,8	...	0,2	–
1970	116,3	0,5	–1,9	–0,2	...	6,4	4,5	0,5	–
1971	131,1	– 0,8	1,2	–0,7	2,9	10,1	3,4	1,4	–
1972	181,4	– 4,0	2,7	...	...	12,9	3,3	1,4	–
1973	226,8	– 0,9	–0,7	...	...	8,6	4,6	3,3	...
1974	257,4	– 9,2	–4,4	–	...	7,7	2,7	4,3	...
1975	288,1	– 5,2	–0,1	–	...	12,4	0,9	–0,1	...
1976	304,1	4,8	–	–	–	16,4	2,5	–	...
1977	313,4	13,0	–	–	–	21,4	4,0	–	...
1978	435,0	12,4	–	–	–	18,2	5,3	–	– 2,7
1979	461,0	– 0,4	–	–	–	17,8	15,1	–	– 6,1
1980	415,5	–17,2	–	–	–	6,8	16,4	–	–31,8
1981	257,0	3,9	–	–	–	– 1,0	14,2	–	...
1982	207,8	0,9	–	–	–	–	–	–	...
1983	174,8	...	–	–	–	–	–	–	...

Quelle: Auskünfte der nationalen Währungsbehörden und eigene Berechnungen

ten zu kommen. Die chronische Inanspruchnahme der „Swings", die damit ihre ursprüngliche Funktion eines Ausgleichs von Saisonschwankungen vollständig verloren, ist jedoch keineswegs zufällig bedingt oder auf die unzureichende Lieferfähigkeit der ostdeutschen Seite zurückzuführen, sondern strategisch motiviert und entspringt ökonomischen Kosten-Nutzen-Kalkülen. Dabei scheint für das beobachtbare Bestreben, den Swing möglichst vollständig auszunutzen, bestimmend zu sein, daß diese Verrechnungskredite zum Teil zinslos gewährt werden (beispielsweise durch die Deutsche Bundesbank, die Banco Central del Ecuador[52] und die Bank of Greece[53]) oder doch zumindest im Vergleich mit alternativen Finanzierungsmöglichkeiten sehr günstig sind und damit den Charakter staatlich subventionierter Exportkredite erhalten wie im Clearing mit Brasilien (5 %ige Verzinsung der Swinginanspruchnahme)[54] und Kolumbien (3 %ige Verzinsung der den Swing übersteigenden Inanspruchnahme).[55]

Eine solche planmäßige Swinginanspruchnahme beraubt das Clearing jedoch nicht nur eines wesentlichen Elements und Mindestmaßes an Flexibilität, es schmälert auch direkt die Transferwirkung der von Betrieben der DDR an Entwicklungsländer vergebenen Kredite. Daß die chronische Swinginanspruchnahme durch die Währungsbehörden der DDR dennoch planmäßig im eigenen Interesse erfolgt, belegen Klagen, man habe sich in der Vergangenheit selbst der Funktion des Swings als Reserve beraubt, indem „man mit einer *hundertprozentigen Swingauslastung schon bei der Planaufstellung* gearbeitet hat."[56] An diesem Verfahren der Planungsbehörden der DDR hat sich offenbar bis heute wenig geändert. Die seit Ende der sechziger Jahre kräftig gestiegene Clearingverschuldung gegenüber Ländern wie Griechenland, Kolumbien und Marokko zeigt dies deutlich.

Damit stellt sich aber zugleich die Frage, ob die insbesondere im Ost-Süd-Handel beobachtbaren Tendenzen nicht auch Ausdruck der Nachfragermacht des staatlichen Außenhandels- und Währungsmonopols sind, das letztlich nämlich über hinreichende administrative Mittel verfügt, jeden Versuch des Partnerlandes, einen Abbau der Swinginanspruchnahme zu bewirken, scheitern zu lassen. Die Vermutung eines solchen strategischen Einsatzes von Macht begründen nicht nur die chronischen Schuldsalden gegenüber den meisten Entwicklungsländern, sondern auch umgekehrt die Strategien einer Absicherung temporärer Gläubigerpositionen. Nachdem beispielsweise die indische Rupie am 6. Juni 1966 um 36 Prozent abgewertet worden war, sah sich die indische Regierung auf massiven Druck der kommunistischen Staaten hin in Verhandlungen in Neu Delhi gezwungen, die auf den Verrechnungskonten bestehenden, für die sozialistischen Länder offenbar aktivischen Salden aufzuwerten.[57] Vermutlich wurde auch der Zahlungsverkehr zwischen Ägypten und der DDR am 8. Dezember 1976 deshalb von Verrechnungs-Pfund auf Verrechnungs-Dollar umgestellt, weil die Clearing- und Handelsforderungen der DDR durch den Kurssturz des Pfundes 1976 stark entwertet worden waren.[58]

5. *Instrumente und Möglichkeiten einer Flexibilisierung des bilateralen Clearings in den intersystemaren Währungsbeziehungen der DDR*

Switchgeschäfte, Teilclearing, Saldenausgleich durch Devisenzahlungen und multilaterale Verrechnungen führen im Ergebnis zu einer Auflockerung des strengen Bilateralismus. Es soll daher im folgenden auch der Frage nachgegangen werden, in welchem Maße und gegebenenfalls mit welchem Erfolg sich die Außenwirtschaftsbürokratie der DDR in ihren internationalen Währungsbeziehungen dieser Instrumente bedient hat.

In Ermangelung einer befriedigenden Definition[1] soll hier unter einem *Switch* ein Geschäft verstanden werden, das die Entstehung oder Verwendung einer Clearingforderung zwischen zwei Clearingabkommensländer A und B durch Wirtschaftssubjekte eines Drittlandes C möglich macht. Die Ursache für Switchgeschäfte liegt zum einen in dem Charakter von Clearingforderungen begründet, stets nur Ansprüche auf Warenlieferungen aus dem Clearingschuldnerland darzustellen, und zum anderen in der Tendenz zu chronischen Ungleichgewichten auf bestehenden Clearingkonten, deren Bestimmungsgründe weiter oben skizziert wurden. In der Regel werden beide Länder bestrebt sein, Warenbewegungen vom einen in das andere Land auszulösen, die das Ungleichgewicht verringern und zumindest innerhalb der vereinbarten maximalen Swinginanspruchnahme halten. Häufig, so auch immer wieder im Fall der DDR, beruhen die Verrechnungsungleichgewichte jedoch auf kurzfristig nicht veränderbaren Zuständen wie Lieferschwierigkeiten des sozialistischen Landes oder saisonal abhängigen (Südfrucht-, Obst-, Kaffee- u.a.) Lieferungen von Entwicklungsländern. Unter diesen Bedingungen wird der eine und/oder andere Clearingpartner motiviert und bestrebt sein, um über den Swing hinausgehende Zahlungen nicht doch noch in Hartwährungen oder Gold bezahlen zu müssen, Händler und/oder Firmen in dritten Ländern einzuschalten, um die Warenlieferungen in der einen oder anderen Richtung zu übernehmen, und zwar gegen Bezahlung in inkonvertiblen Clearingeinheiten.

In der Regel werden die westlichen Importeure bzw. Exporteure jedoch selbst keine Clearingverbindlichkeiten bzw. -forderungen verwenden können und daher auf Zahlung in Hartwährungen bestehen. Es ist nun die Aufgabe versierter Switchhändler, solche Clearingguthaben oder -schulden zu übernehmen und für ihre „Vermarktung"[2] zu sorgen, d.h. mit Hilfe ihrer intimen Kenntnisse der Devisen- und Zollbestimmungen und ihrer Verbindungen zu anderen Switch- und Transitfirmen einen Letztgläubiger bzw. -schuldner ausfindig zu machen, der bereit und in der Lage ist, die Clearingforderungen oder -verbindlichkeiten – die ja nur im Zahlungsverkehr (und unter Beachtung existierender Warenlisten und -kontingente) mit dem betreffenden Clearingabkommensland verwendet werden können – zu realisieren. Für diese Bemühungen und für das dabei übernommene Risiko verlangt der Switchhändler eine Prämie, die als Disagio vom Wert der Clearingforderungen oder -verbindlichkeiten berechnet wird. Die Höhe des Disagios hängt nicht nur von den Zins-, Translokations- und Transaktionskosten ab,[3] sondern in hohem Maße auch vom Preis- und Qualitätsgefälle der im Rahmen des Switchings zu liefernden Waren im Vergleich zu Märkten, auf denen „dollarwertige" Waren gehandelt werden. Bestimmend für das Disagio ist auch „das Ausmaß, in dem der Swing auf dem Clearingkonto in Anspruch genommen oder bereits überschritten wurde. Einen nicht geringen Einfluß auf die Kursbildung für bilaterale Clearingvaluten hat auch die Genehmigungspraxis der zuständigen Stellen in den Verrechnungsländern in bezug auf Switchtransaktionen."[4]

Die Markt-Abschläge für ausgewählte ostdeutsche Clearings in den fünfziger Jahren sind in nachfolgender Tabelle wiedergegeben. Sie spiegeln deutlich die Zahlungsbilanzanspannung der DDR im Jahre 1953 sowie von Anfang 1955 und Ende 1957/Anfang 1958 wieder, aber auch den unverkennbaren säkularen Abwärtstrend der Risikoprämien, die Ende der fünfziger Jahre kaum noch ungünstiger lagen als die der übrigen Ostblockstaaten. Zum Teil dürfte diese Entwicklung auf die verbesserte außenwirtschaftliche Lage, vor allem aber auf die pragmatische ostdeutsche Politik zurückzuführen gewesen sein, die offiziell zwar die westlichen Switchhändler heftig kritisierte, selbst jedoch am 23.2.1956 mit der Deutschen Handelsbank AG, Ostberlin, ein Institut geschaffen hatte, das insgeheim der Forcierung und Erleichterung gerade dieser Geschäfte diente.[5] Der säkulare Abwärtstrend der Risikoabschläge für ostdeutsche Clearings hielt daher im wesentlichen auch in den Folgejahren an. So notierten ostdeutsche Clearings auf westlichen Märkten Ende der fünfziger Jahre mit 1,5 bis 16 %,[6] Anfang 1963 nur noch mit 2 bis 7 %,[7] Anfang 1970 aufgrund der starken Anspannung der DDR-Zahlungsbilanz wieder mit 2 bis 12 %.[8] In den siebziger Jahren setzte sich jedoch bei zunehmender Entlastung des Clearingverkehrs der DDR durch die steigende Inanspruchnahme der internationalen Finanzmärkte der säkulare Abwärtstrend fort. Die Marktdisagios fielen auf 1,5 bis 10 % Anfang 1972,[9] 1,25 bis 5 % 1976[10] und 1,25 bis 3 % Anfang 1977.[11]

Nach der Richtung der auszulösenden Realgüterströme werden − aus der Perspektive des sozialistischen Landes gesehen − folgende Switcharten unterschieden.[12] Beim *Importswitch* dienen Außenhandelsbetriebe der DDR, deren Importkontingent für freie Devisen erschöpft ist, westlichen Switchhändlern Clearingdevisen aus dem bilateralen Clearing der DDR beispielsweise mit Ägypten an, um dollarwertige Güter, beispielsweise belgischen Stahl, zu importieren. Diese Form des Switchgeschäftes erfreut sich in den sozialistischen Ländern deshalb besonderer Beliebtheit, weil bei Erschöpfung der eigenen Devisenreserven dennoch − allerdings gegen Abschläge in Gestalt des Disagios − freie Devisen-Güter mit Clearingvaluten bezahlt werden können. Selten ist der *Exportswitch*, bei dem das sozialistische Land Clearingdevisen zur Bezahlung von Hartwährungsexporten akzeptiert, beispielsweise um in weicher Währung höhere Verkaufspreise zu erzielen. Beim *Transitswitch* schließlich werden Waren in Entwicklungsländern im Clearing eingekauft und im Durchgangsverkehr durch die sozialistischen Länder in Industrieländern gegen harte Devisen wieder veräußert und umgekehrt.

Die volkswirtschaftliche Bedeutung dieser Transaktionen − so kritisch sie von vielen Entwicklungsländern auch betrachtet werden − liegt vor allem darin begründet, daß sie im bilateralen Clearing „die unerwünschten Folgen der fehlenden Austauschbarkeit von Salden auf Verrechnungskonten mildern, indem sie sowohl zur Verminderung von Aktivsalden als auch zum Abbau von Passivsalden beitragen."[13] Gerade Switchgeschäfte vermögen daher sehr wirksam der sich beim strengen Bilateralismus „oft durchsetzenden ‚Tendenz des Ausgleichs nach der kleineren Seite' in einem gewissen Maße Einhalt"[14] zu gebieten.

Genaueres Datenmaterial war zwar bislang nicht erreichbar. Bekannt ist jedoch, daß sich insbesondere Österreich aufgrund seiner in der zweiten Hälfte der sechziger Jahre rapide gestiegenen Handelsbilanzüberschüsse gegenüber den RGW-Staaten zum führenden Switchzentrum entwickelte und umfangreiche Geschäfte auch mit der DDR tätigte. „Zur Flüssighaltung der Clearing-Konten wurden zu jener Zeit spezielle Techniken (vor allem Transit- und Switchgeschäfte in Verrechnungswährung) entwickelt, mit deren Hilfe es möglich gewesen ist, die Bilanz- und Clearing-

Tabelle 9
New Yorker Markt-Disagios für ostdeutsche Clearing-Dollar in %
1953 bis 1959

Argentinische Clearings, Auszahlung Buenos Aires, zum Monatsende

Jahr	Jan.	Febr.	März	April	Mai	Juni	Juli	Aug.	Sept.	Okt.	Nov.	Dez.
1953	33,0	30,0	21,0	19,0	17,0	–	20,0	18,0	15,0	16,0	15,0	14,0
1954	14,5	16,0	15,0	14,5	13,5	13,0	13,0	12,5	12,0	12,0	13,0	14,0
1955	14,0	14,5	15,5	15,5	15,0	14,0	13,5	12,5	12,0	12,5	13,0	10,0
1956	10,5	10,0	10,0	9,0	8,5	9,0	8,0	7,5	8,0	9,0	10,0	9,5
1957	9,8	9,5	9,0	9,0	9,5	9,0	9,5	10,5	11,0	12,0	11,0	12,0
1958	12,0	11,0	10,0	10,5	11,0	12,0	5,0	4,0	5,0	4,0	3,5	3,0
1959	2,5	2,0	2,0	2,0	1,8	1,5	1,5	1,5	1,5	1,5	1,5	1,5

Brasilianische Clearings, Auszahlung Rio, zum Monatsende

Jahr	Jan.	Febr.	März	April	Mai	Juni	Juli	Aug.	Sept.	Okt.	Nov.	Dez.
1953	36,0	32,0	24,0	21,0	20,0	–	19,0	18,0	–	15,0	14,0	15,0
1954	14,5	12,0	16,0	15,5	13,0	13,5	13,0	13,8	14,0	13,5	14,0	15,0
1955	15,0	14,5	15,0	15,0	16,0	15,0	14,0	13,0	13,0	14,0	13,5	11,0
1956	11,0	10,5	10,0	9,5	9,0	9,0	8,0	7,5	8,0	9,0	9,5	9,5
1957	9,5	10,0	9,0	9,0	9,5	9,0	9,5	10,5	11,0	12,0	11,0	12,0
1958	12,0	11,0	10,0	10,5	11,0	11,5	5,0	4,0	5,0	4,0	3,5	3,0
1959	2,5	2,0	2,0	2,0	1,8	1,5	1,5	1,5	1,5	1,5	1,5	1,5

Jugoslawische Clearings, Auszahlung Belgrad, zum Monatsende*

Jahr	Jan.	Febr.	März	April	Mai	Juni	Juli	Aug.	Sept.	Okt.	Nov.	Dez.
1958	–	–	–	–	–	–	–	–	–	–	10,5	10,5
1959	11,5	12,0	12,0	12,5	14,0	15,0	15,0	15,0	15,0	15,0	15,0	15,0

* Nachrichtlich: Für bulgarische Dollar wurden von Juli 1959 an 13 %, für polnische Dollar von August 1958 an 17 %, für rumänische Dollar von November 1958 an 15 % und für sowjetische Dollar von April 1958 an 13 % Disagio für jugoslawische Clearings, Auszahlung Belgrad, notiert.

Quelle: Franz Pick: Pick's Currency Yearbook 1955, 1958, 1960, passim

Überhänge weitgehend abzubauen."[15] Dabei „waren die Transit- und Switchgeschäfte in Clearing-Valuta so angelegt, daß sich ein Passivum ergab, wodurch die Clearing-Spitzen abgebaut worden sind."[16] Dieses System, das im Zahlungsverkehr mit der DDR noch bis Ende 1973 angewandt wurde,[17] funktionierte unter aktiver Mitwirkung der ostdeutschen Währungsbehörden über Jahrzehnte so reibungslos, daß der Clearingsaldo zum Jahresultimo im Zahlungsverkehr zwischen Österreich und der DDR nach Berechnungen des Verf. bis Ende 1971 keine 3%, in den meisten Jahren nicht einmal 0,5 % der Clearingjahresumsätze erreichte.[18]

Tiefere Einsichten erlauben erstmals Daten, die der Verf. auf der Basis unveröffentlichter Quartals- und Halbjahreszahlen der Danmarks Nationalbank zum Clearingverkehr mit der DDR für den Zeitraum von 1959 bis 1973 berechnen konnte. Wie die in nachfolgender Tabelle ausgewiesenen Salden des Waren-, Transit-, Dienstleistungs- und Kapitalverkehrs sowie der Übertragungen im bilateralen Clearing zeigen, erfüllen die Transit- und Switchgeschäfte den Zweck, die permanente Passivierungstendenz der DDR-Zahlungsbilanz auszugleichen. Auf diese Weise gelang es den dänischen Währungsbehörden immerhin, den Debetsaldo der DDR auf die vertraglich zulässige Swinginanspruchnahme zu begrenzen. Insbesondere in der ersten Hälfte der sechziger Jahre, als die Verrechnungsbilanz für die DDR chronisch defizitär und der Swing fast ständig bis zur Höchstgrenze von 10 Mill. dkr ausgelastet war, erreichten diese Geschäfte einen zeitweise beachtlichen Umfang. 1960 beispielsweise machten die Transit- und Switchgeschäfte 12,6%, 1961 5,6%, 1963 14,4% und 1964 2,9% der Einfuhren Dänemarks aus der DDR aus.

Elemente einer Flexibilisierung des bilateralen Clearings sind vor allem auch dann gegeben, wenn die nationalen Währungsbehörden bzw. Verrechnungsbanken neben Zahlungen in Clearingvaluta auch *Zahlungen in konvertiblen Währungen* freistellen oder für bestimmte Zahlungsarten sogar fordern. Obwohl die DDR in praktisch allen Zahlungsabkommen vereinbaren konnte, daß auch Fracht- und Versicherungskosten, Reisekosten, Spesen, Provisionen, Zinsen, Patent- und Lizenzgebühren usf. im Clearing bezahlt werden konnten, kam es dennoch zu insgesamt bemerkenswert umfangreichen Geschäften auf der Basis freier Währungen, und zwar nach Kenntnis des Verf. vorwiegend im Handel mit der Schweiz, Schweden, Norwegen und Dänemark, in den fünfziger Jahren vor allem auch mit Frankreich, Belgien, den Niederlanden und Italien. Im Zahlungsverkehr der DDR mit Finnland blieb die Abwicklung der Zahlungen in konvertiblen Währungen hingegen völlig unbedeutend.[19]

Berechnungen, die der Verf. erstmals für den Zahlungsverkehr Dänemarks mit der DDR vornehmen konnte, belegen den hohen Umfang dieser Geschäfte. So kaufte die DDR in den Jahren von 1959 bis 1973 alljährlich zwischen 10 und 20% des Umfangs ihrer Importe im Clearing zusätzlich gegen Devisen. Dabei dürfte es sich primär um „harte" Waren, aber auch um ad hoc-Käufe außerhalb der vereinbarten Warenlisten gehandelt haben. Auf der anderen Seite begann auch die DDR seit 1965 in steigendem Umfang „harte" Waren aus anderen Ländern nach Dänemark zu reexportieren, und zwar offenbar vorwiegend Futtermittel, die im innerdeutschen Handel gegen inkonvertible Verrechnungseinheiten eingekauft worden waren. Diese Reexporte erreichten 1972 immerhin 60% des Wertes der Clearingausfuhren der DDR nach Dänemark.

Tabelle 10
Salden im bilateralen Clearing zwischen Dänemark und der DDR
1959 bis 1973

in Millionen dkr

Jahr	Waren	Dienstleistungen	Übertragungen	Kapital	Sonstiges	Summe	Transit
1959	− 4,2	2,5	−0,0	−0,4	0,3	− 1,8	− 0,1
1960	10,1	4,3	−0,0	−0,0	−2,4	12,0	−11,0
1961	4,5	1,1	−0,0	−	1,7	7,3	− 5,1
1962	− 5,1	5,6	−0,0	−0,1	1,1	1,5	− 0,3
1963	6,6	4,2	−0,0	0,0	0,6	11,4	−14,4
1964	2,8	1,5	0,1	−0,0	−0,2	4,2	− 3,6
1965	−10,9	12,3	−0,1	0,1	0,0	1,4	− 0,1
1966	− 9,3	8,5	−0,7	−0,0	−0,8	− 2,3	− 0,8
1967	− 9,6	1,3	−0,1	0,0	3,9	− 4,5	0,5
1968	− 0,5	−5,4	−0,0	0,0	6,4	0,5	− 0,0
1969	4,5	−0,6	−0,3	0,7	6,8	11,1	− 0,1
1970	−15,8	−1,3	−0,3	−0,1	5,1	−12,4	− 0,6
1971	−13	6	0	0	5	− 2	0
1972	2	7	0	1	−	10	0
1973	2	12	0	0	−	14	2

Quelle: Eigene Berechnungen nach unveröffentlichten Aufzeichnungen der Danmarks Nationalbank, Kopenhagen

Auch im bilateralen Clearing der DDR mit dem Iran ist es zwischen 1973 und 1982 zu umfangreichen Devisenzahlungen der DDR für die „harte" Ware Rohöl gekommen. Zwar bestehen die Clearingkonten fort, in den Jahren 1360 (21.3.1981 bis 20.3.1982) und 1361 (21.3.1982 bis 20.3.1983) waren die Umsätze jedoch minimal.[20] Nach Schätzungen des Verf. hat die DDR bei Gesamtimporten im Clearing von rund 91 Mill. US-$ zwischen dem 9.9.1973 und dem 20.3.1981 für rund 70 Mill. US-$ Rohöl im Clearing, und zwar mit Lieferkrediten des Iran gekauft. Außerhalb des zentralen Clearings scheint sie bis Ende 1980 Rohöl für weitere 130 Mill. US-$, den überwiegenden Teil davon 1980, gegen Hartwährungen bezogen zu haben. 1981 und 1982 bezahlte die DDR weitere iranische Rohöllieferungen im Wert von zusammen etwa 230 Mill. US-$ in freien Devisen. Die auf Hartwährungseinnahmen dringend angewiesene iranische Regierung scheint damit das formal noch bestehende Clearing faktisch außer Kraft gesetzt zu haben.

Eine Auflockerung des bilateralen Clearings tritt auch dann ein, wenn *Saldenverrechnungen in freien Devisen* vereinbart und praktiziert werden und/oder *freiwillige Hartwährungseinzahlungen auf die Verrechnungskonten* erfolgen, um Stockungen im Zahlungsverkehr zu vermeiden. Es ist dies im wesentlichen die im innerdeutschen Zahlungsverkehr mit dem seit 1958 existierenden „Sonderkonto S" gewählte Methode, bei Bedarf (von seiten der DDR) das bilaterale Clearing zu flexibilisieren. Die DDR hat von dieser Möglichkeit zunächst nur zögernd, aufgrund höherer DM(West)-Einnahmen in den siebziger Jahren jedoch in einzelnen Jahren stärkeren Gebrauch gemacht.[21] Unbekannt blieb bis jetzt, daß sich die DDR infolge der sehr hohen Swinginanspruchnahme 1975 und 1976 sogar gezwungen sah, konvertible Devisen auf die innerdeutschen Verrechnungskonten zu überweisen (1975 30 Mill. DM und 1976 insgesamt 144 Mill. DM) und auf diese Weise die Swinginanspruchnahme abzubauen.[22] Dieses Verfahren scheint auch im Clearing mit anderen Ländern angewendet worden zu sein, in den fünfziger Jahren zumindest war die Deutsche Notenbank im Clearing mit dem Sudan „wiederholt gezwungen, frei konvertierbare Devisen auf das bestehende Clearing-Konto zu transferieren,"[23] damit die Ölsaatenimporte realisiert werden konnten.

Weniger reibungslos scheint demgegenüber die in zahlreichen Abkommen der DDR als Möglichkeit vorgesehene *multilaterale Verrechnung von Clearingsalden* funktioniert zu haben. Lediglich im Zahlungsverkehr mit Finnland scheint es zeitweise zu einer Übertragung von Aktivsalden der DDR (oder Passivsalden Finnlands) gegenüber anderen sozialistischen Ländern, insbesondere der Sowjetunion, gekommen zu sein.[24] Die ausgeprägten Ungleichgewichte und Schwankungen im finnisch-ostdeutschen Clearing seit 1970 haben zudem offenbar zu teilweise erheblichen Hartwährungszahlungen und Kontenüberträgen der DDR geführt.[25]

6. Perspektiven der Multilateralisierung des Handels der DDR mit den nichtsozialistischen Ländern

Wie die hier vorgestellten Forschungsergebnisse deutlich gemacht haben dürften, ist die im Westen verbreitete Vorstellung von einem auch im Ost-West- und Ost-Süd-Handel herrschenden strikten Bilateralismus nicht nur überholt, sie war auch in den fünfziger und sechziger Jahren nur in Ausnahmefällen überhaupt gültig. Die Mehrzahl der in praxi anzutreffenden Clearingverrechnungen der DDR kannten und kennen verschiedene Instrumente einer Flexibilisierung und Multilateralisierung des Clearings, die sie weit eher als Mischsysteme zwischen Bilateralismus und Multilateralismus kennzeichnen.

Im Grenzfall – dem sofortigen Ausgleich bestehender Verrrechnungssalden am Ende der Verrechnungsperiode durch Devisenzahlungen – ist diese Art des Zahlungsverkehrs nur noch dadurch vom Handel in konvertiblen Währungen zu unterscheiden, daß zentrale Verrechnungskonten existieren, wie dies inzwischen im Zahlungsverkehr Finnlands mit den meisten sozialistischen Länder der Fall ist[1] und im Prinzip auch für den innerdeutschen Zahlungsverkehr gilt. Diese Form des flexiblen Clearings scheint vor allem dem Zweck zu dienen, den westlichen Regierungen (durch die Existenz von zentralen Verrechnungskonten, Warenbegleitscheinen usf.) ein möglichst hohes Maß an Überblick, Kontrolle und Eingriffsmöglichkeiten dem sozialistischen Außenwirtschaftsmonopol gegenüber zu behalten.[2]

Doch unterscheiden sich nicht nur die Charakteristika bilateraler Clearingabkommen der DDR und die in praxi überwiegend flexible Handhabung des Clearings von den bislang vorherrschenden Annahmen, auch der Anteil bilateraler Bilanzierung am West- und Entwicklungsländerhandel der DDR wurde allgemein überschätzt. Hier konnten erstmals Anteile des Handels auf der Basis freier Devisen am Gesamtaußenhandel der DDR berechnet werden. Diese Berechnungen zeigen nicht nur eine ausgesprochene Zyklik der Außenhandelsentwicklung im Zick-Zack-Muster der staatlichen Wirtschaftspolitik, sie zeigen auch, daß die Interessenhaltung der

DDR gegenüber dem zwischenstaatlichen Clearing im Zeitablauf grundlegendem Wandel unterlag. Die wechselnden Ziele und Maßnahmen der DDR ließen sich weitgehend aus den Interessen der Spitzenbürokratien unter Berücksichtigung ihres jeweiligen Einflusses auf die politische Willens- und Entscheidungsbildung begründen.

Ideologisch wurden die Bestrebungen der westlichen Länder, den Handels- und Dienstleistungsverkehr zu liberalisieren und zu einer Multilateralisierung des Zahlungsverkehrs zu gelangen, als „staatsmonopolistische Maßnahmen" bezeichnet, die letztlich „das ökonomische Eindringen amerikanischer Waren und amerikanischen Kapitals in andere Länder außerordentlich erleichtern müssen und deren Abhängigkeit von den USA"[3] erhöhen. Die Liberalisierung des Handels- und Zahlungsverkehrs sei „eines der Mittel, unter den Bedingungen des Zerfalls des imperialistischen Kolonialsystems den alten Kolonialismus im neuen Gewande weiterleben zu lassen"[4], indem die „organisatorisch und wirtschaftlich stärksten Monopole ... diese ‚Freiheit' zum Eindringen in andere Märkte, zur Ausschaltung der Konkurrenten und zur Stärkung ihrer Machtpositionen"[5] ausnutzten.

In der Praxis haben sich die Währungsbehörden der DDR jedoch bereits seit den frühen fünfziger Jahren bemüht, die Vorteile eines Zahlungsverkehrs in konvertiblen Währungen auszunutzen, und zwar vorwiegend in Erkenntnis der Tatsache, daß erst die universelle Verwendbarkeit freier Devisen eine weitgehende Ausnutzung und Vertiefung der Vorteile internationaler Arbeitsteilung ermöglicht.[6] Schließlich ist es nicht das bilaterale Verrechnungssystem, sondern das „multilaterale Reservoir in der kapitalistischen Welt"[7], das es dem sozialistischen Staat erst ermöglicht, einerseits seine Produktionsüberschüsse kurzfristig zu absorbieren und andererseits seine ad hoc auftretenden Knappheiten und Engpässe in der heimischen Produktion zu überwinden.[8] Dabei waren die sozialistischen Staaten bemüht, „Widersprüche" zwischen verschiedenen „kapitalistischen Hauptländern" aktiv für sich auszunutzen,[9] insbesondere die Konkurrenz zwischen den Weltfinanzzentren.[10]

Die wesentliche Beschränkung des faktisch realisierbaren Ausmaßes an Multilateralität im Ost-West-Handel der DDR war daher nicht ideologischer, sondern lange Jahre primär ökonomischer Natur und bestand in der *temporär eng begrenzten Verfügbarkeit an konvertiblen Devisen* aus vergleichsweise sicheren und zuverlässigen Einnahmequellen. Da die DDR über keine ausreichende eigene Goldproduktion verfügt, die Überschüsse der heimischen Silber- und Uranförderung seit 1947 in die Sowjetunion liefern mußte und aufgrund der hohen Schiffslieferungen in die Sowjetunion bis Ende der fünfziger Jahre nicht einmal zum Aufbau einer eigenen Handelsflotte in der Lage war, konnten harte Devisen in der wirtschaftlichen Aufbauphase der DDR im wesentlichen nur durch Exportüberschüsse im Handel auf Devisenbasis mit einigen wenigen Ländern erzielt werden und aus Deviseneinnahmen im Verkehr von Gütern und Personen sowie aus Geschäften des sog. „inneren Exports".[11]

Nur wenige Länder waren jedoch bereit, Handelsbilanzdefizite gegenüber der DDR hinzunehmen und in konvertiblen Währungen zu begleichen wie Australien, Dänemark (neben Geschäften im Clearing), Irland, Japan, Indonesien, dem Iran, Saudi-Arabien und Jordanien. Die Mehrzahl der westlichen Länder war hingegen noch bis in die siebziger Jahre hinein bestrebt, „to apply selective import quotas on Socialist goods in order to protect ‚sensitive' domestic industries against excessive

Socialist competition and/or prevent the Socialist countries from earning large trade surpluses and spending them elsewhere ... Thus in many cases there was a paradoxical situation in East-West trade, where the Socialist countries appeared to be the champions of multilateralism, whilst Western nations often pressed for restrictive import quotas and a bilateral balancing of trade."[12]

Diese über lange Jahre hinweg unzureichenden und ausgesprochen unzuverlässigen Möglichkeiten einer Erschließung und Erweiterung von Hartwährungseinnahmen erst erklären die ausgesprochene Flexibilität, Hartnäckigkeit und den Erfindungsreichtum der ostdeutschen Behörden bei dem Versuch, konvertible Devisen aus anderen Quellen zu erzielen. Der DDR kommt dabei die besondere territoriale Lage Westberlins und die Existenz familiärer Bindungen zwischen Ost- und Westdeutschland zustatten. Die Währungsbehörden der DDR haben diese Beziehungen genutzt, um durch eine kaum noch zu überblickende Fülle differenzierter Gebühren- und Abgabensysteme, die insbesondere an verschiedenen Verkehrsströmen ansetzen, vor allem harte DM(West) zu vereinnahmen.

In der Bundesrepublik sind diese Maßnahmen immer wieder primär als Versuch der SED-Führung gedeutet worden, den Besucherstrom aus dem Westen einzudämmen und systemdestabilisierenden Westkontakten der Bevölkerung vorzubeugen.[13] Art, Höhe und Zeitpunkt der ergriffenen Maßnahmen belegen jedoch deutlich, daß fiskalische Interessen einer Erzielung möglichst hoher Hartwährungseinnahmen im Vordergrund stehen. Die quantitative Drosselung insbesondere des Reiseverkehrs wäre wirksamer und vorhersagbarer durch andere Maßnahmen zu erreichen. Bei Wasserstraßen- und Straßenbenutzungsgebühren sowie Steuerausgleichsabgaben für den gewerblichen Verkehr kommen ohnedies andere als fiskalische Zwecke kaum in Betracht. Bezeichnend ist auch die Tatsache, daß die DDR bei ihren Verhandlungen mit der westdeutschen Bundesregierung über die Pauschalierung verschiedener, bis dahin individuell erhobener Gebühren und Abgaben auf Bezahlung in freier Währung bestand. Stände das Deviseneinnahme-Interesse nicht im Vordergrund, hätte auch eine Bezahlung in Verrechnungseinheiten im Rahmen des innerdeutschen Clearings akzeptiert werden können, zumal die DDR selbst regelmäßig zu Deviseneinzahlungen auf den Verrechnungskonten bereit ist.

Zu besonders drastischen Schritten einer Einführung neuer Gebühren und Abgaben oder der Erhöhung bestehender Sätze hat sich die SED-Führung (auf Vorschlag hierzu beauftragter Behörden) daher typischerweise auch stets in Situationen entschieden, die besondere zahlungsbilanzpolitische Anstrengungen erforderten. Die Einführung von Straßenbenutzungsgebühren am 6.9.1951 war vermutlich eine Reaktion auf die Verschlechterung der Zahlungsbilanz und die Erschöpfung der knappen Währungsreserven durch die Rohstoffpreis- und Frachtratenverteuerung infolge des Koreakrieges. Die drastische Erhöhung dieser Gebühren am 1.4.1955 und die Einführung von Wasserstraßengebühren im Mai 1958 dienten primär der Finanzierung der ehrgeizigen Wachstums- und Importziele der wirtschaftspolitischen Strategie Ulbrichts und Chruschtschows, die DDR zum „Schaufenster des Ostens" aufzubauen. Die ersten Passierscheinabkommen (1963/64), die Einführung des verbindlichen Mindestumtausches am 25.11.1964 und der erstmalige Freikauf politischer Häftlinge durch die westdeutsche Regierung, fallen mit dem Beginn der Außenwirtschaftsreform zusammen, deren Ziel es u.a. war, die Einnahmen an freien Devisen bedeutend zu erhöhen. Die Verdopplung des Mindestumtausches, die Ein-

Tabelle 11
Nichtkommerzielle Deviseneinnahmen der DDR 1949 bis 1983

in Millionen DM

	Straßenbenutzungsgebühren	Steuerausgleichsabgaben	Visagebühren	Verbindlicher Mindestumtausch	Wasserstraßenbenutzungsgebühren	Genex Geschenkdienst	Intershop, Intertank Interhotel und S-Bahn	offizielle westdeutsche Zahlungen in Devisen	Politische Häftlinge und Familienzusammenführung	Hartwährungseinnahmen insgesamt in Mill. DM(W)	Mill. US-$
1949	–	–	–	–	–	–	30	0	–	30	7
1950	–	–	–	–	–	–	40	1	–	41	10
1951	1	–	0	–	–	–	45	4	–	50	12
1952	4	–	0	–	–	–	30	3	–	37	9
1953	5	–	0	–	–	–	35	3	–	43	10
1954	6	–	0	–	–	–	35	2	–	43	10
1955	27	–	0	–	–	–	35	2	–	64	15
1956	34	–	0	–	–	–	35	2	–	71	17
1957	38	–	0	–	–	–	35	2	–	75	18
1958	37	–	0	–	13	–	35	2	–	87	21
1959	43	–	0	–	25	2	30	2	–	102	24
1960	44	–	0	–	28	2	30	3	–	107	26
1961	42	–	1	–	9	2	15	3	–	72	18
1962	41	–	1	–	–	6	10	3	–	61	15
1963	44	–	2	–	–	10	10	3	–	69	17
1964	49	–	2	6	–	20	20	3	40	140	35
1965	51	–	2	70	–	45	50	3	90	310	78
1966	53	–	2	65	–	60	70	6	70	330	83
1967	56	–	2	59	–	60	80	14	70	340	85
1968	56	20	46	70	–	60	100	6	60	420	105
1969	59	45	55	79	–	60	150	5	60	510	130
1970	63	52	58	97	–	70	200	6	60	610	167
1971	65	58	61	97	–	90	250	9	90	720	207
1972	9	1	29	145	–	80	400	303	70	1040	326
1973	19	0	38	171	–	90	500	280	60	1160	434
1974	17	0	31	240	–	100	700	262	70	1420	549
1975	28	0	46	209	–	110	900	266	210	1770	719
1976	28	0	48	197	–	120	1000	481	220	2090	830
1977	34	0	45	198	–	130	1000	523	260	2190	943
1978	36	–	49	194	–	140	1100	512	130	2160	1075
1979	35	–	47	180	–	150	1100	992	130	2630	1435
1980	3	–	46	215	–	160	1000	917	130	2470	1359
1981	3	–	39	366	–	160	900	1042	120	2630	1164
1982	3	–	38	375	–	160	900	998	120	2590	1067
1983	3	–	40	416	–	170	900	740	120	2390	936

Quelle: Eigene Schätzungen und Berechnungen überwiegend auf der Basis unveröffentlichter, teils handschriftlicher Aufzeichnungen der Oberfinanzdirektion Berlin (West), des Polizeipräsidenten von Berlin (West), der Grenzschutzdirektion Koblenz und der Danmarks Nationalbank in Kopenhagen sowie der Statistischen Mitteilungen des Kraftfahrt-Bundesamtes und der Bundesanstalt für den Güterverkehr, der Verkehrsstatistiken des Statistischen Bundesamtes in Wiesbaden und der Verkehrsberichte des Senators für Wirtschaft und Verkehr in Berlin(West).

führung des gebührenpflichtigen Visazwanges für Westdeutsche und Westberliner am 11.6.1968 und der Beginn der Verhandlungen mit der Bundesregierung über Fragen einer Abgeltung der Forderungen der DDR-Post im September 1969 fielen in eine Zeit erneuter zahlungsbilanzpolitischer Anspannungen der DDR. Die Verdoppelung des Mindestumtausches am 5.11.1973 sollte offenbar einen Teil der durch Terms of Trade-Verschlechterungen stark passivierten Westhandelsbilanz finanzieren. Auch die vorläufig letzte Verdoppelung der Umtauschsätze vom 9.10.1980 bezweckte (und bewirkte) vor allem eine deutliche Erhöhung der Hartwährungseinnahmen zur Finanzierung des Westhandelsdefizits und ist insoweit Teil der zu diesem Zeitpunkt eingeleiteten Außenwirtschaftsstrategie eines Abbaus der Hartwährungsverschuldung.

Differenzierte Schätzungen der Höhe dieser Einnahmen der DDR aus Gebühren und Abgaben, aus der Genex und aus dem „inneren Export" durch die Vereinigungen Intershop, Intertank und Interhotel sowie Berechnungen der offiziellen westdeutschen Zahlungen, wie sie hier erstmals vorgelegt werden, zeigen, daß die aus diesen Quellen stammenden Deviseneinnahmen der DDR stets einen bemerkenswerten Umfang erreichten (der die chronisch defizitäre Handelsbilanz in freien Devisen erst plausibel macht), seit Beginn der siebziger Jahre jedoch besonders stürmisch gewachsen sind und es der DDR in beträchtlichem Umfang gestatten, Handelsbilanzdefizite mit nichtsozialistischen Ländern planmäßig und ohne Rückgriff auf Kredite oder eigene Währungsreserven zu finanzieren. Man wird daher wohl zu Recht behaupten können, daß neben dem erleichterten Zugang der DDR zu längerfristigen Krediten westlicher Regierungen, Banken und Lieferanten und den gestiegenen Hartwährungseinnahmen ihrer in den sechziger Jahren aufgebauten Handelsflotte vor allem der hohe jährliche Einnahmenüberschuß in freier Währung aus vorwiegend westdeutschen und Westberliner Quellen den Währungsbehörden der DDR den Übergang zu einer weitgehend multilateralen Verrechnung im Ost-West- und Ost-Süd-Handel erst ermöglicht hat.

Ob und in welchem Maße die DDR bereit und in der Lage ist, den Ost-West- und Ost-Süd-Zahlungsverkehr weiterhin auf weitgehend multilateraler Basis abzuwickeln, oder ob sie den Weg des Zahlungsbilanzausgleichs wieder verstärkt darin suchen wird, Importe und Exporte mit jedem einzelnen Partnerland ins Gleichgewicht zu bringen, wird allerdings nicht allein vom weiteren Wachstum und von der Stabilität dieser zusätzlichen Deviseneinnahmen abhängen. Zum einen könnte der Hartwährungsbedarf zur Abdeckung RGW-interner Zahlungsbilanzungleichgewichte drastisch ansteigen und eine neuerliche Devisenknappheit der DDR im Handel mit nichtsozialistischen Industrie- und Entwicklungsländern auslösen. Zum anderen ist, wie die vorangegangene Analyse der in der Vergangenheit praktizierten Politik deutlich gemacht haben dürfte, stets mit Zick-Zack-Mustern internationaler Währungspolitik im sozialistischen Staat zu rechnen. So können sehr wohl wieder Politiker und Bürokraten machtpolitischen Einfluß gewinnen, die die noch vergleichsweise junge Tendenz zur Multilateralisierung der intersystemaren Währungsbeziehungen umkehren oder zumindest bremsen wollen.

7. Zusammenfassung

In der vorangegangenen Analyse konnte entgegen bis heute im Westen vorherrschenden Ansichten nachgewiesen werden, daß die DDR weder in historischer Perspektive noch zu irgendeinem Zeitpunkt regierungsintern eine einheitliche Position hinsichtlich der *Ausgestaltung des intersystemaren Zahlungsverkehrs* bezogen hat. Vor allem die Zentralbank, seit 1966 in erster Linie die Deutsche Außenhandelsbank AG, sowie die Staatliche Plankommission betrachten eine Multilateralisierung des Zahlungsverkehrs mit nichtsozialistischen Ländern als in ihrem organisatorischen Interesse liegend. Auch einzelne Spitzenfunktionäre und Wissenschaftler haben schon in der Vergangenheit durchaus erkannt, daß der Ost-West- und Ost-Südhandel die ihm zugedachte Lückenbüßer- und Systemstabilisierungsfunktion wirksam eigentlich nur dann erfüllen kann, wenn er frei vom Erfordernis eines bilateralen Zahlungsausgleichs mit jedem einzelnen Partnerland auf der Basis konvertibler Währungen abgewickelt wird und insofern das starre RGW-Verrechnungssystem flexibilisiert. Allerdings zeigte sich auch, daß im sozialistischen Staat einflußreiche Institutionen und Personen umgekehrt daran interessiert sind, am Bilateralismus festzuhalten und ihn mit ideologischen Argumenten auch für den Handels- und Zahlungsverkehr mit nichtsozialistischen Ländern zu propagieren. Insbesondere das Finanzministerium und das Außenwirtschaftsministerium erwiesen sich aus ihrem organisationseigenen Interesse heraus als Gegner eines Übergangs zum Multilateralismus in den intersystemaren Währungsbeziehungen.

Es zeigte sich, wie nach dem Gesagten zu erwarten ist, daß in der praktischen Politik die tatsächliche Ausgestaltung des zwischenstaatlichen Zahlungsverkehrs der DDR sowohl von ökonomischen Sachzwängen als auch von Struktur und Funktionsweise der regierungsinternen Willensbildung und entsprechenden Verschiebungen im Einflußpotential der betroffenen Institutionen abhing. Der in den *fünfziger Jahren* vorherrschende Bilateralismus war überwiegend Ergebnis der Reserveknappheit und der weltwirtschaftlichen Rahmenbedingungen; vor allem die Deutsche Notenbank scheint jedoch den Übergang zu einem System multilateralen Zahlungsverkehrs beabsichtigt zu haben. Diese Pläne wurden durch das Finanzministerium vereitelt, das – nachdem es entsprechende währungspolitische Kompetenzen der Zentralbank entrissen hatte – in den *sechziger Jahren* das seinen Interessen weitgehend entsprechende Netz bilateraler Clearingvereinbarungen mit nichtsozialistischen Ländern weiter ausbaute.

Erst als das Finanzministerium seine zahlungsbilanzpolitischen Kompetenzen weitgehend an die Staatliche Plankommission und die Deutsche Außenhandelsbank AG verloren hatte und als die DDR infolge der Entspannungspolitik und durch Vereinbarungen mit der westdeutschen Bundesregierung zunehmend in den Genuß eines vergleichsweise stabilen und hohen Zustroms an Hartwährungen kam, war in den *siebziger Jahren* der Weg für eine Multilateralisierung des intersystemaren Zahlungsverkehrs prinzipiell frei. Der äußere Anstoß zu der dann entsprechend dem Zick-Zack-Muster sozialistischer Politik abrupten und sehr umfassenden Auflösung bestehender Clearingsvereinbarungen ging offenbar vor allem von der massiven Abwertung des US-Dollar nach 1973 sowie von der zunehmenden Passivierung und Kreditfinanzierung der DDR-Leistungsbilanz gegenüber nichtsozialistischen Ländern aus. Infolge der hohen Hartwährungsverschuldung und des mittlerweile erschwerten

Zugangs zu neuen Krediten scheinen die Währungsbehörden der DDR seit Beginn der *achtziger Jahre* bestrebt zu sein, einen wieder zunehmenden Teil ihres Handels- und Dienstleistungsverkehrs mit nichtsozialistischen Ländern im Clearing oder zumindest in Form einzelwirtschaftlicher Bartergeschäfte abzuwickeln. Hinweise hierauf liefern nicht nur die signifikant gestiegenen Meldungen über Kompensationsbegehren der DDR im West- und Entwicklungsländerhandel, sondern auch der seit Anfang der sechziger Jahre bemerkenswert gestiegene Waren- und Zahlungsverkehr mit den Clearingabkommensländern Brasilien, Indien und Iran. Zwar versucht der Internationale Währungsfonds hartnäckig, seine Mitglieder vom Abschluß bilateraler Zahlungsvereinbarungen abzuhalten, es erscheint jedoch durchaus denkbar, daß die DDR in der Zukunft erneut und möglicherweise erfolgreich bestrebt sein wird, insbesondere mit einzelnen Entwicklungsländern Clearingvereinbarungen zur Sicherung vor allem ihrer Rohstoffeinfuhren abzuschließen.

Die hier erstmals für den gesamten Zeitraum von 1949 bis 1983 und für alle Clearingpartnerländer der DDR durchgeführte Untersuchung vermochte im einzelnen eine Reihe interessanter Merkmale der beobachtbaren Politik der DDR hinsichtlich der *praktischen Ausgestaltung und Durchführung des bilateralen Clearings* herauszuarbeiten. Als besonders charakteristisch für die Politik der Währungsbehörden der DDR erwies sich ihr pragmatisches, überwiegend an ökonomischen Kosten und Nutzen orientiertes Handeln. Im Ergebnis zeigte sich nicht nur eine von ideologischen und außenpolitischen Zielen und Forderungen weitgehend unabhängige Entwicklung in der Währungsstruktur, der Partnerlandwahl und der Intensität der Außenwirtschaftsbeziehungen mit den Clearingsabkommensländern. Es ließ sich sogar konkret nachweisen, daß die DDR die (überwiegend zinslosen) technischen Verrechnungskredite, wie sie zur reibungslosen Abwicklung bilateralen Clearings unverzichtbar sind, ganz überwiegend systematisch als kostenlose (oder billige) Auslandskreditquelle nutzte und daß sie auch darüber hinaus in einzelnen Fällen „schwächere" Abkommenspartner unter Druck zu setzen vermochte, um ökonomische Vorteile zu erlangen.

Von grundsätzlichem Interesse für eine realistische Beurteilung des zwischenstaatlichen Clearings ist darüber hinaus die Beobachtung, daß der bilaterale Zahlungs- und Verrechnungsverkehr der DDR in der Praxis weit weniger restriktiv ist als gemeinhin angenommen wird. In der Regel sind die beteiligten kontoführenden Verrechnungsinstitute auf beiden Seiten nämlich bestrebt, den Clearingverkehr durch Maßnahmen wie Deviseneinschüsse, multilaterale Verrechnungen, Teilzahlungen in konvertiblen Währungen und Switchgeschäfte zu flexibilisieren und flüssig zu halten. Auch für die Clearingpraxis der DDR haben diese Strategien einer Auflockerung des strengen Bilateralismus — wie sich zeigte, bereits seit Gründung der Ostberliner Switchzentrale 1956 — stets besondere Bedeutung gehabt. Der ganz überwiegende Teil des Clearingverkehrs der DDR mit nichtsozialistischen Ländern — dies gilt gegenwärtig insbesondere für die Kontenverrechnungen im innerdeutschen Handel sowie im Waren- und Dienstleistungsverkehr mit Brasilien und dem Iran — ist daher faktisch von einem mulitlateralen Zahlungsverkehr auf der Basis konvertibler Währungen im wesentlichen nur noch durch die Existenz zentraler Konten und die hierdurch bedingten stärkeren Kontroll- und Überwachungsmöglichkeiten seitens des Clearingpartners zu unterscheiden. Damit sind dann aber alles in allem auch die einzel- und gesamtwirtschaftlichen Nachteile des zwischenstaatlichen Clearings *in der Praxis* erheblich geringer, als sie *in der Theorie,* die regelmäßig Formen eines mehr oder weniger strikten Bilateralismus unterstellt, behauptet wurden.

Anmerkungen

1 Vgl. HERCHER, Karl: Der Zahlungsverkehr der DDR mit dem Ausland, a.a.O., S. 42 ff.
2 Siehe BUCK, Hannsjörg: Die Zahlungsbilanzpolitik der DDR und der europäischen RGW-Länder. Stabilisierungsmaßnahmen der Zentralplanwirtschaften zur Wiedergewinnung ausgeglichener Zahlungsbilanzen, Bonn (Gesamtdeutsches Institut) 1980, S. 80 f.
3 Das ungarische Außenhandelsjahrbuch für 1977 weist erstmals getrennt Intra-RGW-Umsätze aus, die in konvertiblen Währungen abgewickelt wurden. Vgl. GAJZAGO, Oliver: Das neue ungarische Außenhandelsjahrbuch für das Jahr 1977, in: Berichte des Bundesinstituts für internationale und ostwissenschaftliche Studien, Aktuelle Analysen, Köln 1979. 1975 beispielsweise sollen nach anderen Quellen 9,4 % des ungarischen Exports in die RGW-Länder in Hartwährungen abgewickelt worden sein. Vgl. BRAINARD, Lawrence J.: Eastern Europe's Indebtedness: Policy Choices for East and West, in: SANDERS, Christ. T. (Hrsg.): Money and Finance in East and West, Wien und New York 1978, S. 79–98, hier: S. 85
4 DIETSCH, Ulrich: Außenwirtschaftliche Aktivitäten der DDR, Hamburg 1976, S. 76 f.
5 Ebd., S. 78 f.
6 Ebd., S. 79
7 Die Analyse von DIETSCH stellt überwiegend auf Kammer- und Handelsvereinbarungen ab und beschränkt sich auf eine Skizze der Vereinbarungen mit Dänemark, Norwegen, Schweden, Österreich und Großbritannien, ohne allerdings den Verrechnungsverkehr im einzelnen darzustellen oder empirisches Material zu präsentieren. Aufmerksamkeit fand im Westen bislang überwiegend nur der innerdeutsche Handel, wobei sich das Interesse am Zahlungsverkehr einseitig auf die chronische Inanspruchnahme des Swings durch die DDR konzentrierte.

Zu Abschnitt 1:

1 Vgl. STOBBE, Alfred: Volkswirtschaftliches Rechnungswesen, 3. Aufl., Berlin, Heidelberg, New York 1972, S. 12
2 Hierunter sollen Güter verstanden werden, die kein Geld und keine Forderungen auf Geld darstellen.
3 Vgl. SCHUSTER, Falko: Gegen- und Kompensationsgeschäfte als Marketing-Instrumente im Investitionsgüterbereich, Berlin 1979, S. 14
4 Ebd., S. 15
5 Vgl. ebd., S. 17 ff.
6 Die Deutsche Notenbank, Ostberlin, definiert hingegen eine Kompensation als ein Geschäft, bei dem „keine Zahlung von Land zu Land geleistet" wird, stellt also auf das Definitionskriterium „Abwesenheit von Zahlungen" ab. Siehe: Bankmäßige Abwicklung der Kompensationsgeschäfte. Aus dem Außenhandels-Lehrmaterial der Deutschen Notenbank, in: Der Aussenhandel, 2. Jg. (1952), H. 8, S. 247 f., hier: S. 248
7 STERNA, L.: Außenhandel durch Kompensation, in: Der Aussenhandel, 2. Jg. (1952), H. 8, S. 247
8 In der DDR wurde unzutreffenderweise von „Globalabkommen" gesprochen.
9 STERNA, L.: Außenhandel durch Kompensation, a.a.O.
10 Ebd., Hervorhebung durch den Verf.
11 *Bankenabkommen* existierten beispielsweise mit Griechenland, Portugal, Kolumbien, Brasilien, Dänemark, Frankreich und der Türkei; in den *Kammerabkommen* waren die Verrechnungsvereinbarungen beispielsweise festgelegt im Handel mit Österreich, Norwegen, Schweden, Island, den Niederlanden und Italien.
12 Vgl. TRIEGLER, Ludwig: Handbuch der Welthandelstechnik, Wien 1955, S. 50 f.
13 Von der DDR wurde das Einkontosystem nach Kenntnis des Verf. nur einmal angewandt, nämlich im Clearingverkehr mit Ägypten. Von 1953 bis Ende 1958 existierte offiziell nur bei der National Bank of Egypt ein zentrales Clearingkonto. Siehe Protokoll der Besprechung zwischen der Delegation der Deutschen Demokratischen Republik und der Delegation der Republik Ägypten vom 2. bis 7. September 1957, in: Der Außenhandel und der innerdeutsche Handel, 7. Jg. (1957), H. 19, S. 698 f.

14 Siehe auch die Interpretation bei SCHUSTER, Falko: Gegen- und Kompensationsgeschäfte als Marketing-Instrumente im Investitionsgüterbereich, a.a.O., S. 59
15 Vgl. GIERSDORF: Vorzüge und Nachteile bilateraler Clearingabkommen der DDR mit kapitalistischen Ländern, in: Der Aussenhandel, 10. Jg. (1960), H. 1, S. 13—17, hier: S. 14

Zu Abschnitt 2:

1 Siehe hierzu insbesondere: Bankmäßige Abwicklung der Kompensationsgeschäfte, a.a.O.; GIERSDORF: Vorzüge und Nachteile bilateraler Clearingabkommen der DDR mit kapitalistischen Ländern, a.a.O.; Ders.: Fragen des Überganges zu multilateralen Clearingabkommen zwischen der DDR und kapitalistischen Ländern, in: Der Aussenhandel, 10. Jg. (1960), H. 2, S. 13f.; KOLLOCH, Klaus/EHLERT, Willi: Zur Theorie und Praxis des internationalen Bankenclearings, in: Deutsche Finanzwirtschaft, 19. Jg. (1965), Sammelausgabe, H. 3, S. 21—23 sowie ULBRICHT, Gottfried: Entwicklungstendenzen im internationalen Zahlungsverkehr, in: Der Aussenhandel, 14. Jg. (1964), H. 10, S. 21—23 und H. 11, S. 28—30
2 Vgl. GIERSDORF: Vorzüge und Nachteile bilateraler Clearingabkommen der DDR mit kapitalistischen Ländern, a.a.O., S. 16
3 Ebd., S. 17
4 Ebd.
5 Vgl. KOLLOCH, Klaus/EHLERT, Willi: Zur Theorie und Praxis des internationalen Bankenclearings, a.a.O., S. 21. Folge dieser tendenziell ungünstigeren Einkaufsmöglichkeiten und indirekten Abnahmezwänge im Clearing war es, daß Mitte der sechziger Jahre beispielsweise das Niveau der Auslandspreise für vergleichbare Waren im Handel mit sozialistischen Verrechnungswährungsländern höher als im Handel mit nichtsozialistischen Verrechnungswährungsländern war, die Preise hier wiederum jedoch signifikant über dem Preisniveau im Handel gegen „freie Valuta" lagen. Vgl. SEIDEL, G.: Einige Fragen der wirtschaftlichen Rechnungsführung im Außenhandel, in: Der Aussenhandel, 13. Jg. (1963), H. 9, S. 3—6, hier: S. 4f.
6 Es ist dies eines der wichtigsten Motive für die bilateralen und später multilateralen Verrechnungen der meisten westlichen Länder nach dem Zweiten Weltkrieg gewesen. Vgl. YEAGER, Leland B.: International Monetary Relations. Theory, History and Policy, 2. Aufl., New York u.a. 1968, S. 359ff.
7 Vgl. GIERSDORF: Vorzüge und Nachteile bilateraler Clearingabkommen der DDR mit kapitalistischen Ländern, a.a.O., S. 15, der selbst nur davon spricht, daß „durch die Warenlisten eine *gewisse Sicherheit* für den Export und Import gegeben" sei.
8 Gerade von der DDR, die bis Mitte der sechziger Jahre noch teilweise Schwierigkeiten hatte, im nichtsozialistischen Währungsraum Kredite zu erhalten, wurde dieser Vorteil hoch eingeschätzt. Siehe GIERSDORF: Vorzüge und Nachteile bilateraler Clearingabkommen der DDR mit kapitalistischen Ländern, a.a.O., S. 15f. sowie ULBRICHT, Gottfried: Entwicklungstendenzen im internationalen Zahlungsverkehr, a.a.O., S. 29
9 Siehe hierzu insbesondere WILES, Peter John de la Fosse: Communist International Economics, New York und Washington 1969, S. 254ff.

Zu Abschnitt 3:

1 Vgl. beispielsweise DIETSCH, Ulrich: Außenwirtschaftliche Aktivitäten der DDR, a.a.O., S. 76f. sowie WILCZYNSKI, Jozef: The Economics and Politics of East-West Trade. A Study of Trade between Developed Market Economies and Centrally Planned Economies in a Changing World, London u.a. 1969, S. 204f. Eine bemerkenswerte Ausnahme ist jedoch WILES, der die gängigen Ansichten auf den Kopf stellt: „In particular there seems to be no rational reason for an STE (State trading economy, der Verf.) to wish to trade bilaterally with an ME (market economy, der Verf.), while an ME might well wish to do so with an STE." WILES, Peter John de la Fosse: Communist International Economics, a.a.O., S. 265
2 Vgl. PORSCHEN, Dieter: Währungskooperation in West und Ost — Ein Systemvergleich auf der Grundlage der neuen politischen Ökonomie, Stuttgart und New York 1979, S. 199ff.
3 Vgl. insbesondere die Schätzungen unterschiedlich definierter Reziprozitätsmaße für den Ost-West-Handel bei PRYOR, Frederic L.: The Communist Foreign Trade System, London 1963; MICHAELY, M.: Multilateral Balancing in International Trade, in: American Econo-

mic Review, Vol. 52 (1962), S. 688; McMILLAN, C.H.: The Bilateral Character of Soviet and East European Trade, in: Journal of Common Market Studies, Vol. XIII (1975), No. 1–2, S. 1–20 sowie FAMILTON, R.J.: East-West Trade and Payments Relations, in: International Monetary Fund Staff Papers, Vol. 17 (1970), S. 170–213

4 Für die DDR vgl. beispielsweise GIERSDORF: Vorzüge und Nachteile bilateraler Clearingabkommen der DDR mit kapitalistischen Ländern, a.a.O.; Ders.: Fragen des Überganges zu multilateralen Clearingabkommen zwischen der DDR und kapitalistischen Ländern, a.a.O.; KOLLOCH, Klaus/EHLERT, Willi: Zur Theorie und Praxis des internationalen Bankenclearings, a.a.O. sowie BLESSING, Helmut: Zu einigen Problemen des multilateralen Zahlungsverkehrs, in: Der Aussenhandel, 6. Jg. (1956), S. 810–813

5 GIERSDORF: Vorzüge und Nachteile bilateraler Clearingabkommen der DDR mit kapitalistischen Ländern, a.a.O., S. 15

6 Ebd., S. 14f.

7 Ebd., S. 15

8 Siehe insbesondere ULBRICHT, Gottfried: Entwicklungstendenzen im internationalen Zahlungsverkehr, a.a.O., S. 29 sowie HANSEN, Hans: Welche finanziellen Beziehungen unterhält die DDR zum Ausland?, in: Deutsche Finanzwirtschaft, 14. Jg. (1960), Sammelausgabe, H. 7, S. 212–216, hier: S. 216: „Gegen freie Devisen kann man auf dem Weltmarkt im Prinzip jede Ware kaufen und jede Dienstleistung in Anspruch nehmen (ohne Berücksichtigung des Embargos)."

9 Vgl. ULBRICHT, Gottfried: Entwicklungstendenzen im internationalen Zahlungsverkehr, a.a.O.

10 Diese Feststellung gilt schon für die Anzahl der Hauptabteilungen und Abteilungen und erst recht für ihre Besetzungsstärke sowie die Orientierung und berufliche Karriere der Leitungsspitze des Ministeriums.

11 ULBRICHT, Gottfried: Entwicklungstendenzen im internationalen Zahlungsverkehr, a.a.O., S. 28

12 Ebd., S. 29

13 Ebd., S. 30

14 KOLLOCH, Klaus/EHLERT, Willi: Zur Theorie und Praxis des internationalen Bankenclearings, a.a.O., S. 21

15 Den westlichen Industrieländern wurde beispielsweise vorgeworfen, sie verhinderten durch ihre „Diskriminierungs- und Embargopolitik . . . die volle Auslastung bilateraler Abkommen." GIERSDORF: Fragen des Überganges zu multilateralen Clearingabkommen zwischen der DDR und kapitalistischen Ländern, a.a.O., S. 13. Die offenbar unbefriedigende Entwicklung des bilateralen Handels mit Frankreich Mitte der fünfziger Jahre wurde damit begründet, die Außenhandelsorgane wüßten aus Erfahrung, daß Frankreich ein „unsicherer Partner" sei, der sich unzureichend an vereinbarte Warenlisten halte. Vgl. GIERSDORF: Vorzüge und Nachteile bilateraler Clearingabkommen der DDR mit kapitalistischen Ländern, a.a.O. Schwierigkeiten der Entwicklung des Außenhandels mit Brasilien Ende der fünfziger Jahre wurden ausschließlich dem Partnerland angelastet. Vgl. MALZ, Günter: Brasilien wünscht gleichberechtigte Handelsbeziehungen, in: Der Aussenhandel, 11. Jg. (1961), H. 12, S. 26–28 und Neue Devisenbestimmungen in Brasilien, in: Der Aussenhandel, 11. Jg. (1961), H. 12, S. 28–30. Auch im Handel mit Argentinien wurden „Unzufriedenheit und Störungen bei der Abwicklung der kommerziellen Transaktionen" mit der unzureichenden Kooperationsbereitschaft der nationalen Behörden begründet. Vgl. GÖTZEL, J.: Über die Handelsbeziehungen mit Argentinien, in: Der Aussenhandel, 6. Jg. (1956), S. 814f. und ULLRICH, Kurt: Zum Bankenabkommen DDR – Argentinien, in: Der Aussenhandel, 8. Jg. (1958), H. 7, S. 246ff. Selbst Probleme der Entwicklung des Handels mit Ägypten und Indien wurden einseitig den Partnerländern angelastet. Vgl. beispielsweise Zehn Jahre staatliche Handelsbeziehungen mit der VAR, in: Der Aussenhandel, 13. Jg. (1963), H. 6, S. 38–41, hier: S. 41. Der indischen Regierung wurde sogar vorgeworfen, mit der Abwertung der Rupie um 36 % am 6. Juni 1966 „auf Druck der imperialistischen Weltbank und der sie beherrschenden USA" vor allem „die Störung des Außenhandels Indiens mit den sozialistischen Ländern", der in Verrechnungs-Rupien abgewickelt wird, bezweckt zu haben. Siehe LESSOW, R.S.: Expansiv, exportpreisstabil, bilanziert. Indiens Außenhandel mit den sozialistischen Ländern Europas, in: Die Wirtschaft, 22. Jg. (1967), H. 3, S. 31

16 So stellt DIETSCH beispielsweise lediglich fest: „Der Übergang von der bi- auf die multilaterale Zahlungsweise ist in der DDR durchaus diskutiert worden, wurde i.d.r. jedoch verworfen." DIETSCH, Ulrich: Außenwirtschaftliche Aktivitäten der DDR, a.a.O., S. 131

Zu Abschnitt 4:

1 Bankmäßige Abwicklung der Kompensationsgeschäfte. Aus dem Aussenhandels-Lehrmaterial der Deutschen Notenbank, a.a.O., S. 248
2 STERNA, L.: Außenhandel durch Kompensation, a.a.O., S. 247, Hervorhebung vom Verf.
3 Der Anteil von Einzelkompensationen am Außenhandel der DDR mit dem nichtsozialistischen Ausland soll von 40 % im Jahre 1953 auf etwa 30 % im Jahre 1955 zurückgegangen sein. Vgl. KOCH, Fritz: Kompensationen überwinden!, in: Der Aussenhandel, 6. Jg. (1956), S. 515f., hier: S. 516
4 Ebd.
5 Ebd., S. 515
6 Siehe hierzu auch die weiter oben skizzierten, identifizierbaren Hintergründe der Entmachtung der Notenbankpräsidentin KUCKHOFF. Die Präferenz für Verrechnungsvereinbarungen im Ost-West-Handel als vorübergehende „Notlösung" wurde von der Notenbank – zum damaligen Zeitpunkt zutreffend – damit begründet, es gebe „im Handel mit der kapitalistischen Welt Situationen, in denen infolge der den Außenhandel behindernden Devisenbestimmungen und der teilweise zerrütteten Währungen und Wirtschaften ein Warenaustausch nur auf Kompensationsbasis möglich ist." Bankmäßige Abwicklung der Kompensationsgeschäfte. Aus dem Außenhandels-Lehrmaterial der Deutschen Notenbank, a.a.O., S. 248
7 Erweiterter Außenhandel, in: Deutsche Finanzwirtschaft, 13. Jg. (1959), H. 6, S. 122
8 GIERSDORF: Vorzüge und Nachteile bilateraler Clearingabkommen der DDR mit kapitalistischen Ländern, a.a.O., S. 14
9 Ebd.
10 Ders.: Fragen des Überganges zu multilateralen Clearingabkommen zwischen der DDR und kapitalistischen Ländern, a.a.O., S. 13
11 ULBRICHT, Gottfried: Entwicklungstendenzen im internationalen Zahlungsverkehr, a.a.O., S. 23
12 Ebd., S. 30
13 Ebd., S. 23
14 Ebd.
15 Ebd.
16 Ebd., S. 28
17 Vgl. ebd., S. 21
18 Zwischen Ghana und der DDR bestand seit dem 30. März 1962 ein 5jähriges Zahlungsabkommen. Siehe den Abkommenstext in: Dokumente zur Außenpolitik der DDR, Band IX (1961), S. 338–341. Nach Informationen des Verf. durch die Bank of Ghana, Accra, wurde dieses Clearingabkommen nach dem Sturz des ghanaischen Staatspräsidenten Kwame NKRUMAH vom 24. Februar 1966 von Ghana gekündigt, vermutlich im Jahre 1967. Der Handelsaustausch selbst kam bemerkenswerterweise erst im Jahre 1969 zum Erliegen. Auslöser für die Verschlechterung der bilateralen Beziehungen war zum einen die von der neuen ghanaischen Regierung aufgedeckte „subversive und illegale" Tätigkeit von MfS-Offizieren als Sicherheitsberater NKRUMAHs. Siehe FRICKE, Karl Wilhelm: Nachrichtendienst und verdeckte Einwirkung, a.a.O., S. 343. Ausschlaggebend für den völligen Zusammenbruch der Wirtschaftsbeziehungen 1969 dürften jedoch Geheimdienstmeldungen gewesen sein, wonach die DDR Ende 1967 12 Düsenjäger nach Guinea geliefert haben soll, um dem dort im Exil lebenden NKRUMAH zur Rückkehr nach Ghana zu verhelfen. Siehe LAMM, Hans Siegfried/KUPPER, Siegfried: DDR und Dritte Welt, a.a.O., S. 145
19 Das zwischen Kambodscha und der DDR bestehende Zahlungsabkommen wurde durch Notenwechsel vom 30.11.1967 und 31.12.1967 bis Dezember 1968 verlängert. Siehe Dokumente zur Außenpolitik der DDR, Band XV, 2. Halbbd. (1967), S. 902f. Weitere Verlängerungen sind nicht bekannt geworden, im September 1969 sagte eine DDR-Delegation jedoch Staatschef SIHANOUK „finanziellen, technischen und wissenschaftlichen Beistand beim Aufbau von Industrieunternehmen" zu. Siehe Dokumente zur Außenpolitik der DDR,

Band XVII, 1. Halbbd. (1969), S. 432ff. Die Kreditzusagen hatten einen Umfang von 11,9 Mill. US-$. Siehe Anhang E. Vermutlich bestand also das Clearingabkommen bis zum Sturz des Prinzen SIHANOUK durch putschende, rechtsgerichtete Generäle im Frühjahr 1970 fort.

20 1969 beispielsweise betonte Eugen KATTNER, Stellvertreter des Ministers für Außenwirtschaft, es stehe „außer Zweifel, daß gerade die Bilanzierung der Lieferungen und Leistungen für die Entwicklungsländer die größte Gewähr bietet, sich zuverlässige Märkte für ihre Exporterzeugnisse zu schaffen und sich auf die Potenzen der sozialistischen Lieferanten zu stützen." Zitiert nach BOHLMANN, Ilse: Kapitalistische und Entwicklungsländer nutzen die neuen Möglichkeiten der Herbstmesse, in: Die Wirtschaft, 24. Jg. (1969), Nr. 38 vom 18. September, S. 20f., hier: S. 21

21 WINKLER, Heiner: Ostgeschäfte zu neuen Größenordnungen, in: Die Wirtschaft, 21. Jg. (1966), Nr. 13 vom 31. März, S. 20–24, hier: S. 21

22 Ebd.

23 Nach Berechnungen des Verf. gilt dies insbesondere für den Clearingverkehr Finnlands mit der DDR und einigen anderen kommunistischen Ländern. Auf diese Weise entstanden beispielsweise im Clearing mit Rumänien ungewöhnliche Situationen. „For example, in 1970–1974 import and export deliveries were almost equal, but Finnish exports to Romania consisted mainly of machinery and equipment for which export credits had been granted. In addition, Finland granted short-term credits to Romania, so that the payments balance showed a distinct deficit to Finland. However, in accordance with the balancing procedure, Finland paid the annual deficits in freely-convertible currencies." HIRVENSALO, Inkeri/KIVILAHTI, Terhi: Payment Arrangements between Finland and the socialist Countries, in: Bank of Finland Monthly Bulletin (1977), No. 11, S. 3–14, hier: S. 12

24 Hierzu und zu den Hintergründen des Zusammenbruchs des Bretton Wood-Systems vgl. beispielsweise BERG, Hartmut: Internationale Wirtschaftspolitik, Göttingen 1976, S. 100ff. sowie Pick's Currency Yearbook 1973, S. 538

25 Es handelt sich dabei Ende 1971 um die Clearings mit Brasilien, Ecuador, Finnland, Griechenland, Guinea, Island, Kolumbien, Libanon, Mali, Marokko, Österreich, Spanien, Syrien, Türkei und Tunesien.

26 Eine Auswertung der Abkommenstexte und Bankvereinbarungen unter Berücksichtigung ergänzender Auskünfte von Verrechnungsbanken an den Verf. ergibt, daß der Goldwert der Umsätze, Salden und Schulden auf den Clearingkonten gegenüber US-Dollar-Abwertungen gesichert war im Zahlungsverkehr mit Guinea, Libanon, Mali, Spanien, Syrien, Türkei und Tunesien. Auf eine Goldwertsicherungsklausel wurde hingegen verzichtet in den Zahlungsvereinbarungen mit Brasilien, Ecuador, Finnland, Griechenland, Kolumbien, Marokko und Österreich.

27 Der Verf. befindet sich im Besitz einer Kopie türkischen Archivmaterials, aus dem diese Zusammenhänge hervorgehen. Infolge der Abwertung des US-Dollar nahm die DDR zum Jahresende 1971 den Swing mit 2,859 Mill. US-$ bei einem Kreditlimit von bis dahin 2,500 Mill. US-$ in Anspruch.

28 Pick's Currency Yearbook 1973, S. 197

29 Nach Informationen der Österreichischen Nationalbank an den Verf.

30 Siehe Langfristiges Handels- und Zahlungsabkommen zwischen der Regierung der Deutschen Demokratischen Republik und der österreichischen Bundesregierung vom 30. August 1973, in: Dokumente zur Außenpolitik der DDR, Band XXI, 2. Halbbd. (1973), S. 873–877

31 Siehe hierzu die Ergebnisse der eigenen Schätzungen und Erhebungen, wie sie in Tabelle 11 auf S. 192 zusammengefaßt sind.

32 Nach Informationen des Verf. durch die Währungsbehörden dieser Länder

33 Ein Beispiel ist das von PRYOR und WILCZYNSKI verwendete Maß, bei dem die Summe der absoluten Außenhandelssalden mit allen Außenhandelspartnern auf die Summe der Außenhandelsumsätze mit allen Ländern bezogen wird. Das Maß schwankt theoretisch zwischen 0 (perfekt bilanzierter Handel) und 1 (jeweils nur Importe oder nur Exporte mit jedem einzelnen Land). Die empirisch ermittelbaren Werte im Ost-West-Handel lagen bis 1967 typischerweise bei 0,2 bis 0,3, im Intra-Westhandel bei 0,2. Vgl. WILCZYNSKI, Jozef: The Economics and Politics of East-West-Trade, a.a.O., S. 207f.

34 Vgl. WILES, Peter John de la Fosse: Communist International Economics, a.a.O., S. 255
35 Ebd.
36 Ebd.
37 Siehe Anhang C
38 Nach den dem Verf. vorliegenden Daten gilt dies zumindest für die Clearings mit Dänemark, Griechenland, Brasilien und Finnland, für die getrennte Dienstleistungskonten eingesehen werden konnten, sowie für den innerdeutschen Dienstleistungsverkehr.
39 Siehe Geschäftsberichte der Österreichischen Kontrollbank AG, Wien 1954ff., passim
40 Es betrug im Falle Norwegens von 1950 bis 1973 unverändert lediglich 7,5 Mill. nkr (umgerechnet 1,1 Mill. US-$). Überschreitungen waren zu verzinsen. Vgl. Der Aussenhandel, 11. Jg. (1961), H. 7, S. 35. Im Clearing mit Österreich stieg der Swing nach Informationen des Verf. durch die Österreichische Kontrollbank AG, Wien, von erstmals 0,3 Mill. US-$ 1956, 0,6 Mill. US-$ 1957, 0,8 Mill. US-$ auf zunächst 1,5 Mill. US-$ 1960 und nach weiteren Erhöhungen bis auf zuletzt 3,3 Mill. US-$.
41 Nach Auskünften der Danmarks Nationalbank an den Verf. nahm die DDR in den Jahren 1959 bis 1967 den Swing permanent, überwiegend bis zum Limit von 10 Mill. dkr (etwa 1,4 Mill. US-$) in Anspruch. Die dänische Zentralbank mußte offenbar sogar wiederholt kurzzeitige Überziehungen hinnehmen.
42 Im finnischen Clearing betrug der DDR-Swing 1956 bis 1968 3,5 Mill. US-$; er wurde 1959 infolge der Rückläufigkeit des Handels (Drosselung der DDR-Importe von Holz und Erzeugnissen der holzverarbeitenden Industrie) auf 2,5 Mill. US-$ zurückgenommen und erst 1977 auf 10,0 Mill. US-$ erhöht.
43 Im Clearing mit Spanien betrug der Swing von 1961 bis 1973 unverändert 2,0 Mill. US-$. Siehe Zahlungsabkommen zur Abwicklung des Handelsverkehrs zwischen Spanien und der Deutschen Demokratischen Republik vom 2. März 1961, in: Verfügungen und Mitteilungen des Ministeriums für Außenhandel und innerdeutschen Handel, 1961, Nr. 7 vom 20.6.1961, S. 61−64, Artikel IX
44 Bereits oben in Teil II, Kapitel B, Abschnitt 2, ist darauf eingegangen worden, daß die Währungsbehörden der DDR trotz der Militärdiktatur in Griechenland eine hohe Kreditinanspruchnahme im bilateralen Clearing anstrebten.
45 Skandinaviska Banken, Stockholm
46 1965 betrug das Kreditlimit nach Erhebungen und Schätzungen des Verf. im Verrechnungsverkehr mit Ägypten 4,2 Mill. US-$, Brasilien 2,0 Mill. US-$, Ghana 1,4 Mill. US-$, Guinea 0,8 Mill. US-$, Indien 4,3 Mill. US-$, Kambodscha 0,3 Mill. US-$, Kolumbien 2,0 Mill. US-$, Libanon 0,5 Mill. US-$, Mali 0,5 Mill. US-$, Marokko 1,0 Mill. US-$, Sri Lanka 0,1 Mill. US-$, Sudan 0,3 Mill. US-$, Syrien 0,6 Mill. US-$, Türkei 2,5 Mill. US-$, Tunesien 0,5 Mill. US-$ und Zypern 0,3 Mill. US-$.
47 1978 betrug das Kreditlimit im Clearing mit Ägypten 20,0 Mill. US-$, Brasilien 10,0 Mill. US-$, Ecuador 10,0 Mill. US-$, Indien schätzungsweise 20,0 Mill. US-$, Iran schätzungsweise 3,5 Mill. US-$, Kolumbien 3,0 Mill. US-$ sowie Pakistan 1,0 Mill. US-$.
48 Vgl. GRUNEWALD, Otto: Zum Handelsabkommen DDR−Burma, in: Der Aussenhandel, 8. Jg. (1958), S. 627f., hier: S. 627
49 Anläßlich der Umstellung des Zahlungsverkehrs mit dem Libanon vom Clearing auf freie Devisen mit Wirkung vom 22.2.1975 erfolgte ein Briefaustausch zum Handels- und Zahlungsabkommen vom 22. Mai 1961 über den Abbau des Minussaldos der DDR
50 Am 31.12.1964 beispielsweise war der technische Kredit von der Deutschen Notenbank in Anspruch genommen. Vgl. Langfristiges Handelsabkommen zwischen der Regierung der Deutschen Demokratischen Republik und der Regierung der Republik Indien vom 12. September 1964, in: Dokumente zur Außenpolitik der DDR, Band XII (1964), S. 771−778, insbesondere S. 776
51 HANSEN, Hans: Mit Devisen muß sparsamer umgegangen werden! Erfahrungen aus dem Handel mit der Republik Sudan, in: Der Außenhandel, 10. Jg. (1960), H. 8, S. 7−9
52 Estipulaciones Tecnicas Para la Aplication del Convenio de Pagos celebrado entre el Gobierno de la Republica del Ecuador y el Gobierno de la Republica Democratica Alemana, Quito, a 12 de Octubre de 1978 y en Berlin a 10 de Enero de 1979, Archiv der Banco Central del Ecuador

53 Arrangement technique entre la Deutsche Notenbank, Berlin, et la Banque de Grèce, Athènes, Athènes et Berlin, le 7 avril 1966, Archiv der Banque de Grèce
54 Vgl. Dokumente zur Außenpolitik der DDR, Bank XXIII (1975), S. 496–503, Art. X
55 Vgl. Dokumente zur Außenpolitik der DDR, Bank XXI (1973), S. 598–603, Art. 11
56 BECK, Hubertus: Die Bedeutung einer operativen Valutareserve, in: Der Außenhandel, 8. Jg. (1958), S. 293–295, hier: S. 294, Hervorhebungen vom Verf.
57 Vgl. LESSOW, R.S.: Expansiv, exportstabil, bilanziert. Indiens Außenhandel mit den sozialistischen Ländern Europas, in: Die Wirtschaft, 22. Jg. (1967), H. 3, S. 31 sowie den Briefwechsel über Handels- und Zahlungsvereinbarungen zwischen der Deutschen Demokratischen Republik und der Republik Indien vom 2. September 1966, in: Dokumente zur Außenpolitik der DDR, Band XIV (1966), 2. Halbband, S. 871–873
58 Das Zahlungsabkommen vom 19. Oktober 1975 sah zwar in Artikel 7 eine Goldwertsicherungsklausel vor. Diese Klausel sicherte jedoch nur gegen offizielle Änderungen der Goldparität des Pfund Sterling. Solange der Goldgehalt unverändert blieb, führte der Kurssturz des Pfundes gegenüber dem US-$ somit zu einer gleichhohen Abwertung des US-$-Gegenwertes der ausstehenden Schulden Ägyptens an die DDR.

Zu Abschnittt 5:

1 Die einschlägige Literatur liefert eher Beschreibungen des Ablaufs von Switchgeschäften als volkswirtschaftlich zweckmäßige Definitionen. Nach RUDIN sollen angeblich durch Switchgeschäfte „abkommensmäßig gebundene Valuten durch eine Warentransaktion konvertibel" gemacht werden. RUDIN, Max: Das devisenpolitische Dreieckgeschäft und seine volkswirtschaftliche Bedeutung unter besonderer Berücksichtigung des Switch, 2. Aufl., Winterthur 1962, S. 13. Nach KISSNER haben Switchgeschäfte „die Funktion, untereinander auf direktem Wege nicht austauschbare Währungen auf dem Umweg über Warentransaktionen ‚konvertierbar' zu machen." KISSNER, Erich: Die Forfaitierung und das Switchgeschäft, in: LANGE-PROLLIUS, Horst: Ostwesthandel für die 70er Jahre, Bad Harzburg 1971, S. 423–465, hier: S. 441. Beide Definitionen sind im Sinne üblicher Konvertibilitätsdefinitionen unzweckmäßig.
2 Vgl. SCHUSTER, Falko: Gegen- und Kompensationsgeschäfte als Marketing-Instrumente im Investitionsgüterbereich, a.a.O., S. 63
3 Im einzelnen siehe hierzu LANGE-PROLLIUS, Horst: Praxis des Ostwesthandels. Die Wirtschaftsbeziehungen 1977–1990. Mit Beiträgen von Erich KISSNER und Helmut BOHUNOVSKY, Düsseldorf und Wien 1977, S. 374ff.
4 LIPFERT, Helmut: Switch-Geschäfte in der Gegenwart, in: Zeitschrift für das gesamte Kreditwesen, Band 10 (1957), H. 10, S. 382f., hier: S. 383
5 Siehe hierzu die Darstellung in Teil II, Kapitel B, Abschnitt 5
6 Vgl. Pick's Currency Yearbook 1958, S. 145
7 Vgl. Pick's Currency Yearbook 1963, S. 200
8 Vgl. Pick's Currency Yearbook 1970, S. 211
9 Vgl. Pick's Currency Yearbook 1973, S. 199
10 Vgl. Pick's Currency Yearbook 1975–76, S. 224
11 Vgl. Pick's Currency Yearbook 1976–77, S. 230
12 Vgl. LANGE-PROLLIUS, Horst: Praxis des Ostwesthandels, a.a.O., S. 374
13 LIPFERT, Helmut: Switch-Geschäfte, in: Zeitschrift für das gesamte Kreditwesen, Band 6 (1953), H. 13, S. 400f., hier: S. 400
14 LIPFERT, Helmut: Switch-Geschäfte II, in: Zeitschrift für das gesamte Kreditwesen, Band 6 (1953), H. 14, S. 434f., hier: S. 434
15 LEVCIK, Friedrich/STANKOVSKY, Jan: Kredite des Westens und Österreichs an Osteuropa und die UdSSR, in: Monatsberichte des österreichischen Instituts für Wirtschaftsforschung, No. 5, Mai 1977, S. 250–263
16 Ebd.
17 1972 war die Transit- und Switchbilanz Österreichs gegenüber der DDR und Rumänien mit zusammen 198 Mill. österreichischen Schilling aktiv, 1973 mit 72 Mill. Schilling passiv. Vgl. ebd.
18 Eigene Berechnungen nach Aufzeichnungen der Österreichischen Nationalbank, Wien

19 Auskunft der Suomen Pankki, Helsinki, an den Verf.
20 Auskünfte der Bank Markazi Iran an den Verf.
21 Die Käufe über Konto S betrugen (in Mill. DM):

1958	1959	1960	1961	1962	1963	1964	1965	1966	1967	1968	1969	1970
1	22	67	2	2	–	–	4	24	90	46	77	46

1971	1972	1973	1974	1975	1976	1977	1978	1979	1980	1981	1982	1983
110	24	317	251	160	370	184	71	34	25	19	66	73

Quelle: Informationen des Verf. durch das Bundesministerium für Wirtschaft, Bonn, und die Deutsche Bundesbank, Frankfurt/M.
22 Eigene Berechnungen nach unveröffentlichten Daten der Deutschen Bundesbank, Frankfurt/M., denen zufolge 1975 190,8 Mill. DM und 1976 514,4 Mill. DM Zahlungen zu Lasten von Konto S erfolgten, von denen jedoch nur 160 und 370 Mill. DM für Käufe verwendet wurden.
23 HANSEN, Hans: Mit Devisen muß sparsamer umgegangen werden! Erfahrungen aus dem Handel mit der Republik Sudan, in: Der Aussenhandel, 10. Jg. (1960), H. 8, S. 7–9
24 Nach Informationen des Verf. könnte die DDR einen Teil ihrer Importe aus der Sowjetunion schon Ende der fünfziger Jahre mit finnischen Clearingguthaben bezahlt haben. Das langfristige Handelsabkommen Finnlands mit der Sowjetunion sah für den Zeitraum von 1956 bis 1960 alljährliche sowjetische Importüberschüsse von umgerechnet 40 Mill. US-$ vor, die (a) in Höhe von 10 Mill. US-$ jährlich in freien Devisen abzudecken und (b) in Höhe von 30 Mill. US-$ jährlich durch Saldenverrechnung mit Drittländern auszugleichen waren. Siehe Archiv der Gegenwart, 24. Jg. (1954), S. 4634 (TASS vom 19.7.1954). Interessant ist in diesem Zusammenhang die Klausel im ostdeutschen Handelsabkommen mit Finnland für das Jahr 1956, derzufolge der geplante DDR-Exportüberschuß von rund 4 Mill. US-$ „durch Vereinbarung mit einem dritten Land und durch Dienstleistungen" ausgeglichen werden sollte. Siehe Dokumente zur Außenpolitik der Regierung der DDR, Band III, S. 646 ff. Ähnliche Klauseln enthielten auch die übrigen Handelsvereinbarungen der DDR mit Finnland.
25 Ende 1976 war der Swing von der DDR mit 4,8 Mill. US-$ (bei einem Kreditlimit von 2,5 Mill. US-$) bereits überzogen worden, hinzu kam 1977 ein Saldo auf den Verrechnungskonten zu Lasten der DDR in Höhe von 16,1 Mill. US-$, der die Swinginanspruchnahme auf 20,9 Mill. US-$ Ende 1977 erhöht hätte, hätten die Währungsbehörden der DDR nicht 7,9 Mill. US-$ auf die Konten eingezahlt. Der Swing wurde dadurch am 31.12.1977 „lediglich" mit 13,0 Mill. US-$ in Anspruch genommen, nachdem die DDR selbst eine Swingerhöhung auf 10 Mill. US-$ vorgeschlagen hatte. 1978 ergab sich auf den Konten erneut ein Saldo für die DDR in Höhe von 6,7 Mill. US-$, die Swinginanspruchnahme wäre auf 19,7 Mill. US-$ gestiegen. Infolge eines erneuten Devisenübertrags in Höhe von 7,3 Mill. US-$ betrug die tatsächliche Inanspruchnahme am 31.12.1978 jedoch nur 12,4 Mill. US-$.

Zu Abschnitt 6:

1 HIRVENSALO, Inkeri/KIVILATHI, Terhi: Payment Arrangements between Finland and the socialist Countries, a.a.O.
2 Bemerkenswerterweise „the proposals for the revision of the system have been presented by the Soviet side." Ebd., S. 13. Jedoch „Finland's opinion has been that there is no reason to start revising the system, unless both parties can be fully convinced that the revision will have a favourable impact on trade." Ebd.
3 BLESSING, Helmut: Zu einigen Problemen des multilateralen Zahlungsverkehrs, in: Der Aussenhandel, 6. Jg. (1956), S. 810–813
4 Ebd., S. 811
5 Ebd.
6 Vgl. ULBRICHT, Gottfried: Entwicklungstendenzen im internationalen Zahlungsverkehr, in: Der Aussenhandel, 14. Jg. (1964), H. 10, S. 21–23 und H. 11, S. 28–30, hier: S. 23 sowie HANSEN, Hans: Welche finanziellen Beziehungen unterhält die DDR zum Ausland?, in: Deutsche Finanzwirtschaft, 14. Jg. (1960), Sammelausgabe, H. 7, S. 212–216, hier: S. 216
7 Vgl. WILCZYNSKI, Jozef: Comparative Monetary Economics, a.a.O., S. 169
8 Vgl. ebd.

9 Siehe BLESSING, Helmut: Zu einigen Problemen des multilateralen Zahlungsverkehrs, a.a.O. sowie SMIRNOW, A.: Die Sterling- und die Dollarzone, in: Der Aussenhandel, 4. Jg. (1954), S. 174–176 und S. 198f. sowie TSCHERNYSCHOW, P.: Die Widersprüche zwischen den USA und Großbritannien auf dem Gebiet der Valuta, in: Der Aussenhandel, 4. Jg. (1954), S. 345–347 und S. 375–378
10 Vgl. ECKERMANN, H.Ch.: Die Auflockerung der Pfundguthaben und ihre Auswirkungen auf die Sterling-Konten der Deutschen Notenbank, in: Der Aussenhandel, 4. Jg. (1954), S. 663 sowie Um die Konvertibilität des britischen Pfundes, in: Der Aussenhandel, 6. Jg. (1956), S. 850
11 Darunter wird in Polen der Verkauf „harter" Waren an Inländer gegen Devisen verstanden.
12 WILCZYNSKI, Jozef: Comparative Monetary Economics, a.a.O., S. 168f.
13 Der damalige Bundesminister für gesamtdeutsche Fragen Herbert WEHNER vertrat beispielsweise im Juni 1968 die Ansicht, daß die „Maßnahmen . . . nur dazu eingeführt werden, die Spaltung Deutschlands zu vertiefen, die Trennung unseres deutschen Volkes schmerzhafter zu machen." WEHNER, Herbert: Ansprache zum Tag der deutschen Einheit, in: Texte zur Deutschlandpolitik, Band II, Kassel 1970, S. 191–199, hier: S. 193. Der Bundesregierung lagen klare Hinweise vor, daß es sich bei den Verordnungen um „von langer Hand vorbereitete Schubladenprojekte" handelte. Vgl. Ders.: Rede vor dem Deutschen Bundestag am 20. Juni 1968, in: Texte zur Deutschlandpolitik, Band II, Kassel 1970, S. 222–236, hier: S. 222f.

B. Währungsreserven und Reservepolitik

1. Zum Gestaltungsmuster sozialistischer Währungsreservepolitik

Höhe, Zusammensetzung und strategischer Einsatz der internationalen Währungsreserven sozialistischer Länder sind eine weitgehende terra incognita. Bruchstückhafte, aber zuverlässige Informationen sind lediglich für die IWF-Mitglieder Jugoslawien, Rumänien, Ungarn und neuerdings auch die Volksrepublik China verfügbar.[1] Das Interesse westlicher Forscher hat sich darüber hinaus weitgehend in dem Versuch erschöpft, Anhaltspunkte für die Höhe der sowjetischen Goldreserven zu finden.[2] Im folgenden wird erstmals der Versuch unternommen, die Reservepolitik der DDR zu erhellen und vor diesem Hintergrund Hypothesen über währungspolitisches Handeln im sozialistischen Staat zu prüfen.

Nach Wilczynski „Socialist countries are not ... anxious to accumulate large international reserves ... In general, the international reserves held by the Socialist countries are lower than those typical of the capitalist world."[3] Einerseits akzeptiert Wilczynski das sozialistische Argument, das staatliche Außenhandels- und Valutamonopol erlaube „a better control and forecast of receipts and payments involving foreign exchange."[4] Andererseits wird der geringe Bedarf damit begründet, daß der überwiegende Teil – in der Regel zwei Drittel – des Außenhandels der sozialistischen Staaten auf bilateraler Verrechnungsbasis abgewickelt werde, hierfür aber Währungsreserven nicht erforderlich seien.[5] „International reserves are essentially looked upon as idle resources which should be turned into imports of productive equipment to speed up economic development."[6]

Wilczynski schätzte für 1975 die Reserven von 14 kommunistischen Ländern auf 25 Mrd. US-$ oder 25 % der Warenimporte desselben Jahres.[7] Von dieser Summe sollen rund 15 Mrd. US-$ auf Goldbestände, rund 10 Mrd. US-$ auf Devisenguthaben entfallen sein.[8] Ohne die sowjetischen und rotchinesischen Reserven[9] standen somit Einfuhren der kleineren kommunistischen Länder in Höhe von 54 Mrd. US-$ Reserven in Höhe von fast 9 Mrd. US-$ gegenüber. Die Reserven der kleineren Länder decken damit aber nur 16 % der Jahresimporte und beinhalten zudem einen geringeren Goldanteil von 4,5 Mrd. US-$. Diese Schätzungen erscheinen bemerkenswert, wenn man berücksichtigt, daß die internationalen Währungsreserven 1975 in der Schweiz 127 %, in Westdeutschland 56 %, den USA 41 %, den Niederlanden 35 %, Italien 33 %, Japan 26 %, Kanada 22 % und lediglich in Großbritannien nur 14 % des Importwertes betrugen.[10]

Wilczynskis Thesen scheinen jedoch gerade im Lichte einer politischen Ökonomie kommunistischer Regierungssysteme korrekturbedürftig. Erstens legen das Sicherheitsstreben der Parteiführung und des bürokratischen Apparates gerade umgekehrt eine hohe Reservepräferenz nahe. Zweitens impliziert die ideologisch begründete Furcht vor einer Destabilisierung und Unterminierung des Systems durch die Einwirkung der Außenwirtschaftspolitik kapitalistischer Staaten, daß jene ökonomischen Strategien größere Legitimations- und Durchsetzungschancen haben, die hohe Reserve- und Sicherheitspolster der Behörden beinhalten. Drittens und nicht zuletzt darf nicht übersehen werden, daß mit der Verwaltung und Hortung von Währungsreserven bürokratische Apparate betraut sind, die ein ausgesprochenes Eigeninteresse an deren Stabilisierung und Vermehrung entwickeln dürften. Gestützt werden diese Argumente durch eher „technische" Implikationen des Valutamonopols des sozialistischen Staates. Aufgrund der Inkonvertibilität der Binnenwährung für Devisenausländer haben diese nämlich bei Exportgeschäften kein Interesse und bei Importen keine Möglichkeit, als Transaktionswährung die inkonvertible Binnenwährung zu verwenden. Während im Außenhandel von Ländern mit (teil)konvertiblen Währungen in der Regel zwischen 40 und 80 Prozent des Handelsvolumens in der nationalen Währung fakturiert und bezahlt werden, ist ein Land mit Außenhandels- und Valutamonopol somit vollständig auf Fremdwährungen zur finanziellen Abwicklung seiner internationalen Transaktionen angewiesen, mögen diese nun in Form von Gold, Hartwährungen, inkonvertiblen nichtsozialistischen Währungen oder Clearingdevisen in Erscheinung treten. Hieraus ergeben sich jedoch währungspolitische Probleme, wie sie selbst für Entwicklungsländer mit zumindest beschränkt (etwa waren-)konvertiblen nationalen Währungen unbekannt sind.

Zunächst folgt, daß zentralgeleitete Volkswirtschaften mit inkonvertibler Währung Ungleichgewichte zwischen internationalen Zahlungseingängen und -ausgängen immer und in vollem Umfang in Devisen oder Devisenkrediten abzudecken haben, während Länder mit teilkonvertiblen Währungen zumindest so lange nicht zur Zahlung in Gold oder Fremdwährungen gezwungen sind, wie Ausländer bereit sind, die nationale Währung des Defizitlandes als Zahlungsmittel zu akzeptieren und gegebenenfalls zu horten, d.h. als Reservemedium zu verwenden. Die Hortung inkonvertibler sozialistischer Währungen durch Ausländer beschränkt sich aber auf minimale operative Kassenbestände bei jenen Banken und Wechselstuben, die an Schwarzmarktgeschäften in der fraglichen Währung auf westlichen Märkten teilnehmen.

Da Zahlungsbilanzungleichgewichte stets unmittelbare Konsequenzen für den Devisenbedarf haben, folgt zudem, daß zentralgeleitete Volkswirtschaften – gemessen am Handelsumsatz – einen vergleichsweise höheren Bedarf an operativen Fremdwährungsreserven haben, um temporäre Devisenbilanzdefizite zu finanzieren. In Ländern mit konvertiblen Währungen ist der operative Reservebedarf (in Relation zum Handelsumsatz) a priori geringer, weil nur ein Bruchteil der internationalen Zahlungen überhaupt in Fremdwährungen abgewickelt wird, die inländischen Unternehmen und Banken also in hohem Maße die eigene nationale konvertible Währung als internationales Zahlungsmittel verwenden können.

Schließlich ist zu berücksichtigen, daß den Politikern in kommunistisch-autokratischen Systemen wichtige Einflußmöglichkeiten auf die währungspolitischen Entscheidungsträger jener Länder fehlen, deren Währungen sie verwenden und horten – vergleicht man damit jene inzwischen selbstverständlich gewordenen und weitgehend institutionalisierten Absprachen und Konsultationen zwischen den Regierungen und Zentralbanken der wichtigsten westlichen Industrieländer. In diesem Sinne handeln die währungspolitischen Entscheidungsträger im sozialistischen Staat permanent unter einem Ausmaß von Unsicherheit und Furcht vor „beggar my neighbor-policies" anderer Nationalstaaten, wie es in der westlichen Welt eigentlich nur für die dreißiger Jahre vorausgesetzt werden kann. Hinzu kommt, daß die kommunistischen Länder mit dem US-Dollar als Leit- und Reservewährung des westlichen Währungssystems lange Jahre gerade die Währung jenes Landes benutzen und horten mußten, das ihnen als das am ehesten noch unfreundlich gesonnene erschien.

Alles in allem erscheint daher weit eher die Gegenthese (zu der von Wilczynski vorgetragenen) begründet, daß nämlich der sozialistische Staat eine ausgeprägt hohe

Währungsreservepräferenz hat und dabei Anlageformen bevorzugt, die ihm eine vergleichsweise große Sicherheit hinsichtlich der freien und sofortigen Verwendbarkeit der Reserven geben, d.h. Börsenwaren und Gold. Ein zahlungsbilanzstrategischer Einsatz der staatlichen Währungs- und Warenreserven ist vor dem Hintergrund dieser Überlegungen überhaupt nur in engen Grenzen zu erwarten. Dabei sind allerdings in zumindest dreifacher Hinsicht Einschränkungen zu machen.

Erstens wird der permanent wirksame Importsog unter den Bedingungen sozialistischer Devisenplanung immer wieder Tendenzen zu einer Verausgabung der Reserven fördern; innerhalb des Wirtschafts- und Planungsapparates dürfte daher grundsätzlich keine Interessenharmonie bestehen. Zweitens werden die Reserveziele selbst in dem Maße Veränderungen unterliegen, in dem die Parteiführung auch den allgemeinen wirtschaftspolitischen und zahlungsbilanzpolitischen Kurs ändert; Reservestrategien im Zick-Zack-Kurs sind daher a priori nicht unwahrscheinlich. Drittens schließlich ist der Tatsache Rechnung zu tragen, daß bei bilateraler Clearingverrechnung Hartwährungsreserven überhaupt nur dann benötigt werden, wenn ein Teil des Zahlungsverkehrs (für harte Waren und Leistungen) nicht im Clearing abgewickelt wird oder wenn damit zu rechnen ist, daß den Swing überschreitende Spitzensalden durch Devisen abgedeckt werden müssen. Die Währungsreserven sozialistischer Länder sind daher stets sinnvoll nur in Relation zum Umfang ihres Handels in Hartwährungen zu messen und zu beurteilen.

2. Organisation und Zielsetzung der Reservepolitik der DDR

In den Verwaltungsberichten der Reichsbank in Berlin, bei der die Goldreserven des Deutschen Reiches bis zum Kriegsende lagerten, wurden vom 30.6.1939 bis zum 7.2.1945[1] unverändert in der Position „Gold und deckungsfähige Devisen" 77 Mill. RM ausgewiesen. Nach dem Ausweis vom 31.3.1939 entfielen davon 71 Mill. RM auf Gold und 6 Mill. RM auf deckungsfähige Devisen.[2] Nach Informationen des Verf. wurde selbst dieser zusammengeschrumpfte[3] Goldbestand von 25,45 Tonnen[4] nach der Eroberung Berlins von sowjetischen Verbänden abtransportiert.

Möglicherweise wurde allerdings ein Teil dieses Goldes nur aus Berlin heraus und nach Potsdam verbracht. Die dort gegründete „Landeskreditbank von Brandenburg" soll nämlich[5] unter Aufsicht der sowjetischen Finanzverwaltung die Edelmetallvorräte gelagert haben. Sie scheint tatsächlich als einzige Behörde in der SBZ laut Satzung zum „An- und Verkauf von Edelmetallen nach näherer Bestimmung des Ministers der Finanzen" sowie zur „Durchführung des Überweisungs- und Verrechnungsverkehrs ... im Interzonenhandel"[6] befugt gewesen zu sein. In ihren Edelmetall- und Devisenfonds dürften auch jene Edelmetalle, Münzen, Devisen und sonstigen Vermögensgegenstände eingegangen sein, die auf geheimen SMAD-Befehl vom 8.5.1945[7] bei Banken und auf Befehl Nr. 11[8] hin bei Privatpersonen und Firmen konfisziert wurden.

Nach Gründung der DDR Ende 1949 ordnete Armeegeneral W.I. Tschujkow als Vorsitzender der sowjetischen Kontrollkommission an, „alle Konten ausländischer Währung, die bisher bei der Deutschen Notenbank auf den Namen der Finanzverwaltung und der Verwaltung für Außenhandel der sowjetischen Militäradministration geführt wurden, der Regierung der Deutschen Demokratischen Republik zur Verfügung"[9] zu übergeben. Ebenso „übergab die sowjetische Kontrollkommission der ostdeutschen Regierung alle in der Kreditbank des Landes Brandenburg in Potsdam lagernden Bestände an Edelmetallen für industrielle Zwecke"[10] und stellte die Ausbeutung der Edelmetallvorkommen in der SBZ sowie die Verteilung der Edelmetalle in die Zuständigkeit der DDR-Regierung.

Die Höhe der auf diese Weise der DDR quasi als „Startkapital" übergebenen Währungsreserven dürfte jedoch minimal gewesen sein, da die DDR sowohl 1950, 1951 als auch 1952 in ihrem Handel mit den nichtsozialistischen Ländern zu einem weitestgehenden Ausgleich der Handelsbilanz gezwungen war[11] und verbleibende Finanzierungslücken durch erhöhte Swinginanspruchnahmen auszugleichen hatte.[12] War die DDR — was den Swing betrifft — am 31.12.1949 noch gegenüber dem gesamten Ausland (einschließlich RGW-Staaten) in einer Nettogläubigerposition von 45,6 Mill. US-$, so fand sie sich am 31.12.1950 in einer Nettoschuldnerposition von 120 Mill. US-$.[13] Ende 1949 wies die Deutsche Notenbank darüber hinaus sonstige Devisenschulden in Höhe von 45,9 Mill. US-$ aus, während sie Ende 1950 immerhin sonstige Devisenforderungen in Höhe von 1,0 Mill. US-$ auswies.[14] 1951 verfügte die DDR lediglich noch über „Dollarguthaben bei amerikanischen Banken in Höhe von einigen Millionen US-Dollar"[15] und vermutlich über Bestände vergleichbarer Größenordnung in London.

Die Entscheidungskompetenz über die Bildung und Verwendung internationaler Währungsreserven war lange Jahre ausgesprochen unklar. Offiziell bestanden drei verschiedene Fonds, die zusammen die „Valutaplanreserven" bildeten: eine „Valuta-Staatsreserve", eine „operative Valutareserve für Dienstleistungen" beim Ministerium der Finanzen und eine „operative Valutareserve für den Außenhandel" beim Ministerium für Außenhandel und innerdeutschen Handel.[16] Schon die Trennung in Staatsreserve einerseits und operative Reserven andererseits erwies sich als wenig hilfreich und irreführend. Angeblich sollte die Staatsreserve dem Ausgleich größerer Disproportionen aufgrund von Naturkatastrophen, politischen Ereignissen und als „Quelle für die Unterstützung anderer sozialistischer Länder durch die Gewährung von Krediten in kapitalistischen Währungen"[17] dienen. Die operativen Reserven sollten primär „zur Überbrückung von kurzfristigen Disproportionen, die sich aus dem unterschiedlichen Grad der Planerfüllung bei den einzelnen Positionen des Valutaplanes ergeben, herangezogen"[18] werden. Wie schon diese Begriffsbestimmung vermuten läßt, waren die Funktionen jedoch nahezu identisch und auf den kurzfristigen Zahlungsbilanzausgleich ausgerichtet. Das eigentliche Unterscheidungsmerkmal dürfte vielmehr darin zu suchen sein, daß über Mittelfreigaben aus den operativen Fonds die Ministerien weitgehend selbständig verfügen konnten, über Mittelfreigaben aus der Staatsreserve jedoch formal allein der Ministerrat entscheiden durfte.[19]

Um die Reservestrategie der einzelnen Bürokratien miteinander abzustimmen, wurden „monatlich koordinierende Devisenkommissionsberatungen über die Valutadispositionen zwischen verantwortlichen Mitarbeitern des Ministeriums der Finanzen, des Ministeriums für Außenhandel und Innerdeutschen Handel und der Deutschen Notenbank abgehalten."[20] Es ließ sich jedoch kaum vermeiden, daß es seit Bestehen der DDR immer wieder zu ernsthaften Ziel- und Interessenkonflikten zwischen den zahlreichen, gleichzeitig mit Funktionen im Bereich der Reservepolitik betrauten Institutionen kam. Dabei scheint regelmäßig das Hauptanliegen der nachgeordneten Ministerien gewesen zu sein, die in ihrer Verfügungsgewalt befindlichen „operativen" Reserven zu Lasten der Staatsreserven zu erhöhen. In den fünfziger Jahren wurden daher „sehr häufig von seiten der Ministerien Mittel aus dem Reservefonds beantragt ..., die lediglich dazu dienten, aus Schwächen der eigenen Arbeit entstandene Schwierigkeiten leicht und bequem zu beseitigen."[21]

Demgegenüber neigte das „Staatssekretariat für die Verwaltung der Staatsreserve" unter der Leitung von Kurt Stoph im eigenen institutionellen Interesse zu einer Stabilisierung und Ausweitung der unter seiner Verfügung stehenden Reserven nicht nur an Rohstoffen, sondern vor allem an international kurzfristig liquidierbaren Aktiva wie Gold, Silber und Platin. Schenk berichtete, daß auch „Ulbricht und besonders die Russen auf Vergrößerung der Staatsreserven drängten, wobei sie vor allem deren strategische Bedeutung für den Fall militärischer Konflikte im Auge hatten."[22] Die Zentralbank entwickelte sich sogar zum Vorreiter einer drastischen Erhöhung der eigenen Währungsreserven.[23] Angesichts der systematischen und beeindruckenden Erhöhung der Goldreserven der westdeutschen Bundesbank begann auch die ostdeutsche Notenbank lebhaftes Interesse an dem Auf- und Ausbau einer soliden Gold- und Devisenreserve der DDR zu entwickeln. Die Deutsche Notenbank wollte offenbar schon in den fünfziger Jahren auf diese Weise den Weg für eine Multilateralisierung des DDR-Außenhandels bereiten. Da 1956 und 1957 die Exporterlöse in konvertiblen Währungen nicht ausreichten, die Devisenausgaben für Wareneinfuhren und Dienstleistungsimporte zu decken, setzte die Deutsche Notenbank die Bildung und selbständige Führung einer operativen Reserve durch, die jeweils „auf Kosten der Staatsreserve"[24] gebildet wurde.

Die Zentralbank hatte sich auf diese Weise die Verfügungsgewalt über einen erheblichen Teil der Währungsreserven der DDR verschafft und der Kontrolle nicht nur der konkurrierenden Spitzenbürokraten und zeitweise wohl auch Ulbrichts und Leuschners entzogen. Frau Kuckhoff plante sogar, soweit „die Geschäfte reibungslos verlaufen und die Inanspruchnahme der operativen Reserve nicht erforderlich ist, ... diese zeitweilig freien Mittel mit einem höheren Prozentsatz (etwa 4 1/2 %) fest anzulegen."[25] Es kann als sicher gelten, daß diese Absichten mit beigetragen haben zur Entmachtung der Zentralbank und ihrer Subordination unter das Finanzministerium Anfang 1958. Die bei der Notenbank gebildete Währungsreserve wurde nur deshalb „vorübergehend weitergeführt", um „eine reibungslose Abwicklung des Zahlungsverkehrs mit dem Ausland zu garantieren".[26]

In den Folgejahren scheinen die Währungsreserven der DDR jedoch unter dem Einfluß des Finanzministers rezentralisiert worden zu sein. Ihm oblag – über die subordinierte Zentralbank – in den sechziger Jahren weitgehend die Kontrolle über die internationalen Währungsreserven der DDR, wobei allerdings der bestimmende Einfluß – zumindest auf deren Höhe – von der Staatlichen Plankommission ausgeübt wurde. Seit der Gründung der Deutschen Außenhandelsbank im Jahre 1966 scheint der Einfluß des Finanzministeriums allerdings zunehmend zurückgedrängt worden zu sein. Wesentlich und bis heute gültig scheint jedoch, daß mit allen genannten Spitzenbürokratien, die an der Formulierung und Durchsetzung der Reservepolitik maßgeblich beteiligt sind – der Plankommission, dem Finanzministerium und der Außenhandelsbank – Organisationen beauftragt wurden, die ein ausgesprochenes *Eigeninteresse an der An-*

häufung, Vermehrung und Sicherung internationaler Währungsreserven besitzen dürften.

Es scheinen damit durchaus nicht ungünstige Bedingungen gegeben zu sein, selbständige Reserveziele — und damit dann auch die Möglichkeit aktiven, zahlungsbilanzstrategischen Einsatzes von Währungsreserven — gegen die permanenten Forderungen der nachgeordneten Ministerien und Staatsorgane nach finanziellen Mitteln wirksam zu verteidigen. Regierungsinterne Auseinandersetzungen über die angemessene Reservestrategie sind damit gleichwohl nicht ausgeschlossen, sondern im Gegenteil geradezu vorprogrammiert. Bemerkenswert erscheint allerdings das beobachtbare Übergewicht der Befürworter möglichst umfangreicher Reserven im Willensbildungs- und Entscheidungsprozeß. Sie werden, so ist zu erwarten, ihre Ansprüche jeweils den wechselnden Situationen und Gültigkeit beanspruchenden politischen Linien anzupassen haben. Die behauptete, dem System immanente Tendenz zur Hortung und Risikominimierung dürfte dadurch jedoch kaum zu durchbrechen sein.

3. Entwicklung und Struktur der Devisenreserven

Die gesamten fünfziger Jahre hindurch war die völlig unzureichende Höhe der Devisenreserven die Achillesferse der internationalen Währungspolitik der DDR. Die Reserven waren so knapp, daß zeitweise nicht einmal der dringendste Importbedarf gedeckt werden konnte. Die Devisenarmut des Landes und die hierdurch bedingte Abhängigkeit von sowjetischer Hilfe scheint bestimmend für die Reserve- und Zahlungsbilanzpolitik bis in die jüngste Vergangenheit gewesen zu sein, und zwar vor allem in dem Sinne, daß die DDR-Behörden ausgesprochen sensibel und schnell auf jegliche Anzeichen einer möglichen Bedrohung der Wertstabilität und/oder Verwendbarkeit ihrer Devisenreserven reagiert haben.

Ausdruck für dieses ausgeprägte Absicherungsbedürfnis ist unter anderem die Tatsache, daß die Währungsbehörden der DDR stets bestrebt waren, den größten Teil ihrer auf *ausländischen Konten* angelegten Devisenreserven bei den wenigen Banken im nichtsozialistischen Ausland zu halten, die sich überwiegend im Besitz bzw. unter maßgeblicher Leitung von Organisationen kommunistischer Staaten befinden, vor allem der Moscow Narodny Bank Ltd (London), der Banque Commerciale pour l'Europe du Nord (Paris), seit Mitte der sechziger Jahre auch bei der East-West United Bank (Luxemburg) und der Wozchod Handelsbank AG (Zürich), in den siebziger Jahren auch der Donau Bank AG (Wien) und der Ost-West-Handelsbank AG (Frankfurt/M.). Da die genannten Banken sich jedoch, wie die folgende tabellarische Übersicht zeigt, aufgrund von Schachtelbeteiligungen zu fast 100 % in Besitz der Staatsbank der UdSSR sowie der Außenhandelsbank der UdSSR befinden, folgt aus diesem Anlageverhalten der DDR-Behörden zugleich, daß die sowjetische Parteiführung und Spitzenbürokratie in der Tat zu jedem Zeitpunkt ein unmittelbares, sehr umfassendes und im großen und ganzen repräsentatives Bild vom Stand der ostdeutschen Devisenreserven hat, und zwar ohne daß die DDR hierüber täglich oder wöchentlich ausdrücklich Bericht erstatten müßte. Die Vermutung liegt nahe, daß die Währungsbehörden der DDR ihre Devisenreserven im Westen nicht nur deshalb bei sowjetischen Banken halten, weil dies ihrem Sicherheitsbedürfnis entgegenkommt, sondern auch, weil entsprechende Anweisungen der sowjetischen Parteiführung vorliegen.

Die Beteiligungsverhältnisse der wichtigsten sozialistischen Korrespondenzbanken der DDR in nichtsozialistischen Ländern

Name, Sitz (Gründungsjahr)	Beteiligungsverhältnisse	
Banque Commerciale pour l'Europe du Nord, Paris (1921)	100[a] %	Staatsbank der UdSSR, Moskau Bank für Außenhandel der UdSSR, Moskau
Moscow Narodny Bank Ltd., London (1919)	80 % 5 % 15 %	Staatsbank der UdSSR, Moskau Banque Commerciale pour l'Europe du Nord, Paris Ost-West Handelsbank AG, Frankfurt/M.
Ost-West Handelsbank AG, Frankfurt/M. (1972)	23 % 18 % 17 % je 8 %	Staatsbank der UdSSR, Moskau Bank für Außenhandel der UdSSR, Moskau Staatliche Arbeitersparkassen der UdSSR, Moskau 5 Außenhandelsbetriebe der UdSSR, Moskau
East-West United Bank, Luxemburg (1964)	26 % 24 % 12 % 16 % 9 % 6 % 2 %	Staatsbank der UdSSR, Moskau Außenhandelsbank der UdSSR, Moskau Moscow Narodny Bank Ltd., London Banque Commerciale pour l'Europe du Nord, Paris Ost-West Handelsbank AG, Frankfurt/M. Wozchod Handelsbank AG, Zürich Banque Russo-Iran, Teheran[b]
Wozchod Handelsbank AG, Zürich (1966)	73 % 17 % 4 % 6 %	Staatsbank der UdSSR, Moskau Außenhandelsbank der UdSSR, Moskau Moscow Narodny Bank Ltd., London Ost-West Handelsbank AG, Frankfurt/M. East-West United Bank, Luxemburg
Donau Bank AG, Wien (1974)	60 % 40 %	Staatsbank der UdSSR, Moskau Außenhandelsbank der UdSSR, Moskau

a Die französische Kommunistische Partei hält eine geringe Beteiligung
b Zu 100 % in sowjetischem Staatsbesitz

Quelle: Zusammengestellt nach LANGE-PROLLIUS, Horst: Praxis des Ostwesthandels. Die Wirtschaftsbeziehungen 1977–1990, Düsseldorf und Wien 1977, S. 262–276 sowie WILCZYNSKI, Jozef: Comparative Monetary Economics. Capitalist and Socialist Monetary Systems and their Interrelations in the Changing International Scene, London und Basingstoke 1978, S. 47f. Beteiligungsverhältnisse nach dem Stand vom 31.12.1975, Prozentangaben gerundet.

Anfang der fünfziger Jahre bestanden die Devisenreserven der DDR nahezu vollständig in US-Dollarguthaben bei amerikanischen Banken, Pfund Sterling-Guthaben in London und Schweizer Franken-Guthaben bei Züricher Banken.[1] Die Reserven waren ausgesprochen gering und konzentrierten sich auf einige wenige Banken.[2] Unter diesen Bedingungen mußte die zeitweise Sperrung der DDR-Reserven bei amerikanischen Banken durch die US-amerikanische Regierung 1951[3] für die DDR-Führung wie ein Schock wirken, zumal der gesamte, auf konvertiblen US-Dollar basierende Außenhandel der DDR gefährdet war. In den Folgejahren versuchte die DDR daher, freie US-Dollar bei Banken außerhalb der Vereinigten Staaten anzulegen (sog. Eurodollar) oder die nationalen Währungsreserven primär in anderen Währungen anzulegen. Dabei rückte zunächst das *Pfund Sterling* in den Mittelpunkt des Interesses, dies um so mehr, als die DDR-Guthaben von der Bank of England seit 1953 als „transferable account area" (TAA-) Pfund Sterling eingestuft wurden und damit für die DDR immerhin im gesamten Sterling-Raum verwendbar waren.[4]

Es ist im Westen bislang übersehen worden, daß die *Partnerland-Struktur* des DDR-Außenhandels mit der Dritten Welt seit Anfang der fünfziger Jahre primär auf diesen Währungsraum ausgerichtet ist. Die Vermutung liegt somit nahe, daß für die handelspolitische Schwerpunktbildung der DDR weniger politische Interessen, als primär die Verfügbarkeit (beschränkt) konvertibler Währungsreserven bestimmend gewesen sind. Die TAA-Sterling-Guthaben der DDR in London konnten für alle kommerziellen Geschäfte mit den britischen Dominions (ausgenommen Kanada und Neufundland), den britischen Kolonien und Protektoraten sowie Ägypten, Sudan, Irak, Island und den Färöer[5] Verwendung finden. Es erscheint daher zahlungsbilanzstrategisch erklärbar, daß der DDR-Überseeaußenhandel sich primär auf Indien, Ägypten, Indonesien, Australien, Neuseeland, den Iran und Sudan, Saudi-Arabien, den Jemen, Pakistan, Syrien und Südafrika konzentrierte. Diese Strategie erlaubte nicht nur einen ökonomischeren Umgang mit den knappen zentralisierten Reserven in London, sondern auch die Möglichkeit, auf die Bildung von US-Dollar-Reserven überhaupt weitgehend zu verzichten. Die weitgehende Vernachlässigung des Handels mit dem Dollarraum, insbesondere mit den lateinamerikanischen Ländern und Kanada steht mit dieser Interpretation in Einklang.

Die Haltung der DDR änderte sich jedoch grundlegend im Jahre 1956. Vor allem drei Faktoren scheinen für die in diesem Jahr erfolgte vollständige Neuorientierung der Devisenpolitik der DDR verantwortlich gewesen zu sein. Die Unruhen und Aufstände in Ungarn und Polen im selben Jahr zwangen die DDR zu verstärkten Importen aus westlichen Ländern.[6] Insbesondere polnische Kohle, die im Clearing gekauft werden sollte, mußte kurzfristig über Schweden und Hamburg aus den USA beschafft werden.[7] Die für diese Barkäufe erforderlichen US-Dollar mußten von der Sowjetunion zur Verfügung gestellt werden. Um ähnliche Engpässe in Zukunft zu vermeiden, war daher in der Direktive zum 2. Fünfjahrplan (1956 bis 1960) auf Drängen der Sowjetunion hin erstmals die *Schaffung einer größeren Währungsreserve in freien Devisen* gefordert worden.[8] Die zur Realisierung dieser Zielsetzung erforderlichen Exportüberschüsse konnten im wesentlichen nur gegenüber dem Dollarraum erwirtschaftet werden, da sich die britischen Behörden zunehmend gegen ostdeutsche Exportüberschüsse sperrten. Zweitens kam es infolge der Suezkrise 1956 nicht nur zu Lieferausfällen auf ägyptischer Seite, sondern auch zu einer vorübergehenden *Abwertung des Pfund Sterling*. In der DDR wurde daraufhin zunehmend gefordert, „den Geldmarkt laufend zu erforschen und durch Konvertierung der einzelnen Währungen Kursverluste zu vermeiden."[9] Ansteckend wirkte auf die Währungsbehörden der DDR auch, daß die arabischen Staaten zunehmend Sterlingguthaben in US-Dollar eintauschten.[10] Notenbankexperten waren der Meinung, daß „auch in Zukunft eine nochmalige Abwertung des Pfund Sterling nicht ausgeschlossen"[11] sei und forderten daher, den Export insbesondere gegen US-Dollar zu erhöhen, bei Geschäften in Sterling Wertsicherungsklauseln zu vereinbaren und transferable Pfund Sterling, sofern sie akzeptiert werden müssen, gegen entsprechendes Disagio möglichst umgehend auf den freien Devisenmärkten in US-Dollar zu konvertieren.[12] Für die radikale Umstrukturierung der Währungsreserven der DDR 1956/57 von Pfund Sterling in US-Dollar dürfte zudem drittens maßgeblich auch die Forderung gewesen sein, unter anderem die Einfuhr von Bohnenkaffee und Kakaobohnen — und damit vor allem den *Außenhandel mit dem Dollarraum* — beachtlich zu steigern.[13]

Die Aufwertung der DM(West) 1961 und die kontinuierlich gestiegenen Einnahmen der DDR in konvertiblen DM aus Gebühren im Reise-, Güter- und Transitverkehr ließen die DDR seit Mitte der sechziger Jahre einen zunehmenden Teil ihrer Währungsreserven in harten DM halten, die bei Bedarf in US-Dollar, Pfund Sterling oder andere Devisen konvertiert wurden. Der größte Teil dieser Reserven wurde und wird bei der gewerkschaftseigenen Bank für Gemeinwirtschaft in Frankfurt/M. gehalten und unterliegt der Geheimhaltung durch die zuständigen westdeutschen Behörden.[14]

Die zunehmende Labilität des westlichen Währungssystems Ende der sechziger Jahre führte zu einer erneuten radikalen Neuorientierung der Reservepolitik der DDR. Die Währungsunruhen in Frankreich und Großbritannien führten diesmal nicht zu einer Flucht in andere Währungen, sondern erstmals und primär zu massenhaften *Konvertierungen abwertungsgefährdeter Devisenreserven in Gold.* Erst als 1970 deutlich wurde, daß der Goldpreis nicht — wie erwartet[15] — sich innerhalb kürzester Frist verdoppeln würde und die DDR sogar bei kurzfristig sinkenden Goldpreisen Verluste hinnehmen mußte, begann man zunehmend, sich vom Goldmarkt fernzuhalten und stattdessen schwache Währungen (insbesondere US-Dollar, Französische Francs und Pfund Sterling) in starke Währungen (insbesondere DM und Schweizer Franken) zu konvertieren,[16] zinstragend anzulegen und auf Aufwertungsgewinne zu warten. Ausdruck dieser ausgeprägten Flucht aus schwachen Währungen war die kategorische und unrealistische Ablehnung des US-Dollar als Anlage- und Transaktionsmedium Anfang 1972 durch die ostdeutsche Regierung.[17] Es kann kaum bezweifelt werden, daß die DDR gerade in den kritischen Jahren des westlichen Währungssystems zwischen 1968 und 1973 durch ihre kurzfristigen und massenhaften Reserveumstrukturierungen einen signifikanten Beitrag zur Destabilisierung der freien Devisenmärkte geleistet hat.

In den Jahren von 1974 bis 1977 scheint die Devisenpolitik der DDR allerdings wieder moderateren Mustern gefolgt zu sein. Offenbar bedurfte es eines gewissen Lernprozesses, bis die ostdeutschen Behörden beispielsweise die *Wertsicherung von Devisen durch Termingeschäfte* eingeübt hatten. Aus unveröffentlichtem Material der Österreichischen Nationalbank ergibt sich beispielsweise, daß der überwiegende Teil der Devisenreserven der DDR bei österreichischen Banken termingesichert ist. Der Anteil der Sichtdevisen und Spareinlagen ist seit dem dramatischen Kursverfall des US-Dollar systematisch zurückgegangen.[18] Auch scheint nicht ohne Einfluß geblieben zu sein, daß gerade Anlagen in „schwachen" Währungen in den siebziger Jahren überwiegend höher verzinslich waren als Anlagen in „starken" Währungen, so daß ein gewisser Ausgleich für mögliche Abwertungsverluste geboten war. Zudem lautet der ganz überwiegende Teil der von der DDR aufgenommenen und zurückzuzahlenden ungebundenen Finanzkredite auf US-Dollar, so daß schon aus diesem Grunde eine höhere *Reservehaltung in US-Dollar* nicht nur wahrscheinlich, sondern sogar ökonomisch zweckmäßig ist. Auch im Ost-West- und Ost-Süd-Handel erzielen die Währungsbehörden der DDR überwiegend US-Dollar.[19] Entsprechend dürften gegenwärtig wieder bis zu 80% der Devisenreserven der DDR auf US-Dollar lauten. Einen nennenswerten Umfang dürften lediglich die Devisenreserven erreichen, die die DDR in freien DM(West) bei westdeutschen und Westberliner Banken hält und die für die DDR nicht nur deshalb besonders attraktiv sind, weil sie vergleichsweise geringen Abwertungsrisiken unterliegen, sondern auch, weil sie der Geheimhaltung durch die westdeutschen Behörden unterliegen.[20]

4. Gewinnung, Einfuhr, Ausfuhr und Hortung von Gold

Bei dem großen Interesse, das die sowjetische Produktion, Ausfuhr und Hortung von Gold im Westen gefunden hat, ist der Goldstrategie der kleineren osteuropäischen Länder kaum, der DDR kein Interesse entgegengebracht worden. Im relevanten Schrifttum der DDR selbst wird dieser ausgesprochen „sensible" Problemkreis systematisch umgangen. Die meisten Informationen und Daten unterliegen jedoch auch in den westlichen Ländern strengster Diskretion.

Entgegen der Annahme, in der DDR werde kein Gold gewonnen,[1] legen umfangreiche Recherchen des Verf. die Vermutung nahe, daß zumindest bis in die jüngste Vergangenheit hinein Gold — allerdings in vergleichsweise geringen Mengen — in Bergwerksproduktion gewonnen wurde. Diese Vermutung wird wie folgt begründet. Dem amerikanischen Innenministerium liegen „sehr vereinzelte" Nachrichten über eine geringfügige Goldförderung in der DDR vor.[2] 1959 bemerkte der anerkannte und in der Regel gut informierte DDR-Währungsexperte Prof. Kühne, daß „in der DDR die Goldproduktion *unbedeutend* ist".[3] Gold wird auch in nichtkommunistischen Ländern zu einem erheblichen Teil als Bei- oder Co-Produkt beispielsweise im Silber-, Kupfer- und Uranbergbau gewonnen.[4] Berechnungen des Verf. auf der Basis der Statistiken des Dritten Reiches bis 1938/39[5] legen den Schluß nahe, daß bei der Gewinnung von Uran in der DDR kein Gold anfällt, daß jedoch insbesondere der Mansfelder Kupferschiefer einen (allerdings sehr geringen) Goldgehalt aufweist,[6] und daß insbesondere in den fünfziger Jahren gewisse Mengen an Gold noch im Rahmen der Gewinnung von Blei-, Silber-, Zink- und Arsenerzen im Erzgebirge und im Thüringischen Wald aufkamen. Die Jahresförderung dürfte bis Anfang der sechziger Jahre 100 kg Feingold nicht wesentlich überschritten haben und seitdem kontinuierlich gefallen sein.

Die Parteiführung mußte daher schon bald die noch Ende der fünfziger Jahre gehegte Hoffnung aufgeben, doch noch eigene Goldlagerstätten zu entdecken. Nachdem die Zahlungsbilanzkrise 1957 durch sowjetische Kredithilfe in Gold und Devisen gemeistert worden war, stellte der Ministerpräsident Grotewohl mit Bedauern fest: „Da wir über keine bedeutenden Goldvorräte verfügen..., können wir eine operative Valutareserve nicht aus außerplanmäßigen Quellen bilden."[7] Die eher „unbedeutenden" Goldvorräte, die Grotewohls Bemerkung vermuten läßt, waren bereits zwischen 1946 und 1954 von sowjetischen Expertenteams weitgehend ausgebeutet worden. Es wurden daher unter Federführung der Geologischen Kommission bei der Staatlichen Plankommission intensive und kostspielige Versuche einer Exploration heimischer Goldvorkommen durchgeführt, die alles in allem wenig erfolgreich waren. Die *Rohstoffarmut* der DDR erwies sich damit erneut auch auf diesem Gebiet.

Wie knapp die Inlandsversorgung mit Industriegold blieb, zeigt die Tatsache, daß noch in den fünfziger Jahren führenden SED-Funktionären Zahngold nur in der Sowjetunion eingesetzt wurde.[8] Bis Anfang der sechziger Jahre blieb die Devisenbilanz der DDR so angespannt, daß ein eigenes Engagement auf den internationalen Goldmärkten — wäre es als erwünscht betrachtet worden — nicht zu finanzieren war. Es kann daher wohl mit an Sicherheit grenzender Wahrscheinlichkeit angenommen werden, daß die Goldreserven der DDR bis 1963 den Umfang von 2 Tonnen im Werte von 2 Millionen US-Dollar kaum überstiegen. Bis 1964 ist die DDR als Aufkäufer oder Verkäufer von Gold — zumindest auf dem Londoner Goldmarkt — nicht in Erscheinung getreten.[9] Ihre Währungsreserven bestanden bis zu diesem Zeitpunkt vorwiegend in Devisen, die teilweise zinstragend im Ausland angelegt waren. Eine Anlage in „unproduktivem", lange Jahre offenbar keine Wertsteigerung ermöglichendem Gold wurde vermieden.

Diese Haltung änderte sich zunächst marginal im Zuge der Außenwirtschaftsreform. Parallel zu den steigenden Erlösen in freien Devisen, begannen die Währungsbehörden der DDR mit kleineren Goldankäufen am Londoner Markt. 1964, 1965 und 1966 wurde jeweils fast eine halbe Tonne Gold angekauft. Zu einer geradezu *dramatischen Veränderung der Goldankaufspolitik* kam es jedoch im Jahre 1967. Die DDR kaufte nämlich 1967 und 1968 — vor und nach der Abwertung des Pfund Sterling — allein am Londoner Markt 127 Tonnen Gold im Wert von fast 132 Mill. US-Dollar. Sie war damit nach der Schweiz, Frankreich und der Bundesrepublik Deutschland der bedeutendste Goldaufkäufer am Londoner Markt überhaupt.[10] Die DDR allein importierte in beiden Jahren zusammengenommen aus Großbritannien weit mehr als der gesamte kommunistische Block einschließlich der Volksrepublik China.

Die identifizierbaren Hintergründe des Geschehens und die Tatsache, daß die DDR bis 1972 bei steigenden Goldpreisen wieder 66 1/2 Tonnen Gold in den Londoner Markt abgab, belegen, daß die Strategie der DDR primär darauf abzielte, Verluste aus Abwertungen des Pfund Sterling zu vermeiden und gleichzeitig an erwarteten Goldpreissteigerungen zu partizipieren. Die Marktstrategie der DDR in den Jahren 1967 und 1968 reflektiert damit primär den massenhaften Umtausch der in Pfund Sterling bei Londoner Banken gehaltenen Währungsreserven in Gold. Die DDR hat damit — dies kann angesichts des Umfangs der Goldabzüge behauptet werden — während der Spekulationswelle gegen das Pfund Sterling 1967 eine herausragende Rolle gespielt und in weitaus stärkerem Maße zu *Devisenmarktstörungen* beigetragen als die Mehrzahl der Bretton-Woods- und Sterling Area-Länder.[11]

Der skizzierte grundlegende Wechsel in der Gold- und Reservestrategie der DDR 1967 war indes erst möglich geworden, nachdem zwei entscheidende Voraussetzungen gegeben waren. Erstens bedurfte es eines eindeutigen Signals von sowjetischer Seite, daß eine neue Strategie die *sowjetische Zustimmung* finden würde. Beachtung fand daher eine Konferenz „über einige Probleme der sich versteifenden Finanzkrise der kapitalistischen Länder"[12] im Herbst 1965, auf der sowjetische

Finanzwissenschaftler offen den Zusammenbruch der Reservewährungen Dollar und Pfund Sterling voraussagten und das Gold als beständigstes und universell verwendbares Reservemedium empfahlen. Zweitens bedurfte es *institutioneller Veränderungen* in der DDR selbst, die dazu geeignet waren, den Einfluß des an einer aktiven Reservepolitik weitgehend desinteressierten Finanzministeriums zurückzudrängen. Diese Bedingungen waren aber vor allem mit der Gründung der Deutschen Außenhandelsbank AG am 1.7.1966 gegeben. Im April 1967 konstituierte sich zudem ein „Verwaltungsrat" bei der Deutschen Außenhandelsbank AG, dem die Beratung des Vorstandes in „Grundsatzfragen der Bankarbeit"[13] übertragen wurde, und dessen „Repräsentanten der Hochschule für Ökonomie in Berlin-Karlshorst und der Martin-Luther-Universität Halle"[14], insbesondere wohl Prof. Dr. H.-D. Kühne, einen so bestimmenden Einfluß auf die Reservepolitik der DDR in den Folgejahren gewinnen sollten, daß geradezu von einer „Verwissenschaftlichung der Reservepolitik der DDR" gesprochen werden kann.

Es scheint, daß in diesem Politikfeld ideologisches Wunschdenken vom unaufhaltsamen Verfall der kapitalistischen Währungsordnung,[15] die systemimmanente Tendenz der Spitzenbürokratien zu währungspolitischer Absicherung, Stabilisierung und Hortung und das kommunistische Postulat, Widersprüche im kapitalistischen System zum eigenen Vorteil auszunutzen, eine selten einmütige Allianz zwischen politischer Führung, Staatsbürokratie und Währungsexperten herbeigeführt haben. Auf diese Weise scheint letztlich die primär ideologischem Wunschdenken entspringende These vom Zerfall des kapitalistischen Weltwährungssystems die DDR faktisch vor Verlusten durch Abwertungen von Reservewährungen bewahrt zu haben, weil sie die DDR stets frühzeitig und bemerkenswert massiv auf alle Währungskrisen reagieren ließ. Umgekehrt hat allerdings auch gerade diese (vor allem ideologisch begründete) Weit- und Voraussicht der DDR-Behörden ihrerseits zur *Destabilisierung der westlichen Devisen- und Goldmärkte* beigetragen.

Schon 1965[16] war von DDR-Wissenschaftlern eine Panik am Goldmarkt und eine zahlungsbilanzpolitisch motivierte Abwertung des Pfund Sterling und weiterer „kapitalistischer Währungen" für möglich gehalten worden. Nach der Pfundabwertung verlautete aus dem Finanzministerium: „Selbstverständlich wurde die Entwicklung auf den Devisenmärkten laufend verfolgt, um rechtzeitig notwendige Vorkehrungen treffen zu können."[17] Die britische Handelsstatistik belegt, daß massive „Vorkehrungen" tatsächlich getroffen worden waren. Mit theoretisch unzureichenden, ideologisch gefärbten, im Ergebnis jedoch zutreffenden Argumenten vertrat Kühne nach der Pfundabwertung die Meinung, die von Großbritannien ergriffenen wirtschaftspolitischen Maßnahmen genügten „keineswegs, weil sie vor allem nicht ihre Ursachen beseitigen. Die weitere Vertiefung der Währungskrise ist wahrscheinlicher als ihre partielle oder zeitweilige Milderung."[18] Dabei galt es nach Kühne „als gewiß, daß das Gold seine starke Rolle beibehält und eine mögliche Aufwertung des Goldes zu neuen Kursrelationen führen muß."[19] Es zeichne sich eine „weitere Entmachtung der beiden Reservewährungen Dollar und Pfund"[20] ab, es komme daher weiterhin darauf an, „die Widersprüche des imperialistischen Währungssystems... auszunutzen."[21]

Für die Goldpolitik der DDR implizierten diese Prognosen, zunehmend auch US-Dollar in Gold zu konvertieren, nachdem die ostdeutschen Sterlingguthaben bis Ende 1968 bereits auf ein Minimum reduziert worden waren. Zwar wurde von der

Deutschen Außenhandelsbank AG darauf hingewiesen, daß eine währungspolitische *Prognose potentieller Abwertungsverluste* schwierig sei, weil „die Entscheidung zu einer Abwertung in erster Linie eine politische Entscheidung sei, die man kaum voraussehen könne."[22] Die Währungsexperten drängten jedoch zur Eile, es habe nämlich mit der Pfundabwertung ein „währungspolitischer Erdrutsch begonnen, dessen Ende noch nicht abzusehen ist."[23] Dabei gewännen langfristig „alle jene Faktoren an Bedeutung, die eine Abwertung des Dollar und die Heraufsetzung des Goldpreises hervorrufen."[24] Kühne stellte fest, es sei „noch nicht möglich, diesen Prozeß zeitlich zu determinieren."[25] Seine Bedingungen seien aber erkennbar und rasches Handeln erforderlich. Auch Prof. Domdey sagte inzwischen voraus, der Zeitpunkt rücke „näher, zu dem der Dollar sogar seine teilweise Goldkonvertibilität verlieren wird."[26] Eine Verdopplung des Goldpreises erscheine daher durchaus möglich. Sogar die Parteiführung befaßte sich mit diesen Problemen; sie scheint noch 1968 die Zustimmung zur „Flucht aus dem US-Dollar" erteilt zu haben.[27]

Die DDR blieb dem Londoner Markt allerdings überwiegend fern, nachdem die Massengoldkäufe im Jahre 1968 bereits Aufsehen in der City erregt hatten.[28] Die Deutsche Außenhandelsbank AG zog insbesondere 1969 die Diskretion des Schweizer Goldmarktes vor und konvertierte – wie in den Vorjahren schon[29] – insbesondere US-Dollar in Gold. 1970 und 1971 dann kehrte sich die Politik der DDR erneut um: Angesichts der angespannten Zahlungsbilanzsituation gab die Deutsche Außenhandelsbank AG bei steigenden Goldpreisen größere Goldbeträge wieder in den Markt. Zu Recht konnte Kühne jedenfalls nach dem Zusammenbruch des Bretton-Woods-System erklären: „Der Sturz des US-Dollar als Leitwährung ... ist weder überraschend noch ‚sensationell' ... Die DDR hat auf der Grundlage des sozialistischen Außenwirtschaftsmonopols alle erforderlichen Maßnahmen zum Schutze unserer Volkswirtschaft ... getroffen."[30]

In den Folgejahren hielt sich die DDR jedoch trotz erheblicher permanenter Zahlungsbilanzdefizite und eines entsprechenden Finanzierungsbedarfs in Hartwährungen mit Goldverkäufen überraschend zurück. Größere Verschiffungen nach Großbritannien wurden letztmals 1972 bekannt; 1973 und 1974 wurden in London nur noch jeweils eine viertel Tonne Gold veräußert, während je eine halbe Tonne Gold 1974 und 1975 in Zürich verkauft worden sein soll.[31] Danach wäre die ostdeutsche Goldreserve von 1972 bis 1977 mit etwas mehr als 50 Tonnen Feingold bemerkenswert stabil geblieben. Für die Jahre nach 1977 ist ein annähernd zuverlässiges Bild der Käufe und Verkäufe der DDR am Goldmarkt nicht zu erhalten, da die britischen Zollbehörden offenbar aus Sorge, kommunistische Verkäufe abzuschrecken, ab 1977 ihre Einfuhrberichterstattung nicht mehr nach Ländern differenzieren und die Länderstruktur der Goldein- und -ausfuhr der Schweiz ohnedies strengster Diskretion unterliegt.

Eine Reihe von Einzelinformationen[32] deuten jedoch darauf hin, daß die DDR 1978 erneut einen grundlegenden Wechsel in ihrer Goldanlagestrategie vollzogen hat. Sie scheint allein in diesem Jahr angesichts des dramatischen Kurssturzes des US-Dollar gegenüber den meisten westlichen Währungen außerhalb Großbritanniens erhebliche Goldmengen angekauft und sich damit aktiv an der Spekulation gegen den US-Dollar beteiligt zu haben. Durch weitere Goldkäufe 1979 und 1980 scheinen die Währungsbehörden der DDR ihren Goldhort innerhalb von nur drei Jahren von 52 auf 100 Tonnen nahezu verdoppelt und ihre auf US-Dollar lautenden Gut-

Tabelle 12
Der Goldhandel der DDR 1963 bis 1983

in Tonnen

Jahr	DDR-Ausfuhr	Großbritannien[a] DDR-Einfuhr	Saldo	übrige Länder Saldo[b]	Reserven zum Jahresende
1963	–	–	–	–	2,0
1964	–	0,43	0,43	–	2,4
1965	–	0,53	0,53	–	3,0
1966	–	0,40	0,40	–	3,4
1967	–	46,56	46,56	2,0	51,9
1968	2,01	60,28	58,27	5,0	115,2
1969	5,03	0,82	– 4,21	1,0	112,0
1970	8,84	0,90	– 7,94	–1,0	103,0
1971	26,26	1,46	–24,80	–2,0	76,2
1972	24,32	2,34	–21,98	–2,0	52,3
1973	0,22	0,07	– 0,15	–0,5	51,6
1974	0,25	0,00	– 0,25	–0,5	50,9
1975	0,00	0,00	0,00	–0,5	50,4
1976	0,00	0,51	0,51	0,0	50,9
1977	...	0,81	0,81	0,0	51,7
1978	...	0,34	0,34	27,0	79,1
1979	...	1,61	1,61	0,0	80,7
1980	...	8,86	8,86	10,0	99,5
1981	0,05	0,00	– 0,05	0,0	99,5
1982	–	0,05	0,05	0,0	99,5
1983	0,19	0,00	– 0,19	1,0	100,3

a Die britischen Zollbehörden haben ihre Berichterstattung über die aus Interbank- und Londoner Goldmarktgeschäften resultierende Goldeinfuhr nach Ländern 1977 und über die Goldausfuhr nach Ländern 1981 eingestellt. Die hier für 1981 bis 1983 gemachten Angaben spiegeln lediglich „sonstige" Goldein- und ausfuhren nach Angaben des britischen Zolls wieder;
b Eigene Schätzungen nach vereinzelten westlichen Informationen; ab 1977 einschließlich Interbanken- und Goldmarktgeschäfte über London

Quelle: Eigene Schätzungen und Berechnungen; Samuel MONTAGU; Annual Bullion Review, London 1959ff.; Informationen des Verf. durch Her Majesty's Customs and Excise. Stationary Office, Southend-on-Sea, Consolidated Gold Fields, London, sowie das Statistische Bundesamt, Wiesbaden.

haben bei westlichen Banken um den entsprechenden Gegenwert in Höhe von schätzungsweise 550 Mill. US-Dollar vermindert zu haben. Es gelang der DDR auf diese Weise nicht nur, Abwertungsverluste zu vermeiden, sondern auch, in erheblichem Umfang an den Goldpreissteigerungen der nachfolgenden Jahre zu partizipieren.

Berechnungen und Schätzungen zur Goldeinfuhr, -ausfuhr und -hortung der DDR sind für den Zeitraum von 1963 bis 1983 in Tabelle 12 zusammengestellt worden. Dabei wurde hinsichtlich der Reserveänderungen davon ausgegangen, daß der (vergleichsweise geringe) Inlandsverbrauch praktisch vollständig durch das Goldaufkommen aus der eigenen Bergwerks- und Hüttenproduktion abgedeckt werden kann. Die hier vorgelegten Schätzungen sollten hinsichtlich ihrer Aussagekraft nicht überbewertet werden, da sie mit vielen Unwägbarkeiten verbunden sind. Sie liefern jedoch erstmals grobe Anhaltspunkte für einen im Osten streng geheimen, im Westen bislang völlig unbeachtet gebliebenen Teilbereich der internationalen Währungspolitik der DDR. Die geschätzte Höhe und Entwicklung der ostdeutschen Goldreserve erscheint zudem plausibel, vergleicht man hiermit die Währungsgoldreserven, wie sie seit den siebziger Jahren von den IWF-Mitgliedern Ungarn, Rumänien und Jugoslawien gemeldet wurden.[33] Die hiermit erstmals für die DDR vorgelegten Schätzungen legen den Schluß nahe, daß die ostdeutschen Währungsbehörden mit ihrer Goldstrategie frühzeitig, teilweise massiv, jedoch in typischem Zick-Zack-Kurs auf die zunehmenden Instabilitäten des Währungssystems des Westens reagiert haben. Sie beteiligten sich dabei am Kassa- und Terminmarkt aktiv an der Goldpreisspekulation, haben ihre Goldreserven also nicht — wie die Mehrheit der Zentralbanken in nichtsozialistischen Ländern — eingefroren, sondern setzen sie aktiv auf den internationalen Märkten ein, um einerseits auch an Goldpreisschwankungen zu verdienen und andererseits solche Anlagewährungen kurzfristig abstoßen zu können, die von Abwertungen und/oder Konvertibilitätsbeschränkungen bedroht erscheinen.

5. Zur Diskussion der westlichen Überlegungen zu einer Demonetisierung des Goldes

Das ausgesprochene Interesse der DDR — wie auch der anderen kommunistischen Staaten — an einer Aufrechterhaltung und Ausnutzung monetärer Funktionen des Goldes kann keineswegs überraschen. Es ist vielmehr Ergebnis und Ausdruck der besonderen *Eigenschaften*, die Gold insbesondere *als Währungsreserve* besitzt.[1] Seine Vorzüge liegen insbesondere darin, anders als bei Devisenguthaben, deren Verwendbarkeit vom Verhalten der Behörden des Reservewährungslandes wie des Anlagelandes abhängig ist, keinen Bonitäts- und Verwendbarkeitsrisiken zu unterliegen. Es ist universell fungibel und einsatzfähig und besitzt zudem den — gerade in den Augen kommunistischer Zahlungsbilanzpolitiker wichtigen — Vorteil der Anonymität. Anders als abstrakte Forderungen an ausländische Banken kann es — nur noch vergleichbar Sorten und Warenreserven — im eigenen Land aufbewahrt werden, so daß es auch in Kriegs- und Notzeiten sicher verfügbar und weder Transferbeschränkungen noch Blockierungsgefahren ausgesetzt ist.[2] Für Kommunisten mag zudem nicht ohne Bedeutung sein, daß im Gegensatz zu abstrakten Geldzeichen Gold einen eigenen, signifikanten Substanzwert besitzt, der in dem für seine Gewinnung notwendigen Aufwand an „lebendiger" und „geronnener" Arbeit begründet ist. Die Ertragslosigkeit des Währungsgoldes stellt daher nur in dem Maße einen ernstzunehmenden Nachteil der Goldhortung dar, in dem politische, ökonomische und militärische Risiken alternativer Reservemedia von den kommunistischen Regierungen gering eingeschätzt werden, solche Alternativanlagen hohe Renditen erzielen, geringen Abwertungsrisiken unterliegen und Goldpreissteigerungen nicht für entgangene Wertzuwächse entschädigen können.

Da sowohl die politische Führung als auch die Außenwirtschaftsbürokratie kommunistischer Staaten Sicherungs- und Stabilisierungszielen herausragende Priorität einräumt, ist a priori mit einer *hohen Goldpräferenz* zu rechnen. Erst dramatische Veränderungen der Rahmenbedingungen — wie starke Goldpreisstürze oder manifeste Zahlungsbilanzkrisen — dürften an dieser Haltung etwas ändern. Tatsächlich galt auch Lenins Verachtung des Goldes nur für die vollendete kommunistische Gesellschaft;[3] bis zum Sieg im Weltmaßstab allerdings müsse die Sowjetunion das Gold noch „hüten, es teuer verkaufen und billig Waren dafür einkaufen. Also: Mit den Wölfen heulen."[4] Indirekter Beleg für diese hier behauptete, herausragende Bedeutung des Goldes im Rahmen der Reservestrategie auch der kleineren kommunistischen Länder ist nicht nur die geschätzte quantitative Entwicklung der Ein- und Ausfuhren sowie Reserven der DDR, sondern auch die Aufmerksamkeit, die Fragen der Goldpolitik seit Ende der siebziger Jahre im kommunistischen Schrifttum erneut zuteil wird.

Es waren offenbar vor allem zwei Entwicklungen, die für die kommunistischen Staaten „von beträchtlichem theoretischen wie auch praktischen Gewicht"[5] waren. Die Bestrebungen im Westen, insbesondere des Internationalen Währungsfonds, das Gold zu demonetisieren, ließen Befürchtungen aufkommen, die bisherige Goldreservestrategie des kommunistischen Blocks könne längerfristig gravierende Nachteile haben. Mit Besorgnis wurde die zunehmende „Zurückdrängung des Goldes im Rahmen des kapitalistischen Währungssystems"[6] sowie die Tatsache registriert, daß gegenwärtig seitens nichtsozialistischer Länder „praktisch überhaupt kein Ausgleich von Zahlungsbilanzen mit Hilfe des Goldes mehr"[7] stattfindet.

Die zukünftige Rolle des Goldes auch im Rahmen der Ost-West-Währungsbeziehungen und die Aussicht auf Goldpreissteigerungen bei tendenziell nachlassender Nachfrage seitens der Zentralbanken in den nichtsozialistischen Industrie- und Entwicklungsländern wurde unter kommunistischen Wirtschaftswissenschaftlern zunehmend kontrovers diskutiert.[8] Es ist nicht auszuschließen, daß die weitgehende Zurückhaltung der DDR bei Goldan- und -verkäufen im Westen in den siebziger Jahren ursächlich auch in diesen *theoretischen Auseinandersetzungen und Uneinigkeiten* begründet war. Auch in der DDR schlossen sich nämlich eine Reihe einflußreicher Wissenschaftler wie Klaus und Eveline Kolloch, Schirmeister und Thümmler der Auffassung der überwiegenden Mehrheit sowjetischer Ökonomen an, die die Auffassung vertraten, „es finde ein Prozeß der ‚Demonetisierung' des Goldes statt, das heißt Gold verliere seine Geldfunktionen."[9] Unter diesen Bedingungen hätte die DDR ihre Goldreserven gegen Hartwährungen eintauschen müssen, um sich gegen Wertverluste abzusichern. Zwar wurde anerkannt, „daß Gold als Reservemittel stets geeigneter ist, als alle künstlichen Reservemittel."[10] Seiner Wertstabilität wurde jedoch mißtraut, es wurde lediglich noch als eine „besondere Ware" anerkannt und zu bedenken gegeben, daß stark „steigende Zinssätze . . . übrigens durchaus zu einer ‚Goldkorrektur' in der Anlagenpolitik führen"[11] können.

Nur wenige Ökonomen,[12] die letztlich aber offenbar im Prozeß politischer Beratung den Ausschlag gaben, argumentierten, die Goldverkäufe des Internationalen Währungsfonds beispielsweise bewiesen „nicht die ‚Demonetisierung' des Goldes, sondern die Schwäche des Dollars".[13] Durchaus an den politischen Realitäten orientiert wurde das Scheitern einer Demonetisierung des Goldes damit begründet, daß sich die goldbesitzenden Länder faktisch dieser Tendenz widersetzen würden.[14] Daher fuhren auch „die Zentralbanken der kapitalistischen Staaten fort, Gold als

Hauptreserven ihrer Währungen zu horten".[15] Der gestiegene Goldpreis wurde als ein „unbestreitbares Indiz" dafür gesehen, „daß das Papiergeld (hier Dollar) entwertet wird".[16] Aus ihrer generellen Skepsis gegenüber der Wertbeständigkeit westlicher Währungen heraus setzten die Vertreter dieser Richtung somit auf weiter steigende Goldpreise. Nicht ohne Genugtuung wurde daher — nachdem die DDR ihre Goldreserven 1978 offenbar kräftig ausgebaut hatte — von interessierter Seite festgestellt, daß nicht zuletzt „die Entwicklung des Goldpreises der siebziger Jahre und die verstärkte Goldspekulation Ende 1979/Anfang 1980" Beleg dafür sind, „daß es in den internationalen kapitalistischen Wirtschaftsbeziehungen auch eine sich verstärkende Gegentendenz zur Demonetisierung des Goldes gibt".[17]

Anders als die ungarische Nationalbank, die 1982 immerhin 32 Tonnen ihres Währungsgoldes verkaufte,[18] scheint die DDR ihren Goldhort als Reaktion auf die weltweiten politischen Spannungen sogar ausgebaut zu haben. Diese hohe Gold- und Reservepräferenz ist um so bemerkenswerter, als 1981 und 1982 die Jahre der bislang stärksten zahlungsbilanzpolitischen Anspannung der DDR mit massiven Rückzahlungsverpflichtungen und einem beachtlichen Schuldenabbau gewesen sind. Die SED-Führung hat sich damit im übrigen ganz auf die sowjetische Linie begeben, die im Interesse der eigenen Goldproduktion und ihres Absatzes zu hohen und stabilen Preisen auch den kleineren kommunistischen Staaten Osteuropas eine Anlage ihrer Währungsreserven in Gold empfohlen hat. Die Nichtgoldproduzenten des kommunistischen Blocks haben auf diese Weise vor allem in den letzten Jahren indirekt einen Teil des Goldes auf westlichen Märkten gegen Hartwährungen gekauft, das die Sowjetunion dort ebenfalls gegen Hartwährungen abgesetzt hat.

6. Internationale Währungsreserven und Zahlungsbilanzstrategie

Bis heute ist im Westen kein Versuch unternommen worden, die internationalen Währungsreserven der DDR zu schätzen. Auch die hiermit erstmals vorgelegten Daten sind mit großer Unsicherheit behaftet, versprechen jedoch zumindest die Möglichkeit einigermaßen gesicherter Tendenzaussagen. Die Rekonstruktion der in der nachfolgenden Tabelle 13 ausgewiesenen Gold- und Devisenreserven der DDR beruht zum einen auf eigenen Schätzungen der *Verbindlichkeiten von Banken in den OECD-Ländern gegenüber der DDR,*[1] die nach Informationen des Verfassers ganz überwiegend in Sicht- und Spargutachten sowie Termindevisen der DDR bestehen.[2] Die vorgelegten Schätzungen beruhen zum anderen auf den weiter oben näherungsweise ermittelten Veränderungen der *zentralen Goldreserven der Währungsbehörden der DDR.* Dabei ist allerdings zu beachten, daß vermutlich auch die DDR einen Teil ihres Goldhortes im Ausland hält und darüber hinaus einen nicht unerheblichen Teil ihres Goldhandels auf statistisch nicht erfaßbaren Wegen über Ost- und Westberlin abwickelt.[3] Die Goldreserven der DDR können daher wesentlich höher oder niedriger sein oder stärkeren Schwankungen unterliegen, sofern sich Goldan- und verkäufe nicht in statistisch beobachtbaren physischen Goldtransporten niederschlagen.[4] Mit diesen Einschränkungen versehen, liefern die Schätzungen bemerkenswerte Ergebnisse, die in Tabelle 13 zusammengestellt wurden.

Tabelle 13
Die internationalen Währungsreserven der DDR 1963 bis 1983

	Reserven in Mill. US-$			FD-Importe in Mill. US-$	Reserven in % der FD-Importe		
Jahr	Devisen	Gold	insgesamt		Devisen	Gold	insgesamt
1963	70	2	72	135	52	1	53
1964	100	3	103	207	48	1	50
1965	160	3	163	270	59	1	60
1966	190	4	194	320	59	1	61
1967	150	59	209	342	44	17	61
1968	150	155	305	299	50	52	102
1969	180	127	307	392	46	32	78
1970	200	124	324	632	32	20	51
1971	290	107	397	715	41	15	56
1972	480	109	589	943	51	12	63
1973	350	186	536	1563	22	12	34
1974	520	305	825	2641	20	12	31
1975	720	227	947	2410	30	9	39
1976	780	221	1001	3340	23	7	30
1977	920	274	1194	2960	31	9	40
1978	1310	575	1885	2820	46	20	67
1979	2010	1328	3338	4090	49	32	82
1980	2250	1886	4136	4960	45	38	83
1981	2270	1272	3542	4620	49	28	77
1982	2020	1462	3482	4200	48	35	83
1983	3410	1252	4662	4800	71	26	97

Quelle: Eigene Berechnungen und Schätzungen; siehe Tabelle 6, 7 und 12 sowie Anhang A; ohne Guthaben der DDR auf westdeutschen und Westberliner Freikonten sowie ohne Verrechnungsforderungen gegenüber Clearingabkommenspartnern. Die Goldbestände der DDR wurden bewertet zu den Londoner Goldpreisen (US-$ je Feinunze) jeweils am Jahresende nach International Monetary Fund: International Financial Statistics Yearbook 1983, Washington, D.C., 1983, S. 516f.

Die Währungsreserven der DDR sind im Beobachtungszeitraum von 1963 bis 1983 — wenngleich mit Unterbrechungen während der Zahlungsbilanzkrisen 1970, 1973 und 1982 — beachtlich gestiegen und machen im Durchschnitt einen vergleichsweise hohen Anteil an den in konvertiblen Währungen zu bezahlenden Importen aus nichtsozialistischen Ländern aus. Der auf der Basis der Importe gegen freie Devisen berechnete Anteil der Währungsreserven der DDR ist nicht nur wesentlich höher als bisherige westliche Schätzungen vermuten lassen,[5] er übertrifft auch deutlich den Nichtgold-Anteil der Währungsreserven der meisten westlichen Länder an ihren Jahresimporten, der im Jahre 1982 in der Bundesrepublik Deutschland bei 28,8 %, in Japan bei 17,7 %, in Italien bei 16,3 %, in Frankreich bei 14,3 %, in Großbritannien bei 12,4 %, in Finnland bei 11,3 %, in den USA bei 8,9 % und in Kanada bei lediglich 5,1 % lag.[6]

Die Höhe der sozialistischen Reserven erscheint noch eindrucksvoller, wenn man berücksichtigt, daß die zuständigen Behörden zusätzlich eine staatliche Warenreserve verwalten, die insbesondere kurzfristig liquidierbare Waren wie Diamanten und

Platin sowie — in der DDR vor allem — Silber umfaßt. Daß gerade dem Silber in der DDR auch eine zahlungsbilanzstrategische und reservepolitische Bedeutung zukommt, läßt sich nicht nur aus der Entwicklung der eigenen Förderung von silberhaltigen Erzen entnehmen[7], sondern auch aus der im Westen bislang unbemerkt gebliebenen Tatsache, daß die DDR erhebliche Silbermengen in Westdeutschland im Clearing einkauft und dann auf dem Londoner Markt gegen konvertible Währung wiederveräußert, zugleich aber auch als Spekulant auf der Käuferseite am Londoner Markt auftritt. Auf diese Weise wandeln die Währungsbehörden der DDR alljährlich nicht unerhebliche Teile ihrer Bezüge aus dem innerdeutschen Handel von (inkonvertiblen) Verrechnungseinheiten teils unmittelbar in konvertible Währung, teils in eine jederzeit kurzfristig liquidierbare staatliche Silberreserve um.

Danach kann die These einer nur schwachen Währungsreservepräferenz sozialistischer Staaten als zumindest für die DDR widerlegt gelten. Die Fakten erhärten vielmehr die gegenteilige, weiter oben begründete These einer gerade *vergleichsweise hohen Währungsreservepräferenz des sozialistischen Staates*, in der sich nicht nur die primär ideologisch begründete Furcht vor einer Bedrohung durch „imperialistische Mächte" niederschlägt, sondern auch die Sorge des inneren Führungszirkels der Partei um eine möglichst weitreichende Sicherung der Importfinanzierung im Interesse der volkswirtschaftlichen Gesamtplanung sowie das Absicherungsbedürfnis und Eigeninteresse der mit der Verwaltung der Reserven betrauten Bürokratien. Für diese Überlegungen spricht auch die beobachtbare *Zyklik der Reserveentwicklung*, die sich am deutlichsten in der Importfinanzierungsreichweite der zentralen Währungsreserven niederschlägt. Sie erreichte ihre Höhepunkte offenbar während und nach der CSSR-Invasion 1968 sowie in den Jahren nach der Afghanistan-Krise und der verschärften US-amerikanischen Sicherheits- und Osthandelspolitik nach 1980. In beiden Situationen traten gleichzeitig deutliche Preissteigerungen am Goldmarkt auf; trotzdem kauften die Währungsbehörden der DDR — ungeachtet der in beiden Phasen stark angespannten Lage der eigenen Hartwährungszahlungsbilanz — erhebliche Goldmengen an. Die Tiefpunkte der zyklischen Entwicklung der Reservereichweite lagen hingegen eindeutig 1970, 1974 und 1976, in Jahren also, in denen sich die Importzahlungen und die Westhandelsdefizite ungeplant erhöhten.

Bemerkenswert erscheint jedoch, daß offenbar bis heute *zu keinem Zeitpunkt die zentrale Goldreserve als Instrument des Zahlungsbilanzausgleichs eingesetzt worden ist*. Selbst in den für die DDR-Zahlungsbilanz kritischen Jahren 1973 bis 1977 blieb der staatliche Goldhort (in physischen Einheiten gerechnet) bemerkenswert stabil; seit 1970 wurde er offenbar sogar trotz der schon damals zur Sorge Anlaß gebenden Verschuldung der DDR weiter erheblich aufgestockt. Der in den Jahren von 1969 bis 1972 stattgefundene Abbau der Goldreserven um immerhin über 60 Tonnen im Wert von rund 100 Mill. US-Dollar ließe sich zwar als zahlungsbilanzstrategischer Einsatz im Interesse einer Begrenzung der Neuverschuldung interpretieren. Er scheint tatsächlich jedoch primär dem Zweck gedient zu haben, die spekulativ aufgebaute, hohe Goldreserve, wie sie in Erwartung von Goldpreissteigerungen 1967 und 1968 durch Auflösung von Sterlingguthaben geschaffen worden war, bei nunmehr gestiegenen Goldpreisen wieder auf ein als „normal" und mittelfristig wünschenswert angesehenes Maß zu reduzieren. Für diese Vermutung spricht vor allem, daß 1970, in einem Jahr stärkster Anspannung der Devisenbilanz, lediglich rund 9 Tonnen in den Markt abgegeben wurden und erst bei kräftig gestiegenen

Goldpreisen 1971 und 1972 mehr als 50 Tonnen.

Diese Beobachtungen sprechen zum einen dafür, daß im sozialistischen Staat selbständige Reserveziele durchaus formuliert und von den beauftragten Bürokratien wirksam durchgesetzt werden können. Der Goldhort der DDR dürfte mit anderen Worten als Staatsreserve deklariert und durch verschiedene institutionelle Sicherungen dem Zugriff der permanent wirksamen Importforderungen der Produktionsministerien weitgehend entzogen sein. Die hier vorgelegten Schätzungen stützen aber auch die weiter oben begründete These einer vergleichsweise hohen Präferenz sozialistischer Währungsbehörden, ihre Reserven vor allem in Gold zu halten. Diese *Reservepräferenz für das Währungsgold* scheint in der rohstoffarmen DDR, die über keine nennenswerten eigenen Goldlagerstätten verfügt, besonders dann zum Tragen zu kommen, wenn Instabilitäten auf den westlichen Finanzmärkten mit zunehmenden außenpolitischen Spannungen, insbesondere einer Verschlechterung des Ost-West-Verhältnisses, zusammentreffen. Aus Furcht vor möglichen Embargomaßnahmen und Blockierungen ihrer auf westlichen Konten angelegten Devisenreserven reagierten die Währungsbehörden in solchen Situationen auf Abwertungen ihrer Anlagewährungen nicht mit einer Flucht in alternative, „starke" Währungen, sondern mit einer Flucht ins anonyme, jederzeit liquidierbare, im eigenen Land sicher verwahrbare Gold.

1968 und 1969 hielt die DDR etwa die Hälfte ihrer Währungsreserven in Gold. Die Reservepräferenz für den US-Dollar und das Pfund Sterling war aufgrund des aufmerksam registrierten[9] internationalen Vertrauensverlustes dieser Währungen schwach, die Präferenz für das Währungsgold hingegen nicht nur aufgrund der erwarteten Preissteigerungen, sondern auch aufgrund des im Zusammenhang mit der CSSR-Invasion angespannten Ost-West-Verhältnisses hoch. In den Folgejahren sank der Goldanteil allerdings wieder infolge von Verkäufen und rückläufigen Preisen bis auf zuletzt 7 % Ende 1976 ab. Der dramatische Kurssturz des US-Dollar 1978, die Aussicht auf neuerliche Goldpreissteigerungen, die Unruhen im Iran und die das Ost-West-Verhältnis schwer beeinträchtigende Invasion sowjetischer Truppen in Afghanistan dürften bestimmend dafür gewesen sein, daß die DDR ihren Goldhort seitdem — in physischen Einheiten gerechnet — offenbar verdoppelt hat.

Aufgrund dieser Reserveerhöhung und der gleichzeitig erheblich gestiegenen Marktpreise für Gold macht der Goldhort der DDR seit Anfang der achtziger Jahre schätzungsweise ein Drittel der gesamten ostdeutschen Währungsreserven aus. 1982 beispielsweise betrug die Importreichweite der Goldreserven dem Hartwährungsraum gegenüber allein rund 127 Tage, während die zentralen Goldreserven beispielsweise Kanadas nur etwa 58 Tage, Großbritanniens 32 Tage, Japans 31 Tage und Finnlands 16 Tage zur Finanzierung der Importe des Jahres 1982 ausgereicht hätten. Die Importreichweite der Goldreserven der DDR übertrifft damit sogar noch die Reichweite der für ihre hohen Goldreserven bekannten Bundesrepublik Deutschland (102 Tage) und Frankreichs (118 Tage) und wird lediglich von den beiden Ländern mit den höchsten Goldreserven der Welt, den USA mit einer Importreichweite von 173 Tagen sowie der Schweiz mit einer Reichweite der Goldreserven von 484 Tagen, deutlich übertroffen.[10] Die These einer vergleichsweise hohen Goldreservepräferenz sozialistischer Staaten findet somit für die DDR — zumindest in Zeiten außenpolitischer Spannungen und zunehmender Instabilitäten auf den westlichen Finanzmärkten — eindrucksvolle Bestätigung.

7. Zusammenfassung

Der hier erstmals unternommene Versuch einer Rekonstruktion der praktischen Währungsreservepolitik der DDR vermochte — trotz der vergleichsweise hohen Unsicherheit, mit der die meisten Schätzungen zwangsläufig verbunden sind — eine Reihe bemerkenswerter Gestaltungsmuster der Politik herauszuarbeiten, die teilweise zwar in Widerspruch zu bislang im Westen vorherrschenden Ansichten stehen, sich aber auf der Basis des hier zugrundegelegten Modells wirtschaftspolitischer Willensbildung im Sozialismus plausibel erklären ließen.

Die internationalen Währungsreserven der DDR werden *straff zentral geplant und verwaltet;* sie sind durch wirksame institutionelle Mechanismen schon immer dem Zugriff der um Importkontingente ringenden staatlichen Ministerien weitgehend entzogen gewesen. Nur wenige Spitzenbürokratien wie die Staatliche Plankommission, die Zentralbank bis 1966, die Außenhandelsbank und bis Ende der sechziger Jahre auch das Finanzministerium vermögen überhaupt Einfluß auf die Entscheidungen des inneren Führungszirkels zu nehmen. Allerdings scheinen hier die Organisationsinteressen der Beteiligten ganz überwiegend auf möglichst hohe Währungsreserven und damit auf eine weitgehende Sicherung der Finanzierung von Hartwährungsimporten ausgerichtet zu sein. Auch die Interessen der ostdeutschen und der sowjetischen Parteiführung gehen zumindest grundsätzlich in diese Richtung. Hohe Reserven werden daher im sozialistischen Staat offenbar keineswegs als überflüssiger „slack" betrachtet, der besser in dollarwertige Importe umgewandelt werden sollte, sondern prinzipiell als unverzichtbare, möglicherweise „letzte Rücklage" aus ideologisch bedingter und teilweise auch historisch begründeter Furcht vor einem möglichen Waren-, Technologie- oder Kreditembargo nichtsozialistischer Länder. Das sich hieraus ableitende, in der rohstoffarmen und importabhängigen DDR besonders ausgeprägte *extreme Absicherungsbedürfnis des währungspolitischen Führungszirkels* präformierte, wie sich im einzelnen zeigen ließ, die gesamte Währungsreservepolitik der DDR.

Das politische und bürokratische System wendet erhebliche Ressourcen für die laufende Beobachtung und Beurteilung von Veränderungen in der internationalen Währungsordnung des Westens auf. Die politischen Entscheidungsträger reagierten stets abrupt und massiv auf Anzeichen von Abwertungen und/oder Konvertibilitätsbeschränkungen westlicher Währungen. So ließ sich nachweisen, daß die Währungsbehörden der DDR durch ihre Devisenanlagepolitik beispielsweise während der Pfundkrisen 1956 und 1967 sowie während der Dollarkrisen 1971 und 1978 durch massenhafte Konvertierung der abwertungsbedrohten Währung in Gold und/oder harten Devisen Abwertungsverluste zu vermeiden suchten. Sie haben dabei in signifikantem Maße zu einer *Destabilisierung der ohnehin labilen Kurse abwertungsbedrohter Währungen* beigetragen. Auch die Gesamthöhe der Devisenreserven unterlag — gemessen an der Importreichweite — einem solchen Zick-Zack-Kurs, wobei die Reichweite der Devisenreserven offenbar bei ungeplanten Leistungsbilanzdefiziten kurzfristig reduziert und bei politisch-militärischen Spannungen, die Schwierigkeiten einer Sicherung der systemnotwendigen Importe bedingen könnten, kurzfristig drastisch erhöht wird.

Mißtrauen und Sicherheitsinteressen beherrschen auch die *Wahl der Anlage- und Korrespondenzbanken.* Die internationalen Währungsreserven der DDR befinden sich weitgehend auf Konten bei solchen westlichen Banken, die praktisch vollständig in sowjetischem Staatsbesitz sind, wodurch die UdSSR wiederum einen nahezu vollständigen, laufenden Überblick über die Entwicklung der internationalen Liquidität der DDR erhält. Der Hauptteil der Reserven wurde auf diese Weise zugleich auf Länder konzentriert, von denen nach bisherigen Erfahrungen währungspolitische Sanktionen gegenüber sozialistischen Staaten am wenigsten befürchtet werden müssen wie Großbritannien, Frankreich und die Schweiz. Das in praxi dominierende Ziel der Zahlungsbilanzplaner, die systemnotwendigen Importe finanziell sicherzustellen, ließ sich ebenso in einer ausgesprochen *hohen Reservepräferenz*, im Fall der DDR einer Reichweite der Reserven von in der Regel einem halben bis ganzen Jahresimportkontingent nachweisen. Weitgehende Bestätigung fand schließlich auch die These, daß sozialistische Staaten besonders geneigt sind, ihre Reserven in Gold und im eigenen Lande verfügbar zu halten. Die Währungsbehörden der DDR haben ihre zentralen Goldreserven immer dann drastisch erhöht, wenn Spannungen im Ost-West-Verhältnis mit Instabilitäten in der westlichen Währungsordnung zusammentrafen.

Alles in allem ließ sich für die Währungsbehörden der DDR ein empfindliches, von Sicherheitsstreben gekennzeichnetes Reagieren auf einschneidende Veränderungen an den internationalen Finanzmärkten und im weltpolitischen Geschehen feststellen. Die Höhe der Reserven wurde im Westen bislang ebenso unterschätzt wie die abrupten und einschneidenden Veränderungen in ihrer Struktur. Unbeachtet blieb in den nichtsozialistischen Staaten bislang aber auch die selten einmütige Allianz, die gerade im Bereich der sozialistischen Reservepolitik zwischen Politikern, Bürokraten und wissenschaftlichen Experten herrscht. Ideologisches Wunschdenken vom Untergang der kapitalistischen Währungs- und Gesellschaftsordnung, das ideologische Postulat, jegliche „Widersprüche" zwischen den „imperialistischen Finanzzentren" auszunutzen und das „Sicherheitsstreben aller am Entscheidungsprozeß Beteiligten" ermöglichen einen weitgehenden Konsens zwischen beratenden Experten, ausführenden Organen und politischer Führung. Der nichtinkrementale, unberechenbare Zick-Zack-Kurs dieser Politik birgt aber offenbar erhebliche *Gefahren für die Stabilität und Leistungsfähigkeit der internationalen Währungsordnung des Westens*. Die Währungsbehörden der DDR haben sich – ohne entsprechende, supranational verbindliche Verhaltensregeln nicht einmal zu unrecht – ohne Rücksicht auf die Konsequenzen ihres Handelns für die westliche Währungsordnung an den internationalen Finanz- und Edelmetallmärkten betätigen können und dabei in der Tat offenbar eine „free rider"-Position eingenommen. Diese Erkenntnis muß angesichts des typischen Zick-Zack-Musters sozialistischer Politik und der geballten Macht des staatlichen Valutamonopols zentralgeleiteter Volkswirtschaften beunruhigen, basiert doch die Stabilität und Funktionstüchtigkeit der westlichen Währungsordnung in hohem Maße auf Vertrauen. Sie setzt damit letztlich aber voraus, daß alle, die sich – wie die DDR – der Vorzüge eines Systems konvertibler Reserve- und Transaktionswährungen bedienen, auch bereit sind, Handlungen zu unterlassen, die geeignet sein könnten, das System zu destabilisieren und mittelfristig sogar zu zerstören.

Anmerkungen

Zu Abschnitt 1:

1 Vgl. International Monetary Fund: International Financial Statistics Yearbook 1983, Washington, D.C. 1983, S. 173, S. 265, S. 429 und S. 543 zu den Reserven Ungarns, Rumäniens, Jugoslawiens und der Volksrepublik China. Ende 1982 betrugen die Devisenreserven Chinas 11,3 Mrd. US-$, Ungarns 1,2 Mrd. US-$, Rumäniens 0,5 Mrd. US-$ und Jugoslawiens 0,8 Mrd. US-$.
2 Vgl. beispielsweise die Studien von STELZL, Diethard: Aspekte der Produktion, des Verkaufs und der Reserven von Gold in den osteuropäischen Ländern, in: Jahrbuch der Wirtschaft Osteuropas, Bd. 4 (1973), S. 397–420 und SCHOPPE, Siegfried G.: Funktionswandlungen des Goldes im Rahmen der sowjetischen Außenhandelsregie seit 1945/46, in: Osteuropa-Wirtschaft, 23. Jg. (1978), H. 1, S. 25–45 und die dort angeführte Literatur
3 WILCZYNSKI, Jozef: Comperative Monetary Economics. Capitalist and Socialist Monetary Systems and their Interrelations in the Changing International Scene, London und Basingstoke 1978, S. 144 und S. 146
4 Ebd., S. 146
5 Vgl. ebd.
6 Ebd.
7 Vgl. ebd., S. 147, wobei die Goldkomponente zu 140 US-$ je Feinunze bewertet wurde.
8 Vgl. ebd.
9 WILCZYNSKI schätzte die russischen Reserven auf 12,2 Mrd. US-$ (davon 9,0 Mrd. US-$ Gold) und die rotchinesischen Reserven auf 4,0 Mrd. US-$ (davon 0,5 Mrd. US-$ Gold). Siehe ebd.
10 Vgl. ebd., S. 147

Zu Abschnitt 2:

1 Dem Datum des letzten von der Reichsbank veröffentlichten Wochenausweises im Reichs- und Staatsanzeiger
2 Vgl. die Zusammenstellung der Wochenübersichten bei VEIT, Otto: Grundriß der Währungspolitik, 3. Aufl., Frankfurt/M. 1969, S. 590f.
3 Ende 1928 hatten die Goldreserven des Deutschen Reiches noch 2,729 Mrd. RM, Ende 1932 immerhin noch 0,806 Mrd. RM betragen. Vgl. ebd.
4 Errechnet nach der Goldparität von 2790 RM je kg Feingold
5 Vgl. die TASS-Meldung vom 23.12.1949, in: Archiv der Gegenwart, 18./19. Jg. (1948/49), S. 2177
6 § 3 der Satzung der Landeskreditbank von Brandenburg, zitiert nach: KOHLMEY, Gunther/ DEWEY, Charles: Bankensystem und Geldumlauf in der Deutschen Demokratischen Republik 1945–1955, Berlin (Ost) 1956, S. 142
7 Vgl. Bundesministerium für Gesamtdeutsche Fragen (Hrsg.): SBZ von 1945 bis 1954. Die Sowjetische Besatzungszone Deutschlands in den Jahren 1945–1954, Bonn und Berlin 1964, S. 15
8 Vgl. ebd., S. 14f.
9 ADN vom 24.11.1949, in: Archiv der Gegenwart, 18./19. Jg. (1948/1949), S. 2142C
10 Archiv der Gegenwart, 18./19. Jg. (1948/1949), S. 2177 nach TASS vom 23.12.1949
11 Vgl. Tabelle C.6 in Anhang C
12 Nach Berechnungen des Verf. stieg von Ende 1949 bis Ende 1951 allein die Swinginanspruchnahme bei der Norges Bank um 2,5 Mill. US-$ und bei der Deutschen Bundesbank um 6,1 Mill. US-$
13 Eigene Berechnungen nach ABEKEN, Gerhard: Geld- und Bankwesen in der S.B.Z. seit der Währungsreform, Bonner Berichte aus Ost- und Mitteldeutschland, Bonn 1951, S. 19
14 Eigene Berechnungen nach ebd.
15 HERCHER, Karl: Der Zahlungsverkehr der DDR mit dem Ausland, a.a.O., S. 36
16 Vgl. UECKERDT, Gerhard: Funktion der operativen Valutareserve erkennen, in: Der Aussenhandel, 13. Jg., H. 21 (1958), S. 778f.
17 GOLLMER, Kurt: Nochmals zur operativen Valutareserve, in: Der Aussenhandel, 8. Jg., H. 19 (1958), S. 662f., hier: S. 662

18 Ebd.
19 Vgl. FABIAN, Fritz: Die Zahlungs- und Verrechnungsbilanz der DDR (II), in: Der Aussenhandel, 7. Jg., (1957), H. 11, S. 399f. sowie BECK, Hubertus: Die Bedeutung einer operativen Valutareserve, in: Der Aussenhandel, 8. Jg. (1958), S. 293–295, hier S. 293
20 UECKERDT, Gerhard: Funktion der operativen Valutareserve erkennen, a.a.O., S. 778
21 FABIAN, Fritz: Die Zahlungs- und Verrechnungsbilanz der DDR (II), a.a.O., S. 399
22 SCHENK, Fritz: Im Vorzimmer der Diktatur, a.a.O., S. 137
23 Vgl. TODTMANN, Werner: Valutaplanung — Valutakontrolle, in: Der Aussenhandel, 3. Jg. (1953), S. 11
24 BECK, Hubertus: Die planmäßige Schaffung einer operativen Valutareserve, in: Der Aussenhandel, 8. Jg., H. 9 (1958), S. 332.334, hier: S. 333
25 Ebd.
26 Ebd.

Zu Abschnitt 3:

1 Vgl. TODTMANN, Werner: Valutaplanung — Valutakontrolle, a.a.O.
2 Informationen des Verf.
3 Vgl. HERCHER, Karl: Der Zahlungsverkehr der DDR mit dem Ausland, a.a.O., S. 36
4 Siehe Britische Devisenbestimmungen, in: Der Aussenhandel, 4. Jg. (1954), S. 735; Um die Konvertibilität des britischen Pfundes, in: Der Aussenhandel, 6. Jg. (1956), S. 850 sowie SCHUSTER, Dietrich: Der gegenwärtige Stand des Zahlungsverkehrs mit dem kapitalistischen Ausland, in: Der Aussenhandel, 2. Jg., H. 11 (1952), S. 343
5 Vgl. ASCHINGER, Franz E.: Das Währungssystem des Westens, 2. Aufl., Frankfurt/M. 1973, S. 189
6 Vgl. BECK, Hubertus: Die planmäßige Schaffung einer operativen Valutareserve, a.a.O., S. 332
7 Informationen durch Fritz SCHENK, vgl. auch ebd., S. 332
8 Siehe POLZE, Werner: Was sind freie Devisen?, in: Der Aussenhandel, 7. Jg. (1957), H. 24, S. 876f. sowie den Aufruf GROTEWOHLs auf dem 30. ZK-Plenum, in: BECK, Hubertus: Die planmäßige Schaffung einer operativen Valutareserve, in: Der Aussenhandel, 8. Jg. (1958), H. 9, S. 332–334. Mitte 1958 wurde erstmals davon gesprochen, daß eine „operative Valutareserve des Außenhandels ... im Verlauf des zweiten Fünfjahrplanes ... geschaffen werden konnte." UECKERDT, Gerhard: Funktion der operativen Valutareserve erkennen, in: Der Außenhandel, 8. Jg. (1958), H. 21, S. 778f. Im Rahmen des folgenden Siebenjahrplanes (1959 bis 1965) ist offenbar zur Bildung eines „Valutafonds des Außenhandels" in Höhe von etwa 400 Mill. DM (umgerechnet etwa 95 Mill. US-$ oder etwa 60 % der Jahresimporte der DDR gegen freie Devisen) aufgerufen worden. Siehe JUNKER, Hans-Jürgen/ HANSEN, Hans: Sparsamkeit gilt auch für Außenhandel, in: Deutsche Finanzwirtschaft, 14. Jg. (1960), Sammelausgabe, H. 11, S. 337–339; eigene Berechnungen. Diese Zielsetzung dürfte allerdings infolge der ab 1961 propagierten „Störfreimachung" von Westimporten verfehlt worden sein. Man wird jedenfalls realistischerweise annehmen dürfen, daß die DDR eine nennenswerte eigene Währungsreserve erst nach 1958 hat bilden können, wobei der Umfang dieser Reserven bis zum Beginn der Außenwirtschaftsreform 1963/64 zwischen 25 und 50 % der Jahresimporte gegen freie Devisen geschwankt haben dürfte.
9 Ebd.
10 Vgl. POLZE, Werner: Was sind freie Devisen?, in: Der Aussenhandel, 7. Jg., H. 24 (1957), S. 876f., hier: S. 877
11 Ebd.
12 Vgl. ebd.
13 Vgl. KALUS, Hellmuth: Wirtschaftszahlen aus der SBZ. Eine Zusammenstellung statistischer Daten zur wirtschaftlichen Entwicklung in der Sowjetischen Besatzungszone und in Ostberlin (teilweise im Vergleich zur Bundesrepublik), Bonn 1958, S. 109. Die Einfuhr von Bohnenkaffee sollte bis 1960 auf 227 %, die Einfuhr von Kakaobohnen bis 1960 auf 185 % des Volumens im Jahre 1955 steigen.
14 Siehe jedoch die eigenen Erhebungen in Anhang B

15 Vgl. DOMDEY, Karl-Heinz: Grundzüge und Probleme des kapitalistischen Weltwährungssystems, in: Sozialistische Außenwirtschaft, 18. Jg. (1968), H. 8, S. 18−27, hier: S. 25
16 Vgl. ZALEWSKI, N.: Währungs- und Finanzierungsprobleme in den Wirtschaftsbeziehungen zwischen den Mitgliedsländern des RGW und der EWG, in: ZIEGER, Gottfried i.Z.m. Axel LEBAHN (Hrsg.): Finanzierungs- und Währungsprobleme des Ost-West-Wirtschaftsverkehrs, a.a.O., S. 173
17 Vgl. Pick's Currency Yearbook 1973, S. 197
18 Eigene Berechnungen. Der Anteil der Sichtdevisen und Spareinlagen an den Verbindlichkeiten österreichischer Banken gegenüber der DDR betrug in den einzelnen Jahren in % lediglich:

1973	1974	1975	1976	1977	1978	1979	1980	1981
32	18	10	15	28	13	9	19	15

Im Durchschnitt waren damit 80 bis 90 % der Devisenreserven der DDR termingesichert.
19 Instruktiv ist beispielsweise die Währungsstruktur der Importe Syriens aus der DDR, die 1979 zu 98,8 % in US-$, zu 1,4 % in freien DM(West) und zu lediglich 0,6 % in sonstigen Währungen bezahlt wurden. Vgl. Syrian Arab Republic. Office of the Prime Minister. Central Bureau of Statistics (Hrsg.): Statistical Abstract 1980, 33rd year, o.O. 1980, S. 333f., eigene Berechnungen.
20 Nach Informationen des Verf.

Zu Abschnitt 4:

1 Vgl. GÖTZ, Julius: Die Rohstoffwirtschaft der DDR, Bonn (Gesamtdeutsches Institut) 1980, S. 35. GÖTZ bezieht sich dabei auf ein Dementi von Prof. Dr. TÖPFER, Direktor des Forschungsinstituts für Aufbereitung in Freiberg in der DDR.
2 Informationen des Verf. durch J.M. LUCAS
3 KÜHNE, Harald-Dietrich: Die Stabilität der Währung der Deutschen Demokratischen Republik und die Rolle des einheitlichen sozialistischen Finanzsystems, in: Wissenschaftliche Zeitschrift der Universität Halle, 8. Jg. (1958/59), H. 6, S. 1113−1123, hier: S. 1116
4 Vgl. LUCAS, J.M.: Gold, Bureau of Mines Minerals Yearbook 1981, Reprint (U.S. Department of the Interior) sowie BUTTERMAN, W.C.: Gold, Mineral Facts and Problems 1980 Edition, Reprint (U.S. Department of the Interior)
5 Siehe Vierteljahreshefte zur Statistik des Deutschen Reiches, 45. Jg. (1936), H. III, S. 10ff.; 41. Jg. (1932), H. III, S. 12ff.; 47. Jg. (1938/39), S. 16f.
6 Im Deutschen Reich wurde Gold vorwiegend aus Arsenerzen gewonnen. Ein Goldinhalt der Kupfererze des Mansfelder Kupferschieferbezirks wird zwar explizit nicht ausgewiesen, ausdrücklich wird die (geringe) Goldförderung jedoch sowohl auf die Arsenerze als auch auf die Kupfererze bezogen. Vgl. beispielsweise Vierteljahreshefte zur Statistik des Deutschen Reiches, 41. Jg. (1932), H. III, S. 12−15
7 Zitiert nach BECK, Hubertus: Die planmäßige Schaffung einer operativen Valutareserve, a.a.O., S. 332
8 Informationen des Verf. durch Fritz SCHENK
9 Informationen des Verf. durch westliche Goldhändler
10 Vgl. Samuel Montagu Co: Gold Bullion Review 1968, S. 13; 1969, S. 17
11 1967 und 1968 konvertierte die DDR Sterlingguthaben im Wert von über 52 Mill. Pfund in Gold. In welchem Ausmaß die DDR damit zu einer Destabilisierung der Finanz- und Devisenmärkte beitrug, wird deutlich, wenn man bedenkt, daß zwischen dem 31.12.1966 und dem 31.12.1968 die Gesamtheit der überseeischen Sterlingländer ihre Londoner Sterlingreserven um 251 Mill. Pfund abbauten und die Gesamtheit aller Nicht-Sterlingländer (darunter die DDR) ihre Sterlingguthaben um 358 Mill. Pfund reduzierten. 15 % des Abbaus entfiel somit allein auf die DDR. Eigene Berechnungen nach: Overseas sterling balances 1963−1973, in: Bank of England Quarterly Bulletin, Vol. 14 (1974), No. 2, S. 162−175
12 TSCHUMAKOW, M.: Konferenz über Finanzfragen des Imperialismus, in: Deutsche Finanzwirtschaft, 20 Jg. (1966), H. 7, S. 8, Sammelausgabe
13 Vgl. DABA bildete Verwaltungsrat, in: Deutsche Finanzwirtschaft, Sammelausgabe, 21. Jg. (1967), H. 10, S. 16
14 Ebd.

15 Vgl. KÜHNE, Harald-Dietrich: Der Funktionsmechanismus des kapitalistischen Währungssystems, Wissenschaftliche Beiträge der Martin-Luther-Universität Halle-Wittenberg, Halle/Saale 1966/9 (D3)
16 Vgl. FREY, L.: Die Entwicklung der gegenwärtigen britischen Währungskrise, in: Der Aussenhandel, 15. Jg. (1965), H. 9, S. 42—45, hier: S. 45
17 KUCZORRA, Franz: Fragen und Anworten zur Pfundabwertung, in: Deutsche Finanzwirtschaft, 22. Jg. (1968), H. 1, S. 16
18 BERGSTRÖM, Siegfried: Beratungen über Probleme der weiteren Verschärfung der Krise des kapitalistischen Weltwährungssystems, a.a.O., S. 1192
19 Ebd.
20 SCHWARZ, J.: Wohin steuert die Währungskrise?, in: Sozialistische Außenwirtschaft, 19. Jg. (1969), H. 2, S. 36f., hier: S. 36
21 Ebd.
22 Ebd., S. 37
23 KÜHNE, Harald-Dietrich: Zuspitzung der Währungskrise erhöht Labilität der kapitalistischen Weltwirtschaft, in: Sozialistische Außenwirtschaft, 18. Jg. (1968), H. 2, S. 24—28, hier: S. 24
24 Ebd., S. 28
25 Ebd.
26 DOMDEY, Karl-Heinz: Grundzüge und Probleme des kapitalistischen Weltwährungs- und Kreditsystems, a.a.O., S. 24
27 Vgl. KÜHNE, Harald-Dietrich: Zuspitzung der Währungskrise erhöht Labilität der kapitalistischen Weltwirtschaft, a.a.O., S. 28
28 Vgl. Pick's Currency Yearbook 1970, S. 210
29 Vgl. Pick's Currency Yearbook 1968, S. 559
30 KÜHNE, Harald-Dietrich: Ein neuer Abschnitt in der imperialistischen Weltwährungs- und handelskrise, in: Sozialistische Außenwirtschaft, 21. Jg. (1971), H. 10, S. 17—19, hier: S. 17 und S. 19
31 Vgl. Pick's Currency Yearbook 1975—76, S. 223 und 1976—77, S. 228
32 Hinweise hierauf liefern nicht nur vereinzelte Informationen des Verf., sondern auch eine Auswertung westlicher Außenhandels- und Güterverkehrsstatistiken sowie die in den Jahren von 1978 bis 1981 stattgefundene Diskussion zur Demonetisierung des Goldes in der DDR selbst. Siehe hierzu den nachfolgenden Abschnitt und die dort angeführte Literatur. Auch Ungarn, Rumänien und Jugoslawien kauften 1978 netto 37,3 Tonnen und 1980 netto 18.7 Tonnen Gold an. Eigene Berechnungen nach International Monetary Fund: International Financial Statistics Yearbook 1983, Washington, D.C., 1983, S. 49
33 Vgl. ebd. Nach eigenen Berechnungen auf der Basis dieser Daten entwickelten sich die Goldreserven der betreffenden Länder wie folgt (in Tonnen am Jahresende):

	1973	1974	1975	1976	1977	1978	1979	1980	1981	1982
Ungarn	56.6	41.4	29.5	41.1	39.8	61.6	55.4	64.4	52.6	20.2
Rumänien	70.9	76.2	80.9	85.5	95.2	104.2	110.1	115.4	111.7	110.4
Jugoslawien	45.4	45.7	45.7	47.0	50.7	53.5	57.9	57.9	57.9	57.9

Zu Abschnitt 5:

1 Zu den Vorzügen des Währungsgoldes im Vergleich zu anderen Reservemedia siehe ASCHINGER, Franz E.: Das Währungssystem des Westens, a.a.O., S. 114f.
2 Vgl. ebd., S. 115
3 LENIN erklärte: „Wenn wir im weltweiten Maßstab gesiegt haben, denke ich, werden wir Gold dazu benutzen, um in den Straßen einiger großer Städte der Welt öffentliche Bedürfnisanstalten einzurichten..." Zitiert nach BERG, Michael von: Die Bedeutung des Goldes für die sowjetische Außenwirtschaft, in: FÖRSTER, Wolfgang/LORENZ, Detlef (Hrsg.): Beiträge zur Theorie und Praxis von Wirtschaftssystemen. Festgabe für Karl C. Thalheim zum 70. Geburtstag. Berlin 1970, S. 19—29, hier: S. 19
4 Ebd., S. 20
5 KOLLOCH, Eveline/THÜMMLER, Werner: Zur Diskussion um die Rolle des Goldes in den internationalen kapitalistischen Währungsbeziehungen, in: Die Wirtschaftswissenschaft, 27. Jg. (1979), S. 1218—1230, hier: S. 1218

6 Ebd., S. 1219
7 Ebd., S. 1224
8 Vgl. den Übersichtsartikel KOLLOCH, Eveline/THÜMMLER, Werner: Zur Diskussion um die Rolle des Goldes in den internationalen kapitalistischen Währungsbeziehungen, a.a.O., der insbesondere die konträren sowjetischen Positionen gegenüberstellt sowie MÜLLER, Klaus: Zur sogenannten Demonetisierung des Goldes, in: Die Wirtschaftswissenschaft, 28. Jg. (1980), S. 313—328, KOLLOCH, Klaus: Zur Rolle des Goldes als Geldware und zu seiner Bedeutung in den internationalen Währungsbeziehungen des Kapitalismus und des Sozialismus, in: Die Wirtschaftswissenschaft, 28. Jg. (1980), S. 920—928, MÜLLER, Klaus: Nochmals zur Rolle des Goldes und des Papiergeldes im heutigen Kapitalismus, in: Die Wirtschaftswissenschaft, 29. Jg. (1981), S. 456—463 und ANIKIN, Andrej: Probleme und Perspektiven der Kaufkraft des Goldes auf dem Weltmarkt, in: Die Wirtschaftswissenschaft, 29. Jg. (1981), S. 828—841
9 MÜLLER, Klaus: Zur sogenannten Demonetisierung des Goldes, a.a.O., S. 314
10 KOLLOCH, Klaus: Zur Rolle des Goldes als Geldware und zu seiner Bedeutung in den internationalen Währungsbeziehungen des Kapitalismus und des Sozialismus, a.a.O., S. 926
11 Ebd.
12 In der DDR vermutlich DOMDEY, KÜHNE, MÜLLER, LEMMNITZ und DALIN.
13 MÜLLER, Klaus: Zur sogenannten Demonetisierung des Goldes, a.a.O., S. 321
14 Vgl. ebd., S. 322
15 DALIN, S.: Probleme der Inflation und des Preiswachstums, in: Sowjetwissenschaft. Gesellschaftswissenschaftliche Beiträge, Heft 6/1979, S. 610
16 MÜLLER, Klaus: Zur sogenannten Demonetisierung des Goldes, a.a.O., S. 321
17 BRENDEL, Gerhard/BRODE, Günter: Weltmarktpreisentwicklung der siebziger Jahre, a.a.O., S. 717
18 Vgl. Bank für internationalen Zahlungsausgleich: 53. Jahresbericht 1982/83, Basel 1983, S. 169

Zu Abschnitt 6:

1 Siehe hierzu die Daten und methodischen Erläuterungen in Anhang A
2 Dies ergibt sich unter anderem aus Aufzeichnungen der Österreichischen Nationalbank, Wien, die dem Verf. freundlicherweise zur Verfügung gestellt wurden. Dies ergibt sich aber auch aus der Beobachtung, daß die DDR Bankenkredite zwar an Länder wie Argentinien, Brasilien und die Türkei vergeben hat, nicht jedoch an Banken in dem hier zugrundegelegten Berichtsgebiet. Auch die sich aus dem innerdeutschen Handels- und Zahlungsverkehr ergebenden westdeutschen Verbindlichkeiten, die hier als Clearingforderungen der DDR bewußt unberücksichtigt blieben, stellen überwiegend kurzfristige Verbindlichkeiten westdeutscher Unternehmen dar.
3 Informationen des Verf. durch Consolidated Gold Fields PLC, London
4 Dasselbe gilt für verstärkte Goldan- und -verkäufe in Ländern, die — wie die Schweiz — keine nach Herkunfts- und Bestimmungsländern differenzierte Goldhandelsstatistik veröffentlichen. Nach Informationen des Verf. hat die DDR jedoch den ganz überwiegenden Teil ihrer Goldgeschäfte über London abgewickelt.
5 Vgl. etwa die weiter oben in Abschnitt 1 wiedergegebenen Schätzungen nach WILCZYNSKI, Jozef: Comparative Monetary Economics, a.a.O., S. 146f.
6 Eigene Berechnungen nach International Monetary Fund: International Financial Statistics Yearbook 1983, Washington, D.C., 1983, passim
7 Die nach internationalen Erhebungen und Umfragen des Verf. weltweit zuverlässigsten Schätzungen der Silberproduktion der DDR werden regelmäßig von der Degussa, Frankfurt/M., vorgelegt. Siehe Degussa (Hrsg.): Metallstatistik, Frankfurt/M., verschiedene Jahrgänge. Zu beachten ist allerdings, daß der DDR-Verbrauch an Silber insbesondere in der elektronischen und elektrotechnischen Industrie seit den fünfziger Jahren nach Schätzungen des Verf. überproportional zur eigenen Silberbergwerksproduktion gestiegen ist und seit den sechziger Jahren auch absolut höher liegt. Die DDR kann nur einen Teil ihres Silberimportbedarfs in der Sowjetunion und Polen decken und ist daher zu Silberimporten aus dem Hartwährungsraum gezwungen. GÖTZ hat für 1979 den gesamten Importbedarf auf 382 Tonnen geschätzt, von denen etwa 315 Tonnen im Wert von rund 44 Mill. US-$ aus

westlichen Ländern bezogen worden sein müssen. Vgl. GÖTZ, Julius: Die Rohstoffwirtschaft der DDR, Bonn (Gesamtdeutsches Institut) 1980, S. 36, eigene Berechnungen.
8 Der Silberhandel der DDR mit der Bundesrepublik Deutschland und Großbritannien entwickelte sich wie folgt (in Tonnen):

	1979	1980	1981	1982	1983
Westdeutsche Lieferungen	313	120	254	453	284
Westdeutsche Bezüge	− 2	− 1	− 1	− 1	− 1
Britische Ausfuhren	55	90	9	0	13
Britische Einfuhren	−213	−29	−149	−325	−195
Nettoimport der DDR	153	180	113	127	101

Vgl. Statistisches Bundesamt (Hrsg.): Warenverkehr mit der Deutschen Demokratischen Republik und Berlin(Ost), Fachserie 6, Reihe 6, verschiedene Jahrgänge sowie nach Auskünften von Her Majesty's Customs and Excise, Southend-on-Sea an den Verf. Die DDR scheint somit tatsächlich lediglich einen Bruchteil ihrer Bezüge im innerdeutschen Handel zur Abdeckung des Versorgungsdefizits zu verwenden.
9 Siehe insbesondere die ausführliche und ausgiebige, regelmäßige Berichterstattung in: Deutsche Finanzwirtschaft, Jg. (1967) und Jg. (1968), passim
10 Alle Angaben nach eigenen Berechnungen auf der Basis von Daten des Internationalen Währungsfonds. Siehe: International Monetary Fund: International Financial Statistics Yearbook 1983, Washington, D.C., 1983, passim

C. Verschuldung und internationale Kreditbeziehungen

Die internationalen Kreditbeziehungen sozialistischer Länder haben in den vergangenen Jahren, nicht zuletzt mitbedingt durch die stürmisch gewachsene Hartwährungsverschuldung der RGW-Staaten und -Banken sowie die Zahlungsbilanzkrisen Polens und Rumäniens zunehmend das Interesse supranationaler Organisationen und westlicher Regierungen, Banken und Unternehmen auf sich gezogen. Vor allem die von den sozialistischen Ländern geübte weitgehende Geheimhaltung und Verschleierung zahlungsbilanzrelevanter Fakten hat jedoch wesentlich dazu beigetragen, daß die wirtschaftswissenschaftliche Forschung und Politikberatung in den westlichen Ländern bislang bestenfalls eine bruchstückhafte Bestandsaufnahme der Entwicklung in der Vergangenheit zu geben vermochte, geschweige denn zu einer schlüssigen Erklärung des Geschehens und zu praktikablen Maßnahmeempfehlungen vordrang. Im folgenden soll daher der Versuch unternommen werden, die Verschuldungs- und Kreditvergabestrategien der DDR nachzuzeichnen und die stattgefundene Entwicklung mit Hilfe des weiter oben entwickelten theoretischen Ansatzes zu erklären. Dabei werden die intersystemaren Kreditbeziehungen mit nichtsozialistischen Industrie- und Entwicklungsländern sowie die für die außenwirtschaftspolitische Gesamtkonzeption der DDR strategisch besonders bedeutsamen Kreditbeziehungen zur Sowjetunion in den Mittelpunkt der Analyse gestellt. Die Kreditbeziehungen der DDR zu anderen sozialistischen Ländern müssen hier weitgehend unberücksichtigt bleiben.[1] Die verwendeten Daten und Informationen beruhen überwiegend auf eigenen Erhebungen und Schätzungen sowie bislang unveröffentlichtem Material von Regierungsbehörden, Zentralbanken und Banken in zahlreichen nichtsozialistischen Industrie- und Entwicklungsländern.

1. Zum Gestaltungsmuster sozialistischer internationaler Kreditpolitik

Bereits die wissenschaftliche Diskussion über mögliche Ursachen der in den siebziger Jahren rapide gestiegenen Auslandsverschuldung des kommunistischen Blocks belegt nicht nur marginale Differenzen hinsichtlich der Gewichtung der in dem einen sozialistischen Land mehr, in dem anderen Land weniger bedeutsamen ökonomischen Kausalfaktoren. Sie offenbart bereits grundlegenden Dissens insbesondere hinsichtlich der zahlungsbilanzpolitischen Zielsetzungen und Problemlösungskapazität zentralgeleiteter, sozialistisch regierter Systeme.

Noch bis kurz vor Ausbruch der „Polenkrise" neigten die meisten westlichen Beobachter dazu, die gewachsene Hartwährungsverschuldung der RGW-Staaten zumindest überwiegend — wie kommunistische Interpreten auch — als Ergebnis jener „neuen Entwicklungstendenzen in den intersystemaren Wirtschaftsbeziehungen"[1] zu deuten, die in dem Rückgriff auf westliches technisches Wissen zum Zweck forcierter Industrialisierung bestanden. An der Realisierbarkeit des Anspruchs der sozialistischen Länder, ihre Verschuldungspolitik unterliege „den Anforderungen der Planmäßigkeit und der Proportionalität"[2], wurde kaum gezweifelt. Noch Ende der siebziger Jahre war das erreichte Verschuldungsniveau insgesamt gesehen „für die Banken kein Anlaß zur Beunruhigung."[3] Die immer exzessivere Kreditvergabe wurde gerade von einigen Bankenvertretern zunehmend mit der Erfahrung aus der Vergangenheit begründet, daß „diese Länder ... − von wenigen Ausnahmen abgesehen − ihren Zahlungsverpflichtungen stets pünktlich nachgekommen"[4] sind. Zum Teil erlag man sogar dem Irrtum, die Staatshandelsländer verträten „*generell* das Prinzip des bilateralen Handelsausgleichs"[5], versuchten also, „ihre Im- und Exporte mit *jedem einzelnen* Partnerland ins Gleichgewicht zu bringen."[6] Es bestünden daher gute Chancen eines mittelfristigen Schuldenabbaus, zumal angeblich „die im Westen aufgenommenen Kredite, abgesehen von Getreidekäufen und geringen Konsumgüterimporten, für Investitionszwecke verwandt werden, d.h. um durch Eigenproduktion einerseits Importe überflüssig zu machen und andererseits die Exportfähigkeit zu verbessern."[7] Wille und Fähigkeit der politischen Führung, den materiellen Zahlungsbilanzausgleich herbeizuführen, wurden mit anderen Worten nicht in Zweifel gezogen. Verschuldungskrisen, wie die Polens und Rumäniens, sind innerhalb eines solchen Erklärungsansatzes allenfalls als Ergebnis einer Verkettung unglücklicher Zufälle zu erklären.

Tatsächlich scheinen die Fakten für eine Kumulation sich wechselseitig verstärkender exogener Störungen[8] in den siebziger Jahren zu sprechen. Dabei ist insbesondere an die Auswirkungen der Ölkrise von 1973, die Hausse der Rohstoffpreise und die hierdurch bedingte Verschlechterung der Terms of Trade einiger sozialistischer Länder wie der DDR[9] sowie an die den Export der RGW-Länder beeinträchtigende Wachstumsschwäche in den westlichen Industrieländern[10] zu denken. Die genannten Ursachenkomplexe vermögen jedoch bestenfalls zu begründen, warum ein zahlungsbilanzpolitischer Anpassungsbedarf für die sozialistischen Staaten überhaupt entstanden ist. Sie vermögen nicht zu erklären, warum dieser Anpassungsbedarf von den kommunistisch regierten Ländern in den siebziger Jahren durch Auslandskreditfinanzierung in die Zukunft verschoben wurde und warum diese Finanzierungsstrategie für einige Länder bis (nahe) an die Zahlungsunfähigkeit dem Hartwährungsraum gegenüber führte. Zu erklären sind daher weniger die (weitgehend unstrittigen) ökonomischen Determinanten des zahlungsbilanzpolitischen Anpassungsbedarfs selbst, als die Tatsache, daß die RGW-Staaten zunehmend weniger willens und/oder fähig waren, den Anpassungsbedarf anders als durch internationale Verschuldung zu decken und die gewählte Finanzierungsstrategie unter Kontrolle zu behalten.

Nur wenige westliche Forscher haben dieses zentrale Problem bislang überhaupt thematisiert. Wilczynski etwa spricht der politischen Führung kommunistischer Staaten überhaupt den Willen und/oder die Fähigkeit ab, für ein Gleichgewicht der Zahlungsbilanz Sorge zu tragen, im Gegenteil. „Socialist countries are not interested in achieving a ‚favourable' balance of trade."[11] Die Ursache einer solchen *chronischen Tendenz zu defizitären Zahlungsbilanzen* sieht er primär in strukturellen Steuerungsdefiziten zentralgeleiteter Volkswirtschaften begründet, ihrer vorwiegend importorientierten, den Export weltmarktfähiger Erzeugnisse vernachlässigenden Wirtschaftspolitik, in ihren ehrgeizigen wachstumsorientierten Entwicklungsplänen und dem sich hieraus ergebenden permanenten Importsog.[12] Auch Zwass betont solche, dem wirtschaftlichen System immanenten Mängel wie den drängenden Kapitalimportbedarf, ad hoc-Einfuhren zum Ausgleich inländischer Versorgungslücken und eine ungenügend weltmarktfähige Exportstruktur als Ursachen chronischer Handelsbilanzdefizite zumindest in den siebziger Jahren.[13]

Ein solcher Erklärungsansatz erscheint jedoch alles in allem wenig geeignet, das aktuelle Verschuldungsproblem insgesamt zu würdigen. Die skizzierten systemimmanenten Tendenzen sind zwar im Grundsatz nicht zu bestreiten. Hieraus jedoch eine Tendenz zu chronischen ungeplanten Leistungsbilanzdefiziten ableiten zu wollen, hieße, den Zahlungsbilanzplanern im sozialistischen Staat Ignoranz und permanente Mißachtung der Grenzen der Leistungsfähigkeit des eigenen Wirtschaftssystems zu unterstellen. Die weiter oben angestellten Überlegungen zur Struktur und Funktionsweise außenwirtschaftspolitischer Willens- und Entscheidungsbildung zeigten aber gerade, daß der währungspolitische Führungszirkel sich der systemimmanenten Schwächen und Funktionsmängel voll bewußt und bei funktionstüchtigem Valuta- und Außenhandelsmonopol durchaus in der Lage ist, für hinreichenden ,,slack" im zentralen Valutaplan zu sorgen, um auf diese Weise systemimmanente Passivierungstendenzen der Zahlungsbilanz zumindest über mehrere Planperioden hinweg kompensieren zu können.

Wenn diese Überlegungen im großen und ganzen zutreffen, kommen in sozialistischen Staaten im wesentlichen drei mögliche Ursachen fundamentaler Zahlungsbilanzdefizite und eines sich hieraus ergebenden Finanzierungsbedarfs durch Auslandskredite in Betracht. Die Ursache kann erstens in *kurzfristigen, ungeplanten* Veränderungen der weltwirtschaftlichen Rahmenbedingungen liegen, die im Interesse der störungsfreien Durchführung des Jahresplanes erst in späteren Planperioden Anpassungsmaßnahmen auslösen sollen. Eine *mittelfristige, ungeplante* Passivierung der Zahlungsbilanz kann sich zweitens daraus ergeben, daß die zentrale staatliche Planung bei gelockertem Außenwirtschaftsmonopol die Kontrolle über die Import- und Exportaktivitäten der dezentralen Entscheidungseinheiten verloren hat. Schließlich kann sich drittens ein *kurz- bis mittelfristiger, geplanter* Anstieg der Auslandsverschuldung aus bewußten außenwirtschaftspolitischen Strategiewechseln des währungspolitischen Führungszirkels ergeben. Die genannten Ursachenkomplexe lassen sich im einzelnen wie folgt begründen.

Wie weiter oben herausgearbeitet wurde,[14] ist in der Tat zu erwarten, daß im sozialistischen Staat im Interesse einer unbedingten Sicherung der geplanten mengenmäßigen Einfuhren alle innerhalb eines Planjahres auftretenden Plandisproportionalitäten durch Inanspruchnahme kurzfristiger[15] Kredite bzw. den Abbau von Devisenreserven kompensiert werden. Selbst bei ex ante ausgeglichen geplanter Devisenbilanz ist daher *mit um so stärkeren ungeplanten Ungleichgewichten der Zahlungsbilanz innerhalb einer Planperiode zu rechnen, je ,,turbulenter" die ,,Umwelt" ist*, d.h. je stärker sich die der Planung zugrundeliegenden Plandaten (im wesentlichen Exportpreise, Importpreise, Exportmengen und Terms of Payment) ändern. Es fehlt einem System zentraler staatlicher Planung nämlich weitgehend jene Flexibilität, die erforderlich ist, um auf Änderungen des Datenkranzes der Planung noch innerhalb des laufenden Planjahres reagieren zu können, ohne schwerwiegende Störungen des gesamten Planvollzuges auszulösen. Eine solche Reaktion ist im folgenden Planjahr zwar prinzipiell möglich, sie ist jedoch zahlungsbilanzpolitisch um so unwahrscheinlicher, je stärkeren Restriktionen sich die politische Führung gegenübersieht, den einmal eingeschlagenen wirtschaftspolitischen Kurs durchzuhalten.

Wie Schüller am Beispiel Polens dargelegt hat,[16] setzt eine Durchbrechung der Dominanz des planwirtschaftlichen Anreiz- und Lenkungssystems regelmäßig Kräfte frei, die von der zentralen staatlichen Planbehörde kaum noch wirksam zu kontrollieren sind und im Ergebnis zu gravierenden außenwirtschaftlichen Ungleichgewichten führen können. Da unter diesen Bedingungen vor allem jene, dem System immanente Tendenzen die Oberhand gewinnen, die eine Passivierungstendenz der Zahlungsbilanz bedingen, ist auch *mittelfristig mit um so größeren ungeplanten Zahlungsbilanzdefiziten zu rechnen, je mehr das staatliche Valuta- und Außenhandelsmonopol gelockert* und damit die Kontrollmöglichkeit des währungspolitischen Führungszirkels geschwächt werden. Ungeplante Leistungsbilanzungleichgewichte sind daher in besonderem Maße in solchen Staaten zu erwarten, die wie Polen[17] und Ungarn[18] den dezentralen Wirtschaftseinheiten vergleichsweise große Handlungsspielräume gewähren und auf eine straff zentrale staatliche Planung, Lenkung und Kontrolle der Valutawirtschaft, insbesondere auf eine Kontingentierung der Devisenausgaben für Importe verzichten.[19] In diesem Fall hat sich der sozialistische Staat mit der Lockerung des Valutamonopols auch die Kontrolle über die Entwicklung der Auslandsverschuldung quasi aus der Hand nehmen lassen.

Neben solche ungeplanten, kurz- bis mittelfristig wirksamen Passivierungstendenzen können allerdings auch planmäßige Devisenbilanzdefizite treten, dann nämlich, wenn der währungspolitische Führungszirkel eine *zunehmende Auslandsverschuldung bewußt anstrebt*, um das wirtschaftliche Wachstum zu beschleunigen oder einen sich aus exogenen Datenänderungen ergebenden zahlungsbilanzpolitischen Anpassungsbedarf in die Zukunft zu verlagern. Eine chronische, systemimmanente Tendenz etwa zu einer zunehmenden Hartwährungsverschuldung kommunistischer Staaten ist dabei allerdings nicht zu erwarten. Im Gegenteil haben die weiter oben angestellten Überlegungen zur Struktur und Funktionsweise zahlungsbilanzpolitischer Entscheidungsbildung gezeigt, daß kommunistische Regierungen in weitaus stärkerem Maße auf eine Beachtung zahlungsbilanzpolitischer Restriktionen ausgerichtet sind, als dies im Westen bislang angenommen wurde. Zum einen entwickeln einflußreiche Spitzenbürokratien wie das Finanzministerium, die Außenhandelsbank, die staatliche Reserveverwaltung, aber auch Exportkombinate ein ausgesprochenes Eigeninteresse an möglichst kontinuierlichen Leistungsbilanzüberschüssen bzw. Exportsteigerungen.[20] Zum anderen legten auch ideologische Beschränkungen und historische Erfahrungen mit westlichen Embargomaßnahmen[21] den Parteiführungen des Ostblocks stets die Verpflichtung zu einer zumindest moderaten und vorsichtigen Kreditpolitik gegenüber dem nichtsozialistischen Ausland nahe.

Vor dem Hintergrund solcher Überlegungen scheint die These einer chronischen, systemimmanenten Tendenz zu zunehmender Hartwährungsverschuldung kommunistischer Staaten gegenüber dem Westen zu undifferenziert und schwach begründet, ist doch zumindest auch mit internen institutionellen, militärisch-strategischen und ideologischen Einwänden gegen eine zunehmende Verschuldung bei nichtsozialistischen Ländern zu rechnen. Da jedoch die politischen Durchsetzungschancen der Gegner einer Verschuldungsstrategie wie auch die Durchschlagskraft ideologischer Argumente weitgehend von der konkreten historischen Situation, insbesondere den außenpolitischen und außenwirtschaftlichen Rahmenbedingungen sowie der regierungsinternen Kompetenz- und Machtverteilung, abhängig sind, ist auch in der Verschuldungspolitik eher mit *wechselnden Strategien und Phasen* als mit *chronischen Tendenzen* zu rechnen. In diesem Zick-Zack-Muster kommunistischer Verschuldungspolitik wäre dann die eigentliche „Systemimmanenz" zu suchen. Für die DDR ließ sich tatsächlich ein ausgeprägtes Zick-Zack-Muster praktischer Außenwirtschaftspolitik nachweisen.[22] Die folgenden Ausführungen haben zum Ziel, herauszuarbeiten, inwiefern und mit welchen Konsequenzen diese allgemein beobachtbaren, nichtinkrementalen wirtschaftspolitischen Strategiewechsel auch die Entwicklung der internationalen Kreditbeziehungen der DDR beeinflußt haben.

2. Die Kreditbeziehungen der DDR zur Sowjetunion

Die Kreditbeziehungen zwischen der Sowjetunion und der DDR sind nicht nur aufgrund der besonders engen außenwirtschaftlichen Verflechtung zwischen beiden Ländern von besonderem Interesse. Aufgrund der hier herausgearbeiteten Bedeutung sowjetischer Interessen und Einflußnahmen im zahlungsbilanzpolitischen Willensbildungs- und Entscheidungsprozeß der DDR, dürften sich auch die *intersystemaren* Kreditbeziehungen Ostdeutschlands kaum ohne ein vertieftes Verständnis der Kreditbeziehungen zur *Sowjetunion* beurteilen lassen. Gerade der bilaterale sowjetisch-ostdeutsche Kapitalverkehr liegt bislang allerdings praktisch vollständig im Dunkeln. Konkrete und einigermaßen gesicherte Hinweise auf den Ablauf kreditpolitischer Entscheidungsprozesse und den tatsächlichen Umfang der im kommunistischen Raum immer wieder hervorgehobenen Zahlungsbilanzhilfe der Sowjetunion liegen lediglich bis Anfang der sechziger Jahre vor. Da diese Informationen von mehr als wirtschaftshistorischem Interesse sind und im Westen bislang stets nur bruchstückhaft ausgewertet wurden, soll zunächst der Versuch unternommen werden, die Entwicklung bis Mitte der sechziger Jahre nachzuzeichnen und zu analysieren. Vor diesem Hintergrund wird dann der Versuch unternommen, die weitere Entwicklung nach dem Sturz Chruschtschows und ihre Implikationen für die intersystemaren Kreditbeziehungen der DDR zu kennzeichnen und zu erklären.

a) Die Willensbildungs- und Entscheidungsprozesse in den fünfziger und frühen sechziger Jahren

Die Verschuldungsstrategie der DDR war in den fünfziger Jahren weitgehend und unmittelbar durch sowjetische Interessen und Einflußmaßnahmen prädeterminiert. Sie stand unter dem Diktat, möglichst *jede Form ökonomischer Abhängigkeit von westlichen Staaten zu vermeiden* und umgekehrt die wirtschaftliche und finanzielle Integration in den kommunistischen Block mitzuvollziehen. Diese Postulate hatten unter Stalin ebenso Gültigkeit wie unter Chruschtschow; sie wurden ideologisch mit dem Argument begründet, „die kapitalistischen Machthaber, die Monopolherren", versuchten, „das Geld in seiner Funktion als Weltgeld zur Ausplünderung und Unterdrückung fremder Länder zum Zwecke der Erzielung von Maximalprofiten auszunutzen."[1] Im Schutzinteresse des sozialistischen Staates wurde daher ausdrücklich der „Grundsatz der ausgeglichenen Handelsbilanz" gegenüber dem „kapitalistischen Ausland" zum zahlungsbilanzpolitischen Prinzip erhoben.[2] Der sozialistische Aufbau sollte mit anderen Worten primär aus eigener Kraft und ohne Inanspruchnahme ausländischer Kredite bewältigt werden.[3] Diese Strategie schloß zwar eine ad hoc-Verschuldung zum Ausgleich kurzfristiger Zahlungsbilanzstörungen nicht aus, forderte aber, solche Kreditbedingungen ausfindig zu machen, „die die Unabhängigkeit des Landes nicht bedrohten."[4]

Prägend für diese Haltung der kommunistischen Staaten unter sowjetischem Einfluß dürften die historischen Erfahrungen der UdSSR gewesen sein, als die Weigerung der Sowjetunion, die zaristischen Schulden anzuerkennen, zu einer erst 1926 gelockerten Kreditblockade führte, und als im Rahmen der vollständigen Kreditverweigerung der USA mit Gesetz von 1945 jede private Kreditvergabe an Staaten, die ihren finanziellen Verpflichtungen aus Leih- und Pachtverträgen mit den USA nicht nachkamen, verboten wurde.[5] Kredite nichtsozialistischer Länder wurden seitdem als „Waffe beim Eindringen in die Wirtschaft und Politik ausländischer Staaten"[6] angesehen, denen in „den Händen des imperialistischen Staates" hauptsächlich politischer Charakter zukäme.[7]

Unter diesen Bedingungen legte die Sowjetunion den osteuropäischen Staaten das eigene historische Vorbild nahe: „In der Periode der relativen Schwäche der sowjetischen Wirtschaft und wegen des dringenden Bedarfs an ausländischen Krediten berücksichtigte der Sowjetstaat die Wolfsnatur des Kapitalismus und ging auf die Zahlung hoher Zinssätze für diese Kredite ein, aber er vereinbarte niemals irgendwelche wirtschaftlichen oder politischen Zugeständnisse, die mit dem sozialistischen Aufbau, mit der Souveränität eines sozialistischen Staates unvereinbar sind."[8] Die Existenz solcher „knechtenden oder diskriminierenden Bedingungen"[9] blieb stets eine unbewiesene Behauptung, die letztlich vorwiegend der nachträglichen Rechtfertigung strategischer Entscheidungen zu dienen schien und um so deutlicher erscheinen lassen sollte, „über welch großen Vorteil die volksdemokratischen Staaten Europas und Asiens dank der Tatsache verfügen, daß sie sich beim Aufbau des Sozialismus ständig auf die gewaltige Hilfe der Sowjetunion stützen können"[10] und daß Kreditbeziehungen zwischen sozialistischen Staaten „völlig anders gestaltet",[11] nämlich „eine der Formen der uneigennützigen brüderlichen internationalen Hilfe beim Aufbau des Sozialismus und Kommunismus, ein markanter Ausdruck des sozialistischen Internationalismus"[12] sind.

Die SED-Führung wurde daher nach dem Volksaufstand im Juni 1953 von der sowjetischen Parteiführung gezwungen,[13] den von der amerikanischen Regierung angebotenen Kredit in der damals beachtlichen Größenordnung von 15 Mill. US-Dollar für Lebensmittel und Futtermittelimporte mit dem Argument vom „Knebelcharakter der von der ‚Export-Importbank' gewährten Kredite"[14] abzulehnen und statt dessen umfangreiche sowjetische Hilfslieferungen auf Kredit anzunehmen. Der sowjetische Zick-Zack-Kurs machte die gesamte Volkswirtschaftsplanung der DDR hinfällig; noch im April 1953 hatte der sowjetische Planungschef Nikitin nämlich die verlangten Hilfslieferungen abgelehnt.[15] Die Plankommission ging daher nach dem Volksaufstand daran, einen neuen, wesentlich großzügigeren Plan aufzustellen, da „die Sowjets ‚jede Hilfe' zugesagt hatten".[16] In wenigen Tagen, unter erheblichem Zeitdruck, mit wenigen Mitarbeitern und nach einfachen Daumenregeln stellte Leuschner Mitte 1953 die gesamte Volkswirtschaftsplanung der DDR um,[17] da insbesondere die sowjetische Parteiführung auf rasche innenpolitische und wirtschaftliche Stabilisierung der Sowjetzone drängte. Die sowjetische Kredithilfe war beachtlich;[18] bereits 1954 mußte Leuschner jedoch bekennen, „daß wir den Sowjetkredit vom vorigen Jahr schon verplempert haben."[19]

Chruschtschows persönliche Zusicherung an Ulbricht, die DDR zum „Schaufenster des Ostens" aufzubauen,[20] verleitete die Parteiführung, gestützt auf die „von allzu großem Optimismus getragenen Berechnungen der sowjetischen Berater"²¹ zu ehrgeizigen Wirtschaftsplänen für den neuen Perspektivplanzeitraum, den 2. Fünfjahrplan bis 1960. Zur *„ökonomischen Hauptaufgabe"* wurde erklärt, Westdeutschland einzuholen und zu überholen. Von der SED-Führung „erging die ausdrückliche Anweisung an alle Fachorgane, nicht danach zu fragen, wo Hilfe herkommt und wie sich die Ziele überhaupt verwirklichen lassen, sondern umfassend und mit allem nur denkbaren Optimismus ein großes ‚Zukunftsbild zu zeichnen'."²² Daß die Pläne des 2. Fünfjahrplanes nicht ganz ohne reale Basis waren, zeigt schon die Tatsache, daß sie prinzipiell auch die Zustimmung der Pragmatiker in der SED-Führung fanden. Ihre Realisierbarkeit beruhte jedoch — dies ist im Westen bislang nicht erkannt worden — im wesentlichen auf der Einlösung sowjetischer Hilfsversprechen, die schon 1956 als unerfüllbar angesehen werden mußten. Chruschtschow scheint Ulbricht noch Mitte 1956 einen Kredit mit einer Laufzeit von 10 Jahren zu 2 % Zinsen und zusätzliche Importe aus der Sowjetunion bis Ende 1960 im Umfang von 7,4 Mrd. Rubel versprochen zu haben,²³ die DDR hätte danach von 1957 bis 1960 jährlich für rund 1,9 Mrd. Rubel mehr Waren aus der Sowjetunion importieren können, als sie exportieren mußte. Gemessen daran, daß sich die gesamte Einfuhr aus der Sowjetunion 1955 auf 1,69 Mrd. Rubel belief, war dies eine in der Tat bemerkenswerte Hilfszusage, die die Zielsetzungen des 2. Fünfjahrplanes in einem anderen Licht erscheinen lassen.

Die Höhe der versprochenen Zahlungsbilanzhilfe stand jedoch in auffälligem Kontrast zu der dann tatsächlich gewährten sowjetischen Hilfe. Offenbar stieß Chruschtschow wiederholt auf Widerstände in der sowjetischen Parteiführung und/oder Spitzenbürokratie, die dazu führten, daß die sowjetischen Zahlungseingänge in den Folgejahren nur sehr zögernd und nicht in dem geplanten Umfang erfolgten. Es erwies sich daher als besonders problematisch,²⁴ daß Kreditvereinbarungen nur im engsten Führungszirkel getroffen werden konnten und daß Ulbricht selbst wiederholt geäußerte Bedenken seines eigenen Planungschefs unbeachtet ließ²⁵ oder Absagen sowjetischer Regierungsstellen offiziell nicht zur Kenntnis nahm.²⁶ Für Ulbricht war in Kreditfragen allein Chruschtschow zuständig, er beharrte auf dessen mündlichen Zusagen und solange sich Ulbricht nicht persönlich mit Chruschtschow verständigt hatte, blieben „selbst die brennendsten Probleme in der Schwebe."²⁷ So wurden auch 1955 wiederholt Bittschreiben Ulbrichts nach Moskau abschlägig beschieden oder blieben sogar lange Zeit unbeantwortet.²⁸ Lediglich im Januar 1956 wurden der DDR immerhin 20,0 Mill. US-$ in Gold und freien Devisen auf Kreditbasis zur Verfügung gestellt, um die nahezu erschöpften Währungsreserven aufzufüllen.²⁹

Die Unruhen im gesamten Ostblock, die Kürzung der polnischen Steinkohlelieferungen nach der Machtübernahme durch Gomulka und die Versorgungsschwierigkeiten aufgrund der Suez-Krise ließen Ulbricht für den Winter 1956/57 sogar einen zweiten Volksaufstand befürchten.³⁰ Er wandte sich daher in geheimen Bittschreiben erneut an Chruschtschow, wobei als Mittelsmann Miroschnitschenko, der Wirtschaftsexperte der sowjetischen Botschaft fungierte. Die Sowjetunion war jedoch durch die Hilferufe auch der anderen Parteiführungen im kommunistischen Block überfordert, standen doch alle Ostblockstaaten im wesentlichen vor demselben Problem — der durch polnische Lieferausfälle bedingten Kohleverknappung und Gefährdung ihrer Volkswirtschaftspläne. Die sowjetischen Experten übermittelten der SED-Führung ein Schreiben Bulganins, aus dem hervorging, die Sowjetunion sei „nicht in der Lage, ihre Kohlelieferungen in die DDR zu erhöhen."[31] Die SED-Führung war daher in den folgenden Wochen fieberhaft bemüht, die Kohlelücke im Westhandel zu schließen, und zwar im wesentlichen gegen konvertible US-Dollar. Außenhandelsminister „Rau verhandelte ununterbrochen mit allen möglichen internationalen Schieberorganisationen, um illegal Kohle aus dem Westen heranzuschaffen."[32] Die Währungsreserven der DDR wurden auf diese Weise nahezu erschöpft, es gelang jedoch, die Versorgung für die nächsten Wochen durch amerikanische Kohle zu sichern, die Rau, der sich Anfang Dezember 1956 inkognito in Hamburg aufgehalten haben soll, für bare US-Dollar über Schweden hatte ordern können.[33] Ulbricht und Leuschner setzten im übrigen auf den von den Meteorologen vorausgesagten milden Winter,[34] während sich die innenpolitische Lage weiter zuspitzte.

Da die sowjetischen Hilfszusagen bislang uneingelöst geblieben waren, ließ Ulbricht durch Leuschners Plankommission einen Geheimbericht für die sowjetische Parteiführung anfertigen und im Dezember 1956 nach Moskau schicken. Er schilderte die „politischen Schwierigkeiten in schwarzen Farben, nannte aber als Ursache nur die wirtschaftlichen Engpässe. Die Berichte ... überstiegen alles bisher Dagewesene. Es wurde keine Gelegenheit ausgelassen, auf den optischen und politischen Kontrast in Berlin hinzuweisen."[35] Erst in dieser Ausnahmesituation zeigte sich Chruschtschow zu einer neuerlichen Kreditvergabe an die DDR bereit. Die Wirtschaftsplaner der DDR hatten immerhin noch mit Krediten von 1,5 Mrd. Rubel in konvertibler Währung gerechnet.[36] Die Leistungsfähigkeit der Sowjetunion war jedoch stark begrenzt, war sie doch gezwungen, 1957 auch an Ungarn, die CSSR, Bulgarien und Rumänien sowie Polen umfangreiche Waren- und Devisenkredite zu vergeben.[37] Die Expertendelegation der DDR, die im Januar 1957 nach Moskau gereist war, mußte sich daher mit einem Devisenkredit in Höhe von 85,0 Mill. US-$ begnügen.[38]

Die sowjetische Parteiführung scheint der ostdeutschen Regierung jedoch bei dieser Gelegenheit unmißverständlich klargemacht zu haben, daß die DDR mit Krediten vergleichbaren Umfanges nicht mehr rechnen könne, auf dem 30. ZK-Plenum Anfang Februar 1957 tadelte Ministerpräsident Grotewohl nämlich offen jene „Genossen ..., die beim Aufkommen ernster Schwierigkeiten immer gleich zur Kapitulation neigen und zuerst ihre Blicke hilfesuchend nach außen, zu unseren Freunden richten[38] ... Ein solches Verfahren ist uns 1957, nach der jetzt erreichten Entwicklung, auch im sozialistischen Lager nicht mehr erlaubt. Um die Illusionen restlos zu beseitigen, müssen wir darauf hinweisen, daß in den großen Fragen unserer Wirtschaft die Kraftquellen von außen nicht mehr ergiebiger fließen können, als sie gegenwärtig zu uns fließen. Die entscheidende Kraftquelle ist bei uns selbst zu suchen. Es ist die vollkommenste Organisierung und Anwendung unserer eigenen Kräfte."[39]

Es gelang der DDR jedoch nicht, diese Zielsetzung zu erreichen. Die unrealistisch gesetzten Ziele des Fünfjahrplanes führten zu gravierenden binnenwirtschaftlichen Versorgungslücken und Engpässen bei strategischen Gütern. Schon Mitte 1957 zeigte sich erneut, daß die Devisenbilanz der DDR gegenüber nichtsozialistischen Ländern nicht im Gleichgewicht zu halten war; Außenhandelsminister Rau mußte „nicht unbeträchtliche Rückstände"[40] bei der Durchführung des Exportplanes eingestehen. Auf „Ersuchen der Regierung der DDR"[41] sagte Chruschtschow daher der

DDR anläßlich seines Besuches in Ostberlin im August 1957 nochmals Kredite zu, und zwar einen Warenkredit für sowjetische Lieferungen im Wert von 100,0 Mill. US-$ und einen Devisenkredit in Höhe von 75,0 Mill. US-$ zum Einkauf von Waren im Westen. Beide Kredite sollten 1958 bereitgestellt werden.[42]

Bis Ende der fünfziger Jahre blieben dies entsprechend der sowjetischen Konzeption die letzten größeren Kreditvergaben an ein Land im sowjetischen Einfluß- und Interessenbereich. Erst die Kündigung des Interzonenhandelsabkommens durch die westdeutsche Regierung zwang Chruschtschow nochmals zu massiver Kredithilfe an die ostdeutsche Regierung. Diesmal allerdings war die Sowjetunion zur Vergabe von Devisenkrediten für Westimporte der DDR nicht mehr bereit. Kernstück der neuen, als „Störfreimachung" proklamierten wirtschaftspolitischen Konzeption war vielmehr die Substitution von Importen aus dem nichtsozialistischen Wirtschaftsgebiet durch heimische Quellen oder Einfuhren aus sozialistischen Ländern. Um die sich hieraus kurzfristig ergebenden Ungleichgewichte in den regionalen Zahlungsbilanzen zu finanzieren, räumte Chruschtschow der DDR für den neuen Perspektivplanzeitraum bis 1965 eine Kreditlinie im Umfang von 480 Mill. US-$ für den Import sowjetischer Erzeugnisse ein. 1962 folgten Kreditzusagen für umfangreiche Investitionsgüterkäufe in der Sowjetunion.

b) Merkmale und Umfang der sowjetischen Zahlungsbilanzhilfe bis Mitte der sechziger Jahre

Höhe und Konditionen der bis zum Führungswechsel in der Sowjetunion Mitte der sechziger Jahre bekanntgewordenen sowjetischen Kredite an die DDR sind in Tabelle 14 zusammengestellt worden. Schon diese Übersicht liefert eine Reihe bemerkenswerter Informationen von mehr als wirtschaftshistorischem Interesse.

Auffallend ist zunächst, daß die *Laufzeiten* der sowjetischen Kredite an die DDR bis 1958 vergleichsweise kurz waren. Der sowjetischen Mittelvergabe kam daher bis zu diesem Zeitpunkt nicht nur der Charakter längerfristiger Liefer- und Aufbaukredite, sondern lediglich der einer kurzfristigen Zahlungsbilanzhilfe zu. Die *Zinssätze* waren zwar mit durchweg 2 % per annum niedrig, es darf jedoch nicht übersehen werden, daß beispielsweise auch am Londoner Geldmarkt bis 1954 noch Zinssätze zwischen 0,6 und 2,3 % per annum, zwischen 1955 und 1965 noch Zinssätze zwischen 3,7 und 5,9 % per annum vorherrschten[43] und daß die DDR im Zahlungsverkehr mit nichtsozialistischen Ländern sogar unverzinsliche Verrechnungskredite – beispielsweise bei der Bank of Greece, der Norges Bank, der Türkiye Is Bankasi, der Suomen Pankki und der Deutschen Bundesbank – in Anspruch nehmen konnte. Allein der Deutschen Bundesbank schuldete die DDR Ende 1956 20,2 Mill. US-$,[44] und die Forderungen der finnischen Zentralbank an die Deutsche Notenbank beliefen sich Ende 1956 auf 3,9 Mill. US-$.[45]

Da auch die sowjetische Staatsbank bei Lieferrückständen der DDR zu einer unverzinslichen Clearing-Kreditvergabe gezwungen gewesen wäre, stellen die offiziell gewährten sowjetischen Kredite faktisch wohl primär den Versuch der UdSSR dar, für eine ohnehin nicht abzuwendende kurzfristige Clearingverschuldung der DDR zumindest *Zinsen zu erhalten* und *Rückzahlungsfristen zu vereinbaren*. Theoretisch hätte die sowjetische Kreditvergabe nämlich – wie dies seit der Machtübernahme durch Breschnew zunehmend auch der Fall war – im Verborgenen über die Clea-

Tabelle 14
Höhe und Konditionen der sowjetischen Kredite an die DDR 1949 bis 1965

Jahr der Zusage	Betrag in Mill. US-$	Verwendungszweck	Kredittyp	Inanspruchnahme	Rückzahlung	Zinssatz
1949	25,00	Import sowjetischer Agrarerzeugnisse u. Maschinen	Warenkredit	1949	1950–51	2 %
1950	37,25	Import sowjetischer Agrarerzeugnisse	Warenkredit	1950	1951	2 %
1950	7,50	Finanzierung der ostdeutschen diplomatischen Missionen in der Sowjetunion	Verrechnungskredit	1950–51	1952	2 %
1953	87,50	Sowjetische und polnische Exporte insbesondere von Agrarerzeugnissen	Warenkredit	1953–54	1955–56	2 %
1953	33,75	Import von Maschinen und Rohstoffen	Devisenkredit	1953	1955–56	2 %
1956	20,00	Import von Waren aus dem Westen	Devisenkredit	1956	1957	2 %
1957	85,00	Import von Waren aus dem Westen	Devisenkredit	1957	1959–60	2 %
1957	75,00	Import von Waren aus dem Westen	Devisenkredit	1958	1961–65	2 %
1957	100,00	Import von sowjetischen Waren	Warenkredit	1958	1961–65	2 %
1958	27,50	Import sowjetischer Investitionsgüter	Warenkredit	1958–60	1961–65	2 %
1959	28,00	Import sowjetischer Investitionsgüter	Warenkredit	1960–62	1963–68	2 %
1961	480,00	Import sowjetischer Waren	Warenkredit	1960–65	N.V.	N.V.
1962	310,00	Import sowjetischer Investitionsgüter	Warenkredit	1962	N.V.	N.V.

Quelle: SCHEWEL, I.: Kredite und Unterstützung zwischen den sozialistischen Ländern, in: Der Aussenhandel, 12. Jg. (1962), H. 8, S. 21–24; GOLLUS, Siegfried: Kreditierung nach sozialistischen Prinzipien, in: Der Aussenhandel, 7. Jg. (1957), H. 20, S. 717 f.; Die Sowjetunion und wir, in: Der Aussenhandel, 7. Jg. (1957), H. 20, S. 762; United Nations: Economic Survey of Europe, verschiedene Jahrgänge; Archiv der Gegenwart, verschiedene Jahrgänge; KÖHLER, Heinz: Economic Integration in the Soviet Bloc, a.a.O. sowie Bundesministerium für gesamtdeutsche Fragen (Hrsg.): Chronik 1961–1962, Bonn und Berlin 1969, passim; eigene Schätzungen und Berechnungen

ringverrechnung gewährt werden können. Unter solchen Bedingungen hätte die Sowjetunion dann allerdings auch auf die *propagandistische Herausstellung* ihrer „brüderlichen Hilfe getreu dem proletarischen Internationalismus"[46] verzichten müssen.

Besondere Beachtung verdienen schließlich die „Kredite in freier Valuta", wie sie von der Sowjetunion in den Jahren 1953, 1956, 1957 und 1958 auch der DDR zur Verfügung gestellt wurden. Die Mittel hierzu wurden nach Informationen des Verfassers durch sowjetische Goldverkäufe auf dem Londoner Markt beschafft und auf dem Konto der DDR bei der Moscow Narodny Bank in London sowie teilweise durch Auslieferung von Sorten an die Devisenkasse der Deutschen Notenbank in Ostberlin bereitgestellt. Für die DDR bestand jedoch die Möglichkeit, den Gegenwert der sowjetischen Hartwährungszahlungen durch Warenlieferungen im Rahmen des bilateralen Clearings zu tilgen und auch die fälligen Zinsen in Form von Warenlieferungen zu zahlen.[47] Ob dieses Verfahren für die DDR allerdings von mehr als kurzfristigem Vorteil war, muß fraglich bleiben, da zu keinem Zeitpunkt bekannt wurde, welche Warenmengen von der DDR zu welchen Preisen an die Sowjetunion zwecks Tilgung der Hartwährungskredite geliefert werden mußten.

Es kann daher nicht ausgeschlossen werden, daß die DDR zur Tilgung der sowjetischen Devisenkredite letztlich weit größere Warenmengen aufwenden mußte, als dies bei einer Kreditaufnahme und -tilgung in konvertiblen Währungen auf westlichen Märkten der Fall gewesen wäre. Klagen ostdeutscher Außenhandelspraktiker[48] ist zu entnehmen, daß bei zahlreichen Waren, die zur Kredittilgung geliefert wurden, wie insbesondere den für sowjetischen Bedarf bestimmten Schiffen aus ostdeutschen Werften, der kumulierte Hartwährungs- und Clearingdevisenbedarf für Vorprodukte höher war als der Devisenerlös, der im sowjetisch-ostdeutschen Verrechnungsverkehr gutgeschrieben wurde. Hinzu kommt, daß „Abstimmungen" über die zu liefernden Waren typischerweise erst zu Beginn des Tilgungsjahres erfolgten,[49] so daß sich die DDR ad hoc auf den aktuellen sowjetischen Importbedarf einstellen mußte.

Der Umfang der sowjetischen Devisenkredite für die Ostzone war gleichwohl beachtlich. Nach Schätzungen des Verfassers importierte die DDR zwischen 1953 und 1959 Waren im Wert von etwa 1,33 Mrd. US-$ aus nichtsozialistischen Industrieländern, davon rund 460 Mill. US-$ gegen Bezahlung in freien Devisen. Sie exportierte in diese Länder für rund 1,11 Mrd. US-$, davon für rund 330 Mill. US-$ gegen konvertible Währungen. Das resultierende Devisenbilanzdefizit von 220 Mill. US-$ insgesamt (davon 90 Mill. US-$ im Clearing und 130 Mill. US-$ in Devisen) stimmt annähernd mit der Summe der bis 1959 von der Sowjetunion erhaltenen Hartwährungskredite von 213,8 Mill. US-$ überein. Dabei dürfte die Defizitfinanzierung gegenüber dem Clearingraum (insbesondere 1953, 1955, 1956 und 1958 gegenüber Belgien-Luxemburg, Frankreich und den Niederlanden) primär dem Einkauf von Engpaßgütern außerhalb des zentralen Clearings in konvertiblen Devisen gedient haben. Insgesamt dürften auf diese Weise etwa 34 % aller DDR-Importe aus dem Hartwährungsraum und fast 10 % der ostdeutschen Einfuhren aus dem Clearingraum im Zeitraum von 1953 bis 1959 mittels sowjetischer Devisenkredite finanziert worden sein.

Auch aus sowjetischer Perspektive erreichte der Umfang der seit Kriegsende an die Ostzone ausgereichten Hartwährungskredite einen beachtlichen Umfang. Wie sich den in Tabelle 15 zusammengestellten Schätzungen entnehmen läßt, entfielen fast die Hälfte aller zwischen 1947 und 1958 von der Sowjetunion ausgereichten Devisenkredite auf die DDR, von den an RGW-Staaten ausgereichten Krediten allein 60 %. Die DDR hat diese Vorzugsstellung zweifellos vor allem Chruschtschow persönlich zu verdanken. Während Stalin nämlich nur Polen und der Tschechoslowakei 1947 und 1948 Goldanleihen zur Auffüllung ihrer Währungsreserven zur Verfügung stellte und die sowjetisch besetzte Zone mit erschöpften Währungsreserven zu noch höheren Reparationsleistungen trieb,[50] war es Chruschtschow, der die *strategische Position der DDR im Ost-West-Verhältnis* erkannte und ihre „besonders hohe Verantwortung" auf Grund ihrer „unmittelbaren Nähe zu den hochentwickelten kapitalistischen Ländern"[51] hervorhob. Es dürfte wohl primär diese Überlegung gewesen sein, die Chruschtschow dazu verleitete, Ulbricht die „Schaufensterpolitik"[52] zu versprechen, die ostdeutschen Devisenbilanzdefizite mit dem Westen permanent zu kreditieren und auf diese Weise möglichst jede Form ökonomischer und finanzieller Abhängigkeit der DDR von unfreundlich gesonnenen Staaten zu vermeiden. Um diese Strategie durchsetzen zu können, war die sowjetische Parteiführung in den fünfziger Jahren unter der Einmannherrschaft Chruschtschows offenbar selbst zu größeren wirtschaftlichen Opfern bereit, insbesondere zu umfangreichen Goldverkäufen gegen konvertible Währungen, die auf insgesamt 1130 Mill. US-$ im Zeitraum von 1946 bis 1958 geschätzt werden können.[53] Von dieser Summe dürfte mithin je ein Fünftel auf sowjetische Devisenkredite an die DDR sowie an andere Länder entfallen sein. Lediglich die hohen Goldverkäufe der UdSSR in den Jahren 1953/54 und 1957/58 dürften vorwiegend der in diesen Jahren aufgetretenen eigenen Zahlungsbilanzdefizite gedient haben.

Tabelle 15
Sowjetische Gold- und Devisenkredite 1947 bis 1958

in Millionen US-$

Empfängerland	1947	1948	1953	1954	1955	1956	1957	1958	insgesamt
DDR	–	–	33,8	–	–	20,0	85,0	75,0	213,8
Ungarn	–	–	–	–	–	10,0	50,0	–	60,0
Polen	27,9	–	–	–	–	10,0	–	–	37,9
CSSR	–	33,1	–	–	–	–	13,5	–	46,6
Finnland	–	–	–	10,0	10,0	10,0	10,0	10,0	50,0
Jugoslawien	–	–	–	–	30,0	–	–	–	30,0
insgesamt	27,9	33,1	33,8	10,0	40,0	50,0	158,5	85,0	438,3

Quelle: Eigene Berechnungen und Schätzungen sowie United Nations: Economic Survey of Europe in 1957, Geneva 1958, Table VI-R; SCHEWEL, I.: Kredite und Unterstützung zwischen den sozialistischen Ländern, in: Der Aussenhandel, 12. Jg. (1962), H. 8, S. 21–24 sowie GOLLUS, Siegfried: Kreditierung nach sozialistischen Prinzipien, in: Der Aussenhandel, 7. Jg. (1957), H. 20, S. 717f. Die anderen bekanntgewordenen sowjetischen Kredite stellten Waren- und Verrechnungskredite im Rahmen von zwischenstaatlichen Clearingabkommen dar, die nicht mit der Bereitstellung konvertibler Währungen oder Gold einhergingen.

c) Die Entwicklung der bilateralen Kreditbeziehungen seit Mitte der sechziger Jahre

In der DDR wirkte sich diese alles in allem massive Devisenhilfe der Sowjetunion vor allem in der Weise aus, daß insbesondere die Spitzenbürokratien zu wenig Interesse aufbrachten, Zahlungsbilanzplanung und Zahlungsbilanzpolitik auf realistischen Annahmen aufzubauen und an realisierbaren Zielen auszurichten. Im Gegenteil verführte sogar die erwartete sowjetische Hilfe gerade dazu, die eigenen Reserven zu erschöpfen, um den sowjetischen Experten keinen Vorwand für eine Ablehnung der Zahlungsbilanzhilfe zu liefern. Diese „free rider"-Position der SED-Führung fand allerdings ihr Ende mit dem Abbruch der Strategie der „Störfreimachung" und der Einleitung der Außenwirtschaftsreform 1963. Eines der Hauptziele dieses Reformprojektes und der einschneidenden organisatorischen wie personellen Umbesetzungen im Staatsapparat scheint es gerade gewesen zu sein, hinreichende Exportüberschüsse sicherzustellen, um die bei der Sowjetunion — insbesondere während der „Störfreimachung" — aufgenommenen hohen Kredite planmäßig tilgen zu können. Tatsächlich hielten die hohen Lieferüberschüsse der DDR im Handel mit der Sowjetunion auch nach dem Sturz Chruschtschows im Oktober 1964 an.

Die neue sowjetische Parteiführung unter Breschnew scheint jedoch nicht nur auf der unverzüglichen *Rückzahlung der unter Chruschtschow gewährten Kredithilfe* bestanden zu haben, sie erwartete und forderte von der DDR auch erstmals Direktinvestitionen einschließlich der damit verbundenen *langfristigen Kreditierung der Anlagen- und Ausrüstungslieferungen* für umfangreiche sowjetische Projekte zur Erschließung von Rohstoffen in der UdSSR.[54] Dieser grundlegende Wandel in der sowjetischen Kreditpolitik scheint den währungspolitischen Führungszirkel der DDR überhaupt erst dazu veranlaßt zu haben, entgegen allen ideologischen Bedenken in nichtsozialistischen Ländern selbst langfristige Devisenkredite aufzunehmen, um den Import von westlichen Maschinen, Ausrüstungen und Technologie finanzieren zu können, ohne gleichzeitig mit der Rückzahlung der Chruschtschow-Kredite sowie der 1966 einsetzenden eigenen Kreditvergabe an die UdSSR in Verzug zu geraten. Der Mitte der sechziger Jahre beginnenden und im Westen mit Staunen beobachteten, unvermittelten Öffnung der DDR gegenüber einer Intensivierung der intersystemaren Handels- und Kreditbeziehungen scheinen damit ganz andere Motive zugrundegelegen zu haben, als dies im Westen bis heute noch angenommen wird. Der abrupte und nicht vorhersehbare Wandel in der Zahlungsbilanzstrategie der DDR dürfte tatsächlich primär auf die durch den Machtwechsel in der Sowjetunion grundlegend geänderte Kreditpolitik der sowjetischen Parteiführung zurückzuführen gewesen sein.

Seit dieser Zeit sind keine konkreten Angaben mehr zu Höhe und Konditionen sowjetischer oder ostdeutscher Kredite bekanntgeworden. Die gegenseitige Kreditvergabe vollzieht sich — im Gegensatz zu ihrer propagandistischen Herausstellung unter Chruschtschow — unter den neuen sowjetischen Parteiführern eher unauffällig über die Einräumung von (vermutlich unverzinslichen) Krediten auf den bilateralen Clearingkonten sowie über (verzinsliche) mittelfristige Waren- und Devisenkredite der sowjetisch kontrollierten „Internationalen Bank für wirtschaftliche Zusammenarbeit" (IBWZ) mit Sitz in Moskau. Dem kommunistischen Schrifttum lassen sich lediglich unbestimmte Hinweise auf besondere Belastungen des bilateralen Kapitalverkehrs in einzelnen Jahren entnehmen.

Insbesondere 1969 und 1970 scheint es infolge der Ertragsrückgänge in der DDR-Landwirtschaft und der hierdurch erforderlichen Zusatzimporte an Getreide und Futtermitteln aus dem Westen zu dem Versuch der Zahlungsbilanzplaner der DDR gekommen zu sein, RGW-Exporte ins nichtsozialistische Wirtschaftsgebiet umzulenken. Hierdurch und mitbedingt durch zunehmende Koordinationsmängel im Verlauf der Wirtschaftsreform traten „extrem hohe Lieferrückstände, besonders gegenüber der UdSSR"[55] auf, die die Clearingverschuldung der DDR bei der Sowjetunion *ungeplant und entgegen den Absichten der Parteiführung der KPdSU*[56] beträchtlich erhöht haben dürften und vermutlich entscheidend zum Sturz Ulbrichts beigetragen haben. In den Folgejahren von 1971 bis 1973 scheint die SED-Führung unter Honecker daher vor allem bestrebt gewesen zu sein, diese ungeplanten Schulden durch bemerkenswert hohe Handelsbilanzüberschüsse gegenüber der Sowjetunion von insgesamt rund 820 Mill. US-$ abzubauen.

Ende der siebziger Jahre wurde von sowjetischer Seite gemeldet, daß in „Zusammenhang mit der schrittweisen Heranführung der Vertragspreise für Erdöl, Erdölprodukte und andere Rohstoffe an die Weltmarktpreise ... in den letzten Jahren Bulgarien, Ungarn, der DDR, Kuba, der Mongolei und Polen große Kredite für das Ausgleichen der Warenverkehrszahlungen gewährt"[58] worden waren. In der DDR wurden diese, infolge der dramatischen Verschlechterung ihrer Terms of Trade gegenüber der Sowjetunion aufgetretenen Handelsbilanzdefizite lange Jahre ebenso verschwiegen wie die sowjetische Kreditvergabe. Erst vor dem Hintergrund einer weiteren Verschlechterung der Zahlungsbilanz der DDR Anfang der achtziger Jahre wurde zögernd eingestanden, es seien „bedeutende Ungleichgewichte im Handel einiger RGW-Länder mit der Sowjetunion entstanden".[59] Die UdSSR habe, da „die meisten dieser Länder nicht in der Lage waren, kurzfristig ihre Exporte im erforderlichen Umfang zu erhöhen, ... die Rohstofflieferungen zu einem Teil kreditiert."[60] Tatsächlich sind im bilateralen Warenverkehr der DDR mit der Sowjetunion von 1974 bis 1983 alljährlich hohe Defizite aufgetreten, die sich insgesamt auf 3,73 Mrd. Rubel belaufen. Die sowjetische Parteiführung scheint diese Handelsbilanzungleichgewichte bewußt hingenommen zu haben, um der DDR die zahlungsbilanzpolitische Anpassungslast zu erleichtern und das Problem der gerade in diesen Jahren zusätzlich erhöhten Hartwährungsverschuldung nicht zu verschärfen.

Die Ursache dieser für die DDR ausgesprochen ungünstigen Entwicklung scheint wesentlich in der *Warenstruktur ihres Außenhandels* begründet zu sein.[61] Der hohe Anteil von Rohstoffen und Agrarerzeugnissen an den Importen und die geringe Bedeutung solcher Produkte für den Export führte dazu, daß die DDR innerhalb des kommunistischen Blocks am stärksten überhaupt von den Preissteigerungen betroffen war, wie sie ab 1975 als Reaktion auf die weltweiten Rohstoffpreissteigerungen auch im RGW (und primär im sowjetischen Interesse) durchgesetzt wurden.[62] Bis 1974 waren die RGW-Preise weitgehend unverändert geblieben. Die Explosion der Rohstoffpreise auf dem Weltmarkt 1973 und 1974 führte jedoch dazu, daß die Sowjetunion eine Änderung des Preisbildungsverfahrens im Intra-RGW-Handel durchsetzte. So wurden erstmals 1975 die Intra-RGW-Außenhandelspreise nach dem Durchschnitt der Weltmarktpreise in den vorangegangenen 3 Jahren berechnet. Seit 1976 werden die RGW-Vertragspreise jährlich auf der Basis der Weltmarktpreise der vorangegangenen 5 Jahre festgesetzt.

Welchen dramatischen Veränderungen die bilateralen ostdeutsch-sowjetischen Beziehungen hierdurch ausgesetzt waren, zeigen anschaulich die Daten des Jahres 1975, das in den siebziger Jahren quasi den Umbruch markiert. Nachdem die Handelsbilanz der DDR gegenüber der Sowjetunion im Jahre 1974 mit Einfuhren in Höhe von 2,92 Mrd. US-$ und Ausfuhren in Höhe von 2,86 Mrd. US-$ fast ausgeglichen war, stieg im Jahr 1975 die Einfuhr auf 3,99 Mrd. US-$, während die Ausfuhr mit 3,54 Mrd. US-$ zurückblieb.[63] Bedingt war diese Entwicklung durch eine Anhebung der sowjetischen Exportpreise von im Durchschnitt 41 %, während die Exportpreise der DDR lediglich um knapp 20 % stiegen.[64] Zwar war die DDR im Zeitraum von 1975 bis 1977 bemüht, durch reale Exportsteigerungen von jahresdurchschnittlich 4,5 % bei real mit jahresdurchschnittlich 0,2 % Zuwachs nahezu stagnierenden Importen die Passivierungstendenz der Handelsbilanz gegenüber der Sowjetunion zu bekämpfen. Die Exportmengenzuwächse reichten jedoch nicht aus, den Effekt der sowjetischen Terms of Trade-Verbesserungen um jahresdurchschnittlich 10,3 % zu kompensieren.[65]

Von der in den Folgejahren noch verstärkt auftretenden Explosion der RGW-Vertragspreise vor allem für Rohstoffe war der bilaterale Verrechnungsverkehr zwischen der DDR und der Sowjetunion aufgrund der weitgehend komplementären Struktur des Warenaustausches somit besonders betroffen. Wie die in Tabelle 16 ausgewiesenen Daten und Schätzungen belegen, stieg allein der Anteil der *Rohölimportkosten* an den Gesamteinfuhren der DDR aus der Sowjetunion von rund 8 % 1970 und 1971 auf 31 % im Jahre 1981 und trotz Kürzung der Importmengen um 10 % weiter auf 37 % im Jahre 1982. Dieser Anteil wird sich in den kommenden Jahren noch weiter erhöhen, weil die Rubelpreise, die die DDR für sowjetisches Rohöl zu zahlen hat, als Kompensation für ihre Investitionsbeteiligungen in der Sowjetunion bis 1982 noch *unter* den offiziellen RGW-Vertragspreisen lagen.[66] Berücksichtigt man die hohe Importabhängigkeit der DDR bei Rohöl, müssen selbst die gegenüber der Weltmarktpreisentwicklung noch abgeschwächten, gleitenden RGW-Preisanpassungen als kurzfristig in der Tat kaum zu bewältigende Anpassungslast für die Zahlungsbilanzpolitik der DDR angesehen werden. So stieg der Importpreis, den die DDR für sowjetisches Rohöl zu zahlen hat, von 13,6 Rubeln je Tonne 1971 und 1972 auf 19 Rubel 1974, 28 Rubel 1975, 40 Rubel 1977, rund 75 Rubel 1980 und etwa 140 Rubel je Tonne 1982.

Es ist im Westen bislang allerdings übersehen worden, daß nicht nur die drastischen Rohstoffpreissteigerungen zu einer in den siebziger Jahren erhöhten Anspannung der DDR-Zahlungsbilanz beigetragen haben, sondern auch die gestiegenen Mengen und/oder Preise von *Einfuhren sowjetischer Rüstungsgüter*. Wie die in Tabelle 16 wiedergegebenen Schätzungen zeigen, erreichten die Waffenimporte der DDR aus der UdSSR gerade in den Jahren von 1973 bis 1977 sowie erneut seit 1981 ihren höchsten Stand. Diese Beobachtung stützt die weiter oben begründete Vermutung, daß es der sowjetischen wie auch der ostdeutschen militärischen Elite unter den Bedingungen wirtschafts- und zahlungsbilanzpolitischer Willensbildung in kommunistisch-autokratischen Regierungssystemen in der Regel gelingt, ihre Forderungen nach mehr, neueren und besseren Waffensystemen weitgehend unabhängig von zahlungsbilanzpolitischen Restriktionen durchzusetzen. Für die DDR, die im Rahmen des Warschauer Paktes keine bedeutende eigene Rüstungsindustrie hat aufbauen können und die daher auch keine die Zahlungsbilanz spürbar entlastende Rüstungsgüterexporte tätigen kann, impliziert diese im politischen System immanent angelegte Tendenz vor allem einen permanenten, in außenwirtschaftlichen Problemsituationen zusätzlich belastenden Importsog. Tatsächlich erklären — zumindest rein rechnerisch — die im Zeitraum von 1970 bis 1982 geschätzten Waffenimporte aus der Sowjetunion in Höhe von etwa 3,15 Mrd. Rubeln das im gleichen Zeitraum beobachtbare kumulierte Handelsbilanzdefizit der DDR gegenüber der UdSSR in Höhe von 3,06 Mrd. Rubeln vollständig.

Tabelle 16
Höhe und Struktur der Importe der DDR
aus der Sowjetunion 1970 bis 1982

	in Mill. Rubel			in % der Einfuhr		
	insgesamt	Erdöl	Waffen	Erdöl	Waffen	Sonstiges
1970	1750	130	100	8	6	86
1971	1700	130	100	8	6	86
1972	1720	150	250	9	15	76
1973	1850	180	320	10	17	73
1974	2170	270	310	12	14	74
1975	2980	430	290	14	10	76
1976	3220	540	350	17	11	72
1977	3660	700	330	19	9	72
1978	3980	890	240	22	6	72
1979	4220	1040	160	25	4	71
1980	4870	1420	90	29	2	69
1981	5530	1740	230	31	4	65
1982	6600	2410	380	37	6	57

Quelle: Statistische Außenhandelsjahrbücher der UdSSR, Moskau; Beilage zur Zeitschrift „Außenhandel", Moskau; eigene Schätzungen nach U.S. Arms Control and Disarmament Agency (Hrsg.): World Military Expenditures and Arms Transfers, Washington, D.C., verschiedene Jahrgänge

Angesichts der gravierenden Zahlungsbilanzungleichgewichte, die infolge der Preisanpassungen im RGW-Raum seit 1975 auftraten, erhebt sich die Frage, was die Entscheidungsträger im RGW bewogen haben mag, nach drei Jahrzehnten weitgehender Konstanz der Verrechnungspreise im Intra-RGW-Handel ausgerechnet ein Element der Instabilität und Unsicherheit im RGW zu inkorporieren, das bis dahin stets als Ausdruck „der sich verschärfenden allgemeinen Krise des Kapitalismus"[67] gewertet wurde. Tatsächlich dürfte die abrupte und im Effekt geradezu dramatische Abkehr von stabilen RGW-Vertragspreisen primär der Tatsache zu verdanken sein, daß gerade die Sowjetunion, die den innergemeinschaftlichen Willensbildungs- und Entscheidungsprozeß weitgehend beherrscht, von der in den siebziger Jahren stattgefundenen Weltmarktpreisentwicklung für Rohstoffe und industrielle Fertigerzeugnisse aufgrund ihrer eigenen Export- und Importstruktur in besonderem Maße zu profitieren vermochte. Es wird hier mit anderen Worten behauptet, daß die RGW-Institutionen die Vertragspreise im Intra-RGW-Handel auch weiterhin bewußt stabil gehalten hätten bzw. halten werden, wenn statt der eingetretenen Rohstoffpreissteigerungen die Weltmarktpreise für industrielle Fertigerzeugnisse überproportional gestiegen wären bzw. steigen werden.

Die Veränderung der Intra-RGW-Preisbildung ist daher auch weniger Ergebnis ökonomischer Sachzwänge — wie vor allem im kommunistischen Schrifttum[68] argumentiert wird — als vielmehr Ausdruck der Dominanz sowjetischer Interessen und Einflußnahmen den kleineren RGW-Partnern und den RGW-Institutionen gegenüber. Da den RGW-Vertragspreisen in den betreffenden Ländern binnenwirtschaftliche Anreiz- und Lenkungsfunktionen weitgehend fehlen, lassen sich die seit 1975 vorgenommenen drastischen Preiserhöhungen für Rohstofflieferungen der Sowjetunion auch nicht mit dem Argument begründen, die Verteuerung solle Anreize zu einem sparsameren Umgang mit diesen knappen Ressourcen setzen. Sowjetische Forderungen nach einer Drosselung des Rohstoffverbrauchs lassen sich ebenso wirksam auf Regierungsebene durch Kürzung von Importkontingenten durchsetzen, wie dies im Fall der DDR auch durch die Senkung der sowjetischen Rohölexporte von früher konstant 19 Mill. Tonnen auf nur noch 17 Millionen Tonnen ab 1982 geschehen ist.[69]

Die erheblichen Preisveränderungen, wie sie seit 1975 im RGW zu beobachten sind, stellen vielmehr in erster Linie den Versuch der Sowjetunion dar, eine für sie selbst kurzfristig günstige Verschiebung der Weltmarktpreisstruktur so weit wie möglich auszunutzen, um ihre Zahlungsbilanz den RGW-Ländern gegenüber zu verbessern. Die Tatsache, daß dabei ein „lediglich" gleitender Preisanstieg gewählt wurde und daß die Sowjetunion sich bereit fand, die bei den RGW-Handelspartnern entstehenden Zahlungsbilanzdefizite vorübergehend durch Kredite zu finanzieren, dürfte vor allem in der Überlegung begründet gewesen sein, daß sonst die Gefahr einer Desintegration des RGW und einer Destabilisierung des kommunistischen Blocks heraufbeschworen worden wäre. Auf Vorteile verzichtet die UdSSR hierdurch nicht; im Gegenteil filtert gerade die Preis*gleit*klausel auch *Rückgänge* der Weltmarktrohstoffpreise (wie 1975, 1981 und 1982) heraus, das RGW-Preisniveau bewegt sich längerfristig auch so auf das Weltmarktpreisniveau zu und die in den achtziger Jahren zu erwartenden Tilgungen und Zinszahlungen der verschuldeten RGW-Partnerländer erlauben dann eine spürbare Entlastung der sowjetischen Zahlungsbilanz sowie eine Beschleunigung der eigenen wirtschaftlichen Entwicklung.

d) Höhe und Entwicklung der Verschuldung der DDR gegenüber der Sowjetunion

Die vorangegangenen Überlegungen dürften deutlich gemacht haben, welche strategische Rolle den bilateralen Kreditbeziehungen zwischen der DDR und der Sowjetunion auch und gerade für die intersystemaren Kreditbeziehungen Ostdeutschlands zukommt. Es erscheint daher dringend geboten, den Versuch zu unternehmen, mehr Klarheit über die Höhe und Entwicklung der Verschuldung der DDR gegenüber der UdSSR zu gewinnen. Westliche Forscher behalfen sich bislang mit einer Kumulation der seit 1974 beobachtbaren Defizite in der Handelsbilanz der DDR.[70] Eine solche Vorgehensweise kann jedoch schon deshalb nicht befriedigen, weil mit dem Handel nur ein Bruchteil der bilateralen Verrechnungen erfaßt wird und bei diesem Verfahren zudem eine Ende 1973 möglicherweise bereits bestehende Verschuldung der DDR völlig unberücksichtigt bleibt. Erkenntnisse über die in der

Vergangenheit stattgefundene Entwicklung lassen sich zwar durch eine Rekonstruktion der Kreditziehungen, Tilgungsleistungen und Zinszahlungen nach den bis 1965 bekanntgewordenen offiziellen Waren- und Devisenkrediten gewinnen.[71] Ein solches Verfahren führt jedoch nicht zu realistischen Ergebnissen, weil die offiziell gemeldeten Tilgungsleistungen in der Praxis aufgrund wiederkehrender Zahlungsbilanzstörungen mehrfach verschoben wurden, die Konditionen gerade der größten Kreditzusagen von 1961 und 1962 unbekannt sind und vor allem Clearingkredite der sowjetischen oder ostdeutschen Seite auf diese Weise völlig unberücksichtigt bleiben müssen.[72]

Hier wurde daher ein anderer Weg beschritten. Es wurde der Versuch unternommen, den *kumulierten Passivsaldo der DDR gegenüber der Sowjetunion* rückwirkend für den Gesamtzeitraum von 1946 bis 1983 zu schätzen. Zu diesem Zweck wurde seit 1946 der Handelsbilanzsaldo nach den veröffentlichten ostdeutschen und sowjetischen Statistiken berechnet, der Dienstleistungsbilanzsaldo im bilateralen Clearing grob geschätzt und der Umfang der in den fünfziger Jahren tatsächlich ausgezahlten sowjetischen Devisenkredite, die in Waren im bilateralen Verrechnungsverkehr zurückzuzahlen waren, ermittelt. Aus diesen Daten läßt sich die jährliche Veränderung der Nettoverschuldung der DDR gegenüber der Sowjetunion und damit auch die Nettoverschuldung zum Jahresende (einschließlich in Anspruch genommener offizieller Waren- und Devisenkredite sowie der Swinginanspruchnahme) schätzen. Die Teilbilanzsalden und der geschätzte kumulierte Passivsaldo der DDR sind in Tabelle 17 ausgewiesen. Das gewählte Verfahren dürfte zwar methodisch mehr befriedigen als bisherige Schätzversuche. Die Güte der Schätzungen hängt jedoch entscheidend von einer Reihe von Faktoren ab, deren Einfluß auf die Höhe der tatsächlichen Verschuldung der DDR gegenüber der Sowjetunion kaum abzuschätzen ist.

Insbesondere die Salden der Dienstleistungsbilanz ließen sich nur grob schätzen und können das Gesamtbild erheblich verzerren. Unsicher ist auch, ob die DDR in den Jahren nach 1963 gezwungen war, ihre Verschuldung durch Hartwährungszahlungen an die UdSSR zu reduzieren und ob die Uranerzlieferungen der Wismut AG in der ostdeutschen Ausfuhrstatistik enthalten sind. Sollten Hartwährungszahlungen geleistet worden sein oder sollten die Uranexporte außerhalb des kommerziellen Warenverkehrs verrechnet worden sein, wäre die Verschuldung der DDR entsprechend niedriger als die Schätzungen vermuten lassen. Umgekehrt wäre der kumulierte Passivsaldo höher zu veranschlagen, wenn die Sowjetunion — wie Gerüchte in Bankenkreisen vermuten lassen — der DDR auch in der jüngsten Zeit — wie schon in den fünfziger Jahren — Hartwährungskredite eingeräumt und auf westlichen Devisenkonten bereitgestellt haben sollte. Mit diesen, nicht unerheblichen Einschränkungen versehen, liefern die Schätzungen bemerkenswerte Ergebnisse.

Auffällig ist vor allem das ausgeprägte Zick-Zack-Muster der sowjetisch-ostdeutschen Kreditbeziehungen, das seinen Niederschlag sowohl in der jährlichen Kreditvergabe wie auch in der Entwicklung des Verschuldungsstandes findet. Die Lebensmittelhilfe, die Stalin der Ostzone gewährt hatte, und die Zahlungsbilanzhilfe der Sowjetunion nach dem Volksaufstand von 1953 führten von 1946 bis 1953 zunächst zu einem kräftigen Anstieg der DDR-Schulden bis auf rund 190 Mill. US-$ Ende 1953. Die Kredite waren jedoch so kurzfristig, daß die Verschuldung bereits zweieinhalb Jahre nach dem Volksaufstand, Ende 1955, nur noch knapp

Tabelle 17
Der kumulierte Passivsaldo der DDR im Clearing mit der Sowjetunion 1946 bis 1983

in Millionen Rubel

Jahr	Saldo aus dem Warenverkehr	Saldo aus dem Dienstleistungsverkehr	Verrechnungskredite	Devisenkredite	kumulierter Passivsaldo der DDR
1949	21	−10	− 11	−	10
1950	− 36	−10	46	−	56
1951	52	−30	− 22	−	34
1952	− 24	−30	54	−	88
1953	− 23	−30	53	30	171
1954	117	−30	− 87	−	84
1955	90	−30	− 60	−	24
1956	11	−60	49	18	91
1957	66	−80	14	77	182
1958	131	−50	− 81	68	169
1959	15	−40	25	−	194
1960	− 30	−30	60	−	254
1961	−143	−40	183	−	437
1962	−138	−40	178	−	615
1963	93	−40	− 53	−	562
1964	155	−40	−115	−	447
1965	95	−30	− 65	−	382
1966	− 97	−30	127	−	509
1967	− 9	−30	39	−	548
1968	67	−30	− 37	−	511
1969	− 78	−20	98	−	609
1970	−183	−20	203	−	812
1971	40	−20	− 20	−	792
1972	344	−30	−314	−	478
1973	268	−30	−238	−	240
1974	− 41	−40	81	−	321
1975	−336	−40	376	−	697
1976	−437	−50	487	−	1184
1977	−593	−50	643	−	1827
1978	−270	−50	320	−	2147
1979	−300	−50	350	−	2497
1980	−540	−50	590	−	3087
1981	−372	−50	422	−	3509
1982	−643	−50	693	−	4202
1983	−202	−50	252	−	4454

Quelle: Eigene Berechnungen und Schätzungen nach den Statistischen Jahrbüchern der DDR, der sowjetischen Außenhandelsstatistik und Tabelle 14

27 Mill. US-$ betrug. Erst Chruschtschows Versprechen, die Zone zum „Schaufenster des Ostens" auf- und auszubauen und die an sowjetischen Hilfszusagen ausgerichtete neue Parteilinie der „ökonomischen Hauptaufgabe", die Bundesrepublik einzuholen und zu überholen, ließ die Verschuldung der DDR bei der Sowjetunion ab 1956 erneut bis Ende 1960 kontinuierlich auf über 280 Mill. US-$ ansteigen.

Bis zu diesem Zeitpunkt allerdings war die sowjetische Kreditpolitik noch nicht gezielt in den Dienst einer zunehmenden Integration der DDR in den RGW gestellt worden, wie allein schon der hohe Betrag der bis 1958 noch zur Verfügung gestellten Hartwährungskredite deutlich macht. Erst die Zusage und massive Inanspruchnahme sowjetischer Warenkredite 1961 und 1962 als Reaktion auf die Kündigung des Interzonenhandelsabkommens durch die westdeutsche Bundesregierung hat dazu beigetragen, daß die DDR durch deutlich höhere Bezüge aus dem RGW-Raum (und entsprechend höhere Lieferverpflichtungen im Zuge der Kreditrückzahlung ab 1963) auch finanziell stärker in den kommunistischen Block integriert wurde und daß die Ende 1960 noch vergleichsweise geringe Verschuldung an die Sowjetunion bis Ende 1962 auf schätzungsweise 680 Mill. US-$ oder fast 63 % der damaligen DDR-Exporte in die UdSSR gestiegen war. Aus zahlungsbilanzpolitischer Sicht kann daher kaum ein Zweifel daran bestehen, daß erst die damaligen westdeutschen Maßnahmen eine zunehmende Abhängigkeit der DDR von der Sowjetunion und eine stärkere handelspolitische Integration in den RGW bewirkt haben. Angesichts des kommunistischen Dogmas einer permanenten Bedrohung des sozialistischen Staates durch „imperialistische Aggressionspolitik" und unter Berücksichtigung des Sicherheitsstrebens der Partei- und Staatsführung der DDR wie der Sowjetunion wäre eine solche Reaktion vorhersehbar gewesen.

Bis 1965 gelang Ulbricht zu Beginn der Außenwirtschaftsreform ein – nach den hier vorgelegten Schätzungen offenbar nur partieller – Abbau der Schulden bis auf etwa 420 Mill. US-$. In den Folgejahren stiegen die Clearingschulden der DDR jedoch abermals vergleichsweise rasch und weitgehend ungeplant an und erreichten ihren vorläufigen Höhepunkt mit rund 900 Mill. US-$ Ende 1970. Honecker brach 1971 offenbar nicht nur die Ulbrichtsche Wirtschaftsreform ab, er scheint auch auf sowjetische Anweisung hin eine möglichst rasche Reduzierung der Clearingverschuldung gegenüber der UdSSR angestrebt zu haben. Hohe Handelsbilanzüberschüsse trugen entscheidend dazu bei, die Ulbricht-Schulden innerhalb von nur drei Jahren bis auf etwa 320 Mill. US-$ abzubauen.

Zu einem weiteren, offenbar geplanten Schuldenabbau kam es in den letzten beiden Jahren des Perspektivplanzeitraumes nicht mehr. Die hohen Weltmarktpreissteigerungen für Rohstoffe und Agrarerzeugnisse passivierten die Handelsbilanz der DDR seit 1974 zunehmend. In den Folgejahren nahm die Sowjetunion bewußt hohe Defizite der DDR im Warenverkehr hin, um den zahlungsbilanzpolitischen Anpassungsdruck zu lindern. In der Folge stieg durch umfangreiche Waren- und Verrechnungskredite der Sowjetunion und der IBWZ die Nettoverschuldung der DDR mehr oder weniger kontinuierlich bis auf rund 5,7 Mrd. US-$ Ende 1983 an. Eine Durchbrechung des in der Vergangenheit so typischen Zick-Zack-Musters der bilateralen Kreditbeziehungen ist durch diese vergleichsweise lange Jahre anhaltenden Handelsbilanzdefizite der DDR freilich nicht zu erwarten. Die Wahrscheinlichkeit einer neuerlichen grundlegenden Richtungsänderung, d.h. die Propagierung und Durchsetzung einer Strategie der Schuldentilgung bei der Sowjetunion, wird um so wahrscheinlicher, je länger die zahlungsbilanzpolitische Anpassung noch hinausgezögert wird. Schon jetzt gibt es erste Anzeichen, daß die Zahlungsbilanzungleichgewichte, die im Handel einiger RGW-Staaten mit der UdSSR entstanden, „in den achtziger Jahren durch entsprechende Exportüberschüsse ausgeglichen werden müssen."[73]

Nach den hier vorgelegten Schätzungen müßte die DDR bei einem solchen Versuch einer mittelfristigen Schuldentilgung vor außergewöhnlichen Belastungen in den achtziger und neunziger Jahren stehen. Sollte die *Nettoverschuldung der DDR gegenüber der Sowjetunion* Ende 1983 tatsächlich, wie hier berechnet, rund 5,7 Mrd. US-$ betragen, wären ihre Verbindlichkeiten sogar weit höher als die Polens, das der Sowjetunion Anfang 1981 2,39 Mrd. US-$ schuldete, davon etwa 1,33 Mrd. US-$ in Rubeln und 1,06 Mrd. US-$ in konvertibler Währung.[74] Dabei ist zu berücksichtigen, daß die *Bruttoverschuldung der DDR gegenüber der Sowjetunion* noch deutlich höher zu veranschlagen ist, weil die DDR seit 1966 im Rahmen ihrer Beteiligungen an Investitionsprojekten zur Erschließung von Rohstoffen in der Sowjetunion zu eigener Kreditvergabe gezwungen war. Der Umfang der auf diese Weise an die Sowjetunion gewährten Kredite ist unbekannt, könnte aber bei etwa 3,2 Mrd. US-$ liegen.[75] Da die entsprechenden Maschinen- und Ausrüstungslieferungen sowie Montageleistungen der DDR mit hoher Wahrscheinlichkeit in der Gesamtausfuhr in die UdSSR enthalten sind, die sowjetischen Rückzahlungen jedoch umgekehrt in den Importdaten nicht in Erscheinung treten, weil sie offenbar in Form niedriger Verrechnungspreise für Rohöl abgegolten werden, ist die Bruttoverschuldung der DDR gegenüber der Sowjetunion auf annähernd 8,9 Mrd. US-$ zu schätzen.

Nicht unerheblich ist darüber hinaus wohl auch die *Hartwährungsverschuldung der DDR gegenüber den beiden RGW-Banken*. Keinerlei Rückschlüsse sind möglich hinsichtlich der Hartwährungsverschuldung gegenüber der IBWZ, die bis Ende 1978 Hartwährungskredite im Gesamtumfang von 3,714 Mrd. US-$ (und zwar ganz überwiegend an RGW-Staaten) ausgeliehen hatte. Die Kredite der IBWZ stellen allerdings zu etwa vier Fünfteln kurzfristige Verrechnungskredite dar; nur 748 Mill. US-$ betrafen Ende 1978 Kredite mit Laufzeiten von ein bis drei Jahren.[76] Die „Internationale Investitionsbank" (IIB) vergibt hingegen überwiegend mittel- bis langfristige Kredite an RGW-Staaten für Projekte von gemeinsamem Interesse, und zwar in Hartwährungen oder transferablen Rubeln. Obwohl auch diese Bank keine Daten über ihre Hartwährungsforderungen nach Ländern veröffentlicht, liegen Schätzungen vor, denen zufolge die DDR bis Ende 1978 insbesondere für Hartwährungsimporte im Zusammenhang mit dem Bau des DDR-Trassenabschnitts der Erdgaspipeline von Orenburg zur sowjetischen Westgrenze Devisenkredite im Umfang von rund 370 Mill. US-$ erhalten haben soll.[77]

Die Implikationen der vorangegangenen Analyse sind weitreichend. Danach dürfte die DDR das mit Abstand *am höchsten bei der Sowjetunion verschuldete Land des kommunistischen Blocks* sein. Die DDR war und blieb in ungewöhnlich hohem Maße durch ihre gesamte Geschichte hindurch nicht nur von sowjetischen Rohstoff- und Waffenlieferungen, sondern auch von sowjetischen Zahlungsbilanzkrediten abhängig. Allein das im Westen bislang unterschätzte Ausmaß der Verschuldung gegenüber der UdSSR spricht dafür, daß der Spielraum, den der währungspolitische

Führungszirkel der DDR bei der Ausgestaltung und Entwicklung der intersystemaren Währungsbeziehungen hat, eher gering ist. Sowjetische Kreditvergabebereitschaft und Tilgungsvorstellungen dürften von jeher die Verschuldungs- und Kreditpolitik der DDR gegenüber nichtsozialistischen Ländern, wenn nicht im einzelnen prädeterminiert, so doch in ihren Grundtendenzen und Strategien entscheidend beeinflußt haben.

3. Die Kreditbeziehungen der DDR zu den nichtsozialistischen Industrieländern

Die sozialistischen Länder selbst haben immer wieder betont, erklärtes Ziel ihrer Außenwirtschaftspolitik sei es, „stabile Bedingungen für breite, langfristige, gleichberechtigte und gegenseitig vorteilhafte Wirtschaftsbeziehungen zwischen den Staaten – unabhängig von ihrem sozialökonomischen Regime – zu schaffen."[1] Nicht zuletzt deshalb strebten die RGW-Länder generell „auch in den Beziehungen mit kapitalistischen Ländern langfristig ausgeglichene Handels- und Leistungsbilanzen an."[2] Wenn sich dennoch „im Außenhandel mit einzelnen kapitalistischen Ländern... bestimmte Schwierigkeiten beim Ausgleich der Handels- bzw. Leistungsbilanz"[3] ergäben, so läge dies nicht in mangelnder Lieferfähigkeit oder in einem Politikversagen der sozialistischen Länder begründet. Ursächlich seien vielmehr diskriminierende, „staatsmonopolistische Regulierungen kapitalistischer Länder",[4] die den Export der sozialistischen Staaten behinderten, die destabilisierenden Wirkungen, die von der „allgemeinen Krise des kapitalistischen Systems" ausgingen[5], sowie Versuche „imperialistischer Kreise", insbesondere durch attraktive Kreditangebote und Kapitalexport „einzelne RGW-Länder von der sozialistischen Staatengemeinschaft zu isolieren, die innere wirtschaftliche und politische Entwicklung zu stören sowie ökonomische Abhängigkeitsverhältnisse zu schaffen."[6] Weitgehend unverändert träfen diese aggressiven Zielsetzungen und Interessen der „kapitalistischen Finanz- und Bankkreise" auch heute noch zu.[7]

Auch und gerade für die Kreditbeziehungen zu nichtsozialistischen Ländern komme es daher entscheidend darauf an, die Außenwirtschaftspolitik der einzelnen kapitalistischen Staaten ständig aufmerksam zu beobachten, die widersprüchlichen Konzeptionen der nichtsozialistischen Länder zum eigenen Vorteil auszunutzen, das sozialistische System gegen Störungen und Risiken abzusichern und vor allem, die eigene Strategie mit der Politik der übrigen RGW-Staaten zu koordinieren, also eine „gemeinsame, abgestimmte Linie ... in praktisch allen Hauptfragen der Weltpolitik"[8] zu verfolgen. Unter diesen Voraussetzungen sei es möglich, auch die Kreditbeziehungen mit nichtsozialistischen Ländern nutzbar zu machen für die „Stärkung des Sozialismus im nationalen und internationalen Maßstab"[9], auch für die Kreditbeziehungen bestätige sich nämlich die Voraussage Lenins: „Es gibt eine größere Kraft als den Wunsch, den Willen und den Beschluß beliebiger feindlicher Regierungen oder Klassen; diese Kraft sind die allgemeinen Verhältnisse der Weltwirtschaft, die sie zwingen, mit uns Beziehungen aufzunehmen."[10]

*a) Die intersystemaren Kreditbeziehungen im Zeichen sowjetischer
Zahlungsbilanzhilfe 1949 bis 1957*

Schon in den fünfziger Jahren bestanden Kreditbeziehungen zwischen der DDR und nichtsozialistischen Ländern, ihr Umfang war jedoch vergleichsweise gering. Auf westlicher Seite herrschte noch weitgehendes Mißtrauen gegen die „Sowjetische Besatzungszone" und die Beziehungen der Deutschen Notenbank zu ausländischen Korrespondenzbanken waren noch unterentwickelt. Zum Teil scheiterte eine Anbahnung kommerzieller Beziehungen sogar daran, daß die Auslandspartner außer der Deutschen Notenbank in Ostberlin, zu der sie aus diplomatischen Gründen keine offiziellen Kontakte aufnehmen wollten oder konnten, zumindest bis zur Gründung der Deutschen Handelsbank AG 1956 keine andere DDR-Bank mit ausreichenden Kompetenzen und Sicherheiten fanden.[11] Hinzu kam, daß im Handel der DDR mit dem nichtsozialistischen Ausland der Anteil der Einfuhren von Investititonsgütern, die überwiegend unter Inanspruchnahme mittelfristiger Zahlungsziele importiert werden, noch ausgesprochen gering war.[12]

Den Ausschlag für die geringe Entwicklung der Kreditbeziehungen mit nichtsozialistischen Staaten dürfte allerdings die weiter oben skizzierte sowjetische Haltung sowie die ideologisch und historisch bedingte Furcht der SED-Führung selbst, insbesondere Ulbrichts, vor einer *Abhängigkeit von vermeintlich feindlich gesonnenen Staaten* gegeben haben. Lediglich die Inanspruchnahme technischer Verrechnungskredite im Clearingverkehr mit ausländischen Banken erschien den auf Sicherheit und Stabilität bedachten Währungsbehörden zur Finanzierung vorübergehenden Devisenbedarfs geeignet, weil sie in der Regel gegenseitig gewährt werden, faktisch auch durch die ständig veränderte Kontenlage eine wechselnde Beanspruchung erfahren und mithin eine eher gegenseitige Abhängigkeit der Vertragspartner begründen.[13] Die DDR nahm für diese „Vorteile" sogar in Kauf, in Einzelfällen – wie im Zahlungsverkehr mit Brasilien[14] – für Swinginanspruchnahmen Zinsen zahlen zu müssen. Die bilateralen Verrechnungsbeziehungen boten den Behörden der DDR zudem die willkommene Gelegenheit, auch mit privaten Banken Geschäftsbeziehungen unterhalb der offiziellen staatlichen Ebene, jedoch auf vertraglich abgesicherter Grundlage, aufnehmen zu können.

Nolens volens nahmen die Währungsbehörden der DDR auch die Existenz kurzfristiger Kreditbeziehungen aufgrund der im Welthandel üblichen Zahlungsarten hin,[15] ohne für ihre Ausnutzung zunächst besonderes Interesse zu entwickeln. Langfristige Kredite aus dem nichtsozialistischen Ausland wurden jedoch skeptisch beurteilt und grundsätzlich abgelehnt, da sie „nicht Grundlage für den sozialistischen Aufbau sein können."[16]

Vielmehr sei neben langfristigen Krediten aus sozialistischen Ländern allein „die planmäßige Entwicklung der eigenen Industrie die entscheidende Bedingung für den sozialistischen Aufbau."[17] Angesichts der umfangreichen Devisenkredite, die Chruschtschow der DDR bis 1958 noch zu geben bereit war, entfiel für die Zahlungsbilanzplaner der DDR nicht nur die *Notwendigkeit*, sondern faktisch auch die *Möglichkeit*, langfristige Kredite im kapitalistischen Ausland aufzunehmen.

b) Die intersystemaren Kreditbeziehungen im Dienst der „ökonomischen Hauptaufgabe" 1958 bis 1960

Die sowjetische und damit in der Folge auch die ostdeutsche Interessenhaltung scheint sich jedoch spätestens 1958 grundlegend gewandelt zu haben. So wurde dem amerikanischen Handelsministerium im Juni 1958 eine Botschaft Chruschtschows übermittelt, in der die Sowjetunion ihre Bereitschaft bekundete, ihre Importe aus den USA bedeutend auszuweiten, „und zwar im Interesse einer größeren Beschleunigung und Ausdehnung der russischen Käufe"[18] überwiegend mit Hilfe langfristiger Kredite. Es erscheint bemerkenswert, daß der SED-Führung von sowjetischer Seite offenbar zum selben Zeitpunkt deutlich gemacht worden war, daß weitere Gold- und Devisenkredite nicht mehr zu erwarten wären.[19] Diese radikale Kehrtwendung der sowjetischen (und in der Folge auch der ostdeutschen) Kredit- und Zahlungsbilanzpolitik scheint nicht nur in den ehrgeizigeren längerfristigen Wachstumszielen des kommunistischen Blocks begründet gewesen zu sein,[20] bestimmend war sicherlich auch die Tatsache, daß die sowjetischen Goldreserven 1958 ihren vermutlich niedrigsten Stand nach Ende des Zweiten Weltkrieges erreicht hatten, da die sowjetischen Verkäufe von 1956 bis 1958 das stagnierende Produktionsvolumen um das Doppelte übertrafen.[21]

Da die DDR ab 1958 somit bei der Lösung der „ökonomischen Hauptaufgabe", die Bundesrepublik Deutschland im Pro-Kopf-Verbrauch wichtiger Versorgungsgüter schnellstmöglich zu überholen, nicht mehr auf sowjetische Hartwährungskredite bauen konnte und eine eigene Devisenreserve schaffen mußte, sah sich die Regierung Ulbrichts erstmals auch zu einer *verstärkten Auslandsverschuldung gegenüber dem Westen* gezwungen. Tatsächlich begann die DDR in den Folgejahren bis 1960 entsprechend der neuen Strategie vor allem ihre Swinginanspruchnahme gegenüber den Clearingpartnerbanken zu erhöhen. Dabei wurde nicht nur der Clearingverkehr mit Finnland, Schweden, Dänemark und Norwegen in den Dienst des ehrgeizigen Entwicklungsprogramms der ostdeutschen Führung gestellt und bis an die Grenze der zulässigen Kreditlimite in Anspruch genommen.[22] Gerade auch die Verschuldung aus Geschäften des innerdeutschen Handels wurde von Ende 1957 bis Ende 1959 kräftig um netto 100 Mill. DM gesteigert, wobei 60 Mill. DM auf eine Erhöhung der zinslosen Swinginanspruchnahme und 40 Mill. DM auf eine Erhöhung der Nettoverschuldung bei westdeutschen Banken und Unternehmen entfielen.[23]

c) Die intersystemaren Kreditbeziehungen unter der Strategie der „Störfreimachung" 1961 bis 1963

Die Kündigung des Interzonenhandelsabkommens durch die westdeutsche Regierung zu Ende 1960 und die in Abstimmung zwischen der sowjetischen und ostdeutschen Führung daraufhin beschlossene Strategie der „Störfreimachung" stellte auch die eingeschlagene Verschuldungsstrategie vor neue Probleme. Die Importe aus „NATO-Staaten" sollten auf das notwendigste Ausmaß reduziert und Bezüge aus dem innerdeutschen Handel weitestgehend in andere westliche Industrieländer oder sozialistische Länder umgelenkt werden. Der als sichtbarer Ausdruck finanzieller Abhängigkeit von Westdeutschland Ende 1959 noch mit 125,5 Mill. DM in Anspruch genommene Swing wurde bis auf 2,2 Mill. DM Ende 1963 reduziert.[24]

Die Hartwährungsausgaben für Waren- und Dienstleistungsimporte wurden gedrosselt und strenger kontrolliert als in der Vergangenheit.[25] Die Strategie einer moderaten Erhöhung der Auslandsverschuldung im Dienste einer forcierten wirtschaftlichen Entwicklung der DDR wurde jedoch bemerkenswerterweise nicht abgebrochen. Es erging im Gegenteil sogar die ausdrückliche Devise durch den Außenhandelsminister Balkow selbst, im Außenhandel gegen konvertible Währung „durch Inanspruchnahme von langfristigen Zahlungszielen bei unseren Importen"[26] die Zahlungsbedingungen zu verbessern. In internen, vertraulichen Dienstanweisungen wurden darüber hinaus die Außenhandelsorgane aufgefordert, sich kurzfristig vor allem bei westlichen Banken zu verschulden,[27] um auftretende Planwidrigkeiten flexibel (und im Vergleich zu Lieferantenkrediten vor allem möglichst kostengünstig) überbrücken zu können.

Westliche Swing-, Lieferanten- und Bankkredite sollten der DDR somit offenbar helfen, die im Zuge der Umstrukturierung der „störfrei" zu machenden Importströme entstehenden Zahlungsbilanzungleichgewichte zu überbrücken, und zwar insbesondere dann, wenn Waren, die nur im „kapitalistischen Ausland" bezogen werden konnten, vom innerdeutschen Handel ins übrige nichtsozialistische Ausland umgelenkt werden sollten. Die hierdurch *kurzfristig zunehmende Abhängigkeit von Krediten westlicher Zentralbanken, Firmen und Banken* erschien der SED-Führung offenbar immer noch erträglicher als die bis zu diesem Zeitpunkt bereits bestehende Abhängigkeit von der westdeutschen Bundesregierung, zumal die zunehmende Hartwährungs- oder Clearingverschuldung mittelfristig wieder abgebaut werden sollte. In der Öffentlichkeit unbemerkt blieb aber, daß die Währungsbehörden der DDR während der „Störfreimachung" auch ihre kommerzielle Verschuldung gegenüber westdeutschen Unternehmen erheblich gesteigert haben, und zwar um immerhin netto 90 Mill. DM von Ende 1959 bis Ende 1962.[28]

Unklar bleibt allerdings, warum der währungspolitische Führungszirkel 1960 nicht sofort höhere Exportanstrengungen anstelle einer zunehmenden Verschuldung im Westen anordnete. Es kann nur vermutet werden, daß Ulbricht glaubte, der Bevölkerung angesichts der Wirtschaftsrezession, der Machtkämpfe im Staatsapparat, der Fluchtbewegung und schließlich des Mauerbaus ab August 1961 keine (durch Zusatzexporte bedingte) weitere Verschlechterung der inländischen Versorgung zumuten zu können. Da die sowjetische Parteiführung zu Hartwährungskreditvergaben nicht mehr bereit war und die von Chruschtschow gewährten Warenkredite nur im bilateralen Clearing verrechenbar waren, scheint die eingeschlagene Finanzierungsstrategie zum damaligen Zeitpunkt in der Tat im Interesse einer Stabilisierung des wirtschaftlichen und politischen Systems der DDR unumgänglich gewesen zu sein. Die Entscheidung mag dem inneren Führungszirkel um so leichter gefallen sein, als Anfang 1960 noch die „kommerziellen Forderungen gegenüber dem kapitalistischen Ausland ... weitaus höher als die Verbindlichkeiten"[29] waren. Die in den Jahren von 1960 bis 1963 erstmals seit Bestehen der DDR bedeutsam gesteigerte Verschuldung bei Banken und Unternehmen im westlichen Ausland dürfte damit ebenso wie die in den Jahren 1958 und 1959 erhöhte Clearingverschuldung im innerdeutschen Handel sowie bei westlichen Zentralbanken im großen und ganzen bewußt geplant worden sein. Zu *ungeplanten* Devisenbilanzdefiziten scheint es im wesentlichen nur im Jahre 1961 gekommen zu sein, als Planungsfehler und Kontrollprobleme zu Leistungsbilanzdefiziten gegenüber dem Hartwährungsraum, aber ungeplant hohen Leistungsbilanzüberschüssen einigen Clearingabkommensländern gegenüber führten.[30]

d) Die intersystemaren Kreditbeziehungen während der Außenwirtschaftsreform 1964 bis 1970

Die Verschuldungs- und Zahlungsbilanzstrategie der DDR wandelte sich jedoch erneut und grundlegend mit Beginn des „Neuen Ökonomischen Systems" und der mit ihm einhergehenden Außenwirtschaftsreform. Wie in den anderen sozialistischen Ländern auch war die Parteiführung in der DDR nämlich vor allem bestrebt, die Arbeitsproduktivität zu erhöhen und das Wirtschaftswachstum zu fördern. Da die hierzu erforderlichen Investitionen aber nur zum Teil aus der eigenen Produktion aufgebracht werden konnten, mußten umfangreiche Lieferungen von Anlagen und Ausrüstungen eingeplant werden, die aufgrund der vielfach unzureichenden Qualität der Erzeugnisse des RGW-Bereichs und des hohen eigenen Technologieimportbedarfs der RGW-Partner vor allem im Westen zu beschaffen waren. In der langfristigen Kreditierung dieser Einfuhren sah man insbesondere die „Möglichkeit, moderne Technik für die Lösung volkswirtschaftlicher Aufgaben zu importieren, ohne dafür Entwicklungskräfte und -kosten einzusetzen sowie *sofort* Valutamittel aufbringen zu müssen."[31]

Es gibt Hinweise darauf, daß die Grundsatzentscheidung für den neuen wirtschaftspolitischen Kurs eng mit der sowjetischen Parteiführung abgestimmt war und daß die Sowjetunion die Wirtschafts- und Außenwirtschaftsreform in der DDR als *begrenztes Experiment innerhalb ihres Einflußbereiches* durchaus billigte, vielleicht sogar selbst erst der SED-Führung nahegelegt hat.[32] Chruschtschow hatte erkannt, daß die DDR ohne eine grundlegende Reform des Wirtschaftssystems kaum in der Lage sein würde, die für den Zeitraum nach 1963 geplanten hohen Rückzahlungen für in der Vergangenheit gewährte sowjetische Kredite aufzubringen. Eine Steigerung der Effizienz der DDR-Wirtschaft und eine moderat zunehmende Hartwährungsverschuldung Ostdeutschlands lag daher durchaus in sowjetischem Interesse. In der DDR selbst scheint dieser überraschende und abrupte Strategiewechsel jedoch nicht unumstritten gewesen zu sein. Vor allem Ulbricht warnte wiederholt vor einer zunehmenden ökonomischen Abhängigkeit vom Westen;[32] Experten empfahlen, primär durch eigene Exportanstrengungen „die Voraussetzungen für Investitionsgüterimporte zu schaffen"[33] und Vorsorge zu treffen, daß Investitionsvorhaben nicht „zu einer zeitweiligen Anspannung der Zahlungsbilanzsituation führen".[34] Es wurde warnend darauf hingewiesen, daß eine stärkere internationale Kreditaufnahme aufgrund des Rückzahlungsproblems auch den Zahlungsbilanzausgleich verkomplizieren könne. Wenngleich im Sozialismus besonders günstige Voraussetzungen gegeben seien, die Zahlungsbilanz planmäßig auszugleichen, so hebe das bei zunehmender internationaler Verschuldung doch „nicht die Kompliziertheit der Aufgabenstellung auf."[35]

Aus diesen Erwägungen heraus, insbesondere aus der Sorge vor einer allzu starken Abhängigkeit vom nichtsozialistischen Westen, wurde zwar eine moderate und planmäßige Aufnahme von Lieferantenkrediten und gebundenen Finanzkrediten für Anlagenimporte und Einfuhren westlicher Technologie beschlossen, mit dieser Entwicklung sollte jedoch eine zunehmende Kreditvergabe der DDR für

Anlagenlieferungen in die Dritte Welt einhergehen.[36] Offenbar rechnete man in der Parteiführung damit, daß die Tilgung der Anlagenimportkredite aus jenen Deviseneinsparungen würde erfolgen können, die sich aus den Kredittilgungen der Entwicklungsländer in Form von Rohstofflieferungen ergaben. Ausdrücklich wurde daher gefordert, die Exportanstrengungen bedeutend zu steigern, um im Perspektivplanzeitraum bis 1970 durch Exportüberschüsse nicht nur die passive Dienstleistungsbilanz, sondern auch die – zumindest im Intra-RGW- und Entwicklungsländer-Handel – passive Kreditbilanz ausgleichen zu können.[37]

Zu Recht ist im Westen darauf hingewiesen worden, daß die zunehmende Bereitschaft westlicher Staaten, zinsgünstige und langfristige Kredite an kommunistische Staaten zu gewähren, nicht zuletzt in den Interessen der betroffenen Branchen und ihrem Einwirken auf die nationalen Regierungen begründet gewesen ist.[38] Zeitweise entwickelte sich ein beinahe ruinöser Wettbewerb zwischen den wichtigsten Welthandelsnationen um die Marktanteile am Osthandel, wobei die Kreditbedingungen zu einem der zentralen Wettbewerbsparameter wurden. Sowjetischen Dokumenten ist beispielsweise zu entnehmen, daß allein in den Jahren von 1964 bis 1966 durch 12 westliche Industrieländer 1200 Verträge mit osteuropäischen Staaten abgeschlossen wurden, die die „Regeln" der „Berner Union"[39] verletzten, während eine Verletzung bis zum Jahre 1960 nur in 15 Fällen zu konstatieren war.[40]

Zu den ersten Staaten, die den sozialistischen Ländern langfristige Kredite einräumten, gehörten Großbritannien (Juni 1964) und Frankreich (Oktober 1964).[41] Es folgten Österreich, Belgien, Italien, Japan und andere Staaten. Besondere Zurückhaltung übten bis Anfang der siebziger Jahre lediglich die USA, die Bundesrepublik Deutschland und die Schweiz. Die zunehmenden Konkurrenznachteile der Exporteure dieser Länder erst zwangen die Regierungen zu einer Lockerung ihrer restriktiven Kreditpolitik. Bis heute liegen allerdings nicht nur die Höhe der Kreditaufnahmen, sondern auch die Verschuldungsstrategie und Verhandlungstaktik einzelner Kreditnehmerländer weitgehend im Dunkeln. Die verfügbaren Informationen über das Verhalten der DDR offenbaren in der Tat ein bemerkenswert zielstrebiges und sicheres „Ausmanövrieren" der konkurrierenden westlichen Partner.

Erstmals auf der Leipziger Frühjahrsmesse 1964 bekundete die DDR auch offiziell ein ausgesprochenes Interesse an Anlagenimporten aus westlichen Ländern auf Kredit. Dabei suchte sie zunächst primär britische und französische Interessen gegeneinander auszuspielen.[42] Auf der Herbstmesse bestätigte Außenhandelsminister Balkow, die SED-Führung habe „umfangreiche Einkäufe von kompletten Anlagen und Ausrüstungen im Ausland, auch in nichtsozialistischen Ländern vorgesehen."[43] Zu ersten Kontrakten soll es bereits „auf bzw. nach der Leipziger Frühjahrsmesse"[44] gekommen sein. Im September 1964 wurde dann auch das bis dahin größte Kreditgeschäft der DDR mit westlichen Partnern im Gesamtwert von 23,8 Mill. US-$ abgeschlossen, bei dem interessanterweise sowohl eine französische Firma als auch eine britische Firma beteiligt wurden. Die Nachricht, der Kredit sei „zu den international üblichen Bedingungen"[45] vergeben worden, wurde deshalb stark beachtet, weil eine Reihe von Kontrakten bislang an der Weigerung der DDR gescheitert waren, kurzfristige Laufzeiten zu akzeptieren.[46]

In den Folgejahren bemühte sich die DDR – getreu dem leninistischen Prinzip, die „Widersprüche im kapitalistischen Lager" auszunutzen und in den Dienst der eigenen Entwicklung zu stellen — sowohl die französischen und britischen Inteessen gegeneinander auszuspielen als auch andere Länder unter Hinweis auf günstigere Kreditangebote aus Frankreich und Großbritannien unter Druck zu setzen. Mit Genugtuung wurde zur Kenntnis genommen, daß insbesondere den westeuropäischen Ländern eine einheitliche politische Konzeption fehle, daß eine gemeinsame EG-Handelspolitik gegenüber dem kommunistischen Block an den nationalstaatlichen Interessen scheitere und daß das Gewinninteresse der Exportindustrien und die Interessen der in diesen Sektoren Beschäftigten die Regierungen in den westlichen Demokratien zu einer möglichst weitgehenden Ausdehnung des Ost-West-Handels und seiner Förderung insbesondere durch günstige Exportkredite trieben.[47]

Im September 1964 begannen Kreditverhandlungen mit den zuständigen westdeutschen Regierungsstellen, in denen die DDR einen Kredit in Höhe von 500 Mill. DM zur Finanzierung langfristiger Geschäfte verlangt und diese Forderung mit der Drohung einer Behinderung des Berlintransits unterstrichen haben soll.[48] Nach der Einführung des Zwangsumtausches verfügte die Bundesregierung am 2. Dezember 1964 jedoch die Einstellung der Kreditverhandlungen.[49] Bereits auf der Leipziger Frühjahrsmesse 1965 konzentrierten sich die DDR-Aktivitäten daher auf die EWG-Staaten und die nordeuropäischen Länder. Erst als die westdeutsche Industrie zunehmend Marktanteile an westeuropäische Konkurrenten verlor, zeigte sich die Bundesregierung flexibler. 1965 wurde erstmals ein über 5 Jahre hinausgehender Kredit für Anlagenlieferungen in die DDR gebilligt,[50] im August 1966 wurde auch das sog. Embargo-Risiko im innerdeutschen Handel durch Garantien der ,,Deutschen Revisions- und Treuhand-AG (Treuarbeit)" abdeckbar gemacht, seit März 1967 übernimmt die Bundesregierung auch politische Risiken und im Mai 1967 wurde eine ,,Gesellschaft zur Finanzierung von Industrieanlagen mbH (GEFI)" gegründet, die der mittelfristigen Kreditfinanzierung von Lieferungen in die DDR dient.[51] Auf den bis dahin möglichen Saldenausgleich der Verrechnungskonten wurde per 30. Juni 1967 verzichtet,[52] und der ,,Swing" in seiner Höhe ab Dezember 1968 (nach bisher 200 Mill. DM) mit 25 % aller Habenumsätze auf den Konten des Vorjahres dynamisiert.[53] Es kann jedoch keinem Zweifel unterliegen, daß diese teilweise massiven, langjährigen ostdeutschen Forderungen weitgehend entsprechenden Zugeständnisse der westdeutschen Regierung lediglich eine Reaktion auf die neue Handels- und Kreditstrategie der DDR und die Konkurrenz der westeuropäischen Länder um Marktanteile im Anlagengeschäft darstellten, um Wettbewerbsnachteile der westdeutschen Anbieter zu vermeiden.

Im Exportkreditgeschäft nahmen Großbritannien und Frankreich eine Vorreiterrolle ein und die DDR-Behörden verstanden es, be- und entstehende Rivalitäten zwischen den westeuropäischen Anbietern geschickt zu nutzen. Nach Abschlüssen Ende 1964 stieg die ,,Aktivität" der französischen Anbieter, als auf der Leipziger Frühjahrsmesse 1965 ,,bekannt wurde, daß neben Großbritannien und den Beneluxländern auch Italien und Norwegen interessante Vorschläge unterbreitet hatten".[54] Die DDR gab abwechselnd mal französischen, mal britischen Anbietern und erstmals im März 1965 auch italienischen Anlagenlieferanten den Vorzug.[55] Nicht ohne Zynismus wurde von den kommunistischen Außenhändlern bestätigt, daß ,,Walter Ulbricht ,nur gelächelt' habe, als er beim Besuch des britischen Pavillons über die weiteren Chancen des Unternehmens (Humphrey & Glasgow, der Verf.) befragt wurde."[56] Die „Nervosität der an Ostaufträgen brennend interessierten Briten" sei „jedenfalls in Leipzig deutlich zu spüren"[57] gewesen. Trotz intensiver Bemühungen der DDR waren auf dem japanischen Markt zunächst keine Kreditfinanzierungen für Anlagengeschäfte zu beschaffen. „Die japanische Regierung war bestrebt, alles zu vermeiden, was den potenteren Wirtschaftspartner Bundesrepublik verärgern könnte."[58] Vergeblich wies die DDR schon im Oktober 1964 darauf hin, die DDR sei an Anlagenimporten für die chemische Industrie aus Japan interessiert, sofern attraktive Kredite bereitgestellt würden. Großbritannien und Frankreich hätten bereits 5-Jahres-Kredite geboten, Großbritannien sogar für eine chemische Anlage einen 8-Jahres-Kredit.[59] Erst die neue Ost- und Deutschlandpolitik der Bundesregierung und die unzureichende Kapazitätsauslastung der japanischen Industrie verbesserten die innenpolitischen Durchsetzungschancen der japanischen Exportindustrie. So kam es erstmals 1971 zur Bereitstellung von Krediten privater Banken wie auch der staatlichen Export-Import-Bank für Importe der DDR an Maschinen und Ausrüstungen der chemischen Verfahrenstechnik.[60]

Erfolglos blieb auch das Bemühen der DDR um Investitionskredite für Importe aus der Schweiz. In der Folgezeit vermochten die Schweizer Aussteller auf den Leipziger Messen angesichts der „Verstärkung der ausländischen Konkurrenz, die insbesondere mittelfristige Kredite gewährt"[61] mit der Expansion der Exporte Frankreichs, Großbritanniens und einiger anderer Länder nicht Schritt zu halten. Österreich soll als eines der ersten Länder bereit gewesen sein, der DDR langfristige Kredite zu gewähren;[62] Freilich blieb der Umfang der Kreditzusagen bis Anfang der siebziger Jahre noch vergleichsweise gering. Auch in Verhandlungen mit belgischen Banken vermochten die Währungsbehörden der DDR für umfangreiche Importe „langfristige Kredite zu günstigen Bedingungen zu beschaffen."[63]

Wahrscheinlich stieg die Hartwährungsverschuldung der DDR unter diesen Bedingungen von rund 330 Mill. US-$ zu Beginn der Außenwirtschaftsreform auf rund 630 Mill. US-$ Ende 1968 an, wovon etwa zwei Drittel allein auf Kredite französischer und britischer Lieferanten und Banken entfielen.[64] Die stattgefundene Entwicklung belegt, daß die DDR die gesteckten kreditpolitischen Ziele weitgehend erreicht hatte. Die Verschuldung stieg alles in allem nur moderat an, die Zinslast in Höhe von schätzungsweise 40 Mill. US-$ in Hartwährungen erschien bei Hartwährungseinnahmen von rund 400 Mill. US-$ aus „innerem" und „äußerem" Export[65] noch tragbar. Abhängigkeiten vom guten Willen nichtsozialistischer Länder und Regierungen konnten weitgehend vermieden werden. Auch war es der DDR offenbar gelungen, vorwiegend gebundene Bankkredite zu erhalten, die von den Währungsbehörden der DDR nicht nur deshalb geschätzt wurden, weil sie, wie die „Erfahrung der letzten Jahre zeigt, ... eine billigere Finanzierungsquelle sind als Lieferantenkredite."[66] Ihr Vorteil wurde darüber hinaus auch darin gesehen, daß sie „die Führung der Verhandlungen auf der Grundlage eines Bargeschäftes"[67] erlauben. Die Außenwirtschaftsbürokratie der DDR entwickelte hier schon früh ähnliche Finanzierungsstrategien wie die ungarischen Behörden.[68]

Vor allem wurde im Westen erkannt und positiv gewertet, daß die der DDR gewährten mittelfristigen Kredite bis 1968 praktisch ausnahmslos der Finanzierung von Anlagen- und Ausrüstungsimporten dienten und auf diese Weise die Hoffnung zu rechtfertigen schienen, es werde der DDR gelingen, die aufgenommenen Devisenkredite planmäßig durch Exportleistungen der neuen, wettbewerbsfähigen Produktionsstätten zurückzuzahlen. Tatsächlich hat die DDR die in den Jahren von 1964 bis 1968 aufgenommenen Kredite primär für den Kauf von Schiffen, kompletten Chemiewerken, Transportfahrzeugen, Werkzeugmaschinen, Reifenfabriken, Grubenausrüstungen und Ausrüstungen für die Textil-, Bekleidungs- und Lebensmittelindustrie verwendet. Ein Großteil dieser Investitionen dürfte damit in der Tat zumindest mittelfristig zusätzliche Exporte und Einsparungen an Importen ermöglicht haben.[69]

Ende der sechziger Jahre setzte allmählich eine gewisse Neuorientierung der Verschuldungsstrategie der osteuropäischen Staaten ein. Es wurde zunehmend argumentiert, der Eurogeldmarkt biete „reale Chancen, den internationalen Zahlungsausgleich zu beschleunigen und zu rationalisieren."[70] Er sei daher „auch für die sozialistischen Länder von Interesse."[71] Wiederum waren es im internationalen Kreditgeschäft zuerst britische Banken, die Wettbewerbsvorstöße wagten und mit der Vergabe ungebundener, mittelfristiger Eurofinanzkredite an Staatshandelsländer begannen, und zwar zunächst an Ungarn 1969 in Höhe von 15 Mill. US-$ und 1970 in Höhe von 30 Mill. US-$.[72] Bis zu diesem Zeitpunkt war die Nettoposition der osteuropäischen Staaten am Eurodollarmarkt eher ausgeglichen gewesen.[73]

Das zunehmende Interesse der kommunistischen Länder am Eurogeld- und -kapitalmarkt erscheint um so bemerkenswerter vor dem Hintergrund der geradezu dramatischen Zinssteigerungen von bis zu 12 5/8 % für 3-Monats-Eurodollar infolge der energischen US-amerikanischen Kreditrestriktionen und des Ausweichens der amerikanischen Handelsbanken auf den Euromarkt 1969. Wie ein Vergleich[74] der Zinsen am französischen, britischen und US-amerikanischen Geldmarkt sowie am Eurodollarmarkt zeigt, kann das Zinsniveau des Euromarktes, das bis 1971 noch systematisch *über* dem britischen und französischen nationalen Zinsniveau lag, nicht die Ursache für das erwachende Interesse der kommunistischen Staaten an diesem Kreditmarkt gewesen sein. Die entscheidenden Vorteile dürften vielmehr von den kommunistisch regierten Ländern in der Anonymität des Marktes, der Ungebundenheit und universellen Verwendbarkeit der aufgenommenen Mittel und der Notierung der Kredite in einer (aus sozialistischer Sicht) stark abwertungsverdächtigen Währung, dem US-Dollar, gesehen worden sein.

Den Wendepunkt in der kommunistischen Verschuldungsstrategie scheint dabei vor allem die Invasion in der CSSR 1968 zu markieren. Seit diesem Zeitpunkt wurde zumindest in der DDR wieder verstärkt argumentiert, die kapitalistischen Staaten verstärkten „ihren erpresserischen Druck, um Veränderungen, die ihnen genehm sind, zu erreichen. ‚Interessante' Handels- und Wirtschaftsangebote werden als Mittel der Globalstrategie, der Politik des ‚Brückenschlags' und der ‚neuen Ostpolitik' eingesetzt."[75] Es gelte daher vor allem zu berücksichtigen, daß die internationale Währungspolitik des Westens im Kern ein „Instrument der aggressiven Außenpolitik und Außenwirtschaftspolitik des Weltimperialismus gegenüber den sozialistischen Staaten und den Entwicklungsländern"[76] sei. „Mit ihrer Hilfe versuchten die Imperialisten, über Kurs, Zahlungsbilanz und auch über handelspolitische Maßnahmen die Außenwirtschaft der sozialistischen Staaten negativ zu beeinflussen."[77] Starke Beachtung fanden politische Forderungen, die Kreditvergabepolitik der westlichen Regierungen solle „nur solche Projekte unterstützen, die mehr der Auflockerung Europas als der Stärkung des osteuropäischen Regimes dienen."[78] Die Entwicklung in der CSSR wurde nicht zuletzt auf solche, „auf eine Unterminierung der sozialistischen Länder gerichteten Versuche des Imperialismus"[79] zurückgeführt, hatte doch schon 1957 John F. Kennedy offen gefordert, den Ost-West-Handel politisch dazu zu gebrauchen, die „gefangenen Nationen ihren Kreml-Herren zu entfremden."[80] Der anonyme, jeglichen wirksamen nationalstaatlichen Kontrollen entzogene Eurodollarmarkt bot daher zumindest aus ideologischer Perspektive vorteilhaften Ersatz für Lieferkredite, die letztlich von nationalen Regierungsgarantien und -zinssubventionen für den westlichen Exporteur abhängig blieben.

Anders als Ungarn, das ungebundene Eurofinanzkredite vorwiegend aufgrund ökonomischer Vorteile bei der Finanzierung von Anlagenimporten vorzog, suchte die DDR jedoch bis zum Sturz Ulbrichts Investitionsgüterimporte noch vorwiegend durch langfristige, für den westlichen Lieferanten mit Regierungsgarantien ausgestattete gebundene Finanz- und Lieferkredite zu finanzieren. Das Volumen dieser Aktivitäten nahm sogar deutlich zu, wobei vor allem Frankreich, und erstmals seit 1970 auch Japan und in geringerem Umfang Großbritannien, Schweden, die Niederlande und Italien als Kreditgeberländer in Erscheinung traten.[81] Stimulierend auf das langfristige Anlagengeschäft wirkte dabei insbesondere der von Frankreich ausgegangene Anstoß zur Verlängerung der Laufzeiten von EWG-Krediten für die DDR auf 8 Jahre, nachdem die maximale Laufzeit bis 1970 auf Wunsch der westdeutschen Bundesregierung auf maximal 5 Jahre begrenzt worden war.[82]

Dennoch scheint die DDR vorwiegend 1970 ad hoc zu kurzfristigen Kreditaufnahmen auch am Eurogeldmarkt gezwungen gewesen zu sein. Ende 1969 gab ZK-Sekretär Mittag gravierende Mängel und Engpässe in der Versorgung der Bevölkerung zu, die sich bis Ende 1970 noch verstärkten.[83] Zu den zunehmenden Plandisproportionalitäten kamen zwei harte Winter und Ertragsrückgänge in der Landwirtschaft. Mittag bezifferte die aufgrund von Politbürobeschlüssen im Jahre 1970 „zusätzlich notwendig gewordenen Importe an Getreide, Kartoffeln und anderen Lebensmitteln auf eine Summe von 350 Mill. VM"[84] umgerechnet etwa 83 Mill. US-$. Insbesondere Futtermittelimporte waren unumgänglich, wollte man – anders als 1961/62 – Rückwirkungen des Dürresommers 1969 auf die tierische Produktion verhindern. Ursprünglich war wohl geplant, diese Zusatzimporte durch höhere Exportanstrengungen zu finanzieren, der Außenhandelsplan 1970 wurde nämlich „als die bisher härteste Bewährungsprobe für die Außenwirtschaft"[85] der DDR bezeichnet. Tatsächlich jedoch stagnierten die DDR-Exporte in die nichtsozialistischen Industrieländer bei um über 50 % höheren Einfuhren. Daß ein erheblicher Teil des resultierenden Handelsbilanzdefizits von 230 Mill. US-$ durch kurzfristige, ungebundene Eurodollarkredite finanziert worden sein muß, ergibt sich indirekt auch aus der von Ulbricht persönlich auf dem 15. ZK-Plenum herausgestellten „Notwendigkeit, vor allem *1971* in bestimmtem Umfang *Vorleistungen* aus dem Import von Automatisierungsmitteln, dem *zusätzlichen Import* von Energieträgern, Energieausrüstungen, *Getreide, Obst u.a. landwirtschaftlichen Produkten* abzugelten."[86]

e) Die intersystemaren Kreditbeziehungen im Dienste der Rezentralisierung und RGW-Reintegration 1971 bis 1973

Zu einer grundlegenden Neuorientierung der Verschuldungsstrategie der DDR kam es allerdings erst in den Jahren 1971 und 1972, und zwar vermutlich aus Gründen, die mit der politischen Entmachtung Ulbrichts in engem Zusammenhang standen. Im Westen herrscht nach wie vor Unklarheit darüber, ob und in welchem Ausmaß die seit Anfang der siebziger Jahre gestiegene Hartwährungsverschuldung der kommunistischen Länder *überhaupt geplant* war.[87] Die verfügbaren Informationen über die Handelsbilanzplanung der DDR für den Perspektivplanzeitraum 1971 bis 1975 sind zwar ausgesprochen bruchstückhaft, erlauben jedoch zumindest gewisse Anhaltspunkte. Als sicher kann gelten, daß im Handel mit dem sozialistischen Wirtschaftsgebiet vergleichsweise hohe Exportüberschüsse vorgesehen waren.[88] Nach Schätzungen des Verfassers war beabsichtigt, im Perspektivplanzeitraum von 1971 bis 1975 ein Umsatzvolumen von 180 Mrd. VM mit dem sozialistischen Wirtschaftsgebiet abzuwickeln.[89] Da im selben Zeitraum der Anteil des Handels mit dieser Ländergruppe am Gesamtaußenhandel der DDR auf 75 % (nach lediglich 72 % im Jahre 1970) gesteigert werden sollte,[90] muß der Außenhandelsumsatz insgesamt mit 240 Mrd. VM, der Umsatz mit dem nichtsozialistischen Wirtschaftsgebiet mit 60 Mrd. VM geplant worden sein. Berücksichtigt man aber, daß der Außenhandelsumsatz der DDR mit dem nichtsozialistischen Währungsgebiet allein 1970 bereits 11,3 Mrd. VM ausmachte,[91] wird deutlich, daß mit dem Perspektivplan 1971−1975 weder eine bedeutende Steigerung des Außenhandelsumsatzes mit nichtsozialistischen Ländern noch bedeutende Leistungsbilanzdefizite beabsichtigt gewesen sein können.

Tatsächlich scheint noch unter dem Regime Ulbrichts eine grundlegende Wende in der Verschuldungsstrategie beabsichtigt gewesen zu sein, wie die für das Jahr 1971 verfügbaren Plandaten nahelegen. Bei stagnierenden Importen und einer 24 %igen Steigerung der Exporte in kapitalistische Länder (Planimporte und Planexporte 1971 jeweils 6,2 Mrd. VM) sollte die Handelsbilanz nämlich erstmals wieder ausgeglichen werden. Auch die RGW-Handelsbilanz sollte durch eine immerhin 12 %ige Exportsteigerung bei stagnierenden Importen aktiv gestaltet werden.[92] Wie die faktische Entwicklung zeigt, wurde diese Zielsetzung verfehlt; insbesondere im Handel mit dem nichtsozialistischen Währungsgebiet blieben die Exporte weit hinter den ursprünglichen Zielen zurück und das Importvolumen stieg − vermutlich überwiegend inflationsbedingt − um gut 5 % an.

Das Scheitern des Außenhandelsplanes und damit auch der Planzahlungsbilanz 1971 war nicht nur auf die zahlreichen Engpässe und Mängel in der DDR-Wirtschaft am Ende der Ulbricht-Ära zurückzuführen, sondern offenbar auch durch unzureichend vorausgeplante Lieferverpflichtungen insbesondere gegenüber Nordvietnam sowie Irak und Algerien bedingt.[93] Möglicherweise sind aber auch die ehrgeizigen Exportplanziele Ulbrichts erst unmittelbar nach seiner Entmachtung revidiert worden, zumal der Volkswirtschaftsplan 1971 noch ohne Orientierung an einem neuen Fünfjahrplan als mehr oder weniger provisorischer Rahmenplan primär „auf schnelle Behebung akuter Schwierigkeiten gerichtet war."[94] Eine Reihe von Indizien sprechen in der Tat dafür, daß noch Mitte 1971 − wenige Monate nach der politischen Entmachtung Ulbrichts − durch seinen Nachfolger

Honecker im Einvernehmen und vermutlich auf Initiative der Sowjetunion eine Änderung der Zahlungsbilanz- und Verschuldungsstrategie der DDR beschlossen worden sein muß.

Auf dem 24. Parteitag der KPdSU verkündete Breschnew im März 1971 die „Hauptaufgabe des neuen Fünfjahresplanes ..., einen bedeutenden Aufschwung des materiellen und kulturellen Lebensniveaus des Volkes ... zu sichern."[95] Offen wurde gefordert, die Produktion der Abteilung II (Konsumgüter) solle vorrangig, insbesondere schneller als die Geldeinkünfte der Bevölkerung wachsen; die Sowjetunion strebe daher – schon aufgrund ihrer hohen Rohstofflieferungen – eine höhere Bedürfnisbefriedigung durch Importe vor allem industrieller Konsumgüter an. Kossygin forderte, zu diesem Zweck vor allem die RGW-internen „Außenwirtschaftsbeziehungen weiterzuentwickeln ... Das wird zur Festigung der internationalen Stellung der Sowjetunion, zur Festigung der Einheit und der Wirtschaftskraft des sozialistischen Weltsystems beitragen."[96] Vermutlich sind mit dieser neuen sowjetischen Konzeption zugleich die Weichen für eine *neue Zahlungsbilanzstrategie der osteuropäischen Länder gegenüber dem Westen* gestellt worden. Mit den neuen sowjetischen Forderungen war die DDR offenbar in besonderem Maße angesprochen, hatte Ulbricht doch – wie weiter oben bereits gezeigt wurde – bis Anfang 1971 vorwiegend durch Mängel der von ihm selbst propagierten Wirtschaftsreform bedingt, die höchste Clearingverschuldung gegenüber der Sowjetunion seit Gründung der DDR entstehen lassen. Die sowjetische Parteiführung scheint somit von Honecker noch 1971 *absoluten Vorrang für den Abbau der Clearingschulden gegenüber der Sowjetunion* gefordert zu haben. Die DDR hatte sich entsprechend und im Gegensatz zur Außenwirtschaftspolitik der Vorjahre zumindest auf der Exportseite wieder stärker an den Interessen des RGW zu orientieren und gegebenenfalls entstehende Westhandelsdefizite vorübergehend durch Kredite zu finanzieren.

Tatsächlich stiegen die Exporte der DDR in die Sowjetunion schon 1971 mit 11,3 % und 1972 mit 18,7 % bei nahezu unveränderten Preisen[97] kräftig an und begrenzten den Westexportspielraum zur Erzielung freier Devisen und damit auch zum Abbau der Hartwährungsverschuldung der DDR gegenüber nichtsozialistischen Ländern erheblich. Zusätzliche Belastungen resultierten aus den gestiegenen Investitionsbeteiligungen (und damit verbundenen Kreditvergaben der DDR) vorwiegend in der Sowjetunion und aus den hohen Verpflichtungen für Lebensmittel- und Rüstungslieferungen an Nordvietnam, die rückwirkend vom Politbüro der SED als „unentgeltliche Wirtschaftshilfe" erklärt werden mußten.[98] Angesichts dieser hohen, RGW-bedingten Anforderungen an die Exportwirtschaft der DDR scheint Honecker noch 1971 die ursprünglichen Zahlungsbilanzpläne Ulbrichts, die auf einen möglichst raschen Abbau der Westverschuldung (zu Lasten der Sowjetunion) gerichtet waren, revidiert und für den Fünfjahrplanzeitraum bis Ende 1975 eine vorübergehende, weitere moderate Erhöhung der Hartwährungsverschuldung eingeplant zu haben. Die 1971 und 1972 stark rückläufigen Zinsen auf den westlichen Geldmärkten, die beginnende schleichende Inflation in den Industrieländern und das verbreitete Mißtrauen gegenüber dem am 15. August 1971 erst abgewerteten US-Dollar ließen diese Strategie durchaus zweckmäßig und erfolgversprechend erscheinen. Inflation und mögliche weitere Abwertungen des US-Dollar ließen die Rückzahlung von auf US-Dollar lautenden Krediten leichter und die vergleichsweise günstigen Zinsen ließen den Kapitaldienst erträglich erscheinen. Die im Zuge der begonnenen Normalisierung der innerdeutschen Beziehungen zu erwartenden finanziellen Einnahmen in harten DM(West) sollten planmäßig einen Teil der Westhandelsbilanz-Passivierung ausgleichen. Für die Richtigkeit dieser Vermutung spricht auch, daß die DDR erstmals im Jahr 1972, dem ungarischen und rumänischen Beispiel folgend, mittelfristige, ungebundene Eurokredite aufnahm.[99] Der währungspolitische Führungszirkel der DDR gab damit aber erstmals seiner Absicht Ausdruck, die in den Vorjahren unter Ulbricht ad hoc aufgebaute, kurzfristig strukturierte Hartwährungsverschuldung mittelfristig zu konsolidieren.

f) Die intersystemaren Kreditbeziehungen im Dienste der Finanzierung fundamentaler Zahlungsbilanzungleichgewichte 1974 bis 1980

Die faktisch stattgefundene Entwicklung in den folgenden Jahren, insbesondere die geradezu dramatische Verschlechterung der Terms of Trade der DDR in den Jahren nach 1972, haben diese Plansätze allerdings weitgehend gegenstandslos gemacht. Erstmals 1972 traten nämlich auf den internationalen Warenmärkten Preissteigerungen insbesondere für agrarische Rohstoffe (von durchschnittlich 30.9 % auf US-Dollar-Basis) und für Nahrungsmittel (von durchschnittlich 14,4 % auf US-Dollar-Basis) auf,[100] die das geplante Westhandelsdefizit weiter erhöhten. 1973 und 1974 dann kam es weltweit zu einer regelrechten Explosion der Rohstoffpreise,[101] die die Terms of Trade der DDR (bei weitgehend unveränderten Intra-RGW-Preisen zunächst nur gegenüber den nichtsozialistischen Ländern geradezu dramatisch verschlechterten.[102]

Die Währungsbehörden der DDR sahen sich jedoch, gerade aufgrund der hohen Lieferverpflichtungen der Sowjetunion gegenüber und um die Fünfjahrplanziele nicht zu gefährden, nicht in der Lage, auf die ungeplante Passivierungstendenz der Handelsbilanz kurzfristig mit ausreichenden handelspolitischen Anpassungsmaßnahmen zu reagieren. Zwar stiegen auch die Exporte in die nichtsozialistischen Industrie- und Entwicklungsländer 1973 und 1974 (vorwiegend allerdings durch höhere Exportpreise bedingt) kräftig an,[103] die Exportsteigerung reichte jedoch nicht aus, eine weitere Zunahme des Handelsbilanzdefizits zu verhindern, das gegenüber dem nichtsozialistischen Währungsgebiet (ohne innerdeutschen Handel) nach 352 Mill. US-$ im Jahr 1972 auf 795 Mill. US-$ im Jahr 1973 und sogar 1082 Mill. US-$ im Jahr 1974 emporschnellte.[104] 1974 hatte sich sogar erstmals seit 1960 wieder ungeplant die Handelsbilanz gegenüber der Dritten Welt passiviert.[105]

Unter diesen Bedingungen trat die DDR, wie die Berechnungen in Tabelle 18 belegen, erstmals 1973 und 1974 in größerem Umfang als Kreditnehmer am Euromarkt in Erscheinung und erhöhte ihre Hartwährungsverschuldung beträchtlich. Daß diese Neuverschuldung tatsächlich ungeplant war und nach den damaligen Planungen noch im neuen Fünfjahrplanzeitraum wieder abgebaut werden sollte, ergibt sich nicht nur aus der verstärkten Inanspruchnahme des Euromarktes gerade in einer Zeit stark steigender Zinsen und in Konkurrenz zu anderen, die internationalen Kapitalmärkte beanspruchenden Defizitländern. In diese Richtung weisen auch ernstzunehmende Forderungen führender Währungsexperten der DDR, „die Verknappung und äußerst starke Verteuerung der Rohstoffe" zwinge „sowohl zu einer wesentlichen Erhöhung unserer Exportkraft, als auch zur Reduzierung und Ablösung von Importen aus dem nichtsozialistischen Wirtschaftsgebiet."[106]

Tabelle 18
Verschuldung, Kapitaldienst und Nettotransfer der DDR in Hartwährungen 1968 bis 1975

in Millionen US-$

	1968	1969	1970	1971	1972	1973	1974	1975
Bruttoverschuldung[a]	630	700	870	1240	1360	1840	2730	3900
Tilgung	285	310	345	445	620	690	910	1395
Bankkredite[b]	175	195	210	305	445	515	735	1200
Lieferantenkredite[c]	110	115	135	140	175	175	175	195
Neuverschuldung[d]	325	380	515	815	740	1170	1800	2565
Zinsen[e]	40	55	65	75	85	150	245	260
an Banken[f]	20	30	40	45	50	115	210	220
an Lieferanten[g]	20	25	25	30	35	35	35	40
Nettotransfer[h]	0	15	105	295	35	330	645	910
Nachrichtlich:								
Zinssätze in %	6,7	10,0	9,5	7,7	6,5	10,4	12,0	8,0
Bankzinsen[i]	6,2	9,5	8,7	6,7	5,5	9,6	11,0	6,8
Aufschlag[j]	0,5	0,5	0,8	1,0	1,0	0,8	1,0	1,2

a Forderungen westlicher Banken und Lieferanten zum Jahresende ohne Verbindlichkeiten der DDR im innerdeutschen Clearing, Anhang A, Tabelle A.7, eigene Schätzungen; b Geschätzt unter der Annahme, daß 1968 bis 1971 jeweils 65 %, 1972 und 1973 60 % sowie 1974 und 1975 55 % der zum Jahresende ausstehenden Bankforderungen im Folgejahr fällig werden, einschließlich revolvierender Kredite; c Geschätzt unter der Annahme, daß im Durchschnitt jeweils 35 % des am Jahresende ausstehenden Betrages im Folgejahr fällig werden; d Zunahme der Bruttoverschuldung zuzüglich Tilgung, d.h. einschließlich Roll over-Geschäft; e Die geschätzten Zinssätze p.a. werden jeweils auf den Jahresdurchschnittsbestand der Verbindlichkeiten der DDR angewandt; f Eigene Schätzungen unter Zugrundelegung eines für die Verbindlichkeiten der DDR als repräsentativ angesehenen Korbes von Eurogeldmarktsätzen einschließlich Aufschlag; g Unter der Annahme eines Zinssatzes von 6,5 % in allen Jahren; h Neuverschuldung abzüglich Tilgung abzüglich Zinsen; i Eigene Schätzungen für einen Währungskorb mit 90 % US-Dollar und 10 % DM; j Eigene Erhebungen und Schätzungen nach Anhang F, gemittelt unter Berücksichtigung der Aufschläge in den Vorjahren

Quelle: Eigene Berechnungen und Schätzungen, Anhänge A und F

Die Aufnahme von Eurofinanzkrediten zur vorübergehenden Finanzierung des Anpassungsbedarfs wurde damit gerechtfertigt, daß die „uneingeschränkte Verwendbarkeit von kapitalistischen konvertierbaren Währungen in den außenwirtschaftlichen Beziehungen ... ein schnelleres und variables Reagieren auf kurzzeitige (sic!) Veränderungen der Weltmarktbedingungen und eine entsprechende anpassungsfähige Finanzstrategie der sozialistischen Länder"[107] ermögliche. Allerdings wurde nachdrücklich betont, daß diese Strategie lediglich eine kurzfristige und ad hoc ergriffene Problemlösung bezwecken könne, auf mittlere Sicht müsse der Aufbau des Sozialismus unverändert „in den einzelnen sozialistischen Ländern primär und überwiegend aus eigener Kraft und eigenen Mitteln"[108] erfolgen. Die Ausnutzung der intersystemaren Kreditbeziehungen könne „hierbei immer nur von peripherer Bedeutung sein."[109] Im Gegensatz zu diesen Forderungen einiger Außenwirtschaftsexperten, mittelfristig eine deutliche Steigerung der Exporte gegen Hartwährungen zur Finanzierung der höheren Rohstoffimportkosten herbeizuführen, blieben jedoch die Ausfuhren der DDR in die nichtsozialistischen Länder (ohne Lieferungen im innerdeutschen Handel) bis einschließlich 1977 volumenmäßig nahezu unverändert; ihr Wert schwankte lediglich mit den Veränderungen der Ausfuhrpreise und der konjunkturellen Entwicklung in der westlichen Welt.[110]

Die Hauptursache für diese unbefriedigende Exportentwicklung ist im Fall der DDR offenbar nicht so sehr in einer im westlichen Schrifttum immer wieder behaupteten mangelnden Wettbewerbsfähigkeit des Exportprogramms der DDR am Weltmarkt zu suchen. Bestimmend für die „Exportschwäche" der DDR gegenüber westlichen Ländern dürften vielmehr die beispiellosen Anforderungen im Handel mit den sozialistischen Ländern gewesen sein. In diesem Währungsraum wurden die Preise zwar mit Verzögerung, seit 1975 jedoch kaum weniger kräftig und für die besonders rohstoffabhängige DDR in zeitweise dramatischem Umfang angehoben; im Jahre 1975 allein stieg der Wert der Importe der DDR aus dem sozialistischen Währungsgebiet bei stagnierenden Einfuhrmengen[111] um gut 29 %, 1976 nochmals um 11 % und 1977 um fast 18 %.[112] Da sich die anderen sozialistischen Länder vor vergleichbare Zahlungsbilanzprobleme gestellt sahen und nur die Sowjetunion bereit und in der Lage war, Handelskredite in begrenztem Umfang zur Verfügung zu stellen, war die DDR gezwungen, im Interesse einer möglichst reibungslosen Abwicklung des bilateralen Zahlungsverkehrs ihre Ausfuhren kräftig zu steigern. Die hierfür erforderlichen Mengenzuwächse waren so bedeutend, daß für den West- und Entwicklungsländerhandel kaum zusätzliche Ressourcen verblieben, sollte die Versorgung der eigenen Industrie und Bevölkerung nicht übermäßig gesenkt und die Stabilität des wirtschaftlichen und politischen Systems gefährdet werden.

Die SED-Führung scheint daher eingangs des neuen Fünfjahrplanes beschlossen zu haben, durch *planmäßige* und gezielte Aufnahme neuer Eurokredite sowie durch stärkere Verschuldung bei westlichen Lieferanten und Zentralbanken einen Teil der durch Preissteigerungen im RGW bedingten Anpassungslast finanziell zu überbrücken, um den Anpassungsbedarf später decken zu können.[113] Ungeplanter Finanzierungsbedarf trat dann auch noch in den Jahren 1975 und 1976 auf, als die in Folge schlechter sowjetischer Ernten ausgefallenen Getreidelieferungen der UdSSR an die DDR durch Einfuhren aus den USA in bislang ungekannter Höhe ersetzt werden mußten.[114] Man gelangt daher zu dem einigermaßen überraschenden Ergebnis, daß die Verdreifachung der Hartwährungsverschuldung der DDR zwischen Ende 1974 und Ende 1978 von 2,7 auf 8,0 Mrd. US-$ brutto keineswegs – wie im Westen typischerweise argumentiert wird – auf weitere Terms of Trade-Verschlechterungen zurückzuführen war. Die Terms of Trade der DDR gegenüber dem nichtsozialistischen Währungsgebiet dürften sich zwischen 1974 und 1978, insbesondere aufgrund des Rückganges der Rohstoffpreise im Jahr 1975,[115] sogar verbessert haben.

Die Ursachen des seit 1975 jährlich 1 bis 2 Mrd. US-$ betragenden Leistungsbilanzdefizits der DDR dürften vielmehr primär in den (striktem Bilateralismus entsprechenden) Ausfuhranforderungen im RGW-Raum bei kontinuierlich gestiegenen Importwerten, der nur begrenzten Bereitschaft der Sowjetunion zur Einräumung von Clearingkrediten sowie in dem Erfordernis einer zunehmenden Substitution sowjetischer Rohöl- und Getreidelieferungen durch Einfuhren aus nichtsozialistischen Ländern zu suchen sein. Zwar bleibt fraglich, ob die Hartwährungsverschuldung der DDR von netto 8,0 Mrd. US-$ Ende 1978 in dieser Höhe tatsächlich geplant war. Zumindest vom Ausmaß der erforderlichen Getreide- und Futtermittelimporte aus den USA dürften die DDR-Zahlungsbilanzplaner überrascht gewesen sein. Als sicher kann jedoch gelten, daß die Verschuldungsstrategie bewußt und mit dem Ziel einer zeitlichen Verschiebung der Anpassungslast auf die späten siebziger Jahre eingeschlagen worden war.

Auch das beobachtbare, in Tabelle 19 nachgewiesene Kreditaufnahmeverhalten der DDR am Markt syndizierter mittelfristiger Eurokredite spricht für die Vermutung, daß die Neuverschuldung, die 1973 und 1974 noch als Reaktion auf die Verschlechterung der Terms of Trade im Westhandel als *kurzfristige Zahlungsbilanzhilfe* angesehen worden war und nach den Planungen in den Folgejahren rasch abgebaut werden sollte, ab 1975 erstmals bewußt und planmäßig erhöht wurde. Erst in den Jahren von 1975 bis 1978 begannen die Währungsbehörden der DDR nämlich bei nachgebenden Euromarktzinsen systematisch und gezielt, die in den Vorjahren aufgenommenen kurzfristigen Kredite durch mittel- und langfristige Eurokredite abzulösen. Dadurch, daß die DDR jedoch so lange gezögert hatte, ihre Schulden mittelfristig zu konsolidieren, wies die Fälligkeitsstruktur der DDR-Verbindlichkeiten gegenüber westlichen Banken eine eher ungünstige Fristenstruktur im Vergleich zu anderen kommunistischen Schuldnerländern auf. Mitte der siebziger Jahre waren weit über die Hälfte ihrer Verbindlichkeiten innerhalb von 12 Monaten fällig oder wurden in der Form revolvierender Kredite gewährt. Nur knapp 23 % aller Bankkredite hatten überhaupt Laufzeiten von zwei oder mehr Jahren.[116] Aufgrund dieser allzu langen – nämlich von 1969 bis 1974 – verfolgten Politik einer kurzfristigen ad hoc-Verschuldung dauerte es daher auch vergleichsweise lange, bis den Währungsbehörden der DDR eine partielle Verbesserung der Fälligkeitsstruktur ihrer Verbindlichkeiten gelang. Ende 1983 wurden aber immer noch 39 % aller Bankschulden binnen Jahresfrist fällig oder im „Roll over"-Geschäft prolongiert, lediglich 33 % der aufgenommenen Kredite hatten Laufzeiten von zwei und mehr Jahren.[117]

Zwar wurden die Euromärkte in den Jahren 1975 bis 1979 von allen RGW-Staaten stark in Anspruch genommen, wie die in Tabelle 19 ausgewiesenen individuellen Merkmale der syndizierten mittelfristigen Eurokredite der DDR jedoch zeigen, bewirkte das tendenzielle Überangebot an Euromitteln (insbesondere aus der Wiederanlage von Petrodollars) sowie das bis dahin ausgezeichnete Standing der Deutschen Außenhandelsbank AG einen erheblichen Rückgang der Risikozuschläge zum LIBOR-Satz von 1,75 % 1974, etwa 1,3 % 1975 und 1976, 1,2 % 1977 bis auf minimal 0,5 % 1979 und 1980, während sich gleichzeitig die Laufzeiten kontinuierlich von durchschnittlich 5 Jahren in 1975 bis auf 6,9 Jahre in 1979 und 1980 verlängerten. Diese Entwicklung spiegelt auch den für diese Jahre typischen *Zweckoptimismus insbesondere westlicher Bankenvertreter* wider, die sich beispielsweise auf die Annahme stützten, die kommunistischen Wirtschaftspläne seien stets „mit relativ großen Reservepolstern ausgestattet, um die Nichthonorierung von Auslandsschulden zu vermeiden. Eine solche Nichthonorierung ... ist eine wahrliche Unerhörtheit in den osteuropäischen Ländern und wird daher auch immer vermieden."[118] Das Vertrauen in die Zahlungsfähigkeit der RGW-Staaten sei vor allem darin begründet, daß diese Länder „in den vergangenen 25 bis 30 Jahren ihre Ver-

Tabelle 19
Identifizierte mittelfristige Eurokredite des kommunistischen Blocks 1969 bis 1983

in Millionen US-$

	1969	1970	1971	1972	1973	1974	1975	1976	1977	1978	1979	1980	1981	1982	1983
Osteuropäische Länder und Sowjetunion	15	38	55	240	590	831	2060	1877	1409	3298	3719	2666	1791	765	1212
RGW-Banken, Moskau	–	–	–	140	50	100	480	600	1100	500	1025	–	100	–	–
DDR	–	–	–	85	15	12	280	260	692	782	687	319	490	62	392
Konditionen der DDR-Kredite															
Zuschlag Minimum	–	–	–	0,75	0,50	1,75	1,25	1,25	1,13	0,63	0,50	0,50	0,63	0,63	1,00
Zuschlag Maximum	–	–	–	1,50	0,50	1,75	1,38	1,38	1,25	1,13	0,75	0,75	0,88	0,75	1,00
durchschn. Laufzeit	–	–	–	7,00	7,00	6,00	5,00	5,20	6,00	6,70	6,90	6,90	4,50	7,20	5,00
Eurodollar London	9,76	8,52	6,58	5,46	9,24	11,01	6,99	5,58	6,00	9,20	12,15	14,03	16,63	13,48	9,82

Quelle: Eigene Berechnungen und Erhebungen, Anhang F; Eurodollar-Zinssätze bis 1977 Eurodollar London, ab 1978 LIBOR auf 6 Monats-Depositen nach International Monetary Fund: International Financial Statistics, Vol. XXXVII Number 8 (August 1984); International Financial Statistics Yearbook 1983, S. 519

pflichtungen auf das Pünktlichste erfüllt haben."[119] Die westlichen Banken hätten daher „keinen Anlaß, an der Zahlungsmoral dieser Länder zu zweifeln".[120] Nur einige wenige westliche Forscher[121] warnten zum damaligen Zeitpunkt schon vor den möglichen Folgen und Problemen der kommunistischen Verschuldungspolitik.

Die im Westen gängigen transferökonomischen Vorstellungen gründeten dabei im wesentlichen auf der Annahme, die Kredite dienten den kommunistischen Ländern vor allem zur Finanzierung von Investitionsgüterkäufen und damit der Verbesserung der Exportfähigkeit der heimischen Industrien. Mit einer planmäßigen Tilgung der aufgenommenen Devisenkredite sei daher zu rechnen. Diesen Überlegungen ist nicht zu Unrecht ein „ökonomischer Determinismus" vorgeworfen worden, „der die ordnungspolitischen Besonderheiten in den Beziehungen mit zentral-administrativen Wirtschaftssystemen völlig unberücksichtigt läßt und daher einer gewissen Naivität nicht entbehrt."[122] Zwar mündete die Politik der DDR in den siebziger Jahren nicht, wie im Falle Polens, in einer neuen Entwicklungsstrategie und indirekten Lenkungsmethoden, die „*bewußt* auf die Enthemmung der bisherigen Importdisziplin hin angelegt worden"[123] waren und damit die Lösung des Transferproblems von Anfang an in Frage stellten. Auch die Zahlungsbilanzprobleme der DDR sind jedoch in dem Sinne als „*hausgemacht*" zu bezeichnen, als in den siebziger Jahren die nicht zu leugnenden, seit 1975 beachtlichen Exportanstrengungen sehr einseitig und unter völliger Vernachlässigung der Hartwährungsbilanz auf den Markt des sozialistischen Währungsgebietes ausgerichtet wurden.

Auch stand die Neuverschuldung der DDR seit dem Machtwechsel von Ulbricht zu Honecker in keinem angemessenen Verhältnis mehr zu Ausbau und Modernisierung der eigenen Exportindustrie. Zwar dienten die gebundenen Finanzkredite, die die DDR in Japan[124] und in der Bundesrepublik Deutschland[125] aufnahm, überwiegend dem Zweck, die Export- und Wettbewerbsfähigkeit der eigenen Chemie- und Stahlindustrie zu verbessern. Diese in der Öffentlichkeit stark beachteten Großprojekte machten tatsächlich jedoch nur einen Bruchteil der Hartwährungsverschuldung der DDR aus. Tatsächlich wurde der ganz überwiegende Teil der Mittel in Form ungebundener Finanzkredite aufgenommen und nicht für eine Modernisierung der Exportwirtschaft, sondern für den Einkauf von Getreide, Futtermitteln, Rohöl, Gold und Industriemetallen verwendet, da diesen Importen keine ausreichenden eigenen Deviseneinnahmen gegenüberstanden. Rein rechnerisch sind zwischen 1969 und 1978 38 % aller aus aufgenommenen Krediten nach Abzug des Zinsendienstes frei verfügbaren Mittel allein für die Einfuhr von Getreide und Futtermitteln aus den USA verwendet worden.[126]

Die Ursache dieses zentralen zahlungsbilanzpolitischen Problems der DDR ist zum einen in dem unbefriedigenden und krisenanfälligen Zustand der eigenen vollkollektivierten Landwirtschaft[127] zu sehen. So ist es in der DDR trotz insgesamt positiver Entwicklung der landwirtschaftlichen Erträge immer wieder zu starken Produktionsausfällen gekommen, bei denen zum Teil ungünstige Witterungsverhältnisse, zum Teil aber auch die staatlichen Eingriffe und Reglementierungen und die ineffiziente Organisation der landwirtschaftlichen Produktion in „vergesellschafteten Großbetrieben" eine Rolle spielten. Vor allem in der pflanzlichen Erzeugung ergaben sich 1960/61, 1969/70 und in den siebziger Jahren wiederholt schwerwiegende Ertragseinbrüche, die die DDR-Behörden zu erheblichen zusätzlichen Futtermittelimporten zwangen, um ein Durchschlagen der

Produktionsrückgänge auf die tierische Produktion weitestmöglich zu begrenzen.[128]

Zu einer ausgesprochenen Belastung der Hartwährungs-Devisenbilanz der DDR durch Getreide- und Futtermittelimporte kam es schon Mitte der sechziger Jahre,[129] als ein Teil der bis dahin aus der Sowjetunion bezogenen Mengen umgelenkt und aus nichtsozialistischen Ländern bezogen werden mußte, insbesondere aus den USA, der Bundesrepublik, Frankreich, Schweden und Tunesien. Umfang und Struktur dieser von der DDR-Statistik versteckt ausgewiesenen Handelsströme werden aus Tabelle 20 deutlich. Der überwiegende Teil der Getreide- und Futtermittelimporte stammt aus den USA und ist auch nach westlichen Quellen nur näherungsweise zu schätzen, weil der größere Teil der US-amerikanischen Lieferungen seit 1971 als „transshipments" über Hamburg erfolgt und vorwiegend von der Deutschen Bundesbahn in die DDR weitertransportiert wird.[130] Überraschend hoch sind allerdings die Einfuhren der letzten Jahre, insbesondere angesichts der befriedigenderen Ernteerträge. Für 1980 zumindest liegen Hinweise darauf vor, daß die DDR allein in den ersten vier Monaten dieses Jahres zusätzlich etwa eine Million Tonnen Getreide aus den USA eingeführt und in die Sowjetunion reexportiert hat, um das vom amerikanischen Präsidenten als Antwort auf die sowjetische Invasion in Afghanistan am 4. Januar 1980 verhängte Getreideexportembargo gegen die Sowjetunion zu unterlaufen.[131]

Tabelle 20
Getreideeinfuhren der DDR 1961 bis 1982

in 1000 t

Jahr	insgesamt	aus der UdSSR	aus dem Westen[a]	Jahr	insgesamt	aus der UdSSR	aus dem Westen
1961	1924	1848	76	1972	3927	1209	2718
1962	2240	2158	82	1973	3253	1103	2150
1963	1681	1593	88	1974	3057	1453	1604
1964	1932	1236	696	1975	3862	720	3142
1965	1698	1004	694	1976	4832	190	4642
1966	1882	1160	722	1977	2621	–	2621
1967	1739	1262	477	1978	2722	–	2722
1968	1637	1216	421	1979	3173	–	3173
1969	1846	1435	411	1980	4201	–	4201
1970	3294	1694	1600	1981	3291	–	3291
1971	2710	1707	1003	1982	2447	–	2447

a Einschließlich ungarischer und rumänischer Lieferungen

Quelle: Eigene Berechnungen nach den Statistischen Jahrbüchern der DDR, verschiedene Jahrgänge; die Gesamteinfuhren wurden ermittelt als Summe der Einfuhren an Weizen, Gerste und Mais, bis 1967 auch Roggen, 1968 bis 1982 geschätzt einschließlich US-amerikanischer Transshipments über Hamburg

Ende der siebziger Jahre, in einer Situation, die zwar durch deutlich gewachsene Hartwährungsschulden und weiterhin defizitäre Handelsbilanzen der kommunistischen Länder gekennzeichnet war, offenbar jedoch noch wenig Anlaß zur Besorgnis gab, traten vor allem zwei Ereignisse ein, die als *strategische Determinanten auf dem Weg in die aktuelle Zahlungsbilanzkrise der kommunistischen Staaten* angesehen werden müssen: die neuerlichen Preissteigerungen für Rohstoffe, insbesondere Erdöl, auf dem Weltmarkt und die Explosion der Dollarzinsen.

Mit den erneuten Preissteigerungen bei Rohöl 1979/80 und den gleichzeitigen, abermaligen drastischen Verteuerungen von Rohstoffen, insbesondere von Metallen und Agrargütern, verschlechterten sich die Terms of Trade der DDR gegenüber den nichtsozialistischen Ländern erneut kräftig. Das Hartwährungshandelsbilanzdefizit gegenüber den westlichen Industrieländern stieg kurzfristig aufgrund der ungeplanten Importpreiserhöhungen und der angesichts der weltweiten Rezession unerwartet ungünstigen Exportchancen der DDR von 0,93 Mrd. US-$ 1978 auf die seit Bestehen der DDR einmalige Höhe von 1,92 Mrd. US-$ im Jahre 1979 und 1,79 Mrd. US-$ im Jahre 1980.[132]

Nicht weniger gravierend und zumindest ebenso unerwartet wirkten sich auf die Zahlungsbilanz der DDR jedoch auch die im Oktober 1979 eingeleitete restriktive US-amerikanische Geldpolitik[133] und die in der Folge weltweit dramatisch gestiegenen US-Dollar-Zinsen aus. Lagen die Zinsen für Eurodollar 1976 im Jahresdurchschnitt noch bei 5,6 %, so waren sie bis Ende 1978 bereits auf über 11 % und bis Anfang 1980 bereits auf über 17 % gestiegen. Im Juli und August 1981 erreichten sie zeitweise beinahe 20 %. Durch diese im Durchschnitt Verdreifachung des Zinsniveaus stieg die Zinslast für die DDR in unvorhersehbarem, dramatische Ausmaße annehmendem Umfang an. Hatte die Zinslast 1977 noch schätzungsweise 420 Mill. US-$ und 1978 rund 665 Mill. US-$ betragen, so stieg der Betrag der für ausstehende, vorwiegend auf abwertungsverdächtige US-Dollar lautende Schulden zu zahlenden Zinsen auf 1030 Mill. US-$ im Jahre 1979, 1420 Mill. US-$ 1980 und schätzungsweise sogar 1900 Mill. US-$ im Jahre 1981 (ohne Zinszahlungen an Banken und Lieferanten aus Krediten im Rahmen des innerdeutschen Handels). Die Explosion der Eurogeldmarktzinsen seit 1979 stellte die Zahlungsbilanzplaner der DDR (wie auch der übrigen kommunistischen Staaten) vor zusätzliche und ungeplante Devisenlücken, deren Höhe allein an die in diesen Jahren abermals ungeplant gewachsenen Westhandelsdefizite heranreichte.

Die DDR, die sich zu einer ausreichenden kurzfristigen Anpassung der Import- und Exportentwicklung an diese neuen Probleme außer Stande sah, suchte die entstehende Devisenlücke 1979 und 1980 durch eine nochmals verstärkte Kreditfinanzierung über den Eurogeldmarkt auszugleichen und war offenbar erstmals sogar gezwungen, neue Kredite aufzunehmen, um die alten Schulden tilgen und mit Zinsen bedienen zu können. Nach den hier vorgelegten Schätzungen diente die Neuverschuldung im Jahre 1980 sogar nahezu ausschließlich dem Zweck, den Kapitaldienst aufrechterhalten zu können. Ungeachtet, zum Teil offenbar in Unkenntnis der sich zu diesem Zeitpunkt bereits abzeichnenden Zahlungsbilanzkrise wurde die DDR im Westen unverändert als ein gutes Kreditrisiko eingestuft und mit Kreditzusagen bemerkenswerten Ausmaßes bedacht. Noch im Mai 1979 hielt sich eine Wirtschaftsdelegation der DDR unter Leitung des stellvertretenden Außenhandelsministers Gerhard Beil, der auch der Präsident der Deutschen Außenhandelsbank AG,

Werner Polze, angehörte, zu Wirtschafts- und Kreditverhandlungen in Kanada und den USA auf.[134] Vermutlich standen zum damaligen Zeitpunkt langfristige Kreditabkommen für Getreide und Futtermittelimporte der DDR kurz vor dem Abschluß. Noch im September desselben Jahres räumte Frankreich der DDR für Lieferungen von Investitionsgütern und schlüsselfertigen Fabriken in den kommenden 5 Jahren eine Kreditlinie in der Rekordhöhe von 12 Mrd. Francs (umgerechnet 2,8 Mrd. US-$) ein.[135] Auch die österreichische Regierung sagte der DDR — gestützt auf Zinssubventionen der österreichischen Nationalbank — mit dem Handels- und Zahlungsabkommen vom November 1980 für die Dauer von 10 Jahren einen Rahmenkredit von 17 Mrd. österreichischen Schilling (umgerechnet 1,3 Mrd. US-$) zu 7,75 % Jahreszinsen zu.[136]

Tabelle 21
Verschuldung, Kapitaldienst und Nettotransfer der DDR in Hartwährungen 1976 bis 1983

in Millionen US-$

	1976	1977	1978	1979	1980	1981	1982	1983
Bruttoverschuldung[a]	5280	6530	7960	9960	11670	12680	11020	10890
Tilgung	2025	2750	3350	4115	4445	4860	4835	4540
Bankkredite[b]	1815	2490	3035	3745	4005	4320	4220	3840
Lieferantenkredite[c]	210	260	315	370	440	540	615	700
Neuverschuldung[d]	3405	4000	4780	6115	6155	5870	3175	4410
Zinsen[e]	310	420	665	1030	1420	1900	1540	1095
an Banken[f]	265	360	590	945	1310	1770	1390	925
an Lieferanten[g]	45	60	75	85	110	130	150	170
Nettotransfer[h]	1070	830	765	970	290	−890	−3200	−1225
Nachrichtlich:								
Zinssätze in %	6,8	7,1	9,4	12,1	13,9	16,8	13,9	10,5
Bankzinsen[i]	5,5	5,9	8,3	11,1	13,0	15,9	12,9	9,5
Aufschlag[j]	1,3	1,2	1,1	1,0	0,9	0,9	1,0	1,0

a Forderungen westlicher Banken und Lieferanten zum Jahresende ohne Verbindlichkeiten der DDR im innerdeutschen Clearing, Anhang A, Tabelle A.7, eigene Schätzungen; b Geschätzt unter der Annahme, daß der im Folgejahr fällig werdende Anteil der DDR-Verbindlichkeiten einschließlich revolvierender Kredite dem aus der Halbjahresstatistik der BIZ, Basel, errechenbaren Anteil entspricht, d.h. 53,9 % in 1977, 54,2 % in 1978, 46,0 % in 1979, 42,7 % in 1980, 38,6 % in 1981, 42,6 % in 1982 und 39,0 % in 1983 jeweils vom Bestand des 31.12. des Vorjahres; 1976 unter der Annahme eines Anteils von 55 %; c Geschätzt unter der Annahme, daß im Durchschnitt jeweils 35 % des am Jahresende ausstehenden Betrages im Folgejahr fällig werden; d Zunahme der Bruttoverschuldung zuzüglich Tilgung, d.h. einschließlich Roll over-Geschäft; e Die geschätzten Zinssätze p.a. werden jeweils auf den Jahresdurchschnittsbestand der Verbindlichkeiten der DDR angewandt; f Eigene Schätzungen unter Zugrundelegung eines für die Verbindlichkeiten der DDR als repräsentativ angesehenen Korbes von 6-Monats-Eurogeldmarktsätzen einschließlich Aufschlag; g Eigene Schätzungen, 1976 7,0 %, 1977 bis 1979 7,5 %, 1980 bis 1983 8,0 %; h Neuverschuldung abzüglich Tilgung abzüglich Zinsen; i Eigene Schätzungen für einen Währungskorb mit 80 % US-Dollar, 10 % DM, 5 % Französische Francs und 5 % Schweizer Franken; j Eigene Erhebungen und Schätzungen nach Anhang F, gemittelt unter Berücksichtigung der Aufschläge in den Vorjahren

Quelle: Eigene Berechnungen und Schätzungen, Anhänge A und F

g) Die intersystemaren Kreditbeziehungen im Zeichen der Zahlungsbilanzkrise und Entschuldungsstrategie seit 1981

Zwei Ereignisse änderten die Situation an den Euromärkten schlagartig: die Geschehnisse in Polen und die Invasion der Sowjetunion in Afghanistan. Die finanziellen Auswirkungen bestanden zum einen in einem weiteren Anstieg der Zinsen und Risikozuschläge für kommunistische Schuldnerländer,[137] zum anderen in einer erstmals beginnenden, spürbaren Zurückhaltung insbesondere US-amerikanischer und europäischer Banken bei der Vergabe neuer Kredite an RGW-Staaten. Nachdem mittelfristige Eurokreditaufnahmen der DDR bis dahin keine Probleme bereitet hatten, lief im Herbst 1980 erstmals ein von der „Union des Banques Arabes et Francaises" gemanagter 100 Mill. US-$-Kredit „nicht berauschend".[138] Ernüchternd wirkte auf die westlichen Banken auch das politische Tauziehen um die zukünftige Höhe des „Swings" im innerdeutschen Zahlungsverkehr[139] sowie Gerüchte, die DDR müsse im Westen Kredite bis zu einer Mrd. US-$ für das seit Anfang 1981 zahlungsunfähige Polen aufnehmen.[140]

Mitte 1981 brach das Kreditgeschäft westlicher Banken mit der DDR förmlich zusammen. Nachdem die DDR bis zu diesem Zeitpunkt noch vergleichsweise hohe Eurokonsortialkredite erhalten hatte, zeigten sich in der zweiten Jahreshälfte 1981 im wesentlichen nur noch arabische und japanische, 1982 nur noch japanische Banken zu geringfügigen Kreditzusagen bereit.[141] Die neun größten US-Banken allein reduzierten ihre Forderungen an die DDR von 1,37 Mrd. US-$ (Mitte 1981) auf 0,97 Mrd. US-$ (Mitte 1982), und Ende 1983 beliefen sich die Forderungen *aller* US-Banken an die DDR überhaupt nur noch auf rund 0,6 Mrd. US-$.[142] Als auf der Fachtagung der US-amerikanischen und europäischen Kreditmanager im Rahmen des „Foreign Credit Interchange Bureau" (FCIB) Ende April 1982 die DDR intern als mögliches „Rumänien der Jahre 1983–1985" bezeichnet und vor weiteren Kreditengagements gewarnt wurde,[143] hatte der *Rückzug westlicher Banken aus dem Kreditgeschäft mit der DDR* also schon längst begonnen. Lediglich die im Konsortialgeschäft bis dahin eher großzügigen arabischen Banken und ab Mitte 1982 auch die japanischen Banken reagierten mit gewisser Verzögerung.

Erst in dieser, offenbar vor allem durch den Rückzug der westlichen Banken aus dem Eurokreditgeschäft mit der DDR dramatisch verschärften Zahlungsbilanzsituation reagierte der währungspolitische Führungszirkel der DDR und beschloß einen neuerlichen, grundlegenden Wandel in der wirtschafts- und zahlungsbilanzpolitischen Strategie. Zwar hatte schon der Fünfjahrplan 1981 bis 1985 „Sparsamkeit beim Verbrauch von Energie und Rohstoffen sowie eine Forcierung des Exports vorgesehen und diese beiden Ziele noch stärker herausgestellt als die ihm zugrunde liegende Direktive des X. Parteitages der SED."[144] Auf die Notwendigkeit, die Hartwährungsverschuldung *abzubauen* und gleichzeitig aufgrund der sowjetischen Rohöllieferkürzungen die Importe aus nichtsozialistischen Ländern *steigern* zu müssen, war aber offenbar weder der Fünfjahrplan, noch der Jahresvolkswirtschaftsplan 1981 ausgerichtet gewesen.

Noch Mitte 1981 scheint daher — erstmals seit der „Störfreimachung" Anfang der sechziger Jahre wieder — die gesamte Volkswirtschaftsplanung unter das Primat der Außenwirtschaft gestellt worden zu sein. Der erst ein Jahr in Kraft befindliche Fünfjahrplan 1981 bis 1985 wurde offenbar noch 1981 aufgegeben, das wirtschaftliche Wachstum gedrosselt, die Importpläne rigoros gekürzt und eine beträchtliche Exportsteigerung ins nichtsozialistische Wirtschaftsgebiet bei im Inland stagnierenden Investitions- und Verbrauchsausgaben geplant. Die Parteiführung suchte diese Beschlüsse durch eine Verschärfung der Kontrollen und eine Rezentralisierung der Entscheidungskompetenzen durchzusetzen.[145] Schon 1981 gelang es der DDR erstmals seit 1968 wieder, einen geringfügigen Exportüberschuß gegenüber dem nichtsozialistischen Wirtschaftsgebiet zu erzielen.[146] Die zunehmende Beschränkung und Verteuerung der Verschuldungsmöglichkeiten forderte jedoch noch bedeutend höhere Anpassungsleistungen, insbesondere die für 1982 geforderte „Mobilisierung aller volkswirtschaftlichen Ressourcen, um die Produktion und das Angebot von absatzfähigen Erzeugnissen mit hohem Deviseneinerlös in bedeutenden Größenordnungen zu erhöhen"[147] sowie außergewöhnliche Anstrengungen „zur Verringerung der Importe aus dem nichtsozialistischen Wirtschaftsgebiet".[148]

Tatsächlich gelang es dem währungspolitischen Führungszirkel innerhalb kürzester Zeit, durch die binnenwirtschaftlich rigoros durchgesetzte neue Strategie, gegenüber dem nichtsozialistischen Hartwährungsraum schon 1982 und 1983 Handelsbilanzüberschüsse zu erzielen, die in der Geschichte der DDR bislang einmalig sind und bis heute nicht einmal im Handel mit dem sozialistischen Währungsraum zu beobachten waren. Nach Schätzungen des Verfassers erzielten die Währungsbehörden der DDR im Warenverkehr mit nichtsozialistischen Ländern einen Einnahmeüberschuß in Hartwährungen in Höhe von 1,34 Mrd. US-$ 1982 und 1,27 Mrd. US-$ 1983, wobei vor allem die Hartwährungsimporte aus Entwicklungsländern besonders drastisch gekürzt wurden.[149] Der in konvertiblen Währungen erzielte Handelsbilanzüberschuß gegenüber den Ländern der Dritten Welt, der allerdings noch um Kreditinanspruchnahmen insbesondere Ägyptens, Äthiopiens, des Irak sowie Syriens und Nicaraguas zu vermindern ist, betrug 1982 allein schätzungsweise 0,71 Mrd. US-$ und 1983 immerhin 0,45 Mrd. US-$.[150] Diese Handelsbilanzüberschüsse erlaubten der DDR aufgrund ihrer hohen sonstigen Deviseneinnahmen aus offiziellen und privaten westdeutschen Zahlungen eine bemerkenswert rasche Reduzierung ihrer Hartwährungsverschuldung gegenüber nichtsozialistischen Ländern von etwa 12,68 Mrd. US-$ (dem bislang höchsten Stand Ende 1981) auf 10,89 Mrd. US-$ (Ende 1983) bei einer gleichzeitigen, kaum weniger bemerkenswert hohen Aufstockung ihrer Devisenreserven von etwa 2,25 Mrd. US-$ (Ende 1981) auf 3,41 Mrd. US-$ (Ende 1983).[151]

Bei der Aufnahme syndizierter mittelfristiger Eurokredite hielt sich die DDR — wie im übrigen auch die RGW-Banken und die anderen sozialistischen Länder — in den kritischen Jahren von 1982 bis 1984 auffallend zurück. 1983 und 1984 nahm sie lediglich bei Luxemburger Töchtern westdeutscher Banken mit Bürgschaften der Bundesregierung ausgestattete Eurokredite in Höhe von 1,00 Mrd. DM und 0,95 Mrd. DM sowie 1984 zwei kleinere Eurokredite international zusammengesetzter Bankenkonsortien auf.[152] Daraus kann jedoch nicht der Schluß gezogen werden, die DDR habe diese Kredite aus Liquiditätsgründen nicht nötig gehabt.[153] Allein schon die ungünstige Fälligkeitsstruktur der Hartwährungsverschuldung der DDR zwingt die Deutsche Außenhandelsbank, früher oder später wieder verstärkt mittelfristige Kredite aufzunehmen. Ohne die erwähnten Konsortialkredite in 1983 und 1984 hätte sich die Fälligkeitsstruktur der DDR-Verbindlichkeiten rasch erheblich verschlechtert. Die tatsächliche Ursache für die alles in allem geübte Zurückhaltung dürfte eher darin zu suchen sein, daß noch 1983 kaum Banken zur Kreditvergabe überhaupt bereit waren oder aber Risikoaufschläge zum LIBOR-Satz verlangten, die von der DDR mit Rücksicht auch auf die Verschuldungsstrategie der übrigen RGW-Länder nicht akzeptiert werden konnten. Erst die Garantie der westdeutschen Bundesregierung nahm den Banken jedes Risiko und machte für die DDR ein attraktives Kreditangebot möglich.

b) Zur Rolle der Sowjetunion während der Zahlungsbilanzkrise 1981 bis 1983

Man wird wohl zu Recht vermuten dürfen, daß diese, mit einer Drosselung des Wirtschaftswachstums und einer zunehmenden Verschlechterung der inländischen Versorgung verbundene Austerity-Politik innerhalb des währungspolitischen Führungszirkels überhaupt erst durchsetzbar wurde angesichts des drohenden Zahlungsmoratoriums und der damit zugleich bedingten Gefährdung der für die DDR-Wirtschaft überlebenswichtigen Hartwährungsimporte überhaupt. Um eine mit der Drosselung der inländischen Absorption möglicherweise verbundene Destabilisierung des wirtschaftlichen und politischen Systems zu verhindern, hat die politische Führung viel zu lange gezögert und die 1971 nach Ulbrichts Entmachtung eingeschlagene Strategie einer planmäßigen Defizitfinanzierung weitgehend unbeirrt bis 1980 fortgeführt. Der aufgeschobene, aber damit nicht aufgehobene Anpassungsbedarf soll und muß nun in vergleichsweise kurzer Zeit nachgeholt werden. Das typische, schon in der Vergangenheit beobachtbare Zick-Zack-Muster sozialistischer internationaler Währungspolitik zeigt sich hier erneut deutlich.

Daß auch dieser jüngste, nichtinkrementale Strategiewechsel der ostdeutschen Parteiführung eng mit der Sowjetunion abgestimmt, wenn nicht von der sowjetischen Parteiführung erst ausdrücklich angeordnet worden ist, ergibt sich nicht nur aus offiziellen und inoffiziellen Meldungen aus dem RGW-Raum,[154] sondern auch aus der Tatsache, daß alle dem sowjetischen Einflußbereich zuzurechnenden sozialistischen Länder eine solche zahlungsbilanzpolitische Austerity-Politik nahezu zum gleichen Zeitpunkt eingeleitet haben, ihre Hartwährungsverschuldung mehr oder weniger erfolgreich reduzierten[155] und sich – wie die DDR – zunehmend bei der Sowjetunion verschuldet haben. Im übrigen spricht auch die Tatsache, daß die maßgeblichen Zahlungsbilanzpolitiker Honecker, Mittag und Weiß bislang immer noch sowjetische Unterstützung genießen, dafür, daß die grundlegenden Strategiewechsel seit der Entmachtung Ulbrichts – die forcierte Westverschuldung seit 1971 und der forcierte Schuldenabbau seit 1981 – nicht *gegen* sowjetische Interessen, sondern vermutlich in enger Abstimmung *mit* der sowjetischen Parteiführung beschlossen worden sind.

Westliche Banken haben verständlicherweise stets besonderes Interesse für die Frage bekundet, ob und inwieweit die Sowjetunion im RGW-Block als „lender of last resort" für Hartwährungsschulden der anderen sozialistischen Staaten auftreten würde. Lange Jahre galt die „*Schirmtheorie*" als allgemein akzeptiert; danach „ist anzunehmen, daß bei eventuellen Zahlungsschwierigkeiten eines einzelnen RGW-Landes die übrigen RGW-Partner oder die RGW-Banken aushelfen würden, um die Glaubwürdigkeit der ganzen Ländergruppe nicht zu gefährden."[156] Man schenkte daher lange Jahre der Kreditwürdigkeit des Ostblocks insgesamt mehr Beachtung als der Kreditwürdigkeit jedes einzelnen kommunistischen Schuldnerlandes. Erst nach dem „Polen-Schock" wurden die Banken vorsichtiger und prüften zunehmend die Kreditwürdigkeit im Einzelfall, war ihnen doch in „schmerzlicher Weise deutlich geworden, daß die oft beschworene ‚Regenschirm-Theorie' nicht mehr stimmt − falls sie je gestimmt haben sollte."[156]

Nun sprechen allerdings die hier herausgearbeiteten Merkmale zahlungsbilanzpolitischer Willens- und Entscheidungsbildung im Sozialismus durchaus dafür, daß diese mittlerweile so stark bezweifelte Schirmtheorie sehr wohl einen wahren Kern hat. Danach wird die im eigenen Interesse handelnde sowjetische Parteiführung nicht freiwillig zulassen, daß die DDR oder ein anderes kommunistisch-autokratisch regiertes Mitgliedsland des RGW als Folge einer Verschuldungskrise dem bestimmenden sowjetischen Einfluß auf seine Wirtschafts- und Zahlungsbilanzpolitik entzogen wird. Dieser These zufolge steht somit weniger die Kreditwürdigkeit der RGW-Staatengemeinschaft auf dem Spiel, wie von Anhängern der Schirmtheorie immer behauptet wurde, als die künftigen Durchsetzungschancen sowjetischer Interessen den Parteiführungen der osteuropäischen Länder gegenüber.

Wenn diese Überlegungen grundsätzlich zutreffen, kann zwar nicht erwartet werden, daß die Sowjetunion die Zahlungsunfähigkeit eines anderen RGW-Landes unbedingt verhindern wird. Die Sowjetunion wird im Gegenteil sogar *das Problem der Schuldenregelung im eigenen ökonomischen Interesse vorzugsweise westlichen Regierungen, Banken und Lieferanten überlassen*. Die Notwendigkeit zur Intervention und zur Übernahme der wirtschaftlichen und finanziellen Lasten einer Umschuldung und Schuldenabtragung ergibt sich für die Sowjetunion selbst aber in dem Maße, in dem westliche Regierungen und supranationale Organisationen erheblichen Einfluß auf die künftige Wirtschaftspolitik des um Bestand bittenden RGW-Landes gewinnen. Es wäre daher eher wohl von einer „*Netztheorie*" auszugehen, womit gemeint sein soll, daß die Sowjetunion aufgrund der hohen ökonomischen Opfer nicht sofort und unter allen Umständen bereit ist, sozialistische „Bruderländer" vor Verschuldungskrisen zu bewahren, daß die sowjetische Parteiführung jedoch selbstverständlich mit allen ihr zur Verfügung stehenden wirtschafts- und währungspolitischen Mitteln bemüht sein würde, *solche RGW-Staaten „aufzufangen", die infolge einer Verschuldungskrise ihrer bisherigen politischen, ökonomischen und militärisch-strategischen Kontrolle zu entgleiten drohen.*

Diese „Netztheorie" schließt freilich nicht aus, daß die Sowjetunion und andere sozialistische Staaten hoch verschuldeten RGW-Ländern bereits im Vorfeld einer Zahlungsbilanzkrise finanziellen Beistand leisten, um in der Tat nachteilige Rückwirkungen auf die Kreditwürdigkeit der gesamten Gemeinschaft zu verhindern. Eine solche Zahlungsbilanzhilfe wird sich aber aus wirtschaftlichen und politischen Gründen so lange in engen Grenzen halten, wie noch nicht alle westlichen Hilfsquellen versiegt sind und keine Gefahr besteht, daß die Schuldenregulierung durch nichtsozialistische Länder die sowjetischen Einfluß- und Kontrollmöglichkeiten untergräbt. Die Zahlungsbilanzhilfe der Sowjetunion an Polen und an die DDR entspricht diesem Muster offenbar weitgehend.

Tatsächlich hat sich, wie die weiter oben vorgelegten Schätzungen zeigen,[158] die Clearingverschuldung der DDR gegenüber der Sowjetunion allein zwischen Ende 1980 und Ende 1983 um etwa 1,9 Mrd. US-$ erhöht. Die DDR dürfte insofern die Verbesserung ihrer Hartwährungsposition und ihres Kreditstandings im nichtsozialistischen Ausland überwiegend auf Kosten einer noch höheren finanziellen Abhängigkeit und Lieferverpflichtung der Sowjetunion gegenüber erreicht haben. Auffällig sind auch die im Jahre 1983 stattgefundenen Kontenveränderungen kommunistischer Länder insbesondere am Eurofinanzplatz London. Bei nahezu unveränderten Devisenreserven des Ostblocks insgesamt, baute die Sowjetunion völlig überraschend zwischen Ende März und Ende September 1983 ihre Devisenreserven um 1581 Mill. US-$ ab. Zur gleichen Zeit stiegen ebenso überraschend die Devisenreserven Polens um 198 Mill. US-$ und die der DDR um 988 Mill. US-$ an.[159] Es ist nicht ausgeschlossen, daß die DDR in diesem Jahr, in dem sie sich kaum neue Eurokredite bei westlichen Banken beschaffen konnte, sowjetische Hartwährungskredite zur reibungslosen Abwicklung des Kapitaldienstes erhalten hat.

Bemerkenswert erscheint zudem eine noch subtilere Form sowjetischer Zahlungsbilanzhilfe, die westlichen Beobachtern bislang entgangen zu sein scheint. So fällt bei einer Auswertung der von der DDR im Zeitraum von 1972 bis 1984 aufgenommenen mittelfristigen, syndizierten Eurokredite[160] auf, daß den sowjetischen Banken im nichtsozialistischen Ausland eine Schlüsselrolle bei der Unterbringung von Konsortialkrediten der DDR in den Jahren 1975 sowie 1980 und 1981 zugefallen ist. In keinem anderen Jahr sonst waren sowjetische Banken im Konsortium zu finden. 1975 scheint es die Aufgabe der Moscow Narodny Bank, London, gewesen zu sein, der DDR den Einstieg mit ihrem ersten großen Eurokredit von 110 Mill. US-$ zu erleichtern, nachdem die Währungsbehörden der DDR bis dahin nur mit kleinen Beträgen an den Markt gegangen waren. Erst 1980 und verstärkt noch 1981 beteiligten sich die sowjetisch kontrollierten Eurobanken wieder am Konsortialgeschäft mit der DDR, 1980 und 1981 die Banque Commerciale pour l'Europe du Nord bei Krediten über 500 Mill. US-$, 1980 die Donau Bank bei einem Kredit über 55 Mill. US-$, 1981 die Wozchod Handelsbank an einem Kredit über 50 Mill. US-$ sowie 1980 und 1981 die Moscow Narodny Bank an Konsortialkrediten über 250 Mill. US-$. Es dürfte kaum zu bezweifeln sein, daß die sowjetischen Währungsbehörden auf diese Weise bestrebt waren, bis zuletzt — das heißt bis zum Zusammenbruch des Kreditgeschäfts mit der DDR Mitte 1981 — unter Einsatz des exzellenten Rufes ihrer Eurobanken Konsortien für Kredite an die DDR zusammenzubekommen und der Deutschen Außenhandelsbank AG trotz ihres zu diesem Zeitpunkt bereits erheblich verschlechterten Standings doch noch zu möglichst günstigen Konditionen zu verhelfen.

4. Die Kreditbeziehungen der DDR zu den Entwicklungsländern

Folgt man der offiziellen kommunistischen Ideologie, so verkörpern die Wirtschaftsbeziehungen der RGW-Staaten zu den Entwicklungsländern „einen qualitativ neuen Typ der ökonomischen Zusammenarbeit."[1] Die kommunistischen Industrieländer seien nämlich nicht so sehr an einem Absatz ihrer Waren interessiert, „da die sozialistische Wirtschaft keine zyklischen Überproduktionskrisen kennt."[2] Die Außenwirtschafts- und Währungsbeziehungen zur Dritten Welt seien vielmehr Ausdruck für die von den RGW-Ländern „praktizierte solidarische Unterstützung der berechtigten politischen und ökonomischen Forderungen der Entwicklungsländer ... Das betrifft sowohl den Kampf gegen Kolonialismus, Neokolonialismus, Rassismus und imperialistische Aggressionen als auch das Streben der Entwicklungsländer nach ökonomischer Unabhängigkeit und nach Beseitigung der knechtenden und ausbeuterischen Formen kapitalistischer internationaler Arbeitsteilung."[3] Die Außenwirtschafts- und Währungspolitik der entwickelten sozialistischen Länder sei in diesem Sinne und ganz im Gegensatz zur Politik der westlichen Demokratien „eine ehrliche echte Hilfe, die die nationalen Belange dieser Länder berücksichtigt"[4] und uneigennützig primär die Überwindung wirtschaftlicher Rückständigkeit und Abhängigkeit der jungen Nationalstaaten zum Ziel hat.[5] Die vier wesentlichen Hauptformen dieser *sozialistischen Wirtschaftshilfe* werden in der Handelspolitik, der Kreditpolitik, der ökonomisch-technischen Hilfe und der wissenschaftlich-kulturellen Unterstützung gesehen.[6]

a) Zielsetzung und Formen der sozialistischen Wirtschaftshilfe

Die *Handelspolitik* sei vorwiegend am Bedarf der unterentwickelten Länder für ihre nationalen Aufbauprojekte orientiert. Die Importe der sozialistischen Länder orientierten sich in ihrer Höhe am Exportvolumen, da „prinzipiell eine ausgeglichene Handelsbilanz erstrebt wird."[7] Dabei gehöre zu den wesentlichen Vorteilen der Entwicklungsländer, daß sie ihre Erzeugnisse „zu günstigen und stabilen Preisen"[8] und „auf der Grundlage langfristiger Handels- und Wirtschaftsabkommen"[9] verkaufen können, wobei Höhe und „Struktur des Warenaustausches planmäßig den beiderseitigen Belangen angepaßt"[10] werden. Bei den kommunistischen Abnehmern handele es sich „um einen sicheren, stetig wachsenden Markt",[11] der in zunehmendem Maße auch bereit sei, neben Roh- und Grundstoffen gerade Fertigerzeugnisse der neu errichteten Industrien der jungen Nationalstaaten abzunehmen.[12]

Die *Kreditpolitik* sei von der Notwendigkeit entlastet, Zahlungsbilanzkredite zu gewähren, da der Handel prinzipiell bilanziert werde. Die sozialistischen Staaten gewährten den Entwicklungsländern jedoch, „wenn nötig, auch Kredite — bei niedrigsten Kosten sowie günstigsten Rückzahlungsbedingungen —, um die nationale Akkumulation zu beschleunigen."[13] Im Gegensatz zu den angeblich überhöhten „imperialistischen Zinsforderungen"[14] würden die sozialistischen Kredite „in der Regel für 12 Jahre und zu Zinssätzen von zumeist 2,5 Prozent gewährt."[15] Vorteilhaft wirke sich auch aus, daß die Entwicklungsländer diese Kredite „durch Landesprodukte oder mit Warenlieferungen, die mit den kreditierten Industrieanlagen neu erzeugt wurden, tilgen und auf dieselbe Weise die Zinsen zahlen können."[16] Im Gegensatz zu den westlichen Industrieländern konzentrierten die RGW-Länder dabei allerdings ihre Entwicklungs- und Kredithilfe bewußt auf den Aufbau von Grundstoff- und Schlüsselindustrien.[17] In diesem Rahmen trage auch die *wissenschaftlich-technische Hilfe*, die wie die Handels- und Kredithilfe in Warenform und auf der Basis des Äquivalententausches beglichen werden könne, zur Überwindung ökonomischer Rückständigkeit bei.

Soweit die behaupteten Vorteile der Ost-Süd-Wirtschafts- und Währungsbeziehungen nicht zur Entfaltung kämen, sei dies primär auf die Haltung einzelner Entwicklungsländer und ihrer Regierungen zurückzuführen, bei denen „sich die noch bestehenden einseitigen ökonomischen Verflechtungen mit kapitalistischen Hauptländern und der Einfluß des Auslandskapitals bzw. multinationaler Konzerne besonders stark bemerkbar"[18] mache und die volle Erschließung der Vorteile einer Ost-Süd-Zusammenarbeit behindere. Die planmäßige und zuverlässige Handels- und

Kreditpolitik sozialistischer Staaten biete den unterentwickelten Ländern jedenfalls denkbar günstige außenwirtschaftliche Rahmenbedingungen für ihre eigene Entwicklung.

Der Mangel an hinreichend differenzierten Außenhandelsdaten sowie das weitgehende Fehlen von Informationen zu den finanziellen zwischenstaatlichen Beziehungen haben eine kritische Überprüfung dieses Anspruchs kommunistischer Politik im Lichte der Realität seit jeher außerordentlich erschwert. Weitgehend herrscht im Westen jedoch die Ansicht vor, daß die kommunistischen Staaten auch und gerade ihre Währungs- und Wirtschaftsbeziehungen zur Dritten Welt dem Primat der Außenpolitik über die Ökonomie unterordneten. Die sozialistischen Staaten unterstützen somit dieser These zufolge getreu ihrem kommunistischen Anspruch primär Entwicklungsländer, die einen „antikapitalistischen Weg" suchten,[19] die Auswahl und Bedeutung der Wirtschaftspartner sei primär politisch motiviert.[20] Für die DDR habe diese Orientierung bedeutet, auch und gerade ihre Entwicklungshilfe- und Kreditpolitik lange Jahre „in den Dienst des Strebens nach diplomatischer Anerkennung"[21] zu stellen und sich vor allem auf jene Länder zu konzentrieren, von denen sie eine völkerrechtliche Anerkennung noch am ehesten erwarten konnte, eben von Ländern mit „sozialistischer Orientierung" – auch unter Anwendung geheim gebliebener finanzieller Leistungen als Anreizmittel und Belohnung für Wohlverhalten.[22]

Wie bereits weiter oben ausgeführt und begründet wurde, ist eine solche Theorie zu undifferenziert und wenig stichhaltig. Die ausgeprägte Rohstoffabhängigkeit der DDR, die Dominanz sowjetischer Einflußnahmen und das institutionelle Übergewicht von Schwerindustrie und militärischem Sektor im sozialistischen Staat dürften auch der SED-Führung selbst vor der Anerkennungswelle weit restriktivere *ökonomische Sachzwänge* in ihrer Entwicklungsländerpolitik auferlegt haben und auferlegen als allgemein angenommen wird. Damit werden zwar umgekehrt außen- und sicherheitspolitische Ziele nicht außer Acht gelassen, ihr Rang wird jedoch stark relativiert. Die Beschränkungen des Entscheidungsspielraums der politischen Führung, die von ideologischen und außenpolitischen Forderungen ausgehen, sind dafür letztlich viel zu allgemein und unbestimmt, verglichen mit den teilweise massiven wirtschaftlichen und finanziellen Restriktionen, mit denen sich die Entscheidungsträger regelmäßig konfrontiert sehen.

Wie weiter oben[23] im einzelnen begründet wurde, ist als eine der strategischen ökonomischen Restriktionen der DDR ihre ausgeprägte Importabhängigkeit anzusehen. Die internationale Währungspolitik hat somit vor allem dafür zu sorgen, daß eine *sichere und ausreichende Versorgung mit solchen Rohstoffen und Grundnahrungsmitteln finanziell gewährleistet* ist, die im eigenen Land gar nicht oder nicht in benötigter Menge und Qualität verfügbar sind. Struktur und Funktionsweise außenwirtschaftspolitischer Willens- und Entscheidungbildung im sozialistischen Staat bedingen nun in der Tat, daß eine hohe Präferenz besteht, diese Versorgungslücken primär in den kommunistischen „Bruderländern", vorzugsweise im RGW zu decken.[24] Nur soweit im RGW-Raum selbst Engpässe auftreten oder der Block aus eigener Produktion auch dauerhaft keine ausreichende Versorgung sicherstellen kann, besteht überhaupt ein Anreiz, diese Waren in nichtsozialistischen Ländern einzukaufen. Insofern dürften in der Tat politische, militärisch-strategische und ideologische Restriktionen auf die Handels- und Kreditbeziehungen Einfluß haben.

Fraglich bleibt allerdings, ob diese Grundtendenz einer außenwirtschaftspolitischen Bevorzugung des RGW-Raumes sich auch im Ost-Süd-Handel in einer tendenziellen Bevorzugung „sozialistisch orientierter" Staaten niederschlagen muß. Der währungspolitische Führungszirkel der DDR hat im Interesse einer Erhaltung innenpolitischer Stabilität für die finanzielle Sicherung einer Mindestversorgung der Bevölkerung beispielsweise mit Kaffee, Kakao, Tee und Südfrüchten Sorge zu tragen. Da diese Produkte aber innerhalb des RGW-Blocks gar nicht oder nur in völlig unzureichender Menge erzeugt werden, wäre die DDR selbst dann zu Importen solcher Waren aus Entwicklungsländern gezwungen, wenn (wie zumindest zeitweise geschehen) keines der in Frage kommenden Erzeugerländer eine „sozialistische Orientierung" eingeschlagen hat. Dieselbe Überlegung gilt für planstrategische Rohstoffe wie Erdöl, Kupfer, Silber, Platin oder Gold, die entweder in insgesamt nur unzureichender Menge im RGW produziert werden oder von den Erzeugerländern selbst lieber gegen Hartwährungen in nichtsozialistische Länder exportiert werden. In diesem Falle bliebe der politischen Führung und dem Ministerium für Auswärtige Angelegenheiten allenfalls die Möglichkeit, Einfluß darauf zu nehmen, daß die Importabhängigkeit minimiert, das Versorgungsrisiko durch Bezugsquellendiversifikation reduziert und der Handel auf jene Länder konzentriert wird, von denen noch im vergleichsweise geringsten Maße „feindliche" Reaktionen zu erwarten sind.

Selbst bei Vorhandensein „sozialistisch" orientierter Lieferländer muß allerdings fraglich bleiben, welche ökonomischen und politischen Kosten die kommunistische Parteiführung zu tragen bereit ist, um den Außenhandel einseitig auf diese Länder zu konzentrieren. Beispiele wie Ägypten, Ghana, Indonesien und Angola haben gezeigt, daß die in diesen Ländern herrschende politische Instabilität auch nichtsozialistische, ja antikommunistisch orientierte Regierungen und Regime an die Macht befördern und damit die Währungs- und Wirtschaftsbeziehungen von einem Tag auf den anderen grundlegend verändern kann. Auch kann a priori keineswegs ausgeschlossen werden, daß die kommunistisch regierten Industrieländer in ihren Wirtschaftsbeziehungen mit sozialistisch orientierten Entwicklungsländern gezwungen sind, günstigere Konditionen einzuräumen als im Verkehr mit anderen unterentwickelten Staaten. Eine einseitige Ausrichtung der Handels- und Kreditbeziehungen auf (jeweils gerade) „sozialistisch" orientierte Regime wäre dann aber nicht nur risikoreich, sondern auch ökonomisch nachteilig.

Wenn diese Überlegungen grundsätzlich zutreffen, ist weit eher ein Gestaltungsmuster praktischer Politik zu erwarten, bei dem sich die sozialistische Wirtschaftshilfe vornehmlich auf jene Länder konzentriert, die primär Rohstoffe anbieten können, die im kommunistischen Block fehlen, und die sich zugleich auf einer solchen Stufe ihrer wirtschaftlichen Entwicklung befinden, daß sie in Höhe des beabsichtigten Rohstoffimports auch Waren, insbesondere Maschinen und Ausrüstungen, aber auch Waffen der sozialistischen Industrieländer abzunehmen vermögen. Das Sicherheitsstreben der beteiligten Spitzenbürokratien und der politischen Führung wird diese Länderwahl allenfalls in dem Sinne beeinflussen können, daß eine sehr weitgehende Konzentration auf diejenigen Lieferländer erfolgt, die dem kommunistischen Block am noch vergleichsweise freundlichsten gegenüberstehen. Die interne Organisationsstruktur der Außenwirtschaftsministerien in den kommunistischen Staaten nach Länderbereichen[25] wird dann jedoch allmählich zu einer vorzugsweisen Behandlung gerade dieser wenigen Schwerpunktländer führen.

Da die Aufschließung der intersystemaren Wirtschaftsbeziehungen für die sozialistischen Staaten primär importbedingt ist, wobei mittelfristig vor allem die Importmengen fest verplant sind, während die Preise weitgehend in Anlehnung an die Weltmarktpreise gebildet werden,[26] ist systemimmanent bedingt mit chronischen und ausgeprägten Instabilitäten der Ausfuhrerlöse der Entwicklungsländer parallel zu den Rohstoffpreisschwankungen zu rechnen. In dem Maße, in dem die Wirtschaftspolitik der kommunistischen Industrieländer mal die Konsumtion, mal die Investitionen bevorzugt, werden zudem auch die Ausfuhrmengen der Entwicklungsländer schwanken. Länder, die vorwiegend Industriemetalle und Erdöl fördern und liefern, werden vor allem von einem wirtschaftspolitischen Kurs profitieren, der die Investitionen forciert. Umgekehrt werden die Hauptlieferländer von agrarischen Erzeugnissen von einer Parteilinie bevorzugt, die den individuellen Konsum fördert.

Da die Exporte im sozialistischen Staat bei zentraler Planung weitgehend die Funktion haben, Importe zu finanzieren, ist unter diesen Bedingungen nicht nur mit einer ausgeprägten Zyklik sozialistischer Einfuhren aus Entwicklungsländern, einer Dominanz der Rohstoffimporte gegenüber Fertigwareneinfuhren und wechselnden Zahlungsbilanzungleichgewichten zu rechnen, sondern auch mit einer ausgeprägt zyklischen Kreditvergabepolitik, die sich zudem auf einige wenige Länder konzentriert und gerade jene, typischerweise besonders „armen" Länder vernachlässigt, die keine ausreichenden Chancen bieten, im Gegenzug kommunistische Maschinen und Ausrüstungen oder militärische Güter zu importieren. Aufgrund des chronischen Hartwährungsmangels sozialistischer Industrieländer ist darüber hinaus davon auszugehen, daß sie bestrebt sind, Kredite überwiegend in Form gebundener Waren- und Verrechnungskredite zu gewähren und damit die Möglichkeit auszuschließen, daß die Nehmerländer freie Devisen für Käufe in anderen, möglicherweise leistungsfähigeren Ländern verwenden.

b) Merkmale der Außenhandelsbeziehungen der DDR zu den nichtsozialistischen Entwicklungsländern

Die faktische Entwicklung des Waren- und Dienstleistungsverkehrs sowie der internationalen Kreditbeziehungen zwischen der DDR und den nichtkommunistischen Entwicklungsländern entspricht — soweit sich die relevanten Zusammenhänge überhaupt rekonstruieren lassen — diesem Grundmuster offenbar sehr weitgehend. Auffallend ist zunächst die *absolut und relativ unbedeutende Größenordnung des Entwicklungsländerhandels*, dessen Anteil am Gesamtaußenhandel der DDR trotz zwischenzeitlich bedeutender Rohstoffpreissteigerungen lediglich 4,9 % im Jahre 1981 nach 4,0 % im Jahre 1970 und 4,3 % im Jahre 1960 ausmachte.[27] Diese statistisch geringe Bedeutung des Wirtschaftsverkehrs der DDR mit der Dritten Welt dürfte allerdings zum Teil Resultat der Abgrenzung des Außenhandels nach dem Käuferland- und Verkaufslandprinzip sein,[28] das zu einem geringen statistischen Ausweis der DDR-Importe aus Entwicklungsländern führt, da die Außenwirtschaftsbehörden der DDR Einfuhren von Waren, die in Ländern der Dritten Welt produziert wurden, trotz anderslautender Zielsetzungen[29] nach wie vor auch über europäische Zwischenhändler (vorwiegend in London, Hamburg, Amsterdam und Luxemburg) lenken. Die gewählte statistische Abgrenzungsmethode erklärt jedoch die nach anderen Abgrenzungen immer noch vergleichsweise niedrige Entwicklungsländerquote nicht allein. Der Handel mit diesen Staaten ist tatsächlich eher unbedeutend, und zwar vor allem aus zwei Gründen. Erstens vermag die DDR ihren Importbedarf gerade bei den Erzeugnissen, die zum typischen Exportprogramm unterentwickelter Länder gehören, überwiegend bereits im RGW zu decken.[30] Für den Entwicklungsländerhandel bleibt dann nur eine bescheidene Lückenbüßerfunktion. Zweitens unterliegen die politischen Entscheidungsträger im sozialistischen Staat kaum einem systematischen und wirksamen Leistungsdruck, für eine möglichst differenzierte und umfangreiche Versorgung der Bevölkerung mit Grundnahrungsmitteln und Gebrauchsgütern zu sorgen. Gerade solche Erzeugnisse machen aber den Hauptanteil des Exports vieler Entwicklungsländer aus.

Kennzeichnend für den Außenhandel der DDR ist darüber hinaus seine *ausgeprägte Konzentration auf einige wenige Partnerländer*. Zwar unterlagen die Anteile einzelner Länder gewissen Variationen. Stets zählten jedoch Ägypten, Indien, Brasilien und die Türkei zu den wichtigsten Handelspartnern. 1960 beispielsweise entfielen 67,4 % des Handelsumsatzes der DDR mit der Dritten Welt auf diese vier Länder. Mit Ägypten und Indien allein wickelte die DDR immerhin 49,0 % ihres gesamten Entwicklungsländerhandels ab.[31] Bis 1970 wurde diese Tendenz kaum abgeschwächt. Auf die genannten vier Länder, die unverändert die wichtigsten Handelspartner der DDR in der Dritten Welt blieben, entfielen 61,0 % des Entwicklungsländerumsatzes, auf Indien und Ägypten allein immer noch 41,6 %.[32] In den Folgejahren allerdings stieg der Außenhandelsanteil einer Reihe bis dahin eher vernachlässigter Länder kräftig an. Der Irak avancierte zum wichtigsten Außenhandelspartner der DDR in der Dritten Welt neben Brasilien, Indien und Ägypten sowie den ebenfalls verstärkt eingeschalteten Ländern Algerien, Iran, Libyen und Syrien. 1980 entfielen auf diese acht Länder 65,9 % des Entwicklungsländerhandels der DDR, auf den Irak, Algerien, den Iran und Brasilien allein 43,5 %.[33]

Wie schon diese grobe Kennzeichnung der wichtigsten Handelspartner der DDR — zu denen eine Reihe von Ländern „mittlerer" Bedeutung wie Indonesien, Kolumbien, Peru und neuerdings Äthiopien, Mexiko sowie Mozambique hinzukommen — deutlich macht, ist die Länderstruktur des DDR-Außenhandels nur bedingt außenpolitisch prädeterminiert. Sie dürfte viel eher Ergebnis ökonomischer Kosten-Nutzen-Kalküle des inneren Führungszirkels sein, bei dem allerdings vergleichsweise vage sicherheitspolitische, militärische und ideologische Nebenbedingungen zu beachten sind. Da diese Kosten-Nutzen-Kalküle primär allerdings von den drängendsten Importbedürfnissen der DDR ausgehen, ist eine *ausgeprägte Monostruktur der Exporte einzelner Partnerländer im Handel mit der DDR* kaum zu vermeiden und indirekter Beleg des hier behaupteten „Ökonomismus" der politischen Führung.

Die DDR-Außenhandelsstatistik läßt Rückschlüsse auf die Struktur der Einfuhren aus einzelnen unterentwickelten Ländern nur bedingt zu und in den betreffenden Ländern selbst liegen disaggregierte Exportdaten selten vor. In vielen Fällen ließen sich jedoch immerhin zuverlässige Anhaltspunkte finden. Die Ausfuhr Angolas in die DDR besteht praktisch ausschließlich aus Kaffee[34], ähnliches gilt für Äthiopien.[35] Brasiliens Ausfuhren bestehen ganz überwiegend in Kaffee[36], sowie Extraktionsschrot und Preßkuchen.[37] Der Irak führt ganz überwiegend Erdöl in die DDR aus, das gleiche gilt für Libyen, den Iran[38], Venezuela[39] sowie Syrien und Algerien. Der Export Mozambiques besteht zu einem wesentlichen Anteil in den mit Hilfe von DDR-Experten geförderten Steinkohlen. Die Ausfuhren Ägyptens[40] bestehen unverändert überwiegend in Rohbaumwolle, Baumwollgarnen und Baumwollgeweben.[41] Die chilenischen Exporte in die DDR bestehen nahezu ausschließlich in Kupferlieferungen. Die Ausfuhren Ecuadors beschränken sich praktisch vollständig auf Bananenexporte.[42] Kolumbien führt praktisch nur Kaffee und Bananen in die DDR aus,[43] die Elfenbeinküste nur Kaffee.[44] Die Exporte der PLO und des Libanons bestehen überwiegend in Orangen.[45] Die Käufe der DDR in Guinea bestanden überwiegend in Bananen, die Importe aus Ghana in Kakaobohnen.[46] Das lange Jahre ausgesprochen starke Interesse der DDR am Handel mit Indonesien konzentrierte sich stets primär auf die Deckung des DDR-Bedarfs an Kautschuk und Kopra.[47] Der mit Zimbabwe geplante Handel sieht Kompensationsgeschäfte vor, bei denen die DDR lediglich Tabak abzunehmen bereit ist.[48]

Diese nachweisbare, ausgeprägte Monostruktur der Exporte einzelner Entwicklungsländer in die DDR steht nicht nur in krassem Gegensatz zu erklärten Prinzipien der DDR-Außenwirtschaftspolitik, durch zunehmende Fertigwaren- und Halbfertigwarenimporte dazu beizutragen, „die Erzeugnisstrukturen der Entwicklungsländer zu diversifizieren und die Exporterlöse zu stabilisieren."[49] Sie leistet einer Destabilisierung der Ausfuhrerlöse dieser Länder schon deshalb Vorschub, weil sie deren Volkswirtschaften den weitgehend unberechenbaren Reaktionen der sozialistischen Importmengen- und Länderstrukturplanung ausliefert. Als Beleg dafür seien in Tabelle 22 beispielhaft die je Lieferland beachtlich und ohne systematischen Bezug zum Weltmarktpreis schwankenden Importmengen der DDR bei Rohkaffee angeführt, die damit nicht etwa zu einer Dämpfung, sondern eher zu einer Verstärkung der durch Preisschwankungen bedingten Exporterlöse der einzelnen Länder geführt haben.[50]

Während die Gesamteinfuhren der DDR bei Rohkaffee weitgehend unabhängig von den drastisch gestiegenen Kaffeepreisen expandierten — lediglich 1973 und 1974 suchten die Währungsbehörden der DDR die ersten moderaten Preissteigerungen durch Importmengendrosselungen zu kompensieren —, variieren die Liefermengen der einzelnen Handelspartner beträchtlich. Brasilien beispielsweise lieferte zwischen maximal 31.060 t (1975) und lediglich 9.896 t (1977), Kolumbien zwischen maximal 16.197 t (1982) und unbedeutenden 2.033 t (1973). Da diese Mengenschwankungen den Weltmarktpreisschwankungen jedoch nicht entgegenlaufen und höchstens zufällig stabilisierend auf die Ausfuhrerlöse der Lieferländer wirken, tragen sie ihrerseits zu Handels- und Devisenbilanzungleichgewichten bei, erschweren den Zahlungsbilanzausgleich mit einzelnen Ländern und führen zu einer zyklischen Exportförderungs- und Kreditvergabepolitik der DDR gegenüber einzelnen Ländern. Gerade kleine und offene Entwicklungsländer scheinen daher den weitgehend unberechenbaren Zick-Zack-Mustern der Wirtschaftspolitik kommunistischer Handelspartner angesichts der Nachfragemacht staatlicher Außenwirtschaftsmonopole weitgehend hilflos ausgeliefert zu sein.

Tabelle 22
Die Kaffeeimporte der DDR nach Einkaufsländern 1971 bis 1982

in 1000 Tonnen

Land	1971	1972	1973	1974	1975	1976	1977	1978	1979	1980	1981	1982
Angola	–	–	–	–	–	–	5,5	6,5	9,1	11,4	8,6	14,9
Äthiopien	–	–	–	–	–	–	9,1	10,0	–	–	3,0	1,0
Brasilien	17,3	23,5	20,9	17,3	31,1	30,9	9,9	15,1	17,5	18,7	24,7	17,1
Kolumbien	4,6	6,0	2,0	4,2	9,9	9,0	6,3	2,3	6,0	9,5	7,2	16,2
Andere[a]	21,9	20,0	24,5	22,3	13,8	10,3	20,7	18,1	21,9	14,5	13,0	10,7
insgesamt	43,8	49,6	47,4	43,8	48,9	50,2	51,5	52,1	54,4	54,2	56,5	59,9
US Cents/ Pound[b]	45	50	62	68	72	142	229	155	170	151	116	126

a Im wesentlichen Mexiko, Indien, Peru und Madagaskar; b All Coffee (New York); Differenzen in den Summen durch Runden der Zahlen

Quelle: Statistische Jahrbücher der DDR, verschiedene Jahrgänge; International Monetary Fund: International Financial Statistics Yearbook 1983, Washington, D.C., 1983, S. 89

c) Merkmale der Kreditbeziehungen der DDR zu den nichtsozialistischen Entwicklungsländern

Die für die kommunistische Handelspolitik aufgezeigten Merkmale treten in noch intensiverer Ausprägung in den zwischenstaatlichen Kreditbeziehungen auf. Zunächst präformiert die Struktur des im wesentlichen komplementären Handelsaustausches – nämlich Rohstoffe und Agrarerzeugnisse gegen Maschinen, Ausrüstungen und Know how sowie Waffen – die *Einseitigkeit der Kreditströme von Ost nach Süd*. Erst in den siebziger Jahren haben eine Reihe ölfördernder Entwicklungsländer einen Teil ihrer Leistungsbilanzüberschüsse an RGW-Staaten ausgeliehen. So nahm auch die DDR ungebundene Eurofinanzkredite bei arabischen Bankensyndikaten auf, und zwar 1978 in Höhe von 22,0 Mill. US-$, 1980 in Höhe von 100,0 Mill. US-$ und 1982 über 20,0 Mill. US-$.[51] An einigen anderen Eurokonsortialkrediten der DDR waren arabische Banken beteiligt. Unbekannt blieb bis jetzt, daß die DDR aus Ländern der Dritten Welt auch gebundene Finanzkredite für Agrar- und Rohstoffeinfuhren erhalten hat, um die Belastung der Hartwährungsbilanz zu mildern.

Bis zum 20. März 1981 gewährte der Iran der DDR Lieferkredite im Umfang von 114,0 Mill. US-$, und zwar vorwiegend für Rohöllieferungen.[52] 1978 gewährte die mexikanische Privatbank Bancomer der Deutschen Außenhandelsbank AG einen Kredit über 5 Mill. US-$ zur Finanzierung von Importen mexikanischen Kaffees, und 1981 sagte die mexikanische Handelsbank Banco de Comercio der Deutschen Außenhandelsbank AG einen Exportkredit von 20 Mill. US-$ zu, der von der DDR bis September 1982 mit 11 Mill. US-$ in Anspruch genommen wurde.[53] Exportkredite erhielt die DDR auch von Argentinien, und zwar allein bis 1979 im Umfang von schätzungsweise 70 Mill. US-$.[54] Ende 1983 räumte erstmals auch die Banco Central do Brasil der Deutschen Außenhandelsbank AG Kreditlinien im Umfang von 230 Mill. US-$ für brasilianische Lieferungen von Kaffee, Sojabohnen, Sojabohnenderivaten, Textilien und anderen Erzeugnissen ein.[55]

Von diesen jüngsten Entwicklungen abgesehen trat die DDR bislang jedoch aufgrund der Dominanz der Anlagen- und Ausrüstungslieferungen in ihrer Entwicklungsländerausfuhr als Nettokapitalexporteur in Erscheinung. Bislang liegen im Westen lediglich Versuche einer Schätzung der Kredit*zusagen* der DDR für bestimmte Zeiträume vor,[56] der bisherige Forschungsstand muß als völlig unbefriedigend bezeichnet werden. Hier wurden daher erstmals auf einer breiten Daten- und Informationsbasis und unter besonderer Berücksichtigung unveröffentlichten, teils vertraulichen Datenmaterials von Währungsbehörden in Ländern der Dritten Welt *Schätzungen der Kreditzusagen und -inanspruchnahmen* im Entwicklungsländerhandel der DDR nach einzelnen Jahren und Ländern vorgenommen,[57] die damit überhaupt erst den Versuch einer differenzierenden Analyse zulassen.

Die in Tabelle 23 ausgewiesenen Berechnungen und Schätzungen zeigen, daß die im Handel beobachtbare *Konzentration auf einige wenige Länder auch in den Kreditbeziehungen* gilt. Im Beobachtungszeitraum von 1949 bis 1982 entfallen schätzungsweise 70 % aller in Anspruch genommenen Aufbau-, Liefer- und Handelskredite der DDR im Umfang von fast 2650 Mill. US-$ auf lediglich sechs Länder, nämlich Syrien (530 Mill. US-$), Ägypten (370 Mill. US-$), Indien (310 Mill. US-$), Algerien (250 Mill. US-$), Irak (220 Mill. US-$) und Brasilien (180 Mill. US-$). Auch aus der Masse der übrigen kleineren Kreditnehmerländer, die lediglich 30 %, das sind 780 Mill. US-$ der geschätzten Kreditvergaben der DDR auf sich vereinigen konnten, ragen tatsächlich nur einige wenige Schuldner heraus, wie Indonesien, Nicaragua, der Iran, Argentinien, Äthiopien, Sri Lanka, Kolumbien, Ghana und Südjemen.

Schon diese Übersicht zeigt, daß von einer ideologischen oder außenpolitischen Präformierung der Kreditbeziehungen nur sehr bedingt gesprochen werden kann. Zwar wurden von der DDR alle Länder, die sich an „sozialistischen" Entwicklungsmodellen orientieren, mit Krediten bedacht. Die Masse der Zuteilungen geht jedoch ganz offensichtlich an einige wenige Länder, die vor allem für den Importtrestbedarf der DDR interessant sind, selbst hinreichend entwickelt und aufnahmefähig genug für DDR-Exporterzeugnisse sind und sich in der Vergangenheit zu einer intensiveren, wirtschaftlichen Zusammenarbeit mit kommunistischen Staaten auch politisch bereit fanden.

Wie ein Vergleich mit Schätzungen, die die OECD vorgelegt hat und die in Tabelle 24 ausgewertet wurden, zeigt, gehören die wichtigsten Kreditnehmerländer der DDR auch zu den Hauptkreditnehmern der übrigen RGW-Staaten. Die Kreditvergabepolitik der DDR hält sich in diesem Sinne durchaus im Rahmen der gemeinsam abgestimmten Strategie des Ostblocks unter sowjetischer Führung. Es erscheint jedoch bemerkenswert, daß die Schwerpunkte in den Kreditbeziehungen der DDR etwas anders gesetzt sind als in den Kreditbeziehungen der übrigen RGW-Länder. Annähernd übereinstimmend ist der Rang Syriens, Ägyptens, des Irak und Algeriens. Die Kreditbeziehungen der DDR zu Indien und Brasilien beispielsweise scheinen jedoch intensiver als die der übrigen RGW-Länder zu sein. Umgekehrt kommt Indonesien, dem Iran, Peru, Afghanistan und Guinea im RGW-Schuldnerstatus ein Rang zu, wie er in der Kreditpolitik der DDR (bislang) auch nicht annähernd seinen Niederschlag gefunden hat.

Tabelle 23
Die Inanspruchnahme von Handels-, Liefer- und Aufbaukrediten der DDR an nichtkommunistische Entwicklungsländer von 1955 bis 1982

in Millionen US-$

Jahr	insgesamt	Ägypten	Indien	Brasilien	Syrien	Irak	Algerien	Sonstige[a]
1955	4	–	–	–	–	–	–	4
1956	5	–	–	–	1	–	–	4
1957	3	–	–	–	3	–	–	–
1958	9	4	1	–	3	–	–	1
1959	12	5	2	–	4	–	–	1
1960	18	5	3	4	3	–	–	3
1961	13	4	2	–	2	–	–	5
1962	12	3	5	–	2	–	–	2
1963	12	3	5	–	1	–	–	3
1964	22	3	6	4	1	–	–	8
1965	45	9	8	1	2	–	–	25
1966	48	4	6	4	–	–	–	34
1967	43	10	5	7	–	–	–	21
1968	46	12	5	18	1	–	1	9
1969	64	14	7	7	3	1	4	28
1970	76	17	16	13	7	4	4	15
1971	80	18	18	14	3	12	6	9
1972	89	20	16	6	5	9	8	25
1973	102	30	15	5	16	9	14	13
1974	102	25	20	8	18	9	16	6
1975	149	38	29	5	22	20	12	23
1976	121	34	10	6	40	10	16	5
1977	185	40	10	10	61	9	20	35
1978	282	18	44	9	74	31	41	65
1979	239	18	19	9	72	25	31	65
1980	272	13	20	11	84	23	41	80
1981	280	14	20	20	53	28	25	120
1982	312	12	13	20	45	32	15	175
Summe	2645	373	305	181	526	222	254	784

a Im wesentlichen Indonesien, Burma, Guinea, Ghana, Kambodscha, Sudan, Sri Lanka, Jemen, Mali, Uruguay, Chile, Kolumbien, Libanon, Südjemen, Kongo, Bangla Desh, Iran, Mexiko, Pakistan, Äthiopien, Bolivien, Peru, Phillipinen, Argentinien, Angola, Nicaragua und Mozambique

Quelle: Eigene Schätzungen und Berechnungen nach den in Anhang E zusammengestellten Kreditzusagen und Projekten unter Berücksichtigung der in den Statistischen Jahrbüchern der DDR ausgewiesenen Exporte von Maschinen und Ausrüstungen, Fahrzeugen, Fördermitteln und elektrischen/elektronischen Ausrüstungen sowie nach unveröffentlichten und veröffentlichten Daten nationaler Behörden

Die DDR scheint daher in der Tat in ihren Kreditbeziehungen zu nichtkommunistischen Entwicklungsländern gewisse Entscheidungsspielräume zu besitzen. Die je spezifische Ausgestaltung der Kreditbeziehungen der einzelnen RGW-Staaten scheint dabei nicht nur einer gewissen Arbeitsteilung des kommunistischen Blocks, sondern auch und vor allem den von Land zu Land unterschiedlichen Importinteressen und Exportmöglichkeiten zu folgen. Während beispielsweise für die an Waffenexporten interessierte sowjetische Militärbürokratie besonders solche Länder interessant sind, die wie Peru, Iran und Afghanistan zu hohen Rüstungsimporten aus der UdSSR bereit sind,[58] scheinen sich im Fall der DDR bei der Kreditvergabepolitik primär die Interessen von Parteiführung, Plankommission und Außenwirtschaftsbürokratie an einer finanziellen Absicherung der Einfuhr strategischer Güter, insbesondere von Industriemetallen und Grundnahrungsmitteln durchzusetzen.

Tabelle 24
Die Schulden der Entwicklungsländer gegenüber RGW-Staaten

in Millionen US-$ zum Jahresende

	Bruttoschulden gegenüber RGW-Staaten		Schulden insgesamt	RGW-Schulden in % der Schulden insgesamt
	1975	1980	1980	1980
Alle Länder	8.579	14.744	464.517	3,2
Kuba	1.400	2.500	3.982	62,8
Jugoslawien	299	2.000	15.113	13,2
Vietnam	280	1.000	2.743	36,5
Indonesien	1.060	904	16.635	5,4
Iran	1.053	900	10.284	8,8
Syrien	337	849	2.487	34,1
Peru	195	785	7.078	11,1
Afghanistan	501	608	1.095	55,5
Türkei	272	552	14.534	3,8
Algerien	347	511	17.197	3,0
Ägypten	636	480	13.835	3,5
Irak	253	400	2.706	14,8
Indien	360	298	18.018	1,7
Guinea	354	254	1.144	22,2
Yemen, Dem.	34	216	549	39,3
Summe der genannten 15 Länder	17.381	12.257	127.400	9,6

Quelle: Eigene Berechnungen nach OECD: External Debt of Developing Countries. 1982 Survey, Paris 1982, S. 50—122. Zu Methodik und Abgrenzungen siehe ebd., S. 46—49

Daß die DDR ihre Kreditvergabe tatsächlich primär in den Dienst einer *Sicherung der Versorgung mit strategischen Importgütern* stellt, belegen vor allem die vereinbarten Rückzahlungsmodalitäten. Brasilien tilgte seine vorwiegend für den Import von Werkzeugmaschinen und Transportmitteln aufgenommenen Handelskredite von Anfang an[59] in Kaffee. Ähnliches gilt für Kolumbien.[60] Ägypten zahlte die von ihm für Anlagen- und Ausrüstungslieferungen der DDR aufgenommenen Kredite zum Teil in den Erzeugnissen der errichteten Industrien, insbesondere in Baumwollgarnen,[61] zurück. Mozambique tilgt seine Kredite vorwiegend in Kohlelieferungen, Äthiopien und Angola zahlen ihre Schulden vorwiegend in Kaffee zurück. Chile tilgt seine unter Allende bei der DDR aufgenommenen Schulden in Kupfer.

Herausragende Bedeutung kommt der Kreditvergabepolitik der DDR jedoch insbesondere bei der Sicherung der inländischen Versorgung mit Rohöl zu. Diese Interpretation erst vermag die ausgesprochene Dominanz des arabischen Raumes bei der Vergabe ostdeutscher Kredite zu erklären. Auf die arabischen Ölförderländer entfielen nämlich – unter Einrechnung Ägyptens und des Iran – bis 1982 über 1,7 Mrd. US-$ oder 45 % aller seit Bestehen der DDR vergebenen Kredite. Nicht – wie regelmäßig behauptet wird[62] – die Chance auf diplomatische Anerkennung durch die arabischen Staaten scheint das Hauptmotiv für die außergewöhnlich hohe Kreditvergabe an diese Staaten gewesen zu sein, sondern die Notwendigkeit der Deckung einer wachsenden Versorgungslücke bei dem wohl bedeutsamsten Engpaßgut der DDR-Wirtschaft, dem Erdöl.

d) Die Kreditvergabepolitik der DDR im Dienste der Sicherung der Rohöleinfuhren

Bis Ende der sechziger Jahre deckte die DDR zwischen 95 und 100 Prozent ihres Rohölbedarfs in der Sowjetunion, und zwar zu stetig rückläufigen Preisen. Bis 1962 erfolgte der überwiegende Teil der Erdöleinfuhren jedoch nicht – wie in der Außenhandelsstatistik der DDR offiziell ausgewiesen – aus der Sowjetunion selbst, sondern direkt aus der Förderung Österreichs, das seine Nachkriegsreparationen in Form von Rohöl beglich, wobei sich die Sowjetunion als eine Art „Broker" für Rohöl österreichischer Provenienz betätigte und die Liefermengen im kommunistischen Block verteilte.[63]

Mit dem Ende der österreichischen Rohöl-Reparationszahlungen verschärften sich die Bezugsprobleme für die DDR, die sich in ohnedies angespannter Zahlungsbilanzlage um eine langfristige Sicherung alternativer Bezugsquellen bemühen mußte. Unter den außenpolitischen Bedingungen zu Beginn der sechziger Jahre hätte die Wahl durchaus auf verschiedene Ölförderländer fallen können, insbesondere auf Saudi-Arabien und den Iran. Mit beiden Ländern unterhielt die DDR bereits seit den frühen fünfziger Jahren Handelsbeziehungen; beide Länder waren die ersten Wirtschaftspartner der DDR neben den westlichen Industrieländern überhaupt. Daß das Politbüro sich jedoch entschied, den Erdölspitzenbedarf außer in der Sowjetunion und Rumänien überwiegend in Ägypten zu decken, dürfte daher in erster Linie zahlungsbilanzstrategisch motiviert gewesen sein. Während nämlich der Handel mit Saudi-Arabien und dem Iran, wie übrigens auch mit den anderen potentiellen Öllieferländern außer Syrien, auf der Basis konvertibler Währungen – überwiegend in US-Dollar – abgewickelt wurde, wurde der Waren-

und Dienstleistungsverkehr mit Ägypten bereits seit 1953 im Clearing[64] ausgeglichen. Der DDR, die ja auch im RGW ihre Öllieferungen ausschließlich durch Warenlieferungen zu bezahlen braucht, bot sich damit die Möglichkeit, nicht nur das Rohöl selbst, sondern auch den Transportaufwand ägyptischer Tanker ohne Einsatz konvertibler Währungen durch Lieferung von DDR-Erzeugnissen an Ägypten zu bezahlen. Vor allem das mit der Planung, Durchführung und Kontrolle des Clearingverkehrs betraute Finanzministerium forderte, so viele Transaktionen wie möglich im Clearing abzuwickeln. 1963 setzten die ägyptischen Rohöllieferungen mit 57.000 Tonnen ein.[65] Bis 1968 wurden jährliche Lieferungen von 120.000 Tonnen durch Einzelkontrakte abgesichert,[66] die nicht erfüllt werden konnten.

Ende der sechziger Jahre wurden die Schwierigkeiten der Sowjetunion, mit den Erdöllieferungen nachzukommen, manifest. Die Ursachen für die Lieferschwierigkeiten waren das vergleichsweise geringe Tempo beim Bau der Ölleitungen nach Osteuropa, die rückständige sowjetische Technologie, die hohen sowjetischen Lieferverpflichtungen gegenüber westeuropäischen Ländern zum Erwerb von Hartwährungen und vor allem die Tatsache, daß sowohl der Eigenbedarf als auch der Bedarf der Bezugsländer schneller stieg als die sowjetische Eigenförderung.[67] Die Parteiführung legte daher Ende der sechziger Jahre den übrigen RGW-Ländern nahe, einen zunehmenden Anteil ihres Erdölbedarfs in den Entwicklungsländern zu decken.[68]

Während sich in den Folgejahren sowohl die Sowjetunion als auch die übrigen RGW-Länder in zunehmendem Maße an Projekten im Erdölsektor in der Dritten Welt beteiligten,[69] sind entsprechende DDR-Vorhaben kaum bekannt geworden. Die SED-Führung, die zu diesem Zeitpunkt noch hoffte, im eigenen Land umfangreiche Lagerstätten entdecken zu können,[70] scheint es vorgezogen zu haben, die knappen personellen und materiellen Kapazitäten ganz auf die Exploration eigener Erdöl- und Erdgasreserven zu konzentrieren. Um sich dennoch in das beginnende Ost-Süd-Ölgeschäft einschalten zu können und um den eigenen Importbedarf langfristig sicherzustellen, beschritt die SED-Führung einen ganz anderen Weg. Als eines der ersten Ostblockländer begann die DDR systematisch, Anlagen- und Ausrüstungsexporte, Kreditzusagen und Rohöllieferungen zu koppeln. Auf diese Weise konnte sie nicht nur ihre eigenen personellen und materiellen Erdöl- und Erdgaskapazitäten ungestört einsetzen und ausbauen, sondern auch hoffen, die rapide wachsenden sowjetischen Lieferdefizite in der Zukunft ohne Einsatz von Hartwährungen durch Lieferungen aus Entwicklungsländern abzudecken.

Das erste, weltweites Aufsehen erregende Projekt dieser Art wurde am 25. Juli 1969 mit dem *Irak* geschlossen, der im Mai 1969 diplomatische Beziehungen zur DDR aufgenommen hatte. Die DDR sagte dem Irak einen langfristigen Kredit für die Lieferung von Anlagen und Ausrüstungen im Wert von insgesamt 30 Millionen I.D. (84,0 Mill. US-$) zu. Dabei handelte es sich um die größte Kreditsumme, die die DDR bis dahin einem einzelnen Land zugesagt hatte.[71] Der Kredit war mit lediglich 2,5 % p.a. zu verzinsen und nach einem Freijahr nach Fertigstellung des ersten zu errichtenden Werkes in 12 Jahren zu tilgen. 70 Prozent des Kapitaldienstes sollten in irakischen Rohöllieferungen aufgebracht werden. Das Jahr der ersten Tilgungsrate, 1972, brachte für die DDR zugleich eine erhebliche Erdölversorgungslücke. Waren bislang nur 0,5 bis 1,1 Millionen Tonnen Erdöl außerhalb der Sowjetunion zu beschaffen gewesen, waren es 1972 erstmals 3 Millionen Tonnen. Die DDR nutzte daher die irakischen Rückzahlungsverpflichtungen zum Abschluß von zusätzlichen Wirtschaftsvereinbarungen, die „einen bilanzierten Warenaustausch bis 1975"[72], d.h. die Vermeidung von Hartwährungszahlungen, vorsahen und die Zusage enthielten, daß die DDR „im Rahmen dessen für ihre Exporte zu 90 Prozent Erdöl und zu 10 % andere Landesprodukte aus Irak erhalten"[73] könne. Zugleich sagte der Irak eine Steigerung der Importe aus der DDR und damit auch eine „weitere Erhöhung des Erdölimports der DDR aus der Republik Irak"[74] zu. Bemerkenswert an diesen Vereinbarungen ist vor allem, daß es der DDR gelang, dem Zahlungsverkehr zwischen beiden Ländern, der im irakischen Interesse stets in freien Devisen abgewickelt wurde, letztlich doch den Charakter von Globalkompensationen zu verleihen.

Diesen 1969 erstmals erfolgreich beschrittenen Weg hat die DDR in der Folgezeit fortgesetzt, wenngleich solche Vereinbarungen im Westen überwiegend unbemerkt blieben.

Mit hoher Wahrscheinlichkeit stellen die Rohöllieferungen *Ägyptens* von 1972 bis 1977 Tilgungsraten für früher aufgenommene Kredite der DDR dar und die außergewöhnlich hohen ägyptischen Rohöllieferungen an die DDR zwischen 1969 und 1971[75] stehen vermutlich mit den in diesen Jahren erbrachten Militärhilfeleistungen der DDR in Zusammenhang. 1978 wurde bekannt, daß Ägypten einen 100 Millionen US-$-Kredit der DDR für ein in Alexandria gebautes Elektrizitätswerk in 10 Jahresraten in Form von Rohöllieferungen zu tilgen hat.[76] 1978 lieferte Ägypten noch 179.000 Tonnen Rohöl aus. Mit dem vorübergehenden Zusammenbruch der Wirtschaftsbeziehungen 1979/80 stellte die ägyptische Regierung jedoch nicht nur die Baumwollexporte, sondern auch die Rohöllieferungen an die DDR ein.

1967 und 1970 sagte die DDR *Algerien* Kredite für die Lieferung von Anlagen und Ausrüstungen in einem Gesamtumfang von 212,8 Millionen US-$ zu,[77] die mit lediglich 2,5 % p.a. zu verzinsen waren. 1975, als die ersten Tilgungsleistungen für einen Teil dieser Kredite fällig wurden, traf die DDR Ende März mit Algerien eine besondere „Vereinbarung zum Kreditabkommen vom 20.5.1970 über die Verlängerung der Kreditinanspruchnahmezeit und Vertragsabschlußfrist" sowie ein „Protokoll über die Rückzahlung des von der DDR an Algerien gewährten Krediteş für die Jahre 1974 und 1975"[78] Auf der Basis dieser Vereinbarungen werden offenbar die in Anspruch genommenen Kredite seit 1978 durch Rohöllieferungen getilgt. Da die algerischen Exporte ohnehin zu 92 % aus Ölprodukten bestehen[79] und auch die DDR in Algerien nur in bescheidenem Umfang Wein und Südfrüchte einkauft, waren die Kreditzusagen in der gesamten Höhe mit Sicherheit von Anfang an mit dem Ziel einer langfristigen Sicherung der Erdölversorgung der DDR ausgesprochen worden.

Zu ähnlich bemerkenswerten Ergebnissen führte die Umstellung des Zahlungsverkehrs zwischen der DDR und *Syrien*, der seit den fünfziger Jahren über Clearingkonten bei den Zentralbanken abgewickelt wurde, Ende 1975.[80] Einerseits wurde vereinbart, daß die per 31. Dezember 1975 noch offenstehende Swinginanspruchnahme (vermutlich seitens der DDR) bis Mitte 1976 durch Warenlieferungen abgebaut werden konnte. Anderseits gelang es der DDR durchzusetzen, daß Tilgungsraten und Zinsen für von der DDR früher gewährte Kredite in konvertiblen US-Dollar auf ein Sonderkonto bei der Central Bank of Syria überwiesen und insbesondere für Erdölkäufe frei verwendet werden konnten. Im Falle einer Änderung des offiziellen Goldpreises von 42,2222 US-$ je Feinunze sollten die nicht in Anspruch genommenen Dollarbeträge sogar entsprechend korrigiert werden. Durch diese Vorkehrungen versuchte die DDR, die ausstehenden Kredite in Höhe von 25,0 Mill. US-$ (vom 17. Oktober 1965) und 50,0 Mill. US-$ (vom 23. Juli 1969) gegen Wechselkursrisiken abzusichern. Es gelang ihr jedoch nicht, die ursprüngliche Kaufkraft der gewährten Kredite zu erhalten, da sich der Rohölpreis gegenüber dem Kreditinanspruchnahmezeitraum nahezu versiebenfacht hatte. Auf einer freien Verwendbarkeit der Tilgungs- und Zinszahlungen dürfte die DDR vermutlich bestanden haben, um einem syrischen Preisdiktat zu entgehen und vor allem, um angesichts der Unsicherheit über den nach 1975 tatsächlich auftretenden Spitzenbedarf an Erdöl nicht gezwungen zu sein, andere, für die DDR uninteressante Produkte in Syrien einkaufen zu müssen.

Unbekannt blieben bis heute auch die Rohöleinkäufe der DDR im *Iran*, obwohl schon Anfang der siebziger Jahre Gerüchte in Umlauf waren, die DDR habe Interesse an Öl aus Iran bekundet.[81] Den Statistischen Jahrbüchern der DDR lassen sich lediglich kontinuierlich gestiegene Außenhandelsumsätze entnehmen. Die iranische Außenhandelsstatistik teilt die Rohölausfuhr nicht nach Ländern auf. Unveröffentlichten Daten der iranischen Zentralbank zum Zahlungsverkehr mit der DDR lassen sich für den Zeitraum von 1973 bis 1980 jedoch weit höhere Zahlungen der DDR entnehmen als iranische Lieferungen (ohne Öl) nachgewiesen werden. Die

DDR könnte diesen Daten zufolge bis 1979 für etwa 50 Mill. US-$ Rohöl im bilateralen Clearing mit dem Iran eingekauft haben[82], möglicherweise hat sie noch größere Mengen gegen Zahlung in harten Devisen erworben, und zwar nach Schätzungen des Verfassers 1980 etwa 500.000 Tonnen, 1981 rund 300.000 Tonnen und 1982 etwa 600.000 Tonnen im Gesamtwert von rund 340 Millionen US-$. Nach Informationen des Verfassers hat die DDR ihre Rohölimporte aus dem Iran allerdings seit Ausbruch des Krieges am Persischen Golf in konvertiblen Devisen zu bezahlen, so daß das bilaterale Clearing faktisch weitgehend außer Kraft gesetzt ist.

Es ist der DDR auf diese Weise und zumindest bis in die jüngste Vergangenheit hinein gelungen, insbesondere durch die *Konzentration ihrer Kreditvergabepolitik* (und damit auch die sehr einseitige Ausrichtung ihres Kreditvergabepotentials) *auf die Ölförderländer*, einen Teil der gewachsenen Versorgungslücke bei Rohöl durch Einfuhren aus dem arabischen Raum zu decken und aus planmäßigen Kredittilgungen oder durch eigene Kreditaufnahmen zu finanzieren. Zu zusätzlichen, hohe Hartwährungsbeträge erfordernden Rohöleinkäufen am internationalen Spot-Markt in Rotterdam, im DDR-freundlichen (nicht jedoch bei der DDR verschuldeten) Libyen und neuerdings auch im Iran sahen sich die Außenwirtschaftspolitiker der DDR dennoch während der Versorgungskrise 1967/68, 1972/73 und 1980/81 gezwungen. Während die Ursache der Versorgungsengpässe 1967/68 in sowjetischen Lieferausfällen begründet lag, wurzelte die Krise von 1972/73 primär in den geradezu dramatischen Zuwachsraten des inländischen Verbrauchs, insbesondere der mit westlichen Krediten aufgebauten Petrochemie. Die seit 1980/81 kontinuierlich gestiegene „Versorgungslücke" ist in der Stagnation sowjetischer Lieferungen bei weitgehend ungebremst gestiegenem Importbedarf begründet.

Tabelle 25
Preise, Mengen und Werte der Rohöleinfuhren der DDR aus nichtsozialistischen Ländern 1971 bis 1982

Jahr	Einfuhrpreise US-$ je Barrel Arabian Light[a]	DDR-Importe aus nichtsozialistischen Ländern		in % der Gesamtimporte
		in Mill. Barrel[b]	in Mill. US-$	
1971	1,65	8,59	14	4
1972	1,90	26,86	51	4
1973	2,70	22,26	60	4
1974	9,76	16,94	165	4
1975	11,53	14,00	161	4
1976	12,38	14,92	185	4
1977	12,99	15,00	195	4
1978	12,99	15,96	207	4
1979	17,26	15,90	274	4
1980	28,67	21,12	606	7
1981	32,50	27,25	886	12
1982	33,47	29,75	996	14

a fob Ras Tanura, Saudi-Arabien, 34–34,9° API; b Eigene Berechnungen; 1 Tonne = 7,37 Barrel

Quelle: Eigene Berechnungen nach den Statistischen Jahrbüchern der DDR und der Bundesrepublik Deutschland, International Monetary Fund: International Financial Statistics Yearbook 1983, Washington, D.C., 1983, S. 91

Diese ad hoc-Käufe gegen harte Devisen belasteten die Zahlungsbilanz der DDR schon in der Vergangenheit erheblich. So hatte die DDR schon 1972 Erdöl im Wert von etwa 51 Mill. US-$ und 1973 im Wert von rund 60 Mill. US-$ am freien Markt einkaufen müssen.[83] In den folgenden Jahren stieg der Hartwährungsaufwand für Rohölimporte aus nichtsozialistischen Ländern bei nahezu unveränderten Mengen infolge der Verzwanzigfachung der Preise zwischen 1971 und 1982 geradezu dramatisch an. Wie sich den in Tabelle 25 ausgewiesenen Schätzungen entnehmen läßt, stieg daher der Anteil der Rohölimportkosten am Gesamtwert der DDR-Einfuhren aus nichtsozialistischen Ländern, der bis 1979 konstant unter 4 % gelegen hatte, erstmals im Jahre 1980 auf 7 % und seitdem weiter kontinuierlich bis auf rund 14 % im Jahre 1982 an.

Infolge dieser unvorhersehbaren Importpreissteigerungen blieb der Beitrag, den die Export- und Kreditoffensive der DDR im Nahen Osten zur Lösung des Rohölversorgungsproblems in den siebziger Jahren zu leisten vermochte, vergleichsweise gering. Dies dürfte auch einer der Gründe dafür gewesen sein, daß die UdSSR der DDR letztlich doch mehr Erdöl lieferte, als in den mittelfristigen Plänen vorgesehen war. Die schwerwiegendste Störung des Außenhandels der DDR stellt jedoch seit den Ölpreissteigerungen von 1974/75 und 1979/80 die erhebliche Kürzung der sowjetischen Rohöllieferungen in die DDR um 10 % seit 1982 dar. Die Währungsbehörden der DDR sind durch diese sowjetische Maßnahme nicht nur gezwungen, ihre Exporte und/oder Verschuldung in Hartwährungen (bei entsprechender Entlastung der Rubelbilanz) zu steigern. Da die sowjetischen Erdölpreise infolge der gleitenden Anpassung der RGW-Vertragspreise an die Weltmarktpreise noch deutlich unter dem Niveau an westlichen Märkten liegen, steigt der zur Finanzierung unverändert hoher Importe erforderliche Devisenaufwand durch diese Einfuhrumlenkung auch absolut stark an.

Die DDR ist diesem Problem bislang kaum wirksam, etwa durch eine neue Export- und Kreditoffensive in Ländern des Mittleren Ostens und Nordafrikas, begegnet. Die Kreditzusagen und in der Folge auch die Kreditziehungen sind im Gegenteil weit hinter dem Zuwachs des Devisenaufwandes für zukünftige Rohölimporte zurückgeblieben. Entsprechend sinkt auch der Anteil der Rohöleinfuhren, die aus dem planmäßigen syrischen, irakischen, ägyptischen, algerischen und iranischen Kapitaldienst finanziert werden können. Statt die Finanzierung der mittelfristig zu erwartenden Rohölversorgungslücke durch verstärkte eigene Exportanstrengungen sicherzustellen, gingen die Zahlungsbilanzplaner der DDR seit Ende der siebziger Jahre zunehmend dazu über, für Rohstoff- und Rohöleinfuhren Auslandskredite aufzunehmen, wie 1982, als die DDR versuchte, Österreich als Zwischenfinanzier beim Import von 663.000 Tonnen libyischen Rohöls einzuschalten.[84]

Möglicherweise ist diese zunehmende Vernachlässigung der Ölförderländer – mit Ausnahme des Iran – durch die Kreditvergabepolitik der DDR in der Tat darin begründet, daß „die Entwicklungsländer im Vergleich zu früheren Jahren wohl ein geringeres Interesse an DDR-Maschinen und Anlagen haben dürften, und zwar, weil heute die Bezahlung mit Rohstoffen der Bezahlung in harter Währung fast gleichkommt."[85] Danach hatte die DDR mit ihrer vergleichsweise schlechten Technologie in den Entwicklungsländern nur so lange „eine gute Position, wie sie ihre Anlagenlieferungen – nicht zuletzt politisch motiviert – langfristig kreditierte und als

Bezahlung Waren entgegennahm, die seinerzeit noch nicht als hart galten."[86] Die gegenwärtige Stagnation der Anlagenexporte insbesondere in einige Ölförderländer dürfte allerdings auch mit der Verschuldungskrise der DDR zwischen 1979 und 1982 in Verbindung stehen. Insbesondere der Zwang, für einen möglichst hohen Anteil der Exporte bare Devisen einnehmen zu müssen, um die im Westen aufgenommenen Kredite bedienen zu können, dürfte den Spielraum für neue Kreditzusagen und -ziehungen erheblich eingeengt haben. Nach dem hier theoretisch begründeten Grundmuster sozialistischer Kreditzusagepolitik ist dann aber durchaus nach einigen Jahren, wenn der durch gegenwärtige Versäumnisse ausgelöste Problemdruck überhand nimmt, mit einer neuen Kreditvergabe- und Exportoffensive – auch und gerade in Ölförderländern – zu rechnen.

e) Zum Zick-Zack-Muster sozialistischer Kreditzusagepolitik

Überhaupt scheint, wie eingangs bereits begründet wurde, für die Kreditzusagepolitik der DDR gegenüber den Ländern der Dritten Welt ein ausgeprägtes Zick-Zack-Muster typisch zu sein, wie die in Tabelle 26 zusammengestellten – wenngleich zwangsläufig bruchstückhaften und nur bedingt zuverlässigen – Daten über die Zusagepolitik der DDR seit 1955 eindrucksvoll belegen.

Bis Mitte der fünfziger Jahre sagte die DDR aufgrund ihrer knappen Devisenreserven, der Abhängigkeit von sowjetischer Zahlungsbilanzhilfe und des weitgehenden Kompensationscharakters ihres Entwicklungsländerhandels keine Handels-, Liefer- oder Aufbaukredite zu. Als Folge dieser zurückhaltenden Kreditpolitik blieb die Ausfuhr in Länder der Dritten Welt, insbesondere der Export von Erzeugnissen des Maschinenbaus völlig unbefriedigend und begrenzte den Importspielraum der DDR erheblich. So lieferte die DDR in ihre wichtigsten Abnehmerländer Birma, Indien, Indonesien, Libanon, die Vereingte Arabische Republik, Argentinien, Uruguay und Kolumbien noch 1952 lediglich Maschinenbauerzeugnisse im Wert von 1,2 Mill. US-$ (das entsprach 17 % der Ausfuhr in Entwicklungsländer), 1955 für nur 10,0 Mill. US-$ (oder 48 % der Ausfuhr) und erst 1957 für 18,2 Mill. US-$ (oder 46 % der Ausfuhr in diese Ländergruppe).[87]

Die Strategie der DDR änderte sich erst grundlegend nach dem Eingang massiver sowjetischer Zahlungsbilanzhilfe und der Festlegung der auf weiteren sowjetischen Hilfsversprechen aufbauenden „ökonomischen Hauptaufgabe", die mit dem ehrgeizigen zweiten Fünfjahrplan zur Verbesserung der Versorgung der Bevölkerung deutliche Erhöhungen der Importmengen vor allem bei Wolle, Baumwolle, Bohnenkaffee, Kakaobohnen und rohen Häuten vorsah.[88] Um den kurzfristig und drastisch gestiegenen Importbedarf zumindest mittelfristig durch eigene, erhöhte Exportanstrengungen finanzieren zu können, sagte die DDR erstmals 1958 umfangreiche Kedite im Wert von 87 Mill. US-$ vorwiegend an solche Entwicklungsländer zu, die als Lieferanten dieser planstrategischen Einfuhrgüter in Betracht kamen, nämlich an die Baumwollexporteure Ägypten und Syrien und an den Kaffeeexporteur Brasilien. In den folgenden drei Jahren kamen Kreditzusagen vorwiegend an Ghana und Guinea zur Sicherung der Einfuhren an Bananen und Kakaobohnen hinzu.

1962 und 1963 jedoch, unter der Strategie der „Störfreimachung" von Westimporten, dem Regime sparsamsten Umgangs mit Devisen, einer erstmals planmäßig

Tabelle 26
Kreditzusagen der DDR gegenüber nichtkommunistischen Entwicklungsländern von 1955 bis 1984

in Millionen US-$

Jahr	insgesamt	Ägypten	Indien	Brasilien	Syrien	Irak	Algerien	Sonstige
1955	8,6	–	–	–	–	–	–	8,6
1956	3,5	–	–	–	3,5	–	–	–
1957	2,5	–	2,5	–	–	–	–	–
1958	86,8	30,1	–	45,0	10,0	–	–	1,7
1959	–	–	–	–	–	–	–	–
1960	18,9	–	–	–	–	–	–	18,9
1961	53,8	5,7	–	40,0	–	–	–	8,1
1962	–	–	–	–	–	–	–	–
1963	–	–	–	–	–	–	–	–
1964	112,3	–	6,3	–	–	–	–	106,0
1965	236,3	100,8	–	–	33,5	–	–	102,0
1966	114,1	–	–	–	–	–	100,0	14,1
1967	130,9	42,9	–	11,0	–	–	–	77,0
1968	8,0	–	–	–	8,0	–	–	–
1969	214,4	–	4,3	–	50,0	84,6	–	75,5
1970	457,3	285,6	–	–	–	–	142,8	28,9
1971	149,7	25,0	–	–	50,0	–	–	74,7
1972	40,5	–	–	–	–	–	–	40,5
1973	1,7	–	–	–	–	–	–	1,7
1974	110,9	–	–	–	72,0	–	–	38,9
1975	283,3	9,3	–	–	24,0	100,0	85,0	65,0
1976	315,2	–	–	–	100,0	–	31,5	183,7
1977	101,5	–	13,7	–	–	–	18,6	69,2
1978	432,0	–	–	200,0	100,0	–	–	132,0
1979	312,0	–	162,0	–	–	–	–	150,0
1980	268,4	–	–	–	–	–	–	268,4
1981	60,0	–	–	–	–	–	–	60,0
1982	50,5	20,0	–	–	–	–	–	30,5
1983	166,1	17,0	–	–	–	–	–	149,1
1984	250,0	100,0	–	130,0	–	–	–	20,0
Summe	3989,2	636,4	188,8	426,0	451,0	184,6	377,9	1724,5[a]

[a] Darunter Nicaragua 214, Iran 150, Argentinien 100, Ghana 94, Chile 92, Indonesien 81, Äthiopien 79, Sri Lanka 71, Südjemen 58, Kolumbien 55, Türkei 55 und Madagaskar 48 Mill. US-$

Quelle: Anhang E. Zu besonderem Dank für die Übermittlung wertvoller Einzelinformationen ist der Verf. Herrn Henrik Bischof, der Bank Markazi Iran, dem Banco Central do Brasil, der Banco de Mexico S.A., der Bank of Ghana, dem Banco Central de Bolivia und der National Bank of Ethiopia verpflichtet.

erhöhten Hartwährungsverschuldung und des erneuten Vorranges der heimischen Schwerindustrie in der Wirtschaftspolitik wurde keine einzige Kreditzusage der DDR an ein Entwicklungsland bekannt.

Mit dem Beginn der Wirtschafts- und Außenwirtschaftsreform 1964/65 sagte die DDR-Führung erneut umfangreiche Kredite zu, und zwar vorwiegend an Ägypten, Syrien, Indonesien, Sri Lanka und Kambodscha. Die Kreditvergabe stand jedoch weniger im Dienste des Strebens der DDR nach diplomatischer Anerkennung, wie im Westen vermutet und argumentiert wurde, sondern bezweckte erneut — wie schon zur Zeit der „ökonomischen Hauptaufgabe" — primär die langfristige Sicherung und Finanzierung von Importen insbesondere an Wolle, Baumwolle, Kaffee, Kakao, Kopra und Kautschuk. Ausdrücklich wurde, um die geplanten Mengensteigerungen dieser Einfuhren finanzieren zu können, gefordert, nicht mehr — wie in der Vergangenheit — „größere Kredite, vor allem bei der UdSSR, aufzunehmen"[89], sondern zunehmend zu sichern, daß die Zahlungsbilanz „aus eigenen Kräften ausgeglichen wird."[90] Dabei sei auch „zu beachten, daß die DDR bei Lieferungen von Maschinen und Ausrüstungen vor allem an die ökonomisch schwachentwickelten Länder stärker als Kreditgeber auftritt. Auch das erfordert Exportüberschüsse."[91] Deutlich ablesen läßt sich die primär ökonomische Begründung der Export- und Kreditoffensive der DDR aus der Forderung, die „gezielte Ausreichung mittel- und langfristiger Kredite" müsse „ein Hauptinstrument der perspektivischen Importsicherung sein."[92] Es müsse „bereits bei der Auswahl geeigneter Exportobjekte eine Abstimmung mit den Investitionsabsichten im Inland erfolgen."[93]

1968 kam die Kreditzusagepolitik der DDR erneut zum Erliegen. Ursächlich hierfür war vor allem das angespannte Ost-West-Verhältnis vor dem Hintergrund der CSSR-Invasion, aber auch der hohe Betrag in den Vorjahren zugesagter, jedoch noch nicht in Anspruch genommener Kredite. Lähmend wirkte auf die Kreditzusagepolitik der DDR wohl auch das Problem der Sukarno-Schulden, hatte man doch die hohen Rückzahlungsverpflichtungen Indonesiens, die ab 1967 in einer Größenordnung von jährlich etwa 10 Mill. US-$ fällig geworden wären, fest in die mittelfristige Zahlungsbilanzplanung einbezogen. Die fehlende Bereitschaft der neuen indonesischen Regierung, die bis zum Sturz Sukarnos im Jahre 1965 auf rund 72 Mill. US-$ aufgelaufenen Zahlungsverpflichtungen gegenüber der DDR[94] zurückzuzahlen, scheint die Zahlungsbilanzplanung und Kreditvergabepolitik der DDR erheblich verunsichert zu haben. Erst im Oktober 1967 konnte die DDR mit der neuen indonesischen Regierung eine provisorische Regelung der Schulden vereinbaren; die endgültige Umschuldung der „Sukarno-Schulden" gelang erst am 21. Mai 1971.[95]

1969 und 1970 sagte die DDR jedoch erneut hohe Aufbau- und Handelskredite zu. Die bis dahin beispiellose Kredit- und Exportoffensive des währungspolitischen Führungszirkels unter Ulbricht galt dabei in diesen letzten Jahren der forcierten Wirtschaftsreform vor allem denjenigen Entwicklungsländern, die bereit und fähig waren, für die angekündigten sowjetischen Rohöllieferkürzungen einzuspringen, im wesentlichen Ägypten, Syrien, Irak und Algerien. 1969 und 1970 allein sagte die DDR Kredite über 672 Mill. US-$ zu; das waren kaum weniger als im gesamten Zeitraum vorher von 1949 bis 1968. Nahezu das gesamte Zusagevolumen ging an die genannten vier Ölförderländer, fast die Hälfte allein an Ägypten. Mit einem Streben nach Anerkennung und dem Versuch, die westdeutsche Hallstein-Doktrin zu Fall zu bringen, hatte diese Kräftekonzentration weit weniger zu tun, als mit dem Versuch, die für die DDR überlebenswichtige Versorgung mit Rohöl mittelfristig zu sichern.

Mit dem politischen Machtwechsel, der forcierten Reintegration in den RGW und dem Versuch, die Ulbrichtschulden zu konsolidieren, änderte die neue Parteiführung unter Honecker die Strategie abermals grundlegend. Die Kreditzusagen gingen drastisch zurück; neue Kredite erhielt im wesentlichen nur noch Chile unter Allende, und zwar nach einer abgestimmten und teilweise über die IBWZ in Moskau gesteuerten gemeinsamen Strategie der sozialistischen Länder.[96]

Erst nach dem Ölpreisschock von 1973/74 nahm Honecker die 1971 abgebrochene Strategie Ulbrichts wieder auf, die Wirtschaftsbeziehungen mit den Ölförderländern zu intensivieren und auf diese Weise einen Beitrag zur Sicherung ausreichender und möglichst stabiler Rohöleinfuhren zu leisten. 1974 erhielt zunächst nur Syrien hohe Kreditzusagen, 1975 und 1976 folgten umfangreiche Kreditverträge mit Algerien, dem Irak, Iran und erneut Syrien. Ägypten wurde zu diesem Zeitpunkt bereits nicht mehr als potentieller, mittelfristig verläßlicher Erdöllieferant eingestuft. Die durch die Rohstoffpreissteigerungen bedingten außenwirtschaftlichen Zwänge ließen Kreditzusagen an Agrarexportländer ins Hintertreffen geraten. Über 580 Mill. US-$ der von 1974 bis 1977 insgesamt zugesagten Kredite in Höhe von 810 Mill. US-$ gingen allein an die Rohölexportländer Iran, Irak, Syrien und Algerien.

Erst die in den Jahren von 1978 bis 1980 abermals kräftig gestiegenen Kreditzusagen spiegeln das Bestreben der SED-Führung unter Honecker wider, nicht nur die Rohstoffversorgung zu sichern, sondern verstärkt auch wieder die Versorgung der Bevölkerung zu verbessern. So konzentrierten sich die Kreditzusagen einerseits auf die Kaffeelieferländer Brasilien, Äthiopien, Angola und Nicaragua, andererseits auf die Ölförderländer Irak, Algerien, Syrien und Iran. Als Kaffee- *und* Rohölexporteure zogen zunehmend auch Länder wie Mexiko und der Kongo das Interesse der DDR auf sich.

Mit der Zahlungsbilanzkrise 1981 erlebte auch die Kreditzusagepolitik einen erneuten, geradezu dramatischen Einbruch. In den Jahren von 1981 bis 1984 sagte die DDR nur noch sehr geringe Beträge zu, die insgesamt in keinem Verhältnis mehr zum inflationär aufgeblähten Handelsaustausch stehen. Die hohe Zusage an Brasilien 1984 stellt eine kurzfristige Kreditlinie dar, die auf der Gegenseite erstmals seit Bestehen der bilateralen Beziehungen durch brasilianische Kredite an die DDR mehr als aufgewogen wird. Die Kreditzusagen an Ägypten dürften als Versuch zu werten sein, die unter Sadat weitgehend abgebrochenen Beziehungen neu aufzubauen. Darüber hinaus sagte die DDR vor dem Hintergrund der Afghanistankrise und des erneut angespannten Ost-West-Verhältnisses sowie der *Entscheidungsunsicherheit infolge des Machtkampfes um den Führungswechsel in der Sowjetunion* neue Kredite nur noch an sozialistische Staaten wie Tansania, Laos und Äthiopien sowie an Länder zu, die wie Nicaragua, Südjemen und Grenada besonders enge wirtschaftliche und militärische Beziehungen zu den RGW-Staaten hergestellt haben.

Die stattgefundene Entwicklung bestätigt somit weitgehend die oben aufgestellte These, daß das Zick-Zack-Muster des wirtschaftspolitischen Kurses der Partei weitgehend den Importbedarf in quantitativer und qualitativer Hinsicht bestimmt, der so definierte Importbedarf weitgehend über Länderstruktur und Ausmaß insbesondere des Maschinen- und Anlagenbaus entscheidet und diese Exporterfordernisse letztlich wiederum den Kredit(zusage)bedarf bestimmen. Es kann daher nicht überraschen, wenn die Zusagen der DDR dem Zick-Zack-Kurs der Wirtschaftspolitik folgen. Wie die Schätzung der Ziehungen zugesagter Kredite zeigt, wird diese ausgeprägte Zyklik der Zusagepolitik nur zum Teil im Zeitablauf „herausgefiltert". So erfuhren auch die Inanspruchnahmen von Krediten — beispielsweise während der Phase der „Störfreimachung" 1961 bis 1963 und vor dem Hintergrund der wachsenden Devisenbilanzprobleme der DDR seit Mitte der siebziger Jahre — wiederholte Rückschläge. Zwar ist nicht zu übersehen, daß die erheblichen Schwankungen, unter denen die Kreditzusagepolitik der sozialistischen Industrieländer leidet, zumindest zum Teil auch technisch bedingt sind, denn die „Identifizierung neuer Großprojekte geht nicht kontinuierlich vonstatten, und die Rahmenabkommen über ökonomische und technische Zusammenarbeit führen erst im Laufe der Zeit zu konkreten Vorhaben."[97] Es ist jedoch nicht einzusehen, warum diese „technischen" Effekte nicht bei einer hinreichend großen Anzahl an Ländern und Projekten intertemporal nivelliert werden sollten. Die beobachtbaren, nichtinkrementalen Schwankungen in den Kreditzusagen sind weder zufällig über die Zeit verteilt, noch sind sie mit den mittelfristigen Perspektivplänen korreliert. Sie spiegeln vielmehr vor allem das Zick-Zack-Muster der wirtschafts- und zahlungsbilanzpolitischen Kurswechsel im sozialistischen Staat wider.

f) Zum Entwicklungshilfecharakter der Kreditvergabepolitik der DDR

Die hier geschätzten Kreditbeziehungen belegen jedoch nicht nur das vermutete Zick-Zack-Muster praktischer Politik und seine Übereinstimmung mit den Zyklen heimischer Wirtschaftspolitik, sie offenbaren auch die ausgesprochene Diskrepanz, die zwischen Anspruch und Wirklichkeit der Politik der DDR besteht. Auffällig ist insbesondere der überwiegend kurzfristige und damit kommerzielle Charakter der Kredite der DDR. Verstärkt noch seit den zunehmenden Zahlungsbilanzproblemen der DDR in den siebziger Jahren werden weniger langfristige Kredite vergeben. Auch die Zinsen für gewährte Kredite liegen — soweit ihre Höhe überhaupt noch bekannt wird — spätestens seit den siebziger Jahren deutlich über den offiziell behaupteten Sätzen. Die Kreditvergabepolitik der DDR ist daher tatsächlich eher als *Teil des sozialistischen Instrumentariums zur Exportförderung*, denn als Kapitalhilfe anzusehen und damit mehr an kurzfristigen Zahlungsbilanzzielen als an längerfristigen entwicklungspolitischen Zwecken orientiert.

Von Kapital- und Entwicklungshilfe im engeren Sinne kann aber streng genommen nicht einmal im Zusammenhang mit den günstigsten von der DDR gewährten Konditionen (2,5 % Zinsen, 2 Freijahre, 12 Jahre Gesamtlaufzeit) gesprochen werden, berücksichtigt man die DAC-Empfehlungen von Februar 1969 (2,5 % Zinsen, 8 Freijahre, 30 Jahre Gesamtlaufzeit) und die Standardkonditionen der öffentlichen Kredithilfe der Bundesrepublik[98] für die 25 ärmsten Länder der Welt (0,75 % Zinsen, 10 Freijahre, 50 Jahre Gesamtlaufzeit). Folgen und Absicht dieser Kreditpolitik der DDR liegen auf der Hand: Der Nettotransfer[99] wird gegenüber der „echten" Kapitalhilfe drastisch gesenkt. Bereits nach wenigen Jahren fließen dem Kreditgeber wieder erhebliche Ressourcen zu, so daß es zu keiner nennenswerten Belastung der

Zahlungsbilanz des Geberlandes kommt, umgekehrt aber eben auch nicht zu einer spürbaren Entlastung des Nehmerlandes.

Tiefere Einsichten erlaubt bislang unveröffentlichtes Datenmaterial, das dem Verfasser von der Banco Central do Brasil zur Verfügung gestellt wurde. Es handelt sich damit um das erste Mal, daß überhaupt konsistente und zuverlässig belegte Daten zum Kapitalverkehr eines Entwicklungslandes mit einem RGW-Land für einen längeren Zeitraum zur Verfügung stehen. Die relevanten Daten sind in nachfolgender Tabelle 27 zusammengestellt. Sie belegen deutlich und im Detail die weiter oben bereits herausgearbeiteten Merkmale der Kreditbeziehungen der DDR zu den nichtsozialistischen Entwicklungsländern, insbesondere die Zyklik der DDR-Lieferungen wie der Kreditinanspruchnahmen und die kurze Tilgungsfrist dieser (im Falle Brasilien ausschließlich) kommerziellen Kredite. Lediglich im Zeitraum von 1964 bis 1968 und neuerdings wieder seit 1979 weisen die bilateralen Kreditbeziehungen überhaupt einen positiven Nettotransfer finanzieller Ressourcen für die brasilianische Seite auf.

Da die DDR in der Regel nur 5jährige Handelskredite vergibt und entgegen offiziellen Erklärungen vergleichsweise hohe Zinsen von neuerdings bis zu 9 %[100] verlangt, ist der Krediteffekt nur kurzfristiger Natur. Da sich die DDR zudem gerade in den auch für Brasilien zahlungsbilanzpolitisch kritischsten Jahren[101] mit neuen Handelskrediten stark zurückhielt, war der brasilianische Kapitaldienst gerade in diesen Jahren zeitweise doppelt so hoch wie die Neuverschuldung bei der DDR. Bemerkenswert ist schließlich, daß nicht Maschinen und Ausrüstungen, sondern Düngemittel und Kalirohsalze den seit 1975 kontinuierlich gestiegenen Hauptteil der DDR-Exporte nach Brasilien[102] — wie übrigens auch nach Indien und Kolumbien[103] — ausmachen. Diese Lieferungen trugen jedoch nicht nur aufgrund der in den siebziger Jahren günstigen Weltmarktpreisentwicklung für Düngemittel — wie im Handel mit Brasilien nachweisbar ist[104] — zu einer spürbaren Entlastung der Zahlungsbilanz der DDR bei. Sie halfen der DDR auch, wie die in Tabelle 27 zusammengestellten brasilianischen Daten belegen, den Exportanteil mittel- und langfristig zu kreditierender Anlagen- und Ausrüstungslieferungen und damit dann auch die Kreditvergaben an diese Entwicklungsländer zu senken.

Nicht nur die Konditionen der von der DDR zugesagten Liefer-, Handels- und Aufbaukredite, auch die *technischen Abwicklungsformen der Kreditgeschäfte* stehen in eklatantem Gegensatz zu den berechtigten Forderungen der unterentwickelten Länder nach einer Abkehr von den sog. Barter- oder Kompensationsgeschäften und einer stärkeren Multilateralisierung des Zahlungsverkehrs auch und gerade im Rahmen der Ost-Süd-Währungsbeziehungen.[105] Im Anlagenexport sozialistischer Länder sind damit typischerweise Gegenseitigkeitsgeschäfte auf zwischenstaatlicher Ebene gemeint, bei denen die auszutauschenden Leistungspakete zu unterschiedlichen Zeitpunkten bereitgestellt werden, so daß diese Form des Kompensationsgeschäfts automatisch mit einer Kreditvergabe verbunden ist, und zwar unabhängig davon, ob tatsächlich Geldzahlungen geleistet werden oder nicht. Solche Kompensationsvereinbarungen sozialistischer Länder sehen in der Regel vor, daß „ein Abkommenspartner dem anderen Maschinen, Ausrüstungen, moderne Technologie, Lizenzen usw. übergibt, und der andere Partner die Tilgung des Kredites durch Erzeugnisse des kreditierten Objektes oder durch andere Erzeugnisse vornimmt."[106]

Tabelle 27
Die Kreditbeziehungen zwischen der DDR und Brasilien 1961 bis 1981

in Millionen US-$

Jahr	brasilianische Importe fob	mittel- und langfristige Kredite insgesamt	in % der Importe	brasilianischer Kapitaldienst	Netto-Transfer
1961	14,360	0,048	0,3	–	0,048
1962	7,757	–	–	1,250	–1,250
1963	7,368	0,131	1,8	2,600	–2,469
1964	10,089	4,345	43,1	0,821	3,524
1965	7,448	1,434	19,3	1,239	0,195
1966	8,443	3,649	43,2	4,083	–0,434
1967	14,282	6,627	46,4	4,046	2,581
1968	24,214	17,619	72,8	5,426	12,193
1969	12,193	6,580	54,0	6,304	0,276
1970	22,057	12,597	57,1	14,162	–1,565
1971	22,975	13,896	60,5	16,323	–2,427
1972	15,499	6,306	40,7	8,012	–1,706
1973	17,673	4,542	25,7	7,485	–2,943
1974	24,665	7,890	32,0	10,925	–3,035
1975	33,276	5,412	16,3	12,625	–7,213
1976	25,908	6,246	24,1	13,685	–7,439
1977	29,949	10,216	34,1	16,827	–6,611
1978	33,295	8,495	25,5	8,676	–0,181
1979	44,680	9,043	20,2	7,808	1,235
1980	77,996	6,746	8,6	6,971	–0,225
1981	67,685	13,878	20,5	5,684	8,194

Quelle: Unveröffentlichte, teils handschriftliche Aufzeichnungen der Banco Central do Brasil sowie eigene Berechnungen

Trotz der heute weitgehend unstrittigen Nachteile von Kompensationsgeschäften zumindest für den Welthandel und aus volkswirtschaftlicher Perspektive[107] ist die DDR gerade in den Jahren ihrer zunehmend angespannteren Zahlungsbilanzsituation in wachsendem Maße bemüht gewesen, mit Entwicklungsländern Globalkompensationsgeschäfte abzuschließen.[108] Seitens der DDR wird die zunehmende Bedeutung von Gegenseitigkeitsgeschäften im Anlagenexportgeschäft mit der eingeschränkten Zahlungsfähigkeit der Entwicklungsländer begründet.[109] Es mag sein, daß eine Reihe dieser Staaten versucht, auf dem Kompensationswege Technologieimporte zu finanzieren, ohne die zukünftige Hartwährungsbilanz zu belasten. Tatsächlich ist das Transferproblem für den Kapitalimporteur damit aber nur scheinbar gelöst, weil die im Kompensationsgeschäft gebundenen Exporte nunmehr zur Erzielung von Hartwährungseinnahmen fehlen. Es ist daher umgekehrt zu vermuten, daß die zunehmende Bedeutung von Kompensationsgeschäften im ostdeutschen Anlagenexport vor allem den Interessen der DDR selbst entspricht und von den zuständigen Behörden befürwortet und aktiv gefördert wird.

Tatsächlich können — wie sich durch praktische Erfahrungen und theoretische Überlegungen begründen läßt[110] — Kompensationsgeschäfte gerade für den Anlagenexporteur ausgesprochen vorteilhaft sein. Westlichen Investitionsgüterexporteuren sind daher Kompensationsgeschäfte als Marketingstrategie im Ost- und Entwicklungsländerhandel sogar empfohlen worden, da sie „nicht nur mit erheblichen Risiken verbunden sein können, sondern auch erhebliche Chancen zu bieten vermögen."[111] Diese Überlegungen dürften prinzipiell auch für sozialistische Anlagenexporteure gelten. Ob ein Kompensationsgeschäft dann im Einzelfall auch gesamtwirtschaftlich vorteilhaft ist, dürfte freilich wesentlich von der konkreten Ausgestaltung des Vertrages abhängen. Gerade die praktische Handhabung des Kompensationshandels sozialistischer Staaten mit Entwicklungsländern läßt jedoch erhebliche Vorteile für die sozialistischen Anlagenexporteure und erhebliche Nachteile für die Entwicklungsländer erwarten.

Kompensationsvereinbarungen der DDR mit Entwicklungsländern zeichnen sich in der Regel dadurch aus, daß die Leistungen, die der Gegengeschäftspartner in der Zukunft als Äquivalent für die Lieferung von Maschinen und Ausrüstungen auf Kredit zu erbringen hat, im vorhinein differenziert nach Erzeugnissen, Lieferterminen, Liefermengen und Qualitäten festgelegt werden. Dabei werden für die Bestandteile der auszutauschenden Leistungspakete Verrechnungspreise festgelegt, um insgesamt ein Gleichgewicht zwischen den Liefer- und Abnahmeverpflichtungen herzustellen. Diese Vertragspraxis erhöht in der Tat nicht nur die langfristige Planbarkeit der sozialistischen Außenwirtschaftsbeziehungen, sie hat für die von Rohstoff- und Grundnahrungsmittelimporten hochgradig abhängige DDR den erheblichen Vorteil, Risiken, die sich aus Terms of Trade-Veränderungen ergeben, weitgehend auszuschließen.

Selbst dann, wenn die Entwicklungsländer darauf drängen, vertraglich festzulegen, daß bei signifikanten Weltmarktpreisverschiebungen entsprechende Kürzungen der zukünftigen Gegengeschäftslieferungen erfolgen, dürfte die DDR immer noch günstigere Preise aushandeln können, als sie am freien Markt zu zahlen wären. Die starke Präferenz der ostdeutschen Außenwirtschaftsbürokratie für Kompensationsgeschäfte dürfte vor dem Hintergrund der dramatischen Terms of Trade-Verschlechterungen der siebziger Jahre primär in diesen möglichen Vorteilen von Gegengeschäften begründet sein. Die um sich greifende Kompensationspraxis der späten siebziger und frühen achtziger Jahre ist damit aber weitgehend Reflex der Risikoscheu und des Absicherungsbedürfnisses der Spitzenbürokratien im sozialistischen Staat. Die DDR begibt sich damit aber zugleich in zunehmendem Maße der Chance, Preisvorteile zu nutzen, die sich aus möglichen zukünftigen Rohstoffpreisrückgängen ergeben.

In der Mehrzahl der Fälle, in denen die DDR nicht zu Gegengeschäftsvereinbarungen gelangen kann und in denen auch kein zentraler Clearingverkehr besteht, innerhalb dessen das Entwicklungsland zu Käufen in der DDR faktisch gezwungen ist, werden von den Währungsbehörden der DDR regelmäßig nur *gebundene Liefer- oder Finanzkredite* gewährt. Die Kreditvergabe war in der Vergangenheit somit stets an konkrete oder noch zu vereinbarende Projekte gebunden, wobei das Kreditnehmerland die Mittel nur für Waren-, Waffen- oder Dienstleistungsimporte aus der DDR selbst – in Ausnahmefällen auch aus anderen RGW-Staaten – verwenden konnte. Tatsächlich hat die DDR nach allen für den gesamten Beobachtungszeitraum seit 1949 zur Verfügung stehenden Informationen lediglich einmal, nämlich Ende 1972 Chile einen *ungebundenen Fremdwährungskredit* zur Verfügung gestellt,[112] der zur Auffüllung der erschöpften chilenischen Devisenreserven gedient haben soll und von der chilenischen Regierung unbeschränkt für Hartwährungsimporte verwendet werden konnte.[113] Es liegt auf der Hand, daß eine solche, ganz überwiegend projektgebundene Kreditvergabe nur einen sehr begrenzten Entwicklungshilfebeitrag zu leisten vermag, nimmt sie doch den Entwicklungsländern die Chance, zumindest über einen Teil der aufgenommenen Mittel frei zu verfügen — ein Recht, das sich gerade die sozialistischen Länder selbst durch die Aufnahme überwiegend ungebundener Finanzkredite bei westlichen Banken in den siebziger Jahren genommen haben.

Von Entwicklungshilfeleistungen im engeren Sinne läßt sich am wenigsten noch bei jenen Krediten sprechen, die der *Finanzierung von Waffenlieferungen* dienen. Zwar lassen sich Anhaltspunkte für die Bedeutung des Handels mit militärischen Gütern im Entwicklungsländerhandel der DDR nur mit Mühe gewinnen. Zahlreiche Hinweise[114] belegen jedoch, daß die DDR zunehmend seit 1977 von der Sowjetunion in den Ost-Süd-Handel mit Rüstungsgütern einbezogen wurde. Die DDR liefert sowohl leichte Waffen, Militärlastkraftwagen und Jeeps sowie kleinere Kriegsschiffe aus eigener Produktion als auch ältere sowjetische und tschechische Waffen wie Düsenjäger, Feldartillerie und Flugabwehrraketen im Reexportgeschäft.[115] Ein erheblicher Teil dieser Lieferungen wird kurz- bis mittelfristig kreditiert,[116] wobei die DDR auch hier Kompensationsgeschäfte bevorzugt. Militärhilfeleistungen an Angola, Äthiopien und Nicaragua werden vorwiegend durch Kaffeelieferungen, Militärhilfeleistungen an Mozambique überwiegend durch Kohlelieferungen abgegolten.[117]

Seit etwa 1977, dem Zeitpunkt also, zu dem die hohen Lieferverpflichtungen an Nordvietnam infolge der Beendigung des Vietnamkrieges reduziert werden konnten, besteht ein erheblicher und kontinuierlich gestiegener Teil der Exporte der DDR in nichtkommunistische Entwicklungsländer in solchen Lieferungen militärischer Güter. In den hier vorgelegten Schätzungen der Kredit*inanspruchnahmen* sind diese Leistungen überwiegend enthalten, bei den Kredit*zusagen* lassen sie sich jedoch selten identifizieren. Die Tatsache, daß die geschätzten Kreditziehungen des Irak und Syriens das Volumen der identifizierten Zusagen nicht unbeträchtlich übersteigt, könnte Reflex der umfangreichen Waffen- und Militär-Lkw-Exporte der DDR in diese beiden Länder sein. Selten bestätigt eine Regierung, wie die sandinistische Junta in Nicaragua 1980, offiziell, daß von der DDR zugesagte Lieferkredite tatsächlich dem Import militärischer Güter dienen.[118]

Entwicklung und Bedeutung der Militärhilfepolitik der DDR gegenüber nichtkommunistischen Entwicklungsländern sind hier nicht weiter von besonderem Interesse. Es erscheint jedoch bemerkenswert, welcher Wandel sich in den siebziger Jahren im Ost-Süd-Waffenhandel der RGW-Länder allgemein und der DDR im besonderen vollzogen hat. So stiegen die Waffenexporte der sechs osteuropäischen Länder Polen, Ungarn, Bulgarien, CSSR, DDR und Rumänien, die im Gesamtzeitraum von 1955 bis 1971 schätzungsweise 1,04 Mrd. US-$ betragen hatten, auf 3,87 Mrd. US-$ allein im Zeitraum von 1972 bis 1981 an, wobei die jährlichen Lieferungen sich kontinuierlich von 75 Mill. US-$ im Jahre 1972 bis auf schätzungsweise 775 Mill. US-$ im Jahre 1981 erhöhten.[119] Da die DDR an dieser beachtlichen Erhöhung der Waffenlieferungen maßgeblich beteiligt gewesen ist und der überwiegende Teil der Exporte militärischer Güter zumindest kurzfristig kreditiert wird, dürfte tatsächlich nur ein Teil der hier identifizierten Kreditzusagen und -ziehungen dem kommerziellen Import von Maschinen und Ausrüstungen durch die Entwicklungsländer gedient haben.

Die DDR scheint sich — ebenso wie die übrigen osteuropäischen Länder — mit sowjetischer Zustimmung die Tatsache zunutze gemacht zu haben, daß gerade osteuropäische Waffen im Entwicklungsländerhandel noch am ehesten wettbewerbsfähig sind.[120] Sie eignen sich daher in besonderer Weise, angesichts der Verschuldungsprobleme der kommunistischen Staaten vergleichsweise rasch die Hartwährungseinnahmen zu steigern oder im Kompensationswege langfristige Lieferungen harter Waren auszuhandeln. Die bemerkenswerte Steigerung der Kreditvergaben und der Hartwährungsexporte der DDR im Handel mit den nichtkommunistischen Entwicklungsländern seit 1978 dürfte in hohem Maße auf solche Lieferungen militärischer Güter und weniger auf Erfolge im Verkauf ziviler Güter zurückzuführen sein. Sie haben daher auch — ebenso wie die seit 1979 erheblich gesteigerte Präsenz ostdeutscher Militärberater insbesondere in Afrika[121] — spürbar zur Entlastung der Devisenbilanz der DDR beigetragen.

5. Zahlungsbilanzausgleich und Verschuldungsstrategie gegenüber nichtsozialistischen Ländern 1970 bis 1983

Es ist bislang im Westen kein Versuch unternommen worden, die Hartwährungszahlungsbilanz der DDR zu rekonstruieren[1] und auf diese Weise zu analysieren, welchen Beitrag die nach dem letzten Machtwechsel in der DDR 1971 eingeschlagene Verschuldungsstrategie zum Zahlungsbilanzausgleich zu leisten vermochte und inwiefern sie den Weg in die aktuelle Zahlungsbilanzkrise der Jahre 1981 und 1982 mitbestimmt hat. Auf der Basis der hier vorgelegten Berechnungen und Schätzungen zum Waren-, Dienstleistungs- und Kapitalverkehr erscheint ein solcher Versuch erstmals möglich. Die Existenz bilateraler Clearingkonten im Zahlungsverkehr der DDR mit zahlreichen Industrie- und Entwicklungsländern noch bis Mitte der siebziger Jahre sowie der Clearingcharakter des innerdeutschen Zahlungsverkehrs machen dabei eine strikte Trennung von Zahlungsbilanz in konvertibler Währung einerseits und Zahlungsbilanz gegenüber Verrechnungsländern andererseits unumgänglich. Die nachfolgende Rekonstruktion beschränkt sich auf den Versuch, die „reine" Hartwährungsbilanz sowie die Bilanz des innerdeutschen Zahlungsverkehrs zu ermitteln. Die Clearingverrechnungen mit anderen Industrie- und Entwicklungsländern bleiben hier also weitgehend unberücksichtigt.[2]

a) Die Hartwährungsbilanz der DDR gegenüber nichtsozialistischen Industrie und Entwicklungsländern

Methodisch wurde bei der Rekonstruktion der *Hartwährungsbilanz der DDR* in der Weise vorgegangen, daß nur die mit vergleichsweise geringen Schätzfehlern ermittelbaren Einnahmen und Ausgaben saldiert und mit der Nettoneuverschuldung[3] konfrontiert wurden. Der sich aus dieser Gegenüberstellung ergebende jährliche Restsaldo enthält mithin alle nicht identifizierbaren Devisenzu- und -abflüsse wie Hartwährungseinschüsse im Clearing, Kreditvergaben insbesondere an Entwicklungsländer im Handel auf der Basis konvertibler Währung, Zinseinnahmen in harter Währung, Devisentransaktionen mit RGW-Ländern, nicht erfaßte Veränderungen der zentralen Goldreserven und den Saldo aus den hier nicht gesondert ermittelten kommerziellen Dienstleistungen. Auf eine zwangsläufig spekulative Schätzung dieser Transaktionen wurde bewußt verzichtet; es läßt sich jedoch a priori mit einiger Sicherheit annehmen, daß der Gesamtrestsaldo aus solchen Zahlungsein- und -ausgängen in konvertibler Währung über den Gesamtzeitraum hinweg klein sein muß, verglichen mit dem Volumen und dem Saldo der explizit berücksichtigten Transaktionen. Die Ergebnisse dieser Schätzungen sind in Tabelle 28 zusammengestellt worden. Sie liefern eine Reihe interessanter und zumindest dem Trend nach wohl auch verläßlicher Erkenntnisse über die Ursachen und Hintergründe der jüngsten Verschuldungskrise sowie die Zahlungsbilanzstrategie des währungspolitischen Führungszirkels der DDR unter Honecker.

Wie die Schätzungen zeigen, vermochte die DDR ihre kontinuierlich gestiegenen Handelsbilanzdefizite gegenüber Hartwährungsländern bis 1972 noch überwiegend durch Deviseneinnahmeüberschüsse aus offiziellen Transferzahlungen sowie Gebühren, Abgaben und sonstigen nichtkommerziellen Einnahmen zu finanzieren. Von 1973 bis 1976 deckten diese Einnahmenüberschüsse aber nur noch etwa die Hälfte des Handelsbilanzdefizits. Erst die hohen Aktivsalden aus offiziellen Zahlungen der westdeutschen Bundesregierung und der infolge des US-Dollarkurssturzes bis 1980 erheblich gestiegene US-Dollar-Gegenwert der überwiegend auf DM(West) lautenden Dienstleistungs- und Gebühreneinnahmen bedingten, daß die DDR zwischen 1977 und 1980 wieder annähernd 70 % — 1978 sogar über 100 % — ihres Handelsbilanzdefizits durch diese Einnahmenüberschüsse zu finanzieren vermochte. Infolge der Erholung des US-Dollarkurses nahm der Gegenwert der nichtkommerziellen Einnahmen allerdings seit 1981 wieder kontinuierlich ab, vermochte also nicht im gleichen Maße wie in den Vorjahren zur Entlastung der Zahlungsbilanz beizutragen.

Bemerkenswert erscheint die Entwicklung der Devisen- und zentralen Währungsgoldreserven, die im Gesamtzeitraum überwiegend anstiegen und vor allem in den der Zahlungsbilanzkrise vorausgehenden Jahren von 1977 bis 1980 einen zusätzlichen Finanzierungsbedarf von über 2,0 Mrd. US-$ begründeten. Lediglich in den Jahren 1971 und 1972 trugen in geringerem Umfang Goldverkäufe sowie 1973 und 1982 ein leichter Abbau der Devisenreserven zur Entlastung der Zahlungsbilanz bei. Die ausgeprägtesten Veränderungen fanden jedoch bei den Zinszahlungen statt. Sie stiegen bis 1977 noch vorwiegend aufgrund der stetig erhöhten Bruttoverschuldung vergleichsweise moderat bis auf 420 Mill. US-$ an. Die seit 1978 kräftig, 1981 geradezu dramatisch erhöhten Nominalzinsen ließen jedoch die Zinslast in unerwartet und ungeplant hohem Maße ansteigen und verleiteten die Währungsbehörden der DDR offenbar zunehmend dazu, mehr neue Kredite aufzunehmen, um damit die (als vorübergehend angesehenen) Zinssteigerungen kompensieren zu können.

Man gelangt damit zu dem überraschenden Ergebnis, daß bereits 1978 47 % der Nettoneuverschuldung für Zinszahlungen und weitere 39 % für Reserveerhöhungen verwendet wurden. 1979 dienten gar 52 % der zusätzlich aufgenommenen Mittel dem Zinsendienst und 36 % der Erhöhung der zentralen Währungsreserven. 1980 machte der Zinsendienst sogar 83 % und die Reserveerhöhung schätzungsweise 36 % der Nettoneuverschuldung aus. Die in diesem Jahr stark passive Handelsbilanz hätte mit anderen Worten aus sonstigen Deviseneinnahmeüberschüssen mehr als

Tabelle 28
Die Hartwährungsbilanz der DDR 1970 bis 1983

in Millionen US-$

	1970	1971	1972	1973	1974	1975	1976	1977	1978	1979	1980	1981	1982	1983
Warenverkehr mit Industrieländern[a]														
Einnahmen	410	401	530	730	1438	1250	1650	1290	1470	1690	2420	3600	4330	5080
Ausgaben	−602	−668	−911	−1477	−2320	−2170	−3030	−2530	−2400	−3610	−4210	−4320	−3700	−4260
Saldo	−192	−267	−380	−747	−882	−920	−1380	−1240	−930	−1920	−1790	−720	630	820
Offizielle Transfers[b]														
Einnahmen	4	5	98	108	112	127	201	237	267	556	525	478	429	299
Ausgaben	−13	−32	−8	−119	−97	−78	−204	−79	−35	−46	−41	−30	−48	−46
Saldo	−9	−27	90	−11	15	49	−3	158	232	510	484	448	381	253
Private Transfers[c]														
Einnahmen	166	204	231	329	447	611	639	718	820	894	854	703	656	646
Ausgaben	−9	−10	−11	−19	−22	−24	−24	−29	−35	−39	−40	−34	−32	−31
Saldo	157	194	220	310	425	587	615	689	785	855	814	669	624	615
Zinsen[d]	−65	−75	−85	−150	−245	−260	−310	−420	−665	−1030	−1420	−1900	−1540	−1095
Multilateraler Entwicklungsländerhandel[e]	10	3	36	5	−220	−40	10	−60	110	160	170	730	710	450
Devisenreserven[f]	−20	−90	−190	130	−170	−200	−60	−140	−390	−700	−240	−20	250	−1390
Monetäres Gold[g]	10	35	45	2	4	3	−2	−4	−170	−16	−369	1	−1	−11
Gesamtsaldo[b]	−109	−227	−264	−461	−1073	−781	−1130	−1017	−1028	−2141	−2351	−792	1054	−358
Wechselkurseffekt[i]	0	−70	−10	−130	−100	100	−150	−220	−320	−160	420	470	200	570
Nettoneuverschuldung[j]	170	370	120	480	890	1170	1380	1250	1430	2000	1710	1010	−1660	−130
Residuum[k]	−61	−73	154	111	283	−489	−100	−13	−82	301	221	−688	406	−82
Nachrichtlich:														
DM je US-$[l]	3.65	3.48	3.19	2.67	2.59	2.46	2.52	2.32	2.01	1.83	1.82	2.26	2.43	2.55

a Tabelle 6; b Tabelle B.4; c Tabelle 11; Auszahlungen geschätzt für Devisenverkäufe an Westreisende sowie Berliner S-Bahn-Angestellte; d Tabelle 20 und 21; e Tabelle 7; f Tabelle 13 und A.7; g Nach Tabelle 12 geschätzt unter Zugrundelegung der Londoner Jahresdurchschnittspreise für Feingold; h Summe der vorangegangenen Positionen; i Geschätzt unter der Annahme, daß 20 % der Bankverbindlichkeiten und alle Nichtbankverbindlichkeiten der DDR auf andere Währung als den US-Dollar lauten und Wertveränderungen nach Maßgabe der US-Dollar-Kursschwankungen gegenüber der DM unterliegen; j Tabelle 20 und 21; k Differenz aus Gesamtsaldo und Veränderung der Bruttoverschuldung; l Jahresdurchschnittskurse nach International Monetary Fund: International Financial Statistics, verschiedene Jahrgänge

Quelle: Eigene Berechnungen und Schätzungen

ausgeglichen werden können; die Nettoneuverschuldung des Jahres 1980 diente bereits nahezu ausschließlich der Aufrechterhaltung des Zinsendienstes. Wie auch die in Tabelle 29 ausgewiesenen Werte von Indikatoren der Schuldendienstfähigkeit zeigen, hatte die Belastungsfähigkeit der Zahlungsbilanz der DDR lange vor dem Vertrauensverlust westlicher Banken bereits 1978 und 1979 – also noch vor dem „Polen-Schock" – ihre Grenze erreicht. Daß diese hier ex post geschätzten, spätestens 1979 geradezu alarmierenden Zeichen von westlichen Wissenschaftlern und Kreditgebern nicht beachtet wurden, dürfte nicht nur an dem Zweckoptimismus der Jahre bis 1979 gelegen haben, sondern auch in unzureichenden Schätz- und Meßmethoden begründet gewesen sein. Vor allem die bis heute übliche Vermengung von Hartwährungseinnahmen einerseits und inkonvertiblen Clearingeinnahmen andererseits senkt die Zins- und Schuldendienstquoten der DDR nämlich erheblich, bezieht man den innerdeutschen Zahlungsverkehr in die Schätzung der Schuldendienstfähigkeit mit ein. Eine solche Methode ist jedoch vor allem deshalb völlig irreführend, weil die im innerdeutschen Clearing erzielten Einnahmen für die DDR *inkonvertibel* sind, also nicht zur Honorierung ihrer *Hartwährungsschulden* eingesetzt werden können.

Tabelle 29
Indikatoren der Schuldendienstfähigkeit der DDR 1970 bis 1983

	in Mill. US-$			in %		
	Hartwährungs-einnahmen[a]	Zinsen	Tilgung	Zinsquote[b]	Kapitaldienstquote[c] min	max
1970	620	65	345	10,5	38,3	66,1
1971	660	85	445	12,9	46,6	80,3
1972	930	85	620	9,1	42,5	75,8
1973	1260	150	690	11,9	39,3	66,7
1974	2100	245	910	11,7	33,3	55,0
1975	2190	260	1395	11,9	43,7	75,6
1976	2810	310	2025	11,0	47,1	83,1
1977	2620	420	2750	16,0	68,5	121,0
1978	3090	665	3350	21,5	75,7	129,9
1979	3780	1030	4115	27,2	81,7	136,1
1980	4710	1420	4445	30,1	77,3	124,5
1981	5820	1900	4860	32,6	74,4	116,2
1982	6630	1540	4835	23,2	59,7	96,2
1983	7020	1095	4540	15,6	47,9	80,3

a Einnahmen aus Warenexporten sowie Bau- und Montageleistungen gegenüber nichtsozialistischen Industrie- und Entwicklungsländern und Einnahmen aus offiziellen und privaten Transferzahlungen ohne innerdeutschen Handel; b Zinsen in % der Hartwährungseinnahmen; c Zinsen und Tilgung in % der Hartwährungseinnahmen, „min" unter der Annahme, daß 50 % der geschätzten Tilgung roll over-Kredite darstellen, „max" unter vollständiger Einrechnung des roll over-Geschäfts in die Tilgungsleistungen

Quelle: Eigene Berechnungen nach Tabelle 6, 7, 20, 21 und 22

Die ermittelten jährlichen *Stromgrößen* (der Warenimporte und -exporte, der Dienstleistungsein- und -ausfuhren, der Zinsleistungen sowie des Gold- und Devisenhandels) lassen sich allerdings nur dann sinnvoll mit der Nettoneuverschuldung, also der jährlichen Veränderung der Bruttoverschuldung als *Bestandsgröße*, in Beziehung setzen, wenn Wechselkurseffekte berücksichtigt werden. Dieses Problem ist in bisherigen Analysen zur Verschuldung kommunistischer Länder kaum gebührend beachtet worden.[4] *Wechselkurseffekte* ergeben sich daraus, daß die Verbindlichkeiten der sozialistischen Länder zu einem nicht näher bekannten Teil[5] auf andere Währungen als den US-Dollar lauten. Höhe und Richtung dieser Effekte hängen somit vor allem ab von der Währungsstruktur der Schulden zu Beginn der Periode, der Währungsstruktur der Neuverschuldung, der Höhe von Bruttoverschuldung und Neuverschuldung selbst sowie von Ausmaß und Richtung der Wechselkursveränderungen.[6] Ist das erreichte Verschuldungsniveau hoch im Vergleich zur Neuverschuldung und lautet ein hinreichend hoher Anteil der Schulden auf Nicht-US-Dollar-Währungen, ist ceteris paribus zu erwarten, daß die in US-Dollar ausgedrückte Bruttoverschuldung bei Abwertungen des US-Dollar merklich steigt und bei Aufwertungen des US-Dollar merklich sinkt.

Hier wurde daher in jedem einzelnen Jahr die Währungsstruktur der Verbindlichkeiten der DDR geschätzt und auf diese Weise der Wechselkurseffekt, d. h. die rein wechselkursbedingte, nicht auf Nettokreditaufnahmen der DDR zurückzuführende Veränderung der Bruttohartwährungsverschuldung berechnet. Danach schwankte der Anteil der auf andere Währungen als den US-Dollar lautenden Verbindlichkeiten der DDR zwischen 50 und 30 %; er dürfte Anfang der achtziger Jahre bei 35 % gelegen haben.[7] Wie die in Tabelle 28 ausgewiesenen Schätzungen zeigen, waren die Wechselkurseffekte entsprechend stark; sie erhöhten die Bruttoverschuldung zwischen 1971 und 1979 alljährlich – mit Ausnahme des Jahres 1975 – beträchtlich.

Im Jahr des stärksten Kurseinbruches des US-Dollar, 1978, entfielen von der Erhöhung der Bruttoverbindlichkeiten um 1,43 Mrd. US-$ allein 0,32 Mrd. US-$ auf Wechselkursänderungen, die effektive Nettoneuverschuldung betrug daher nur 1,11 Mrd. US-$. Nach der Einleitung der neuen US-amerikanischen Geldpolitik im Oktober 1979 und der durch sie entscheidend mitbedingten Erhöhung des US-Dollarkurses in den Jahren bis 1984 kehrte sich die Richtung des Wechselkurseffektes um. Nach den hier vorgelegten Schätzungen sank die Bruttoverschuldung in Folge der Kursveränderungen um nominal 0,89 Mrd. US-$ von Ende 1979 bis Ende 1981 und nochmals um 0,77 Mrd. US-$ von Ende 1981 bis Ende 1983. Wenn diese Berechnungen auf nur annähernd realistischen Prämissen beruhen, ist der zwischen Ende 1981 und Ende 1983 zu beobachtende Rückgang der Bruttohartwährungsverbindlichkeiten der DDR um 1,79 Mrd. US-$ zu 43 % „kosmetisch", d. h. nicht durch eigene Anstrengungen der DDR, sondern in dieser Höhe allein durch den parallelen Anstieg des US-Dollar-Kurses und die damit einhergehende nominale Entwertung der Nicht-US-Dollar-Schulden bedingt.

Die nach der hier angewandten Methode verbleibenden „Residuen" in der Hartwährungsbilanz halten sich mit Ausnahme der Jahre 1975, 1980 und 1982 in vergleichsweise engem Rahmen. Die in diesen drei Jahren aufgetretenen Diskrepanzen erscheinen allerdings so beachtlich, daß sie durch Schätzfehler, mit denen in allen Jahren in nicht unerheblichem Umfang zu rechnen ist, allein nicht erklärt werden können. Möglicherweise stehen die hohen, nicht identifizierbaren Mittelabflüsse des Jahres 1975 in Zusammenhang mit der Auflösung der Clearingkonten im Zahlungsverkehr mit Dänemark, Marokko, der Schweiz, Sri Lanka, Guinea, dem Libanon, Syrien und der Türkei 1974/75 und der Notwendigkeit, Swinginanspruchnahmen durch Devisenzahlungen abzubauen. Vielleicht hatte die DDR in diesem Jahr aber auch einen Teil ihres ungewöhnlich hohen Handelsbilanzdefizits gegenüber der Sowjetunion abzudecken. Denkbar ist schließlich, daß es sich bei dem Fehlbetrag um die Rückzahlung kurzfristig aufgenommener, hier nicht erfaßter Kredite handelt. Von dem im multilateralen Handel mit Entwicklungsländern 1974 entstandenen Defizit in Höhe von 220 Mill. US-$ entfielen nämlich allein auf Kupferlieferungen aus Chile 43 Mill. US-$ und Peru 48 Mill. US-$ sowie auf Rohöllieferungen aus dem Irak 101 Mill. US-$.[8] Möglicherweise haben diese drei Länder, mit denen die DDR stets nur auf der Basis konvertibler Währung abrechnete, ihre infolge der Rohstoffpreissteigerungen erheblich verteuerten Ausfuhren in die DDR 1974 kurzfristig kreditiert. Damit ließe sich nicht nur ein erheblicher Teil des nicht identifizierbaren Mittel*abflusses* 1975, sondern auch der vergleichsweise hohe, nicht identifizierbare Mittel*zufluß* des Jahres 1974 erklären.

Die hohen Mittelabflüsse des Jahres 1981 könnten eine indirekte Bestätigung für Gerüchte in Bankenkreisen sein, wonach die DDR Eurokredite für Polen aufgenommen hat. Tatsächlich entfallen von dem hier geschätzten Mittelabfluß 1981 in Höhe von 690 Mill. US-$ allein 125 Mill. US-$ auf Zahlungen in konvertiblen DM, die die DDR nach offizieller Bestätigung des Politbüros der SED Anfang 1981 als „Geschenk" an Polen zur Verfügung stellte.[9] Mit hoher Wahrscheinlichkeit wurde auch der Anfang 1981 aufgenommene mittelfristige Eurokonsortialkredit in Höhe von 250 Mill. US-$ als Zahlungsbilanzhilfe an die polnische Außenhandelsbank weitergereicht.[10] Die ungeklärten Mittelzuflüsse 1982 könnten sodann umgekehrt polnische Rückzahlungen oder sowjetische Devisenkredite an die vom Rückzug der westlichen Banken nun selbst betroffene DDR darstellen. Möglich wäre aber auch, daß die Währungsbehörden der DDR in diesem Jahr angesichts des drohenden Zahlungsmoratoriums doch einen Teil ihres hohen Goldhortes unbemerkt im Westen verkauft haben, so wie auch Ungarn sich 1982 von 32 Tonnen seines Währungsgoldes trennte, um einen Teil des Zahlungsbilanzdefizits ohne erhöhte Kreditaufnahme finanzieren zu können.[11]

b) Die Zahlungsbilanz der DDR im innerdeutschen Verrechnungsverkehr

Einen anderen Verlauf nahm die Entwicklung der Zahlungsbilanz und der Zahlungsbilanzstrategie der DDR im Handel mit der Bundesrepublik Deutschland, wie sich aus den in Tabelle 30 zusammengestellten Berechnungen ergibt. Im innerdeutschen Zahlungsverkehr weist nicht nur die *Handelsbilanz* chronische Defizite auf, sondern auch und gerade die *Dienstleistungsbilanz*. Wie sich aus der hier vorgenommenen Differenzierung der wichtigsten Dienstleistungspositionen ersehen läßt, ist diese *chronische Passivierungstendenz* zum einen in den Zinszahlungen aufgrund der Nettoschuldnerposition der DDR, zum anderen in hohen Ausgaben für die Inanspruchnahme sonstiger kommerzieller Dienstleistungen der westdeutschen Seite bedingt. Diese Zahlungsbilanzstruktur ist von der DDR jedoch bewußt geplant: Die Defizite spiegeln im wesentlichen die Inanspruchnahme der Deutschen Bundesbahn, westdeutscher Binnenschiffe sowie des Hamburger Transithafens beim

Transport der Außenhandelsgüter der DDR im Warenverkehr mit ihren wichtigsten westeuropäischen Handelspartnern Dänemark, den Niederlanden, Belgien, Luxemburg, Frankreich, der Schweiz und Österreich wider. Die Währungsbehörden der DDR vermögen auf diese Weise einen erheblichen Teil der Fracht- und Versicherungskosten der Einfuhr aus nichtsozialistischen Ländern — beispielsweise auch der Getreideeinfuhren aus den USA — im innerdeutschen Clearing und damit letztlich durch eigene Lieferungen und Leistungen zu bezahlen. Die *Hartwährungsdienstleistungsbilanz* dürfte daher nicht nur stark entlastet, sondern aufgrund der hohen eigenen Deviseneinnahmen der DDR aus den Transportleistungen ihrer Handelsflotte seit Jahren bereits aktivisch sein.

Insgesamt ergaben sich daher im innerdeutschen Zahlungsverkehr mit Ausnahme des Jahres 1981 Leistungsbilanzdefizite, die in den Jahren von 1974 bis 1978 sogar — einerseits aufgrund von Futtermittel- sowie Industriemetalleinfuhren, andererseits aufgrund umfangreicher Anlagenimporte — beachtliche Ausmaße erreichten. Im Vergleich zur Hartwährungsbilanz mit den übrigen westlichen Industrieländern zeigen sich jedoch charakteristische Unterschiede hinsichtlich des sich hieraus ergebenden Finanzierungsbedarfs und der von der DDR gewählten Finanzierungsstrategie.

Zunächst ist festzuhalten, daß die *Höhe der in den einzelnen Jahren aufgetretenen Salden der Verrechnungsbilanz(en) vergleichsweise gering* sind, und zwar sowohl mit Bezug auf den Umsatz, der über die Verrechnungskonten abgewickelt wurde, wie auch mit Bezug auf die im West- und Entwicklungsländerhandel der DDR aufgetretenen Leistungsbilanzungleichgewichte. Diese Tatsache ist insofern erstaunlich, als es sich beim innerdeutschen Zahlungsverkehr ja keineswegs um ein strikt bilaterales Clearing handelt, da die DDR jederzeit und ohne Limit durch entsprechende Deviseneinzahlungen auf das „Sonderkonto S" Waren- und Dienstleistungsbezüge über die höchstzulässige Swinginanspruchnahme hinaus tätigen kann. Auch die von der Deutschen Bundesbank geübte Praxis, keine *ungebundenen* Finanzkredite westdeutscher Banken an die DDR zu genehmigen, vermag nicht zu erklären, warum die DDR keine höheren Barzahlungen über Konto S leistet. Die Währungsbehörden der DDR wären nämlich durchaus in der Lage, etwa am Eurogeldmarkt US-Dollar aufzunehmen, in harte DM(West) zu konvertieren und diese Beträge dann über Konto S für Zusatzimporte westdeutscher Waren im Rahmen des innerdeutschen Handels zu verwenden.

Die *Tendenz eines weitgehenden Ausgleichs der Zahlungsein- und -ausgänge im innerdeutschen Verrechnungsverkehr* ist letztlich wohl nur bürokratietheoretisch zu erklären und dürfte wesentlich in der internen Organisation des Ministeriums für Außenhandel in der DDR bedingt sein. Wenn nämlich die dort zuständige „Hauptabteilung für innerdeutschen Handel" Leistungsbilanzdefizite befürworten würde, die anders als durch Barzahlungen nicht abzudecken wären, müßte die DDR entweder auf Hartwährungsimporte aus anderen nichtsozialistischen Ländern verzichten oder aber ungebundene Finanzkredite zur Alimentierung der Konto S-Zahlungen aufnehmen, die dann mittelfristig wieder in Hartwährungen zurückzuzahlen wären. In beiden Fällen sind massive Konflikte mit den Interessen der anderen, für den Hartwährungsraum zuständigen Abteilungen geradezu vorprogrammiert, die vermutlich eher dazu führen, an den bestehenden „Quoten" der regionalen Außenhandelsströme festzuhalten, d.h. zugleich zu versuchen, *im innerdeutschen*

Tabelle 30
Die Zahlungsbilanz der DDR im innerdeutschen Verrechnungsverkehr 1970 bis 1983

in Millionen VE[a]

	1970	1971	1972	1973	1974	1975	1976	1977	1978	1979	1980	1981	1982	1983
Warenverkehr[b]														
Einnahmen	1917	2222	2259	2527	3095	3222	3748	3815	3716	4397	5416	5863	6452	6695
Ausgaben	2218	2360	2667	2624	3165	3502	3876	4088	4197	4381	4943	5091	5942	6472
Saldo	−301	−138	−408	−97	−70	−280	−128	−273	−481	16	473	772	510	223
Dienstleistungen[c]														
Einnahmen	80	78	103	128	128	137	159	224	263	309	352	399	449	564
Ausgaben	231	212	232	243	403	414	440	403	343	461	619	643	775	871
Saldo	−151	−134	−129	−115	−275	−277	−281	−179	−80	−152	−267	−244	−326	−307
Zinsen[d]														
Einnahmen	0	1	0	3	2	2	2	2	2	1	1	2	2	2
Ausgaben	35	81	61	71	94	112	154	172	215	251	313	395	363	338
Saldo	−35	−80	−61	−68	−92	−110	−152	−170	−213	−250	−312	−393	−361	−336
Postzahlungen	68	280	33	30	31	30	30	30	85	85	85	85	85	300
Gesamtsaldo	−419	−72	−565	−250	−406	−637	−531	−592	−689	−301	−21	220	−92	−120
Barzahlung[e]	46	110	42	317	251	161	370	184	71	34	25	19	66	73
Deviseneinschüsse[f]	–	–	–	–	–	30	144	–	–	–	–	–	–	–
Verrechnungskredit[g]	159	5	152	32	7	135	−37	−59	135	3	16	−231	−92	−10
Nettokapitalverkehr und Residuum[h]	214	−43	371	−99	148	311	54	467	483	264	−20	−8	118	57

a Eine Verrechnungseinheit entspricht einer DM(West); b Lieferungen und Bezüge im Rahmen des innerdeutschen Handels nach der TSI-Statistik; c Ohne die hier gesondert ausgewiesenen Zins- und Postzahlungen, überwiegend Frachten, Hafenkosten, Provisionen, Montagekosten, Lizenz- und Patengebühren, Mieten, Honorare sowie Messe- und Ausstellungskosten; d an Unternehmen und Banken; e Zahlungen zu Lasten Konto S für Warenkäufe; f Zahlungen zu Lasten Konto S zum Abbau der Swinginanspruchnahme; g Veränderung der Swinginanspruchnahme zum Jahresende gegenüber dem Vorjahresende; h als Differenz ermittelt

Quelle: Eigene Berechnungen nach überwiegend unveröffentlichten Daten des Bundesministeriums für Wirtschaft, Bonn, sowie der Deutschen Bundesbank, Frankfurt/M.

Zahlungsverkehr mit so wenig Deviseneinschüssen wie möglich auszukommen. Die beobachtbare Neigung des innerdeutschen Handels zur Reziprozität scheint daher wesentlich in der im Außenhandelsministerium der DDR selbst anzutreffenden strikten innerorganisatorischen Trennung der für den Hartwährungsraum zuständigen Abteilungen einerseits und der für den innerdeutschen Handel zuständigen Abteilungen andererseits begründet zu sein.

Tatsächlich wurde das im Beobachtungszeitraum von 1970 bis 1983 aufgetretene kumulierte Handels- und Dienstleistungsbilanzdefizit in Höhe von 4,48 Mrd. VE überwiegend, nämlich in Höhe von 2,32 Mrd. VE durch kommerzielle Nettokreditaufnahme bei westdeutschen Banken und Unternehmen finanziert. Hartwährungszahlungen haben zwar im Umfang von immerhin 1,94 Mrd. VE zum Ausgleich der Zahlungsbilanz beigetragen. Es darf jedoch nicht übersehen werden, daß, insbesondere in den Jahren von 1973 bis 1976 ein infolge der Terms of Trade-Verschlechterungen für die DDR erheblicher Anpassungsdruck entstand, der kurzfristig tatsächlich nur über Barzahlungen zu bewältigen war. Die Zahlungen in diesen vier Jahren allein machen 1,27 Mrd. VE aus und müssen als weitgehend *ungeplantes* Ergebnis der verschlechterten Rahmenbedingungen für die Außenwirtschaft der DDR angesehen werden. Die in den übrigen zehn Jahren von der DDR geleisteten Konto S-Zahlungen in Höhe von 0,67 Mrd. VE stammen jedoch tatsächlich nur zu 60 % aus Mitteln, die die DDR selbst eingezahlt hat. Der übrige Teil, nämlich 0,27 Mrd. VE, wurde aufgrund bestehender vertraglicher Vereinbarungen von westdeutschen und Westberliner Stellen an die DDR auf das „Sonderkonto S" überwiesen und von den Währungsbehörden der DDR dann für Barkäufe verwendet.[12]

Die in Tabelle 30 zusammengestellten Daten und Berechnungen belegen jedoch nicht nur die geringe Nutzung des Barzahlungskontos durch die DDR-Behörden. Sie zeigen auch, daß *die Swinginanspruchnahme kaum in signifikantem Maße zur Finanzierung der Leistungsbilanzdefizite der DDR beigetragen hat.* Über den Gesamtzeitraum von 1970 bis 1983 hinweg vermochte die DDR lediglich 0,22 Mrd. VE ihres insgesamt 4,48 Mrd. VE betragenden kumulierten Defizits durch eine erhöhte Swinginanspruchnahme zu finanzieren. Selbst von 1970 bis 1980, dem Jahr der bislang höchsten Swinginanspruchnahme durch die DDR konnte sich die ostdeutsche Seite über eine erhöhte Inanspruchnahme des Verrechnungskredits lediglich Mittel in Höhe von netto 0,55 Mrd. VE beschaffen; das zu finanzierende Leistungsbilanzdefizit betrug in diesem Zeitraum aber ebenfalls 4,48 Mrd. VE. Die dem innerdeutschen Swing vor allem in der Öffentlichkeit und im westlichen Ausland zugesprochene Bedeutung ist daher tatsächlich — zumindest hinsichtlich der zahlungsbilanzstrategischen Einsatzmöglichkeiten des Verrechnungskredits — eher gering.

Freilich lag das Hauptproblem in der Vergangenheit in der *chronisch einseitigen Inanspruchnahme des Swing durch die DDR bis nahe an die vereinbarte Höchstgrenze.* Die Währungsbehörden der DDR haben sich auf diese Weise selbst der eigentlichen Funktion eines solchen technischen Verrechnungskredites, der Möglichkeit zum Ausgleich kurzfristiger Ungleichgewichte in den Zahlungsein- und -ausgängen, beraubt. Wie die hier vorgetragenen theoretischen Überlegungen[13] und praktischen Erfahrungen im Clearingverkehr der DDR mit anderen Ländern[14] jedoch zeigen, ist eine solche Tendenz unter den Bedingungen außenwirtschaftspolitischer Willensbildung im Sozialismus regelmäßig zu erwarten. Die Spitzenbürokratien der DDR haben stets versucht, Möglichkeiten einer Inanspruchnahme *kostenloser*

Verrechnungskredite im zwischenstaatlichen Clearing so weit wie möglich zu nutzen. Diese Tendenzen sind, wie sich zeigen ließ, nicht nur dem System zentraler Valutaplanung immanent, sie lassen sich regelmäßig auch ideologisch mit der „schonungslosen Ausnutzung von Widersprüchen in kapitalistischen Staaten" begründen und damit rechtfertigen, daß die sich aus dieser Praxis ergebenden Zinseinsparungen den Devisenhaushalt der DDR entlasten, da entsprechend weniger (verzinsliche) kommerzielle Kredite aufgenommen werden müssen. Schon in den fünfziger Jahren erging allerdings an den Planungsapparat die Anweisung, von einer hundertprozentigen Swinginanspruchnahme dann abzurücken, wenn der DDR hierdurch außenpolitische Nachteile entstehen können.[15] Entsprechend dürfte auch die 1983 und 1984 weiter beachtlich gesenkte Auslastung[16] des zur Zeit auf 690 Mill. VE festgesetzten Swing primär politisch motiviert sein — quasi um zu beweisen, daß die DDR den Swing nicht nötig hat. In diesem Zusammenhang sollte wohl auch die Bemerkung des Politbüromitglieds Konrad Naumann gesehen werden, die „politischen Positionen der DDR" seien „kein Schacherartikel, sie sind nicht mit Dollar oder auf andere Weise käuflich."[17]

Durch die jüngste Reduzierung des Swinghöchstbetrages dürfte jedoch *auf Dauer* weder die Tendenz zur chronisch einseitigen Inanspruchnahme des Swing durch die DDR, noch die dadurch bedingte mangelhafte Funktionstüchtigkeit des Verrechnungskredits als Puffer zum Ausgleich kurzfristiger Zahlungsungleichgewichte zu bekämpfen sein. Es ist im Gegenteil wohl in Zukunft eher mit zunehmenden Störungen und Verzögerungen in der Abwicklung der Zahlungsein- und -ausgänge zu rechnen. Wie nämlich die Erfahrungen mit Clearingverrechnungen lehren, sollte der technische Überbrückungskredit 5 bis 10 % des Volumens der Bezugs- oder Lieferseite nicht wesentlich unterschreiten, sollen auf Dauer restriktive Wirkungen auf Höhe und Struktur des Waren- und Dienstleistungsaustausches vermieden werden. Unter diesem Aspekt dürfte der gegenwärtige Swinghöchstbetrag zwar ausreichen und eine reibungslose Abwicklung des Umsatzvolumens von derzeit etwa 15 Mrd. VE ermöglichen. Es besteht jedoch die Gefahr, daß der eingeengte Verschuldungsspielraum auf längere Sicht eine weitere Expansion des Waren- und Dienstleistungsverkehrs im Rahmen des Berliner Abkommens zunehmend beeinträchtigt.

Die gegenwärtige Fixierung eines zinsfreien Swinghöchstbetrages wird vor allem aber — wie schon in der Vergangenheit — die Tendenz einer chronisch einseitigen und möglichst hohen Ausnutzung des Verschuldungsspielraums durch die DDR nicht durchbrechen können. Zielwirksamer wäre es, das Eigeninteresse der währungspolitischen Spitzenbürokratien der DDR anzusprechen und für Swinginanspruchnahmen, die einen bestimmten *unverzinslichen Basisswing* (von beispielsweise 500 Mill. VE) übersteigen, bis zu einem *flexiblen Höchstbetrag* (von beispielsweise 10 % des Umsatzvolumens auf den Unterkonten 1 bis 3) Zinsen und darüber hinaus umgehende Kompensation durch Hartwährungseinzahlungen zugunsten von Konto S zu verlangen.

Alles in allem kann festgehalten werden, daß die Entwicklung des innerdeutschen Zahlungsverkehrs im Vergleich zum Westhandel und zum Entwicklungsländerhandel der DDR durch wesentlich geringere Ungleichgewichte gekennzeichnet war. Selbst der sich hieraus noch ergebende Finanzierungsbedarf wurde jedoch aufgrund der Praxis der Deutschen Bundesbank bei der Genehmigung von Krediten westdeutscher Banken und Unternehmen nur partiell durch eine erhöhte Nettokreditaufnahme abgedeckt. Im Ergebnis stieg die Nettoverschuldung der DDR im Vergleich zur Dynamik des Handels im Zeitraum von 1970 bis 1983 nur moderat um etwa 2,32 Mrd. VE gegenüber westdeutschen Banken und Unternehmen sowie um 0,22 Mrd. VE gegenüber der Deutschen Bundesbank an.[18] Die Rahmenbedingungen der Abwicklung des innerdeutschen Zahlungsverkehrs scheinen daher auf die SED-Führung und die Währungsbehörden der DDR tatsächlich einen gewissen „heilsamen Zwang" ausgeübt zu haben, ihre Zahlungsbilanz gegenüber der Bundesrepublik Deutschland weitgehend „in Ordnung" zu halten.

Im Ergebnis blieb daher nicht nur die Verschuldung der DDR vergleichsweise gering, auch die Belastung der DDR aus Zins- und Tilgungsleistungen für früher aufgenommene Kredite ist als weitgehend unproblematisch anzusehen. Die Zinsquote beispielsweise, die nach den hier vorgelegten Schätzungen im Handel mit nichtsozialistischen Industrie- und Entwicklungsländern 1980 bei 30,1 % und 1983 bei 15,6 % aller erfaßbaren Hartwährungseinnahmen lag,[19] betrug im innerdeutschen Zahlungsverkehr 1980 lediglich 5,3 % und 1983 nur 4,5 %.[20] Entsprechend günstig dürfte auch die Kapitaldienstfähigkeit der DDR im Rahmen des innerdeutschen Waren- und Zahlungsverkehrs zu beurteilen sein.

Zwar ist der innerdeutsche Verrechnungsverkehr als *flexibles Clearing* einzustufen, da er der DDR die Möglichkeit einräumt, über Deviseneinzahlungen beliebige Handels- und Dienstleistungsbilanzdefizite zu finanzieren. Da die DDR von dieser Möglichkeit jedoch nur in sehr begrenztem Maße Gebrauch gemacht hat und westdeutsche Kredite nur in vergleichsweise geringem Umfang erhalten konnte, hatte der innerdeutsche Handel doch weitgehenden Reziprozitätscharakter und ließ eine Besorgnis erregend hohe Verschuldung der DDR erst gar nicht entstehen. Es ist daher anzunehmen, daß sich die Verschuldung der DDR gegenüber den nichtsozialistischen Industrieländern wesentlich gleichmäßiger auf die Bundesrepublik Deutschland einerseits und die übrigen Länder andererseits verteilen würde, als dies bis heute zu beobachten ist, hätte die DDR in der Vergangenheit Zugang auch zu ungebundenen Finanzkrediten westdeutscher Banken gehabt.

Die „heilsamen Zwänge" zum Ausgleich der innerdeutschen Verrechnungsbilanz gingen daher keineswegs von einem etwaigen restriktiven Charakter des Clearingverkehrs aus; sie sind zum einen in der Haltung der DDR selbst und zum anderen in der weisen Politik der Deutschen Bundesbank begründet. Es mag eingewandt werden, daß hierdurch ein erheblicher Teil der Last, das ostdeutsche Leistungsbilanzdefizit gegenüber nichtsozialistischen Ländern zu finanzieren, auf andere westliche Industrieländer abgewälzt wurde. Es läßt sich jedoch auch umgekehrt argumentieren, daß vor allem die in den siebziger Jahren von unbegründetem Zweckoptimismus getragene Kreditvergabebereitschaft westlicher Regierungen, Banken und Unternehmen die entstandenen Zahlungsbilanzungleichgewichte erst ermöglicht und die DDR zu ihrer Strategie einer permanent verzögerten Anpassung an geänderte außenwirtschaftliche Rahmenbedingungen erst verleitet hat.

6. Zusammenfassung

Von einer systemimmanenten Tendenz sozialistischer Staaten zur Kreditfinanzierung kann zumindest mit Blick auf die Entwicklung der internationalen Kreditbeziehungen der DDR offenbar keine Rede sein. Die beobachtbaren *Problemlösungsstrategien* schwanken vielmehr mit dem Zick-Zack-Muster kommunistischer Wirtschaftspolitik zwischen Finanzierung und Anpassung als Methoden des Zahlungsbilanzausgleichs. Zwar zeigt sich auch in der Wirtschaftspolitik der DDR immer wieder die Tendenz, *binnenwirtschaftlichen und außenwirtschaftlichen Problemlösungsbedarf* auf scheinbar bequeme Weise, d.h. durch Auslandsverschuldung statt durch Anpassungsmaßnahmen in die Zukunft zu verlagern und auf diese Weise die eigenen Probleme vorübergehend anderen Staaten aufzuladen. Die ideologisch und durch Erfahrungen begründete Furcht vor allzu starken ökonomischen und finanziellen Abhängigkeiten von nichtsozialistischen Ländern, die begrenzte Bereitschaft der „sozialistischen Bruderländer" zur Finanzierung fundamentaler Zahlungsbilanzungleichgewichte der DDR und der nach einiger Zeit in anderer Weise doch wieder auftretende Anpassungsbedarf, brachten bislang jedoch eine solche Finanzierungsstrategie früher oder später wieder zu Fall und erforderten eine nichtinkrementale Änderung des wirtschaftspolitischen Kurses, der die entstandenen Zahlungsbilanzungleichgewichte durch Exportsteigerung und/oder Importdrosselung zu bekämpfen suchte.

Es zeigte sich, daß den *Kreditbeziehungen zur Sowjetunion* eine geradezu strategische Rolle für die Außenwirtschaftspolitik der DDR, ja für die ostdeutsche Wirtschaftspolitik überhaupt zukommt. Als wichtigster „ökonomischer Hebel", den die Sowjetunion zur Durchsetzung ihrer Interessen verwenden kann, erwies sich dabei die Clearingverschuldung der DDR, wie sie sich aus den bei der IBWZ geführten bilateralen Verrechnungskonten zwischen beiden Ländern ergibt. Die Wirtschaftspolitik und außenwirtschaftspolitische Strategie der DDR scheint weitgehend bestimmt zu sein von der jeweils gegebenen Bereitschaft der Sowjetunion, eine Zunahme der Clearingverschuldung der DDR hinzunehmen, oder umgekehrt dem Drängen der sowjetischen Parteiführung, die bestehende Verschuldung abzubauen. Dabei unterlag die sowjetische Haltung allerdings in historischer Perspektive grundlegendem Wandel.

Bis 1957 etwa war die sowjetische Parteiführung nicht bereit, eine zunehmende Verschuldung und damit auch Abhängigkeit der DDR vom Westen zu akzeptieren. Die UdSSR brachte dafür sogar vergleichsweise hohe eigene Opfer in Form direkter Devisen- und Goldkredite an die DDR. Von 1958 bis 1964 wurde die DDR gerade umgekehrt zu einer moderat zunehmenden Westverschuldung angehalten, um die ehrgeizigen Entwicklungsprogramme des Ostblocks finanzieren zu können. In den Folgejahren, nicht zuletzt vor dem Hintergrund der Entwicklung in der CSSR, drängte die Breschnew-Gruppe offenbar zunehmend wieder auf einen Abbau der Verschuldung der DDR im Westen wie im RGW. Ulbricht scheint mit dieser Linie vor allem deshalb in Konflikt geraten zu sein, weil er dem Abbau der Westverschuldung Priorität einräumte.

1971 wandelte sich die Strategie der sowjetischen Parteiführung erneut grundlegend. Im Rahmen einer blockintern abgestimmten und koordinierten Zahlungsbilanzstrategie sollte die DDR ihre Westverschuldung erhöhen, um über einen Abbau der Clearingschulden, die unter Ulbricht der UdSSR gegenüber entstanden waren, zur Belebung des Wirtschaftswachstums in der Sowjetunion selbst und zu einer Intensivierung des Intra-RGW-Handels beizutragen. Erst die durch dramatische Terms of Trade-Verschlechterungen der DDR entstandenen Intra-RGW- und Westhandelsbilanzdefizite seit 1974 ließen die UdSSR die Strategie einer kombinierten Finanzierung der fundamentalen ostdeutschen Zahlungsbilanzungleichgewichte durch die Sowjetunion einerseits und die nichtsozialistischen Länder andererseits akzeptieren. Unter dem Eindruck des „Polen-Schocks" wurde im gesamten Ostblock abermals ein grundlegender Strategiewechsel vollzogen, der auf einen umgehenden und möglichst umfassenden Abbau der Westverschuldung — teils mit sowjetischer Kredithilfe an die DDR — abzielt. Die DDR ist infolge dieser Entwicklung gegenwärtig das wohl am höchsten bei der Sowjetunion verschuldete Land. Die Wirtschafts- und Zahlungsbilanzpolitik des währungspolitischen Führungszirkels um Honecker dürfte daher heute mehr denn je zahlungsbilanzpolitischen Restriktionen unterworfen sein, die von der Sowjetunion gesetzt werden.

Die Entwicklung der *Kreditbeziehungen zu den nichtsozialistischen Industrieländern* ist durch solche, von der Sowjetunion gesetzten Restriktionen stets weitgehend bestimmt gewesen. Eine zunehmende Verschuldung gegenüber den westlichen Industrieländern ließ sich erstmals unter dem ehrgeizigen Entwicklungsprogramm der „ökonomischen Hauptaufgabe" sowie in der Spätphase der Außenwirtschaftsreform Ulbrichts feststellen. Bis 1969 waren die Devisenschulden der DDR jedoch noch nahezu ausschließlich in Importen westlicher Technologie begründet und insofern tatsächlich nicht nur Ausdruck einer Intensivierung des Ost-West-Handels, sondern zugleich Voraussetzung für eine Modernisierung und Herstellung der Weltmarktfähigkeit der ostdeutschen Exportindustrien. Erst in den Jahren nach 1969 sah sich die SED-Führung zunehmend gezwungen und infolge der allgemeinen „Flüssigkeit" der westlichen Finanzmärkte auch in der Lage, binnenwirtschaftlich negative Auswirkungen von Mißernten und Versorgungsengpässen bei strategischen Gütern durch Einfuhren aus dem Hartwährungsraum, die am Eurogeldmarkt refinanziert wurden, abzuwenden. Ökonomisch legitim und in demokratisch regierten Ländern politisch nicht weniger geboten war schließlich die (als kurzfristig konzipierte) Finanzierung der durch Terms of Trade-Änderungen bedingten Westhandelsdefizite vor allem in den Jahren 1973, 1974 und 1979.

Die Zahlungsbilanzkrise von 1979 bis 1981 ist gleichwohl weder zwangsläufiges Resultat dieser in den siebziger Jahren erheblich gewachsenen Belastungen, noch zufälliges Ergebnis der Verkettung einer Reihe exogener Störungen. Wie gerade die Analyse der Zahlungsbilanzstrategie und die Rekonstruktion der Zahlungsbilanz der DDR im relevanten Zeitraum gezeigt haben, sind die gegenwärtigen Probleme der DDR nur aus einem *Zusammenwirken von außenwirtschaftlichen Störungen und Belastungen einerseits und einem Versagen sozialistischer Zahlungsbilanzpolitik* andererseits zu erklären. Die Verschuldungskrise ist insofern *„hausgemacht"*, als die Grundsatzentscheidung eines Abbaus der Westverschuldung viel zu lange, Jahr für Jahr hinausgeschoben wurde. Kennzeichnend für die Inflexibilität des nach vergangenheitsorientierten Standardverfahren arbeitenden Partei- und Staatsapparates ist auch die weitgehende Überschätzung der eigenen Exportchancen auf westlichen Märkten — trotz der ausgeprägten Wachstumsschwäche der westlichen Industrienationen — und die seit Ulbrichts Entmachtung 1971 konsequent verfolgte Strategie, die westlichen Märkte erst nach dem RGW-Markt zu bedienen, um die bilaterale Bilanzierung des Außenhandels mit den sozialistischen Ländern nicht zu verletzen. Dieses Prinzip erst führte vor allem nach der Preisexplosion im RGW ab 1975 dazu, daß sich die Exportanstrengungen der DDR einseitig auf den Rubel-Raum konzentrierten, das nichtsozialistische Wirtschaftsgebiet lange Jahre vernachlässigten und die Kreditfinanzierung der wachsenden Westhandelsbilanzdefizite unumgänglich machten. Die DDR hat auf diese Weise ihre Zuverlässigkeit als Lieferant im bilateralen Rubel-Clearing mit Hilfe einer steigenden Hartwährungsverschuldung gegenüber westlichen Ländern „erkauft". Es kann wohl kaum ein Zweifel daran bestehen, daß diese Entwicklung weniger den Interessen der SED-Führung oder der Außenwirtschaftsbürokratie der DDR entsprach, sondern primär in den Anfang 1971 erstmals auch offiziell neu gesetzten zahlungsbilanzpolitischen Restriktionen der sowjetischen Parteiführung begründet lag.

Die jüngste Verschuldungskrise der DDR ist jedoch nicht allein in Fehlentscheidungen des währungspolitischen Führungszirkels und/oder der sowjetischen Parteiführung begründet; sie ist in hohem Maße auch *„importiert"*. Die vorangegangene Analyse hat Hinweise dafür erbracht, daß die im kommunistischen Schrifttum immer wieder vorgetragene Behauptung, die entstandenen Zahlungsbilanzungleichgewichte und Verschuldungsprobleme seien wesentlich Resultat der Instabilitäten und Risiken, wie sie in der Weltwirtschaft und in der westlichen Währungsordnung vorherrschen, nicht ganz von der Hand zu weisen sind. Zwar haben erst die erwähnten Fehlentscheidungen die DDR — angesichts des hohen Verschuldungsniveaus — „verwundbar" gemacht. Als *unmittelbarer Auslöser der Krise* müssen jedoch die dramatischen Zinssteigerungen seit 1979 angesehen werden, die die Zahlungsbilanzplaner der DDR und offenbar auch die Währungsbehörden der anderen sozialistischen Länder völlig überraschten und in tatsächlich kaum vorhersehbarem Maße neue Zahlungsbilanzungleichgewichte verursachten. Verschärft wurde die Situation nicht zuletzt Mitte 1981 durch den überraschenden, die intersystemaren Kreditbeziehungen wohl noch auf längere Zeit nachhaltig beeinträchtigenden Rückzug zunächst US-amerikanischer, später auch westeuropäischer, japanischer und arabischer Banken aus dem Kreditgeschäft mit der DDR.

Die stattgefundene Entwicklung bestätigt somit, daß zentral geleitete, sozialistische Systeme bei der kurzfristigen Bewältigung „exogener" Störungen (wie den Terms of Trade-Verschlechterungen, dem Zinsanstieg und der Rezession in den industrialisierten Ländern des Westens) versagen. Vor allem die zentrale staatliche Valutaplanung ist angesichts der vergangenheitsorientierten, routinisierten und konservativen Problemlösungsstrategien der Spitzenbürokratien bei „turbulenter Umwelt" weitgehend zum Scheitern verurteilt. Der Staats- und Parteiapparat, der seit 1971 auf den von Honecker durchgesetzten wirtschaftspolitischen Kurs einer moderaten Erhöhung der Hartwährungsverschuldung „programmiert" war, erwies sich als unfähig, auf sogar fundamental geänderte außenwirtschaftliche Rahmenbedingungen kurzfristig zu reagieren, und die politische Führung klammerte sich — gestützt auf falsche Erwartungen der Experten — viel zu lange an die einmal verkündete und für verbindlich erklärte Strategie.

Im wesentlichen blieb lediglich der *innerdeutsche Handel und Zahlungsverkehr* von diesen fundamentalen Störungen und Ungleichgewichten verschont; der erreichte Verschuldungsstand der DDR gegenüber westdeutschen Banken und Unternehmen spiegelt vielmehr in hohem Maße Kapitalgüterimporte der Vergangenheit wider, die die Export- und Wettbewerbsfähigkeit der DDR-Wirtschaft auf längere Sicht verbessern dürften und die Bewältigung des Transferproblems in der Zukunft tatsächlich als weitgehend unproblematisch erscheinen lassen. Diese Entwicklung scheint jedoch weniger im Clearingcharakter des innerdeutschen Zahlungsverkehrs als in der restriktiven Genehmigungspraxis der Deutschen Bundesbank bei Kreditvergaben westdeutscher Banken und Unternehmen an die DDR begründet gewesen zu sein. Die Rahmenbedingungen, unter denen der innerdeutsche Zahlungsverkehr abgewickelt wird, scheinen die DDR somit unter einen gewissen „heilsamen Zwang" gesetzt zu haben, ihre Zahlungsbilanz aus eigener Kraft auszugleichen und gerade in den Jahren eines hohen Anpassungsbedarfs eine exzessive Nettokreditaufnahme zu vermeiden.

Besonders auffällige Diskrepanzen zwischen Anspruch und Wirklichkeit der Politik der DDR ließen sich in den *Kreditbeziehungen zu den nichtkommunistischen Entwicklungsländern* ausmachen. Das Volumen der zugesagten und in Anspruch genommenen Kredite ist ausgesprochen gering — selbst im Verhältnis zum ohnehin marginalen Handelsaustausch. Die Mittel konzentrieren sich auf einige wenige Länder, und zwar nicht so sehr auf Staaten, die einen „sozialistisch orientierten" Entwicklungsweg suchen, sondern primär auf solche Länder, die Rohstoffe und Grundnahrungsmittel zu liefern vermögen, die im RGW nicht in ausreichender Menge zu erhalten sind, und für Waren und Waffen der DDR selbst aufnahmefähig genug erscheinen. Die Kreditvergabepolitik stand stets vor allem unter dem Zwang, die binnenwirtschaftliche Versorgung mit planstrategischen Engpaßgütern längerfristig finanziell abzusichern. Es ließ sich nachweisen, daß gerade die dramatische Zunahme der Kreditzusagen gegenüber arabischen Ländern 1969 und 1970 sowie 1975 bis 1977 nicht so sehr außenpolitischen Zielen diente, sondern primär zu einer mittelfristigen Sicherung der Rohöleinfuhren der DDR aus nichtsozialistischen Ländern beitragen sollte.

Überhaupt folgte die Kreditpolitik der DDR den wechselnden Prioritäten und Importanforderungen der Wirtschaftspolitik in ausgeprägtem Zick-Zack-Muster. Sie schrieb weitgehend die Monostruktur der Ausfuhren der Hauptlieferländer fest und führte häufig eher zu einer Destabilisierung als zu einer Stabilisierung der Exporterlöse der unterentwickelten Länder. Es zeigte sich darüber hinaus, daß die von der DDR vergebenen Kredite aufgrund ihrer kurzen Laufzeit, vergleichsweise hohen Zinsen und ungünstigen Nettotransferwirkungen kaum als Kapitalhilfe anzusprechen sind. Die Kredite hatten überwiegend Kompensationscharakter, wurden mit einer einzigen Ausnahme nur als gebundene Lieferkredite gewährt und seit 1977 in zunehmendem Maße nicht nur zur Modernisierung der unterentwickelten Volkswirtschaften, sondern auch zur Finanzierung ostdeutscher Lieferungen militärischer Güter verwendet. Obendrein waren es vor allem die Entwicklungsländer, die die Auswirkungen der jüngsten Zahlungsbilanzkrise zu spüren bekamen. Die DDR drosselte seit 1981 ihre Kreditzusagen nicht nur auf ein ökonomisch kaum noch zu vertretendes und auch hinsichtlich der zukünftigen Exportchancen der DDR bedenkliches Maß. Die Währungsbehörden der DDR gingen seit etwa 1979 erstmals sogar dazu über, in den unterentwickelten Ländern Kredite für Rohstoff- und Grundnahrungsmittellieferungen aufzunehmen. Diese neue Entwicklung in den Ost-Süd-Währungsbeziehungen ist jedoch insoweit besonders kritisch zu beurteilen, als sie den Entwicklungsländern bei der Lösung ihrer eigenen Verschuldungsprobleme eher im Weg stehen dürfte und umgekehrt auch für die DDR kaum mehr als eine erneute, temporäre Verlagerung des zahlungsbilanzpolitischen Anpassungsbedarfs in die Zukunft darstellt.

Anmerkungen

1 Für die fünfziger und frühen sechziger Jahre siehe insbesondere KÖHLER, Heinz: Economic Integration in the Soviet Bloc, a.a.O., passim. Seitdem konzentrieren sich die Kreditbeziehungen der DDR mit sozialistischen Ländern nach Informationen des Verf. auf Kuba, Laos, Afghanistan und neuerdings Polen.

Zu Abschnitt 1:

1 GROTE, Gerhard u.a.: Planung der sozialistischen Außenwirtschaftsbeziehungen, Berlin (Ost) 1979, S. 132
2 FAUDE, Eugen u.a.: Sozialistische Außenwirtschaft, Berlin(Ost) 1976, S. 243
3 MARX, Eberhard: Die Devisensituation der osteuropäischen Länder und ihre Auswirkungen auf den Ost-West-Handel, a.a.O., S. 18
4 Ebd.
5 Ebd.
6 Ebd., S. 21, Hervorhebungen vom Verf.
7 Ebd., S. 18
8 Darunter sollen — in Anlehnung an die Ausführungen in Kapitel II.C — Änderungen von Plandaten verstanden werden, auf die die Planer selbst mittelfristig keinen Einfluß haben.
9 Vgl. insbesondere die regelmäßige Berichterstattung der United Nations Economic Commission for Europe: Economic Survey of Europe, Genf und New York, verschiedene Jahrgänge
10 Vgl. beispielsweise LEVCIK, Friedrich: Ostverschuldung und Ost-West-Wirtschaftsbeziehungen, in: West-Ost-Journal 1977, Nr. 21
11 WILCZYNSKI, Jozef: Comparative Monetary Economics. Capitalist and Socialist Monetary Systems and their Interrelations in the Changing International Scene, London und Basingstoke 1978, S. 144
12 Vgl. ebd.
13 Vgl. ZWASS, Adam: Money, Banking & Credit in the Soviet Union & Eastern Europe, London und Basingstoke 1979, S. 188
14 Siehe hierzu die Ausführungen in Kapitel II.C
15 Als „kurzfristig" werden im folgenden Kredite mit Laufzeiten bis zu einem Jahr, als „mittelfristig" Kredite mit Laufzeiten bis zu 5 Jahren und als „langfristig" Kredite mit längeren Laufzeiten bezeichnet.
16 Vgl. SCHÜLLER, Alfred: Die Verschuldungskrise Polens als Ordnungsproblem, a.a.O.
17 Siehe insbesondere ebd. sowie SIK, Ota: Die polnische Krise: Innere und äußere wirtschaftliche Zusammenhänge, in: Aussenwirtschaft. Zeitschrift für internationale Wirtschaftsbeziehungen, 37. Jg. (1982), S. 15—30 und FALLENBUCHL, Zbigniew M.: The Impact of External Economic Disturbances on Poland since 1971, a.a.O.
18 Vgl. beispielsweise BROWN, Alan A./TARDOS, Márton: Transmission and Responses to External Economic Disturbances: Hungary, in: NEUBERGER, Egon/TYSON, Laura d'Andrea (Hrsg.): The Impact of International Economic Disturbances on the Soviet Union and Eastern Europe, a.a.O., S. 250—276
19 Zur Lockerung der polnischen Einfuhrkontingentierung zugunsten einer „parametrischen Regulierung" und den durch diese Maßnahmen in Verbindung mit der neuen Entwicklungsstrategie ausgelösten Importsog vgl. SCHÜLLER, Alfred: Die Verschuldungskrise Polens als Ordnungsproblem, a.a.O., S. 17ff. und 23f.

20 WILES hat sogar behauptet, der Einfluß des Finanzministeriums könne nicht gut sein, weil es an Valutadefiziten interessiert sei. Siehe WILES, Peter John de la Fosse: Communist International Economics, New York und Washington 169, S. 137. Hier wurde gezeigt, daß das Gegenteil richtig ist. Da das Finanzministerium primär an zusätzlichen Staatshaushaltseinnahmen aus den Außenwirtschaftsbeziehungen interessiert ist, wird es stets Handelsbilanz- und Devisenbilanzüberschüsse befürworten. Siehe hierzu die Ausführungen in Kapitel II.C
21 Vgl. insbesondere ADLER-KARLSSON, Gunnar: Western Economic Warfare, Stockholm 1968 und ZWASS, Adam: Zur Problematik der Währungsbeziehungen zwischen Ost und West, a.a.O.
22 Vgl. insbesondere Kapitel II.C

Zu Abschnitt 2:

1 FRENZEL, Paul: Die Ausnutzung der ökonomischen Gesetzmäßigkeiten in der Praxis der Kreditplanung und -analyse, in: Deutsche Finanzwirtschaft, 8.Jg. (1954), H. 24, S. 1230f., hier: S. 1230
2 Vgl. ebd.
3 Vgl. USENKO, E.T.: Sozialistische internationale Arbeitsteilung und ihre rechtliche Regelung, Berlin(Ost): Staatsverlag der DDR, 1966, S. 255
4 Ebd.
5 Siehe ZWASS, Adam: Zur Problematik der Währungsbeziehungen zwischen Ost und West, a.a.O., S. 154f. und WILCZYNSKI, Jozef: Comparative Monetary Economics. Capitalist and Socialist Monetary Systems and their Interrelations in the Changing International Scene, a.a.O., S. 118f.
6 USENKO, E.T.: Sozialistische Internationale Arbeitsteilung und ihre rechtliche Regelung, a.a.O., S. 254
7 Vgl. ebd.
8 USENKO, E.T.: Sozialistische internationale Arbeitsteilung und ihre rechtliche Regelung, a.a.O., S. 255
9 FRENZEL, Paul: Die Ausnutzung der ökonomischen Gesetzmäßigkeiten in der Praxis der Kreditplanung und -analyse, a.a.O., S. 1230
10 USENKO, E.T.: Sozialistische internationale Arbeitsteilung und ihre rechtliche Regelung, a.a.O., S. 256
11 FRENZEL, Paul: Die Ausnutzung der ökonomischen Gesetzmäßigkeiten in der Praxis der Kreditplanung und -analyse, a.a.O., S. 1230
12 USENKO, E.T.: Sozialistische internationale Arbeitsteilung und ihre rechtliche Regelung, a.a.O., S. 256
13 Vgl. SCHENK, Fritz: Im Vorzimmer der Diktatur, a.a.O., S. 230
14 Tätigkeit der „Export-Importbank" der USA im Jahre 1952, in: Deutsche Finanzwirtschaft, 7. Jg. (1953/II), S. 801. In der Bevölkerung wurden die amerikanischen Lebensmittel durch die SED-Propaganda systematisch schlecht gemacht. Als die Amerikaner die Lebensmittel von Westberlin aus kostenlos verteilten, wurden Verhaftungen vorgenommen und Schauprozesse veranstaltet. Vgl. SCHENK, Fritz: Im Vorzimmer der Diktatur, a.a.O., S. 230f.
15 Vgl. SCHENK, Fritz: Im Vorzimmer der Diktatur, a.a.O., S. 185
16 Ebd., S. 227
17 Vgl. ebd., S. 225—230. Diese Ausführungen eines Augenzeugen bieten einen der wohl interessantesten Einblicke in die internen Willensbildungs- und Entscheidungsprozesse der Planungsspitze, die je im Westen veröffentlich wurden.
18 Vgl. Tabelle 14
19 SCHENK, Fritz: Im Vorzimmer der Diktatur, a.a.O., S. 250
20 Vgl. SCHENK, Fritz: Magie der Planwirtschaft, a.a.O., S. 133
21 Ebd., S. 132
22 Ebd., S. 131
23 Vgl. Neues Deutschland vom 31.7.1956, in: Archiv der Gegenwart, 26. Jg. (1956), S. 5911. Siehe auch SCHENK, Fritz: Magie der Planwirtschaft, a.a.O., S. 138. SCHENK übersieht allerdings, daß die „zusätzlichen Ressourcen", von denen ULBRICHT spricht, nur zum Teil über den versprochenen sowjetischen Kredit, zum überwiegenden Teil wohl über die Höherbewertung der ostdeutschen Uranlieferungen in die Sowjetunion bereitgestellt werden sollten. Nach Schätzungen des Verf. hätte die Neubewertung der Uranexporte der DDR einen

Transferbetrag von rund 6 Mrd. Rubel eingebracht. Die Kreditzusage hätte demnach immerhin rund 1,5 Mrd. Rubel betragen.
24 Vgl. SCHENK, Fritz: Magie der Planwirtschaft, a.a.O., S. 132f. sowie Ders.: Im Vorzimmer der Diktatur, a.a.O., S. 304ff.
25 Vgl. SCHENK, Fritz: Magie der Planwirtschaft, a.a.O., S. 133
26 Vgl. ebd., S. 138
27 Ebd.
28 Informationen des Verf. durch Fritz SCHENK
29 Vgl. United Nations: Economic Survey of Europe in 1957, Geneva 1957, Table VI-R, Chapter VI, S. 56
30 Vgl. SCHENK, Fritz: Im Vorzimmer der Diktatur, a.a.O., S. 312
31 Ebd., S. 305
32 Ebd.
33 Vgl. ebd., S. 310
34 Vgl. ebd., S. 311
35 Ebd., S. 312
36 Vgl. SCHENK, Fritz: Magie der Planwirtschaft, a.a.O., S. 150. Diese Angabe von SCHENK aus der Erinnerung stimmt mit dem Ergebnis eigener Schätzungen des Verf. überein; siehe hierzu Anmerkung 23.
37 Vgl. SCHEWEL, I.: Kredite und Unterstützung zwischen den sozialistischen Ländern, in: Der Aussenhandel, 12. Jg. (1962), H. 8, S. 21–24, hier: S. 21f. sowie United Nations: Economic Survey of Europe in 1957, a.a.O., Table VI-R
38 Vgl. ebd.
39 Zitiert nach BECK, Hubertus: Die planmäßige Schaffung einer operativen Valutareserve, in: Der Aussenhandel, 8. Jg. (1958), H. 9, S. 332–334, hier: S. 332
40 Bundesministerium für Gesamtdeutsche Fragen (Hrsg.): SBZ von 1955 bis 1958. Die sowjetische Besatzungszone Deutschlands in den Jahren 1955–1958. Bonn und Berlin 1961, S. 333
41 ADN vom 2.10.1957, in: Archiv der Gegenwart, 27. Jg. (1957), S. 6667
42 Vgl. United Nations: Economic Survey of Europe in 1957, a.a.O., Table VI-R
43 Vgl. International Monetary Fund: International Financial Statistics Yearbook 1981, Washington, D.C. 1981, S. 436f.
44 Eigene Berechnungen nach Auskünften der Deutschen Bundesbank, Frankfurt/M., an den Verf.
45 Nach Auskünften der Suomen Pankki, Helsinki, an den Verf.
46 HERCHER, Karl: Der Zahlungsverkehr der DDR mit dem Ausland, Berlin(Ost) 1958, S. 74
47 Vgl. ebd.
48 Vgl. HASENEYER, H.: Importaufwand und Inlandspreis, in: Der Aussenhandel, 13. Jg. (1963), H. 1, S. 47 sowie HÖHNE, Christa: Tagung der Sektion Wirtschaftswissenschaften über Probleme des Schiffbaus, der Seehandelsschiffahrt und der Seehafenwirtschaft der DDR, a.a.O.
49 Vgl. USENKO, E.T.: Sozialistische internationale Arbeitsteilung und ihre rechtliche Regelung, a.a.O., S. 259
50 Vgl. KÖHLER, Heinz: Economic Integration in the Soviet Bloc, a.a.O., S. 5ff., der eine der wohl gründlichsten im Westen vorliegenden Schätzungen der ostdeutschen Reparationsleistungen sowie der sowjetischen Ausbeutung der Uranvorkommen der DDR vorgelegt hat.
51 Bundesministerium für Gesamtdeutsche Fragen (Hrsg.): SBZ von 1955 bis 1958, a.a.O., S. 339
52 Vgl. SCHENK, Fritz: Magie der Planwirtschaft, a.a.O., S. 133
53 Eigene Berechnungen nach STELZL, Diethard: Aspekte der Produktion, des Verkaufs und der Reserven von Gold in den osteuropäischen Ländern, a.a.O., S. 408
54 Zu diesen sog. „Investitionsbeteiligungen" der DDR vgl. beispielsweise HAENDCKE-HOPPE, Maria: Die Außenwirtschaftsbeziehungen der DDR. Grundzüge – Schwerpunkte – Perspektiven, FS-Analysen, Heft 4/1980, S. 33f.
55 ALBRECHT, Degenhard: 25 Jahre Sozialistische Einheitspartei Deutschlands – 25 Jahre erfolgreiche Außenwirtschaftspolitik, in: Sozialistische Außenwirtschaft, 21. Jg. (1971), H. 4, S. 1–4, hier: S. 2. Daß die mit diesen Lieferrückständen verbundene zunehmende Clearingverschuldung der DDR gegenüber der Sowjetunion ungeplant war, ergibt sich klar

aus Parteiforderungen von Anfang 1971, für eine „qualitätsgerechte und pünktliche Erfüllung der Abkommen und Verträge" zu sorgen. ALBRECHT, Dieter: Steigende Exporte zur Sicherung unserer Importe und hoher Effektivität, in: Sozialistische Außenwirtschaft, 21. Jg. (1971), H. 7–8, S. 5f., hier: S. 6

56 Noch unmittelbar vor dem Sturz ULBRICHTs wurden Staatsapparat und Außenwirtschaftsorgane getadelt, die ungewöhnlich hohe Clearingverschuldung gegenüber der Sowjetunion verstoße „gegen die Beschlüsse der Partei, gegen unsere internationalistische Pflicht und gegen unsere eigenen Interessen". ALBRECHT, Degenhard: 25 Jahre Sozialistische Einheitspartei Deutschlands, a.a.O., S. 2

57 Eigene Berechnungen nach dem Statistischen Jahrbuch der DDR 1975, S. 264f.

58 ALCHIMOW, W.: Die Rolle des Banksystems bei der Entwicklung der Außenwirtschaftsbeziehungen der Sowjetunion, in: Außenhandel UdSSR, Moskau 1978, H. 6, S. 13

59 BRENDEL, Gerhard/DUBROWSKY, Hans-Joachim: Tendenzen im Handel zwischen den RGW-Ländern, in: Deutsche Außenpolitik, 1982, H. 10, S. 34

60 Ebd.

61 Hierauf hat bereits vor allem DIETZ hingewiesen. Vgl. DIETZ, Raimund: Preisveränderungen im sowjetischen Außenhandel mit der DDR (1956–1980), Forschungsberichte des Wiener Instituts für Internationale Wirtschaftsvergleiche Nr. 57, April 1980

62 Siehe ebd., insbesondere S. 21ff.

63 Eigene Berechnungen nach der sowjetischen Außenhandelsstatistik

64 Vgl. Anhang D sowie DIETZ, Raimund: Preisveränderungen im sowjetischen Außenhandel mit der DDR (1956–1980), a.a.O., S. 46f.

65 Vgl. ebd. sowie Anhang D

66 Vgl. HAENDCKE-HOPPE, Maria: Die Außenwirtschaftsbeziehungen der DDR, a.a.O., S. 34

67 FAUDE, Eugen u.a.: Sozialistische Außenwirtschaft, a.a.O., S. 203

68 Siehe beispielsweise ebd., S. 199ff.

69 Daß es sich dabei um eine kurzfristige und unerwartete Strategieänderung der mitten in der Nachfolgekrise befindlichen sowjetischen Parteiführung gehandelt haben muß, ergibt sich indirekt aus HONECKERs Bemerkung auf dem 3. ZK-Plenum im November 1981, daß die DDR mit „noch weniger Rohstoffen *als auf dem X. Parteitag angenommen*, auskommen muß". Neues Deutschland vom 21.11.1981, Hervorhebung vom Verf.

70 Vgl. beispielsweise HAENDCKE-HOPPE, Maria: DDR-Außenhandel im Zeichen schrumpfender Westimporte, a.a.O., S. 1068f.

71 Für die Außenwirtschafts- und Kreditbeziehungen der DDR insgesamt hat zum Beispiel KÖHLER einen solchen Versuch unternommen. Siehe KÖHLER, Heinz: Economic Integration in the Soviet Bloc, a.a.O., passim

72 Auf diese erhebliche Einschränkung der Aussagekraft offizieller Kreditusage-Statistiken wurde sogar von russischen Wirtschaftswissenschaftlern explizit hingewiesen. Vgl. SCHEWEL, I.: Kredite und Unterstützung zwischen den sozialistischen Ländern, a.a.O., S. 24, Fußnote 3

73 BRENDEL, Gerhard/DUBROWSKY, Hans-Joachim: Tendenzen im Handel zwischen den RGW-Ländern, a.a.O., S. 34

74 Eigene Berechnungen nach der vom polnischen Finanzminister KRZAK abgegebenen Erklärung. Vgl. FAZ Nr. 94 vom 23.4.1981, S. 13 sowie FAZ Nr. 62 vom 14.3.1981, S. 13

75 Bis 1979 läßt sich die Höhe der jährlichen Investitionsbeteiligungen in Binnenpreisen indirekt aus der amtlichen Statistik der DDR berechnen (in Mill. DM):

1966	1967	1968	1969	1970	1971	1972	1973	1974	1975	1976	1977	1978	1979
55	130	476	477	857	910	770	580	270	630	1095	1672	1700	1080

Eigene Berechnungen nach dem Statistischen Jahrbuch der DDR 1977, S. 14 und 1980, S. 14. Im Zeitraum von 1966 bis 1979 belaufen sich die Investitionsbeteiligungen der DDR somit auf die Summe von 10,702 Mrd. DM. 1980 bis 1983 dürften nochmals 5 Mrd. DM hinzukommen. Es läßt sich vermuten, daß davon rund 13 Mrd. DM auf die Sowjetunion entfallen. Bei einer geschätzten Kaufkraftparität von durchschnittlich 5,50 DM je Rubel entspricht dies einem Gesamtinvestitionsvolumen von etwa 2,4 Mrd. Rubeln (in RGW-Vertragspreisen) oder umgerechnet rund 3,2 Mrd. US-Dollar.

76 Siehe insbesondere Central Intelligence Agency: Estimating Soviet and East European Hard Currency Debt, a.a.O., S. 13f. Zur Tätigkeit der IBWZ vgl. auch BUCK, Hannsjörg F.: Die Zahlungsbilanzpolitik der DDR und der europäischen RGW-Länder, a.a.O., S. 76ff.
77 Vgl. Central Intelligence Agency: Estimating Soviet and East European Hard Currency Debt, a.a.O., S. 12f.

Zu Abschnitt 3:

1 FAUDE, Eugen u.a.: Sozialistische Außenwirtschaft, a.a.O., S. 121, im Original teilweise hervorgehoben
2 Ebd., S. 123
3 Ebd.
4 Vgl. ebd., S. 112ff. und 123
5 Vgl. ebd., S. 127ff.
6 Ebd., S. 133
7 Vgl. KOLLOCH, Klaus/KOLLOCH, Eveline: Zu einigen Aspekten der ökonomischen Zusammenarbeit zwischen den sozialistischen und kapitalistischen Ländern, in: Wissenschaftliche Zeitschrift der Humboldt-Universität, Berlin(Ost), 24. Jg. (1975), H. 6, S. 741–743, hier: S. 742
8 BRESCHNEW, L.I.: Das große Programm des XXIV. Parteitages der KPdSU wird konsequent verwirklicht, Berlin (Ost) 1972, S. 26
9 FAUDE, Eugen u.a.: Sozialistische Außenwirtschaft, a.a.O., S. 128
10 LENIN, W.I.: IX. Gesamtrussischer Sowjetkongreß, in: Werke, Band 33, Berlin(Ost) 1962, S. 138
11 Informationen des Verf.
12 Nach eigenen Berechnungen importierte die DDR im Jahre 1955 aus dem nichtsozialistischen Wirtschaftsgebiet (ohne innerdeutschen Handel) Waren im Wert von rund 213 Mill. US-$, davon entfielen 40 Mill. US-$ auf Erzeugnisse der Grundstoffindustrie, 98 Mill. US-$ auf Erzeugnisse der Leicht- und Lebensmittelindustrie, 67 Mill. US-$ auf Erzeugnisse der Land- und Forstwirtschaft und lediglich 8 Mill. US-$ auf Erzeugnisse der metallverarbeitenden Industrie, davon wiederum nur 3 Mill. US-$ auf Maschinen, Fahrzeuge und Schiffe. Siehe die Strukturdaten in Rubel im Statistischen Jahrbuch der DDR 1955, S. 243f. Für spätere Jahre lassen sich Anhaltspunkte für die Struktur des DDR-Westhandels lediglich den jeweiligen Partnerlandstatistiken entnehmen.
13 Vgl. HERCHER, Karl: Der Zahlungsverkehr der DDR mit dem Ausland, a.a.O., S. 72
14 Siehe den Text des Abkommens zwischen der Deutschen Notenbank und dem Banco do Brasil vom 23. September 1958, in: Der Aussenhandel und der innerdeutsche Handel, 8. Jg. (1958), H. 22, S. 788f., insbesondere Artikel IV
15 Vgl. HERCHER, Karl: Der Zahlungsverkehr der DDR mit dem Ausland, a.a.O., S. 72. Im RGW-Bereich herrschte demgegenüber von Anfang an das „Sofortzahlungsverfahren" vor.
16 Ebd., S. 77
17 Ebd.
18 Zitiert nach WEBER, Adolf: Sowjetwirtschaft und Weltwirtschaft, Berlin 1959, S. 234
19 Vgl. hierzu die Andeutungen GROTEWOHLs auf dem 30. ZK-Plenum, in: BECK, Hubertus: Die planmäßige Schaffung einer operativen Valutareserve, a.a.O., S. 332
20 Bekanntlich war geplant, daß die Sowjetunion die USA wirtschaftlich überflügeln sollte. Analog forderte ULBRICHT als „ökonomische Hauptaufgabe", die DDR müsse bis 1965 die Bundesrepublik Deutschland im Pro-Kopf-Verbrauch der wichtigsten Güter überholen.
21 SCHOPPE, Siegfried G.: Funktionswandlungen des Goldes im Rahmen der sowjetischen Außenhandelsregie seit 1945/46, a.a.O., S. 28 schätzte die sowjetischen Reserven für Ende 1958 auf 2500 Tonnen (2,8 Mrd. US-$); STELZL, Diethard: Aspekte der Produktion, des Verkaufs und der Reserven von Gold in den osteuropäischen Ländern, a.a.O., S. 408 beziffert sie sogar auf 4,8 Mrd. US-$. Tatsächlich dürften diese und ähnliche Schätzungen weit überhöht sein, und zwar vor allem deshalb, weil sie die in ihrer Höhe unbekannten sowjetischen Goldverkäufe während des Zweiten Weltkrieges vernachlässigen.
22 Die ergibt sich aus Einsichtnahmen des Verf. in unveröffentlichtes Datenmaterial der kontoführenden Institute. Siehe auch Tabelle 8.

23 Eigene Berechnungen nach unveröffentlichten Daten des Bundesministeriums für Wirtschaft, Bonn, sowie der Deutschen Bundesbank, Frankfurt/M.
24 Am 30.6.1963, dem Stichtag der alljährlichen Kontenglattstellung im innerdeutschen Clearing, hatte die westdeutsche Seite sogar einen Passivsaldo von DM 3,64(!) auszugleichen, den die DDR unter erheblichen Exportanstrengungen gezielt und demonstrativ herbeigeführt hatte. Vgl. Normaler Handel setzt wirtschaftliche und politische Vernunft voraus, in: Der Aussenhandel, 14. Jg. (1964), H. 8, S. 34–38, hier: S. 34f.
25 LEUSCHNER forderte auf dem 12. ZK-Plenum zu äußerster Sparsamkeit auf dem Gebiet der Valutawirtschaft auf. Jede „Valutamark" müsse erst zehnmal umgedreht werden, bevor sie ausgegeben werde. Die Devisenwirtschaft wurde ab Anfang 1961 durch eine gesonderte „Deviseninspektion" im Ministerium der Finanzen straff kontrolliert. Vgl. GEFLITTER, Reinhard: Siebenmal wägen – einmal ausgeben, in: Deutsche Finanzwirtschaft, 16. Jg. (1962), H. 2, S. 16–18
26 BALKOW, Julius: Außenhandelsplan 1962 – unser Beitrag zum Deutschen Friedensplan, in: Der Aussenhandel, 11. Jg. (1961), H. 21, S. 1–4, hier: S. 3
27 Vgl. die Hinweise ebd. sowie bei TREBUTH, Rudolf: Zur Ausnutzung des kurzfristigen Kredits beim Import, in: Der Aussenhandel, 12. Jg. (1962), H. 3, S. 22–24. „Grundprinzip muß in den Kontoren werden, im Import möglichst lange Zahlungsziele zu erhalten und im Export den Valutaeingang durch entsprechende Zahlungsbedingungen zu beschleunigen." PAMPEL: Die Kraft des Kollektivs besser nutzen. Zur III. Ökonomischen Konferenz im AHU Elektrotechnik, in: Der Aussenhandel, 11. Jg. (1961), H. 16, S. 10–12, hier: S. 11
28 Eigene Berechnungen nach unveröffentlichten Daten des Bundesministeriums für Wirtschaft, Bonn, sowie der Deutschen Bundesbank, Frankfurt/M. Es wäre daher durchaus möglich, daß die von ostdeutscher Seite dementierten Meldungen zutreffen, denen zufolge die DDR bei der westdeutschen Regierung bereits Ende 1961 um eine Swingerhöhung und im Mai 1962 um einen Warenkredit in Höhe von 2,4 Mrd. DM nachgesucht haben soll. Vgl. KUPPER, Siegfried: Der innerdeutsche Handel, a.a.O., S. 39
29 KULESSA, Georg: Preisausgleichsmittel sorgfältiger planen, in: Der Aussenhandel, 10. Jg. (1960), H. 18, S. 3
30 Bis 1961 war noch primär der Warenbewegungsplan Ausgangspunkt der Devisenplanung. Die Länderstruktur ergab sich formell aus dem Warenbewegungsplan. Erst am 19. März 1962 faßte das Politbüro den Beschluß, die Valutabeziehungen über das Außenhandelsministerium straff und zentral nach Ländern zu bilanzieren und zu steuern. Die Notwendigkeit zu einer solchen selbständigen Länderplanung hatte sich gezeigt, als es im Zuge der Importumlenkungsversuche der „Störfreimachungsaktion" zu inkonvertiblen Aktivsalden in einzelnen Verrechnungswährungsländern kam, „während in anderen Ländern außerplanmäßige Zahlungsziele in Anspruch genommen werden mußten." SEIDEL, R.: Die Planung und Leitung des Außenhandels nach Ländern, in: Der Aussenhandel, 14. Jg. (1964), H. 12, S. 4–6, hier: S. 5
31 GÖLDNER, Joachim: Rechtsprobleme intersystemarer Finanz- und Kreditbeziehungen, in: Wissenschaftliche Zeitschrift der Universität Halle, 27. Jg. (1978), H. 5, S. 109–117, hier: S. 111, Hervorhebung vom Verf.
32 Vgl. auch THALHEIM, Karl C.: Die Wirtschaftspolitik der DDR im Schatten Moskaus, Hannover 1979
32 Vgl. beispielsweise ULBRICHT, Walter: Die weitere Gestaltung des gesellschaftlichen Systems des Sozialismus, Berlin(Ost) 1968, S. 48 sowie die Grußadresse des ZK der SED an die Konferenz der Außenwirtschaft am 27. und 28.3.1969, in: Sozialistische Außenwirtschaft, 19. Jg. (1969), H. 4, S. 2
33 HANNEMANN, Gerfried: Außenhandel und Investitionen, in: Der Aussenhandel, 16. Jg. (1966), H. 9, S. 5–9, hier: S. 6
34 Ebd., S. 8
35 BLESSING, Helmut: Zur Entwicklung einer Zahlungsbilanztheorie im Sozialismus, in: Der Aussenhandel, 17. Jg. (1967), S. 18–22, hier: S. 20
36 Vgl. NITZ, Hans-Jürgen: Außenhandel – Produktion – Perspektivplanung, a.a.O.
37 Ebd., S. 11
38 Vgl. WILCZYNSKI, Jozef: Comparative Monetary Economics, a.a.O., S. 119ff. sowie BERG, Michael von: Die strategische Bedeutung des Ost-West-Handels, Leiden 1966, S. 164ff.

39 Zielsetzung der „Union d'Assureurs des Credits Internationaux" (sog. Berner Union), die 1934 mit Sitz in Paris gegründet wurde und die sich lediglich mit langfristigen Krediten befaßt, ist es, durch Beratungen und Informationsaustausch zwischen öffentlichen und privaten Exportkredit-Versicherungsinstituten ruinösen Wettbewerb um die Kreditkonditionen zu verhindern. Ihre Empfehlungen sind weder bindend noch speziell auf das Ostkreditgeschäft ausgerichtet. Siehe WILCZYNSKI, Jozef: The Economics and Politics of East-West Trade. A Study of Trade between Developed Market Economies and Centrally Planned Economies in a Changing World, London u.a. 1969, S. 230
40 Vgl. Wirtschaftsbeziehungen Ost-West. Probleme und Möglichkeiten, Moskau 1976, S. 130, zitiert nach GÖLDNER, Joachim: Rechtsprobleme intersystemarer Finanz- und Kreditbeziehungen, a.a.O., S. 112
41 Vgl. ebd., S. 112 sowie ZWASS, Adam: Zur Problematik der Währungsbeziehungen zwischen Ost und West, a.a.O., S. 156f. Frankreich entwickelte sich zum mit Abstand wichtigsten Kreditgeber an RGW-Staaten. Im Zeitraum von 1959 bis 1970 vergab Frankreich langfristige Kredite im Umfang von 1,0 Mrd. US-$ zu durchschnittlich 7,5 Jahren. Großbritannien vergab 0,6 Mrd. US-$ langfristige Kredite an RGW-Länder zu durchschnittlich 8,0 Jahren, Japan 0,3 Mrd. US-$ zu 6,3 Jahren im Durchschnitt, die Bundesrepublik Deutschland nur 0,2 Mrd. US-$ zu 7,6 Jahren und Österreich 0,1 Mrd. US-$ zu durchschnittlich 7,3 Jahren. Siehe Statistik der Berner Union, alle Angaben nach ZWASS, Adam: Zur Problematik der Währungsbeziehungen zwischen Ost und West, a.a.O.
42 Vgl. beispielsweise Diskriminierung der DDR im Abbau, in: Die Wirtschaft, 19. Jg. (1964), Nr. 11 vom 16. März 1964, S. 27. Das noch heute für die kommunistischen Staaten gültige Grundprinzip beruht im wesentlichen darauf, daß „die Widersprüche des Kapitalismus genutzt werden, um den Valutaumschlag zu beschleunigen. Der Konkurrenzkampf zwischen den kapitalistischen Firmen bietet angesichts der sich verschärfenden Krise des Kapitalismus dafür vielfältige Möglichkeiten (zum Beispiel durch die Vereinbarung von ... vorteilhaften Zahlungszielen im Import)." FAUDE, Eugen u.a.: Sozialistische Außenwirtschaft, a.a.O., S. 245
43 Weltoffene Handelspolitik, in: Die Wirtschaft, 19. Jg. (1964), Nr. 37 vom 7. September 1964, S. 3
44 Ebd.
45 WINKLER, Heiner: Zwischen Tokio, Rom und Rio. Imponierende Spannweite der Messebeteiligung aus dem nichtsozialistischen Ausland, in: Die Wirtschaft, 19. Jg. (1964), Nr. 40 vom 1.10.1964, S. 30f., hier: S. 30, im Original hervorgehoben
46 Vgl. ebd.
47 Vgl. GÖLDNER, Joachim: 30 Jahre intersystemare Wirtschaftsbeziehungen der DDR, in: Wissenschaftliche Zeitschrift der Universität Halle, 28. Jg. (1979), H. 5, S. 71–80, hier: S. 75f.
48 KUPPER, Siegfried: Der innerdeutsche Handel, a.a.O., S. 40f.
49 Vgl. ebd., S. 41
50 Vgl. ebd.
51 Vgl. ebd., S. 43
52 Vgl. ebd., S. 44
53 Vgl. Geschäftsbericht der Deutschen Bundesbank für das Jahr 1972, Frankfurt/M. 1973, S. 123
54 Vgl. Die Welt drängte nach Leipzig, in: Die Wirtschaft, 20. Jg. (1965), Nr. 11 vom 18. März 1965, S. 21
55 Vgl. ebd., S. 21f. sowie WINKLER, Heiner: Der große Zuspruch des nichtsozialistischen Auslands. Offerten, Verhandlungen, Geschäfte und Begegnungen, in: Die Wirtschaft, 20. Jg. (1965), H. 38, S. 14f.
56 WINKLER, Heiner: Neue Impulse für die internationale Zusammenarbeit. Zur Messebeteiligung des nichtsozialistischen Auslands, in: Die Wirtschaft, 22. Jg. (1967), H. 12, S. 17–20, hier: S. 20
57 Ebd.
58 KUPPER, Siegfried: Die Tätigkeit der DDR in den nichtkommunistischen Ländern, Bd. VII, Japan, Bonn 1971, S. 21
59 Vgl. ebd., S. 22
60 1971 stellte die Export-Import-Bank für die Lieferung von Investitionsgütern in die DDR erstmals einen Kredit über 58 Mill. US-$ bereit. Vgl. ebd., S. 31. Erst hiernach waren auch

japanische Privatbanken zur Vergabe umfangreicher gebundener Finanzkredite sowie Eurokredite an die DDR bereit, beispielsweise 1972 an die Industrie- und Handelsbank, Berlin(Ost), in Höhe von 52 Mill. US-$ für 10 Jahre. Vgl. Pick's Currency Yearbook 1975−76. S. 222

61 WINKLER, Heiner: Neue Impulse für die internationale Zusammenarbeit, a.a.O., S. 19
62 Vgl. KLOS, Heinz/OPELT, Karl-Heinz: Zu einigen Aspekten der Außenhandelstätigkeit mit kapitalistischen Ländern auf Kompensationsbasis, in: Wissenschaftliche Zeitschrift der Universität Halle, 28. Jg. (1979), H. 5, S. 81−86, hier: S. 76
63 KULESSA, Georg: Die Aufgaben der Deutschen Außenhandelsbank bei der Abwicklung von Außenhandelsoperationen, a.a.O., S. 17
64 Eigene Schätzungen, vgl. Anhang A
65 Eigene Schätzungen, vgl. Tabelle 6, 7 und 11
66 TREBUTH, R.: Zur Ausnutzung des kurzfristigen Kredits beim Import, a.a.O., S. 23
67 Ebd., S. 24
68 Aufgrund des hohen Anteils westdeutscher Lieferantenkredite ist diese Präferenz der ostdeutschen Währungsbehörden im Handel auf der Basis konvertibler Devisen im Westen weitgehend verkannt worden. Die pragmatische und realistische Haltung der DDR dürfte dabei wesentlich dem vergleichsweise hohen Einfluß der Auslandsabteilung der Deutschen Notenbank bzw. der späteren Außenhandelsbank zu verdanken sein.
69 Gebundene Finanzkredite und Lieferkredite erhielt die DDR bis Ende 1968 beispielsweise im Jahre 1964 für die Lieferung einer Großanlage zur Erzeugung von Kalkammonsalpeter im Wert von 10,4 Mill. US-$ durch die britische Firma Humphrey & Glasgow sowie 13,4 Mill. US-$ durch die französische Firma Ensa, von den Niederlanden seit Ende 1964 für die Lieferung von Küstenmotorschiffen, 1965 für den Import von Spezialfahrzeugen der britischen Firma Leyland-Motors sowie Kränen der britischen Crane Excavator Corporation, seit Anfang der sechziger Jahre für Lieferungen von Eisenbahnwaggons der belgischen Firma La Brugeoise et Nivelles, im Herbst 1965 im Umfang von 12 Mill. US-$ für die Lieferung einer Düngemittelfabrik durch den französischen Konzern Schneider-Creuzot sowie weiterer Industrieanlagen durch französische Firmen im Wert von 7 Mill. US-$, 1966 erneut langfristige Kredite für die Lieferung einer chemischen Fabrik durch die französische Ensa sowie für Gleisbauausrüstungen der österreichischen Firma Plasser & Theurer, für Textilmaschinen britischer Firmen und Planierraupen der italienischen Firma Fiat. 1967 erhielt die DDR einen langfristigen Kredit von 6,7 Mill. US-$ für die Errichtung einer Kaltkautschuk-Anlage durch den britischen Vickers-Zimmer-Konzern sowie schwedische Kredite für die Lieferung schwerer Grubentrucks für den ostdeutschen Kalibergbau, 145 Straßenlastzüge und eine komplette Mineralfaseranlage.
70 SCHLEIFFER, Siegwart: Der Euro(pa)dollarmarkt (Eurogeldmarkt), in: Deutsche Finanzwirtschaft. Ausgabe: Geld und Kredit/Versicherung, 22. Jg. (1968), H. 7, S. G 16f., hier: S. G 17
71 Ebd.
72 Vgl. GÖLDNER, Joachim: Rechtsprobleme intersystemarer Finanz- und Kreditbeziehungen, a.a.O., der sich dabei auf sowjetische Quellen stützt.
73 Vgl. Bank für internationalen Zahlungsausgleich: Jahresbericht, verschiedene Jahrgänge, sowie Anhang A
74 Vgl. beispielsweise International Monetary Fund: International Financial Statistics Yearbook 1981, Washington, D.C, 1981, passim
75 BRAUER, Rudolf: Die Wirtschaftsbeziehungen zwischen sozialistischen und kapitalistischen Staaten als Form des Klassenkampfes, in: Sozialistische Außenwirtschaft, 20. Jg. (1970), H. 4, S. 21−23, hier: S. 22
76 BERGSTRÖM, Siegfried: Beratungen über Probleme der weiteren Verschärfung der Krise des kapitalistischen Weltwährungssystems, a.a.O., S. 1193
77 SCHWARZ, J.: Wohin steuert die Währungskrise?, a.a.O., S. 36
78 STRAUSS, Franz J.: Entwurf für Europa, Stuttgart 1966, S. 42
79 Zitiert nach WEBER, Hermann/OLDENBURG, Fred: 25 Jahre SED. Chronik einer Partei, Köln 1971, S. 178
80 Zitiert nach ADLER-KARLSSON, Gunnar: Die Deutsche Frage und der Ost-West-Handel, in: Aussenwirtschaft. Zeitschrift für internationale Wirtschaftsbeziehungen, 25. Jg. (1970), S. 325−342, hier: S. 340

81 Gebundene Finanzkredite und Lieferkredite erhielt die DDR beispielsweise für die Lieferung von Großtankern durch die schwedische Salen-Reederei, für Lieferungen der französischen Industriegesellschaft CIFAL zur Modernisierung und Erweiterung von Reifenfabriken 1969 im Umfang von 14,1 Mill. US-$ und 1970 im Umfang von 12,6 Mill. US-$, 1969 für das in Schwarzheide von der französischen Gesellschaft Schneider-Creuzot errichtete Polyurethan-Werk im Wert von 49,5 Mill. US-$, 1970 einen 7-Jahres-Kredit im Umfang von über 100 Mill. US-$ für die Lieferung von 10.000 Eisenbahnwaggons aus französischer Produktion sowie weitere umfangreiche französische Kredite für Chemieanlagenlieferungen im Gesamtwert von schätzungsweise 35 Mill. US-$, 1969 für britische Chemieanlagenlieferungen im Wert von rund 50 Mill. US-$, 1970 von Schweden für die Lieferung von zwei Zigarrenfabriken und 250 Güterwaggons und 1971 für japanische Maschinen und Ausrüstungen der chemischen Verfahrenstechnik im Gesamtwert von schätzungsweise 80 Mill. US-$.
82 Vgl. KIRCHHOFF, A.: Staatlich sanktionierte langfristige Beziehungen – solide Außenwirtschaftsbasis, in: Die Wirtschaft, 25. Jg. (1970), H. 39, S. 27
83 Vgl. WEBER, Hermann/OLDENBURG, Fred: 25 Jahre SED, a.a.O., S. 188 sowie S. 193 zum Politbürobericht VERNERs
84 Zitiert nach BEIL, G.: Hohe Planziele erfordern effektivste Gestaltung der Außenwirtschaftstätigkeit, in: Sozialistische Außenwirtschaft, 20. Jg. (1970), H. 1, S. 1–4, hier: S. 2
85 Ebd.
86 ALBRECHT, Degenhard: 25 Jahre Sozialistische Einheitspartei Deutschlands – 25 Jahre erfolgreiche Außenwirtschaftspolitik, a.a.O., S. 4
87 Vgl. ZWASS, Adam: Money, Banking & Credit in the Soviet Union & Eastern Europe, London und Basingstoke 1979, S. 188
88 Vgl. Export statt Investitionen. Zum Fünfjahrplan 1971 bis 1975 der DDR-Wirtschaft, in: DIW-Wochenbericht, 38. Jg. (1971), Nr. 24, S. 170f. Jahresdurchschnittlichen Exportzuwächsen von 11 % standen danach Umsatzzuwächse von lediglich 8,8 % im Jahresdurchschnitt gegenüber. Die geplante Importzunahme dürfte somit rund 7 % jährlich betragen haben.
89 Eigene Berechnungen. Das geplante Umsatzvolumen im Perspektivplanzeitraum 1971–1975 betrug für Polen 16,5 Mrd. VM, Rumänien 6,5 Mrd. VM, die CSSR 21 Mrd. VM, Ungarn 12 Mrd. VM, die UdSSR 100 Mrd. VM und Bulgarien 10,8 Mrd. VM, insgesamt also 166,8 Mrd. VM. Vgl. Dokumente zur Außenpolitik der DDR, Band XVIII (1970), 1. Halbbd., S. 174, 227, 239, 242, 255, 277, 303, 328 sowie Band XIX (1971), 2. Halbbd., S. 1086. Im Zeitraum von 1966 bis 1970 wurde mit den übrigen sozialistischen Ländern Albanien, China, Jugoslawien, Korea, Kuba, Mongolei und Vietnam ein Umsatzvolumen von 7,67 Mrd. VM abgewickelt. Der für 1971 bis 1975 geplante Umsatz mit diesen Ländern dürfte daher etwa 12,5 Mrd. VM betragen haben.
90 Vgl. Export statt Investitionen, a.a.O., S. 171
91 Vgl. Statistisches Jahrbuch der DDR 1977, S. 257, eigene Berechnungen
92 Die verfügbaren Planansätze sind widersprüchlich, und zwar vor allem aufgrund der 1971 wiederholten Planänderungen im Zusammenhang mit der Wirtschaftskrise und dem Machtwechsel in der DDR sowie der Erschütterungen im westlichen Währungssystem. Mit hoher Wahrscheinlichkeit ist 1971 jedoch eine Stagnation der Importe geplant gewesen sowie ein Anstieg der Exporte ins sozialistische Währungsgebiet von rund 14 % und ins nichtsozialistische Währungsgebiet von etwa 24 %. Ex post gab die Staatliche Zentralverwaltung für Statistik bekannt, der Exportplan sei für 1971 mit 100,3 % erfüllt worden. Vgl. Dokumente zur Außenpolitik der DDR, Band XX (1972), 2. Halbbd., S. 1229. Daraus errechnet sich ein Planzuwachs von 11,5 % gegenüber dem Vorjahr.
93 Vgl. DDR-Wirtschaft in Wachstumsschwierigkeiten, in: DIW-Wochenbericht, 38. Jg. (1971), Nr. 38, S. 267
94 Ebd., S. 264
95 HOFMAN, O./SYDOW, P.: Frieden, Sozialismus, weltweite Zusammenarbeit und Wohlstand der Völker. Betrachtungen zum XXIV. Parteitag der KPdSU, in: Sozialistische Außenwirtschaft, 21. Jg. (1971), H. 5, S. 1–4, hier: S. 3
96 Ebd., S. 4, wobei schon die Reihenfolge der Aufzählung bemerkenswert erscheint.
97 DIETZ, Raimund: Preisveränderungen im sowjetischen Außenhandel mit der DDR (1956–1980), a.a.O., S. 46

98 Siehe Dokumente zur Außenpolitik der Regierung der DDR, Band XXI (1973), 1. Halbbd., S. 447
99 Siehe hierzu Anhang F
100 Siehe International Monetary Fund: International Financial Statistics. Supplement on Price Statistics, Washington, D.C. 1981, S. 3
101 Die internationalen Warenpreise stiegen 1973 um 53,3 % und 1974 um 28,0 %. Die Import-Einheitswerte der industrialisierten Länder stiegen 1973 um 22,5 % und 1974 um 41,5 %. Siehe ebd. Nach Berechnungen der Vereinten Nationen verteuerten sich Rohstoffe (einschließlich Rohöl) 1973 um 43 % und 1974 um 70 % gegenüber dem Vorjahr, während die Preise industrieller Fertigerzeugnisse, die weitgehend repräsentativ für die Entwicklung der Ausfuhrpreise der DDR sind, 1973 lediglich um 18 % und 1974 um 22 % anstiegen. Siehe auch BRENDEL, Gerhard/BRODE, Günter: Weltmarktpreisentwicklung der siebziger Jahre — Tendenzen und Ursachen, in: Die Wirtschaftswissenschaft, 28. Jg. (1980), S. 711–724
102 Zwar liegen keinerlei Daten vor, die für die Zeit nach 1970 eine einigermaßen realistische Schätzung der Terms of Trade der DDR gegenüber nichtsozialistischen Ländern zulassen würden. Wie die Berechnungen in Anhang D, Tabelle D.1, jedoch belegen, verschlechterten sich die Terms of Trade im Gesamtaußenhandel der DDR bis 1974 — dem letzten Jahr weitgehender Preisstabilität im RGW-Raum — bereits kräftig. Daraus läßt sich unter der Annahme weitgehend unveränderter Ein- und Ausfuhrpreise im Handel mit sozialistischen Ländern eine um so stärkere Verschlechterung der Terms of Trade der DDR im Handel mit dem nichtsozialistischen Währungsgebiet bis einschließlich 1974 ableiten.
103 Vgl. Tabelle C.6 in Anhang C
104 Eigene Berechnungen nach Anhang C
105 Vgl. ebd.
106 DOMDEY, Karl-Heinz: Zur ökonomischen Entwicklung und Außenwirtschaftspolitik der sozialistischen DDR, in: Wissenschaftliche Zeitschrift der Humboldt-Universität Berlin, 24. Jg. (1975), H. 6, S. 683–694, hier: S. 691
107 KOLLOCH, Klaus/KOLLOCH, Eveline: Zu einigen Aspekten der ökonomischen Zusammenarbeit zwischen den sozialistischen und kapitalistischen Ländern, in: Wissenschaftliche Zeitschrift der Humboldt-Universität Berlin, 24. Jg. (1975), H. 6, S. 741–743, hier: S. 743
108 Ebd., S. 742
109 Ebd.
110 Siehe auch die Ergebnisse der Schätzungen des Wiener Institutes für Internationale Wirtschaftsvergleiche beim Österreichischen Institut für Wirtschaftsforschung für die RGW-Länder im Zeitraum von 1965 bis 1975, angeführt bei LEVCIK, Friedrich: Ostverschuldung und Ost-West-Wirtschaftsbeziehungen, in: West-Ost-Journal 1977, Nr. 21 sowie LEVCIK, Friedrich/STANKOVSKY, Jan: Kredite des Westens und Österreichs an Osteuropa und die UdSSR, in: Monatsberichte des österreichischen Instituts für Wirtschaftsforschung, Nr. 5 (Mai 1977), S. 250–263
111 Vgl. die hier geschätzten Import-Volumenindizes in Tabelle D.1 und D.4 in Anhang D
112 Siehe Tabelle C.7 in Anhang C
113 Für die Planmäßigkeit der Verschuldung spricht nicht zuletzt die 1976 begonnene Verschleierung der Außenhandelsstatistik.
114 Amerikanischen Schätzungen zufolge lieferten die USA 1975 rund 1,96 Mill. t und 1976 2,88 Mill. t Getreide in die DDR, das entsprach fast 60 % der gesamten Getreideeinfuhren der DDR. Vgl. US Department of Agriculture: Agricultural Situation. Eastern Europe Review of 1979 and 1980.
115 1975 sanken die internationalen Warenpreise um durchschnittlich 18 %, die Preise für Metalle sogar um 19 % und für Agrarerzeugnisse um 20 %. Vgl. International Monetary Fund: International Financial Statistics. Supplement on Price Statistics, a.a.O., S. 3
116 Vgl. Anhang A, Tabelle A.3, eigene Berechnungen
117 Vgl. ebd., eigene Berechnungen
118 APPONYI, Alfred: Die Praxis der amerikanischen Ost-West-Finanzierung, in: ZIEGER, Gottfried, i.Z.m. Axel LEBAHN (Hrsg.): Finanzierungs- und Währungsprobleme des Ost-West-Wirtschaftsverkehrs, a.a.O., S. 253–261, hier: S. 258f.

119 HOFFMANN, Diether H.: Finanzierungsprobleme im Handel mit der DDR, ebd., S. 343–355, hier: S. 354.
120 Ebd.
121 Vgl. beispielsweise PORTES, Richard: East Europe's Debt to the West: Interdependence is a Two-Way Street, in: Foreign Affairs, Vol. 55 (July 1977), No. 4, S. 751–782 sowie SCHÜLLER, Alfred: Zahlungsbilanzausgleich und Marktstörungen im Verkehr zwischen zentralgeleiteten und marktwirtschaftlichen Volkswirtschaften, in: ORDO, Band 25 (1974), S. 31–55
122 SCHÜLLER, Alfred: Die Verschuldungskrise Polens als Ordnungsproblem, a.a.O., S. 9
123 Ebd., S. 23
124 Beispielsweise ein gebundener Finanzkredit eines japanischen Bankenkonsortiums in Höhe von 140 Mill. US-$ sowie ein Kredit der Export-Import-Bank Japans in Höhe von 283 Mill. US-$ (beide Ende 1977) für den Bau zweier Großanlagen der Petrochemie in Schwedt bei Berlin. Vgl. Archiv der Gegenwart, 49. Jg. (1979), S. 22550 sowie JACOBSEN, Hans-Adolf u.a.: Drei Jahrzehnte Außenpolitik der DDR, a.a.O., S. 733
125 Beispielsweise ein gebundener Finanzkredit 14 westdeutscher Banken in Höhe von 890 Mill. DM zur Finanzierung westdeutscher Chemieanlagenlieferungen durch die Firma Uhde (Hoechst) nach Schkopau sowie weitere gebundene Finanzkredite für die Realisierung von Projekten im Anlagenbau der Firma Krupp im Wert von etwa 200 Mill. DM. Siehe Aussenhandelsdienst der Industrie- und Handelskammern und Wirtschaftsverbände, VWD Vereinigte Wirtschaftsdienste, 29. Jg. (1975), H. 29, S. 570; H. 17, S. 332; 30. Jg. (1976), H. 26, S. 502
126 Nach veröffentlichtem und unveröffentlichtem Datenmaterial zum Umfang der amerikanischen Direktlieferungen und Transshipments von Getreide und Futtermitteln für die DDR schätzt der Verf. den Wert der DDR-Einfuhren auf 3,14 Mrd. US-$ im Zeitraum von 1969 bis 1981 und 1,91 Mrd. US-$ im Zeitraum von 1969 bis 1978. Mithin dienten allein 38 % des Nettotransfers aus bis Ende 1978 aufgenommenen Krediten und 59 % des Nettotransfers aus bis Ende 1981 aufgenommenen Krediten ausschließlich der Finanzierung dieser US-amerikanischen Lieferungen.
127 Zu Zielen und Organisation der Agrarpolitik der DDR siehe beispielsweise DDR-Handbuch, S. 13–25 und die dort angeführte Literatur
128 Vgl. Deutsches Institut für Wirtschaftsforschung: Handbuch DDR-Wirtschaft, a.a.O., S. 154f.
129 Lt. Wireless Bulletin gab das US-Handelsministerium am 4.11.1965 die Ausgabe einer Exportlizenz für den Verkauf von Weizen an die DDR im Wert von 3,4 Mill. US-$ bekannt. Vgl. Archiv der Gegenwart, 35. Jg. (1965), S. 12153D. Die Außenhandelsstatistik beider Länder läßt jedoch vermuten, daß Getreide- und Futtermittellieferungen erstmals schon 1963/64 erfolgten. Danach entwickelten sich die US-amerikanischen Exporte wie folgt (in Mill. US-Dollar):

	1963	1964	1965	1966	1967	1968	1969	1970	1971	1972
US-Statistik	6,4	20,2	12,4	24,9	26,3	29,0	32,4	32,5	25,4	14,9
DDR-Statistik	1,4	9,7	6,7	24,9	25,4	24,4	21,4	40,2	64,5	69,5

Quelle: US Department of Commerce: Survey of Current Business, verschiedene Jahrgänge; Statistisches Jahrbuch der DDR, verschiedene Jahrgänge; eigene Berechnungen, 1 US-$ = 4,20 (1972 3,87) VM. Diese Beobachtungen decken sich mit der Feststellung von DOMDEY aus dem Jahre 1964, auch die amerikanische Regierung erwäge „offensichtlich, von ihrer starren Embargopolitik etwas abzuweichen. Sie genehmigte im Oktober 1963 den Export landwirtschaftlicher Erzeugnisse nach der DDR. Lizenzen im Werte von rund 8,7 Millionen Dollar, und zwar für Weizen, Tabak, Mais, Sojabohnen, Gerste und Kleesamen wurden erteilt." DOMDEY, Karl-Heinz: Die Welthandelskonferenz und die Stellung der DDR auf dem kapitalistischen Weltmarkt, in: Die Wirtschaftswissenschaft, 12. Jg. (1964), S. 611–629, hier: S. 621 Die entsprechenden Lieferungen scheinen 1964 erfolgt zu sein.
130 Informationen des Verf. durch das US Department of Agriculture, Washington, D.C.
131 Vgl. LUTTRELL, Clifton B.: The Russian Grain Embargo: Dubious Success, in: Federal Reserve Bank of St. Louis Review, Vol. 62 (1980), No. 7, S. 2–8, hier: S. 6f.
132 Eigene Schätzungen. Siehe Tabelle 6 sowie Anhang C

133 Zu diesem Zeitpunkt leitete der Federal Reserve Board eine neue, restriktive Geldmengenpolitik ein, um den Sturz des US-Dollar an den internationalen Devisenmärkten aufzufangen, der inländischen Inflation Herr zu werden und das Vertrauen in die amerikanische Währung wiederherzustellen. Siehe Bank für Internationalen Zahlungsausgleich: 49. Jahresbericht, Basel 11. Juni 1979, S. 61 ff.
134 Vgl. Archiv der Gegenwart, 49. Jg. (1979), S. 22571f.
135 Vgl. Aussenhandelsdienst der Industrie- und Handelskammern und Wirtschaftsverbände, VWD Vereinigte Wirtschaftsdienste, 33. Jg. (1979), H. 38, S. 754
136 Vgl. Archiv der Gegenwart, 50. Jg. (1980), S. 24057. Im Rahmen dieses Krediteswird beispielsweise von der VOEST-Alpine AG ein Stahlwerk bei Eisenhüttenstadt im Wert von rund 12 Mrd. österreichischen Schilling errichtet.
137 Siehe FAZ Nr. 14 vom 17. Januar 1981, S. 13
138 Siehe Aussenhandelsdienst der Industrie- und Handelskammern und Wirtschaftsverbände, VWD Vereinigte Wirtschaftsdienste, 34. Jg. (1980), H. 37, S. 3
139 Vgl. beispielsweise FAZ Nr. 268 vom 19. November 1981, S. 13; FAZ Nr. 290 vom 15. Dezember 1981, S. 13 und FAZ Nr. 92 vom 21. April 1982, S. 5
140 Siehe FAZ Nr. 57 vom 9. März 1982, S. 11
141 Siehe hierzu im einzelnen Anhang F
142 Vgl. FAZ Nr. 57 vom 9. März 1982, S. 11 sowie ENGELEN, Klaus C.: Harte Zeiten, in: Handelsblatt Nr. 25 vom 4./5. Februar 1983, S. 2
143 Vgl. Handelsblatt Nr. 82 vom 29. April 1982, S. 1 sowie ENGELEN, Klaus C.: Nach Polen und Rumänien nun DDR-Zahlungskrise?, in: Handelsblatt Nr. 82 vom 29. April 1982, S. 3
144 CORNELSEN, Doris: Weiterhin Anspannung aller Ressourcen. Die Lage der DDR-Wirtschaft zur Jahreswende 1982/83, in: DIW-Wochenbericht, 50. Jg. (1983), Nr. 5, S. 51–58, hier: S. 51
145 Vgl. CORNELSEN, Doris/SCHERZINGER, Angela: DDR-Wirtschaftssystem: Kontrollmechanismen erneut verschärft, in: DIW-Wochenbericht, 49. Jg. (1982), Nr. 21
146 Vgl. Anhang C, Tabelle C.6 und C.7
147 KLOPFER, Heinz: Volkswirtschaftsplan 1982, in: Einheit, 37. Jg. (1982), H. 1, S. 3–6, hier: S. 5
148 Ebd.
149 Siehe die in den Tabellen 6 und 7 sowie in Anhang C ausgewiesenen Schätzungen
150 Vgl. Tabelle 7 sowie Anhang E
151 Vgl. Anhang A, Tabelle A.7
152 Zu Einzelheiten vgl. Anhang F
153 Vgl. CORNELSEN, Doris: Erfolgreiche Produktionsanstrengungen. Die Lage der DDR-Wirtschaft zur Jahresmitte 1984, in: DIW-Wochenbericht, 51. Jg. (1984), Nr. 32
154 Vgl. beispielsweise SEIDLITZ, Peter: Warnung aus Moskau, in: Handelsblatt Nr. 141 vom 30. Juli 1984, S. 8; MEIER, Viktor: Die Comecon-Konferenz hat im Osten wenig bewegt, in: FAZ Nr. 154 vom 16. Juli 1984, S. 10; SEIDLITZ, Peter: Widersprüchliches aus dem Kreml, in: Handelsblatt Nr. 150 vom 10./11. August 1984, S. 2 sowie SCHMELJOW, Nikolai: Ost-West-Beziehungen – Kredite und Politik, in: Horizont, H. 5/1984
155 Vgl. United Nations: Economic Survey of Europe in 1982, New York 1983, insbesondere S. 263 ff.
156 LEVCIK, Friedrich: Ostverschuldung und Ost-West-Wirtschaftsbeziehungen, a.a.O.
157 Moskaus „Regenschirm" gibt es nicht. Die Sowjetunion hilft ihren „Bruderstaaten" nur begrenzt, in: FAZ Nr. 258 vom 6. November 1981, S. 14
158 Siehe Tabelle 17, berechnet zu einem Kurs von durchschnittlich 0,72 Rubel je US-Dollar
159 Eigene Berechnungen nach Bank für internationalen Zahlungsausgleich. Währungs- und Wirtschaftsabteilung: Das internationale Bankgeschäft. Erstes Quartal 1984, Basel im Juli 1984, Tabelle 5 ff.
160 Siehe Anhang F

Zu Abschnitt 4:

1 FAUDE, Eugen/GROTE, Gerhard/LUFT, Christa u.a.: Sozialistische Außenwirtschaft, Berlin(Ost) 1976, S. 136

2 DOMDEY, Karl-Heinz: Neokolonialismus oder Unabhängigkeit und sozialistische Wirtschaftshilfe. Zur Politik der sozialistischen und der imperialistischen Staaten gegenüber den ökonomisch schwachentwickelten Ländern, Berlin(Ost) 1962, S. 55
3 FAUDE, Eugen u.a.: Sozialistische Außenwirtschaft, a.a.O., S. 137
4 Heinrich RAU in: Neues Deutschland vom 5. März 1961
5 Vgl. DOMDEY, Karl-Heinz: Neokolonialismus oder Unabhängigkeit und Sozialistische Wirtschaftshilfe, a.a.O., S. 55
6 Vgl. ebd., S. 53f.
7 Ebd., S. 54
8 Ebd., S. 58
9 FAUDE, Eugen u.a.: Sozialistische Außenwirtschaft, a.a.O., S. 138
10 Ebd.
11 DOMDEY, Karl-Heinz: Neokolonialismus oder Unabhängigkeit und sozialistische Wirtschaftshilfe, a.a.O., S. 57f.
12 FAUDE, Eugen u.a.: Sozialistische Außenwirtschaft, a.a.O., S. 138
13 DOMDEY, Karl-Heinz: Neokolonialismus oder Unabhängigkeit und sozialistische Wirtschaftshilfe, a.a.O., S. 139
14 Ebd., S. 67
15 Ebd.
16 FAUDE, Eugen u.a.: Sozialistische Außenwirtschaft, a.a.O., S. 139
17 Vgl. ebd., S. 140
18 Ebd., S. 137
19 Vgl. JACOBSEN, Hanns-Dieter: Strategie und Schwerpunkte der Außenwirtschaftsbeziehungen, in: Drei Jahrzehnte Außenpolitik der DDR, S. 293–311, hier: S. 303
20 Vgl. HAENDCKE-HOPPE, Maria: Die Außenwirtschaftsbeziehungen der DDR. Grundzüge – Schwerpunkte – Perspektiven, FS-Analysen, H. 4, Berlin 1980, S. 52 und S. 61
21 OSTEN, Walter: Die Außenpolitik der DDR. Im Spannungsfeld zwischen Moskau und Bonn, Opladen 1969, S. 79
22 Vgl. JACOBSEN, Hanns-Dieter: Strategie und Schwerpunkte der Außenwirtschaftsbeziehungen, a.a.O., S. 303 und S. 305
23 Vgl. Kapitel II.C, Abschnitt 1
24 Siehe insbesondere auch BOLZ, Klaus: Die Außenwirtschaftspolitik der DDR gegenüber westlichen Industrieländern und gegenüber den Entwicklungsländern zur Sicherung der Rohstoffversorgung, in: GUTMANN, Gernot (Hrsg.): Das Wirtschaftssystem der DDR – Wirtschaftspolitische Gestaltungsprobleme, Stuttgart 1983
25 Vgl. insbesondere FÖRSTER, Wolfgang: Das Außenhandelssystem der sowjetischen Besatzungszone Deutschlands, 3. Aufl., Bonn (Bundesministerium für gesamtdeutsche Fragen) 1957, S. 26 sowie NATTLAND, Karl-Heinz: Der Außenhandel in der Wirtschaftsreform der DDR, a.a.O., S. 47f. zur internen Organisationsstruktur des Außenhandelsministeriums der DDR
26 Siehe SPRÖTE, Wolfgang/HAHN, Gerhard: DDR-Wirtschaftshilfe contra Bonner Neokolonialismus, Berlin(Ost) 1965, S. 103
27 Eigene Berechnungen auf der Basis effektiver Auslandspreise nach dem Statistischen Jahrbuch der DDR 1982, S. 230
28 Vgl. hierzu Anhang C
29 „Beim Import verfolgen die RGW-Länder das Prinzip, die Erzeugnisse im jeweiligen *Ursprungsland* zu kaufen und den Zwischenhandel imperialistischer Monopolgesellschaften nach Möglichkeit auszuschalten." FAUDE, Eugen u.a.: Sozialistische Außenwirtschaft, a.a.O., S. 138
30 Vgl. BOLZ, Klaus: Die Außenwirtschaftspolitik der DDR gegenüber westlichen Industrieländern und gegenüber den Entwicklungsländern zur Sicherung der Rohstoffversorgung, a.a.O.
31 Eigene Berechnungen nach dem Statistischen Jahrbuch der DDR 1982, S. 230f.
32 Eigene Berechnungen nach ebd.
33 Eigene Berechnungen nach ebd.
34 Vgl. Statistisches Jahrbuch der DDR 1982, S. 235
35 Vgl. ebd. sowie Informationen des Verf.

36 Eigene Berechnungen auf der Basis unveröffentlichten Materials der Banco Central do Brasil, normalerweise in den siebziger Jahren zu über 60 %, 1973 sogar zu 80 %
37 Eigene Berechnungen
38 Informationen und Berechnungen des Verf.
39 Informationen des Verf. durch Banco Central de Venezuela, Caracas
40 Vgl. Moscow Narodny Bank Press Bulletin, No 946, 16. November 1982, S. 7
41 Vgl. LAMM, Hans Siegfried/KUPPER, Siegfried: DDR und Dritte Welt, a.a.O., S. 158 ff. sowie S. 281 ff.
42 Nach eigenen Berechnungen auf der Basis unveröffentlichten Materials der Banco Central del Ecuador exportierte Ecuador 1978, 1979 und 1981 nur Bananen in die DDR; 1977 machten Bananen 98 % und 1980 96 % der ecuadorianischen Exporte in die DDR aus.
43 Eigene Informationen
44 Nach unveröffentlichtem Material der Banque Centrale des Etats de l'Afrique de l'Ouest
45 Vgl. HAENDCKE-HOPPE, Maria: Die Außenwirtschaftsbeziehungen der DDR, a.a.O., S. 61
46 DOMDEY, Karl-Heinz: Neokolonialismus oder Unabhängigkeit und sozialistische Wirtschaftshilfe, a.a.O., S. 64
47 Vgl. die Ausführungen des stellvertretenden DDR-Außenhandelsministers SACHSE bei Kreditverhandlungen im Dezember 1977 in Indonesien, in: Archiv der Gegenwart, 49. Jg. (1979), S. 22550, Ziffer 11
48 Vgl. Moscow Narodny Bank Press Bulletin, No 953, 20. Juli 1983, S. 10
49 FAUDE, Eugen, u.a.: Sozialistische Außenwirtschaft, a.a.O., S. 138
50 Differenziertere Berechnungen sind möglich auf der Grundlage unveröffentlichten Datenmaterials der Banco Central do Brasil. Aus den dem Verf. vorliegenden Basisdaten errechnen sich folgende jährliche Wachstumsraten für brasilianischen Rohkaffee Bestimmungsland DDR (in %):

	1972	1973	1974	1975	1976	1977	1978	1979	1980	1981
Preise in US-$	+24	+34	−6	−8	+85	+127	−33	+10	−16	−30
Mengen in t	+51	+23	−43	+65	−8	−44	+4	+20	+2	+25

Wie diese Berechnungen deutlich zeigen, hat das Importverhalten der DDR zu einer Stabilisierung der Rohkaffee-Erlöse Brasiliens lediglich 1977 (durch Importdrosselung bei stark steigenden Preisen) und 1981 (durch Importausweitung bei fallenden Preisen) beigetragen. In den übrigen Jahren hat der Außenhandel der DDR die Instabilitäten nicht nur nicht gedämpft, sondern häufig sogar (wie 1972, 1973, 1974 und 1979) massiv verstärkt. Dieses Ergebnis wiegt um so schwerer, als die Kaffeelieferungen in der Regel etwa 60 % der brasilianischen Ausfuhren in die DDR ausmachen.
51 Siehe Anhang F
52 Eigene Berechnungen nach unveröffentlichtem Material der Bank Markazi Iran, berechnet für einen Kurs des US-$ von 75,399 Rial Ende März 1981. Der Gesamtbetrag der bis dahin gewährten iranischen Exportkredite betrug 8,593 Mrd. Rial.
53 Mitteilung der Banco de Mexico S.A. an den Verf.
54 Vgl. Forschungsinstitut der Friedrich Ebert-Stiftung: Entwicklungspolitik kommunistischer Länder. Trends und Analysen, Bonn-Bad Godesberg 1979, Teil I, S. 43 sowie eigene Schätzungen
55 Vgl. Moscow Narodny Bank Press Bulletin, No 959 vom 18. Januar 1984, S. 24
56 Siehe insbesondere BARTSCH, Jürgen: Die kommunistische Entwicklungshilfe, in: Wirtschaftsdienst, 51. Jg. (1971), H. 2, S. 86−90; Presse- und Informationsamt der Bundesregierung (Hrsg.): Aktuelle Beiträge zur Wirtschafts- und Finanzpolitik, Nr. 69, Bonn 1971, S. 9; LAMM, Hans Siegfried/KUPPER, Siegfried: DDR und Dritte Welt, a.a.O.; vor allem aber die sorgfältig recherchierten Ergebnisse Henrik BISCHOFs, auf dessen Erhebungen sich nahezu alle anderen Autoren stützen. Vgl. BISCHOF, Henrik: Nach der Anerkennung − Eine Bestandsaufnahme der Beziehungen DDR−Dritte Welt, in: Monatsberichte des Forschungsinstituts der Friedrich Ebert-Stiftung. Entwicklungspolitische Aktivitäten kommunistischer Länder, Bonn-Bad Godesberg 1974, H. 1, S. 216−242; Ders.: Zur Kapitalhilfe kommunistischer Staaten an Entwicklungsländer (Materialien), ebd., Bonn-Bad Godesberg 1975, H. 1, S. 111−154 sowie Ders.: Die DDR in Afrika, ebd., Bonn-Bad Godesberg 1977, H. 2, S. 261−296

57 Siehe Anhang E
58 Zwischen 1978 und 1982 beliefen sich die Waffenimporte Perus auf 1,20 Mrd. US-$ (davon aus der Sowjetunion 0,53 Mrd. US-$), die Waffeneinfuhren des Iran auf 6,70 Mrd. US-$ (davon immerhin 1,00 Mrd. US-$ aus der Sowjetunion) und die Rüstungsimporte Afghanistans auf 0,68 Mrd. US-$ (davon 0,65 Mrd. US-$ allein aus der UdSSR). Vgl. U.S. Arms Control and Disarmament Agency: World Military Expenditures and Arms Transfer 1972–1982, a.a.O., S. 97
59 Vgl. DOMDEY, Karl-Heinz: Neokolonialismus oder Unabhängigkeit und sozialistische Wirtschaftshilfe, a.a.O., S. 66
60 Siehe ebd.
61 Siehe LAMM, Hans Siegfried/KUPPER, Siegfried: DDR und Dritte Welt, a.a.O., S. 244
62 Siehe OBST, Werner: DDR-Wirtschaft, a.a.O., S. 163 und OSTEN, Walter: Die Außenpolitik der DDR, a.a.O., S. 79 ff.
63 Vgl. United Nations: Economic Survey of Europe in 1957, a.a.O., Chapter VI, S. 10
64 Siehe Der Aussenhandel und der innerdeutsche Handel, 4. Jg. (1954), S. 730. Der seit 1953 ununterbrochen bestehende Clearingverkehr wurde im wesentlichen lediglich dem expandierenden Handelsaustausch in Form von Swingerhöhungen angepaßt und 1962 von ägyptischen Verrechnungspfund auf Verrechnungs-Pfund Sterling umgestellt.
65 Vgl. Statistisches Jahrbuch der DDR 1968, S. 387
66 Vgl. Monatsberichte entwicklungspolitischer Aktivitäten kommunistischer Länder, Bonn-Bad Godesberg 1969, H. 2, S. 19
67 Vgl. BISCHOF, Henrik: Erdöl und Erdgas in der kommunistischen Entwicklungspolitik, in: Monatsberichte entwicklungspolitischer Aktivitäten kommunistischer Länder, Bonn Mai 1974, S. 401–427, hier: S. 404
68 Siehe ebd.
69 Vgl. ebd., passim
70 Zu Hinweisen darauf vgl. GÖTZ, Julius: Die Rohstoffwirtschaft der DDR, Bonn (Gesamtdeutsches Institut) 1980, S. 13 sowie ausführlicher Ders.: Die Energiewirtschaft der DDR. Ein Überblick über die Entwicklung, Bonn (Gesamtdeutsches Institut) 1978, S. 37 f.
71 Vgl. The Bagdad Observer vom 3.7.1969 sowie HANNEMANN, Gerfried: Die Bedeutung der ökonomischen Hilfe der sozialistischen Länder für die Entwicklung des progressiven Irak, in: Sozialistische Außenwirtschaft, 20. Jg. (1970), H. 6, S. 24–27
72 Dokumente zur Außenpolitik der DDR, Bank XX, 1. Halbbd. (1972), S. 686–689, hier: S. 687
73 Ebd.
74 Ebd.
75 Ägypten lieferte 1969 479.000 t, 1970 932.000 t und 1971 538.000 t. Der Gesamtwert dieser Lieferungen dürfte sich, je nach den von Ägypten tatsächlich verlangten Preisen sowie Fracht- und Versicherungskosten auf 30 bis 40 Mill. US-$ belaufen haben. 1967 hatte die DDR Ägypten Militärhilfe im Umfang von 43 Mill. US-$ zugesagt. Zumindest 1969 ist es tatsächlich zu umfangreichen Waffenlieferungen gekommen.
76 Vgl. Entwicklungspolitik kommunistischer Länder. Trends und Analysen, Bonn-Bad Godesberg 1978, Teil I, S. 15
77 Siehe Anhang E
78 Vgl. Dokumente zur Außenpolitik der DDR, Bank XXIII, 1. Halbbd. (1975)
79 Eigene Berechnungen nach International Monetary Fund: International Financial Statistics Yearbook 1981, Washington, D.C. 1981, S. 89
80 Siehe Abkommen zwischen der Regierung der Deutschen Demokratischen Republik und der Regierung der Syrischen Arabischen Republik über die Regelung des Zahlungsverkehrs zwischen beiden Staaten vom 10. April 1975, in: Dokumente zur Außenpolitik der DDR, Band XXIII, 1. Halbbd. (1975), S. 645–647
81 Vgl. BISCHOF, Henrik: Erdöl und Erdgas in der kommunistischen Entwicklungspolitik, a.a.O., S. 410
82 In den Jahren (des Gregorianischen Kalenders) 1352 bis 1358 exportierte der Iran in die DDR Waren (ohne Rohöl) im Wert von 1405,3 Mill. Rial. Die DDR bezahlte jedoch allein im Clearing für Lieferungen und iranische Dienstleistungen 4957,1 Mill. Rial. Die Differenz in Höhe von 3551,8 Mill. Rial oder etwa 50 Mill. US-$ stellt wahrscheinlich überwiegend im Clearing bezahltes Rohöl dar.

83 Bei diesen Berechnungen wurde der Weltmarktpreis für Rohöl Arabian Light, fob Persischer Golf, API-Wichte 34,0 bis 34,9° zugrundegelegt, der offenbar auch von den DDR-Behörden selbst als Referenzpreis angesehen wird. Das ergibt sich aus Preistabellen und „Berichten zur Konjunktur" des Forschungsinstituts des Ministeriums für Außenhandel. Siehe BRENDEL, Gerhard/BRODE, Günter: Weltmarktpreisentwicklung der siebziger Jahre — Tendenzen und Ursachen, in: Wirtschaftswissenschaft, 28. Jg. (1980), S. 711—724, hier: S. 717
84 Vgl. Der Tagesspiegel vom 5. Dezember 1982, zitiert nach HAENDCKE-HOPPE, Maria: Extreme Anstrengungen in der DDR-Außenwirtschaft, a.a.O., S. 63
85 BOLZ, Klaus: Die Außenwirtschaftspolitik der DDR gegenüber westlichen Industrieländern und gegenüber den Entwicklungsländern zur Sicherung der Rohstoffversorgung, a.a.O.,
86 Ebd.
87 Eigene Berechnungen nach DOMDEY, Karl-Heinz: Neokolonialismus oder Unabhängigkeit und sozialistische Wirtschaftshilfe, a.a.O., S. 63
88 Der Import sollte bis 1960 bei Wolle auf 204 %, bei Baumwolle auf 115 %, bei Bohnenkaffee auf 227 %, bei Kakaobohnen auf 185 % und bei rohen Häuten auf 183 % des Niveaus von 1955 steigen. Vgl. Gesetz über den 2. Fünfjahrplan zur Entwicklung der Volkswirtschaft der DDR für die Jahre 1956 bis 1960 vom 8. Januar 1958, in: Gesetzblatt der DDR, Teil I, Nr. 5 vom 20.1.1958
89 NITZ, Hans-Jürgen: Außenhandel — Produktion — Perspektivplanung, in: Der Aussenhandel, 13. Jg. (1963), H. 1, S. 8—16, hier: S. 11
90 Ebd.
91 Ebd.
92 BLESSING, Helmut: Der internationale langfristige Kredit als nationales Planungs- und Leitungsproblem, in: Der Aussenhandel, 15. Jg. (1965), H. 6, S. 42—44, hier: S. 43
93 Ebd.
94 Eigene Schätzungen nach tschechischen und indonesischen Meldungen. Die indonesischen Zahlungsverpflichtungen stiegen infolge der vergleichsweise hohen Zinsen, die die Außenhandelsbetriebe der DDR für die von ihnen abgeschlossenen Kredite verlangten, bis Ende 1969 erheblich an. Trotz zwischenzeitlicher Rückzahlung kurzfristiger Zahlungsverpflichtungen in Höhe von 5,6 Mill. US-$ in den Jahren 1968 und 1969 betrug die indonesische Kapitalschuld Ende Oktober 1969 — also vor Beginn der vereinbarten mittelfristigen Rückzahlung — noch 44,6 Mill. US-$, die aufgelaufene Zinsschuld allein 32,5 Mill. US-$. Vgl. Friedrich Ebert-Stiftung: Entwicklungspolitik kommunistischer Länder, Bonn-Bad Godesberg 1969, H. 2, S. 374ff. und H. 5, S. 70
95 Vgl. KUPPER, Siegfried: Die Tätigkeit der DDR in den nichtkommunistischen Ländern IX. Südostasien und Amerika, Bonn (Forschungsinstitut der Deutschen Gesellschaft für Auswärtige Politik) o.J., S. 36f.
96 Chile erhielt beispielsweise 1972 einen Kredit der IBWZ, Moskau, über 50 Mill. US-$, an dem die CSSR, die DDR, Polen und Ungarn beteiligt waren. Siehe Forschungsinstitut der Friedrich Ebert-Stiftung: Entwicklungspolitik kommunistischer Länder. Trends und Analysen, Bonn-Bad Godesberg 1978, Teil II, S. 81
97 MACHOWSKI, Heinrich/SCHULTZ, Siegfried: Die Beziehungen zwischen den sozialistischen Planwirtschaften und der Dritten Welt, in: Deutschlandarchiv, 14. Jg. (1981), H. 7, S. 737—745, hier: S. 742
98 Siehe LAMM, Hans Siegfried/KUPPER, Siegfried: DDR und Dritte Welt, a.a.O., S. 139
99 Ziehungen abzüglich Rückzahlungen an Zinsen und Tilgung, also Nettoverschuldung abzüglich Zinsen
100 Siehe die in Anhang E zusammengetragenen Kreditvereinbarungen und Konditionen
101 Die höchsten Handelsbilanzdefizite seiner Geschichte erlebte Brasilien 1974 bis 1976 mit Passivsalden von zusammengerechnet 10,682 Mrd. US-$, nachdem die Handelsbilanz bis einschließlich 1973 nahezu ausgeglichen gewesen war. Vgl. International Monetary Fund: International Financial Statistics Yearbook 1981, Washington, D.C. 1981, S. 125
102 Nach eigenen Berechnungen auf der Basis unveröffentlichten Datenmaterials der Banco Central do Brasil betrug der Anteil seit 1976 zwischen 50 und 60 % des DDR-Ausfuhrwertes.

103 Vgl. Statistisches Jahrbuch der DDR 1982, S. 239f.
104 Die Tonnenpreise der ostdeutschen Kunstdüngerlieferungen nach Brasilien entwickelten sich nach eigenen Berechnungen auf der Basis unveröffentlichter Daten der Banco Central do Brasil wie folgt (in US-$):

1971	1972	1973	1974	1975	1976	1977	1978	1979	1980	1981
39,9	40,5	43,2	73,5	91,5	63,7	58,3	68,1	94,1	151,2	160,3

105 Vgl. die Ausführungen zu den handelspolitischen Forderungen der UNCTAD und der „Gruppe der 77" in: MACHOWSKI, Heinrich/SCHULTZ, Siegfried: Die Beziehungen zwischen den sozialistischen Planwirtschaften und der Dritten Welt, a.a.O., S. 744f.
106 GÖLDNER, Joachim: Rechtsprobleme intersystemarer Finanz- und Kreditbeziehungen, in: Wissenschaftliche Zeitschrift der Universität Halle, Band XXVII (1978), Reihe G, H. 5, S. 109–117, hier: S. 113
107 Siehe beispielsweise International Monetary Fund: Annual Report on Exchange Arrangements and Exchange Restrictions 1982, Washington, D.C., 1983, insbesondere S. 46
108 1983 beispielsweise mit Nicaragua, Sao Tome e Principe, Zimbabwe und Tansania. Vgl. Moscow Narodny Bank Press Bulletin, No 949 vom 16.3.1983, S. 11; No 953 vom 20.7. 1983, S. 8 und S. 10 sowie No 955 vom 21.9.1983, S. 25. Nach Informationen der Bank of Ghana an den Verf. hat die DDR auch mit diesem Land im Jahr 1982 zwei Barter-Geschäfte abgeschlossen, die dem Austausch spezifischer Waren dienen.
109 Vgl. Ost-Berlin favorisiert Kompensationsgeschäfte, in: Handelsblatt Nr. 128 vom 11. Juli 1984, S. 8
110 Vgl. SCHUSTER, Falko: Gegengeschäfte sind nicht nur des Teufels. Was der Gesamtwirtschaft schadet, kann dem Unternehmer auch nützen, in: Blick durch die Wirtschaft, 22. Jg. (1979), Nr. 22 vom 25. September, S. 1
111 SCHUSTER, Falko: Gegen- und Kompensationsgeschäfte als Marketing-Instrumente im Investitionsgüterbereich, a.a.O., S. 313
112 Dabei soll es sich nach Auskunft des damaligen chilenischen Außenministers ALMEYDA am 31.12.1982 vor der Presse um einen Betrag von 15,0 Mill. US-$ gehandelt haben, der als Devisenkredit für den Devisenfonds der chilenischen Zentralbank bestimmt war und in den Jahren 1974 und 1975 in Form chilenischer Kupferlieferungen zu tilgen war. Vgl. Monatsberichte des Forschungsinstituts der Friedrich-Ebert-Stiftung. Entwicklungspolitische Aktivitäten kommunistischer Länder, Bonn-Bad Godesberg 1973, Teil I, S. 71 und S. 193. Tatsächlich exportierte Chile in den Jahren von 1973 bis 1975 35.700 t Elektrolytkupfer und 15.300 t unraffinierten Kupfer in die DDR. Vgl. Metallgesellschaft: Metallstatistik, verschiedene Jahrgänge. Der Marktwert der Lieferungen unraffinierten Kupfers allein lag – zu Preisen von 1972 gerechnet – bei 15 Mill. US-$.
113 Die Gold- und Devisenreserven Chiles wurden unter ALLENDE geheimgehalten. Später veröffentlichten Quartals-Daten läßt sich jedoch entnehmen, daß Chiles Devisenreserven von 75,9 Mill. US-$ Ende Oktober 1972 auf 94,6 Mill. US-$ Ende Dezember 1972 bei unveränderten Goldreserven anstiegen, um bis Ende März 1973 wieder auf 45,0 Mill. US-$ zu fallen. Siehe International Monetary Fund: International Financial Statistics Monthly, Vol. XXIX (February 1976), No. 2, S. 98
114 Vgl. etwa KISSINGER, Henry: The Salt II Treaty. Hearings before the Senate Comittee on Foreign Relations, Washington, D.C., 1979, Part 3, 31 July 1979, S. 171 sowie SNITCH, Thomas H.: East European Involvement in the World's Arms Market, in: U.S. Arms Control and Disarmament Agency: World Military Expenditures and Arms Transfers 1972–1982, Washington, D.C., 1984, S. 117–121
115 Vgl. beispielsweise Forschungsinstitut der Friedrich Ebert-Stiftung: Außenpolitik kommunistischer Länder und Dritte Welt, Bonn-Bad Godesberg, verschiedene Jahrgänge
116 Vgl. Waffen füllen die Devisenkassen, in: Handelsblatt Nr. 75 vom 13./14. April 1984, S. 9
117 Informationen des Verfassers. Vgl. auch Archiv der Gegenwart, 49. Jg. (1979), S. 22983f.
118 Bestätigung durch Juntamitglied Ramirez am 7.7.1980 auf einer Pressekonferenz in Panama. Vgl. Forschungsinstitut der Friedrich-Ebert-Stiftung: Außenpolitik kommunistischer Länder und Dritte Welt, Bonn-Bad Godesberg 1980, Teil I, S. 353. Siehe auch ebd., S. 355
119 Vgl. SNITCH, Thomas H.: East European Involvement in the World's Arms Market, a.a.O., S. 118
120 Vgl. ebd., S. 117ff.
121 Nach eher vorsichtigen Schätzungen halten sich Anfang der achtziger Jahre etwa 2200 ost-

deutsche Militärberater in nichtkommunistischen Entwicklungsländern auf, davon allein 125 in Guinea, 160 im Irak, 210 in Syrien, 250 in Algerien, 325 im Südjemen, 450 in Angola und 550 in Äthiopien. Vgl. WEINBERGER, Caspar W.: Jahresbericht des amerikanischen Verteidigungsministeriums vom 8. Februar 1982 (Auszüge), in: Europa-Archiv. Dokumente, 37. Jg. (1982), S. D355–D384, hier: S. D377

Zu Abschnitt 5:

1 KÖHLER hat den Versuch unternommen, die *Gesamtzahlungsbilanz* der DDR für den Zeitraum von 1949 bis 1963 zu schätzen. Siehe KÖHLER, Heinz: Economic Integration in the Soviet Bloc, a.a.O. SNELL hat eine Schätzung der *Zahlungsbilanz mit westlichen Industrieländern*, allerdings ohne Differenzierung zwischen Hartwährungen einerseits und Verrechnungswährungen andererseits für den Zeitraum von 1959 bis 1971 vorgelegt. Siehe SNELL, Edwin H.: Eastern Europe's Trade and Payments with the Industrial West, in: Reorientation and Commercial Relations of the Economies of Eastern Europe. A Compendium of Papers submitted to the Joint Economic Committee. Congress of the United States, Washington, D.C., 1974, S. 682–724, hier insbesondere S. 704
2 Vgl. jedoch die Ausführungen und Daten weiter oben in Kapitel III.A
3 Veränderung der Bruttoverschuldung innerhalb eines Kalenderjahres
4 Vgl. allerdings GREEN, Donald W.: How the dollar's fall distorted the picture of Comecon debt, in: Euromoney, June 1980, S. 47–53 sowie SNELL, Edwin M.: Eastern Europe's Trade and Payments with the Industrial West, a.a.O. SNELL scheint allerdings nur Hartwährungsverschuldung einerseits und innerdeutsche Clearingverschuldung andererseits vergleichbar machen zu wollen.
5 Ende 1978 sollen Polens Auslandsverbindlichkeiten zu etwa 55 % auf andere Währungen als den US-Dollar gelautet haben. Vgl. GREEN, Donald W.: How the dollar's fall distorted the picture of Comecon debt, a.a.O., S. 50
6 Vgl. ebd., S. 47
7 Nach Informationen des Verf. sind die auf Pfund Sterling und französische Francs lautenden Bankforderungen sehr gering. Siehe Anhang A. Nach einer Übersicht des japanischen Finanzministeriums hatte die DDR am 30. September 1982 Gesamtschulden in Höhe von 961 Mill. US-$, davon lauteten 90 % auf US-Dollar, 10 % auf Yen. Vgl. Blick durch die Wirtschaft, Nr. 27 vom 8. Februar 1983, S. 2. In den Jahren 1983 und 1984 hat die DDR jedoch infolge des hohen Kurses des US-Dollar einen zunehmenden Teil ihrer neu aufgenommenen Kredite in DM akzeptieren müssen. Die Banken suchen sich auf diese Weise offenbar zunehmend gegen mögliche Abwertungsverluste abzusichern. Siehe Anhang F. Nichtbankenforderungen an die DDR lauteten stets ganz überwiegend auf nationale Währung.
8 Eigene Berechnungen nach dem Statistischen Jahrbuch der DDR 1975, S. 264f.
9 Vgl. Handelsblatt Nr. 57 vom 23.3.1982, S. 9
10 Vgl. FAZ Nr. 57 vom 9.3.1982, S. 11
11 Vgl. Bank für internationalen Zahlungsausgleich: 53. Jahresbericht 1982/83, Basel 1983, S. 169
12 Eigene Schätzungen, siehe Tabelle B.4. Die tatsächliche Höhe der Einzahlungen von westdeutscher Seite zugunsten von „Sonderkonto S" wird vertraulich behandelt.
13 Siehe insbesondere Kapitel III.A, Abschnitt 4, S. 171ff.
14 Vgl. Tabelle 8 sowie die auf S. 171f. angeführten Beispiele
15 Vgl. BECK, Hubertus: Die Bedeutung einer operativen Valutareserve, a.a.O.
16 Ende 1983 betrug der Swinghöchstbetrag noch 770,0 Mill. VE, der Verrechnungskredit wurde jedoch nur mit 480,7 Mill. VE Ende 1983 in Anspruch genommen. Im Jahre 1984 hat die DDR die Swinginanspruchnahme nach Auskünften der Deutschen Bundesbank an den Verf. weiter bis auf zeitweise 91,4 Mill. VE (Juli 1984) reduziert.
17 Vgl. Ein dramatischer Effekt ist kaum zu erwarten, in: Handelsblatt Nr. 214 vom 8. November 1982, S. 9
18 Eigene Berechnungen nach Tabelle 30. Diese Angaben weichen aus methodischen Gründen von den Zahlen zum „kumulierten Aktivsaldo" der Bundesrepublik Deutschland gegenüber der DDR ab, wie sie regelmäßig vom Bundesministerium für Wirtschaft, Bonn, berechnet und veröffentlicht werden.
19 Siehe Tabelle 29
20 Eigene Berechnungen nach Tabelle 30

IV. AUSBLICK UND WIRTSCHAFTSPOLITISCHE IMPLIKATIONEN

Praktische internationale Währungspolitik wird im sozialistischen Staat keineswegs vom ökonomisch überwiegend inkompetenten Politbüro der kommunistischen Partei allein „gemacht". Sie liegt vielmehr weitgehend in der Hand einer kleinen, geschlossenen und sachkundigen Führungselite, die nur einen Teil des Politbüros, die Spitzen der Staatsbürokratie sowie sowjetische Experten und Repräsentanten der militärischen Führung umfaßt. Diese Feststellungen implizieren freilich nicht, daß die praktizierte Politik des sozialistischen Staates auch jenen Leitbildvorstellungen entspricht, die von einem weitgehend monolithischen, zweckrational, planmäßig und einheitlich handelnden politischen Entscheidungssystem ausgehen. Es läßt sich im Gegenteil gerade unter diesen Bedingungen erwarten und für die praktische Politik der DDR nachweisen, daß die politischen Entscheidungen Ergebnis komplexer interner Willensbildungsprozesse sind, wobei im Bereich internationaler Währungspolitik vor allem die sowjetischen Berater und einige wenige staatliche Spitzenbürokratien bestimmenden Einfluß auszuüben vermögen. Gerade die in diesem Politikbereich unverzichtbare Fachkompetenz von Staatsapparat und Experten droht aber immer wieder, die Durchsetzung organisationseigener Interessen möglich zu machen und früher oder später mit dem totalitären Herrschaftsanspruch der kommunistischen Partei in Konflikt zu geraten.

Wie sich im Gegensatz zu bisherigen westlichen Darstellungen und kommunistischen Postulaten theoretisch begründen und empirisch nachweisen ließ, ist daher die Außenwirtschafts- und Zahlungsbilanzpolitik der DDR *faktisch kaum außenpolitisch instrumentalisiert* worden. Überwiegend haben vielmehr stets ökonomische Sachzwänge den Entscheidungsspielraum der Zahlungsbilanzplaner eingeschränkt. Selbst in den Fällen, in denen sowjetische Interventionen, parteiinterne Machtkämpfe und regierungsinterne Interessenkonflikte die praktische internationale Währungspolitik der DDR inhaltlich beeinflußten, lagen diesen Prozessen selbst wiederum primär ökonomische Probleme zugrunde. Es läßt sich daher sinnvoll auch nicht von einer (angeblich erst seit der Anerkennungswelle beginnenden und möglichen) „Ökonomisierung" der Außenwirtschaftspolitik der DDR sprechen.[1] Die internationale Währungspolitik der DDR läßt sich im Gegenteil von Beginn an überhaupt nur fassen und sinnvoll interpretieren, wenn man berücksichtigt, daß der währungspolitische Führungszirkel stets unter dem Zwang stand, die inländische Versorgung mit Rohstoffen, Nahrungsmitteln und anderen strategischen Engpaßgütern aus Importen finanziell sicherzustellen, um die Realisierungschancen des gesamten Volkswirtschaftsplanes nicht zu gefährden. Die sich hieraus ergebenden *ökonomischen Sachzwänge* waren mit anderen Worten in der Regel so fundamentaler Natur, daß sie eine pragmatische, an ökonomischen Kosten-Nutzen-Kalkülen orientierte Politik geradezu erzwangen und ideologische wie außenpolitische Gesichtspunkte doch weitgehend in den Hintergrund drängten.

Allerdings zeigte sich auch, daß die zwischen Parteiapparat einerseits und Staatsapparat andererseits gerade im Bereich internationaler Währungspolitik angelegten

Interessengegensätze zu einem typischen und für die Problemlösungskapazität sozialistischer Staaten problematischen Gestaltungsmuster praktischer Politik führen. Die internationale Währungspolitik des sozialistischen Staates muß sich nämlich unter diesen Bedingungen in einem mehr oder weniger stark ausgeprägten *Zick-Zack-Muster* vollziehen, das im wesentlichen dadurch gekennzeichnet ist, daß der währungspolitische Führungszirkel die Hauptziele und Instrumente des aktuellen, für eine gewisse Zeit unumschränkte Gültigkeit beanspruchenden „Kurses" festlegt. Innerhalb dieser Parteilinie ist die praktische Politik *inkremental*; sie wird weitgehend von den Spitzenbürokratien beherrscht und ist entsprechend durch die Vorhersagbarkeit ihrer Outputs sowie die Trägheit und Innovationsfeindlichkeit der sie ausführenden Bürokratien gekennzeichnet. Mit zunehmender Dauer ein- und derselben wirtschafts- und zahlungsbilanzpolitischen Strategie steigt allerdings die Wahrscheinlichkeit eines Strategiewechsels signifikant an. Erfolgt diese Richtungsänderung nach Jahren endlich, ist der von der politischen Führung beschlossene Wechsel in den Zielprioritäten und/oder Mitteleinsätzen in der Regel *nichtinkremental*. Er wird von durchgreifenden Reorganisationsmaßnahmen und personellen Veränderungen im Staatsapparat begleitet, durch die die Partei versucht, ihren Einfluß neu zu festigen, bisherige politische Fehlleistungen auf die ausführenden Organe abzuwälzen und den neuen ökonomischen Problemen besser zu begegnen.

Es ist genau dieses Grundmuster kommunistischer internationaler Währungspolitik, das sich in der Gestaltung des zwischenstaatlichen Zahlungsverkehrs, in der Währungsreservepolitik und in der Entwicklung der internationalen Kreditbeziehungen der DDR nachweisen ließ und das zu mehr oder weniger regelmäßig wiederkehrenden, abrupten Strategiewechseln führte, und zwar vor allem unter dem Eindruck eines mit den eingefahrenen alten Strategien nicht mehr zu bewältigenden Problemdrucks. Für die nichtsozialistischen Länder hat dieses Gestaltungsmuster sozialistischer internationaler Währungspolitik erhebliche Konsequenzen. Es ist davon auszugehen und ließ sich für die DDR auch empirisch belegen, daß die internationale Währungspolitik des sozialistischen Staates aufgrund des ihr eigenen Zick-Zack-Musters *zu einer Destabilisierung der Außenwirtschaftsbeziehungen nichtsozialistischer Länder und zu einer Verstärkung der im Währungssystem der westlichen Welt ohnehin angelegten Instabilitäten entscheidend beigetragen hat und beiträgt*. Die demokratisch regierten Länder müssen diese Tendenzen bei der zukünftigen Gestaltung der intersystemaren Währungsbeziehungen stärker beachten. Hier seien nur einige zentral erscheinende Probleme angesprochen.

Die westlichen Staaten und vor allem der Internationale Währungsfonds sollten ihre mittlerweile strikt ablehnende Haltung[2] gegenüber dem *zwischenstaatlichen Clearing* überprüfen und überdenken, soweit es den Zahlungsverkehr mit sozialistischen Staaten betrifft. Was Wiles[3] — schon früh und bis heute unbeachtet — theoretisch nachgewiesen hat, ließ sich hier empirisch weitgehend bestätigen: Nicht sozialistische Staaten haben gute Gründe, mit nichtsozialistischen Ländern im Clearing zu handeln, sondern umgekehrt. Zwar sind auch die Clearingverrechnungen mit der DDR nicht von Störungen und Ungleichgewichten frei. Clearingverrechnungen scheinen jedoch immerhin vor allem für kleinere, welthandelsoffene Marktwirtschaften bessere Ansatzpunkte zur Bekämpfung der unberechenbaren Zick-Zack-Muster sozialistischer Handels- und Zahlungsbilanzpolitik zu bieten als der Zahlungsverkehr in konvertibler Währung.

Nicht zuletzt aus diesem Grunde hat, wie hier argumentiert wurde, der zwischenstaatliche Clearingverkehr mit kommunistisch regierten Ländern durchaus seine Daseinsberechtigung. Es erscheint zumindest bemerkenswert, daß Länder wie Finnland, Griechenland,[4] Indien, Iran, Brasilien und Ecuador vor allem deshalb am zwischenstaatlichen Clearing mit Staatshandelsländern festhalten wollen, weil sie sich durch die Existenz zentralisierter Konten bei ihren eigenen Zentralbanken ein möglichst hohes Maß an Transparenz und Kontrolle sowie Einflußmöglichkeiten auf die zu Instabilitäten neigenden Außenwirtschaftsbeziehungen mit kommunistischen Ländern bewahren wollen. Eine solche Begründung zwischenstaatlichen Clearings kann um so mehr akzeptiert werden, als — wie am Beispiel der DDR hier gezeigt wurde — der strikte Bilateralismus der frühen fünfziger Jahre längst durch verschiedene, sehr wirksame Methoden einer Flexibilisierung des Verrechnungsverkehrs aufgelockert wurde, so daß der Verrechnungsverkehr in der Mehrzahl der Fälle von multilateralem Handel ohnedies im wesentlichen nur noch durch die Existenz zentraler Clearingkonten und stärkere Eingriffsmöglichkeiten der Zentralbanken zu unterscheiden ist. Der innerdeutsche Verrechnungsverkehr zeigt, daß ein solches flexibles Clearing einer kontinuierlichen Expansion des Umsatzes ohne fundamentale Zahlungsbilanzungleichgewichte nicht im Wege steht.

Das Zick-Zack-Muster kommunistischer internationaler Währungspolitik wirkt sich nach den hier gewonnenen Erkenntnissen zur praktischen Politik der DDR vor allem im Bereich der *Währungsreservepolitik* besonders nachteilig auf die Stabilität der westlichen Währungsordnung aus. Die sozialistischen Staaten bedienen sich angesichts der Inkonvertibilität ihrer eigenen „weichen" Währungen im Ost-West- und Ost-Süd-Handel zunehmend der konvertiblen Währungen der nichtsozialistischen Länder. Die Herstellung und Sicherung eines multilateralen, auf möglichst wertstabilen konvertiblen Transaktions- und Reservewährungen aufbauenden internationalen Zahlungsverkehrs stellt daher für die kommunistischen Länder einen positiven externen Effekt dar. Erst die Multilateralität des zwischenstaatlichen Zahlungsverkehrs in der westlichen Welt erlaubt den sozialistischen Zentralverwaltungswirtschaften nämlich die weitgehende Nutzung der intersystemaren Währungsbeziehungen zur Stabilisierung ihrer eigenen Wirtschaftssysteme. Um so bedenklicher ist es, daß sich die kommunistischen Staaten offenbar ohne Rücksicht auf die Stabilität und Funktionsfähigkeit der westlichen Wechselkurs- und Währungsordnung in typischem Zick-Zack-Kurs an den Finanz- und Edelmetallmärkten der westlichen Welt betätigt haben.

Für die DDR zumindest muß von einer geradezu „unheilvollen Allianz" ideologischer, politischer und bürokratischer Interessen an einer *faktischen Destabilisierung insbesondere der Wechselkurse der konvertiblen Leitwährungen* gesprochen werden. Das Absicherungsbedürfnis gegen drohende Abwertungsverluste, die gerade in politischen und ökonomischen Krisensituationen durchschlagende Präferenz für das Währungsgold als Reservemedium, das ideologische Postulat, alle „Widersprüche im imperialistischen Lager" zum eigenen Vorteil auszunutzen und vielleicht auch der Wunsch, an einer Destabilisierung der Währungsordnung der nichtsozialistischen Länder aktiv mitwirken zu können, ließ die Währungsbehörden der DDR wiederholt an Spekulationswellen gegen den US-Dollar und das Pfund Sterling teilnehmen und maßgeblich zur Destabilisierung des Goldpreises sowie der Leitwährungswechselkurse beitragen. Die Stabilität und Funktionsfähigkeit des westlichen Währungssystems wird auf diese Weise aber vor allem deshalb in höchstem Grade gefährdet, weil der sozialistische Staat — sind die im Zick-Zack-Kurs geänderten, reservestrategischen Entscheidungen erst gefallen — aufgrund der geballten Macht des staatlichen Valutamonopols seine Mittel konzentriert und in kurzen Zeiträumen massiert einzusetzen vermag. Um so schwerer wiegt noch, daß offenbar alle Länder des kommunistischen Blocks aufgrund einer eng mit der Sowjetunion abgestimmten gemeinsamen Linie in dieser Weise auf jede Schwächetendenz und Instabilität der westlichen Währungsordnung reagieren.

Die westlichen Länder müssen unter der Schirmherrschaft supranationaler Organisationen wie dem Internationalen Währungsfonds und der Bank für Internationalen Zahlungsausgleich aus diesem Verhalten sozialistischer Länder Konsequenzen ziehen. Die Gefahren, die die in praxi zu beobachtende kommunistische Reservestrategie für die Stabilität und Funktionsfähigkeit unseres Währungssystems birgt, können nur abgewendet werden, wenn in einem ersten Schritt zumindest die Berichterstattung über Reservebewegungen und Goldmarktaktivitäten der sozialistischen Länder entscheidend verbessert wird. Zwar ist es aus der Sicht der hauptsächlich betroffenen westlichen Länder verständlich, wenn sie — wie die Schweiz und Großbritannien — die Länderstruktur ihrer Goldein- und -ausfuhren verschweigen. Auch muß erwartet werden, daß die kommunistischen Länder ihre Aktivitäten stets vorwiegend auf solche Märkte konzentrieren, die ihnen den Schutz der Anonymität bieten. Gerade diese Beobachtung hebt die zentrale Aufgabenstellung für die westlichen Länder jedoch nicht auf, zeigt sie doch gerade, daß die kommunistischen Staaten gute Gründe haben, ihre die westliche Währungsordnung destabilisierenden Devisen- und Goldmarktaktivitäten vor dem Licht der Öffentlichkeit zu verbergen.

Auch die jüngsten Verschuldungskrisen zeigen, daß von den *intersystemaren Kreditbeziehungen* bedrohlich destabilisierende Wirkungen auf die Währungsordnung des Westens ausgehen können. Zumindest einige zentrale Problemkreise sollen hier kurz Erwähnung finden. Wie die Entwicklung der Westverschuldung und der Zahlungsbilanzstrategie der DDR gezeigt hat, ist es den sozialistischen Währungsbehörden nicht nur gelungen, die Interessen der westlichen Länder an einer Förderung ihrer Exportindustrien für sich auszunutzen und einen teilweise schon „ruinösen" Wettbewerb unter den westlichen Regierungen um günstigste Konditionen bei der Exportkreditvergabe auszulösen. Die sozialistischen Länder wurden in der Niedrigzinsperiode bis etwa 1977 auch zunehmend ermutigt, das scheinbar unerschöpfliche Finanzierungspotential des keinerlei wirksamen nationalstaatlichen Kontrollen unterliegenden Eurogeldmarktes zu nutzen. Die kommunistischen Schuldnerländer haben auf diese Weise über ungebundene Eurofinanzkredite zunehmend Getreide- und Rohstoffeinfuhren, zuletzt sogar den Kapitaldienst für früher aufgenommene Kredite zu finanzieren vermocht, ohne damit die Exportfähigkeit ihrer eigenen Industrien entscheidend zu verbessern. Es ist im wesentlichen wohl die — im Gegensatz zu IWF-Krediten — fehlende Konditionalität der Eurogeldmarktfinanzierung, die zusammen mit dem bis 1977 noch verführerisch niedrigen Zinsniveau die Zahlungsbilanzplaner des Ostblocks dazu verleitet hat, den bis dahin entstandenen außenwirtschaftlichen Anpassungsbedarf immer weiter in die Zukunft zu verlagern und die zukünftigen möglichen Belastungen der Hartwährungszahlungsbilanz völlig zu unterschätzen.

Die westlichen Länder und die supranationalen Organisationen müssen aus diesen Problemen der Vergangenheit Lehren ziehen und endlich konkrete Maßnahmen ergreifen, um einen in der Zukunft durchaus möglichen Zusammenbruch des Eurogeldmarktes und des westlichen Währungssystems als Folge erneuter Verschuldungskrisen kommunistischer Schuldnerländer zu verhindern. So ist nicht nur der *Eurogeldmarkt* neu zu ordnen und supranationalen Regelungen und Kontrollen zu unterwerfen, es erscheint auch dringend geboten, daß die demokratisch gewählten Regierungen des Westens endlich auch und gerade auf supranationaler Ebene mehr als nur Zinsobergrenzen für staatlich garantierte Exportkredite vereinbaren. Es gilt, in internationalem Rahmen — beispielsweise der Europäischen Gemeinschaft oder der OECD, möglichst mit Unterstützung der Bank für Internationalen Zahlungsausgleich und/oder des Internationalen Währungsfonds — ernsthafte und gemeinsame Anstrengungen zu unternehmen, um zu einer *abgestimmten Kreditpolitik gegenüber kommunistischen Staaten* und zu einer Sicherung gegen die vom Eurogeldmarkt ausgehenden Risiken für das gesamte westliche Währungssystem zu kommen. Dabei muß eine der ersten (und eigentlich selbstverständlichen) Forderungen sein, daß die kommunistischen Schuldnerländer endlich zu einer Offenlegung ihrer finanziellen Verhältnisse gezwungen werden, wie sie von jedem Entwicklungsland verlangt werden, das bei westlichen Banken Kreditverträge abschließen will.

Banken und Regierungen in den demokratisch regierten Ländern können nicht länger verantworten, ohne ein Mindestmaß an Kenntnissen der finanziellen Solidität kommunistischer Schuldner Einlagen von Sparern und Gelder von Steuerzahlern an Länder auszuleihen, die wie die DDR zahlungsbilanzpolitische Geheimniskrämerei betreiben, bei Belieben aber eine „free rider"-Position beziehen und in den Genuß der Vorteile des multilateralen westlichen Währungssystems gelangen wollen, ohne auch nur die fundamentalsten Regeln eines stabilitätsgerechten währungspolitischen Handelns an den westlichen Gold- und Devisenmärkten zu achten. Wenn die westlichen Länder also kommunistischen Staaten schon nolens volens gestatten müssen, sich der Vorteile ihrer konvertiblen Währungen und der Dienste ihrer Finanz- und Kapitalmärkte zu bedienen, sollten sie im eigenen Interesse dafür Sorge tragen, daß das Verhalten der sozialistischen Staaten nicht Folgewirkungen auslöst, die das internationale Währungssystem selbst unterminieren, destabilisieren und früher oder später vielleicht sogar zerstören können.

Allerdings, und auch dies hat die vorangegangene Analyse deutlich gemacht, lassen sich die in der Vergangenheit entstandenen Verschuldungsprobleme der sozialistischen Länder nicht ohne Schaden für *alle* Beteiligten lösen, wenn nicht die westlichen Regierungen und Banken ihren Teil zur Bewältigung der Krise in den intersystemaren Kreditbeziehungen beitragen. Diese Opfer sind quasi der Preis, den der Westen heute für die allzu sorglose und exzessive Kreditfinanzierung der Zahlungsbilanzungleichgewichte sozialistischer Staaten in der Vergangenheit zu zahlen hat. Wie sich zeigte, hat gerade der 1981 begonnene, abrupte Rückzug westlicher Banken aus dem Kreditgeschäft mit der DDR die Zahlungsunfähigkeit dieses Landes beinahe erst ausgelöst. Es muß im Interesse des Westens selbst liegen, einen solchen, zahlungsbilanzpolitisch gefährlichen, möglichen Rückzug der Banken bei einer neuerlichen Verschlechterung der internationalen Rahmenbedingungen für die DDR zu verhindern. Ein Zahlungsmoratorium der DDR könnte gravierende Störungen der nationalen Geldmärkte und des Eurogeldmarktes nach sich ziehen. Zudem ist zu bedenken, daß neuerliche Schwierigkeiten der Währungsbehörden der DDR, westliche Kredite zu erhalten, zu einer verstärkten direkten Kreditvergabe von OPEC-Ländern wie Libyen und Kuwait an die DDR führen könnten — mit allen geopolitischen Konsequenzen, die eine solche Intensivierung der finanziellen Beziehungen zwischen arabischen Ölförderländern und kommunistischen Staaten nach sich ziehen würde.

Zwar hat die DDR sich in den Jahren von 1981 bis 1983 erfolgreich bemüht, ihre Zahlungsbilanz- und Verschuldungsprobleme aus eigener Kraft in den Griff zu bekommen. Sie hat auf diese Weise durch einen beispiellosen „außenwirtschaftlichen Kraftakt"[5] 1982 gerade noch die Erklärung der Zahlungsunfähigkeit vermeiden können und mit ihrer praktischen Politik die noch Ende der siebziger Jahre vertretene These widerlegt, in einer Zentralverwaltungswirtschaft sei die „Roßkur" einer radikalen Aktivierung der Handelsbilanz unmöglich und unwahrscheinlich. Tatsächlich hat die SED-Führung buchstäblich „fünf Minuten vor zwölf" — um die Auslandsschulden honorieren und einen Rest internationaler Kreditwürdigkeit bewahren zu können — im bekannten Zick-Zack-Muster einen grundlegenden Wechsel der zahlungsbilanzpolitischen Strategie eingeleitet, und erstmals seit der „Störfreimachung" wieder außenwirtschaftlichen Zielsetzungen das uneingeschränkte Primat über die gesamte Wirtschaftspolitik eingeräumt und Wachstums-, Investitions- und Konsumtionsziele mittelfristig deutlich nach unten revidiert.

Es bleibt jedoch fraglich, ob die erreichte Konsolidierung auf Dauer ausreicht und ob nicht die ergriffenen Maßnahmen zum Teil doch wieder nur eine *Verlagerung der Anpassungsprobleme auf andere Länder und/oder spätere Jahre* bewirkt haben. In diesem Zusammenhang ist nicht nur zu berücksichtigen, daß die DDR gerade in den Jahren eines Abbaus der Bankenverschuldung die Inanspruchnahme von Lieferantenkrediten deutlich gesteigert hat, sondern auch, daß die Währungsbehörden der DDR sich in erheblichem Umfang sogar erstmals bei einigen Entwicklungsländern wie dem Iran, Mexiko, Argentinien und Brasilien verschuldet haben. Die Clearing- und Hartwährungsverschuldung gegenüber der Sowjetunion hat ihren höchsten Stand seit Bestehen der DDR erreicht und dürfte kaum niedriger als die Nettoverschuldung bei westlichen Banken liegen. Auch ist ein erheblicher Teil des beobachtbaren Rückgangs der Bruttoverschuldung gegenüber den OECD-Ländern auf die kräftige Erholung des US-Dollar an den Devisenmärkten seit 1980 sowie den weltweiten Rückgang der Zinsen seit 1982 zurückzuführen und insoweit nicht durch eigene zahlungsbilanzpolitische Anstrengungen der DDR bedingt. Zwar haben die internationalen Währungsreserven der DDR gegenwärtig Rekordhöhe erreicht, es läßt sich jedoch nicht ausschließen, daß die DDR gerade in den Krisenjahren seit 1981 einen erheblichen Teil ihres Goldhortes verkauft und damit nur „unsichtbare" in „sichtbare" Währungsreserven verwandelt hat.

Skepsis ist auch hinsichtlich der mittelfristigen Erfolgschancen der 1981 eingeleiteten zahlungsbilanzpolitischen Strategie der DDR angebracht. Zum einen besteht der neue Kurs zu einem erheblichen Teil in dem Versuch einer *mengenmäßigen Drosselung der Westimporte*. Eine solche Strategie ist indes nur bedingt durchzuhalten und dürfte in einer zentralgeleiteten Volkswirtschaft nicht nur zu Wachstumseinbußen, sondern zugleich zu Engpässen und Störungen im Produktionsprozeß führen. Die Gefahr ist daher groß, daß die Importsenkungsstrategie in einer ausgesprochenen Inlandsrezession mündet. Grenzen sind dieser Vorgehensweise auch aufgrund der Rohstoffintensität der Westimporte der DDR gesetzt, die bereits jetzt ihr Minimum erreicht haben dürften, so daß der Importplan kaum noch „slack" aufweist, der prinzipiell abgebaut werden könnte. Zu erwarten ist auch, daß im Rahmen einer Strategie der Importdrosselung entsprechend der geringen politischen Durchsetzungsfähigkeit der Interessen der Regierten zuerst Einfuhren von Konsumgütern und Nahrungsmitteln, in zweiter Linie auch Importe von Investitionsgütern drastisch gekürzt werden. Beide Maßnahmen können allerdings ausgesprochen nachteilige Auswirkungen haben, erstere für die innenpolitische Stabilität des Systems, letztere für die mittelfristige Erhaltung eines Mindestmaßes an Wettbewerbsfähigkeit der eigenen Exportindustrien. Unter diesen Bedingungen ist kaum damit zu rechnen, daß die Strategie einer Reduzierung der Einfuhrmengen aus Hartwährungsländern noch längere Zeit durchgehalten werden kann und einen signifikanten Beitrag zur Zahlungsbilanzkonsolidierung zu leisten vermag.

Die DDR kommt deshalb mittelfristig nicht an einer weiteren, noch kräftigeren *mengenmäßigen Steigerung der Westexporte* vorbei. An der Fähigkeit der DDR, die eingeleitete Steigerung der Hartwährungsexporte konsequent durchzuhalten, muß indes — trotz der erkennbaren Ansätze — gezweifelt werden. Die mangelnde Exportfähigkeit der DDR ist insbesondere in ihren RGW-Verpflichtungen begründet und vermutlich nur dann zu verbessern, wenn die neue sowjetische Führungsmannschaft bereit ist, finanzielle Opfer zu erbringen, um die osteuropäischen Länder durch Zahlungsbilanzhilfen wieder unabhängiger von den nichtsozialistischen Waren- und Kreditmärkten zu machen. Die Exportschwäche gegenüber Hartwährungsländern scheint zum Teil allerdings auch dadurch bedingt zu sein, daß die Währungsbehörden der DDR über lange Jahre hinweg insbesondere die seit 1972 aufgenommenen Hartwährungskredite nicht nur zur Modernisierung der Exportindustrien, sondern sogar überwiegend zur Finanzierung von Getreide-, Futtermittel- und Rohöllieferungen sowie für Zinszahlungen an Banken verwendet haben. Zweifel an der nachhaltigen Wirksamkeit der Exportbemühungen der DDR muß schließlich aufkommen angesichts der Tatsache, daß die erforderliche Kredit- und Exportoffensive der DDR in der Dritten Welt noch aussteht, die Behörden vielmehr bemüht sind, kurzfristige Lösungen in einer Ausweitung von Kompensationsgeschäften, einer Reduzierung der Exportkreditvergabe; in eigenen Kreditaufnahmen für Rohöl- und Kaffeeimporte und in ad hoc-Verkäufen von sowjetischen Waffen sowie militärischen Gütern aus eigener Produktion zu suchen.

Es ist im Westen bislang kaum hinreichend beachtet worden, daß die Zielwirksamkeit der Zahlungsbilanzpolitik der DDR gerade in den kommenden Jahren weit weniger von Faktoren abhängt, die der Kontrolle der DDR-Zahlungsbilanzplaner unterliegen, als von Restriktionen und internationalen Entwicklungen, die sich einer Beeinflussung durch die DDR entziehen. Diese Studie hat Hinweise dafür erbracht, daß die wesentlichen Beschränkungen des Entscheidungsspielraums des währungspolitischen Führungszirkels der DDR primär in *sowjetischen Interessen* begründet sind. Die weitere Entwicklung, insbesondere die Fähigkeit der DDR, auch in Zukunft im Westhandel Devisenbilanzüberschüsse zu erzielen, wird daher vor allem davon abhängen, ob und in welchem Maße die sowjetische Parteiführung auf der — offenbar für die achtziger Jahre geplanten — Rückzahlung der gewährten Zahlungsbilanzkredite der letzten Jahre bestehen wird. Der Entscheidungs- und

Handlungsspielraum der DDR im Westhandel wird jedoch auch dadurch erheblich eingeschränkt, daß die Sowjetunion zunehmend fordert, die DDR als das im kommunistischen Block (gegenwärtig noch) wohlhabendste Land habe ihrer internationalistischen Pflicht nachzukommen und materielle und finanzielle Opfer für Polen zu erbringen, und zwar selbst in der eigenen prekären Zahlungsbilanzlage. Außenwirtschaftliche Beschränkungen ergeben sich zudem aus Forderungen der sowjetischen Parteiführung, auch die DDR habe ihren Beitrag zur sicherheitspolitischen Strategie des Warschauer Paktes zu leisten und ihre Rüstungsimporte (vorwiegend aus der Sowjetunion) zu erhöhen. Erhebliche Belastungen ergeben sich schließlich und nicht zuletzt aus der mengenmäßigen Drosselung und zu erwartenden weiteren Verteuerung sowjetischer Rohstoff-, insbesondere Rohöllieferungen.

Diese Restriktionen stellen die intersystemaren Währungsbeziehungen der DDR und damit auch ihre Zahlungsbilanzpolitik gegenüber nichtsozialistischen Ländern in den achtziger Jahren vor neue, noch in den siebziger Jahren in ihrer Tragweite kaum erahnte Probleme. Die Währungsbehörden der DDR sehen sich nicht nur gezwungen, ihre immer noch hohe Hartwährungsverschuldung gegenüber dem Westen zumindest zu konsolidieren und dabei die dringendsten Rohstoff- und Nahrungsgüterimporte aus nichtsozialistischen Ländern auch weiterhin sicherzustellen. Sie sehen sich seit 1982 infolge des Ausfalls sowjetischer Lieferungen nun auch gezwungen, bedeutend höhere Mengen an Erdöl in Hartwährungen bezahlen zu müssen, als in den Plänen mittelfristig projiziert und in Verträgen mit der Sowjetunion vereinbart worden war. Die DDR ist daher inzwischen – vor allem aufgrund der eigenen Wirtschafts- und Zahlungsbilanzprobleme der Sowjetunion – bei immer mehr strategischen Importgütern wie Silber, Kupfer, Platin, Futtermitteln, Getreide und Rohöl – in unerwartet hohem Maße von westlichen Lieferungen (und damit zugleich von den kurzfristigen Preisbewegungen des Weltmarktes) abhängig geworden. Diese bedeutend gewachsenen Abhängigkeiten wiederum implizieren zahlungsbilanzpolitische Risiken, die sich einer Kontrolle und Reduzierung durch die DDR-Zahlungsbilanzpolitiker weitgehend entziehen, Höhe und Richtung des Devisenbilanzsaldos der DDR gegenüber dem Hartwährungsraum jedoch mittlerweile weitgehend bestimmen.

Die hohe Hartwährungsverschuldung hat die DDR ,,verletzlich" gemacht. Die sich hieraus ergebenden möglichen zukünftigen Belastungen der Zahlungsbilanz der DDR hängen weitgehend von der *Entwicklung der Zinsen* an den internationalen Finanzmärkten und damit in hohem Maße auch von der weiteren *Entwicklung des US-Dollarkurses und der weltweiten Inflationstendenzen* ab. Doch nicht nur die Dienstleistungsbilanz der DDR reagiert heute wesentlich empfindlicher auf Nominalzinssteigerungen als zu der Zeit einer vergleichsweise niedrigen Westverschuldung. Auch die Handelsbilanz ist aufgrund der wesentlich höheren, in nichtsozialistischen Ländern zu deckenden Importlücken bei strategischen Rohstoffen und Grundnahrungsmitteln empfindlicher gegen Veränderungen der weltwirtschaftlichen Rahmenbedingungen geworden. Risiken ergeben sich dabei für die DDR nicht nur aus der weiteren *Entwicklung der Konjunktur in den westlichen Industrieländern* als der wesentlichen Determinante für die Exportchancen der RGW-Länder. Risiken kaum kalkulierbaren Ausmaßes ergeben sich auch und gerade aus der weiteren *Entwicklung der Weltmarktpreise für Fertigerzeugnisse einerseits und für Rohstoffe andererseits*. Dabei spricht sowohl die mittelfristig zunehmende Verknappung einzelner Rohstoffe als auch die zu erwartende konjunkturelle Belebung eher für eine relative Verbesserung der Preise für Rohstoffe und damit für eine sich auch längerfristig fortsetzende Tendenz zur Verschlechterung der Terms of Trade der rohstoffarmen DDR.

Da die DDR nach den neuesten sowjetischen Rohöllieferkürzungen damit rechnen muß, in den achtziger Jahren alljährlich rund 6 Millionen Tonnen Erdöl aus nichtsozialistischen Ländern importieren zu müssen, und da diese Einfuhren auch im Iran, im Irak, in Libyen, Algerien und Syrien nur zu Weltmarktpreisen und gegen Hartwährungen bezogen werden können, ist der Stand der Devisenbilanz der DDR in einem Ausmaß, das noch vor wenigen Jahren nicht einmal zu ahnen war, abhängig geworden von der weiteren Entwicklung der Preispolitik des OPEC-Kartells und damit zugleich von möglicherweise abrupten Datenänderungen, die außerhalb der Kontrolle der DDR wie auch der Sowjetunion liegen. Kritisch ist aus zahlungsbilanzpolitischer Sicht auch zu beurteilen, daß es der DDR trotz zwischenzeitlich guter bis sehr guter Ernten nicht gelungen ist, die die Hartwährungsbilanz stark beanspruchenden Getreide- und Futtermittelimporte zu reduzieren. Die jüngsten Bemühungen der Außenwirtschaftsbürokratie konzentrierten sich ausschließlich auf den Versuch, die Importe von den USA systematisch auf das einem möglichen Embargo weniger aufgeschlossene Kanada umzulenken. Preissteigerungen, wie denen der Jahre 1973 und 1974, wird die DDR unter diesen Bedingungen jedoch (bei auch in Zukunft zu erwartenden erneuten Mißernten erst recht) unverändert weitgehend hilflos gegenüberstehen.

Nach dem Gesagten dürfte kaum ein Zweifel daran bestehen, daß gegenwärtig von einer „Lösung" der Zahlungsbilanz- und Verschuldungsprobleme der DDR keine Rede sein kann, daß die weitere Entwicklung wesentlich von Faktoren bestimmt wird, die sich einer Einflußnahme seitens der DDR selbst weitgehend entziehen und daß die eigentlichen außenwirtschaftlichen Belastungen noch bevorstehen. Die „Atempause", die den Währungsbehörden der DDR ebenso wie den westlichen Kreditgebern gegenwärtig vergönnt ist, sollte sinnvoll genutzt werden, vor allem darüber nachzudenken, wie in Zukunft besser verhindert werden kann, daß die Währungsordnung des Westens durch die internationale Währungspolitik sozialistischer Staaten destabilisiert und in ihrem Bestand gefährdet wird. Es ist mehr als zweifelhaft, daß die westlichen Banken die in Zukunft zu erwartenden Finanzierungsprobleme noch einmal allein bewältigen können. Die DDR hatte bisher jedenfalls nur einen „lender of last resort", von dem sie heute abhängiger ist als je zuvor — die Sowjetunion.

Anmerkungen

1 Vgl. JACOBSEN, Hanns-Dieter: Die Außenwirtschaftspolitik der DDR gegenüber dem Westen zu Beginn der achtziger Jahre, a.a.O., insbesondere S. 67
2 Vgl. International Monetary Fund: Annual Report on Exchange Arrangements and Exchange Restrictions 1983, Washington, D.C., 1983, S. 44ff.
3 Siehe WILES, Peter John de la Fosse: Communist International Economics, a.a.O., S. 265
4 Griechenland ist auch nach seinem EG-Beitritt weiter stark an Kompensations- und Clearingvereinbarungen mit sozialistischen Ländern interessiert.
5 Vgl. HAENDCKE-HOPPE, Maria: Extreme Anstrengungen in der DDR-Außenwirtschaft, a.a.O., S. 63

ANHANG

A. Die Hartwährungs- und Clearingverschuldung der DDR

Zahlreiche Versuche einer Schätzung der Hartwährungsverschuldung osteuropäischer Länder gegenüber westlichen Banken, Unternehmen und Regierungen sind bislang unternommen worden.[1] Es muß jedoch festgestellt werden, daß diese Schätzungen verschiedene (teils gravierende) Mängel aufweisen, sei es, daß sie mit einer Ausnahme[2] erst 1974 oder später einsetzen, sei es, daß die jeweils zugrundeliegende Methodik nicht aufgedeckt wird, die Schätzverfahren auf unrealistischen Prämissen basieren oder offenbar nur einen Teil des tatsächlich erreichbaren Datenmaterials erschließen und nutzen. Der folgende Versuch einer verbesserten Schätzung der Verschuldung der DDR gegenüber den entwickelten nichtsozialistischen Ländern geht in mehrfacher Hinsicht über die bislang vorliegenden Ansätze hinaus. Es wird (1) der Versuch unternommen, die Schätzungen auf den Zeitraum vor 1974 auszudehnen. (2) Die verwendete Methode wird ebenso wie das zugrunde liegende Datenmaterial vollständig offengelegt, um einerseits eine Kontrolle der Ergebnisse und andererseits spätere Verbesserungen der Schätzungen nach alternativen Verfahren möglich zu machen. Schließlich werden (3) Daten ergänzend herangezogen, die in die bislang vorliegenden Schätzungen gar nicht oder nur teilweise Eingang gefunden haben. Der regionale Erhebungsraum wird (4) hinsichtlich der Bankenforderungen und -verbindlichkeiten über den bisher stets zugrunde gelegten BIZ-Berichtsraum hinaus ausgedehnt, und die Währungsstruktur der Verschuldung wird (5) um gebundene Clearingforderungen und -verbindlichkeiten gegenüber nichtsozialistischen entwickelten Ländern erweitert.

Grundlage auch der folgenden Schätzungen ist die Berichterstattung der Bank für Internationalen Zahlungsausgleich (BIZ) in Basel über die Forderungen und Verbindlichkeiten osteuropäischer Länder gegenüber westlichen Banken, die daher im folgenden kurz zu erläutern ist. Die von der BIZ mitgeteilten Auslandsforderungen umfassen „(a) bank-to-bank credits, (b) bank participation in syndicated loans, (c) time deposits placed with Soviet-East European national banks, (d) trade drafts, drawn on foreign buyers, discounted by the banks, and (e) a forfait claims held by banks."[3]

I. Zur Berichterstattung der BIZ

Von 1964 bis 1974 liegen Angaben der BIZ lediglich über die *Fremdwährungspositionen westlicher Banken gegenüber Osteuropa insgesamt* vor. Die Berichtsbankengruppe umfaßt zudem lediglich Belgien-Luxemburg, die Bundesrepublik Deutschland (ohne Positionen gegenüber der DDR), Frankreich, Großbritannien, Italien, die Niederlande, Schweden und die Schweiz. Die relevanten Daten sind in der nachfolgenden Tabelle A.1 zusammengefaßt.

Erst im Jahre 1974 begann die BIZ mit einer ausgedehnten vierteljährlichen Berichterstattung über die *Auslandspositionen von westlichen Banken in Fremd- und Landeswährung gegenüber einzelnen osteuropäischen Ländern*, darunter auch der DDR. Die Abgrenzung des Erhebungsgebietes wurde jedoch wiederholt umgestellt. Alljährlich treten zudem Residuen erheblichen Umfanges auf, die die nach Ländern nicht aufteilbaren Auslandspositionen von Banken in den Niederlanden (1974), Österreichs, Dänemarks und Irlands (1974 bis 1976), der USA und Kanadas (1974 bis 1977), Japans (1974 bis 1980) sowie der Schweiz (1974 bis 1983) enthalten. Die relevanten Daten und Abgrenzungen für die DDR, Osteuropa und die Residuen sind in der nachfolgenden Tabelle A.2 zusammengefaßt.

1977 eröffnete die BIZ eine regelmäßige Berichterstattung über die „Fälligkeitsverteilung der internationalen Bankausleihungen", der grundsätzlich dieselbe Berichtsländergruppe wie der Vierteljahresberichterstattung zugrunde liegt. Allerdings weichen die Erhebungen nach dieser *halbjährlichen Fälligkeitsstatistik der internationalen Bankausleihungen* in verschiedener Hinsicht von der Vierteljahresberichterstattung ab. Das Berichtsgebiet selbst ist größer, weil es „neben den Auslandsforderungen der US-Niederlassungen auf den Bahamainseln, in Hongkong, den Kaimaninseln, im Libanon, in Panama und Singapur die Forderungen aller ausländischen Niederlassungen und Tochtergesellschaften von US-Banken in der ganzen Welt"[4] sowie die Auslandspositionen der Niederlassungen und Tochtergesellschaften der Banken der übrigen

Tabelle A.1
Fremdwährungspositionen der berichtenden europäischen[a] Banken gegenüber Osteuropa 1964 bis 1974

in Millionen US-$[b]

Jahr	westliche Forderungen			westliche Verbindlichkeiten			Nettostatus
	US-$	andere	insgesamt	US-$	andere	insgesamt	
1964	460	50	510	260	140	400	110
1965	540	70	610	290	190	480	130
1966	670	180	850	360	180	540	310
1967	770	320	1090	470	210	680	410
1968	950	390	1340	660	300	960	380
1969	1000	530	1530	1030	370	1400	130
1970	1650	500	2150	1020	630	1650	500
1971	2350	1120	3470	1230	1070	2300	1170
1972	3890	1340	5230	1860	1540	3400	1830
1973	4660	2740	7400	1820	1900	3720	3680
1974	5890	3900	9790	3310	1750	5060	4730

a Belgien-Luxemburg, Bundesrepublik Deutschland, Frankreich, Großbritannien, Italien, Niederlande, Schweden, Schweiz; b Ende Dezember

Quelle: Bank für Internationalen Zahlungsausgleich: Jahresberichte, Basel sowie NÖTEL, R.: Problems of financial co-operation between the two monetary systems, in: CORNELSEN, Doris/MACHOWSKI, Heinrich/SCHENK, Karl-Ernst (Hrsg.): Perspektiven und Probleme wirtschaftlicher Zusammenarbeit zwischen Ost- und Westeuropa, DIW Sonderheft 114, Berlin 1976, S. 173–189, hier: S. 179. NÖTEL gibt ohne Quellennachweis den Nettoauslandsstatus der berichtenden europäischen Banken gegenüber der DDR für Ende 1974 mit 1554 Mill. US-$ und die Statusveränderung gegenüber Ende 1973 mit 760 Mill. US-$ an. Die Nettoauslandsposition gegenüber der DDR dürfte danach Ende 1973 794 Mill. US-$ betragen haben.

Berichtsländer in den Offshore-Zentren umfaßt.[5] Trotz des erweiterten Berichtsgebietes ist die gemeldete Summe der Bankausleihungen jedoch regelmäßig niedriger als in der Vierteljahresberichterstattung, weil in einigen Ländern eine geringere Anzahl von Banken zur Berichterstattung beitragen und in einigen Fällen auch die Zahl der berichteten Positionen weniger umfassend ist.[6] Die Fälligkeitsstrukturstatistik hat trotz dieser Einschränkungen jedoch gegenüber der Vierteljahresberichterstattung den entscheidenden Vorteil, daß *auf der Seite der Bankausleihungen keine Residuen auftreten*, d.h. alle zur BIZ halbjährlich berichtenden Banken liefern einen vollständigen Ländernachweis ihrer Forderungen.

Die für die DDR und Osteuropa hier interessierenden Ergebnisse der Fälligkeitsstrukturstatistik sind in der nachfolgenden Tabelle A.3 wiedergegeben. Wie ein Vergleich mit den Daten in Tabelle A.2 (nach der Vierteljahresberichterstattung der BIZ) deutlich zeigt, ist die Summe der Bankausleihungen an Osteuropa annähernd identisch, die Summe der Bankausleihungen an die DDR jedoch regelmäßig höher. Dieses bemerkenswerte Ergebnis resultiert nach den dem Verf. hinsichtlich der internationalen Bankverbindungen der DDR vorliegenden Informationen primär daraus, daß die Fälligkeitsstrukturstatistik der BIZ im Vergleich zur Vierteljahresberichterstattung der BIZ gerade jene Banken *zusätzlich* einschließt, die Geschäftsbeziehungen zur DDR unterhalten, während die aus der Berichterstattung *ausgeklammerten* Auslandspositionen wohl primär Polen und die Sowjetunion, nicht aber die DDR betreffen. Es kann mit anderen Worten davon ausgegangen werden, daß die im Rahmen der Fälligkeitsstrukturstatistik mitgeteilten Bankausleihungen an die DDR die Bruttoverschuldung der DDR gegenüber dem erweiterten BIZ-Berichtsraum praktisch vollständig widerspiegeln.

Tabelle A.2
Die Auslandspositionen in Landes- und Fremdwährungen der BIZ-Berichtsbanken 1974 bis 1983

in Millionen US-$[a]

Jahr	D.D.R. Verb.	D.D.R. Ford.	Osteuropa Verb.	Osteuropa Ford.	Residuen Verb.	Residuen Ford.	Berichtsländer für die D.D.R.[b]
1974	422	1.665	5.955	12.585	675[c]	1.913[c]	B F I S G
1975	556	2.575	6.301	21.589	688[d]	2.499[d]	B F I S G N O
1976	616	3.575	7.666	28.973	695[d]	2.984[d]	B F I S G N O
1977	706	4.149	7.777	32.885	455[d]	2.407[d]	B F I S G N O
1977	*882*	*4.870*	*8.377*	*38.323*	*455[d]*	*2.407[d]*	*B F I S G N O A D I*
1978	1.195	6.193	10.652	47.542	506[e]	2.723[e]	B F I S G N O A D I U K
1979	1.897	7.724	15.455	55.915	628[e]	2.939[e]	B F I S G N O A D I U K
1980	2.036	9.462	15.635	59.810	673[e]	3.004[e]	B F I S G N O A D I U K
1981	2.153	10.092	15.167	60.808	613[f]	2.492[f]	B F I S G N O A D I U K J
1982	1.878	8.516	16.391	53.307	720[f]	2.043[f]	B F I S G N O A D I U K J
1983	3.230	7.828	18.508	48.931	841[f]	1.780[f]	B F I S G N O A D I U K J
1983	*3.381*	*8.216*	*19.365*	*49.967*	*171[f]*	*306[f]*	*B F I S G N O A D I U K J H L R P*

a jeweils Ende Dezember des Berichtsjahres; 1974 Zehnergruppenländer und Schweiz, ab 1975 einschließlich Auslandsniederlassungen von US-Banken in der Karibik und im Fernen Osten, ab 1977 einschließlich Österreich, Dänemark, Irland sowie Positionen in Landeswährung von Banken in Großbritannien und Frankreich, ab 1983 einschließlich Finnland, Norwegen und Spanien;
b B = Belgien, F = Frankreich, I = Italien, S = Schweden, G = Großbritannien, N = Niederlande, O = Auslandsniederlassungen von US-Banken, A = Österreich, D = Dänemark, I = Irland, U = U.S.A., K = Kanada, J = Japan, H = Schweiz, L = Finnland, R = Norwegen und P = Spanien;
c Niederlande, Schweiz, Kanada, Japan und U.S.A., ohne kanadische und US-amerikanische Positionen gegenüber der Sowjetunion; d Schweiz, Kanada, Japan und U.S.A., bis 1976 ohne kanadische und US-amerikanische Positionen gegenüber der Sowjetunion, 1977 ohne kanadische Positionen gegenüber der Sowjetunion, US-amerikanische Positionen gegenüber der Sowjetunion und Polen sowie japanische Positionen gegenüber der Sowjetunion, Polen und Rumänien;
e Schweiz und Japan, ohne japanische Positionen gegenüber der Sowjetunion, Polen und Rumänien; f Schweiz

Quelle: Bank für Internationalen Zahlungsausgleich. Währungs- und Wirtschaftsabteilung, Basel; vierteljährliche Berichterstattung der BIZ über das internationale Bankgeschäft, Basel 1975 ff.

Im April 1984 legten die BIZ, Basel, und die OECD, Paris, gemeinsam erstmals erweiterte und verbesserte Verschuldungsdaten vor, die fortan halbjährlich veröffentlicht werden sollen und die bisherige Berichterstattung der BIZ über die Auslandsforderungen und -verbindlichkeiten der Banken im BIZ-Berichtsgebiet erweitern um eine *Berichterstattung über die offiziellen und offiziell garantierten oder abgesicherten Liefer- und Handelskredite von Banken und Nichtbanken in 20 OECD-Ländern.* Obwohl auch diese kombinierte Berichterstattung nicht die gesamte Auslandsverschuldung eines Landes erfaßt, decken die veröffentlichten Zahlen doch einen mittlerweile erheblichen Teil der Auslandsforderungen und -verbindlichkeiten ab und verbessern damit die internationale Verschuldungsstatistik erheblich. Diese neuen, erstmals für Ende Dezember 1982 vorliegenden Daten erfassen lediglich nicht (1) Lieferkredite, soweit sie nicht staatlich abgesichert oder garantiert sind, soweit sie von Firmen nicht in den 20 OECD-Berichtsländern gewährt wurden, (2) alle Nichtbankenkredite aus Ländern außerhalb des OECD-Berichtsraumes, (3) alle Bankenkredite aus Ländern außerhalb des BIZ-Berichtsraumes und (4) Kredite multilateraler Institutionen.

Tabelle A.3
Die Fälligkeitsverteilung der Auslandsforderungen in Landes- und Fremdwährung der BIZ-Berichtsbanken
gegenüber der DDR und Osteuropa 1977 bis 1983

in Millionen US-$

Monat	Jahr	Osteuropa Verb.	Osteuropa Ford.	D.D.R. Verb.	D.D.R. Ford.	bis zu 1 Jahr	1 bis 2 Jahre	mehr als 2 Jahre	unbekannt	noch nicht ausgez. Kreditzusagen
Dezember	1977	8.302	36.556	895	5.275	2.858	953	1.434	30	942
Juni	1978	8.316	42.512	1.014	5.986	2.809	1.032	1.410	735	1.253
Dezember	1978	10.395	47.551	1.256	6.793	3.123	1.219	1.622	829	1.231
Juni	1979	9.847	49.907	1.470	7.186	2.938	1.305	2.045	898	1.531
Dezember	1979	15.298	56.141	1.962	8.553	3.656	1.480	2.463	954	1.413
Juni	1980	12.311	57.785	2.218	9.684	3.957	1.822	2.743	1.162	1.407
Dezember	1980	15.168	59.741	2.146	9.928	3.829	1.929	2.719	1.451	1.505
Juni	1981	9.231	57.573	1.879	10.388	4.201	1.816	2.774	1.597	1.512
Dezember	1981	14.597	60.794	2.155	10.733	4.573	1.637	2.905	1.618	1.735
Juni	1982	11.697	53.970	1.541	9.351	3.645	1.519	2.723	1.464	1.258
Dezember	1982	16.357	53.280	1.986	8.859	3.457	1.203	2.748	1.451	1.176
Juni	1983	16.509	50.404	2.470	8.263	3.203	1.192	2.588	1.280	916
Dezember	1983	18.429	49.778	3.349	8.435	3.303	1.238	2.794	1.100	869

Quelle: Bank für Internationalen Zahlungsausgleich. Währungs- und Wirtschaftsabteilung: Die Fälligkeitsverteilung der internationalen Bankausleihungen – Entwicklungen im ... Halbjahr, Basel 1977, 1978, 1979, 1980, 1981, 1982, 1983, passim

Das im folgenden vorgestellte Verfahren zur Schätzung der Auslandsverschuldung der DDR bei nichtsozialistischen Industrieländern benutzt alle diese, mit den verschiedenen Berichtssystemen und Berichtszeiträumen verfügbaren Daten sowie (überwiegend) unveröffentlichte Daten, die dem Verf. von westlichen Zentralbanken zur Verfügung gestellt wurden.

II. Forderungen und Verbindlichkeiten der DDR gegenüber Banken in den Zehnergruppenländern, der Schweiz, Österreich, Dänemark und Irland sowie gegenüber Offshore-Filialen von US-Banken

Die folgenden Schätzungen zielen darauf ab, die verschiedenen BIZ-Statistiken hinsichtlich der Auslandspositionen westlicher Banken gegenüber der DDR für den Zeitraum von 1974 bis 1983 auf eine einheitliche und vergleichbare Basis zu stellen, die alle Banken in den Zehnergruppenländern, der Schweiz, Österreich, Dänemark und Irland sowie die Offshore-Filialen von US-Banken auf den Bahamas, in Hongkong, auf den Kaimaninseln, in Panama und Singapur umfaßt.

Für den Zeitraum von 1977 bis 1982 wurden die Forderungen und Verbindlichkeiten der DDR gegenüber Banken dieses Berichtsraumes in der Weise geschätzt, daß der DDR-Anteil an den Positionen Osteuropas nach der Vierteljahresberichterstattung dem DDR-Anteil an den Positionen Osteuropas nach der Fälligkeitsstrukturstatistik gleichgesetzt wurde, es sei denn, die Verbindlichkeiten nach der Fälligkeitsstrukturstatistik lagen ohnedies höher. Die so der DDR zugeordneten Residualanteile der Vierteljahresberichterstattung spiegeln für 1977 bis 1983 die geschätzten Positionen gegenüber der Schweiz, für 1977 bis 1980 zusätzlich die geschätzten Positionen gegenüber Japan, für 1977 zusätzlich die geschätzten Positionen gegenüber den USA und Kanada sowie für den Gesamtzeitraum auch Positionen gegenüber BIZ-Banken an den Offshore-Finanzplätzen wider. Wie die in der nachfolgenden Übersicht ausgewiesenen Ergebnisse dieser Schätzungen zeigen, entfällt in der Tat ein erheblicher Teil der Residuen der BIZ-Vierteljahresstatistik auf die DDR, so daß bei Berücksichtigung der Auslandspositionen von Banken in den USA, Kanada, Japan und der Schweiz die Verschuldungsschätzungen deutlich nach oben korrigiert werden müssen. Es sei angemerkt, daß die hier hergeleiteten Ergebnisse auch plausibel sind, denn in der BIZ-Statistik ist ein Großteil der Forderungen US-amerikanischer, kanadischer und japanischer Banken bereits den Hauptschuldnern Sowjetunion und Polen zugeordnet worden, d.h. die BIZ-Residuen umfassen überwiegend westliche Forderungen gegenüber den „nächstrangigen" osteuropäischen Schuldnern DDR und CSSR, in geringerem Umfang Ungarn und Rumänien sowie nicht zugeordnete Forderungen an die Sowjetunion und Polen. Der DDR-Anteil an den Residuen ist mit anderen Worten systematisch höher als der DDR-Anteil an den zurechenbaren Auslandspositionen. Für den relevanten Zeitraum von 1977 bis 1983 läßt sich somit schätzen (in Mill. US-$):

Verbindlichkeiten der BIZ-Banken	1977	1978	1979	1980	1981	1982	1983
Osteuropa Residuen[a]	455	506	628	673	613	720	841
Geschätzter DDR-Anteil	21	92	85	176	86	108	119
Gesamtverbindlichkeiten DDR	903	1287	1982	2212	2239	1986	3360
Forderungen der BIZ-Banken	1977	1978	1979	1980	1981	1982	1983
Osteuropa-Residuen[a]	2407	2723	2939	3004	2492	2043	1780
Geschätzter DDR-Anteil	660	600	829	478	641	366	607
Gesamtforderungen DDR	5530	6793	8553	9940	10733	8859	8435

a Vierteljährliche Berichterstattung der Währungs- und Wirtschaftsabteilung der BIZ, Basel

Für den Zeitraum von 1974 bis 1976 wurde die vierteljährliche Berichterstattung der BIZ wie folgt ergänzt und korrigiert. Für Ende Dezember 1977 legte die BIZ zwei Berichte vor, einen, der nur die Auslandspositionen der bis dahin schon berichtenden Gebiete enthielt und einen, der um die Auslandsforderungen und -verbindlichkeiten von Banken in Österreich, Dänemark, Irland sowie um Pfund Sterling-Positionen von britischen und Französischen Franc-Positionen von französischen Banken ergänzt wurde. Vergleicht man die relevanten Daten,[7] so erhöhen sich durch diese Erweiterung des Berichtsgebietes die Auslandsanlagen der DDR um rund 176 Mill. US-$ und die Auslandsschulden der DDR um brutto 721 Mill. US-$. Aus Daten, die dem Verf. von der Bank of England und der Österreichischen Nationalbank zur Verfügung gestellt wurden, errechnet sich, daß die Höhe dieser Veränderung der BIZ-Auslandsposition gegenüber der DDR vollständig bedingt ist durch Pfund Sterling-Positionen britischer Banken und Auslandspositionen österreichischer Banken gegenüber der DDR.[8] Die DDR hätte danach mit anderen Worten Ende 1977 gegenüber dänischen und irischen Banken (sowie gegenüber französischen Banken in Französischen Francs) weder Verbindlichkeiten noch Forderungen in signifikanter Höhe gehabt.[9] Die britischen Pfund Sterling-Forderungen gegenüber der DDR waren Ende Dezember 1977 mit 15 Mill. Pfund Sterling sehr gering und dürften nach Schätzungen des Verf. Ende 1976 nur 13 Mill., Ende 1975 rund 9 Mill. und Ende 1974 etwa 7 Mill. Pfund Sterling betragen haben.

Aufgrund der genannten Beobachtungen ist es möglich, die offizielle BIZ-Statistik rückwirkend für die Jahre 1974 bis 1976 nach der neuen Gebietsabgrenzung mit Hilfe von Daten zu rekonstruieren, die die Österreichische Nationalbank in Schilling aufbereitet hat.[10] Nach eigenen Berechnungen unter Zugrundelegung von US-$-Schilling-Jahresendkursen des IWF[11] entwickelte sich die Auslandsposition österreichischer Banken gegenüber der DDR wie folgt (in Mill. US-$):

	1974	1975	1976	1977
Österreichische Forderungen	168,0	310,0	447,8	696,5
Österreichische Verbindlichkeiten	33,3	85,4	91,0	176,5

Darüber hinaus ist die BIZ-Statistik rückwirkend um britische Forderungen in Landeswährung in folgender Höhe (zu Pfund Sterling-US-$-Jahresendkursen) zu ergänzen (in Mill. US-$):

	1974	1975	1976	1977
Britische Sterlingforderungen	16,4	18,2	22,1	28,6

Damit erhöht sich aber die Auslandsposition der der BIZ berichtenden Banken (einschließlich Österreich, Dänemark, Irland sowie Großbritannien und Frankreich in Landeswährung) für die Jahre 1974 bis 1976 gegenüber der DDR wie folgt (in Mill. US-$):

	1974	1975	1976	1977
Verbindlichkeiten gegenüber der DDR	455	641	707	882
Forderungen an die DDR	1849	2903	4045	4874

Die auf diese Weise geschätzten Daten des Zeitraums 1974 bis 1976 bedürfen allerdings noch gegenüber dem Zeitraum 1977 bis 1983 einer Korrektur um die in ihrer Höhe unbekannten, in den Osteuropa-Residuen enthaltenen Auslandspositionen US-amerikanischer, kanadischer, schweizerischer und japanischer sowie für 1974 niederländischer und Offshore-Banken gegenüber der DDR. Nach den hier vorgenommenen Schätzungen dürfte sich Ende 1977 der Gesamtbetrag dieser Forderungen auf 660 Mill. US-$ und der Gesamtbetrag der Verbindlichkeiten auf 20 Mill. US-$ belaufen haben. Anhaltspunkte für die Höhe dieses noch nicht zugeordneten Residualanteils der DDR Ende 1976 liefert eine erste interne und vorläufige Berechnung des Fälligkeitsprofils der Bankausleihungen, wie sie 1977 von der BIZ vorgenommen worden ist.[12] Diesen Schätzungen lassen sich für Ende 1976 DDR-Verbindlichkeiten in Höhe von 3.495 Mill. US-$ bei Gesamtverbindlichkeiten Osteuropas im Umfang von 25.463 Mill. US-$ entnehmen. Wie ein Vergleich mit dem in Tabelle A.2 ausgewiesenen Wert von 28.973 Mill. US-$ zeigt, werden die Schulden Osteuropas in dieser Zusammenstellung zwar nur unvollständig erfaßt, die Bankausleihungen werden dafür aber ohne Residuum allen osteuropäischen Ländern zugeordnet. Unterstellt man nun, daß die berechenbare DDR-Quote von 13,73 % an den osteuropäischen Verbindlichkeiten repräsentativ für die gesamten Bankausleihungen Ende 1976 ist, hätten die Verbindlichkeiten der DDR 3.980 Mill. US-$ statt der ausgewiesenen 3.575 Mill. US-$[13] betragen müssen. Vom ausgewiesenen Residuum Ende 1976 wären somit rund 405 Mill. US-$ auf die DDR entfallen. In Ermangelung genauerer Angaben hinsichtlich der Entwicklung der relevanten Bankpositionen vor 1976 werden hier die Residuen der BIZ-Statistik der Jahre 1974 und 1975 entsprechend dem DDR-Anteil an den Forderungen und Verbindlichkeiten gegenüber Osteuropa (ohne Residuum) des jeweiligen Jahres zugeordnet. Dieses Verfahren führt für das Jahr 1976 zu dem oben errechneten Resultat. Für den Zeitraum von 1974 bis 1977 läßt sich mithin schätzen (in Mill. US-$):

353

Verbindlichkeiten der BIZ-Banken	1974	1975	1976	1977
Osteuropa-Residuen[a]	675[b]	688	695	455[c]
Geschätzter DDR-Anteil	54[b]	68	61	21
Gesamtverbindlichkeiten DDR	509	709	768	903
Forderungen der BIZ-Banken	1974	1975	1976	1977
Osteuropa-Residuen[a]	1913[b]	2499	2984	2407[c]
Geschätzter DDR-Anteil	298[b]	337	405	660
Gesamtforderungen DDR	2147	3240	4450	5534

a Ohne Positionen kanadischer und US-amerikanischer Banken gegenüber der Sowjetunion;
b Einschließlich Auslandspositionen niederländischer Banken; c Der Rückgang gegenüber Ende 1976 ist bedingt durch die erstmalige Zuordnung der Auslandspositionen japanischer Banken gegenüber Polen, Rumänien und der Sowjetunion sowie US-amerikanischer Banken gegenüber Polen

Für den Zeitraum vor 1974 liegen lediglich für die Jahre von 1971 bis 1973 für Großbritannien und für 1973 auch für Österreich Daten über die Auslandspositionen der Banken gegenüber einzelnen osteuropäischen Ländern vor.[14] Allerdings ist der britische Anteil an der Gesamtsumme der BIZ-Positionen gegenüber Osteuropa mit rund 28 % Ende 1971 und über 42 % Ende 1973 so hoch, daß auf dieser Basis einigermaßen vertrauenswürdige Schätzungen möglich erscheinen. Wie die in Tabelle A.4 nachgewiesenen Berechnungen des Verf. zeigen, weicht jedoch der Auslandsstatus britischer Banken gegenüber Osteuropa von den Auslandspositionen der übrigen BIZ-Banken gegenüber Osteuropa sowohl strukturell als auch hinsichtlich der Entwicklung seit 1971 systematisch erheblich ab.

Offenbar legten die kommunistischen Länder Osteuropas Anfang der siebziger Jahre in Großbritannien einerseits und in den übrigen BIZ-Berichtsländern andererseits ein unterschiedliches Anlage- und Verschuldungsverhalten an den Tag. Dabei ist vor allem zu berücksichtigen, daß sich (a) in den britischen Zahlen in besonderem Maße sowjetische Aktivitäten auf dem Londoner Eurogeld- und Goldmarkt niederschlagen, die in den anderen Ländern in diesem ausgeprägten Maße nicht zu beobachten waren und daher das Gesamtbild der Auslandsposition Osteuropas verzerren, daß (b) vor allem die Auslandsanlagen der kleineren osteuropäischen Länder in Großbritannien (gemessen an ihren Verbindlichkeiten) erheblich niedriger sind als auf dem Kontinent und in Übersee und nicht zuletzt (c), daß insgesamt aufgrund der Anfang der siebziger Jahre erst wachsenden Rolle Londons als Eurofinanzzentrum des Ostblocks sowohl die Anlagen als auch die Ausleihungen Osteuropas bei britischen Banken im Zeitraum von 1971 bis 1974 wesentlich schneller zunahmen als im übrigen BIZ-Berichtsgebiet. Es ist daher alles in allem methodisch bedenklich und führt mit hoher Wahrscheinlichkeit zu unrealistischen Ergebnissen, wenn der CIA in der bislang einzigen Studie, die eine Verschuldungsschätzung für den Zeitraum von 1971 bis 1973 versucht, „allocated on the BIS totals of each country in accordance with the country's share of UK bank claims and liabilities for the period 1971–73."[15] Es erscheint vielmehr geboten, den verzerrenden Einfluß der sowjetischen Zahlungsbilanzstrategie statistisch auszuschalten und die unterschiedliche Rolle Großbritanniens einerseits und der übrigen BIZ-Länder andererseits im relevanten Beobachtungszeitraum bei der Schätzung zu berücksichtigen. Der Verf. hat zu diesem Zweck eine Disaggregation der verfügbaren britischen Daten vorgenommen und in der nachfolgenden Tabelle A.5 in US-$ zu Jahresendkursen[16] ausgewiesen.

Diese Berechnungen machen deutlich, daß die Unterschiede zwischen der Entwicklung der Auslandsposition gegenüber Osteuropa in Großbritannien einerseits und im übrigen BIZ-Berichtsraum andererseits tatsächlich in hohem Maße durch die ungewöhnliche Entwicklung der sowjetischen Auslandsposition mitbedingt sind. Die Auslandsposition britischer Banken gegenüber der DDR hat sich hingegen über den Gesamtzeitraum hinweg ähnlich entwickelt wie die Auslandsposition gegenüber den anderen, kleineren osteuropäischen Ländern. Dabei ergaben sich gleichwohl in den einzelnen Jahren markante Unterschiede, die hier gerade Eingang in die Verschuldungsschätzung finden sollen. Es wird mit anderen Worten unterstellt, daß die DDR-Forderungen (DDR-Verbindlichkeiten) der Banken im übrigen BIZ-Berichtsraum um so stärker (schwächer) stiegen (zurückgingen), je stärker (schwächer) sich die DDR-Forderungen (DDR-Verbindlichkeiten) gegenüber britischen Banken im Vergleich zu den übrigen osteuropäischen

Ländern (*ohne* Sowjetunion) veränderten. Nach diesem Verfahren berechnet entwickelten sich die Auslandsforderungen und -verbindlichkeiten der *BIZ-Berichtsbanken (ohne Großbritannien)* gegenüber der DDR wie folgt (in Mill. US-$):

	1971	1972	1973	1974
Verbindlichkeiten gegenüber der DDR	230	386	280	396
Forderungen an die DDR	537	648	887	1301

Zusammen mit den in Tabelle A.5 ausgewiesenen Forderungen und Verbindlichkeiten britischer Banken gegenüber der DDR errechnen sich daraus die Auslandspositionen von *Banken des gesamten hier zugrundeliegenden Berichtsraumes* gegenüber der DDR (in Mill. US-$):

	1971	1972	1973	1974
Verbindlichkeiten gegenüber der DDR	286	471	343	509
Forderungen an die DDR	726	838	1319	2147

Tabelle A.4
Forderungen und Verbindlichkeiten Osteuropas gegenüber
Großbritannien und dem BIZ-Berichtsgebiet 1971 bis 1974

in Millionen US-$

Jahr	BIZ-Berichtsraum		Großbritannien		übrige Länder	
	Forderungen	Verbindlichkeiten	Forderungen	Verbindlichkeiten	Forderungen	Verbindlichkeiten
1971	2.300	3.470	648	1.026	1.652	2.444
1972	3.400	5.230	899	1.545	2.501	3.685
1973	3.720	7.400	1.220	3.243	2.500	4.157
1974	5.060	9.790	1.970	4.490	3.090	5.300
	+120 %	+182 %	+204 %	+338 %	+87 %	+117 %

Quelle: Vierteljährliche Berichterstattung der Währungs- und Wirtschaftsabteilung der Bank für Internationalen Zahlungsausgleich, Basel, sowie eigene Berechnungen nach Bank of England Quarterly Bulletin, Vol. 15 (1975), No. 1, Table 23/2; No. 4, Table 22/2 zu Pfund Sterling-US-$-Jahresendkursen

Tabelle A.5
Der Auslandsstatus britischer Banken gegenüber Osteuropa,
der Sowjetunion und der DDR 1971 bis 1974

in Millionen US-$

Jahr	Britische Verbindlichkeiten				Britische Forderungen			
	Osteur.	SU	übrige Osteur.	DDR	Osteur.	SU	übrige Osteur.	DDR
1971	648	337	311	56	1026	212	814	189
1972	899	474	425	85	1545	521	1024	190
1973	1220	786	434	63	3243	1326	1917	432
1974	1970	1289	681	113	4490	1226	3264	846
	+204 %	+282 %	+119 %	+102 %	+338 %	+478 %	+301 %	+348 %

Quelle: Eigene Berechnungen nach verschiedenen Jahrgängen des Bank of England Quarterly Bulletin

Für den Zeitraum vor 1971 liegen Daten über die Auslandspositionen westlicher Banken gegenüber der DDR auch für einzelne Länder nicht mehr vor. Bekannt war bislang lediglich die Höhe der Fremdwährungspositionen westeuropäischer Banken gegenüber Osteuropa insgesamt (siehe Tabelle A.1). Zwar wäre es auf dieser Basis möglich gewesen, die Verschuldungsposition der DDR von Ende 1971 entsprechend dem Trend dieser Zahlen in die Vergangenheit (d.h. bis 1964) fortzuschreiben. Auch liefert ein solches Verfahren – wie Kontrollrechnungen des Verf. zeigten – einigermaßen plausible Resultate, es erscheint jedoch wenig geeignet, der individuellen Entwicklung der Verschuldungsposition der DDR gerecht zu werden, da es von einem Gruppendurchschnitt (der Verschuldung Osteuropas insgesamt) ausgeht und von ihm auf die besondere Lage eines einzelnen Landes (hier der DDR) schließt. Der Verf. hat daher einen anderen Weg beschritten. Die Bruttoverschuldung der DDR gegenüber westlichen Banken und Unternehmen resultierte bis 1969 ganz überwiegend aus westlichen Lieferungen von Anlagen und Ausrüstungen, die mittelfristig kreditiert wurden. Die Neuverschuldung der DDR bestand in diesem Zeitraum mithin überwiegend in der Aufnahme gebundener Finanzkredite, weniger (wie in den siebziger Jahren) in ungebundenen Eurokreditaufnahmen. Die Inanspruchnahme solcher Kredite wurde daher für den Zeitraum von 1951 bis 1969 auf der Basis von Daten zu den Investitionsgüterlieferungen der OECD-Länder in die DDR geschätzt. Für jedes einzelne Jahr wurden Tilgungsverläufe geschätzt, die die im Westen bekanntgewordenen Laufzeiten der gebundenen Finanz- und Lieferkredite der DDR berücksichtigen. Die zum Jahresende jeweils ausstehende Bruttoverschuldung der DDR ließ sich auf diese Weise, ausgehend vom Jahr 1951 bis 1969 fortschreiben und zusammen mit den übrigen Komponenten der Verschuldung der DDR in Tabelle A.7 ausweisen. Vergleichbare, einigermaßen zuverlässige Möglichkeiten einer Schätzung der Verbindlichkeiten westlicher Banken und Lieferanten gegenüber der DDR existieren nicht; die hierzu vor 1971 in Tabelle A.7 genannten Werte sind grobe, subjektive Schätzungen.

III. Forderungen und Verbindlichkeiten der DDR gegenüber Banken in Ländern außerhalb des BIZ-Berichtsraumes

Die bislang geschätzten Verschuldungsdaten bedürfen noch einer Reihe von Ergänzungen, insbesondere um die Auslandspositionen von Banken, die zumindest bis 1983 der Bank für Internationalen Zahlungsausgleich nicht berichteten. Hierzu zählen in den industriell entwickelten Ländern vor allem Banken mit Sitz in Finnland, Norwegen, Spanien, Griechenland, Neuseeland, Australien und Portugal. Nach Informationen des Verf. sind die Auslandsforderungen und -verbindlichkeiten der DDR lediglich gegenüber Finnland, Norwegen und Spanien von gewisser Bedeutung. Gerade diese drei Länder haben jedoch zu Ende Dezember 1983 erstmals der BIZ über die nach Ländern differenzierte Auslandsposition ihrer Banken berichtet. Aus den für Ende 1983 vorliegenden Daten der BIZ lassen sich jedoch nur mit Mühe Anhaltspunkte für die Höhe der Forderungen und Verbindlichkeiten dieser Länder gegenüber der DDR gewinnen, weil zur gleichen Zeit erstmals auch die (bis dahin nur global für Osteuropa insgesamt gemeldeten) Auslandspositionen von Banken in der Schweiz auf einzelne Ostblockländer aufgeteilt werden konnten, aufgrund von Schwierigkeiten bei der Einführung des neuen Berichtssystems jedoch immer noch ein erheblicher, nicht aufteilbarer Restsaldo für Osteuropa verblieb. Nach Schätzungen des Verf. entfielen Ende 1983 von den osteuropäischen Gesamtforderungen an Banken in Finnland, Norwegen und Spanien in Höhe von 857 Mill. US-$ rund 50 Mill. US-$ auf die DDR, während von den osteuropäischen Gesamtverbindlichkeiten gegenüber Banken in Finnland, Norwegen und Spanien in Höhe von 1036 Mill. US-$ rund 150 Mill. US-$ der DDR zuzurechnen sein dürften. In den vorhergehenden Jahren werden die Auslandsbankverbindlichkeiten der DDR entsprechend um 1,8 %, die Auslandsforderungen der DDR um jährlich 1,5 % nach oben korrigiert. Es wird mit anderen Worten davon ausgegangen, daß sich die Auslandsposition der Banken in Finnland, Norwegen und Spanien gegenüber der DDR weitgehend proportional zur Auslandsposition der Banken im übrigen BIZ-Berichtsgebiet entwickelt hat.

Umfangreiche Kredite hat die DDR seit Mitte der siebziger Jahre auch aus Nicht-OECD-Ländern, insbesondere aus Mexiko und dem Iran erhalten. Einzelheiten sind dem Verf. zwar bekannt; da es sich bei diesen Krediten jedoch ausnahmslos um Lieferkredite und gebundene

Finanzkredite handelt, stehen die bereitgestellten Kreditmittel nicht zur Finanzierung von Zahlungsbilanzsalden gegenüber den westlichen Industrieländern zur Verfügung und sind deshalb an dieser Stelle bewußt zu vernachlässigen. Ähnliche Überlegungen gelten hinsichtlich jener Eurokredite, die die DDR bei Banken in Mittelost aufgenommen hat (beispielsweise einen 22 Mill. US-$-Kredit Mitte 1978 bei arabischen Banken unter Führung der Kuwait International Investment Co. und einen 100 Mill. US-$-Kredit Ende 1980 bei einem Syndikat afrikanischer und arabischer Banken).[17] Es wird hier darauf verzichtet, die Forderungen solcher Banken zusätzlich zu den BIZ-Statistiken zu berücksichtigen, zumal im Einzelfall ohnedies nicht bekannt ist, ob (etwa aufgrund der Zusammensetzung des Konsortiums) Teile des Kredites nicht ohnedies von Banken innerhalb des BIZ-Berichtsraumes gemeldet wurden und in diesem Fall doppelt erfaßt würden.

IV. *Forderungen und Verbindlichkeiten der DDR aus Geschäften im Rahmen des innerdeutschen Handels*

Die bisherigen Erhebungen schließen aufgrund der Besonderheiten des BIZ-Berichtssystems grundsätzlich Positionen von in der Bundesrepublik Deutschland ansässigen Banken gegenüber der DDR aus. Angesichts der Bedeutung Westdeutschlands für die Außenwirtschaftsbeziehungen der DDR bedingt jedoch eine Vernachlässigung dieser Positionen gravierende Schätzfehler und Fehleinschätzungen. Zwar wird die Höhe der Forderungen und Verbindlichkeiten westdeutscher Banken gegenüber der DDR bis heute von den zuständigen Behörden als vertraulich behandelt, bekannt ist jedoch die Höhe der *Nettoverschuldung der DDR aus Geschäften im Rahmen des Berliner Abkommens*, also aus dem innerdeutschen Handel. Sie wird vierteljährlich vom Bundesministerium für Wirtschaft ermittelt und als „kumulierter Aktivsaldo" veröffentlicht.[18] In diesen kumulierten Nettosalden sind die Forderungen und Verbindlichkeiten der DDR gegenüber westdeutschen Banken und westdeutschen Unternehmen enthalten, soweit sie in Geschäften des innerdeutschen Handels begründet sind. Da die Höhe der Forfaitierungen jedoch keiner westdeutschen Stelle zu melden ist, ist unbekannt, welchen Anteil Banken einerseits und Nichtbanken andererseits an den Nettopositionen gegenüber der DDR halten.[19] Seit 1976 erteilt die Deutsche Bundesbank auch Genehmigungen zur Gewährung von gebundenen Finanzkrediten bei Geschäften im Rahmen des innerdeutschen Handels.[20] Soweit diese Kredite von der DDR in Anspruch genommen werden, wird dieser westdeutsche Kapitalexport ebenfalls im „kumulierten Aktivsaldo" erfaßt. Über die (damit insgesamt bekannte) Nettoverschuldung der DDR im Rahmen des innerdeutschen Handels hinaus ist die DDR gegenüber westdeutschen Banken nicht in nennenswertem Umfang verschuldet, weil die Deutsche Bundesbank ihre Genehmigung für Kreditaufnahmen der DDR bei westdeutschen Banken, die nicht der Finanzierung von Geschäften des innerdeutschen Handels dienen, bis zu den Milliardenkrediten 1983 und 1984 grundsätzlich versagt hat.[21] Es kann daher mit anderen Worten davon ausgegangen werden, daß die sich hinter dem „kumulierten Aktivsaldo" verbergenden *Bruttoverbindlichkeiten* der DDR nahezu vollständig den Gesamtumfang der Forderungen von Banken, die in der Bundesrepublik Deutschland ansässig sind, gegenüber der DDR widerspiegeln. Diese Feststellung kann hingegen für die im „kumulierten Aktivsaldo" verrechneten *Bruttoforderungen* der DDR gegenüber Banken nicht getroffen werden: Neben Forderungen der DDR aus Geschäften des innerdeutschen Handels treten hier nämlich teilweise erhebliche Beträge, die die DDR aus offiziellen Regierungstransfers, Hartwährungsverrechnungen mit westdeutschen und Westberliner Stellen, Barzahlungen für Gefangenenfreikäufe und Gebühreneinnahmen erzielt hat und die (vorübergehend oder dauerhaft) insbesondere bei westdeutschen Banken zinstragend angelegt wurden. Die Höhe dieser DM-Aktiva der DDR ist streng vertraulich.

Nun ist im Rahmen westlicher Verschuldungsschätzungen — ergänzend zu den Auslandspositionen der der BIZ berichtenden westlichen Banken — bislang bestenfalls der kumulierte Aktivsaldo, d.h. die Nettoverschuldung der DDR aus Geschäften des innerdeutschen Handels berücksichtigt worden.[22] Nach den vorangegangenen Überlegungen dürfte jedoch deutlich geworden sein, warum diese Vorgehensweise, die selbst vom amerikanischen CIA in seiner ansonsten vorbildlichen Studie[23] verwendet wurde, bedenklich ist und zu verzerrten Resultaten führt. Erstens nämlich gibt dieser vom Bundeswirtschaftsministerium mitgeteilte „kumulierte Aktivsaldo" lediglich die *Netto*verschuldung der DDR wider; das heißt aber, daß insgesamt die

Höhe der Bruttoverschuldung der DDR gegenüber dem Westen und entsprechend die (auf dieser Basis zu schätzende) Höhe des Kapitaldienstes (Tilgung und Zinsendienst) der DDR unterschätzt wird. Zweitens beinhaltet der „kumulierte Aktivsaldo" sowohl den Saldo der kommerziellen Verschuldung gegenüber westdeutschen Banken und Unternehmen, als auch die offizielle Swinginanspruchnahme, d.h. die Clearingverschuldung der DDR bei der Deutschen Bundesbank als der kontoführenden Institution auf westdeutscher Seite. Da im Rahmen des innerdeutschen Zahlungsverkehrs der Swing jedoch zinslos gewährt wird und zudem keine Tilgungsverpflichtung impliziert, ist ein getrennter Ausweis dieser beiden im kumulierten Aktivsaldo verdichteten Verschuldungskomponenten analytisch und ökonomisch zweckmäßig und geboten. Drittens schließlich ist zu beachten, daß der „kumulierte Aktivsaldo" nur jene Forderungen und Verbindlichkeiten erfaßt, die aus Geschäften des innerdeutschen Handels resultieren. Es ist daher falsch, seine Höhe mit der Nettoposition westdeutscher Banken und Unternehmen gegenüber der DDR gleichzusetzen, da die DDR über (zeitweise und kurzfristig beachtliche) DM-Anlagen bei westdeutschen und Westberliner Banken verfügt, die auf freie Währung lauten und deshalb nicht als „westdeutsche Verbindlichkeiten" im „kumulierten Aktivsaldo" in Erscheinung treten.

Die im Bundeswirtschaftsministerium intern vorliegende Aufgliederung des „kumulierten Aktivsaldos" nach westdeutschen Verbindlichkeiten einerseits und ostdeutschen Verbindlichkeiten andererseits wird als vertraulich behandelt. Gesicherte Angaben über die Bruttoverschuldung der DDR gegenüber westdeutschen Banken und Unternehmen sind somit nicht möglich. Gelegentlich wurden jedoch vage Schätzungen bekannt. So sollen Ende 1971 bei einem kumulierten Aktivsaldo von rund 1,1 Mrd. VE die Verbindlichkeiten der DDR rund 1,6 Mrd. VE und die Verbindlichkeiten Westdeutschlands rund 0,5 Mrd. VE betragen haben.[24] Für Ende 1972 wurden die DDR-Verbindlichkeiten (einschließlich des Swing in Höhe von 0,6 Mrd. DM) mit 2,3 Mrd. DM und die Verbindlichkeiten der westdeutschen Seite mit unverändert 0,5 Mrd. DM angegeben.[25] Mitte 1974 sollen sich bei einem kumulierten Aktivsaldo in Höhe von 1,7 Mrd. VE die Verbindlichkeiten der DDR auf etwa 2,1 Mrd. VE und die der westdeutschen Seite auf rund 0,4 Mrd. VE belaufen haben.[26] Dem Verf. selbst konnte aus dem Ministerium lediglich mitgeteilt werden, daß sich die westdeutschen Verbindlichkeiten 1982 auf rund 1 Mrd. VE beliefen. Bei einem kumulierten Aktivsaldo von etwa 3,7 Mrd. VE netto[27] hätten somit die Verbindlichkeiten der DDR aus Geschäften des innerdeutschen Handels Ende 1982 brutto etwa 4,7 Mrd. VE betragen. Wie schon diese wenigen vagen Schätzungen deutlich machen, beeinflußt die tatsächliche Struktur des „kumulierten Aktivsaldos" die Schätzung der Bruttoverschuldung der DDR in erheblichem Maße. Eine auch nur näherungsweise Schätzung der aus dem innerdeutschen Handel sich ergebenden Bruttoverbindlichkeiten ist um so mehr geboten, als regelmäßig eine vergleichsweise niedrige westdeutsche Bruttoverschuldung mit einer vergleichsweise hohen ostdeutschen Bruttoverschuldung einherging. Der Verf. hat eine solche eigene Schätzung auf der Basis der TSI-Kontenstatistik, der Statistik der Zahlungen über Verrechnungskonten sowie über Konto S für den Gesamtzeitraum von 1957 bis 1983 vorgenommen. Als Ergebnis dieser Berechnungen konnte die Bruttoverschuldung der DDR ebenso wie die Bruttoverschuldung der Bundesrepublik jeweils zum Jahresende aus Geschäften des innerdeutschen Handels (ohne Swinginanspruchnahme) näherungsweise geschätzt werden. Aufgrund methodischer Unterschiede zum internen Berechnungsverfahren des Bundeswirtschaftsministeriums und aufgrund fehlender, vertraulicher Zusatzdaten, ergeben sich nach diesem Verfahren Abweichungen gegenüber dem vom Wirtschaftsministerium berechneten und veröffentlichten kumulierten Aktivsaldo von bis zu 5 %. Immerhin ist jedoch auf diese Weise eine einigermaßen zutreffende Schätzung der Verschuldung im innerdeutschen Handel differenziert nach (a) Swinginanspruchnahme durch die DDR, (b) Bruttoverschuldung der DDR aus Geschäften des innerdeutschen Handels und (c) Bruttoverschuldung Westdeutschlands aus Geschäften des innerdeutschen Handels möglich. Die in US-$ zu Jahresendkursen umgerechneten Schätzwerte sind in Tabelle A.7 zusammen mit den übrigen Komponenten der Verschuldung der DDR gegenüber nichtsozialistischen Industrieländern nachgewiesen.

V. Forderungen und Verbindlichkeiten der DDR aus zwischenstaatlichen Clearingabkommen

Die westlichen Bankforderungen und -verbindlichkeiten gegenüber der DDR sind schließlich zu ergänzen um Clearingforderungen und -verbindlichkeiten, soweit diese Auslandspositionen im Partnerland die Zentralbank betreffen und somit nicht bereits unter den übrigen Bankpositionen des BIZ-Berichtsraumes erfaßt sind. Da die ostdeutschen Clearingkonten im Zahlungsverkehr mit Schweden, den Niederlanden, Belgien und Frankreich bei privaten Banken geführt wurden, sind diese Positionen hier nicht gesondert zu erfassen. Zu berücksichtigen sind jedoch die Salden auf den Clearingkonten der DDR bei westlichen Zentralbanken, deren wichtigste – Finnland 1953 bis 1982, Österreich 1954 bis 1975, Norwegen mit Lücken 1949 bis 1973, Griechenland 1960 bis 1980 und Bundesrepublik Deutschland 1950 bis 1983 – mit Unterstützung der kontoführenden Institute ermittelt werden konnten. Die relevanten Daten wurden zu Jahresendkursen in US-$ umgerechnet, aggregiert und in Tabelle A.7 zusammengestellt.

VI. Verbindlichkeiten der DDR gegenüber westlichen Lieferanten

Schließlich ist im Rahmen dieser Schätzung neben der Verschuldung aus Geschäften im innerdeutschen Handel und im zwischenstaatlichen Clearing mit westlichen Industrieländern auch der Umfang der westlichen Lieferantenkredite zu erfassen, soweit diese nicht forfaitiert wurden und damit in den Auslandspositionen westlicher Banken und Finanzinstitute bereits enthalten sind. Westliche Schätzungen der Bedeutung von Lieferantenkrediten im Rahmen der Verschuldungsstrategie der osteuropäischen Länder gehen weit auseinander. Es ist grob zu unterscheiden zwischen Warenkrediten des Lieferanten, die durch staatliche oder private Versicherungen abgesichert wurden, sowie nicht durch eine Versicherung abgedeckten Krediten.[28] Über Struktur und Umfang dieser Kredite im Ost-West-Handel besteht weitgehend Unklarheit. Schwierigkeiten einer statistischen Erfassung oder Abschätzung ergeben sich vor allem daraus, daß weder bekannt ist, in welchem Maße staatlich garantierte Exportkredite an Banken gewährt und der BIZ mitgeteilt wurden, so daß mit Doppelzählungen zu rechnen ist,[29] noch daß mit hinreichender Genauigkeit zu ermitteln ist, in welchem Umfang Kredit- und Garantiezusagen, soweit sie überhaupt bekannt wurden, in Anspruch genommen worden sind. Kaum zu schätzen ist vor allem auch das Ausmaß der Forfaitierungen von Lieferantenkrediten durch Banken, d.h. der in den von der BIZ mitgeteilten Bankausleihungen bereits enthaltene Teil dieser Ostblockverbindlichkeiten.

Der Umfang der westlichen Firmen und Banken zugesagten staatlichen Exportkreditgarantien und -bürgschaften für Lieferungen in die DDR wurde für Ende März 1973 mit 838 Mill. US-$,[30] für Ende Dezember 1975 mit 1903 Mill. US-$[31] und für Ende Dezember 1976 mit 2550 Mill. US-$[32] geschätzt. Wie eine Aufgliederung dieser Globalzahlen nach Gläubigerländern (siehe Tabelle A.6) jedoch zeigt, wurden bei diesen Schätzungen die Nettoverbindlichkeiten der DDR aus dem innerdeutschen Handel, d.h. der kumulierte Aktivsaldo, als offizielle Kreditzusagen Westdeutschlands angesetzt und mitgezählt.[33] Aus den weiter oben genannten Gründen führt eine solche Vorgehensweise jedoch zu Verzerrungen im Gesamtbild der Verschuldung der DDR. Bereinigt man daher die vorliegenden Schätzungen um die Nettoverbindlichkeiten der DDR aus Geschäften im innerdeutschen Handel, verbleiben offizielle Exportkreditzusagen der westlichen Industrieländer an die DDR in Höhe von etwa 540 Mill. US-$ Anfang 1973, 1020 Mill. US-$ Ende Dezember 1975 und 1450 Mill. US-$ Ende 1976.

Tabelle A.6
Zusagen offizieller Exportkredite an die DDR nach Ländern in Mill. US-$

Jahr	U.S.A.	Japan	Österreich	Großbrit.	Frankreich	B.R.D.	Italien	Schweden	Sonstige
1975	–	55	280	72	375	881	34	80	126
1976	–	80	300	80	395	1100	300	...	295

Quelle: Eigene Berechnungen nach PORTES, Richard: East Europe's Debt to the West: Interdependence is a Two-Way Street, in: Foreign Affairs, Vol. 55, No. 4 (July 1977), S. 751–782, hier: S. 759 sowie LARGE, Andrew: The Role of Eurocurrencies in East-West-Trade, in: SAUNDERS, Christopher T. (Hrsg.): Money and Finance in East and West, Wien und New York 1978, S. 145–154, hier: S. 148

Man wird zwar annehmen können, daß nur ein Bruchteil dieser Exportkredite bereits in den Auslandspositionen der BIZ-Berichtsbanken enthalten ist. Immerhin liegen jedoch Hinweise vor, daß ein Teil der offiziell gesicherten Kredite französischer und japanischer Banken sowie alle staatlich abgesicherten Fremdwährungskredite britischer und alle Kredite US-amerikanischer Banken an die BIZ gemeldet werden.[34] Anhaltspunkte für den Umfang der Inanspruchnahme des verbleibenden Zusagebetrages liefern Daten des CIA, die auf einer Analyse unveröffentlichter Regierungsquellen beruhen.[35] Eine Auswertung dieser Schätzungen ergibt, daß die Inanspruchnahme zugesagter offizieller Exportkreditgarantien durch die kommunistischen Länder überraschend niedrig lag, nämlich Ende 1977 bei 45 % durch die Sowjetunion, 38 % durch Polen, 56 % durch Ungarn, 44 % durch die CSSR, 44 % durch Bulgarien, 53 % durch Rumänien und 35 % durch die DDR.[36] Der Verf. vermutet allerdings, daß diese durchweg niedrige Inanspruchnahme mitbedingt war durch die vergleichsweise starke Zunahme der Zusagen gegenüber den Vorjahren. Für die DDR jedenfalls lassen sich für die Vorjahre bedeutend höhere Ausnutzungsquoten berechnen, nämlich 37 % 1976, 41 % 1975, 72 % 1974, 88 % 1973 und fast 100 % 1972 und 1971.[37] Der Umfang der tatsächlich in Anspruch genommenen, staatlich abgesicherten Exportkredite westlicher Lieferanten an die DDR dürfte daher alles in allem den Betrag von etwa 400 Mill. US-$ Ende 1975 und rund 500 Mill. US-$ Ende 1976 kaum überstiegen haben.

Im Rahmen ihrer erstmals im April 1984 vorgelegten gemeinsamen Berichterstattung über die Auslandsverschuldung einzelner Länder haben die OECD und die BIZ auch Schätzungen staatlich garantierter Exportkredite sowie staatlich garantierter oder versicherter Käufer- und Lieferantenkredite mitgeteilt.[38] Gegenüber Nichtbanken in 20 OECD-Ländern hatte die DDR danach Verbindlichkeiten in Höhe von 1620 Mill. US-$ Ende 1982 und 1980 Mill. US-$ Ende 1983 (jeweils ohne Verbindlichkeiten gegenüber der Bundesrepublik Deutschland). Es braucht kaum betont zu werden, wie wertvoll diese Erhebungen und Schätzungen der OECD sind, erlauben sie doch erstmals eine einigermaßen gesicherte Schätzung der Bruttoauslandsverschuldung solcher Staaten, die sich in vergleichsweise hohem Maße bei ausländischen Nichtbanken verschuldet haben. Auch die DDR ist danach offenbar weit stärker bei westlichen Lieferanten verschuldet, als dies bisher angenommen worden ist.

Zu diesen offiziell abgesicherten Exportkrediten kommen noch Forderungen westlicher Lieferanten hinzu, die aus nicht abgesicherten Warenkrediten resultieren, im wesentlichen in der Form von Solawechseln (Promissory Notes) und Handelswechseln. Der überwiegende Teil dieser Papiere wird allerdings schon seit den frühen siebziger Jahren nicht mehr auf eigenes Risiko von den Lieferanten gehalten, sondern bei Banken und speziellen Finanzinstituten forfaitiert, d. h. unter zur Verfügungstellung ausreichender Sicherheiten regreßlos an den Forfaiteur verkauft.[39] Die Vermutung erscheint daher nicht unbegründet, daß das Ausmaß der auf eigenes Risiko vom Exporteur gehaltenen Lieferkredite allgemein überschätzt wird. Es kommt hinzu, daß die DDR – ähnlich wie Ungarn[40] und im Gegensatz insbesondere zu Polen, Rumänien und der Sowjetunion[41] – überwiegend Bankkredite bevorzugt hat, weil diese in der Regel flexiblere und kostengünstigere Geschäftsabschlüsse erlauben.[42] Für die fünfziger Jahre ist sogar vergleichsweise zuverlässig belegbar,[43] daß die Währungsbehörden der DDR eine Plazierung von Sola-Wechseln für West-Importe strikt abgelehnt und verhindert haben. Vor dem Hintergrund dieser Überlegungen erscheinen am ehesten noch konservative Schätzungen glaubhaft, die die Höhe der von westlichen Exporteuren und Finanzinstituten (außerhalb des der BIZ berichtenden Bankensektors) auf eigenes Risiko gehaltenen Solawechsel Ostdeutschlands mit lediglich rund 485 Mill. US-$ Ende 1975 und etwa 620 Mill. US-$ Ende 1976 veranschlagen.[44] Dabei ist allerdings zu berücksichtigen, daß diese vom CIA geschätzten Zahlen offenbar ganz überwiegend Lieferantenforderungen aus Geschäften des innerdeutschen Handels betreffen, die hier an anderer Stelle vollständig ausgewiesen wurden. Vor dem Hintergrund dieser Überlegungen wurden hier die ungesicherten Forderungen westlicher Nichtbanken gegenüber der DDR (außerhalb der Bundesrepublik Deutschland und ohne Forderungen, die von westlichen Banken forfaitiert wurden) vergleichsweise niedrig geschätzt und in Tabelle A.7 zusammen mit den staatlich abgesicherten Exportkrediten als Kredite westlicher Lieferanten ausgewiesen.

Tabelle A.7
Die Auslandsposition der DDR gegenüber den entwickelten
nichtsozialistischen Ländern 1949 bis 1983

in Millionen US-$[a]

	Verbindlichkeiten					Forderungen			
Jahr	Westliche Banken	Westdt. Banken u. Untern.	Westl. Zentralbanken	Westl. Lieferanten	insgesamt	Westliche Banken	Westdt. Banken u. Untern.	insgesamt[b]	Nettoverschuldung
1949									
1950			1						
1951	1		8		10				
1952	2		7		10				
1953	3		9		10				
1954	5		7		10				
1955	7	10	12		30		10		
1956	10	10	24		40		10		
1957	12	10	17	10	50		10		
1958	22	10	26	30	90		10		
1959	28	10	33	50	120		10		
1960	42	20	22	160	240		10		
1961	55	20	18	250	350		10		
1962	75	40	13	260	380		10		
1963	100	30	3	270	390	70	20	90	300
1964	100	40	13	300	450	100	20	120	330
1965	130	50	15	300	500	160	30	190	310
1966	200	90	46	310	650	190	40	230	420
1967	270	140	40	320	770	150	40	190	580
1968	300	160	13	330	800	150	40	190	610
1969	320	280	77	380	1.060	180	70	250	810
1970	470	350	123	400	1.340	200	100	300	1.040
1971	740	380	142	500	1.760	290	140	430	1.330
1972	860	520	198	500	2.080	480	160	640	1.440
1973	1.340	620	238	500	2.700	350	200	550	2.150
1974	2.180	790	265	550	3.790	520	250	770	3.020
1975	3.300	850	301	600	5.050	720	220	940	4.110
1976	4.530	1.060	325	750	6.670	780	270	1.050	5.620
1977	5.630	1.420	348	900	8.300	920	320	1.240	7.060
1978	6.910	1.970	466	1.050	10.400	1.310	390	1.700	8.700
1979	8.710	2.260	479	1.250	12.700	2.010	470	2.480	10.220
1980	10.120	2.070	422	1.550	14.160	2.250	500	2.750	11.410
1981	10.930	1.810	261	1.750	14.750	2.270	450	2.720	12.030
1982	9.020	1.780	208	2.000	13.010	2.020	430	2.450	10.560
1983	8.590	1.770	175	2.300	12.840	3.410	490	3.900	8.940

a Zum Jahresende; b Einschließlich Clearingguthaben bei Zentralbanken
Quelle: Eigene Berechnungen und Schätzungen

Anmerkungen

1 Vgl. beispielsweise BRAINARD, Lawrence J.: Financing Eastern Europe's Trade Gap, the Euromarket Connection, in: Euromoney, January 1976, S. 16—21; die Beiträge in HARDT, John P. (Hrsg.): East European Economies Post-Helsinki, Joint Economic Committee, Washington 1977; Schweizerisches Institut für Aussenwirtschafts-, Struktur- und Marktforschung (Hrsg.): Internationale Verschuldung, Zürich 1978; CORNELSEN, Doris/MACHOWSKI, Heinrich/SCHENK, Karl-Ernst (Hrsg.): Perspektiven und Probleme wirtschaftlicher Zusammenarbeit zwischen Ost- und Westeuropa, Berlin 1976, ferner insbesondere die methodisch ausführlicheren Einzelstudien: Central Intelligence Agency. National Foreign Assessment Center: Estimating Soviet and East European Hard Currency Debt. A Research Paper, Washington 1980; SCHARRER, Hans-Eckart/BOLZ, Klaus: Borrowing in Western financial markets by Eastern European Countries, in: Inter-economics, March/April 1979, S. 90—95; OECD: Special Feature. Comecon borrowing in international credit markets, in: Financial Market Trends, No. 2 (December 1977), S. 51 ff.; OECD: Special Feature. Relationships between COMECON Countries and Western Financial Markets, No. 18 (March 1981), S. 1 ff.; BUCK, Hannsjörg F.: Die Zahlungsbilanzpolitik der DDR und der europäischen RGW-Länder. Stabilisierungsmaßnahmen der Zentralplanwirtschaften zur Wiedergewinnung ausgeglichener Zahlungsbilanzen, Bonn (Gesamtdeutsches Institut) 1980; LEVCIK, Friedrich/STANKOWSKY, Jan: Kredite des Westens und Österreichs an Osteuropa und die UdSSR, Wiener Institut für Internationale Wirtschaftsvergleiche, Reprint Serie, Nr. 28, Wien 1977
2 Vgl. Central Intelligence Agency: Estimating Soviet and East European Hard Currency Debt. A Research Paper, Washington 1980, im folgenden zitiert als CIA: Hard Currency Debt
3 CIA: Hard Currency Debt, S. 1
4 Bank für Internationalen Zahlungsausgleich. Währungs- und Wirtschaftsabteilung: Die Fälligkeitsverteilung der internationalen Bankausleihungen. Anlage: Erläuterungen zur statistischen Erfassung des Zahlenmaterials, Basel, Januar 1979, S. 3
5 Vgl. ebd., S. 4
6 Vgl. ebd.
7 Vgl. Bank für Internationalen Zahlungsausgleich. Monetary and Economic Department: External positions in domestic and foreign currency of banks in Group of Ten countries and Switzerland and of the offshore branches of US banks end-December 1977, revised sowie new series, revised, Basel, November 1980
8 Ende 1977 schuldete die DDR Österreich nach eigenen Berechnungen 696,5 Mill. US-$ und Großbritannien in Sterling umgerechnet 28,6 Mill. US-$. Bei österreichischen Banken waren zum selben Zeitpunkt Mittel in Höhe von 176,5 Mill. US-$ angelegt. Die Höhe der Sterlingguthaben der DDR in Großbritannien ist unbekannt; sie dürften jedoch den Betrag von 5 Mill. US-$ kaum überschritten haben.
9 An dieser Beobachtung ist vor allem bemerkenswert, daß offenbar alle an die BIZ in Basel gemeldeten und im übrigen umfangreichen Kredite französischer Banken an die DDR auf fremde Währungen lauteten. Denkbar ist allerdings auch, daß die französischen Forderungen an die DDR überwiegend in Lieferantenkrediten mit Regierungsgarantien bestanden.
10 Positionen österreichischer Banken gegenüber Ausländern. Stand zum Jahresende 1973, 1974, 1975, 1976 und 1977 in Millionen Schilling (Kredite, festverzinsliche Wertpapiere, andere Wertpapiere und Beteiligungen, Gold, Sichtdevisen und Valuten, Termindevisen, Geldmarktpapiere, sonstige), unveröffentlichtes Material der Österreichischen Nationalbank, Wien
11 Vgl. die Umrechnungskurse in International Monetary Fund: International Financial Statistics. Supplement Series No. 1: Supplement on Exchange Rates, Washington 1981, S. 36
12 Siehe die Wiedergabe bei BRAINARD, Lawrence J.: Eastern Europe's Indebtedness: Policy Choices for East and West, in: SAUNDERS, Christopher T. (Hrsg.): Money and Finance in East and West, London und New York 1978, S. 79—98, hier: S. 89
13 Vgl. die Ergebnisse der BIZ-Vierteljahresberichterstattung in Tabelle A.2
14 Unveröffentlichtes Material der Österreichischen Nationalbank, Wien, sowie Daten der Bank of England, London: External Liabilities and Claims of UK banks and certain other Finan-

cial Institutions in Foreign Currencies, in: Bank of England Quarterly Bulletin, 1972 ff., passim
15 CIA: Hard Currency Debt, S. 1
16 Vgl. International Monetary Fund: International Financial Statistics, a.a.O., S. 99
17 Zu diesen und weiteren Eurokrediten arabischer Bankenkonsortien an die DDR siehe Anhang F
18 Vgl. BMWi Tagesnachrichten, Bonn
19 Auskunft der Deutschen Bundesbank, Frankfurt/M., gegenüber dem Verf.
20 Auskunft der Deutschen Bundesbank, Frankfurt/M., gegenüber dem Verf.
21 Auskunft der Deutschen Bundesbank, Frankfurt/M., gegenüber dem Verf.
22 Sofern eine explizite Berücksichtigung des sog. kumulierten Aktivsaldos überhaupt erfolgte. In der CIA-Studie beispielsweise findet der kumulierte Aktivsaldo lediglich indirekt Eingang in die Schätzungen, und zwar offenbar als Bestandteil kommerzieller Lieferkredite westlicher Exporteure sowie staatlicher Exportkreditgarantien. Vgl. CIA: Hard Currency Debt, S. 6, 19
23 Vgl. ebd.
24 Vgl. KUPPER, Siegfried: Der innerdeutsche Handel. Rechtliche Grundlagen, politische und wirtschaftliche Bedeutung, Köln 1972, S. 61f.
25 Vgl. Aussenhandelsdienst der Industrie- und Handelskammern und Wirtschaftsverbände, VWD Vereinigte Wirtschaftsdienste, Frankfurt/M., 27. Jg. (1973), H. 10 vom 8. März, S. 195
26 Vgl. OLLIG, Gerhard: Rechtliche Grundlagen des innerdeutschen Handels, in: EHLERMANN, Claus-Dieter u.a.: Handelspartner DDR – Innerdeutsche Wirtschaftsbeziehungen, Baden-Baden 1975, S. 192
27 Vgl. BMWi Tagesnachrichten Nr. 8368 vom 3. März 1983, S. 2
28 Vgl. GMÜR, Charles J.: Probleme der Forfaitierung und der Kompensationsgeschäfte im Ost-West-Handel, in: ZIEGER, Gottfried i.Z.m. Axel LEBAHN (Hrsg.): Finanzierungs- und Währungsprobleme des Ost-West-Wirtschaftsverkehrs, a.a.O., S. 399–415 sowie LARGE, Andrew: The Role of Eurocurrencies in East-West Trade, a.a.O., hier: S. 147ff.
29 Vgl. CIA: Hard Currency Debt, S. 4
30 Vgl. PORTES, Richard: East Europe's Debt to the West, a.a.O., S. 759
31 Vgl. ebd.
32 Vgl. LARGE, Andrew: The Role of Eurocurrencies in East-West Trade, a.a.O., S. 148
33 Von PORTES, LARGE und der Chase Manhattan Bank wurde der kumulierte Aktivsaldo sogar irrtümlich als „swing" bezeichnet und 1973 mit 300 Mill. US-$, 1975 mit 881 Mill. US-$ und 1976 mit 1100 Mill. US-$ geschätzt. Vgl. beispielsweise PORTES, Richard: East Europe's Debt to the West, a.a.O., S. 759. Nach Berechnungen des Verf. auf der Basis von Daten, die vom westdeutschen Bundeswirtschaftsministerium zur Verfügung gestellt wurden, handelt es sich bei diesen Werten in der Tat um die US-$-Gegenwerte des kumulierten Aktivsaldos einschließlich Swinginanspruchnahme.
34 Siehe CIA: Hard Currency Debt, S. 4
35 Vgl. ebd., S. 6 sowie die umfangreichen Tabellen A-4, A-8, A-12, A-16, A-20, A-24 und A-28.
36 Eigene Berechnungen nach ebd. Zu ähnlichen Resultaten gelangt man auf der Basis der Ziehungsschätzungen der Chase Manhattan Bank. Vgl. LARGE, Andrew: The Role of Eurocurrencies in East-West Trade, a.a.O., S. 148
37 Eigene Berechnungen. Die CIA-Zahlen reflektieren vermutlich ganz überwiegend Zusagen westdeutscher Stellen, die in der Tat 1975 und 1976 aufgrund von Großprojekten, die die DDR mit den westdeutschen Firmen Krupp und Uhde/Höchst sowie Bankenkonsortien abgeschlossen hatte, außergewöhnlich stark anstiegen. Zu diesem Zweck wurde am 9.7.1975 zwischen der westdeutschen TSI und dem DDR-Ministerium für Außenhandel eine Vereinbarung über die Gewährung von „gebundenen Finanzkrediten durch westdeutsche und Westberliner Geschäftsbanken bis zur Höhe von 1100 Mill. VE/DM zur Finanzierung langfristiger Verträge im Rahmen des Berliner Abkommens" unterzeichnet. Vgl. Aussenhandelsdienst der Industrie- und Handelskammern und Wirtschaftsverbände, VWD Vereinigte Wirtschaftsdienste, Frankfurt/M., 29. Jg. (1975), H. 29, S. 570. Allein der von westdeutschen Banken für die Chemieanlagenlieferungen der Firma Uhde (Höchst) zugesagte Kre-

dit (mit 8jähriger Laufzeit) hatte ein Volumen von 890 Mill. DM. Vgl. ebd., 30. Jg. (1976), H. 26, S. 502. Der verbleibende Spielraum für gebundene Finanzkredite wurde weitgehend durch Anlagenlieferungen der Firma Krupp ausgeschöpft. 1977 gab die Bundesregierung den Umfang der seit 1967 jährlich zugesagten Garantiebeträge für Bundesgarantien zur Förderung von langfristigen Geschäften bei der Lieferung von Investitionsgütern und Dienstleistungen im innerdeutschen Handel bekannt, für deren Abwicklung die Gesellschaft zur Finanzierung von Industrieanlagen mbH (GEFI) zuständig ist:

	1967	1968	1969	1970	1971	1972	1973	1974	1975	1976
in Mill. DM	150	90	380	203	71	129	173	136	469	1393
in Mill. US-$	38	23	103	56	22	40	64	56	179	590

Vgl. Bundesministerium für innerdeutsche Beziehungen (Hrsg.): Texte zur Deutschlandpolitik, Reihe II/Band 5, Bonn 1979, S. 138 (Antwort der Bundesregierung vom 4. April 1977 auf die Große Anfrage der Fraktion der CDU/CSU zur Deutschlandpolitik) sowie eigene Berechnungen
38 Vgl. Organisation for Economic Co-operation and Development/Bank for International Settlements: Statistics on External Indebtedness: Bank and Trade-Related Non-Bank External Claims on Individual Borrowing Countries and Territories, Paris und Basel 1984
39 Siehe LANGE-PROLLIUS, Horst: Praxis des Ostwesthandels. Die Wirtschaftsbeziehungen 1977–1990. Mit Beiträgen von Erich KISSNER und Helmut BOHUNOVSKY, Düsseldorf und Wien 1977, S. 305 ff. sowie LARGE, Andrew: The Role of Eurocurrencies in East-West Trade, a.a.O., S. 147 ff.
40 Vgl. MARKOVITS, Bela: Finanzierung des ungarischen Außenhandels sowie das Kurssystem in Ungarn, in: ZIEGER, Gottfried i.Z.m. Axel LEBAHN (Hrsg.): Finanzierungs- und Währungsprobleme des Ost-West-Wirtschaftsverkehrs, Köln u.a. 1979, S. 201–209, hier: S. 206
41 Vgl. die Schätzungen der Plazierung von Promissory Notes durch kommunistische Länder bei LARGE, Andrew: The Role of Eurocurrencies in East-West Trade, a.a.O., S. 148 sowie CIA: Hard Currency Debt, S. 4
42 Bestimmend für diese Haltung Ungarns und überwiegend auch der DDR war die Erkenntnis, daß ein Lieferantenkredit in der Regel letztlich teurer ist „als ein Bank-zu-Bank-Kredit, eben aus dem Grunde, weil der Lieferant sowohl in seinem eigenen Land als auch an den internationalen Finanzmärkten nur etwas teurer zu einem Kredit kommen kann als eine Bank. Wenn die Exportfirmen im Westen dazu gezwungen sind, Kredite zu gewähren und diese Kredite irgendwo zu refinanzieren, werden auch deren Bilanzen damit belastet. Die versteckten Finanzierungskosten im Preis machen nach unserer Meinung die Importgeschäfte bedeutend teurer, als wenn man auf Cash-Basis verhandeln kann und anschließend eine Bankenfinanzierung in Anspruch nimmt." MARKOVITS, Bela: Finanzierung des ungarischen Außenhandels sowie das Kurssystem in Ungarn, a.a.O., S. 206. Die Haltung der Währungsbehörden der DDR hat dieser ungarischen Einstellung weitgehend entsprochen. Vgl. insbesondere TREBUTH, Rudolf: Zur Ausnutzung des kurzfristigen Kredits beim Import, in: Der Aussenhandel, 12. Jg. (1962), H. 3, S. 22–24 sowie GÖLDNER, Joachim: Rechtsprobleme intersystemarer Finanz- und Kreditbeziehungen, in: Wissenschaftliche Zeitschrift der Martin Luther-Universität Halle, 27. Jg. (1978), H. 5, S. 109–117
43 Vgl. HERCHER, Karl: Der Zahlungsverkehr der DDR mit dem Ausland, Berlin(Ost) 1958, S. 60f.
44 Vgl. CIA: Hard Currency Debt, S. 19, Table A-9, eigene Berechnungen. Die genannten Werte errechnen sich offenbar aus den vom CIA unterstellten jährlichen Plazierungen im Westen bei einer durchschnittlichen Laufzeit von 5 Jahren.

B. Offizielle Hartwährungszahlungen zwischen den Währungsgebieten der DM(West) und der DM(Ost)

Seit Anfang der siebziger Jahre sind bei verschiedenen Gelegenheiten[1] seitens der Regierung der Bundesrepublik Deutschland Angaben über Zahlungen an die DDR gemacht worden. Diese Daten sind jedoch für eine differenzierende Analyse der Hartwährungseinnahmen der DDR ungeeignet, weil sie (a) Zahlungen aus dem Bundeshaushalt bzw. dem Haushalt des Landes Berlin einschließen, die „mittelbaren" Charakter haben, d.h. lediglich Erstattungen für individuelle Ausgaben westdeutscher und Westberliner Bürger darstellen,[2] (b) Zahlungen einschließen, die im Rahmen des innerdeutschen Verrechnungsverkehrs erfolgen, also lediglich Forderungen der DDR auf Lieferung von westdeutschen Waren und Dienstleistungen begründen,[3] (c) eine Reihe von Zahlungsströmen, die tatsächlich in konvertiblen DM(West) erfolgen, ausschließen oder nur unvollständig wiedergeben und schließlich (d) keine Rückschlüsse auf Zahlungstermine, eventuelle Zweckbindung, Form und Verwendung der jeweiligen Transfers erlauben.[4]

Der Verf. hat daher den Versuch unternommen, möglichst alle seit Bestehen der DDR erfolgten Zahlungen aus den Haushalten des Bundes, des Landes Berlin sowie seiner Eigenbetriebe, der Bundespost und der Bundesbahn anhand der einzelnen, jeweils relevanten Vertragstexte, Verhandlungsprotokolle und Briefwechsel zu rekonstruieren. Erst dieses Verfahren erlaubte eine Auswertung des verfügbaren Zahlenmaterials nach verschiedenen Kriterien, unter denen die Art der Überweisung und die Verfügbarkeit der Zahlungsmittel auf freien Bank- oder Verrechnungskonten in der Bundesrepublik Deutschland die zweifellos bedeutsamsten sind. Angesichts der Tatsache, daß für den Bankensektor in der Bundesrepublik – im Gegensatz zu den Bankenstatistiken des westlichen Auslands – keine Aufgliederung (und auch inoffiziell keine Anhaltspunkte) hinsichtlich der Forderungen und Verbindlichkeiten westdeutscher Banken gegenüber der DDR existieren,[5] kommt den im folgenden vorgestellten Ergebnissen dieser Analyse besondere Bedeutung zu.

Bei der auswertenden Analyse und Erhebung konnte sich der Verf. überwiegend auf Veröffentlichungen stützen, die vom Bundesministerium für innerdeutsche Beziehungen vorgelegt wurden und allgemein zugänglich sind.[6] In einer Reihe von Fällen beruhen die im folgenden gemachten Angaben jedoch auch auf ergänzenden Angaben der betroffenen Behörden und Unternehmen gegenüber dem Verf. Es wird daher ausdrücklich darauf hingewiesen, daß in keinem Fall Geheimhaltungsvorschriften verletzt wurden und insbesondere seitens des Bundesministeriums für innerdeutsche Beziehungen keine Angaben über die Korrespondenzbanken der DDR in Westdeutschland und Westberlin oder über Zahlungsein- und ausgänge auf Freikonten gemacht wurden.

I. Zahlungen aus dem westdeutschen Bundeshaushalt

1. Transitpauschale

Aufgrund des sog. Transitabkommens vom 17.12.1971 werden seit dem 1.1.1972 im Transitverkehr zwischen dem Gebiet der Bundesrepublik Deutschland und Westberlin Straßenbenutzungsgebühren, Steuerausgleichsabgaben und Visagebühren nicht mehr individuell erhoben. Die Bundesregierung entrichtet hierfür eine Pauschalsumme, die sie jährlich bis zum 31. März „auf ein Konto bei einer von der Deutschen Demokratischen Republik zu bestimmenden Bank in der Bundesrepublik Deutschland zugunsten der Deutschen Außenhandelsbank AG in Berlin"[7] zu überweisen hat. Angaben über Freikonten der DDR werden seitens des Bundesministeriums für innerdeutsche Beziehungen nicht gemacht,[8] vermutlich wird die Transitpauschale jedoch an die Bank für Gemeinwirtschaft überwiesen. In einem Brief des damaligen Leiters der Ständigen Vertretung der Bundesrepublik Deutschland, Günter GAUS, an den Stellvertreter des Ministers für Verkehrswesen, Horst SCHLIMPER, vom 19.12.1975 zur Bezahlung des Ausbaus der Autobahn Helmstedt-Berlin heißt es nämlich: „Der von der Bundesrepublik Deutschland zu zahlende Betrag wird jährlich gleichzeitig mit der Transitpauschale überwiesen"[9], und zwar „jeweils bis 31. März jeden Jahres auf ein Konto der Deutschen Außenhandelsbank AG in Berlin bei der Bank für Gemeinwirtschaft in Frankfurt/Main".[10] Die Höhe der Transitpauschale wurde zunächst auf 234,9 Mill. DM jährlich festgelegt.[11] Auf Drängen der DDR wurde unter Hinweis auf den gestiegenen Transitverkehr die Pauschale am 19.12.1975 mit Wirkung vom 31.3.1976 auf 400,0 Mill. DM,[12] am 16.11.1978 mit Wirkung vom 31.3.1980 schließlich auf 525,0 Mill. DM[13] erhöht. Der zuletzt vereinbarte Pauschalbetrag gilt — unabhängig vom tatsächlichen Verkehrsaufkommen — bis zum Jahre 1989.

2. Pauschale für Pkw-Straßenbenutzungsgebühren

Für in der Bundesrepublik Deutschland zugelassene Pkw, die in die DDR gelangen, wurde am 31.10.1979 eine Pauschalierung der bis dahin noch individuell zu entrichtenden Straßenbenutzungsgebühren vereinbart. Die Pauschale wurde auf 50,0 Mill. DM jährlich für den Zeitraum bis 1989 festgelegt und ist durch die Bundesregierung jährlich bis zum 31. März „auf ein Konto bei einer von der Deutschen Demokratischen Republik zu bestimmenden Bank in der Bundesrepublik Deutschland zugunsten der Deutschen Außenhandelsbank AG in Berlin"[14] zu überweisen.

3. Zahlungen für Verbesserungen auf den Transitstraßen

Die Bundesregierung hat seit 1965 eine Reihe von Maßnahmen zur Verbesserung der Transitstraßen finanziell unterstützt, indem sie sich an den Bau- und Projektierungskosten der DDR beteiligte.

(a) Saale-Brücke bei Hirschberg

Für den Wiederaufbau der Saale-Brücke bei Hirschberg zahlte die westdeutsche Regierung insgesamt 5,5 Mill. DM. Der Betrag wurde über die Verrechnungskonten im innerdeutschen Zahlungsverkehr überwiesen, und zwar 1,65 Mill. VE im Jahre 1965 und 3,85 Mill. VE im Jahre 1966.[15]

(b) Autobahn Helmstedt—Berlin

Für den Ausbau und die Erneuerung der Autobahn Berlin-Marienborn und des Teilstücks Berliner Ring, Abzweig Leipzig bis Abzweig Drewitz, zahlte die Bundesregierung aufgrund einer Vereinbarung vom 19.12.1975[16] insgesamt 259,5 Mill. DM, und zwar 1976 20 Mill. DM und in den Folgejahren bis 1979 jährlich 79,8333 Mill. DM „auf ein Konto der Deutschen Außenhandelsbank AG in Berlin bei der Bank für Gemeinwirtschaft in Frankfurt/Main."[17] Am 22.12.1977 wurden für ergänzende Baumaßnahmen im Rahmen dieses Projektes zusätzliche Zahlungen in Höhe von 2,73 Mill. DM vereinbart,[18] die ebenfalls auf das Konto der Deutschen Außenhandelsbank AG bei der Bank für Gemeinwirtschaft in Frankfurt/Main zu überweisen waren, und zwar nach Berechnungen des Verf. in Höhe von 1,515 Mill. DM 1978 sowie 1,215 Mill. DM 1979.[19]

(c) Autobahn Berlin-Hamburg

Für den Bau der Transitautobahn Berlin-Hamburg (Stolpe-Zarrentin) zahlte die Bundesregierung aufgrund einer Vereinbarung vom 16.11.1978[20] insgesamt 1,2 Mrd. DM auf ein von der DDR zu bestimmendes Freikonto bei einer Bank in der Bundesrepublik Deutschland. Der Gesamtbetrag wurde in folgenden Raten überwiesen: 120 Mill. DM am 1.3.1979, 270 Mill. DM am 15.12.1979, 270 Mill. DM jeweils am 30.6.1980 und 1981 sowie 270 Mill. DM nach Fertigstellung und Inbetriebnahme (1982).[21]

(d) Autobahnneu- und -ausbau bei Wartha und Eisenach

Am Autobahnneu- und -ausbau bei Wartha und Eisenach beteiligt sich die Bundesregierung aufgrund der Verkehrsvereinbarungen vom 30.4.1980[22] mit insgesamt 268,0 Mill. DM. Der Betrag ist „auf ein Konto bei einer von der DDR zu bestimmenden Bank in der Bundesrepublik Deutschland zugunsten der Deutschen Außenhandelsbank AG in Berlin"[23] zu überweisen, und zwar 10 Mill. DM am 15.9.1980, 16,8 Mill. DM am 15.1.1981, 60,3 Mill. DM jeweils am 30.6.1981, 1982 und 1983 sowie nach Abschluß der Bauarbeiten und Inbetriebnahme (voraussichtlich 1984).[24]

4. Zahlungen für Verbesserungen im Reisezugverkehr

Die Bundesregierung leistete folgende Zahlungen für Baumaßnahmen im Reisezugverkehr von und nach Westberlin.

(a) Eisenbahnbaumaßnahmen 1976

Für verschiedene Verbesserungen im Reisezugverkehr[25] sagte die Bundesregierung der DDR ursprünglich eine Kostenbeteiligung in Höhe von 51 Mill. DM zu.[26] Nach Informationen des Verf.[27] wurden aufgrund von Projektänderungen jedoch nur 44,6 Mill. DM ausgezahlt, und zwar 26,0 Mill. DM im Jahre 1976 sowie 18,6 Mill. DM im Jahre 1977. Die Beträge wurden auf Freikonten der DDR in der Bundesrepublik Deutschland überwiesen.

(b) Eisenbahnbaumaßnahmen 1980/81

Für Eisenbahnbaumaßnahmen aufgrund der Verkehrsvereinbarungen vom 30.4.1980 entrichtete die Bundesregierung einen Betrag von insgesamt 89 Mill. DM. Für Arbeiten auf DDR-Gebiet wurden gezahlt 80 Mill. DM, und zwar je 20 Mill. DM am 15.1. und 30.6.1981, am 30.6.1982 sowie nach Abschluß der Bauarbeiten (1983). Für Arbeiten auf Westberliner Gebiet wurden 5 Mill. DM am 15.1.1981 und 4 Mill. DM nach Fertigstellung (1983) gezahlt. Die Zahlungen erfolgten „auf ein Konto bei einer von der Deutschen Demokratischen Republik zu bestimmenden Bank in der Bundesrepublik Deutschland zugunsten der Deutschen Außenhandelsbank AG in Berlin".[28]

5. Zahlungen für Verbesserungen der Transitwasserstraßen

Die Bundesregierung leistete folgende Zahlungen für Baumaßnahmen der DDR an den Transitwasserstraßen von und nach Westberlin.

(a) Beseitigung von Schäden an den Transitwasserstraßen

Aufgrund einer Vereinbarung vom 16.11.1978 zahlte die Bundesregierung „für Baumaßnahmen zur Beseitigung von großen Schäden an den für den Transitverkehr genutzten Wasserstraßen der Deutschen Demokratischen Republik"[29] insgesamt 120 Mill. DM auf ein westdeutsches Freikonto der Deutschen Außenhandelsbank AG in Berlin. Gezahlt wurden 12 Mill. DM am 1.3.1979, 18 Mill. DM am 1.6.1979 sowie je 30 Mill. DM am 15.12.1979, 30.6.1980 und Ende 1981.

(b) Baumaßnahmen vor Öffnung des Teltow-Kanals

Für Baumaßnahmen vor Öffnung des Teltow-Kanals wurden aufgrund einer Vereinbarung vom 16.11.1978[30] insgesamt 70,0 Mill. DM gezahlt, und zwar 7,0 Mill. DM am 1.3.1979, 10,5 Mill. DM am 1.6.1979 und je 17,5 Mill. DM am 15.12.1979, 30.6.1980 und Ende 1980.[31] Die Zahlungen erfolgten nach Informationen des Verf. auf ein Freikonto der DDR bei einer Westberliner Bank, und zwar zugunsten des Kontos „des Ministeriums für Verkehrswesen der Deutschen Demokratischen Republik bei der Deutschen Außenhandelsbank AG 6835-15-71820".[32]

(c) Ausbau des Mittellandkanals

Für den Ausbau des Mittellandkanals zahlte die Bundesregierung insgesamt 150,0 Mill. DM aufgrund der Vereinbarungen vom 30.4.1980[33], und zwar 15,0 Mill. DM am 15.1.1981, 22,5 Mill. DM am 15.1.1982 und je 37,5 Mill. DM am 30.6.1982, 30.6.1983 sowie nach Abschluß der Bauarbeiten (1984). Alle Zahlungen erfolgten auf ein Freikonto der DDR bei einer Bank in der Bundesrepublik Deutschland.[34]

6. Visagebühren von Westberlinern

Personen mit ständigem Wohnsitz in Westberlin brauchen bei Aufenthalten in der DDR und in Ostberlin seit dem 4.6.1972 keine Visagebühren mehr zu entrichten. Die Gebühren für Aufenthaltsgenehmigungen werden vom Senat von Berlin mit der Regierung der DDR direkt abgerechnet[35] und dem Land Berlin wiederum aus Mitteln des Bundeshaushalts erstattet.[36] Die hier nachgewiesenen Zahlungen für direkt abgerechnete Einreisegenehmigungsgebühren von Westberlinern stellen Pauschalzahlungen dar. Sie weichen daher von der Entwicklung des Personenreiseverkehrs ab: im Gesamtbetrag für 1972 sind 12,06 Mill. DM enthalten, die vom Senat anläßlich der Sonderregelung zu Ostern und Pfingsten 1972 an die DDR gezahlt wurden, die Zahlungen im Jahre 1973 enthalten geleistete Vorauszahlungen. Die Zahlungen seitens des Westberliner Senats erfolgen offenbar auf ein Freikonto der DDR bei einer in Westberlin ansässigen Bank.[37]

7. Zahlungen zur Abdeckung des Passivsaldos auf „Konto U"

Bis heute fehlt im Rahmen des innerdeutschen Clearings eine generelle Vereinbarung für den nichtkommerziellen Zahlungsverkehr. Bis 1974 bestand lediglich die Möglichkeit einer Verrechnung von Unterhaltsgeldern für Minderjährige über Jugendämter, wobei je zwei Jugendämter ihre Zahlungen bilateral auszugleichen hatten.[38] Diese unpraktikable Verrechnung wurde mit Wirkung vom 1.6.1974 aufgrund einer „Vereinbarung über den Transfer von Unterhaltszahlungen" vom 25. April 1974 durch eine Clearingverrechnung zwischen der Deutschen Bundesbank einerseits und der Staatsbank der DDR andererseits abgelöst.[39] Es wurde vereinbart, daß der „aus dem Transfer entstehende Aktivsaldo ... vierteljährlich über das ‚Konto S' der Staatsbank der DDR bei der Deutschen Bundesbank ausgeglichen"[40] wird. Da die DDR seit Juni 1974 chronische Einnahmenüberschüsse infolge ihrer vergleichsweise geringen eigenen Unterhaltszahlungen erwirtschaftet, war die Deutsche Bundesbank seit Herbst 1974 regelmäßig gezwungen, den Saldo auf dem „Verrechnungskonto U" auf das „Sonderkonto S" gutzuschreiben. Die Mittel hierzu werden offenbar aus dem Bundeshaushalt aufgebracht.[41]

8. Ausgleichszahlungen für Mineralöllieferungen der DDR

Aufgrund der Ablösung der früheren Einfuhrzölle für Mineralölerzeugnisse durch eine Mineralölsteuer Anfang 1964 durch die westdeutsche Regierung, die damit einer EWG-Regelung folgte, entstanden der (im innerdeutschen Handel als Zollinland behandelten) DDR erhebliche Erlöseinbußen. Da sich das Verrechnungskonto I infolge der geringeren West-Ost-Zahlungen für Mineralöllieferungen der DDR stark passivierte, erklärte sich die Bundesregierung schließlich auf Drängen der DDR zu Ausgleichszahlungen für ostdeutsche Vergaser- und Dieselkraftstofflieferungen im Jahre 1964 in einer Höhe von 75,0 Mill. VE bereit.[42] Eine entsprechende Zahlung erfolgte offenbar im Jahre 1965, und zwar über die Verrechnungskonten für Warenlieferungen im Rahmen des innerdeutschen Zahlungsverkehrs.[43] In einer Vereinbarung zum innerdeutschen Handel vom 6. Dezember 1968 erklärte sich die Bundesregierung schließlich zu weiteren Ausgleichszahlungen für ostdeutsche Erlösminderungen in den Jahren 1965 und 1966 bereit. Ende 1968 und Ende 1969 wurden jeweils 60,0 Mill. VE überwiesen;[44] die Zahlungen erfolgten entgegen bisherigen Annahmen nach Informationen des Verf. über das „Sonderkonto S" bei der Deutschen Bundesbank.[45]

9. Zahlungen für Maßnahmen im Bereich des Umweltschutzes

Aufgrund der innerdeutschen Vereinbarungen über Maßnahmen im Bereich des Umweltschutzes vom 28.9.1982 beteiligt sich die Bundesregierung am Bau von Phosphateliminierungsanlagen in den Kläranlagen Falkenberg, Münchehofe und Nord mit einem Betrag von 68,0 Mill. DM, von denen 20,0 Mill. DM am 1.4.1983, 16,0 Mill. DM am 1.11.1983, 16,0 Mill. DM am 30.6.1984 und 16,0 Mill. DM nach Inbetriebnahme (voraussichtlich 1985) zahlbar sind. Die Zahlungen erfolgen in freien DM „auf ein Konto bei einer von der Deutschen Demokratischen Republik zu bestimmenden Bank in der Bundesrepublik Deutschland zugunsten der Deutschen Außenhandelsbank AG".[46] Für ein Projekt zur Säuberung bayerischer Grenzgewässer entrichtet die Bundesregierung in den Jahren von 1984 bis 1987 jährlich 4,5 Mill. DM, zahlbar auf ein Freikonto der DDR in der Bundesrepublik Deutschland.[47]

10. Sonstige Zahlungen

Aufgrund einer Vereinbarung vom 30.9.1971[48] wurden die bis zum 31.12.1966 von der Deutschen Post der DDR im Post- und Fernmeldeverkehr erbrachten Mehrleistungen aus Mitteln des Bundeshaushalts pauschal mit 250,0 Mill. DM abgegolten. Die Zahlung erfolgte Ende 1971 zugunsten des Ministeriums für Post- und Fernmeldewesen der DDR auf das Konto 4003 (Unterkonto 3) der Staatsbank der DDR bei der Deutschen Bundesbank in Frankfurt/Main, d.h. im Rahmen des innerdeutschen Verrechnungsverkehrs.[49] Seit 1978 leistet die Bundesregierung darüber hinaus Zahlungen von über 100.000 DM jährlich für Kontrollen, Wasserentnahmen und Instandhaltungen bei der Trinkwasserversorgung der Gemeinden Duderstadt und Heringen, der Eckerfernleitung und dem Hochwasserrückhaltebecken an der Itz.[50] Alle Zahlungen erfolgen über das Unterkonto 3 bei der Deutschen Bundesbank und stehen damit nur für die Bezahlung von Warenlieferungen und Leistungen im Rahmen des innerdeutschen Handels zur Verfügung. Im Jahre 1979 wurde ferner über Unterkonto 3 eine Kostenbeteiligung in Höhe von 750.000 DM im Zusammenhang mit der Errichtung des Hochwasserrückhaltebeckens an der Itz verrechnet.[51] Inoffiziell leistet die Bundesregierung über die hier rekonstruierten Zahlungsströme hinaus nach Informationen des Verf. erhebliche Devisenzahlungen für „besondere Bemühungen der DDR auf humanitärem Gebiet", insbesondere für den „Freikauf" politischer Häftlinge und für Familienzusammenführungen, über deren (nur schätzungsweise zu ermittelnden) Umfang an anderer Stelle berichtet wird.[52]

Eine Übersicht über die Zahlungen aus dem Bundeshaushalt an die DDR, differenziert nach Zweckbindungen, Konten und Jahren wird in Tabelle B.1 geboten.

II. Zahlungen aus den Haushalten von Bundesbahn und Bundespost

1. Verrechnung der im Post- und Fernmeldeverkehr zwischen der Bundesrepublik Deutschland und der DDR gegenseitig erbrachten Leistungen

Seit Ende 1966 hatte die DDR wiederholt die Begleichung von Forderungen angemahnt, die sie vor allem für Leistungen im Paketverkehr, für die Nutzung der Fernmeldekabel nach Westberlin und für Zinseszinsen rückwirkend bis 1948 auf 1,1 Mrd. DM gegenüber der Deutschen Bundespost und auf 0,7 Mrd. DM gegenüber dem Senat von Berlin bezifferte.[53] Eine Einigung über die Höhe der Zahlungen scheiterte vor allem an dem Dissens über die zugrundezulegenden Abrechnungsgrundsätze. Daher überwies die Deutsche Bundespost aufgrund eigener vorläufiger Berechnungen und vorbehaltlich einer endgültigen Regelung erstmals im Oktober 1968 rund 16,9 Mill. DM als Kostenausgleich für das Jahr 1967 und im Februar 1969 rund 5,1 Mill. DM als Kostenausgleich für das 1. Halbjahr 1968 an die DDR-Post über das Dienstleistungskonto (3) bei der Deutschen Bundesbank in Frankfurt/M.[54] Erst am 29. April 1970 kam eine „Vereinbarung über die Berechnung und Verrechnung der im Post- und Fernmeldeverkehr zwischen der Deutschen Demokratischen Republik und der Bundesrepublik Deutschland gegenseitig erbrachten Leistungen" zustande,[55] in der eine Pauschalabrechnung der seit dem 1.1.1967 gegenseitig erbrachten Leistungen vereinbart wurde.[56] Die Jahrespauschale wurde zunächst auf 30,0 Mill. DM festgesetzt, zahlbar auf das Staatsbankkonto „bei der Deutschen Bundesbank Nr. 4003-UK 3 zugunsten des Ministeriums für Post- und Fernmeldewesen der DDR".[57] Im Mai 1970 waren einmalig die Pauschalen für die Kalenderjahre 1967, 1968 und 1969 unter Anrechnung der bereits geleisteten Zahlungen von 22.016.100 DM zu entrichten.[58] Durch Vereinbarung vom 19. Oktober 1977 wurde die Pauschale für den Zeitraum von 1977 bis 1982 auf jährlich 85,0 Mill. DM angehoben.[59] Nach langwierigen Verhandlungen zwischen den zuständigen Ministerien wurde am 15.11.1983 vereinbart, die von der Deutschen Bundespost zu vergütende Pauschale für den Zeitraum von 1983 bis 1990 auf jährlich 200,0 Mill. DM festzusetzen. Es wurde ferner vereinbart, noch 1983 zusammen mit der Überweisung der Jahrespauschale einen Betrag von 100,0 Mill. DM als Vorauszahlung auf die in den Folgejahren fälligen Pauschalzahlungen zu überweisen.[60]

2. Verrechnung der im Postverkehr zwischen der Bundesrepublik Deutschland und Westberlin von der DDR erbrachten Leistungen

Bis zum 30.6.1976 leistete die Deutsche Bundespost als „Achskilometervergütung für Postzugbeförderung im Berlinverkehr" regelmäßig Zahlungen an die Postverwaltung der DDR, und zwar über ein Freikonto der Deutschen Außenhandelsbank AG, Ostberlin, bei der Berliner Bank in Westberlin.[61] Aufgrund eines am 30.3.1976 unterzeichneten Verwaltungsabkommens[62] entfielen diese Zahlungen; seit dem 1.7.1976 entrichtet die Deutsche Bundespost eine Jahrespauschale zur Abgeltung der im Postverkehr zwischen der Bundesrepublik Deutschland und

Tabelle B.1
Zahlungen an die DDR aus dem westdeutschen Bundeshaushalt 1968 bis 1984

in Millionen DM/VE

Position	Konto	1968	1969	1970	1971	1972	1973	1974	1975	1976	1977	1978	1979	1980	1981	1982	1983	1984
1	BfG	–	–	–	–	234,9	234,9	234,9	234,9	400,0	400,0	400,0	400,0	525,0	525,0	525,0	525,0	525,0
2	F	–	–	–	–	–	–	–	–	–	–	–	–	50,0	50,0	50,0	50,0	50,0
3 (a)	V	–	–	–	–	–	–	–	–	–	–	–	–	–	–	–	–	–
(b)	BfG	–	–	–	–	–	–	–	–	20,0	79,8	81,3	81,0	270,0	270,0	270,0	–	–
(c)	F	–	–	–	–	–	–	–	–	–	–	–	390,0	10,0	77,1	60,3	60,3	60,3
(d)	F	–	–	–	–	–	–	–	–	26,0	18,6	–	–	–	–	–	–	–
4 (a)	F	–	–	–	–	–	–	–	–	–	–	–	–	–	45,0	20,0	24,0	–
(b)	F	–	–	–	–	–	–	–	–	–	–	–	60,0	30,0	30,0	–	–	–
5 (a)	F	–	–	–	–	–	–	–	–	–	–	–	35,0	17,5	17,5	–	–	–
(b)	F	–	–	–	–	–	–	–	–	–	–	–	–	–	15,0	60,0	37,5	37,5
(c)	F	–	–	–	–	20,3	30,2	12,0	18,0	24,0	18,0	24,0	18,0	12,0	12,0	12,0	6,0	6,0*
6	S	–	–	–	–	–	–	19,8	33,4	10,7	6,6	4,9	4,2	3,6	3,0	2,4	1,9	2,0*
7	V	–	–	–	–	–	–	–	–	–	–	–	–	–	–	–	–	–
8 (a)	S	60,0	60,0	–	–	–	–	–	–	–	–	–	–	–	–	–	–	–
(b)	F	–	–	–	250,0	–	–	–	–	–	–	–	–	–	–	–	36,0	20,5
9	V	–	–	–	–	–	–	–	–	–	–	0,1	0,9	0,1	0,1	0,1	0,1	0,1*
10																		
insgesamt		60,0	60,0	–	250,0	255,2	265,1	266,7	286,3	480,7	523,0	510,3	989,1	918,2	1044,7	999,8	740,8	701,4
Verrechnungsk.		–	–	–	250,0	–	–	–	–	–	–	0,1	0,9	0,1	0,1	0,1	0,1	0,1
Sonderkonto S		60,0	60,0	–	–	–	–	19,8	33,4	10,7	6,6	4,9	4,2	3,6	3,0	2,4	1,9	2,0
Freikonten		–	–	–	–	255,2	265,1	246,9	252,9	470,0	516,4	505,3	984,0	914,5	1041,6	997,3	738,8	699,3

Quelle: Eigene Erhebungen, Berechnungen und Schätzungen (*). 1965 sind unter Position 3(a) 1,7 Mill. VE und unter Position 8(a) 75,0 Mill. VE, 1966 unter Position 3(a) 3,9 Mill. VE nachzuweisen.

Berlin(West) von der Post- und Fernmeldeverwaltung der Deutschen Demokratischen Republik vermittelten Leistungen in Höhe von 8,3 Mill. DM; 1976 wurden erstmals zwei Kalendervierteljahrespauschalen überwiesen. „Der Zahlungsausgleich erfolgt in Deutscher Mark"[63], und zwar „über das Konto S der Staatsbank der Deutschen Demokratischen Republik bei der Deutschen Bundesbank".[64] Seit 1982 beträgt die Pauschale 11,2 Mill. DM.

3. *Abrechnung sonstiger Leistungen der DDR im Post- und Fernmelde-Transit*

Gemäß Art. 13, Abs. 2 des Regierungsabkommens vom 30. März 1976 werden seit 1976 erstmals auch solche Leistungen der Post- und Fernmeldeverwaltung der DDR verrechnet, die im Post- und Fernmeldeverkehr mit dritten Staaten sowie im Fernmeldeverkehr zwischen der Bundesrepublik Deutschland und Westberlin erbracht werden.[65] Die Abrechnung erfolgt auf der Grundlage der entsprechenden CCITT-Empfehlungen; der Zahlungsausgleich erfolgt jeweils über das Sonderkonto S bei der Deutschen Bundesbank.

4. *Saldenausgleich zwischen der Deutschen Bundesbahn und der Deutschen Reichsbahn*

Von der Deutschen Bundesbahn wird jährlich ein Saldenausgleich mit der Deutschen Reichsbahn für Güter- und Personenverkehr, Miete für Güterwagen und Paletten, Zugdienste, Schadenersatz und andere Leistungen vorgenommen.[66] Der Zahlungsausgleich erfolgt jedoch nicht in freien DM(West), sondern in VE über das Dienstleistungsunterkonto 3 bei der Deutschen Bunbank.[67] Lediglich bis einschließlich 1972 erfolgten Nettozahlungen der westdeutschen Seite. Seit 1973 hat die Deutsche Reichsbahn einen passiven Dienstleistungssaldo im Verrechnungswege auszugleichen.[68]

5. *Sonstige Zahlungen*

Im Jahre 1972 wurde aus dem Haushalt der Deutschen Bundespost einmalig eine Investitionskostenbeteiligung für Telefonleitungen in Berlin in Höhe von 3,0 Mill. DM über Unterkonto 3 bei der Deutschen Bundesbank überwiesen.[69] In den Folgejahren wurden als einmalige Abgeltung des technischen Mehraufwandes im Zusammenhang mit der neuen Richtfunkstrecke zwischen der Bundesrepublik Deutschland und Westberlin insgesamt 1,7 Mill. DM aus dem Haushalt der Deutschen Bundespost aufgebracht.[70] Nach Angaben der Bundesregierung erfolgte hierfür eine einmalige Zahlung im Jahre 1977.[71] Nach Informationen des Verf.[72] erfolgten die Zahlungen jedoch verteilt über die Jahre von 1974 bis 1977, und zwar über das Dienstleistungskonto bei der Deutschen Bundesbank in VE.

Die Zahlungen aus den Haushalten von Bundesbahn und Bundespost an die DDR werden in Tabelle B.2 differenziert nach Zweckbindungen, Konten und Jahren ausgewiesen.

III. *Zahlungen aus dem Westberliner Landeshaushalt und durch Westberliner Betriebe*

Die Rekonstruktion der Westberliner Zahlungen erwies sich aus verschiedenen Gründen als besonders schwierig. Zum einen sind die gelegentlich von der Bundesregierung gemachten Angaben[73] lückenhaft und teilweise auch inkonsistent. Zum anderen zeigte sich insbesondere die Senatskanzlei des Regierenden Bürgermeisters von Westberlin wenig auskunftsfreudig dem Verf. gegenüber. Es kommt hinzu, daß ein Großteil der relevanten Zahlungen an die DDR sowohl aus Mitteln der Betriebe als auch aus Mitteln des Landeshaushalts aufgebracht werden, so daß eine Erfassung des Zahlungsumfanges schon aus diesen Gründen auf Schwierigkeiten stößt. Der folgende Versuch einer umfassenden Rekonstruktion nach Anlässen, Zahlungsströmen und Konten war daher nur aufgrund der Unterstützung der betroffenen Westberliner Betriebe möglich, für die an dieser Stelle ausdrücklich gedankt wird. Ergänzend wurden Informationen seitens der Bundesregierung herangezogen sowie Mitteilungen des Bundesministeriums für innerdeutsche Beziehungen und des Bundesministeriums für Wirtschaft an den Verf. Die Abrechnungen des Westberliner Senats mit der Regierung der DDR für Visagebühren von Westberlinern wurden weiter oben bereits unter die Zahlungen der Bundesregierung subsumiert und sind daher hier nicht nochmals gesondert aufgeführt worden.

Tabelle B.2
Zahlungen aus den Haushalten von Bundesbahn und Bundespost 1968 bis 1984
in Millionen DM/VE

Position	Konto	1968	1969	1970	1971	1972	1973	1974	1975	1976	1977	1978	1979	1980	1981	1982	1983	1984
1	V	16,9	5,1	68,0	30,0	30,0	30,0	30,0	30,0	30,0	85,0	85,0	85,0	85,0	85,0	85,0	300,0	200,0
2 (a)	F	5,5	5,1	5,5	5,6	5,3	4,7	4,3	4,1	1,9	–	–	–	–	–	–	–	–
(b)	S	–	–	–	–	–	–	–	–	4,2	8,3	8,3	8,3	8,3	8,3	11,2	11,2	11,2
3	S	–	–	–	–	–	–	–	–	–	2,0	2,7	2,9	3,2	3,2	3,3	3,3	3,3*
4	V	...	...	15,6	12,8	24,6	–	–	–	–	–	0,1	–	–	–	–	–	–
5	V	–	–	–	–	3,0	0,0	1,0	0,2	0,2	0,2	–	–	–	–	–	–	–
insgesamt		...	...	89,1	48,4	62,9	34,7	35,3	34,3	36,3	95,5	96,1	96,2	96,5	96,5	99,5	314,5	214,5
Verrechnungsk.		–	–	83,6	42,8	57,6	30,0	31,0	30,2	30,2	85,2	85,1	85,0	85,0	85,0	85,0	300,0	200,0
Sonderkonto S		–	–	–	–	–	–	–	–	4,2	10,3	11,0	11,2	11,5	11,5	14,5	14,5	14,5
Freikonten		5,5	5,1	5,5	5,6	5,3	4,7	4,3	4,1	1,9	–	–	–	–	–	–	–	–

Quelle: Eigene Erhebungen, Berechnungen und Schätzungen (*). Nach Informationen des Verf. durch das Bundesministerium für das Post- und Fernmeldewesen, Bonn, erfolgten ferner vor 1968 folgende Zahlungen der westdeutschen Seite auf das Freikonto der Deutschen Demokratischen Republik bei der Berliner Bank in Westberlin in Mill. DM: 0,4 (1949), 0,9 (1950), 3,5 (1951), 2,5 (1952), 3,3 (1953), 2,1 (1954), 2,3 (1955), 2,3 (1956), 2,1 (1957), 2,1 (1958), 2,2 (1959), 2,7 (1960), 2,8 (1961), 2,7 (1962), 2,6 (1963), 2,7 (1964), 2,8 (1965), 6,0 (1966) und 14,0 (1967) einschließlich Nachzahlung infolge Erhöhung des Achskilometersatzes

1. Zahlungen für die Abnahme von Westberliner Bauschutt, Bodenaushub und festen Siedlungsabfällen sowie Abfallstoffen

Am 27. Oktober 1972 war mit der DDR erstmals ein bis Ende 1974 befristeter kurzfristiger Vertrag über die Verbringung von Abfällen in die DDR geschlossen worden.[74] Am 11. Dezember 1974 wurde diese Regelung schließlich durch den Abschluß eines Vertrages zwischen der Bergbau-Handel GmbH, einem Ostberliner Außenhandelsbetrieb, und der Berlin Consult GmbH, einer Westberliner Firma, über die Verbringung von Abfallstoffen aus Berlin(West) und ihre Beseitigung in der DDR auf eine langfristige Grundlage (bis 31.12.1994) gestellt.[75] „Wegen der erheblichen — besonders finanziellen — Auswirkungen haben der Senat und die DDR die Erfüllung der in diesen Verträgen von den Vertragspartnern übernommenen Verpflichtungen garantiert."[76] Zahlungen erfolgen (a) für die Abnahme von Bauschutt, Bodenaushub und festen Siedlungsabfällen sowie (b) für die Abnahme und Beseitigung von Abfallstoffen der Berliner Stadtreinigung. Nach Informationen des Verf. erfolgen die Zahlungen über das Dienstleistungskonto im Rahmen des innerdeutschen Zahlungsverkehrs.

2. Zahlungen für die Fortleitung und Behandlung von Westberliner Abwässern

Im Jahre 1968 war erstmals in einem Schriftwechsel zwischen den zuständigen Westberliner und ostdeutschen Stellen eine Vereinbarung über die Fortleitung und Behandlung von Westberliner Abwässern und die finanzielle Abgeltung dieser Leistungen getroffen worden.[77] Ende 1974 wurde diese Vereinbarung zwischen dem Senator für Bau- und Wohnungswesen und der DDR um 5 Jahre (bei automatischer jährlicher Verlängerung ab 1980) ausgedehnt.[78] Die Abwässersaldenverrechnung erfolgt durch die Berliner Entwässerungswerke; die Zahlungen werden nach Informationen des Verf. über das Sonderkonto S bei der Deutschen Bundesbank geleistet.

3. U-Bahn-Benutzungsgebühren

Seit 1968 entrichten die Berliner Verkehrs-Betriebe (BVG), ein Eigenbetrieb des Landes Berlin, als Entgelt für die Nutzungs-, Unterhaltungs- und Betriebskosten der durch Berlin(Ost) führenden Tunnelstrecken der U-Bahn Zahlungen an die DDR. Die Verrechnung erfolgt jedoch nicht über Freikonten, sondern über das Dienstleistungsunterkonto 3 der Staatsbank der DDR bei der Deutschen Bundesbank.[79]

4. Frachtkosten der Westberliner Gasag

Die Deutsche Reichsbahn transportiert Betriebsstoffe für die Berliner Gaswerke (Gasag), die gesondert abgerechnet und außerhalb des innerdeutschen Verrechnungsverkehrs abgegolten werden. Die Frachtkosten werden von der Gasag in konvertiblen DM auf ein Konto der DDR bei der Berliner Bank AG in Westberlin überwiesen.[80] Die Höhe dieser Zahlungen wird hiermit erstmals dank der Unterstützung der Berliner Gasag nachgewiesen.[81]

5. Zwischenfinanzierung der mit der DDR abgerechneten Kosten für medizinische Leistungen

Von 1972 bis 1975 hat der Westberliner Senat mit der DDR Kosten für die medizinische und gesundheitliche Betreuung sowie für Krankentransporte von Westberlinern abgerechnet und zwischenfinanziert.[82] Zahlungen erfolgten vermutlich in konvertiblen DM über Westberliner Freikonten der DDR.

6. Zahlungen im Zusammenhang mit dem Gebietsaustausch in Berlin

Am 20. Dezember 1971 kam es zwischen dem Senat von Berlin und der Regierung der DDR zu einer „Vereinbarung über die Regelung der Frage von Enklaven durch Gebietsaustausch".[83] Aufgrund dieser Vereinbarung gingen Gebiete im Umfang von 17,1 ha an die Westsektoren Berlins und Gebiete im Umfange von 15,6 ha an die DDR. Es wurde vereinbart: „Da eine völlige flächen- und wertmäßige Gleichheit der auszutauschenden Gebiete insgesamt nicht gegeben ist, wird der Senat an die Regierung der Deutschen Demokratischen Republik einen Wertausgleich in Höhe von 4 Millionen DM . . . zahlen."[84] Die Zahlung erfolgte im Juli oder August 1971; am 3. Juni 1972 galt der Gebietsaustausch als vollzogen.[85] Am 21. Juli 1972 wurde zwischen dem Senat von Berlin und der Regierung der DDR eine weitere Vereinbarung getroffen „über die Einbeziehung des Gebietes am ehemaligen Potsdamer Bahnhof in die Vereinbarung vom 20. Dezember 1971 über die Regelung der Frage von Enklaven durch Gebietsaustausch".[86] Da West-

Tabelle B.3
Zahlungen aus dem Westberliner Landeshaushalt und durch Westberliner Betriebe 1968 bis 1984

in Millionen DM/VE

Position	Konto	1968	1969	1970	1971	1972	1973	1974	1975	1976	1977	1978	1979	1980	1981	1982	1983	1984
1 (a)	V	–	–	0,0	0,1	0,9	8,1	11,4	13,8	25,6	23,3	20,8	24,4	24,3	28,7	29,4	30,0	30,0*
(b)	V	–	–	–	–	2,0	0,9	0,4	11,3	54,3	31,4	30,6	18,7	26,7	35,6	39,1	40,9	42,0*
2	S	–*	–*	9,4	9,1	8,9	8,7	8,2	10,9	10,6	11,7	10,4	10,9	21,7	25,3	25,0	24,6	25,0*
3	V	2,2	2,2	2,2	3,0	3,0	2,6	3,0	3,0	3,9	3,9	3,9	4,2	4,2	4,2	4,7	5,3	5,5*
4	F	–*	–*	–*	3,0*	7,0*	10,0*	10,9	9,1	9,2	6,6	6,3	8,4	2,7	0,1	0,6	0,7	0,9*
5	F	–	–	–	–	0,3	0,3	0,2	0,3	–	–	–	–	–	–	–	–	–
6	F	–	–	–	–	35,0	–	–	–	–	–	–	–	–	–	–	–	–
7	F/V	–	–	–	–	–	–	–	–	–	–	–	–	–	–	–	–	5,9
8	V	–	–	–	–	10,0	–	–	–	–	–	–	–	–	–	–	–	–
insgesamt		2,2	2,2	11,6	15,2	67,1	30,6	34,1	48,4	103,6	76,9	72,0	66,6	79,6	93,9	98,8	101,5	109.3
Verrechnungsk.		2,2	2,2	2,2	3,1	15,9	11,6	14,8	28,1	83,8	58,6	55,3	47,3	55,2	68,5	73,2	76,2	78.6
Sonderkonto S		–	–	9,4	9,1	8,9	8,7	8,2	10,9	10,6	11,7	10,4	10,9	21,7	25,3	25,0	24,6	25,0
Freikonten		–	–	–	3,0	42,3	10,3	11,1	9,4	9,2	6,6	6,3	8,4	2,7	0,1	0,6	0,7	5.7

Quelle: Eigene Erhebungen, Berechnungen und Schätzungen (*)

berlin allerdings keine weiteren Gebiete im Austausch anzubieten hatte, mußte für die Abtretung des Gebietes am ehemaligen Potsdamer Bahnhof die Form des Kaufs gewählt werden. Es wurde vereinbart, daß der Senat 10 Tage nach Vollzug der Vereinbarung „als Wertausgleich einen Gesamtbetrag in Höhe von 31 Mio. DM"[87] zu entrichten hat. Insgesamt erfolgten damit noch 1972 Zahlungen an die DDR in Höhe von 35,0 Mill. DM[88], und zwar in konvertiblen DM auf ein Westberliner Freikonto der DDR.

7. S-Bahn-Benutzungsgebühren

Aufgrund des am 30.12.1983 zwischen der Reichsbahn und der Berliner Senatskanzlei geschlossenen Vertrages über die (unentgeltliche) Übernahme der S-Bahn-Strecken in Westberlin wird die Deutsche Reichsbahn ab 1984 Zahlungen für die Nutzung, betriebsfähige Konservierung, Konservierung und Mitbenutzung von Strecken erhalten, die überwiegend in freien DM, zum geringeren Teil üer die innerdeutschen Verrechnungskonten abgewickelt werden. 1984 werden darüber hinaus einmalig 3,0 Mill. DM für die Erhaltung des Verkehrs- und Baumuseums gezahlt.[89]

8. Sonstige Zahlungen

Für die Vorbereitung der langfristigen Abnahme und Beseitigung von Abfallstoffen erhielt die DDR Vorauszahlungen in Höhe von 10,0 Mill. DM (davon 8,0 Mill. DM aus dem Landeshaushalt). Die Bundesregierung meldete eine entsprechende Zahlung für das Jahr 1972;[90] nach Informationen des Verf. erfolgte die Zahlung jedoch 1973, und zwar über das Dienstleistungskonto 3 der Staatsbank der DDR bei der Deutschen Bundesbank in Frankfurt/M.

In Tabelle B.3 sind die Westberliner Zahlungen an die DDR nach Zweckbindungen, Konten und Jahren differenziert ausgewiesen.

IV. Zahlungen der DDR

Auch die DDR hat seit Ende der fünfziger Jahre außerhalb des innerdeutschen Clearings Zahlungen teilweise erheblichen Umfanges an die Bundesrepublik Deutschland geleistet. Grundsätzlich ist auch bei Ost-West-Zahlungen entsprechend der Verwendbarkeit der jeweiligen Währung strikt zwischen Zahlungen in VE im Rahmen des innerdeutschen Zahlungsverkehrs (Unterkonten 1, 2 und 3), Zahlungen in konvertiblen DM zugunsten des Barzahlungs-"Sonderkontos S" bei der Deutschen Bundesbank, Zahlungen zugunsten von „Konto T" und Zahlungen in konvertiblen DM auf Freikonten westdeutscher Stellen im Bundesgebiet und in Westberlin zu unterscheiden. Nur die drei zuletzt genannten Zahlungsarten mindern das Aufkommen an freien Devisen aus anderen Quellen, während Verrechnungszahlungen über die bei der Deutschen Bundesbank geführten Unterkonten zunächst lediglich die Swinginanspruchnahme erhöhen und damit einen westdeutschen Anspruch auf Gegenlieferungen und -leistungen begründen. Zu den an dieser Stelle nicht näher interessierenden Verrechnungszahlungen der DDR sei daher hier nur angemerkt, daß die von der Bundesregierung gelegentlich[91] herausgestellten „Zahlungen der DDR" im Zusammenhang mit dem Saldenausgleich zwischen der Deutschen Bundesbahn und der Deutschen Reichsbahn ausschließlich über Unterkonto 3 erfolgen und somit auch keine Schmälerung des Hartwährungsaufkommens der DDR darstellen. Den über Unterkonto 3 abgewickelten Ost-West-Verrechnungszahlungen liegen ohne bedeutsame Ausnahme kommerzielle Anlässe zugrunde.

Über die Höhe der hier interessierenden, von der DDR in den einzelnen Jahren vorgenommenen Zahlungen in „harten" DM(West) ist bislang nur sporadisch und lückenhaft berichtet worden. Im folgenden wird daher der Versuch unternommen, auf der Basis unveröffentlichten Materials des Bundesministeriums für Wirtschaft, Bonn, und der Deutschen Bundesbank, Frankfurt/M., den Umfang zumindest der „offiziellen" Zahlungsströme in konvertiblen DM in Ost-West-Richtung zu rekonstruieren.

1. Zahlungen über „Sonderkonto S"

Seit 1958 besteht für die DDR die Möglichkeit, über ein eigens zu diesem Zweck eingerichtetes Barzahlungskonto („Sonderkonto S") bei der Deutschen Bundesbank außerhalb der Warenkontingente und bei drohender Zahlungsstockung infolge maximaler Swinginanspruchnahme Waren und Leistungen gegen Zahlung in konvertibler DM zu kaufen.[92] Das Sonderkonto S wird aufgefüllt einerseits durch Überweisungen der DDR von Freikonten, andererseits durch Zahlungen westdeutscher Stellen, soweit in Abkommen und Vereinbarungen Zahlung zugunsten von Konto S vorgesehen wurde. In den sechziger Jahren waren die Umsätze auf dem Sonderkonto S gering; in den siebziger Jahren jedoch hat die DDR angesichts der permanent hohen Swinginanspruchnahme in zunehmendem Maße von der Möglichkeit zu Barzahlungskäufen Gebrauch gemacht. 1975 und 1976 war die DDR darüber hinaus – wie bislang unbekannt geblieben ist – gezwungen, den Swing durch Einzahlung konvertibler DM in Höhe von 30,0 Mill. DM (1975) und 144,0 Mill. DM (1976) abzubauen, weil der Umfang ihrer Warenlieferungen und Dienstleistungsexporte hierzu nicht ausreichte.[93] Die hier nachgewiesenen Zahlungen zu Lasten von Konto S wurden Statistiken der Deutschen Bundesbank entnommen.

2. Zahlungen über „Verrechnungskonto T"

Am 25. April 1974 wurde zwischen dem Bundesminister der Finanzen der Bundesrepublik Deutschland einerseits und dem Minister der Finanzen der DDR andererseits eine „Vereinbarung über den Transfer aus Guthaben in bestimmten Fällen" getroffen,[94] die es erstmals seit Kriegsende Rentnern, Sozialhilfeempfängern und minderjährigen Vollwaisen erlaubt, monatlich bis zu 200 DM bzw. Mark von Sperrkonten in den jeweils anderen Staat zu transferieren.[95] Zahlungen erfolgten im Verrechnungswege, wobei die Überweisungen aus dem einen Staat grundsätzlich nicht höher sein sollten als Überweisungen aus dem anderen Staat.[96] Die Deutsche Bundesbank und die Staatsbank der DDR als die kontoführenden Institute vereinbarten daher lediglich einen technischen Überbrückungskredit – quasi einen Zusatzswing – für das im Juni eröffnete neue „Verrechnungskonto T" in Höhe von 1 % des Jahreshöchstbetrages der Zahlungen.[97] In der Folge stellten sich jedoch erhebliche Zahlungsstockungen und Warteschlangen ein, weil die Zahlungsaufträge in Ost-West-Richtung die Zahlungsaufträge in West-Ost-Richtung erheblich überstiegen. Wegen des Zahlungsüberhangs verfügte die Deutsche Bundesbank daher vom 1.5.1976 bis 2.11.1978 einen Annahmestop für Transferaufträge westdeutscher und Westberliner Kontoinhaber.[98] Erst am 16. November 1978 erklärte sich die Regierung der DDR bereit, „in den Jahren 1979 bis 1982 jährlich 50 Millionen Deutsche Mark auf das auf Grund der Bankenvereinbarung vom 25. April 1974 ... geführte Verrechnungskonto einzuzahlen".[99] Die ersten Einschüsse der DDR erfolgten zu Beginn des 2. Quartals 1979.[100] Da die DDR die bereitzustellenden Mittel in konvertiblen DM anzuschaffen hat, kann vermutet werden, daß die Vereinbarung vom 16.11.1978 erst auf Drängen der westdeutschen Seite und im Rahmen eines „package deals" gekoppelt an die umfangreichen Zahlungen der Westseite für Baumaßnahmen und die deutlich erhöhte Transitpauschale vom selben Tage zustandekam. Aufgrund eines Protokolls vom 18.6.1982 erhöhte die DDR ihre Einschüsse auf 60,0 Mill. DM jährlich.

3. Zahlungen auf Freikonten in Westdeutschland und Westberlin

Bis heute ist in keiner einzigen Vereinbarung zwischen westdeutschen und Westberliner Stellen einerseits und DDR-Organen andererseits vereinbart worden, daß die DDR Zahlungen auf Freikonten im Westen zu leisten habe. In allen Fällen, in denen überhaupt DDR-Zahlungen vereinbart wurden, wurde als Zahlungsweg ein Verrechnungskonto im innerdeutschen Zahlungsverkehr gewählt.[101] Interessanterweise verzichtet die DDR jedoch – vermutlich aus Geheimhaltungsgründen – anders als die westdeutsche Seite freiwillig auf die gebotene Möglichkeit, Zahlungen an die Ständige Vertretung der DDR in Bonn über das Unterkonto 3 bei der Deutschen Bundesbank abzuwickeln.[102] Entsprechende Zahlungen, die sich auf jährlich mindestens 2 Millionen DM belaufen dürften, sind somit zu Lasten der Guthaben auf Freikonten zu leisten. Die tatsächlichen Zahlungen der DDR an ihre ständige Vertretung in Bonn dürften allerdings das für vergleichbare Institutionen übliche Maß weit übersteigen, sonst wäre die Regierung der DDR wohl kaum bereit, das Opfer regelmäßiger Hartwährungszahlungen im Geheimhaltungsinteresse zu erbringen. Darüber hinaus unterstützt die Regierung der DDR bzw. die SED-Führung bereits seit den fünfziger Jahren die westdeutsche DKP und ihre Nebenorganisationen. Zahlungen, die ausschließlich über Freikonten erfolgen, wurden von den westdeutschen Verfassungsschutzbehörden beispielsweise für das Jahr 1977 auf rund 50 Millionen DM(West) geschätzt.[103] Den überwiegenden Teil der auf westdeutschen und Westberliner Freikonten zur Verfügung stehenden Mittel dürfte die DDR jedoch für Devisenankäufe insbesondere auf dem Frankfurter Devisenmarkt, für DM(West)-Barkäufe insbesondere im europäischen Ausland sowie

Tabelle B.4
Offizielle Hartwährungszahlungen zwischen den Währungsgebieten der DM (West) und der DM (Ost) 1949 bis 1983

in Millionen DM

Jahr	West-Ost-Zahlungen			Ost-West-Zahlungen			Saldo
	insgesamt	Konten S^a	frei	insgesamt	Konten S^b	T	
1949	0,4	–	0,4	–	–	–	+0,4
1950	0,9	–	0,9	–	–	–	+0,9
1951	3,5	–	3,5	–	–	–	+3,5
1952	2,5	–	2,5	–	–	–	+2,5
1953	3,3	–	3,3	–	–	–	+3,3
1954	2,1	–	2,1	–	–	–	+2,1
1955	2,3	–	2,3	–	–	–	+2,3
1956	2,3	–	2,3	–	–	–	+2,3
1957	2,1	–	2,1	–	–	–	+2,1
1958	2,1	–	2,1	0,6	0,6	–	+1,5
1959	2,2	–	2,2	22,3	22,3	–	−20,1
1960	2,7	–	2,7	67,0	67,0	–	−64,3
1961	2,8	–	2,8	1,8	1,8	–	+1,0
1962	2,7	–	2,7	2,0	2,0	–	+0,7
1963	2,6	–	2,6	–	–	–	+2,6
1964	2,7	–	2,7	–	–	–	+2,7
1965	2,8	–	2,8	3,5	3,5	–	−0,7
1966	6,0	–	6,0	23,7	23,7	–	−17,7
1967	14,0	–	14,0	90,3	90,3	–	−76,3
1968	65,5	60,0	5,5	45,9	45,9	–	+19,6
1969	65,1	60,0	5,1	76,8	76,8	–	−11,7
1970	14,9	9,4	5,5	46,4	46,4	–	−31,5
1971	17,7	9,1	8,6	110,1	110,1	–	−92,4
1972	311,7	8,9	302,8	24,2	24,2	–	287,5
1973	288,8	8,7	280,1	317,4	317,4	–	−28,6
1974	290,3	28,0	262,3	250,6	250,6	–	+39,7
1975	310,7	44,3	266,4	190,8	190,8	–	+119,9
1976	506,6	25,5	481,1	514,4	514,4	–	−7,8
1977	551,6	28,6	523,0	183,6	183,6	–	+368,0
1978	537,9	26,3	511,6	71,3	71,3	–	+466,6
1979	1018,7	26,3	992,4	84,3	34,3	50,0	+934,4
1980	954,0	36,8	917,2	74,7	24,7	50,0	+879,3
1981	1081,5	39,8	1041,7	68,7	18,7	50,0	+1012,8
1982	1039,8	41,9	997,9	116,3	66,3	50,0	+923,5
1983	780,5	41,0	739,5	133,1	73,1	60,0	+647,4

a Eigene Schätzungen der westdeutschen Zahlungen zugunsten von Sonderkonto S; die tatsächliche Höhe der Zahlungen ist vertraulich und wird Außenstehenden von der Deutschen Bundesbank nicht mitgeteilt; b Zahlungen der DDR zu lasten von Sonderkonto S einschließlich Übertragungen nach Auskünften der Deutschen Bundesbank an den Verf. (1965 bis 1983) sowie LAMBRECHT, Horst: Die Entwicklung des Interzonenhandels von seinen Anfängen bis zur Gegenwart, Berlin: DIW-Sonderheft Nr. 72, 1965, S. 22 (1958 bis 1962)

Quelle: Eigene Berechnungen nach den Tabellen B.1 bis B.3 sowie ergänzende Informationen der Deutschen Bundesbank, Frankfurt/M.

zur Anlage in verzinslichen Aktiva verwenden. Für diese Vermutung spricht auch die Tatsache, daß die verantwortlichen DDR-Behörden die internationale Wechselkursentwicklung sehr sorgfältig beobachten und aufgefordert und bestrebt sind, die Währungsreserven der DDR vorwiegend in „harten" Devisen, d. h. insbesondere in DM und Schweizer Franken, zu halten.

V. Zusammenfassung

Die vorangegangene erstmalige Rekonstruktion der offiziellen Hartwährungszahlungen zwischen der Bundesrepublik Deutschland und der DDR in West-Ost- und Ost-West-Richtung wird in der Tabelle B.4 im Überblick und nach Währungsarten differenziert zusammengefaßt. In West-Ost-Richtung fehlen Hartwährungszahlungen für Freikäufe politischer Häftlinge sowie für Familienzusammenführungen; in Ost-West-Richtung fehlen DDR-Zahlungen für nichtkommerzielle Zwecke zu Lasten ihrer westlichen Freikonten. Der nachrichtlich ausgewiesene Hartwährungszahlungssaldo ist gleichwohl aussagekräftig: Er gibt den jährlichen Nettozustrom „harter" DM(West) – ohne Einnahmen aus Freikäufen politischer Häftlinge – an, der der DDR neben ihren Deviseneinnahmen aus Warenexporten, Dienstleistungen und Gebühren im Personen- und Reiseverkehr für Ausgaben in konvertiblen Währungen zur Verfügung steht.

Anmerkungen

1 Vgl. beispielsweise Bundesministerium der Finanzen (Hrsg.): Finanzberichte, Bonn, verschiedene Jahrgänge, in denen ein Teil der relevanten Zahlungen global und ohne Angabe des Verwendungszwecks oder der Währung nachgewiesen wurde, insbesondere jedoch die Antworten der Bundesregierung auf Anfragen von Abgeordneten der Fraktion der CDU/CSU betreffend Zahlungen an die DDR und andere Ostblockstaaten vom 17. Januar 1974 (Deutscher Bundestag, 7. Wahlperiode, Drucksache 7/1554), vom 9. März 1976 (Deutscher Bundestag, 7. Wahlperiode, Drucksache 7/4839), vom 23. Februar 1978 (Deutscher Bundestag, 8. Wahlperiode, Drucksache 8/1554), vom 23. Februar 1979 (Deutscher Bundestag, 8. Wahlperiode, Drucksache 8/2598), vom 13. März 1980 (Deutscher Bundestag, 8. Wahlperiode, Drucksache 8/3790), vom 5. Juni 1981 (Deutscher Bundestag, 9. Wahlperiode, Drucksache 9/553) sowie vom 1. März 1982 (Deutscher Bundestag, 9. Wahlperiode, Drucksache 9/1391), in denen ein Teil der Zahlungen stärker differenziert, jedoch weder nach Währung bzw. Konten noch Einzelanlässen und erst ab dem Jahr 1970 ausgewiesen wird. Das DIW, Westberlin, hat – gestützt auf einige dieser Informationen – „DM-Einnahmen" der DDR ab 1976 berechnet. Vgl. hierzu: Weiterhin Anspannung aller Ressourcen. Die Lage der DDR-Wirtschaft zur Jahreswende 1982/83, in: DIW Wochenbericht, 50. Jg. (1983), Nr. 5 vom 3. Februar 1983, S. 51–58, hier: S. 57f. Diese Berechnungen sind jedoch, wie im folgenden gezeigt wird, ungenau, weil sie Doppelzählungen im innerdeutschen Dienstleistungsverkehr sowie Erstattungen an Bundesbürger enthalten, Hartwährungszahlungen an die DDR nur zum Teil berücksichtigt sind und keine Differenzierung nach Clearing- und Hartwährung erfolgt.
2 Erstattung von Visagebühren bei Reisen von Westdeutschen in die DDR sowie Erstattung von Steuerausgleichsabgaben im Verkehr mit Berlin(West) und der DDR
3 Die Identifikation solcher Zahlungen ist eine der wesentlichen Aufgaben der nachfolgenden Rekonstruktion
4 Eine solche Differenzierung ist bislang nicht vorgenommen worden. Lediglich von interessierter Seite wurden gelegentlich Vermutungen angestellt. Anfang 1974 verlautete, ein „Teil der Gelder stehe der DDR bei der Bank für Gemeinwirtschaft zur Verfügung. Es könne somit ohne jeden Umweg zur Finanzierung unter anderem der Auslandsarbeit der DDR, für subversive Zwecke und für die DKP verwendet werden." WOHLRABE: DDR erhielt in drei Jahren rund 1,7 Milliarden DM, in: Der Tagesspiegel vom 29. Januar 1974
5 Nach Auskunft der Deutschen Bundesbank gegenüber dem Verf. wird der Status westdeutscher und Westberliner Banken gegenüber der DDR als vertraulich behandelt und kann Außenstehenden nicht mitgeteilt werden.
6 Vgl. insbesondere Bundesministerium für innerdeutsche Beziehungen (Hrsg.): Zehn Jahre Deutschlandpolitik. Die Entwicklung der Beziehungen zwischen der Bundesrepublik

Deutschland und der Deutschen Demokratischen Republik 1969—1979. Bericht und Dokumentation, Bonn 1980, im folgenden zitiert als: Deutschlandpolitik, sowie verschiedene Jahrgänge des Bundesanzeiger, Köln, sowie Presse- und Informationsamt der Bundesregierung: Bulletin, Bonn.
7 Art. 18, Abs. 3 des „Abkommens zwischen der Regierung der Bundesrepublik Deutschland und der Regierung der Deutschen Demokratischen Republik über den Transitverkehr von zivilen Personen und Gütern zwischen der Bundesrepublik Deutschland und Berlin(West)", in Deutschlandpolitik, S. 169—173, hier: S. 173
8 Mitteilungen des Ministeriums an den Verf.
9 Deutschlandpolitik, S. 291
10 Ebd.
11 Vgl. Art. 18, Abs. 2 des Transitabkommens, ebd., S. 173
12 Vgl. Mitteilung der Bundesregierung vom 19. Dezember 1975 zur Neufestsetzung der Transitpauschale für die Jahre 1976 bis 1979 (mit Protokoll, Protokollvermerk und Erläuterung), in: Deutschlandpolitik, S. 293f.
13 Vgl. Protokoll vom 16. November 1978 über die Festlegung der Pauschalsumme gemäß Art. 18 des Abkommens vom 17. Dezember 1971, in: Deutschlandpolitik, S. 348f.
14 Protokoll über die Vereinbarung einer Pauschalabgeltung von Straßenbenutzungsgebühren für Personenkraftfahrzeuge im Verkehr in und durch das Gebiet der Deutschen Demokratischen Republik vom 31. Oktober 1979, in: Deutschlandpolitik, S. 385f.
15 Mitteilung des Bundesministeriums für innerdeutsche Beziehungen an den Verf.
16 Vgl. den Wortlaut des Briefwechsels zwischen der Ständigen Vertretung der Bundesrepublik Deutschland in Ostberlin und dem Ministerium für Verkehrswesen der DDR vom 19. Dezember 1975, in: Deutschlandpolitik, S. 291
17 Ebd.
18 Vgl. den Wortlaut des Briefwechsels zwischen der Ständigen Vertretung der Bundesrepublik Deutschland in Ostberlin und dem Ministerium für Verkehrswesen der DDR vom 22. Dezember 1977, in: Deutschlandpolitik, S. 325f., hier: S. 326
19 Entsprechend dem vereinbarten Baufortschritt, siehe ebd.
20 Vgl. den Wortlaut des Briefwechsels zwischen dem Ministerium für Verkehrswesen der DDR und der Ständigen Vertretung der Bundesrepublik Deutschland in Ostberlin, in: Deutschlandpolitik, S. 343
21 Vgl. ebd.
22 Vgl. Mitteilung der Bundesregierung zu den Verhandlungen mit der DDR 1980 über Verkehrsverbesserungen und Gewässerschutzfragen, in: Bulletin, Nr. 46 vom 30. April 1980, S. 385—395
23 Ebd., S. 388
24 Vgl. ebd.
25 Zu Einzelheiten vgl. Deutschlandpolitik, S. 47
26 Vgl. ebd., S. 292
27 Auskünfte des Bundesministeriums für innerdeutsche Beziehungen. Vgl. auch Deutschlandpolitik, S. 47, wo Gesamtzahlungen in Höhe von 44,6 Mill. DM genannt werden
28 Bulletin, Nr. 46 vom 30. April 1980, S. 390f. Wortlaut des Schriftwechsels zwischen der Ständigen Vertretung der Bundesrepublik Deutschland in Ostberlin und dem Ministerium für Verkehrswesen der DDR, hier: S. 391
29 Deutschlandpolitik, S. 346, Wortlaut eines Briefwechsels zwischen der Ständigen Vertretung der Bundesrepublik Deutschland in Ostberlin und dem Ministerium für Verkehrswesen der DDR, siehe ebd., S. 345f.
30 Vgl. den Wortlaut des Briefwechsels zwischen dem Senator für Bau- und Wohnungswesen, Berlin(West), und dem Ministerium für Verkehrswesen der DDR, in: Deutschlandpolitik, S. 346f.
31 Vgl. ebd., S. 347 sowie Informationen des Verf.
32 Ebd.
33 Vgl. Bulletin, Nr. 46 vom 30. April 1980, S. 389f. Wortlaut des Briefwechsels zwischen der Ständigen Vertretung der Bundesrepublik Deutschland in Ostberlin und dem Ministerium für Verkehrswesen der DDR
34 Vgl. ebd., S. 390

35 Vgl. Deutschlandpolitik, S. 43
36 Mitteilungen des Bundesministeriums für innerdeutsche Beziehungen an den Verf.
37 Nach Informationen des Verf.; die Höhe der Erstattungen wurde dem Verf. durch das Bundesministerium für innerdeutsche Beziehungen mitgeteilt.
38 Vgl. HERCHER, Karl: Der Zahlungsverkehr der DDR mit dem Ausland, Berlin(Ost) 1958, S. 53f.
39 Bankenvereinbarung zwischen der Deutschen Bundesbank und der Staatsbank der Deutschen Demokratischen Republik über den Transfer von Unterhaltszahlungen, in: Deutschlandpolitik, S. 262
40 Ziffer 5 der „Protokollvermerke zu der Vereinbarung vom 25. April 1974", in: Deutschlandpolitik, S. 261f., hier: S. 262
41 Die Höhe der Zahlungen wurde ermittelt nach den Angaben der Deutschen Bundesbank zu den Umsätzen auf dem „Verrechnungskonto U". Vgl. hierzu: Geschäftsbericht der Deutschen Bundesbank für das Jahr 1976, S. 93; 1978, S. 83; 1979, S. 89; 1981, S. 113f.; 1982, S. 108
42 Vgl. LAMBRECHT, Horst: Die Entwicklung des Interzonenhandels von seinen Anfängen bis zur Gegenwart, Sonderheft des DIW, Nr. 72, Berlin 1965, S. 34
43 Nach Informationen des Verf.
44 Vgl. KUPPER, Siegfried: Der innerdeutsche Handel. Rechtliche Grundlagen, politische und wirtschaftliche Bedeutung, Köln 1972, S. 45
45 Nach den dem Verf. vorliegenden Unterlagen zum innerdeutschen Zahlungsverkehr erfolgte die Gutschrift jedenfalls nicht, wie bisher behauptet wurde, über das Dienstleistungskonto. Vgl. EHLERMANN, Claus-Dieter/KUPPER, Siegfried/LAMBRECHT, Horst/OLLIG, Gerhard: Handelspartner DDR — Innerdeutsche Wirtschaftsbeziehungen, Baden-Baden 1975, S. 191
46 Bulletin des Presse- und Informationsamtes der Bundesregierung, Nr. 89 vom 29. September 1982, S. 814—816, hier: S. 815
47 Vgl. ebd., Nr. 106 vom 13. Oktober 1983, S. 969—971
48 Vgl. Protokoll über Verhandlungen zwischen einer Delegation des Bundesministeriums für das Post- und Fernmeldewesen der Bundesrepublik Deutschland und einer Delegation des Ministeriums für Post- und Fernmeldewesen der Deutschen Demokratischen Republik, in: Deutschlandpolitik, S. 163f.
49 Vgl. die Kontenstatistik der Deutschen Bundesbank und des Bundesministeriums für Wirtschaft zum innerdeutschen Dienstleistungsverkehr
50 Vgl. die relevanten Vereinbarungen und Protokollvermerke, in: Deutschlandpolitik, S. 296 (Duderstadt; seit 1976 jährlich DM 4200), S. 297 (Heringen; seit 1976 jährlich DM 650), S. 330f. (Eckerfernwasserleitung; seit 1978 jährlich DM 100.000), S. 374 (Hochwasserrückhaltebecken an der Itz, seit 1979 jährlich DM 7200).
51 Vgl. Deutschlandpolitik, S. 374, Ziffer 1 und 6 des Protokollvermerks vom 29. November 1978
52 Vgl. hierzu die Schätzungen des Verf. in Tabelle 11 des Hauptteils
53 Vgl. Deutschlandpolitik, S. 34
54 Nach Informationen des Verf. sowie Deutschlandpolitik, S. 34
55 Der Wortlaut dieser Vereinbarung und des Protokolls zu § 2 Abs. 2 der Vereinbarung ist aus den Akten des Bundesministeriums für das Post- und Fernmeldewesen wiedergegeben in: Deutschlandpolitik, S. 135
56 Vgl. § 2 der Vereinbarung, ebd.
57 § 4 des Anlageprotokolls zu § 2 Abs. 2 der Vereinbarung, ebd.
58 Vgl. § 3 des Anlageprotokolls zu § 2 Abs. 2 der Vereinbarung, ebd.
59 Vgl. den Briefwechsel zwischen dem Bundesminister für das Post- und Fernmeldewesen der DDR über die Postpauschale 1977—1982, wiedergegeben in: Deutschlandpolitik, S. 319f., hier: S. 319
60 Siehe den Abdruck des Briefwechsels zwischen den zuständigen Staatssekretären in: Bulletin des Presse- und Informationsamtes der Bundesregierung, Nr. 130 vom 29. November 1983, S. 1185—1187
61 Nach Auskunft des Bundesministeriums für das Post- und Fernmeldewesen
62 Vgl. Verwaltungsabkommen zwischen dem Bundesminister für das Post- und Fernmeldewesen der Bundesrepublik Deutschland und dem Ministerium für das Post- und Fernmelde-

wesen der Deutschen Demokratischen Republik über die Abrechnung der Leistungen im Post- und Fernmeldetransit, in: Deutschlandpolitik, S. 308
63 Art. 4 des Verwaltungsabkommens, ebd.
64 Protokollvermerk zu Art. 4 des Verwaltungsabkommens, ebd.
65 Vgl. Deutschlandpolitik, S. 302−306, hier: S. 303 sowie Art. 1 und 3 des Verwaltungsabkommens, a.a.O., S. 308
66 Vgl. beispielsweise Deutscher Bundestag, 7. Wahlperiode, Drucksache 7/1554, S. 3
67 Das ergibt sich aus Unterlagen zum innerdeutschen Zahlungsverkehr (Dienstleistungs-Unterkonto 3), die dem Verf. vom Bundesministerium für Wirtschaft zur Verfügung gestellt wurden
68 Vgl. Deutscher Bundestag, 8. Wahlperiode, Drucksache 8/1554, S. 5
69 Vgl. Deutscher Bundestag, 7. Wahlperiode, Drucksache 7/1554, S. 3; das Konto wurde dem Verf. vom Bundesministerium für Wirtschaft mitgeteilt
70 Vgl. Deutscher Bundestag, 8. Wahlperiode, Drucksache 8/1554, S. 5
71 Vgl. ebd.
72 Nach den über Unterkonto 3 tatsächlich erfolgten Zahlungen
73 Vgl. die weiter oben (in Fußnote 1) genannten Antworten der sozialliberalen Bundesregierung auf Anfragen von Abgeordneten der Fraktion der CDU/CSU für den Zeitraum ab 1970
74 Vgl. Deutschlandpolitik, S. 284
75 Vgl. Mitteilung des Presse- und Informationsamtes des Landes Berlin, in: Landespressedienst Berlin Nr. 14 vom 21. Januar 1975, abgedruckt in: Deutschlandpolitik, S. 284
76 Deutschlandpolitik, S. 54
77 Vgl. Deutschlandpolitik, S. 54
78 Vgl. ebd.
79 Der Zahlungsmodus und die Höhe der Zahlungen bis 1970 ergibt sich aus Unterlagen, die dem Verf. seitens des Bundesministeriums für Wirtschaft zur Verfügung gestellt wurden. Die Berliner Verkehrs-Betriebe (BVG) haben dem Verf. die Höhe der Zahlungen ab 1970 bestätigt und mitgeteilt, daß Verrechnungen ausschließlich im Rahmen des innerdeutschen Zahlungsverkehrs erfolgten.
80 Für die Verfügbarmachung der relevanten Daten schuldet der Verf. den Berliner Gaswerken (Gasag) Dank.
81 Dem Verf. ist nicht bekannt, warum seitens der Bundesregierung weder die Höhe dieser Zahlungen mitgeteilt, noch ihre Existenz (nach 1973) erwähnt wurde. Lediglich einmal, am 17. Januar 1974, teilte die Bundesregierung auf eine kleine Anfrage der damaligen Opposition hin mit, im Zeitraum von 1971 bis 1973 seien insgesamt 20,0 Mill. DM an die DDR gezahlt worden als Frachtkosten für den Transport von Betriebsstoffen durch die Deutsche Reichsbahn für die Berliner Gaswerke. Vgl. Deutscher Bundestag, 7. Wahlperiode, Drucksache 71/1554, S. 2
82 Vgl. Deutscher Bundestag, 7. Wahlperiode, Drucksache 7/4839, S. 3
83 Vgl. Deutschlandpolitik, S. 178f.
84 Art. 2, Abs. 1 der Vereinbarung, in: Deutschlandpolitik, S. 179
85 Vgl. hierzu Art. 2, Abs. 2 der Vereinbarung, ebd., sowie die Schlußerklärung des Westberliner Senats und der Regierung der DDR, in: Deutschlandpolitik, S. 180
86 Vgl. Deutschlandpolitik, S. 190−192
87 Art. 2, Abs. 1 der Vereinbarung, in: Deutschlandpolitik, S. 190
88 Vgl. auch die Mitteilung der Bundesregierung in: Deutscher Bundestag, 7. Wahlperiode, Drucksache 7/4839, S. 3
89 Vgl. Bundesministerium für innerdeutsche Beziehungen: Informationen, Nr. 1/1984
90 Vgl. Deutscher Bundestag, 7. Wahlperiode, Drucksache 7/1554, S. 2
91 Vgl. beispielsweise Deutscher Bundestag, 8. Wahlperiode, Drucksache 8/1554, S. 5; Deutscher Bundestag, 8. Wahlperiode, Drucksache 8/2598, S. 3; Deutscher Bundestag, 8. Wahlperiode, Drucksache 8/3790, S. 3; Deutscher Bundestag, 9. Wahlperiode, Drucksache 9/1553, S. 4; Deutscher Bundestag, 9. Wahlperiode, Drucksache 9/1391, S. 3
92 Vgl. Vereinbarung zum Berliner Abkommen vom 20. September 1951 über die Errichtung eines Kontos S der Deutschen Notenbank bei der Deutschen Bundesbank vom 14. November 1957, in: EHLERMANN, Claus-Dieter u.a.: Handelspartner DDR, a.a.O., S. 281f.
93 Berechnungen des Verf. nach unveröffentlichtem Material der Deutschen Bundesbank zu den Umsätzen auf den Verrechnungskonten, Konto S-Zahlungen sowie Swing-Inanspruch-

nahme zum Jahresende
94 Vgl. Deutschlandpolitik, S. 262f.
95 Vgl. ebd., S. 33
96 Vgl. Art. 3 der Vereinbarung, ebd., S. 263
97 Vgl. Ziffer B.6 der Bankenvereinbarung zwischen der Deutschen Bundesbank und der Staatsbank der Deutschen Demokratischen Republik über den Transfer aus Guthaben in bestimmten Fällen vom 25. April 1974, in: Deutschlandpolitik, S. 263f., hier: S. 264
98 Vgl. Geschäftsbericht der Deutschen Bundesbank für das Jahr 1978, Frankfurt/M. 1979, S. 84
99 Protokoll zu der Vereinbarung vom 25. April 1974 über den Transfer aus Guthaben in bestimmten Fällen, in: Deutschlandpolitik, S. 349
100 Vgl. Geschäftsbericht der Deutschen Bundesbank für das Jahr 1978, a.a.O., S. 84
101 Beispielsweise bei Zahlungen der DDR aufgrund von Versicherungsleistungen, vgl. Deutschlandpolitik, S. 219—223. Auch als sich die DDR am 16. November 1978 verpflichtete, beim Bau der Autobahn Berlin—Hamburg sowie bei Reparaturarbeiten an den Transitbinnenwasserstraßen Baumaschinen und Ausrüstungen im Werte von 100 Mill. DM aus der Bundesrepublik Deutschland zu beziehen, wurde ausdrücklich Verrechnung „im Rahmen der bestehenden Vereinbarungen über den Handel", d.h. über Verrechnungskonten, vereinbart, während die westdeutsche Seite über Freikonten zahlte. Vgl. Deutschlandpolitik, S. 345
102 Informationen des Verf.
103 Vgl. KUPPER, Siegfried: Politische Beziehungen zur Bundesrepublik Deutschland 1955— 1977, in: Drei Jahrzehnte Außenpolitik der DDR, S. 403—452, hier: S. 405

C. Die externe Handelsbilanz der DDR nach der offiziellen Aussenhandelsstatistik

Die offizielle Außenhandelsstatistik der DDR ist nicht nur die nachweislich schlechteste im RGW-Bereich, sie ist nach Kenntnis des Verf. auch eine der undifferenziertesten der Welt — selbst im Vergleich zu solchen Ländern der Dritten Welt, die unter Armut, Bürgerkriegswirren oder Krieg leiden. Zu Recht warf LEVCIK der DDR „außenwirtschaftliche Geheimniskrämerei" vor.[1] Seit 1965 weist die DDR ihren Außenhandel nur noch in einer künstlichen Recheneinheit, der „Valutamark" (VM) aus, die niemals definiert oder erklärt wurde und über deren Gegenwert daher nur Vermutungen bestehen. Seit 1975 hat die DDR ferner ihre schon bis dahin vergleichsweise knappe Berichterstattung über Import- und Exportdaten mit einzelnen Ländern eingestellt; mitgeteilt werden nur noch „Außenhandelsumsätze" (Summen aus Export und Import) für rund 60 Länder. Von 1977 bis 1982 hat die DDR sogar vorübergehend den Ausweis ihrer Gesamteinfuhr und Gesamtausfuhr eingestellt. Seit Honecker am 1.8.1975 mit der Unterzeichnung der Schlußakte von Helsinki auch die Verpflichtung zu einer differenzierten, aussagekräftigen und rechtzeitigen Außenhandelsstatistik übernommen hat,[2] muß der SED-Führung damit auch die Mißachtung internationaler Vereinbarungen vorgeworfen werden.

Glücklicherweise liegen mit den russischen Jahrbüchern der Mitgliedsländer des RGW und mit den polnischen Außenhandelsjahrbüchern zumindest Daten über die Ein- und Ausfuhr der DDR (in Rubeln) nach Währungsgebieten vor, die nach korrekter Umrechnung zumindest einen groben Überblick über die Struktur der externen Handelsbilanz der DDR erlauben. Die Vermutung ist wohl zutreffend, „daß die DDR sich zwar im Rahmen des RGW einer Einfuhr- und Ausfuhrberichterstattung nicht entziehen kann, diese aber peinlichst in deutscher Sprache vermeidet."[3]

Skeptisch ist auch die Qualität der DDR-Daten selbst (soweit sie überhaupt vorliegen) beurteilt worden.[4] Der Verf. teilt diese Bedenken indes nicht; im Gegenteil haben sich — soweit dies nachprüfbar war, sogar ohne Ausnahme — Diskrepanzen zwischen westlichen Partnerlandangaben und DDR-Daten letztlich durch Mängel der westlichen Erfassung oder Abgrenzung des primärstatistischen Materials erklären lassen. Für die Vermutung prinzipieller Richtigkeit der DDR-Daten spricht zudem nicht nur die ab 1975 begonnene „Verschleierungsstrategie" in der Außenhandelsstatistik selbst, sondern auch die bemerkenswerte Tatsache, daß der bis 1974 in der DDR-Statistik noch ausgewiesene Westhandelsbilanzsaldo erheblich ungünstiger erscheint (und es nach den folgenden Berechnungen in der Tat auch ist), als es die (unvollständige) westliche Statistik auf den ersten Blick nahelegt.

Unklarheit besteht auch hinsichtlich der Erfassungsmethode und Abgrenzung der DDR-Statistik. Entgegen Vermutungen, die DDR habe ihre Berichterstattung wiederholt umgestellt,[5] deutet vieles darauf hin, daß dies tatsächlich nicht der Fall war. Bis einschließlich 1963 wird als „Ausfuhr" und „Einfuhr" definiert: „Handelsware, die in dem angegebenen Berichtsjahr die Grenzen der Deutschen Demokratischen Republik passiert hat."[6] Die amtlichen Definitionen lassen offen, nach welcher Abgrenzung dabei vorgegangen wurde. 1959 läßt sich jedoch (für die fünfziger Jahre) den Ausführungen eines Außenhandelspraktikers indirekt die Methode „Käuferland" (Exporte) und „Verkäuferland" (Importe) entnehmen. Während nämlich in der kanadischen Exportstatistik (last consignment f.o.b.) 1957 lediglich 0,02 Mill. US-$ und 1958 keine Exporte in die DDR nachgewiesen werden,[7] wies die DDR-Statistik 1957 Importe in Höhe von 2,52 Mill. US-$ f.o.b. und 1958 in Höhe von 3,06 Mill. US-$ f.o.b. aus.[8] Aufschlußreich ist die zu dieser Beobachtung vorgetragene Begründung, die statistische Diskrepanz könne ihre „Ursachen nur darin haben, daß unsere Außenhandelsunternehmen bei großen internationalen Firmen *kaufen*, die eine *Niederlassung in Kanada* haben und diese Exporte à conto ihres „Mutterlandes" (z. B. der U.S.A., d. Verf.) ausweisen."[9] Es ist mithin wahrscheinlich, daß die DDR-Außenhandelsstatistik in den fünfziger Jahren nach der Methode Käuferland/Verkäuferland aufgestellt wurde.

1965 wird erstmals die Warenausfuhr definiert als „Lieferung" (Export) von Handelswaren aus der DDR, die im Ausland oder in Westdeutschland bzw. Westberlin verbleiben und im Berichtszeitraum die Grenze der DDR passiert haben."[10] Als Wareneinfuhren werden definiert

„Bezüge (Import) von Handelswaren, die im Ausland oder Westdeutschland bzw. Westberlin zum Verbleib in der DDR gekauft werden und im Berichtszeitraum die Grenze der DDR passiert haben."[11] Berücksichtigt man, daß Reexportverbote den Intentionen der DDR-Außenhandelspraktiker ebenso wie den Wünschen der politischen Führung entsprachen, ist nicht einzusehen, warum diesen widersprüchlichen Definitionen „eindeutig die Abgrenzung nach Ursprungs-(Importe) und Bestimmungsland (Exporte) zu entnehmen"[12] sein soll. Dies stünde auch in Widerspruch zu der ersten klaren amtlichen Mitteilung aus dem Jahre 1965, derzufolge der „Außenhandel der DDR ... territorial nach Einkaufs- und Käuferländern geplant und abgerechnet"[13] wird.

Spätere Definitionen in den Statistischen Jahrbüchern der DDR stellen nur noch auf die inhaltliche Abgrenzung der *Gesamt*ein- und -ausfuhren ab, erlauben also keine Vermutungen mehr hinsichtlich der Länderabgrenzung.[14] Erstmals wird aber 1970 auch für die *Länder*ein- und -ausfuhren definiert, Ausfuhr seien „Waren, die in der DDR produziert bzw. entscheidend be- oder verarbeitet werden, die *im Partnerland verbleiben* und für die eine Valutaforderung entsteht."[15] Sofern diese Feststellung wiederum politischem Wunschdenken (Reexportverbot) entspringt, kann nach wie vor das Käuferlandprinzip angewendet worden sein, zumal das Kriterium des Entstehens einer Valutaforderung gerade darauf hindeutet, daß das betreffende Partnerland nur das Käuferland ist. Ebenso kann das Verkäuferlandprinzip hinter der unklaren Einfuhrdefinition stehen, Importe seien Einfuhren von Waren „aus dem Partnerland in die DDR, die zum Ge- oder Verbrauch in der Volkswirtschaft der DDR bestimmt sind und für die eine Valutaverbindlichkeit entsteht."[16] Erst im Statistischen Jahrbuch der DDR für das Jahr 1976 wird eindeutig bestimmt: „Der Ausweis des Außenhandels der DDR erfolgt nach der Methode Käuferland (Ausfuhr) bzw. Verkäuferland (Einfuhr)."[17] Der Verf. hat daher die seit 1976 ausgewiesenen Außenhandelsumsätze für alle Länder und die Jahre 1960, 1966 und 1970 mit den früheren Nachweisen verglichen. Dabei ergaben sich in keinem Fall Diskrepanzen, so daß sich aus dieser klaren Bestimmung mit hoher Wahrscheinlichkeit ergibt, daß die Erfassungsmethode nicht umgestellt, sondern *ununterbrochen einheitlich nach dem Käuferland- und Verkaufslandprinzip durchgeführt* wurde.

Ein weiteres bislang ungelöstes Problem der DDR-Außenhandelsstatistik stellt der Gegenwert der „Valutamark", in der der DDR-Außenhandel seit 1965 ausgewiesen wird, dar. Im relevanten westlichen Schrifttum wird heute einhellig angenommen, daß es sich dabei bis 1971 um den Gegenwert der DM(West) vor ihrer Aufwertung im Jahre 1961 handelt[18] und daß diese Bewertung im Jahre 1959 eingeführt wurde — vermutlich um aus Prestigegründen eine Kaufkraftidentität mit der westdeutschen DM zu suggerieren.[19] Tatsächlich läßt sich für den Zeitraum bis 1964 aus den alten (Rubel-) und den neuen (VM-) Außenhandelsdaten errechnen, daß — entsprechend dem Kurs der DM(West) bis 1961 — einem US-$ 4,20 VM und einem Rubel 4,667 VM entsprachen.[20] Diese Relation läßt sich auch für die späteren Jahre nach vereinzelten Außenhandelsinformationen im DDR-Schrifttum sowohl für den US-$ als auch für den Rubel und das Pfund Sterling indirekt ermitteln und bestätigen.[21] Zweifelhaft erscheint allerdings die im Westen bislang angeführte Begründung, die DDR habe sich bei dieser Kursfixierung primär von Prestigeüberlegungen leiten lassen und deshalb die Parität der westdeutschen DM übernommen. Gegen diese Interpretation spricht zum einen, daß die VM offiziell erstmals 1965 verwendet wurde, zu einem Zeitpunkt also, zu dem einem US-$ nur noch 4,00 DM(West) entsprachen. Da einem US-$ aber 4,20 VM entsprachen, kann von einem Prestige*gewinn* weniger die Rede sein, als von einem Prestige*verlust*. Tatsächlich betrug der Außenhandelsumsatz der DDR in Binnenpreisen nach Schätzung des Verf. im Jahre 1958 rund 13,6 Mrd. DM(Ost). Der Wert des Außenhandelsvolumens zu Auslandspreisen belief sich auf 3,6 Mrd. US-$. Hieraus errechnet sich aber eine Relation von 3,8 DM(Ost) je US-$, so daß das offiziell vorgetragene Kaufkraftargument für die Fixierung des VM-Kurses nicht ohne weiteres von der Hand zu weisen ist.

Nach dem Zusammenbruch des Bretton Woods-Systems und des mit ihm aufrechterhaltenen Systems von Goldparitäten zwischen den teilkonvertiblen westlichen Währungen soll sich auch der VM-Gegenwert geändert haben. Allgemein wird die Vermutung akzeptiert,[22] daß der VM-Kurs in Anlehnung an die laufenden Rubelkursänderungen durch die sowjetische Staatsbank angepaßt wird, so daß nach Näherungsrechnungen des DIW das Umrechnungsverhältnis beispielsweise 1976 betragen haben soll: 1 VM = 0,72 DM(West), 1 US-$ = 3,52 VM und unverändert 1 Rubel = 4,667 VM.[23] Frau HAENDCKE-HOPPE legt nach demselben Verfahren — entsprechend der Relation zwischen transferablem Rubel und US-$ — folgende US-$-Umrechnungskoeffizienten (in VM) zugrunde: 4,20 (1971), 3,86 (1972), 3,48 (1973), 3,53 (1974), 3,36 (1975) und 3,51 (1976).[24] Nach demselben Verfahren hätte der VM-Gegenwert ausgedrückt in DM(West) nur noch 0,73 (1974), 0,73 (1975), 0,72 (1976), 0,68 (1977) und 0,63 (1979) betragen.[25] Die VM wäre mit anderen Worten infolge der laufenden Höherbewertung der westdeutschen DM an den freien Devisenmärkten bzw. durch die sowjetische Staatsbank alljährlich gegenüber der DM(West) abgewertet worden. Lediglich BUCK hat zu bedenken gegeben, daß für die Unterstellung, die DDR lege den VM-Gegenwert einerseits in Anlehnung an autonome, administrativ fixierte Umrechnungsverhältnisse der sowjetischen Staatsbank und andererseits in Anlehnung an „eine marktmäßig bestimmte Kursentwicklung zwischen zwei konvertierbaren Auslandswährungen" fest, „bisher nirgendwo in der Literatur einleuchtende Begründungen geboten"[26] werden.

Die kritischen Einwände von BUCK sind berechtigt. Die Währungsbehörden der DDR sind auf die autonomen sowjetischen Kursfixierungen schon deshalb nicht angewiesen, weil sie mit ausdrücklicher sowjetischer Billigung (oder zumindest Duldung) ein eigenes, von der sowjetischen Methode abweichendes Verfahren der Kursfixierung entwickelt haben,[27] bei dem der für die Außenhandelsfinanzierung zwischen Außenhandelsbank und Außenhandelsunternehmen angewandte Umrechnungskurs in Anlehnung an den Devisenmarktkurs der frei floatenden DM(West) festgelegt wird.[28] Es erscheint daher unwahrscheinlich, daß die Staatsbank der DDR *zusätzlich zu ihren eigenen Kursnotierungen* die Rubelkurse der sowjetischen Staatsbank berücksichtigt. Es läge allenfalls nahe, zu vermuten, daß der VM-Gegenwert in Anlehnung an die Durchschnitts- oder Jahresendkurse des US-$ entsprechend der Notierung der Staatsbank der DDR festgelegt wird. Eine Verwendung der sowjetischen Umrechnungskoeffizienten ist angesichts der Existenz DDR-eigener Kursnotierungen a priori unwahrscheinlich. Kontrollrechnungen des Verf. auf der Basis vergleichbar abgegrenzter Außenhandelsdaten verschiedener Partnerländer führen jedoch zu einem anderen Ergebnis. Danach wurde die Relation zwischen VM und US-$ nur zweimal, nämlich 1971 und 1973 anläßlich der offiziellen Abwertungen des US-$ durch die amerikanische Regierung gegenüber dem Gold, geändert. Diese Beobachtung legt die Vermutung nahe, daß ursprünglich, d.h. im Jahre 1959, für die „Valutamark" ein impliziter Goldgehalt von 0,211588 g Feingold festgelegt worden ist und daß deshalb die Paritäten der VM gegenüber den Fremdwährungen nur dann und in dem Maße geändert wurden, wie sich deren eigener Goldgehalt offiziell änderte. Indirekt läßt sich diese Vermutung aufgrund der Reaktion der Staatsbank der DDR auf frühere Währungsabwertungen bestätigen. Während nämlich die sowjetische Staatsbank auf die Abwertung des Pfund Sterling am 18.11.1967 und des Französischen Franc am 10.8.1969 aufgrund der von ihr verwendeten gleitenden Kursmittelung den Rubelkurs in mehreren inkrementalen Schritten änderte, paßte die Staatsbank der DDR den Kurs der VM in einem einzigen Schritt nach Maßgabe des impliziten Goldgehaltes der VM an.[29] Entsprechend beträgt der Wert des Rubels bis heute tatsächlich unverändert 4,667 VM, weil sich sein offizieller Goldgehalt nicht geändert hat, während sich der Wert des US-$ den offiziellen Abwertungen entsprechend von 4,20 VM (1971) auf 3,87 VM (1972) und 3,48 VM (seit 1973) ermäßigt haben dürfte. Dieses Ergebnis entspräche nicht nur der gelegentlichen Forderung in der DDR, Umrechnungskurse, die statistischen Zwecken dienten, hätten im Interesse einer intertemporalen Vergleichbarkeit möglichst stabil zu sein,[30] es entspricht offenbar auch jenen Informationen, die dem Sekretariat der Vereinten Nationen über den VM-Gegenwert vorliegen.[31] Erst 1980 wich die Außenhandelsstatistik der DDR — wohl als Reaktion auf den dramatischen Kurssturz des US-$ 1978 und 1979 — von ihrer immer unrealistischer gewordenen Parität von 1 US-$ = 3,48 VM ab. Seitdem wird der Umrechnungskurs autonom fixiert und jährlich neu angepaßt. Berechnungen des Verf. auf der Basis vereinzelter Angaben zum Westhandel der DDR im US-$-Ausdruck, wie sie sich in den Jahresabschlußberichten der Deutschen Außenhandelsbank AG, Ostberlin, finden, zeigen, daß der US-$-Kurs nach zuletzt noch 3,48 VM (1979) auf 3,30 VM (1980), 3,32 VM (1981), 3,46 VM (1982) und 3,54 VM (1983) festgesetzt worden sein muß. Es werden mithin in allen nachfolgenden Berechnungen und Schätzungen diese Umrechnungskoeffizienten zwischen der Valutamark und dem US-$ verwendet.

Westliche Interpretationen des VM-Gegenwertes beinhalten jedoch einen weiteren, weitaus gravierenderen Fehlschluß, der auch dem UN-Sekretariat verborgen blieb und der bisherige westliche Berechnungen zum DDR-Außenhandel nach der VM- und Rubel-Statistik erheblich verzerrt. Wie oben aufgezeigt wurde, wird im Westen allgemein davon ausgegangen, daß der

VM-Kurs einheitlich auf alle Fremdwährungstransaktionen, also auch auf solche mit dem Währungsgebiet der DM(West) angewandt wird. Entsprechend hätte eine VM nur bis 1961 genau einer DM(West) entsprochen; in Folge der Aufwertungen der DM(West) wäre jedoch der VM-Kurs auf 0,95 DM(West) seit 6.3.1961,[32] 0,87 DM(West) seit 27.10.1969,[33] 0,83 DM(West) seit 20.12.1971[34] und in den Folgejahren der offiziellen Aufwertung der DM(West) gegenüber dem „Sonderziehungsrecht"[35] und des freien Floatens noch stärker, kontinuierlich gefallen. Diese, allen westlichen Berechnungen zugrunde liegende Annahme ist falsch und verzerrt die Aussagekraft der DDR-Außenhandelsstatistik erheblich. Tatsächlich hat die DDR von 1949 bis 1983 durchgängig sowohl bei der internen PAG-Abrechnung als auch in ihrer externen Handels- und Zahlungsbilanzstatistik stets einen Umrechnungskoeffizienten von 1 VM = 1 DM(West) zugrunde gelegt. Diese Spaltung des für statistische Zwecke herangezogenen VM-Kurses führte intern deshalb nicht zu Umrechnungsproblemen oder Verwirrung, weil die betreffenden Behörden stets eine *separate bilaterale Zahlungsbilanz für den innerdeutschen Handel auf Umrechnungsbasis 1 VM = 1 VE = 1 DM(West) aufgestellt* haben. Auf diese Weise gelang es der DDR, nach außen hin den Anteil des innerdeutschen Handels und damit auch seine Bedeutung im Rahmen des West- und Außenhandels der DDR systematisch zu untertreiben, da die VM gegenüber der DM(West) — etwa im Vergleich zum US-$ und zum Rubel — systematisch überbewertet wird. Diese Beobachtung erklärt, warum bislang im Westen als „Rätsel" eingestuft wird, daß der Anteil des innerdeutschen Handels am Westhandel der DDR nach der offiziellen DDR-Statistik erheblich niedriger ist als nach den Partnerlandangaben.[36]

Die hier aufgestellte Behauptung, daß die DDR diesen Eindruck durch eine *versteckte Kursdifferenzierung* herbeiführt, läßt sich direkt belegen. In einer unbeachtet gebliebenen Arbeit aus dem Jahre 1957 führt ein DDR-Finanzwissenschaftler aus, daß die bilaterale externe Handelsbilanz im innerdeutschen Handel in Verrechnungseinheiten (VE) — der Clearingeinheit — abgeschlossen und abgerechnet werde, wobei in bewußter Durchbrechung des üblichen Kursumrechnungsverfahrens 100 DM der Deutschen Notenbank (DM-Ost) 100 VE und damit 100 DM(West) gleichgesetzt werden, denn auch die „Verrechnungseinheit setzt im innerdeutschen Handel eine DM der BDL gleich einer DM der DN."[37] Daß dieses Verfahren auf die VM-Abrechnung des Außenhandels übertragen wurde, ergibt sich unmißverständlich aus einer Bemerkung des für den innerdeutschen Handel zuständigen Hauptabteilungsleiters im MAI, Behrendt, wonach der Warenumsatz im Jahre 1962 1691 Mill. VE und im Jahre 1963 1824 Mill. VE betragen haben soll.[38] Das Statistische Jahrbuch der DDR weist aber für 1962 mit einem Umsatz von 1690 Mill. VM und für das Jahr 1963 mit einem Umsatz von 1825 Mill. VM nahezu dieselben Werte aus. Damit wurde also die DM(West) der VM gleichgesetzt, obwohl sie 1961 gegenüber dem US-$ (und damit auch gegenüber der VM) längst aufgewertet worden war.[39] Diese Beobachtungen lassen den Versuch sinnvoll erscheinen, die offiziellen DDR-Angaben zum innerdeutschen Handel in VM mit verschiedenen westdeutschen Statistiken zu vergleichen (siehe Tabelle C.1). Die dort ausgewiesenen Daten nach verschiedenen Abgrenzungen belegen eindrucksvoll, daß nach wie vor die VM der DM(West) gleichgesetzt wird und die von der DDR zugrundegelegte Abgrenzung offenbar der Kontenstatistik des Bundeswirtschaftsministeriums sehr nahe kommt, insbesondere also, daß — im Gegensatz zur Warenverkehrsstatistik des Statistischen Bundesamtes — keine Geschäfte in frei konvertierbarer Währung (sog. Ausländergeschäfte) enthalten sind und daß bei Lohnveredelungen nicht der Wert der zu veredelnden oder veredelten Waren selbst miterfaßt wird. Da die DDR-Angaben überwiegend geringfügig unter den Meldungen nach der westlichen Kontenstatistik liegen, ist zu vermuten, daß die DDR-Statistik gewisse, vom Bundeswirtschaftsministerium mitverrechnete Dienstleistungen und vermutlich auch die tatsächlichen Lohnveredelungskosten ausschließt.

Sollten die hier angestellten Überlegungen zur VM-Kursspaltung zutreffen, wäre nicht nur eines der merkwürdigsten „Rätsel" der ostdeutschen Statistik „gelöst", es wäre zugleich gezeigt, daß die DDR-Statistik grundsätzlich korrekt ist, aber — vermutlich bewußt — so stark verschlüsselt und verzerrt dargeboten wird, daß dem Bestreben Genüge getan wird, „trotz vieler Angaben wenig zu verraten"[40] oder gar die Wirklichkeit zu verfälschen — hier die Information über die *tatsächliche Bedeutung des innerdeutschen Handels für die DDR.* Wie die nachfolgenden Neuberechnungen auf der Basis effektiver US-$-Werte deutlich machen, ist der tatsächliche Anteil des innerdeutschen Handels am Gesamtaußenhandel der DDR durch die verdeckte Umrechnungskurs-Manipulation in zunehmendem Maße verschleiert worden (siehe Tabelle C.2).

Tabelle C.1
Der innerdeutsche Warenverkehr 1955 bis 1974

in Millionen VM = VE = DM

Jahr	DDR-Lieferungen				DDR-Bezüge			
	A	B	C	D	A	B	C	D
1955	573,1	567,5	587,9	...	550,7	518,9	562,6	...
1956	646,8	642,5	653,5	...	614,2	597,7	699,2	...
1957	859,7	829,4	817,3	...	772,4	770,6	845,9	...
1958	887,7	863,2	858,2	...	798,5	808,9	800,4	...
1959	965,1	917,5	891,7	...	960,0	981,1	1078,6	...
1960	1010,9	988,5	1122,5	983,5	867,1	927,1	959,5	853,4
1961	919,4	900,6	940,9	896,0	826,0	813,4	872,9	799,7
1962	883,1	882,8	914,4	874,8	806,6	839,9	852,7	819,7
1963	1018,0	1004,8	1022,3	977,8	806,7	834,1	859,6	881,6
1964	1107,6	1083,4	1027,4	1069,9	1059,6	1059,6	1151,0	1002,4
1965	1222,3	1213,7	1260,4	1153,1	1075,1	1105,8	1206,1	1068,3
1966	1287,9	1274,2	1345,4	1260,7	1469,1	1527,2	1625,3	1285,3
1967	1249,0	1194,8	1263,9	1194,9	1288,5	1337,8	1483,0	1086,5
1968	1409,9	1363,3	1439,5	1337,8	1227,3	1293,0	1422,2	1209,3
1969	1535,2	1577,4	1656,3	1442,0	1953,9	1899,4	2271,8	1636,3
1970	1888,4	1916,5	1996,0	1788,1	2161,6	2217,7	2415,5	1830,8
1971	2141,7	2222,4	2318,7	2103,3	2152,9	2359,7	2498,6	2175,4
1972	2203,9	2258,5	2380,9	2210,8	2623,8	2667,2	2927,4	2201,2
1973	2499,1	2527,3	2659,6	2496,5	2436,1	2623,9	2998,5	2378,2
1974	3010,2	3094,8	3252,5	3020,2	2987,1	3164,7	3670,8	2669,2

Quelle: Eigene Berechnungen nach den Statistischen Jahrbüchern der DDR 1962, S. 547 (1 Rubel = 4,667 VM); 1966, S. 387; 1975, S. 264f.; Statistisches Bundesamt Wiesbaden: Fachserie F, Reihe 6, Warenverkehr mit der Deutschen Demokratischen Republik und Berlin (Ost) 1970ff.; Mitteilungen des Bundesministeriums für Wirtschaft, Bonn, sowie der Deutschen Bundesbank, Frankfurt/M. an den Verf.; A = Handel mit der „BRD" und „Westberlin" nach der offiziellen DDR-Statistik in Mill. Valutamark; B = Kontenstatistik des Bundesministeriums für Wirtschaft in Mill. DM (VE); C = Warenverkehrsstatistik des Statistischen Bundesamtes Wiesbaden in Mill. DM; D = Zahlungen über die Verrechnungskonten im Rahmen des innerdeutschen Verrechnungsverkehrs in Mill. VE — Unterkonten 1/2 (Warenlieferungen)

Neben dem Fehlen einer Definition der „Valutamark" stellt das wohl bedeutsamste „Rätsel" der DDR-Außenhandelsstatistik die Tatsache dar, daß vor allem im Handel mit den westlichen Industrieländern seit 1970 systematisch höhere Leistungsbilanzdefizite nachgewiesen werden (im Zeitraum von 1970 bis 1975 etwa 14 Mrd. VM) als nach den Partnerlandangaben (im vergleichbaren Zeitraum rund 5 Mrd. VM).[41] Diese Diskrepanzen gehen einher mit kontinuierlich zunehmenden Abweichungen zwischen dem Gruppenausweis „kapitalistische Industrieländer" einerseits und der Summe der Einzelausweise einschließlich innerdeutschem Handel andererseits.[42] Nicht zuletzt wegen solcher „rapid zunehmender Ungereimtheiten"[43] erscheint die offizielle DDR-Statistik westlichen Forschern bislang als verläßliche Basis empirischer Forschung ungeeignet. Auch ist es bei „diesen statistischen Problemen ... unmöglich, die Schätzungen über die Verschuldung der DDR im Westen zu überprüfen."[44] Die beobachtbaren Inkonsistenzen können indes logischerweise nur drei Gründe haben: die Anwendung falscher Umrechnungskurse, unvollständig erfaßte und/oder abweichend abgegrenzte Handelsströme im Ländereinzelausweis sowie systematische Defizite im ungeklärten Teil des DDR-Gruppenausweises. Alle drei Erklärungsansätze kommen im Fall der DDR-Statistik in Betracht.

Tabelle C.2
Der Anteil des innerdeutschen Handels am gesamten DDR-Außenhandel

Jahr	offizielle VM-Statistik		korrigierte US-$-Statistik	
	insgesamt	kapitalistische Industrieländer	insgesamt	kapitalistische Industrieländer
1960	10,3 %	49,0 %	10,3 %	49,0 %
1965	9,5 %	43,8 %	9,9 %	45,0 %
1970	10,2 %	41,9 %	11,6 %	45,4 %
1975	8,7 %	33,6 %	11,9 %	41,7 %
1980	8,4 %	30,6 %	14,3 %	44,5 %
1983	8,5 %	28,8 %	11,3 %	35,9 %

Quelle: Eigene Berechnungen auf der Basis effektiver Außenhandelsumsätze; für die offizielle VM-Statistik nach den Statistischen Jahrbüchern der DDR 1976, S. 265f. sowie 1982, S. 230f., für die korrigierte US-$-Statistik nach den Berechnungen in Tabelle C.6 und C.7

Wie oben gezeigt wurde, sind im Westen bislang falsche, d.h. zu niedrige Umrechnungskurse angewandt worden. Da bis 1979 noch ein US-$ in der offiziellen DDR-Statistik 3,48 VM entsprach, weisen die bisherigen Berechnungen das Leistungsbilanzdefizit der DDR, ausgedrückt in US-$, zumindest seit dem US-$-Kursverfall der späten siebziger Jahre zu hoch aus.
Es wurde gezeigt, daß der DDR-Außenhandel auf der Basis Käuferland/Verkaufsland ausgewiesen wird. Da die DDR bis heute Waren aus der Dritten Welt vor allem in Belgien-Luxemburg, Italien, Liechtenstein, der Schweiz, Großbritannien und den Niederlanden auf Transitbasis einkauft, erscheinen diese Einfuhren zwar in der DDR-Statistik unter den genannten Verkaufsländern, nicht aber in den nationalen Partnerlandstatistiken, soweit diese Reexporte ausschließen oder (wie bei Zwischenhändlern häufig der Fall) sofern das Bestimmungsland unbekannt ist. Auch schließen die DDR-Angaben bestimmte Dienstleistungsimporte wie den Lizenzhandel, Bau- und Montageleistungen sowie Lohnveredelungen und Reparaturen ein, die in den meisten westlichen Statistiken nicht enthalten sind. Es kommt hinzu, daß vor allem die U.S.A. (aber auch Länder wie Australien und Kanada) Transshipments von Agrarerzeugnissen, die über den Seehafen Hamburg in die DDR verschifft werden, nicht in ihrer Außenhandelsstatistik nachweisen.[45] Die Höhe dieser nur annäherungsweise zu schätzenden Transshipments erklärt nahezu vollständig die erheblichen Diskrepanzen zwischen den ostdeutschen US-Importen nach der offiziellen DDR-Statistik einerseits und der amerikanischen Außenhandelsstatistik andererseits.[46]
Gibt es somit zahlreiche Gründe, die offizielle DDR-Außenhandelsstatistik im Länder-Einzelausweis — soweit sie überhaupt spärliche Angaben macht — für zuverlässig zu halten, so bleibt doch das Problem, daß zwischen den Summen der für die einzelnen Länder angegebenen Werte und dem Gesamtgruppenausweis erhebliche und zeitlich zunehmende Diskrepanzen bestehen, die sich bislang jeder plausiblen Erklärung zu entziehen scheinen.[47] Der Verf. hat deshalb alle in der DDR-Statistik für die Jahre 1960 und 1965 bis 1983[48] vorliegenden Einzelangaben zusammengestellt, aggregiert und in der folgenden Tabelle (C.3) ausgewiesen. Wie diese Berechnungen zeigen, erreichen die ungeklärten Differenzen bereits Mitte der sechziger Jahre ein erhebliches Ausmaß und vergrößern das Leistungsbilanzdefizit ab 1970 systematisch, weil sie in besonders hohem Umfang auf der Importseite in Erscheinung treten.
In einem ersten Schritt ist zu prüfen, welcher Anteil der ungeklärten Differenz auf die im Einzelausweis nicht nachgewiesenen Handelspartner Australien, Irland, Island, Griechenland sowie Südafrika, Spanien, Neuseeland und Malta entfällt. Zu diesem Zweck wurden die dem Verf. vorliegenden Partnerlandangaben von nationaler Währung in US-$ umgerechnet, aggregiert und zur weiter oben hergeleiteten VM-Parität erneut umgerechnet. Die Ergebnisse sind in der folgenden Tabelle (C.4) ausgewiesen. Da die tatsächlichen Umsätze nicht allzu stark von den Partnerlandangaben abweichen dürften, stellt der nunmehr verbleibende, zwar reduzierte, insgesamt aber noch beachtliche Differenzbetrag das eigentliche Explicandum dar.

Tabelle C.3
Ungeklärte Differenzen im DDR-Westhandelsnachweis

in Millionen VM

Die DDR-Einfuhr aus den „kapitalistischen Industrieländern"

Nachweis	1960	1965	1966	1967	1968	1969	1970	1971	1972	1973	1974
Insgesamt	2028	2681	3278	3156	2956	4121	5444	5723	7035	8898	11463
BRD	759	879	1213	1082	1060	1734	1914	1913	2434	2253	2759
Westberlin	139	228	256	206	168	220	248	240	190	183	228
Übrige Länder[a]	974	1338	1531	1501	1381	1596	2353	2937	3316	4520	6545
Summe	*1872*	*2445*	*3000*	*2790*	*2609*	*3550*	*4515*	*5090*	*5940*	*6956*	*9532*
Ungeklärte Differenz[b]	*156*	*237*	*277*	*366*	*348*	*571*	*929*	*682*	*1095*	*1942*	*1931*

Die DDR-Ausfuhr in die „kapitalistischen Industrieländer"

Nachweis	1960	1965	1966	1967	1968	1969	1970	1971	1972	1973	1974
Insgesamt	1869	2665	2728	2882	3045	3908	4212	4495	5014	6006	8328
BRD	827	902	942	906	1067	1176	1515	1795	1708	1764	2151
Westberlin	187	333	346	343	343	359	374	347	496	735	859
Übrige Länder[a]	755	1157	1158	1304	1329	1496	1869	1840	2324	2526	4077
Summe	*1768*	*2392*	*2446*	*2553*	*2739*	*3031*	*3758*	*3982*	*4528*	*5025*	*7087*
Ungeklärte Differenz[b]	*101*	*273*	*282*	*329*	*306*	*877*	*454*	*513*	*486*	*981*	*1241*

Der DDR-Außenhandelsumsatz mit den „kapitalistischen Industrieländern"

Nachweis	1975	1976	1977	1978	1979	1980	1981	1982	1983
Insgesamt	19295	24208	21758	22005	28283	32960	37841	40845	47157
BRD	4990	5442	6167	6330	6519	7306	8004	9376	10206
Westberlin	1485	1919	1584	1643	2190	2772	3043	3152	3354
Übrige Länder[c]	10383	14254	11926	12007	16457	19112	21107	21001	25735
Summe	*16857*	*21614*	*19677*	*19980*	*25165*	*29190*	*32154*	*33529*	*39295*
Ungeklärte Differenz[b]	*2437*	*2594*	*2082*	*2026*	*3118*	*3770*	*5687*	*7316*	*7862*

a Summe der einzeln ausgewiesenen Einfuhren bzw. Ausfuhren mit Belgien-Luxemburg, Dänemark, Finnland, Frankreich, Großbritannien, Italien, Japan, Kanada, Niederlande, Norwegen, Österreich, Schweden, Schweiz-Liechtenstein und den U.S.A., bis 1967 auch Australien, Irland, Island und Griechenland; b Einschließlich der nicht einzeln ausgewiesenen Einfuhren bzw. Ausfuhren mit Spanien, Malta, Neuseeland und Südafrika sowie ab 1968 Australien, Irland, Island und Griechenland; c Ohne Irland, Malta, Neuseeland und Südafrika, 1976 auch ohne Griechenland

Quelle: Eigene Berechnungen nach den Statistischen Jahrbüchern der DDR 1968, S. 374f.; 1975, S. 264f.; 1980, S. 234f. sowie 1982, S. 230f.; Statistisches Taschenbuch der DDR 1984, S. 100ff.

Tabelle C.4
DDR-Einfuhr

	1960	1965	1966	1967	1968	1969	1970	1971	1972	1973	1974
D	156	237	277	366	348	571	929	682	1095	1942	1931
E	0	4	11	11	17	16	24	43	49	53	62
R	156	233	266	355	331	555	905	639	1046	1889	1869

DDR-Ausfuhr

	1960	1965	1966	1967	1968	1969	1970	1971	1972	1973	1974
D	101	273	282	329	306	877	454	513	486	981	1241
E	2	10	6	6	21	17	21	21	20	47	61
R	99	263	276	323	285	860	433	492	466	934	1180

D = Ungeklärte Differenzen zwischen Gruppen- und Einzelausweisen in der VM-Außenhandelsstatistik der DDR; E = Summe der Einzelausweise in den Außenhandelsstatistiken Griechenlands, Irlands, Islands und Australiens (ab 1968) sowie Spaniens, Maltas, Südafrikas und Neuseelands (ab 1960), umgerechnet in VM; R = Verbleibender ungeklärter Restsaldo

Quelle: Eigene Berechnungen nach den nationalen Außenhandelsstatistiken. Für die Verfügbarmachung nationaler Daten schuldet der Verf. der Reserve Bank of New Zealand, dem Central Office of Statistics Malta, dem Central Statistics Office der Republik Irland sowie der Reserve Bank of Australia Dank.

Gerade die vorangegangene Erläuterung der Abgrenzung, Verrechnung und Bewertung des innerdeutschen Warenverkehrs bietet jedoch die Möglichkeit einer plausiblen Erklärung der verbleibenden Restbeträge. Da in der Außenhandelsstatistik der DDR unter ,,BRD" und ,,Westberlin" lediglich der in VM im Verhältnis 1 : 1 umgerechnete innerdeutsche Verrechnungsverkehr nachgewiesen wird, sind unter den nicht nach Ländern ausgewiesenen Ein- und Ausfuhren vermutlich ganz überwiegend jene Waren- und bestimmte Dienstleistungstransaktionen subsumiert, die außerhalb des Berliner Abkommens finanziell abgewickelt werden. Dazu zählen vor allem der sog. Warenverkehr auf ausländische Rechnung, über dessen Größenordnung allerdings keine gesicherten Erkenntnisse vorliegen.[49] Welche Größenordnung diese von der DDR nicht offen ausgewiesenen Geschäfte in der Vergangenheit gehabt haben, wird annähernd deutlich bei einem Vergleich der beiden vorliegenden westdeutschen Statistiken miteinander. Die vom Bundeswirtschaftsministerium erstellte ,,Kontenstatistik", die mit dem offiziellen DDR-Nachweis des innerdeutschen Handels weitgehend übereinstimmt, weist nämlich (siehe hierzu die Daten in Tabelle C.1) die Lieferungen und Bezüge systematisch niedriger aus als die ,,Warenverkehrsstatistik" des Statistischen Bundesamtes, Wiesbaden. Die Ursache ist vor allem darin zu suchen, daß die Warenverkehrsstatistik (a) Lieferungen und Bezüge zur Lohnveredelung brutto, d.h. einschließlich des Warenwertes selbst, verbucht und (b) Geschäfte außerhalb des Berliner Abkommens, d.h. in frei konvertierbarer Währung miterfaßt, sofern dabei Waren aus der Bundesrepublik Deutschland im grenzüberschreitenden Verkehr in die DDR verbracht werden. Die beobachtbaren Diskrepanzen zwischen der Kontenstatistik einerseits und der Warenverkehrsstatistik andererseits sind daher ein in erster Anhaltspunkt für die Höhe der sich hinter dem ungeklärten Restsaldo der DDR-Statistik verbergenden Transaktionen.

Die aufgezeigten Diskrepanzen haben in der Vergangenheit beachtliche Ausmaße erreicht. Fraglich bleibt jedoch, welchen Umrechnungskurs die DDR bei der Verbuchung dieser Geschäfte zugrunde gelegt hat. Man wird vermuten können, daß derselbe Kurs verwendet wurde, der auch bei der Umrechnung der Westhandelsgeschäfte Anwendung findet, zumal der überwiegende Teil der Transaktionen in Geschäften auf der Basis konvertibler Währungen besteht.

Unter diesen Annahmen lassen sich in der Tat erhebliche Teile der in der DDR-Statistik beobachtbaren Diskrepanzen weitgehend „enträtseln" (siehe Tabelle C.5). 1974 beispielsweise werden die DDR-Einfuhren nach der Warenverkehrsstatistik des Statistischen Bundesamtes um 506 Mill. DM (oder umgerechnet 196 Mill. US-$) höher ausgewiesen als nach der Kontenstatistik. Um diesen Betrag muß somit der „ungeklärte Restsaldo" von 1869 Mill. VM (oder umgerechnet 537 Mill. US-$) mindestens reduziert werden. Der dann immer noch verbleibende Restbetrag von rund 341 Mill. US-$ dürfte im wesentlichen begründet sein in Durchfuhren von *Waren ausländischen Ursprungs* durch die Bundesrepublik. Sowohl die Kontenstatistik wie auch die Warenverkehrsstatistik erfassen nämlich keine Käufe von Waren ausländischen Ursprungs, die von der DDR zwar bei westdeutschen und Westberliner Zwischenhändlern ge- und verkauft wurden, dann aber im Durchgangsverkehr durch die Bundesrepublik aus dem Ausland direkt in die DDR verbracht wurden und umgekehrt.[50]

Tabelle C.5
DDR-Einfuhr

	1960	1965	1966	1967	1968	1969	1970	1971	1972	1973	1974
R	37	55	63	85	79	132	215	152	270	543	537
Ü	8	25	25	36	32	95	54	40	82	140	196

DDR-Ausfuhr

	1960	1965	1966	1967	1968	1969	1970	1971	1972	1973	1974
R	24	63	66	77	68	205	103	117	120	268	339
Ü	32	12	18	17	19	20	22	28	38	49	61

R = Verbleibender ungeklärter Restsaldo der VM-Statistik der DDR, umgerechnet in US-$;
Ü = Überschuß der Lieferungen bzw. Bezüge nach der Warenverkehrsstatistik über die entsprechenden Werte nach der Kontenstatistik, umgerechnet in US-$

Quelle: Eigene Berechnungen nach den Residuen der Tabelle C.4 und Statistiken des Bundeswirtschaftsministeriums, Bonn

Auch wenn schon aus methodischen Gründen eine vollständige Klärung der Zusammensetzung des Restsaldos ausgeschlossen ist, besteht somit doch kein Grund, an der Richtigkeit der DDR-Angaben zu zweifeln. Die hier vermuteten Zusammenhänge finden im übrigen bereits seit den fünfziger Jahren ihre Entsprechung in der internen Zahlungsbilanzabrechnung und -kontrolle seitens der DDR: Alle Geschäfte im innerdeutschen Warenverkehr, die außerhalb der Verrechnungskonten in freien Devisen abgewickelt werden, werden danach in gesonderten Planteilen erfaßt.[51] Dazu gehörten auch umfangreiche ad hoc-Warenkäufe insbesondere in Hamburg, bei denen der ostdeutsche Außenhandelsminister RAU inkognito persönlich in den Westen reiste und mit baren US-$ Engpaßgüter wie Getreide und Kohle einkaufte.[52] Es bleibt fraglich und kaum nachprüfbar, ob die überwiegende Mehrzahl solcher Transaktionen überhaupt in der westdeutschen oder ausländischen Statistik in Erscheinung tritt.

Zwar stellen auch die vorangegangenen Überlegungen teilweise nur Vermutungen dar, sie liefern jedoch zusammen mit den belegbaren Erklärungen ein *weitgehend konsistentes und plausibles Deutungsmuster für die „Rätsel" der DDR-Außenhandelsstatistik*. Damit erscheint es aber erstmals möglich und sinnvoll, die offizielle DDR-Außenhandelsstatistik auf der Basis effektiver US-$-Auslandspreise zu rekonstruieren. Die Bedeutung einer solchen Rekonstruktion ist weitreichend: Sie erlaubt nicht nur eine Analyse der Handelsbilanzentwicklung nach Währungsgebieten, sondern vor allem auch eine Überprüfung von Schätzungen der Auslandsverschuldung der DDR und bildet den unverzichtbaren Ausgangspunkt für eine plausible Berechnung bzw. Schätzung der Terms of Trade der DDR.

Tabelle C.6
Der Außenhandel der DDR mit den nichtsozialistischen Industrie- und Entwicklungsländern und der innerdeutsche Handel 1949 bis 1983

in Millionen US-$

Jahr	innerdeutscher Handel			nichtsozialistische Industrieländer			nichtsozialistische Entwicklungsländer		
	Ausfuhr	Einfuhr	Saldo	Ausfuhr	Einfuhr	Saldo	Ausfuhr	Einfuhr	Saldo
1949	56,9	59,6	−2,7	58,9	47,9	11,0	0,9	1,1	−0,2
1950	79,3	60,8	18,5	47,1	51,9	−4,8	2,7	0,5	2,2
1951	35,2	43,6	−8,4	109,2	111,8	−2,6	5,9	8,6	−2,7
1952	33,1	45,9	−12,8	138,8	136,6	2,2	12,2	10,2	2,0
1953	69,7	62,7	7,0	126,7	164,4	−37,7	8,3	5,6	2,7
1954	104,9	103,8	1,1	151,2	172,3	−21,1	21,5	11,3	10,2
1955	136,4	131,1	5,3	159,9	182,8	−22,9	41,7	30,6	11,1
1956	154,0	146,2	7,8	162,2	180,8	−18,6	48,4	44,3	4,1
1957	204,7	183,9	20,8	174,0	213,7	−39,7	72,5	61,5	11,0
1958	211,3	190,1	21,2	152,0	217,8	−65,8	75,9	80,6	−4,7
1959	229,7	228,6	1,1	181,0	195,9	−14,9	72,1	75,6	−3,5
1960	241,3	213,8	27,5	203,8	269,1	−65,3	92,9	95,5	−2,6
1961	230,6	214,2	16,4	228,3	263,0	−34,7	129,2	88,1	41,1
1962	221,3	205,8	15,5	206,9	219,0	−12,1	90,1	83,4	6,7
1963	255,1	207,1	48,0	239,0	231,1	7,9	87,5	86,6	0,9
1964	278,4	269,3	9,1	284,1	296,3	−12,2	107,0	105,1	1,9
1965	308,8	276,7	32,1	340,5	374,9	−34,4	138,5	124,8	13,7
1966	322,0	367,3	−45,3	342,9	430,6	−87,7	169,5	127,9	41,6
1967	312,3	322,1	−9,8	388,7	444,7	−56,0	170,9	133,1	37,8
1968	352,5	306,8	45,7	389,4	411,7	−22,3	162,6	130,9	31,7
1969	391,1	497,8	−106,7	565,0	515,9	49,1	188,9	154,6	34,3
1970	517,9	592,8	−74,9	553,2	781,5	−228,3	192,2	189,1	3,1
1971	615,1	618,3	−3,2	560,3	861,8	−301,5	222,6	185,6	37,0
1972	691,2	822,9	−131,7	726,4	1140,2	−413,8	224,2	162,0	62,2
1973	935,1	911,5	23,6	1007,3	1856,0	−848,7	287,7	234,4	53,3
1974	1163,2	1154,3	8,9	1527,4	2434,4	−907,0	367,4	542,2	−174,8
1975	1260	1370	−110	1370	2310	−940	440	500	−60
1976	1440	1490	−50	1720	3120	−1400	500	620	−120
1977	1610	1730	−120	1400	2630	−1230	570	720	−150
1978	1860	2110	−250	1540	2490	−950	770	680	90
1979	2380	2370	10	1880	3750	−1870	850	780	70
1980	2900	2650	250	2580	4350	−1770	1100	1120	−20
1981	2620	2270	350	3660	4410	−750	1270	700	570
1982	2690	2480	210	4410	3770	640	1580	860	720
1983	2700	2610	90	5160	4330	830	1440	1000	440

Quelle: Eigene Berechnungen und Schätzungen auf der Basis offizieller Statistiken und Meldungen der DDR und der übrigen RGW-Länder; Preisbasis der Einfuhren: f.o.b. Verschiffungshafen oder Grenze des Lieferlandes; Preisbasis der Ausfuhren: f.o.b. Verschiffungshafen oder Grenze der DDR. Zur Methodik im einzelnen siehe Text.

Tabelle C.7
Der Außenhandel der DDR mit dem nichtsozialistischen und dem sozialistischen Währungsgebiet 1949 bis 1983

in Millionen US-$

Jahr	nichtsozialistisches Währungsgebiet			sozialistisches Währungsgebiet			insgesamt		
	Ausfuhr	Einfuhr	Saldo	Ausfuhr	Einfuhr	Saldo	Ausfuhr	Einfuhr	Saldo
1949	116,7	108,6	8,1	213,5	204,5	9,0	330,2	313,1	17,1
1950	129,1	113,2	15,9	276,9	356,4	−79,5	406,0	469,6	−63,6
1951	150,3	164,0	−13,7	562,4	443,7	118,7	712,7	607,7	105,0
1952	184,1	192,7	−8,6	554,6	580,1	−25,5	738,7	772,8	−34,1
1953	204,7	232,7	−28,0	762,8	749,9	12,9	967,5	982,6	−15,1
1954	277,6	287,4	−9,8	1004,1	811,5	192,6	1281,7	1098,9	182,8
1955	338,0	344,5	−6,5	950,8	833,5	117,3	1288,8	1178,0	110,8
1956	364,6	371,3	−6,7	1046,4	965,9	80,5	1411,0	1337,2	73,8
1957	451,2	459,1	−7,9	1378,7	1163,9	214,8	1829,9	1623,0	206,9
1958	439,2	488,5	−49,3	1470,7	1206,1	264,6	1909,9	1694,6	215,3
1959	482,8	500,1	−17,3	1653,0	1507,0	146,0	2135,8	2007,1	128,7
1960	538,0	578,4	−40,4	1669,4	1616,1	53,3	2207,4	2194,5	12,9
1961	588,1	565,3	22,8	1704,3	1695,6	8,7	2292,4	2260,9	31,5
1962	518,3	508,2	10,1	1870,2	1909,1	−38,9	2388,5	2417,3	−28,8
1963	581,6	524,8	56,8	2143,5	1815,6	327,9	2725,1	2340,4	384,7
1964	669,5	670,7	−1,2	2275,3	1975,6	299,7	2944,8	2646,3	298,5
1965	787,8	776,4	11,4	2296,7	2046,4	250,3	3084,5	2822,8	261,7
1966	834,4	925,8	−91,4	2385,9	2306,7	79,2	3220,3	3232,5	−12,2
1967	871,9	899,9	−28,0	2599,0	2394,3	204,7	3470,9	3294,2	176,7
1968	904,5	849,4	55,1	2903,5	2558,0	345,5	3808,0	3407,4	400,6
1969	1145,0	1168,3	−23,3	3033,7	2987,5	46,2	4178,7	4155,8	22,9
1970	1263,3	1563,4	−300,1	3386,0	3361,6	24,4	4649,3	4925,0	−275,7
1971	1398,0	1665,7	−267,7	3783,5	3421,0	362,5	5181,5	5086,7	94,8
1972	1641,8	2125,1	−483,3	4666,0	3926,6	739,4	6307,8	6051,7	256,1
1973	2230,1	3001,9	−771,8	5504,2	5059,8	444,4	7734,3	8061,7	−327,4
1974	3058,0	4130,9	−1072,9	5984,5	5807,4	177,1	9042,5	9938,3	−895,8
1975	3070	4180	−1110	7380	7520	−140	10450	11700	−1250
1976	3660	5230	−1570	8100	8380	−280	11760	13610	−1850
1977	3580	5080	−1500	8980	9830	−850	12560	14910	−2350
1978	4170	5280	−1110	9890	10190	−300	14060	15470	−1410
1979	5110	6900	−1790	11090	10430	660	16200	17330	−1130
1980	6580	8120	−1540	12040	12150	−110	18620	20270	−1650
1981	7550	7380	170	13140	13530	−390	20690	20910	−220
1982	8680	7110	1570	13870	13830	40	22550	20940	1610
1983	9300	7940	1360	15250	14310	940	24550	22250	2300

Quelle: Eigene Berechnungen und Schätzungen auf der Basis offizieller Statistiken und Meldungen der DDR und der übrigen RGW-Länder; Preisbasis der Einfuhren; f.o.b. Verschiffungshafen oder Grenze des Lieferlandes; Preisbasis der Ausfuhren: f.o.b. Verschiffungshafen oder Grenze der DDR. Zur Methodik im einzelnen siehe Text.

Methodisch wurde, den weiter oben herausgearbeiteten impliziten Bewertungs-, Abgrenzungs- und Umrechnungsverfahren entsprechend, wie folgt vorgegangen. Für den *Zeitraum von 1949 bis 1974* wurden die in den Statistischen Jahrbüchern der DDR ausgewiesenen Werte in US-$ umgerechnet, wobei für den innerdeutschen Handel ein Umrechnungskoeffizient von 1 VM = 1 DM(West), für das Ausland von 1 US-$ = 4,20 VM (bis 1971), 1 US-$ = 3,87 VM (1972) und 1 US-$ = 3,48 VM (1973), zugrunde gelegt wurde. Die in DM(West) ausgewiesenen Werte im innerdeutschen Handel wurden entsprechend dem durchschnittlichen freien Devisenkurs des US-$ gegenüber der DM(West) seit 1950[53] umgerechnet. Für den *Zeitraum von 1975 bis 1983* wurden die Ein- und Ausfuhrwerte nach Währungsgebieten anderen RGW-Statistiken entnommen und von Rubeln in VM (nach dem Umrechnungskoeffizienten 1 Rubel = 4,667 VM) umgerechnet.[54] Die weder in diesen RGW-Statistiken noch in der DDR-Statistik ausgewiesenen Lieferungen und Bezüge im innerdeutschen Handel wurden in der Weise geschätzt, daß der in der DDR-Statistik angegebene Handelsumsatz mit der „BRD" einerseits und „Westberlin" andererseits summiert und dann nach den in der westdeutschen Kontenstatistik[55] nachgewiesenen Lieferungen und Bezügen quotal in „Ausfuhren" und „Einfuhren" aufgeteilt wurde. Die so ermittelten VM-Beträge wurden wiederum nach dem Jahresdurchschnittskurs der DM(West) in US-$ umgerechnet. Der Außenhandel der DDR mit den übrigen westlichen Industrieländern wurde geschätzt, indem von den Ein- und Ausfuhren der DDR mit „kapitalistischen Industrieländern" (in VM) diese geschätzten Lieferungen und Bezüge im innerdeutschen Handel (in VM) subtrahiert wurden. Die auf diese Weise ermittelten Handelsströme im Warenverkehr mit „kapitalistischen Industrieländern" (ohne innerdeutschen Handel) wurden – ebenso wie die Ein- und Ausfuhren mit Entwicklungsländern von VM in US-$ umgerechnet, und zwar zum Kurs von 3,48 VM (1975 bis 1979), 3,30 VM (1980), 3,32 VM (1981), 3,46 VM (1982) und 3,54 VM (1983).[56] Die Ergebnisse dieser Schätzungen sind für die nichtsozialistischen Länder in Tabelle C.6 und für den Gesamtaußenhandel der DDR summarisch in Tabelle C.7 wiedergegeben.

Anmerkungen

1. Vgl. ENGELEN, Klaus C.: Die Swing-Debatte schadet der DDR. HB-Gespräch mit Prof. Friedrich Levcik, in: Handelsblatt Nr. 92 vom 13. Mai 1982, S. 8
2. Vgl. HAENDCKE-HOPPE, Maria: Die DDR-Außenhandelsstatistik und ihr Informationswert, FS-Analysen, Heft 3, 1978, S. 6, im folgenden zitiert als: HAENDCKE-HOPPE: DDR-Außenhandelsstatistik
3. Ebd., S. 16
4. So, hat beispielsweise auch Fritz SCHENK dem Verf. gegenüber seine Bedenken hinsichtlich der Qualität des DDR-Datenmaterials bekräftigt. Auch haben alle bisherigen Leiter der Staatlichen Zentralverwaltung für Statistik der DDR (SCHOLZ, BEHRENS, RAUCH und Prof. DONDA) zumindest die intertemporale Vergleichbarkeit der DDR-Wirtschaftsstatistik angezweifelt. Vgl. SCHENK, Fritz: Das rote Wirtschaftswunder. Die zentrale Planwirtschaft als Machtmittel der SED-Politik, Stuttgart-Degerloch 1969, S. 47
5. Vgl. HAENDCKE-HOPPE: DDR-Außenhandelsstatistik, S. 18f.
6. Statistisches Jahrbuch der DDR 1964, S. 381
7. Vgl. die Angaben der kanadischen Außenhandelsstatistik
8. Vgl. Statistisches Jahrbuch der DDR 1959, S. 574; eigene Berechnungen unter Zugrundelegung eines Umrechnungskurses von 1 US-$ = 4 Rubel
9. MALZ, Günter: Außenhandelspartner Kanada. Hohe Konsumgüterimporte machen diesen Markt für die DDR besonders interessant, in: Die Wirtschaft, 1959, Nr. 48, S. 15, Hervorh. vom Verf.
10. Statistisches Jahrbuch der DDR 1965, S. 387
11. Ebd.
12. HAENDCKE-HOPPE: DDR-Außenhandelsstatistik, S. 18
13. Ministerrat der Deutschen Demokratischen Republik. Staatliche Zentralverwaltung für Statistik (Hrsg.): Definitionen wichtiger Kennziffern und Begriffe für Planung und Statistik, Berlin(Ost) 1965, S. 266
14. Vgl. Statistisches Jahrbuch der DDR 1969, S. 295
15. Statistisches Jahrbuch der DDR 1970, S. 293

16 Ebd.
17 Statistisches Jahrbuch der DDR 1976, S. 263
18 Vgl. beispielsweise DIW: DDR-Wirtschaft. Eine Bestandsaufnahme, Frankfurt/M. und Hamburg 1971, S. 213
19 Vgl. HAENDCKE-HOPPE: DDR-Außenhandelsstatistik, S. 11f.
20 Vgl. Statistisches Jahrbuch der DDR 1965, S. 388ff. und ältere Jahrgänge
21 Vgl. insbesondere WINKLER, Heiner: Neue Impulse für die internationale Zusammenarbeit. Zur Messebeteiligung des nichtsozialistischen Auslands, in: Die Wirtschaft, 1967, Nr. 12, S. 17–20, hier: S. 19 (danach entsprechen 178 Mill. dkr etwa 100 Mill. VM); STASSEN, B.: Zur Erwirtschaftung und Abrechnung von Valuta-Gewinnen beim Import von Börsenwaren, in: Aussenhandel, 16. Jg. (1966), H. 4, S. 8–11, hier: S. 9 (aus der dort abgedruckten Graphik der Londoner Kupfernotierungen lassen sich die VM-Gegenwerte des Pfund Sterling errechnen) sowie Ders.: Die ökonomischen Stimuli beim Import von Rohstoffen aus dem KW, in: Aussenhandel, 15. Jg. (1965), H. 9, S. 7–12, hier: S. 10 (danach entsprechen 84000 US-$ 352800 VM und 198000 Pfund Sterling 2336400 VM)
22 Vgl. Bundesministerium für innerdeutsche Beziehungen (Hrsg.): DDR Handbuch, 2. Aufl., Köln 1979, S. 1152
23 Vgl. DIW: Handbuch DDR-Wirtschaft, aktualisierte Ausgabe, Reinbek b. Hamburg 1977, S. 246
24 HAENDCKE-HOPPE: DDR-Außenhandelsstatistik, S. 25
25 Vgl. BUCK, Hannsjörg: Die Zahlungsbilanzpolitik der DDR und der europäischen RGW-Länder. Stabilisierungsmaßnahmen der Zentralplanwirtschaften zur Wiedergewinnung ausgeglichener Zahlungsbilanzen, Bonn (Gesamtdeutsches Institut) 1980, Fußnote 51, S. 97
26 Ebd.
27 Dies ergibt eine Auswertung der bislang unveröffentlichten Kursblätter der Staatsbank der DDR durch den Verf.
28 Nach den Notierungen der Staatsbank der DDR hätte sich allerdings der Wert der VM noch weitaus deutlicher erhöht als nach bisherigen westlichen Schätzungen, beispielsweise auf 1,70 bis 2,00 VM je US-$ nach 1978. Kontrollrechnungen anhand von Partnerlandstatistiken zeigen aber, daß diese Kurse – obwohl sie in der internen Außenhandelsabrechnung und -finanzierung ausschließlich zur Anwendung kommen – bei der Aufstellung der VM-Außenhandelsstatistik nicht angewandt worden sein können. Bei den in PICK's Currency Yearbook seit 1973 ausgewiesenen Kursen der ostdeutschen „Valutamark" handelt es sich somit nicht um die statistische Umrechnungseinheit (wie dies irrtümlich behauptet wird; vgl. etwa PICK, Franz: Pick's Currency Yearbook 1976–77, S. 229f.), sondern nach allen, dem Verf. vorliegenden Informationen um den internen Verrechnungskurs, zu dem im Außenwirtschaftssektor der DDR zwischen Außenhandelsbankenapparat, Außenhandelsunternehmen und Staatshaushalt abgerechnet wird.
29 Vgl. Statistisches Jahrbuch der DDR 1968, S. 87* sowie 1970, S. 87*
30 Vgl. ZSCHOCKELT, Wolfgang: Aufgaben und Möglichkeiten der planmäßigen Ausnutzung der Währungskurse in der sozialistischen ökonomischen Integration, in: Wirtschaftswissenschaft, 25. Jg. (1977), S. 34–45, hier: S. 40
31 Vgl. United Nations: Yearbook of International Trade Statistics 1979, Volume I: Trade by Country, New York 1980, S. 385 und die dort angeführten „conversion factors U.S. cents per DDR Valuta-Mark" 1950–1971 23,8100 cents, entsprechend 4,20 VM je US-$, 1972 25,8400 cents, entsprechend 3,87 VM je US-$, und 1973 bis 1979 unverändert 28,7356 cents, entsprechend 3,48 VM je US-$.
32 Aufwertung der DM(West) um 5,0 % gegenüber dem Gold
33 Aufwertung der DM(West) um 9,2896 % gegenüber dem Gold
34 Aufwertung der DM(West) um 4,61 % gegenüber dem Gold
35 Aufwertung der DM(West) um 3,0 % gegenüber dem SZR am 14.3.1973 und um 5,5 % gegenüber dem SZR am 29.6.1973
36 Vgl. beispielsweise HAENDCKE-HOPPE: DDR-Außenhandelsstatistik sowie DIW: Handbuch DDR-Wirtschaft, a.a.O., S. 253f.
37 SCHÖNE, Wilfried: Preisausgleich und Subvention im Außenhandel, in: Deutsche Finanzwirtschaft, 11. Jg. (1957), Sammelausgabe, H. 20, S. 314–316, hier: S. 314
38 Vgl. o.V.: IV. Wirtschafts-Kolloquium in Dresden. Ausschuß zur Förderung des deutschen Handels erörterte Möglichkeiten und Erfordernisse eines neuen Entwicklungsabschnittes

im Handel zwischen der DDR und Westdeutschland, in: Aussenhandel, 14. Jg. (1964), H. 12, S. 37–39, hier: S. 37

39 Eigene Berechnungen nach dem Statistischen Jahrbuch der DDR 1965, S. 389

40 HAENDCKE-HOPPE: DDR-Außenhandelsstatistik, S. 16

41 Vgl. DIW: Handbuch DDR-Wirtschaft, a.a.O., S. 254f.; LAMBRECHT, Horst: Zum Westhandel der DDR, in: DIW Wochenbericht, 1975, Nr. 39 sowie HAENDCKE-HOPPE: DDR-Außenhandelsstatistik, S. 20ff.

42 Vgl. ebd.

43 DIW: Handbuch DDR-Wirtschaft, a.a.O., S. 252

44 Ebd., S. 255

45 Informationen des Verf., insbesondere des United States Department of Agriculture, Washington D.C., und des United States Department of Commerce, Washington D.C. Vgl. auch HAENDCKE-HOPPE, Maria: Die Außenwirtschaftsbeziehungen der DDR. Grundzüge – Schwerpunkte – Perspektiven, FS-Analysen, 1980, Heft 4, S. 49f. sowie Dies.: DDR-Außenhandelsstatistik, S. 29f.

46 Vgl. hierzu die Schätzungen des Verf. zum Getreideproblem der DDR

47 Vgl. DIW: Handbuch DDR-Wirtschaft, a.a.O., S. 254f. sowie HAENDCKE-HOPPE: DDR-Außenhandelsstatistik, S. 21

48 Ab 1975 konnten wegen fehlender Einzelnachweise von Einfuhren und Ausfuhren entsprechende Berechnungen nur für die Außenhandelsumsätze vorgenommen werden.

49 Nach Auskunft des Statistischen Bundesamtes, Wiesbaden, an den Verf. Siehe auch Statistisches Bundesamt: Warenverkehr mit der Deutschen Demokratischen Republik und Berlin(Ost) 1981, Fachserie 6, Reihe 6, S. 4f.

50 Vgl. ebd., S. 5

51 Vgl. HERCHER, Karl: Der Zahlungsverkehr der Deutschen Demokratischen Republik mit dem Ausland, Berlin(Ost) 1958, S. 92ff.

52 Der Verf. verdankt diese Information und eine Schilderung der näheren Umstände dieser in den fünfziger Jahren wiederholten Geheimreisen RAUs Fritz SCHENK.

53 Vgl. International Monetary Fund: International Financial Statistics. Supplement Series No. 1, Supplement on Exchange Rates, Washington, verschiedene Jahrgänge, passim, market rate/par or central rate Deutsche Mark per US Dollar: period average (af)

54 Vgl. Statistische Jahrbücher der RGW-Länder, Moskau 1976ff.; Statistische Außenhandelsjahrbücher Polens, Warschau 1976ff. sowie Moscow Narodny Bank, Press Bulletin, verschiedene Ausgaben; ferner Statistisches Jahrbuch der DDR 1982, S. 230; 1983, S. 236f. und Statistisches Taschenbuch der DDR 1984, S. 100ff., wo erstmals wieder die Einfuhren und Ausfuhren der DDR in VM insgesamt, gegenüber sozialistischen Ländern und gegenüber der Gruppe der nichtsozialistischen Länder nachgewiesen werden. Die Schätzungen für 1982 und 1983 basieren zudem auf Veröffentlichungen der Deutschen Außenhandelsbank AG, Berlin(Ost).

55 Nach Mitteilungen und Statistiken des westdeutschen Bundeswirtschaftsministeriums

56 Vgl. United Nations: Monthly Bulletin of Statistics, passim, für 1980 und 1981; eigene Berechnungen nach Directia Centrala de Statistica: Anuarul Statistic Al Republicii Socialiste România 1982, o.O. o.J., S. 359 für 1980 sowie eigene Berechnungen nach Deutsche Außenhandelsbank Aktiengesellschaft: Bilanz per 31. Dezember 1982, Berlin(Ost) 1982 für 1981; Deutsche Außenhandelsbank Aktiengesellschaft: Bilanz per 31. Dezember 1983, Berlin(Ost) 1984 für 1983

D. Die Terms of Trade im Außenhandel der DDR

Nach Kenntnis des Verf. ist eine Studie von KÖHLER[1] die bislang einzige Arbeit, die den Versuch unternommen hat, die Terms of Trade der DDR für einen gewissen Zeitraum (1950 bis 1963) auf Stichprobenbasis zu schätzen. In der DDR selbst wurden intern erstmals 1961 erste Terms of Trade-Schätzungen vorgenommen.[2] 1966 wurden dann auch in den Statistischen Jahrbüchern[3] rückwirkend bis 1960 zumindest Indizes der Ein- und Ausfuhren „in vergleichbaren Preisen" ausgewiesen. 1977 wurde diese Berichterstattung allerdings wieder eingestellt; seitdem wird offiziell nur noch ein Index des Gesamtaußenhandels*umsatzes* „in vergleichbaren Preisen" (Basis 1970) veröffentlicht,[4] der somit Rückschlüsse auf mengenmäßige Steigerungen der Importe einerseits und der Exporte andererseits nicht mehr erlaubt. Zwar bieten die bis einschließlich 1976 vorliegenden „Volumenindizes" prinzipiell die Möglichkeit, Indexreihen der Einfuhrpreise und der Ausfuhrpreise und damit auch der Terms of Trade der DDR zu berechnen, ein solcher Versuch scheiterte jedoch bislang vor allem daran, daß der DDR-Außenhandel in der fiktiven Recheneinheit „Valutamark" ausgewiesen ist und deshalb Unklarheit über die tatsächlichen Nominalwerte der DDR-Ein- und -Ausfuhren zu effektiven US-$-Auslandspreisen bestand. Vermutlich hat auch das DIW aus diesem Grunde – von gelegentlichen Einzelangaben zur vermutlichen Preisentwicklung im DDR-Außenhandel abgesehen[5] – auf eine systematische Terms of Trade-Berechnung verzichtet. Auch das Sekretariat der Vereinten Nationen[6] und die Economic Commission for Europe der Vereinten Nationen[7] haben nur von Fall zu Fall Aussagen über die Entwicklung der Ausfuhr- und Einfuhrpreise (zumeist für die Gesamtheit der osteuropäischen Länder mit und ohne die Sowjetunion[8]) gemacht und jährliche Terms of Trade-Veränderungen geschätzt. Das DIW hat beispielsweise für den Zeitraum von 1972 bis 1975 den Anstieg der Ausfuhrpreise der DDR auf 17 %, die Zunahme der Einfuhrpreise auf 34 % und die sich hieraus ergebende Verschlechterung der Terms of Trade im Referenzzeitraum auf 13 % geschätzt.[9] Das dabei angewandte Verfahren ist jedoch methodisch bedenklich, und zwar vor allem deshalb, weil es unmittelbar an den „Valutamark"-Werten im offiziellen DDR-Außenhandelsnachweis anknüpft.[10] Mit diesem Verfahren ist aber eine realistische Schätzung der Entwicklung der Ausfuhr- und Einfuhrpreise schon deshalb nicht möglich, weil – wie weiter oben[11] gezeigt wurde – der US-$-Gegenwert der VM zeitlichen Veränderungen unterlag und dabei unberücksichtigt bleibt, daß das Volumen des innerdeutschen Handels aufgrund der Umrechnung im Verhältnis 1 DM = 1 VE = 1 VM systematisch (im VM-Wertausdruck) zu niedrig ausgewiesen wird. Aus diesem Grunde wird nach dem DIW-Verfahren der Umfang der Preissteigerungen im Außenhandel der DDR um so stärker unterschätzt, je höher die tatsächlichen Westhandelszuwachsraten sind. Die gleichen Einwände gelten für die Terms of Trade- und Außenhandelspreis-Schätzungen der Vereinten Nationen, die zwar auf einem (bis 1979 realistischen) Umrechnungskurs von 1 US-$ = 3,48 VM beruhen, jedoch ebenfalls die VM-Spaltung (im innerdeutschen Handel entspricht nach wie vor in der DDR-Statistik 1 DM(West) = 1 VM) unbeachtet lassen und die Werte der Aus- und Einfuhr in effektiven US-$-Auslandspreisen damit falsch, genauer gesagt zu niedrig, schätzen. Tatsächlich betrug nach Berechnungen des Verf.[12] im Zeitraum von 1972 bis 1975 auf Basis effektiver US-$-Auslandspreise die Verschlechterung der Terms of Trade der DDR 11,8 %, jedoch bei einer (im Vergleich zu bisherigen westlichen Schätzungen wesentlich höheren) Zunahme der Ausfuhrpreise von 32,7 % und der Einfuhrpreise von 50,5 %.

Nun bieten aber die in Anhang C in effektiven US-$-Auslandspreisen berechneten Ein- und Ausfuhren der DDR – soweit die zugrunde gelegten Bewertungs- und Abgrenzungsprämissen zutreffen – erstmals die Möglichkeit einer realistischen Schätzung der Ausfuhr- und Einfuhrpreise der DDR und damit insbesondere ihrer Terms of Trade. Methodisch wurde bei diesen Berechnungen wie folgt vorgegangen. Nach den in Tabelle C.7 ausgewiesenen Gesamtein- und -ausfuhren in effektiven US-$-Auslandspreisen wurden Indizes der *Einfuhrwerte* und der *Ausfuhrwerte* berechnet. Indexreihen des *Einfuhrvolumens* und des *Ausfuhrvolumens* wurden für den Zeitraum von 1960 bis 1976 nach den in den Statistischen Jahrbüchern der DDR[13] veröffentlichten Indizes der Einfuhr und Ausfuhr „in vergleichbaren Preisen" durch Verkettung der relevanten Einzelreihen (1960 bis 1972 auf der Preisbasis des Jahres 1960 sowie 1970 bis 1976

Tabelle D.1
Die Terms of Trade der DDR 1950 bis 1983

1960 = 100

Jahr	Ausfuhr Werte	Ausfuhr Volumen	Ausfuhr Preise	Einfuhr Werte	Einfuhr Volumen	Einfuhr Preise	Terms of Trade
1950	18,4	25,4	72,4	21,4	27,9	76,7	94,4
1951	32,3	32,0	100,9	27,7	30,7	90,2	111,9
1952	33,5	35,3	94,9	35,2	36,2	97,2	97,6
1953	43,8	40,0	109,5	44,8	48,8	91,8	119,3
1954	58,1	63,7	91,2	50,1	55,7	89,9	101,4
1955	58,4	63,1	92,6	53,7	59,9	89,6	103,3
1956	63,9	72,9	87,7	60,9	63,2	96,4	91,0
1057	82,9	79,9	103,8	74,0	73,5	100,7	103,1
1958	86,5	86,6	99,9	77,2	80,2	96,3	103,7
1959	96,8	98,9	97,9	91,5	96,2	95,1	102,9
1960	100,0	100,0	100,0	100,0	100,0	100,0	100,0
1961	103,9	103,6	100,3	103,0	102,9	100,1	100,2
1962	108,2	107,8	100,4	110,2	110,5	99,7	100,7
1963	123,5	122,0	101,2	106,6	106,4	100,2	101,0
1964	133,4	133,4	100,0	120,6	119,0	101,3	98,7
1965	139,7	143,1	97,6	128,6	130,1	98,8	98,8
1966	145,9	151,5	96,3	147,3	154,2	95,5	100,8
1967	157,2	164,5	95,6	150,1	157,8	95,1	100,5
1968	172,5	181,5	95,0	155,3	164,3	94,5	100,5
1969	189,3	198,3	95,5	189,4	198,7	95,3	100,2
1970	210,6	215,8	97,6	224,4	230,2	97,5	100,1
1971	234,7	237,8	98,7	231,8	235,0	98,6	100,1
1972	285,8	266,1	107,4	275,8	253,7	108,7	98,8
1973	350,4	286,2	122,4	367,4	285,7	128,6	95,2
1974	409,6	310,1	132,1	452,9	310,5	145,9	90,5
1975	473,4	332,3	142,5	533,2	326,0	163,6	87,1
1976	532,8	351,8	151,4	620,2	362,1	171,3	88,4
1977	569,0	366,0	155,5	679,4	380,0	178,8	87,0
1978	636,9	390,5	163,0	704,9	380,0	185,4	87,9
1979	733,9	429,0	171,0	789,7	402,0	196,5	87,0
1980	843,5	447,0	189,0	923,7	418,0	221,0	86,0
1981	937,3	478,0	196,0	952,8	418,0	228,0	86,0
1982	1021,6	496,0	206,0	954,2	404,0	236,0	87,0
1983	1112,0	561,0	198,0	1014,0	414,0	245,0	81,0

Quelle: Eigene Berechnungen und Schätzungen; Werte, Preise und Terms of Trade auf der Basis effektiver US-$-Auslandspreise; 1980 bis 1983 wurden nach eigenen Schätzungen der Einfuhrpreissteigerungen der Volumenindex der Einfuhr, hieraus unter Verwendung des Umsatzvolumenindexes nach dem Statistischen Taschenbuch der DDR 1984, S. 99 der Volumenindex der Ausfuhr und auf diese Weise schließlich die Preisindizes sowie die Terms of Trade ermittelt.

auf der Preisbasis des Jahres 1970) gebildet. Für den Zeitraum von 1950 bis 1959 wurden die von KÖHLER[14] auf Stichprobenbasis geschätzten Volumenindizes (1950 bis 1963 auf der Basis westdeutscher Ausfuhrpreise des Jahres 1955[15]) verwendet und mit den DDR-Daten verkettet. Dieses Verfahren erscheint vor allem insofern vertretbar, als angesichts der spärlichen Datenbasis für die fünfziger Jahre eine Differenzierung und Verfeinerung der von Köhler angewandten Methode kaum möglich ist. Immerhin basieren die von ihm geschätzten Volumenindizes auf einer Stichprobe von 110 Importerzeugnisgruppen und 176 Exporterzeugnisgruppen.[16] Selbst für die offiziellen „Volumenindizes" der Statistischen Jahrbücher nach 1960 ist aber nicht bekannt, ob sie lediglich auf Stichprobenbasis erstellt wurden und welchen Umfang und welche Repräsentanz die Stichproben gegebenenfalls aufweisen. Für den Zeitraum nach 1976, für den offizielle DDR-Angaben nicht mehr vorliegen, wurden Angaben verwendet, die vom Statistischen Bundesamt in Wiesbaden (1977 bis 1979) und vom Sekretariat der Vereinten Nationen (1980 bis 1982) veröffentlicht wurden und offenbar zumindest teilweise auf inoffiziellen Ostblockschätzungen beruhen.[17] Mit Hilfe der auf diese Weise gewonnenen Wert- und Volumenindizes der Ein- und Ausfuhren der DDR zu US-$-Auslandspreisen wurden schließlich Indexreihen der *Einfuhrpreise* und *Ausfuhrpreise* errechnet. Der Index der *Terms of Trade* der DDR wurde als Quotient des Ausfuhrpreisindexes (auf US-$-Basis) und des Einfuhrpreisindexes (auf US-$-Basis) ermittelt. Die Ergebnisse dieser Berechnungen sind für den Zeitraum von 1950 bis 1983 in der Tabelle D.1 zusammengestellt worden.

Lediglich für den Zeitraum von 1960 bis 1969 wurden seitens der DDR separate Daten über die Entwicklung der Ausfuhr und Einfuhr „in vergleichbaren Preisen" mit den Ländern des sozialistischen Währungsgebietes veröffentlicht;[18] offenbar vor dem Hintergrund der ersten massiven Weltmarktpreissteigerungen Anfang der siebziger Jahre wurde diese Berichterstattung jedoch wieder eingestellt. Immerhin erlauben die bis 1969 vorhandenen Daten eine getrennte Berechnung der Terms of Trade der DDR gegenüber den sozialistischen Ländern und damit eine stärkere Differenzierung der in Tabelle D.1 ermittelten Globalwerte. Die Ergebnisse dieser Berechnungen sind in der folgenden Tabelle D.2 ausgewiesen.

Tabelle D.2
Die Terms of Trade der DDR gegenüber sozialistischen Ländern 1960 bis 1969

Jahr	Ausfuhr			Einfuhr			Terms of Trade
	Werte	Volumen	Preise	Werte	Volumen	Preise	
1960	100,0	100,0	100,0	100,0	100,0	100,0	100,0
1961	102,1	103,7	98,5	104,9	107,3	97,8	100,7
1962	112,0	112,0	100,0	118,1	117,8	100,3	99,7
1963	128,4	127,9	100,4	112,3	110,4	101,7	98,7
1964	136,3	135,8	100,4	122,2	121,2	100,8	99,6
1965	137,6	139,9	98,4	126,6	130,9	96,7	101,8
1966	142,9	148,5	96,2	142,7	153,3	93,1	103,3
1967	155,7	161,9	96,2	148,2	158,8	93,3	103,1
1968	173,9	181,3	95,9	158,3	169,6	93,3	102,8
1969	181,7	188,6	96,3	184,9	198,1	93,3	103,2

Quelle: Werte nach den Angaben in Tabelle C.7 sowie Statistisches Jahrbuch der DDR 1971, S. 288; Volumen nach den Indexreihen ebd., S. 287; Preise (auf US-$-Basis) und Terms of Trade nach eigenen Berechnungen

Das damit insgesamt vorhandene Datenmaterial erlaubt jedoch nicht nur eine getrennte Berechnung der Terms of Trade der DDR gegenüber den sozialistischen Ländern, sondern indirekt auch eine Ermittlung der Austauschrelationen im Handel mit dem nichtsozialistischen Währungsgebiet. Eine solche indirekte Berechnung entsprechender Ein- und Ausfuhrvolumenindizes für den Handel der DDR mit den nichtsozialistischen Industrie- und Entwicklungsländern ist bislang noch nicht vorgenommen worden. Dies ist um so erstaunlicher, als das Rechenproblem selbst vergleichsweise einfach zu lösen ist.[19]

Seien Q_t das Ein- oder Ausfuhrvolumen zum Zeitpunkt t und Q_t^k bzw. Q_t^s die entsprechenden Volumina im Handel mit kapitalistischen bzw. sozialistischen Ländern, so ist für alle t

$$Q_t = Q_t^k + Q_t^s \quad (1)$$

und für den Index des Gesamtvolumens zum Basisjahr t = 0 gilt:

$$\frac{Q_t}{Q_0} 100 = \frac{Q_t^k}{Q_0} 100 + \frac{Q_t^s}{Q_0} 100 \quad (2)$$

oder

$$\frac{Q_t}{Q_0} 100 = \frac{Q_t^k Q_0^k}{Q_0^k Q_0} 100 + \frac{Q_t^s Q_0^s}{Q_0^s Q_0} 100 \quad (3)$$

Dabei repräsentieren Q_0^k/Q_0 bzw. Q_0^s/Q_0 die Ein- oder Ausfuhranteile der kapitalistischen bzw. sozialistischen Länder im Basisjahr. Die offizielle DDR-Statistik weist alle relevanten Indexreihen sowie die Strukturquoten des Basisjahres 1960 aus mit Ausnahme des gerade gesuchten Volumenindexes der Ein- und Ausfuhren mit den kapitalistischen Ländern, der sich damit aber nach Umformung von (3) nach der folgenden Formel berechnen läßt:

$$\frac{Q_t^k}{Q_0^k} 100 = \frac{Q_t Q_0}{Q_0 Q_0^k} 100 - \frac{Q_t^s Q_0^s Q_0}{Q_0^s Q_0 Q_0^k} 100 \quad (4)$$

Im Basisjahr 1960 betrug der Ausfuhranteil der sozialistischen Länder 75,6 %, der der kapitalistischen Länder 24,4 %. Der Einfuhranteil der sozialistischen Länder lag bei 73,6 % und der entsprechende Anteil der kapitalistischen Länder betrug 26,4 %.[20] Mit Hilfe dieser Strukturquoten und der veröffentlichten Indexreihen lassen sich nun Indizes des Einfuhrvolumens und des Ausfuhrvolumens mit den nichtsozialistischen Ländern berechnen. Die Ergebnisse sind — zusammen mit Wertindizes, die auf den Daten in Tabelle C.7 basieren und den auf diese Weise ermittelten Preisindizes und den Terms of Trade — in der folgenden Tabelle D.3 ausgewiesen.

Tabelle D.3
Die Terms of Trade der DDR gegenüber nichtsozialistischen Ländern
1960 bis 1969

Jahr	Ausfuhr			Einfuhr			Terms of Trade
	Werte	Volumen	Preise	Werte	Volumen	Preise	
1960	100,0	100,0	100,0	100,0	100,0	100,0	100,0
1961	109,3	103,3	105,8	97,7	90,6	107,8	98,1
1962	96,3	94,8	101,6	87,9	90,1	97,6	104,1
1963	108,1	103,7	104,2	90,7	95,2	95,3	109,3
1964	124,4	126,0	98,7	116,0	112,9	102,7	96,1
1965	146,4	153,0	95,7	134,2	127,9	104,9	91,2
1966	155,1	160,8	96,5	160,1	156,7	102,2	94,4
1967	162,1	172,6	93,9	155,6	155,0	100,4	93,5
1968	168,1	182,1	92,3	146,9	149,5	98,3	93,9
1969	212,8	228,4	93,2	202,0	200,4	100,8	92,5

Quelle: Eigene Berechnungen, Werte nach den in Tabelle C.7 ausgewiesenen Ein- und Ausfuhren in effektiven US-$-Auslandspreisen, Volumen berechnet nach Formel (4) unter Verwendung der im Statistischen Jahrbuch 1971, S. 287 ausgewiesenen Indexreihen der Aus- und Einfuhren insgesamt und in die sozialistischen Länder sowie der Strukturquoten der Aus- und Einfuhren im Basisjahr 1960; Preise und Terms of Trade berechnet nach den Wert- und Volumenindizes

Tabelle D.4
Die Terms of Trade der DDR gegenüber der Sowjetunion 1955 bis 1977

1960 = 100

Jahr	Ausfuhr			Einfuhr			Terms of Trade[c]
	Werte[a]	Volumen[c]	Preise[b]	Werte[a]	Volumen[c]	Preise[b]	
1955	57	58	98	44	42	104	94
1956	62	66	94	58	54	107	88
1957	88	87	101	77	71	108	94
1958	92	94	98	73	73	100	98
1959	102	102	100	97	97	100	100
1960	100	100	100	100	100	100	100
1961	99	97	102	112	113	99	103
1962	118	112	105	130	131	99	106
1963	138	131	105	122	122	100	105
1964	150	138	109	126	127	99	110
1965	142	129	110	126	134	94	117
1966	138	127	109	145	163	89	122
1967	152	139	109	148	168	88	124
1968	170	149	114	156	177	88	130
1969	179	156	115	182	204	89	129
1970	188	157	120	203	231	88	136
1971	210	168	125	198	222	89	140
1972	250	198	126	199	219	91	138
1973	255	196	130	215	236	91	143
1974	256	192	133	252	268	94	141
1975	318	200	159	346	260	133	120
1976	334	206	162	373	261	143	113
1977	369	222	166	425	267	159	104

Quelle: a 1955 bis 1974 Statistisches Jahrbuch der DDR 1975, S. 263; ab 1975 eigene Berechnungen nach der sowjetischen Außenhandelsstatistik; b 1955 bis 1970 HEWETT, Edward A.: Foreign Trade Prices in the Council for Mutual Economic Assistance, a.a.O., S. 71, 1971 bis 1976 fortgeschrieben nach den geschätzten Jahresraten bei DIETZ, Raimund: Preisveränderungen im sowjetischen Außenhandel mit der DDR, a.a.O., S. 46f., 1977 eigene Berechnungen nach ebd., S. 35; c eigene Berechnungen

Für spätere Jahre liegen keine Informationen mehr vor, die vergleichbare Berechnungen zulassen; für die siebziger Jahre ist man daher vollständig auf Stichprobenerhebungen nach Partnerlandstatistiken angewiesen. Auf diese Weise wurden für den Zeitraum von 1970 bis 1976 beispielsweise die Terms of Trade der DDR im Handel mit der Sowjetunion von DIETZ[21] und HEWETT[22] berechnet. Seit 1977 läßt allerdings die wesentlich verschlechterte Berichterstattung und die unzureichende Differenzierung auch der sowjetischen Außenhandelsstatistik eine solche Schätzung auf Stichprobenbasis nicht mehr zu.[23] Der Verf. hat auf der Grundlage dieser Schätzungen Preis- und Mengenindizes für den sowjetisch-ostdeutschen Handel berechnet und in Tabelle D.4 ausgewiesen. Methodisch wurde dabei so vorgegangen, daß die von HEWETT für den Zeitraum von 1955 bis 1970[24] nach der unit value-Methode[25] berechneten Preisindizes mit Hilfe der für den Zeitraum von 1971 bis 1976 nach derselben Methode von DIETZ berechneten jährlichen Preisveränderungen fortgeschrieben wurden. Es wurden Indexreihen der sowjetischen Importe aus und Exporte nach der DDR auf der Basis der sowjetischen Außenhandelsstatistik berechnet und hieraus Volumenindizes der DDR-Ausfuhr und -Einfuhr ermittelt. Die Terms of Trade der DDR wurden als Quotient der Preisindizes der Ausfuhr einerseits und der Einfuhr andererseits ermittelt. Es erscheint zumindest bemerkenswert, daß die auf diese Weise geschätzten Veränderungen der Terms of Trade im Handel mit der Sowjetunion in den sechziger Jahren zumindest der Tendenz nach mit den weiter oben errechneten und in Tabelle D.2 wiedergegebenen Terms of Trade-Änderungen gegenüber dem gesamten sozialistischen Wirtschaftsgebiet übereinstimmen. Die aus beiden Reihen ablesbare kontinuierliche Verbesserung der Terms of Trade der DDR, die im wesentlichen in der allmählichen Verschlechterung der Weltmarktpreise für Rohstoffe und der relativen Verbesserung der Preise für Maschinen und Ausrüstungen begründet war,[26] ist allerdings gegenüber der Sowjetunion noch deutlich ausgeprägter gewesen als gegenüber den übrigen sozialistischen Ländern. Die Ursache dürfte vermutlich darin begründet sein, daß die Importe der DDR aus der Sowjetunion einen besonders hohen Anteil (in den sechziger Jahren zunehmend preisgünstigerer) Rohstoffe enthalten.

Anmerkungen

1 Vgl. KÖHLER, Heinz: Economic Integration in the Soviet Bloc. With an East German Case Study, New York, Washington und London 1965, S. 345 ff. sowie Ders.: East Germany's Terms of Trade 1950—61, in: Kyklos, Vol. 16 (1963), H. 2, S. 286—300. Neben KÖHLER haben andere den Versuch unternommen, die Terms of Trade der DDR zumindest für den bilateralen Handel mit der Sowjetunion zu schätzen, und zwar auf der Basis der differenzierteren Daten der sowjetischen Außenhandelsstatistik. Zum Zeitraum von 1955 bis 1970 siehe HEWETT, Edward A.: Foreign Trade Prices in the Council of Mutual Economic Assistance, Cambridge 1974. Zum Zeitraum von 1971 bis 1976 siehe DIETZ, Raimund: Preisveränderungen im sowjetischen Außenhandel mit der DDR (1956—1980), Forschungsberichte des Wiener Instituts für Internationale Wirtschaftsvergleiche, Nr. 57, April 1980 sowie HEWETT, Edward A.: The Impact of the World Economic Crisis on Intra-CMEA Trade, in: NEUBERGER, Egon/TYSON, Laura d'Andrea (Hrsg.): The Impact of International Economic Disturbances on the Soviet Union and Eastern Europe. Transmission and Response, New York, Oxford u.a. 1980, S. 323—348

2 Im Jahre 1960 war die Außenwirtschaftsbürokratie der DDR bei Analysen der Außenhandelsrentabilität noch auf ausländische Statistiken angewiesen. Die Problematik solcher Berechnungen, insbesondere der hohe Aggregationsgrad des verfügbaren Datenmaterials, führten daher zu der Forderung, die DDR-Statistik selbst müsse „endlich dazu übergehen, nicht nur nach Werten, sondern auch durchgehend nach Mengeneinheiten, vor allem im Maschinenbau, abzurechnen; denn ein Vergleich nach Stück, m^2 usw. ist mit ausländischen Statistiken z.Z. noch selten möglich. So *müssen wir zunächst auf kapitalistische Statistiken zurückgreifen*, obwohl wir ihre Schwächen kennen." BIERECK, G.: Austauschrelationen — ein rotes Signal, in: Aussenhandel, 10. Jg. (1960), H. 18, S. 12f., hier: S. 12, Hervorh. vom Verf. Trotz dieser gravierenden Mißstände — auch der internen Außenhandelsberichterstattung — lagen erst für „die Planausarbeitung 1963 ... dem Außenhandel erstmalig für eine Reihe von kapitalistischen Ländern das Material der Austauschverhältnisse und Preisniveaukennziffern vor." APPENFELDER: Austauschverhältnisse und Preisniveaukennziffern. Möglichkeiten für bessere ökonomische Ergebnisse des Außenhandels ausnutzen, in: Aussenhandel, 12. Jg. (1962), H. 21, S. 9—12, hier: S. 9 Rückwirkend wurden die „terms of trade der DDR ... erstmalig für das Jahr 1961 ermittelt und analysiert." Ebd., S. 11 Zur Methode wurde lediglich erläutert: „Die vorliegenden Austauschverhältnisse sind das Ergebnis einer Gegenüberstellung der Indizes der Export- und Importpreise unserer Republik für *repräsentative Waren eines Landes* ... Die Preisniveaukennziffern sind nur für einzelne, nach Leistung, Qualität und Abmessungen usw. spezifizierte Waren (Warenvertreter) erarbeitet." Ebd., S. 9f. Hervorh. vom Verf. An anderer Stelle wiederum wird erläutert, die Terms of Trade ergäben „sich aus der Division des *Exportpreisindex aller Exportwaren* durch den *Importpreisindex aller Importwaren*. Grundlage der Berechnungen für den Außenhandel der DDR ist die Auslandspreisstatistik ... Als Vergleichsbasis wurde in der Auslandspreisstatistik das Jahr 1960 verwandt." Ebd., S. 11, Hervorh. vom Verf. 1964/65 scheinen Datenbasis und Berechnungsmethoden — zumindest auf der Exportseite im Zuge der Außenwirtschaftsreform — entscheidend verbessert worden zu sein. Vgl. RUDOLPH, H.: Neue Methoden der Ermittlung der Exportrentabilität, in: Aussenhandel, 15. Jg. (1965), H. 7, S. 1—4 Für diese Vermutung spricht auch die Tatsache, daß offiziell Indizes der Ein- und Ausfuh-

ren in vergleichbaren Preisen (Basis 1960) erst im Jahre 1966 veröffentlicht wurden, obwohl entsprechende Berechnungen bereits 1963 vorlagen.
3 Vgl. Statistisches Jahrbuch der DDR 1966, S. 385
4 Vgl. Statistisches Jahrbuch der DDR 1978, S. 231 und spätere Jahrgänge
5 Vgl. etwa DIW: Handbuch DDR-Wirtschaft, a.a.O., S. 252
6 Vgl. United Nations: Economic Survey of Europe in 1981, New York 1982 sowie frühere Jahrgänge
7 Vgl. United Nations. Economic Commission for Europe: Economic Bulletin for Europe, Genf, verschiedene Jahrgänge
8 Vgl. United Nations: Economic Survey of Europe in 1981, a.a.O., Table 3.6.3 und 3.6.5
9 Vgl. DIW; Handbuch DDR-Wirtschaft, a.a.O., S. 252
10 Offenbar gelangte das DIW zu den genannten Ergebnissen, indem die in der offiziellen VM-Statistik ausgewiesenen Einfuhr-(Ausfuhr-)Zuwächse von nominal 71,9 % (46,7 %) um die ausgewiesene Volumenzunahme der Einfuhren (Ausfuhren) in vergleichbaren Preisen von 28,5 % (25,6 %) bereinigt wurden. Auf diese Weise errechnet sich eine (fiktive) Preissteigerung der Einfuhren (Ausfuhren) in VM-Werten von 33,8 % (16,8 %). Eigene Berechnungen nach dem Statistischen Jahrbuch der DDR 1976, S. 264f.
11 Vgl. die entsprechenden Ausführungen in Anhang C
12 Eigene Berechnungen. Vgl. die in nachfolgender Tabelle D.1 ausgewiesenen Indexreihen der Einfuhr- und Ausfuhrpreise der DDR auf US-$-Basis
13 Vgl. Statistisches Jahrbuch der DDR 1974, S. 281 sowie Statistisches Jahrbuch der DDR 1977, S. 256
14 Vgl. KÖHLER, Heinz: Economic Integration in the Soviet Bloc, a.a.O., S. 350
15 Vgl. ebd., S. 347 und die von KÖHLER selbst gegebene ausführliche Begründung des Verfahrens
16 Vgl. ebd.
17 Vgl. Statistisches Jahrbuch für die Bundesrepublik Deutschland 1980, S. 567 sowie Statistisches Jahrbuch für die Bundesrepublik Deutschland 1982, S. 592; United Nations: Economic Survey of Europe in 1982, New York 1983, S. 249
18 Vgl. Statistisches Jahrbuch der DDR 1971, S. 287
19 Vermutlich ist auch dies — die Möglichkeit einer indirekten Ermittlung der Terms of Trade der DDR im Ost-West- und Ost-Süd-Handel — ein Grund für die Einstellung der Berichterstattung Anfang der siebziger Jahre gewesen, zumal sich — wie die Berechnungen in Tabelle D.3 zeigen — bereits in den sechziger Jahren hinter der scheinbaren Konstanz der globalen Terms of Trade der DDR eine erhebliche Verschlechterung der Austauschrelationen mit nichtsozialistischen Ländern verbirgt, die mit den Rohstoffpreissteigerungen Anfang der siebziger Jahre eine weitere deutliche Beschleunigung erfuhr.
20 Eigene Berechnungen nach dem Statistischen Jahrbuch der DDR 1971, S. 288. Für das Jahr 1960 führt diese Berechnung der Strukturquoten aufgrund der (1960 noch) einheitlichen VM-Bewertung des Außenhandels der DDR zu denselben Ergebnissen wie eine Berechnung nach der Außenhandelsstatistik auf US-$-Basis. Vgl. die entsprechenden Werte in Tabelle C.7
21 Vgl. DIETZ, Raimund: Preisveränderungen im sowjetischen Außenhandel mit der DDR, a.a.O., S. 46f.
22 Vgl. HEWETT, Edward A.: The Impact of the World Economic Crisis on Intra-CMEA Trade, a.a.O., S. 327
23 Vgl. DIETZ, Raimund: Preisveränderungen im sowjetischen Außenhandel mit der DDR, a.a.O., S. 1
24 Siehe HEWETT, Edward A.: Foreign Trade Prices in the Council for Mutual Economic Assistance, a.a.O., S. 71
25 Zur Erläuterung vgl. HEWETT, Edward A.: The Impact of the World Economic Crisis on Intra-CMEA Trade, a.a.O., S. 325f.
26 Vgl. DIETZ, Raimund: Preisveränderungen im sowjetischen Außenhandel mit der DDR, a.a.O., S. 13f.

E. Kreditzusagen der DDR gegenüber nichtsozialistischen Entwicklungsländern

Von seiten der DDR selbst wurden regelmäßige offizielle Angaben zur Kreditpolitik gegenüber Ländern der Dritten Welt ebenso wenig gemacht wie von seiten der übrigen RGW-Staaten. Lediglich auf der II. Welthandelskonferenz 1967 in Genf wurde offiziell bekanntgegeben, die DDR habe den Entwicklungsländern bis zum 1.1.1967 langfristige Kredite in Höhe von 184 Mill. Rubel (rund 205 Mill. US-$) und Lieferkredite in Höhe von 89 Mill. Rubel (rund 99 Mill. US-$) zugesagt.[1] „Westliche Wissenschaftler und Statistiker internationaler Organisationen nehmen wahrscheinlich Einblick in mehr oder weniger vertrauliche Statistiken der Empfängerländer."[2] Demgegenüber bilden die wenigen und undifferenzierten quasi-offiziellen Meldungen auf östlicher Seite „selbst für die mit der Entwicklungshilfethematik befaßten Wissenschaftler des jeweiligen RGW-Staats die einzige Informationsgrundlage."[3]

Da auch die Berichterstattung der Entwicklungsländer unzureichend, unvollständig und widersprüchlich ist und zudem regelmäßig eher unbedeutende Kreditgeberländer wie die DDR selten überhaupt in den Statistiken der Länder der Dritten Welt in Erscheinung treten, kann es nicht verwundern, daß die bislang vorliegenden Meldungen und Schätzungen zu den von der DDR zugesagten bzw. gewährten Kredite alles in allem qualitativ unbefriedigend, lückenhaft, wenig spezifisch und in ihrer Zuverlässigkeit kaum abzuschätzen sind. Dieser Mangel kann auch im Rahmen der vorliegenden Studie kaum behoben werden. Allerdings konnte erstmals für eine Reihe von Ländern zuverlässiges Datenmaterial zum kommerziellen Kapitalverkehr beschafft werden. Darüber hinaus soll hier zumindest der Versuch unternommen werden, die vorliegenden Einzelinformationen zusammenzutragen und auszuwerten, um auf diese Weise zumindest einen groben Überblick über die Kreditvergabepolitik der DDR zu erlangen. Primäre Zielsetzung ist dabei die Beschaffung von Basisdaten zur Abschätzung der Kreditbilanz der DDR gegenüber Ländern der Dritten Welt. Der allseitige Mangel an Informationen und die Vertraulichkeit der meisten Kreditvereinbarungen lassen eine Differenzierung nach *zugesagten*, faktisch *gewährten* und jährlich *ausgezahlten* Krediten nicht zu. Für die näherungsweise Ermittlung der Kapitalbewegungen in der Zahlungsbilanz der DDR mit Ländern der Dritten Welt kommen daher a priori nur Schätzungen auf der Basis der *bekanntgewordenen Kreditzusagen* der DDR in Betracht. Deren (nach Laufzeiten, Zinssätzen, Verwendungszwecken, Ländern und Rückzahlungsmodalitäten differenzierte) Erhebung ist Gegenstand dieses Anhangs.

Nach weitgehend übereinstimmenden westlichen Abgrenzungen[4] besteht die Kapitalhilfe der kommunistischen Länder für Staaten der Dritten Welt im wesentlichen in
- langfristigen, durch die Regierung des Geberlandes gewährten *Aufbaukrediten* mit Laufzeiten von 10 bis 12 Jahren und Zinsen von in der Regel bis zu 2,5 % p.a.
- kurz- bzw. mittelfristigen, durch die staatlichen Außenhandelsbetriebe des Geberlandes gewährten *Handels- oder Lieferkrediten* mit Laufzeiten von 3 bis 5 bzw. 7 bis 8 Jahren und Zinsen von in der Regel 2,5 bis 6 % p.a.
- *nichtrückzahlbaren Zuwendungen* in Form von Geschenklieferungen, „Solidaritätsspenden" und Hilfsleistungen sowie
- *technischen Verrechnungskrediten* im Rahmen bilateraler Clearingvereinbarungen, soweit eine Clearingschuld des Entwicklungslandes entsteht und kurz- bis mittelfristig geduldet wird.

Im folgenden wird auf eine Erfassung der ohnedies in ihrer Höhe nur grob abschätzbaren nichtrückzahlbaren Zuwendungen, die im Rahmen der offiziellen Außenhandelsstatistik auch nicht als „Export" des Geberlandes in Erscheinung treten,[5] als nicht zahlungsbilanzrelevante Größe verzichtet. Auch technische Verrechnungskredite, die im Rahmen dieser Studie erstmals für eine Reihe bilateraler Clearingbeziehungen der DDR nachgewiesen werden,[6] bleiben an dieser Stelle aus grundsätzlichen Erwägungen unberücksichtigt. Erstens wird ein Teil der Swingkredite der DDR entgegen vorherrschenden Vermutungen verzinst und als Interbank-Kontokorrentkredit angesehen. Zweitens stellen Swing-Spielräume grundsätzlich zweiseitige Kreditzusagen dar, die faktisch auch in wechselnder Richtung temporär beansprucht werden. Drittens und nicht zuletzt impliziert die Inanspruchnahme der hier primär interessierenden Aufbau- und Handelskredite ceteris paribus eine gleich hohe zusätzliche Swing-Inanspruchnahme durch das Kreditgeberland. Eine Berücksichtigung der faktischen bilateralen Swinginanspruchnahme (als „Kapitalhilfe") ist daher im Rahmen der intendierten Rekonstruktion der Kreditvergabepolitik der DDR nicht nur wenig zweckmäßig, sondern unter den Bedingungen bilateraler Clearingverrechnung sogar widersinnig, und zwar in dem Maße, in dem eine Swinginanspruchnahme seitens der DDR rein rechnerisch die Inanspruchnahme von zugesagten DDR-Krediten durch das Entwicklungsland widerspiegelt.[7]

Der folgende Versuch einer möglichst differenzierten und umfassenden Rekonstruktion der Kreditzusagepolitik der DDR beschränkt sich daher auf *Zusagen von Aufbau- und Handelskrediten* an nichtsozialistische Entwicklungsländer im Zeitraum von 1949 bis 1984, und zwar unabhängig davon, ob die eingeräumten oder zugesagten Kreditplafonds tatsächlich vertraglich fixiert, inanspruchgenommen oder ausgezahlt wurden. Die Registrierung erfolgt nach dem Jahr der (vermuteten, veröffentlichten oder dem Verf. mitgeteilten) Zusage. Um eine differenzierende Analyse nach Ländern, Währungen, Verwendungszwecken, Laufzeiten und Zinsen zu ermöglichen, wurden die dem Verf. vorliegenden Charakteristika der Kreditzusagen in Tabelle E.1 wiedergegeben. Die Höhe der jeweiligen Kreditzusage wurde, soweit eine Notierung in Landeswährung oder Pfund Sterling erfolgte, nach dem im Jahr der Zusage herrschenden Durchschnittskurs in US-$ umgerechnet. Nach Informationen des Verf. nicht inanspruchgenommene Kreditangebote wurden durch ein Superskript „N" gekennzeichnet. Eigene Schätzungen des Zusagebetrages, der Zinsen oder der Laufzeit wurden durch ein Superskript „S" kenntlich gemacht; in allen anderen Fällen beruhen die Daten und Angaben auf Quellen, die als einigermaßen zuverlässig angesehen werden können. Mit Ausnahme eines ungebundenen Finanzkredites an Chile aus dem Jahre 1972 in Höhe von 15,0 Mill. US-$ sind alle hier ermittelten Kredite liefergebunden.

Tabelle E.1
Kreditzusagen der DDR an Entwicklungsländer
nach individuellen Merkmalen 1949 bis 1984

Jahr	Empfängerland	Zusage in Mill. US-$	Verwendungszweck	Zinssatz p.a.	Laufzeit in Jahren
1955	Indonesien	8,6	Lieferung einer Rohrzuckerfabrik	4,0 %	6
1956	Syrien	3,5[S]	Lieferung einer Zementfabrik	4,0 %[S]	6[S]
1957	Indien	2,5	Lieferung von Textilmaschinen	2,5 %	5[S]
1958	Ägypten	21,5	Aufbaukredit für 20 industrielle Projekte	2,5 %	12
	Ägypten	8,6	Lieferung von Ausrüstungen für eine Baumwollspinnerei	2,5 %	5
	Birma	1,7	Finanzierung des Handelsdefizits aus Anlagenlieferungen	2,5 %[S]	5[S]
	Syrien	10,0[S]	Lieferung einer Zementfabrik, einer Baumwollspinnerei und mehrerer Graugußgießereien	2,5 %[S]	5[S]
	Brasilien	45,0[N]	Handelskredite für Maschinen und Industrieeinrichtungen	6,0 %[S]	5[S]
1960	Birma	11,9	Lieferung von Anlagen für eine Zementfabrik und mehrere Reiskleie-Ölextraktionsanlagen	2,5 %	10
	Guinea	7,0	Lieferung von Maschinen und Ausrüstungen u.a. eines Baustoffwerkes und einer Druckerei	2,5 %	5

Jahr	Empfängerland	Zusage in Mill. US-$	Verwendungszweck	Zinssatz p.a.	Laufzeit in Jahren
1961	Ägypten	5,7	Lieferung von Straßenbaumaschinen	2,5 %	5
	Brasilien	40,0	Lieferung von Ausrüstungen für ein Kraftwerk sowie von Kranausrüstungen und Dieselloks	6,0 %	5
	Ghana	4,0	Aufbaukredit für fünf Projekte, insbesondere für Anlagen zur Verarbeitung von Ölfrüchten	2,5 %	12
	Guinea	4,1	Aufbaukredit	2,5 %	12
1964	Kambodscha	30,5	Lieferung von industriellen Ausrüstungen	2,5 %	12
	Indien	6,3	Warenlieferungen	2,5 %S	7S
	Sansibar/Tansania	3,0S	Unterstützung im Wohnungsbau und Gesundheitswesen	2,5 %S	10S
	Indonesien	60,0	Lieferung von Ausrüstungen für eine Papierfabrik, Eisenbahnbetriebe, Kohlengruben, Textil- und Glasfabriken	2,5 %S	7S
	Sudan	12,5N	unbekannt	2,5 %S	5S
1965	Guinea	7,0	Verlängerung der Lieferkredite von 1960	2,5 %S	5
	Ägypten	70,0	Lieferung von Anlagen und Ausrüstungen im 2. Fünfjahrplan Ägyptens	2,5 %	12
	Ägypten	30.8	Lieferung von Spinnereiausrüstungen	2,5 %	7
	Ghana	20,2	Aufbaukredit für zwei Projekte	2,5 %	12
	Indonesien	2,6	Bau der Transsumatra-Autobahn	2,5 %	12
	Jemen, Königreich	5,0	Errichtung einer staatlichen Musterfarm	2,5 %	12
	Mali	7,0	Aufbaukredit	2,5 %	12
	Syrien	25,0	Errichtung von Getreidemühlen und einer Stahlgießerei, Bezug von Elektrolokomotiven	2,5 %	12
	Syrien	8,5	Ausrüstung von Universitäten und Instituten	2,5 %	8
	Tunesien	10,0	Lieferung von Waren	2,5 %	5
	Uruguay	8,0N	Anlagenlieferungen	6,0 %S	5S
	Sri Lanka	42,2	Bau einer Textilfabrik	2,5 %	11
1966	Birma	14,1	Lieferung von Reiskleie-Extraktionsanlagen, einer Zementfabrik, einer Zuckerfabrik, Schiffswerft, Glasfabrik u. Druckerei	2,5 %S	2
	Algerien	100,0N	Lieferung von Anlagen und Ausrüstungen	2,5 %S	10S
1967	Ägypten	42,9	Militärhilfeleistungen	...	2S
	Chile	50,0N	Lieferung von 2000 bis 2500 Eisenbahngüterwagen	6,0 %S	8

Jahr	Empfängerland	Zusage in Mill. US-$	Verwendungszweck	Zinssatz p.a.	Laufzeit in Jahren
1967	Kolumbien	5,0	Warenlieferungen	6,0 %	5
	Uruguay	12,0	Bau einer Zuckerfabrik	6,0 %S	5S
	Ecuador	10,0S	Warenlieferungen	6,0 %S	5S
	Brasilien	10,0	Ausbau des Telefonnetzes	6,0 %S	5S
	Brasilien	1,0	Universitätsausrüstungen	6,0 %S	5S
1968	Syrien	8,0	Ausrüstung von Universitäten und Instituten	2,5 %S	8
1969	Indien	4,3	Lieferung von Ausrüstungen für eine Traktorenfabrik	2,5 %S	8
	Irak	84,6	Lieferung von Anlagen und Ausrüstungen für 13 Industrieprojekte	2,5 %	12
	Kambodscha	11,9	Aufbaukredit	2,5 %	12
	Libanon	32,0N	unbekannt	5,0 %	10
	Südjemen	22,0	Lieferung von Maschinen und Ausrüstungen für den Bau von Fabriken zur Herstellung von Mehl, Zwieback, Pflanzenöl und Futtermitteln sowie zur Lieferung von Telefonausrüstungen	2,5 %	12
	Sudan	9,6	Bau einer Ziegelei, Baumwollspinnerei, Ölpresse, eines Schweißwerkes und einer Fabrik für Schädlingsbekämpfungsmittel, Lieferung von Dieselgeneratoren	2,5 %	12
	Syrien	50,0	Lieferung von Anlagen und Ausrüstungen im Rahmen des 3. syrischen Fünfjahrplans	2,5 %	15
1970	Uruguay	12,0	Bau einer Zuckerfabrik	6,0 %	12
	Algerien	14,2	Lieferung eines Armaturenwerkes	2,5 %	10
	Algerien	128,6	Lieferung von Anlagen und Ausrüstungen	2,5 %	5
	Ägypten	108,0	Lieferung von Anlagen und Ausrüstungen, u.a. Bau einer Baumwollspinnerei und Erweiterung des Rüstungswerkes Nr. 63 bei Heluan	2,5 %	12
	Ägypten	108,0	Lieferung von Schienenfahrzeugen sowie elektrotechnischen und elektronischen Erzeugnissen	2,5 %S	7S
	Ägypten	69,6	Finanzierung von zusätzlichen Einfuhren	2,5 %S	2S
	Kongo	5,7	Aufbaukredit	2,5 %	12
	Sudan	11,2	Aufbaukredit	2,5 %	12
1971	Chile	1,4	Lieferung von Waren	6,0 %	5

Jahr	Empfängerland	Zusage in Mill. US-$	Verwendungszweck	Zinssatz p.a.	Laufzeit in Jahren
1971	Somalia	42,8	Aufbaukredit	2,5 %	12
	Syrien	50,0	Bau von Zementfabriken	2,5 %	15
	Sri Lanka	18,5	Aufbaukredit	2,5 %	12
	Uruguay	12,0	Bau einer Zuckerfabrik	6,0 %	12
	Ägypten	25,0	Elektrifizierung von Landregionen	2,5 %	12
1972	Chile	22,0	Kommerzieller Globalkredit für industrielle Ausrüstungen, elektronische Geräte, chemische Produkte sowie 3000 Tonnen Schweinefleisch	3,0 %	10
	Chile	2,0	Lieferung medizinischer Ausrüstungen	5,0 %	1
	Chile	15,0	Hartwährungen für den Devisenfonds der chilenischen Zentralbank	0,0 %S	3
	Sudan	1,5	Lieferung von Druckereieinrichtungen	5,0 %S	5S
1973	Chile	1,7	Lieferung einer Fabrik für Präzisionsinstrumente	5,0 %	5S
1974	Bangla Desh	23,4	Lieferung von Werkstätten, Reismühlen, einer Soda- und einer Schreibmaschinenfabrik	2,5 %	10
	Syrien	72,0	Lieferung von Anlagen und Ausrüstungen für Entwicklungsprojekte, u.a. Weizenmühlen und Zementfabriken	2,5 %	12
	Südjemen	15,5	Aufbaukredit	2,5 %	12
1975	Ägypten	9,3	Elektrifizierung ländlicher Gebiete	2,5 %S	8S
	Syrien	24,0	Elektrifizierungsprojekte	2,5 %	8
	Algerien	85,0	Errichtung eines Gießereikomplexes	2,5 %	10
	Bangladesh	5,0S	Lieferung von Hebekränen	5,0 %S	8S
	Indonesien	10,0S	Lieferung von Maschinen und Ausrüstungen	6–9 %	5–8S
	Irak	100,0S	Elektrifizierung, Lieferung von Reissilos und Mühlen	2,5 %S	10S
	Kolumbien	50,0	Lieferung von Anlagen und Ausrüstungen für das Nachrichtenwesen, das Gesundheitswesen, Elektrifizierungsprojekte sowie die Landwirtschaft	6,0 %	10
1976	Algerien	31,5	Lieferung einr Pumpenfabrik	2,5 %	10
	Iran	40,2	Lieferung von Reisezugwagen und Kühlwaggons	6,0 %	7
	Iran	110,0S	Lieferung von Anlagen und Ausrüstungen u.a. für die Baustoff- und Lebensmittelindustrie	6,0 %S	7S

Jahr	Empfängerland	Zusage in Mill. US-$	Verwendungszweck	Zinssatz p.a.	Laufzeit in Jahren
1976	Mexiko	20,0	Warenlieferungen	...	5S
	Pakistan	10,0	Lieferung von Reismühlen, Maschinen und Fernmeldeeinrichtungen	...	8S
	Pakistan	3,5	Lieferung von Energieausrüstungen	...	5S
	Syrien	100,0	Elektrifizierungsprojekte	...	8S
1977	Äthiopien	19,3	Lieferung von Druckereiausrüstungen, einer Textilfabrik, Molkerei und eines Kühlhauses	2,5 %	12
	Algerien	18,6	Lieferung von 15.000 t Metallgerüsten	...	5S
	Bangla Desh	5,0S	Lieferung von 25.000 Spindeln für Spinnereien	...	5S
	Indien	13,7	Lieferung einer Fabrik zur Verarbeitung von Ananas, Tomaten und Orangen	...	5S
	Bolivien	3,7	Ausrüstungen für Schulen und Universitäten	6,5 %	10
	Bolivien	6,2	Bau von 2 Krankenhäusern	6,5 %	10
	Türkei	5,0	Ausrüstungen für zwei Fabriken zur Herstellung von Bohrmaschinen	...	5S
	Kongo	30,0	Lieferung von Anlagen und Ausrüstungen für Druckereien	...	8S
1978	Brasilien	200,0	Lieferung von Maschinen und Ausrüstungen für ein gemeinsames Projekt in Peru	...	5S
	Peru	12,0	Bau von 2 Krankenhäusern	6,5 %S	10S
	Mexiko	20,0	Handelskredit für Lieferungen von Maschinen und Ausrüstungen	...	5S
	Phillipinen	30,0	unbekannt	...	5S
	Sri Lanka	10,0	Lieferung von Maschinen und Ausrüstungen	...	5S
	Syrien	100,0	Überlandleitungen, Reparaturstationen, Ersatzteilefabrik, Krankenhaus, Zementfabrik und Ausbildungszentrum	...	10S
	Türkei	50,0	Finanzierung von Warenlieferungen	...	5S
	Tunesien	10,0S	Eisenbahnprojekte	...	5S
1979	Ghana	50,0	Lieferung von Landmaschinen, Lkw und medizinischen Ausrüstungen	...	7
	Argentinien	10,0	Bankenkredit	...	5S
	Argentinien	20,0	Bankenkredit	...	5S
	Argentinien	70,0	Finanzierung von Warenlieferungen	...	5S

Jahr	Empfängerland	Zusage in Mill. US-$	Verwendungszweck	Zinssatz p.a.	Laufzeit in Jahren
	Indien	162,0	Anlagen- und Ausrüstungslieferungen für ein Wärmekraftwerk, eine Zementfabrik und ein Braunkohleprojekt	...	7S
1980	Äthiopien	27,0	Lieferung einer Textilfabrik	...	12S
	Äthiopien	31,4	Lieferung einer Zementfabrik	...	12S
	Afghanistan	20,0	Elektrifizierung, Fernmelde- und elektrotechnische Ausrüstungen	...	8S
	Angola	50,0S	Lieferung von Maschinen und Ausrüstungen	...	5S
	Bolivien	10,0	Projekte im Gesundheitswesen	2,0 %	20
	Madagaskar	40,0	Lieferung von 1000 Militär-Lkw	8,0 %	5–8
	Madagaskar	8,3	Lieferung von fernmeldetechnischen Ausrüstungen	8,0 %	5S
	Nicaragua	20,0	Lieferung von 800 Militär-Lkw	4,5 %	10
	Nicaragua	10,0	Lieferung agrochemischer und pharmazeutischer Produkte	...	5S
	Sambia	31,7	Lieferung landwirtschaftlicher Erzeugnisse sowie von 600 Traktoren	...	5S
	Ghana	20,0	Landmaschinen und Ausrüstungen für die Kakaowirtschaft	...	7S
1981	Nicaragua	10,0	Lieferung von 50 Schullabors	...	8S
	Tansania	30,0S	Lieferung von Anlagen und Ausrüstungen für eine Textilfabrik	...	12S
	Mexiko	20,0	Lieferung von Maschinen und Ausrüstungen	...	5S
1982	Nicaragua	26,0	Lieferung von Maschinen und Ausrüstungen	...	8S
	Ägypten	20,0	Elektrifizierung ländlicher Gebiete	...	12S
	Grenada	4,5	Lieferung von Ausrüstungen für ein Telefonnetz, eine Kakaoverarbeitungsanlage sowie Landmaschinen	3,5 %	10
1983	Nicaragua	120,0	Lieferung von Landmaschinen und Landtechnik	...	8S
	Nicaragua	28,0	Lieferung von Rohmaterialien	...	5S
	Ägypten	17,0	Lieferung von Maschinen und Ausrüstungen, u.a. 6 Drehkränen	...	7S
	Äthiopien	1,1	Bodenkonservierung und Aufforstung	...	8S
1984	Brasilien	130,0	Lieferung chemischer Produkte und fotografischer Erzeugnisse	...	5S

Jahr	Empfängerland	Zusage in Mill. US-$	Verwendungszweck	Zinssatz p.a.	Laufzeit in Jahren
1984	Südjemen	20,0	Lieferung von Anlagen und Ausrüstungen für ein Zementwerk	...	12 S
	Ägypten	100,0	Projekte der Elektrizitätsversorgung, insbesondere Ausbau des ländlichen Stromnetzes	...	...

Quelle: Informationen des Verf. durch Bank Markazi Iran, Tehran; Banco de México S.A., México; Banco Central de Bolivia, La Paz; Banco Central do Brasil, Brasilia und eine Reihe weiterer offizieller Stellen; DOMDEY, Karl-Heinz: Neokolonialismus oder Unabhängigkeit und sozialistische Wirtschaftshilfe. Zur Politik der sozialistischen und der imperialistischen Staaten gegenüber den ökonomisch schwachentwickelten Ländern Berlin(Ost) 1962; SPRÖTE, Wolfgang/HAHN, Gerhard: DDR-Wirtschaftshilfe contra Bonner Neokolonialismus, Berlin(Ost) 1965; LAMM, Hans Siegfried/KUPPER, Siegfried: DDR und Dritte Welt, München und Wien 1976; BISCHOF, Henrik: Nach der Anerkennung – Eine Bestandsaufnahme der Beziehungen DDR – Dritte Welt, a.a.O.; Ders.: Zur Kapitalhilfe kommunistischer Staaten an Entwicklungsländer (Materialien), a.a.O.; Ders.: Die DDR in Afrika, in: Monatsberichte des Forschungsinstituts der Friedrich-Ebert-Stiftung. Entwicklungspolitische Aktivitäten kommunistischer Länder, Bonn-Bad Godesberg 1977, H. 2, S. 261–296; BILLERBECK, Klaus: Die Auslandshilfe des Ostblocks für die Entwicklungsländer. Analyse und Prognose, Hamburg 1960; Der Aussenhandel und der innerdeutsche Handel, Berlin(Ost), verschiedene Jahrgänge; Die Wirtschaft, Berlin(Ost), verschiedene Jahrgänge; Dokumente zur Außenpolitik der (Regierung der) DDR, Berlin(Ost), verschiedene Jahrgänge; Archiv der Gegenwart, verschiedene Jahrgänge; Entwicklungspolitische Aktivitäten kommunistischer Länder, Bonn, verschiedene Jahrgänge; Entwicklungspolitik kommunistischer Länder. Trends und Analysen, Bonn 1978 und 1979; Außenpolitik kommunistischer Länder und Dritte Welt, Bonn 1980 und 1981; Moscow Narodny Bank. Press Bulletin, verschiedene Jahrgänge; besonderen Dank schuldet der Verf. Herrn Henrik BISCHOF für die Übermittlung ergänzender Informationen zu einigen Kreditzusagen im Zeitraum von 1975 bis 1983.

Die Ergebnisse dieser Erhebung werden in aggregierter Form auf Jahresbasis in der folgenden Tabelle E.2 zusammen mit den bislang für die DDR vorliegenden Globalschätzungen der Vereinten Nationen und der Friedrich Ebert-Stiftung ausgewiesen. Vor allem die unterschiedliche Abgrenzung dürfte im wesentlichen erklären, warum die Schätzungen des Verf. systematisch über denen der beiden genannten Quellen liegen. Zwar beziehen sich auch die Angaben der Vereinten Nationen und der Friedrich-Ebert-Stiftung auf Kreditzusagen, sie schließen jedoch offenbar mündliche Zusagen sowie nicht inanspruchgenommene Kredite aus und erfassen nur einen Bruchteil der zugesagten kommerziellen Lieferkredite. In einer Reihe von Fällen beruhen die hier gemachten Angaben zudem auf Informationen der Währungsbehörden der jeweiligen Partnerländer, die bislang unbekannt waren oder zu denen bislang nur vage Schätzungen vorlagen.[8] Es muß jedoch ausdrücklich darauf hingewiesen werden, daß auch die hier vorgelegten Schätzungen ausgesprochen ungewiß und mit Vorsicht zu interpretieren sind. Insbesondere die Schätzungen zum Umfang kommerzieller Handelskreditzusagen sind mit hoher Unsicherheit behaftet.

Tabelle E.2
Kreditzusagen der DDR gegenüber Entwicklungsländern

in Millionen US-$

Jahr	United Nations Secret.	Friedr. Ebert- Stiftung	eigene Schätzung insgesamt	davon: Aufbau- Kredite	Handels- Kredite
1955		8,6	8,6	–	8,6
1956	–	–	3,5	–	3,5
1957	35	2,5	2,5	–	2,5
1958		31,8	86,8	21,5	65,3
1959	–	–	–	–	–
1960	27	7,0	18,9	11,9	7,0
1961	46	53,8	53,8	8,1	45,7
1962	–	–	–	–	–
1963	–	–	–	–	–
1964	71	96,9	112,3	33,5	78,8
1965	132	220,8	236,3	172,0	64,3
1966	–	14,1	114,1	100,0	14,1
1967	231	17,0	130,9	–	130,9
1968	8	8,0	8,0	–	8,0
1969	134	182,3	214,4	210,1	4,3
1970	125	264,1	457,3	151,1	306,2
1971	25	52,4	149,7	148,3	1,4
1972	23	22,0	40,5	22,0	18,5
1973	–	–	1,7	–	1,7
1974	46	95,4	110,9	110,9	–
1975	277	159,0	283,3	235,0	48,3
1976	105	110,0	315,2	31,5	283,7
1977	77	235,0	101,5	29,2	72,3
1978	57	405,0	432,0	112,0	320,0
1979	...	192,0	312,0	–	312,0
1980	...	201,5	268,4	88,4	180,0
1981	...	10,0	60,0	30,0	30,0
1982	...	...	50,5	24,5	26,0
1983	...	...	166,1	–	166,1
1984	...	...	250,0	120,0	130,0

Quelle: United Nations: Statistical Yearbook, verschiedene Jahrgänge; BISCHOF, Henrik: Nach der Anerkennung – Eine Bestandsaufnahme der Beziehungen DDR – Dritte Welt, in: Monatsberichte des Forschungsinstituts der Friedrich-Ebert-Stiftung. Entwicklungspolitische Aktivitäten kommunistischer Länder, Bonn-Bad Godesberg 1974, H. 1, S. 216–242; Ders.: Zur Kapitalhilfe kommunistischer Staaten an Entwicklungsländer (Materialien), in: Monatsberichte des Forschungsinstituts der Friedrich-Ebert-Stiftung. Entwicklungspolitische Aktivitäten kommunistischer Länder, Bonn-Bad Godesberg 1975, H. 1, S. 111–154; Entwicklungspolitik kommunistischer Länder. Trends und Analysen, Bonn-Bad Godesberg 1978 und 1979, passim; Außenpolitik kommunistischer Länder und Dritte Welt, Bonn-Bad Godesberg 1980 und 1981, passim; eigene Schätzungen nach Tabelle E.1

Anmerkungen

1 Vgl. DDR-Memorandum auf der Welthandelskonfernz II in Genf 1967, RGW-Dokument (TD/60), zitiert nach: Friedrich Ebert-Stiftung (Hrsg.): Entwicklungspolitische Aktivitäten, Bonn 1968, Heft 6, S. 49
2 LAMM, Hans Siegfried/KUPPER, Siegfried: DDR und Dritte Welt, München und Wien 1976, S. 134
3 Ebd.
4 Vgl. ebd., S. 133; UN-Dokument TD/B/C.3/61, S. 19 sowie Friedrich Ebert-Stiftung (Hrsg.): Monatsberichte entwicklungspolitischer Aktivitäten, passim
5 Vgl. Statistisches Jahrbuch der DDR 1980, S. 233 sowie die entsprechenden Abgrenzungen in früheren Jahrgängen
6 Vgl. hierzu die Ausführungen im Hauptteil der Studie und die dort angeführten Einzelinformationen zur Swinginanspruchnahme im bilateralen Clearingverkehr der DDR mit Indien, dem Libanon, dem Sudan, Kolumbien, Iran, Türkei und Marokko
7 Diese theoretischen Überlegungen sind nicht rein akademisch, sondern in praxi insbesondere seit Beginn der siebziger Jahre von zunehmender Bedeutung für die Außenwirtschaftsbeziehungen der DDR. Angenommen, die Clearingbilanz der DDR mit einem Entwicklungsland ist mit Ein- und Auszahlungen über das Clearingkonto in Höhe von je 10,0 Mill. US-$ auf Jahresbasis ausgeglichen und die Swinginanspruchnahme sei (ohne Beschränkung der Allgemeinheit) Null. Gewähren nun die Außenhandelsbetriebe der DDR Exportkredite in Höhe von 2,0 Mill. US-$, so wird die Deutsche Außenhandelsbank AG nach wie vor mit 10,0 Mill. US-$ (für DDR-Importe) belastet, auf dem zentralen Clearingkonto werden ihr jedoch (für bar bezahlte DDR-Exporte) nur 8,0 Mill. US-$ gutgeschrieben. Am Jahresende hat die DDR somit (rein rechnerisch) den Swing mit 2,0 Mill. US-$ in Anspruch genommen, dem Entwicklungsland gegenüber somit eine Clearingschuld in gleicher Höhe entstehen lassen. Da unter diesen Bedingungen von beiden Seiten unveränderte Waren im Wert von 10,0 Mill. US-$ geliefert wurden, wurde die Wirkung der Kreditvergabe faktisch aufgehoben. Der von den DDR-Außenhandelsbetrieben dem Entwicklungsland eingeräumte Vorteil (nicht sofort bezahlen zu müssen), schlägt gesamtwirtschaftlich erst dann durch, wenn das Entwicklungsland gleichzeitig seine (über das Clearingkonto zu bezahlenden) Exporte in die DDR drosselt und/oder seine (über das Clearingkonto bar zu bezahlenden) Importe aus der DDR erhöht, und zwar in dem Maße, daß keine zusätzliche Swinginanspruchnahme seitens des einen oder des anderen Abkommenspartners eintritt. Die Zusammenhänge zwischen kommerzieller Exportkreditvergabe einerseits und Swinginanspruchnahme im Rahmen von Clearingvereinbarungen andererseits bedürfen somit einer gesonderten, sorgfältigen Analyse.
8 Dies betrifft insbesondere den Kapitalverkehr mit Brasilien, Äthiopien, Mexico und dem Iran. In diesen Fällen gelang es dem Verf. aufgrund intensiver Bemühungen, auf teilweise sehr differenziertes Material zentraler Währungsbehörden zurückzugreifen, das bislang nicht verfügbar war. In anderen Fällen, beispielsweise hinsichtlich des Kapitalverkehrs mit Chile, Indonesien, Ägypten und dem Sudan, konnte immerhin auf sporadische offizielle Meldungen der jeweiligen nationalen Behörden zurückgegriffen werden.

F. Identifizierte mittelfristige Eurokredite der DDR

Mit den (insbesondere von der OECD und der Weltbank regelmäßig mitgeteilten[1]) identifizierten mittelfristigen syndizierten Eurokrediten wird nur ein Teil der Kreditaufnahme der osteuropäischen Länder bei westlichen Banken erfaßt. Unerfaßt bleiben insbesondere (a) normalerweise Kreditzusagen vergleichsweise geringen Umfanges, (b) kurzfristige Kredite von weniger als 2 Jahren Laufzeit, (c) Kredite, die von einzelnen Eurobanken vergeben werden, (d) Kredite, die in der Währung desjenigen Landes gewährt werden, in dem die kreditgebende Bank ihren Sitz hat,[2] da von „Eurokrediten" nur dann gesprochen wird, wenn „banks produce deposits denominated in currencies other than those of the country in which they are located"[3] und schließlich (e) solche Eurokredite, „bei denen Schuldner und Gläubiger bei Vertragsabschluß darauf bestanden haben, daß das Kreditgeschäft nicht bekannt wird."[4]

Tabelle F.1
Identifizierte mittelfristige Eurokreditaufnahmen der DDR

in Millionen US-$

	OECD-Angaben	Morgan Guaranty-Angaben	eigene Angaben
1972	85,0	...	35
1973	15,0	...	15
1974	12,0	...	12
1975	280,0	...	280
1976	260,0	215	260
1977	670,0	832	692
1978	782,0	642	782
1979	656,0	796	687
1980	397,1	303	319
1981	497,0	470	490
1982	62,4	8	62
1983	...	392	392
1984	...	...	448

Quelle: OECD: Special Feature. Comecon Borrowing on International Capital Markets, in: Financial Market Trends, Nr. 2, Dezember 1977, S. 61; OECD: Special Feature. Relationsships between Comecon Countries and Western Financial Markets, in: Financial Market Trends, 1979, S. 20; OECD: Special Feature. The Medium-Term Euro Credit Market in 1978–1981, in: Financial Market Trends, Nr. 21, März 1982, S. 15; Morgan Guaranty Trust Company of New York: World Financial Markets, January 1984, S. 8, Table 7. Die OECD erfaßt gelegentlich auch solche Kredite mit, bei denen es sich um gebundene Finanzkredite von Eurobanken handelt. OECD: Financial Statistics, Part 1, Financial Statistics Monthly, Nr. 2 (February 1983), Table 1.31, S. 29

Trotz dieser Einschränkungen sind die Charakteristika der bekanntgewordenen mittelfristigen Eurokredite eine interessante und unverzichtbare Quelle hinsichtlich der Laufzeit, der Zinssätze (einschließlich Risikoaufschlag), der Höhe der Kreditzusage, der jahreszeitlichen Verteilung der Neuverschuldung, des Kreditnehmers und der Zusammensetzung des kreditgebenden Bankenkonsortiums. Die folgende Zusammenstellung der bis Mitte 1984 bekanntgewordenen mittelfristigen Eurokreditaufnahmen der DDR nach diesen Merkmalen beruht zum Teil auf EDV-Auszügen, die dem Verf. freundlicherweise von der International Bank for Reconstruction and Development (Weltbank), Washington, zur Verfügung gestellt wurden,[5] zum Teil auf ergänzenden Informationen nach Meldungen der OECD, Paris,[6] einer vollständigen Auswertung der Euromarktberichterstattung in „Euromoney" sowie veröffentlichten Eurokreditstatistiken, die dem Verf. freundlicherweise von der Deutschen Bank Compagnie Financière Luxembourg zugänglich gemacht wurden.

Unter dem LIBOR-Satz ist die „London interbank offer rate"[7], der Zins für Interbankausleihungen am Londoner Bankplatz zu verstehen. Bei Krediten mit über die Laufzeit gespaltenen Zinssätzen wurde aus Informationsgründen bewußt auf eine Mittelung des Aufschlages verzichtet. Die zeitliche Datierung erfolgt – wo immer dies möglich war – nach der Kreditinanspruchnahme, in allen anderen Fällen nach dem Zeitpunkt der Kreditzusage. Bei der Aufzählung der beteiligten Banken wird der Generalmanager zuerst genannt. In Tabelle F.1 werden die Ergebnisse in aggregierter Form und auf Jahresbasis ausgewiesen und mit den Angaben der OECD sowie der Morgan Guaranty Trust Company of New York konfrontiert. In Tabelle F.2 werden – soweit verfügbar – die individuellen Merkmale aller dem Verf. bekanntgewordenen Eurokredite der DDR in chronologischer Reihenfolge ausgewiesen.

Tabelle F.2
Identifizierte, syndizierte, mittelfristige Eurokredite der DDR 1972 bis 1984

Kreditnehmer	Datum	Zusage Mill. $	Zins über Libor	Laufzeit Jahre	Lead & Co-Manager
Deutsche Außenhandelsbank AG	3/72	35,0	0,750 1,500	7	Japan Int. Bank Ltd, Assoc. Japanese Bank Ltd
Deutsche Außenhandelsbank AG	12/73	15,0	0,500	7	Crédit Lyonnais, Union de Banques Arabes et Francaises SA
Deutsche Außenhandelsbank AG	8/74	12,0	1,750	6	Bankers Trust Co
Deutsche Außenhandelsbank AG	2/75	9,3	...	...	Nicht bekannt
Deutsche Außenhandelsbank AG	3/75	50,0	1,250	5	Loeb, Rhoades & Co
Deutsche Außenhandelsbank AG	4/75	20,0	1,250	5	Bayerische Vereinsbank Int. SA
Deutsche Außenhandelsbank AG	5/75	50,0	1,375	5	Crédit Lyonnais, Banque Nationale de Paris, Société Générale
Deutsche Außenhandelsbank AG	6/75	11,0	1,250	5	Morgan Grenfell & Co Ltd, Banque Arabe & Int. d'Investissement
Deutsche Außenhandelsbank AG	9/75	30,0	1,375	5	Crédit Lyonnais
Deutsche Außenhandelsbank AG	10/75	110,0	1,375	5	National Westminster Bank, Moscow Narodny Bank Ltd, Midland & Int. Banks Ltd, Canadian Imperial Bank of Commerce, Lloyds Bank Int. Ltd
Deutsche Außenhandelsbank AG	3/76	25,0	1,375	5	Creditanstalt-Bankverein, European Banking Co Ltd
Deutsche Außenhandelsbank AG	4/76	20,0	1,375	7	Bank of Tokyo Ltd, Fuji Bank, Dai-Ichi Kangyo Bank Ltd
Deutsche Außenhandelsbank AG	5/76	175,0	1,375	5	Bank of America NT & SA, First National Boston Ltd

Kreditnehmer	Datum	Zusage Mill. $	Zins über Libor	Laufzeit Jahre	Lead & Co-Manager
Deutsche Außenhandelsbank AG	8/76	40,0	1,250	5	Interunion-Banque, Banque Canadienne Nationale, FRAB Bank Int., Japan Int. Bank Ltd, Marine Midland Bank, Royal Bank of Canada, Société Centrale de Banque, Union de Banques Arabes et Européennes SA
Deutsche Außenhandelsbank AG	2/77	150,0	1,250	6	Citicorp. Int. Group, Bank of America NT & SA, Chemical Bank, Continental Illinois Ltd, First Chicago Ltd, Manufacturers Hanover Ltd, Security Pacific Nat. Bank
Deutsche Außenhandelsbank AG	7/77	150,0	1,125 1,250	3 3	Bankers Trust Int. Ltd., Bank of Montreal, Bank of Nova Scotia, Grindlay Brandts Ltd, Japan Int. Bank Ltd, Banque Nationale de Paris
Deutsche Außenhandelsbank AG	10/77	20,0	1,125 1,250	3 3	Banque Européenne de Crédit SA, Creditanstalt-Bankverein
INTRAC Handelsgesellschaft	10/77	150,0	1,250	6	First National Bank of Chicago, Girozentrale & Bank der Österreichischen Sparkassen, Orion Bank, Genossenschaftliche Zentralbank AG, Handelsbank NW, Int. Commercial Bank Ltd, Kredietbank SA Luxembourgeoise, Lloyds Bank Ltd, Manufactures Hanover Ltd. sowie drei weitere Banken
Deutsche Außenhandelsbank AG	11/77	200,0	1,125 1,250	2 4	Citicorp. Int. Ltd, Bank of America, Bank of Montreal, Barclays Bank Int. Ltd, Canadian Imperial Bank of Commerce, Chemical Bank, Continental Illinois Ltd, Japan Int. Bank Ltd, Lloyds Bank Int. Ltd, Manufacturers Hanover Ltd
Schiffscommerz	12/77	22,0	1,125 1,250	3 3	Guinness Mahon & Co Ltd, Marine Midland Bank, Williams & Glyn's Bank Ltd
Deutsche Außenhandelsbank AG	1/78	140,0	...	7	Bank of Tokyo Ltd, Mitsui Bank Ltd, Industrial Bank of Japan Ltd
INTRAC Handelsgesellschaft	2/78	100,0	1,000 1,125	3 3	Girozentrale & Bank der Österreichischen Sparkassen, Rabomerica Int. Bank NV, Bank of Montreal, Security Pacific Bank, Kredietbank SA Luxembourgeoise, Erste Österreichische Sparcasse, Dow Banking Corp., Centrale Sparcasse, Banque Nordeurope SA, Nordic Bank Ltd

Kreditnehmer	Datum	Zusage Mill. $	Zins über Libor	Laufzeit Jahre	Lead & Co-Manager
Deutsche Außen-handelsbank AG	5/78	22,0	...	2	Kuwait Int. Investment Co, Abu Dhabi Investment Co, Arab & Morgan Grenfell Fin. Co Ltd
Deutsche Außen-handelsbank AG	6/78	300,0	0,750	7	Citicorp. Int. Ltd, Assoc. Japanese Bank Ltd, Bank of America Int. Ltd, Bankers Trust Int. Ltd, Bank of Tokyo Ltd, Barclays Bank Int. Ltd, Royal Bank of Canada, Tokai Bank Ltd, Toronto-Dominion Bank sowie sieben weitere Banken
Deutsche Außen-handelsbank AG	12/78	220,0	0,625 0,750	3 4	Lloyds Bank Int. Ltd, Industrial Bank of Japan Ltd, Canadian Imperial Bank of Commerce, Mitsui Bank Ltd, National Westminster Bank, Société Fin. Européenne
Deutsche Außen-handelsbank	3/79	30,0	0,625 0,750	3 4	Creditanstalt-Bankverein, Banque Européenne de Crédit SA, Mitsubishi Bank (Europe) SA, Banque Générale du Luxembourg SA
INTRAC Handels-gesellschaft	3/79	150,0	0,750	7	Bank of Montreal, Girozentrale Wien, Long-Term Credit Bank of Japan Ltd, Manufacturers Hanover Ltd, First National Bank of Chicago, Nippon Credit Bank Ltd, Sumitomo Bank Ltd, Banque Nordeurope SA, Erste Österreichische Sparcasse sowie vier weitere Banken
INTRAC Handels-gesellschaft	4/79	51,0	0,625	2	Al-Union de Banques Arabes et Francaises Group
Deutsche Außen-handelsbank AG	6/79	200,0	0,625	7	Toronto-Dominion Bank, Canadian Imperial Bank of Commerce, Crédit Lyonnais, First Chicago Ltd, Orion Bank, Mitsui Bank Ltd, Royal Bank of Scotland Ltd, Sumitomo Bank Ltd
Deutsche Außen-handelsbank AG	7/79	56,0	0,625	7	Banque de l'Union Européenne SA, Société Générale, Banque Nationale de Paris, Crédit Lyonnais
Deutsche Außen-handelsbank AG	10/79	200,0	0,500 0,625	4 4	Crédit Lyonnais, Amsterdam-Rotterdam Bank NV, Bank of Scotland, Banque Canadienne Nationale, Banque Internationale pour l'Afrique Occidentale SA, Caisse Nationale de Crédit Agricole, International Commercial Bank Ltd, Landesbank Rheinland-

Kreditnehmer	Datum	Zusage Mill. $	Zins über Libor	Laufzeit Jahre	Lead & Co-Manager
					Pfalz, Saar Int. SA, Kyowa Bank Ltd sowie drei weitere Banken
Deutsche Außenhandelsbank AG	1/80	43,0	0,500 0,625	4 4	Banco Arabe Espanol
Deutsche Außenhandelsbank AG	2/80	100,0	0,500	8	Bank of America Int. Ltd
INTRAC Handelsgesellschaft	5/80	55,0	0,750	7	Girozentrale Wien, Zentralsparkasse & Kommerzbank Wien, Erste Österreichische Spar-Casse, Donau Bank, Österreichische Volksbanken, Postsparkasse
Deutsche Außenhandelsbank AG	6/80	21,0	0,625	8	Creditanstalt-Bankverein, Banque Européenne de Crédit, European American Bank Corp., Schoeller & Co, Bank für Kärnten, Bank für Oberösterreich und Salzburg
Deutsche Außenhandelsbank AG	11/80	100,0	0,625	5	Al-Union des Banques Arabes et Francaises Group, Al Bahrain Arab African Bank EC, Arab African Int. Bank, Arab Bank Investment Co Ltd, Arab Banking Corp., Banque Commerciale pour l'Europe du Nord, Banque Intercontinentale Arabe, Gulf Riyad Bank EC, Mitsui Trust & Banking Co
Deutsche Außenhandelsbank AG	3/81	250,0	0,625	5	Credit Lyonnais, Bank of Tokyo Ltd, Fuji Bank Ltd, International Commercial Bank Ltd, Moscow Narodny Bank Ltd, National Bank of Canada, Rabobank Nederland, Sanwa Bank Ltd, Ul-UBAF Group, Yasuda Trust & Banking Company Ltd, Zentralsparkasse und Kommerzialbank Wien, Orion Bank Ltd, Arab Bank for Investment & Foreign Trade, Gulf Riyad Bank EC, Libyan Arab Foreign Bank, National Bank of Kuwait SAK, Toyo Trust and Banking Co Ltd unter Beteiligung von Alahli Bank of Kuwait KSC, Banque Commerciale pour l'Europe du Nord, Indian Overseas Bank (Singapur), UBAF Bank Ltd, UBAF Arab American Bank, UBAN Arab Japanese Finance, Banco di Roma (Paris), Bank für Arbeit und Wirtschaft AG, Bulgarian Foreign Trade Bank, Rabobank (Curacao)
INTRAC Handelsgesellschaft	4/81	50,0	0,625	2	Bank for Credit & Foreign Commerce (Nassau), Banco de Bilbao SA, Banque Commerciale pour

Kreditnehmer	Datum	Zusage Mill. $	Zins über Libor	Laufzeit Jahre	Lead & Co-Manager
					l'Europe du Nord, Dow Banking Corporation, Mitsubishi Trust & Banking Corporation, Banco de Viscaya (Paris), Banque Continentale du Luxembourg SA, Chuo Trust & Banking Co, Bank for Credit & Foreign Commerce (Zürich) unter Beteiligung von Anglo Yugoslav LDT Ltd, Banco Espirito Santo e Comercial de Lisboa, Credit Commercial de France (CCF), Union Bank of Finland (Singapur), Banca March SA, Banque Franco Roumaine SA, Riggs National Bank of Washington DC, Banco Pastor SA
Deutsche Außenhandelsbank AG	7/81	100,0	0,625	5	Banque Nationale de Paris, Nippon Credit Bank Ltd, Long-Term Credit Bank of Japan, Bank of Yokohama Ltd, Chuo Trust & Banking Co, Banque Commerciale pour l'Europe du Nord unter Beteiligung von Österreichische Länderbank AG
Deutsche Außenhandelsbank AG	9/81	20,0*	0,625	8	Bank of Tokyo Ltd, Fuji Bank Ltd * 45,0 Mill. Euro-DM
Deutsche Außenhandelsbank AG	9/81	20,0	0,625	3	Al Mal, Libyan Arab Foreign Bank, National Bank of Kuwait SAK, Arab Bank Ltd, Arab Bank Investment Co unter Beteiligung von Kuwaiti-French Bank, Banque Intercontinentale Arabe (BIA), Arab Hellenic Bank (Athen)
INTRAC Handelsgesellschaft	10/81	50,0	0,875	3	Bank for Credit & Foreign Commerce (Nassau), Taiyo Kobe Bank Ltd (London), National Bank of Canada, Alahli Bank of Kuwait KSC, Taiyo Kobe Bank (Luxemburg), Banque Continentale du Luxembourg SA, Banquo Intercontinentale Arabe, Bank for Credit & Foreign Commerce (Zürich) unter Beteiligung von BAC-COB Private Savings Bank (Brüssel), Société des Banques SG Warburg Leu, Arab African International Bank (Nassau), Arab Bank for Investment & Foreign Trade, Arab Turkish Bank Ltd, Wozchod Handelsbank
Deutsche Außenhandelsbank AG	2/82	20,0	0,625	8	Bank of Tokyo Ltd

Kreditnehmer	Datum	Zusage Mill. $	Zins über Libor	Laufzeit Jahre	Lead & Co-Manager
Deutsche Außenhandelsbank AG	6/82	35,0	0,750	7	Bank of Tokyo Ltd, Dai-Ichi Kangyo Bank Ltd, Fuji Bank Ltd
Deutsche Außenhandelsbank AG	9/82	6,5	0,750	7	Fuji Bank Ltd, Bank of Tokyo Ltd, Mitsui Bank Ltd
Deutsche Außenhandelsbank AG	7/83	196,0*	1,000	5	Bayerische Landesbank International SA unter Beteiligung von Westdeutsche Landesbank Girozentrale, Hessische Landesbank-Girozentrale, Badische kommunale Landesbank Girozentrale, Deutsche Girozentrale — Deutsche Kommunalbank, Landesbank Rheinland Pfalz und Saar International SA * 500,0 Mill. Euro-DM
Deutsche Außenhandelsbank AG	7/83	196,0*	1,000	5	Bayerische Landesbank International SA, Deutsche Bank Compagnie Financière Luxembourg unter Beteiligung von DG Bank International SA, Nord LB Luxembourg, Commerzbank International SA, Compagnie Luxembourgeoise de la Dresdner Bank, Hamburgische Landesbank (Luxemburg), Landesbank Schleswig-Holstein International SA, Landesbank Rheinland-Pfalz und Saar International SA, Bayerische Vereinsbank International SA, Bank für Gemeinwirtschaft Luxembourg SA, Hypobank International SA, MM Warburg-Brinckmann, Wirtz & Co, Berliner Bank International, Industriekreditbank International SA, Trinkhaus & Burckhardt (International) SA, Vereins- und Westbank AG (International) SA, Hauck Banquiers Luxembourg SA * 500,0 Mill. Euro-DM
Deutsche Außenhandelsbank AG	3/84	100,0	1,000	5	First National Bank of Chicago
INTRAC Handelsgesellschaft	6/84	15,0*	1,000	2	Arab-Africain Bank, Fuji-Bank, Bank für Kredit- und Außenhandel AG, Rhein-Saar-Cux AG * 40,0 Mill. Euro-DM
Deutsche Außenhandelsbank AG	7/84	333,0*	1,000	5	Deutsche Bank Compagnie Financière Luxembourg unter Beteiligung von 25 anderen westdeutschen Banken * 950,0 Mill. Euro-DM

Anmerkungen

1 Vgl. insbesondere OECD: Financial Market Trends; OECD: Financial Statistics Monthly sowie World Bank: Borrowing in International Capital Markets
2 Im folgenden werden somit all jene Kredite nicht miterfaßt, die die DDR im Westen in der Landeswährung der Konsortialbanken aufgenommen hat, beispielsweise also ein Kredit, den die Deutsche Außenhandelsbank AG im Juni 1974 in Höhe von 46,5 Mill. Hongkong-Dollar bei Banken in Hongkong aufgenommen hat oder ein Kredit über 890,0 Mill. DM, den die Deutsche Außenhandelsbank AG im Juli 1976 bei 14 westdeutschen Banken unter Führung der Deutschen Bank AG aufnahm, um nur zwei Beispiele zu nennen. Damit wird deutlich, daß die kommunistischen Länder die Höhe der im Westen bekanntgewordenen mittelfristigen Eurokreditaufnahme dadurch beeinflussen können, daß sie Konsortialkredite in Landeswährung aufnehmen.
3 ALIBER, Robert Z.: The International Money Game, 2. Aufl., London und Basingstoke 1977 (1973[1]), S. 115
4 BUCK, Hannsjörg F.: Die Zahlungsbilanzpolitik der DDR und der europäischen RGW-Länder, a.a.O., S. 106
5 „Borrowing in International Capital Markets by Borrowing Country 1972–1980: German Democratic Republic", Date Run 07/17/81
6 Vgl. insbesondere OECD: Special Feature. Comecon Borrowing on International Capital Markets, in: Financial Market Trends, No. 2, December 1977, S. 61, 66f. sowie 81
7 Dabei wird die Notierung von US-$-Krediten für 6 Monate zugrundegelegt. Der für Eurobonds und Eurokredite notierte LIBOR-Aufschlag stellt somit strenggenommen nicht nur eine Risikokomponente – wie sie im Ländervergleich sichtbar wird – dar, sondern auch eine Komponente zum Ausgleich der längeren Laufzeit des Kredits

LITERATURVERZEICHNIS

Die nachfolgende Zusammenstellung umfaßt lediglich die wichtigste, für die Analyse im Hauptteil der Studie unmittelbar relevante Literatur. Insbesondere wurde auf die Wiedergabe von weiteren rund fünfhundert Titeln aus dem kommunistischen Schrifttum verzichtet, die zwar ausgewertet wurden, sich für das Thema jedoch nur sehr bedingt als fruchtbar erwiesen.

1. Monographien und Sammelwerke

ASCHINGER, Franz E.: Das Währungssystem des Westens, 2. Aufl., Frankfurt/M. 1973
BERNHOLZ, Peter: Grundlagen der Politischen Ökonomie. Zweiter Band, Tübingen 1975
BETHKENHAGEN, Jochen/MACHOWSKI, Heinrich: Integration im Rat für gegenseitige Wirtschaftshilfe. Entwicklung, Organisation, Erfolge und Grenzen, 2. Aufl., Berlin 1976
BETHKENHAGEN, Jochen/LAMBRECHT, Horst: Die Außenbeziehungen der DDR vor dem Hintergrund von Produktion und Verbrauch, Köln 1979
BILLERBECK, Klaus: Die Auslandshilfe des Ostblocks für die Entwicklungsländer. Analyse und Prognose, Hamburg 1960
BISKUP, Reinhold: Deutschlands offene Handelsgrenze. Die DDR als Nutznießer des EWG-Protokolls über den innerdeutschen Handel, Frankfurt/M. 1976
BROWN, Alan A./NEUBERGER, Egon (Hrsg.): International Trade and Central Planning. An Analysis of Economic Interactions, Berkeley—Los Angeles 1968
BRZEZINSKI, Zbigniew K./HUNTINGTON, Samuel P.: Politische Macht USA/UdSSR. Ein Vergleich, Köln und Berlin 1966
BUCH, Günther: Namen und Daten. Biographien wichtiger Personen der DDR, Berlin und Bonn-Bad Godesberg 1973
BUCH, Günther: Namen und Daten wichtiger Personen der DDR, 2. Aufl., Berlin und Bonn 1979
BUCH, Günther: Namen und Daten wichtiger Personen der DDR, 3. Aufl., Berlin und Bonn 1982
BUCK, Hannsjörg F.: Die Zahlungsbilanzpolitik der DDR und der europäischen RGW-Länder. Stabilisierungsmaßnahmen der Zentralplanwirtschaften zur Wiedergewinnung ausgeglichener Zahlungsbilanzen, Bonn (Gesamtdeutsches Institut) 1980
Bundesministerium für gesamtdeutsche Fragen (Hrsg.): SBZ von 1945 bis 1954. Die Sowjetische Besatzungszone Deutschlands in den Jahren 1945—1954, Bonn und Berlin 1964
Bundesministerium für gesamtdeutsche Fragen (Hrsg.): SBZ von 1955 bis 1958. Die Sowjetische Besatzungszone Deutschlands in den Jahren 1955—1958, Bonn und Berlin 1961
Bundesministerium für gesamtdeutsche Fragen (Hrsg.): SBZ von 1959 bis 1960. Die Sowjetische Besatzungszone Deutschlands in den Jahren 1959—1960, Bonn und Berlin 1964
Bundesministerium für gesamtdeutsche Fragen (Hrsg.): Chronik 1961—1962. Der andere Teil Deutschlands in den Jahren 1961—1962, Bonn und Berlin 1969
Bundesministerium für gesamtdeutsche Fragen (Hrsg.): SBZ von A bis Z. Ein Taschen- und Nachschlagewerk über die Sowjetische Besatzungszone Deutschlands, 9. Aufl., Bonn 1965
Bundesminister für innerdeutsche Beziehungen (Hrsg.): Auskünfte A—Z zum Stand der innerdeutschen Beziehungen, Bonn 1980
Bundesministerium für innerdeutsche Beziehungen (Hrsg.): DDR Handbuch, 2. Aufl., Köln 1979
Bundesministerium für innerdeutsche Beziehungen (Hrsg.): Zehn Jahre Deutschlandpolitik. Die Entwicklung der Beziehungen zwischen der Bundesrepublik Deutschland und der Deutschen Demokratischen Republik 1969—1979. Bericht und Dokumentation, Bonn 1980
CORNELSEN, Doris/MACHOWSKI, Heinrich/SCHENK, Karl-Ernst (Hrsg.): Perspektiven und Probleme wirtschaftlicher Zusammenarbeit zwischen Ost- und Westeuropa, Deutsches Institut für Wirtschaftsforschung, Sonderheft 114, Berlin 1976

Deutsches Institut für Wirtschaftsforschung (Hrsg.): DDR-Wirtschaft. Eine Bestandsaufnahme, Frankfurt/M. und Hamburg 1971
Deutsches Institut für Wirtschaftsforschung (Hrsg.): Handbuch DDR-Wirtschaft, Reinbek bei Hamburg 1977
DIETSCH, Ulrich: Außenwirtschaftliche Aktivitäten der DDR, Hamburg 1976
DIETZ, Raimund: Preisveränderungen im sowjetischen Außenhandel mit der DDR (1956—1980), Forschungsberichte des Wiener Instituts für Internationale Wirtschaftsvergleiche, Nr. 57, April 1980
DOMDEY, Karl-Heinz: Neokolonialismus oder Unabhängigkeit und sozialistische Wirtschaftshilfe. Zur Politik der sozialistischen und der imperialistischen Staaten gegenüber den ökonomisch schwachentwickelten Ländern, Berlin(Ost) 1962
DOWNS, Anthony: An Economic Theory of Democracy, New York 1957
EHLERMANN, Claus-Dieter/KUPPER, Siegfried/LAMBRECHT, Horst/OLLIG, Gerhard: Handelspartner DDR — Innerdeutsche Wirtschaftsbeziehungen, Baden-Baden 1975
FAUDE, Eugen/GROTE, Gerhard/LUFT, Christa u.a.: Sozialistische Außenwirtschaft, Berlin (Ost) 1976
FÖRSTER, Wolfgang: Das Außenhandelssystem der Sowjetischen Besatzungszone Deutschlands, 3. Aufl., Bonn (Bundesministerium für gesamtdeutsche Fragen) 1957
FRICKE, Karl Wilhelm: Die DDR-Staatssicherheit. Entwicklung, Strukturen, Aktionsfelder, Köln 1982
GERSTENBERGER, Karlheinz u.a.: Die wirtschaftliche Rechnungsführung im Außenhandel der DDR — Kategorien, Formen, Methoden, Berlin(Ost) 1974
GÖTZ, Julius: Die Rohstoffwirtschaft der DDR, Bonn (Gesamtdeutsches Institut) 1980
GROTE, Gerhard/SCHULMEISTER, Dieter u.a.: Planung der sozialistischen Außenwirtschaftsbeziehungen, Berlin(Ost) 1979
HAENDCKE-HOPPE, Maria: Die DDR-Außenhandelsstatistik und ihr Informationswert, FS-Analysen, Heft 3, Berlin 1978
HAENDCKE-HOPPE, Maria: Die Außenwirtschaftsbeziehungen der DDR. Grundzüge — Schwerpunkte — Perspektiven, FS-Analysen, Heft 4, Berlin 1980
HAMEL, Hannelore (Hrsg.): Bundesrepublik Deutschland — DDR. Die Wirtschaftssysteme. Soziale Marktwirtschaft und Sozialistische Planwirtschaft im Systemvergleich, München 1979
HARDT, J.P. (Hrsg.): East European Economies Post-Helsinki. A Compendium of Papers Submitted to the Joint Economic Committee, Congress of the United States, Washington, D.C. 1977
HENDRICHS, Klaus-Michael: Die Wirtschaftsbeziehungen der Deutschen Demokratischen Republik mit den Entwicklungsländern, Saarbrücken und Fort Lauderdale 1981
HENSEL, K. Paul: Grundformen der Wirtschaftsordnung. Marktwirtschaft — Zentralverwaltungswirtschaft, 2. Aufl., München 1974 (1972[1])
HERCHER, Karl: Der Zahlungsverkehr der DDR mit dem Ausland, Berlin(Ost) 1958
HEWETT, Edward A.: Foreign Trade Prices in the Council of Mutual Economic Assistance, Cambridge 1974
HOFMANN, Otto/SCHARSCHMIDT, Gerhard: DDR-Außenhandel gestern und heute, Berlin (Ost) 1975
HOLZMAN, Franklyn D.: Foreign Trade Under Central Planning, Cambridge, Mass. 1974
HOLZMAN, Franklyn D.: International Trade Under Communism — Politics and Economics, New York 1976
HORVAT, Branko: Die jugoslawische Gesellschaft. Ein Essay, Frankfurt/M. 1972
JACOBSEN, Hans-Adolf/LEPTIN, Gert/SCHEUNER, Ulrich/SCHULZ, Eberhard (Hrsg.): Drei Jahrzehnte Außenpolitik der DDR. Bestimmungsfaktoren, Instrumente, Aktionsfelder, 2. Aufl., München und Wien 1980
JESSE, Eckhard (Hrsg.): Bundesrepublik Deutschland und Deutsche Demokratische Republik. Die beiden deutschen Staaten im Vergleich, Bonn 1980
Joint Economic Commitee Congress of the United States (Hrsg.): Comparisons of the United States and Soviet Economies. Papers Submitted by Panelists Appearing Before the Subcommitee on Economic Statistics, Washington, D.C. 1959
KALUS, Hellmuth: Wirtschaftszahlen aus der SBZ. Eine Zusammenstellung statistischer Daten zur wirtschaftlichen Entwicklung in der Sowjetischen Besatzungszone und in Ostberlin

(teilweise im Vergleich zur Bundesrepublik), Bonn 1958
KINZE, Hans-Heinrich/KNOP, Hans/SEIFERT, Eberhard (Hrsg.): Volkswirtschaftsplanung. Lehrbuch, 2. Aufl., Berlin(Ost) 1978
KLINKMÜLLER, Erich: Die gegenwärtige Außenhandelsverflechtung der Sowjetischen Besatzungszone Deutschlands, Berlin 1959
KÖHLER, Heinz: Economic Integration in the Soviet Bloc. With an East German Case Study, New York, Washington und London 1965
KOHLMEY, Gunther/DEWEY, Charles: Bankensystem und Geldumlauf in der Deutschen Demokratischen Republik 1945–1955. Gesetzessammlung und Einführung, Berlin(Ost) 1956
KUPPER, Siegfried: Der innerdeutsche Handel. Rechtliche Grundlagen, politische und wirtschaftliche Bedeutung, Köln 1972
KUPPER, Siegfried: Die Tätigkeit der DDR in den nichtkommunistischen Ländern IX. Südostasien und Amerika, Bonn (Forschungsinstitut der Deutschen Gesellschaft für Auswärtige Politik) o.J.
KÜHNE, Harald-Dietrich: Der Funktionsmechanismus des kapitalistischen Währungssystems, Wissenschaftliche Beiträge der Martin Luther-Universität Halle-Wittenberg 1966/9 (D3), Halle/Saale 1966
LAMBRECHT, Horst: Die Entwicklung des Interzonenhandels von seinen Anfängen bis zur Gegenwart, Deutsches Institut für Wirtschaftsforschung Sonderheft Nr. 72, Berlin 1965
LAMBRECHT, Horst: Der Handel der Deutschen Demokratischen Republik mit der Bundesrepublik Deutschland und den übrigen OECD-Ländern. Eine vergleichende Betrachtung des Westhandels der DDR in den Jahren 1965 bis 1975, Deutsches Institut für Wirtschaftsforschung Sonderheft Nr. 119, Berlin 1977
LAMM, Hans Siegfried/KUPPER, Siegfried: DDR und Dritte Welt, München und Wien 1976
LANGE, Ernst: Grundfragen des neuen ökonomischen Systems im Außenhandel, Berlin(Ost) 1965
LANGE-PROLLIUS, Horst: Ostwesthandel für die 70er Jahre. Mit dem banktechnischen Beitrag Die Forfaitierung und das Switchgeschäft von Erich KISSNER, Bad Harzburg 1971
LANGE-PROLLIUS, Horst: Praxis des Ostwesthandels. Die Wirtschaftsbeziehungen 1977–1990. Mit Beiträgen von Erich KISSNER und Helmut BOHUNOVSKY, Düsseldorf und Wien 1977
LEIPOLD, Helmut: Wirtschafts- und Gesellschaftssysteme im Vergleich. Grundzüge einer Theorie der Wirtschaftssysteme, 2. Aufl., Stuttgart 1980
LEVCIK, Friedrich (Hrsg.): International Economics – Comparisons and Interdependences. Internationale Wirtschaft – Vergleiche und Interdependenzen. Festschrift für Franz NEMSCHAK, Wien und New York 1978
LUDZ, Peter Christian: Parteielite im Wandel. Funktionsaufbau, Sozialstruktur und Ideologie der SED-Führung. Eine empirisch-systematische Untersuchung, 3. Aufl., Köln-Opladen 1970
LUDZ, Peter Christian: Deutschlands doppelte Zukunft. Bundesrepublik und DDR in der Welt von morgen. Ein politischer Essay, München 1974
LUDZ, Peter Christian: Mechanismen der Herrschaftssicherung. Eine sprachpolitische Analyse gesellschaftlichen Wandels in der DDR, München 1979
LUDZ, Peter Christian: Die DDR zwischen Ost und West. Politische Analysen 1961–1976, 4. Aufl., München 1980
MACHOWSKI, Heinrich: RGW-Staaten und Dritte Welt, Bonn 1981
MARER, Paul: Soviet and East European Foreign Trade, 1946–1969. Statistical Compendium and Guide. Computer Programs by Gary J. EUBANKS, Bloomington und London 1972
MARER, Paul (Hrsg.): U.S. Financing of East-West Trade: The Political Economy of Government Credits and the National Interest, Bloomington, Indiana 1975
MARER, Paul/MONTIAS, John Michael (Hrsg.): East European Integration and East-West Trade, Bloomington, Indiana 1980
MARER, Paul: Foreign Trade Prices in the Soviet Bloc: A Theoretical and Empirical Study, Philadelphia 1969
MEISSNER, Boris/BRUNNER, Georg (Hrsg.): Gruppeninteressen und Entscheidungsprozeß in der Sowjetunion, Köln 1975
National Foreign Assessment Center. Central Intelligence Agency: Estimating Soviet and East European Hard Currency Debt. A Research Paper, Washington, D.C. 1980

NATO. Economics Directorate. Information Directorate (Hrsg.): Economic Reforms in Eastern Europe and Prospects for the 1980s. Colloquium 16—18 April 1980, Brüssel, Oxfort u.a. 1980
NATTLAND, Karl-Heinz: Der Außenhandel in der Wirtschaftsreform der DDR, Berlin 1972
NEUBERGER, Egon/TYSON, Laura d'Andrea (Hrsg.): The Impact of International Economic Disturbances on the Soviet Union and Eastern Europe. Transmission and Response, New York, Oxford u.a. 1980
OBST, Werner: DDR-Wirtschaft. Modell und Wirklichkeit, Hamburg 1973
OECD: External Debt of Developing Countries. 1982 Survey, Paris 1982
OSTEN, Walter: Die Außenpolitik der DDR. Im Spannungsfeld zwischen Moskau und Bonn, Opladen 1969
PORSCHEN, Dieter: Währungskooperation in West und Ost — Ein Systemvergleich auf der Grundlage der neuen politischen Ökonomie, Stuttgart und New York 1979
PRYOR, Frederic L.: The Communist Foreign Trade System, London 1963
RICHERT, Ernst: Macht ohne Mandat. Der Staatsapparat in der Sowjetischen Besatzungszone Deutschlands, 2. Aufl., Köln und Opladen 1963
RICHERT, Ernst: Die neue Gesellschaft in Ost und West. Analyse einer lautlosen Revolution, Gütersloh 1966
ROSE, Klaus: Theorie der Außenwirtschaft, 8. Aufl., München 1981
ROURKE, Francis E.: Bureaucracy and Foreign Policy, Baltimore und London 1972
RUDIN, Max: Das devisenpolitische Dreieckgeschäft und seine volkswirtschaftliche Bedeutung unter besonderer Berücksichtigung des Switch, Winterthur 1958
SAUNDERS, Christopher T. (Hrsg.): Money and Finance in East and West, East-West European Economic Interaction Workshop Papers, Volume 4, Wien und New York (The Vienna Institute for Comparative Economic Studies) 1978
SCHENK, Fritz: Magie der Planwirtschaft, Köln und Berlin 1960
SCHENK, Fritz: Im Vorzimmer der Diktatur. 12 Jahre Pankow, Köln und Berlin 1962
SCHENK, Fritz: Das rote Wirtschaftswunder. Die zentrale Planwirtschaft als Machtmittel der SED-Politik, Stuttgart-Degerloch 1969
SCHÜLLER, Alfred/WAGNER, Ulrich (Hrsg.): Außenwirtschaftspolitik und Stabilisierung von Wirtschaftssystemen, Stuttgart und New York 1980
SCHULZ, Eberhard/SCHULZ, Hans Dieter: Braucht der Osten die DDR?, Opladen 1968
SCHUSTER, Falko: Gegen- und Kompensationsgeschäfte als Marketing-Instrumente im Investitionsgüterbereich, Berlin 1979
Schweizerisches Institut für Aussenwirtschafts-, Struktur- und Marktforschung an der Hochschule St. Gallen für Wirtschafts- und Sozialwissenschaften (Hrsg.): Internationale Verschuldung. Entwicklungstendenzen, Risiken, Risikopolitik, Zürich 1978
SIK, Ota: Das kommunistische Machtsystem, Hamburg 1976
SIK, Ota: Der dritte Weg. Die marxistisch-leninistische Theorie und die moderne Industriegesellschaft, Hamburg 1972
SKILLING, Gordon H./GRIFFITHS, F. (Hrsg.): Interest Groups in Soviet Politics, Princeton, N.J. 1971
SPRÖTE, Wolfgang/HAHN, Gerhard: DDR-Wirtschaftshilfe contra Bonner Neokolonialismus. Studie über die wirtschaftliche und wissenschaftlich-technische Unterstützung der Nationalstaaten durch die DDR und die staatsmonopolistische Forderung der neokolonialistischen Expansion des westdeutschen Monopolkapitals, Berlin(Ost) 1965
THALHEIM, Karl C.: Die Wirtschaftspolitik der DDR im Schatten Moskaus, Hannover 1979
THALHEIM, Karl C.: Die Wirtschaft der Sowjetzone in Krise und Umbau, Berlin 1964
THIEME, H. Jörg (Hrsg.): Gesamtwirtschaftliche Instabilitäten im Systemvergleich, Stuttgart und New York 1979
USENKO, E.T.: Sozialistische internationale Arbeitsteilung und ihre rechtliche Regelung, Berlin(Ost) 1966
UTHOFF, Hayo/DEETZ, Werner (Hrsg.): Bürokratische Politik, Übersetzungen aus dem Amerikanischen von Claus SPRICK, Stuttgart 1980
WEBER, Adolf: Sowjetwirtschaft und Weltwirtschaft, Berlin 1959
WEBER, Hermann/OLDENBURG, Fred: 25 Jahre SED. Chronik einer Partei, Köln 1971
WEBER, Hermann: SED. Chronik einer Partei 1971 bis 1976, Köln 1976

WILCZYNSKI, Jozef: The Economics and Politics of East-West Trade. A Study of Trade between Developed Market Economies and Centrally Planned Economies in a Changing World, London u.a. 1969
WILCZYNSKI, Jozef: Comparative Monetary Economics. Capitalist and Socialist Monetary Systems and their Interrelations in the Changing International Scene, London und Basingstoke 1978
WILES, Peter John de la Fosse: Communist International Economics, New York and Washington 1969
ZIEGER, Gottfried i.Z.m. Axel LEBAHN (Hrsg.): Finanzierungs- und Währungsprobleme des Ost-West-Wirtschaftsverkehrs. Internationales Symposium 1.—3. Juli 1977 in Göttingen, Köln, Berlin, Bonn und München 1979
ZOHLNHÖFER, Werner: Die wirtschaftspolitische Willens- und Entscheidungsbildung in der Demokratie, Habilitationsschrift, Freiburg 1972
ZWASS, Adam: Zur Problematik der Währungsbeziehungen zwischen Ost und West, Wien und New York 1974
ZWASS, Adam: Money, Banking & Credit in the Soviet Union & Eastern Europe, London und Basingstoke 1979

2. Aufsätze in Zeitschriften und Sammelwerken

ADLER-KARLSSON, Gunnar: The U.S. Embargo: Inefficient and Counterproductive, in: Aussenwirtschaft. Zeitschrift für internationale Wirtschaftsbeziehungen, 35. Jg. (1980), S. 170—187
ALBRECHT, Degenhard: Die grundlegenden Aufgaben der Außenwirtschaft nach dem VIII. Parteitag, in: Sozialistische Außenwirtschaft, 21. Jg. (1971), H. 7—8, S. 1—4
ALBRECHT, Degenhard: 25 Jahre Sozialistische Einheitspartei Deutschlands — 25 Jahre erfolgreiche Außenwirtschaftspolitik, in: Sozialistische Außenwirtschaft, 21. Jg. (1971), H. 4, S. 1—4
ALBRECHT, Dieter: Steigende Exporte zur Sicherung unserer Importe und hoher Effektivität, in: Sozialistische Außenwirtschaft, 21. Jg. (1971), H. 7—8, S. 5f.
ALCHIMOW, W: Die Rolle des Banksystems bei der Entwicklung der Außenwirtschaftsbeziehungen der Sowjetunion, in: Außenhandel UdSSR, Moskau 1978, H. 6
ALLISON, Graham T./HALPERIN, Morton H.: Ein Modell bürokratischer Politik, in: UTHOFF, Hayo/DEETZ, Werner (Hrsg.): Bürokratische Politik, Stuttgart 1980, S. 209—225
ALLISON, Graham T./HALPERIN, Morton H.: Interaktion zwischen Nationen, in: UTHOFF, Hayo/DEETZ, Werner (Hrsg.): Bürokratische Politik, Stuttgart 1980, S. 231—244
ANIKIN, Andrej: Probleme und Perspektiven der Kaufkraft des Goldes auf dem Weltmarkt, in: Wirtschaftswissenschaft, 29. Jg. (1981), S. 828—841
APPENFELDER: Austauschverhältnisse und Preisniveaukennziffern. Möglichkeiten für bessere ökonomische Ergebnisse des Außenhandels ausnutzen, in: Der Außenhandel, 12. Jg. (1962), H. 21, S. 9—12
BALKOW, Julius: Außenhandelsplan 1962 — unser Beitrag zum Deutschen Friedensplan, in: Der Außenhandel, 11. Jg. (1961), H. 21, S. 1—4
BALKOW, Julius: Weltoffene Handelspolitik. Aus der Rede zur Eröffnung der Leipziger Herbstmesse, in: Die Wirtschaft, 19. Jg. (1964), H. 37, S. 3
BECK, Hubertus: Die Bedeutung einer operativen Valutareserve, in: Der Außenhandel, 8. Jg. (1958), S. 293—295
BECK, Hubertus: Die planmäßige Schaffung einer operativen Valutareserve, in: Der Außenhandel, 8. Jg. (1958), H. 9, S. 332—334
BEIL, Gerhard: Hohe Planziele erfordern effektivste Gestaltung der Außenwirtschaftstätigkeit, in: Sozialistische Außenwirtschaft, 20. Jg. (1970), H. 1, S. 1—4
BEIL, Gerhard/WENGER, Siegfried: Grundtendenzen der Außenwirtschaftsbeziehungen der DDR zu kapitalistischen Industrieländern, in: Sozialistische Außenwirtschaft, 19. Jg. (1969), H. 9, S. 32—39
BEU, G.: Die Valutaplanung der Dienstleistungen im Außenhandel verbessern, in: Der Außenhandel, 14. Jg. (1964), H. 11, S. 6—8

BERGSTRÖM, Siegfried: Beratungen über Probleme der weiteren Verschärfung der Krise des kapitalistischen Weltwährungssystems, in: Wirtschaftswissenschaft, 16. Jg. (1968), S. 1190–1196

BERK, Günter/SEIDEL, Karlheinz: Fragen des internationalen sozialistischen Währungssystems der RGW-Länder und seiner Weiterentwicklung und Vervollkommnung, in: Wirtschaftswissenschaft, 23. Jg. (1975), S. 1074–1079

BERK, Günter/SEIDEL, Karlheinz: Theoretische Probleme der Valuta- und Kreditbeziehungen im sozialistischen Weltsystem, in: Wirtschaftswissenschaft, 22. Jg. (1974), S. 1067–1071

BIERECK, G.: Austauschrelationen – ein rotes Signal, in: Der Außenhandel, 10. Jg. (1960), H. 18, S. 12f.

BISCHOF, Henrik: Erdöl und Erdgas in der kommunistischen Entwicklungspolitik, in: Monatsberichte des Forschungsinstituts der Friedrich Ebert-Stiftung. Entwicklungspolitische Akvivitäten kommunistischer Länder, Bonn 1974, S. 401–427

BISCHOF, Henrik: Nach der Anerkennung – Eine Bestandsaufnahme der Beziehungen DDR – Dritte Welt, in: Monatsberichte des Forschungsinstituts der Friedrich Ebert-Stiftung. Entwicklungspolitische Aktivitäten kommunistischer Länder, Bonn 1974, S. 216–242

BISCHOF, Henrik: Zur Kapitalhilfe kommunistischer Staaten an Entwicklungsländer (Materialien), in: Monatsberichte des Forschungsinstituts der Friedrich Ebert-Stiftung. Entwicklungspolitische Aktivitäten kommunistischer Länder, Bonn 1975, S. 111–154

BISCHOF, Henrik: Militärbeziehungen zwischen den kommunistischen Staaten und der Dritten Welt, in: Monatsberichte des Forschungsinstituts der Friedrich Ebert-Stiftung. Entwicklungspolitische Aktivitäten kommunistischer Länder, Bonn 1977, Teil I, S. 403–456

BISCHOF, Henrik: Die DDR in Afrika, in: Monatsberichte des Forschungsinstituts der Friedrich Ebert-Stiftung. Entwicklungspolitische Aktivitäten kommunistischer Länder, Bonn 1977, S. 261–296

BLESSING, Helmut: Der Außenhandel als Wachstumsfaktor des Nationaleinkommens, in: Der Außenhandel, 16. Jg. (1966), H. 9, S. 1–4

BLESSING, Helmut: Internationaler Kredit zwischen sozialistischen Ländern und Nationaleinkommen, in: Der Außenhandel, 16. Jg. (1966), H. 7, S. 1–4

BLESSING, Helmut: Der internationale langfristige Kredit als nationales Planungs- und Leitungsproblem, in: Der Außenhandel, 15. Jg. (1965), H. 6, S. 42–44

BLESSING, Helmut: Zu einigen Problemen des multilateralen Zahlungsverkehrs, in: Der Außenhandel, 6. Jg. (1956), S. 810–813

BLESSING, Helmut: Zur Entwicklung einer Zahlungsbilanztheorie im Sozialismus, in: Der Außenhandel, 17. Jg. (1967), S. 18–22

BOHLMANN, Ilse: Kapitalistische und Entwicklungsländer nutzen die neuen Möglichkeiten der Herbstmesse, in: Die Wirtschaft, 24. Jg. (1969), H. 38, S. 20f.

BOLZ, Klaus: Die Außenwirtschaftspolitik der DDR gegenüber westlichen Industrieländern und gegenüber den Entwicklungsländern zur Sicherung der Rohstoffversorgung, in: GUTMANN, Gernot (Hrsg.): Das Wirtschaftssystem der DDR – wirtschaftspolitische Gestaltungsprobleme, Stuttgart und New York 1983

BRAINARD, Lawrence J.: Financing eastern Europe's trade gap, the Euromarket connection, in: Euromoney, January 1976, S. 16–21

BRAINARD, Lawrence J.: Die Verschuldung Osteuropas, Alternativen für Ost und West, in: ZIEGER, Gottfried i.Z.m. Axel LEBAHN (Hrsg.): Finanzierungs- und Währungsprobleme des Ost-West-Wirtschaftsverkehrs, Köln u.a. 1979, S. 123–157

BRAINARD, Lawrence J.: Eastern Europe's Indebtedness: Policy Choices for East and West, in: SAUNDERS, Christopher T. (Hrsg.): Money and Finance in East and West, Wien und New York 1978, S. 79–98

BRAUER, Rudolf: Die Wirtschaftsbeziehungen zwischen sozialistischen und kapitalistischen Staaten als Form des Klassenkampfes, in: Sozialistische Außenwirtschaft, 20. Jg. (1970), H. 4, S. 21–23

BRAUER, Rudolf: Die sozialistische Wirtschaftsintegration – eine qualitativ neue Stufe der Zusammenarbeit der RGW-Länder, in: Sozialistische Außenwirtschaft, 21. Jg. (1971), H. 7–8, S. 7–9

BRAUER, Rudolf: Ökonomisches System des Sozialismus und Außenwirtschaftsmonopol, in: Sozialistische Außenwirtschaft, 19. Jg. (1969), H. 3, S. 17–20

BRENDEL, Gerhard/BRODE, Günter: Weltmarktpreisentwicklung der siebziger Jahre — Tendenzen und Ursachen, in: Wirtschaftswissenschaft, 28. Jg. (1980), S. 711—724
BRENDEL, Gerhard/DUBROWSKY, Hans-Joachim: Theoretische Probleme des sozialistischen Weltmarktes, in: Wirtschaftswissenschaft, 22. Jg. (1974), S. 590—598
BRENDEL, Gerhard/DUBROWSKY, Hans-Joachim: Tendenzen im Handel zwischen den RGW-Ländern, in: Deutsche Außenpolitik, H. 10/1982
BRUNS, Wilhelm: Dreißig Jahre Deutsche Demokratische Republik. Ein Literaturbericht, in: JESSE, Eckhard (Hrsg.): Bundesrepublik Deutschland und Deutsche Demokratische Republik. Die beiden deutschen Staaten im Vergleich, Bonn 1980, S. 285—300
BUCHHOLZ, Arnold: Methodische Probleme der Sowjetunion- und Osteuropaforschung, in: Das Parlament, Beilage: Aus Politik und Zeitgeschichte, B 48/81, 28. November 1981, S. 3—10
BUCK, Hannsjörg F.: Stabilisierung der Außenwirtschaftsbeziehungen von administrativ-sozialistischen Wirtschaftssystemen durch Zahlungsbilanz- und Finanzpolitik, in: SCHÜLLER, Alfred/WAGNER, Ulrich (Hrsg.): Außenwirtschaftspolitik und Stabilisierung von Wirtschaftssystemen, Stuttgart und New York 1980, S. 143—176
BUCK, Hannsjörg F.: Zur Lage der Staatsfinanzen der DDR am Ende der Fünfjahrplanperiode 1976—1980, in: Deutschlandarchiv, 14. Jg. (1981), H. 10, S. 1158—1173
BULS, Günter: Zu den Fragen des Preisausgleichs und der Subventionen im Außenhandel, in: Der Außenhandel, 4. Jg. (1954), S. 381
BUTTERMAN, W.C.: Copper, in: Bureau of Mines Minerals Yearbook 1980, Washington, D.C. (U.S. Department of the Interior), Reprint o.J.
BUTTERMAN, W.C.: Gold, in: U.S. Department of the Interior. Bureau of Mines: Bulletin 671. Mineral Facts and Problems, Washington, D.C. 1980 (Reprint)
CASSEL, Dieter/SCHUBERT, Manfred: Außenwirtschaftlich induzierte Instabilitäten, in: THIEME, H. Jörg (Hrsg.): Gesamtwirtschaftliche Instabilitäten im Systemvergleich, Stuttgart und New York 1979, S. 187—202
CORNELSEN, Doris: Wirtschaftsentwicklung in der DDR, in: Die DDR-Wirtschaft unter dem Zwang von Engpässen und Instabilitäten, 8. Symposion der Forschungsstelle für gesamtdeutsche wirtschaftliche und soziale Fragen, FS-Analysen, Heft 7; Berlin 1982, S. 35—52
CORNELSEN, Doris: Hauptaufgabe Export — Die Direktive zum Fünfjahrplan für die Wirtschaft der DDR 1981 bis 1985, in: DIW-Wochenbericht, 48. Jg. (1981), Nr. 31
CORNELSEN, Doris: Weiterhin Anspannung aller Ressourcen. Die Lage der DDR-Wirtschaft zur Jahreswende 1982/83, in: DIW-Wochenbericht, 50. Jg. (1983), Nr. 5, S. 51—58
CORNELSEN, Doris: Die Wirtschaft der DDR unter dem Einfluß weltwirtschaftlicher Veränderungen, in: Wirtschaft und Wirtschaftspolitik der DDR unter Unsicherheiten und Risiken, 9. Symposion der Forschungsstelle für gesamtdeutsche wirtschaftliche und soziale Fragen, FS-Analysen, Heft 6, Berlin 1983, S. 5—29
CORNELSEN, Doris: Erfolgreiche Produktionsanstrengungen. Die Lage der DDR-Wirtschaft zur Jahresmitte 1984, in: DIW-Wochenbericht, 51. Jg. (1984), Nr. 32
DEWEY, Charles: Die ökonomische und politische Rolle des Wechselstubenkurses, in: Deutsche Finanzwirtschaft, 9. Jg. (1955), H. 22, S. 942—944 (Teil I), H. 23, S. 987—990 (Teil II) und H. 24, S. 1040—1043 (Teil III)
DEWEY, Charles: Störfreiheit — unsere Antwort auf Erpressungsversuche, in: Deutsche Finanzwirtschaft, 15. Jg. (1961), Sammelausgabe, H. 20, S. 611—615
DIETRICH, Karl-Heinz: Erste Konferenz der Zentralbanken der sozialistischen Länder, in: Deutsche Finanzwirtschaft, Ausgabe: Geld und Kredit/Versicherung, 12. Jg. (1958), H. 13, S. 392f.
DOMDEY, Karl-Heinz: Die Welthandelskonferenz und die Stellung der DDR auf dem kapitalistischen Weltmarkt, in: Wirtschaftswissenschaft, 12. Jg. (1964), S. 611—629
DOMDEY, Karl-Heinz: Grundzüge und Probleme des kapitalistischen Weltwährungs- und Kreditsystems, in: Sozialistische Außenwirtschaft, 18. Jg. (1968), H. 8, S. 18—27
DOMDEY, Karl-Heinz: Zur ökonomischen Entwicklung und Außenwirtschaftspolitik der sozialistischen DDR, in: Wissenschaftliche Zeitschrift der Humboldt-Universität Berlin, 24. Jg. (1975), H. 6, S. 683—694
ECKERMANN, H.Ch.: Die Auflockerung der Pfundguthaben und ihre Auswirkungen auf die Sterling-Konten der Deutschen Notenbank, in: Der Außenhandel, 4. Jg. (1954), S. 663

EGERLAND, Helmut: Industriepreise und volkswirtschaftliche Hauptproportionen, in: Deutsche Finanzwirtschaft. Ausgabe: Finanzen und Buchführung, 22. Jg. (1968), H. 4, S. F9–F12

EHLERT, Willi: Die Rolle der Valuta- und Finanzbeziehungen bei der Vertiefung und Vervollkommnung der Zusammenarbeit und Entwicklung der sozialistischen ökonomischen Integration der Mitgliedsländer des Rates für gegenseitige Wirtschaftshilfe, in: Wissenschaftliche Zeitschrift der Humboldt-Universität Berlin, 26. Jg. (1977), H. 2, S. 165–170

EHLERT, Willi: Sozialistische internationale Zusammenarbeit und internationales Geldsystem, in: Deutsche Finanzwirtschaft, Sammelausgabe, 21. Jg. (1967), H. 20, S. 61f.

FABIAN, Fritz: Einheitliche Planung und Abrechnung, in: Der Außenhandel, 7. Jg. (1957), H. 22, S. 806

FABIAN, Fritz: Die Zahlungs- und Verrechnungsbilanz der DDR, in: Der Außenhandel, 7. Jg. (1957), H. 10, S. 363f. (Teil I) und H. 11, S. 399f. (Teil II)

FALLENBUCHL, Zbigniew M.: The Impact of External Economic Disturbances on Poland Since 1971, in: NEUBERGER, Egon/TYSON, Laura d'Andrea (Hrsg.): The Impact of International Economic Disturbances on the Soviet Union and Eastern Europe. Transmission and Response, New York u.a. 1980, S. 280–304

FAUDE, Eugen: Zum Problem der Konfrontation der Industrie mit den Bedingungen des Weltmarktes, in: Wissenschaftliche Zeitschrift der Hochschule für Ökonomie Berlin-Karlshorst, 12. Jg. (1967), H. 3, S. 385–394

FAUDE, Eugen/KUPFERSCHMIDT, Walter/SCHRADER, Horst/TIEDTKE, Horst: Zur Verantwortung und zu den Aufgaben der Betriebe in der Außenwirtschaft, in: Wirtschaftswissenschaft, 16. Jg. (1968), S. 1971–1993

FICHTE, Heinz: Neue Aufgaben für die Deutsche Außenhandelsbank AG, in: Die Wirtschaft, 22. Jg. (1967), H. 18, S. 17

FOMIN, Boris S.: Monetary and Financial Aspects of East-West Economic Cooperation, in: SAUNDERS, Christopher T. (Hrsg.): Money and Finance in East and West, Wien und New York 1978, S. 99–110

FRENZEL, Paul: Die Ausnutzung der ökonomischen Gesetzmäßigkeiten in der Praxis der Kreditplanung und -analyse, in: Deutsche Finanzwirtschaft, 8. Jg. (1954), H. 24, S. 1230f.

FREY, L.: Die Entwicklung der gegenwärtigen britischen Währungskrise, in: Der Außenhandel, 15. Jg. (1965), H. 9, S. 42–45

FRICKE, Karl Wilhelm: Nachrichtendienst und verdeckte Einwirkung, in: JACOBSEN, Hans-Adolf u.a. (Hrsg.): Drei Jahrzehnte Außenpolitik der DDR, München und Wien 1980, S. 333–344

FROH, Karl: Zur Qualifizierung der Planung der Außenwirtschaftstätigkeit des Verkehrswesens, in: DDR Verkehr, 4. Jg. (1971), S. 280–284

GERSTENBERGER, Karl-Heinz: Zur Funktion flexibler Stimulierungsmittel in der Außenwirtschaft und Probleme ihrer Gestaltung, in: Sozialistische Außenwirtschaft, 18. Jg. (1968), S. 1–7

GIERSDORF: Vorzüge und Nachteile bilateraler Clearingabkommen der DDR mit kapitalistischen Ländern, in: Der Außenhandel, 10. Jg. (1960), H. 1, S. 13–17

GIERSDORF: Fragen des Überganges zu multilateralen Clearingabkommen zwischen der DDR und kapitalistischen Ländern, in: Der Außenhandel, 10. Jg. (1960), H. 2, S. 13f.

GLAESSNER, Gert-Joachim: Politische und konzeptionelle Probleme der DDR- und Kommunismusforschung, in: Der X. Parteitag der SED. 35 Jahre SED-Politik. Versuch einer Bilanz, Vierzehnte Tagung zum Stand der DDR-Forschung in der Bundesrepublik Deutschland 9. bis 12. Juni 1981, Köln 1981, S. 3–20

GLEITZE, Bruno: Die Sowjetzonenwirtschaft in der Krise, in: Wirtschaftswissenschaftliche Mitteilungen, 14. Jg. (1961), H. 9/10, S. 201–247

GOLLMER, Kurt: Nochmals zur operativen Valutareserve, in: Der Außenhandel, 8. Jg. (1958), H. 19, S. 662f.

GOLLUS, Siegfried: Kreditierung nach sozialistischen Prinzipien, in: Der Außenhandel, 7. Jg. (1957), H. 20, S. 717f.

GÖLDNER, Joachim: 30 Jahre intersystemare Wirtschaftsbeziehungen der DDR, in: Wissenschaftliche Zeitschrift der Universität Halle, 28. Jg. (1979), H. 5, S. 71–80

GÖLDNER, Joachim: Rechtsprobleme intersystemarer Finanz- und Kreditbeziehungen, in: Wissenschaftliche Zeitschrift der Universität Halle, 27. Jg. (1978), H. 5, S. 109–117

GÖTZEL, J.: Über die Handelsbeziehungen mit Argentinien, in: Der Außenhandel, 6. Jg. (1956), S. 814f.

GRÄBIG, Gertrud/HOELL, Ingrid: Eine neue Qualität in den Außenwirtschaftsbeziehungen zwischen der DDR und der UdSSR, in: Wirtschaftswissenschaft, 20. Jg. (1972), S. 1–16

GREEN, Donald W.: How the dollar's fall distorted the picture of Comecon debt, in: Euromoney, June 1980, S. 47–53

GROTE, Gerhard: Einige theoretische und praktische Fragen des staatlichen Monopols auf dem Gebiet der Außenwirtschaft, in: Wirtschaftswissenschaft, 29. Jg. (1981), S. 143–152

GROTE, Gerhard: Für ein höheres Niveau der Planung des Außenhandels, in: Der Außenhandel, 12. Jg. (1962), H. 11, S. 1–4

GROTE, Gerhard: Plan und ökonomische Hebel im Außenhandel der DDR, in: Wissenschaftliche Zeitschrift der Hochschule für Ökonomie Berlin-Karlshorst, 12. Jg. (1967), H. 2, S. 175–181

GROTE, Gerhard: Plan und ökonomische Hebel in den Außenwirtschaftsbeziehungen, in: Der Außenhandel, 17. Jg. (1967), H. 3, S. 7–15

GRUNEWALD, Otto: Zum Handelsabkommen DDR-Burma, in: Der Außenhandel, 8. Jg. (1958), H. 18, S. 627f.

HAENDCKE-HOPPE, Maria: Die DDR-Außenhandelsstatistik und ihr Informationswert, FS-Analysen, Heft 3, Berlin 1978

HAENDCKE-HOPPE, Maria/LAMBRECHT, Horst: Die außenwirtschaftliche Situation der DDR, in: Wachstumsschwierigkeiten in der DDR-Wirtschaft, 5. Symposion der Forschungsstelle für gesamtdeutsche wirtschaftliche und soziale Fragen, FS-Analysen, Heft 7, Berlin 1979, S. 35–73

HAENDCKE-HOPPE, Maria: Die Außenwirtschaftsbeziehungen der DDR. Grundzüge – Schwerpunkte – Perspektiven, FS-Analysen, Heft 4, Berlin 1980

HAENDCKE-HOPPE, Maria: Umbau des Außenhandelsapparates ein Erfolgskonzept?, in: DDR-Reformbemühungen in Theorie und Praxis, 6. Symposion der Forschungsstelle für gesamtdeutsche wirtschaftliche und soziale Fragen, FS-Analysen, Heft 6, Berlin 1980. S. 75–93

HAENDCKE-HOPPE, Maria: DDR-Außenhandel unter dem Zwang zum Erfolg, in: Deutschlandarchiv, 15. Jg. (1982), H. 3, S. 262–269

HAENDCKE-HOPPE, Maria: Extreme Anstrengungen in der DDR-Außenwirtschaft, in: Die DDR-Wirtschaft unter dem Zwang von Engpässen und Instabilitäten, 8. Symposion der Forschungsstelle für gesamtdeutsche wirtschaftliche und soziale Fragen, FS-Analsyen, Heft 7, Berlin 1982, S. 53–89

HAENDCKE-HOPPE, Maria: DDR-Außenhandel im Zeichen schrumpfender Westimporte. Erstmals wieder aktive Handelsbilanz, in: Deutschlandarchiv, 16. Jg. (1983), H. 10, S. 1066–1071

HALPERIN, Morton H.: Warum Bürokraten um Macht spielen, in: UTHOFF, Hayo/DEETZ, Werner (Hrsg.): Bürokratische Politik, Stuttgart 1980, S. 367–375

HANNEMANN, Gerfried: Außenhandel und Investitionen, in: Der Außenhandel, 16. Jg. (1966), H. 9, S. 5–9

HANNEMANN, Gerfried: Die Bedeutung der ökonomischen Hilfe der sozialistischen Länder für die Entwicklung des progressiven Irak, in: Sozialistische Außenwirtschaft, 20. Jg. (1970), H. 6, S. 24–27

HANNEMANN, Gerfried: Die Formen der wechselseitigen Einflußnahme zwischen den Wachstumsfaktoren Investitionen und Außenhandel, in: Wissenschaftliche Zeitschrift der Hochschule für Ökonomie Berlin-Karlshorst, 12. Jg. (1967), H. 3, S. 395–410

HANNEMANN, Gerfried: Investitionen und Zahlungsbilanz, in: Sozialistische Außenwirtschaft, 19. Jg. (1969), H. 5, S. 9–13

HANSEN, Hans: Mit Devisen muß sparsamer umgegangen werden! Erfahrungen aus dem Handel mit der Republik Sudan, in: Der Außenhandel, 10. Jg. (1960), H. 8, S. 7–9

HANSEN, Hans: Welche finanziellen Beziehungen unterhält die DDR zum Ausland?, in: Deutsche Finanzwirtschaft, Sammelausgabe, 14. Jg. (1960), H. 7, S. 212–216

HASENEYER, M.: Importaufwand und Inlandspreis, in: Der Außenhandel, 13. Jg. (1963), H. 1, S. 47

HERCHER, Karl: Das Valutamonopol der DDR, in: Deutsche Finanzwirtschaft, Ausgabe: Geld und Kredit/Versicherung, 12. Jg. (1958), H. 18, S. 515f.

HERCHER, Karl: Höherer Nutzeffekt im Außenhandel. Die Kontrolle der Bank gegenüber den Außenhandelsunternehmen, in: Deutsche Finanzwirtschaft, Ausgabe: Geld und Kredit/ Versicherung, 16. Jg. (1962), H. 8, S. 1–4
HERSPRING, Dale R.: Die Rolle der Streitkräfte in der Aussenpolitik der DDR, in: JACOBSEN, Hans-Adolf u.a. (Hrsg.): Drei Jahrzehnte Außenpolitik der DDR, München und Wien 1980, S. 313–324
HEWETT, Edward A.: The Impact of the World Economic Crisis on Intra-CMEA Trade, in: NEUBERGER, Egon/TYSON, Laura d'Andrea (Hrsg.): The Impact of International Economic Disturbances on the Soviet Union and Eastern Europe. Transmission and Response, New York u.a. 1980, S. 323–348
HIRVENSALO, Inkeri/KIVILAHTI, Terhi: Payment Arrangements between Finland and the socialist Countries, in: Bank of Finland Monthly Bulletin (1977), H. 11, S. 3–14
HOFFMANN, Diether H.: Finanzierungsprobleme im Handel mit der DDR, in: ZIEGER, Gottfried i.Z.m. Axel LEBAHN (Hrsg.): Finanzierungs- und Währungsprobleme des Ost-West-Wirtschaftsverkehrs, Köln u.a. 1979, S. 343–355
HOFMANN, O./ENDERLEIN, F.: Klarheit über das Wesen des Außenhandelsmonopols!, in: Der Außenhandel, 10. Jg. (1960), H. 12, S. 24–28
HOFMANN, O./SYDOW, P.: Frieden, Sozialismus, weltweite Zusammenarbeit und Wohlstand der Völker. Betrachtungen zum XXIV. Parteitag der KPdSU, in: Sozialistische Außenwirtschaft, 21. Jg. (1971), H. 5, S. 1–4
HÖHMANN, Hans-Hermann: Der erstarrte Koloß. Wirtschaftspolitik und Wirtschaftsreformpolitik der UdSSR in der Ära Breshnew, in: Das Parlament. Aus Politik und Zeitgeschichte, B 48/81, 28. November 1981, S. 23–33
HÖHNE, Christa: Tagung der Sektion Wirtschaftswissenschaften über Probleme des Schiffbaus, der Seehandelsschiffahrt und der Seehafenwirtschaft der DDR, in: Wirtschaftswissenschaft, 8. Jg. (1960), S. 759–765
HUBER, Ludwig: How to Assess Comecon, in: Euromoney, October 1983, S. 247–250
HUMMEL, R.: Die Planung, Finanzierung und Abrechnung der Preisausgleiche im Jahre 1964, in: Der Außenhandel, 14. Jg. (1964), S. 10–12
HUNSICKER, J.: Mathematische Methoden in der Valutaplanung, in: Der Außenhandel, 13. Jg. (1963), H. 4, S. 10f.
JACOBEIT, J.: Die Valutaplanabrechnung und die Möglichkeit der maschinellen Aufbereitung, in: Der Außenhandel, 14. Jg. (1964), H. 12, S. 11f.
JACOBSEN, Hanns-Dieter: Strategie und Schwerpunkte der Aussenwirtschaftsbeziehungen, in: JACOBSEN, Hans-Adolf u.a. (Hrsg.): Drei Jahrzehnte Außenpolitik der DDR, München und Wien 1980, S. 293–311
JACOBSEN, Hanns-Dieter: Die Außenwirtschaftspolitik der DDR gegenüber dem Westen zu Beginn der achtziger Jahre, in: Die DDR vor den Herausforderungen der achtziger Jahre. Sechzehnte Tagung zum Stand der DDR-Forschung in der Bundesrepublik Deutschland 24. bis 27. Mai 1983, Köln 1983, S. 66–78
KIRCHHOFF, A.: Staatlich sanktionierte langfristige Beziehungen – solide Außenwirtschaftsbasis. Normale völkerrechtliche Beziehungen fördern Handel mit Entwicklungsländern und kapitalistischen Industrieländern, in: Die Wirtschaft, 25. Jg. (1970), H. 39, S. 27
KLOPFER, Heinz: Volkswirtschaftsplan 1982, in: Einheit, 37. Jg. (1982), H. 1, S. 3–6
KLOS, Heinz/OPELT, Karl-Heinz: Zu einigen Aspekten der Außenhandelstätigkeit mit kapitalistischen Ländern auf Kompensationsbasis, in: Wissenschaftliche Zeitschrift der Universität Halle, 28. Jg. (1979), H. 5, S. 81–86
KOCH, Fritz: Kompensationen überwinden!, in: Der Außenhandel, 6. Jg. (1956), S. 515f.
KOHLMEY, Gunther: Geldtheorie und Außenwirtschaftstheorie, monetäre Planung und Außenwirtschaftsplanung, in: Sozialistische Außenwirtschaft, 18. Jg. (1968), H. 4, Sonderbeilage, S. 10–12
KOHLMEY, Gunther: Karl Marx' Außenhandelstheorie und Probleme der außenwirtschaftlichen Beziehungen zwischen sozialistischen Staaten, in: Wirtschaftswissenschaft, 15. Jg. (1967), S. 1233–1259
KOHLMEY, Gunther: Wirtschaftswachstum und Außenhandel, in: Der Außenhandel, 15. Jg. (1965), H. 3, S. 1–7
KOHLMEY, Gunther: Zeitfaktor und Außenwirtschaft, in: Sozialistische Außenwirtschaft, 21. Jg. (1971), H. 11, S. 5–9

KOLLOCH, Eveline/THÜMMLER, Werner: Zur Diskussion um die Rolle des Goldes in den internationalen kapitalistischen Währungsbeziehungen, in: Wirtschaftswissenschaft, 27. Jg. (1979), S. 1218—1230

KOLLOCH, Klaus: Zu einigen Problemen der Währungsstabilität im Sozialismus, in: Wissenschaftliche Zeitschrift der Humboldt-Universität Berlin, 26. Jg. (1977), H. 2, S. 160—164

KOLLOCH, Klaus: Zur Rolle des Goldes als Geldware und zu seiner Bedeutung in den internationalen Währungsbeziehungen des Kapitalismus und des Sozialismus, in: Wirtschaftswissenschaft, 28. Jg. (1980), S. 920—928

KOLLOCH, Klaus/EHLERT, Willi: Zur Theorie und Praxis des internationalen Bankenclearings, in: Deutsche Finanzwirtschaft, Sammelausgabe, 19. Jg. (1965), H. 3, S. 21—23

KOLLOCH, Klaus/KOLLOCH, Eveline: Zu einigen Aspekten der ökonomischen Zusammenarbeit zwischen den sozialistischen und kapitalistischen Ländern, in: Wissenschaftliche Zeitschrift der Humboldt-Universität Berlin, 24. Jg. (1975), H. 6, S. 741—743

KÖHLER, Otto: Probleme der statistischen Widerspiegelung des direkten Einflusses der Außenwirtschaftsbeziehungen auf das Nationaleinkommen der DDR, in: Wissenschaftliche Zeitschrift der Hochschule für Ökonomie Berlin-Karlshorst, 13. Jg. (1968), H. 1, S. 63—72

KUCKHOFF, Greta: Die Aufgaben der Staatsbank, in: Deutsche Finanzwirtschaft, Ausgabe: Geld und Kredit/Versicherung, 12. Jg. (1958), H. 2, S. 33—36

KUCKHOFF, Greta: Die Deutsche Notenbank 1952 und 1953, in: Deutsche Finanzwirtschaft, 7. Jg. (1953), H. 3, S. 114—117

KUCKHOFF, Greta: Hauptaufgaben der Deutschen Notenbank nach dem IV. Parteitag der SED, in: Deutsche Finanzwirtschaft, 8. Jg. (1954), H. 17, S. 866—869 und H. 18, S. 916—920

KUCZORRA, Franz: Fragen und Antworten zur Pfundabwertung, in: Deutsche Finanzwirtschaft, 22. Jg. (1968), H. 1, S. 16

KUECHLER, Heinz/PETZOLD, Lothar: Zum Thema Preisausgleich und Subventionen im Außenhandel, in: Deutsche Finanzwirtschaft, 12. Jg. (1958), H. 6, S. 81 f.

KULESSA, Georg: Die Aufgaben der Deutschen Außenhandelsbank bei der Abwicklung von Außenhandelsoperationen, in: Der Außenhandel, 17. Jg. (1967), H. 2, S. 16 f.

KULESSA, Georg: Preisausgleichsmittel sorgfältiger planen, in: Der Außenhandel, 10. Jg. (1960), H. 18, S. 3

KULINAT, Horst: Zur Reorganisation des Netzes der Außenhandelsbanken in der DDR, in: Der Außenhandel, 12. Jg. (1962), H. 9, S. 30—32

KULINAT, Horst: Größere Selbständigkeit der DN-Filialen im Zahlungsverkehr mit dem Ausland, in: Deutsche Finanzwirtschaft, Ausgabe: Geld und Kredit/Versicherung, 12. Jg. (1958), H. 4, S. 108 f.

KÜHNE, Harald-Dietrich: Die Stabilität der Währung der Deutschen Demokratischen Republik und die Rolle des einheitlichen sozialistischen Finanzsystems, in: Wissenschaftliche Zeitschrift der Universität Halle, 8. Jg. (1958/59), H. 6, S. 1113—1123

KÜHNE, Harald-Dietrich: Die funktionalen Beziehungen internationaler und nationaler monetärer Prozesse in der zweiten Etappe des neuen ökonomischen Systems der Planung und Leitung, in: Wissenschaftliche Zeitschrift der Universität Halle, 15. Jg. (1966), H. 6, S. 797—809

KÜHNE, Harald-Dietrich: Neuer Höhepunkt der Währungskrise. Hintergründe und Auswirkungen der Pfundabwertung, in: Deutsche Finanzwirtschaft, Sammelausgabe, 21. Jg. (1967), H. 24, S. 11—15

KÜHNE, Harald-Dietrich: Internationale kapitalistische Währungsordnung am Scheideweg. Die Zukunft der kapitalistischen Leitwährungen, in: Deutsche Finanzwirtschaft, Sammelausgabe, 21. Jg. (1967), H. 16, S. 15 f.

KÜHNE, Harald-Dietrich: Zuspitzung der Währungskrise erhöht Labilität der kapitalistischen Weltwirtschaft, in: Sozialistische Außenwirtschaft, 18. Jg. (1968), H. 2, S. 24—28

KÜHNE, Harald-Dietrich: Ein neuer Abschnitt in der imperialistischen Weltwährungs- und -handelskrise, in: Sozialistische Außenwirtschaft, 21. Jg. (1971), H. 10, S. 17—19

KÜHNE, Harald-Dietrich: Internationale Wirtschaftsbeziehungen und Währungspolitik, in: Wissenschaftliche Zeitschrift der Universität Halle, 21. Jg. (1972), H. 6, S. 63—72

LAMBSDORF, Otto Graf: Politische Aspekte des Ostkredits, in: Zeitschrift für das gesamte Kreditwesen, 34. Jg. (1981), H. 1, S. 12 f.

LARGE, Andrew: The Role of Eurocurrencies in East-West Trade, in: SAUNDERS, Christopher T. (Hrsg.): Money and Finance in East and West, Wien und New York 1978, S. 145–154

LEIPOLD, Helmut: Zielbestimmung und Instabilitäten als Ergebnis politischer Entscheidungsprozesse, in: THIEME, H. Jörg (Hrsg.): Gesamtwirtschaftliche Instabilitäten im Systemvergleich, Stuttgart und New York 1979, S. 39–53

LESSOW, R.S.: Expansiv, exportstabil, bilanziert. Indiens Außenhandel mit den sozialistischen Ländern Europas, in: Die Wirtschaft, 22. Jg. (1967), H. 3, S. 31

LEVCIK, Friedrich: Ostverschuldung und Ost-West-Wirtschaftsbeziehungen, in: West-Ost-Journal Nr. 21 (1977)

LEVCIK, Friedrich/STANKOVSKY, Jan: Kredite des Westens und Österreichs an Osteuropa und die UdSSR, in: Monatsberichte des österreichischen Instituts für Wirtschaftsforschung, Nr. 5 (Mai 1977), S. 250–263

LEVINE, Richard: The Mineral Industry of the German Democratic Republic, in: Bureau of Mines Minerals Yearbook 1980, Washington, D.C. (U.S. Department of the Interior), Reprint o.J.

LIPFERT, Helmut: Switch-Geschäfte, in: Zeitschrift für das gesamte Kreditwesen, 6. Jg. (1953), H. 13, S. 400f. und H. 14, S. 434f.

LIPFERT, Helmut: Switch-Geschäfte in der Gegenwart, in: Zeitschrift für das gesamte Kreditwesen, 10. Jg. (1957), H. 10, S. 382f.

LUCAS, J.M.: Gold, in: Bureau of Mines Minerals Yearbook 1980, Washington, D.C. (U.S. Department of the Interior), Reprint o.J.

LUDWIG, Rudolf: Optimierung der Außenhandelstransporte – ein Weg zur effektiveren Gestaltung der Außenwirtschaftsbeziehungen, in: DDR Verkehr, 1. Jg. (1968), S. 100–103

MACHOWSKI, Heinrich/SCHULTZ, Siegfried: Die Beziehungen zwischen den sozialistischen Planwirtschaften und der Dritten Welt, in: Deutschlandarchiv, 14. Jg. (1981), H. 7, S. 737–745

MALZ, Günter: Außenhandelspartner Kanada. Hohe Komsumgüterimporte machen diesen Markt für die DDR besonders interessant, in: Die Wirtschaft, 14. Jg. (1959), H. 48, S. 15

MALZ, Günter: Brasilien wünscht gleichberechtigte Handelsbeziehungen, in: Der Außenhandel, 11. Jg. (1961), H. 12, S. 26–28

MARER, Paul: Toward a solution of the mirror statistics puzzle in East-West commerce, in: LEVCIK, Friedrich (Hrsg.): International Economics – Comparisons and Interdependences – Festschrift für Franz Nemschak, Wien und New York 1978

MARX, Eberhard: Die Devisensituation der osteuropäischen Länder und ihre Auswirkungen auf den Ost-West-Handel, in: ZIEGER, Gottfried i.Z.m. Axel LEBAHN (Hrsg.): Finanzierungs- und Währungsprobleme des Ost-West-Wirtschaftsverkehrs, Köln u.a. 1979, S. 13–26

MEDZECH, Günter: Bemerkungen zum Strobel-Artikel über die Subventionen, in: Der Außenhandel, 4. Jg. (1954), S. 277

MITZSCHERLING, Peter: DDR-Wirtschaft 1971 bis 1975: „Stabilität und angemessenes Wachstum", in: DIW Wochenbericht, 38. Jg. (1971), Nr. 22, S. 153–157

MITZSCHERLING, Peter: Export statt Investitionen. Zum Fünfjahrplan 1971 bis 1975 der DDR-Wirtschaft, in: DIW-Wochenbericht, 38. Jg. (1971), Nr. 24, S. 169–171

MITZSCHERLING, Peter: DDR-Wirtschaft in Wachstumsschwierigkeiten, in: DIW-Wochenbericht, 38. Jg. (1971), Nr. 38, S. 263–268

MURGOTT, Rudolf: Auf dem Wege zu echten ökonomischen Beziehungen zwischen Außenhandel und Industrie, in: Die Wirtschaft, 21. Jg. (1966), H. 18, S. 3f.

MÜLLER, Klaus: Zur sogenannten Demonetisierung des Goldes, in: Wirtschaftswissenschaft, 28. Jg. (1980), S. 313–328

MÜLLER, Klaus: Nochmals zur Rolle des Goldes und des Papiergeldes im heutigen Kapitalismus, in: Wirtschaftswissenschaft, 29. Jg. (1981), S. 456–463

NEETZEL, Ludwig/ZSCHOCKELT, Wolfgang: Finanzielle Sicherungsfonds im Bereich der Außenwirtschaftsbeziehungen, in: Deutsche Finanzwirtschaft, Sammelausgabe, 21. Jg. (1967), H. 5, S. 13f.

NITZ, Hans-Jürgen: Außenhandel – Produktion – Perspektivplanung, in: Der Außenhandel, 13. Jg. (1963), H. 1, S. 8–16

NUORTILA, Raili: Finnish Economic Relations with the Socialist Countries, in: Bank of Finland Monthly Bulletin (1974), H. 10, S. 3—8
ORLOWSKI, Miroslaw: Das Problem der Valutenkurse in der sozialistischen Wirtschaft, in: Zeitschrift für die gesamte Staatswissenschaft, 116. Band (1960), H. 1, S. 83—103
PAMPEL: Die Kraft des Kollektivs besser nutzen. Zur III. Ökonomischen Konferenz im AHU Elektrotechnik, in: Der Außenhandel, 11. Jg. (1961), H. 16, S. 10—12
PHAN-HUY, H.: Die Verschuldung des Ostblocks, in: Bulletin der Schweizerischen Kreditanstalt, 88. Jg. (1982), H. 4, S. 9
PLÖNZKE, Horst/RADTKE, Günter/THÜMMLER; Werner/ZSCHOCKELT, Wolfgang: Theoretische und methodische Probleme von Geld und Finanzen in der entwickelten sozialistischen Gesellschaft, in: Wirtschaftswissenschaft, 28. Jg. (1980), S. 1122—1131
POLZE, Werner: Was sind freie Devisen?, in: Der Außenhandel, 7. Jg. (1957), H. 24, S. 876f.
PORTES, Richard: East Europe's Debt to the West: Interdependence is a Two-Way Street, in: Foreign Affairs, Vol. 55 (1977), H. 4, S. 751—782
PORTES, Richard: Internal and External Balance in a Centrally Planned Economy, in: Journal of Comparative Economics, Vol. 3 (1979), No. 4, S. 325—345
QUIETZSCH, Eberhard: Kommerzielle Dienstleistungen im Aussenhandel der DDR, in: Der Außenhandel, 8. Jg. (1958), H. 4—5, S. 145f.
QUIETZSCH, Eberhard: Verbesserte kommerzielle Dienstleistungen — geringere Devisenausgabe, in: Der Außenhandel, 8. Jg. (1958), H. 11, S. 394f.
ROTERS, Gunter: Interhotels im Auslandstourismus, in: Die Wirtschaft, 21. Jg. (1966), H. 13, S. 10f.
RUDOLPH, Horst: Neue Methoden bei der Ermittlung der Exportrentabilität, in: Der Außenhandel, 15. Jg. (1965), H. 7, S. 1—4
RUDOLPH, Horst: Zur Anwendung ökonomisch-mathematischer Modelle bei der Planung der Außenwirtschaft von 1971 bis 1975, in: Sozialistische Außenwirtschaft, 20. Jg. (1970), H. 8, S. 18f.
RUDOLPH, Horst: Zu einigen wichtigen Aufgaben der Außenwirtschaftsplanung für den Zeitraum von 1971 bis 1975, in: Sozialistische Außenwirtschaft, 21. Jg. (1971), H. 9, S. 40f.
RUDOLPH, Horst: Zur Weiterentwicklung der Regelungen zum Planungssystem für den Zeitraum von 1971—1975, in: Sozialistische Außenwirtschaft, 20. Jg. (1970), H. 7, S. 4—8
RÜGER, Angela: Verstärkte Zentralisierung. Änderungen im Planungssystem der DDR, in: DIW-Wochenbericht, 38. Jg. (1971), Nr. 47, S. 340—342
RUMPF, Willy: Die Vervollkommnung und Vereinfachung der Arbeitsweise der Finanzorgane, in: Deutsche Finanzwirtschaft, 12. Jg. (1958), H. 10, S. 138ff.
RUMPF, Willy: Schlußwort auf der Arbeitstagung mit leitenden Finanzkadern am 17. und 18. April 1958, in: Deutsche Finanzwirtschaft, 12. Jg. (1958), H. 10, S. 152—157
SÄNGERLAUB, Wolf: Kredit- und Zinspolitik stimuliert hohe Effektivität der Außenwirtschaft, in: Die Wirtschaft, 25. Jg. (1970), H. 39, S. 15
SANDVOSS, Ernst-Otto: Der Ostkredit in den letzten dreißig Jahren, in: Zeitschrift für das gesamte Kreditwesen, 34. Jg. (1981), H. 1, S. 14ff.
SCHARRER, Hans-Eckart/BOLZ, Klaus: Borrowing in Western Financial Markets by Eastern European Countries, in: Inter-Economics, 14. Jg. (1979), H. 2, S. 90—95
SCHENK, Karl-Ernst: Bürokratie und Wirtschaftsordnung, in: Hamburger Jahrbuch für Wirtschafts- und Gesellschaftspolitik, 23. Jg. (1978), S. 141—154
SCHENK, Karl-Ernst: Die Konvertibilität der Ostblockwährungen als komplexes Entscheidungsproblem der Wirtschaftspolitik, in: Schmollers Jahrbuch, 89. Jg. (1969), S. 675—689
SCHENK, Karl-Ernst/PORSCHEN, Dieter: Ansätze zu einer ökonomischen Theorie der Einparteiensysteme Osteuropas, in: Staat und Wirtschaft. Verhandlungen auf der Arbeitstagung des Vereins für Socialpolitik in Hamburg 1978, N.F. Band 102, Berlin 1979, S. 91ff.
SCHEWEL, I.: Kredit und Unterstützung zwischen den sozialistischen Ländern, in: Der Außenhandel, 12. Jg. (1962), H. 8, S. 21—24
SCHLEIFFER, Siegwart: Der Euro(pa)dollarmarkt (Eurogeldmarkt), in: Deutsche Finanzwirtschaft, Ausgabe: Geld und Kredit/Versicherung, 22. Jg. (1968), H. 7, S. G16f.
SCHMELING, Siegfried: Probleme der Messung des Einflusses der Außenwirtschaftsbeziehungen auf das Nationaleinkommen, in: Der Außenhandel, 16. Jg. (1966), H. 12, S. 6—11
SCHMELING, Siegfried/ULBRICHT, Gottfried: Zum System der Außenwirtschaftsbilanzen in der DDR, in: Der Außenhandel, 15. Jg. (1965), H. 5, S. 27—30

SCHMIDT, Martin: Nach dem 6. Plenum – einige Gedanken zur Arbeit der Deutschen Notenbank, in: Deutsche Finanzwirtschaft, 13. Jg. (1959), H. 22, S. 506–508
SCHMIDT, Martin: Klarheit im Kopf und neuer Arbeitsstil. Die nächsten Aufgaben der Mitarbeiter der Deutschen Notenbank auf Grund der Beschlüsse des 35. Plenums, in: Deutsche Finanzwirtschaft, Ausgabe: Geld und Kredit/Versicherung, 12. Jg. (1958), H. 13, S. 369–391
SCHÖNE, Wilfried: Preisausgleich und Subvention im Außenhandel, in: Deutsche Finanzwirtschaft, Sammelausgabe, 11. Jg. (1957), H. 20, S. 314–316
SCHÖNHERR, Günther: Bedeutung der Wahl der ausländischen Bank bei den Geschäften unserer AHU mit kapitalistischen Kontrahenten, in: Der Außenhandel, 9. Jg. (1959), H. 9, S. 27f.
SCHOPPE, Siegfried G.: Funktionswandlungen des Goldes im Rahmen der sowjetischen Außenhandelsregie seit 1945/46, in: Osteuropa-Wirtschaft, 23. Jg. (1978), H. 1, S. 25–45
SCHRÖDER, Klaus: Politische und ökonomische Determinanten in den Ost-West-Finanzbeziehungen, in: Die beiden deutschen Staaten im Ost-West-Verhältnis. Fünfzehnte Tagung zum Stand der DDR-Forschung in der Bundesrepublik Deutschland, 1. bis 4. Juni 1982, Köln 1982, S. 63–68
SCHÜLLER, Alfred: Zahlungsbilanzausgleich und Marktstörungen im Verkehr zwischen zentralgeleiteten und marktwirtschaftlichen Volkswirtschaften, in: ORDO, Band 25 (1974), S. 31–55
SCHÜLLER, Alfred: Stabilisierung oder Gefährdung der Marktwirtschaft durch staatliche Osthandelsförderung?, in: BISKUP, Reinhold (Hrsg.): Wirtschaftliche Kooperation mit Staatshandelsländern – Perspektiven und Risiken, Köln 1978, S. 55–85
SCHÜLLER, Alfred: Ordnungsfragen der Außenwirtschaftspolitik gegenüber zentralgeleiteten Volkswirtschaften, in: GRÖNER, Helmut/SCHÜLLER, Alfred (Hrsg.): Internationale Wirtschaftsordnung, Stuttgart und New York 1978, S. 91–120
SCHÜLLER, Alfred: Zur Außenwirtschaftspolitik der RGW-Länder gegenüber dem Westen aus der Sicht der politischen Ökonomie des Sozialismus, in: SCHÜLLER, Alfred/WAGNER, Ulrich (Hrsg.): Außenwirtschaftspolitik und Stabilisierung von Wirtschaftssystemen, Stuttgart und New York 1980, S. 3–27
SCHÜLLER, Alfred: Die Verschuldungskrise Polens als Ordnungsproblem, in: ORDO, Band 33 (1982), S. 3–37
SCHUSTER, Dietrich: Der gegenwärtige Stand des Zahlungsverkehrs mit dem kapitalistischen Ausland, in: Der Außenhandel, 2. Jg. (1952), H. 11, S. 343
SCHUSTER, Dietrich: Zahlungsverkehr zwischen der Deutschen Demokratischen Republik und dem Währungsgebiet des französischen Franc, in: Der Außenhandel, 2. Jg. (1952), H. 8, S. 238f.
SCHWARZ, J.: Wohin steuert die Währungskrise?, in: Sozialistische Außenwirtschaft, 19. Jg. (1969), H. 2, S. 36f.
SCHWARZER, Dietrich: Ausgewählte Probleme der Valutawirtschaft des Verkehrswesens der DDR, in: DDR Verkehr, 5. Jg. (1972), S. 497–500
SCHWARZER, Dietrich: Der internationale Güterverkehr und die Valutawirtschaft, in: DDR Verkehr, 1. Jg. (1968), S. 51–56
SEIDEL, Günter: Einige Fragen der wirtschaftlichen Rechnungsführung im Außenhandel, in: Der Außenhandel, 13. Jg. (1963), H. 9, S. 3–6
SEIDEL, Günter/STROBEL, Hans: Wissenschaftlicher Beitrag zur Valutaplanung im Außenhandel der Deutschen Demokratischen Republik, in: Der Außenhandel, 2. Jg. (1952), H. 11, S. 338–340
SEIDEL, R.: Die Planung und Leitung des Außenhandels nach Ländern, in: Der Außenhandel, 14. Jg. (1964), H. 12, S. 4–6
SIK, Ota: Die polnische Krise: Innere und äußere wirtschaftliche Zusammenhänge, in: Aussenwirtschaft. Zeitschrift für internationale Wirtschaftsbeziehungen, 37. Jg. (1982), S. 15–30
SMIRNOW, A.: Die Sterling- und die Dollarzone, in: Der Außenhandel, 4. Jg. (1954), S. 174–176 sowie S. 198f.
SNELL, Edwin M.: Eastern Europe's Trade and Payments with the Industrial West, in: Reorientation and Commercial Relations of the Economies of Eastern Europe. A Compendium of Papers submitted to the Joint Economic Committee. Congress of the United States, Washington, D.C., 1974, S. 682–724

SNITCH, Thomas H.: East European Involvement in the World's Arms Market, in: U.S. Arms Control and Disarmament Agency: World Military Expenditures and Arms Transfers 1972—1982, Washington, D.C., 1984, S. 117—121
SÖLLE, Horst: Neue Anforderungen an die staatliche Führungstätigkeit auf dem Gebiete der Außenwirtschaft, in: Der Außenhandel, 17. Jg. (1967), S. 5—13
SÖLLE, Horst: Neue Schritte auf dem Wege zu wachsender außenwirtschaftlicher Effektivität, in: Die Wirtschaft, 22. Jg. (1967), H. 8, S. 4f.
SÖLLE, Horst: 20 Jahre Außenwirtschaft der DDR, in: Sozialistische Außenwirtschaft, 19. Jg. (1969), H. 9, S. 1—5
SPITTMANN, Ilse: Der Milliardenkredit, in: Deutschlandarchiv, 16. Jg. (1983), H. 8, S. 785—788
STELZL, Diethard: Aspekte der Produktion, des Verkaufs und der Reserven von Gold in den osteuropäischen Ländern, in: Jahrbuch der Wirtschaft Osteuropas, Band 4 (1973), S. 397—420
STERNA, L.: Außenhandel durch Kompensation, in: Der Außenhandel, 2. Jg. (1952), H. 8, S. 247
STROBEL, Hans/FUNKE, Manfred: Das staatliche Außenhandelsmonopol und die Notwendigkeit des Valutamonopols in der DDR, in: Der Außenhandel, 10. Jg. (1960), H. 1, S. 1—4
STROBEL, Hans: Einige Bemerkungen zu den Fragen des Preisausgleichs und der Subventionen im Außenhandel der Deutschen Demokratischen Republik, in: Der Außenhandel, 4. Jg. (1954), S. 200—203
STROBEL, Hans: Bilanzen der internationalen Geldbeziehungen, in: Der Außenhandel, 8. Jg. (1958), H. 3, S. 93—95
STROPHAL, Günter: Internationales Schiffahrtsseminar in Rostock, in: Wirtschaftswissenschaft, 11. Jg. (1963), S. 2004—2008
THIEME, H. Jörg: Makroökonomische Instabilitäten — Erscheinungsformen, Ursachen und Konzepte ihrer Bekämpfung, in: HAMEL, Hannelore (Hrsg.): Bundesrepublik Deutschland — DDR. Die Wirtschaftssysteme. Soziale Marktwirtschaft und Sozialistische Planwirtschaft im Systemvergleich, 3. Aufl., München 1979, S. 212—283
THÜMMLER, Werner: Zu einigen Beziehungen zwischen der Außenwirtschaft und dem Geld- und Kreditsystem bei der Sicherung der Einheit von materiellen und finanziellen Prozessen, in: Wissenschaftliche Zeitschrift der Humboldt-Universität Berlin, 26. Jg. (1977), H. 2, S. 198—203
TODTMANN, Werner: Valutaplanung — Valutakontrolle, in: Der Außenhandel, 3. Jg. (1953), S. 11
TÖPFER, Ernst/HEINRICH, Heinz: Die Zahlungs- und Verrechnungsbilanz mit dem Ausland, in: Der Außenhandel, 8. Jg. (1958), H. 3, S. 92f.
TÖPFER, Werner: Bedeutung und Aufgabe der Devisenplanung, in: Der Außenhandel, 2. Jg. (1952), H. 3, S. 85f.
TÖPFER, Werner: Einige Bemerkungen zur Valutenplanung, in: Der Außenhandel, 2. Jg. (1952), H. 11, S. 341
TREBUTH, Rudolf: Zur Ausnutzung des kurzfristigen Kredits beim Import, in: Der Außenhandel, 12. Jg. (1962), H. 3, S. 22—24
TREBUTH, Rudolf/GOLLMER, Kurt: Bilanzen im Zahlungs- und Verrechnungsverkehr mit dem Ausland, in: Der Außenhandel, 7. Jg. (1957), H. 14, S. 512f.
TREBUTH, Rudolf/GOLLMER, Kurt: Planung und Abrechnung der Zahlungsbilanz müssen eine Einheit bilden, in: Der Außenhandel, 7. Jg. (1957), H. 23, S. 837f.
TREML, Vladimir G.: Foreign Trade and the Soviet Economy: Changing Parameters and Interrelations, in: NEUBERGER, Egon/TYSON, Laura d'Andrea (Hrsg.): The Impact of International Economic Disturbances on the Soviet Union and Eastern Europe. Transmission and Response, New York u.a. 1980, S. 184—207
TSCHERNYSCHOW, P.: Die Widersprüche zwischen den USA und Großbritannien auf dem Gebiet der Valuta, in: Der Außenhandel, 4. Jg. (1954), S. 345—347 sowie S. 375—378
TSCHUMAKOW, M.: Konferenz über Finanzfragen des Imperialismus, in: Deutsche Finanzwirtschaft, Sammelausgabe, 20. Jg. (1966), H. 7, S. 8
UECKERDT, Gerhard: Funktion der operativen Valutareserve erkennen, in: Der Außenhandel, 8. Jg. (1958), H. 21, S. 778f.

ULBRICHT, Gottfried: Entwicklungstendenzen im internationalen Zahlungsverkehr, in: Der Außenhandel, 14. Jg. (1964), H. 10, S. 21—23 und H. 11, S. 28—30
ULBRICHT, Gottfried: Zum Problem Bilateralität — Multilateralität in den internationalen Wirtschaftsbeziehungen, in: Wissenschaftliche Zeitschrift der Hochschule für Ökonomie Berlin-Karlshorst, 12. Jg. (1967), H. 2, S. 183—187
ULBRICHT, Walter: Die gesellschaftliche Entwicklung in der Deutschen Demokratischen Republik bis zur Vollendung des Sozialismus, in: Die Wirtschaft, 22. Jg. (1967), H. 16, S. 3ff.
ULBRICHT, Walter: Probleme des Perspektivplanes bis 1970, Referat auf der 11. Tagung des Zentralkomitees, in: Die Wirtschaft, 20. Jg. (1965), H. 51/52, Beilage, S. 3—42
ULLRICH, Kurt: Zum Bankenabkommen DDR-Argentinien, in: Der Außenhandel, 8. Jg. (1958), H. 7, S. 246ff.
WENGER, Siegfried: Discussion on Session I (General Review), in: SAUNDERS, Christopher T. (Hrsg.): Money and Finance in East and West, Wien und New York 1978, S. 49—54
WINKLER, Heiner: Ostgeschäfte zu neuen Größenordnungen, in: Die Wirtschaft, 21. Jg. (1966), Nr. 13 vom 31. März, S. 20—24
WINKLER, Heiner: Zwischen Tokio, Rom und Rio. Imponierende Spannweite der Messebeteiligung aus dem nichtsozialistischen Ausland, in: Die Wirtschaft, 19. Jg. (1964), H. 40, S. 30f.
WINKLER, Heiner: Der große Zuspruch des nichtsozialistischen Auslands. Offerten, Verhandlungen, Geschäfte und Begegnungen, in: Die Wirtschaft, 20. Jg. (1965), H. 38, S. 14f.
WINKLER, Heiner: Neue Impulse für die internationale Zusammenarbeit. Zur Messebeteiligung des nichtsozialistischen Auslands, in: Die Wirtschaft, 22. Jg. (1967), H. 12, S. 17—20
WREISKOW, A.Je.: Die Eröffnung des Londoner Goldmarktes und die Erweiterung des Systems der transferierbaren Konten in Großbritannien, in: Der Außenhandel, 4. Jg. (1954), S. 695f.
ZOHLNHÖFER, Werner: Das Steuerungspotential des Parteienwettbewerbs im Bereich staatlicher Wirtschaftspolitik, in: BOETTCHER, Erik/HERDER-DORNEICH, Philipp/SCHENK, Karl-Ernst (Hrsg.): Neue Politische Ökonomie als Ordnungstheorie, Tübingen 1980, S. 82—102

3. Anonyme Beiträge sowie Zeitungsartikel

Bankmäßige Abwicklung der Kompensationsgeschäfte. Aus dem Außenhandels-Lehrmaterial der Deutschen Notenbank, in: Der Außenhandel, 2. Jg. (1952), H. 8, S. 247f.
Beschluß des Kollegiums des Ministeriums der Finanzen zur Durchführung der Beschlüsse des IV. Parteitages der SED, in: Deutsche Finanzwirtschaft, 8. Jg. (1954), H. 15, S. 786—793
Britische Devisenbestimmungen, in: Der Außenhandel, 4. Jg. (1954), S. 735
Comecon Borrowing on International Credit Markets, in: OECD Financial Market Trends, Dezember 1977, No. 2, S. 51—77
DABA bildet Verwaltungsrat, in: Deutsche Finanzwirtschaft, Sammelausgabe, 21. Jg. (1967), H. 10, S. 16
DDR: Kalaschnikows für die Dritte Welt, in: Der Spiegel Nr. 36 vom 30.8.1976, S. 60—65
DDR-Pleite scheint vorprogrammiert zu sein, in: Handelsblatt Nr. 82 vom 29.4.1982, S. 1
DDR: Wir haben unsere Schulden im Griff, in: Frankfurter Allgemeine Zeitung Nr. 236 vom 11.10.1983, S. 14
Ein dramatischer Effekt ist kaum zu erwarten, in: Handelsblatt Nr. 214 vom 8.11.1982, S. 9
ENGELEN, Klaus C.: Nach Polen und Rumänien nun DDR-Zahlungskrise?, in: Handelsblatt Nr. 82 vom 29.4.1982, S. 3
ENGELEN, Klaus C.: Die Swing-Debatte schadet der DDR, in: Handelsblatt Nr. 92 vom 13.5.1982, S. 3
ENGELEN, Klaus C.: Harte Zeiten, in: Handelsblatt Nr. 25 vom 4./5.2.1983, S. 2
Erweiterter Außenhandel, in: Deutsche Finanzwirtschaft, 13. Jg. (1959), H. 6, S. 122
Die finanziellen Leistungen Bonns an Ost-Berlin. Pauschalen, Gebühren, Forderungen, in: Frankfurter Allgemeine Zeitung Nr. 185 vom 12.8.1983, S. 4
Getreideimporte aus Kanada trotz einer Rekordernte, in: Handelsblatt Nr. 21 vom 31.1.1983, S. 9

Kreditverpflichtungen von über 20 Mrd. $ abgebaut, in: Handelsblatt Nr. 88 vom 8.5.1984, S. 8

MARTIN, Peter: Die Wall Street konnte nur mühsam beruhigt werden, in: Handelsblatt Nr. 106 vom 5.6.1984, S. 6

The Medium-Term Euro-Credit Market in 1978−1981, in: OECD Financial Market Trends, März 1982, Nr. 21, S. 1−35

MEIER, Viktor: Dunkle Wolken über dem Comecon. Nach der 35. Ratstagung in Sofia, in: Frankfurter Allgemeine Zeitung Nr. 153 vom 7.7.1981, S. 11

MEIER, Viktor: Die Comecon-Konferenz hat im Osten wenig bewegt. Wie Moskau sich die wirtschaftliche Integration vorstellt, in: Frankfurter Allgemeine Zeitung Nr. 154 vom 16.7.1984, S. 10

Moskau kürzt der DDR die Öllieferungen, in: Frankfurter Allgemeine Zeitung Nr. 208 vom 9.9.1982, S. 14

Moskaus „Regenschirm" gibt es nicht. Die Sowjetunion hilft ihren „Bruderstaaten" nur begrenzt, in: Frankfurter Allgemeine Zeitung Nr. 258 vom 6.11.1981, S. 14

NAWROCKI, Joachim: Honecker auf Devisenjagd, in: Die Zeit Nr. 10 vom 3.3.1978, S. 37

Das Netz der Außenhandelsbanken wird reorganisiert, in: Deutsche Finanzwirtschaft, Sammelausgabe, 16. Jg. (1962), H. 2, S. 23f.

Neue Devisenbestimmungen in Brasilien, in: Der Außenhandel, 11. Jg. (1961), H. 12, S. 28−30

Neue Wege in der Außenhandelsplanung, in: Der Außenhandel, 6. Jg. (1956), H. 22, S. 787f.

Ost-Berlin favorisiert Kompensationsgeschäfte, in: Handelsblatt Nr. 128 vom 11.7.1984, S. 8

Ostblock-Finanzsystem ist stark angeschlagen, in: Handelsblatt Nr. 57 vom 23.3.1982, S. 7

Der Osten bemüht sich um einen Abbau der Schulden, in: Frankfurter Allgemeine Zeitung Nr. 70 vom 24.3.1981, S. 13

Overseas sterling balances 1963−1973, in: Bank of England Quarterly Bulletin, Vol. 14 (1974), No. 2, S. 162−175

Perspektiven der Interhotels. Anziehender Ausstellungsbereich „Gaststätten/Hotels" auf der RATIO 67, in: Die Wirtschaft, 22. Jg. (1967), H. 38, S. 9

Polens Schuldenberg belastet das Geschäft, in: Handelsblatt Nr. 57 vom 23.3.1981, S. 9

Regierung und Bundesbank streiten über den Swing, in: Frankfurter Allgemeine Zeitung Nr. 268 vom 19.11.1981, S. 13

Relationships between Comecon Countries and Western Financial Markets, in: OECD Financial Market Trends, 1980, S. 1−26

SCHUSTER, Falko: Gegengeschäfte sind nicht nur des Teufels. Was der Gesamtwirtschaft schadet, kann dem Unternehmer auch nützen, in: Blick durch die Wirtschaft, 22. Jg. (1979), Nr. 22 vom 25.9., S. 1

SEIDLITZ, Peter: Widersprüchliches aus dem Kreml, in: Handelsblatt Nr. 150 vom 10./11.8.1984, S. 2

SEIDLITZ, Peter: Warnung aus Moskau wegen Milliardenkredit, in: Handelsblatt Nr. 141 vom 30.7.1984, S. 8

Die Sowjetunion muß höhere Zinsen zahlen, in: Frankfurter Allgemeine Zeitung Nr. 14 vom 17.1.1981, S. 13

Die Sowjetunion und wir, in: Der Außenhandel, 7. Jg. (1957), H. 20, S. 762

Sowjetunion stundet Polenschulden, in: Frankfurter Allgemeine Zeitung Nr. 94 vom 23.4.1981, S. 13

Staatssekretär Willi Rumpf zum Studium in die Sowjetunion abgereist, in: Deutsche Finanzwirtschaft, 8. Jg. (1954), H. 19, S. 981

Tätigkeit der „Export-Importbank" der USA im Jahre 1952, in: Deutsche Finanzwirtschaft, 7. Jg. (1953), S. 801

TAGLIABUE, John: Bonn Guarentees Record Bank Loans to East Germany, in: International Herald Tribune No. 31,214 vom 30.6.1983, S. 1

Über die Aufgaben der Deutschen Handelsbank AG. Interview mit Direktor Erich Renneisen, in: Der Außenhandel, 6. Jg. (1956), H. 5−6, S. 174

Der Überziehungskredit als Instrument zur Stabilisierung der innerdeutschen Beziehungen, in: Frankfurter Allgemeine Zeitung Nr. 139 vom 21.6.1982, S. 3

Um die Konvertibilität des britischen Pfundes, in: Der Außenhandel, 6. Jg. (1956), S. 850

Umweg über Luxemburg spart viele Millionen ein, in: Handelsblatt Nr. 123 vom 30.6.1983, S. 3

Ungebundener Finanzkredit gehört der Vergangenheit an, in: Handelsblatt Nr. 55 vom 18./19. 3.1983, S. 9

Wankende Währungen, in: Deutsche Finanzwirtschaft, Sammelausgabe, 21. Jg. (1967), H. 23, S. 2

Westschulden gefährden die Inlandsversorgung, in: Handelsblatt Nr. 153 vom 12.8.1982, S. 7

„Wir haben euch Waffen und Brot geschickt", in: Der Spiegel Nr. 10 vom 3.3.1980, S. 42−61

Zähes Ringen um Konditionen, in: Handelsblatt Nr. 173 vom 9.9.1980, S. 7

Zehn Jahre staatliche Handelsbeziehungen mit der VAR, in: Der Außenhandel, 13. Jg. (1963), H. 6, S. 38−41

Zur Weiterentwicklung der ökonomischen Beziehungen zwischen Außenhandel und Industrie auf dem Gebiete des Exportes, in: Der Außenhandel, 16. Jg. (1966), H. 8, S. 4−13

Die zwischenstaatlichen Wirtschaftsbeziehungen der antiimperialistischen Nationalstaaten, in: Deutsche Finanzwirtschaft, 10. Jg. (1956), H. 10, S. 465f.

4. Gesetze, Verordnungen und Statuten (chronologisch)

Satzung der Landeskreditbank Brandenburg, in: KOHLMEY, Gunther/DEWEY, Charles: Bankensystem und Geldumlauf in der Deutschen Demokratischen Republik 1945−1955, Berlin(Ost) 1956, S. 141−145

Satzung der Deutschen Emissions- und Girobank, in: KOHLMEY, Gunther/DEWEY, Charles: Bankensystem und Geldumlauf in der Deutschen Demokratischen Republik 1945−1955, Berlin(Ost) 1956, S. 151−157

Gesetz zur Regelung des innerdeutschen Zahlungsverkehrs vom 15. Dezember 1950, in: Gesetzblatt der DDR, Nr. 142/1950, S. 1202 ff.

Verordnung über die Erhebung von Straßenbenutzungsgebühren für Kraftfahrzeuge vom 6. September 1951, in: Gesetzblatt der DDR, Nr. 115/1951, S. 865

Gesetz über die Deutsche Notenbank vom 31. Oktober 1951, in: Gesetzblatt der DDR, 1951, S. 991f.

Verordnung über die Aufstellung von Valutaplänen vom 17. Juli 1952, in: Gesetzblatt der DDR, Nr. 100/1952, S. 616f.

Erste Durchführungsbestimmung zur Verordnung über die Aufstellung von Valutaplänen vom 6. Juli 1953, in: Gesetzblatt der DDR Nr. 86/1953, S. 869

Gesetz über Devisenverkehr und Devisenkontrolle − Devisengesetz − vom 8. Februar 1956, in: Gesetzblatt der DDR, Teil I, Nr. 38/1956, S. 321 ff.

Zweite Durchführungsbestimmung zum Gesetz über Devisenverkehr und Devisenkontrolle − Valutaplanung durch staatliche und wirtschaftliche Organe, Einrichtungen der volkseigenen Wirtschaft und andere gesellschaftliche Organisationen und Vereinigungen − vom 22. März 1956, in: Gesetzblatt der DDR, Teil I, Nr. 38/1956, S. 325

Beschluß über das Statut der Staatlichen Plankommission des Ministerrates der Deutschen Demokratischen Republik vom 3. Mai 1956, in: Gesetzblatt der DDR, Teil I, Nr. 46/1956, N. 391−393

Beschluß über das Statut des Ministeriums der Finanzen vom 3. Mai 1956, in: Gesetzblatt der DDR, Teil I, Nr. 49/1956, S. 425−428

Beschluß über das Statut des Ministeriums für Außenhandel und innerdeutschen Handel vom 7. Februar 1957, in: Gesetzblatt der DDR, Teil I, Nr. 14/1957, S. 127ff.

Gesetz über den Außenhandel der Deutschen Demokratischen Republik vom 9. Januar 1958, in: Gesetzblatt der DDR, Teil I, Nr. 6/1958, S. 69

Verordnung über die Durchführung des Außenhandels vom 9. Januar 1958, in: Gesetzblatt der DDR, Teil I, Nr. 9/1958, S. 89−92

Verordnung über die Verbesserung der Arbeit des Ministeriums der Finanzen und der übrigen Finanzorgane vom 13. Februar 1958, in: Gesetzblatt der DDR, Teil I, Nr. 13/1958, S. 131−138

Verordnung über die Organisation der Planung der Volkswirtschaft vom 13. Februar 1958, in: Gesetzblatt der DDR, Teil I, Nr. 13/1958, S. 125−129

Verordnung über die Erhebung von Wasserstraßen-Benutzungsgebühren vom 24. April 1958, in: Gesetzblatt der DDR, Teil I, Nr. 27/1958, S. 351
Richtlinie für den Einzug von Forderungen aus Warenlieferungen bei Geschäften der AHU nach kapitalistischen Ländern unter Beteiligung von Spediteuren, in: Verfügungen und Mitteilungen des Ministeriums für Außenhandel und innerdeutschen Handel vom 15. August 1959, Nr. 8, S. 79f. mit Anlage S. 80f.
Hinweise für die Außenhandelsunternehmen über die Beratungstätigkeit der Deutschen Notenbank vom 3. November 1959, in: Verfügungen und Mitteilungen des Ministeriums für Außenhandel und innerdeutschen Handel vom 15. Januar 1960, Nr. 1, S. 17–19
Verordnung über das Statut der Staatlichen Plankommission vom 27. November 1959, in: Gesetzblatt der DDR, Teil I, Nr. 72/1959, S. 919–922
Anordnung über den Zahlungs- und Verrechnungsverkehr mit anderen Staaten vom 4. April 1960, in: Gesetzblatt der DDR, Teil I, Nr. 28/1960, S. 278
Hinweise für die AHU über die Beratungstätigkeit der Deutschen Notenbank vom 19.5.1962, in: Verfügungen und Mitteilungen des Ministeriums für Außenhandel und innerdeutschen Handel vom 21. Juni 1962, Nr. 6, S. 42–44
Verordnung über das Statut der Staatlichen Plankommission vom 24. Mai 1962, in: Gesetzblatt der DDR, Teil II, Nr. 42/1962, S. 363–367
Vorläufige Richtlinie über die Verantwortung und die Hauptaufgaben des Ministeriums der Finanzen im neuen ökonomischen System der Planung und Leitung der Volkswirtschaft vom 9. Januar 1964, in: Gesetzblatt der DDR, Teil II, Nr. 9/1964, S. 59–73
Verordnung über das Statut der Staatlichen Plankommission vom 16. April 1964, in: Gesetzblatt der DDR, Teil II, Nr. 69/1964, S. 621–627
Verfügung des MAI Nr. 326: Durchführung einer Inventur der Auslandsforderungen und -verbindlichkeiten per 30.4.1964 und Anmeldung der Auslandsforderungen und -verbindlichkeiten bei der DN ab 1.5.1964, in: Verfügungen und Mitteilungen des Ministeriums für Außenhandel und innerdeutschen Handel, Nr. 5/1964, S. 55
Richtlinie über die Verantwortung und die Hauptaufgaben der Deutschen Notenbank im neuen ökonomischen System der Planung und Leitung der Volkswirtschaft vom 3. September 1964, in: Gesetzblatt der DDR, Teil II, Nr. 99/1964, S. 817–824
Anordnung über die Einführung eines verbindlichen Mindestumtausches für Besucher, die zum privaten Aufenthalt aus Westdeutschland, den anderen nichtsozialistischen Staaten und Westberlin in die Deutsche Demokratische Republik einreisen vom 25. November 1964, in: Gesetzblatt der DDR, Teil II, Nr. 114/1964, S. 903f.
Gesetz über die Deutsche Notenbank vom 20. Dezember 1965, in: Gesetzblatt der DDR, Teil I, Nr. 2/1966, S. 25–28
Verordnung über das Statut der Staatlichen Plankommission vom 2. Juni 1966, in: Gesetzblatt der DDR, Teil II, Nr. 71/1966, S. 453–458
Verfügung des MAI Nr. 455: Behandlung von Verträgen mit indischen Partnern nach der Abwertung der indischen Rupie am 6. Juni 1966, in: Marktinformationen für Industrie und Außenhandel der DDR, 10. Jg. (1966), H. 50, S. 11
Anordnung Nr. 2 über den Zahlungs- und Verrechnungsverkehr mit anderen Staaten vom 1. Juli 1966, in: Gesetzblatt der DDR, Teil II, Nr. 74/1966, S. 476
Anordnung über Allgemeine Geschäftsbedingungen der Deutschen Notenbank vom 9. September 1966, in: Gesetzblatt der DDR, Teil II, Nr. 105/1966, S. 679–686
Verordnung über das Statut des Ministeriums der Finanzen vom 12. Mai 1967, in: Gesetzblatt der DDR, Teil II, Nr. 49/1967, S. 323–328
Bekanntmachung über die Bildung von Ministerien vom 11. August 1967, in: Gesetzblatt der DDR, Teil II, Nr. 81/1967, S. 571
Verordnung über die Aufgaben, Pflichten und Rechte der Staatlichen Plankommission vom 26. Oktober 1967, in: Gesetzblatt der DDR, Teil II, Nr. 102/1967, S. 723–726
Gesetz über die Staatsbank der Deutschen Demokratischen Republik vom 1. Dezember 1967, in: Gesetzblatt der DDR, Teil I, Nr. 17/1967, S. 132–134
Anordnung über die Erhebung einer Steuerausgleichsabgabe für Beförderungsleistungen westdeutscher und Westberliner Unternehmer auf Straßen und Wasserstraßen der Deutschen Demokratischen Republik vom 11. Juni 1968, in: Gesetzblatt der DDR, Teil II, Nr. 58/1968, S. 333

Anordnung über die Änderung des verbindlichen Mindestumtausches für Besucher, die zum privaten Aufenthalt aus Westdeutschland, den anderen nichtsozialistischen Staaten und Westberlin in die Deutsche Demokratische Republik einreisen vom 11. Juni 1968, in: Gesetzblatt der DDR, Teil II, Nr. 58/1968, S. 332

Fünfte Durchführungsbestimmung zum Paß-Gesetz der Deutschen Demokratischen Republik vom 11. Juni 1968, in: Gesetzblatt der DDR, Teil II, Nr. 58/1968, S. 331

Beschluß über die Grundsatzregelung für komplexe Maßnahmen zur weiteren Gestaltung des ökonomischen Systems des Sozialismus in der Planung und Wirtschaftsführung für die Jahre 1969 und 1970 vom 26. Juni 1968, in: Gesetzblatt der DDR, Teil II, Nr. 66/1968, S. 433—452 mit Anlagen S. 453—479

Anordnung Nr. 2 über die Erhebung einer Steuerausgleichsabgabe für Beförderungsleistungen westdeutscher und Westberliner Unternehmen auf Straßen und Wasserstraßen der Deutschen Demokratischen Republik vom 21. April 1970, in: Gesetzblatt der DDR, Teil II, Nr. 35/1970

Beschluß über die Durchführung des ökonomischen Systems des Sozialismus im Jahre 1971 vom 1. Dezember 1970, in: Gesetzblatt der DDR, Teil II, Nr. 100/1970, S. 731—746

Anordnung über die Durchführung eines verbindlichen Mindestumtausches von Zahlungsmitteln vom 4. Juni 1972, in: Gesetzblatt der DDR, Teil II, Nr. 32/1972, S. 361

Statut der Staatlichen Plankommission. Beschluß des Ministerrates vom 9. August 1973, in: Gesetzblatt der DDR, Teil I, Nr. 41/1973, S. 417—420

Statut des Ministeriums für Außenwirtschaft. Beschluß des Ministerrates vom 9. August 1973, in: Gesetzblatt der DDR, Teil I, Nr. 41/1973, S. 420—425

Anordnung über die Durchführung eines verbindlichen Mindestumtausches von Zahlungsmitteln vom 5. November 1973, in: Gesetzblatt der DDR, Teil I, Nr. 51/1973, S. 517

Bekanntmachung über die Umbenennung des Ministeriums für Außenwirtschaft in Ministerium für Außenhandel vom 23. November 1973, in: Gesetzblatt der DDR, Teil I, Nr. 55/1973, S. 539

Devisengesetz vom 19. Dezember 1973, in: Gesetzblatt der DDR, Teil I, Nr. 58/1973, S. 574—577

Verordnung über die Aufgaben, Rechte und Pflichten der volkseigenen Außenhandelsbetriebe vom 10. Januar 1974, in: Gesetzblatt der DDR, Teil I, Nr. 9/1974, S. 77—79

Anordnung über die Durchführung eines verbindlichen Mindestumtausches von Zahlungsmitteln vom 5. November 1974, in: Gesetzblatt der DDR, Teil I, Nr. 54/1974, S. 497

Anordnung Nr. 2 über die Durchführung eines verbindlichen Mindestumtausches von Zahlungsmitteln vom 10. Dezember 1974, in: Gesetzblatt der DDR, Teil I, Nr. 61/1974, S. 565

Gesetz über die Staatsbank der Deutschen Demokratischen Republik vom 19. Dezember 1974, in: Gesetzblatt der DDR, Teil I, Nr. 62/1974, S. 580—582

Statut des Ministeriums der Finanzen. Beschluß des Ministerrates vom 9. Januar 1975, in: Gesetzblatt der DDR, Teil I, Nr. 18/1975, S. 321—324

Verordnung über die Leitung und Durchführung des Außenhandels vom 9. September 1976, in: Gesetzblatt der DDR, Teil I, Nr. 35/1976, S. 421—426

Anordnung über die Durchführung eines verbindlichen Mindestumtausches von Zahlungsmitteln vom 9. Oktober 1980, in: Neues Deutschland vom 10. Oktober 1980

5. Statistische Quellen

Banco Central de Bolivia. División Técnica: Memoria Anual, La Paz
Bank für Internationalen Zahlungsausgleich: Jahresberichte, Basel
Bank für Internationalen Zahlungsausgleich: Die Fälligkeitsverteilung der internationalen Bankausleihungen, Basel
Bank für Internationalen Zahlungsausgleich: Das Internationale Bankgeschäft, Basel
Bank of England Quarterly Bulletin, London
Bundesministerium für innerdeutsche Beziehungen: Pressespiegel. Aus Zeitungen und Zeitschriften der DDR, Bonn
Bundesministerium für innerdeutsche Beziehungen: Informationen, Bonn
Der Bundesminister für Wirtschaft: BMWi Tagesnachrichten, Bonn

Department of Trade: Overseas Trade Statistics of the United Kingdom, London
Deutsche Außenhandelsbank AG: Bilanz, Berlin(Ost)
Deutsche Bundesbank: Geschäftsberichte, Frankfurt/M.
Euromoney, London
Forschungsinstitut der Friedrich-Ebert-Stiftung: Monatsberichte. Entwicklungspolitische Aktivitäten kommunistischer Länder, Bonn-Bad Godesberg
Forschungsinstitut der Friedrich-Ebert-Stiftung: Entwicklungspolitik kommunistischer Länder. Trends und Analysen, Bonn-Bad Godesberg
Forschungsinstitut der Friedrich-Ebert-Stiftung: Außenpolitik kommunistischer Länder und Dritte Welt, Bonn-Bad Godesberg
International Bank for Reconstruction and Development (World Bank): Borrowing in International Capital Markets, Washington
International Monetary Fund: Direction of Trade Statistics Yearbook, Washington
International Monetary Fund: International Financial Statistics Yearbook, Washington
International Monetary Fund: International Financial Statistics. Supplement on Price Statistics, Washington
International Monetary Fund: International Financial Statistics. Supplement on Exchange Rates, Washington
International Monetary Fund: Annual Report on Exchange Arrangements and Exchange Restrictions, Washington
Kraftfahrt-Bundesamt: Statistische Mitteilungen des Kraftfahrt-Bundesamtes und der Bundesanstalt für den Güterfernverkehr, Flensburg
Samuel Montagu Co: Annual Bullion Review, London
Morgan Guaranty Trust Company of New York: World Financial Markets, New York
Moscow Narodny Bank Press Bulletin, London
Norges Bank Annual Report and Accounts, Oslo
Organisation for Economic Co-operation and Development: Financial Market Trends, Paris
Organisation for Economic Co-operation and Development: Financial Statistics, Paris
Organisation for Economic Co-operation and Development: Statistics of Foreign Trade. Series A, Paris
Organisation for Economic Co-operation and Development/Bank for International Settlements: Statistics on External Indebtedness: Bank and Trade-Related Non-Bank External Claims on Individual Borrowing Countries and Territories, Paris und Basel
Office of the Prime Minister. Central Bureau of Statistics: Statistical Abstract, Damaskus
Franz PICK: Pick's Currency Yearbook, New York
Presse- und Informationsdienst der Bundesregierung: Bulletin, Bonn
Der Senator für Wirtschaft: Berliner Verkehrszahlen 1951–1968, Berlin 1970
Der Senator für Wirtschaft und Verkehr: Berliner Verkehrszahlen 1969–1979, Berlin 1980
Staatliche Zentralverwaltung für Statistik: Statistisches Jahrbuch der Deutschen Demokratischen Republik, Berlin(Ost)
Staatliche Zentralverwaltung für Statistik: Statistisches Taschenbuch der Deutschen Demokratischen Republik, Berlin(Ost)
Statistisches Bundesamt: Statistisches Jahrbuch für die Bundesrepublik Deutschland, Stuttgart und Mainz
Statistisches Bundesamt: Fachserie 6 (Handel, Gastgewerbe, Reiseverkehr), Reihe 6: Warenverkehr mit der Deutschen Demokratischen Republik und Berlin(Ost), Stuttgart und Mainz
Statistisches Bundesamt: Fachserie H (Verkehr), Reihe 1: Binnenschiffahrt
Statistisches Bundesamt: Fachserie F (Groß- und Einzelhandel, Gastgewerbe, Fremdenverkehr), Reihe 8 (Fremdenverkehr), Sonderbeiträge: Urlaubs- und Erholungsreisen
Statistisches Bundesamt: Fachserie H (Verkehr), Reihe 7: Grenzüberschreitender Reiseverkehr
Statistisches Reichsamt: Vierteljahreshefte zur Statistik des Deutschen Reiches, Berlin
United Nations Department of International Economic and Social Affairs: Statistical Yearbook, New York
United Nations Statistical Office: Monthly Bulletin of Statistics, New York
United Nations Statistical Office: Yearbook of International Trade Statistics, New York
United Nations Economic Commission for Europe: Economic Survey of Europe, Genf und New York

U.S. Arms Control and Disarmament Agency: World Military Expenditures and Arms Transfers, Washington
U.S. Department of Agriculture: Agricultural Situation, Washington
U.S. Department of Commerce: Survey of Current Business, Washington
U.S. Department of the Interior: Bureau of Mines Minerals Yearbook, Washington

LÄNDERREGISTER

Abu Dhabi 417
Ägypten 60, 154, 172, 174, 177, 183, 196, 198, 201 f., 212, 239, 276, 282, 284 f., 287 ff. 290 ff., 294 ff., 297 f., 333, 405 ff., 410 f., 413
Äthiopien 276, 284, 286 ff., 290, 296, 298, 303, 336, 409 f., 413
Afghanistan 223 f., 275, 287, 289, 319, 333, 410
Albanien 154, 327
Algerien 264, 284 f., 287 ff., 292, 294, 296 ff., 336, 345, 406 ff.
Angola 282, 284, 286, 288, 290, 298, 303, 336, 410
Argentinien 177, 186, 198, 231, 286 ff., 295 f., 342, 409
Australien 190, 212, 356, 388 ff.

Bahamas 348 ff.
Bahrain 418
Bangla Desh 288, 408 f.
Belgien 80, 173, 177, 187, 243, 259 ff., 310, 326, 348 ff., 359, 388 f., 416 ff.
Birma 177, 181, 288, 295, 405 f.
Bolivien 288, 409 f.
Brasilien 154, 172, 174 f., 177 f., 183, 186, 195 f. 198, 200 f., 231, 255, 284 ff., 287 f., 290, 295 f., 298, 300 f., 332, 334 f., 339, 342, 405 ff., 409 f., 413
Bulgarien 154, 186, 240, 246, 303, 327, 360, 418
Bundesrepublik Deutschland 3, 7, 51, 60 f., 72, 76, 80, 103, 111, 122, 130, 146 f., 154, 156, 174 f., 177, 179, 181 f., 187 ff., 191 ff., 201, 203 f., 205, 209, 211 ff., 214 f., 221 ff., 224, 227, 231 f., 239 f., 252, 256 f., 259 ff., 263, 266, 271 f., 275 ff., 284, 304 f., 307, 309 ff., 317 f., 323 ff., 329, 336, 339, 348 ff., 357 ff., 361, 363 f., 365 ff., 384 ff., 399, 421

Ceylon siehe Sri Lanka
Chile 56, 103, 285, 288, 290, 296, 298, 302 f., 309, 334 f., 405 ff., 413
China, Volksrepublik 145, 154, 205, 215, 227, 327
CSSR siehe Tschechoslowakei

Dänemark 154, 173, 174 f., 177, 181, 187 f., 190, 192, 196, 201, 256, 309 f., 348 ff., 389

Ecuador 173 ff., 177, 183, 200 f., 285, 332, 339, 407
Elfenbeinküste 285

Färöer-Inseln 212
Finnland 154, 172, 174 f., 177, 181 f., 187, 189, 200 f., 203, 222, 224, 241, 244, 256, 339, 350, 356, 359, 389, 419
Frankreich 60, 82, 103, 173, 177, 187, 196, 198, 211, 213, 215, 222, 224, 226, 243, 259 ff., 262 f., 272, 274, 310, 325 ff., 336, 348 ff., 359 f., 362, 389, 415 ff.

Ghana 114, 154, 172 f., 177, 199, 201, 282, 285, 287 f., 295 f., 335, 406, 409 f.
Grenada 298, 410
Griechenland 56, 103, 174, 177, 181 ff., 196, 200 f., 241, 339, 345, 356, 359, 388 ff.
Großbritannien 60, 80, 82, 145, 173, 196, 205, 208, 211 ff., 215 ff., 222 ff., 226, 229, 231 f., 241, 243, 259 ff., 262 f., 279, 284, 325 ff., 336, 340, 348 ff., 359 f., 362, 388 f., 415 ff.
Guinea 114, 154, 172, 174, 177, 199 ff., 285, 287 ff., 295, 309, 336, 405 f.

Hongkong 348 ff., 421

Indien 60, 154, 172, 174, 177, 181, 183, 195, 198, 201, 212, 284, 286 ff., 295 f., 300, 339, 405 ff., 409 f.
Indonesien 55 f., 190, 212, 282, 284 f., 287 ff., 295 ff., 334, 405 f. 408, 413
Irak 212, 264, 276, 284 f., 287 ff., 291 f., 294, 296 ff., 303, 309, 336, 345, 407 f.
Iran 56, 103, 174, 177 f., 182, 188, 190, 195, 201, 212, 224, 284 ff., 287 ff., 290, 292 ff., 296, 298, 332 f., 339, 342, 345, 356, 408, 413
Irland 190, 348 ff., 388 ff.
Island 154, 172, 174, 177, 196, 200, 212, 388 ff.
Italien 80, 82, 177, 187, 196, 205, 222, 259 f., 263, 326, 348 ff., 359, 388 f., 418

Japan 6, 149, 190, 205, 222, 224, 259, 261, 263, 271, 275, 325 ff., 329, 336, 348 ff., 359 f., 415 ff.
Jemen, Demokratische Volksrepublik 287 ff., 296, 298, 336, 407 f., 411
Jemen, Königreich 212, 288, 406
Jordanien 190

445

Jugoslawien 82, 153f., 156, 186, 205, 219, 227, 230, 244, 289, 327, 419
Kaiman-Inseln 348ff.
Kambodscha/Kamputschea 110, 154, 172f., 177, 199ff., 288, 297, 406f.
Kanada 205, 212, 222, 224, 274, 345, 348ff., 383, 388f., 415ff.
Kolumbien 154, 174, 177, 181ff., 196, 200f., 284ff., 287f., 290, 295f., 300, 407f.
Kongo 154, 173, 177, 288, 298, 407, 409
Korea 154, 191, 327
Kuba 154, 156, 180, 246, 289, 319, 327
Kuwait 342, 357, 417ff.

Laos 298, 319
Libanon 154, 172, 174, 177, 181, 200f., 285, 288, 295, 309, 348ff., 407
Libyen 284f., 293f., 342, 345, 418f.
Liechtenstein 388f.
Luxemburg 211, 243, 260, 284, 310, 348ff., 388f., 415ff.

Madagaskar 286, 296, 410
Mali 154, 172, 174, 177, 200f., 288, 406
Malta 388ff.
Marokko 103, 154, 172, 174, 177, 181ff., 200f., 309
Mexico 284, 286, 288, 298, 342, 356, 409f., 413
Mongolei 154, 246, 327
Mozambique 284f., 288, 290, 303

Neufundland 212
Neuseeland 212, 356, 388ff.
Nicaragua 276, 287f., 296, 298, 303, 335, 410
Niederlande 177, 187, 196, 205, 243, 263, 284, 293, 310, 326, 348ff., 359, 388f., 416ff.
Norwegen 154, 174f., 177, 182, 187, 196; 201, 227, 241, 256, 260, 350, 356, 359, 389

Österreich 154, 174f., 177, 181f., 185, 187, 196, 200ff., 211, 213, 229, 231, 259, 274, 290, 294, 310, 325f., 348ff., 359, 362, 389, 416ff.

Pakistan 174, 177, 201, 212, 288, 409
Palästinensische Befreiungsfront (PLO) 285
Panama 348ff.
Peru 103, 284, 286ff., 309, 333, 409
Philippinen 288, 409
Polen 1, 6, 91, 103, 121, 130f., 134, 146, 149, 154, 186, 212, 231, 233ff., 239f., 244, 246, 253, 271, 275, 278, 303, 307, 309, 316, 319, 327, 334, 336, 344, 349f., 352, 360
Portugal 55, 154, 174f., 177, 196, 356, 419

Rhodesien 114
Rumänien 1, 3, 6, 149, 153f., 186, 200, 202, 205, 219, 227, 230, 233f., 240, 266, 272, 275, 303, 327, 350, 352, 360, 419

Sambia 103, 410
Sansibar siehe Tansania
Sao Tomé e Príncipe 335
Saudi-Arabien 190, 212, 290
Schweden 103, 154, 174f., 177, 181, 187, 196, 201, 212, 240, 256, 263, 272, 326f., 348ff., 359
Schweiz 80, 174ff., 177, 187, 205, 211, 215, 217, 224, 226, 231, 259, 261, 309f., 340, 348ff., 388f., 415ff.
Singapur 348ff.
Somalia 408
Sowjetunion 3, 9, 25, 39f., 44, 49f., 57ff., 63ff., 69, 74f., 87ff., 91f., 94, 98, 103ff., 108, 110, 114, 122, 141, 144ff., 149, 154, 157, 186, 189f., 203, 205, 207f., 210ff., 214f., 220f., 224, 226, 231, 233, 237ff., 255ff., 263, 265f., 268, 272, 275, 277f., 289ff., 293ff., 297, 303f., 309, 315ff., 320ff., 327, 337, 340, 342ff., 349f., 352, 354f., 360, 383, 385, 401f.
Spanien 56, 154, 172, 174, 177, 181, 200f., 350, 356, 388ff., 417
Sri Lanka 110, 154, 172, 174f., 177, 201, 287f., 296f., 309, 406, 408f.
Sudan 154, 177, 181, 189, 201, 212, 288, 406ff., 413
Südafrika 55, 102, 212, 388ff.
Südjemen siehe Jemen, Demokratische Volksrepublik
Syrien 154, 172, 174, 177, 200f., 212, 229, 276, 284f., 287ff., 290, 292, 294ff., 297f., 303, 309, 336, 345, 405ff.

Tansania 298, 335, 406, 410
Tschechoslowakei 64, 90f., 114, 148, 154, 223f., 240, 244, 262f., 297, 303, 315, 327, 334, 352, 360
Türkei 80f., 154, 174f., 177, 181f., 196, 200f., 231, 241, 284, 289, 296, 309, 409
Tunesien 154, 172, 174, 177, 200f., 272, 406, 409

UdSSR siehe Sowjetunion
Ungarn 121, 146, 149, 153f., 196, 205, 212, 219, 221, 227, 230, 240, 244, 246, 262f., 266, 272, 303, 309, 327, 334, 352, 360, 364

Uruguay 154, 173, 177, 288, 295, 406ff.
USA 6, 9, 103, 122, 149, 190, 205f., 208, 212, 216f., 222ff., 238, 256, 259, 262f., 268f., 271ff., 275, 308, 310, 320, 323, 328ff., 345, 348ff., 359f., 383, 388f., 415ff.

Venezuela 285
Vietnam 154, 264f., 289, 303, 327

Zimbabwe 114, 285, 335
Zypern 154, 173ff., 177, 201

Schriften zum Vergleich von Wirtschaftsordnungen

Heft 20 · Bress · **Kommunismus bei Karl Marx**
Von der spekulativen zur ökonomischen Konzeption
1972. VIII, 245 S., kart. DM 44,–

Heft 19 · Hensel/Wagner/Wessely · **Das Profitprinzip – seine ordnungspolitischen Alternativen in sozialistischen Wirtschaftssystemen**
1972. VIII, 152 S., kart. DM 22,–

Heft 18 · Blaich/Bog/Gutmann/Hensel · **Wirtschaftssysteme zwischen Zwangsläufigkeit und Entscheidung**
1971. VIII, 285 S., kart. DM 32,–

Heft 17 · Bühler · **Die Problematik der Kontrolle betriebswirtschaftlicher Leistungen in Zentralverwaltungswirtschaften**
Dargestellt an der volkseigenen Industrie in der DDR
1971. VIII, 176 S., kart. DM 38,–

Heft 16 · Blaich · **Die Wirtschaftspolitik des Reichstags im Heiligen Römischen Reich**
Ein Beitrag zur Problemgeschichte wirtschaftlichen Gestaltens
1971. VIII, 280 S., kart. DM 56,–

Heft 15 · Bing · **Investitionsfinanzierung in der Zentralverwaltungswirtschaft**
Analyse des Prinzips der Eigenerwirtschaftung von Investitionsmitteln in der DDR
1970. VIII, 136 S., kart. DM 44,–

Heft 14 · Pleyer/Lieser · **Zentralplanung und Recht**
Untersuchung zur Entwicklung des Zivil-, Wirtschafts-, Arbeits- und Sozialrechts in beiden Teilen Deutschlands aus den Jahren 1966–1968
1969. VIII, 249 S., kart. DM 54,–

Heft 13 · Thieme · **Die Sozialistische Agrarverfassung**
Ein Ausnahmebereich im Wirtschaftssystem der DDR
1969. VIII, 180 S., kart. DM 39,–

 **Gustav Fischer Verlag Stuttgart · New York**

Bei Fragen zur Produktsicherheit wenden Sie sich bitte an:
If you have any questions regarding product safety,
please contact:

Walter de Gruyter GmbH
Genthiner Straße 13
10785 Berlin
productsafety@degruyterbrill.com